本书受中国历史研究院学术出版经费资助

中国历史研究院
Chinese Academy of History
学术出版资助

苏秉琦往来书信集

第一册

刘　瑞　编著
郭大顺　苏恺之　审定

社会科学文献出版社
SOCIAL SCIENCES ACADEMIC PRESS (CHINA)

中国历史研究院学术出版资助项目
出版说明

为了贯彻落实习近平总书记致中国社会科学院中国历史研究院成立贺信精神，切实履行好统筹指导全国史学研究的职责，中国历史研究院设立“学术出版资助项目”，面向全国史学界，每年遴选资助出版坚持历史唯物主义立场、观点、方法，系统研究中国历史和文化，深刻把握人类发展历史规律的高质量史学类学术成果。入选成果经过了同行专家严格评审，能够展现当前我国史学相关领域最新研究进展，体现我国史学研究的学术水平。

中国历史研究院愿与全国史学工作者共同努力，把“中国历史研究院学术出版资助项目”打造成为中国史学学术成果出版的高端平台；在传承、弘扬中国优秀史学传统的基础上，加快构建具有中国特色的历史学学科体系、学术体系、话语体系，推动新时代中国史学繁荣发展，为实现“两个一百年”奋斗目标、实现中华民族伟大复兴的中国梦贡献史学智慧。

中国历史研究院

2020 年 3 月

苏秉琦（1909—1997） 河北高阳人，著名考古学家，新中国考古学的指导者、奠基人，考古教育主要创办者之一，曾任中国考古学会理事长、国家文物委员会委员、中国社会科学院考古研究所研究员，兼任北京大学历史系考古教研室主任、教授。1934年北平师范大学历史系毕业后工作于北平研究院史学研究会（后改为所）考古组，新中国成立后任职于中国科学院考古研究所（1977年起改属中国社会科学院），先后参加、主持陕西、河南、河北等地考古调查和遗址墓葬发掘，主编《洛阳中州路（西工段）》，合著《中国通史·远古时代》，出版专著《斗鸡台沟东区墓葬》《瓦鬲的研究》《苏秉琦考古学论述选集》《华人·龙的传人·中国人——考古寻根记》《中国文明起源新探》。提出考古学文化区系类型的学科理论和中国文明起源的系统观点，为建立马克思主义指导下中国特色的考古学体系作出杰出贡献。

记与苏先生通信

《苏秉琦往来书信集》序

郭大顺

这本《苏秉琦往来书信集》收入的1047件苏秉琦先生与师友、学生的往来书信，以与20世纪50年代初考古培训班和分配到全国各地的北大及兄弟高校的学生们通信居多，通信内容自然多是学生们就各地的（主要是七八十年代前后）考古新发现和初步研究成果向先生求教。大家都熟知先生对考古材料的兴趣和要求，尽管是写信，介绍情况也尽量翔实，有的还附有地层和器物草图。先生很看重学生们的来信，几乎全部分类保存，仔细阅读，重点标记，有的新材料还及时转达给有关单位和同事。凡回信必具针对性。通信内容大都是与学术有关的事情，这使先生既能通过在各地工作的学生及时了解考古第一线情况，又有师生间的思想交流。由此可知，通信是先生的一项重要学术活动，尤其是从中可以更多了解先生一些重要学术思想的具体形成过程。

我曾在《捕捉火花——陪苏先生聊天》（收于《精神的魅力》，北京大学出版社，2018）一文中回忆："先生是考古界的'尊神'（徐苹芳先生语），时时迸发出的思想火花产生着巨大的吸引力。各地的考古工作者，一有了新的发现和问题，都愿意先找先生请教，或到家面谈，或写信打电话，总是乘兴而来，满意而归。因为先生总会毫无保留地谈出他的想法，给人以启迪，包括下一步工作方向甚至具体工作步骤措施。所以，他坐在家里，却往往最先知道发生在各地考古第一线的事情，并不断在与学生们的交流中产生新观点。”

本书信集收入苏先生写给我的信共 49 封和我给苏先生写的信共 65 封。在录入、编辑、校对这些信件时，重温先生一些著名学术观点从酝酿到成熟的过程，以及先生已实现、部分实现和在先生生前未能实现的愿望，心情总不能平静下来。

我是 1968 年 8 月初告别尚在动荡的学校到辽宁省博物馆报到的，随后去黑山县抗旱和盘锦“五七”干校劳动，1969 年 6 月调回单位开始接触业务。记得 1972 年 9 月去京参观全国出土文物展时，到王府井的考古所见到刚从河南干校回京的苏秉琦先生。那天先生坐在前院与也刚恢复工作的所里同事们聊天，我见先生谈兴很高，人也较多，就只问候了几句。返沈后我曾给先生写过一信，内容大概是表达了我分配到东北，在学校学的用不上，先生当即回我一信，主要意思是告诫我要立足当地（1981 年 1 月 31 日给我的信中再次强调：“重要的第一位的是它们各自的年代序列与特征，而不是它们的绝对年代以及它们同有关材料之间的相互关系。”）。可能是刚刚返京条件有限，先生写的那封信用了半面纸，文字也很短，我一直藏在床头，后可能搬家找不到了。此后，我时有向先生当面请教的机会，1978—1983 年在承德避暑山庄西北沟社科院考古所工作站几乎年年陪先生观摩分析大甸子夏家店下层文化墓地发掘材料，在北大、辽宁兴城以及我有机会参加的中国考古学会西安（1979 年）、杭州（1981 年）、沈阳（1986 年）、呼和浩特（1991 年）年会和其他学术会时聆听先生作学术报告和会下交谈，到京必去王府井考古所七楼先生办公室或西直门里马相胡同、后搬到紫竹院昌运宫的居所，也经常有电话联系，1996 年底到 1997 年初还曾整整 40 天时间伴先生在深圳写作。但不间断的通信仍然是我向苏先生请教争取得到先生指导的主要形式。

1983—1987 年，是先生与我通信最频繁的几年。那几年辽宁及有关地区重要考古发现不断：1979 年辽宁省在朝阳市的凌源、建平和喀左三县做文物普查试点，发现东山嘴红山文化遗址；1981 年建平县文物普查，发现牛河梁红山文化遗址；1983 年秋冬之际在山海关外绥中县发现姜女石秦行宫遗址。对这几项发现，我都及时写信向先生做了汇报，先生也对包括这几处遗址的发掘和保护在内的辽西地区投入更多精力并不断将新的思考写信向我通报。有时是几天内连写数封（如 1986 年 12 月 22 日一天内连写两封，12 月 25 日又写一封），在 1986 年 12 月 22 日夜写的信中还对牛河梁遗址的发掘进展不理想和遗址保护存在的问题毫不掩饰地表达了他的急切心情。在先生心目中，辽西地区已成为由创建考古学文化区系类型理论向开展文明起源讨论过渡的重要试点和突破口，先生的一些著名观点如牛河梁女神庙等是“海内孤本”（1984 年 7 月 7 日信），红山文化“坛庙冢”是“仰韶与红山结合撞击产生的‘火花’”（1986 年 7 月 11 日信），渤海湾北岸的“碣石宫”是秦始皇“择地作东门”的“国门”所在（1986 年 8 月 29 日信），东山嘴、牛河梁所在地区重要遗址之间现在看来还没发现什么线索的“白地”也是保护范围（1983 年 12 月 16 日信）等，都是先生在写给我的信中最先表述的。不过，如果追溯先生给予辽西地区更多的重视，还要从最先发现的东山嘴遗址说起。

先生最早知道东山嘴遗址应该是从 1979 年 5 月 23 日我写给先生有关喀左县文物普查成果汇报的一封信中，那是我在普查途中写给先生的。当时东山嘴遗址已发现尚未发掘（当年秋季第一次发掘）；1981 年 6 月先生在京考古所曾观摩过东山嘴遗址出土的龙首玉璜和鸮形松石饰，但先生更为关注的，是遗址本身。东山嘴遗址第二次发掘前，先生在 1981 年 1 月 31 日写给我的信中，重点提到东山嘴遗址，建议“能再补充一些材料，多得到一些层位关系的材料，有必要”；1982 年 7 月先生特意委托到沈阳参加新乐遗址研讨会的李仰松先生会后去东山嘴遗址考察，在听取情况介绍后先生于紧接着召开的河北蔚县三关遗址考古工地现场会上，确定下一年的考古工地现场会在辽宁朝阳召开，考察东山嘴遗址，以探寻以张家口地区为双向通道和“三岔口”的南北交汇的后果。先生为什么对东山嘴这样一处规模不大的遗址予以特殊关注？1983 年 5 月 29 日先生给我的一封信中表述最为清楚，那封信是在参加郑州召开的中国考古学会第四次年会返京后写的，在那封信里除了对即将召开的朝阳会的筹备工作提出建议以外，特别谈到考古学会组织参观嵩山中岳庙时他的感受：“游览中岳庙给我启发很大。真佩服当年人们选择这一地点，确非偶然。总的环境风貌是四周环山，北面嵩山高耸，中间有颍水从西向东。庙位置坐北向南，庙后是高高在上的一座方亭式建筑，庙前是长甬道通双阙。你想，这多么和‘东山嘴’位置、地形、地貌相似！虽然我还没亲眼看到‘东山嘴’，它的南方不正是燕山高峰，北面是大凌河吗，只是同‘中岳庙’方向相反而已。”原来先生对东山嘴遗址最为看重的，是这个遗址与中国古代建筑群如嵩山中岳庙那样相近的选址与气势、建筑组合与布局。

1983 年 7 月 27 日，先生终于克服会议筹备时的周折，冒着辽西酷热登上东山嘴遗址所在山岗。实地考察后先生心中更有了底数。在朝阳市博物馆座谈会上先生作了题为《燕山南北地区考古》的学术报告，会后先生于 1983 年 12 月 16 日和 1984 年 7 月 7 日先后写给我的信中，在将辽西新发现的红山文化祭祀遗迹归纳为“坛庙冢”时，也是将东山嘴的祭坛与 30 公里以外的牛河梁遗址新发现的女神庙和积石冢联系在一起的（当时牛河梁尚未发现祭坛，但先生预见：有庙就会有坛，它们是配套的。1991 年牛河梁第二地点三号冢经解剖确认为祭坛，且为规模更大结构更标准的祭坛），还与邻近的大凌河两岸诸商周青铜器窖藏坑共同视为一个古遗址群。为此，先生开导我们不能就事论事，要将目光放到距今五千年到三千年间这个地区的社会和民族文化史角度思考问题。差不多同一时间先生在为《座谈东山嘴》所写的补充发言（刊于《文物》1984年第11期）中，又联想到古代帝王举行祭祀礼仪的禘、郊、燎，更同明清时期北京的天坛、太庙与明十三陵相比较，考虑其强大的传承力。1986年7月4日当我写信告知，新华社正筹划辽西考古新发现的报道并有记者要专访先生时，先生在信上批语说，“坛庙冢”作为仰韶文化与红山文化结合的产物，是“中华文明灵魂——民族精神核心”，点出了由红山文化考古新发现引发的即将开展的文明起源讨论的本意。

苏秉琦先生在东山嘴、牛河梁以及姜女石等遗址发掘开始时这些高屋建瓴的观点，对于从未接触过这样大规模遗址群的我和辽宁同事们来说，极具指导意义，促使我们的发掘、研究和遗址保护思路逐渐开阔，现场发掘越趋慎重，遗址保护则加大力度。由此回想，我到辽宁工作后，无论做专业还是行政工作，以通信等方式向先生求教，并一直得到先生的指导，确是一件十分幸运的事。

最后要说的是，据我的体会，通信的编辑不同于一般文稿，从信的收集到定稿，有太多繁杂的头绪需要一一理顺。刘瑞同志深知这批信件的重要学术价值，知难而进，在繁忙的野外发掘工作中尽量挤出时间安下心来作过细工作，还收集到前所不知的苏先生早年的通信，十分珍贵。这里受苏恺之先生委托，向支持和资助出版的中国历史研究院和考古研究所，向陈星灿所长和刘瑞同志表达真挚的谢意。

（2021年8月5日于沈阳御林家园）

凡　例

1. 以苏秉琦先生家藏书信（含信稿、电报、便签等）为基础，征集、整理各时期书信。明信片、邀请函、会议通知、唁电等择要收录。

2. 因公事由负责人签发的书信、邀请、发言（含贺信），列属单位信函。

3. 以人（含单位）为单元，按书信写作时间早晚排列；残信失名以“佚名”为目；诸人按第一封信的早晚排序；未署时间书信据内容考订后排序；仅能定年书信系该年之末；难辨时间书信按已知顺序置信件之末。个别关系密切者信件，排于一起。

4. 以通行简体字录文，信中误字、别字、衍字、合文及已废简体字在整理中径改不出注，难辨、残字用“□”标识，一“□”一字。

5. 信主校对书信时对原信所作删改不出注；内容与学术无关者省略。

6. 家藏书信原件者不出注，家藏书信复印件及学者提供者、自图书杂志搜集书信均注明出处。

7. 在保留原信格式基础上，酌情按现行出版要求调整不出注；标点、分段以原信为主，原误及段落调整不出注；直书右读无标点者按出版要求整理不出注。

8. 信主写信时原插、补、删、改的文字径直整理不出注，书信文字下自划线和圈点等标识照录不出注；信中插图、草图扫描后置于相应位置。

9. 人名、地名、书名、物名等专名均原样录入，不按现通行名回改，信主书写时一名异写酌情出注说明。

10. 苏秉琦先生读信时批注录于脚注，读信时在文字下划线以“═”、画圈以“…”标示。

11. 书信中夹呈工作简况或汇报材料录文整理，除苏秉琦先生作出圈点或批注者外，送呈审读的公文及论文仅录题名；书信中送呈照片、图纸、拓片酌情扫描后插入信中；现存信封内已无书信仅有照片者不整理。

目　　录

徐炳昶

徐炳昶（1888—1976），字旭生，1936 年任北平研究院史学研究所所长兼考古组组长，1950 年后工作于中国科学院考古研究所。

苏秉琦、白万玉—徐炳昶（1935）[①]

此次承主任徐先生命，以春节停工之暇，调查相传魏司马宣王与诸葛亮相拒所筑之三交城（注一）[②] 遗址之现状。因得便道以调查渭河沿岸之佛岩崖（注二）[③]、姜城堡（注三）[④]、石嘴头（注

① 原为苏秉琦、白万玉先生向徐炳昶先生提交的工作报告，未发表。苏恺之先生提出，该报告当作为首信，以纪念徐炳昶先生与苏秉琦先生几十年间深厚的师生情谊。

原报告未署年。据《斗鸡台沟东区墓葬》，斗鸡台第二次发掘从 1934 年 11 月 23 日起，至 1935 年 5 月 7 日止。报告言“以春节停工之暇”，在后附《斗鸡台考古见闻录》中，苏秉琦先生言“自二十三年十一月随同至陕西参加工作至二十四年六月返回北平”，春节未回，与报告时间相合。故推测报告完成于 1935 年。

② 编者按：此为原文夹注。注文原在文后，今录为脚注，下同。注一：《元和郡县志》云“三交城在县西十六里”，然去县十六里并无其地。县志云：“在县西四十里。”又据县志载党向如《游太平堡记》，言去佛岩崖不远也。

③ 注二：佛岩崖在县西四十里，当车辙镇与晁峪镇之间。省志称：“唐时岩裂，出佛五十三躯。”

④ 注三：姜城堡在县南三里，姜水南涯。遗址在堡东门外。徐先生曾于前年、去季两度调查，采集陶片石器不少，此次目的仅欲明其分布情形而已。

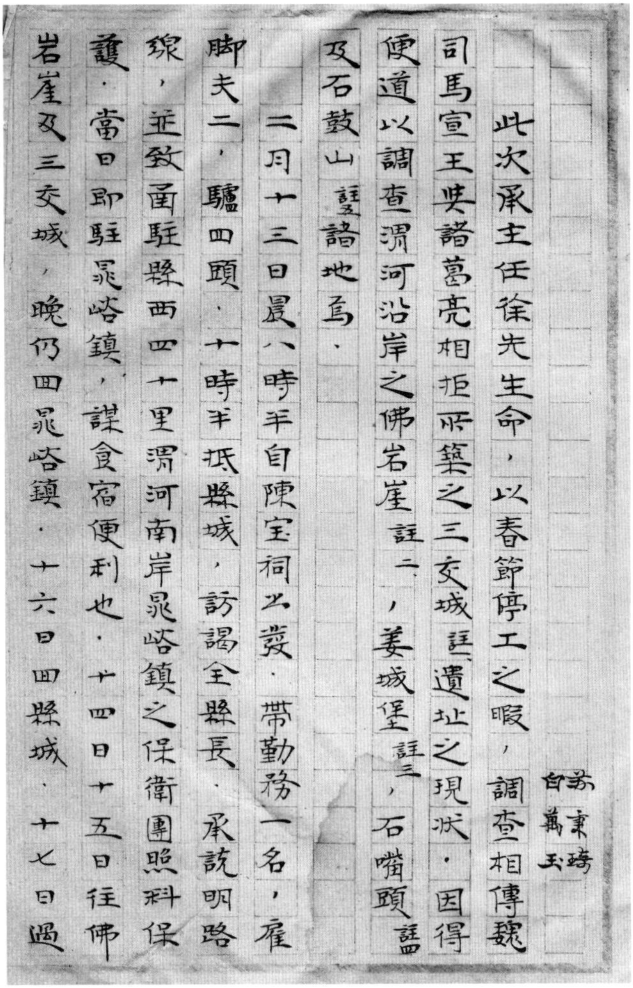
此次承主任徐先生命，以春節停工之暇，調查相傳魏司馬宣王與諸葛亮相拒所築之三交城（註一）遺址之現狀．因得便道以調查渭河沿岸之佛岩崖（註二），姜城堡（註三），石嘴頭（註及石鼓山（註五）諸地焉、
二月十三日晨八時半自陳宝祠出發．帶勤務一名，雇脚夫二，驢四頭．十時半抵縣城，訪謁全縣長、承說明路線，並致函駐縣西四十里渭河南岸晁峪鎮之保衛團照料保護．當日即駐晁峪鎮，謀食宿便利也．十四日十五日往佛岩崖及三交城，晚仍回晁峪鎮．十六日回縣城．十七日過
蘇秉琦
白萬玉

四）[1] 及石鼓山（注五）[2] 诸地焉。

二月十三日晨八时半自陈宝祠出发，带勤务一名，雇脚夫二，驴四头，十时半抵县城，访谒全县长，承说明路线，并致函驻县西四十里渭河南岸晁峪镇之保卫团照料保护，当日即驻晁峪镇，谋食

① 注四：石嘴头在县东南十余里，菌香河之左岸。

② 注五：石鼓山在县南十五里。省志云："石鼓本在此山"。去冬与何乐夫先生，随徐先生曾一至此地。

宿便利也。十四日十五日往佛岩崖及三交城，晚仍回晁峪镇。十六日回县城，十七日过姜城堡，经石嘴头及石鼓山返回二次，兹将沿路见闻及调查结果，概述如下。

自县城至晁峪镇

土人云：陇县有土地，岐山有周公，虢县有城隍，凤翔有速爷，而宝鸡则有火神，各主一方，享祀最崇，每当季丰岁稔。旧历正二月间，城乡各地，皆演唱社戏，用酬神庥。吾等出县城时，正遇县西十余里林家村迎接火神之行列，除以八人轿抬偶像外，执事，鼓乐，社火及香供等绵亘里余，浩浩荡荡，情形至为热烈，神为女像，不知出自何典。出县城西里许，抵玉涧河，县志每称“左金陵、右玉涧”，实则细流潺潺，水量远逊金陵。所谓“树木阴翳，清气袭人”者，其为文人夸饰欤，抑今昔有所不同矣？过玉涧河有太平堡，北可望长寿山前之牛头寺，松柏数十株，尚有“疏林霭静，青崖滴翠”之致。县西约十里，过峡石桥。桥为宝鸡八景之一，曰“峡石虹梁”。石崖对峙，涧水中流。自此而西，渭河河身逐渐收束，两岸夹山，水流激湍，傍河土原，即尽于此。再上曰宝鸡峡（照片）①，年来计划中之渭河水利，即拟在此施工。于太寅河入口处渡渭，向西南行，渐远渐高，曰献头岭（或县头岭），路经新修，宽一公尺余，时山上积雪尚厚，路面泥深没胫，而泥下则为坚木。山坡陡峭处，步履维艰，时虞失足，四周诸山，其倾斜处皆垦为耕田，俨如阶梯，井然有序。岭最高处，有寺曰“玉台观”，位于路侧，下山过小宁河，离县仅二十里，时已下午三时矣。再西行峰回路转，丘岭甚繁，起伏若浪，树木渐多而耕地则即狭促硗确，故居民甚稀。每一聚落，户常不过三五，故图籍中亦无甚名称。计越山头凡四，始于暮色苍茫中抵晁峪镇。环镇皆山，一径可通。住户百余，如在釜底。于镇西北角觅小店投宿。板门临街，屋约两丈见方，用土墙隔其一角，方可一丈，内外均有土园。

① 原文如此。推测文字当原附有照片，今仅存文稿，照片未见，下同。

客住里间，脚夫住外间，至此已算讲究者矣。门槛对联曰："进吾店有酒有饭；出我门不饥不寒"，额曰"碗大面长"，实在并无酒饭，唯白水煮面加麻糖（即油炸麻花）而已，然食之甚甘。尽自县城动身，尚未进颗粒也，饥易为食，信然！稍息去保卫团部，在月光下，全镇景物，隐约可见。镇外丘陵起伏，其隆起处，层层积高，略作方形，有如古巴比伦式之寺庙。至保卫团部，队长昝君以去佛岩崖及三交城之路线见告，并派团丁保护。未谈及该团所驻之普济寺。镇有张姓某，业油漆木匠兼能医，治病多验而不受酬，遂由合镇居民聚资购料，张某一人，建造该寺。今其孙辈，尤居镇中，继其祖业也。寺之正殿三层，中供火帝真君，左孔子，右岳飞，旁则为张某塑像。文武人神，聚于一堂，国人信仰，固如是也。

佛岩崖

十四日晨在保卫团部早饭后，十时出发。自晁峪镇往东，越土山后，过一小桥（照片）再登山，折而北行，约五六里抵渭河，河流纡曲湍急，渡河后，抵坊塘铺，借保长宅休息。客室楹联曰"光分郎苑金莲炬；手拓陈仓石鼓文"。石鼓于陈仓，直如家珍也，询以有无出土古器物，保长出长柄三足有流之铜鐎斗一件，高约十余公分，口径亦如之，柄长约二十余公分，口缘及足均向外卷，足柄扁平，腹形如桶。至于陶类，据云亦有发现，但无完整保存者。出保长宅，沿小溪北行，地面尚不少绳纹陶片之属。约二三里，悬崖对峙，松柏成荫（照片），溪右"危峰崒然，如高冠，如长剑，如蹲虎，如佛头之螺髻者"（《县志·游太平堡记》）即三交城是也（照片）。溪左为佛岩崖，巨石嶙峋，玲珑透剔，如叠如镂，气象雄奇，层楼叠阁，点缀其间，尤似意匠天成也。最南为睡佛庙（照片）石级百余，庙凡三楹。睡佛长约八公尺。其北约千佛顶（照片）有康熙三季碑，为（国史院大学士户部尚书意先山人党崇雅）所撰，言该庙为僧淡虚重修云，又一碑卧地，文已漫灭。此外有雍正八季铸铁钟，及嘉庆二十四年铸铁磬、泥塑佛数十尊极粗陋。再北曰祖师楼（照片），有明嘉靖四十三季铸香炉及民国五季重修祖师楼碑二。出祖师楼时，日已平西，遂首途返晁峪。渡渭河后，沿河南山腰小径西行（照片），山径本极狭促，更有数处为山上砂砾所掩埋，深可没胫，随风而下，状如流水，上则悬崖如壁，下则激流振耳，路径不辨，时虞失足，渡过后犹惊悸不已。折而南，沿溪谷行，回镇时已星月满天矣。

三交城

十五日晨九时，自晁峪镇出发，仍沿昨日归路而往，直至新城庙（照片）。庙在溪谷中，与佛岩崖相对。其碑文云："今当佛岩之西，则有附秦寨，望渭滨，左如蟠龙，右如虎踞，后人易名为龙虎者，非其地欤?""庙中旧有观音洞，洞前大殿一楹，关帝庙一楹，龙王庙一楹，后于乾隆之季，遭回禄之灾。"今其规模，大体仍旧。沿庙北山径上，至中途路为乱石所阻，遥见山腰寨门，与党太保之意先居，所谓"路横岩腹，霞归烂空，危楼陡竖，为是寨第一关者"，盖即指此（照片）。然可望而不可即，遂折回原路，改自南侧攀援而登。愈高愈陡，手足并用，犹感不足，状殊狼狈，然终达极顶。悬崖壁立，溪流环绕，远则层峦叠嶂，近则绿柏成荫，风景绝佳，山顶南北长约六百公尺，东西宽约四十公尺，其形如带。中部隆起，东西略低。总计面积约四十亩。泰半为耕地，周围多灌木，房舍棋布，计十余处，然具无居人。闻尝为盗匪所据，居民已迁往山下矣。步行数周，未见堡寨痕迹，始悟"城阙天成"之语，不禁失笑！意先居在东面山腰，旧有木桥可通，今已朽折。又小五圣庙一，前有泉水，滴沥不绝（照片）。地表有绳纹灰陶片，含砂砾红陶片及粗绳纹瓦片等，但不甚多。时云雾四合，照相多模糊。经西寨门下山，渡渭河时，已近黄昏矣。

十六日自晁峪镇返县城，驻县城西汉旅馆。

十七日晨八时余自旅馆出发，经县城南，西南行，渡渭河，即达姜城堡。

姜城堡

先访问该地住户有无出土古物，土人遂取出陶器数件：一、灰

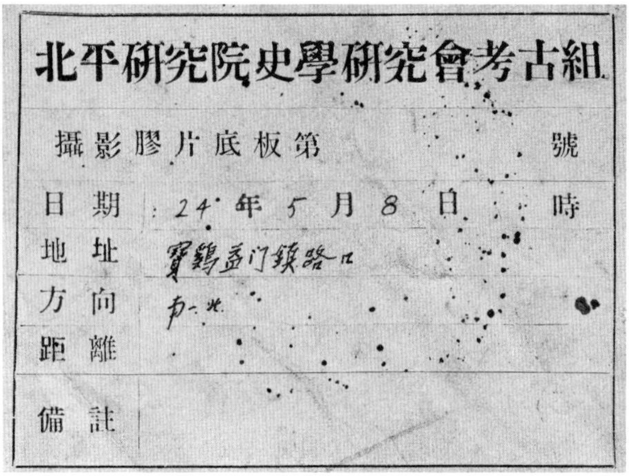
北平研究院史學研究會考古組
攝影膠片底板第 號
日期 24年5月8日 時
地址 寶鷄益门镇路口
方向 南-北
距離
備註

北平研究院史学研究会考古组相片袋

绳纹陶壶，高约三十公分；二、黑陶瓶，高约四十公分，有龙首御环双耳。三、绿釉陶鼎，体圆，足短向外，两耳高出，口缘与腹之间状如蜂腰。继往姜城堡东遗址，为低地一块，面积约二十亩。沿边灰土层内，陶片极多，此或因土人掘地用土而成，则曝露于外者，仅遗址之一部，其整个面积，或甚广大也。采集品计：

粗制红陶片——含砂砾，绳纹、刻划纹等类；

精制红陶片——着色及不着色；

印纹灰陶片及陶环；

陶鬲片；

石器——残，磨制青石锛；

蚌片。

陶片口缘部分，多厚而小，当为瓶、罍或尖底袋状陶器之属也。

自此沿渭河南岸东行，沿土坡见墓道数处，午抵石嘴头。

石嘴头

地在茵香河西岸，突入渭河，形似半岛。上有土堡，堡内居民仅四五家。据云昔有数十户，大灾期间，逃亡殆尽，劫后余生，言下犹有余痛也！堡北沿西坡有废窑洞多处，高可逾丈，灰土自洞顶塌下，积层甚厚，陶片随地多有，其种类：

粗制红陶片——含砂砾或不含砂砾，绳状纹或刻划纹；

精制红陶片——着色及不着色；

灰陶片——绳状纹，刻划纹及无花纹。

内有宽平口缘部残片，缘宽四五公分，更有卷形口缘及扁平耳部残片等，形制亦甚大，似盂、盘、壶、罍之属。北端及东坡陶片甚少，东南面又较多，有粗绳纹瓦片及残花纹砖，更得灰石镰刀一个。石嘴头更南坡下，茵香河旁有石鼓寺，寺仅敝屋三楹，内供佛像，有嘉靖十三季重修石鼓寺记碑，为高奋翦撰文，摘录如下：

“去邑东南十余里，蜿蜒南来如蛇然，自鸡峰而下，逼邻渭水。其山之阳，有寺颓废有季，荒烟蔓草荆榛满目，遥望之不啻寒郊一荒冢耳！父老尝曰：此古之大刹也。昔之石鼓，实出于此。丁卯冬居人谨重修焉。……为槁佛殿三楹”云。有匾额曰“鹫岭胜瞻”。

石鼓山

自石鼓寺渡茵香河即石鼓山。山之东南两坡均有灰土层，惟以时间甚促，足迹所至，限于北端之一小部。以吾人推测，沿西坡而南，即茵香河岸，或仍不少先民住居之遗迹也。采集所得：

精制红陶片——不着色；

粗制红陶片——绳状纹；

灰陶片——绳状纹，刻划纹或无花纹；

石器——完整磨制青石器（刀或錾）一件，长十五公分半。

考《元和郡县图志》：“三交城在县西十六里，司马宣王与诸葛亮相拒所筑。”又《太平寰宇记》称：“三交故城在县西四十六里。《耆旧传》：司马宣王与诸葛亮相拒于此，因筑此城，十六国苻健于此置武都郡。”（晋咸安二年，苻坚陷仇池，置南秦州，始有武都之地，苻健称号关中，秦河未定，侨立郡县也。）《宝鸡县志》云："三交城在县西四十里，地处三交，因以为名。魏司马懿于此筑城以阻武侯，名太平堡。""又为苑川县界，苻登太初二年，乞伏乾归据苑川，自号西秦，故俗呼为秦王寨。"又《读史方舆纪要》云："三交城在县西三十里。"夫所谓三交城者，既累见记载，必实有其地。按今址位置，与县志符合。但其地虽有汉魏陶片，足征古有居民，然实无城垣痕迹，地域促迫，不能筑城，更无论置郡。且所谓地处三交者，亦难索解。十六里约当宝鸡峡一带，四十六里或三十里即今址上下，均无筑城之迹与可能也。

宝鸡秦曰陈仓，至晋县废，隋开皇十八年，复陈仓县，大业十年移于今理。《元和志》所载州郡都城山川冢墓，当均有根据。但不载其所引用书传名目，是其缺点。志载：三交城在县西十六里，司马宣王与诸葛亮相拒所筑，与《太平寰宇记》所引《耆旧传》文略同，或亦本此书而未加订正。书为陈寿所撰（《晋书·陈寿传》"撰《益都耆旧传》十篇"）在移治之前，距离当就故城而言。本院考古组所发掘之斗鸡台，为陈仓旧址，西十五里即今治也。其地东至凤翔，西达天水，隔河与益门镇相应，为入汉中要道，当三路交通之冲，可谓地处三交。又今县治左有金陵川，右有玉涧河，南临渭滨，上二水均南入渭水。三水交流，与三交之称亦不无关合。县志于三交城条下云："魏司马懿于此筑城，名太平堡。"今三交城附近，既无城垣遗址，而离县城里许之玉涧河西却有地名太平堡，去旧县治约十六里。且新治移此，必非仅以地势冲要，迨亦有所凭藉。意者，古三交城址，或即在此附近。而《太平寰宇记》之四十六里，或即西十六里之误。迨迁治之后，传袭旧说，于治西十六里及四十六里处，既不得故城之踪。遂误以西四十里之遗址为是，《读史方舆纪要》称三十里，或为折中诸说约略之词乎？

至今三交城内之汉魏陶片，当自有说。按陇山介秦陇之间，"在陇州西北六十里，山高而长，北连沙漠，南带汧渭，关中四塞，此为西面之险（《读史方舆纪要》）。陇关，即今关山，在州西八十里（《陇州志》）。自曹魏以来，秦雍多故，未尝不以陇坻为要害地。虽然，陕甘交通，陇关初非唯一孔道，沿渭河上溯，虽不通轨辙，但有人行间道，可直达天水。今之商旅。犹多道此间者。晋义熙八年，“仇池公杨盛叛扰祁五泉县”。）又《读史方舆纪要》称：“靖远衙（今靖远县）有苑川城，在衙西南。”又云：“宝鸡有苑川城，乃苻秦侨置，后魏移置陈仓故城中。”与西秦所都之苑川无关，此说尽全出附会者也。

附：斗鸡台考古见闻录①

（一）楔子

本院于二十二年冬，与陕西省政府合组陕西考古会。二十三年春，开始在宝鸡县的斗鸡台发掘。到了二十四年五月，才暂告结束。由所获资料证明，该遗址大约就是陈仓故城。

我自二十三年十一月随同至陕西参加工作，到二十四年六月返回北平，大约在陕西有八个月的工夫。除发掘和调查的资料都将在报告中发表外，现在把耳闻目见的一些零星事物和感想写出来，以志鸿爪。

（二）出发途中

二十三年十一月十九日早晨八点钟，我们全体工作人员随同主任徐先生，一行共十一个人，乘了省政府代备的两部载重汽车，从西京分会出发。车厢装满了行李、箱子，和一切日常及工作器具，人就坐在上边。这种客货并载的办法，是西北交通的惯例（听说现在国营西兰公路有柴油引擎大客车）。因为夜间下了一阵雨雪，早晨还阴沉沉的。穿起全套的冬装，还有点瑟缩。车离开西京，向西北开行。我们高高的坐在车上，迎着峭厉的西风，引起一种悲壮

① 发表于《国立北平研究院院务汇刊》1936 年第 7 卷第 2 期。在之前已出版的苏秉琦先生作品集中均未收该文，考虑此文是苏秉琦先生开展斗鸡台考古之余调查所见，遵苏恺之先生意见，附录于致徐旭生先生信后。

的情绪。

约一小时，到了渭河渡口。地去霸桥不远，是陕西的八景之一。但看不见那画图上的两行杨柳，只有挟着泥沙的滔滔洪流。可以说是具体而微的黄河，毫无趣味！渡船很大，可以载人载车两部（照片）。过了渭河，便是咸阳。因为这一带是周、秦、汉、唐的故都所在，远望去尽是大大小小连绵不断的丘陵冢墓，下边埋葬着我们的列祖列宗、先公先王。因此我想起了那些威名远播的民族英雄，和他们不朽的功业。只恨国势陵夷，这些轩辕的子孙们，竟将保不住祖宗的坟墓了！固然现在的关中，已经不是“天下之游”，足以“制天下之命”了。但宋南渡后，退守和尚原，中原便终不能收复，现在长城已毁，屏藩尽失，陕西仍然值得重视。

从咸阳到兴平，再到武功。穿过各县县城的时候，看见各县县城门上边都有“建设新□□”的大字标语。可是城内却除了县政府、县党部、城隍庙、学校，和中心区域的一些杂食摊、小杂货铺之外，就是许多去了屋顶门窗，只剩下颓断的土墙，罗列在瓦砾堆里的建筑遗迹，纪念那次惨剧。这都是当年书香世家的渠渠厦屋，它的主人早已生死不卜了！街上贴了许多“领照是人民的义务”，“领照可以得到种烟的权利”，这一类由禁烟机关所制的提倡种烟的标语。初看见的时候，当然觉得矛盾。可是等我们听说过去“白地派款”的情形后，又不能不承认这已经是莫大的德政了。

从武功经过扶风、岐山，到凤翔，汽车路的南边，渭河的北边，有土原连绵不断。据《扶风县志》“三畤原”条下说“《太平寰宇记》：在扶风县南二十里。今以地形考之，西抵凤翔汧水，东临武功武亭川，北临沩水，南俯渭滨，修可二百里”，大约就是指此。

所经过的几县，正当陕西盆地的中心，大致平坦。《禹贡》说“厥土黄壤，田上上”，一点不假，那种深黄而带黏性的土，在河北河南两省实不多见。我未到陕西之前，因为年年听说陕灾，总以为陕西一定是个硗角不毛之地，不然何以年年闹灾？现在才知道原来“田”确是“上上”，所差的就是雨量不足。如果能够疏浚旧有的沟渠，广兴水利，可称天府之国。因此想起民国十九年二十年的空前浩劫，说是天灾，毋宁说是人祸！当时我们只听募捐办赈的人说，一元钱救一命，哪知道一升（约三斤）小麦卖到一元八，可是一亩地还许卖不了一元八，怎么能不饿死！

沿大路两旁，树立的神道碑非常多。碑楼的建筑，有的也很讲究。其中大半是“某某处士”或“某处士之妻”，还有“待赠处士”之类，足见这种风气在陕西之盛了。我们自早晨八点钟动身，除了修理车胎，约耽搁了一小时外，路上没有休息，也没吃饭。暮色苍茫中，到了凤翔，就在栈房住下。

二十日早晨比昨日更冷，约一两个小时便到汧水岸。正当秋汛之后，水势还大，汽车过不去。于是把行李箱子用具等都卸下来，改装骡车和驴驮。因为雇车和装卸，费时很久，等我们步行到斗鸡台陈宝祠的时候，已经太阳平西了。从《史记·封神书》和《汉书·郊祀志》，我们知道这陈宝祠在秦汉两朝，颇为煊赫。国家祀典中虽然“唯雍四畤，上帝为尊”，可是“光景动人民，则为陈宝”，盛况可以想见。现在雍的四畤已经不知道在哪里。光景动人的陈宝，也式微的不堪了。现在只有不大的三间正殿，三间门洞，和四小间东西厢房。陕西考古会的临时办公处，就设在此地。各屋都门窗洞开，我们立刻找来些高粱秆作窗棱，用麻纸糊起来，然后把行李铺在旅行床上就睡了。夜间凉风阵阵，真有说不出来的凄清滋味！

（三）宝鸡方言

陕西省的中部（旧关中道）和南部（旧汉中道），因为中间隔了秦岭，所以在自然方面，和人文方面，都有显然的差别，语音也是其一。宝鸡正当入汉中的路口，去西安和南郑的距离，大约相等。因此宝鸡的语音，有的和西安相同，例如“这里”说“ㄗㄉㄚ”，“ㄗㄅㄤ”，“ㄗㄇㄧㄢ”，“那里”说“ㄨㄉㄚ”“ㄨㄅㄤ”“ㄨㄇㄧㄢ”；有的和汉中相同，例如“书”“树”“叔”读“尸”；更有些是宝鸡所特有的，例如说话常带“ㄧㄎ”的语尾；呈一种杂粿特殊的现象。

宝鸡话不但和国语不同，和西安话也有很大区别。当我们初到西安的时候，和本地人说话，虽然觉得有些别扭，大半还能听懂。可是一到宝鸡就不同了，我们说话，他们不懂；他们说话，我们不懂。过了几个月以后，才渐渐地能够和他们随便谈话，不觉得困难了。现在把所想到的凡是和国语音读不同的字，或原字不明的土语，分类举例如下。

关于土音方面

音变

一、齐齿呼读开口呼例：

家（jia）读若“阿”（a），例如“戴 a 湾”“张 a 村”。

下（shiah）读若“哈”（ha），例如村名“张家底下”，读若“张阿底哈”。

鞋（shye）读若“孩”（hai）。

巷（shiang）读若“杭”（hang）。

粘（nian）读若“然”（ran）。

二、合口呼读开口呼例：

珠或猪（ju）读若“支”（jy）。

乱（luann）读若“爤”（lan）。

谁（shuei）读若（sei）。

书（shu）读若“尸”（shy）。

颅（lu）读若“娄”（lou）。

树（shuh）读若“尸”（shy）。

三、开口呼读合口呼例：

叩头的“叩”字、一颗两颗的“颗”字，读若“ㄎㄨㄛ”（kuo）。

乐（leh）读若“虏”（luoh）。

河或何（her）读若“活”（huo）。

四、齐齿呼读合口呼例：

小（siaw）读若“绥”（suei）。譬如说“da-uoy-rik，suei-uay-rik”就是“大的小的”。

五、翘叶声（后舌叶音）读如平叶声（前舌叶音）例：

因为从前有人把知、彻、照、澄等翘叶声当作舌音，把精、清、从、心等平叶声当作齿音，所以章太炎古双声说“类隔齿舌，有时旁传”。

生（sheng）读若“僧”（seng）。

这（jeh）读若“自”（tgyh）。

谁（shuei）读若“ㄙㄥ”（sei）。

山（shan）读若“三”（san）。

寻（shyun）读若“姓”（sing）。

六、翘叶声读唇齿声例：

水（shoei）读若“匪”（fei）。

睡（shuey）读若“费”（fei）。

七、舌尖声读平叶声例：

爹（die）读若“接”（tgei）。

八、舌根声与唇齿声相混例：

我（woo）读若“俄”（ngo）。

虎（hun）读若“弗”（fu）。

九、端（d）透（t）相混例：

蛋（dann）读若“探”（tann）。

稻（daw）读若“套”（tou），“稻子”说“toutg”。

弟（dih）读若“替”（tih）。

头颅（tour-lu）读若“斗娄”（dou-lou）。

十、来（l）泥（n）相混例：

奶（nae）读若“来”（lai）。

难（nan）读若“蓝”（lan）。

煖（noan）读若“卵”（luaun）。

十一、影（y）读疑（ni）例：

眼（yean）读若“念”（nian）。

言（yan）读若“年”（nian）。

硬（yeng）读若“宁”（ning）。

十二、儿（el）日（ro）相混例：

耳（eel）读若“惹”（re）。

日（ryh）读若“二”（el）。例如“el-tow”，就是“太阳”的意思。

十三、帮（b）滂（p）相混例：

白（bair）读若“佩”（pei）。

十四、精（tz）清（ts）相混例：

坐（tzuoh）读若“错”（tsuoh）。

韵转

一、真、文、侵、元转东、庚、青、蒸，例：

陈（chern）（真）读若“程”（cherng）。（庚）

很（heen）（阮）读若“横”（heng）。（庚）

分（fen）（文）读若“丰”（feng）。（东）

人（ren）读若“仍”（redg）。

秦（tsin）读若“青”（tsing）。

村（tsuen）读若“匆”（tsong）。

门（men）读若“孟”（meng）。

阵（jenn）读若“正”（jong）。

二、阴阳对转例：

咱（tzarn）读若“卡”（chia）。

三、隔越转列：

渭（wcy）（脂）读若“凵”（yuh）。

四、支脂相转例：

虢（gwo）（支）读若“鬼”（guei）。

眉（mei）（支）读若“密”（mi）。

客（keh）读若“ㄎㄣ”（kei）。

碑（bei）读若“逼”（bi）。

麦（man）读若“墨”（mei）。

五、鱼、支、旁转例：

榆（yu）读若“日”（ry）。

六、歌队旁转例：

白（bair）读若“佩”（pei）

关于土语方面

一、单字

bia（ㄅㄧㄚ）意若“贴”。例如“bia 对子”，就是“贴对联”。

chuo（ㄔㄨㄛ）意若“扫”。例如“chuo i-hah”，就是“扫一扫”。

hoan（ㄏㄨㄢ）意若“歇”，或“休息”。疑是变换的“换”字。

keen（ㄎㄣ）意若“常常的”或“容易”，例如“keen 出乱子”。

liao（ㄌㄧㄠ）意若“漂亮”或“美”。

sha（ㄕㄚ）意若“头”，疑是“首”字或“什么”。

sing（ㄙㄧㄥ）意若“寻”，或“找”。

tsei（ㄘㄟ）意若“掘”，例如“tsei 土”。

tza（ㄗㄚ）意若“怎么”，例如“你 tza 不 nian-chuan”？就是“你怎么不说话”？

ur（ㄨㄦ）意若“那边”，回答用。

二、复字

a-da（ㄚ ㄉㄚ）意若“那里”发问时用。

chia-meng（ㄑㄧㄚ ㄇㄥ）意若“咱们”，或“我们”。

chian-huo（ㄑㄧㄢ ㄏㄨㄛ）意若“舒服”，或“得劲”。

dou lou（ㄉㄡ ㄌㄡ）意若“头颅”。

el-tow（ㄦ ㄊㄡ）意若“太阳”。

hu-ji（ㄏㄨ ㄐㄧ）意若“土坯”，疑即“土墼”二字。

yeh-lai-guo（ㄧㄝ ㄌㄞ ㄍㄨㄛ）意若“昨天”。

you-i-ha（ㄧ ㄡ ㄧㄏㄚ）意若“逛”或“玩”。

lai-dou（ㄌㄞ ㄉㄡ）意若“奶”。

liao-huo（ㄌㄧㄠ ㄏㄨㄛ）意若“美”或“漂亮”［liang-tsing（ㄌㄧㄤ ㄘㄧㄥ）意若“明白”］。

man-tang-han（ㄇㄢ ㄊㄤ ㄏㄢ）意若“不住地出汗”。

nian-chuan（ㄋㄧㄢ ㄔㄨㄢ）意若“说话”，疑是“言语”两字。

mian-shy-guo（ㄋㄧㄢ ㄕ ㄍㄨㄛ）意若“去年”。

ta-hu-ji（ㄊㄚ ㄏㄨ ㄐㄧ）意若“打土坯”。

tow-chih（ㄊㄡㄑㄧ）意若“从前”。

tga-dah（ㄘㄚㄉㄚ）意若“奇怪”。

tzy-bang（ㄗㄅㄤ）意若“这边”。

tzy-mian（ㄗㄇ ㄢ）意若“这边”。

tzy-i-cheng（ㄗㄧㄓㄥ）意若“这一阵”，或“现在”。

ua-tzy（ㄈㄚㄗ）意若“小孩”。

u-da（ㄨㄉㄚ）意若“那边”，回答用。

u-bang（ㄨㄅㄤ）意若“那边”，回答用。

w-mian（ㄨㄇㄧㄢ）意若“那边”，回答用。

三、语助或语尾：

hih 例如“sharik”？就是“什么”“碗哩克”。

sd 例如“tow-chihsd”就是“从前”。

dawl 意若“到是”，例如“dawl 好么”。

way 意若“的”，例如“大 way，suei way”，就是“大的，小的”。

（四）斗鸡台附近的生活和礼俗

本地人民的经济状况都非常困窘。没有五十亩田以上的地主，没有上千元的资本家，所谓贫富，不过是大贫和小贫的差别罢了。至于贫困的原因，可以分作自然的和社会的两方面来说。

自然的原因：第一是耕地不足。例如陈宝祠所在的戴家湾，全村约六十户，耕地共不过四百亩。所以每户占地最多的不满五十亩，普通只三五亩。闹灾的时候，饿毙逃亡的，大约不下十分之三四，可以想见原来人口的稠密了。第二是雨水缺乏。因为“原地”和“坡地”占耕地的大半，所以常患雨量不足。这一带的庙宇多供着“火帝真君”，也许是苦旱的缘故。“滩地”只占一小部分，比较耐旱。有的还可以引水种稻，不过面积不大，有时河身改道，淤上一层泥沙，膏壤便立刻变成了不毛之地。

社会的原因中，最重要的，是种烟的结果：一、因为种烟占去了最好的麦田，食粮不足，还需要仰赖输入，所以价格提高。二、烟价低廉，吸食方便，因而吃鸦片极端的平民化和普通化，结果烟土出产的大半，都归本地消耗。三、人口虽然稠密，劳动反感不足，以致提倡农村副业和出外谋生几乎全不可能。以上不过随便举出几点，至于我们所耳闻目睹关于种烟的情形，等下一篇再说。其次，是高利贷的剥削，我未到陕西之前，听到前几年闹旱灾的时候，许多灾民都卖掉了亲生的子女，来多延续一会他们的垂绝的性命，他们一定早把地卖了。因此我想那时候土地的兼并，一定很剧烈。到陕西后，虽然也常听人说汉中有一县，全县的土地，都是几个地主的；三原、泾阳一带，因为有灌溉之利，有些达官富贾在那里置产。然而这种情形，在斗鸡台并不显著。土地的分配，还不大悬殊。可是高利贷却很普遍。十来亩田产的家庭，负几十元的债务的很多。利率普遍十分。虽然有的稍低一点，可是当烟苗正需要上肥料的时候，那种短期借贷，普遍是一元借款，还烟土五两。不过三个月的功夫，几乎就是兑本兑利！鸦片和旁的庄稼不同，非用肥料（豆饼最好）不可。种烟的人交罚款，用工人，已经花去不少的本钱，如果歉收，一定赔累。当用钱孔急的时候，也就不得不用这阎王债了。由于以上社会的和自然的两种原因，所以就在丰收之年，还是呈现非常贫乏的景象。

我们再看他们的衣、食、住、行，他们的衣服，多半只有一身，并且夜间还要穿着当被褥。十来岁的女孩子冬季只穿一件短棉袄不穿裤子的，我们也曾亲见过。简陋的情形，可想而知。衣服的材料，大都是用本地棉花，自纺自织的土布。幅宽约一尺半，一元可以买一丈三四尺。质地比河北早年所出的小布（就是手织土布）匀细，这是原棉稍好的缘故。比粗市布厚重一点。可是现在四十码长、约三尺宽、十四磅重的土布，才卖六元余，比这种土布，便宜一倍多。将来因为交通便利，这种乡村手工业，恐怕不久也要步其他各地的后尘，渐归消灭。陶希圣先生曾说过："纺织是乡村抵抗都市的最后武器。"不过所谓乡村的纺织，如其想存在的话，恐怕也非采用机器不可。衣服的颜色，男子通常用靛青色，或元青，青年妇女多是大红大绿。老妇多用深毛蓝。总之都是单纯的颜色。再看城市中所着衣料的颜色的复杂情形，真让人有"目盲"之感！服装样式，男子平常都是长裤短袄，戴瓜皮帽。妇女的袄，长不到膝盖。常镶着很宽的花边，她们不戴帽子，有时候用布包头。

因为种麦比较多，所以吃麦和杂粮大约相等。面食的做法，"ㄍㄨㄛㄎㄨㄥ"最普遍，其次是馒头，还有一种叫"麻糖"，就是北平的油炸麻花。"ㄙㄠ子面"就是汤面里边加些肉丁花菜。"醪糟"比江米酒淡一点，有时候用它煮"麻糖"。"醪糟"和"ㄙㄠ子面"两种听说四川也有，名称和作法都一样。一天三餐，晚饭特别叫做"喝汤"，因为他们都是日出而作，日入而息，所以晚饭不很重要，和城市生活正相反。

住的问题，在这里比较容易解决，因为自然赋予了他们一种细密坚实的土壤，他们可以不须要任何材料，只要靠着原土坡，花上二十来工的劳力，就可以造成一个约两方丈大小、十来尺高的房屋——窑洞，也可以支持十来年的功夫。里边半截是土炕，洞口拿土坯垒一堵墙。留下一个小门和小窗洞，室安置在门里边。再有一个窑洞堆积一切农具粮食柴草和杂物等等，这就是一个五六口的家庭的住宅。两个窑洞前边，再用土坯垒一堵墙，围成一个院落，加上一个板门的就是少数了。这种住居，虽然空气不很流通，并且缺乏阳光，但它确乎是冬暖夏凉。陕西的气候虽比北平暖些，可是冬季也常在摄氏表零下七八度。他们几乎可以说没有被褥，就穿着白天的一件棉袄，睡在光土炕上，就能过冬。在夏季因为阳光晒不透，所以比普通的房子的温度低。徐先生常说三伏的节气起于秦德公，《秦本纪》德公都雍，在现在的凤翔城南。大约就是因为这一带的人夏天都伏在窑洞避暑，所以叫做“伏”。因此比较富裕一点的人家，虽然有房，他们也宁愿住窑洞。房子的建筑，多用土坯墙。除了庙宇，很少用砖墙。屋顶却多半用瓦，有时候也用泥，厢房屋顶的样式，都是向天井一面倾斜。

交通工具非常的简陋，因为地势不平，所以没有大车（贾村原上有）。搬运东西用牲口驮，或用手推车。代步用驴，农闲的时候，牵着小驴，在大路上（通汉中）揽客，这是他们唯一的副业。

娱乐方面，最主要的是戏剧，陕西是秦腔的发源地，这大约是因为陕西人特别爱好戏剧的缘故，只宝鸡一县，听说就有三个戏班。近两年年境稍好一点，从旧历正月起，直到割麦的时候，几乎每一个中等的村落，都要轮流着唱一场戏。一次三天，普通代价一百元上下，其余的杂费，也须要这些。这项开销，在一个贫瘠的乡村，实在不是一个很小的数字。工人们辛苦了一天，晚上还要到一二十里外的村庄去看戏。至于因为附近村落唱戏，工人们全体宁愿牺牲工资去看戏，以致我们的工作不能不暂停的时候，也不只一次。他们尤其好唱，随时随地，常常可以听到那种凄凉悲壮、古朴无华的歌声，正和陕西人的刚毅质实的民性一样，大约是受了那雄奇的太白太华的启示。乍听的时候，也许觉得它刺耳和单调。听惯了以后，就会觉得和那白雪皑皑的秦岭有一种协和的美了。常有一个老汉——那可是一位民间艺术家——到我们工作的地方来。我们给他一两支纸烟，他就高声地唱起了他自撰自谱的“打白狼”“打郭坚”。工人们都倾耳静听，似乎心领神会，大有诗人荷马的风味。

唱戏都是拿酬神为名，还有一种酬神的赛会叫“社火”。由一个村落单独的，或几个村落联合起来，在春季举行。挑选十几个或几十个儿童和壮丁，完全照舞台上的化妆。人物大概是以关公为主（照片）。化妆完毕以后，骑着驴或骑马，前头打着锣鼓，还有些人捧着香供。浩浩荡荡地排列成一行，在庙前边走两趟，然后到庙里烧香放炮，就完了。有的不用牲口，用木板作成舞台大小的一辆车，用十来个牛拉着，这种叫“车社火”（照片）。

还有“灯彩戏”，和“滦州影”仿佛，唱辞和秦腔戏剧一样，因为比大戏省钱，所以尤其普遍。二十四年春天，单只陈宝祠附近就唱了两次。

婚姻可以说完全是买卖式的。不论贫富都讲价钱，普遍从三二十元到一二百元。我们曾去参观我们的一个工人结婚，他告诉我他是前几年订下的，当时只花了十八元和几升小麦，并且说“这两年年境好一点，人很缺，不容易办了”。

婚姻既是买卖，所以仪式很简单。结婚的前一天，男家预备几桌酒席，打发一乘轿子到女家。新娘坐着轿子在前面，几个伴娘和送亲的都骑着牲口，跟在后边（照片）。另外有两个人抬着嫁妆箱子。没有乐队，他们说只有丧事才用音乐。一行走到男家，在门口外边停住。男家出来一个老妇，拿一只织布机杼给新娘抱着。然后两个伴娘才把新娘扶出轿子，在铺好的一条白布单上走到门里边。新郎便走到新娘面前，在白布单子上边换上一双新鞋。然后隔着新娘蒙头的红巾，从新娘头上摘下一枝纸花。新郎走到院里预备好的一个香案前边，行三叩首礼。行完礼，再来领新娘走到新房。等新娘刚刚走到门口的时候，一个人拿秤杆在后边把新娘蒙头的红巾挑下来。这时来宾给主人道喜，主人让客人入席，新娘新郎一块出来给客人叩头答谢，仪式就算完了。

男子蓄发的风气还很盛，剪发的不过十分之一二。大多数的中年人，都留着不满一尺长的发辫。这是被强迫剪掉，又留起来的。这样强迫剪掉，又私自留起来的事，据说已经不是一次了。足见改良风俗比改良政治还难，乡人的愚顽，自然是主要的原因。可是据土人说，当年追剿匪徒的时候，曾有人因为光头而受嫌疑。所以安分的乡下人，更视为畏途了。

缠足在陕西，尤其是宝鸡最盛。有句俗话“凤翔头宝鸡脚”。三寸金莲，在别处是夸饰，是理想，在这里几乎是普遍的事实，是起码的标准，很少例外。鞋的样式，完全是那种木底高跟的老样，镶着很宽的边。奇怪的是七八岁的女孩子，缠足的居然还占多数。提倡了许多年放足，而结果如此，照这样下去，恐怕再过半世纪还是不能够彻底。

（五）种烟、吸烟和禁烟

陕西的种烟，已经有多年的历史。当初不过拿它当罗掘的手段，可是现在整个的社会，已经成了一个如同多年嗜毒的隐士。再想完全禁绝，不但要影响财政的收入，人民也感觉不便了。

我们在宝鸡住了很久。二十四年五六个月间，我又随了徐先生从宝鸡沿着渭河南岸调查古迹，返回省城。所经过的宝鸡、郿县、周至、鄠县，可说是陕西种烟的中心区域。宝鸡县种烟约二万五千亩；郿县约一万多亩；周至约七万亩；鄠县约五万亩（以上是领照的数目）。所以在这一次旅行中，饱看了遍地如云的罂粟花；更看见割烟季节各地呈现的畸形的繁荣，好像烟鬼吃足了鸦片以后的兴奋情形；因感到毒化的普遍深刻和一般人的贪图小利，真是触目惊心！现在把所见的陕西种烟吸烟和禁烟的概况，略述如下。

罂粟的种植 罂粟是一种越年生的植物。播种和收割大致与小麦同时，叶子的形状像莴苣。茎高从二三尺到四五尺。开花有早有晚，大约都在阳历五六月间。花朵像茶杯大小，颜色非常的鲜艳，有红、白、紫各种。花落以后，结的实像鸡子一样，俗名叫烟棒。割烟的时候，用三四个小刀，并排着捆在一起。在烟棒上轻轻地割一周，深褐色的浆液就慢慢地流出来。等第二天早晨，趁露水不干的时候，拿一支薄铁片把它刮下来，这就是所谓“烟土”。一个人一天最多可以割半亩。普遍割两次就完了。等烟棒晒干，取出里面的烟籽，可以作油。烟土收割的多少，要看地味的厚薄，用肥料的多少和雨量是否适宜。二十三四两年因为雨水沾足，普遍割二三十两到一百两。

鸦片繁荣 沿着渭河的气候，因为地势关系，东部比西部稍暖，所以庄稼的收获，也是从东往西。我们经过宝鸡的虢镇和阳平镇的时候，烟花正在盛开（照片）。这一带因为完全是滩地，不但土质好，还可以用井水灌溉，所以种烟特别多。碧绿的烟苗和橙黄的麦苗相间，大约烟苗占耕地全面积三分之一到二分之一。一望无际的平原上，尽是烂漫如锦的烟花。许多农夫用柳斗汲水浇地，真是一幅美丽的图画。出宝鸡县境是岐山县。诸葛武侯和司马懿相持的五丈原就在渭水南岸，斜谷口外边。用斜谷水开成沟渠，大半是稻田。再往东到郿县，也是稻麦比烟苗多，还不到收割的时候。

那天我们从郿县动身，傍晚到了周至县的哑柏镇。因为我们在郿县住在太白庙，很清静整洁，所以到了哑柏镇，就先找到镇外的城隍庙。庙门封着，门前边聚了差不多有几百人，像是开会的样子。一打听才知道是雇割烟短工的“人市”。城隍庙既不能住，便到镇里找客店。走在街上，看见来往的行人，摩肩接踵，熙熙攘攘。我们的骡车几乎不能够通行。“土店”成衣铺、布店、杂货店、酒馆，还有许多搭着席棚的饮食摊，都灯烛辉煌。临时赶来营业的妓女，穿着鲜丽的衣服，倚门卖俏。几家临时医院，在街墙上满贴着专治花柳病的广告，非常热闹。万想不到一个穷乡僻壤的小镇，居然也会突然的有这样的活跃现象！好容易找到了一家客店，早已住满了“土客”。只好请乡公所代想办法，才领我们到一个空庙。庙门也封着，原来是地方上恐怕割烟的工人们进来当临时旅馆，把屋子弄脏，所以把各庙都暂时封锁起来。我们休息了一会，到街上去吃饭，已经十点多钟了。街上还人影憧憧，正在热闹时候，不论工人、农人、商人和土客，面上都欣欣然有喜色。因想这一切现象，可以说完全是鸦片的力量。我无以名之，名之曰“鸦片繁荣”。

次日清早，隔壁一个十几岁的小孩给我们送了水来。据他说，全家都已经下地割烟，他等我们走后，把门锁上，也还要去。看起来鸦片不但可以使贫血的社会繁荣！还可以使懈怠的人们紧张！我们因为不愿多耽搁这个小孩的宝贵时间，喝了一碗杏仁茶当早点，便匆匆地离开了哑柏。

从哑柏到周至县城之间，烟苗占耕地的大半。早烟正割头次，晚烟刚开花。满地都是割烟的男女老幼，每人腰间系着一个小洋铁罐，手里拿着刀片割烟。奇怪的是，居然有许多卖纸烟、糖果、点心的小贩，在田野里作生意。买东西不一定用钱，也可以用烟土换，所以他们都带着一个盛烟土的小罐。更有拿着戥子和两只大瓷碗的土商，坐在大路旁或树荫下边，希图用贱价收买新割下的烟土。

在周至本想找庙住。哪知道所有的庙里，满屋都是排一排的割烟工人。每人枕着一个砖头，躺在地上。有的在吸鸦片，有的在睡觉休息。只好在县政府住了一夜。街上的热闹情形，比起哑柏镇当然又超过几倍。在户县我们住在民众教育馆，晚上我到一个商店买东西，伙计问我买烟土不买，我说“不吃鸦片”，但他总不相信我不是买烟土的“土客”。

陕西的黑化　陕西的社会既如同烟鬼，所以当他犯了瘾以后的狼狈无力的情形，正好和我们前边所见的畸形的繁荣，是一个对比。陕西烟土的市价，最贵的时候一两不过五角。两钱烟膏的代价，不过相当十支装的金字塔烟一盒。所以鸦片在陕西可以说是非常平民化。至于吸烟的普遍，尤其惊人。单单青年男子，吸烟有瘾的大约就占十分之六七。妇女吸烟的，也颇不少。它的原因，一则是价钱贱，一则是过于方便。雇工人割烟的时候，常常讲明工钱之外，加几两烟土。种烟的人辛苦一场，割下来以后，自己更不由得要借着尝尝为名，熬几两酬劳一下自己，因此陕西人根本不吸鸦片的，真是绝少。

由于吸烟的普遍，产生两种非常严重的恶果。第一是耗费的惊人。例如戴家湾种烟二十六亩，一亩平均按收割五十两计算，共合一千三百两，可是戴家湾的青年男子吸烟有瘾的就有三十多个，如果每人每天吃一钱，全年就需要一千多两。固然实际种的不只二十六亩，可是吸烟的更不只青年男子。究竟陕西全省每年产烟多少？出境的占全额百分之几？倒是一个有趣的问题，可惜没有统计数字，不敢武断。不过从吸烟的普遍情形，可以推想生产的大部一定都消耗在本省，输出不过少半。

第二是劳动的不足。现在举几个实例，我们在斗鸡台所用的工人四五十名，是从附近的几十个村选拔出来的。因为凡有烟瘾的一概不用。所以戴家湾虽然有五六十户，壮丁也当不下五六十人。可是淘汰的结果，只有二十多个是没烟瘾的，仅占总数的小半。西汉公路的建筑工程，一半是就地招工，一半是从河南招募，据经委会方面的人说：河南来的工人，一天能作四方；本地工人，一天只能作一方（一平方丈一尺厚的土），可见一般的工作能力之低劣。因此割烟割麦的短工、商贩、洋车夫、脚行、铁路员工，以及普通工人，从他们的语音知道许多都是河南省籍。一般人都听说上海的金融界到陕西投资，哪知道还有大量的劳动输入到陕西！这不是因为陕西的人口稀，乃是由于鸦片烟鬼，不能胜任繁重的劳动！

禁烟问题　鸦片对于国民经济和民族健康的害处，尽人皆知。然而何以政府的禁烟政策，不容易贯彻？何以陕西省政府已经允许各县自动请求禁止（例如蓝田、富平），而许多禁烟区域的人民，反有怨言？何以种烟户虽然嫌烟款太重，说收割不好，还是要种？归根结底，是因为利之所在！

政府方面：关于种烟的税收，第一种是烟款。每亩正额十元。不过因为烟苗的好坏，和各地办理的宽严不同，大约人民种烟一亩，实交三元到七元（就是种烟一亩，只报三分到七分）。第二种是烟土出境的特税。听说去年（二十四年）已经由每千两一千元，加到一千三百元，那么假如一亩的产量是五十两，政府除了收烟款五六元之外，如果加上出境的特税六十五元，岂不是人民种烟一亩，政府竟可以收税到七十余元之多！

种烟户方面：假设一亩割烟五十两，市价三两一元，约合十七元。除了交五六元罚款，付三四元人工，用一两元肥料外，至少可以剩余五元。割到一百两，差不多就可以赚到二十元。如果种麦，就令收到一石（约三百斤）共值才六元。除去人工纳粮，最多不过剩四五元。比较起来，种烟不但利厚，并且容易出售，人民又何乐而不为呢？我们从鄠县回长安的路上，在长安县境的一个小镇吃午饭。因为长安县已经提前禁烟，而这个小镇则近接鄠县，眼看着种烟区域的热闹情形，无怪乎饭馆伙计们谈话间，露出非常羡慕和抱怨的意思。由此也可见舆情之一斑。

现在省政府为了奉行中央的禁烟政令，已经进行分期禁绝的计划。以县为单位，每期禁绝三分之一。但是种烟原不是各地都相宜。计划内第一二期禁绝的县分，多半是不宜种烟，或产量较少的。种烟最多的地方，大都列在后面。所以现在事实上，种烟的数目还很大。我们相信政府当局这次禁烟的决心和诚意。我们深切盼望政府能够排除财政的，和社会的种种困难，如期禁绝，拯救出这黑化的陕西，使它成为复兴民族和国家的一个根据地。

（完）

傅吾康

傅吾康（Wolfgang Franke，1912—2007），德国汉学家，1937年后生活于中国，1950年自中国返德后任职于汉堡大学汉学系等，妻胡隽吟，妻妹胡玲英。

苏秉琦—傅吾康（1939.2.22）[①]

吾康先生：

我已经在上月廿九日平安抵达昆明，从北平动身到塘沽上船，因为带的行李简单，所以在上车下车、出入租界和上船时候的盘查，都没遇着任何麻烦。到上海曾上岸取护照和您寄给我的几本中德学会的报告，到香港也曾上去住了两天。廿四日到海防，船行十五日没遇着大风，也没有晕吐，总算幸运！从海防到昆明路上用去了三天多，在河内玩了一天多。河内的街道和风景很美，博物馆的东西虽然不太丰富，却是很有趣味。

昆明的气候很好，冬天不冷夏季不热，没有北方的风砂（沙），同时也不像南方那样潮湿，所以居住还算舒适。

---

① 据傅吾康先生之女傅复生先生提供信影录文。书信未署年。傅吾康先生在书信首页页眉记录写到："Su Bingqi 1939"，知信写于1939年。

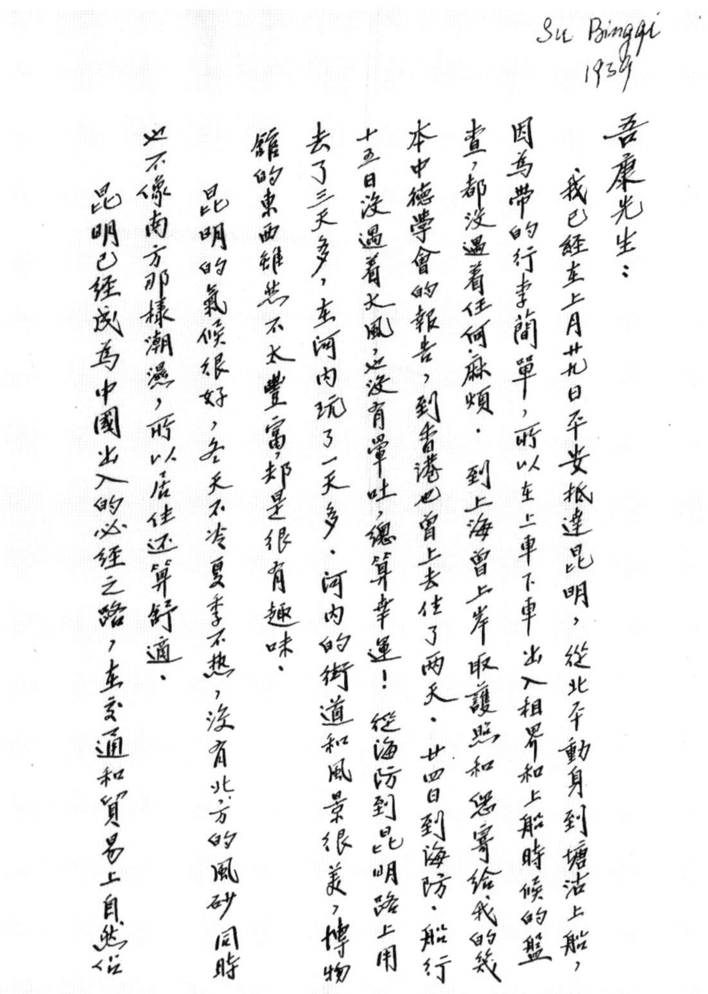
Su Bingqi
1939

吾康先生：

我已經在上月廿九日平安抵達昆明，從北平動身到塘沽上船，因為帶的行李簡單，所以在上車下車出入租界和上船時候的盤查，都沒遇着任何麻煩．到上海曾上岸取護照和您寄給我的錢本中德學會的報告，到香港也曾上去住了兩天．廿四日到海防，船行十五日沒遇着大風，也沒有暈吐，總算幸運！從海防到昆明路上用去了三天多，在河內玩了一天多．河內的街道和風景很美，博物館的東西雖然不太豐富，却是很有趣味．

昆明的氣候很好，冬天不冷夏季不熱，沒有北方的風砂同時也不像南方那樣潮濕，所以居住還算舒適．

昆明已經成為中國出入的必經之路，在交通和貿易上自然佔

昆明已经成为中国出入的必经之路，在交通和贸易上自然占很重要的位置，又因为大部的学术文化机关的迁此，俨然成为今日的文化中心。自从北海紧急，海南岛被占，还有不久以前飞机到贵阳轰炸、死伤平民逾六千人之后，人心不免惊慌。我们将来大约要搬到乡下去住。

到此后曾与李书华、袁同礼二先生晤谈，详陈学会年来工作状况。二公对学会工作非常关切，而与先生之热心维护学会之超然态

度尤为感佩。袁先生更拟将此方出版品随时寄赠，不知有无妨碍？

关于丙辰先生近况，亦曾向袁先生提到。

动身前承您给我许多建议和帮忙，得到不少便利；还有对我一年多的热心指导，使我已经具有学习德文的必要基础；尤其是基于我们的兴趣与思想的接近，而产生的真挚与深厚的友谊，均将使我永铭不忘！

我最近拟到成都一趟，大约一个月可以回来，四川已经是现在的政治和经济的中心，所以我很愿到各地（宜宾、重庆）去看看。

您计划的定期刊物（*Science and Progress*《科学与进步》）进行得如何？我的行踪不定，可是通讯处照旧。

此祝

康健

苏丙奇　启

二月二十二日　昆明

苏秉琦—傅吾康（1939.8.3）[①]

福吾康[②]先生：

您的四月廿日（十七日）航空信寄到昆明的时候，我尚在成都，他们把它用平信转寄成都，没等寄到我已回昆明，以致当我接读来示的时候已经是五月底了。从您的来示得知，您于今年秋季或将来此一行，并且您所主编的杂志业已付印第一期，非常的高兴。

希望您的旅行计划能够实现，因为在这次战争期内中国的文化教育和政治经济的重心，实际的都已移到这边来。您如来此，一定

---

① 据傅吾康先生之女傅复生先生提供信影录文。原信未署年，傅吾康先生在书信首页页眉记录写道："Su Bingqi"。据书信内容并结合苏秉琦—傅吾康（1939. 2. 22），知书信当写于 1939 年。

② 苏秉琦先生信中写作"福吾康"。

可以见到许多您所愿见的人，和知道许多您所想知道的事情。至于会中所出的刊物更希望能够继续下去。这二年来为了时局的关系，除了《燕京》《辅仁》还能维持他们的学术工作之外，中国的一般学术机构和工作都是不绝如缕，他们的贡献和出版物也就少得可怜了。

我从成都回来后就搬到这离城十公里的黑龙潭（庙）来住，我的整理材料在六月运到，编辑工作即行开始，以致到今日才得回覆您的来信。实在太迟了，这是希望您能特别原谅的。我除了继续作我的报告之外，本研究所所出《史学集刊》（现在香港商务印书馆出版，已出四期）打算继续出版，我也想写点东西发表，将来一定请指教。

我去重庆是在三月廿三日，那时因为工作还没有开始，所以想到这战时的首都看看。在重庆住了八天，转到成都，在成都一直住到五月十七日才随侍家慈回到昆明。现在西南各省的交通虽有公路网联络，但因为客货的拥挤，走起来是很费时间并且麻烦，还有昆明、贵阳和重庆之间有些地方是相当危险的，所以我往返全乘的飞机，倒是快捷舒适多了。

在重庆曾参观正在建设和工作中的工厂，在万分困难的情形之下，那是很值得称道的。因为那是代表在经济上谋“自力更生”的努力的。又参观过重庆大学、中央大学和中央工业职业学校，也到过郊外的温泉，山水都很清秀。从重庆到成都可以看见高高低低的土地满是稻田，虽然农人的穷困是够可怜的（完全是军阀的剥削和租佃制度的结果），四川的人力和富源在各省中算得上数一数二的。

成都有“小北京”之称，这是指的它的建筑物的匀称——不堆积——和生活的舒适悠闲，还有便宜，在那里看不出多少战时的景象和影响。四川大学已改国立，新校正在建筑中，华西大学（现在“齐鲁”“金陵”和“金陵女大”全在内）与“燕京”性质相同，他的人类考古学部分对西南的研究比较有名。至于近来不断的飞机轰炸，重庆市建筑的延烧和平民的死伤（包括最繁华的街道，死伤闻以万计）最为惨烈。成都只一次便炸平了从中山公园到南城根的一条，也包括了热闹街市的一半。华西大学（离城有三里）也着弹，学生教员全有死伤。当我在川的时候虽然遇着几次警报，并且有一夜连续三次（五月初，英大使正在成都），在郊外避了一夜。但在两市的真正轰炸，却都在我离开之后。昆明到此刻为止，还在保持着她的完整的面目。

《德国回声报》已经收到了——六月六本，因为事忙未得细读，甚为遗憾！看您的来信还没多困难，只是谈话更不行了。

此地的文化机构，除了两研究院外，有西南联大、同济、中山大学、中正医学院、云南大学、地质调查所等。冯至博士在同济，任大学附属中学的主任，可是我还没有机会去拜会他。

最后希望您能在这样特殊的环境中，能继续您对于汉学的研究，中德学会能继续她的一切的工作。我们假如是不能在近期见面的时候，能保持不断的通信。

敬祝

学安

苏丙奇　启

八月三日昆明

字迹有模糊或文义不明之处，可请彭小姐解释。通信处照旧。

傅吾康—苏秉琦（1950.7.31）

Hamburg, July 31st 1950

Dear Mr. Su!

After a long but uneventful trip we arrived finally at Hamburg one week ago. We spent about ten days in Hongkong which we found rather fascinating. On June 9th we embarked on the “Canton” . We stopped for three days at Singapore, one at Penang and at Bombay each, at other places only at night or a few hours. In the Indian Ocean the Monsoon had already begun and the sea was rather rough.

I was feeling rather bad, but Chün-yin and the children were alright. After Aden until London the sea was always quiet. July 10th we arrived at London, staying there for twelve days. The whole trip was quite interesting, but with the two children not always a pleasure and we are glad to be finally at our place of destination. All people are very kind towards us and eager to hear some news from the new China. Conditions here have considerably improved since last year, but you cannot walk two minutes without seeing some ruins. Although it is my home country and people are speeking my mother-tongue I am feeling like a stranger and I will need considerable time to get used to this new environment. For the time being we live in a kind of hotel which is not very pleasant, but we found already a place where we can move in after one month or so. Renata is not yet speeking any German and feels herself rather unhappy, but I think for children of her age it is only a question of time to get familar with the new environment; the little boy is quite well. We had no trouble with our luggage at Tientsin and later it was not opened at all, not even when entering Germany. But that is only the luggage. The thirty-four cases with books, furniture etc. arrived the day after I had left Peking in Tientsin, but it was already too late to be shipped with the boat we embarked for Hongkong. They should be shipped with a freighter directly to Hamburg a few days after we had left Tientsin. But as I learned from the agency here at Hamburg they are not in the cargo list of this steamer and I am afraid that some new difficulties arose and they have not been permitted to be shipped at all. I cabled today to my father-in-law asking him to inquire about the matter. I would be much obliged to you if you would assist him when he asks you to do so. You probably remember, that the last day when searching our luggage people took out a lot of things, particularly books and curios. As our relatives from Peking wrote to us, they brought back a few books but kept all the other things. I never heard that other foreigner, were dealt with in this way. Sometimes the customs at Tientsin prohibited people to export one or another thing, but the owner was always permitted to dispose about these things freely in China, the objects in question were never confiscated as in my case. I have the intention to report the whole story including the confiscation of my books in Canton to a higher authority and wish to ask you if you can help me by giving personally to Kuo Mo-jo a letter addressed to him which I will send to you. Or if you cannot hand over the letter to him personally, you may be able to find a way where you are certain that he in person gets the letter and that the letter is not retained before by one of his subordinates. I will be grateful to you, if you can give me an answer by airmail as soon as possible. I told people in London about your book about the excavations at Tou-chi-t'ai and they were quite eager to get it, if possible in exchange against books from England you may order as you like. It is not possible to transfer money from England to China, only to Hongkong. I gave your address to Mr. Watson of the British Museum, maybe he will write to you in the matter. You should find a way to sell copies of your work in Europe. The British Museum is not the only place interested therein. I know that I am asking much when demanding from you to write to me directly by airmail. I know from my own experience how expensive air-letters are for an University professors' salary in China. But I may repay to you the airmail-fee in the form of books from Germany you may order through me. How prodeeds the print of the second volume of your work? What about the publication of the Chin-shin dindey by Mr. Hsu Tao-Ling? Please can you be so kind and send me a copy as soon as it has been published in exchange with German books I can get for you.

How is your family and circumstances in the ko-hsiüen-yüan. Please give my best regards to Mrs. Su, Mr. and Mrs. Feng China-sheng, Wang Ching-ju, Hsu Tao-Ling etc.

Hoping to hear from you soon, I am with best wishes form Chün-yin and me.

Yours

Wolfgang Franke

［编者注］书信译文如下：

汉堡 1950 年 7 月 31 日

亲爱的苏先生！

经过漫长而平静的旅行，我们终于在一周前抵达汉堡。在香港停留的大约十天，让我们都饶有兴味。6 月 9 日我们登上了“广州”号。我们在新加坡停留了三天，在槟城和孟买各停留了一天。其他地方只有在晚上停留或停留几个小时。印度洋上的季风已经开始，海浪相当汹涌。我感觉不适，但隽吟和孩子们都还好。从亚丁到伦敦，海面一直很平静。7 月 10 日我们抵达了伦敦，在那里停留了十二天。整个旅程相当有趣，但带着两个孩子并不总是让人很愉快，我们很高兴终于抵达了目的地。所有人都对我们很和善，渴望听到新中国的一些消息。这里的条件相比去年有了极大的改善，但走不到两分钟你就会看到一些废墟。

虽然这里是我的家乡，人们也都和我说着母语，但我依然觉得自己是个外人。我还需要相当一段时间来熟悉这个新环境。目前我们住在一个不太令人满意的、类似旅馆的地方。但我们已找到一处地方，大约一个月左右便可以搬入。Renata[①] 还不会说任何德语，所以极不开心，但我认为对于她这个年龄的孩子来说，熟悉新环境只是个时间问题。儿子倒是一切都好。我们的行李在天津没出任何问题，之后根本都没被打开过，甚至在进入德国时也没有。但这只

① 即傅复生，傅吾康先生长女。

是行李。34 箱书、家具等物品在我们离京的第二天就运抵了天津，但还是没来得及装上我们前往香港的轮船，本应在我们离开天津的几天后用一艘货轮直接运往汉堡。但我从汉堡的货代公司了解到，它们不在这艘汽轮的货物清单中。恐怕是出了一些新的困难，这些物品根本还未被允许装运。我今天给我岳父发了电报，请他打听一下此事。如果您能在他提出请求时提供协助，我将万分感激。您或许还记得，最后那天，他们在搜查我们的行李时取出了许多东西，尤其是书籍和古玩。北京的亲戚来信告知，他们将书籍退回，但扣留了所有其他物品。我从未听说其他外国人被如此对待过。有时天津的海关禁止人们出口这样或那样的东西，但物主总是被允许在中国自由处置这些物品。有问题的物品从未像我遇到的这样被直接没收。我打算将整件事情连同我的图书在广州被没收的情况向上级汇报，请问您能否帮我面呈一封信函给郭沫若？信函我会寄送给您。或者，如果您无法将信件面呈给他，您或许还有其它办法确保他亲自收到此信，不被他的下属拦下？如果您能尽快给我答复，我将不胜感激。我在伦敦告知人们你关于斗鸡台发掘的书籍，他们期盼能够得到。若有可能，以您在英国所需订购的任何书籍作为交换。从英国无法汇款至中国，只能汇款到香港。我将您的地址留给了大英博物馆的沃森先生，或许他会就此事写信给您。您应该想办法在欧洲销售您著作的复本。大英博物馆并不是唯一对此感兴趣的地方。

我知道让您直接以航空邮件给我寄信的要求有些过分，根据自身的经验，我知道相较中国大学教授的薪酬，航空邮件是多么的昂贵。不过我可以通过您让我代为购买的德国图书的方式将航空邮费偿还给您。您作品第二卷付梓之事进行得如何？许道龄先生编辑的 Chin-shin 的出版情况如何？若已出版，拜托您能否尽快寄一本给我，我以您所需的德国书籍作为交换。

您的家人如何？科学院的环境可好？请代我向苏夫人、冯家昇夫妇、王静如夫妇、许道龄夫妇等人问好。

期盼能尽快收到您的来信，我和隽吟都向您致以最良好的祝愿。

此致

傅吾康

（侯昕 译）

苏秉琦—傅吾康（1950.10.3）[①]

亲爱的傅先生：

您的信（七月卅一日）八月十七日就到了，但直到今日才给您写回信，这一则由于这些日为了我的办公地址又由三贝子花园搬到王府大街九号（即东厂胡同的房子），同时接着又筹备今年下半年出去到河南北部（不是安阳，而是安阳以南、京汉路西、陇海路北的三角地带，包括浚、淇、汲、辉几个县）作中国科学院成立后的第一次考古发掘工作的准备工作，忙得一塌糊涂。另方面也因为在我还没有接到您的来信以前，八月一日的晚上，我在北海已遇到了您的令岳，胡老先生一家。从他那里，知道了您存在天津待运的箱子业已运走，只是晚了一班船期，并且他老先生业已报告给您了。这样，我想没有什么着急的事了，晚写几天也没大问题。不过，无论如何，这都不能作为求您原谅的理由，而且，这也不足以表明我对于迟迟没有给您回信这件事，衷心所感到的不安。

最近我没有看到令岳，胡老先生，所以，关于那批在广州和在北京被政府扣留的您的书和古玩后来结果如何，我还不清楚。不过，按我想，拖延些时候是可能的，“没收”似乎还不至于，“允许出口”也恐不易。一个总的原因，法令的解释和执行还不上轨道是一层，更重要的恐怕还是由于国际情形的不安，使自中央人民政府成

① 据傅吾康先生之女傅复生先生提供信影录文。

立以后的国际贸易，一直的还在走着一种非正式的途径。大致的情形，您在香港当然已经看到了。所以，关于像您所遇到的这些事，是不能专从法理的观点来看的。所以，我希望您不必太着急，迟早会有个合理的解决的。您想给郭沫若先生写信、托我转交是可以的，郭先生看到后的处理办法，多半还是转交给有关部门“查覆”。

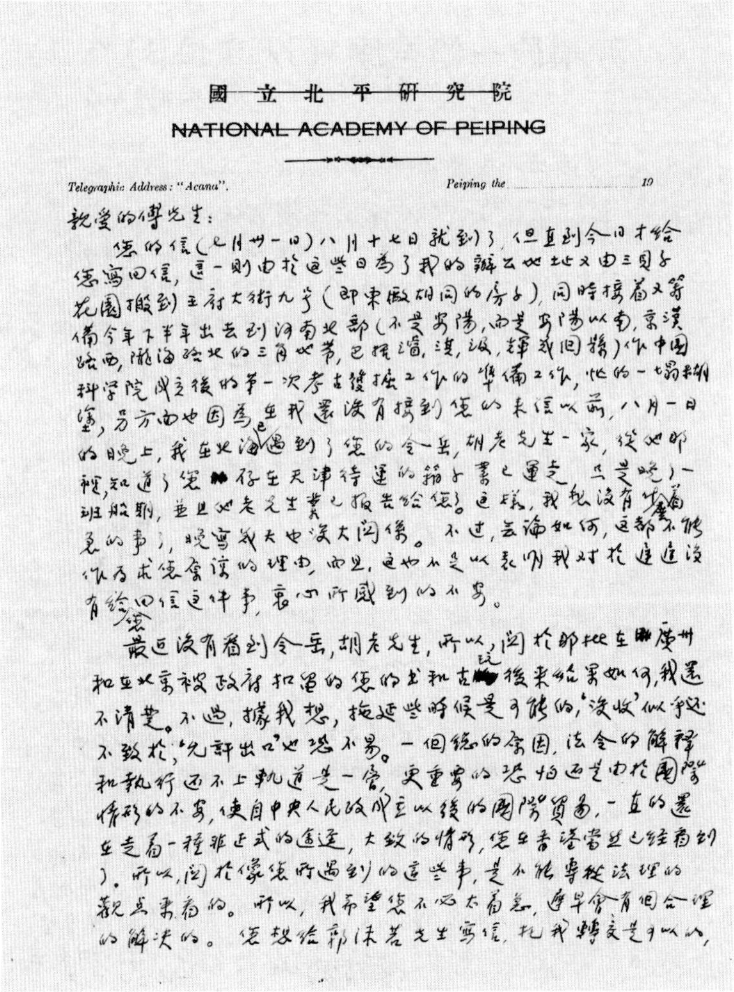
國立北平研究院

NATIONAL ACADEMY OF PEIPING

Telegraphic Address: "Acana".　　Peiping the 19

親愛的傅先生：

您的信（七月卅一日）八月十七日就到了，但直到今日才給您寫回信，這一則由於這些日為了我的辦公地址又由三貝子花園搬到王府大街九號（即東廠胡同的房子），同時接着又籌備今年下半年出去到河南北部（不是安陽，而是安陽以南，京漢路西，隴海路北的三角地帶，包括溫、濬、汲、輝或[illegible]縣）作中國科學院成立後的第一次考古發掘工作的準備工作，忙的一塌糊塗，另方面也因為在我還沒有接到您的來信以前，八月一日的晚上，我在北海已遇到了您的令岳胡老先生一家，從他那裡，知道了您存在天津待運的箱子書已運走（不是晚了一班船期），並且他老先生業已報告給您了。這樣，我就沒有什麼急的事了，晚寫幾天也沒大關係。不過，無論如何，這都不能作為求您原諒的理由，而且，這也不足以表明我對於遲遲沒有給您回信這件事，衷心所感到的不安。

最近沒有看到您令岳，胡老先生，所以，關於那批在廣州和在北京被政府扣留的您的書和古玩後來結果如何，我還不清楚。不過，據我想，拖延些時候是可能的，'沒收'似乎還不致於，'允許出口'也恐不易。一個總的原因，法令的解釋和執行還不上軌道是一層，更重要的恐怕還是由於國際情形的不安，使自中央人民政府成立以後的國際貿易，一直的還在走着一種非正式的途徑，大致的情形，您在香港當然已經看到了。所以，關於像您所遇到的這些事，是不能專從法理的觀點來看的。所以，我希望您不必太着急，遲早會有個合理的解決的。您想給郭沫若先生寫信，托我轉交是可以的，

多谢您的关怀我的工作和我们这里的一切人和事。因为您离此不久，用不着我一一细讲。我们的考古学研究所已正式成立了，停

了多少年的野外发掘工作，马上就要重新作起，一切设备重新购置，房子亦正计划重新另盖（在东厂胡同的图书馆大楼附近空地），今秋的考古队将有十二三个人，经费是不成问题的，工作结果预料不会比战前太差，这些，想您都是完全知道的。

历史一方面，范文澜著的《通史》正进行修改，今年可有新版出书。王静如有几篇关于中国古代社会的论文在这一期《集刊》发表，将来可能有单行本送您，这是用新的观点和方法写的。许道龄的《进士汇典》还没出书。我的第二本报告，才装订了几本样本。

多谢您的推荐介绍，我的那本书曾经送给过 Brifish Conncil C. P. Fifggerald 和 Mrs. Lofron。前年（1948）伦敦大学的 W. Simon 买去过一本，后来就停止发售了。现在正移交科学院编译局统一发行。该局是由古生物学家杨钟健先生主持的。裴文中先生近来去过山西北部一趟，现在正在东北的吉林辽阳一带作考古调查发掘，材料多半是日本人看见过的，不过现在是中国人自己来作罢了。

我得准备十月七日就去平原省辉县一带作发掘，大约十二月内回京。在这两个月内您如来信，请仍寄我们宿舍（西直门大街二十六号）。我希望不久能再接到您的来信，并请您代我们问隽吟好。

您的朋友，P. C.

一九五〇．十．三。

傅吾康—苏秉琦（1950.11.19）

Hamburg，November 19th，1950

Dear Mr. Su：

Best thanks for your letter of October 3rd which I received on the 19th of that month. I too have to apologize for answering you only today. I was and still am very busy. At the end of October we finally could move in an own apartment. During August and September my wife and children lived at the seashore of the "Ost-see" and I only went sometimes for the weekend to see them. Form the end of September to the end of October we lived provisionally at different places in Hamburg, I myself partly in my office. But now we are finally settled. All our cases arrived in good condition, only a very new pieces of procelain were broken. The local transport company said our stuff are packed much better than they could do it here. We have unpacked out everything and arranged our rooms; but still much remains to do in the household we could not yet do due to the lack of time as well as of money. Particularly the labour here is very expensive, and the expenses for carpenter, painter etc. are enourmous. The house we live in is beautifully situated at the riverside with a fine view on the Elbe and the country on the other sideprovided there is no fog which is very usual in this city. From our rooms we can see the sea-ships coming in and going out. The university Semester has begun on November 1st. I have three courses: one reading of Chuang-tzu, one reading of modern Chinese Cinological texts, and one introduction to the source-material for the study of Chinese History, two hours weekly each course. The preparation needs a lot of time. German students are very accurate and exacting particularly with regard to grammar; thus I have to explain correctly every hsü-tzu. Our Seminar (a compound of the "department" and "Research Institute" in chinese universities) has been without a regular director for nearly five years. Thus a lot of work, particularly regarding the library, has to be done. Furthermore there are many questions coming from other scientific organizations, meetings (k'ai-hui!) in and outside the university, etc. Thus I am very occupied and there is no time for own research-work for the time being. Chün-yin is an honorary (un-paid) lecturer at the university, giving two classes

Chinese conversation for beginners and second year and one in Chinese writing. My German assistant teaches the other courses for beginners. It is not easy for Chün-yin to get accostumed to this environment and the German "p'i-ch'i", and even I myself am feeling in many aspects still more at home in China that in this country. But in the summary considering the whole situation our conditions here are not bad and people are very polite toward us. An university-professor still has some "mine-tzu" in this country.

Thank you for your trouble concerning my books, curios etc. keep back by the authorities in Peking. If you think, it has not much to write to KuoMo-jo, of course I will not do it. But if you think it would be advisable for me to apply to someone in this matter, please let me know. I am very grateful to you for pursuing the matter and keeping me informed. I think it should be possible at least that the curios etc. taken out of the cases in our house in Peking are given to my parents-in-law for safekeeping, particularly as most of them belong to chün-yin. Do the people in the Wen-wu chü still pretend to believe that it was my intention to sell the books, now kept in Canton, to the United States? Or do they understand now that it was my prupose to send them to Hamburg where I need them for my own research and reading-work. If there are still doubts about this question and it seems necessary for me to put this clear, please let me know which way you think the best to do it.

The news about your institute you wrote were quite interesting. It is very fine that you can again do some field-work. Concerning the new building for your Institute I hope it will be a Chinese-style house and not a yang-lou like the library-building (even if it has a span roof). I am quite eager to see Wang Chin-ju's study on ancient chinese society. Please give my best regards to him and the others of your former collegues. Do you think that an exchange of sinological publications of the k'o-hsüeh-yüan with our University can be arranged? Who is competent for this question? Is it Mr. Yang Chungchien, you mentioned in your letter? I think he studied in Germany before and was a member of the Chung-Teh-Hsüeh-hui. We are in need of modern Chinese publications. But our funds are limited, particularly foreign exchange. I imagine it is the same at your place. Thus probably the exchange of books is the best way for both sides.

Except colds and coughs-due to the bad climate here to which we are not accustomed-we are all well. I hope you and your family are too. With best wishes to you I am

yours sincerely

Wolfgang Franke

汉堡 1950 年 11 月 19 日

［编者注］书信译文如下：

亲爱的苏先生：

你十月三日的信我已在 19 日收到，非常感谢。直到今天才给你复信，极为抱歉。我一直很忙。在十月末我们终于搬进了一套我们自己的房中。在八月和九月我的妻子和孩子住在波罗的海海边，我有时仅在周末可去看望他们。在九月底至十月底，我们临时住在汉堡的几个地方。我自己有时住在办公处，现在我们终于安顿下来了。

我的全部箱子已送达，只有极少部分的瓷器打碎了。当地的搬运公司说，我的包装材料比他们搞的还要好。我们已打开箱子，布置了我们的房间。但家中还有许多事要做——由于缺乏时间及钱，我现在还不能做。此处劳力的花费极大，木匠、油漆匠的开支是巨大的。我们现在住的房子位置极好，在易北河边，面对着极美的风景，另一边是乡村——倘若没有雾（这是此城的经常现象），从我们的房间中能看到海轮的进出。

大学的学期也在十一月一日开始。我有三门课：一是讲庄子，一是讲现代中国的文章，一是中国历史研究的史料介绍。每门课每周两小时，备课要花许多时间。德国学生对于语法要求极精确和细致；因此我必须准确地解释《庄子》的每一个字。我们的研究班（相当于中国大学中文系及研究院的组合）五年以来几乎没有一个正规的导师。因此一大堆工作特别是图书馆工作需要做。再者有许多问题来自其他的科学组织及大学等内外的会议（中国话“开会”）。因此，我非常忙，没有时间搞自己的研究工作。

隽吟是大学中的一个名誉讲师（无工资），她为一、二年级两个班的学生教中国会话，还教一个班的学生中文。我的德国助教教另一个班一年级学生的课。对隽吟说来适应这种环境和“德国脾气”是不容易的，就是我自己在许多方面也是感觉到中国比德国更亲近。但总的考虑一下环境，我们在此处的条件是不坏的，人们对我们也很礼貌。在这个国家，一个大学教授仍有一些“Mien-tzu”（面子）。

多谢你为我的书及古玩操心——为北京当局扣留。如果你认为写信给郭沫若是没有多大用处，当然我可以不写。如果你认为，向某个人请求此事是适当的，请你告诉我。我非常感谢你为我忙这件事并把情况告诉我。我想从北京我的房中箱子中取出的古董，给我的岳父保管（特别它们大部分属于隽吟），至少应该是可能的。是否文物局的人还以为我打算把保存在广州的书籍卖给美国，或者他们是不是至今还认为把它们寄到汉堡是我的意图？我是因自己的研究和阅读才需要它们的。如果关于此事仍有疑问并有必要由我澄清它，请告诉我你认为解决此事的最好的方法。

你所写的关于你们研究所的消息我是十分有趣的。你能继续搞田野工作太好了。关于你们研究所的新建筑，我希望它是一座中国式的房子，不要像图书馆一样是一座洋楼（即使有一个中式大屋顶）。我极想知道王静如关于中国古代社会的研究。请代我向他及您以前的同事致以最好的问候。你认为科学院的汉文出版物与我们大学的交换能安排吗？谁主管此事？是否是你信中提到的杨钟健？我知道他，以前在德国研究过，是“中德学会”的会员。我们需要当代中国的出版物，但是我的资金有限，特别是外汇。我想，你与我的处境一样。因此，书籍交换大概是对双方最好的办法了。

除了感冒和咳嗽——由于我们未适应此处的坏气候之故——我们一切都好。我也希望你和你的家庭都好，祝你们都好。

谨启

傅吾康

（侯昕　译）

［编者注］胡隽吟先生在傅吾康先生信后，用汉字写道：

苏先生、太太：

一瞬间我们已别离半年多了。您出去有什么新收获？第二集大作已出版了吗？希望早能知道！研究院有何新开展？国内近情奚似？戚友生活如何，均念想之至！我们七月底到汉市，十月底才得到一所房。半年旅舍生涯，带着一个刚知事而满处跑的大孩及刚断奶的婴儿吃吃喝喝、拉撒睡玩，几件事把人磨得受不了！人生地不熟，话又不十分通，处处时时得守人家的规矩。了不得。

现在算有家了。四间屋及厨房、澡房，凑合住够了。一切均为近代式电气设备。可是主妇工作，比我在北京增加多了。用人不易也。

吾康说的好：看着是舒服，可是中国式的北京家庭生活的情趣、恬静、幽美，不慌不忙的日子，在这儿丝毫也找不出来了，整个环境的生活态度不同也。他们都像煞有介事地每日匆匆忙忙过日子，也不嫌疲乏，真怪。

很想念北京及好多朋友们，望告我们近况。敬祝两位及诸小将们快乐健康。

隽吟附候

有相片寄几张来好吗？带着几位小将一同照一张吧！不久我们的洗出来也给你们寄去！我已得到父母信。她很好！

苏秉琦—傅吾康（1952.12.28）[①]

亲爱的傅吾康教授：

您的来信和两本 Nachrichlen（Nos. 71、72）都收到了。谢谢您和您太太（隽吟）的关心，并请您原谅我很久没给您写信。事实上，我们一直常常想到您，和您们的一切。

我和我的家，生活的如过去一样。不同的是工作和学习太忙，不同的是物质生活已不像过去在战争时期那样关心物价，不同的是一切方面出现的新气象。

现在的考古工作已不是冷门，除了考古研究所的大规模工作之外，今年又和文化部、北大，合办了一期“考古工作人员训练班”。参加学习的都是从全国各地调来的在职干部。今年暑假后新北京大学（已搬进燕京大学旧址）历史系又添了考古专业（等于过去的一个系，因为现在没有院了），现有一二三年级学生四十多人。为了办这个专业，不能不动员所有在北京的考古学者，包括我也在内。从最近起，我差不多至少有三分之二的时间要花在北大的工作。

新北大的历史系吸引了北大、清华、燕大三校三个历史系的大半教授，又添上了考古专业的兼任教师二十多人，可算国内首屈一指的了。系主任是翦伯赞，考古专业负责人是向达和我。今年开的考古课有七门：考古学通论及方法（夏鼐主讲）、人类学（林耀华主讲）、史前考古学（裴文中主讲）、中国历史考古学（郭宝钧主讲）、中国考古学史（向达主讲）、古文字学（张政烺主讲）、中国美术史（郑振铎主讲）。每门课都设一教学小组，由几个有关的学

---

① 据傅吾康先生之女傅复生先生提供信影录文。傅吾康先生在书信首页页眉写：“Su Ping-Ch'i Antw. 9. 3. 53。”傅吾康先生指出，Antw. 是德文 Antwor 的简写，意为“回答”，“意思就是记下回答的日期”，即回信日期。下同。

者组成，共同研究教材内容。另由考古专业负责组织整个教学、辅导工作。这是新的、集体的、计划的教学进度。这样教的人虽麻烦些，但学的人学得切实些，而且教学工作可以逐渐提高。新制度的优越是无疑的。对一个考古工作者来说，好处是可以乘此机会作一次总结工作。以后全国大规模建设工程中的发现是多的，以后工作的人和机关也是多的，材料来源没问题，总结性的研究不但愈来愈成为可能，亦愈有必要。

我本想给您寄些最近的出版物，问题是寄西德没寄东德方便，希望您可以找个在东德的朋友代转。请寄信告诉我。

最近我们研究院有一个代表团去苏联，院方也要知道些在资本主义国家内关心中国的学者们，以便在学术上互相联系，我已把您的住址由考古所送交科学院了。我想，不久您也可能直接由科学院得到些出版品或消息之类的东西。

为了教学参考，想托您从英国代购几本书，书名列下：

Field Archaeology（K. M. Kengon）

Beginning in Archaeology（R. J. C. Atkinson）

Tools and the Man（W. B. Wright）

The Culture or Prehistoric Egypt（Ecise J. Bonmgaitel）

Social Evolution（G. Chilole）

A Hundred Years of Archaeology（Gilgn E. Daniel）

The Dawn of European Civilization（G. Childe）（1950）

Ancient Egyptian Material of Industries

Seventy Years in Archaeology（W. M. F. Perrie）

新的北京大学是包括了旧北大、清华和燕大三校的文理两院合并改组而成，下设十二个系，三十三个专业。考古所今年秋把历史部分暂取消，冯家昇、王静如、傅栗焕三先生都去民族学院研究部工作。冯至教授还在北大，这次参加在维也纳举行的世界人民和平大会中国代表团，不知能通消息否？

希望得到您的回信，愿意知道您们的一切。

烦您向隽吟和一切认识的朋友所致意。

苏秉琦

1952. 12. 28

傅吾康—苏秉琦（1953.7.8）①

Hamburg, July 8th 1953

Dear Mr. Su!

I hope in the meantime you got my letter dated March 9. All the English archaeological books you wanted have been forwarded to you during April and May. I hope you received already a part of them. I have paid for the books altogether including postage DM 103. – or 8/13 –. The rate is ca. JMP 68590 to 1/ – / –. I am very anxious to get four or five copies of the 言文对照古文观止 for our Seminar. It was easy to find it to a low price at the small bookdealers on the streets. Further we need a number of Yenching Indices, in particular the following Nos.

No. 10《艺文志廿种综合引得》	8. 00
No. 12《世说新语引得》	0. 50
No. 24《八十九种明代传记综合引得》	15. 00
No. 27《礼记引得》	3. 00
No. 28《藏书记事诗引得》	0. 70
No. 35《辽金元传记三十种综合引得》	1. 50
No. 36《汉书及补注综合引得》	4. 00
No. 37《周礼引得》（附注解）	1. 00
No. 40《史记引得》	7. 00
No. 41《后汉书引得》	

① 苏秉琦先生在信后写上寄出图书的情况及：“56. 11. 29 日寄。”

特刊

No. 6《日本期刊三十八种东方学论文编目引得》（无）

No. 8《清画传辑佚三种附引得》	0. 70
No. 9《毛诗引得》（无）	2. 00
No. 11《春秋传综合引得》	
No. 13《一百七十五种日本期刊东方论文篇目引得》	8. 06
No. 14《杜诗引得》	7. 00
No. 16《论语引得》	1. 50
No. 17《孟子引得》	3. 00
No. 19《增校清朝进士题名碑录附引得》	4. 00
No. 20《庄子引得》	8. 00
No. 21《墨子引得》	
No. 22《荀子引得》	
No. 23《老经引得》	

Furthermore we are missing vols. Ⅵ（1941）and Ⅷ（1948）of Monumenta Serica and vol. Ⅱ, 1944 of Sinologische Arbeiten 汉学集刊 the Sinological Journal issued by the 中德学会. I would be very thankful to you, if you will succeed to get some of these items ; for the latter probably Mr. Liu Tung-yüan can help you. We would most appreciate if you could mail the books directly to our Seminar. But should this prove too inconvenient to you please address to Herrn En Lin Yeng 杨恩霖, Onckenstrasse 13 bei Rowe, Berlin-Treptow in Eastern Germany.

Hoping that you and your family are all well I am with best wishes from Chün-yin and myself.

Yours sincerely

Wolfgang Franke

［编者注］书信译文如下：

亲爱的苏先生！

我希望您此间已收到了我 3 月 9 日的信函。您所需的所有英文考古书籍已在4月和5月发送给您。我希望您已经收到其中的一部分。我已经支付了所有书籍的费用，包括邮资共为103德国马克或8/13 -，汇率大约为JMP 68590比1。我急盼为我系获取四到五份《言文对照古文观止》。过往在街边书摊很容易以低价购得。另外我们还需要若干《燕京目录》，特别是以下几册：

No. 10《艺文志廿种综合引得》	8.00
No. 12《世说新语引得》	0.50
No. 24《八十九种明代传记综合引得》	15.00
No. 27《礼记引得》	3.00
No. 28《藏书记事诗引得》	0.70
No. 35《辽金元传记三十种综合引得》	1.50
No. 36《汉书及补注综合引得》	4.00
No. 37《周礼引得》（附注解）	1.00
No. 40《史记引得》	7.00
No. 41《后汉书引得》	
特刊	
No 6《日本期刊三十八种东方学论文编目引得》（无）	
No 8《清画传辑佚三种附引得》	0.70
No 9《毛诗引得》（无）	2.00
No 11《春秋传综合引得》	
No 13《一百七十五种日本期刊东方论文篇目引得》	8.06
No 14《杜诗引得》	7.00
No 16《论语引得》	1.50
No 17《孟子引得》	3.00
No 19《增校清朝进士题名碑录附引得》	4.00
No 20《庄子引得》	8.00
No 21《墨子引得》	
No 22《荀子引得》	
No 23《老经引得》	

此外，我们尚缺《华裔学志》的六（1941）、八（1948）两卷以及中德学会1944年发行的汉学期刊《汉学集刊》的第二卷。如果您能成功获取其中一些，我将万分感谢。对于后者，刘东元先生或许可以协助您。如果您能将书籍直接邮寄到我们系，我们将不胜感激。若您有不便之处，还烦请联系杨恩霖先生：Herrn En-Lin Yeng，Onckenstrasse 13 bei Rowe，Berlin-Treptow，in Eastern Germany。

希望您和家人一切都好，我和隽吟一起致以良好祝愿。

此致

傅吾康

（侯昕　译）

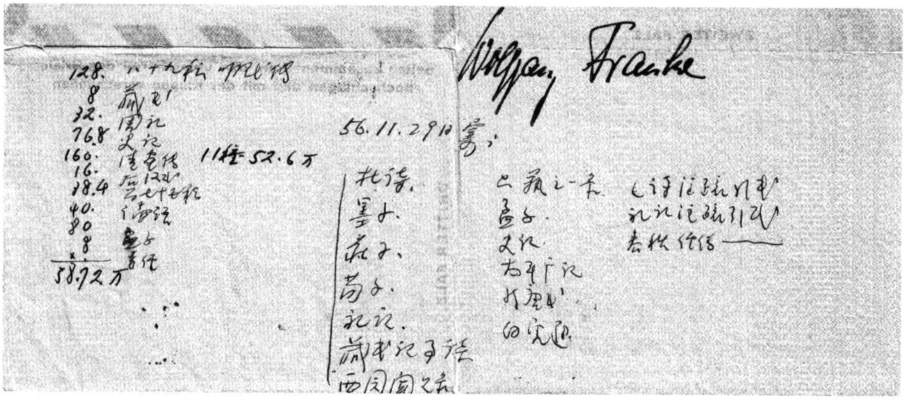

傅吾康—苏秉琦（1953.12.31）①

Hamburg-Altona，Dec. 31，1953

Elbchaussee 93

My Dear Mr. Su：

I wonder if you got my letter of March 9，1953 answering yours of

---

① 据邮戳，1954年1月11日德国寄出，1月18日北京收到。信封上有汉字，写“一九五四年一月九日”。

Dec. 28, 1952. I had ordered all the archaeological books you wished through the kindness of some friends in England, and I was informed that all the books have been mailed to you during April and May this year. I hope you got them in good condition. We have paid therefore £ 81.

I think in my last letter I mentioned already some desiderata we would like to have in exchange, in particular a number of the Sinological Index series published by the former Yenching Univesity as stated below. I would be much obliged to you if you could let me know soon whether you are able to send us some of these indices needed.

This autumn chün-yin and I attended the International Junior Sinologues Conference this time held at Rome, and we used this opportunity to travel for about five weeks in Italy. When visiting the sites of excavations at Rome, at Fiesole (near Florence) or at other places we often remembered you imaging that it should be particularly interesting for you to see these places. Chün-yin and I much enjoyed this trip not only for seeing so many new things and getting so many new impressions but in particular for the whole climatic as well as human atmosphere so different from that of Northern Germany. Italians are generally not so industrious, not so efficient and not so unpersonal as Germans are, but all the more pleasant is the whole atmosphere of life in Italy. In many regard life in Italy is not so far away from the Chinese one as in Germany, particularly in Nor-thern germany. Thus we felt quite at home in that country and regretted only that we had to return so soon to Ham-burg.

In July the first of my students—he had begun his studies already before I went to Hamburg-finished his studies with the examinations for the Dr. phil. He had written a very good thesis on the Nei-ko during the first century of the Ming Dynasty; a second, less brilliant student followed a few weeks ago with a thesis on Kung Tzu-chen of the chia-ch ing and Tao-kuang period. A third one will be finished probably in July.

We have now about fifteen students studying Sinology as major or minor subject.

Our children are quite well. After three months Renata will finish her second school-year; little Peter still goes to the Kindergaten. He has developed very well and is already able to make much struggle with his chie-chie. Did your children too always quarrel with each-other? How are you and your family? Chün-yin and I are very eager to hear from you soon.

With best wishes to you and your family for a happy new year from chün-yin and from myself.

Yours sincerely

Wolfgang Franke

［编者注］书信译文如下：

亲爱的苏先生：

不知道您是否收到我 1953 年 3 月 9 日给您的 1952 年 12 月 28 日来函的回信。我已通过一些英国朋友的协助订购了您想要的所有考古书籍，并获悉所有书籍都已于今年四、五月寄出给你。希望您已完好无损地收到了这些书籍，我们为此支付了 81 英镑。

给我们的，我想我在上一封信中已经提到了，作为交换，我们也有一些愿望和需求，特别是下面列出的前燕京大学出版的一些汉学目录系列。如果您能尽快告知，是否能够寄送一些所需的索引给我们，我将不胜感激。

今年秋天，我和隽吟参加了在罗马举行的国际青年汉学家大会，并借此机会在意大利旅行了大约五个星期。在参观罗马、菲耶索莱（佛罗伦萨附近）及其他地方的发掘现场时，我们经常会想起您，想象您应该会对这些地方特别感兴趣。隽吟和我非常喜欢这次旅行，不仅因为看到了许多新事物，获得了许多新印象，尤其是整个气候和人文氛围与德国北部截然不同。意大利人通常不像德国人那样勤奋、高效和缺乏人情味，但意大利的整个生活氛围更令人愉悦。相较德国，尤其是德国北部，在许多方面，意大利的生活与中国的生活更为接近。因此，我们在那里颇有归乡之感，只是我们旋即必须返回汉堡，着实遗憾。

七月，我第一个学生——他在我去汉堡任职前就已经开始了学业——通过哲学博士的考试完成了他的学业。他写了一篇极佳的、关于明朝前一百年内阁制度的论文；几周前，另一个稍逊的学生发表了一篇关于嘉庆和道光时期龚自珍的论文。第三个学生可能会在七月完成学业。我们现在有大约十五名学生在主修或辅修汉学。

我们的孩子都很好。三个月后，Renata 将完成她的第二个学年；小彼得还在上幼儿园。他身体长得很好，已经能够时而和他的姐姐打闹了。您的孩子也经常吵闹吗？您和您的家人过得怎样？我和隽吟切盼收到您的来信。

我和隽吟祝您和您的家人新年快乐！

此致

傅吾康

（侯昕　译）

［编者注一］在傅吾康先生信后胡隽吟先生用汉字写道：

苏先生：这么久也得不到您的信，想念实殷，苏大嫂及孩子们好？老大都已入中学了吧，望暇掷一二字以解念友思乡之情为祷，特此向你们拜年！并祝祖国进步无量！

隽吟附候

［编者注二］信封内侧用汉字书写：

Mdrces wankd

No. 10《艺文志二十种综合引得》

12《世说新语引得》

21《清代书画家字号引得》

23《太平御览引得》

24《八十九种明代传记综合引得》

27《礼记引得》

28《藏书纪事诗引得》
34《四十七种宋代传记综合引得》
35《辽金元传记三十种综合引得》
36《汉书及补注综合引得》
37《周礼引得》
40《史记引得》
41《后汉书引得》

特刊

No. 1《读史年表附引得》
9《毛诗引得》
11《春秋经传引得》
13《一百七十五种日本期刊东方论文篇目引得》
14《杜诗引得》
16《论语引得》
17《孟子引得》
19《增校清朝进士题名碑录附引得》
20《庄子引得》
21《墨子引得》
22《荀子引得》

Mosf impozfaut

一九五四年一月九日

苏秉琦—傅吾康（1954.3.12）[①]

亲爱的 Wolfgang 先生：

您的 1953. 7. 8 和 1953. 12. 31 两信早收到了。

① 据傅吾康先生之女傅复生先生提供信影录文。傅吾康先生在书信使用的国际航空邮简的封面及书信的第二页上均写：“Antw. 21. 4. 54”。

从英国寄来的书收到以下六种：

Ancient Egyptian of Material Industries	25s
A Hundred Years of Archaeology	21s
The Dawn of European Civilization	28s
Social Evolution	10s61
Environment, Tools of Man	61
Beginning in Archaeology	12s61

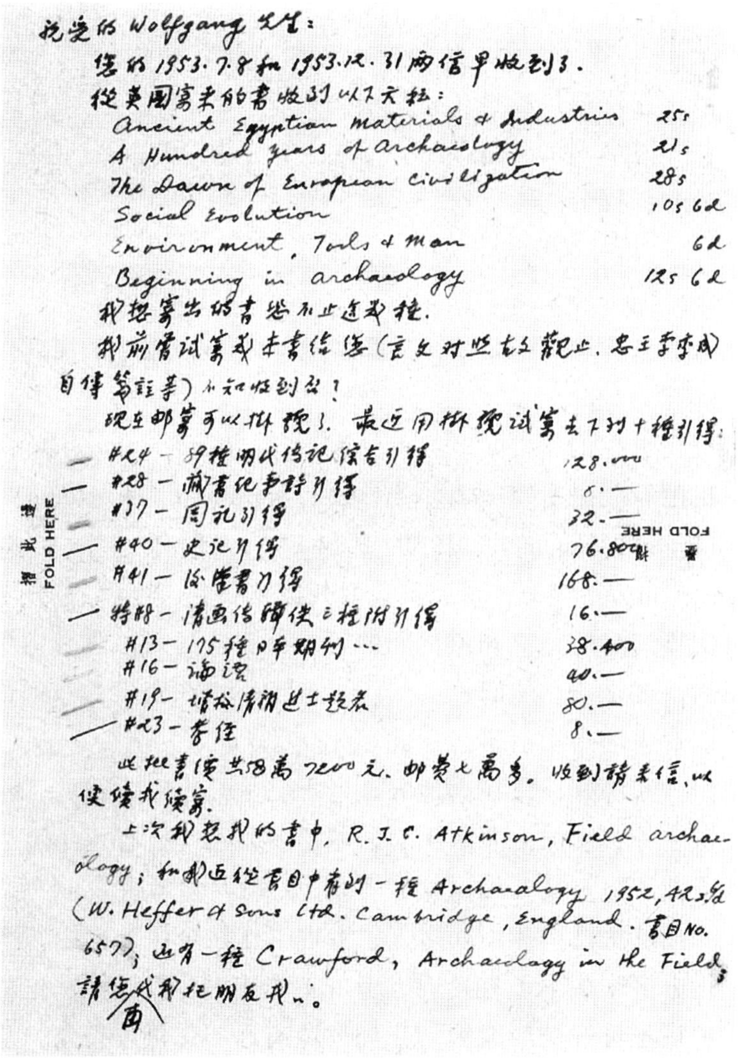
親愛的 Wolfgang 先生：

您的1953.7.8和1953.12.31兩信早收到了。

從英國寄來的書收到以下六種：

Ancient Egyptian materials & Industries	25s
A Hundred Years of Archaeology	21s
The Dawn of European Civilization	28s
Social Evolution	10s 6d
Environment, Tools & Man	6d
Beginning in archaeology	12s 6d

我想寄出的書恐不止這幾種.

我前曾試寄我本書信您（言文對照古文觀止、忠王李秀成自傳箋註等）不知收到否？

現在郵寄可以掛號了。最近用掛號試寄去下列十種引得：

#24 - 89種明代傳記綜合引得	128.000
#28 - 藏書紀事詩引得	6.—
#37 - 周禮引得	32.—
#40 - 史記引得	76.800
#41 - 後漢書引得	168.—
特#8 - 清畫傳輯佚三種附引得	16.—
#13 - 175種日本期刊…	38.400
#16 - 論語	40.—
#19 - 增校清朝進士題名	80.—
#23 - [illegible]	8.—

此批書價共58萬7200元，郵費七萬多。收到請來信，以便我續寄。

上次我想找的書中，R. J. C. Atkinson, Field archaeology；和我近從書目中看到一種 Archaeology 1952, 42s 6d（W. Heffer & Sons Ltd. Cambridge, England. 書目No. 6577）；還有一種 Crawford, Archaeology in the Field，請您代我托朋友找找。

西

摺此處 FOLD HERE

我想寄出的书恐不止这几种。

我前曾试寄几本书给您（《言文对照古文观止》《忠王李秀成自传笺注》等）不知收到否?

现在邮寄可以挂号了，最近用挂号试寄去下列十种引得：

#24—《89 种明代传记综合引得》	128.000
#28—《藏书纪事诗引得》	8.000
#37—《周礼引得》	32.000
#40—《史记引得》	76.800
#41—《后汉书引得》	168.000
特#8—《清画传辑佚三种附引得》	16.000
#13—《175 种日本期刊……》	38.400
#16—《论语》	40.000
#19—《增校清朝进士题名》	80.000
#23—《孝经》	8.000

此批书总共 58 万 7200 元，邮费七万多。收到请来信，以便候我续寄。

上次我想找的书中，R. J. C. Atkinson, *Field Archaeology*；和我近从书目中看到一种 *Archaeology* 1952，4Ls. 6/d（W. Heffer of sons Ltd. Cambridge, England. 书目 No. 657）；还有一种 Crawford, *Archaeology in the Field*，请您再代我托朋友找找。

每次接到您的信，知道你们的近况，非常高兴。我写信少，没其他原因，就是忙。从旧社会到新社会，一切在变，人人都忙，这就是所能奉告的一切，不过如此。

我们一家都好，住在老地方，老大已上高中二，我的工作除考古研究所之外，又加上北京大学，城里城外跑。还有每年暑假办的考古人员训练班。又要编《文物手册》，现大学考古专业有学生六十多人，训练班已毕业 160 多人，考古工作在全国范围内每个有建筑工程地方多半少不了有发现，考古工作成为建设先锋。这就是年来所以忙得不可开交的原因。我们虽距离远，您仍可想象，从一个工业落后的国家，要在短的时间内走过西方国家一二百年的道路，生活会变得紧张起来，是不言而喻的。

我的斗鸡台报告第二册已出版，《考古学报》已出第六期，现在工作除写 1950 年河南、1951 年陕西报告外，主要是大学编教材，给文物局（现社会文化事业管理局）编《文物手册》。

自从最近柏林四外长会议后，看来东西方国家间的文化经济的交通有希望会好一些，我愿意能代您找些你们所需要的刊物，我也希望能看到英国近年不断出的一些关于考古方法技术性的新书，这对我们的教学工作是有帮助的。请原谅我回信太迟了，而且在这短简中也不可能写得太多。不过，我们还是常常在想念您们。我想，您的工作，在不断的辛勤努力之下，对将来中德两民族的文化交流，是将会有很大贡献的。祝您、隽吟和宝宝们健康。

苏秉琦

1954. 3. 12

北大（健斋 207）

苏秉琦—傅吾康（1956.8.18）[①]

亲爱的 W. Franke

很久以前您托我找的《引得》，我买到十几种，有几种是您要的，多一半不是您要的，所以迟迟未寄，非常抱歉。准备最近都给您寄去。

我知道，您一定很愿意知道中国史学界同行们的活动情况，这次参加会议的翦老、周一良、夏鼐等诸先生都不用我介绍，您想知道的，我想他们都会告您。

---

① 据傅吾康先生之女傅复生先生提供信影录文。傅吾康先生在书信首页的页根右侧写：“Antw. 10. 1. 57。”

中國科學院考古研究所

字第　號第　頁

一九五　年　月　日

親愛的W. Franke：

很久以前您托我找的《引得》，我买到十几种，有几种是您要的，多一半不是您要的，所以迟迟未寄，非常抱歉。准备最近都给您寄去。

我知道，您一定很愿意知道中国史学界同行们的活动情况，这次参加会议的翦老、周一良、夏鼐诸先生都不用我介绍，您想知道的，我想他们都会告诉您。

近年中国史学界出版物不少，中国科学院图书馆（就在王府大街九号和考古所一起）

10.1.57

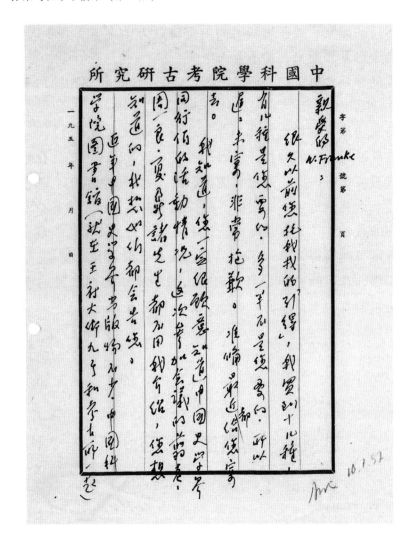

近年中国史学界出版物不少，中国科学院图书馆（就在王府大街九号和考古所一起），有专门负责与国外交换专门学术出版物的机构，您们可以直接建立联系。

我和我们一家都好，胡隽吟和孩子们都好吧！为念。此问

近好

苏秉琦

一九五六．八．十八

傅吾康—苏秉琦（1957.1.10）

Hamburg-Niensteden Jürgensallee 11

Jan. 10 1957

My dear Mr. Su：

Nearly half a year is past since I met Mr. Hsia Nai at Paris and since he gave me your kind letter dated Aug，18，1956. I was very happy to make the acquaintance of Mr. Hsia Nai whom I had not met before and in particular to hear from him about you. It was my intention to answer you very soon，but as it happens so often，there were so many things to do that I always postponed my correspondence. A few day ago. I received from you several parcels containing indices. Thus I can not postpone further and have to thank you very much. All the indices are very useful to us and supplement our rather incomplete collection of the series. I am feeling now much in your debt. Please let me know if you need any western which I can send you.

We did regularly forward to you the "Oriens Extremus" . So far five issues came out. The last was Vol. Ⅲ，No. 1 published somewhat belated in December last year. We have to get the types for the Chinese character from London. People there are delivering very slowly which brings often delay. Since the people of the printing-press do not know any Chinese the Editor，chiefly myself，have to compose the Chinese type themselves，which needs a lot of time. From this point of view the editing of a Journal was much more convenient in Peking. During the semester nearly all my time is filled with teaching and preparation therefor，administration，meeting，commissions，reports，editing of the journal，book-reviews，etc. and not much chance to do any researchwork. Fortunately there are five months of the year left, wherefrom I use about one and a half for traveling and the remaining for research work. My interest is still concentrated on Ming history on the one hand and recent history on the other. I completed a little book on the Wu-szu yün-tung to appear in a series for the general reading public. Furthermore I am working on a history of the Chinese revolution from Taiping on. I hope to complete it early this summer. Besides I wrote several articles on Ming history and on more recent questions. Probably Mr. Hsia Nai has told you about the Paris conference. I hope another time you may be able to attend. This year's Conference will be held in Germany at Marburg just after the International Congress of Orientalists, this time at München.

Late in November last year we had at Hamburg the visit of a Chinese theater group. Although the contents of the performances were somewhat modified for western consumption chiefly by committing singing and dialogues, we greatly enjoyed it.

I hope that you and your family are well. I think your elder boy must have absolved already the middle school. Our children are quite well. The girl is in the fourth and the boy in the first year of elementary school. Chün-yin is quite well too, but sometime homesick. We recently moved to a place further outside in a suburb. Although the environment is very pleasant but it is too small and after one year or so we will have to move again.

Best wishes to you and to your family.

Yours

Wolfgang Franke

［编者注］书信译文如下：

亲爱的苏先生：

自我在巴黎与夏鼐先生一会，已过近半年。他将您日期标注为1956年8月18日的来信转交于我。有幸结识以前素未谋面的夏鼐先生让我十分欣喜，尤其是从他那里听到关于您的情况。我本打算很快给您答复，但正如经常发生的那样，有太多的事情要处理，因而一再将回信推后。几日前，我收到了您寄来的几个包含燕京引得的包裹。因而，我无法再拖延回信，必须向您表达深深的谢意。所有目录对我们都非常有用，并且充实了我们燕京引得系列极不完整的收藏。如今我颇觉对您亏欠，如果您需要任何我可以寄送给您的西方书籍，还请告知。

我们确实在定期为您寄送《远东学报》，目前已出版了五册。最新一册是去年 12 月延迟出版的第三卷第一册。我们必须从伦敦获取汉字的字体，那里的人交付速度极慢，通常会导致延迟。由于印刷厂的工人不懂中文，学报编辑（主要是我自己）必须自己编排中文字体，极为耗时。由此看来，北京的期刊编辑要方便得多。这个学期，我几乎所有的时间被教学、备课、行政、会议、学术委员会、报告、期刊编辑、书评等占据，并没有太多机会做任何研究工作。所幸一年尚余五月，我用大约一个半月的时间旅行，剩下的时间用于研究工作。我的兴趣一方面仍然集中在明史，另一方面是当代史。我写了一本关于五四运动的小书，在一个面向大众读者的丛书中出版。此外，我正在研究自太平天国起的中国革命史，希望能在今夏稍早时完成。我还写了几篇关于明史和当代问题的文章。夏鼐先生可能已经告诉您关于巴黎会议的事情。我希望您下次能参加。今年的会议将在德国马尔堡举行，在慕尼黑举办的国际东方学大会之后。

去年 11 月下旬，我们在汉堡观看了一个中国剧团的演出。虽然表演的内容略有改编以迎合西方的口味，主要是唱歌和对白，但我们非常喜欢。

我希望您和您的家人一切都好。想必您大儿子已经中学毕业了。我们的孩子都好。女孩上小学四年级，男孩上小学一年级。隽吟也很好，但时常会思乡。我们最近搬到了郊区更远的地方。虽然环境很宜人，但是太过狭小，所以过一年左右，我们还需再次搬迁。

向您和您的家人致以最良好的祝愿。

此致

傅吾康

（侯昕　译）

［编者注］信后胡隽吟先生用汉字写道：

夫人及令郎令嫒都好？想念的很！希望今秋您能来德会晤！有可能吗？即附问安好，进步万里！

隽吟附候

再：常想和您谈谈，总不知从何谈起、是不是可谈的时候，现在实在闷不住了。写几句，一倾积愫吧。我们离国时的情形，您都看到眼里的。倒弃脏的洗澡水连孩子都倒掉了的行为，在两次汉学年会中曾晤到的祖国人，也一点也还未明白的觉悟。第一次会面，我倒还不提一切，以满心欢喜的心情，找他们谈话。可是，□老第一句话，反而向我说，你们西德怎样怎样的。我们的会完全是私人自由的团体，纯粹学术性团体，都是醉爱中国文化学术的。他犯不上和我说这种话，我因口拙，又正满心气未便和他辩驳，他又是我们的客人，于是就走开了。第二次会中会晤，虽开始和我们处得都很好。但因心怀愤慨，我个人和□周二老还是话不投机的。吾康和他们谈得倒是很好，他的气量比我大得多多，往事早已忘尽了。他现在只一心在教学工作和研究上。爱中国文化的心，思念中国和中国戚友的心，有增无减。

爱国、爱国人，随时随地都可以的。现在只有个人随时随地尽这点点点滴滴的心意罢了。只是努力勉励我这一家四口（连自己在内）不做丢人的事，不做伤害所爱的两个国家的事。对，似乎已不少了。

我父母只生了我个女儿身，受尽了重男轻女的气。我之得有今日也是反抗封建势力的结果。自幼求独立不用大家庭中一个钱，负起男孩子一样的帮助父母的责任。现在还不是仍然是这样？为了稍尽养亲之责，不是还是时常给国家寄外汇?！但这种不愉快的郁闷，何时才得舒开呢？何时得以还家一望双亲呢？望有所教我！

隽吟又匆述

苏秉琦—傅吾康、胡隽吟（1958.4.13）①

吾康、隽吟先生：

您们的信收到了。非常高兴知道 W. Franke 将于 8—9 月间来中国作客，这里对你们虽不算生疏，但几年的变化实在太大了，值得看看的东西太多了，特别是关于人的、社会面儿的改变，文化教育、科学的进展。当在西方国家中搞汉学的同行们，一旦看到这里新生一代青年队伍的时候，一定会惊讶，这是多大的变化！

我们的考古所在解放初才几十个人，现在已三百多人了，现在单北京大学历史系的学生差不多等于过去燕大全校人数。北大学考古专门的学生仅 2—5 年级合计一百多人。

最近提出口号（对社会科学工作者）“厚今薄古”。不久将来，搞近代现代史的人数将会大大发展。同时，关于近代、“现代”史料整理发表工作，也将会大大发展，这对海外的同行们将是一大好消息。我不知道您近来专门方向是否专搞辛亥革命前后这阶段？希望来信告我，我当注意这方面的新出版物或活动。

听说《人民日报》已在香港扩大发行，这对在国外朋友们也是一好消息。

希望尽可能早的知道您来中国的日期或大概日期，届时我一定尽力帮您计划安排日程，以便您能更好地利用这次机会，不虚此行。

---

① 据傅吾康先生之女傅复生先生提供信影录文。傅吾康先生在书信的页下写：
Professor Su Ping-Ch'i
His Chih Men Ta Chich 26
Peking, China

我们工作仍是约 1/3 时间在北大，2/3 时间在考古所。今年中野外工作时间，大约占 3 个月时间。

嘱转告李光绪先生的事，一定尽快通知他。

这里近年来添购西文书不少，一般考古专著刊物都能看到，但有些关于介绍考古方法技术或较通俗入门的书还是自己有方便些。下面几种希代我找一找，如果有，代我买一下，关于这类新出版书，望代我留意。

H. J. Plenderleth，*The Conservation of Antiguities of Work of Art*

S. Graham Brade-Birks，*Archaeology*

Archaeological Surveying，*Archaeological Photography*，著者不记得了。

（以上均英国出版）

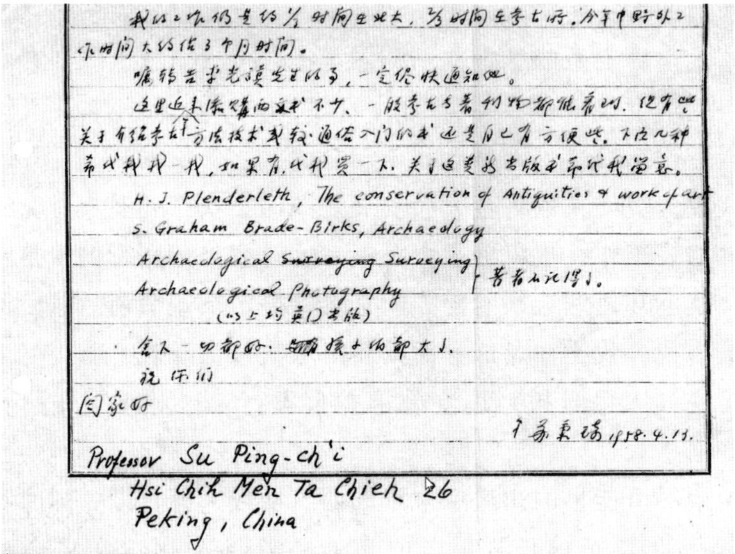
我们工作仍是约1/3时间在北大，2/3时间在考古所。今年中野外工作时间大约估3个月时间。

嘱转告李光绪先生的事，一定尽快通知他。

这里近年来添购西文书不少，一般考古专著刊物都能看到，但有些关于介绍考古方法技术或较通俗入门的书还是自己有方便些。下面几种希代我找一找，如果有，代我买一下。关于这类新出版书希代我留意。

H. J. Plenderleth, The conservation of Antiquities & work of art

S. Graham Brade-Birks, Archaeology

Archaeological Surveying

Archaeological Photography

著者不记得了。

（以上均英国出版）

舍下一切都好，孩子们都大了。

祝你们

阖家好

弟苏秉琦 1958.4.13

Professor Su Ping-ch'i

Hsi Chih Men Ta Chieh 26

Peking, China

舍下一切都好，孩子们都大了。

祝你们

阖家好！

弟　苏秉琦

1958. 4. 13

胡玲英—苏秉琦（1979.10.9）

苏先生：

您好。

寄来的“城隍庙碑”帖，10 月 1 号就已收到，由于陪同家四姐外出数日，今天才给您回信，请您原谅。

大姐和姐丈于上月底离京去西安、成都等地旅游，本月 15 号过武汉，我已去信武汉告知您寄来碑帖事，请勿念。傅教授过武汉后将去福建，然后经广州返马大，大姐则于 20 号左右仍返北京住几个星期，您空暇时请来我家做客，非常欢迎！

匆匆此覆

请代向夏先生问好

胡玲英

1979. 10. 9

傅吾康—苏秉琦（1984.2.10）

W. FRANKE 傅吾康

GUANGZHOU，ZHONGSHAN DAXUE

Dongnanya Lishi Yanjiusuo　　Feb. 10，1984

Dear Bingqilaoxiong：

Half a year has passed already since I left Beijing and went to Guangzhou. Time runs quickly, and now my term at Zhongshan Daxue is over too. I hope, you and your family are all well. At first, I found it a little difficult to adjust to conditions at Guanzhou, so different from Beijing. But soon I got used to the new environment and enjoy this very lively and busy city and its people, as well as Zhongshan Daxue. Moreover, work at Dongnanya Lishi Yanjiusuo was pleasant too. I had two seminars for eight graduate students, all open-minded and intellect-tually alert. In addition, I found many points of common interest with the colleagues at the Yanjiusuo concerning overseas chinese in Southeast Asia. I will spend the remaining time up to April mainly by travelling, in particular to the Qiaoxiang within Guang-dong and to Yunnan. Tomorrow Chün-yin and I will travel by boat to Hainan for one or two weeks. Early in March Chün-yin will return to Beijing. She got an apartment of two danyuan in recompensation for the house bought by the Administration. The apartment is located at Shuangyushucun Nanli near Youyi Binguan, and has at least central heating and an adequate bathroom. She still has to buy furniture and many other things, and will be thus quite busy. By late May she will return to Germany with one of her sisters. I will leave Guangzhou for Kuala Lumpur by mid-April and fly from there to Germany in July for two to three months. My further plans depend on who will be publishing my epigraphic materials from Indonesia and Thailand. I am still waiting for a written confirmation of my oral agreement with Kuala Lumpur. Otherwise, Zhoushan Daxue may be ready to publish the book too, if I get the funds to have it printed in Hongkong. In this case I may come to Guangzhou again or even to Shenzhen, since living at Hongkong is too expensive in the long run.

During a visit at Hongkong in December, I met Xia Nai and gave him the application of my former student Liu Fenming for a job in China, about whom we had talked when we met last time in Beijing. Xia Nai wrote me recently that he had given the application to you and asked you to look into the matter. I would be very grateful if you could do something for her. She is definitely one of my best students and in addition, a very pleasant person. There is a further matter I had asked Xia Nai which he may have forgotten. When I saw him last in Beijing, there was an offprint from a recent chinese journal on his desk dealing with the ancient Muslim tombs at Yangzhou with very good and detailed photos. I have visited the place in August, but my photos are by far not as good. Could you be so kind to try to find out, who is the author of this article, and where it has been published? I have suggested to Kuala Lumpur a publication of all my epigraphic materials collected in ancient Chinese mosques and Muslim tomb-sites in collaboration with a scholar proficient in classical Arabic and Islamic studies.

Please give my best regards to Xia Nai with all good wishes to your family and to yourself.

As ever Yours

Wolfgang Franke

[编者注] 书信译文如下:

亲爱的秉琦老兄:

离开北京去广州已有半年了。时光飞逝,现在我在中山大学的任期也结束了。我希望,您和您的家人一切都好。刚开始,我觉得广州和北京的环境不太一样,适应起来有点困难。但很快我就适应了新的环境,享受着这个热闹而又忙碌的城市以及这里的人,还有中山大学。而且,在东南亚历史研究所的工作也很愉快。我为八名研究生开设了两门研讨课,他们思想开放,聪慧过人。此外,我还与研究所的同事们在东南亚华侨的问题上找到了很多共同点。到四月的剩余时间我主要是在旅行中度过,特别是去广东及云南境内的侨乡。明天我和隽吟将乘船去海南一两个星期。

三月初隽吟将返京。她得到一套两单元的公寓,作为政府购买老宅的补偿。公寓位于双榆树村南里友谊宾馆附近,至少有中央供暖和像样的浴室。她还需购买家具和许多其他物件,所以会很忙。到5月下旬,她将与一位姐妹一起返回德国。我将于四月中旬离开广州前往吉隆坡，并在七月从那里飞往德国，停留两三个月。

我的下一步计划取决于谁将出版我在印尼和泰国收集的墓志材料。我仍在等候我与吉隆坡方面口头协议的书面确认。否则，如果我能获得在香港印刷的资助，中山大学也有可能准备出版该书。如此情况下，我可能会再来广州甚至深圳，因为长期居住香港过于昂贵。

去年12月去香港时，我见到了夏鼐，并将我以前的学生刘芬明（音译）在中国工作的申请交给了他，我们上次在北京见面时就谈起过她。夏鼐近日写信给我，说他已把申请转交给您，拜托您过问此事。如果你能为她提供协助，我将不胜感激。她绝对是我最出色的学生之一。此外，她为人也极和善。还有一事我拜托过夏鼐，他可能忘记了。我上一次在北京与他会面的时候，他办公桌上有一本最近的中文期刊的选印本，有关扬州穆斯林古墓的，照片非常清晰详尽。我八月份去过此地，但我的照片差之千里。能否烦请您受累找出这篇文章的作者是谁，发表在哪里？我已建议吉隆坡方面与一位精通古典阿拉伯语和伊斯兰研究的学者合作，出版我在中国古清真寺和穆斯林墓地收集的所有墓志材料。

请代我向夏鼐致以最诚挚的问候，并祝您和家人一切顺利。

一如既往。

傅吾康

（侯昕　译）

胡玲英—苏秉琦（1991.8.21）

秉琦先生：

在家大姐逝世二周年之际，吾康先生撰大姐事略以资纪念。印行后今年二月中自马来西亚寓所寄来一部分，嘱转寄国内诸亲友(国外亲友由吾康自寄)。遵嘱兹随函附奉壹份望垂察（因曾去南方小住故而拖延寄上请见谅)。

傅先生已在马定居，谅已知悉，据来信云年内不拟来北京，特告。

此上　即请

大安

胡玲英

1991年8月21日

附：胡雋吟女士事略（傅吾康）

胡雋吟女士事略

胡雋吟女士系出安徽寿县世家。祖父讳殿甲，清季任职统领，率军驻防中俄边界。伯父万泰，亦官武职，辛亥起义，响应革命，为安徽都督柏文蔚部师长。洪宪帝制之役，同声讨袁。父讳万吉，字稚卿，曾任文官。母鄢氏，讳淑贞，字亚男，出江西宦门。

雋吟以清宣统二年庚戌正月初五，即公元一九一〇年二月十四日，生于寿县故里，为七姐妹之长而无兄弟。处于昔日重男轻女传统意识下之大家庭中，母女之遭歧视自不待言。

旋举家迁寓天津，雋吟于完成中小学业后，更就读于南开大学，获教育学系学士学位。由于雋吟禀赋颖慧，性格豪放，意志坚定，胆识过人，益以五四运动自由思潮之鼓舞，奋起抗争，终能解脱家庭社会重重桎梏，得遂申张女权自立立人之夙志。先例即开，诸妹亦均得受高等教育，学有所成。

雋吟于南开毕业后，返皖执教，服务桑梓。继赴北平，初仍任教，旋受聘为中德学会常务编辑。由于得与德国青年汉学家傅吾康相识而于一九四五年结为夫妇。一九四六年，生女，名复生。越四年，生子，名新生。

一九五〇年，吾康应聘汉堡大学讲席，举家迁往。自此生活于欧西文化环境中，凡数十年。而隽吟之思想行为不仅未尝西化，其对传统中国文化之认同反更增强。盖接触异文化后能更深体悟本文化之真髓，比较权衡，乃益觉传统中国文化之可贵。于是立志以传播中国文化为己任，在大学及成人夜校开设汉语课程，举行专题演讲会，辅导青年汉学家及研究生，乃至于各种交际场合均随机宣扬介绍，现身说法，孜孜不倦。中西文化之间固有难尽调和之处，传播工作亦不免遭遇困境，然传播者之热心则从未稍减。

传统文化中，隽吟于京剧尤感兴趣。搜集有关京剧发展经过及其艺术特色之资料甚丰，从事探究，颇具心得。平生不愿涉足政治，而于世局国事关心备至。虽身在国外，对中国局势常有深刻的观察，精辟的见解。钦佩鲁迅，以其抨击中国社会积弊不遗余力，然又微憾其下笔往往失之于尖锐矫情。隽吟崇尚和平，主张世界各民族间的相互了解与合作。对狭隘的民族主义与大汉主义有所不取。一九八八年初领到欧洲共同体所颁护照，深以成为超国家组织之公民为荣。

对一以了解中国历史文化为职志之西方汉学者而言，具有才智德行如隽吟者，实为其最理想之终身伴侣。吾康得之，不啻于书本之外寻获一知识泉源，取之不尽，用之不竭。吾康初在中国时，人地生疏，得其引导协助，了解环境，克服困难，建立信心。其后数十年，辗转各地，更无时不赖其助。读古籍每有疑义辄以请教，获益良多。朝夕聚首，时相讨论各种问题，自天下大局至于生活琐事，常能彼此启迪，互相砥砺。儿女在德国长成，受德国教育，但更承受母教，对汉文化亦均有相当认识。

一九八八年十二月七日下午五时许，隽吟在北京寓所会客，谈笑风生中，突然昏厥，就此长逝，了无痛苦。

呜呼！逝者已矣，生者何堪！

亡妻胡隽吟女士逝世二周年，今以此文奉寄亲友们以资纪念。

傅吾康—苏恺之（1999.8.17）

ERINNERUNGEN AN SU BINGQI

Von

Wolfgang Franke 傅吾康

Wenige Monate nach meiner Ankunft in Beijing (damals Beiping 北平), nach der Besetzung der Stadt durch die Japaner im Juli 1937, kamen Ende August zwei Absolventen der Shifan Daxue 师范大学, der Archäologe Su Bingqi 苏秉琦 und die Sportpädagogin Peng Jingpo 彭静波 zum Deutschland-Institut 中德学会 und suchten einen Lehrer für Privatunterricht im Deutschen. Das Deutschland Institut war damals im Norden der Stadt, Houmen wai, Nanguanfang kou nei, Huaibao-an 6A 后门外南官坊口内，槐宝巷甲六号, fern von dem Stadtteil, in dem die meisten Ausländer wohnten. Die Häuser waren im traditionellen Stil um einen kleinen Hof gebaut und durch eine Mauer von der Außenwelt abgeschlossen. Das Deutschland-Institut bestand aus einem äußeren Hof mit einem Südhaus 南房, in dem ein Unterrichtsraum und Wohnung für den Diener und seine Familie waren, und einemäußeren Hof mit einem großen 北房 Nordhausmit langzi 廊子 für Bibliothek und Arbeitsraum Daneben im Osten war ein kleines erfang 耳房 mit Waschraum, in dem ich wohnte. Neben meiner Arbeit für das Deutschland-Institut und meinen chinesischen Sprachstudien hatte ich noch reichlich freie Zeit und nahm gern die Gelegenheit wahr, über meinen noch sehr kleinen chinesischen Bekanntenkreis hinaus mit weiteren chinesischen Akademikern in naheren Kontakt zu kommen. So übernahm ich Su Bingqi und Peng Jingpo gern als meine privat Schüler. Sie kamen hinfort jeweils zweimal die Woche für je eine Stunde zu mir ins Deutschland-Institut, auch nachdem dieses im Juni 1938 in ein wesentlich größeres Anwesen Di anmen Li, Huanghuamen nei, Xi Niuniufang 20 地安门里，黄化门内，西妞妞房二十号 umgezogen war.

Wie zu erwarten, kam ich über den Deutsch-Unterricht hinaus mit den beiden, insbesondre aber mit Su Bingqi rasch in naheren Kontakt. Dieser war ein großer, kräftig gebauter Nordchinese, 1909 in der Provinz Hebei geboren, also drei Jahre älter als ich. 1934 hatte er die Historische Abteilung der Shifan Daxue 师范大学历史系 absolviert und eine Tätigkeit am Guoli Beiping Yanjiuyuan Lishi yanjiuso Kaoguzu 国立北平研究院历史研究所考古组 übernommen. Hinfort galt seine gesamte Schaffenskraft zeitlebens der Archäologie und Frühgeschichte Chinas. Ich kam bald mit ihm in anregende Gesprächeüber sein Fachgebiet. Damals hatte ich noch kein festes Interessengebiet innerhalb der Sinologie und wurde durch Su Bingqi angeregt, mich etwas der Archäologie Chinas zuzuwenden. Er brachte mir einschlägige Literatur über die neuesten archäologischenFunde, die ich eifrig studierte. Ein kleiner Beitrag "Bericht über Ausgabungen in China seit 1930" war das Ergebnis①. Danach habe ich diese Linie nicht weiter verfolgt und mich der Ming-und Qing-Geschichte zugewandt. So fühle ich mich aus mangelnder Sachkenntnis nicht kompetent, Su Bingqi's wissenschaftliche Verdienste im Einzelnenangemessen zu würdigen. Nichts desto weniger war der Unterschied unserer wissenschaftlichen Arbeitsgebiete kein Hindernis für die weitere Entwicklung unserer Freundschaft.

Anfang 1939 verließ Su Bingqi Beijing, um seiner nunmehr ins unbesetzte China nach Kunming 昆明 verlagerten Arbeitsstätte zu folgen. Vorher hatte er mich noch mit seinen Institutskollegen Liu Houzi 刘厚滋, Wang Jingru 王静如 und Wu Fengpei 吴丰培 bekannt gemacht,

---

① Veroffentlich in Monumenta Serica 华裔学志 3：2，Beijing，1938，S. 659—666 die in Beijing blieben, und mit denen ich in enger Verbindung bleiben sollte. Alle drei veröffentlichten auf meine Bitte Beitrage in der Zeitschrift des Deutschland-Institutes Zhongde Xuezhi 中德学志. Wang und Wu sah ich späterwährend der 1980er und 1990er Jahre wiederholt in Beijing; Liu besuchte ich 1985 und 1987 in Fuzhou 福州. Peng Jingpo sah ich nach Su Bingqi'sAbreise noch des Öfteren, verlor dann aber die Verbindung mit ihr.

Nach Ende des Krieges im August 1945 kam Su Bingqi noch im Dezember gleichen Jahres mit dem Bei ping Yanjiuyuan nach Beijing zurück und wohnte mit anderen Kolengen in dem schönen großen Anwesen traditionellen Stils in dem Xizhimen Dajie 西直门大街, das die Akademie für ihre Mitarbeiter unterhielt. Wir waren hinfortoft zusammen. Zuweilen besuchte ich ihn; meist kam er aber zu uns. Ich hatte 1945 die chinesische Akademikerin Hu Junyin 胡隽吟 geheiratet und wir wohnten nahe der nördlichen Stadtmauer. Dort hatte einen schönen Siheyuan 四合院 in der Baochao hutong beikou Niener 1 宝钞胡同北口碾鬼胡同一号 orworben. Auch machte Su Bingqi uns mit seinem Chef, dem Direktor der Akademie Dr. Li Shuhua 李书华, bekannt, der später, Anfang Der 1950er Jahre mit seiner Frau Wang Wentian 王文田 zeitweise nach Hamburg kommen sollte. Im Herbst 1946 verließen wir Beijing. Ich hatte die mir angebotene Professur an der Guoli Sichuan Daxue 国立四川大学 und der Sili Huaxi Daxue 私立华西大学 in Chengdu angenommen, da das Deutschland-Institut 1945 seine Tätigkeit eingestellt hatte. Im Herbst 1948 kehrten wir nach Beijing zurück, da ich eine Lehrtätigkeit als Professor für Deutsch an der Beijing Daxue 北京大学 übernehmen konnte. Ich traf nun Su Bingqi wieder häufig, fast jede Woche, sei es, dass er zu uns kam oder ich ihn in seinem Arbeitszimmer in der Akademie aufsuchte. Als wir 1946 Beijing verließen, war Su Bingqi mit seiner Familie noch nicht lange zurück, und wir hatten ihm einige unserer noch übriggebliebenen Nahrungsmittelvorrate hinterlassen. Dafür brachte er uns bald nach unserer Rückkehr einen Sack Mehl. Noch heute sehe ich ihn in Gedanken mit dem Fahrrad und dem Sack Mehl Darauf zu unserem Hause kommen. Die damit bezeugte Dankbarkeit hat mich sehr bewegt, so dass sie mir im Gedächtnis geblieben ist. Damals war die Versorgungslage in Beijing in Anbetracht der Kampfe zwischen Guomindang und Gongchandang schon recht schwierig und ein Sack Weizenmehl nicht leicht zu bekommen. So war der Sack Mehl, den wir damals zusätzlich zum Gehalt bekamen, bei der galoppierenden Inflation wichtiger als das in schnell ihren Wertverlierenden Banknoten ausbezahlte Gehalt.

Im Mai 1950 nahmen wir von Su Binqi Abschied, und ich verließ mit meiner Familie China, da ich einen Ruf auf die sinologische Professur an der Universität meiner Heimatstadt Hamburg angenommen hatte. Ich konnte noch eine Weile mit Su Bingqi korrespondieren; doch bald war das Außenwelt. So war für die folgenden nahezu drei Jahrzehnte unsere Verbindung unterbrochen.

Erst als private Besuche in China wieder möglichwurde, und meine Frau und ich im Herbst1979 nach Beijing reisten, sahen wir auch Su bingqi wieder. Er war nunmehr am Archäologischen Institut der Akademie, Zhongguo Shehui Kexueyuan Kaogu Yanjiusuo 中国社会科学院考古研究所 in seinem Fache tätig. Leiter des Instituts war Xia Nai 夏鼐, den ich bei der Junior Sinologues Conference 1956 in Paris Kennengelernthatte. Su Bingqi wohnte noch in der alten Residenz (sushe 宿舍) für Mitarbeiter der Akademie in der Xizhimen Dajie, wo wir ihn zu seiner großenÜberraschung und Freude aufsuchten. Danach sah ich ihn bei jedem fast alljährlichem Besuch in Beijing.

Am Wiederaufbau der archäologischenFeldforschung nach 1950 hatte Su Bingqi erheblichen Anteil. Bei Chang Kwang-chih, The

Archaeology of Ancient China[1], wird Su Bingqi's Name wiederholt genannt. Die Zeit nach der Mitte der 1950er Jahre, Insbesondere die kulturrevolutionäre Periode von der Mitte der sechziger bis zum Beginn der siebziger Jahre mit ihren vielen politischen Kampagnen war für konzentrierte wissenschaftliche Forschungsarbeit wenig geeignet. Erst nachdem diese schwere Zeit überstanden war, konnte Su Bingqi seine wissenschaftliche Aktivitätvoll entfalten. Zusätzlich zu seinerTätigkeit als Yan jiuyuan am Kaogu Yan jiu suo wurde er Professor und Begründer der Archäologischen Sektion des Historischen Departments der Beijing Daxue. Ich verstehe leider so gut wie nichts von Archäologie und chinesischerFrühgeschichte und bin daher nicht in der Lage, Su Bingqi's Werk über ein paar allgemeine Bemerkungen hinaus im Einzelnen voll zu würdigen.

Im einleitenden ersten Kapitel seines Letzten Buches Zhongguo wenming qiyuan xintan 中国文明起源新探[2]. setzt sich Su Bingqi mit zwei seltsamen Zirkeln, Liangge guaiquan 两个怪圈 auseinander, die er im Folgendenmitarchäologischen Argumenten widerlegt. Einmal ist dies die Vorstellung einer einheitlichen chinesischen Kultur und deren gradlinigen Entwicklung von der ältesten Zeit der legendären Xia-Dynastie bis zur Gegenwart, wie sie auf Grund der kanonischen und historischenSchriften in der seit der Song-Zeit orthodoxen Interpretation als allgemein gültigüberliefert worden ist. Auf Grund der archäologischen Forschungsergebnisse sind viele Aussagen dieser Schriftenneu zu interpretieren Auch kann das Gebiet um den mittleren Huanghe nicht länger als die Wiege der chinesischen Kultur gelten, sondern eher als ein Schmelzofen der chinesischen Zivilisation, wie Su Bingqi an anderer

---

① Revised and enlarged edition, Yale University Press, 1968, S. 114, 116, 259f, 274.

② Hong kong, Shangwu Yinshuguan, 1997, Kap. 1, S, 2—5.

Stelle schreibt[①]. Der andere seltsame Zirkel, guaiquan, ist die Marx-Engelsche Theorie der historischen Entwicklung. Sie ist auf Grund der griechischen, römischen und germanischen Geschichte entwickelt, aber nicht für die Frühgeschichte Chinas anwendbar. Dagegen weist Su Bingqi in den folgenden Kapiteln des erwähnten Buches nach, dass die heutige chinesische Kultur das Ergebnis der Verschmelzung von sechs in verschiedenen Teilen Chinas eigenständig entwickelter Kulturen ist. Im Gegensatz zu der in China immer noch verbreiteten, aus der Frühzeit der Republik übernommenen, abwertenden Beurteilung der letzten Dynastie als Fremdherrschaft pries Su Bingqi in einem persönlichen Gespräch einmal diese gerade dafür, dass sie gewissermaßen die Große Mauer niedergerissenhabe. Erst die Qing-Dynastie habe die außerhalb der Mauer gelegenen nördlichen und nordöstlichen Gebiete kulturell in China integriert.

In den 1980er Jahren war Su Bingqi umgezogen in eine bescheidene kleine Wohnung in einen neuen, der Akademie gehörendenmehrstöckigen Gebäude im Nordwesten derStadt, nicht weit von unserer neuen Wohnung im Shuagyushu Nanli 双榆树南里. Dort besuchte ich ihn bei jedem Aufenthalt in Beijing. Er hatte sich zu der gereiften Persönlichkeit eines modernen Gelehrten entwickelt, der es verstand, die Ergebnisse seiner langjährigen Forschungsarbeit in eindrucksvoller Weise zu vermitteln, nicht nur im informellen Gespräch, sondern auch vor einem größeren Publikum. In den letzten Jahren ging es ihm gesundheitlich nicht sehr gut. Er musste einen Herzschrittmacher bekommen. Dennoch arbeitete er weiter und war viel unterwegs. Im September 1995 konnte ich ihn nur im Hospitalbesuchen. Doch erholte er sich wieder, und ich sah ihn zum

① "Zhonghua wenmingshi-de shuguang 中华文明史的新曙光 Renmin Ribao 人民日报（海外版）4. August 1986, S. 2.

letzten Mal am 22. September 1996 in seiner Wohnung, bevor er am 30. Juni 1997 im Alter von 88 Jahren starb. Su Bingqi war einer meiner ältesten Freunde. Unsere Freundschaft wahrte nahezu sechzig Jahre, und es war schmerzlichfür mich, ihn bei meinem letzten Besuch in Beijing, im Herbst 1998, nicht mehr anzutreffen. Er wird jedoch für die kurze Zeit die ich noch zu leben habe, mir stets alsein aufrichtiger und zuverlässiger, treuer Freund im Gedächtnis bleiben.

[编者注] 译文如下[①]:

追忆苏秉琦

傅吾康

在我抵达北京（时称北平）几个月后，1937 年 7 月这座城市被日本人占领。8 月底两位师范大学的毕业校友，考古学家苏秉琦和体育教师彭静波前来中德学会，寻找德语私人教师。中德学会当时位于城北后门外南官坊口内，槐宝巷甲六号，远离大多数外国人居住的区域。房屋以传统风格建造，围绕着一个小庭院，并以一堵墙与外界隔绝。中德学会由带南房的外院和带北房的外院组成。南房有教室和佣人的公寓。北房带有廊子，极为宽敞，用作图书馆和工作室。我则住在北房东侧一个带洗手间的小耳房内。我除了在中德学会的工作和学习汉语外，尚有许多闲暇时间，很高兴有机会在自己极小的中国熟人圈以外，结识其他中国学者。我很乐意将苏秉琦和彭静波收为我的私人学生。从那时起，他们各自每周两次来中德学会，每次一小时。1938 年 6 月中德学会搬迁到地安门里黄化门内西妞妞房二十号一处更大的场所后，依然如此。

正如所料，我很快就在德语课之外与他们两位有了更密切的接触，尤其是与苏秉琦。他是个身材高大、体格健壮的中国北方人，1909 年生于河北省，长我三岁。他 1934 年毕业于师范大学历史系，就职于国立北平研究院历史研究所考古组。从此，他将毕生的

---

① 王意译文载《苏秉琦先生纪念文集》，科学出版社，2000，第 54—56 页。

才思都投入了中国考古和早期历史的研究。不久后我就与他就他的专业领域展开了令人兴奋的对话。当时我在汉学范畴内还没有一个固定的兴趣方向，受到苏秉琦的启发，转向了中国考古学。他带给我最新的考古发现的相关文献，我仔细研究。成果是一篇名为《1930年以来中国考古发掘的报告》的小论文。此后，我没有继续相关研究，转向了明清史。因而，我自觉缺乏专业知识，没有资格详细评判苏秉琦的学术贡献。然而，我们研究领域的差异并不妨碍我们友谊的加深。

1939年初，苏秉琦离开北京，随他的工作单位迁往国统区的昆明。离京前，他将我介绍给留京的研究所同事刘厚滋、王静如和吴丰培，希望我与他们保持密切联系。三位都曾应我的要求，在中德学会的期刊《中德学志》上发表文章。之后于20世纪80和90年代，我曾在北京多次与王、吴两位会面；并于1985和1987年在福州拜访了刘厚滋。苏秉琦离京后，我还经常见到彭静波，但后来就与她失去了联系。

1945年8月抗战结束后，苏秉琦于同年12月随北平研究院迁回北京，与其他同事一起住在北平研究院为员工购置的西直门大街一处美观、宽敞、传统风格的房产中。从此我们就经常共处。我时而去拜访他，但更多时候是他来我们这里。1945年我与中国学者胡隽吟结为连理，住在北城墙附近。我们在宝钞胡同北口碾鬼胡同一号购置了一座漂亮的四合院。苏秉琦还将他的上司、研究院院长李书华博士介绍给我们。之后，在1950年代初他与妻子王文田曾来过汉堡。1946年秋，我们离开北京。由于中德学会停止了运作，我接受了成都的国立四川大学与私立华西大学提供的教授职位。1948年秋我们返回北京，因为我得到了北京大学德语教授的职位。自此，我又得以经常与苏秉琦见面，几乎每周都有。无论是他来看望我们，还是我去研究院的办公室拜访他。1946年当我们离开北京的时候，苏秉琦与他的家人刚迁回不久，我们便将剩余的一些食品储藏留给了他。为此，在我们返京后不久，他就给我们送来了一袋面粉。直到今天，我脑海中依然能浮现出他用自行车驮着一袋面粉来到我们家的样子。由此表达出的知恩图报让我如此感动，以至于它刻印在了我的记忆中。由于当时国共内战，北京的物资供应已经相当困难，要搞到一袋面粉很不容易。考虑到飞速的通货膨胀，我们当时能在工资之外收到一袋面粉，比用迅速贬值的纸币所支付的工资更为重要。

1950 年 5 月，我们与苏秉琦作别，我和家人一起离开了中国，因为我接受了家乡汉堡大学的汉学教授职位。有段时间我尚能与苏秉琦通信；但很快就因为中国与外界的隔绝而再无可能，因而我们在之后的将近三十年里中断了联系。直到中国重新允许私人访问，我与内子 1979 年秋去到北京，才再次见到了苏秉琦。他彼时任职于中国社会科学院考古研究所，从事他本专业的研究。研究所时任所长是夏鼐，我 1956 年在巴黎举行的青年汉学家大会上与他结识。苏秉琦当时仍住在研究院西直门大街的老职工宿舍，我们前往那里拜访他，令他惊喜不已。自此以后，我几乎每年都去北京，都会见到他。

苏秉琦在 1950 年以后田野考古研究的重建中发挥了极为重要作用。在《古代中国考古学》（*The Archaeology of Ancient China*）中，张光直多次提及苏秉琦的名字。20 世纪 50 年代中期以后，特别是 60 年代中期至 70 年代初的文革时期，政治运动频繁，让人无法专注地进行科学研究。直到这段艰难时期过去后，苏秉琦才得以全身心地投入科研工作。除了在考古研究所担任研究员之外，他还成为北京大学历史系考古专业的教授和创建人。遗憾的是，我对考古学和中国早期历史几乎一无所知。因此，除了一些概括性的评论之外，我没有资格对苏秉琦的学术成就进行详尽的评判。

在他最后一本著作《中国文明起源新探》的第一章导论中，苏秉琦探讨了两个怪圈，随后他用考古论证进行了反驳。一个怪圈是从传说中最早的夏朝一直直线发展到现在的中国单一文化的观点，如同宋代以来在编年史籍的基础上进行的、流传至今的正统解读。由于考古研究的成果，不得不对这些史籍中的许多描述进行重新解读。正如苏秉琦在另一处写到，黄河中游地区不能再被视为中国文化的摇篮，而是中国文明的熔炉。另一个怪圈是马克思、恩格斯的历史发展理论。它是在希腊、罗马和日耳曼历史的基础上发展起来的，但不适用于中国的早期历史。对此，苏秉琦在该书后面的章节中指出，当今的中国文化是中国不同地区六种独立发展的文化相融合的结果。与自民国初期即被采用、至今仍在中国广泛流传的将末代王朝贬低为外族统治的评价相反，苏秉琦曾在个人谈话中对其进行称赞，因为它在某种意义上推倒了长城。正是清朝，让长城以外的北方和东北地区在文化上融入了中国。

20 世纪 80 年代，苏秉琦搬至研究院位于城西北的一栋新的多层楼房中的一套简陋的小公寓，距我们在双榆树南里的新公寓不远，我每次到北京都会去那里拜访他。他已经蜕变成拥有成熟个性的现代学者，他深谙如何以令人印象深刻的方式传授他多年的研究成果，不仅在非正式的谈话中，而且是在更多的听众面前。过去几年里，他的健康状况一直欠佳，必须安装心脏起搏器。尽管如此，他依然继续工作，经常出差。1995 年 9 月，我只能去医院探望他，好在他之后康复了。1996 年 9 月 22 日在他的寓所里，我最后一次见到他。他于 1997 年 6 月 30 日去世，享年 88 岁。苏秉琦是我最年长的朋友之一。我们的友谊持续了近六十年。1998 年秋，当我最后一次访问北京时，已无法再与他相会，这让我万分悲痛。然而，在我生命最后这段短暂的时间里，他将永远作为正直、可靠、忠贞的朋友被我铭记。

（侯昕　译）

傅吾康—苏恺之（1999.9.4）

Prof. Dr. Wolfgang Franke

No. 134, Jalan SS2/16

Petaling Jaya 47300

Selangor, Malaysia November 4, 1999

Mr. SuKaizhi

P. O. Box 2855

Beijing, China

Dear Mr. Su!

Many thanks for the book by your late father Zhongguo wenming qiyuan xintan and your enclosed letter of August 8, 1999 which I found, when I returned to Petaling Jaya from Germany about two weeks ago.

I have mailed a short article in memory of your late father from Berlin during the second half of August by registered letter to you. I hope, you will have received it in the meantime. I have kept the copy of my article at Berlin. Thereby I am unfortunately not in the position to write an abstract of the article. Due to my age (now 87!) my memory is very short, and I do not exactly remember what I wrote in the article. As far as I remember I wrote about my position and work in Beijing when I first met your father. I left China in 1950 to take up an appointment as Professor in Sinology (Sprache und Kultur Chinas) at Hamburg University which I kept until my retirement in 1977. I was a visiting Professor at the University of Malaya, Kuala Lumpur, Department of Chinese Studies, 1963—1966 and 1978—1983, In 1983 I was a Visiting Professor at Beijing Shifan Daxue, History Dept, and 1983 \ 84 at Guangzhou, Zhongshan Daxue, Dongnanya Lishi Yanjiusuo.

If you have any further questions, please write to me to the above given address. I will remain in Malaysia at least until May next year.

With all good wishes and kindest regards

Yours Sincerely

Wolfgang Franke

[编者注] 书信译文如下:

尊敬的苏先生！

非常感谢您寄来您已故父亲的著作《中国文明起源新探》和您1999年8月8日信函。这是我大约两周前从德国返回八打灵再也①时发现的。

八月下旬，我从柏林用挂号信寄了一篇纪念您已故父亲的短文给您，我希望您此间已经收到。由于我将文章副本保存在了柏林，因而很抱歉，我目前无法撰写这篇文章的摘要。由于年龄关系（现已87岁！），我的记忆力很差，我无法记得我这篇文章的详细内容。我尚能记起我写到我第一次见到你父亲时，我在北京的职位和工作。我于1950年离开中国，前往汉堡大学担任汉学教授（中国语言与文化），直到1977年退休。我曾于1963—1966、1978—1983年担任吉隆坡马来亚大学中国学系的客座教授。1983年出任北京师范大学历史系客座教授，并于1983—1984年在广州中山大学东南亚历史研究所任客座教授。

如果您有任何其他问题，请写信至上列地址。我将在马来西亚至少逗留到明年五月。

致以最良好的祝愿和最亲切的问候

傅吾康

（侯昕　译）

① 译者注：马来西亚城市。

姚从吾

姚从吾（1894—1970），原名士鳌，字占卿，号从吾，曾任河南大学校长，1958 年当选台湾“中央研究院”人文组院士。

苏秉琦—姚从吾（1947.4）[①]

从吾先生道席：

四月三日、七日书惠并附拟购书目均悉，因朱助理月前赴京，所有河大购书账、单据等未能整理，近期续购之书偏重金石图录，大致迄刻下余款不过百十万元之谱而已。《燕京学报》《辅仁学志》有全份，《清华学报》似尚阙如，《禹贡》未买，约尚易得。中研《集刊》难找全份，德友堂介绍之志书，当时最终结为要价三千万，我方希望在二千挂零成交，而卖主方面则认为三千万已系年前所说，不加即等于减，大约能让也让不多。当时河大余款（二千万）已不敷用，遂作罢。此书约尚未脱售，他日有专款时尚可旧话重提也。现在志书涨价不少，如零星搜购，平均恐亦不下三万一

---

① 据《河大校刊》复刊第 15 号 1947 年 5 月 1 日第 3 版录文。据《河大校刊》，姚从吾先生任校长后，托北平研究院徐炳昶、苏秉琦先生在北平代为购书，此为苏秉琦先生回函。原信未署年，据书信内容，当在 4 月 7 日之后，5 月 1 日之前。

种。附近书单中因有些购名生疏，不知已购者究占若干。近书价在一般物价已不算便宜，再买书当就急需者，或有永久价值者为主。过去好书每本不过万元，今者每本十万者已在不少，如郭沫若、罗振玉等著大都十万一本矣。专此布复，敬叩

教安

后学

苏秉琦

附：徐旭生——姚从吾（1947.4）①

从吾先生如握：

十五日函已接到，敬悉一切。购书事已近结束，尚余百余万元，志书未能买，因即在早期，大约两千五百万以下，以后即有五千万之说，此时费去者已达两千六七百万元。而《四库丛刊》《丛书集成》二书尚未购得。

至先生所虑者票书散出问题，闻此公对搜书有癖好，近对志书尚有增添，似尚不致散出也。闻秉琦云，彼虽索价甚高，然如先生能另筹三千万元，或尚可有办法。现《丛书集成》，购得一道林纸本，预约转移手续完备，价四百零三万（内与《说文诂林》同单，故实价为三百余万）。子水取去六百万，《四库丛刊》彼负责买。所购金石书、甲骨金文图录，虽不甚完备，已有个大谱了，购书情形大致如此。

至于所命诸事，分别答复如下：郭先生不很熟，不敢轻言。魏刘二公，刘有桑梓之谊，劝驾较易，然或因桑梓，亦更较热心也，此事昶意见仅有如此，请先生更详酌之。

同乡张春林先生研究动物，已托人与张先生谈及回河大事，彼

---

① 据《河大校刊》复刊第15号1947年5月1日第3版录文。据《河大校刊》，姚从吾先生任校长后，托北平研究院徐炳昶、苏秉琦先生在北平代为购书，此为徐炳昶先生回函。原信未署年，据书信内容，当在4月15日之后，5月1日之前。

表示桑梓义务，本不应推。但有二难：一搬家难，二彼系开封人，亲友过多，无法应付。昶意其一难尚易为力，其二难虽恐甚难处，故张先生能还乡希望并不甚大。万先生还未接洽，昶返乡前，一定同他晤面，细谈一。《清实录》，敝院向教部请求，已得一部，河大似亦可请求。至市价则明录约百余万，清录或能到四百万以下。图书作箱，恐需款不少，先生当亦有筹划矣。昶拟于本月上半月回南阳，自郑州，新乡，徐州下尚未能定，已与唐嗣尧通电话，已允代办矣。先拟回南阳小住十日左右即可来汴也，不久晤面，无任欣慰，所言欢迎绝不敢当。晤燕老时，请先致候，不另。

特复，即候

撰安。

徐炳昶拜上

李 济

李济（1896—1979），字受之，后改济之，任职于中央研究院历史语言研究所，1948 年当选中央研究院院士。

李济—苏秉琦（1948.10.25）[①]

秉琦先生惠鉴：

两城镇陶器，抗战期间只携出若干标本件数，大部分搜集均留存首都。敌人占据期间，在北极阁下挖掘防空洞时，为运石方便计，曾建一轻便铁路，横越史语所大楼后院，用未运走之陶片陶器标本箱，填成路基，负荷铁轨。光复后，弟为最早返都之一人，亲自发掘此类陶片，虽救出不少，但损失之钜，尚不能估计也。拙著所引之两城镇陶甗，为尚未查出之标本之一。所用解剖图，余根据刘曜君两城镇发掘报告原稿，兹将原文说明另抄附寄，藉供参研。至底部形态之照相，应俟将来将原标本查出后再办，但是否尚在人间，不可知矣。

润章先生将大著交到时，即为考古组同仁取去。此报告在本所

① 据《苏秉琦考古学论述选集》，文物出版社，1984，第 84 页录文。

只有一本，但欲先睹者不只一人。数日前接到手示时，此书尚未退回弟处。日来伤风，又不能伏案读书，仅将大著翻阅数次，尚未能详细读之。“此稿历尽艰辛”，弟所得知，今能问世，不但先生之幸，亦中国考古界之幸也。就弟匆匆翻阅所得之印象，大著对于原始材料处理既详且尽，又力求准确，已超乎一般之标准。中有不少问题，为弟兴趣之所寄，俟将来细读后，当再将拙见奉达，以备参考，余不尽。专此先复，并申谢悃。敬颂

著祺

弟李济复　卅七・十月廿五日

附抄刘曜两城镇报告一纸

济又及

王振铎

王振铎（1911—1992），字天木，先后工作于北平研究院史学研究会、文化部文物局博物馆处、中国历史博物馆。

苏秉琦—王振铎（1949.11.1）[①]

天木吾兄：

接到您的十月廿一、廿二两函，并弟接曾公原函，今日同时另发致曾公一信。

这里的事汇报如下：

文物局的人事还在安排中，裴（文中）公在原则上已暂允可任博物馆处处长，副处长一职，郑（振铎）公属吾兄，裴（文中）公当然赞成。……我认为要考虑的是：（一）大家的生活问题，因政府人员的待遇是低的；（二）今后考古事业的着落问题，对此我们都不愿随便撒手不管……

科学院的组织轮廓还一无所知，这几日严慕光正同几位正副院

---

① 据苏恺之《我的父亲苏秉琦：一个考古学家和他的时代》，三联书店，2015，第110—111页。

长找总办公处的处址。严将任办公厅主任，虽以事务为主但承上启下，其重要性不在副院长之下。旭老（指徐旭生）是完全被关在门外了，任何消息也一概不知。史所的将来，如华大四部、中研院史语所、北平研究院史学所，几个单位要归并是想当然的。中研、平研的几位现有研究员中，我看没有能够出来做领导者的。如果不出在华大，或正副院长兼，恐怕非也另找人不可。所以此所未来变化尚多，尚难臆料。考古部到底是归科学院抑或文化部，从理论上说二说一，一样的有理。从趋势上看也难说究竟。我所对此问题都负有责任，不到水落石出，是不放的。所以我还是希望考古部门能成为独立单位，而与文化部的文物处人事上打通。如此，不论在科学院或文化部，就均易与博物馆事业打成一片了。余容绪陈敬问。

弟琦启

1949 年 11 月 1 日

王振铎—苏秉琦（1949.11.7）[①]

秉琦兄：

致曾公及弟函二封已收到，因信到日弟外出访陶孟老。信交给了曾公办公室，晚归来始拜读［函口封皮有打开痕迹，并浆（糨）糊未干］。弟即将兄函“再”交曾公一看，并解释所谓“前函”说是兄前寄上海信之“退函”。曾公几日以来口气大变，并对诸先生又大恭维起来，并且他希望将来能去北京一行，向文化部提议兄要在不久写一计划。寄兄，可能是拾弟之腐语陈词了。

西谛师请兄台出任文物局职务，深庆政府有知人之明，如兄台之

① 信未署年，从文中延请苏秉琦先生至文物局看，当在文化部文物局成立的 1949 年 11 月 1 日后不久，不会迟到 1950 年（1950 年后苏秉琦先生已在中国科学院考古研究所任职），故信当写于 1949 年。

高瞻掌遗迹，将来大家为人民文化兴起一个科学大众之合理机构，这一繁琐之重责工作是不能缺少了你的参加。自接兄函后，增加了弟十倍的勇气。郑先生的人选，从兄函中知道选择的非常严肃。弟与裴先生是在廿三、四年参观周口店时相识，□□□□吃饭睡觉。十几年来未通信，亦未尝晤面，此公为人率真，年亦长弟甚多，恐怕裴先生年已四十五岁矣，便中祈代致候。孟和先生要到杭州去当面同老夏谈判。弟劝孟老不必去杭，由弟约他来沪晋谒既可。孟老怪你何以不入科学院，对夏更不谅解。大骂向公批评中研史语所□不起来等语。故知孟老受梁先生之宣传工作影响甚大。昨天孟老一定接弟去夫子庙吃螃蟹，又同弟谈判起来，对郑先生当无任何批评。孟老要我劝作铭，无论如何回科学院，马上辞去浙大之事。弟左右为难，作铭处境更可想象矣。弟以为兄台之高见为是，如何打通人事为第一要义。我看情形之发展，如果考古学一部门，如果能独立起来属附文化部，则夏公自来部。如科学院领导考古，夏之来部可能不多。这些梗结所在，全在梁公，弟以为此事之解决办法，需要争取合作与开诚的谅解。就是济之先生回来，也绝不会同郑先生领导的文物局对立。这一行业不是人才过多，而是人才不足。弟与思永先生十年相处过来，虽然一度排挤我，此事早已过去。弟想说服梁公给他得到应得的崇敬地位，设法使觉明先生平下气，如此就是台湾的人回来也好处。总之中研的老招牌已不存在，考古事业不论隶何部、院，是走入了“新生代”。梁公好好养病，济老、彦老就是回来，也不能任行政主持人。由郑先生开扩这一事业，与大家都有益呢。弟日来常想，小人畏权势，君子争□气，现在的事多是这两个类型。我觉得思永恐怕对人事上，当有误会与不了解。弟明日即去上海，陶先生竺藕舫同车，可能在后天即可晤作铭，诸仍传陈，此致

敬礼

弟　木

十一月七日

请将此信请陈郑先生一看亦可。

苏秉琦—王振铎（1949.11.28）[①]

天木兄：

廿二示意。陶孟老廿五日曾到史所来。作为就任副院长后第一次视察，了解情况。西谛先生没来找我，我也没去看他。向公也多日没有见晤。听裴公说，向答应暂时兼文物局工作。科学院的轮廓，上次信中提到一些。看来“兹事体大”，而在文教委员会内，以科学院问题最多，不似教育部之有华北政府旧底，文化部之新起炉灶，由科学院的组成来看，旧的势力还很大，新的生机尚待培植。依唯物辩证法的法则，离发展阶段还远。“所”的正式组织是否能在年内成立，看不透。现在只是就旧机构来计划明年工作。平研史所的明年计划，是要旭老的主张，组成两个调查队，一个发掘队。调查队去山、陕和甘、宁。由弟与静如兄去山、陕，旭老、冯伯平去甘、宁，孙文青、何乐夫去斗鸡台。由弟看来，这计划批准的可能性极小。

文物局内的三处是图书、博物、文物。“古物”是原拟的名称，周总理说“古太多了，不要净管古的”，所以改为“文物”。“考古”一词大概从未采用过。你所提到的几个小问题，就我所知，和裴公的了解，答复如下。（一）穿制服的多半是公家发给的，供给制的（人）不屑说了，我看旧西服还是把它穿完再说吧。（二）文物局现在团城挤着，正进行着收回大高殿。（三）眷属或个人住处是绝对负责照顾的。不过眼下由于房荒严重，满意的解决，恐怕短期间还做不到。所说，文化部和文物局都在进行买房作宿舍。局长级大概由部负责，处长级大概由局负责。兄的问题，恐

---

① 据苏恺之《我的父亲苏秉琦：一个考古学家和他的时代》，三联书店，2015，第111—112页。

怕只可由郑公先为你找一个临时住处，慢慢解决。（四）薪给问题，听到的是，专门人才照专家待遇，不受“官级”限制。换言之，即教授仍然是教授待遇，而在事业部门中，如裴公的自然科学博物馆中，用人更可不受部之限制，如技术人员。（五）文化部的局、处长待遇我还不清楚，科学院的办公厅主任，听说是1000斤大米，处长级为800斤。教授级为800—1300斤，平均1000—1100斤，但教授薪在整个政府中是最高的，将来怕有降低之可能。弟薪为1000斤整。

匆上。敬候安好。详情可待郑公南来时洽谈。

弟琦启

1949年11月28日

王振铎—苏秉琦（1.13）[①]

秉琦吾兄：

十二日午始从武汉参加鉴定编钟会归来。奉书始知枉遇，命书字托赵铨兄奉上，不如尊意再写无妨。制版要将九宫格绿线消除即可，此易为之，然须说清楚也。此致

敬礼

弟　天木

元月十三日

① 原信未署年。苏恺之先生记该信为苏秉琦先生请王振铎先生题写《中国通史》书名事宜的回信。信影收入苏恺之《我的父亲苏秉琦：一个考古学家和他的时代》，三联书店，2015，第333页。

王振铎—苏秉琦（1.22）

秉琦学兄左右：

近日去电话有事询考古所王世民兄，始悉贵体违和，在家休息为念。弟自迁居北郊三年，由于生活条件不如往昔，交通不便，又未能趋前拜访。加之残躯多病，行动困难，内人入冬旧病复发，苦不可言！敬希请维善自珍摄，并叩问嫂夫人安好。此致

敬礼

教弟　王振铎　一月廿二日

住处：安定门外安贞里二区，

家中近装电话；谢辰生在我楼上。

俞德浚

俞德浚（1908—1986），工作于中国科学院植物研究所，1980年当选为中国科学院学部委员。

俞德浚—苏秉琦（1950.4.25）

秉琦学兄：

十二月十三日大函，由爱丁堡转到拜读，得知国内政治经济教育发展近况，生气澎渤（蓬勃），复兴有望，至感兴奋，故甚盼早日回国尽其所能参加建设大业充一小卒。惟以自英国开赴远东船少，座位拥挤，直到一月中始结束爱丁堡工作南下。订五月十日启程返国。行前并赴大陆观光，曾在巴黎小住得晤李润章、熊迪云两先生及张德贻、李惠年诸同学，杨成中、成爱泰、张振鬲诸兄。李、熊两公均攻读不倦作老学生，甚为难能。不料二月尾返英后得英外交部通知，以香港人口拥挤为辞，港政府禁发过境护照，不能启程，多方奔走亦无结果。弟现已在港觅妥中英保人并在港住址，但英政府仍不准予过境护照。闻听英外交部人员在北京碰壁，且英侨在华受阻难者多人，故英政府采用报复手段加之中国学生，以促起中国政府之注意。闻在美、在法学生欲经港返国亦受同样留难，但经西伯利亚返国以无新政府护照且旅费太贵，亦不易实现。此间新政府尚无外交官派驻址，对留英或自英返国同学甚感不便。希望中英外交早日明朗开展，此类问题方有解决可能。弟离国已两年矣，时间经济均有限制，故甚感焦急。

蒙赐指示选业经途，弟现仍徘徊于：（一）到林农科研究所作应用问题的研究与技术工作；（二）到科学院专门研究；（三）到大学教书等。此将待到北京后看各方情形决定。如六月二日船能启程，到京已在七月中或下旬。以行李较多，大约所取水路，自港转津。在港有何事可代劳，祈赐示知，寄交香港大学心理系曹日昌教授转交 Dr. J. C. Tsao, Depart. of Psychology, The University of Hongkong.。自去岁年尾十一月，鸿瑾即未有信来，对彼等情形亦颇想念，不知现在京昆是否通航空？吾兄近得昆明消息否？吾兄已应聘新职否？今后工作方向如何，得语均盼赐告。

匆匆勿复，即颂　阖府清吉

弟　俞德浚再拜

四月廿五日

俞德浚—苏秉琦（1983.10.17）

秉琦学兄惠鉴：

拜读二十六日大札，欣同晤敬。

嘱询“区系”一词，原文为 flora，指某一地区或某一时期的植物群，与动物区系 fauna 一辞相对称。现代植物群可用，古代植物群当然也可用。flora 一辞另一译名为“植物志”，源于拉丁语。

最近自西安参加会议返京，日昨始到。曾到秦始皇兵马俑和铜车马参观，并到乾陵、昭陵一游。我国古代高度文化艺术，光辉灿烂，确实令人赞赏不已。考古学者近年作出不少贡献，想吾兄早已看到，使我大开眼界。匆匆奉复不尽欲言，藉颂阖第清吉！

弟　俞德浚

10. 17. 1983

刘蕙孙

刘蕙孙（1909—1996），谱名厚滋，先后工作于北平中国大学、辅仁大学、燕京大学、杭州之江大学、福建师范学院。

刘蕙孙—王振铎（1950.6.18）[①]

天木吾兄左右：

日前过京，匆匆一电，苦为俗务所羁，当日归津，遂未走访，怅恨何如！回津后，纠纷沓至，日益纠缠不已，乃以事业委之职工，来居湖上。比因天下将平，不必再图争利，为生计，为兴趣，均思重理旧业。加以此间博物馆，虽处湖山胜地，而窳陋万端。另一方面则荒摊文物，售价奇廉。弟曾以二千元购磁窑罂一、三千元购龙泉胆瓶一、八千元购乾隆饶州仿龙泉苹果绿瓶一，均甚完整。书画则蒲留仙小联二万五千元、陈六笙八千元。斯文扫地，古未有也。颇欲在博物馆或文保会等机关，谋一席地，料量文物。故就吾兄图之，希能先向森玉先生一言，不日去

---

① 原信未署年。据《文物》1951年第8期《浙江省文物管理委员会的总结和计划》，信中提到的“浙江省文物保管委员会”成立于1950年2月，主任即信中提到的“邵斐子”，推测信写于1950年。

沪再行奉谒。老友或能为我助耶？文物局贺孔才兄，亦弟旧好，惟弟今日为避纷而来，行踪务希勿为人言。虽吴玉年兄，亦希暂勿告。珍重奉恳。伫候

回玉。专此，即颂

文祺！

弟 刘厚滋顿首

六、十八

回信请寄：杭州南山路郭家河头四十三号，刘蕙孙收。

既作上函，越十二日未发，意在得已即已，何必重扰老友？惟今日天下纷纷，弟又寒素如故，实不能久闲。顷至之江大学，闻人言杭州之浙江省文物保管委员会，尚有可图。主其事者，名邵斐子，不知属尊处管辖否？或属华东文保会森玉先生处？用是决一函恳，无论事属可行与否，均乞片纸一报。此中人语，并勿为外人道之，幸幸。

能函托此间教育厅长余仲武即可矣。

刘蕙孙—苏秉琦（1981.4.14）

秉琦老兄同志：

不通信久，维居止百祥，工作顺遂为颂。

弟一切如恒，仍在教书，乏善堪述。惟贱躯粗健，堪告慰老友于①。

敝校中文系研究生张善文同志等四人，从问字者。现赴京搜集先秦文学论文资料，颇涉及地下考古所得。用介晋谒，尚维推爱，进而教之，并予以方便，感荷感荷。

---

① “友于”，张善文先生指出“犹言兄弟”。

贱况问之张君，当能详述，不赘。

专恳，即颂

撰祺。并祝

泽福！

弟　刘厚滋

81.4.14

郑振铎

郑振铎（1898—1958），曾先后任文化部副部长、国家文物局局长、中国科学院考古研究所所长，1955 年当选中国科学院学部委员。

郑振铎—夏鼐、郭宝钧、苏秉琦（1950.11.21）[①]

作铭、子衡、秉琦诸位同志：

寄来的信和报告都已拜读了。此次现款冻结，为时甚短，如有紧急需要，皆已解冻。我所冻结之款，正在设法请求解冻中，不日即可解决。十一月份的款已将取来，即可先行奉上。十二月份的八万斤，已再三向院说明，决难核减。想来都可无问题。请一切照常进行为盼，中央大墓的发掘工程请不要停止。这一次，如此大模型的发掘，前途希望至大，决不可中途发生停顿。关于经费方面，我们当尽全力来设法，决不使诸兄为难也。

照片盼能多照若干，有必要时，可在报纸上先行发表一部分。虽不宣传，但似有必要也。

---

① 转引自《郑振铎全集》（第十六卷），花山文艺出版社，1998，第 238 页。

此间工作照常，明年度预算，可能还维持今年的数目，也可能稍有增加，院方尚未最后决定。发掘费增加事，我们正在商量，只有在图书费和设备费上减少若干，加在发掘费方面，不知诸兄以为如何？匆匆，即颂

近祺

弟郑振铎拜上

一九五〇年十一月二十一日

苏秉琦—郑振铎（1950.12.6）①

西谛先生：

1/Ⅻ信收到了。谢谢您，时时刻刻都在关心着我们的工作，和一再地给我们鼓励。

这次的发掘，原本就不十分顺利，出发就迟了，又下了十多天的雨，因而大大缩紧了我们的工作日程。这次的发掘计划原本是根据十几年前在此工作结束时的了解所订的。那时候，琉璃阁区的战国墓就够引人的了，而“三代墓”还是刚刚发现。哪知道十几年来，尤其是后几年间，盗掘差不多完全就集中在这一墓区（三代坑）。每个“老手”的记录都是惊人的，说起来津津乐道，一个人所破坏的就足够我们一季的发掘了。他们的这批成绩，可能就是近年古董市场上所谓“安阳坑”东西的大来源。

琉璃阁区的埋藏，既然已是残余了，固围村的三大墓这才吸引了我们的注意。“自古无不盗之墓”，何况有中山陵、明孝陵这样

---

① 据苏秉琦先生家藏两份书信复印件合并录文。两份均写于“中国科学院考古研究所野外工作简报表”上，第1份5页，第二份1页。第一份前4页简报表有原印刷的1—4页页码，第4页在书写9行后空白未写字，下为第5页（印刷页码为“3”）。从内容看，第二份的页码为“2”，与第一份第5页内容衔接，而与第1—4页的内容并不连续。推测前面4页和后面2页，应为未写完寄出的信稿。

的规模，除非在一代王朝的政治力量保卫之下，否则，如何能够保全至两千年之后！被“大盗”“小盗”已经不知若干次了。

像这样规模的大墓，过去谁也没做过（当然指的是我们这一团），因而也就缺乏了这项工作所必须的一些工程常识和经验，所以在开工时的一切设计估计，都不切实际，偏偏又遇上了经费被冻结。在这期间，虽然工作在勉强持续着，但谁也不敢相信这季究竟能否做完，这是值得引起我们注意的。为了说明这一点，让我先讲些不大相干的闲话。

“七七”前，我曾随徐旭生（炳昶）先生先后来过陕西三次。最末一次是在1937年的三四月间。屈指计算，到现在整整十四个年头了。十四年的光阴是长的，十四年来的变迁也是很大的。我还清楚地记得，当我们十几年前，曾不只一次地旅行在这号称沃野千里的关中地带时，眼见耳闻的一切，回想起来，犹如昨夜的一场噩梦，醒来还令人毛骨悚然。

恰巧我们一次作调查的季节，四五月间，正是罂粟花开的时候，一片红、一片白，夹杂在麦浪中间，当作风景的点缀来看，真美极了。五六月间，差不多和麦忙同时，开始割烟。清晨、傍晚，遍地是忙着割烟收烟的人们。割烟是用三个小铜钱叠起来作的薄刃小圆刀。先在烟“棒棒”的周围轻轻地割一周，等过一天或一夜之后，再把这些“棒棒”的伤痕流出的津液刮下来，随手抹进身上挂着的一只小罐里去，这就是所谓“生膏子”，这种季节的工作是紧张而繁忙的，比割麦摘花有过之而无不及。同时，当好“收成”的年头，像这种生膏子虽也有落到每元三两、四两，甚至五两的时候，究竟还是比小麦棉花容易换钱，而且换钱较多的一种商品。所以，当收割鸦片的季节，农村乡镇立刻呈现一种畸形的繁荣。卖香烟零食的小贩都送到地里去叫卖。没现钱买可以用膏子换。在村镇上入夜以后，烟火烟尘夹着噪杂的人声乱成一片，连打扮妖冶的妓女都从遥远的临省特来“赶场”。大庙小庙的每个黑暗角落里都是横躺竖卧、白天出卖劳力、晚上吸大烟的瘾君子。庙里泥像嘴里抹得是烟膏，住家户灶王门神的嘴里也抹着烟膏。一次，我们借住在一个县“衙门”的花厅，晚上正好可以看到听到“过堂”“比卯”拷打那些不能如限催缴上“禁烟罚款”（当时是每亩十元，周至县公开种的是七万多亩，户县是五万多亩）的“地方官人”的森严场面。上面坐的官员手里翻阅着厚厚的一本账簿，桌上摆着签筒、笔架；下边的人跪在预备行刑的板凳旁边；左右站着打着火把、拿着竹板和黑红棍的衙役。喊“堂威”的声音，竹板打手心的声音和哭啼哀求的声音扰成一片。从此我才知道戏剧舞台上那一套原来是有所本的，塑造城隍庙阎罗殿的艺人也并非杜撰的。

十四年后的今年，旧地重游，山川景物一切都是熟悉的，说话的声音是熟悉的。光光（秦腔）、郿鄠（秧歌）和皮影戏的调子是熟悉的，但解放两年，土改接近完成后的整个陕西社会已产生了本质上的变化。呈现在我们眼前的，已经完全是另外一幅新气象了。在西安市郊差不多十来里的半径之内散布着数不清的新兴砖瓦窑厂，在通往户县的公路上排列着接连不断的载运木材的大车行列，这说明了今天西安市区的建设工程正在以空前的规模，加速地进行着。尽管解放后的农村小学的校数、班数和学生数已比从前增加了很多，无论如何，还是收容不下像潮水一样，准备要涌进学校来的学龄儿童。像我们所借住的斗门第一完小，当地农民们就正在自动地准备协助学校当局扩充校舍，以便增加班次（现在已有七个班，五百来个学生）。像我们工作较久的马王村，那里原来只有初小，现在农民们正在自动地盖起了一所新校舍，为了促使原有的初小扩充为完小创造条件。我们看到了一次又一次的，各式各样的游行的行列，盛大的集会群众和文娱晚会的演出节目。除非亲眼看到，谁也不会相信刚刚解放不久的农民会有如此高度的政治觉悟和文化水平。就在这些伟大热烈的场面背后，我们更看到无数的农民，正在利用他们麦忙前的闲暇，紧张地从事于打“土墼”，修整房屋，和拉土积肥的工作。只有当我们看到了这一切之后，才能够理解产生那些大小土场土壕的背景，而这些古代地下遗存将普遍地、以空前的规模和速度被揭露和破坏这一事实，也就正是标志着一个新时代的到来，和它的必然的后果。

（中缺）

至少其中的一个。所以在有些日的大家情绪，真和近日在朝鲜苦战的美国兵差不多。

现在十一月的发掘费已到了，十月份被冻结的款也汇到了，经费算有了十分把握。同时，在工程方面，我们也摸到了一些门径，因而先生等所一再提到的希望把工作坚持下去，并且最好年内把它们做完，大概可能做到。关于三大墓的计划日程和预计进度大致如下：

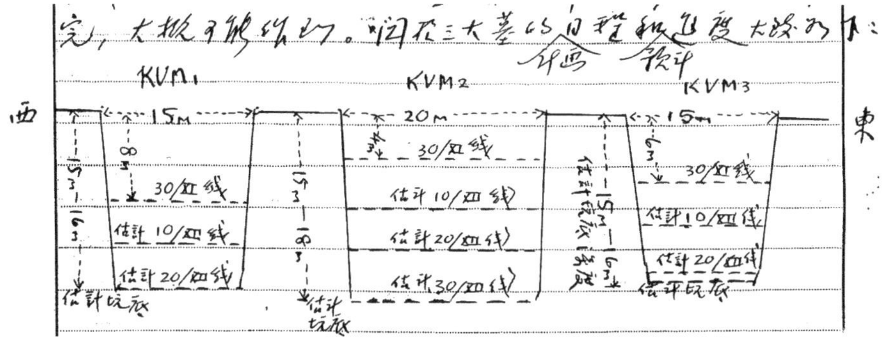

上表所示的估计数字：1. 各坑的工作进度是可靠的；2. 坑的深度与实际大概出入不多；3. 只有清理坑底的工作繁简和所需时日没法预计。

由上表可以看出，大约这月的10—20/Ⅻ是清理M1的时间，20—25/Ⅻ，25—30/Ⅻ是清理M3和M2的时间。

像这样规模的考古工作场面，在国内怕是空前的，不知先生能否在百忙之中抽出几天工夫来看看否？

存在西安的斗鸡台标本，能运回北京再整理一下然后再成组地交给博物馆是好的。去一次也很麻烦，是否看明年度如有去陕工作计划时再一起运回比较省事？

存在西□陈列的斗鸡台标本，如需要时可向沈锦椿要钥匙，提用标本也给沈锦椿留个手续就行了。

我们这些同事一切都好，希望常给我们些指示和鼓励。谨致崇高的敬礼

后学　苏秉琦敬启

1950.12.6

裴文中

裴文中（1949—1982），先后工作于实业部地质调查所、中国科学院古脊椎动物与古人类研究所、北京自然博物馆，1955 年当选中国科学院学部委员。

裴文中—苏秉琦（1956.4.25）①

苏公：

关于所谓“细石器”问题，从这封信上看不出问题来。可以

---

① 原信未署年。查安志敏、吴汝祚先生《陕西朝邑大荔沙苑地区的石器时代遗存》（《考古学报》1957 年第 3 期）介绍沙苑发现的细石器：1. 在“沙丘”地带发现；2. 没有陶器，均与信中内容吻合。信中所言“化石”虽不见于报告，但在《安志敏日记》（社会科学文献出版社，2020）1956 年 4 月 11 日、17 日中，均提到沙苑细石器有共生“化石”，与信内容吻合。若是，书信的时间当为 1957 年。据《安志敏日记》1957 年 4 月 6 日在西安“将大荔朝邑的细石器整理完竣”，19 日“午前整理沙苑文化的石片石器图，并试绘装饰品”所显示的 4 月 19 日后报告稿方始齐备情况看，寄编辑部时间理应更晚，因此 1957 年 4 月 25 日前苏秉琦先生见到报告稿的可能性很小，信写于 1956 年的可能性更大，故暂系于 1956 年。信中“请我们杨老看一看”的杨老，当指地质学家和古生物学家杨钟健先生。杨钟健先生于 1979 年初去世，信自当写于 1978 年底之前。该信收入苏恺之《我的父亲苏秉琦：一个考古学家和他的时代》，三联书店，2015，第 122 页。

肯定的是：①这是一个新发现，很重要，代表新中国的考古工作跳出了安特生时代的圈子，是向前进展的具体例证；②这种石器发现在沙丘地区，与仰韶遗址不同。

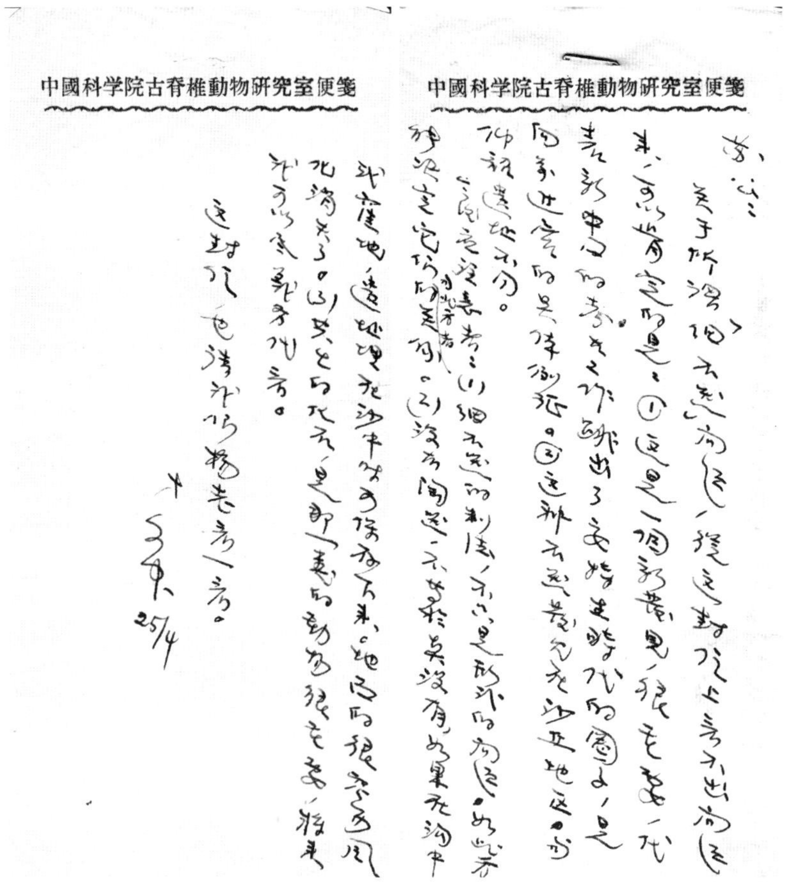

今后应注意者：（1）细石器的制法，不只是形式的问题，如此方能决定它们与北方者的关系；（2）没有陶器，不等于真没有，如果在沟中或洼地，遗址埋在沙中时可保存下来，地面的很容易风化消失了；（3）共生的化石，是哪一类的动物很重要，将来我可以尽义务代看。

这封信，也请我们杨老看一看。

弟　文中

25/4

吴汝祚

吴汝祚（1921—2016），工作于中国科学院考古研究所（1977年改属中国社会科学院）[1]。

吴汝祚—苏秉琦（1956.5.20）[2]

苏老师：

在田野调查工作除理论学习星期日四小时外，其他的很难保证的了。

这次去刘家峡水库调查，我是去洮河流域，自16日开始调查工作至19日止，在这四天中计发现的遗址有马家窑的3处、马厂的2处、齐家的3处、辛店的5处，此外又有以绳篮为主（可以说采集的陶片除素面外全属绳篮纹）。器形：泥质陶罐、夹砂缸形器、鬲足（红陶色篮纹有圆球形突起），以制法多与关中“龙山”相似，裴老所谓原始中国文化想就指此。

---

① 中国科学院考古研究所1950年成立，1977年后改属中国社会科学院，下同不再出注。

② 原信未署年。信中提到刘家峡水库调查，《考古》1956年第5期《刘家峡地区的考古调查》载刘家峡水库调查时间为1956年5月15日至6月16日，与信内容吻合，信当写于1956年。

齐家文化与关中文化二的关系，在这次调查中我感觉到是相当密切的，实际上在关中仰韶文化晚期就开始了。甘肃省文管会陈列的有皋兰马家铺出土的这件齐家期器形与斗鸡台出土的很相似。陶鬲在罗汉堂虽出土过，但关中还不很明确。这次我在临夏时，得闻与甘肃省参加工作的三位同志去裴老过去调查过的崔家崖，在灰坑里发现陶鬲足与齐家陶片同出，又在农民家中采集到完整陶鬲一件，这件鬲的器形也与关中文化二相近似。又有夹砂缸器形也有相似的不过多加一个把手罢了。

辛店期遗址在洮河流域较多，可能是在这里最发达的了。

过去调查多在洮河东岸，交通方便，村落也大，生活可以比较舒服些。但在河西这次调查遗址也不少，在10里长的河岸台地上，发现了遗址4处，也是相当的稠密。

我们现在辛甸（辛甸的“甸”过去误为“店”），一二天后就要去洮沙（大石铺）为中心进行调查工作了。这地区内的调查工作大约在六月中旬后结束，望来信指导调查工作中应注意之点及怎样进行。专此　致

礼

生　吴汝祚上

5.20

丁金龙—吴汝祚（1989.8.23）①

吴先生：

您好！

一直不知您什么时候回京，所以迟迟不给您去信。想必一切都

① 此信为丁金龙先生致吴汝祚先生书信。在苏秉琦先生家藏书信中，除苏秉琦先生往来书信外，还有一定数量书信并非由信主直接写给苏秉琦先生，而是由受信人阅信后，将信转交给苏秉琦审读后留存。此信中提到“^{14}C数据请您告诉一下苏先生，去年我给苏先生看器物图时，曾答应待^{14}C数据出来后告诉他”，这应是吴汝祚先生将信送呈苏秉琦先生的主要原因。

好吧。

我们请北大做的^{14}C数据已出来，共有三个数据：

南区 H1（木炭）测定结果距今：4290 年 ±100 年

②→H1→③年轮校正后距今：4765 年 ±108 年

南区 H22（灰）F2 外窖穴

②→H22→③④测定结果距今：4595 年 ±80 年

年轮校正后距今：5135 年 ±92 年

南区 F1（草木灰）

③→F1→⑥测定结果距今：4685 年 ±90 年

年轮校正后距今：5240 年 ±92 年

去年送交贵所三个样，其中有一个样的数据已于昨日寄来，其为 T105⑦（木头）：

测定结果距今：4785 ±80 年

年轮校正后距今：5360 ±120 年

另外，我们请南师大做孢粉分析取样时，顺便把南区 T4104⑨生土层做^{14}C测定，结果年轮校正距今 6505 ±200—195 年。这样遗址的主要层位基本上都有数据，为此，贵所另外二个样本就不必麻烦做了。昨天我已写信给仇思华主任①，如果先生方便的话，也请与仇主任打一个招呼。顺便转告仇主任稻谷灰为中区 F1 而不是 F3，可能是登记时写错了。

^{14}C数据请您告诉一下苏先生，去年我给苏先生看器物图时，曾答应待^{14}C数据出来后告诉他。

龙南遗址的发掘简报《文物》的张倡倬副主任已与我约定明年第一季度发。我将着手整理，争取早日把初稿写出来。

本省 10 月中旬在南京召开考古年会，主要讨论史前文化，我也准备凑一篇文章，初步想写“龙南遗址出土的渔猎工具与自然环境的关系”。这几天开始在动笔，待写好后如果时间来得及的

---

① “思”当为“士”。

话，寄去请先生斧正。

其余就不多写了，请先生多多保重身体。

此致

敬礼

（顺便请先生问一下王军，龙南遗址整理经费一事。）

89.8.23 丁金龙

阿尔卑特·考赫

阿尔卑特·考赫—苏秉琦（1957.3.31）

Dr. Albert Koch

Bonn

Mariensteasse 19 Bonn 31. 3. 1957

(Deutschland)

An

Den Direktor

Des Archäologischen Institutes

Der Universität Peking.

Peking

China

Sehr geehrter Herr Direktor, aus einer Meldung von RadioPeking (über London) erfuhr ich von wissenschaftlichen Ausgrabungen chou-zeitlicher Gräber im Gebiet der ehemaligen Hauptstadt der westlichen Chou am Feng-Fluss.

Ich habe an diesen Ausgrabungen ein doppeltes Interesse:

Im Zusammenhang mit einer Untersuchung über die sog. “Mit Bestattung” oder sadi-Bestattung, an der ich zur Zeit arbeite, sie trat auf im frühdynastischen Aegypten, im frühdynastischen Sumer, der skythischen Kultur Südrusslands, imspätassyrischen, in der frühen Han-Zeit, interessieren sie mich als weiterer Beleg.

Und das Kulturinventar interessiert mich. Ich habe vor Jahren im Zusammenhang mit Studien über dieKunst des eurasiatischen Raumes schon nach gesichertem Denkmälermaterial aus dem frühen L. Jahrtaus. V. d. Z. gesucht.

Sehen Sie eine Möglichkeit, wie ich die Grabungsberichte der oben genannten neuen Ausgrabungen zu einem genaueren Studium erlangen könnte?

Ich wäre Ihnen sehr dankbar, wenn Sie mich dazu unterstützen möchten und bin zu Gegendienst gerne bereit.

Mit bestem Dank für Ihre freundliche Bemühung.

Ihr sehr ergebener

AlbertKoch

［编者注］书信译文如下：

阿尔卑特·考赫博士

波恩德国 1957. 3. 31

致北京大学考古系主任

北京中国

尊敬的主任：

我（通过伦敦）从北京电台广播中得知，在昔日的西周都城沣河一带，科学发掘了周代墓葬。

我对这一发掘有着双重兴趣：我目前正在进行的有关殉葬与陪葬的研究，这在埃及早期王朝、苏美尔早期王朝、斯基泰文化（南俄）、亚述文化、汉朝早期文化等都有出现过。周代墓葬的发掘是又一让我感兴趣的例证。

我对（出土文物的）文化属性的盘点也很感兴趣。我多年前在一个有关欧亚地区的艺术研究课题中，已在找寻公元前 1000 年以内的、可信的文物资料。

您觉得我是否有可能得到一份上述最新发掘的发掘报告，以供进一步研究？

如果您愿意在这方面支持我，我将不胜感激，也很乐意为您提供对等的帮助。

非常感谢您费心！

您忠诚的

阿尔卑特·考赫

（侯昕　译）

苏恺之

苏恺之（1937— ），苏秉琦先生长子，先后工作于南开大学、国家地震局地壳应力研究所。

苏秉琦—苏恺之（1957.9.16）[①]

恺之，你好。

昨天我和你妈妈想起，你的生日到了。这是你的 20 岁生日，该向你祝贺了。20 岁，意味着你是成人、大人了。你可以也应该自立于世上，要学会用理智思考问题，做事冷静。努力将自己培养成有理想有抱负的、为国为民建设社会主义的物理工作者。

父字

1957 年 9 月 16 日

---

① 据苏恺之《我的父亲苏秉琦：一个考古学家和他的时代》录文，三联书店，2015，第 175 页。

李作智

李作智（1933—2015），工作于内蒙古大学、内蒙古自治区文物工作队、中国历史博物馆考古部。

李作智—苏秉琦（1960.7.28）①

苏先生：

您好。很久未给您写信了，请原谅。这月初我与贾洲杰在呼市东郊美岱水库参加文物工作组的汉城发掘工作，此城并不大，直径一里左右。去年文物工作组曾在此发现大房基一座，长 47 米，宽 9.5 米，地基平铺大河卵石一层，中间南北两排柱洞，在房基上有一层地面。根据发掘的情况看是毁于火，在室内曾发现两具人骨架，均为被斩掉头后又经火烧的，头骨上被斩的痕迹很清楚，此建筑很像由于战争而毁的。房子的墙宽 4 米多，现在尚未加以清理，在发掘中曾找到一些云纹、千秋万岁、长乐富贵的瓦当；室内有些车马器零件、镣铐等等。房子属于汉代大概无问题。房子东西向，位于城之

---

① 原信未署年。信封上邮票剪去，邮戳中年的部分不存。信中提到“去年文物工作组曾在此发现大房基一座”，据《文物》1961 年第 9 期《1959 年呼和浩特郊区美岱古城发掘简报》，大房基发掘于 1959 年，故信当写于 1960 年。

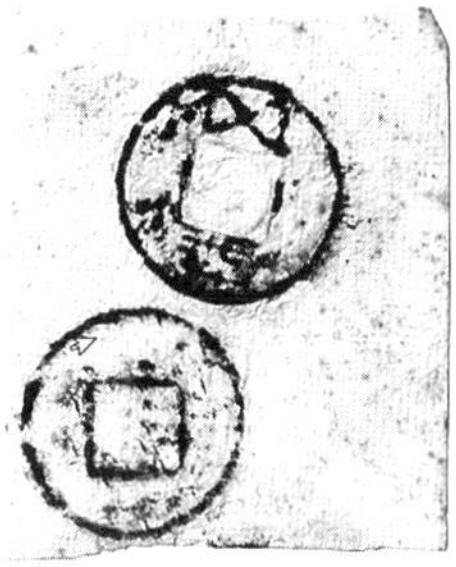

中心。在其东面一片麦地上有很多大块炼铁和炼铜的焦渣，并在地表能找到铜铁矿石和坩埚的残片，现在我们正在此处寻找冶炼的遗址。今天发掘中找到一些痕迹，有一段和筒瓦相似的陶片，复原后成一筒状，一头尚留焦渣，很像是冶炼时用的鼓风管，也可能就是《考古》上所介绍的瓦瓴之类的东西，现在发现了两个。在其周围都联着坩埚或是炉子一类的陶片和灰土，现在我们正根据此情况寻找冶炼的炉子。

另外还报告您一个好消息，25 号我发现了一副完整的铁盔甲，非常有意思，这一探方位于城之西北角外 20 米左右。去年工作组曾在此方南面掘了 2 米 ×3 米的小方，发现不少铜头铁铤的镞、铁器和汉代五铢。今年我们来后，由于开始搞了几个城内的探方没什么东西，他们就决定让我们来搞这一块列为计划之外的地区，好让随我们同来实习的一位同学多挖些东西过过瘾。

探方除去表土之后，下去 1 米左右的填土中曾发现许多铁器，其中可认出来的有矛、环首小铁刀、铲子，还有一副保存较好的马嚼，而且有半两、五铢等货币。北部有一晚期的墓葬打破夯土，墓中出一带新月的开元通宝及小陶罐一个。坑之东南部墙土之痕迹，由东向西，再向南转两头都压在探方之外，由于此处不列为重点，所以找出此现象后工作组就让我们结束工作了。就在结束的那天，我带了两个工人准备画东壁剖面图，让他们顺东壁向下挖到生土时，就在坑之东南角下发现了这一副盔甲。当时仅在坑内露出一部分，也看不清楚何物，后来在东南角向内挖了一小室洞才把它的四周找出来，长宽均近于70公分，向外取时有一角破裂，我才看出是一副甲。甲全部是用长条形铁片穿成，内部绳子如何绑的和绳子本身都保存很好，现在甲已完整取回，将表面土去掉之后，可看出是一副很好的锁子甲，现在所看到的是背，在甲之上部两肩处有护肩，铁片较小，穿成鱼鳞状，上下连领子共七排甲片。在出土时甲下面压有一盔，形状很像小孩玩的假面具。在甲下发现两枚五铢，盔内有一三角形铜头铁铤镞头，甲上部还发现一绘有云纹朱红残漆奁之物。经发掘时的情况看，甲下压有烧过之灰土一层，并无人骨架，不会是殉葬的东西，也可能是战败后老将丢盔弃甲而逃或是存在此建筑中之遗物。经出土的遗物和五铢钱来看，此甲晚不过西汉末，这也许与匈奴的战争有关。不过关于汉代的战争所用兵器中，过去我还不知道有甲，这方面的材料我很想知道，希望您能来信指教。由于时间关系，暂时写到这里，盼望您来信，我这的通信地址是呼市东郊黄合少乡廿家子村古城发掘队。

祝

您好

作智

七月廿八日

代问其他老师们好。

盔之形状，盔现在未整理，出来还未照相，这只是大概的一草图。

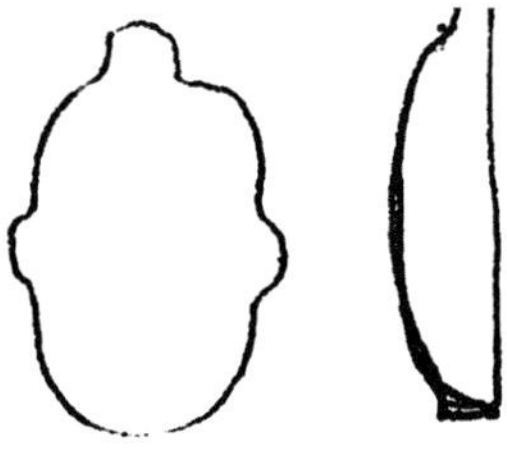

附：照片一张，拓片一张。（已插入信中）

张云鹏

张云鹏（1925—1970），先后工作于中国科学院考古研究所、湖北省博物馆。

张云鹏—苏秉琦（1961.1.26）①

苏、谢先生：

初四我去汉阳东城垸农场调查水渠工程中发现的殷代墓葬。水渠八里多路长，在西段的堤坡上挂着六个土坑墓。内一个出大型精致铜觚一件，器型、铭文见附件（照片，俟后寄），据说还出有陶器，都被民工打碎丢掉了，有的墓较大，有20—30m长。距墓区七八里路，还有殷代遗址（见附图）②，被破坏得只剩500m^2左右了。铜觚拿回后，引起了局、馆领导的极大兴趣，是保护，是发掘，现在还未定。

出铜觚的墓可能只被破坏了一小部分，弄好了未掘部分也可能

---

① 原信未署年。据《汉阳东城垸纱帽山遗址调查》（《江汉考古》1987年第3期），遗址发现于1961年4月，8月省博物馆派人进行调查和发掘，信当写于发掘之前。据此信，遗址的发现不晚于1961年1月写信之时。

② 家藏书信中未见。

保存一个时期，铜觚铭文笔画最多的一字不认识，全文又不知作何解释。

回信请仍寄武汉。

敬礼

附图请给夏所长一份，问陈处长好。

生　张云鹏

1月26日

苏秉琦—张云鹏（1962.4.4）①

云鹏同志：

你好！去年武汉办培训班时，因病未能前往，为憾！

今年后半年北大考古专业五年级学生的专题实习，教研室正草拟计划，初步打算派一个小组4—8人去武汉。特把有关情况给你介绍一下，请大力协助，有何意见或具体问题，并希见示为荷。

今年暑假后需要进行专题实习的是1958年入学的五年级。他们已学完专业基础课，参加过半年生产实习（在北京昌平挖石器时代至辽金遗址墓葬），最后半年还有毕业论文。“专题实习”目的是为培养学生独立工作和科研能力的一个环节。去年上一班专题实习分作六组：西安、洛阳、郧县、上海、赤峰、吉林。以参加室内资料整理为主，有的也做了些调查发掘。每人都按照计划完成一定作业，写出实习报告。

根据上届实习总结、经验，各方反应良好。今后每年下半年将都有这类实习。实习作业及报告可供所在单位作为参考资料，或作为编写正式报告蓝本或初稿，均由有关单位自己决定；可供学校教学参考，教师专题研究参考，学生编写论文参考。但如正

① 据王劲先生提供信影整理。

式发表文章，需要引用未经发表材料时，当另征得有关单位同意。

根据上次经验，学生以参加经过初步整理、写好简报的发掘材料的整理工作为宜，也可以作些复查、发掘工作，也可根据专题就已发表正式报告材料中进行进一步观察研究加工。

安排这项实习工作自以结合所在单位当前工作为宜。但工作成果（作业、实习报告）不一定全部适合正式工作要求，只能是配合工作。正式报告编写，仍须专职干部完成。

湖北省年来做了不少工作，积累不少材料，也接触到当前考古学上若干重要问题（如原始社会、楚、南朝）。我们打算在今年下半年这一届专题实习中派一组同学4—8人前往你单位。没有教师经常参加指导。需要由你单位领导上指定工作同志，由学校聘请，担任指导。学校教师可短期前往协助指导。

关于具体实习内容，可就你单位历年积累资料，当前正拟进行的工作，或你所认为有兴趣有价值探索的学术问题中选择。为适合实习教学目的，以及学生个人兴趣，自以范围广泛一些（包括各阶段）为宜。

请你帮助代为考虑一下，并请示领导同志：在你单位年度工作计划安排工作中接受这项任务有无可能，在工作、生活方面有无具体困难问题。希望你尽早回我一封信。如有需要，教研室可派人前往联系，协商具体计划。

今年高校生产实习学生供应问题，教育部已与各省市联系过，请协助解决。此点，在与领导汇报请示时可附带说明。此致

敬礼

苏秉琦

62.4.4

杨式挺、杨碧云*

杨式挺（1932— ），先后工作于中国科学院广州哲学社会科学研究所、广东省博物馆。

杨碧云，杨式挺先生爱人。

杨式挺—苏秉琦（1961.10.5）①

苏秉琦老师：

久未问候，未知近日身体好吗？研究工作忙否？

七月间我们至增城县金兰寺贝丘遗址做了一次发掘，收获颇大（详见《光明日报》61.9.26）。

现将T1剖面图、墓葬、彩陶、陶片附草图奉上，请看后指示

---

* 信件整理稿在送呈杨式挺先生审读后，杨先生写道："2016年7月3日，考古研究所刘瑞到寒舍，拿了一大本1961年10月以来我与苏秉琦老师的通信稿，按照苏恺之教授的委托请我过目。还有几封我老伴杨碧云给苏先生的信。当我接过这沉甸甸的三十多年间与恩师的信函时，我非常高兴，无限感慨！"杨先生在校对完毕后，托李伯谦先生将整理稿校样带给苏恺之先生，留言"苏恺之学兄亲收，内有1961.10.5—1995.6.22三十多年间，我与苏秉琦老师通信书函共四十三封，是师生深厚情谊的物证。因恐邮寄遗失，经与恺之兄联系，特委托伯谦学兄劳交为荷"。

① 原信未署年。据信中提到的《光明日报》时间，信当写于1961年。

一下，如何进一步深入搞下去。

我现已初步确定搞一下广东新石器，不然，面面俱顾，不深入一面，是难以提高的。您的意见如何，怎样搞好？我已初步拟了一个参考书目（估计有 4600 页），怎样钻下去，还要考虑。并再作些补充说明。

①彩陶发现不多，较清楚仅 20 片左右，且包括涂红色陶衣者，因多为碎片，学生洗刷不小心，故彩脱落不少，附去的图是保存较好者。据初步知道，这里彩陶与屈家岭、北阴阳营、青莲岗、昙石山等遗址，均略有不同。然这次发现彩陶地层是明确的、肯定的。

②陶器（残）您看有无问题，因在京时，泉护村及客省庄出土的我均未见过，我未敢妄断。出陶片的该层，省博物馆认为是新石器晚期的，即出几何印纹软陶的一层。

③墓葬：

这样完整的骨架，广东发现尚属首次。东南地区初步查了一下，北阴阳营下层、嘉兴马家浜遗址及闽侯昙石山（未见过图）发现过新石器时代的墓葬，但我尚未作过比较研究。

简言之，还不懂得如何研究，如何提出问题。

商承祚同志的意见，本拟继续发掘增城金兰寺，但至年底因要发掘韶关张九皋兄弟墓，及省博物馆准备搞陈列，把过去遗物整理一下，故今年不再发掘了。

在与省博物馆合作中，初步感到，广东新石器时代还是一块荒芜之地，目前虽做了不少工作，但多限于调查。由于没有明确的地层关系，因此许多材料和推测是极不可靠的，这还与发表文章的干部的老老实实、严肃严格严密的作风不够有关。这并非我自高自大，在合作中确发现不少问题，因此许多东西需要我们亲自去搞。

秋安！

学生　式挺

10. 5

附：草图两张。

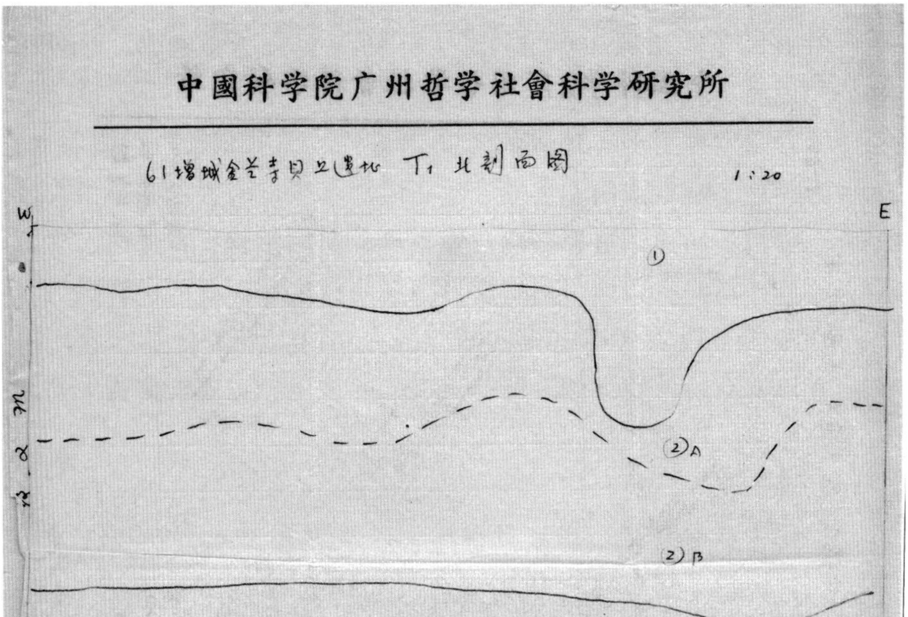
中國科学院广州哲学社會科学研究所
61增城金兰寺贝丘遗址 T1 北剖面图
1:20
W
E
①
②A
②B
③
说明：① 出几何印纹硬陶为主
（方格、米字、水波纹，不出夔纹）
推订战国—西汉
②A 夹砂陶、印纹软陶（曲尺、云雷纹）
②B 夹砂陶，彩陶很少，
（夹砂陶也有少量几何花纹。）
③ 出夹砂陶为主，绳纹、篦纹等，
少数泥质红陶及彩陶
陶豆（残）
出T5第三层
（相当于T1之第二层）
1/2
通訊：广州越秀北路222号　電話：30084

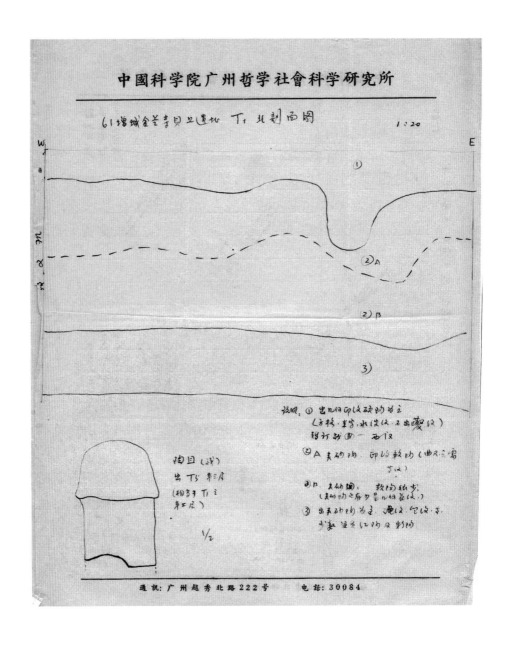

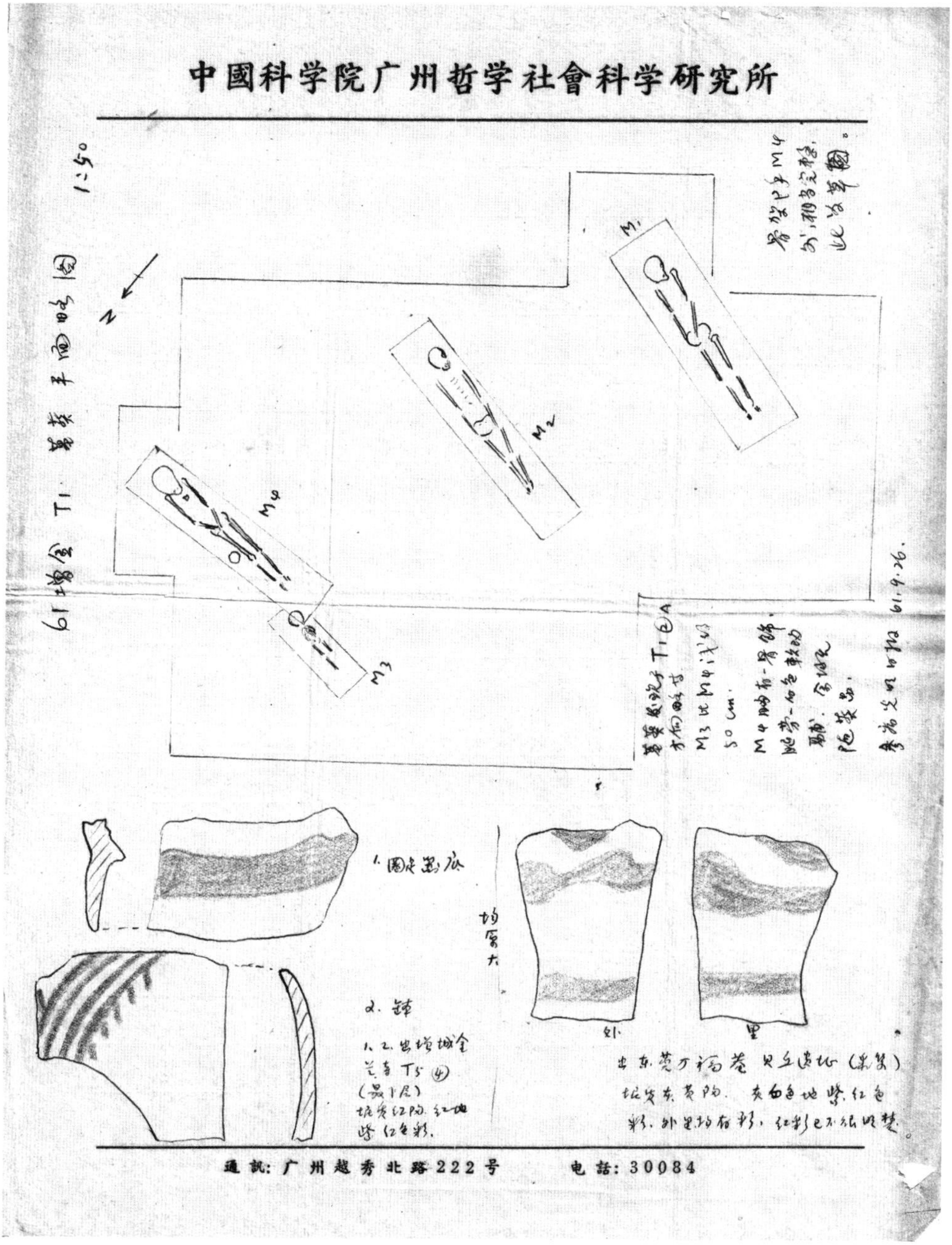
中國科学院广州哲学社會科学研究所
61增金 T1 墓葬平面略图 1:50
N
M1
M2
M3
M4
墓葬发现于T1③A
M3比M4深约50cm.
61.9.26.
1. 圈足盘底
2. 钵
1、2. 出增城金兰寺 T5④ (最下层)
坭质红陶，红地紫红色彩。
外
里
出东莞万福庵贝丘遗址（采集）
坭质灰黄陶，灰白色地紫红色彩，外里均有彩，红彩已不很清楚。
通訊：广州越秀北路222号 电話：30084

杨式挺—苏秉琦（1974.2.2）[①]

苏先生：

一月十六日信收悉。另 10 元也照收。您太客气了。对您教诲，我没啥答报，几元药钱就不必寄了。谢谢您对马坝石峡遗址发现的关心和指导，我把信给博物馆领导看了，这也促进了他们的重视。

信本拟早复，一是年终工作较多，又是春节迎来送往，一月底我又抽调去陈列部搞“批孔”展览——这是当前的政治斗争，是应当参加的。去年九月份，我馆就搞了计划提纲了，后压了一阵。一号文件下来又要全力以赴，急起直追。

前一段我还是搞器物的粘对、修复工作，接您来信后，自觉性就更增强了。

因为接到新任务，您要求我把一些器物绘草图，拓片就不易搞了，所以也没即刻复信。后来再看您的信，说是正月（还是五月）要到江西来。如是正月，我复信就迟了些。

现除了送上的《文博动态》所介绍的以外，再简单作些补充。

①石峡遗址位置的重要性。

石峡位于发现“马坝人”的狮头狮尾之间，由于要寻找“马坝人”的生产工具——石器等，所以对狮子岩山洞作了多次调查，虽未发现与马坝人同时之石器，但在洞穴里发现不少新石器时代的遗存。有些是几何印纹软陶石器，还有夔纹等硬陶，个别的洞穴里的印纹软陶及动物骨骼也形成胶结堆积（所以不能认为石灰岩洞穴的胶结层一定要早至新石器早期）。

在这次石峡地面调查中，在狮尾发现两件打制石器，有一件梁

---

① 原信未署年。附图上标“74. 2. 2”，故信当写于 1974 年。

钊韬先生认为是类似于旧石器时代鸟咀（嘴）形雕刻器。石峡 T5 二层下部也有 2 件燧石打制小刮削器（这应如何解释？鲶鱼转、走马岗遗址也有打击石器，但质量非燧石）。我的意思是说，以后再深入作工作，马坝这个地方，从旧石器—新石器各期的环节是可能再现出来的。马坝附近的山岗遗址有数十处，我 1963 年就进行过调查，材料也未整理。

②从石峡遗址探掘的发现看，对遗址的布局，我们已有了一些想法。还在“动态”中不想急于写出，即可能虚线以东为居住区，以西为墓葬区。

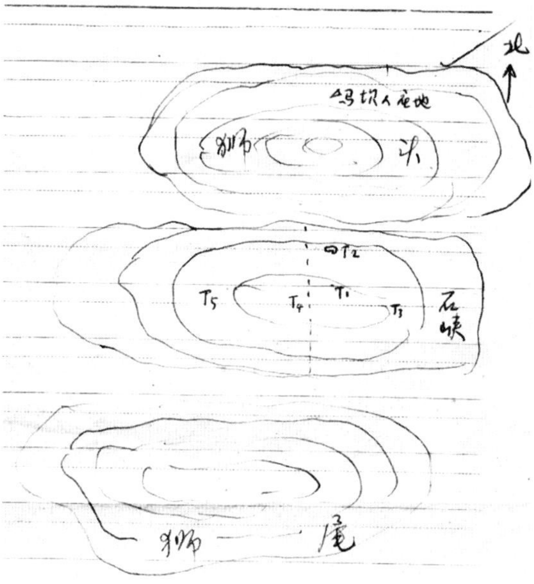

就是在我们走了之后，曲江县的两位同志又在 T5 及 T4 坑边清理了两个墓葬 M4、M5，情况与 M2、M3 略同。也就是说两个墓在填土中都同样发现有石铲及一些陶器（片）。我们发现的是 M2 在深 54 厘米发现了一件石铲及两件以上三足盘的器片，一是夹砂，一是泥质，器形与墓底的相近。

可见填土中放置器物及烧墓壁是当时一种葬俗，问题是现在还未能从文献及民族学上得到解析（我没有时间去翻阅资料）。

从 M3 看，从约 50—70cm 有一层木、竹烧灰，以下的填土则没有烧尽，但填土较坚实，参加清理的有的同志说是打实过。另外 M2 填土中有些碎骨块和炭块。对碎骨块也未能作解析。据说 M4、M5 亦同，M4 骨架较好。

现在我们已派同志下去，劝曲江县文化馆的同志不要自己挖了（他们急于要搞县的展览，这个矛盾在其他县市也遇到，比较棘手）。但是在学习班结束之后，他们自己挖了 M4、M5。

从草图所示，虚线以东可能为居住区，以西为墓葬区，以上 M4、M5 的发现，更说明这里墓葬应是相当密集（或相当多）的。如 T5 仅 40 平方米，就发现了三个墓。现在探掘是东边 T2、T3 有第三层，T4、T5 则没有。T5 之M2、M3 的器物特点和 T2、T3 第三层（或②B 的）相似，而不见有一件是几何印纹软陶花纹的，软陶花纹主要是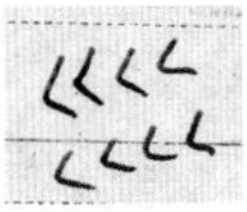曲尺纹及长方格纹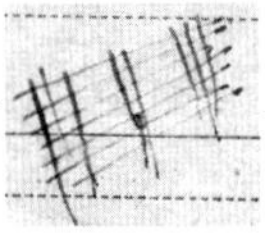也有一些圆涡及不典型云雷纹，但 T2 的②A、②B、③层的夹砂陶片，均有不少是有花纹的，如圆涡、篮纹，而不只是素面的。②A 或②层上部的少量硬陶是夔纹方格云雷纹，此遗址未见米字纹硬陶，包括地表。①

所以，是东边第三层文化作居住区时，当时的墓地在西边。到了第三层时，人们居住的范围扩大了，他们也住在西边墓葬之上了。

因发现 T5②层压在 M2、M3 之上，另②层的有 2 个柱洞打破了 M2 之填土。

因为现在搞“批林批孔”展览，故未能绘草图，只能画个示意图。如苏先生到江西来，我们（包括省博物馆领导）非常欢迎苏先生到马坝及石峡遗址亲自观察一下，及好好看看出土器物，并

① 苏秉琦先生在信侧写：“墓 = T2、3（3）无软陶，砂陶有兰纹、圆涡纹。上层出夔纹、方格、云雷纹。M1—3 出 T5。”

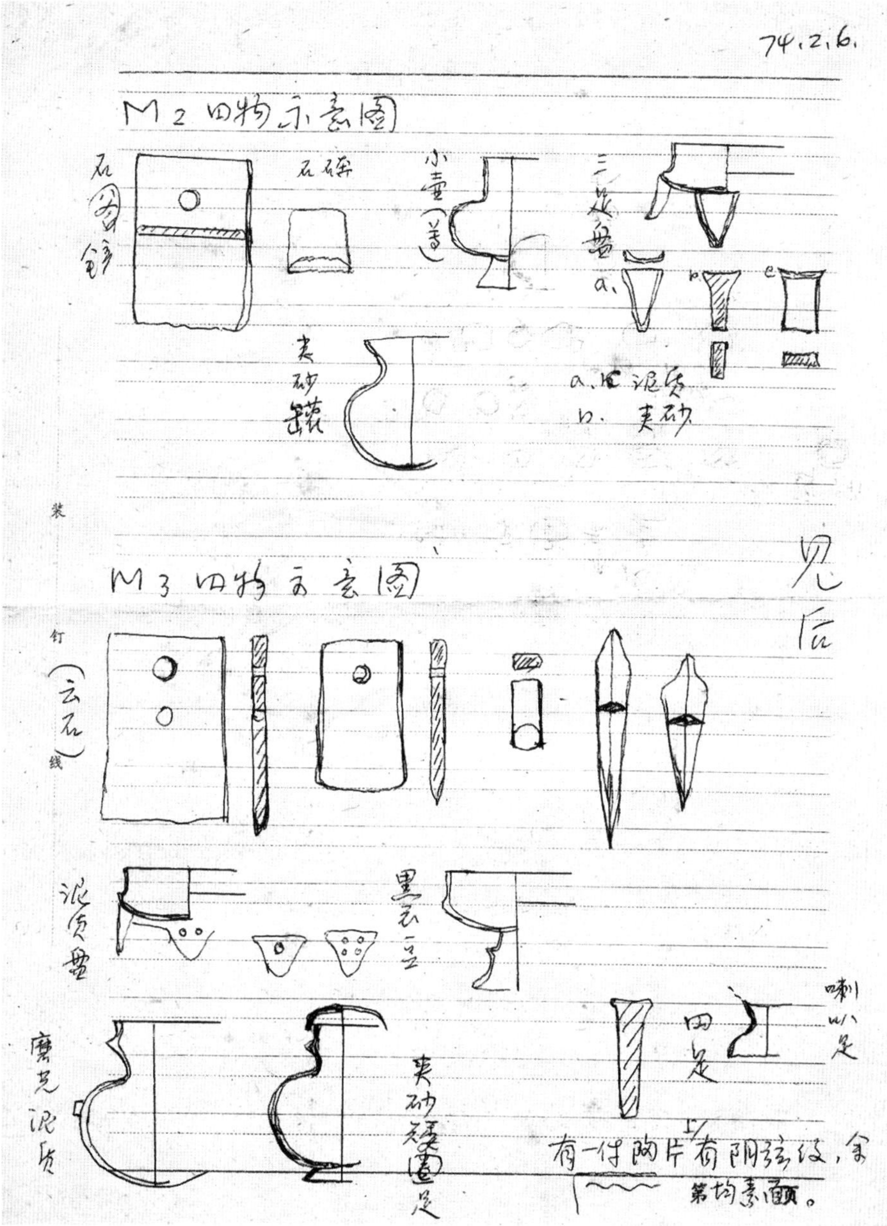

作具体指示。

请转告展岳同志，张磊同志已转达了他对我的关心，谨致谢意！《珠江三角洲贝丘遗址》初稿收到；曲江南华寺波斯银币简

报未写好，因黄玉质同志到梅县去了，待回来我再告诉他。匆此并祝

春安！

学生　式挺 2.2

附：草图一张（M2、M3 器物示意图），并在草图后绘 M1 平面示意。

［编者注］杨式挺先生在书信首页页眉写：

请代安志敏先生问候，对他的关心表示感谢！

又及 2.2

杨式挺—苏秉琦（1976.8.6）[①]

苏先生：您好！

前几天我从马坝回穗休息，看病（复查）。正和碧云谈及这次唐山地震北京也受到影响，担心您们的安全。翌日接您来信——“平安无事”，甚为宽慰！

自中央发出慰问电之后，我们和全国人民一样，都在关注首都中央首长及人民的安危。注意听收音机、看报纸，也有一些“传闻”。有的同志在议论这次地震局为什么没有预报。虽说一部分人去四川（成都附近），但应该还有人在家吧?！总之，唐山—北京—天津……这次地震，是国内外都注视、关切的一件不幸消息。望多注意安全！

我回来是休息一星期，看病，另把拿回馆的 M42、M25 及其他零星的登记一下。

前段主要是室内修补。深穴墓还有 6—7 座未修补，但最近又挖了几座，如M89 打破 M42，M59 打破M84（这是一座中等深穴墓，深穴打破中等深度。如不误，值得注意。因我们发现中等深度

① 原信未署年。信中提到唐山地震，故知写于 1976 年。

是一次葬的，如 M8、M46、M41 等）。至 7 月 28 日，共挖了93 座。隔梁还有浅墓未挖。

我这段主要是将修补的墓做一次总的登记，即包括核对平面、剖面图，分出一、二次葬器物，器物补号、更名，然后写二份发掘记录，回来前登记了 18 座（不包括 M2—M5）。登记完后大家再讨论一下有什么问题，能否排个早晚，器物组合及发展变化以及各墓有什么异同，等等。比较麻烦的是同在墓底的器物，哪些石器应属一次葬，哪些属二次葬？如 M39、M41 石镞，可分三型，每型都有一个从短到长的顺序［老刘（成德）说当时是否有一种镞囊，顺序装着］。圆铤剖面近方形的亦如是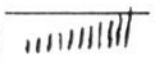。但它们又是分散的，有的虽较成堆，但又不是同一型号的。器物移动、漂浮位置了吗？是土坑墓又不是砖室墓或有棺椁。

有些墓，如 M57、M61 等，一次、二次的器物是比较清楚的。因为一次的是填土的，破碎残缺的。从这几座墓看，几种主要的陶器有同类相仿的现象，如 M57 一次葬的一个大型圈足镂空簋，有盖（橙黄色的）。二次葬也有一个同型的，但较小，褐灰，灰黑陶衣，也有盖。

二次葬，也可以理解为一种“地层”关系，即时间先后关系，但一般相距不知有多长时间。

老彭（如策）说，这是修补的第一轮，有些器物残缺的（但可复原的）暂不复原，等全面修补一次后，第二轮再说，因为有一个中等深度的器物被迁走的问题。例如说 M82（中等）器物是齐的，M8 就被迁走，有没有可能在其他迁葬墓或填土中。上述 M59 打破 M84（中等深度），但 M91 也是中等深度，它出来的两件器物，为镂空圈足簋的形式，倒很像 M24。

我现在在考虑，一个对人骨（二次葬）应如何认识和描述的问题。由于破碎、重叠，没有牙齿、盆骨、头骨，故对其年龄、性别，单人或双人或同性异性合葬等问题也很难辨，而两人（特别是夫妻）合葬，对说明社会变化有重要依据。未知苏老师有什么指示。上信说了，我们发现 M80 有成年骨及一个小孩眼眶骨，但仅此一例。

初步计划是 9 月中旬左右写一个整理，排比完毕带几套照片至东南沿海各省参观，回来再写报告。馆支部已同意，现等文化局批准。

您来信谈及“十”字探方问题。我是从小古（运泉同志，现已任文物队第一副队长）来信说的。我下去后，知这是一种做法，也不仅是历博同志提的，老彭他们亦有此想法。主要是先把“十”字或“卄”字的探方打到底，画一个联接的剖面图，目的是了解或说明墓葬与地层的关系。因为虽说两亩地，至今尚有许多方未挖到底，要编写报告，需要说明地层和墓葬的关系，我是这样理解的。所以我 5 月份下去，自己就参加做 T90。至于小古的信是说要找遗址的主人或墓地的主人（指墓地和遗址分开；也有一个了解墓葬与遗址关系的问题）我记不清了。所以，找墓群的主人，若我传错由我“解铃”，我以后注意。您就不必挂怀了。

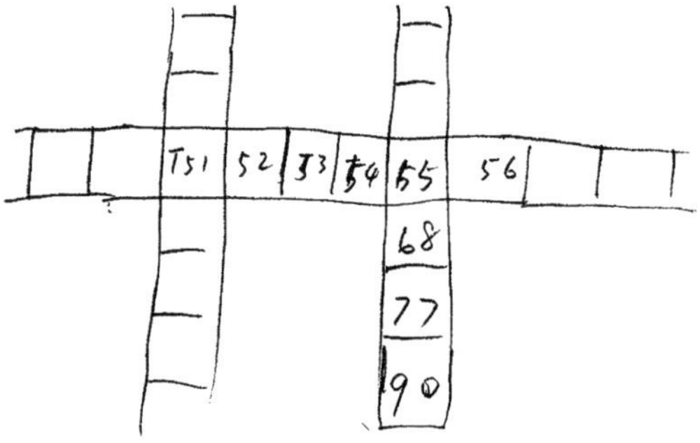

你的信，我把意思转告任发生主任及黄玉质了。听尚永志副主任说，前两天文物局有一个同志来穗找任谈了话，内容未详。

至于“汇报”（石峡材料）及特刊稿之事；馆领导的意思还是希望能交文物局领导过目、审阅。稿子是何纪生三月份在北京时与杨瑾同志约定的。我把稿子寄给《文物》编委会，后又补充几张照片。信中说希望与您商讨一下，有什么问题来信。现在是一压就是 3—4 个月。我们的目的是想扩大宣传，推动工作。

好，就随便谈这些，我大概本月十三日回马坝去，您若回信，12 日前信可寄省博。未知 29 日后，震情如何，您们家庭、贵体都安全吧？十分惦念！望多注意安全是盼！

并问，师母健康！

学生式挺

8 月 6 日

附：草图二张。

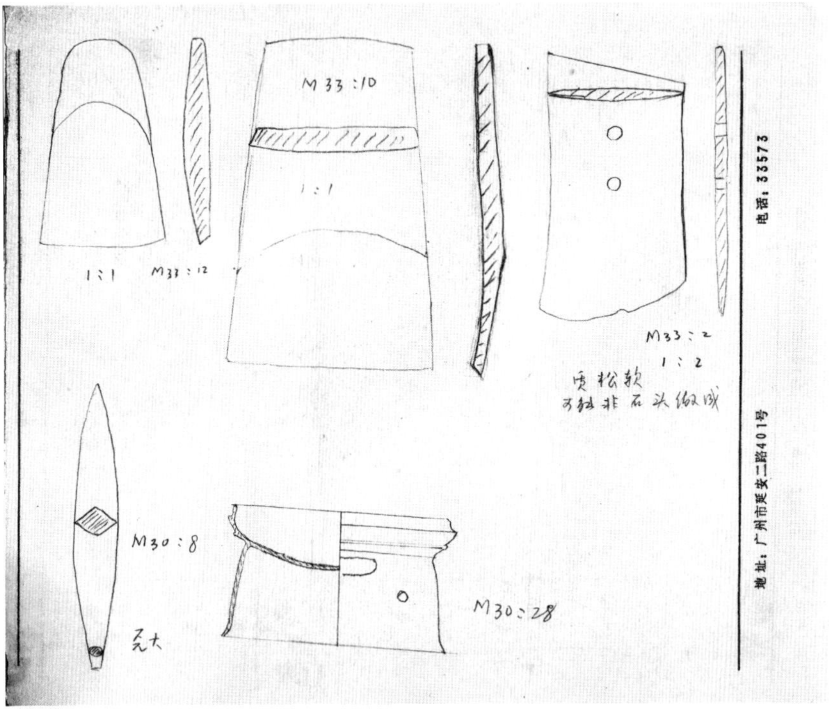

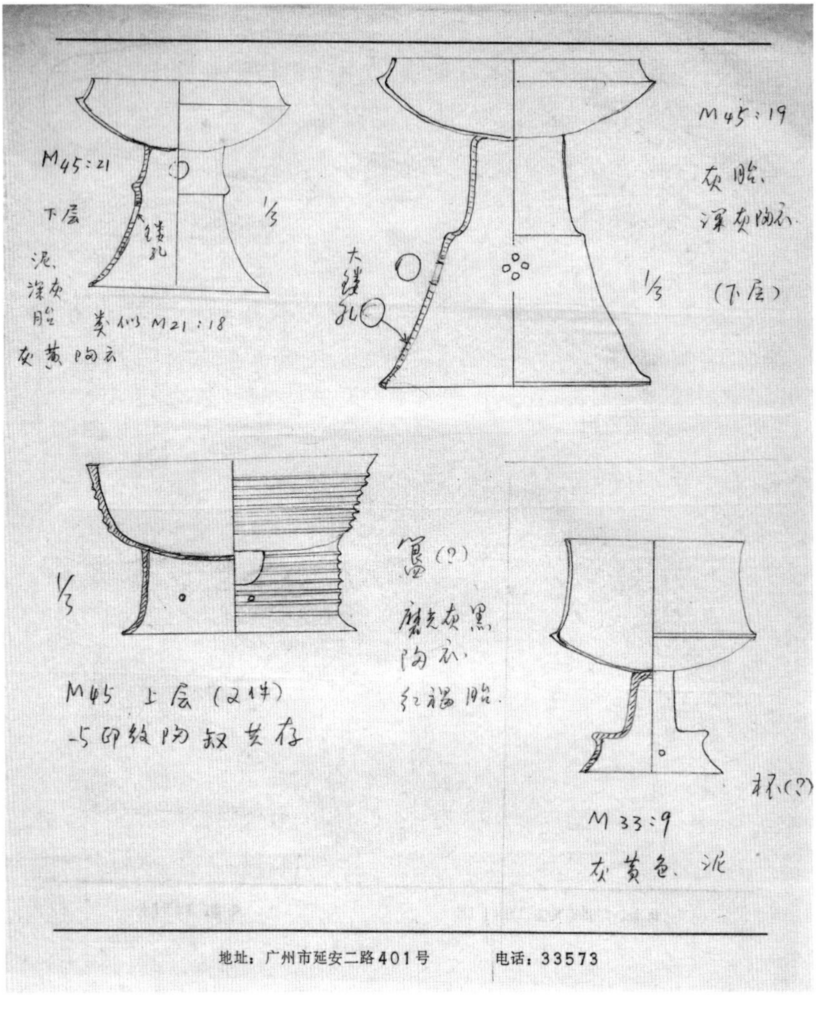

杨碧云—苏秉琦（1976.8.7）①

苏先生：不急于给我回信。

① 杨碧云先生书信的原信封均已不存，苏秉琦先生将杨碧云先生书信用硬纸做对折信夹，将书信集中夹着放在一起，上写“广州信”。

您好！问候师母，这些天来心神不安，担心您的身体、担心师母的膝关节在这种情况下，行动能否方便？子女都不在身边，不知您怎样？是否也和一般居民一样暂住在临时的帐篷里，假如时间较长，您和师母顶得住吗？您怎样想？按我想法倒不如请您们来广州，和我们过难苦的生活，等到较稳定后再回去。您那位大儿媳妇在天津，情况如何？平安吗？

别人从北京回来说的情况比报纸详细，由于这样就使我们更担心，老大杨弘每天看报纸都想到北京的苏爷爷。

您在广州的几个月中，我总听您说，身体情况自觉良好。好几次测血压都已经很高了，您也说良好，无感觉。记得那天去农讲所的路上我发现您面色不好，不去了回到家，听了心脏，发现心律不齐，您也自觉良好。

您这自觉良好，我表示怀疑，是您对病情改变反应慢，还是您对疾病耐受性强，不然为什么老是自觉良好，不管情况怎样，您不要冒险外出，因为您的自觉良好，不能真正说明问题。在这种情况下，您要小心，要注意，要经常有人帮您观察，尤其您在讲到业务……您什么都忘记了，更是自觉良好了，一讲几个钟头，这还行？您不想到您有高血压，心脏还有点事呢？特别现在您外出，师母一个人在家，您都放心吗？我劝您还是不要出去吧！在家有的是工作干，就是不做工作，休息也应该的，希望不急于外出。

按您这种情况，有条件，您买人参或高丽参炖服（清水炖服），不要买人参精。偶尔外出，带人参精出去，随时服才方便。在家不怕麻烦，师母这么好，在家炖一次人参不会花很多时间，也可以二人一起吃，人参精当然没有人参好，在北京不怕买不到人参，对您来说是没有什么不方便的了。

房屋倒塌的情况如何？二间住房都塌了吗？损失一定不少。

这封信是足足一个月才回，没有这样长时间回信的，我以为您生我的气了，不给回信。我当然不知道您这些日子的情况了，所以东猜西测，不知为什么？

式挺他们9、10二个月要外出参观学习，他一出差，让我增加不少麻烦，我也为他出差担心，有什么办法？

上周六，回来休息几天，又要走了，他一走，他很轻松，一切都要由我来承担，您说我还能轻松吗？

我身体还好，我准备去检查血脂三项，看看有没有心脏病。

粤训班学员学军回来了，这次我无去，我们10号开始放假，25/8上班，集中办学习班，9月1号上班。

杨弘他们21/7放假，1/9上课，已经是初二年级了，但不想读书，成绩亦不好，有时不听话。

没有时间，不要急于给我回信，有时间了才写，把身体搞好，是唯一的希望。

我这里一切都好，请放心。

平安

碧云 76.8.7

杨式挺—苏秉琦（1976.9.8前）①

苏老师：您好！

由碧云转来您的来函收到快十天了，天天想给您复信，又懒得动笔，主要是精神不佳，天气也十分闷热。精神不足，虽有病因（血脂有所降低，但还是睡不好，气促，四肢无力，易疲乏，记忆力也不好）。最近中山医院开谷维素、谷氨酸、地巴唑、脂醇等药给我，也有些家庭的经济、生活问题，以及杨碧云身体不好引起自己的思想负担（最近她病了二十多天，没人过问）。工作上也有急

① 原信未署年。从信中多次提到《考古》1976年第3期看，该期当出版不久，故推测信写于1976年。该年中秋节为9月8日。

又：杨式挺寄苏秉琦书信，经苏秉琦先生整理，用一白色硬纸对折成信夹，外写“广东通信”，内夹相关书信（均已无信封）。

躁情绪，许多墓器物尚未修齐，难于排比。所以自己一天除了工作、休息外，收音机播送多么“绕梁”的音乐也无意欣赏，不像老朱（非素）、小古他们说说笑笑、唱唱跳跳的。

这里的基本分工是：彭、刘搞修复（另一临工），朱、古轮流上工地（有时在家修补），我主要是登记、排比（包括对图、补号、补写记录，先搞个大的登记表，写下器物特征），器物卡片尚未动手。出外参观看来“吹”了，月底准备进行一次议论（如何编写），由我先提个初纲。年底写出个初稿，看来是可能的，但困难也不少（见后）。

现在将这段工作情况向您做个汇报，很想详谈，也想绘些图，量力而行吧，一次不行，下次再写就是。

（一）工地因人力少，进展不快，但有新发现。两市亩地尚有许多方未挖下去，但至今已发现99座墓了。昨天在M77之北不及30cm，又清出M99，人骨保存较清楚：人骨仍在东南，头骨位在东、下肢骨在西、肋骨在中间，范围长约55cm。

关于人骨之保存及鉴别，知道重要，但没有一个统一的较好的方法。我主张清理后在泥土将干未干时就把骨头细心取出，别洗，整个（连泥）挖回存用。上回我自己将M80（见图）的墓底人骨挖了一下，仔细捡回碎骨，阴干后，一粘对，把好些头骨碎片及肢骨接起来了，发现原来只捡回（附在器物上）的小孩眼眶骨与我采集的头骨片虽有差别，但也是小孩骨片多，究竟是一个还是两个个体，尚待鉴定（见背面）。

看了邵望平的那篇文章（《考古》76：3），自己提出一个疑问，石峡二次葬人骨经迁葬应无疑，但是否一定会有一个一次墓葬地，即这样葬俗的人骨是如何处理的，自己也还没有搞清楚。

当然，石峡二次葬墓每墓都有一个二套陪葬品的问题。

（二）关于墓葬与遗址文化层的关系。这里主要指二次葬深穴墓地与同期的住地是否在同一地方的问题，我自己尚未搞清楚。

一是揭露面积尚不够大，二是对地层及出土物我尚没有深入的了解和认识。有一个现象是比较清楚的，即在 T51—T58（即我们打通的“十”字的东西向的一条），耕土层下是“铁锰质淋滤层”，以下就是墓葬及 D、H（柱子洞、灰坑）。它们都开在红褐色黏土层（称为③层）中，这层土层没有多少陶片，一般都没有灰土层（出商周陶器的文化层）；而在四周地势较低处，灰土层较厚，陶片甚多。我挖了靠西尾的 T86、T90，就有 2 层灰土层，T90 比 T86（T90 之北）更厚。其中出了许多夹砂陶片，有些器物如盘鼎足、盘口沿等就同二次葬墓葬的相同，但都包出有少量的编织纹及曲尺纹软陶片（原 T2②A 最多），而且有些陶片像是鬲口沿。我怀疑这样的文化层是混乱的（犹如坡积土层），是否即较高的岗顶（如 T5 等探方）上冲刷下来的；有些器物还可能是墓葬里冲刷下来的，如弓背锛、圈足盘等。

但有的探方出的器物，都是值得注意的。是否较早？如 T67③出一件钵形鼎，夹砂粗陶，灰黑色。记得您上次交代 M11 填土中可能有一个钵形鼎柱足，经我检查，没有那种器物。

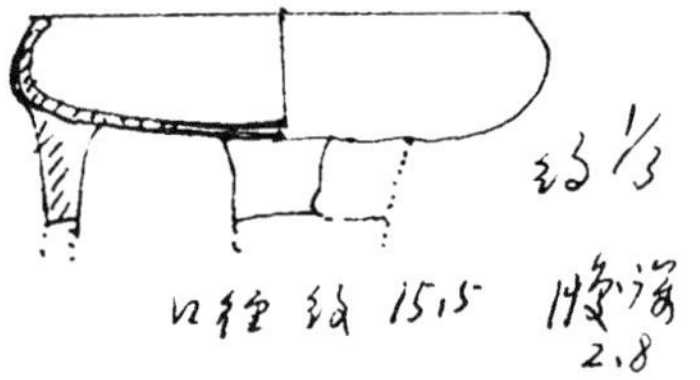

（三）在 T24②出了一个残鬲裆片及鬲腿（不是鬲足就是斝足），鬲裆及足片均为较规整的细绳纹，鬲足下加一个实“乳头”，其出的有编织纹、曲尺纹，即 T2②A 及始兴澄陂窑那种软陶。可能与吴城或商代早、中期的鬲接近，我和老朱检查了 T86、T90 灰土层中也有一些口沿片的细绳纹较规整，疑是鬲，不是罐。

另在T②层（灰土层）出一片釉陶片，釉较厚而均匀，釉下为刻划的雷纹，过去未见。联系上次发现一件釉陶盘（洗）内规整轮旋纹。口径13.5，高3.8，底6.5cm。因此，釉陶、青铜器，以后也是本遗址一个重要探讨问题。

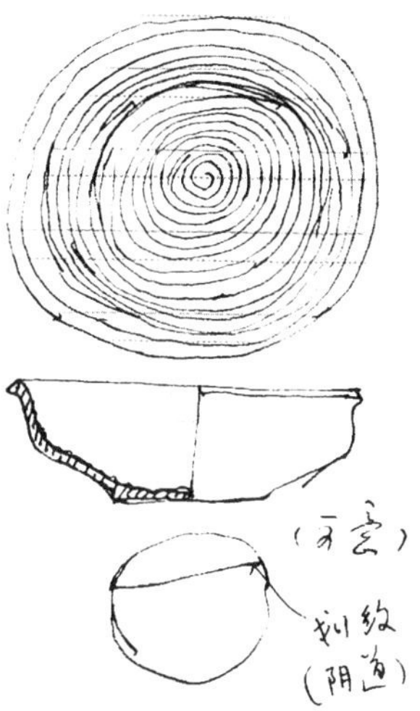

由于种种原因（过去这样典型的遗址墓地未见过，采集和零星发掘的多，自己脑子里的框框多……），所以我们对石峡文化层的划分及内涵，目前认识还是很肤浅的，有些甚至是错的。举个小例子，昨天清理M99（二次葬），在较完整的圈足簋（盘）三足簋（盘）下面有许多陶器碎片，其中有些是火候较高、厚胎的方格纹陶片。如果仅拿那几片陶片问我什么时代的（离开了那个墓），我会回答与夔纹陶共存的。

总之，地层的东西说简单也不简单。我们还有许多东西搞不清楚。但通过发掘，认识在逐步提高，过去思想上主观的形式上的东西也有所克服。

（四）室内修整、排比工作在现有的人力下在加紧进行。

您去年底至今年初，帮我们分了期（段）。但正如您说的，还要靠我们自己消化，变为自己的东西。这段工作自己虽有一些

“汲收”，但仍有许多问题未搞通。例如，墓葬的分期问题，道理上也知道首先要以地层为依据。但如上面所说，石峡地层（文化层）并不是那么典型和明确的。其次要看打破叠压关系，再次看器物的组合和发展变化。第二点材料是有的。例如，T51—T52。

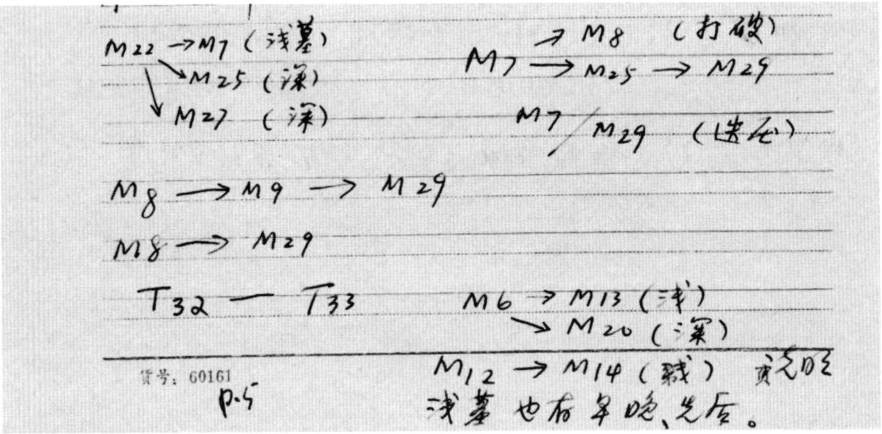

最近翻阅了您“谈话纪要”，说东西是同时关系（横），南北是先后关系（纵），现在还不理解。我把笔记本拿出来，自己慢慢对照理解、消化、融会。遇到的难题自不待言。

关于墓坑形制，现在看来有三种：①深穴二次葬，烧穴；②中等深度一次葬，多烧穴，也有不烧墓穴；③浅穴一次葬墓。

问题是不能按我原来的想法，其年代一定是早、中、晚。②、③项目前所以成为中、浅穴墓，有些墓口可能已被破坏，所以不能全以深浅墓定年代。

上述 M12→M14，M56→M55 等说明浅墓也有早晚。另外，上述 M59→M48，如不错，就是深→中。又如 M91，深 30cm，长 96、宽 64（东）——72（西），此墓无火烧土壁，一次葬。但出土陶盘、豆各 1，石片石器 5 块，陶器似较早（类 M21、M20）（见附图）。

（五）除按打破关系定年代早晚外，对于没有这种关系的墓的

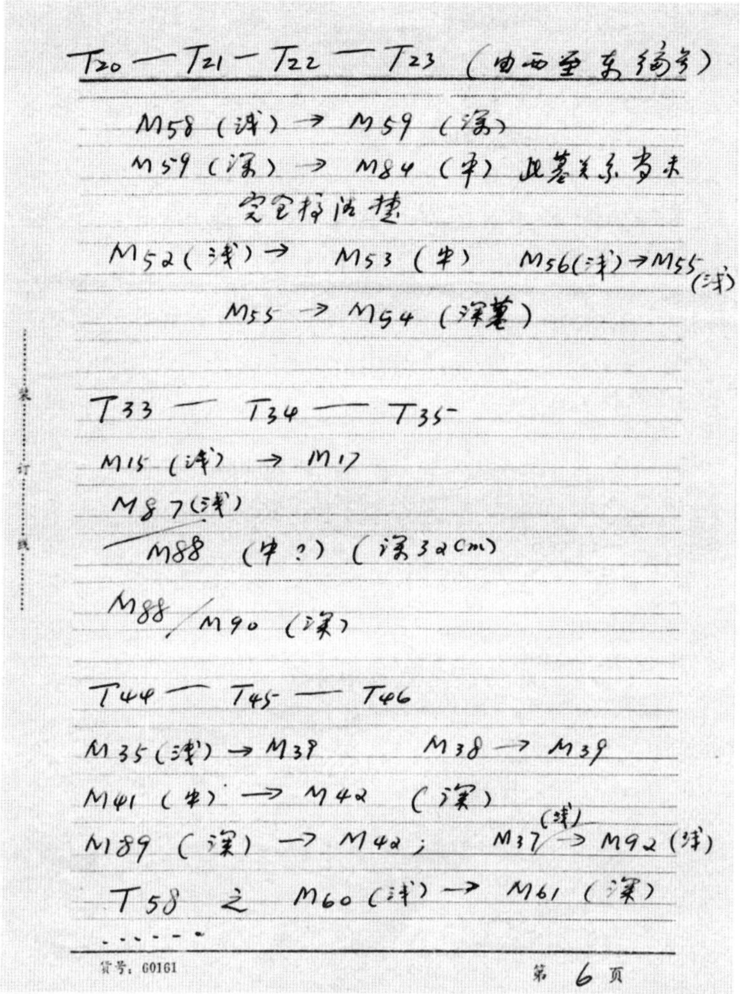
T20—T21—T22—T23（由西至东编号）

M58（浅）→ M59（深）

M59（深）→ M84（中）此墓关系尚未

完全搞清楚

M52（浅）→ M53（中） M56（浅）→ M55（浅）

M55 → M54（深墓）

T33 — T34 — T35

M15（浅）→ M17

M87（浅）

M88（中？）（深32cm）

M88 / M90（深）

T44 — T45 — T46

M35（浅）→ M37 M38 → M39

M41（中）→ M42（深）

M89（深）→ M42； M37（浅）→ M92（浅）

T58 之 M60（浅）→ M61（深）

……

资号：60161 第 6 页

年代早晚，很重要一条要看器物的组合和发展变化关系。道理是这样，自己排比起来，问题不少，困难很多。我正在按您原来排的自己领会摸索。这里举些疑难，您有空再回信。

a. M45，一次葬排在二组（5000 多年），二次葬排在四组（4000 多年），如此两者相距至少 500 年。一是如何解释、说明，当时我没有提清楚；二是涉及石峡这批二次葬墓，一个墓一、二次之间，大概应当相距多长时间的问题。这里有的同志说，充其量不可能超三五十年吧？

b. M24 的四个（可复原）圈足盘二灰、二红，圈足作风差别较大，我现拟将灰的作一次葬（早的），不知道当否？（附图）

c. 关于豆与盖豆的区别：去年分的有一定道理。看来矮些、小喇叭（一层）为盖豆；高些、“二层”喇叭的（）为豆。如是，M47∶23 为盖豆（盖在圈足盘上），但有“二层”；M9、M99 几件三足盘的盖豆，形状同此。有些难分（见上页背）。

（六）关于器物的名称，我感到最棘手的是铲（锄）和斧钺这类工具。因为不明其装柄方法及用途。其次还涉及到相当一部分铲（锄）的质料及实用器或明器的问题，如 M47。

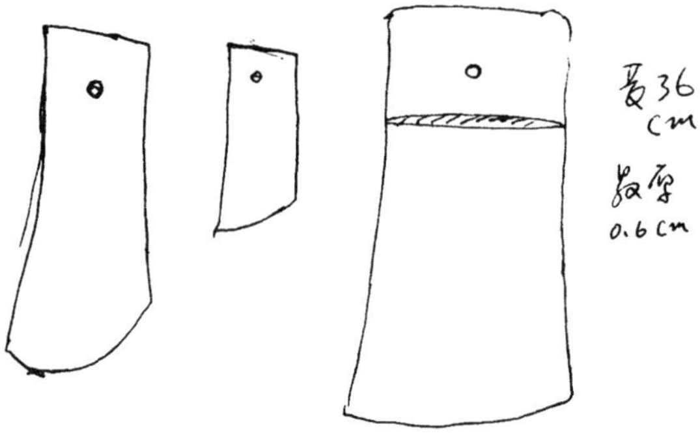

比如，上次也说了，M86 是座小孩墓。但出土的一把铲长达 39.5、首宽 15.5、刃宽 18.5cm。形状大体如上面最大一件，但最厚不及 0.5cm（5mm），另一件陶纺轮也很大。

这类的铲——是非石料（有人认为是白泥、高岭土之类烧的，送样品正在广州化验），另一也不可能做实用工具。

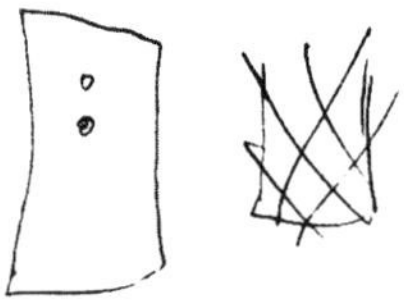

此类质料甚多，包括 M33∶2、M59 斧、大铲、M27∶26，以及相当一部分环、镯、玦、璜、琮（M69）等。不过，我想，如果真为白泥烧制，这倒是说明制陶手工艺发达的一个重要方面（材料）。是不是可以这样看？（如有机会到北大，帮我们问问送去标本能否快点测定。）

应当结束我这封问个没完没了的信了。不过说实在的，如果不发现石峡这个内容丰富的墓地，就是再三年五年我也提不出上述的问题。但我不是想矛盾上交，我也在自己琢磨，并准备在下旬和大家一起讨论一次。

由于过去没有接触过这样的墓葬材料，心中也没有（缺乏）一些明确的断代的标本，如 M54 的鬶、M44 的贯耳壶之类。因此，总是把石峡材料，东比比、西比比。这件像此地，又像彼处。所以不仅对分期、对年代抓不准，甚至石峡墓葬文化究竟与本省较接近，还是与江西的、山东的接近，即研究属于哪一个文化系统的？我目前也还说不清楚。最近看了《考古》1976 年第 3 期一篇材料，说不定石峡墓葬文化还与“湖北龙山文化”有关系哩?!

来信知道您最近身体也不够正常，应当去查清楚，祈望您健康长寿，欢迎您有机会还到马坝或广东来。

近安！

学生式挺

中秋节前夕

（另：很想看看江西“筑卫城”简报，不知有什么办法。）

[编者注一] 杨式挺先生在书信第一页背后写道：

这次回马坝，问了小古关于“十”字之事。他翻了当时的记录，说是一个牛先生的说的——为了了解“墓葬区的主人”，意即这些墓是谁埋葬的。我上回意思也是这样，即墓地和住地是否在同一地方的问题。

您也不必那么“过细”，管那么多干什么？说句实话，我现在的一个“压力”是如何与大家一起把材料整理出来，要不是还有一个理论小组的成员，我也没有多少劲头去学那么多理论了。

[编者注二] 杨式挺先生在书信第二页背后写道：

今天再与黄□高同志看了 M80 的人骨，看来都是小孩的骨头。如是，就提出两个问题：一是小孩墓也有二次葬制（迁葬）；二是小孩墓为什么随葬那么多的生产工具？

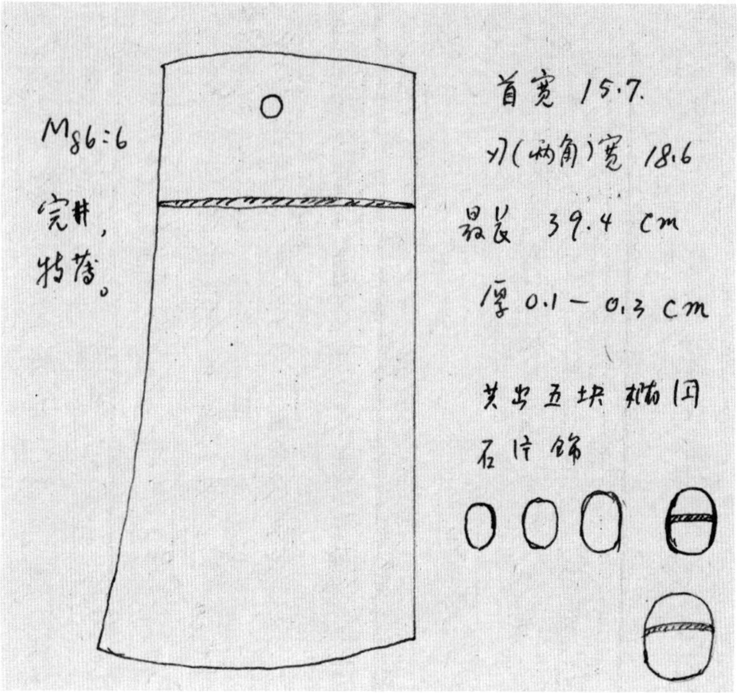

上次说过，M86 是一次葬小孩墓，但却随葬有特大石（?）铲、大纺轮、石环及其它，觉得很有意思。

［编者注三］杨式挺先生在书信第五页背后写道：

我记不清当时我们是如何向您介绍的，以及 M4 为什么都在五组与六组之间的依据。

现在我排了一下，认为 M4 放在第六组头太晚了，不适当。

理由是：M4 的夹砂陶鼎、缶与 M27、M59 等有相似之处（折腰）。

圈足盘与 M29 的一种接近。

陶器数量还是较多的，与大多数浅墓所出的都不同，只是器物比较小型一些，似冥器；但 M24 的器物也较小（其次墓葬形制也不同六组）。故拟提出来和 M29 或 M27 同一组，未知当否?

重绘了 M30、M33 的几件器物，是记起您曾说过 M30∶8（也许还包括 M33∶12 这样的锛）的镞型式较晚，接近于铜镞等。但现在两墓都排的较早（从圈足盘，是与 M47、M43 等有相似之处）。

［编者注四］杨式挺先生在书信第七页背后写道：

关于盘与豆（指圈足豆）的名称和用途。对于一部分圈足较肥、矮与较细、高的盘，它们是共存关系或有先后关系，在排队过程中，也有“线路”不清楚的地方。

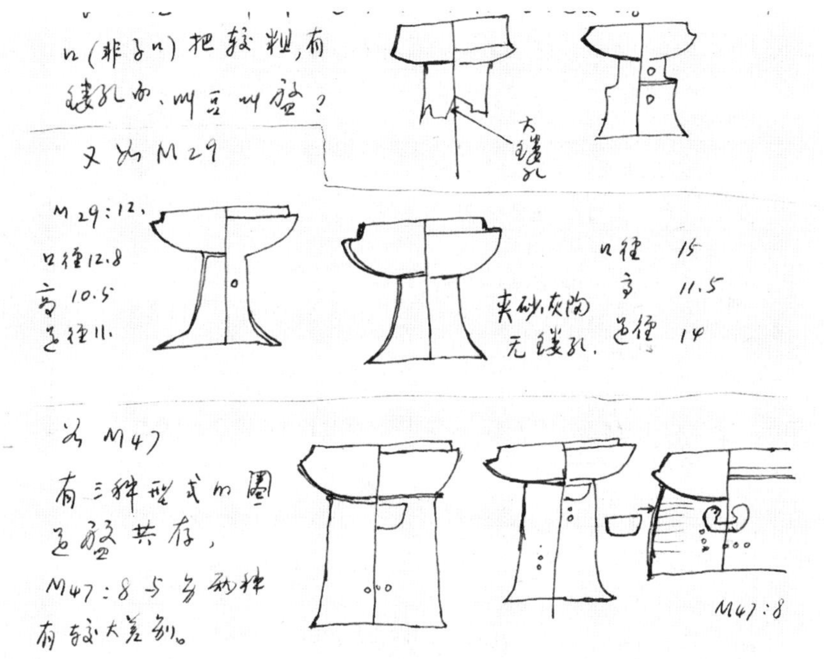

例如，您尚未帮排队进去的 M21∶18，已现复原。以及另一种直口（非子口）把较粗，有镂空的，叫豆叫盘?

又如，M29（编按：见上插图）

如 M47 有三种型式的圈足盘共存，M47∶8 与另两种有较大差别。

M29 也有同样的情况，即几种圈足盘是共存的。

［编者注五］在信最后一页的背面，杨式挺先生补充写道：

在发信前，收到老彭来信。

说陈滋德同志（7 日）在广州说过，广东考古还是有成绩的，三张王牌已打出了一张（西沙），还有两张（石峡和广州造船遗址）。

另一点说，取 M86（大石铲）及 M47 石（?）铲标本鉴定，属透闪石片岩，硬度 5.5—6 度，内含：

$CaO > 10\%$　MgO（?）$> 10\%$　$Fe_2O_3 = 8\%$　$SiO_2 > 10\%$

$MnO_2 = 1\%$　$AlO_3 = 0.3\%$

M47 另一块标本（更松软的），成分与上一样，只是三氧化二铁的铁量为 3%。

他们（地质部门）认为是已经风化的岩石（透闪石片岩）或风化了的岩石产物做成的。

老彭说，后者较适合我们的见解，也即一种黏土。

杨碧云—苏秉琦（1976.9.8）

苏教授：

您好！

来信收悉，没有及时回信。因为一开学，学生一到，事情就多，又办班，学习较紧张，杨坚早送晚接，家中诸事，显得时间不够用。但内心挂念您的身体、北京的震情。有啥办法，2000 公里，航空来回也要 4—5 天。

自上月中旬开始至今，广州发报了地震预报未解除，震区是福建—广东、海南—湛江，广州有五级以上的破坏性的影响。这样子，在人群中产生了紧张情绪。随之物质紧缺，现在虽未解除，但没有那么紧张了。

给式挺的信，我转给他。因为收到你的信，他已经去马坝了，未知他有没有给你回信。

关于您的身体情况，要注意病情变化，要小心。“动脉硬化性心脏病”医生这样开假单，我看并不意味着您的病情发展，因为您心电图早已有显示心肌缺血现象，高血压也有几年了，现在年纪也大了，这样写就详细点。单纯写高血压病，大概那位医生认为不够完整。不过您要看看现在的心电图怎样，是安静时心肌有缺血，还是二级梯试验显示不正常。您查过血脂都正常，我看您的心脏有改变，大概是长期高血压致使心脏产生病变，不一定是冠状动脉粥样硬化。但是，不管是什么原因引起心脏改变，您已经是长期当成“冠心”来治疗，长期间来病情无发展，受到控制，加上您“自觉良好”，我看您还是依旧服药休息，血压、心率、脉搏是会很快恢复正常的。上次血压、心跳不正常，要考虑到心脏本身是否有改变，但是外界环境因素不能保障，血压、心跳受自体影响，更重要的是外环境条件起着很重要的作用。北京受地震影响，人的生活不安定，这是重要因素。总之千句万句，您自己小心。

①不要过累，早睡早起，不要开夜车，不要一连干几个钟头的事，不要思考长期处于紧张状态。再多的事，您也要掌握这个原则。

②不要抽烟（少抽烟），戒不了，也要想办法戒掉，在广州连杨坚看到爷爷抽烟他都“告状”。在北京，只靠您自己控制了，师母“宽容大量”，小孙子在天津，您的孩子也不敢说话。这样子，要靠您自己管自己，要管得严点。不然，有啥办法。您要爱护自己，爱护我们，就不要抽烟，做得到吗？

③未稳定就不要急于出差，不去也没有人说闲话，要身体力行才出去，否则不出去。在京多做些文字工作、休息。不是我拉后腿，我想这样是为了长期打算，让您多做些工作，对下代有帮助。

式挺他们准备出去参观，但未肯定。老彭（如策）回来过节，说出去的事未批准，要等省文物工作会议结束，省文化局领导首次去马坝后决定。黄玉质去北京，准备出国（菲律宾）。他大概会去找您并告诉您的。

杨坚叫我写信给您时说：“杨坚请爷爷快快来广州。”有一天我寄一信回家，他问我寄给谁，我随便说寄给爷爷，结果他每次去托儿所，都问信爷爷收到了没有，爷爷有没有说几时来广州。我告诉他爷爷收到了，说很快就来广州了。他很高兴说，爷爷第一疼他，第二疼妈妈，第三兄兄，第四爸爸。不高兴时说到爷爷，他就高兴了。特别去托儿所，说爷爷他就去了。四个月在广州工作，给他这样深刻印象。说来也怪，杨弘还没有这个感情，杨坚就有。为什么？

我最近身体较好，上段心脏不适，几次检心电图，不是十分正常——低血压。我买一瓶人参精服，自觉有好转。准备检查一次心电图，证实一下是否人参精作用。今天是中秋节，我们没有什么特殊过节，逢佳节想亲人，有空给我写信。问候师母，小米兰怎样？多加水，让它长年开花。

好

杨碧云

76.9.8（中秋节）

杨式挺—苏秉琦（1976.9.29）[①]

苏老师：您好！

今天是29日，过两天就是国庆节。每年十一国庆，我们都很兴奋！期待着看看中央首长在北京如何庆祝国庆的消息，期待着国庆“社论”传达毛主席的最新指示，今年国庆，我们却失去了伟大领袖毛主席，心情是极其沉痛的！

前一星期曾由考古队给您写了一封长信，内夹一些器物图，谅已收到（北京唐山地震后工作、生活是否已完全正常？）。

这封信说一说这里的近况。两星期前，广东开了一次全省文物工作会议，后期陈滋德同志来了，据传作了一些指示意见。

一是肯定广东近年来考古工作取得了成绩，说三张王牌已打出

① 原信未署年。信中提到当年毛主席去世（1976年9月9日），故信应写于1976年。

去一张（指西沙考古），还有两张（指石峡及广州造船滑轨）。本来他是要到马坝来的，九日获悉毛主席不幸逝世的噩耗，就取消了。他说我们至今还请工人发掘，是各省最落后的做法，指示要办亦工亦农短训班。他一回去，即批下两万多元，作为在马坝石峡办班（暂定11.10—明年2.10）的经费。我想，他没有到马坝就如此重视，显然是您7.19“汇报”起了作用的。最近，曲江县第一书记康（乐书）书记陪同韶关地区李书记、省委负责同志来参观。我代您向康书记表示谢意！告诉他您回京已经报告了工作，等等。

陈滋德同志还说我们不会“吹”。他说，据了解，马坝比广州造船遗迹重要。他说要是他事先看了广州造船遗址，就不会给他们两万元了（此事听听就是了）。

另外，他说不要老想写大报告，说什么山东最近写的长报告（我估计是否野店?），他不想看。今后提倡多写短文章，几件文物、几个墓葬也可以写。

不过，我个人听了，结合石峡遗址的整理编写报告工作，今后如何做，难办的事情还多着呢。

目前发现至101号，深穴二次葬44座、浅穴一次葬40座左右（其中空墓约20座），中等深度一次葬就是16座左右了。由于修补目前基本停顿（中大分配了一个小杨同志，这几天来参加了修补工作），尚有10座二次葬未修补。我一个人在登记、排比、重新学习，遍遍自己摸索，收获自然会有。例如，中等深穴一次葬墓，有的有烧穴，有的则没有用火烧穴。随葬品虽然都比二次葬的少，但与二次葬的器物却有密切关系，即还是那些盘、鼎、圈足盘、豆、三足盘之类。但有一个难题，是从已整理登记的中等深度一次葬墓出土的上述器物（特别是残缺不全的几件器物），我目前还难以判定它与一部分二次葬墓谁早谁晚的问题。同时，如果我们认为中等深度那些残缺不全的器物是属于迁走后留下的，那么它迁至何处？是否即迁至一部分时间较晚的二次葬墓中？肯定了这一点，即承认同一墓地就有一次葬迁入二次葬的问题，但较早的二次葬墓的一次葬墓又在哪里呢？

另外，如 M8 打破 M9，但我觉得从现在的认识看，M8 里有早于 M9 的高圈足盘、豆等。M8 是中等一次葬（？）墓，有红烧土壁，但 M8 中却似有时间早晚的圈足盘、三足盘；又如 M46，你觉得它其中有较早的圈足盘和豆，我看也是。但却也有较晚的，它属中等深穴墓，如果中等深穴墓都是一次葬的，就应当是同一年代的一套随葬品。为什么又像有两套呢？

诸如此类问题，觉得自己摸一摸、想一想、比一比，很有意思，问题多、疑难多，不怕。一靠自己，二靠大家，三我一定还靠您这位老师［别人依靠不依靠，我不管他（她）］。

还有一个问题是，我现在进一步体会到二次葬深穴墓的重要，材料多，器物多，典型性大。但是它们的上、下限究竟能跨多长？由于自己缺乏过去说过的基本知识，特别是典型的具有断代器物的标本的知识，自己就感到棘手。别人说它们都差不多，彼此之间跨越年代不会很长，要我提出 M21、M20、M24、M46、M45 等为什么早的理由来，自己觉得难办。

既然领导交代我先提出一个意见，我自当努力去做，但我希望，祈求您一定要支持到底。本来我有一个愿望，是等大家把这百座墓讨论、排比出一个基本轮廓来，即写出一个石峡墓葬发掘报告初稿来，争取带着初稿上北京。就像《大汶口》报告一样，届时请您（因为您亲自来广东摸过它，也已经提出一个哪怕是初步的分析）把基本的材料再排比一下，就如有了各种蔬菜、鱼、肉原料，还得有个好厨师才能炮制出佳肴来一样。现在陈滋德处长说不要写那样大的报告，要选经典（如鬶也行）写短篇。我就不知道如何把您说过的"要原原本本"有"来龙去脉"地把基本墓葬材料提供出来?!这就是我上面说的，不知应如何理解陈处长的指示的意思。

不过，我与老彭商量了一下，在办班之前，我们还是应当争取发一个如《文物》"特刊"一类的综合报道消息，未知您有何看法和意见，请来信告诉我。

信寄到碧云处、寄到马坝都可以的。

最后补充一句，上次信中提到灰土层发现鬲足和鬲裆。按老朱记录，它是同曲尺纹、编织纹等“软陶”一起出的，不是与夔纹“硬陶”一起出的，鬲足也是锥状的，即与商代的接近而不同于西周的。当然，尚未发现完整器，地层是否有问题，尚待今后更多的发现。M47、M42 的炭化稻谷已鉴定①，且拍了照片，是栽培稻（籼稻型），如果北大能把这两座墓的木炭先作测定就更好了。

匆此

顺问师母

近安

学生式挺

9 月 29 日

杨碧云—苏秉琦（1976.10.13）

苏教授：

24/9 信收到。给式挺的信照转。

是否请医生再给您做一次心电图，再次了解一下心脏情况，以前的找不到就算了。这种检查并不难，也不影响身体。我建议再做一次，以便更好地治疗，也好做出差准备。身体支持不了，不要勉强，多做些室内工作，不也一样对党对人民的贡献。

式挺 2/9 回来，刚好一到家，杨坚发烧 5 天，至今才退热，双侧扁桃体化脓。做人无一天安宁的。

我这个人很乐观，不好叫苦，不易流泪，但为什么老向您讲些自己的事呢？为什么？您明白，我不用多话、多写，再写也是多余的，我在工作、生活上和周围的同志关系上，我都很乐观，没有愁

① 苏秉琦先生用红笔在 M47 下写“㊂”，在 M42 下写“㊄”。

眉苦脸，也不会因为生活上碰上缺人手帮忙的困难，而有所表现，人家没有知道我存在着现实生活中难予克服的矛盾，人家还以为我很顺利呢！我们四个月的相处，您却了解得一清二楚。您放心，我一定按您的话办，生活得更好。

67 岁并不大，中央首长哪一位（老干部）没有年过半百啊！算起来还不老，和我们比当然大些。只要您注意，一定可以多为人民立新功，这是我的祝愿。我母亲 70 多岁了还健康。我也相信您会自己照顾自己。

在病情不稳定时一定要小心，血压忽高忽低，升降不均，要小心，脉搏不整也要小心。最好，每天测二次血压，早上、晚上各一。这样才会较全面知道病情变化。

式挺说，您向文物局汇报后，文物局拨来二万元，要办班，时间是今年十一月中旬到明年二月份。这段时间是一个好时机，冬春季节，适合您的环境，要是您再来指导他们工作，不就很好吗？有没有机会？十二月份来，刚好八个月，您来一定热情欢迎。杨坚经常想念爷爷，样样把爷爷列在第一位。无人教的，我也不知为什么。

我们十月十八日要下乡学农，刚好式挺回来，就轮到我下去了，为期 30 天。说是学农，其实要下去排练《沙家浜》全剧，准备今年全省艺教会议的召开，会议定在十一月下旬开。粤训班名气那么大，不拿出点东西来那还行啊！所以迫上梁山，只好这样赶。要是您再来一次广州，今年底，明年初来最好，最适合，万一我下去搞社教就要一年时间了。

式挺说他们搞了 100 多座墓出土不少东西，这个工作是您开头的，也希望您再来帮助、指导。

我的身体时好时差，总之体质差，劳累时就觉胸前区不适，心律不齐。所以我下决心，连续服了三瓶人参精。又听说人参精质量并不好，我自觉有些效果，但最重要是不能太疲劳。100 元，30/9 收到，照办。

希望您今年底来广州。

祝

安好

碧云

76. 10. 13

杨碧云—苏秉琦（1976.10.23）

苏先生：

您好！

您出差前我给您一信，未知收到否。

估计您这几天会回京。回来后要好好休息，恢复疲劳，为党、为人民多做贡献。

我们原计18/10下乡排练《沙家浜》全剧，迎接在十一月中旬召开的全省艺教会议。一切准备就绪，突然17/10通知不下去了。我们消息不灵的人，不知底细，到星期一（18/10）上班，才知道了“四人帮”反党集团的事情。领导说：可以议，可以听，要以中央文件为准。反正知道了，把这情况对上报纸的报道。原来如此，也有这么一天，恶有恶报，善有善报，时候一到，一切都报。广东省广州市的处级干部十九日才传达华国锋等三人的讲话，科级干部十九日晚上传达。我们一般同志21/10传达，22/10全市各界统一游行，鞭炮都难买，中山五路很热闹。今天23/10，全市300万人（包括郊区）游行。我们粤训班，杀猪，吃团结餐（师生），大家从内心高兴，不用开大会动员，同志们自动围在一起讲，心情舒畅，没有忧郁感……

粉碎“四人帮”反党集团的消息传来，同志们自然地联系起很多事情，如天安门事件，总理逝世的仪式，这些不能不说和他们无关，大家都很气愤。所以打倒“四人帮”，同志们极为高兴，叫做大快人心，人心大快。据说北京叫除“四害”，群众有觉悟，但在他们法西斯专政下，谁也不敢讲，压在心里情绪低落，“批邓反右”动员大会、小会讲不停，群众都按报纸批，没有新内容。这次不同了，不用费时间去动员。正如叶帅讲的，到了不破不立的关键时刻了。好了，不讲了，一讲会讲个不完。您再来一次广州，就再给我一次开窍，这次有这么快心明眼亮，和您给我开窍分不开的。希望您再来一次广州，就像去年底、今年春，天天有机会谈心，您对我讲的每句话，我都感到有用处。

我这个人很笨，不易让人开窍，但对您的话，又极易接受。

式挺因我要下乡，我打电话叫他回来，现还在家。他们要办“亦工亦农”学习班，他要出差，我又要“受罪”。他们也希望您再来和他们一同战斗。未知您想不想再来。

工作松点，精神无那么紧张，注意服点药，现在身体好点，体重上升至 100 斤。在注意身体方面，虽然我自己是医生，也要受您的启发，我才逐步自己注意起来的。您相信这点吗？我现在坚持不干重体力劳动，一疲劳我也要去“看病”。

广州城这几天来极为热闹，有空给我介绍些您认为需要介绍的北京的情况，现在写点无什么问题了。

今天是周六，未知您还在外地、还在北京。

祝

身体健康

杨碧云

76. 10. 23

杨碧云—苏秉琦（1976.11.19）

苏教授：

您好！

一个月过去了，二封信未知您有否收妥，不给我回信，生我的气啦？或有其他原因？是出差晚回来，是正在写什么重要文章，是在编写什么东西？身体一定很健康，精神一定还是那么饱满。北京下雪了，广州也开始冬天了，请注意自己的身体。子女都不在身边，您们二位老人家要自己爱护。住地宽点，就请一个妥当的人来帮手，不然，那么冷老师母还要自己上街买菜，自己做事情。不请保姆，请一个短工帮助。老师母关节炎现在怎样，我在猜测，我在盼望。

以华主席为首的党中央一举粉碎了“四人帮”反党集团，举国欢腾，我们在从内心高兴。

我们本来十月十八日下乡学农，因为揪出“四人帮”，文化局不要我们下去，留着搞运动。1977 年前不下去了。

式挺 22/11 要去马坝，原说要办班，资金冻结不办，前天又说可以办。您什么时候再来，一年就到了。

听说北京四级、天津七级地震，是真是假，我们是听说的。一家大小都想念您，相信您也在想念我们。广州冷了，但比起北京就好多了，冬往南飞，夏往北飞，现在又是北京的冬天了。

好了，我要去开会了（周五晚）。

祝

身体健康

晚生

杨碧云

76. 11. 19

杨式挺—苏秉琦（1976.11.23）[①]

苏先生：

您好！

① 原信未署年。据文中提到“揪出四人帮”，知信应写于 1976 年。

从碧云处听说您外出指导工作，未知何时回京？

我这次回穗休息。一是碰上揪出“四人帮”这大快人心的事，二是《考古》要我修改一篇1962年的稿子。本来没有精力、时间去搞，在“三结合”的情况下却促成了。即展岳兄和考古所的关心、馆领导的支持，我努了一把力，名曰《关于广东早期铁器的若干问题》。五百余件出土铁器，相当一部分是未发表的。三个问题：①铁器的发现（主要列表）；②年代及分类；③广东古代铁器使用阶段的蠡测（一、初步使用阶段——战国；二、比较普遍使用阶段——秦汉；三、本地区建立冶铁器的阶段——六朝），全文1万2千多字。记得您在广州时我说了一下，有篇铁器，有个有肩石斧，有段石锛。您不大赞成搞单项器物排比。不过，这次铁器不算单项，也尽可能结合了文献记载。当然，没有展岳鼓励催促，我也不再去搞。虽然写得粗浅，但有两点自觉可取。一是过去看了一些文献，这次结合了些，如今是不易办到的了；二是这样的“尝试”，广东目前还没有人进行过，但深入分析觉得是件困难的事。是故，您这位“秦汉”考古老师已有兴趣，欢迎过目、指导。

明天我即回马坝，班办不成了，经费冻结。尚永志副主任说，拟在解冻时拨一万元基建，一万多元办班。回去大概是把十个未完成的方挖完，集中力量修补写报告。昨晚听碧云说，您有意今冬明春再来一次广东，我个人无限欢迎。等玉质同志回来，我再和他（去菲律宾未回）谈谈。饶平墓葬，小邱基本写完了。顺告。

盼望来信，谈谈业务指示，“四人帮”新闻也爱听。顺祝
冬安！

学生　式挺

11.23

附：两张Ⅰ、Ⅱ、Ⅲ、Ⅳ期墓葬登记表、M81器物图①

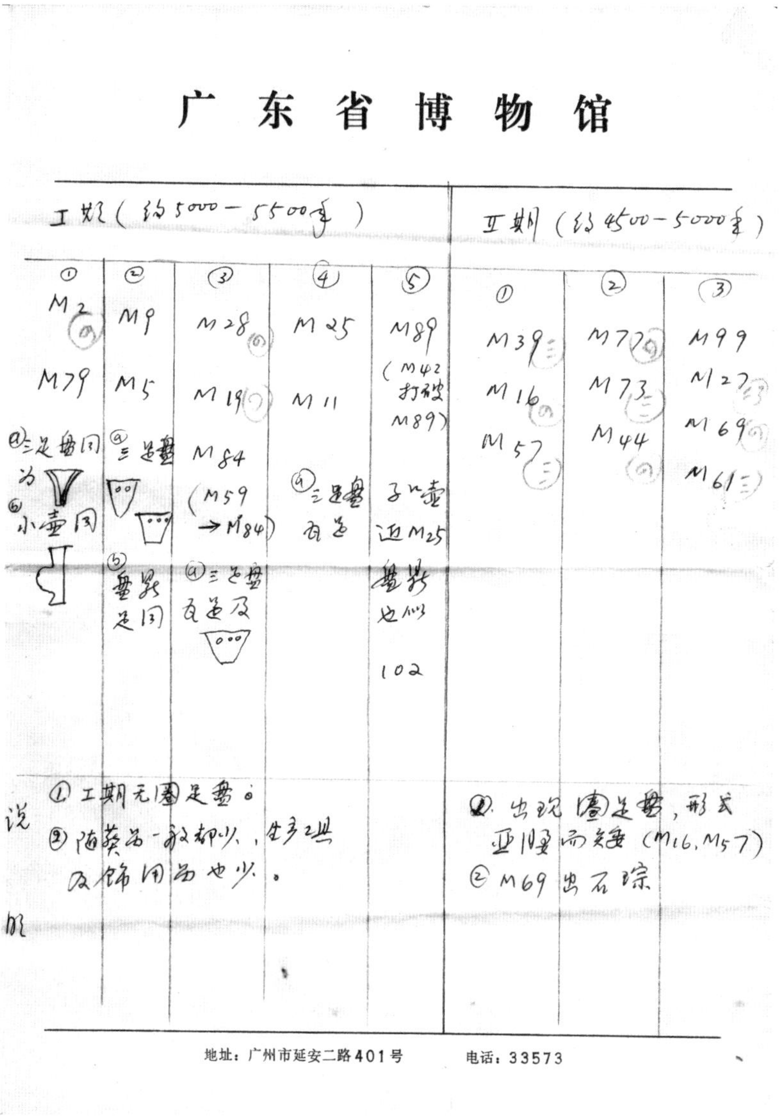

广 东 省 博 物 馆

Ⅰ期（约5000—5500年）					Ⅱ期（约4500—5000年）		
①	②	③	④	⑤	①	②	③
M2（四） M79 ⓐ三足盘同为 ⓑ小壶同	M9 M5 ⓐ三足盘 ⓑ盘形足同	M28（四） M19（四） M84 （M59→M84） ⓐ三足盘有足及	M25 M11 ⓐ三足盘有足	M89 （M42打破M89） 子口壶近M25 盘形也似 102	M39（三） M16（四） M57（三）	M77（四） M73（三） M44（四）	M99 M27（三） M69（四） M61（三）
说明 ① Ⅰ期无圈足盘。② 随葬品一般都少，生产工具及饰用品也少。					① 出现圈足盘，形式亚腰而矮（M16、M57） ② M69出石琮		

地址：广州市延安二路401号 电话：33573

① 一、表格中汉字外加圈如“㊃”者为苏秉琦先生所写。二、M81器物图在家藏书信中与书信分离，置于彭浩先生书信中，根据图纸内容，暂系本信之后。

广东省博物馆

Ⅲ期（约4000—4500年）						Ⅳ期（约3500—4000年）		
①	②	③	④	⑤	⑥	①	②	③
M29（三）	M59（三）	43（二）		46（二）	54（二）	82	55	92
								65
M4	M101	47（二）	42（四）	48				40
M10（三）	M30（三）	67（二）			21（一）	83	72	18
M17（四）	M33（三）	86	90	91	88	26	35	M17 } 积石
M20（二）		98		24（二）		（4020+100年）		70 } 积石
M68	M80			41（四）	45（一）			31 } 积石
		51（二）			~~78~~			66 } 积石
M76	M53（三）	8		81	78	6		97
				95	15			23
								22
				34	7	12		56
								60
								37
								52
								38
								85
								87
								58
								64
								96
								63
								49

① M29打破M9、M25、M28　M101→M69

② 出土鼓腹（肥腹）半月形镂孔圈足豆

③ 足的三足盘不见

④ M10、M17、M54有石踪

① 第③列诸墓未详细排比，空墓未计入

地址：广州市延安二路401号　电话：33573

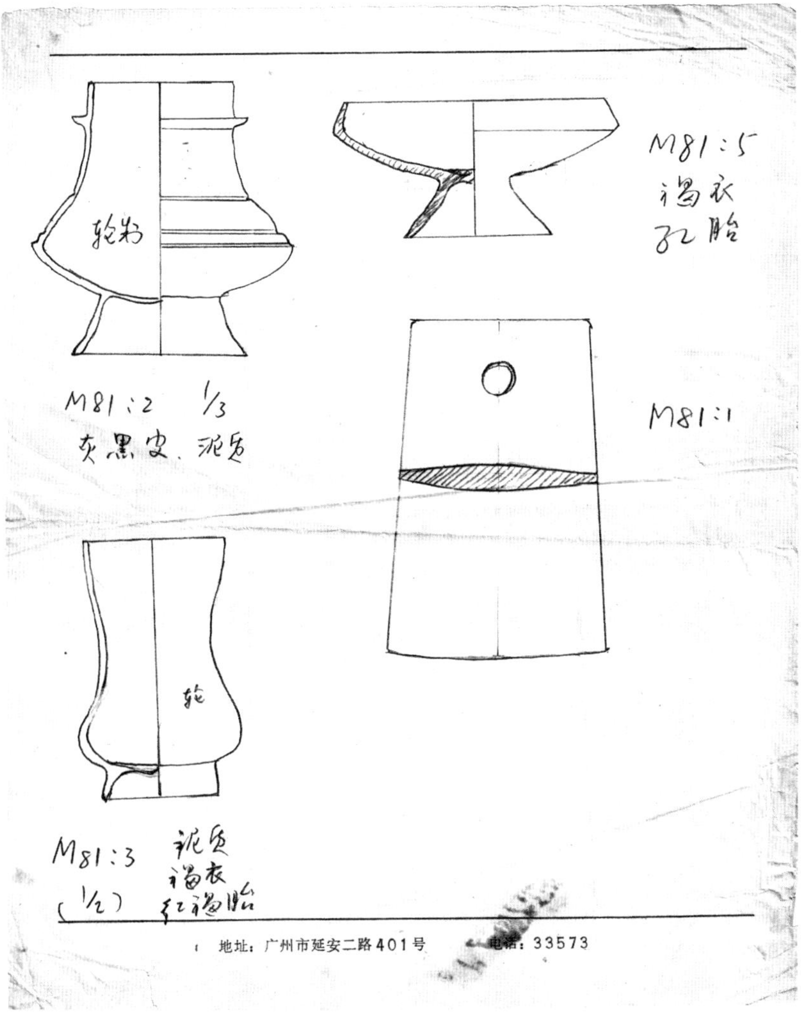
轮制
M81:5
褐衣
红胎
M81:2 1/3
灰黑皮、泥质
M81:1
轮
M81:3
(1/2)
泥质
褐衣
红褐胎
地址：广州市延安二路401号 电话：33573

杨碧云—苏秉琦（1976.12.9）

苏先生：

您好！

17/11 来信收到了，听说上段北京受唐山余震的影响，这几天来又连续听说北京还有较大的震情，未知是真是假，甚为担心，挂念！

最近连续在读有关“四人帮”反党材料，现在文化局正在办学习班，各基层组织也在办班。我们这样的一个单位，办班四年来，在因为贯彻了不少“四人帮”的黑指示，但是揭发的材料也不多，你看虽说“四人帮”打倒了，大家兴高采烈，加菜饮酒来庆贺，但是接触到实际问题，确实难。

冬天来了，您的身体怎样，血压、心率是否稳定？发现过左身麻木现象，要注意，您的高血压病史较长，要注意身躯麻木和高血压是否有关系。身体未稳定之前，别在冬天随便外出，就是身体基本正常了，大冷之时，也不轻易外出。太冷、太热对高血压病人的血压都不利，这点您很清楚。我希望您冬天到南方，对您身体有好处，希望您来。

北京有较大的震情，您和老师母准备怎样，有没有动员疏散？

打倒“四人帮”，省委常委开完扩大会议，现在层层贯彻，各行各业都在抓工作。广州市场供应长期以来都不好，现在提出要改善市场供应，改善群众生活，打倒“四人帮”要高高兴兴过元旦和春节，话已讲出来了，群众也知道了。到时再看，去年春节您在广州，今年春节大概不是在广州了。希望再来广州过一个节日吧！

式挺去马坝，上次回来一月余，黄展岳同志要他写一个什么东西，好像是广东古代铁器的事，东西写好寄出后，马上就去马坝了。

式挺有没有给您写信，其他同志有没有写？各有所思。

上次给您写信时，我给黄展岳同志写一信，问您出差回来否，问一问北京的情况。他很快给我来一信，还寄传单来。有些材料现在略读读，有些私自传阅，广州消息也不少。现在没有阻止传阅传单，再不追谣了。上次有人传说，邓小平官复原职，还说有文件，传来传去，看来不事实。有人还说邓上台，要加第二次的菜，看来这是群众的心情。我们听了就算了。

我还是那样平淡地工作，我准备明年要求去进修，但是时间还长呢，不知人变怎样。

身体健康，不太冷，有时间就写信。

祝您

健康长寿

晚生

杨碧云

76.12.9

杨式挺—苏秉琦（1977.2.13）①

苏老师：

春节将到，我们一家在广州祝贺您及师母节日快乐，身体健康！未知带去的米兰开花吗？

黄玉质从北京回来，谈到了您在文物局和陈滋德处长商谈马坝发掘及办班的事。上次王治秋同志从澳大利亚回国在广州逗留期间（原拟至马坝的），也答应给马坝石峡经费，叫我们定个计划造预

---

① 原信未署年。据文中提到《关于广东早期铁器的若干问题》刊于《考古》1977年第2期，推定信写于1977年。

算送上。

王老来一趟，省文物局也重视起来了。现在计划是上半年写出简报，下半年办班。

目前发掘的实际面积是1660m²，平均深度也在1米左右，发现了108座墓。M104、M105紧挨近着，墓比较大，大概长2米

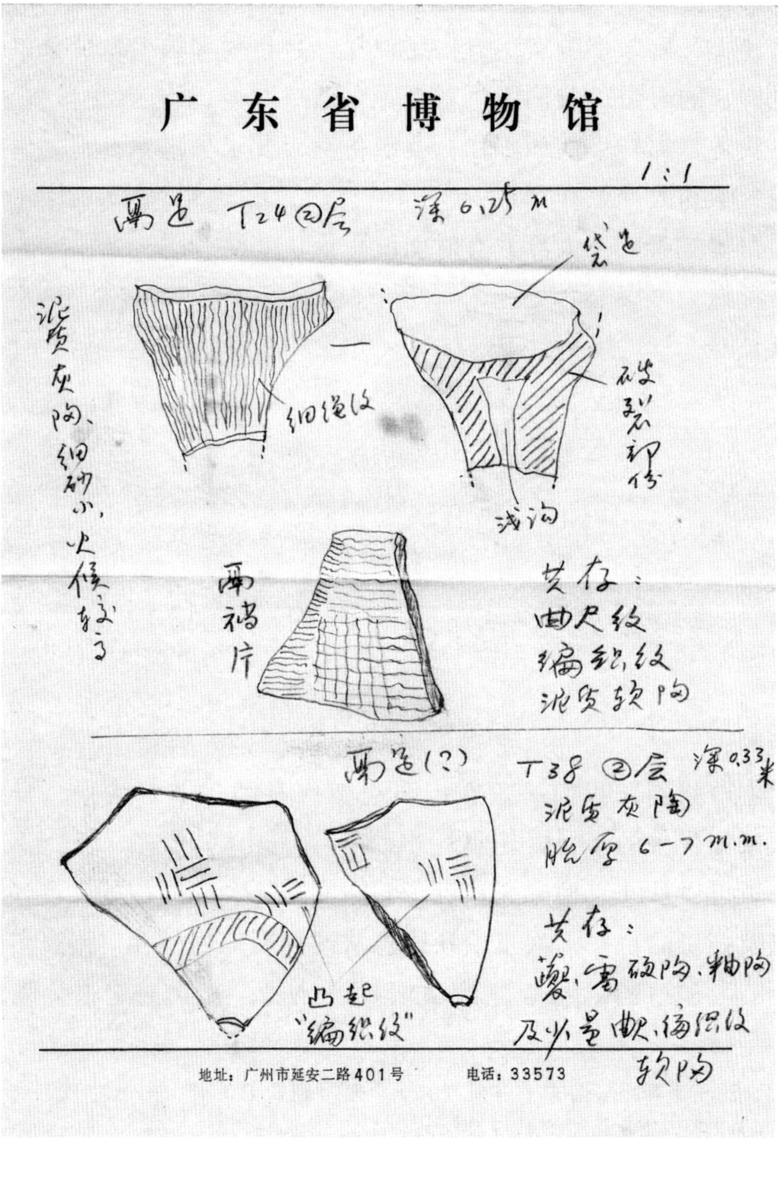

多，宽105厘米，深1.30米以上。出土器物较多，如M105出了一件大石琮。《古玉图考》上所谓“车釭”。M108的葬制也有所不同，即上层为二次葬，器物较完整，有人骨；同坑往下挖约20—30公分，器物被打碎分布全坑，没有碎骨。如为一次葬，又不见架骨。是否同坑又挖了进行二次葬。

上次说陶鬲（或甗）足，没有画草图给您，这次画个简图。T47③层清理一个灶坑，发现有炭化稻米，颗粒完整、饱满。从粒状看，有籼稻，也有粳稻。但属栽培稻“Qriga Satia L. 种”无疑。准备写个简报。

前几天展岳、杨泓寄来我的约稿《关于广东早期铁器的若干问题》校样，有图，大约九千字左右，拟于第二期《考古》发表，那是一个“陈货”，展岳兄说还有用。

碧云劳动回来，杨坚又病一周，她比较受累一些，叫我代向您请安！我大概二月底三月初回马坝。

专此并祝

春安！

学生　式挺

2月13日

另：北大碳十四实验室还不帮我们测定标本，现在变成了一个难办的问题。

杨碧云—苏秉琦（1977.8.5）

苏先生：

您好！4/7的信收到，不知您几时回北京，回来后工作一定更忙，身体就不知道怎样了，要注意休息。

我们在教学培训单位做医务工作，时间一日日地过去，人也慢慢地衰老，但工作不出成绩，好似有点浪费时间，可惜！有什么办法，自己不能主宰自己，命运由别人来支配。简直无意思。

我们十一日开始放假，29/8 开学，有十来天假期。

式挺还在马坝，报纸上登了，他们干劲很大，据他们说 15/8 写好简报，8 月底外出参观，回来又要办班。今年之内大部分时间在外面跑。他这样跑野外，搞得我实在无办法，我现在心脏病经常发作，偶尔也有高血压，140—150/90mmhg。

十届三中全会胜利召开，邓小平出来工作，大家都很高兴。但是肃清“四人帮”经营十来年时间的流毒，并不易……

什么时候有机会来广州，看来机会难得。代向师母问好。有空来信。祝

安好

杨碧云

77. 8. 5

杨式挺—苏秉琦（1978.4.7）①

苏先生：您好！

久不去函问候！（托韩康信同志带来的日历、手提袋已收妥，十分感谢！）

此段时间虽然碧云不在家，我仍坚持在佛山河宕发掘。没有第一手资料，就没有发言权，所以我还是克服些困难，星期六、日回去看看小孩，有时也不回去。碧云五月上旬就可以回来了。

河宕发掘 500 多平方米（尚未到底），主要有三点收获。

一、甲、乙区清理了 42 座新石器晚期—商代墓葬。人骨保存较好，尤其出现于贝壳层的。经韩康信鉴定，28 座 29 个个体（甲

---

① 原信未署年。从信中提到 1977 年冬至 1978 年夏的佛山河宕发掘看，信应写于 1978 年。

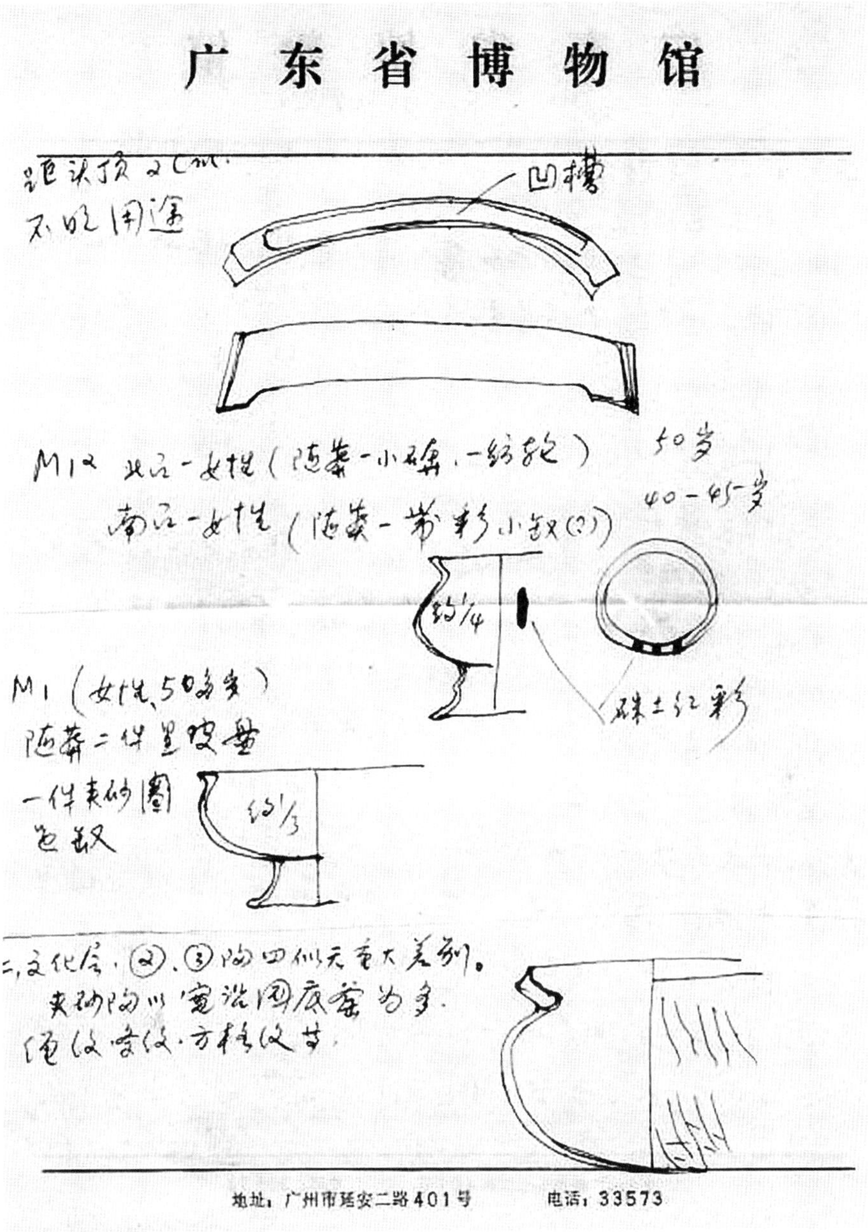

M12 为两个女性合葬墓），13 个成年女性头向东，10 个男性头向西，2 座老年女性（50 岁以上），5 个小孩（1—7 岁），10 个男女青年拔除上颌侧门齿。1962 年金兰寺也发现一个青年男性有拔牙

广东省博物馆

泥质陶以橙红、红色较多 70—80%。
器形一类是圈足壶或簋。
花纹以各种云雷纹与曲折纹组合，云雷纹仅1~2周，余为曲折纹。
另一类是圈足盘，有敛口、子口和平沿三种。

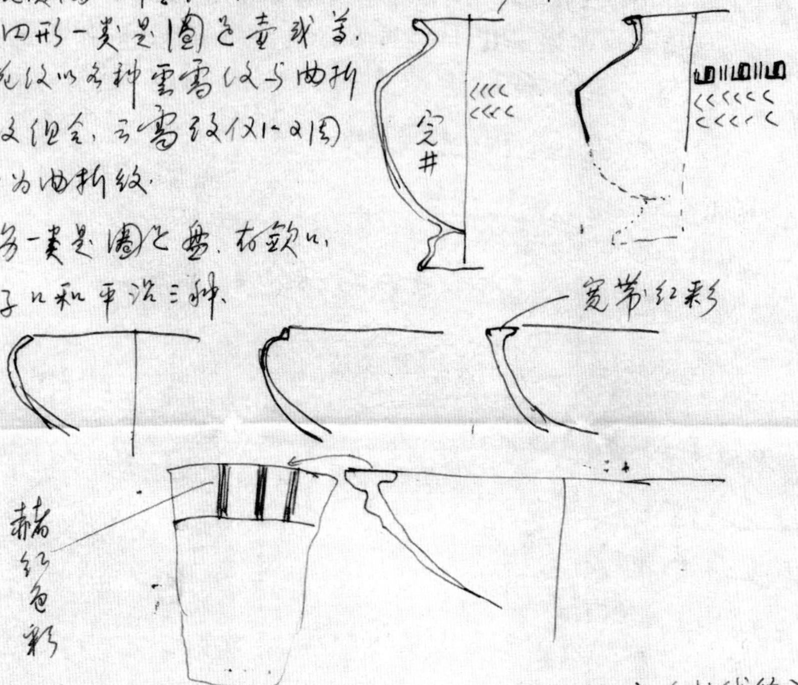

陶纺轮（泥质），不少有三等分、四等分的划纹（浅线纹）

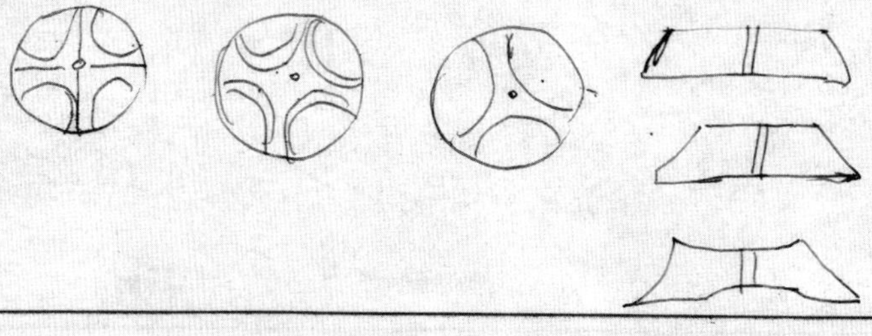

地址：广州市延安二路401号　　电话：33573

风俗。尚不知与山东大汶口、江苏的大墩子拔牙风俗有何关系。墓葬范围大，分布较密，男女老少，交错埋葬。墓圹不明显，多浅坑墓，覆以黑褐色土。随葬品1—3件，与马坝第四期有相类之处，但也有完整陶器及较好的随葬品。

如甲区 M14，一冰洲石玦，一红陶小缸𡨧。

M25，一象牙环（带右手腕）外径 11.5cm，一头骨饰距头顶 2cm，不明用途。

M12，北面一女性（随葬一小锛，一纺轮）50 岁。

南面一女性［随葬一件带彩小罐（?）］40—45 岁。

M1，（女性，50 多岁）随葬二件泥质黑皮盘，一件夹砂圈足罐。

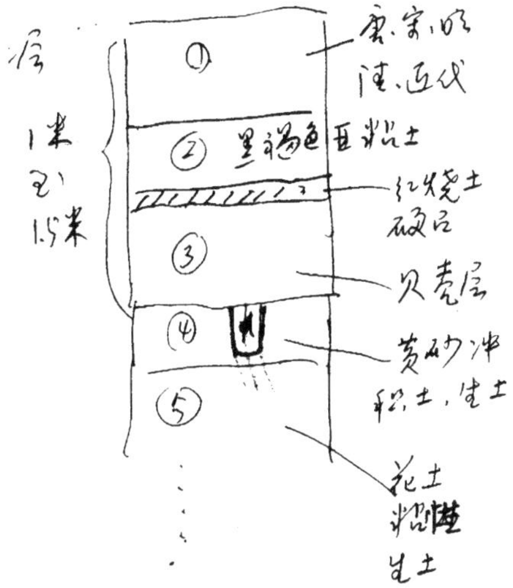

二、文化层，②、③陶器似无重大差别。夹砂陶以宽沿圜底釜为多，绳纹、条纹、方格纹等。

泥质陶以橙红、灰红色约占 70—80%。

器形，一类是圈足壶或瓶，花纹以各种云雷纹与曲折纹组合，云雷纹仅 1—2 周，余为曲折纹。

另一类，是圈足盘，有敛口、子口和平沿三种。

陶纺轮（泥质），不少有三等分、四等分的划纹（浅线纹）。

磨光石器，以小型精致为多，锛多斧少，有肩有段多，石料及器形具有西樵山特色，此地距西樵 10 多公里，附近为一片宽阔平坦平原，无石料可取。看来，西樵山为石料工场，多石片及雏形，运至各遗址再加磨，另西樵山的许多遗物地点，年代可能要比过去估计为晚。

遗址文化层及墓葬遗物，以骨、角、牙、蚌、鳖质料的器物为多，骨镞为圆铤三棱，石镞、石矛很少，柳叶型极少。

文化层比较简单，的确，基本是三层，墓葬多出于②层，打破红烧土硬面的不少。红烧土厚5—10cm，底面有芦苇一类的草印痕。最大一片东西约8米，南北约6米。红烧土面上有柱子洞、灶坑等打破它。

贝壳层下，黄沙土面又有许多柱子洞及方形坑打入黄沙土，内填满贝壳。最近几天发现两个大灰坑，圆角方形，内填贝壳为主，但许多黑灰烬、烧骨、陶器、破碎陶纺轮、猪、狗、兽骨、鱼、鳖骨。有趣的是T2③H1发现一个小猴的头颅骨。

文化层及墓葬出土文物，在珠江三角洲星罗棋布、数以百处的贝壳遗址中，具有它的典型性。过去调查为主，除增城金兰寺村、东莞万福庵、龙江村等处外，未曾作过较大规模的发掘。最近在南海县大同墟灶岗发掘约100m^2，也与河宕的遗物极相似，发掘2座墓葬。

遗址有如此之多的泥质橙红、红陶，多有红衣陶，是过去少见的。另外在甲区M20出现二个残破绳纹鬲（或甗）的袋足也有重要，可说与马坝出现鬶同等的意义。

这里的陶器群，除一件鬲足外，未见平底及三足器，除夹砂釜外，几乎都是圈足器，少数圈足附镂孔，口沿及圈足上也发现有刻划符号，如“×”等等。

第三，贝壳遗址出现了大量的河蚬、沙蚬、鳖（淡水）鱼骨和少量的蚝、蛏（咸淡水交界生产的介壳类），以及一定数量的猪、狗、牛、鹿、象等骨骼，对于当时的经济生活及地理环境，珠江三角洲的河道变迁看来也有作用。猪、狗部分标本初步观察为家养，更多的尚未鉴定。

要把500多平方米面积都挖到底，至少还要一个半月，然后转入室内整理。新华社广东分社要报道，因为佛山华侨、港澳同胞来往频繁，我说等整理、鉴定之后比较好。

我看遗址及二层墓葬的年代在3500—4000年左右，墓葬可能还是原始社会晚期氏族公共墓地，但房屋结构及贝壳层底的柱子洞、窖穴究竟属第三层（红烧土硬土面打下去的或在贝壳层下（即从黄砂土打下去的），还没有彻底弄清楚。

说它3500—4000年，根据有二条：一是增城金兰寺村的中层（出四座墓葬）碳十四测定为4035±90年，马坝M26为4020±100年；二是陶器的器形及花纹（发达的云雷纹、曲折纹），马坝中层的曲折纹也很发达。这里没有发现一片夔纹及米字格纹陶器。所以下限不会至春秋战国。

苏先生，请帮我们向考古所说说，把送去的人骨及贝壳标本尽快测定一下。匆匆写来，十分潦草，请谅！

并祝

身体健康！

学生　式挺

4月7日晚

于佛山华侨大厦宿舍

另：能否帮我寄2本考古所编的外国考古内部参考资料。

杨式挺—苏秉琦（1978.11.16）

展岳兄并转

苏秉琦老师：

前曾去信问候，谅已收到。

一直未收到苏先生的信，未知贵体痊愈否？念念！

佛山河宕遗址已写了个东西送《文物》，拟编入印纹陶会议讨论集。

但仍有许多问题未得解决。

如遗址及墓葬的年代。这次送去的稿子，遗址下层按^{14}C的四个测定年代，即4900—5000年，校正5500—5700年。但从印纹陶看，总觉得不早于石峡的下层（为4700年）。因出现了云雷纹与曲折纹等的组合棱格纹，印纹陶发达。

墓葬的年代，现改写分四类：

甲类早于下层或同时，乙类晚于下层。没有发现陶器。丙类，据^{14}C为3600—3800年，校正3900—4200年（M1属丙类）。丁类，以最晚的陶鬲看（张忠培等人说陶鬲似商末周初），下限在西周以前。

又如，遗址下层底部发现许多窑穴及“柱子洞”，每个坑（4×10米）都有数十个。初看似无规律，细看似有一个单位，是一个大坑周围绕以若干小洞，略呈椭圆形，示意：

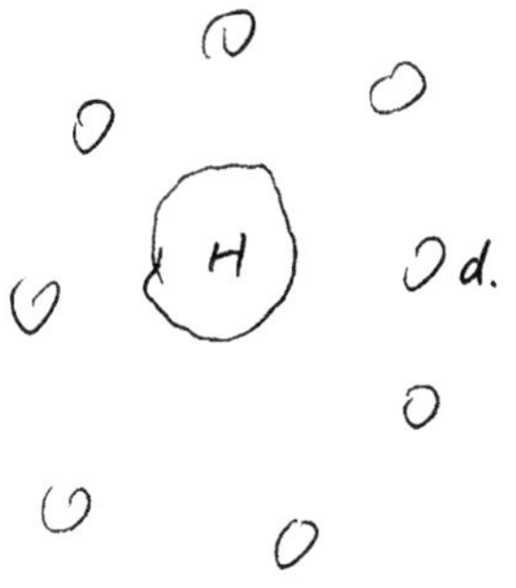

直径在3—4米左右。推测是否为“干阑”式建筑下层遗迹，但小洞内无朽木之遗存。

马坝石峡也发现许多“柱子洞”，中层有，下层也有，但也没有认真解决，所以广东新石器时代晚期的房址，实际上并没有解决。

去年黄玉质同志在高要县搞社教，在一个遗址发现有不少木头的遗留，木头很长，有的被社员拿去卖掉。黄说，遗址的年代可能在战国，但也没有去试掘。

有许多问题，心里想去解决，但做起来并非易事。苏先生曾说过请杨鸿勋同志来帮忙，我看马坝仍在发掘，决定今冬挖完 3000m²。又因过去发掘的遗址不多，所以这次佛山河宕发掘，不管从四月至六月份下多大雨，骄阳似火，我和一些同志还是克服困难，坚持到底！

现在我们仍在佛山祖庙整理发掘报告，希望在年底能基本完稿。陶片也送石湾陶瓷研究所分析。

所以寄了一些照片去，请苏先生及其他师友看法，对遗址及墓葬的年代，对贝壳层下的洞穴遗址帮我们解解惑。

碧云想争取去暨南大学医疗系，目前仍未解决，顺告。碧云也很惦念苏先生身体的近况。

此致　顺祝

冬安！

杨式挺

于佛山

华侨大厦

78. 11. 16

杨式挺—苏秉琦（1979.6.28）[①]

苏先生：您好！

黄玉质从西安回来，一个月前又下到马坝来，跟我们一起整理报告。几次谈到您很关心石峡的工作，说在西安时，专门跟他谈了您的指导意见。我们很受鼓舞。

我们目前的工作情况是：

一、把历年来的地层资料都已整理一遍，建立档案资料，并统

---

① 原信未署年。信中提到请杨鸿勋先生到石峡，从“杨式挺—苏秉琦（1979. 7. 15）”信中讲杨鸿勋先生 7 月 15 日到石峡遗址的情况看，信当写于 1979 年。

计出地层的器物及纹样数字。

二、初步摆出各文化层的器物，按三层五段摆：③层早，③层晚（即与Ⅰ、Ⅱ、Ⅲ期墓同时的），②B早，②B晚，②A层（即上层出青铜的）。这是就多探方而言，没有哪一个方是五段齐全的。

三、墓葬也刚写完记录，至今发现了一百三十二座，看来主要墓葬区已挖得差不多了。因为靠近狮头的东北边主要是居住遗迹，红烧土堆积很多，还有窑坑（椭圆形坑窑），没有再发现墓葬。至此，五亩地已搞完，但1978年以来的探方尚留有隔梁，不交社员耕种，暂时保留。

四、室内工作除写记录外，一抓拓片，二抓修补，最近特别注意抓文化层的可复原器物。您说过，应下功夫粘对，修复出一些器物来，这点确很重要。老彭和我最近都注意找可能修补、复原的器物。修补工作除修复1978年发掘墓葬之外，最近修复了近二十件地层陶器，主要是2B早、晚期的，以后拟画些草图供您研究参考。

例如，有些发现是比较重要的：如2A层及灰坑出土有青铜人面匕首、削刀、夹砂红陶小鼎；2B晚的一个灰坑（T29H1）出了许多陶片，有几件可以复原，为敞口折肩圈足罐（有的叫尊）、敞口（或盘口）圜底釜。带流有把圈足壶（见原报告M82∶3）《文物》78：7，p. 14，现在地层及墓葬都出了几件，属②B晚。原T64窑坑的，我们认为是②B早的。②B早的出土有一些圆形陶片，即把陶片打成一个圆形或椭圆形的，用途不明，据说二里岗出过？这次整理我了解到石峡②B早的一些器形，如折肩处有一至三周云雷纹（或其他花纹）的折肩罐，器形与佛山河宕的中、下层的非常相似，使我具体地了解到石峡与河宕遗址应有关系。

另外，在③层及②B层发现一些器足及鬲袋足（都为②B层）（附去草图），惜无完整器。

再则，是在遗址高处的文化层③层（2A、2B都已不成层，仅存一些洞穴）中，出土的遗物都为③层早期的，即Ⅰ、Ⅱ、Ⅲ期墓葬打破了这里的③层。出土的遗物很少，但镂孔圈足盘是米黄色磨光陶薄胎，直口或敛口（不是子母口），矮圈足，与墓葬Ⅱ期的圈足盘不同（我们过去排比的，Ⅰ期没有圈足盘，下一段还要重新排队）。其次是绳纹、刻画纹和刺点纹的夹砂陶、泥质陶不少①，这种刻画纹，颇近于仙人洞上层的作风。

下一段的任务是：①选标本、绘图、照相；②继续修复器物；③重新把墓葬与文化层（分三层五段）互相对照排比分期；④分工编写报告。

总之，问题（疑问）还很多，困难还很大。但我们还是要努力按领导的要求，在十月一日前，把主要材料编写出来。现在准备在七月二十日前把编写提纲定下来，然后回广州休假。

苏先生，现在有一个问题想跟您商量一下，就是关于遗址的遗迹问题。您已知道，在石峡的中、下两层，发现了许多洞穴及红烧土堆积，还有一些灶坑、灰沟及废窑坑，但这里的房屋居址应该是怎样一种结构，不甚了了。我们也准备把各个探方的洞穴（其中有少量可称为灰坑，如T29H1、T40H）分别层次把它们的平面连缀起来。我们在一些探方中，也发现有些似椭圆形的结构，例如：

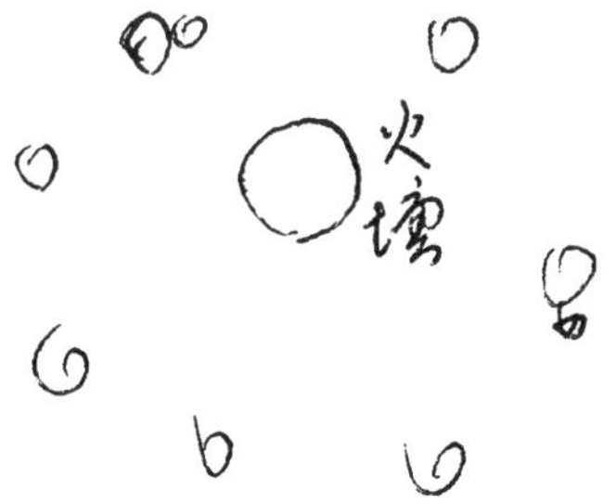

① 书信原件中，苏秉琦先生在旁批写：“最早圈足盘矮足、敛直口。”

中间有火塘或灶坑，周围有一周柱子洞。红烧土块或红烧土面中有稻谷壳及稻草，有些窖穴中有炭化米粒，有些灶坑有稻谷凝块，等等。我们希望这个报告，除墓葬，也能把居址介绍一下，比较全面。

我们（黄玉质同志已同意）希望考古所杨鸿勋同志最近如有空暇，能否来石峡帮我们看看、指导指导。我们的想法是请他直接到曲江来，我们狮子岩现在有地方住，食宿方便（现已盖了三万多元的陈列室及宿舍）。看过之后，可以到广州玩一玩（还可以看看河宕的材料，是否栏干式建筑，高要县金利公社茅岗也挖了一处水上木构建筑，时代比河宕略晚，但不会晚至战国），时间最好是在七月十五日前。如有可能，具体事宜容后商量。请您帮忙一下，我们不再发函了。盼复函。

谨致

敬礼！

学生　杨式挺 28/6

附：曲江马坝石峡 1975—1978 年发掘探方图一张

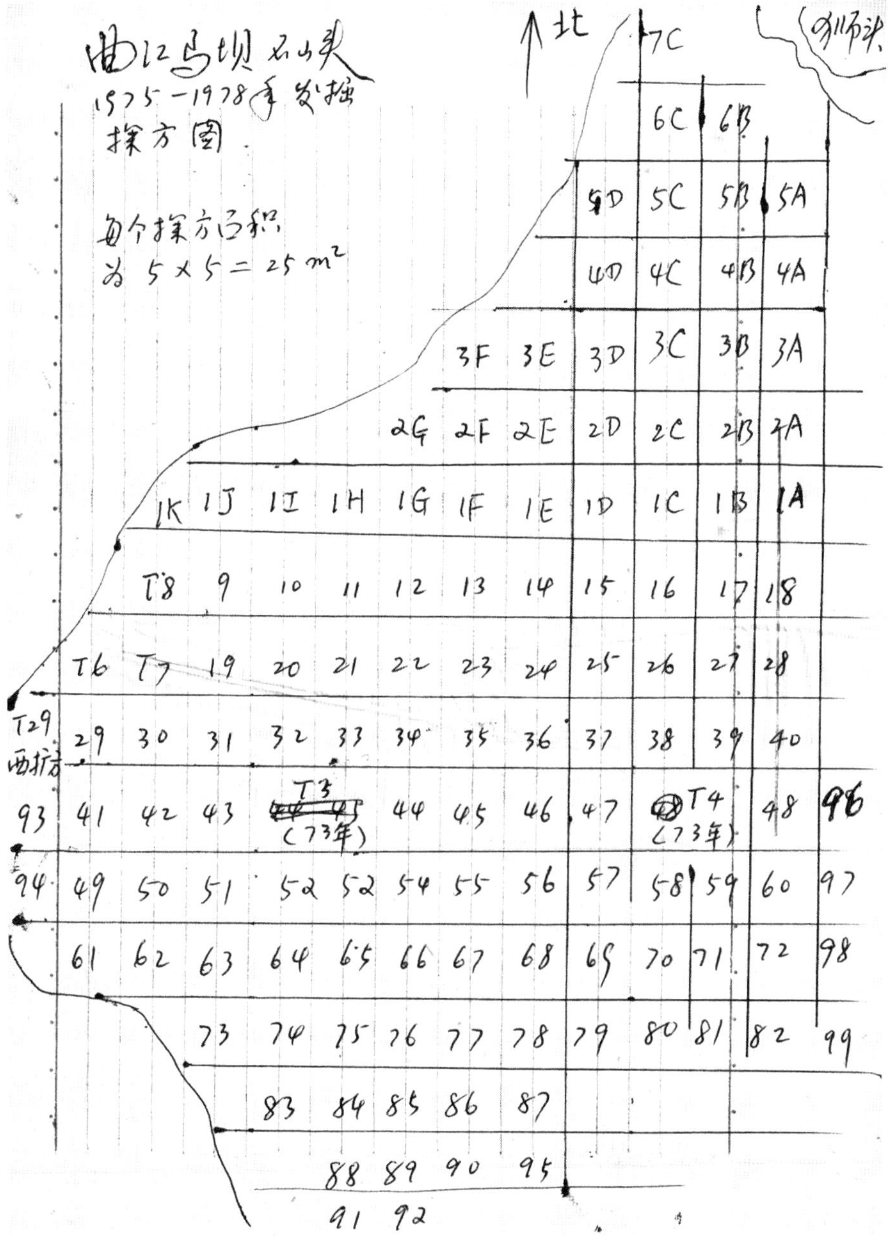
曲江马坝石峡
1975－1978年发掘
探方图
每个探方面积
为5×5＝25m²
北
狮头

杨式挺—苏秉琦（1979.7.15）①

苏先生：您好！

来函收悉，谢谢关怀！

杨鸿勋同志带来了您给我和老黄的茶叶，在马坝的同志也都领到了，大家都想念您，知道您对石峡的工作很关心！

杨鸿勋同志到工地看了现场，又看了过去绘的图纸。③层的目前发现了3条、②B的一条墙基槽。他认为我们过去发现的河沟（沟底有柱子洞，柱子洞在有些探方的距离为80—100cm左右）应即房子的墙基槽。如果这种推断不错的话，他这次来的时间虽短，则起了画龙点睛作用。现在正在拼图，据此拼起来的房子是长方形大房子，已知的有的东西一条残长16米，还有南北走向的隔间。他的根据有三：①看了许多残破的红烧土块，有的一面平整（2—3cm不等）一面有芒草秆之类的印道，有的红烧土块厚至7—9cm，两面都是烧的，平的一面有竹木枝条（宽2cm，深1—1.5cm）的印痕，为什么这么厚，尚不明白；许多红黑烧土块中掺有稻壳及草秣。总之，显然这些红烧土块是建筑遗存墙上的。其次，挖浅沟、安装柱子，柱子之间的间距目前已知的有1.20—1.80米，以至2.40米，柱子之间的轻质构件应是芒草之类的东西，埋柱子之后填以红烧土块泥之类的作法。据说在下王岗、红花套等遗址见过，再次这些大房子并间有小房子的，与

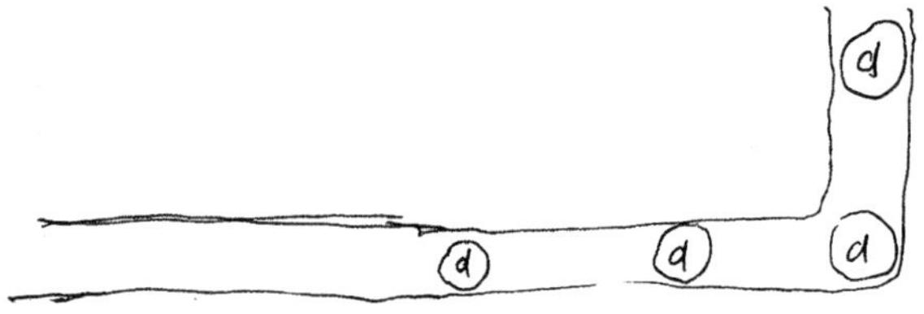

① 原信未署年。从信中提到1978年10月方始发掘的茅岗遗址看，信应写于1979年。

石峡文化的社会发展阶段是极适应的，即您认为是父系氏族发展到 Houte—hold（家族）的阶段，但还不到龙山小房子的阶段。

现在有长方形的建筑遗存的有的属③层，有的属 2B，2B 早、晚都有，但 2A 层则没有。

我就告诉您这一好消息！就具体的我们还要花力量去拼图、检验。

我们后天（18 日）就要回广州休息。杨鸿勋同志一道回去，再简略地看佛山河宕的贝丘遗址遗存及高要县（佛山地区）金利公社茅岗的木构干阑建筑，那里作了试掘；取回部分木头，有的有接榫。农民前后挖了上千条。准备以后要发掘。遗址的年代约当在商代，我从陶片（器）看，要比河宕的下层晚，不到战国，是珠江三角洲地区目前已发现的木构建筑遗址，今后也可能在这个遗存中发现青铜器，但目前不见，只有石器及骨器、兽骨，也有象骨、猪骨，有橄榄核，等等。

苏先生，听说您现在身体没有像在广州时健壮，心脏有时不适，请您自珍保重，争取兑现您的许愿——到汕头地区看看。我身边有两盒冠心苏合丸（附有说明），是中药，没啥副作用，您不适时不妨一试。效果好，再来信告诉我们。

但碧云对家庭很有意见。我则毫无办法，比如今年除五月份去湖北、湖南参观一段时间之外，大部分时间都在马坝，下一段还是要来的。

下一段编写报告，还需要得到您的指导。下面补给您几个完整器物草图。

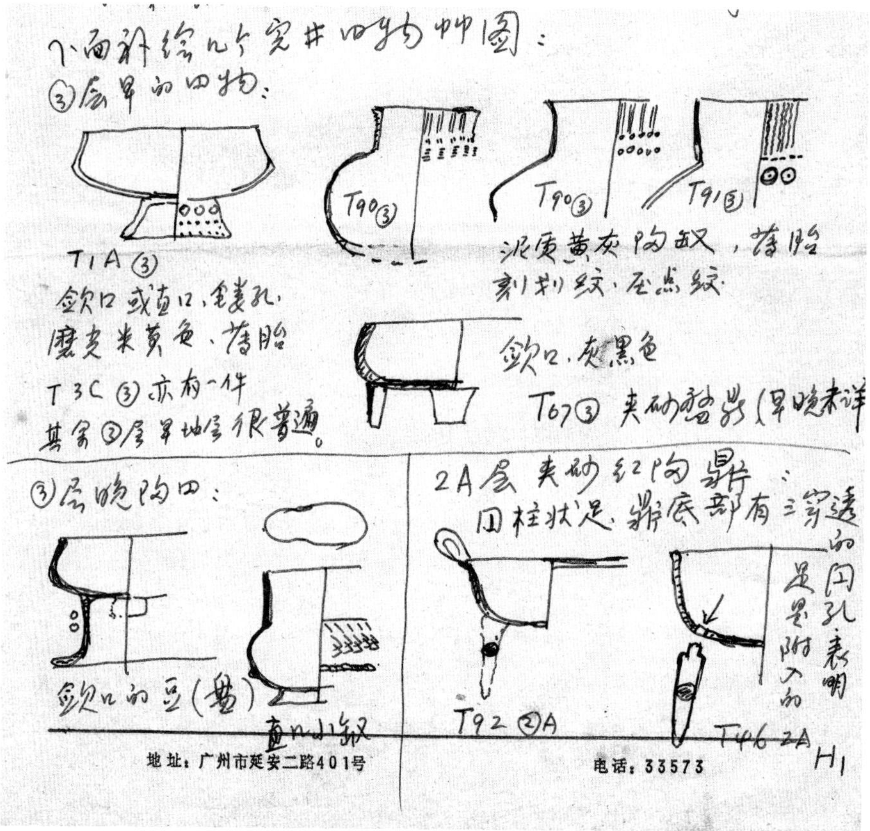
下面补绘几个究井器物草图：

③层早的器物：

T1A③

敛口或直口，镂孔，

磨光米黄色，薄胎

T3C③亦有一件

其余③层早也会很普遍。

T90③ T90③ T91③

泥质黄灰陶器，薄胎

刻划纹、压点纹

敛口，灰黑色

T67③ 夹砂釜器（早晚未详

③层晚陶器：

敛口的豆（盘）

直口小鉢

2A层夹砂红陶鼎：

圆柱状足，鼎底部有三穿透的圆孔表明足是附入的

T92 ②A

T46 2A H1

地址：广州市延安二路401号 电话：33573

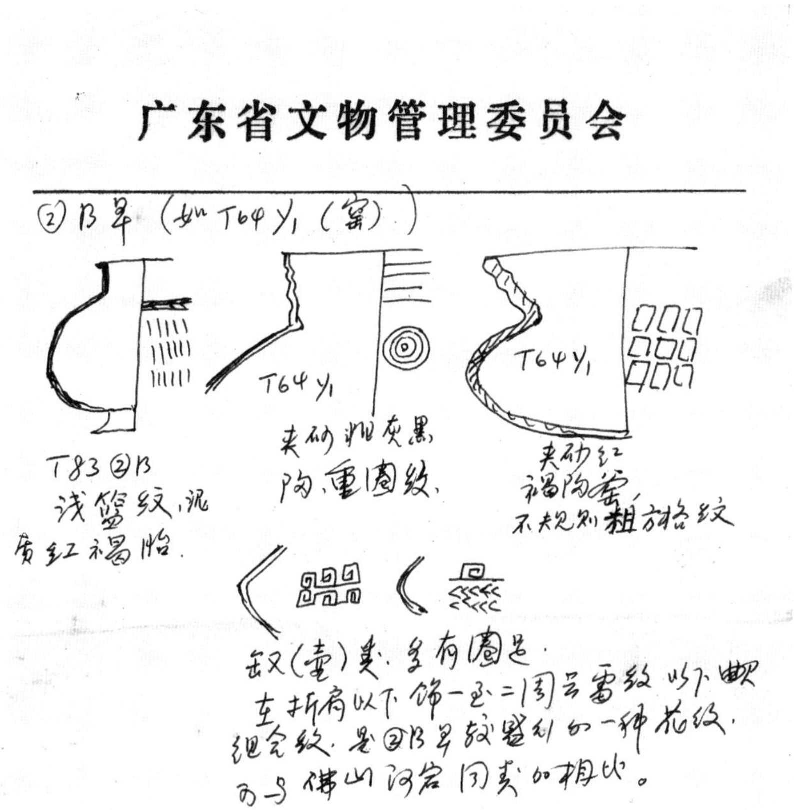
广东省文物管理委员会

②B早（如T64Y1（窑））

T83②B
浅篮纹，泥质红褐陶.

T64Y1
夹砂粗灰黑陶，重圈纹，

T64Y1
夹砂红褐陶釜，不规则粗方格纹

纹（壶）类，多有圈足，在折肩以下饰一至二周云雷纹以下曲尺组合纹，是②B早较盛行的一种花纹，可与佛山河宕同类的相比。

好，就简单写到这里，有空给碧云写一函。代向师母请安！

学生　式挺

于马坝 15/7

附：草图三张。

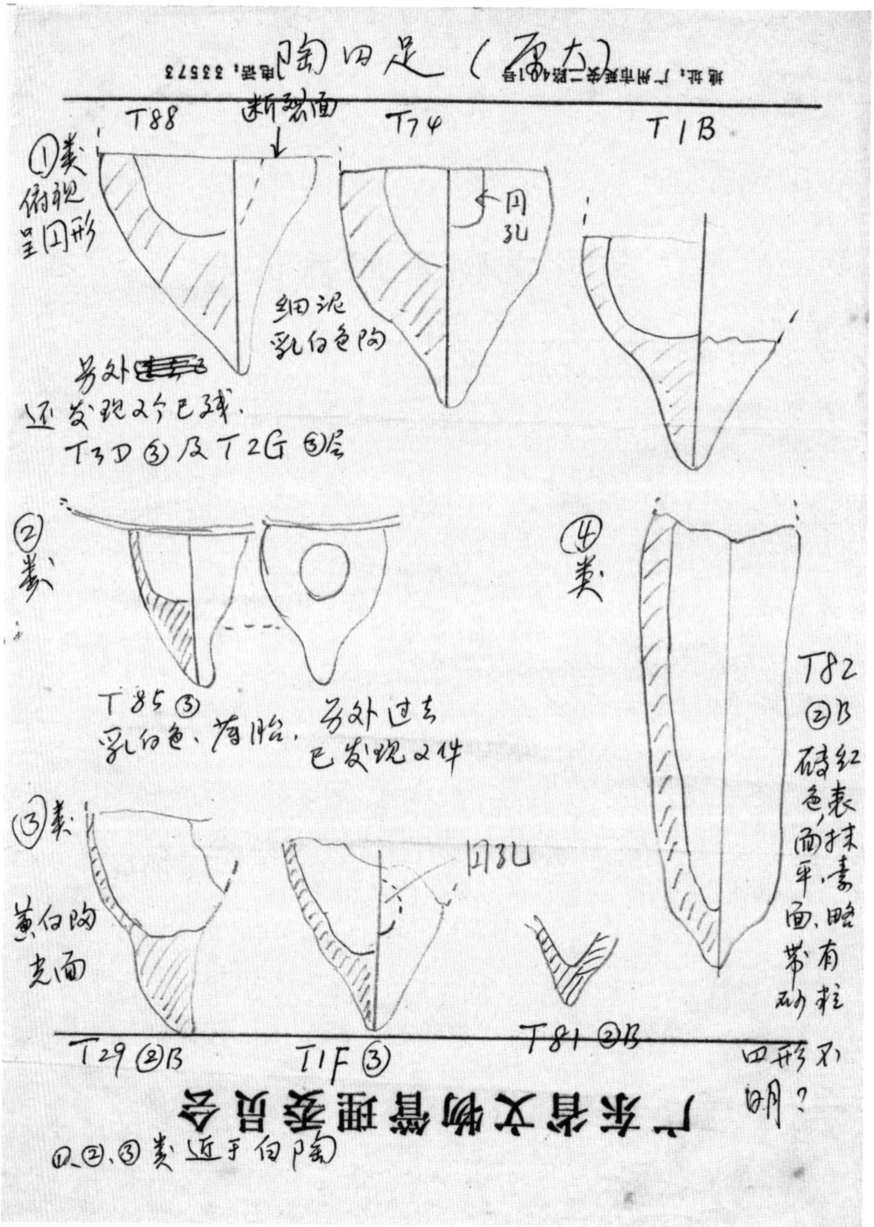

陶凹足（原大）
T88
断裂面
T74
T1B
①类 俯视 呈凹形
凹孔
细泥 乳白色陶
另外 还发现2个已残. T3D③及T2G③层
②类
T85③ 乳白色、薄胎，另外过去已发现2件
④类
T82 ②B 砖红色，表面抹平，素面，略带有砂粒
③类
黄白陶 光面
凹孔
T29②B
T1F③
T81②B
凹形不明？
广东省文物管理委员会
①、②、③类近于白陶

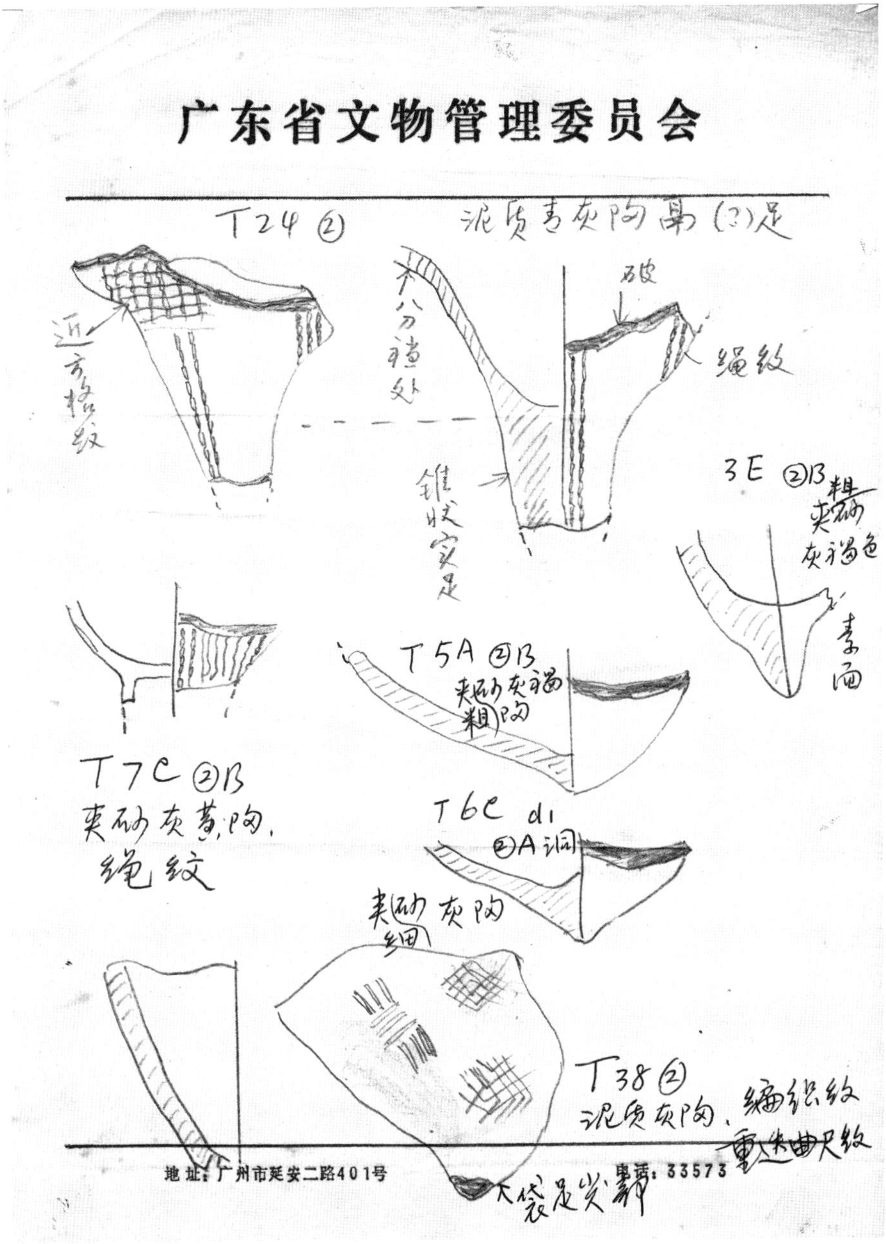
广东省文物管理委员会
T24 ②
泥质青灰陶鬲(?)足
破
绳纹
锥状实足
T7C ②B
夹砂灰黄陶,
绳纹
3E ②B
素面
T5A ②B
T6C
T38 ②
泥质灰陶,编织纹
地址:广州市延安二路401号
电话:33573

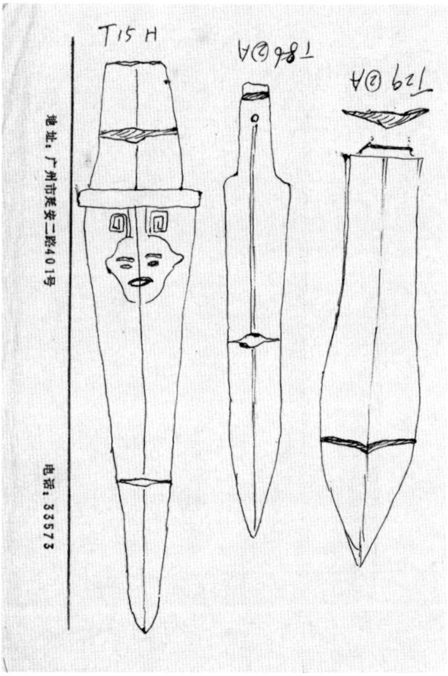
T15 H
电话：33573

杨式挺—苏秉琦（1979.9.21）[1]

苏先生：

您的来信碧云转来狮子岩，我收到了。多谢对我们各方面的关怀！

兹先简单复您一信。

石峡征用的五亩地已全部发掘完毕。从这个范围看，墓葬已基本挖完。东北挖到狮头山脚，已无M[2]的发现，东边从1973—1975年发掘看也无M了，西北也无墓葬，现估计是西南可能还会有一些墓葬（五亩以外）。所以我们几个人说，这次发掘挖中了墓葬区。

您的关心和热情，"老骥伏枥"的精神，值得我钦佩。如果计划可实现，我一定尽力支持，但具体的设想也希望您抽空给我说具体些。我们这次整理，包括了132座墓葬材料，搞得比较彻底，分工主要由老朱执笔，老彭搞资料。地层（1、2、3层）及前言，主要由我执笔，老彭、老黄（玉质）协助。

现在主要材料基本搞好，包括器物复原、器物卡片、拓片。复原及拓片只剩下"扫尾"工作，剩下的工作是柱子洞及房址的拼图，地层及墓葬平面图、剖面图的选例。我们一边执笔草稿，小曹一边描图，老彭及馆照相室的同志一边来照相。我想年底可以把初稿写出的，以后拟带稿子到有关单位参观学习、修改。所以我把以上近况向您报告。

我们25日回广州过国庆，我和老朱可能留馆先草拟稿子，必要时我们再回马坝核对补充，老彭要照相选图例，十月中旬先来马坝。

曲江已成立了县博物馆，分两摊子：一是南华寺，二是狮子岩。狮子岩拟搞一个"出土文物展览"，以马坝人及石峡遗址为主

① 原信未署年。从信末提到的"国庆三十年"看，信应写于1979年。

② 指墓葬，下同。

要内容，有可能在春节搞个展览。

我们这里已在狮子岩对面山上，盖起陈列室及住房、厨房，面貌比以往改观多了。如果您能再来，就可以在陈列室住下来，条件不错，环境优雅安静，朝夕可听鸟鸣之声！

希望您有空给我致函，谈谈您的设想，我好协助。

顺便问一下，您是否需要一部录音机，我有一位乡亲在香港中国旅行社，他可带或托人带，或在香港购买，带购物单在流花宾馆提货。例如四个喇叭的、四个波段（短波、超短波）的日本“山羊牌”的一部约400—500元人民币，电视机也可以照办。

顺祝

秋安！代向师母

问候！

学生　式挺　21/9

（另：国庆三十周年，考古所、文物出版社是否出什么专刊、书籍？如有《考古三十年》请代我定一册）。

杨式挺—苏秉琦（1979.11.25）①

苏老师：

很久没有写信问候您，谅您近来身体健康、正常！

冬季来了，今年北京冷不冷？在广东，您是知道的，最冷的时季是2—3月份阴雨连绵，现在11—12月还是好过的。

我上次给您一信，说石峡的整理情况。还是您估计不错，我和黄玉质、老彭分工写地层，老朱、老彭写墓葬。

文化层中遗迹最难搞，特别是要复原，同层整体地分析，加上我77—78年没有参加发掘，困难是不少的。上次杨鸿勋同志来看

---

① 原信未署年。信中提到《考古》1979年第4期，故推测信写于1979年。

过，虽有很大启发，但石峡保存得不如郑州大河村等地的清楚，本来我很想希望他能再写一封书面的鉴定材料、意见供我们考虑就更好，因为他毕竟是专门搞古建筑的。如果您有机会遇到他，烦请转告一下，说我希望他写封信给我，再谈一下他的意见（包括找对比资料）。他的主要启发是把我们编号的灰沟（G）认为是墙基槽，是地面建筑，含稻谷壳的草拌泥也是建筑构件，等等。沟虽有东西、南北向，但宽窄深浅不一，颇费思索。

我分工写稿情况是写了“前言”及②A层（一万字）、②B层（三万字左右），第③层还在起草。要今年完成，任务尚为艰难。因为最近半个多月来是调资评比，目前尚未评定。

苏先生，我看了《考古》1979年第4期后，写了一个讨论稿，寄给《考古》，收稿号2229号《关于西樵山遗址年代和性质的商榷》，不知是否请您审稿。此稿是“挤”出来的，时间只写了十天左右，更主要是自己还摸不透，所以质量较差，但为促使西樵山“上马”，领导上鼓励我应该参加讨论。

希望您有机会帮我修改修改。

明年拟抽一段时间和黄玉质去海丰、汕头等地，待我们找到一处较典型遗址时，再去函请您来广东一行，实现您对我们的寄望。

另外，我也和杨少秋、曹子钧同志完成了《始兴城郊东晋—唐代墓葬发掘报告》一稿（81座古墓）。已寄《考古》，收稿号2235号。顺告。

碧云也时常想念您，有时回忆起您在博物馆陈列楼前凉椅上所谈的话，现在想起，使人难以忘怀！说您看得准。

现在她早上5：30—6：00听英语广播，从头学起，也用录音带学些《寄生虫学》课本，但家务多，孩子难教，总感精力不足啊！她要我写信时代向您请安！请您多多注意身体，争取再来广州玩玩。

顺祝

冬安！

（另：香港中文大学杨建芳（在中国艺术研究中心）寄了一本

张光直的《中国（古代）考古学》英文版给我学习，是该校副校长郑德坤先生送我的，郑来过我馆参观。）

学生 式挺 25/11

杨式挺—苏秉琦（1980.2.14）①

苏老师：

您寄杨鸿勋同志带来一罐茉莉花茶，收到了，谢谢！

在春节即将到来之际，我们全家在南国之滨向您及师母致以“恭贺新禧”的问候！

今年春节前夕，广州乍冷（达到2℃，但聆听北京冷到零下10—零下15℃），今天已回升到7—8℃，预计春节会更暖和。由于天气较冷，春节前售卖金桔盆景比过年少见，也较昂贵。不过，今年我有福建漳州的春节盆景——水仙花，这两天在户外阳光照耀下，至少可开五枪（支），路过的人都投以欣赏的目光。因为水仙以福建最著名，尤以漳州的最佳，北京大概栽培不了水仙花吧？

据报纸预告，今年广州的花市将比往年更加盛大！去年逛花市，我们都想念您在广州观赏过花市的情景，您大概也难于忘怀吧！

现在广州市面上比过去繁荣多了，只要你到大街小巷逛一趟，就有强烈的感受。例如在一些街道上允许摆摊——自由市场；小生意、小摊贩、小食店到处都有，为数不少的代销、维修部门——飞利浦、丽佳（标准）电视机、录音机维修站，香港××公司家私代销部、香港××照相器材……这些部门的门面都不大，而粉刷一新，色泽光艳，引人注目！此外副食品也比以往丰富多彩，只是“议价”的很多，也即价格不便宜。这一些，就是广州市场改观的某个侧面的反映。我多年没有去北京了，我不知北京有什么大改

---

① 原信未署年。从文中提到在南宁召开铜鼓会议的时间看，该信应写于1980年。

变，我和碧云希望您有机会再来广州看看！

听黄展岳说，他三月份将去南宁参观“铜鼓会议”，届时将在广西逗留一下。不知您有无参加会议的打算？十月份将在湖北召开的楚文化讨论会，您大概会参加吧。

听说在郑州召开的农史会上，议论过将在广州召开百粤问题研究会，我接到江西博物馆陈文华同志一信，说他已准备了一篇百粤族的印纹陶与蛇图腾的关系（意思）。而我自己还不知从何入手——不知准备什么内容参加会议（会议今年大概开不成，只是做准备工作）。希望您有空提示提示我，帮我出一至几个文章题目，您是了解我的工作基础和情况的，比如说对广东新石器文化遗址有些熟悉，参加过增城金兰寺、曲江石峡、佛山河宕等遗址的发掘……如何从考古材料与文献材料相结合。

我目前仍在参加编写石峡报告，由于去年一段时间搞了一篇西樵山遗址的性质和年代的短文，修改好始兴晋—唐墓 83 座，评工资等等事情，所以石峡报告（文化层部分）我还没有写完一遍初稿，但过春节后就要集中精力搞一搞了。所以上次您提的问题，我还不能很好回答。

您多次来信要我对广东考古有个长远计划，要加强工作的目的性、计划性。我不知怎么办才能更好地出成品（果）。比如说，①编写考古简报（报告）与搞科研，写论文；②整理发掘材料与外出普查；③干与学的关系。

我的矛盾情况是：想写一写广东新石器时代略说之类的文章，但目前掌握典型材料还不足，理论水平、专业知识水平都不足。因此就想把自己经手的一个个材料逐步吃掉它——如石峡报告、马坝河两岸的调查、始兴城南的调查、增城金兰寺、珠江三角洲贝丘遗址、佛山河宕……要想编写一个个报告又感自己力量不足，似乎缺乏一个志同道合的协作者。我想搞报告也好，科研也好，也即多在馆里干，但又感到年轻时不多出去对将来不利，而事实上博物馆的工作每年都有出外的任务，只是外出时间长短、项目大小不同罢了。比如说，上半年任务是搞出石峡报告，下半年有编写河宕报告的想法，也有去始兴试掘及去潮汕地区某一、二个县普查的想法，如海丰的一些遗址。再有就是如果我的奋斗目标是“立足广东，面向全国，兼领东南亚”（这口号是我1961年提出的，严文明赞成、文物队赞赏）。我自己有学习英语的要求，目前计划有1—2年把张光直的《中国古代考古学》（英文版 *The Archaeology of Ancient China*）啃完它，以至于进一步学习东南亚有关的考古历史资料，但又觉得顾此失彼，力不从心，心有余而力不足！

苏老师，我最近还是有一点干劲、苦干态度的，但巧干不行，也有学然后知不足，用时方知读书少之感。所以在这封春节向您问候的信，拉拉杂杂说了一大堆，请您不要生气，我看了您在北海和您的学生的合影，颇有感悟。我的能力有限，但我们都应以最大的努力做出一点贡献，让您这位老师增添一份光彩！

（百粤族问题讨论会，等候您得空时就帮我出些考题让我做好吗?）

学生　式挺

拜年

二月十四日

碧云要我向您问好，她今天放假搞卫生，有空再给您写信。

［编者注］杨式挺先生在书信第四页的页眉写道：

文物出版社出版的《文物工作三十年》一册，其中有广东一篇，原始社会一段由我执笔，其它分头执笔，我们五个人才得到两本书，北京容易买到吗?

杨式挺—苏秉琦（1980.9.23）①

苏老师：您好！

---

①　原信未署年。信中提到的四川古文字会召开于1980年，据此判断该信写于是年。该年中秋节为9月23日。

今天是中秋节——团圆节。“每逢佳节倍思亲”！我们现在在博物馆后院赏月，吃中秋月饼、吃柚子（今年从广西运来大批“沙田柚”）。我们在拉家常、谈亲友，其中当然要谈起您这位尊敬的老师！碧云问我在北京中秋节吃不吃柚子，我说好像没有，记不清了！闽粤的柚子以“文旦”、“皮山”和“沙田”的品种最靓佳，如北京买得到就要买好品种的。碧云说以后找个空闲，暑假到北京长城好好玩一玩，她念念不忘那次上北京您带她到故宫等地游览情景，美中不足是没有到长城！……

您给碧云的信，她给我看了。我才想起福建参观回来后，似乎没有给您写信。去了福建一个月，除了厦门大学会议上的收获外，最大的恐怕是在福州，在省博物馆一个星期，我基本上多把时间花在看陈列室的文物上，虽然多是1958年以前的调查材料，虽然我是福建人，但我以前对家乡的文物是十分陌生的，这次总算比较认真地看了一看，还到了昙石山、溪头遗址，看到林公务、王振庸正在整理的白沙溪头遗址材料。

回来广州后干了什么？主要是修改初步定稿的石峡报告材料，我负责写遗址，结语还没有完全写好，其他算写了，下一步要去石峡核对材料，如石料，一些器物的核对等等。因为老彭、老朱去深圳调查发掘，另方面，我们在等待香港考古学会（去那里要边防证）将派一个小组来访，时间大概在十月初旬。据前几天饶宗颐教授及张光裕（他俩要去四川开古文字学会，去前曾到馆里参观、走访）说，该组织的成员主要是英国人，如编辑秦维廉（Willam Meacham），主席叫简文乐。是今年五月给我馆来函说（已经过夏鼐所长），希望来广东访问，并交换材料。今年底（原定秋季）或什么时候我们也可能回访。

您以往曾询及石峡遗址经整理之后有什么不同。墓葬的我不大清楚，只略知道还是分四期，但Ⅰ、Ⅱ期也有一次葬浅墓，不全是深穴墓，Ⅳ期墓比原来的减少了，有的提上Ⅲ期，而且Ⅳ期墓还分了早晚。

地层的，③层分早晚，认为早期的直口矮圈足盘（土黄色的）和直口刻划纹绳纹组合的罐不见于墓葬；晚期的与Ⅰ、Ⅱ、Ⅲ期墓的遗址相同，②B层也分早晚，也有层位和遗物的差别。大口高颈圈足尊，有流带把壶等是晚期的，复线方格凸点纹、卍字纹、形、“米”字格纹（2片）等也是晚期出现的。它们与③层看不出有发展关系。时代较难定，如果②B晚定为相当于商，那么②B早呢？或定②B层相当于商代。上层定为春秋，不再沾西周末的边。

问题是房屋遗址（是否都归③层早期）心里还没把握。

来函知道您身体欠安，希望您多注意治疗及休息，“人生七十古来稀”，还要承认这是一个客观规律。希望石峡报告编写完后能有机会去北京，像您修改大汶口报告一样得到您的指导。

谨祝

冬安！

学生　式挺

中秋节

杨式挺—苏秉琦（1980.12.12）①

苏先生：

上次给您写了一信，中间夹一张彩陶盘。当时绘得匆促，现再给您寄一张。是让您先睹为快，材料他们尚未发表（请留身边参考）。

彩的图案基本正确，老彭说是波浪纹，我看不像。这里有三组，左边圈足内的及右上，我认为基本上是圆点连弧纹，弧线勾连条纹。

这与香港春坎湾的两件彩陶基本相同（形制）。

① 原信未署年。从信中提到的《西樵山文化探讨》发表于1981年看，信当写于此前。信中又提到《考古》1979年第3期，则信应写于此后，据此信暂定写于1980年。

（Shallow Dish）

主要与第一件（左），但这两件的花纹不清楚，他说是 abstract 抽象的深奥图案。

我查了一下《江苏彩陶》（文物出版社，1978 年），觉得从圈足盘有广东特色，但从圈足盘的口沿宽、窄条彩看，又似与北阴阳营的有类似，金兰寺村出有一件钵或盘（最近两天我才从仓库发现到），以及佛山河宕都有发现。那么这种圆点与弧线纹似与大墩子中层的有些相似，还与台湾凤鼻头（《考古》1979（3）图拾壹:9）也有相类处。但形状的又一时查对不到，不知叫什么图案花纹为宜，请您有空示知。

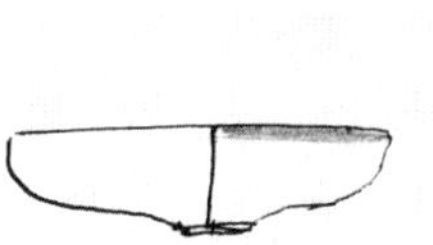

至此，我所知的广东彩陶已有增城金兰寺、东莞万福庵、深圳小梅沙（新石器中期 5 千年前）、佛山河宕（新晚）、香港春坎湾、大湾、铜鼓湾、蟹地湾等，主要器形是圈足盘及小平底盘（钵），都是泥质陶。不过我这几天又补充西樵山文化探讨一文资料到仓库去，又在南海县贝丘遗址一件夹砂陶釜（?）口沿发现一片带彩的陶片。看来在大汶口—青莲岗、台、闽、粤（包括香港）的沿海贝丘遗址，都有一些与仰韶有区别的彩陶，从夹砂陶的彩绘（如台湾大岔坑、潮安、珠江三角洲），到泥质陶的宽、窄、带彩、点彩，器形比较简单，深圳的这一件是其中较复杂的，而且完整的一件。

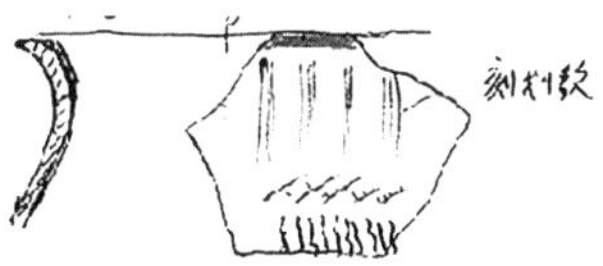

您以为深圳此件应叫什么图案？请您在得闲时给我一信。我准备在西樵山文化探讨一文中提一提。

祝您

冬安！

学生　式挺上

12 月 12 日

杨式挺—苏秉琦（1981.3.20）

苏老师、展岳兄：

来函收到了。

您们的来信，既有业务上的指教，又有思想上、工作上的指点。这封信还想从后一个问题再谈谈。因为问题没有解决，矛盾依然存在着。而这是个个人生活中至关重要的问题。

碧云把苏先生的信夹来给我，说："看了苏先生的信，回去的想法你可能又动摇了！？"

我没有想到：您们二位都投反对票，而且苏先生的意见是那样的肯定、严肃。

就我个人来说，苏先生告诫"要珍惜这一大好形势（广东博物馆考古已经算打开局面，这点成绩，来之不易！）"，是非常正确的。半年前厦门大学（通过吕荣芳同志）考古专业同意我去，我之所以迟迟下不了决心，原因就在于自己在广东多年了，对广东秦汉以前的材料还有一些了解，有些甚至可以说是"旧愿未酬"，例如 1961 年发掘的金兰寺材料，1964 年我和莫稚写成的《珠江三角洲贝丘遗址》，1961—1975 年粤北曲江、始兴等地的新石器时代—青铜时代的部分调查发掘以及佛山河宕、顺德两汉材料等，我都参加一份，所以我不大想回去。

碧云比较想回去：一是她的业务工作不遂意，第二才是孩子、家务的困难。所以今年春节回了一趟家，"打回老家去"的想法更强烈了。

您们也很清楚，想回去主要应该不是生活的困难。明白一点说，还是考虑到将来“归宿”和前途。

碧云目前的工作是一个问题，而工作又与生活联系着。所以她在未能回去之前，争取至高等院校医疗系（她想教“寄生虫学”）。而我（个别同志也这样认为）则认为在博物馆不如在高等院校或科学院单位理想。认为在博物馆的发展前途（说破了不外是名利、地位、待遇）不如高等院校。此外，还有一个很具体的问题，在文物队出差野外的时间多，生活不安定。最后，才是生活上的，有时生活上遇到困难，深感在广州无亲无戚可依靠帮助。厦门距泉州当然近得多。

苏先生说的一句话，我还不大理会，即“去厦大，开一门课，‘照本宣科’，下半生搞什么呢?”

“半路”插进去，对福建考古情况也不熟悉，显然是很大的不利。但我想，如能开一门课，又和同学一起外出实习，又逐步学习前人的有关材料，为什么在厦大不能搞一点科研呢?概括起来，想回去有两方面：一是觉得高等院校（或科学院，顺说一句，我和黄玉质同志都想将来到广州社会科学研究所的考古研究所去，不想一辈子在博物馆）比博物馆好；二是生活上厦门（或泉州）比广州更有利些。但前一个看法未必是对的，因为我对高等院校的情况不熟悉。

故希望苏先生能在这一点上给解解惑。如果认为在广东好，就教育我们安心在广东。

此外，顺便谈几句业务情况。

1. 苏先生表示对广东（特别是马坝）考古的关怀和支持，这一点，等过几天黄玉质同志来马坝，我再和他单独谈谈。今后肯定要请“苏公”多多帮助指点。

我们现在就是搞地层的材料。由于发掘是许多人经手的，所以现在是一个探方、一个探方，一层层地搞，窖穴（H）、柱子洞（d）、红烧土堆……一个个地核对。不用说我（离开了一年多），就是彭、朱，也感到费劲极了！加上石峡文化层的陶片比较贫乏、破碎。所以要有很大的耐性！

2. 现在文化层及遗迹，基本上有一个大框框，即分为五层（五个阶段）：由下而上③层早—③层晚—②B 早—②B 晚—②A 层（硬陶，伴出青铜器。主要是灰坑和柱洞，没有多少成层遗迹）。各层的出土物及区别，这封信就不说了。

通过一个月的初步整理，我个人也有收获。如始兴新村的相当于石峡③层晚，澄陂的相当于②B 晚。石峡遗址、墓葬的整理，不仅对粤北有用，对粤中、粤东等地区也有用。去年我比较强调佛山河宕遗址的“个性”，现在我看到较多的“共性”。河宕中、下层与石峡②B 层有许多相似的（相同）因素。例如，佛山河宕盛行的折肩圈足壶（罐），在折肩处有 1—3 周云雷纹或其他花纹，以下多曲折（尺）纹，在石峡②B 早也有不少发现。

最近偶得一张《福建日报》（1972. 9. 13）第四版，刊登长汀（闽西南）四都羊牯岭出土的一件陶盘鼎及穿孔石斧（铲），和石峡的一模一样，还有石环等。这样，就可以把赣、闽、粤交界地区的那种原始文化（广东是石峡文化）联系起来了。可惜，那个材料我们掌握得很少。

此外，石峡文化究竟包括不包括②B 层早，它是新石器时代晚期或已不属，也有不同意见。

请两位有空多关心、指教。先写到这里。

顺祝

春安！

式挺

20/3 夜于马坝

杨式挺—苏秉琦（1981.11）[①]

苏先生：

很久没有收到您的来函了，很想念您！不知您近来贵体无恙？杨碧云也常想念您。这个学期她只上一部分课，在当学生，学英语，“人老学吹打”，嘴巴、手脚都不灵了，身体也不大好。

年底的浙江考古学年会，只有一个名额，我不能去，所以把论文稿《西樵山文化探讨》送您提意见，从近年来您发表的不少文章，看出您十分关心广东的考古，而且是带指导性意见的。

拙稿《西樵山文化探讨》，去年曾寄一份较详细的有分布图及同类分布地点的登记表，不知您过目否？我这篇主要是提出西樵山文化的分布范围应包括珠江三角洲乃至香港。现在的主要未弄清的问题，是西樵山细石器的年代问题，有多种不同意见。您提出西樵山“可能包含旧石器时代晚期和新石器时代早晚不同时期的遗存”，如果真有旧晚至中石器的遗存，当然不宜包括在一个“文化”之中；另一点是关于霏细岩石器（主要是双肩石器）在珠江三角洲广义地区，如清远、广宁、深圳以至香港也有发现，它们是否都来自西樵山石器制造场。比如这次我和黄玉质等到香港访问，在香港大学地理地质学系岩石标本室就看到有许多香港地区的霏细岩。同时在南丫岛卢须城（村）唐代烧贝壳的窑群一带也发现过一件霏细岩的打制石器，此外从《香港考古》一书也看到蒲台岛有酷似西樵山的双肩石锛。所以这个分布范围的问题，我还在进一步探索。当然，确定一个“文化”，还要根据陶器及其他遗物、遗迹。

---

① 原信缺页，无书写时间。文中提到的浙江考古学年会，应为举办于1981年12月的中国考古学会第三次年会，信当写于1981年。同时信中提到《文物》1981年第5期文，信自当写于此后。杨式挺先生回忆指出：“我是1981年10月5日参加赴港考古代表团的，定在11月无问题。”

此外，我这次到香港虽然时间很短，但收获印象是明显的。一是能亲眼看看实物，包括自1932年以来芬神父、施戈斐侣和中国陈公哲等人发现，如大湾、石壁的人面纹、云雷纹铜匕首、戈、斧、斧范。人面纹匕首在清远周代墓葬、石峡上层均有相同的发现。还有夹砂陶、彩陶、印纹陶、夔纹陶等等。另外是结识一些朋友，以后交换资料总有方便之处。如中文大学原副校长邓德坤先生，也见到了杨建芳及林寿晋等。

苏先生：还有另一个问题想求教于您，您在《文物》81：5那篇《关于考古学文化的区系类型问题》中，对广东几个重要遗址发表了指导性意见，我和老朱看了，很高兴，也很受启发。不过，其中对饶平墓葬的年代为什么定为"相当于早商"，我还没有领会。我记得您在省馆时是说商周，二十座墓葬还有早晚。因为饶平墓出了仿商周青铜器的螺旋铆钉纹釉陶器；一件釉陶盖上有一个"王"字（有人从文字角度看说，不能早于西周）。那件戈，如果能到早商，广东地区出现有地方特点的青铜器的年代就很早了。而目前广东发现的这件早商青铜戈似属孤例，信宜县发现一件青铜盉，认为与中原（或长江）西周中、晚期青铜盉一样。其余各地发现的八九百件青铜器均属春秋—战国，最早不超越西周中、晚期。饶平的石锛（长身、方体、凹刃）石戈、釉陶器在闽南南靖、漳浦等地均有发现，我觉得年代不会至早商。因为饶平这批墓葬的年代在我馆尚未定论，我对青铜器缺乏较深入的比较。所以请您（或告诉殷玮璋）在较为闲暇之时，给我说说定为早商的理由或比较资料。

此外，石峡遗址发掘报告修改约为十万字，现因绘图、照片放大未得进行而拖搁下来，实是

（下缺）

苏秉琦—杨式挺（1982）[①]

式挺同志：

你们好！前些天收到你们托人带来的香蕉和信，对你的工作以及馆里和家里近况，得知梗概，为慰！

别来六年，感到时间过得太快，工作做得太少，年逾七旬，身体差精力有限，总感到该做的事情多，实际能做到的太少，思想上不能不感到压力，负担愈来愈重。1981 年冬在杭州开第三次考古学会年会，“特刊”上有我为大会闭幕式的讲话稿，想你已看到了。其中要点，可以说反映了我在这六年来——即从 1976 年写《石峡文化初论》以来，学术活动上走过的道路、思想上的发展的一个侧面。你或者可以从字里行间看到我对广东工作的了解（很模糊的认识）和由衷的期待，如你在信中所告诉我的，你的工作现在是和黄玉质和莫稚负责普查和文物队工作。因此，我想你会对广东考古工作也有自己的新的认识和应负起的责任。今年 8 月间，我们曾在河北省蔚县召开一个，由吉大与河北省的张忠培、孔哲生二人负责的，在温桑干河支流壶流河流域做了三年的考古调查发掘工作成果的汇报为主要内容的小型座谈会。参加者包括考古所的北京队（殷玮璋负责）、内蒙队（刘观民、徐光冀负责），天津的李经汉、韩嘉谷，辽宁的郭大顺，北大的严文明等共十几个人，讨论的问题内容是燕山南北长城地带古文化问题，这实际上代表了我国的“北方”。在会上会后，我都做了发言。从全国范围看，这一地区的考古工作还是比较扎实、基础好、前景可喜的，这个会对今后

---

① 据苏秉琦先生家藏书信复印件录文。信在“这难道不是以对岭南的工作应起到一些作用吗？”后空白未书写，无书信时间。据文中提到“1976 年写《石峡文化初论》以来”的六年计，结合信中提到 1982 年河北蔚县会议的时间看信当写于 1982 年。信中提到“8 月间”，时间当在此后。

更有计划地开展工作大有好处。相形之下，我不能不对岭南地区工作的开展，认为还有待改进、加强。这个会有文物出版社负责人参加，会后他在文物局也做了转达，并得到局里的两位新任文物处长（黄景略、庄敏）的肯定，认为今后为推进考古工作应多开这样形式的小会。回顾这六年来，从1976年我们的石峡工作以来，1977年的南京之会，1978年的庐山，1980年的武昌之会到1981年的杭州之会，是一脉相承的，说明我国考古事业正在逐步向南方推进。这难道不是以对岭南的工作应起到一些作用吗？

（下缺）

杨式挺—苏秉琦（1983.10）①

苏老师：

避暑山庄分手后，我21日即与考古所黄展岳、白荣金、韩悦等一起回广州。

经过一个月的奋战（星期天没有休息，夜晚有时还加班），今天总算初步告捷（田野发掘）。所以考古所同志大概于十日也要回所，这段工作大家协作性不错，这么多单位、这么多人（一天投入工作的大概有六七十人），基本上做到了国务院批示的“两个安全、一个保证”（人身安全、文物安全，保证用较好的方法发掘）。

墓主人已揭晓——南越文王赵眜之墓。主棺室出有“文帝行玺”（龙纽、金印）、“泰子”（龟纽、金印）、“泰子”（玉）、“赵眜”（玉）、“帝印”（玉）等。有玉衣、大璧等。文王即赵佗孙，《史记》《汉书》写赵胡，现在出土实物为“赵眜”（音冒），是书上之误抑或音通，或两个名字都对？是个问题。“帝印”的印章、

---

① 原信缺页，无书信时间。信中所提南越王墓的发掘在1983年8月25日始至10月6日止。从书信内容看，当写于完成发掘的1983年10月，具体日期尚难确定。

封泥似也不通。

此墓的重要发现，除“文帝行玺”外，还有玉衣、南越式的大铜鼎、铜提筒、大象牙（保存不好），“泰子”也不明意义（下缺）

杨式挺—苏秉琦（1984.11.26）[①]

苏先生：

您好！

去年在避暑山庄一别，转瞬不觉一年多了。谅近来身体安好，精神愉快！

南越王墓去年十月中旬即发掘完毕，我一直参加整理。初步报告您也一定看到了（《考古》1984年第3期）。从随葬品说，倒有不少重要发现：①41.5cm的人物彩绘镜；②带托镜（两面镜粘在一起）、六山纹镜，过去一般是四山纹；③平板状玻璃；④纸；⑤真象牙；⑥墨锭，似药饼，有数百片；⑦活动大屏风（3米多长）；⑧汉代的精致玉器（角形玉杯、剑饰等）；⑨“文帝行玺”龙纽金印，全国似未出过汉代皇帝金印；⑩“文帝九年乐府工造”“第一”至“第八”铜铙；⑪战船文物，战场面纹饰铸于铜提筒上；⑫殉人问题（该墓从泰夫人、右夫人、左夫人至“景巷令印”御者至杂役共有十三人左右）。

但墓主人是谁及生卒年限并未完全弄明白：推测为第二代南越王墓，但名章不是赵胡而是“赵眜”，有两个“泰子”印（一金印、一玉印），印纽风格不一。故墓主是赵佗之孙抑或赵佗之子，有争议。

我们正转入拟定编写提纲的工作，黄展岳已从福建来广州。

但我最近两个月来回馆里文博研究室工作（顺告：当个研究

---

① 原信未署年。据信中提到“南越王墓去年十月中旬即发掘完毕”，信当写于1984年。

室主任，实际上没有几个人员。最近支部大会通过我加入党组织）。最近拟参加中山大学人类学系学术讨论会，写了一篇《广东新石器时代文化及相关问题的探讨》，今天才印完，准备寄一篇给您求教。

今天在中大曾骐同志那里，看到了一本您的论文集，非常高兴！但广州尚未到书，希望您寄送一本或托人代买一本给我。请殷玮璋学兄代办。夏所长、安先生都已出论文集，您应该出，这是考古学界的重大成果和骄傲。我在《广东新石器时代文化及有关问题探讨》文稿中，提至区系类型学说对我们考古学界的理解和赞赏。就我本身实际，一是新石器晚期及末期、石峡文化的东西，我在湘乡岱子坪遗址第五、六层及两座墓，长沙月亮山下层、樊城堆、福建长汀等地都看到了同类的盘鼎、三足盘、圈足盘、豆等。二是粤东“浮滨类型”的青铜文化遗存，您曾亲手排比过。近二三年来在汕头、梅县地区（大埔、梅县、丰顺）及惠阳地区的部分县均有发现。但各地共存遗物及器物特征看，应有年代上的差别，我1980年至福建省博认真看了标本室的器物，在闽东南的东山岛（县）往北的漳浦、南靖、平和、华安等县都有发现梯形锛(剖面而言)、石戈、矛等，可见是个地域性的青铜文化类型。您和殷玮璋同志断其年代为早商，我们感到是否断早了？但肯定有年代上的差别，我暂定之为商周时期。

关于石峡报告的定稿问题。客观上是一个任务接着一个，主观上是我们不积极主动把它搞出来，我有很大责任。最近听说楼宇栋同志答应帮出版，要我们先写一份编写大纲。届时当要请您作指导。您对我有意见我完全接受。我准备与广州南越王墓的部分编写工作齐头并进，互相穿插。我负责的地层，已基本写出，插图、照片均已搞好，主要是要修改以及不少统计表如何选择使用的问题。朱非素负责的墓葬，照片似乎尚未放大。

我们也有苦处，譬如我吧，除南越王墓的编写工作外，省文物志的编写也要我参加，有些工作我不好推辞掉。

您近来身体健康无恙吧？我和碧云虽少写信，但我们经常想念您，您毕竟在广州住了一段岁月啊！碧云要我代为问候！

好，就写这些，有空给我们写几行平安信函。

遥祝

冬安！

师母均此不另！

学生 杨式挺

十一月廿六日

杨式挺—苏秉琦（1984.11.29）①

苏先生：

您好！

为参加十二月中旬中山大学人类学系召开的学术讨论会，我匆匆草写了一篇东西，现将粗稿送您审阅。

盼望您在百忙之中能为学生提出宝贵意见，使我进一步修改、提高。

什么意见我都欢迎，因为忙于文物普查及参加南越王墓的发现、整理工作，所以看书不多，错误一定不少，您就提吧，我一条条来修改。

来函可写广州市文明路144号3幢之1—502，或寄广州省博物馆。

不知北京有没有水仙花头出售，如没有，我准备给您寄几个去。

请安！

学生 杨式挺

29/11

① 原信未署年。信中提到的“中山大学人类学系会议”又见于1984年11月26日信，由此推断信写于1984年。

杨式挺—苏秉琦（1985.4.27）①

殷玮璋同学　并转

苏老师：

您们好！

此信主要想请教一种石器名称。您们对粤东“浮滨类型”的石戈颇有研究，粤北地区近年来也陆续发现有石戈，多出于苏老师定为夏商之际的石峡中文化层这类遗址中，年代大致在四千年内至三千五百年前。但多残件，罗列如下。

①石峡中层，出土10件以上，但前部（援？）均不清楚。

②始兴浈江河畔马市大背岭，采集5件，多在穿孔处残断，直“内”的一端是斜的，这处遗址有三个山岗，石器百余件，有一件大石钺（似石峡文化），石锛（凿）为主，有五种：梯形、长身、有肩（溜肩）有段（多隆背）。陶器特点与始兴澄陂及石峡中层相当。

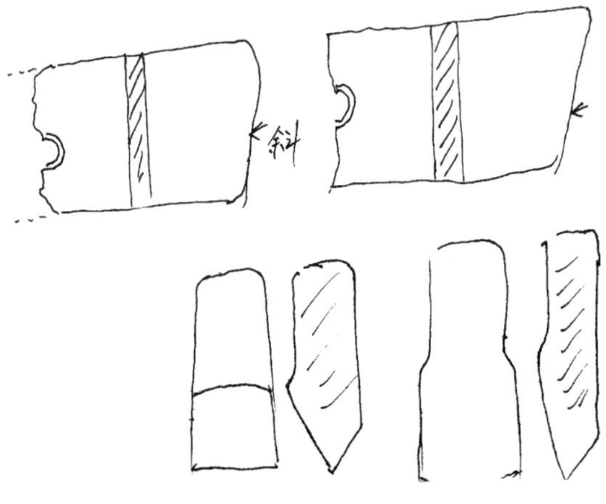

① 原信未署年。杨式挺先生认为：“从苏先生1985年9月23日答复南雄梅岭一土坑墓出土5件形制特别的玉器来看，时间应在1985年。”

③曲江周田区月岭，1975 年我到该处见到一件完整的石戈，但年代不甚了了，最晚不过夔纹陶阶段（西周晚—春秋）。但从夔纹陶的青铜戈看，它更像是商代的（石峡中层）。

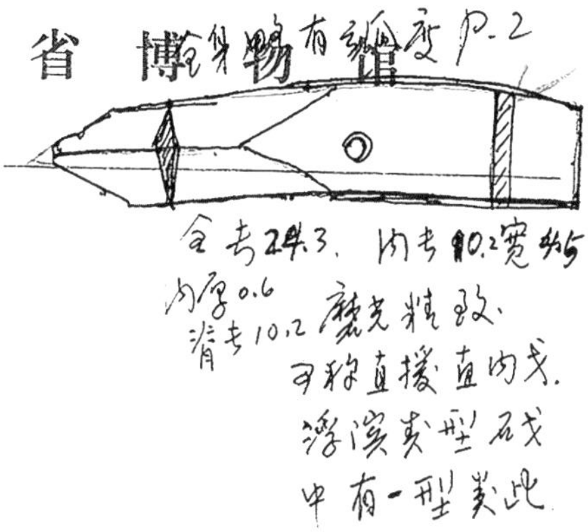

④粤北区翁源县芙蓉乡下角垄遗址，这处遗址文物队与暨大试掘，有二层：下层有石峡文化的瓦状鼎足（我见到三件三个个体，还有一个高圈足盘的圈足等）。上层：相当于石峡中文化层，采集有戈一件，黑色页岩，有三件残石器名称难定，残长 5—7、宽 3.5—4.3（厘米），这三件有没可能与下件为同一类型物？

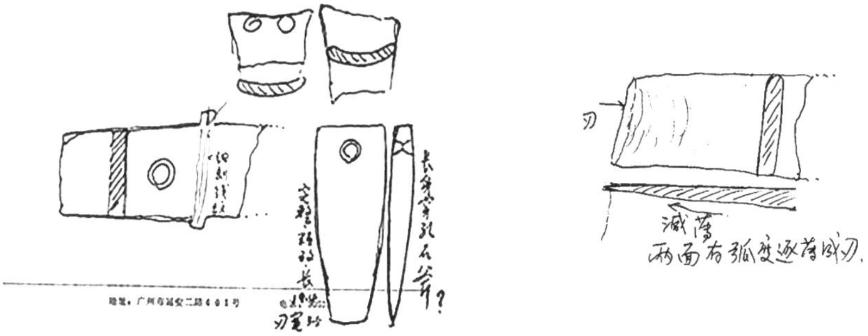

⑤马坝狮子岩对面窑头顶（即我们工作站对面）采集到一个石戈（?）此件为完整器，但为偶然出土，时代不明。

最近我至粤北南雄县（始兴遗址）博物馆同志说梅岭 1984. 9. 20 发现一个土坑墓，长约 1.7 米，宽 70—80，深距地表

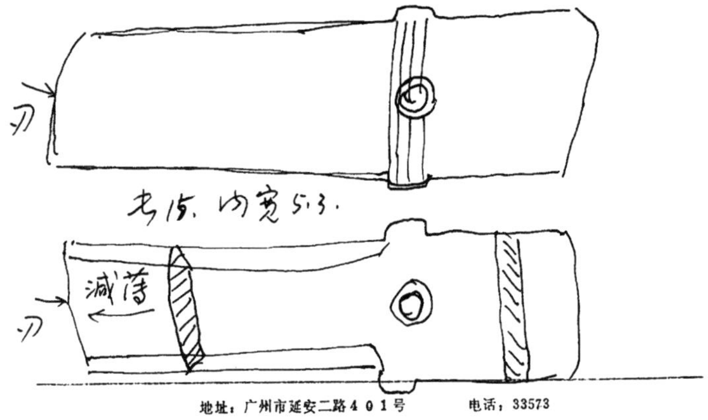

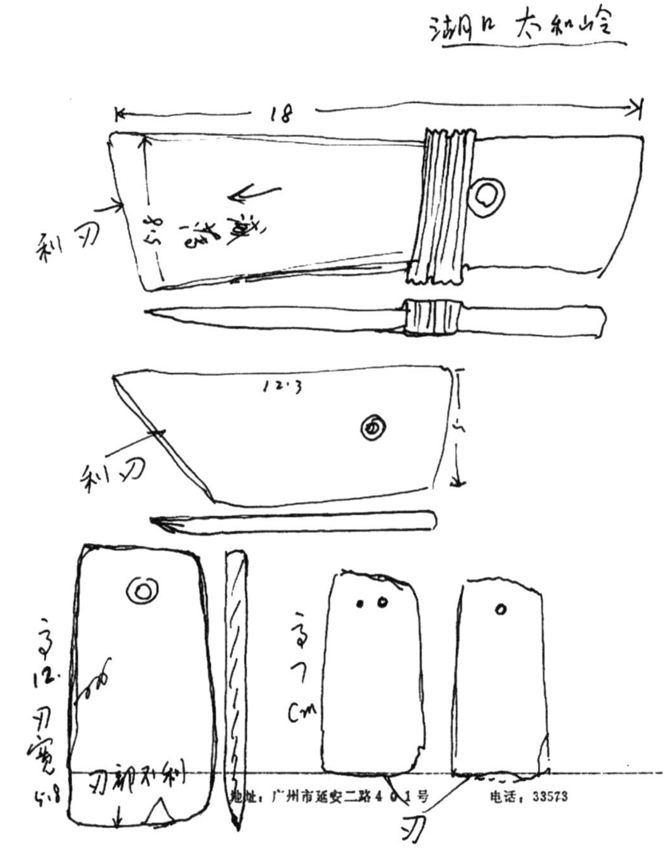

70cm。该墓已受破坏，湖口太和岭，但出土五件石器值得注意。似青田印章石，他们想定为商时期墓。无论如何，这几个石兵器的

共存关系是比较明确了，其次是一端都是斜的，对上面所描述的一些同类器有参考作用。

其他地点还不少，如曲江樟市拱桥岭采集石器也甚丰富多样，有段锛、有肩有段锛很典型。其中有肩有段锛看来是新石器末期，即四千年内，相当于石峡中层，始兴澄陂、马市大背岭等这一段才出现的。拱桥岭采集的陶片正与石峡中层及上层的相同，后者既有夔纹陶，所以石戈的下限不会晚于夔纹，但从其他遗址看，粤北区商代左右也出现石戈了。这样一来，似乎并不比浮滨类型的晚，但浮滨类型的石器种类减少了，主要是一种断面呈梯形的锛。“浮滨类型”的遗址和墓葬，1982 年以来有不少发现（梅县、大浦、丰顺、惠阳……），有些地点（如揭阳油甘山）出印纹陶、大口尊，而不出戈，少见釉陶，说明还可以分期。我初步估计为商周，不敢定为早商。

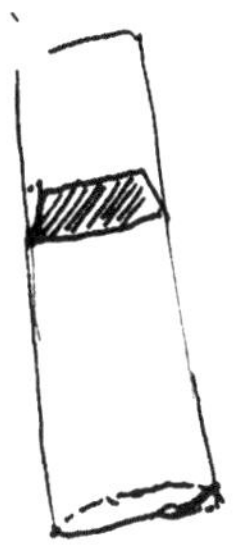

好，还是回到开头想请教的问题上来，第一，您们看南雄那个墓的年代及石器叫什么为好？

曲江马坝狮子岩窑头顶出土那件石器叫戈行不行？但它有薄刃而无锋，两侧也没有刃。顺带一提，过去粤东也发现一些所谓圭、璋形器（示意图），我认为它们不可能是新石器时代的。总之，广东青铜时代这一段也是有搞头的。

另：石峡报告的提纲，已经楼宇栋同志过目首肯，我们今年一定要搞出来。届时很可能是我与黄玉质带报告请苏先生审查修定。

顺祝

撰安！

杨式挺　上

四月二十七日

杨式挺—苏秉琦（1985.4.29）[①]

苏秉琦老师：您好！

英豪同志赴京，托带一信给您，谅已收到。

他转达了您的指教——注意潮汕地区粗砂陶、软陶、硬陶的关系。这个指教很好。今年没有发掘这个地区遗址的计划，只能在复查文物保护单位及某地报来新发现时顾及。我现在分在原始社会组（但还要顾及革命文物）。我目前工作计划是：①文物宣传“海报”初稿编好了；②在仓库整理下洞穴遗址的化石（主要是动物化石）材料，即到粤北韶关、粤西云浮、封开、肇庆等地调查试掘，其中有一任务是配合武汉会议的要求；③配合文物保护单位，了解五华县山东上岭遗址（以前说是属“夔纹陶”遗址）及龙川县佗城（赵佗首任龙川县令）、坑子里遗址（也是新石器晚期）；④秋季发掘马坝狮子岩顶的新石器时代遗址，据调查，地层还保留较好；⑤《文物》编辑部要我馆、中大、市博年内供一期稿，我们正在凑稿；⑥省出版社要我们写个“广东历史文物”通俗小册子，也正在筹备。

但是，我现在感到心有余而力不足。就是心里应当准备写点东西，实际是过去几年积累材料太少，实际搞得太少；另方面感到体力一年不如一年，经济情况一般，负担不少。心里想着多出去搞点实际，但出去一个地方，往往是“一揽子”计划，即碰到什么搞什么，搞自己的专业很难，这也是写不出论文来的原因之一，不像考古所或洛阳、郑州发掘队集中全力搞一个遗址或墓葬群。不过，根据目前博物馆工作情况，还是争取多出去为好。例如，我这次去顺德杏坛公社逢简大队 20 天，有一星期试掘一个遗址，发现了一个西汉（早期）的文化遗址，那里的地层是：

---

① 原信未署年。杨式挺先生指出：“从信的内容及上一封信时间看，应是 1985 年。”

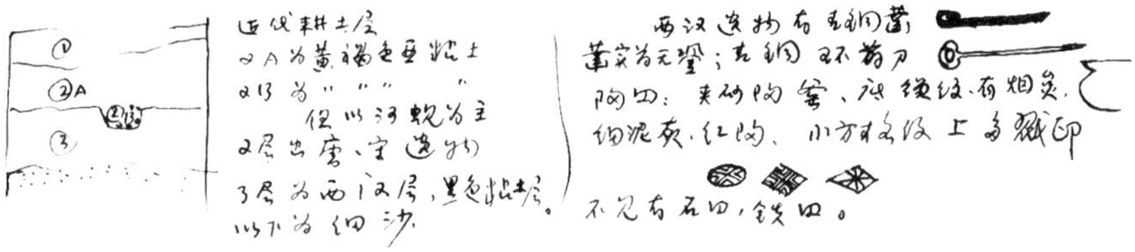

西汉遗物有青铜凿，凿实首无孔；青铜环首刀；陶器（夹砂陶釜，底绳纹，有烟炱；细泥灰、红陶，小方格纹上多戳印）。不见有石器、铁器。西汉早期遗址以前顺德罕见。

比较引人注目的是出土有黑熊头颅骨、水鹿头骨及犄角5—6个个体。还有青鱼、河鳖……简言之，在这层黑色黏土层，属沼泽相堆积里，渔猎在经济里尚占有相当重要的地位。

这种遗址，因有贝壳，过去曾笼统称为新石器时代的“贝丘遗址”。在另一公社，即石涌大队附近，又发现一个东汉遗址，采集的陶片和上述相似，但釉陶多了，方格纹及印记粗大了。这个地方，按《南越五主传》即赵佗丞相吕嘉筑石瓮（即石涌）金斗两城以对抗汉（元鼎时）兵的遗迹。

广东地区有没有青铜文化、青铜时代、奴隶制？仍有两种意见。但2—3年来，春秋—战国的遗迹似乎有些苗头。除1962年在粤北清远发现两个墓，出一批青铜器，其中匕首有人身像，柱状饰物上奴隶形象（头部），夏所长把这批……定为春秋末战国初。1971—1972年在粤西的云浮县发现一个铜鼎，直耳、盘口、上腹铸四只青蛙，方形高足。铜鼓上也有四只青蛙。在德庆县一座战国墓内出有青铜剑，靴形削刀，凿，陶器为一件小口鼓腹匏形壶，饰“米”字格纹，重达50—60斤，口内有三块伸出的附饰。

72年底在肇庆市北岭松山发现一座大型木椁墓，出土物达一百多件，主要是青铜器，有编钟、鼎、壶、罍、盘、提筒，编钟有春秋末作风，错银铜罍，

提梁壶等具有战国作风，有玉石带钩，有金柄玉璧（羡璧）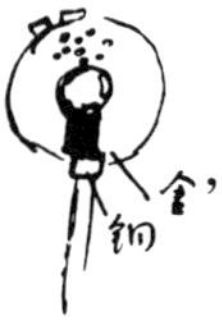

，成札镞及铜削刀。

墓的时代有两种意见：商承祚、麦英豪认为西汉早期（因有西汉早期陶器出土），莫稚则认为是战国的。

总之，目前博物馆多数同志认为广东应有青铜文化遗址，地方应能自制一些青铜器，因有许多铜器具有地方特点。加上香港、广东一些地方有青铜范的发现。但广州市范围内则没有发现被认为是春秋战国的遗址、墓葬。所以他们比较不赞成经过奴隶社会。

我有空还想搞搞那篇广东出土的古代铁器，材料是从始兴白石坪战国晚期铁斧、铁锸，广州秦汉至两晋的 269 多件铁器，查文献有一条东晋广州已有冶铁（鼓铸）的明确记载材料，但这批材料一缺金相学分析，二没有早期冶铁遗址，最后是资料的搜集和排比性强，不知如何深入一步为好？原来文章的出发点是和莫稚商讨的，现在又不仅是从这一角度写，有些问题已成历史了。

本来想画些图向您汇报，比写起来清楚，但手头材料也不多。容后再谈，有些报告如德庆等，不久即将发表。期望有空多多来信指教，有机会能再来穗一游。匆匆见谅。

夏安！

学生　杨式挺

29/4

杨式挺—苏秉琦（1985.8.16）[①]

苏先生：你好！

胡谦盈同志转达您对广东“四邑”新石器文化的关心，他回恩平探亲仅两天，没有可能到遗址及博物馆去参观，要我有空时写信禀告您，并请问他的要求和指示是什么。

这封信是在没有准备情况下随意谈的，特别我尚未明白您的指意之前。

四邑（新会、恩平、开平、台山）属江门市，莫稚文中曾划入广东中部低地区，我在《试谈西樵山文化》一文（《考古学报》1985 年第 1 期）中划分为西樵山文化分布区（参考登记表）。

最近我到了江门、新会、恩平四天。到新会沙堆区梅阁乡炮台山沙丘遗址（隔河是斗门县）调查了半天，因取沙成了一个沙窝，面积约 200 × 150 米，赤沙堆积中有碎陶片带（层）。灰土可能因

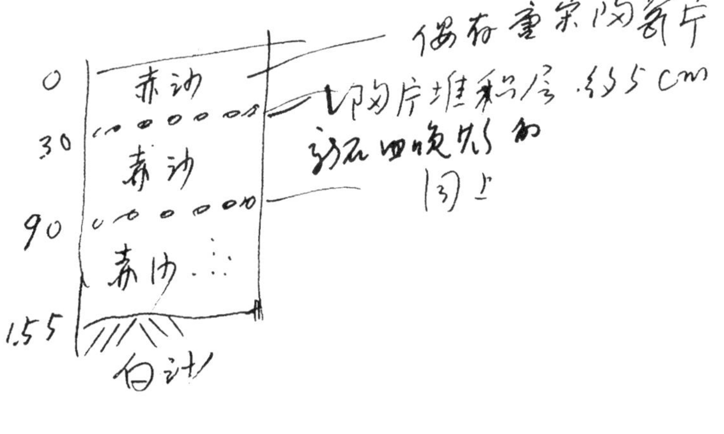

---

① 原信未署年。据信中提到《考古学报》1985 年第 1 期刊发《试谈西樵山文化》及夏鼐所长在 1985 年 6 月去世的情况，信应写于 1985 年。

流水渗透而散失了，有个别的也有红烧土杂块，把它作为文化堆积解析；再一情况是有新石器晚期人类活动，但已不是原生沙土层，而是与海水侵浸有关，而使碎陶片呈一水平线，遗物有大量的砺石打双缺口的网坠，部分双肩石斧、锛，无镞。夹砂绳纹陶釜，也有完整的圜底小缶

，也有器座或陶支脚。夹砂陶多、泥质陶少。比较特别的是三足器的出现。采集到一部分短实足三足器，多不加粗砂，火候较高质地较坚，似为凹底器。由于是采集的，故不能遂定为新石器物，但最晚不过唐宋。

印纹有二十多种，有些看来比佛山河宕的还要晚（如一块似米字格纹）。

梅阁乡炮台山有一片咸淡水交汇的沙堆（丘），事实上这里已基本靠海了。

新会与江门之间，过去曾发现一处罗山咀贝丘遗址，出有瓮棺葬，这个贝丘遗址现已荡然无存了。在台山广海蒲草山塘发现一处沙丘遗址，经试掘，粗砂陶为主，极少印纹陶，也有双肩石器，初定为中期的接近较晚。台山、开平的新石器发现不多。

恩平迄今发现一二十处新石器遗址（包括遗物点）多为山岗遗址。7 月 3 日我到恩平跑了三个河（锦江）边的山岗遗址——三宫、白席头岭和荣岗岭，后二者相联，采集了不少石器，主要是西樵山石器制作场相似的双肩石器，石料可能即霏细岩，但陶片不多。其他遗址没有时间去跑。

看来我把“四邑”划入西樵山文化，而不属石峡文化不会有多大差错。它们既有沙丘，又有山岗还有少量贝丘，夹砂陶占多数。沙堆炮台山的三足器年代值得注意和探讨。我请胡谦盈同志带去一本《广东文博》，中有我及朱非素同志的三篇文物普查的报道。请审阅、参考。

这几年来，一是沿海一带的沙丘（及贝丘）发现多了，夹砂陶多、刻划纹、陶支脚（器座），珠海淇澳岛有采集到彩陶（还是圈足盘类），澳门黑沙湾又有发现。

另一个是粤东海滨类型的发现，除饶平浮滨外（已发简报），在揭阳地都南陇油甘山，我 1983 年 4 月去选点准备办班，看到在半山坡有许多一堆堆出露的陶器，当时数数有二十堆左右。清理了一座小土坑墓，有大口尊、夹砂红褐陶小缶、罐。后来文物队和省文物训练班清理八座。与饶平浮滨不同的是，没有发现石戈、矛、釉陶器。另外我新看到的油甘山的灰陶罐中，有一些印纹陶（这是浮滨墓少见的）。质言之，揭阳地都油甘山与浮滨的有别，前者年代可能较早。另在大埔、梅县、兴宁、丰顺、蕉岭等发现大量釉陶、石戈等遗址和墓葬。

那里还有一些零星陶器，敞口折肩尊形或凹底罐，与石峡中层的一些器形相似，是灰陶不是釉陶。1980 年我在福建省博物馆看到五六十年代他们在闽西南（闽南）调查的材料，其中漳浦、南靖、平和等出土的釉陶器、石戈、矛，与浮滨的完全无异。正是您说的“区域类型”的一种文化。

浮滨类型的年代，我初步定为商周时期比较稳妥，我不赞成徐恒彬说的，它不可能早到商，是一种与夔纹陶相关的地方性的文化。

这个问题我甚为关注，很想说一说，但事情一个接一个，使我穷于应付，疲于奔命。现在整党告初一段，博物馆领导要我去当陈列部主任，要取消研究室（我不赞成）。两三个月前，又要我到文化厅具体抓省文物志的编纂工作（当办公室副主任），说是编写，实际要做许多组织工作，指导地、市、县的编志工作。

苏老师，我衷心希望您安排一段时间，到汕头梅县去看看浮滨类型的分布、特征、年代；另方面，可以由广州再到深圳、珠海一带，后者以“游览为主、看文物为辅”，广东对外开放的大好形势，的确值得您来游览观光一番。

夏所长因南越王墓发掘之机缘及参加香港召开中国科技史，三次来广州。

广州今非昔比（昔指 1975 年），白天鹅宾馆、广州大酒店、花园宾馆……吃的方面，不会像 1975 年前后的困难情景了！

我想了一个良机，中大不是要再举行一次以吴越、百越考古学文化类型的学术讨论会吗？商志䃅也跟您邀请过了，“出师有名”、“奉为上宾”、机不可失、时不再来，希望您来。来了再到汕头、潮州、揭阳等地，再到深圳、珠海。

信手写了这一些，错了请谅！情长纸短，就此收笔。

祝您健康长寿！

问候师母好！

学生　式挺

于省文物志办

8 月 16 日

苏秉琦—杨式挺（1985.9.23）[①]

杨式挺同志：你好！碧云好！

---

① 据苏秉琦先生家藏书信复印件录文。复印件左侧列模糊，根据文意、笔画加以整理，缺字以“□”代替，一字一“□”。

问全家好！我身体还好，病是多年痼疾，现在不同于十年前的一点是：除“慢性缺血型供血不足”之外，新增的是有时（多是由于劳累情况下发生）出现过“振性房颤”。现有一种新药，对心律紊乱疗效较好。因此，除自己应多注意劳逸结合之外，就医条件现在比过去好多了（现在给我疗病的首都医院方忻教授，在国内可能是最高明的心脏病专家）。请释念！碧云曾来信说过，今夏可能有机会来北京，实践“不到长城非好汉”夙愿，我没及时地回信。原因有二：①我家现在才算有希望在近日内搬到紫竹院新宿舍，到时才算可以有条件接待一些至亲好友小住几日；②到北京旅游实在是苦事，到处人满为患。八达岭今年我去过（为筹建长城博物馆），几百米的长城，每天接待一、二万人，比逛市场、庙会还拥挤。

下面谈谈四月间式挺信提及的问题，首先是：南雄发现小墓出五件石器，线索很重要，问题不好回答。

①似“石戈”器，我意不应名“戈”，它不符合“戈”的定义。

②五件成组似应属“专业户”使用工具，而非兵器。到底哪种“专业户”，不好猜测（木工、陶工、纺织工或屠宰户……）。

③时代暂定商代未尝不可。认真讲，对岭南新石器—青铜器时代编年，正是我们要进一步探讨的课题。如何探讨，我意，把粤北的韶关地区同汕头地区联系起来，可能要比分开来各说各的好。而广东青铜时代，无疑这一带是□□达较平的（包括闽南）。

④因此，我倒想，从长远打算，我们是否把广东工作可以三个中心点作为突破口：一、粤北的石峡；二、东部的“浮滨类型”遗址；三、珠江三角洲的贝冢遗址。

⑤具体落实，我希望你能借石峡稿出来后，来京细谈。

暂写到此。祝

安！

苏秉琦

1985. 8. 17

信写好未发，收到你16日信，再说几句，商公子任中大考古教研室主任，活动能力强，有些想法，我们没有理由不表示欢迎。

我出差活动，今后不能不多加限制，自己身体条件，确已不敢再做“周游列国”式的旅行了，这一点你会理解的。

下面谈一些对你的期望，和通报一些情况。

你这些年工作成绩，提高方面，我认为也算难能可贵的了，不容易，完全可以自慰。我认为，今后的工作，再不可以太分散精力，珍惜今后这段岁月，要求你进一步做到：学有所专、所长、所成就、所贡献。这话不是泛泛地讲，是要求有明确的方向、有目的地干下去，环境形□□，环境也要自己创造。

我认为，你可以今后学术方向，明确地集中到岭南地区文化这一大课题——也即学科分支，不必再加上“百越”之类的概念。这是从中国考古学科建设角度提出的，有它自己的特定的含义，而不是“正经补史”。在这方面，你现在已具有胜人一筹的条件（以上是8月份写的）

8月31日我家已经搬到西郊紫竹院社科院新宿舍楼。具体地址名称叫“昌运宫一号楼”二门502号房。实际是在白石桥西两站公共车，站名“紫竹院”。昌运宫虽是旧名，但一般人可能从没听说过。站对面，过马路就是。现在住了半月有余，已习惯，四居室一套，五层楼，有电梯，徒步上下也不成问题。乘所里的车，约30分钟到所，乘公共车需要一小时。我每日一般到所，半日班，和原来宿舍到所路程无大差别，生活也没不大便处。至于优点，那就多了。比如，现在雇个女保姆就不愁没有地方住了。家里孩子们、朋友来也可小住了。

现在接着谈上面问题。

今年下半年由严文明和省馆谈妥，由朱非素负责领队，由北大研究生带几名同学参加，在南海挖一处遗址（估计内含可能和“河宕类型”相似①）。需要和你谈的一点是：这项工作，我拟把它

---

① 杨式挺先生校改时指出，“应该是叫西樵区鱿鱼岗贝丘遗址”。

纳入一个大课题计划。暂名“珠江三角洲古文化、古城、古国”。这样，①既是北大、省博物馆、南海合作一季的工作；②又把它列入“中国环境文化中心”的一项课题；③本季工作，规模不大，花钱不多，约万元，照原订分担办法，不成问题；④但今后，在此大课题范围的年度具体工作，以及参加单位、人员以不同于本年度外，可以明确加上与“中国环境文化研究中心”协作，以加强工作的计划性、目的性；⑤这个“中心”是由文物局与广东深圳博物馆合办的事业单位，在深圳注册；⑥和它相似的另一个组织是“中国历史文化研究中心”，由文物局和泉州市合办，泉州注册；⑦如果说，前者的研究课题一个重点是珠江三角洲的古文化、古城、古国，后者的研究课题一个重点则是闽南、粤东古文化、古城、古国（广东韶关地区、梅县一带可暂归到这个大课题）；⑧这组织，这种形式和过去的有什么不同呢？它是由中央文物局和地方合办的事业（实体），吸收所有参加单位、个人合力开展有计划、有目的的科研工作、学术活动，逐渐减少一切“馆办”的格局，成为新的事业；⑨这将有利于学科的改造，增加这门学科的活力。

下面举一个实例。1）由常州市博物馆陈晶同志牵头，中山大学商志䃅、上海自然博物馆黄象洪等参加，今年发掘常州圩墩遗址；2）准备让上博、南博、浙博（浙所）牵头，近年召开个“良渚遗址发掘五十周年纪念会”，并为此牵出一个纪念论文集。

以上工作，均拟用“中心”作为协作单位，加上一个标题“太湖流域古文化、古城、古国”专题丛刊，至于人工工作费用，直接向文物局申请。圩墩发掘今年已由文物局拨□万元。至于“纪念会”拟请由几个大博物馆联名申报，申请资助经费（86 年度）。

由此类推，闽南、粤东开展工作（以珠江、九龙江流域为中心的古文化）也可采取此方式，可由省博物馆与地方（省下市县）文物单位牵头。重要一点是：要对工作项目做好课题论证。对此，望你考虑一下，以后有机会再商谈。

下面谈些具体的、实质性的，与你自己工作直接联系一起的问题。来信提到馆领导对你工作安排问题，你感到有些为难。我看，你自己首先应该冷静想一想，想好了之后再找领导仔细谈。我想，这样完全可以找到一个较合理想的解决办法。原因简单，都是为了要把工作做好吗！下面谈我的意见，供你参考。

①研究室、陈列部业务都是只是名称。做什么工作才是具体的。编写文物志是与普查工作直接联系的两项工作。调查发掘是同课题相联系的。这里最成为问题的是各地领导同具体工作同志对此问题一般都还缺乏认真思考。在此情况下，与其说是领导不了解情况，还不如说是我们作具体工作的同志往往还不是思想很明确。这样，就不容易说到一起、想到一起了。我看，现在已是你和领导一起好好坐下来好好谈谈的时候了。

②我个人认为，广东这方面（田野考古）的工作，基础条件还是不错的！如果你们还是这样认为，那就是说，我们更应该一起慢慢地努力把广东省的考古工作纳入到一个健康发展轨道上来。

③普查与文物志编写，是一项长期的基本建设性工作，要做好不易。关键是，干部与工作水平、质量问题，没有一定水平的干部作骨干力量，普查做不出真正成果。文物志也会是像旧地方志中“文物古迹”一样的玩意，在今天已没有意义。今天需要的普查与文物志，是要对省内地下地上文物遗存真正摸底，做出一定水平的类似国家矿产部对国家资源的基本资料与评价。举例说，粤东、闽南（珠江、九龙江流域）古文化遗存的分布、性质，特别是，其中的重点范围。

例如，内蒙古昭盟敖汉旗普查，用二三年时间，十几个人查出文物点□□处，写出有水平的简报，找出几个重要时代遗址的分布规律（中等文化水平）（有我所内蒙队指导）；至少有两种不同于过去已知的“红山文化”“富田文化”的新石器文化（暂名“赵宝沟类型”“兴隆洼类型”），对原来命名的“夏家店下层文化”

的遗存，找出它们的“城堡”遗址的群体结构。当然，具体情况差别很大。但是，类似广东汕头、梅县地区与闽南地带的“浮滨类型”，我看，据现在已知情况，再深入一步，用不了二三年时间可取得类似敖汉旗的成果（因为这一带的原始文化与早期文化已有相当工作基础）。

④上举的工作完全可以作为一个专题，这是我国东南沿海考古的重要突破口。它的性质有如我们对太湖流域已发现的良渚文化“古冢群”（出玉琮、玉璧等）与“古吴越”文化（以印纹陶为主——□□文化），大致轮廓已经看出，下一步只待再做深入一点的勘探，再选定重点作些正规的发掘。我想，这项工作，当然要求本单位领导，以及直接上级支持，然后也不会不能得到中央支持。因为，这里是我国东南一隅古文化—古文明—早期青铜文化一个重要区域，不像在吴越，更不像中原，那里是史有明文的。所以，重要性也就更不一般了！

我的话讲得简单，如果你馆领导能够听得进去，能理解，有兴趣，请他到北京来面谈也可。

此事，首先请你仔细地想想，因为前边讲闲话，费了不少篇□。而此事，则是更重要的，讲得不够多，希望你能重视起来，我看，现实可能性、可行性还是很大的。

不多谈了。

祝安！

苏秉琦

1985.9.23

今年严文明同志去广东，回来后向我介绍了他一行去过的许多地方（把一册照片交我），从而使我知道了许多过去我还很模糊的地方。

写完来信后，我又翻看今年朱非素同志给我的信，她介绍了一些你们今年的工作，其中有翁源县“石峡文化”遗址试掘、五华秦汉遗址发掘、珠海市淇澳岛遗址考察情况。还有，她说到“浮滨类型”遗存是今后几年计划内进一步调查发掘的项目云云。因此，我看我光给你信谈的这些还不够，我还该同时给她打个招呼，使她知道我的一些想法和你的计划原是一致的。我想，考虑你今后工作，不宜和她们的工作完全分开，还是做到某种形式的“分工合作”为是。你是“学长”，“高姿态”对待她们，不要在小节上要求她们如何。今后的田野工作，毕竟还是她们多负责任。不知你以为如何！　　琦又及，同日。

杨式挺—苏秉琦（1985.10.1）①

苏先生：

来函收悉，很高兴！

知道您乔迁新居，搬至紫竹苑昌运宫，碧云说您是老来运气好，搬入昌运宫！

您给我写了语重心长、高瞻远瞩的长信，我将作为座右铭，反反复复地读，并努力去做。

我最近的心情不大好，改革的浪潮多少也溅到我这个不老不少的业务骨干头上。同时，检查心肌劳损厉害！先是当整党到了改革之时，领导上要我去当陈列部主任，说要取消研究室，说是群众的意见，要加强陈列部这个主要部门。我没有同意，领导也说是与我商量的。

但我心里还有些气，您当时说研究室是如何如何之重要，现在又要取消，当时我就不愿离开文物队的。领导说到研究室照样可以出去，可以去发掘（实际上并非如此，一年多来，我几乎离开了文物队的发掘工地和不了解发现的现场）。说我可以学陈列，说我基础好，业务全面，这都是应时的客套话。我五十三岁了，再去学陈列！我这个“卒子”（棋子）不再任人摆布了。我向有的领导发了“小脾气”。

---

① 原信未署年。从信中提到该年53岁计，信当写于1985年。

我在研究室这一年多，本来是很想把马坝、石峡报告拿出来的。但是，前一段去参加南越王墓，后一段又被借调去搞省文物志。这个借调又是领导决定的。我自己给自己提出的课题——到底我将何去何从，到底我将来搞什么专业和课题，到底我做“研究人员”，还是干“领导工作”好……领导说，搞文物志重要，就把我从广州参加南越王墓整理工作上抽回来。现在我又留下了一个尾巴，报告尚未写出来。事实上，前一段 83.8—84.8，我具体参加南越王墓的工作时间比麦、黄都长。

现在博物馆处于“交替未定”状态［任馆长要退，黄玉质(癌症)、小古去山东学习，另有一位副职兼人事］，传说莫稚要来当馆长，微波冲击及我们当时正处在整党的领导班子。随后，又传广西王克荣要来当馆长，又作罢。王乃系去海南岛。现有个别领导征求我意见，希望我出来当正馆长，但我不置可否。

又，省文管办领导希望我不要去当博物馆领导（他也知道有人提议)，而先编文物志，他要去向省文化厅厅长汇报设想：说下一步成立省考古研究所，至少让我当副所长（其实此事并不是现在才提出的，去年国家文化局建议广东成立考古所，把文物队、研究室的人马为基础，黄景略同志提议叫我出来。后又希望麦英豪能来当所长)。

苏先生：学生有这样的想法，您意如何？

从现状和基础分析，我自己还是想先参加（或说具体主持）省文物志的编写工作，下一步如能成立考古所，我就到考古所。我倒不想也不敢去承担省博物馆的重担，也不去承担陈列馆的担子。

我为什么想搞文物志呢？一是领导的要求；二是我觉得比较胜任，从 1982 年以来，我主要是搞文物普查到文物志的组织工作；三是这个工作与调查发掘、搞文物考古基本上不离谱、不改辙；四是我在全省有良好的同志关系和工作基础；五、我想参加抓《广东文博》刊物。所以我说改革潮流波及我身上。

来信对我启示良深：

您说的要和我谈的“珠江三角洲古文化、古城、古国”的课题，我很感兴趣，也可以说有一定工作和探讨基础（如西樵山文化等，如河宕遗址等）。

第二个课题是，闽南粤东（以韩江、九龙江为中心）的古文化，这一点我也有兴趣。1980年我到厦大开会，随后到福建省博物馆，他们把标本室的钥匙交给我，我画了六天的标本图，其中有相当一部分是闽西南、南靖、平和、漳浦等县的石戈、石矛，即今天龙溪专区（现已改为漳州市）管辖的县份。本来我想写篇“浮滨类型”的文章，但尚觉接触不够。您一指导，我将着手进行。

以上两个大课题，我都有兴趣和有基础，问题是如何得以参加。如果召开学术讨论会，写文章，即您说的要做好课题的论证，这一点我比较容易做到，但如果要参加带学生实习、发掘，这个问题的困难和不便，我不说您也明瞭。如果这个“牵头”不只是与博物馆、文物队，而是包括与研究室或省文管办，我就比较方便了。这一点如果用得着学生，请您与严文明同志说一下。

苏先生，您是考古所、北大诸师友中对我最了解的，您对我的指导、诱导、教导——业务上、工作上、生活上，是最具体的，我将永志不忘。如果我们能工作十年、八年，我将努力为广东的考古学科，做出自己应有的一点贡献。但是，我有自己的弱点和苦衷，我应当严格地要求自己，谦虚谨慎，戒骄戒躁，扎扎实实地工作，像您说的，要扬长避短，缩短战线，抓住本身业务——文物考古，努力工作，刻苦钻研。但有些兼职也是别人的推举和器重（如选我当省历史学会的常务理事、农史学会副会长，省民族学研究学会、百越民族史学会、省历史地理研究小组……）。广州市府聘请我为中国二十四个历史文化名城之一——《广州》一书的编委，省社会科学院历史研究所主编的《广东简史》① 要我负责编写第一、二章——广东的原始社会和奴隶社会。全省的不少文物考古工作者，

① 杨式挺先生指出，此当为《简明广东史》，下同。

不时拿作品、文章、简报，以及文物志，要我帮他们修改，提意见。

我不大会处理这些事，人家要求我似乎无理由推却。有一点我自己是较自慰的，我在全省有较好的关系和基础。

所以，我自己的工作量，馆领导未必都知道，我自己的文章、报告，因此就压下来，推迟了！

这封信不细谈了，等我下一段工作岗位较为安定下来，我再写信告诉您一些情况，请您指导。

这封信因精神不大好，心情不大好，写得凌乱，请勿怪！

遥祝

您和师母中秋节佳节好！

健康长寿！

学生　杨式挺

碧云不另

国庆节于羊城

［编者注］附插图一张。

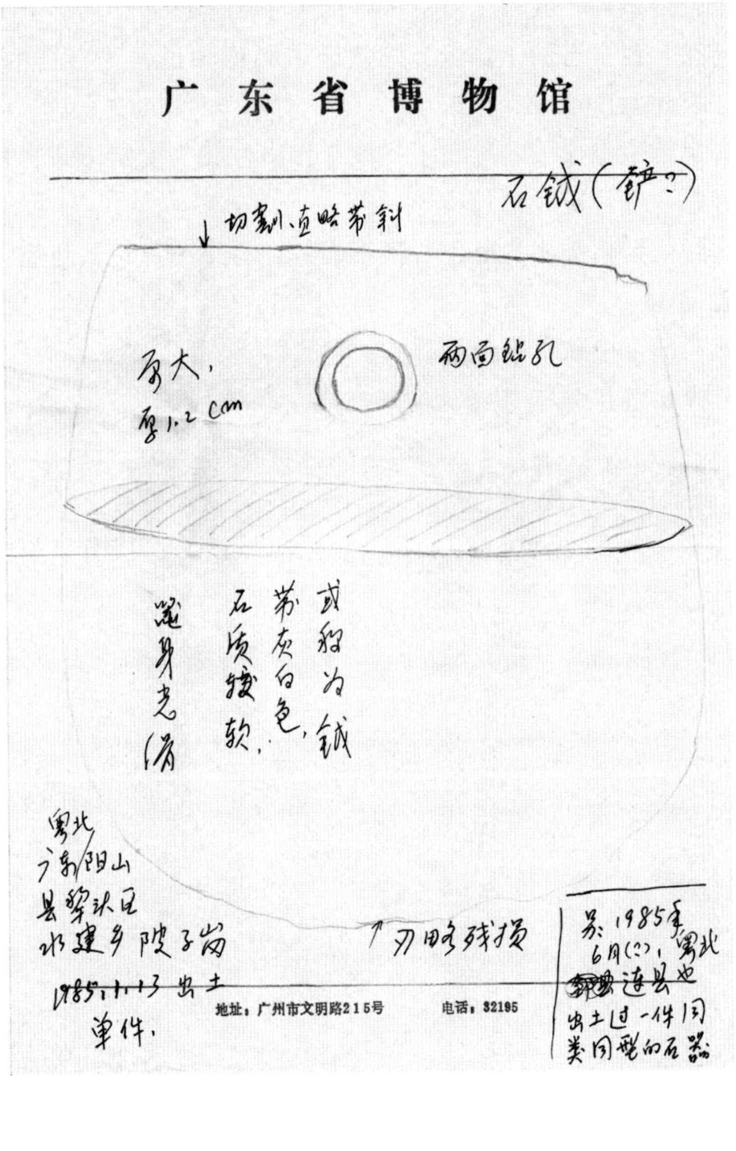

广东省博物馆

石钺（铲？）

切割、直略带斜

原大，

厚1.2 cm

两面钻孔

或称为钺

带灰白色，

石质较软，

器身光滑

刃略残损

粤北

广东阳山县黎埠区水建乡陂子岗

1985.1.13 出土

单件。

另1985年6月（?），粤北连县也出土过一件同类同型的石器

地址：广州市文明路215号　电话：32195

杨式挺—苏秉琦（1985）[①]

苏老师：你好！

惠赠《论述选集》已收妥！万分感谢！正在抽时间学习、领会。

中大商志罈来找我，谈及他这次参加在福建召开的文物工作会议情况。1984 年省市没有什么重要发现，故未收到邀请。又谈到拟召开一次吴越地区考古学文化的讨论会，希望我省博参加筹备，说您答应来参加，时间是八六年，为此要做一些准备工作。再谈及您在大会上作指示、讲演，并提及学生我为最近参加中大那篇广东新石器探讨的稿子，听他说您有鼓励意见，也有批评指点。为此，我今天（星期天）立即写此简信，再次要求您对我的稿子提批评意见。我那篇稿子先后写了二十多天，写的较匆忙，本来想去福建参加崇安汉城遗址的观摩学习，并趁机看看福建省博近几年来的新发现，就是因赶中大这篇讨论稿，而未成行。

如果说这篇稿子有什么新意的话，那就是我意图就广东新石器的文化及类型提出一些供讨论的意见。与此相关的就是年代与分期问题，其他问题我都说的很简单，并非没有材料。

文稿中我曾提到，您的考古学区系类型说（条条块块说），据我多年来的实践是很重要的和颇有体会的。所以，就本省谈现有早晚的序列问题，又有基本上同时存在的区域差别的问题。如果能对业已发现的这些资料作深入一步的排比分析，也算是作了一件有意义的工作。但是，问题和困难也不少。一是五六十年代虽然作了不少工作，但较深入的发掘工作做得不多，加上是别人做的，这里有

---

① 原信未署时间。从信中提到“去年十一、十二月参加在海南岛召开百越民族史研究会第四次年会”（1984 年召开）看，信应写于 1985 年。

一个核对的工作，但这个工作是不大好做的。所以我们主要凭借几处经过发掘的、较典型的地点来作比较标尺；二是理论水平不高，光有材料，缺乏综合分析水平，也写不出好文章；三是时间不够，虽然到研究室来（我当文物博物研究室主任），时间较好掌握，但事情也不少。如参加南越王墓的整理、编写工作，编写工作才刚开始，参加省文物志的编写，有时也要下去，参加其他会议及活动。如去年十一、十二月参加在海南岛召开百越民族史研究会第四次年会及中大人类学系学术讨论会，还承担省社会科学院历史研究所主编《广东简史》第一、二章即广东原始社会及奴隶社会，古越族的编写。

本来，我想参加中大会议后，趁热打铁，对该稿进行修改，但现在又有许多事情缠身。中大商志䜩要我编写八千字给他们，说本来只能五千，因您肯定了这篇还提出了一些问题，所以要八千字。另外我在广州沙面宾馆旁边白天鹅宾馆开会与石兴邦先生住在一起。他说叫我修改后可以寄给《史学研究》或陕西《考古与文物》。因此，恳请您拨冗对我的稿子提指导性意见，以便进一步修改提高。

广东、广州、深圳这几年变化较大，如果您八六年能来广州，除了看看一些新发现外，如“浮滨类型”的遗址和墓葬。82 年以来在粤东（汕头地区、梅县地区以至惠阳）部分地县十多个省市都有发现，同时与闽西南联系起来。新石器也有许多发现，如我不久前在封开县杏花清理了一座石峡类型的墓葬，是火烧土炕，有鼎、豆、圈足盘、穿孔小石钺、石琮、镯等等出土。广州地理研究所中心实验室用木炭标本测定为 4030 ± 120 年 B. P。我已给 1984 年文物年鉴写了一个千把字的稿子。听说在翁源县（即发现“青塘类型”的那个县，与英德、始兴交界）也有发现石峡文化的遗址，我准备去看看。现在形势很好，就是我们的队伍太薄弱了。您来了还可以到粤东看看，到深圳特区去看看。

现在形势不同了，您来了，不会像 1975—1976 年经济生活还比较紧张、物质供应不足那个时候了。

好，就写这些，信手写来，错漏难免，我现在感到，我们现需要有老师指导，又要有新的一代接班。否则，口头上讲文物工作重要，实际上缺人缺钱，许多文物都在大规模的基建中给破坏了！

顺便告诉您，我已于去年①十月份被批准参加中国共产党，今后自己的担子也不轻啊！

顺祝

冬安！

师母均此。

学生　式挺

于羊城

杨式挺—苏秉琦（5.12）②

苏老师：

刚上一信，谅收到。

广东省社科院历史所主编的《广东通史》全书拟240万字，分六卷，省高教出版社已订合同。

要我负责先秦部分的撰稿，实感吃力，也是动力和压力。故寄上一部粗纲，盼在您身体精神好的时候，给学生敲打、指点。可以在体例、结构、内容、标题，也可以在指导思想、观点、材料各方面提意见。这工作不是我的主要项目，也不必拿出成段时间撰写，但我认为参加通史的编写对自己的理论学习，对考古资料的了解、理解运用、发掘也有好处。

---

① 杨式挺先生指出，为1984年。

② 原信未署年。信中《简明广东史》出版于1987年，《广东通史》出版于1996年，据此该信早于《简明广东史》出版的1987年。

不知您以为如何？

在前段参加编写《简明广东史》过程中，我深深感到自己理论、概括能力和对考古材料的消化力都很不足。故望有空指导。

我的主要精力还在搞石峡发掘报告。

遥祝

身体健康

学生　杨式挺

于羊城

五月十二日

杨式挺—苏秉琦（6.25）①

苏老师：

因近日搞文物地图集较忙，没有给您写信问候，谅您近来安好。

这里送去我执笔的征求意见稿，是《简明广东史》的两章，我深知自己写通史体例不行，考古味道浓。特别是第二章“青铜时代与奴隶制问题”更为棘手，但主编还是主张写有奴隶制。

望拨冗给我指正、敲打一下以便修改，甚至重写。

祝

大安！

学生　式挺

六月二十五日

① 原信未署年。信中《简明广东史》出版于1987年，信当早于是年。

杨式挺—苏秉琦（1988.5.6）[1]

苏老师：

在五一国际劳动节和五四校庆之际，让学生向您致以节日的崇高问候！

看到您应记者殷重娣采访所摄的那张玉照，那种亲切的笑容、矍铄的神态，倍感亲切、兴奋，使我仿佛回到七五—七六年您和我们谈笑风生的意境中！您身体健康，我们万分高兴！

学生无才，愧对老师，但您还是经常教诲，给我很大的助力和勉励！

有几件事说说。

一、我四月初从省文管会回省博，现在主要是整理石峡发掘报告，分工是老朱主要写墓葬，我写遗址，老彭协助，希望六七月份搞出来，在我来说，现在的问题一是地层、遗迹及分期问题。其次是器物的分型式问题，如果要改变，那么七月份前完成就有困难，我现在就是先将旧稿抄正一遍，已抄好下层、中层，上层未抄。

正如您所知晓的，石峡的地层是残缺不全的，二是经过多次发掘。在田野发掘时，我也没有全部都看过，时间也相隔多年，因此较为费劲。三是与老彭、老朱都不大好“商量”。前者是不大管（他在文管会），后者是“自扫门前雪”，她说她将墓葬写出后就交出来，或说交我统稿（她对黄玉质说的）。大家缺乏坐下来平心静气、细细讨论的习惯。四是我自己要有坐下来两耳不闻窗外事的决心，馆里倒不大管我，但省文管会最近又叫我去修改定稿省文物地

---

① 原信未署年。据信中提到“今年曲江召开的纪念‘马坝人’发现卅周年”，故信写于1988年。

图集[①]（我在那里搞了三年）。

我详细向您说这些，一是接受您的“批评”（我是党员，更应虚心接受，您前函说我不能对石峡报告撒手不管，说得中肯），二是告诉您还有一些困难。但我们有决心在二、三个月内把初步定稿拿出来。

您可以写信给黄玉质，请他抓一抓，打打气。

二、您来函说希望在参加庐山印纹陶会议十周年时也讨论一下石峡文化与樊城堆文化的关系。

请问：

1. 您是否决定参加“庐山会议”？

2. 您是否想在会议后来广东？

3. 您是否已准备应邀参加今年曲江召开的纪念“马坝人”发现卅周年？

4. 我能做什么“跑龙套”事，您可指明？

我已与黄玉质说请您参加 11 月份的马坝人纪念会，曲江县博物馆也向我表示欢迎您来。讨论石峡文化⇆樊城堆文化关系，您说在哪里开好，哪些单位及人员参加好？

顺便说一下，要讨论已有基础，纪念马坝人化石发现卅周年的论文集（已在文物出版社排印）中有我和李家和等人的文章，已论及此。当然老朱也较熟悉，中大、江西省博也可撰文参加。

以上两事，我伫立候复示知。

现在的广东，广州、深圳、珠海、汕头、湛江、肇庆、韶关……与您在广州时应刮目相看，我建议您来参加马坝人纪念会，顺便去一些地方走走，半天工作半天休息也行，全天游览也行，您上次要到汕头看看浮滨类型的材料，现在也多挖出几十座墓了。现在我这一辈开始要“退”了，您的学生——李岩、李子文以及中大的、厦大的已有多人充实到文物队，他们也可以向您报告新材料、新情

---

① 杨式挺先生指出，为《中国文物地图集·广东分册》。

况，实现您上次说的——下一个目标是汕头地区的商周浮滨类型。

顺便说一句，十一月至元月的广东是很好的考古和旅游的季节，天气并不冷，现在的交通工具比以往方便多了。这您是知道的。

三、我要向您检讨，上次在《史前研究》1986年1—2期合刊发了一篇小文，没有及时寄给您，因为您在福建还说了鼓励的话，说看了我参加1984年中大人类学会的那个油印稿。其次，广东最近出了一本叫《简明广东史》，省社科院历史所主编，58万多字，省人民出版社出版，平装7.5元，精装9元。虽然写得不好，但确实是第一本地方性的广东史。其中第二、三章由我执笔，第二章题目叫《从“马坝人”到氏族公社解体》。

第三章叫《不发达的奴隶制与岭南古越族》，我只写25000字左右，我已准备一本供您批评指正。现在《广东通史》又开锣了，基本是原班人马，拟分六卷，240万字，十年出完，省高教出版社已签合同，“古代上册”先秦部分还是叫我执笔。

苏老师，我亦深知“打杂”是搞不出什么名堂来的，但有时候也身不由己啊！

本来也打算把石峡、佛山河宕搞完后，考虑写个什么小册子，想过写写广东考古发现简史吧……但那是以后的事了。或者出本论文集之类。有时也想写点带理论的小文，但又考虑到自己的位置，另方面这类文章也不好写。

您知道，文化厅、省博物馆可以说没有人认真抓考古或发表言论倡导发展考古事业，我这个小兵小卒也不想去高谈阔论，我还觉得我省的学术讨论空气（指省博为主）很不浓厚，远不及江西、福建、广西、湖南等邻省。

广东不久将成立文物考古研究所，有些同志（包括省内外，包括严文明、国家文物局、我馆文物队等）希望我能出出力，但我觉得自己没有能力，所以我也不主动（莫稚去了美国，搞汉唐的杨豪也退了，我今年也56岁了，归宿何处，搞什么更好、更有效，已提到面前了!)。

最后说几句家里情况：

我和杨碧云均已评上高级职称，杨碧云副教授的聘任书已发，我们也将发；大孩子杨弘已于春节结婚，深深感激苏爷爷的关怀，他俩目前住中山医科大学第一附属医院的一间宿舍，因为我还暂住两房一厅，房子不够住，二孩子杨坚才读高中一年级。我们一家都盼望您找个机会再来广州广东玩玩。

礼!

并问候师母!

学生　杨式挺

五月六日

杨式挺—苏秉琦（1988.9.28）①

敬爱的苏老师：

您好!

很久没写信请安问候了!

是学生懒惰，也是学生没有什么成果、礼物奉献给您!

有时候想，您很久没到广东、南方来走走。看报时，想把北方人到广州、深圳、珠海逛商店，到个体户买东西的一些感受和见闻；把他们对改革、开放，对商品价值观念、热情待客的一些新闻轶事；广州出租汽车司机的服务态度较好，价格公道，广州一些商店卖出次货，不合适的可以退换的事例；《羊城晚报》《南方日报》上开辟“五层楼下”“扯旗山下”“午市茶”“弹赞录”等等专刊，

---

① 原信未署年。信中提到的“江西鹰潭参加第六届百越民族史学术讨论会”，为中国百越民族史第六次年会暨学术讨论会，在1988年10月26日至31日于江西省鹰潭市召开，据此信写于是年。信首页右上角写有：“上次托黄景略给您送上一本《广东简史》，未知收到否?”

通常刊发一些褒贬事件，以及设“市长专线电话”让市民参政、议政，广开言路；广州市图书馆（即农讲所旁边）广场，经常办多种咨询活动（顺便说一下，北大校友会在广州深圳有一千多人，我们印了通讯录，分布在各条战线，也举办过不少咨询活动）。想剪些报纸让您悦目赏心，主要是学生懒惰，没有做到，也不知您喜欢不喜欢?!

不过，黄景略或文物局、历史博物馆常有人来，我都经常询问您的身体情况。最近，历史博物馆和文物局两位年青人（即在杭州的会议上见到的陪您的那位，我就问过他），他们来搞水下考古的（上星期已去福州、泉州）。广东的水下考古，前段已开班培训了专业人员，明年可以对台山、广海、上下川岛或湛江、徐闻水下的沉船进行打捞。

省博物馆最近的主要工作是建新馆，省里拨296万元来盖新馆，是广东省的十大建设项目之一。二沙岛拟建成文化中心，其中一项是艺术馆。

新五羊城已略具规模，一是上次全国六届运动会已建大型体育馆；二是政协、民主党派的办公大楼都要集中建在那里；三是省社科院址也已定在那里……

现在那里有两座大型主体交叉桥。通往河南（即中大那边）的第三大桥已动工（海珠桥、沙面桥已建通）。

广州、珠江海底的地下铁路（法国援建）1992年可望建成。广州的电话也比以往好通得多（省文管会可直接与文物局及一些省通话）。

省、市文管会、博物馆这几年文物考古工作也有一些新开展。文物队现在增加了不少人，有4个是北大来的。主要是配合基建。

△如配合国防公路在连平发掘了黄潭寺遗址，我看了陶器，三足釜、罐与石峡文化有关，但似乎不等于是石峡文化的；在曲江乌石镇床板岭发掘12座石峡文化的土坑墓，有炭化稻，如M3、M13。

△在广深公路，发现两处重要遗址：一是东莞村头村大型贝丘遗址，拟即发掘4000m²；在深圳南头区叠石山遗址，在夔纹陶、米字纹陶层发现4件铁斧，比较短小，还有铜臿。广东战国晚期使用铁器当可定论。

△1986—1987年在粤西高要县（现归肇庆市）龙一村贝丘遗址发掘22座墓，有人骨，其中20座为屈肢，蹲坐、俯身各1座①。

△在粤北乐昌县河南乡大拱村配合麻纺厂建设，清理224座春秋、战国、西汉、东汉、南朝、唐墓，是一大收获。如春秋晚期墓出夔龙纹铜戈，东周墓有二、三层台，腰坑、头坑结构；又如一座西汉墓出一件小陶罐，刻43个隶书“初元五年十月郴黄稚君……”，铭文显然与湖南郴州有关。南越王墓修建了陈列馆，墓室正在加固保护。五华县华城狮雄岭上发现西汉宫殿建筑遗址（杨鸿勋同志来鉴定），疑即文献所记赵佗时建“长乐台”（?）。

我在省文化厅、文管办参加编图工作，大概十月中旬可完成回馆。十月底拟去江西鹰潭参加第六届百越民族史学术讨论会，上次彭适凡来函，希望苏先生能光临。

最近我去中山龙穴沙丘遗址、珠海一趟，那里都发现彩陶。还有石范铸造青铜釜、镞和戚（?）。一件范的戚与福建南安大盈发现的铜“戚”相似。沿海一带沙丘遗址发现的青铜器铸范是一个兴趣的课题。

十一月下旬在曲江马坝要举行一次半国际性的学术讨论会，纪念“马坝人”发现卅周年！

还有一件小事可一提，日本东海大学渡部武教授编译的一本叫《中国稻作的起源》收入六篇文章，丁颖、游修龄、严文明、我、陈文华和彭世奖（华农农史研究室）各一篇。

上次回馆搞了一个多月石峡报告，我承担的上、中、下层文字稿已基本完毕，但在统计表格、插图、照片方面还需要作很大努

① 杨式挺先生指出：“还有彩陶，属新石器时代，墓葬是重要发现。”

力。朱非素同志负责墓葬，她原拟到马坝写，但最近我问她，她说没有时间写。看来馆领导尚需抓一抓，因我与老朱是同学、同辈。不管怎么说，我们这个账迟早要偿还，当然早还比迟还好得多！

今年七月份在肇庆七星岩，文化厅召开全省文博工作会议，并成立省文博学会，也说即将成立省文物考古所。省文物队、研究室是基础，不少同行希望我能有所作为，承担个负责工作。苏老师：事不由己，听之任之！我这个态度恐怕不对?!

说到国家、馆，再说几句家。

与您在广东的时候比，我们小家当然也发生了变化——向好的方面转化！

碧云已评上副教授（这个月才补发了几百元），我也评上副研（大概下个月补发工资），大孩子杨弘春节结婚，现在媳妇有了孕，明年夏季可望抱孙子；杨弘去了省饲料发展公司（在省科学馆那里办公，还是搞会计①），今年八月十五中秋节就分了一、二百元的节日物资——月饼、饮料、鸡、鱼等。一忙起来，就忘记叫他给苏爷爷寄盒广东月饼，真该死。老二才读高二下，还要一年才考大学，考不上就找个工作做，“读书无用、生活第一”在年青人头脑里浸透得很深！我们奋斗了一辈子，基本工资才125，加工龄15元 = 140 元，加补助 = 200 元左右。在深圳，高级知识分子（副研）是420多元，比广州高一倍！

好了！这封信是问候，主要是想让您乐一乐，困难、业务、烦恼的事就不多多“倾诉”了——家家都有一本念不完的经！

盼您在适当的时候来广州玩玩！

师母不另！

学生　杨式挺 28/9

① 杨式挺先生指出：“任财务总监。”

杨式挺—苏秉琦（1989.11.7）

苏老师：您好！

长沙蓉园分别，不觉已有半载！

九月中旬我去福州参加了“闽台古文化学术讨论会”，代表80多人，论文70多篇。又逢福建省艺术节在故乡明的月色下的西湖举行，热闹非常！惜张光直、国分直一以及台湾学者未能出席！

泉州有了很大变化，古城区保存旧貌，且在修葺（开元寺、天妃宫、承天寺）；东面建了新城区。台湾来拜妈祖（天后）的、经商的、旅游的在泉州、福州还是络绎不绝的。

顺路回了三天老家，家乡也有很大变化。男青年有相当一部分去搞副业，女青年农忙之余，又有一部分手工业（城里组织来的织毛线衣、钉纽扣、做玩具等）。这样，既自由支配时间，又有了现金收入。新房屋就这么一幢幢建设起来，我家的三个侄媳，一边坐着织毛线衣，一边对我说：叔叔，邓小平还是多活几十岁好，我们农民说他好！

十月初，我由厦门鼓浪屿（琴声悠扬的海岛城区）回穗。觉得这趟回福州、泉州是有收获的。在福州陈存洗、吴玉贤等不仅呼吁搞闽台关系，也希望搞闽粤赣边区新石器、青铜文化，如“浮滨类型”。在泉州，也希望搞闽台粤海交、陶瓷、外贸，加强协作。明年“海上丝绸之路考察学术讨论会”拟在泉州召开，联合国教科文和某一国家租了一艘考察船，一路考察，终点是泉州而非广州。

您当上了考古学会理事长，许许多多的学生学友都恭祝您长命百岁！指导我们考古事业不断前进！

我们一家都好，碧云常说，苏先生带她看故宫时说，看一半，留一半以后再看！她今年刚做55岁生日，年底聘期届满。她很想有机会再一次去北京陪您老人家看故宫！

谨祝

近安！

学生 杨式挺

89.11.7

另：在长沙时，听说在编印您的八十寿辰祝贺论文集之类。学生很想要一部，认真学习，以求不断前进！

杨式挺—苏秉琦（1990.2.28）

苏老师大人尊前：

学生虽少致信问候、请安，但心里经常惦念苏老师！去冬俞伟超学兄来穗办水下考古一事，我等曾到东方宾馆拜访，获悉老师龙体健康，甚以为慰！

最近，香港中大杨建芳兄拟通过学术团体，邀学生赴港讲学。此事还在进行中。建芳兄要我把过去发表的主要东西，列具目录。最近我搞了一个目录，今奉上一阅（论文目录待后寄上）。近年学生曾想过，如有机会，想出个论文选集，目前论文类已超过三十万字，如辅以线图、照片，似亦可凑上一册。个人或单位不能支出版费用，或可走资助路子，我想两年内实现这一构想。似非“黄粱美梦”!？故我祈望老师为我作个序，不知以为可否？

学生不才，毕业三十有余年，未能写本专著，愧对吾师，如能出本集子，似乎亦有某些用处。

回顾三十年来，在广东一隅从事文物考古工作，虽无多大作为，但亦未敢偷闲。1958—1963 年，在广州哲学社会科学研究所历史研究室（今广东省社科院历史研究所）考古组（任组长）。1959—1961 年曾到考古所、北大、洛阳工作站进修、实习，这您是很清楚的。1963 年至今一直在省博物馆，先是在文物队，任过副队长；1984年调文物博物研究室（任主任）。除政治运动外，可说未转过行，未辍过业。比较来说，亦是幸事！

三十年来，主观上一直想以自己学到的考古专业知识，为广东的文物考古事业做出自己的绵薄贡献。

多年以来，一直重视和从事田野考古的实践，努力以理论和实践的结合，探求广东地区的考古学编年，探索和建立广东地区的考古学文化，努力学习和运用现代考古学的理论和方法，诸如“区系文化类型说”和地层学、器物类型学和碳十四、热释光测年等自然科学的方法，注意用人类学、民族学、地理学、文献历史学和考古学的结合，来探索本地区史前史和历史时期的社会历史发展规律。

广东粤北“石峡文化”命名的提出，珠江三角洲地区“西樵山文化”的探讨（西樵山文化一名的假借和文化内涵的概括，如果从里而不是从表来看，今天还不能视之为过时），广东新石器时代文化类型的探讨等，都是在这科学说和方法指导下的一些试探。

《试从考古发现探索百越文化源流的若干问题》和《从考古发现探讨海南岛早期居民问题》则是意图把考古学与民族学（古越族）互相印证的试卷。

二十多年来，学生的主要研究领域侧重广东的史前考古，特别对广东新石器时代考古作过较广而深入的了解和思考，对广东新石器时代文化的分布、内涵、特征、年代、分期及其与其他地区的文化关系，有比较深入的论述，可谓成一家言。因而本选集的几个文章也反映了这一点。如《西樵山遗址和西樵山文化探讨》（1981）、《谈谈佛山河宕遗址的重要发现》（1981）、《试论西樵山文化》（1985）、《建国以来广东新石器时代考古略述》（1985）、《广东新石器时代文化及相关问题探讨》（1986），在探索、研究广东新石器时代文化的基础上，作者在“区系文化类型说”的指导下，也注意把研究视野扩展到长江中下游及毗邻地区，而且把研究范围伸展至青铜的时代。《石峡文化类型遗存的内涵分布于樊城堆文化的关系》(1988)、《广东史前考古与毗邻关系的探讨》(1989)、《试论闽台粤先秦考古学文化关系的几个问题》(1989)。

学生虽毕业于五十年代末,但在发掘石峡遗址、河宕遗址之前,一是参加多次办公社、炼钢铁、“四清”、“文革”、“五七干校”政治运动;二是做了大量的文物普查、发掘、展览和培养文博干部的工作,编写了一些调查、发掘简报、报告,真正进行研究工作是在1976年之后,而且写论文不少是在工作八小时之外。例如1982—1985主要是做全省文物普查工作,1983年8—10月发掘南越王墓,1984年投入整理编写,1985—1988年参加《中国文物地图集·广东分册》的主要编撰工作。在这期间挤出时间参加了省社科院历史研究所主编的《简明广东史》,负责先秦部分的二、三章即原始社会和不发达的奴隶制与古越族的执笔。

此外,学生撰写的《从考古展现试探我国栽培稻的起源演变及其传播》一文(原载《农史研究》1982.3)被收入陈文华、渡部武教授编的人类史丛书7——《中国的稻作起源》一书作第Ⅱ章。另外,为各市县文物志五十多部审稿(个别作序)约达四百万字。

苏老师,以上是学生拟编选一个论文集,不知您认为适时否,够条件否,以及如何着手更好。盼您在认为可行的时候,并接受我请您为学生作序的恳求。

即颂

研安　祝身体

健康　向师母

问候!

学生

杨式挺

一九九〇年二月廿八日

(我已托叶小燕同志送上论文集一本,不知您有无纪念马坝人化石发现卅周年的文集?)请告知您家详细地址及邮政编码为荷。

杨式挺—苏秉琦（1993.8.1）

苏老师：您好！

虽少给您写信，我和碧云都经常想念您！我5日上午8：20从广州飞北京，准备住历博，8月去日本参加南中国海域沉船出土文物展，我的地点是广岛。时间8月8日—9月22日。我很可能是8月6日去探望您和师母，具体时间我到历博或可给您打个电话。上次去看望您返穗才任副馆长，主要是搞“广东历史大观古代史展览”。五十九岁才评上研究馆员，虽然离开田野，但操心还是旧业，我最近交了《广东通史（古代上册）》——“广东原始社会”和“不发达奴隶制和古越族”两章8万5千字。明年拟参加香港及邻近地区古文化国际学术讨论会，小作是浅谈粤港“牙璋”及相关问题，一直遵循您的教导——区系类型文化探索，成绩不大，但也不敢懈怠。如参加一次学术会议，写篇文章：1989年参加福州召开闽台古文化学术讨论会，写闽台粤先秦考古学文化关系；1990年到南宁参加铜鼓会议，写两广先秦青铜文化考辨；1991年底去香港讲课三周；1992年参加赴香港展览的南越王墓玉器展览，我还参加西汉南越王墓专刊的编写。

近10年来，主审了广东文物志500万字，已出版200多万字。

今年61岁，副馆长该下来了，但研究员可能还可延退继续做几年工作。头发白了，但身体粗安，碧云59岁了，可能再做一年，她身体比我差，但还坚持干，退下来也无所谓，干了一辈子也该清闲一些了。

好，详情见面谈，但高兴的事，这是您教导的。

问候师母好！

学生　杨式挺

93.8.1

杨式挺—苏秉琦（1994.1.1）

苏老师
师母：

今天是元旦，敬祝您二老新年快乐，身体健康长寿！

不知道苏老师几时去台湾、香港？是否准备来广州稍驻、指导工作。

我馆开馆日期，大概要到3月上旬，因为有些内容要改，文物展品均未上展场。

兹寄上在山东拍的老师的玉照。

希望苏先生喜欢。

即颂

近安！

学生 杨式挺
碧云及一家要我代问候！
九四年元旦

杨式挺—苏秉琦（1995.6.22）

敬爱的苏老师：您好！

久疏问候，深表歉意！

上次接到您的论文集后，曾复一信，谅已收到。

信中说，我在筹划出一本个人的岭南文物考古论文选集，约40万字，有图照。我一直祈望苏老师能为学生作序。

上次说要将个人简历（最近我写个材料入省的人物志）及文章目录寄上供您参考，迟至今天才寄上。请查收。广东省文物考古工作迄今尚无个人的论文选问世，学生想出一本，一是报答苏老师的栽培，二是也可作个人30多年来从事文物考古工作的一个回顾。

我1958年8月毕业后，分配至广东“广州哲学社会科学研究所”（现省社科院前身）历史研究室，当时说是要筹建广东省考古研究所。1959年5月，组织上让我带黄玉质、吴振华等七人至考古所进修，您是指导老师。1959年冬到洛阳工作站实习，参加王湾、隋唐东都城及偃师二里头发掘（殷玮璋、叶小燕辅导）。1961年回所。开始广东的考古调查发掘，1963年4月到省博物馆文物工作队至今。

您不仅在石峡遗址、曲江、始兴等地给我们工作作很大指导，1977年南京长江下游新石器时代的学术讨论会，1978年庐山印纹陶问题会议，以及后来我去北京开文物地图集、新馆展览，长沙、济南中国考古学会等等，都给我很具体的指导。特别是1976年以来，您提出的考古学区系类型学说，更是给我们以理论指导性的指引！我在石峡文化、西樵山文化（金兰寺文化）、珠江三角洲区域文化、石峡文化与樊城堆文化的关系，广东新石器时代文化与毗邻原始文化的关系，广东大陆与香港地区的历史文化关系，闽台粤先秦考古学文化关系等，都在学习运用您的学说，在岭南—华南的先秦考古学文化作出了一点成果。

我1981年以来，去了九次香港考察、讲学、展览（年底还要去举办“南海海上交通贸易二千年”展览）；1993年8—9月去日本广岛等地参加举办“南中国海域沉船文物展览”49天。我自认为在广东以考古为主涉及的研究课题还是比较广阔的（我还参加了《简明广东史》《广东通史（古代上册）》先秦篇章的编写）。

论文集正在编辑，每篇拟有一个300字左右的英文提要，香港中大饶宗颐（选堂）已为论文集题了书签，并写了一副对联——“书必读秦汉以上，肆志在山水之间”，我觉得颇合我的专业情况。

所以，我期望苏老师能在精神最佳的时候，拨冗为学生撰写一个序言，即使写得短一些亦好。因为我一直把苏老师作为学生的恩师！

我今年元月已不再担任副馆长，但工作没有退。8 月份要去长沙参加长江中游史前文化学术讨论会，顺告。

请老师及师母多保重身体！

学生杨式挺

95. 6. 22 叩

［编者注］苏秉琦先生 1997 年为杨式挺先生《岭南文物考古论集》作序《岭南考古开篇》。附录如下：

岭南考古开题

1996 年新年刚过，我应香港商务印书馆陈万雄总编辑之邀，到南方新兴开放城市深圳工作一段，见到广东的许多老朋友，总回想到 20 年前那段难忘的日子。

那是 1975 年 11 月到第二年 4 月，我在广东近半年，由杨式挺同志陪同，先在石峡工地看石峡遗址墓地新发掘材料，又到省博物馆库房看多年积累的省内几十个地点调查发掘材料。那次主要收获：一是认识到广东古文化不只是砂陶、软陶、硬陶的笼统概念，而是有自己的青铜时代，有自己的夏商周；二是广东省东西南北中五块有所差别，要区别对待，有关情况已写进《石峡文化初论》，于 1978 年在《文物》第 7 期上发表。20 年过去了，中国考古学已发展到一个新阶段，岭南考古也有了突飞猛进的发展，我们不妨进一步提出问题。

我们曾经说，石峡虽小，干系甚大。它是透视南北的窗口，向北可以看到中原，向南看到的是岭南的一片新天地：①石峡墓陶器的组合是盘鼎盘（盘式鼎和盘）、豆盖豆（豆和盖豆）；②大量使用“十字镐”（石䦆），这适合于开垦南方的红壤土；③有肩石器、有段石锛发达；④珠江三角洲一带也有新石器时代较早的遗存，南海西樵山是一处很有希望的大遗址，可能包含旧石器时代晚期和新石器早晚不同时期的遗存。打制、琢制的石器大量存在，可惜缺乏进一步分析的条件。佛山河宕遗址的时代约与石峡相当，但没有看到时间较早的青铜器。可是汕头地区的饶平发现了相当早商时代的铜戈、玉戈、石戈，还有釉陶尊。韶关地区和汕头地区出土的石戈，从最原始的无阑戈到有阑的戈，其发生发展的过程是中原所没有见到的。我的这些初步看法，发表于《文物》1981 年 5 期《关于考古学文化区系类型问题》一文中。以上这些都是岭南文化的特色。

岭南文化的形成不是秦汉设郡以后的事，没有当地的“古文化”“古城”“古国”，设不了郡，就是秦汉设郡以后也有“外来文化”地方化的问题，这使我真正感到了岭南的“更加郁郁葱葱”。

岭南与一般的南方有所区别，它既不同于太湖流域，不是吴越文化，也不同于长江流域，不是楚文化，与江西也有个界限。它南连着南洋诸岛、印度支那地区，是陆地一半海岛一半连成一片形成的一个大区，代表着大半个中国，是真正的南方。

从更大范围看，有肩石器从岭南向西经云贵高原直到印度河，欧亚大陆古文化在那里分界，有段石锛则联系着环太平洋地区直到新西兰岛，中国大陆与印度次大陆和环太平洋地区的文化关系都同岭南有关。可见，岭南考古是个大题目，可以越作越大，愿与杨式挺同志和广东省的朋友们共勉。

苏秉琦

1997 年元月写于寓所

原载杨式挺《岭南文物考古论集》，广东省地图出版社，1998 年。
原题为《岭南考古开题：杨式挺〈岭南文物考古论集〉序》。

许顺湛

许顺湛（1928—2017），先后工作于河南省文物管理委员会、河南省文物工作队、河南省博物馆。

苏秉琦—许顺湛（1962.4.4）[①]

顺湛同志：

你好！久想去郑州参观，不能如愿，为憾！年前北大师生乘实习之便，前往你处参观，承热心指导，非常感谢！

今年后半年北大考古专业五年级学生的专题实习，教研室正在草拟计划，初步打算分一个小组去郑州，特把情况给你介绍一下，看有无可能，有无具体困难，请见示为盼。

“专题实习”是在五年级第一学期（约自9月至明年1月），是在学生学完基础课、专业课，经过生产实习（一个学期）之后，为进一步培养学生独立进行考古工作、研究能力的一个环节。这种性质的实习，去年（上一年级）已进行过一次，效果尚佳，各方反应良好。所以，今后每年后半年都将有一班五年级学生进行这种“专题实习”。去年分为六个地点：上海（参加松江试掘，整理崧泽及马桥报告）、郿县（参加整理青

---

① 据许顺湛先生家藏信影录文。

龙泉发掘材料）、吉林（复查原始社会遗址）、内蒙（参加整理赤峰“夏家店”类型发掘材料）、西安（参加整理隋唐墓材料）、洛阳（参加整理王湾、东干沟等材料）。每人都按照计划完成一个作业，写成实习报告，这些作业和报告可供所在单位作为参考材料或作为编写正式报告蓝本或初稿，均由有关单位自己决定。这些作业和报告材料可供教师以后教学参考，或供教师进行专题研究，或供学生编写论文参考。如正式发表文章需要引用未经发表过材料时，当务征得原单位同意。

根据这种实习的性质和上一次经验：学生参加工作应以室内整理为主，也可少作些调查发掘；可以几个人集体整理材料，但必须每人单独写报告；以培养学生独立工作、科研能力为主，所以“报告”稿不可能完全适合一般编写考古报告材料要求。

郑州年来作了不少工作，积累不少材料，也接触到不少当前考古学上重要问题。我们打算选派4—8个学生去郑州，没有教师经常指导，所以请你们指定，由学校聘请工作同志担任指导，学校教师可短期前往协助指导。请你们考虑，在本年度下半年内，接受这样一项任务，在计划、安排以及工作和生活条件方面有无困难。如可能，无大困难时，请再一步考虑一下，在你们当前工作中，多年积累材料中，或在你们感兴趣、愿深入探索学术问题中，有哪些可以作为安排这项实习任务的具体项目。为照顾学生志趣，也为便于安排个人写作，工作材料学术问题的范围最好广泛一些（如石器时代、殷商、汉唐）。

以上各点，盼考虑后，给我或教研室一封回信。如认为有必要，再由教研室派人前往，商洽具体问题。

关于学生实习粮食供应问题，今年教育部已与各有关省市联系，协助解决。此点，在与上级请示汇报时可附带说明。

此致

敬礼

诸同志烦代致意！

苏秉琦

62.4.4

苏秉琦—许顺湛（1981.9.21）[①]

顺湛同志：

你好！《中原文物》准备出一期信阳专号。我很高兴。欧谭生同志前者来信，后又亲自来要我找出当年为《考古》复刊时写的有关我们下干校期间搞“业余考古”的调查纪要。经我和编辑室同志一起仔细回忆，才想起当时的大致情况：在“军宣队”领导下还在搞运动期间，他们几人回所，我还在干校，“上边”都是“军宣队”主持一切。我交稿，他们收稿，都要经过“领导”。算来，这篇原稿的下落也就不查自明了。当时我并没底稿，手头写东西用的都是领来的办公纸，这些，我回京时都已处理掉了。所以，只有凭记忆写了这篇“回忆录”追记史实而已。我虽写了，请你细看看，有无发表价值？如可发表，不妥处请代删改。字迹潦草，烦代找人誊写一次也好。祝

好！

苏秉琦

1981.9.21

许顺湛—苏秉琦（1981.9.29）

苏先生：您好。

寄来的稿已收到，我看了，很使我感动。“十年动乱”中被迫害下放，还那样热心考古事业，的确是难能可贵的。因此，我在文章前加了一个“编者按”。

---

① 据许顺湛先生家藏信影录文。

虽然我一直没有和您通讯，但是对您的情况我很了解，您对我们的刊物是关心支持的，我很感激。您是考古界老前辈，我们这里同志对您都很敬仰，希望对我们的刊物多加指教。我们都是半路出家，既没有经验，水平又不高，差错较多。

我很希望你能来河南看看，二十多年没有见面了，但是您在我心里印象是非常深刻的。我有机会到北京一定去看望你。

“十年动乱”大家都受了罪，现在是好得多了。不过派性流毒还没有肃清，有一些人还到处在散布我的流言蜚语，我全知道，只一笑置之。我认为应该踏踏实实多干些工作为好。

“文化革命”后我一直埋头搞了研究，写了一点东西，发表了六篇论文，出版了一本《中国奴隶社会》，现在正在修改我的《中原远古文化》，河南出版社列入今年计划，但他们嫌书稿太大，约四十多万字，要求减到三十万字上下，我删修工作快结束了，即可交出版社。我是研究新石器时代的，过去您是我的老师，今后还要拜您做老师。我写这一段话，也算向老师汇报吧。

《中原远古文化》一稿是“文化革命”前写成的，当时请郭沫若院长给我提了书名。“文化革命”后我又进行了补充修改，准备还用郭沫若的题签。我这本书，很早一直想请您给我写个序言，但总不敢张口，因为我知道我的书稿水平不高，提出来怕苏先生作难。另外，我也知道你身体不好，工作也很忙。今天我鼓起勇气和你商量，不知可否？

另外，李绍连写的《淅川下王岗发掘报告》，我认为很好，急需出版，一直压抑住不让出版是很不应该的。请您利用您的权威向出版说几句话，帮助李绍连同志的书能早日出版。他们压抑李绍连很厉害，得有人帮助。

给你寄了几本《中原文物》，可能已收到了，请多指教。

敬礼

许顺湛

1981. 9. 29

苏秉琦—许顺湛（1981.10.18）[①]

顺湛同志：

你好！九月廿九日信收到多日，迟复为歉！就信中谈到的几件事，谈谈我的想法。

多年不去河南了。省内考古工作情况，多少知道一些。感到很不够，深以为憾！明年考古学会有可能在河南开，果真如此，定借此机会多住些时日。“十年动乱”遗留下的伤痕，是历史的产物。现在情况不同了，我理解大家都以工作为重，学科为重，党的事业为重。这些令人不愉快的事情让它按照历史的规律慢慢解决吧！

你写的《中原远古文化》一书，我想，这是你多年经验成熟的，但是由于我们多年来事实上的疏隔，难得有交换意见的机会。同时，像这样一个课题，我总感到我们还没有做出与之相应的准备工作，泛泛的讨论，难深入，意义不大。出版社只是要求把四十多万字减到三十万字上下，不知他们究竟是根据什么提出这样的要求。我想，他们是应该有更具体的理由的。所以要我写篇序言，确实感到难以下笔，祈谅解。

绍连执笔的下王岗报告，我看过，提过意见供参考。你们地方上有些阻力，我看这问题并不难解决。你也不必为此太多分心。文物出版社出专刊确有不少困难，但现在情况有所好转。韩中民同志现调往总编室主任，他是支持专刊工作的。楼宇栋同志已调文物出版社，要在年末年初才能把工作转到这边来。社里准备让他担任专刊工作。韩中民同志支持专刊有他的看法，有他的具体困难。看法是：要求报告的资料价值提高。而“下王岗”要在这方面修改。困难是：企业单位赔不起多少钱，要求出书单位从事业费中补贴一

① 据许顺湛先生家藏信影录文。

部分。（本届考古年会，浙江要出一个专刊，条件即由出版社代编，用出版社名义出版，经费由浙江担负——实际上，只要书的资料价值是可信的、重要的，经费等于投资，长远看，不会赔本的，书的定价可以“浮动”嘛！）至于省内因为分家，还有人事上的处理（集体工作，执笔人名又要说清楚），还有修改时需要核对原始材料（标本、记录等）。这些，可以由国家文物局、文物出版社一起出面解决。所以，这个问题不大（至于学术上有争议点，可不影响报告内容，因为报告以发表材料为主）。以上情况，有些是我的看法，供你们参考。我愿促其成。专复。此致

撰安

苏秉琦

1981.10.18

许顺湛—苏秉琦（1986.4.6）

苏先生：您好。

渑池仰韶文化讨论会您未能参加，十分遗憾。我们正准备把仰韶文化讨论会的论文出版成书，您是考古界的老前辈，是新石器时代文化研究的权威，我们恳请您写个序言，还想请您题个书名，使这本书的出版增加一点光彩，扩大一些影响。现有张维华同志专程进京请求苏先生给以方便，给以支持。至盼！至盼！

祝苏先生身体健康。

敬礼

许顺湛

1986.4.6

许顺湛—苏秉琦（1986.6.22）

苏先生：您好。

我们正在等您的大作，准备七月份把书稿发往印刷厂，估计年底见书是没有问题的。

张维华同志回来谈了您那里的情况，我们十分高兴，有您支持我们，我们就更有信心了。

张政烺先生题的书名已收到。

顺便说一下另外一件事：我明年准备在河南召开一个全国性的“龙山文化与中国文明起源学术讨论会”。这个选题如何？特写信征求苏先生的意见。选题定后，准备今年便向有关同志打招呼做准备。明年这个会您一定要到会主持，现在我先打招呼。望回音。

敬礼

许顺湛

1986.6.22

许顺湛—苏秉琦（1986.11.2）[①]

苏先生：您好。

向您汇报几件事。

1. 我打算1987年召开一次全国性的“中华文明起源”学术讨论会，但是经费困难不能最后决定。最近我与郑州黄河旅游区联系，他们愿意参加发起这次会议，经费由他们负责，旅游区也有房子住。如果明年夏季在旅游区开会（邙山上）是最好的季节。经

① 苏秉琦先生在书信首页页眉写道：“12.6日复。”

费解决了，我们就准备发通知征集论文。我向您写信的目的是，明年这个会您不仅必须参加，而且希望您挂帅。您是全国考古界德高望重的第一人，您能参加会议肯定会开好。这次会议结束，立即出版《中华文明起源》（论文集）一书。

2. 我们想发起成立“黄河文明学会”[①]，以黄河流（域）各省学者为主，北京有关学者也希望能参加。您必须参加，我们打算在这个学会里要打起您的大旗。现在办学会没有人做经济后盾是不行的。还是黄河旅游区他们愿意做后盾。我向您写信的目的是：第一，希望您支持这个活动，将来还要参加领导这个学会；第二，“黄河文明学会”这个名称是否合适？请您斟酌一下，来信示知。

3.《论仰韶文化》一书正在排字中，下旬可能一校，争取春节前见书。此书约五十万字。

请在百忙中能给我回信赐教。我恳切地期待着。

敬礼

许顺湛

1986.11.2

另外，我们准备在黄河游览区建一“河南省博物馆黄河旅游区分馆”，由黄河游览区负责建馆。

苏秉琦—许顺湛（1986.12.6）[②]

顺湛同志：

您好！前者收到11.2来信，因故迟复为歉！

---

① 苏秉琦先生在信侧写“座谈？”。

② 据苏秉琦先生家藏书信复印件录文。信已收入苏恺之《我的父亲苏秉琦：一个考古学家和他的时代》，三联书店，2015，第305页。

您的设想（召开中华文明起源学术座谈会）很好。让我“挂帅”难应命。不是客气，是从实际考虑。年过七七高龄，当个“啦啦队员”呐喊助威还可以，做“领队”力不从心。朋友们（包括你）会谅解的。对你的两项倡议提两点意见，供你们参考。

第一、这个会的发起单位可考虑和河南省文物考古所、考古所河南队（郑振香、赵芝荃）协商共同发起。如果这样，然后再联名请文物出版社参加，共同作为主办（共同发起的）单位。

第二、将来邀请单位和个人，要在事前共同协商，要在邀请信中申明：“要围绕中心课题，要有具体材料、工作为基础、提出论点，不要空对空的论文。”（提法可委婉些，对象要经过仔细斟酌，这次和初次纪念仰韶村发现六十五周年不同。因那是纪念性的会，热心者都可发言，论文也不拘一格。这个会应该反映时代气息、学科发展脉搏，最忌泛泛谈，引经据典，东摘西凑，脱离实际。现在我们的工作，像万里长征的赶路人，没有闲时间扯皮、“争鸣”，各人谈各人观点就是我们的共同语言，否则，意义不大。

谈到拟发起“黄河文明学会”，我意，“黄河文明”是个课题，“学会”有些形式化，不如“座谈会”实际、实惠。你意如何？

以上意见，仅供参考，此致

敬礼！

苏秉琦

1986.12.6

许顺湛—苏秉琦（1990.5.25）

苏先生：您好。去年长沙一别又一年多了，甚念。

您是中国考古界德高望重的老前辈，又是关心后辈的著名学者，您的名望尽人皆知。因此，我有一事才敢冒昧的向您请求。

我完成了一部书稿：《黄河文明的曙光》，约40万字，河南人民出版社决定出版。在郑州的朋友和出版社的同志，在一起多次商议，一致意见想请您为拙著写一个序言。我的书稿从宏观的指导思想和理论原则，是完全拥护苏先生的观点的，认为中国文明的源头肯定在五千年前，我非常赞成苏先生的“满天星斗说”。但是我的重点主要是写黄河流域，其他文明中心，我只是作为“黄河文明的伙伴”增加一章。我寄去《黄河文明的曙光》目录，便可以看出书稿大体结构。我也考虑到苏先生年事已高，也会有一些困难。不过与您的学术观点不相同的学者（当然与我的观点也不相同）不能请他们写序言。苏先生如果条件许可最好能写一个序言，如果一时有困难，可否将您发表过的谈论文明起源的文章，加头加尾也可以。长短均可，甚至写几句话：谈谈研究文明起源一些理论原则也可以。因为您年事已高我不敢强求，只能提出诚心诚意的希望。时间要求也不很紧，在下半年写成即可。不过请苏先生要先给我回个信，以便转告出版社同志，同时对我来说也就落实了一件心事。

苏先生，我衷心地希望老前辈支持我的书出版。

按道理写序言需要看看稿子，现在书稿已交出版社，因文字较多也不便送北京烦劳苏先生。请您根据您的理论发表一些高见就可以了。大体情况从我书目也可以了解一个梗概。

望苏先生对我的书稿目录结构提出意见，以便遵照修改。

望能得到苏先生的回音。

祝苏先生健康长寿。

许顺湛

1990. 5. 25

附：《黄河文明的曙光》（目录）一份。

黄河文明的曙光（目录）

一、文明的概念
二、古代文明的基本要素
三、文明源头的标志
四、文明起源多元论
第二节 文明起源外因决定论的讨论
一、丁村文化的来龙去脉
二、山顶洞人的种属
三、仰韶文化的渊源
四、龙山文化的形成
五、商文化的来历
第三节 世界文明源头之比较
一、诸文明中心的自然条件
二、诸文明中心早期的政权组织
三、诸文明中心的源头及衰败的年代
四、诸文明源头的文化概况
五、黄河文明的特点

第二章 中原古代文明——考古学文化概况

第一节 裴李岗诸文化概况
一、裴李岗文化
二、磁山文化与大地湾文化（陕西）
第二节 仰韶文化概况
一、西安半坡遗址
二、临潼姜寨遗址
三、其他仰韶遗址
第三节 龙山文化概况
一、龙山诸城遗址
二、陶寺遗址
三、其他龙山遗址重要发现
第四节 二里头文化概况

第三章　中原古代文明——科学技术成就

第一节　科学技术与农业革命

一、植物驯化阶段

二、刀耕火种农业阶段

三、锄耕农业阶段

四、犁耕农业阶段

第二节　科学技术与各类手工业的发展

一、制陶手工业

二、石玉器制造手工业

三、金属铸造手工业

四、编织、纺织业

五、木漆器手工业

第三节　科学技术与居址建筑

一、裴李岗诸文化的房址与粮仓建筑

二、仰韶文化为中国传统建筑模型奠定了基础

三、龙山文化的建筑新技术

四、二里头文化的宫殿与宗庙建筑

第四章　中原古代文明——科学文化成就

第一节　文字的发明

第二节　度量衡的起源

第三节　天象、历法与八卦的出现

第四节　生物学与医药学的萌芽

第五节　惊人的乐舞

第六节　人体自身的美化

第七节　绘画艺术

第八节　雕塑艺术

第五章　中原古代文明——宗教、礼制与社会结构

第一节　原始宗教的产生

第二节　葬俗中的宗教意识

第三节 生产生活中的宗教活动
第四节 原始宗教规范化及历史作用
第五节 礼制的形成
第六节 社会结构与各阶段的贡献

第六章 海岱地区古代文明

第一节 考古学文化概况
第二节 科学技术成就
一、农耕、家畜驯化和纺织技术
二、建筑技术
三、冶铸技术
四、高度发达的制陶工艺
五、制玉工艺及其他
第三节 科学文化成就
一、文字出现
二、历法、八卦、宗教与巫师
三、人体装饰艺术
四、雕塑艺术
五、彩绘艺术及其他
第四节 商品生产与交易
第五节 阶级形成与酋邦王国的建立
第六节 海岱与中原文化的关系

第七章 甘青地区古代文明

第一节 考古学文化概况
第二节 大地湾仰韶人对古代文明建设的贡献
一、中国建筑史上的创举——五千年前的宏伟的宫殿建筑
二、中国建筑史上的奇迹——五千年前的轻骨料和水泥
三、五千年前“地画”的奥秘
第三节 马家窑人对古代文明建设的贡献
一、发明了青铜冶铸技术

二、商品生产及交易

三、发达的彩陶艺术

四、发现了五千年前的群体舞蹈图

五、人体装饰艺术及雕塑艺术

第四节　齐家人对古代文明建设的贡献

一、金属冶铸技术普遍推广

二、商品贸易出现

三、文化艺术成就

四、原始宗教与礼仪

第八章　黄河文明的伙伴

第一节　太湖地区古代文明

一、考古学文化简介与分析

二、对良渚文化的总体观察

1. 科学技术成就　2. 文化艺术成就　3. 祭坛、巫师与礼仪中心形成　4. 社会结构

第二节　燕山地区古代文明

一、考古学文化概况

二、五千年前的大型祭坛

三、五千年前女神们、积石冢和金字塔

四、精美的玉雕与龙的出现

五、夏家店下层文化的石城

第三节　其他地区的古代文明

陈　晶

陈晶（1936—　），又名陈晶晶，先后工作于济南市博物馆、常州市博物馆。[①]

陈晶—苏秉琦（1962.6.30）[②]

苏先生：

您的来信收到了。身体是不是已经完全复原，念之。您来济南时，我们只顾着争取得到您更多的指导和帮助，而没有照顾好您的休息、生活。现在想起来，还是感到十分抱歉。

这一个多月来，在工作中体会到了。您来一次，对我们的帮助是多的，得到了很多启发，因此，这阶段工作比起以往来感到顺利一些。

---

① 陈晶先生自述："原名陈晶晶。1964 年自济南市博物馆调入常州市博物馆时，更名为陈晶。"陈晶先生与苏秉琦先生的通信，曾经汪遵国先生编辑整理并做注，以《考古学简札——苏秉琦先生给陈晶同志的信》刊于 1989 年第 2 期《辽海文物学刊》（汪遵国先生所做注释，转引于本书信集相关位置）。后收录于苏秉琦先生《华人·龙的传人·中国人——考古寻根记》，篇名修改为《关于环太湖地区考古通信》（辽宁大学出版社，1994）。在 2015 年开始着手开展苏秉琦先生家藏信札的整理过程中，陈晶先生不仅提供了相关通信的录文，还对之前已刊信件中原删的部分内容进行了补充，并提供了新发现的未刊信件 9 封。

② 原信未署年。经陈晶先生确定，该信写于 1962 年。

您关心着我们的工作，我们也极愿意随时把工作情况向您汇报。并且，希望能不断地得到指导。我常常想着，这是一项有着重要意义的工作，应该尽努力做得好一些，只是自己没有基础、水平低，工作中是遇着不少困难。然而，诚如您所说，今天的工作条件好，领导的支持和鼓励，前辈先生们热情的帮助，增加了我们的信心，更促使我感到必须努力把这一工作搞到底。

您是了解我们工作的，资料工作做得粗，初步整理的器物及墓葬部分的材料，自己看来也感到不满意。在您离开济南后，我们考虑了如何进一步的做工作。目前为止，花了一部分时间，核对和整理了原始资料，又排了一遍器物。这次排队的结果：陶器部分，每件器物从过去所分的若干“式”中，提并出了“类”来。这样一来也随着找出了某些器物分期的界限，所以墓葬部分，我觉得还是可以分三期，有三期的界限，只是中期的数量不多。至于墓葬部分的材料，酝酿分三节交代，分总的介绍、典型墓、分期。这部分的分量很重，估计整理中一定还会碰到很多问题，还要向您请教。

子范同志已回济南，给我们介绍了很多情况。他的工作较多，近来也来照顾工作。

许市长处的信，已转去。知道顾先生能来，十分欢迎。嘱我谢谢先生。

先生编的讲义，我还没有读到，是不是可以给我一本，让我学习。以后的工作情况，容后再向您汇报，希望能经常得到您的指教。此致

敬礼

陈晶　上

6. 30 日

陈晶—苏秉琦（1963.□.30）

家藏空信封 1 枚，署“济南市博物馆陈寄”，推测为陈晶先生。济南邮戳 1963.□.30，北京邮戳 1986.7.28。

苏秉琦—陈晶（1966.2.26）[①]

晶晶：

2 月 19 日信收到。

大顺论文中有关刘林、花厅关系部分，我写了一份摘要随函附上，供你参考，并希望你对他的论点，提出自己的看法，写信告诉我。

圩墩村调查材料[②]，希望早日整理出来。不会画图，可以试着来，发表时可请这里技术室加工。像这类包涵有不同时代的遗址材料，最好还是有些共生关系或层位关系才好。否则专就器物形制分析，总是吃力不讨好。

北大历史系实行半工半读，已整个搬到北京北郊的十三陵与南口之间的太平庄去了。

我准备三月一日去湖北一行，最多两周可以回来，回来时希望

① 陈晶先生提供录文。

② 汪遵国先生注：圩墩，太湖地区古文化典型遗址，位于江苏省常州市戚墅堰镇南，在 1972 年、1974 年、1978 年、1985 年共发掘四次，发掘面积 1330 平方米，发现包涵丰富的马家浜文化遗存和叠压在上面的崧泽文化遗存，有马家浜文化墓葬 150 余座，崧泽文化墓葬 5 座，还有一些春秋时代的几何印纹陶遗存。圩墩村调查材料见《考古》1974 年第 2 期所刊《江苏常州圩墩村新石器时代遗址的调查和试掘》一文。

看到你的来信。再谈，此致

敬礼

苏秉琦

66.2.26

苏秉琦—陈晶（1974.8.4）[①]

晶晶：你好！

信收到了，非常高兴！去年中航同志来京，改写大汶口报告结论部分[②]。事后他才提起，后悔没有趁此机会请你来一起商量着写。现在此报告的最后校样听说已排好，多年心血，出版有望，可喜可贺！毫不夸张地讲，这本报告总的说来，算是差强人意的（有人也许会说选材料多了些，而我则认为成组的材料还嫌少了些）。最遗憾的是，人骨鉴定只有一部分，结合成组器物不够多，不仅使我们探讨墓地的排列顺序不大可能，进一步探索其社会意义也就更困难了。这一步办不到，那么，这批材料的一半重要意义就丢了。我曾经在文章中提到过，大汶口类型墓地的排列可能同华县元君庙墓地的排列，形式上不同，而性质却相似，即是同一社会发展阶段的两种方式，其实质是相同的[③]。可惜，我曾经费了一番力

---

① 陈晶先生提供录文。

② 汪遵国先生注：《大汶口——新石器时代墓葬发掘报告》，文物出版社1974年出版，山东省文物管理处、济南市博物馆编，全面报道了1959年夏在山东大汶口遗址发掘的133座墓葬，是研究中国原始社会晚期历史的重要资料。由于当时的历史条件，未介绍具体编写过程。该报告由杨子范、刘锡曾、陈晶晶、于中航、蒋宝庚等整理编写，于1963年完成初稿，1964年完成二稿，1972年在苏秉琦先生具体指导下，由于中航重写了有关文化性质和社会性质考察的第九章和结束语。参见陈晶《大汶口新石器时代墓葬发掘报告编写记述》（《文物天地》1988年第6期）。在这封信中，苏先生对这本书作了全面的评价。

③ 汪遵国先生注：见苏秉琦《关于仰韶文化的若干问题》一文的第7节和第8节，刊《考古学报》1965年第1期，收入《苏秉琦考古学论述选集》。参阅《大汶口》和《元君庙仰韶墓地》两书。

气，还是不能得到满意的结果，只能还是从其中的一小部分看出其一定的排列顺序及其变化。对此，我还不死心，等有机会能找到你们做的（包括大顺做的）卡片时再试试看。

圩墩村材料，想来是很重要的。长时间以来，我们曾考虑过，在长江下游的江南一带，到底南京地区和太湖地区的关系是一回事，还是两回事？常州地处两者之间，也可说边缘地带。来信提到，有同志认为，马家浜类型即良渚前身。这意见，我认为是有理由的。因此，我对像苏州草鞋山遗址的发掘很感兴趣①。南博同志曾几次带口信来，希望我去看看。我想等有机会时去看看。圩墩村材料，不知是一个单纯的时代，还是可分为几个时代？寄来要做碳14测定的样品收到，还没有做，等有成果时再告诉你。

你们丹阳征集到一批原始青瓷与印纹陶共生②，不知有无出土地点？如有像样的遗址那就好了。自去年底今年初江西清江发现一处古城，名“吴城”，曾开了几个探坑。根据层位关系，可知此类青瓷与印纹陶的共生现象，不是一个短的时期，而是包括几个不同的历史阶段。那里有城墙，还有青铜器。初步判断，它的主要堆积年代是商代，但包含有更早和更晚的阶段。因而引起各方面的重视，文物局曾几次函电，要地方上重视保护，并配合基建进行工作，到现在为止，还没有正式进行发掘。我原计划，等那里工作时（到一定段落）去一趟，也可顺便到南京、杭州看看。现在看来，什么时候能实现，还没有把握。我想，你可否把

---

① 汪遵国先生注：草鞋山，太湖地区古文化典型遗址，位于江苏省苏州市吴县唯亭镇北的阳澄湖南岸。1956年发现，1972年、1973年两次发掘1050平方米，文化堆积厚达11米，内涵丰富，划为十层，包括马家浜文化、崧泽文化、良渚文化的早晚期和吴文化共四大阶段七个时期的文化遗存，基本上代表了太湖地区新石器时代文化的发展序列，是研究长江下游原始社会生产和社会发展过程的重要资料。《文物资料丛刊》第3辑（文物出版社，1980）《江苏吴县草鞋山遗址》一文作了具体介绍和简要分析。

② 汪遵国先生注：指江苏丹阳县导士所出春秋时代遗物，《文物》1979年第3期所刊刘兴《镇江地区出土的原始青瓷》一文报道了一部分原始青瓷器。

你们收到的那批青瓷、印纹陶画些草图给我，把它们同清江的材料对比一下，也许能看出些两者间的关系。同时，也希望你进一步了解一下那批材料的出土地点，当然，能对遗址情况知道多一些更好。

邵望平很好，她两个孩子，够操心的，她还能写点东西。

年前接到过子范同志一信，对事业还充满信心，这是很可贵的，只是山东地方一切不大上轨道，开展工作，困难较大。我们山东队还能继续做些，规模小些罢了。

希望常得到你的信，再谈。此致

敬礼

苏秉琦

1974.8.4

陈晶—苏秉琦（1974.8.14）①

苏先生：

给您寄去一部分淹城和丹阳出土器物的照片，那些都是征集品，通过在当地调查，得知在淹城城外（或说淹城周围）有数量很多的小土墩，丹阳的情况亦然。有许多小土墩集中在一地区，土墩一般都只有几分地面积，几公尺高，社员在平整高墩将近地面或略高于地平（当地地平）时即发现成组器物，几何印纹陶与青釉器放在一起，因而可知这些土墩是墓群。除淹城有城址外，丹阳那里还没有发现遗址地层，而从出土器物比较，显然与淹城周围土墩属同一时期。这些照片寄上请您比较清江的材料，有没有属同一层位的材料，大体上相当于清江的哪一期，望指教。

---

① 原信未署年。从信中提到送苏秉琦先生丹徒出土器物照片的文字看，应是对苏秉琦先生 1974 年 8 月 4 日来信的回复，推测信写于 1974 年。

几何印纹陶、青釉器、铜器三者共有的已发表材料有安徽屯溪材料，有些青釉器、印纹陶与淹城、丹阳比较接近。前年还是去年有个同志在《文物》上发表过一篇关于原始青瓷的文章，文章着重于青釉器物的定性分析，也提出南方地区几何印纹陶、青釉器共存的问题。但对所代表的年代、时期和社会阶段的关系没有解决。我想对这种文化结合社会时期的研究很重要。江苏历史陈列，摆不出奴隶社会这阶段江苏的历史、文化发展情况，恐怕主要还是不认识，不是没有发现。

我昨天来南博，曹者祉同志表示发掘和材料整理写简报、看来有些看法很难统一。浙江河姆渡遗址的情况与浙江同志通信中他们也告诉我一些材料，与这里关系很密切。圩墩村早期可能就相当于河姆渡最下层（三—四层），圩墩村上层发现崧泽类型（墓葬），这个遗址最上层的堆积已破坏，草鞋山有典型良渚类型的堆积，常州附近还没有找到出土典型良渚期的材料，不知道这条线的发展是否就到这里。草鞋山下层与圩墩村基本上是一回事。

清江的材料，您那里有无照片或图，能否供我一阅，阅后当奉还。

郑洛出土玉琮、璧、玉刀等共收集到17件，这是其中最大的玉琮，与最近故宫出的古代工艺品图录上那件很相似。故宫定为周代遗物，但不知这件传世品是哪里出来的。我估计是南方的东西，不是北方的。草鞋山上层也出土一组，据称属于良渚墓葬出土。郑洛的地层还不清楚，想有机会去搞几个探方。

您近来身体如何，念念，我可能在南博待两周，您如有信给我，请寄“南京牯岭路28号汤高峰同志转我”。

盼赐教

敬礼

晶晶上

8.14

苏秉琦—陈晶（1974.9.19）[①]

晶晶：

你的8月14日信和一册照片器物图已及时收到，但没有及时答复，有几个原因。我8月6—16日去承德一趟，回来后一则需要休息，再则有些事要料理。最近一个原因是我翻出了你“文化大革命”前的旧信，引起我对当时你提过的一些问题的回忆，恍如昨日才发生的事。因为，这些问题，现在还得探索。而于中航同志最近才把大汶口报告结论部分的校样给我看，让我提意见，不能不对其中一些重要论点，仔细想想（一是社会阶段，二是同其他文化关系）。还有你的来信中涉及问题较多，这样时间就拖下了，一拖竟是一个月，非常抱歉。

先谈一下丹阳、淹城青釉器、硬陶器问题，清江吴城遗址的最后一阶段也是青釉、硬陶，而其较早诸阶段也出硬陶、釉陶（或称原始青瓷）。丹阳、淹城出土器接近，有其特征，淹城外出土独木舟年代约当商周之际。这类遗存年代，从有些器物，如鼎、豆、罐、簋等看，经过一段较长时间的演变，要经过发掘来逐步解决其自身分期问题，与细的断代工作。它们与屯溪发现关系近一些，而与清江同期物则差异较大。看来，二者渊源，或文化背景是有所不同的。到现在为止，我们把太湖流域、南京地区，与赣江北部三地区分别来研究它们各自从原始社会解体到阶级社会较为合适。就是说，既看到它们之间有较密切的关系，又要首先着眼于它们文化传统、特征以及与周围邻近地区关系上的差异。你所接触到的丹阳、淹城、郑洛这三处遗址，都相当重要。作为第一步，能争取到小规模试掘，以了解其年代、分期与文化特征、相互关系，是一件颇有

① 陈晶先生提供录文。

意义的工作。

你提到《文物》上那篇文章，（作者）是1962年北大考古专业毕业，在故宫陶瓷馆工作的一位同志。此文写作经过，同我商讨过。它的主要目的是要提出：1. 它是瓷是陶；2. 它与南方硬陶有渊源关系；3. 它的起源在南方而不在中原。当时还没有发现清江吴城遗址，由于吴城的发现，这一问题就更清楚了。

就长江流域的考古工作问题，这是一重要线索，我们期待今年这一遗址的工作会有重要收获。因为它是我们迄今为止，在目下掌握线索中，涉及江南地区从原始社会解体到阶级社会。还有，它同南北、东西诸文化关系问题上都提出了重要线索。

江苏青铜时代历史文化发展，首先要同浙、皖、赣联系起来看，江苏自身的南北、东西的差异又必须加以区分，单单提出江苏的奴隶制阶段陈列，那不是可以一下子能提得出来的。不仅是有没有材料、认不认得的问题，这里有许多学术问题，必须按照科学自身的发展规律一个一个、逐步深入地进行探索。既不是简单的问题，也不是一下子就能痛痛快快讲清楚的，更不是瞎碰，东找找、西找找可以碰上的。这里一个简单道理，是科学研究的对象是“规律”，科学工作自身也是有其“规律”的。科学工作的道路不可能是笔直的，但要求我们少走弯路，更重要的是，不要设想有什么捷径。

圩墩村下层、河姆渡下层（4）、草鞋山下层……可能都年代接近，文化上有相似处。但从我看到的一些草图判断，初步印象是，杭州湾南侧、太湖流域还是要注意它们的差异，不能简单地说“基本上是一回事”，请你再考虑一下。

清江去年试掘材料拿到北京来时我在小本上记了一下，他们给过我一些草图、照片、地图等，我都交文物局入档了，没法借给你了。

郑洛在什么地方？你如能在出玉琮的地方开几个探方，那再好不过了，甚盼！

检阅旧信，你谈到你和于、闫二同志对苏北发掘写过一篇文章，可能还在《考古》编辑部。我没看过，于同志有底稿，不在京。但从你信中，我已大致知道了你们的主要论点，我看，这类文章不写也罢！以后多从建设方面考虑些问题好了。现在已发表报告中比较令人满意、能使人据以做进一步工作的不多，难道你对《大汶口》报告就十分满意吗？不一定吧！

说起身体，别来已近十年。对一个人来讲，十年变化是很明显的。你说自己已像“小老太婆”，我则更像“糟老头”了。但我自觉在体力上，虽不能算个半劳动力（长期半休），精神上还是好的，没有衰老之感。我今年6、7、8三月中都出去一次，各7—10天，按半天安排活动，实际上全天难得休息。三次外出，都在感觉，每次都做过一次三个来小时的报告，还能支持。不过，回来后总有一个星期左右感到疲倦。今后外出，还应更严格控制一下活动时间，不能再像当年那样了。承问及，特据实以陈。

我刻下家中缺乏一件合适的放在写字桌边的椅子，我喜欢有一把藤椅。原来一把放在北大，在“无政府状态”期间丢失，而现在北京根本不见藤器。听友人讲，苏州还有，不知确否？请你代我问一下：1. 有没有，2. 能否设法托运！

原计划今年去南方一趟，还没定下来。

北大实习同学，一个班（去湖北宜都的）21日回京，另一班20人去清江、20人去湖北（挖盘龙城）12日已动身，想听一听去后情况再定。

下次再谈。致

敬礼

苏秉琦

1974. 9. 19

你的住址忘了，下次来信告我。

圩墩村发掘情况，整理结束，请简单谈谈。

陈晶—苏秉琦（1974.12.16）[①]

苏先生：您好！

大约10月份给您一信，寄到“人民路27号”（照您信封上的地址）不知收到没有？

有点消息向您汇报：最近镇江博物馆在句容县天王公社甸岗果园发掘了一土墩，他们打电话给我，我去了，扬州的朱江同志也去了。那里是丘岭地区，附近有不少土墩（封土堆积）群众称之为“宝宝墩”，这次发掘的一个底径大约有20m，高2.4m，从中心向下取土约清理了100m^2，内发现有青瓷（早期青釉器）、几何硬纹陶、夹砂红陶（大部分是鼎）、黑皮陶等共存的墓葬，器物约有200多件，器形大。青瓷的风格与丹阳那批不一样，纹饰多数为米筛纹，小件为素面，内壁多为同心圆轮旋纹，几何印纹陶为苏南常见夹砂红陶。器型有鼎与釜形器（盖在印纹陶罐上）。还有黑皮陶、灰陶，都为器盖。其中发现四个人骨个体，骨架很零碎，仅有一些头骨、牙、少数肢骨。器物分布在人骨两侧，有两处约2—3m长，1.5m米宽的石砌面，有打破关系。上层的几组器物看来较早（纹饰，器形有些变化），下面两组打破上层应该属较晚。还有一件大陶鬲，夹砂红陶，袋足较高，仅见一件。我觉得这批东西的发现较重要，时间可能相当于春秋（有的可能拖到战国），东西集中，也能反映出墓葬制度。

在镇江地区内发现几何印纹陶，红砂陶，青瓷共存的类似这样的土墩很多，出土东西也不少了，但正式清理发掘的就这第一次。这次在句容与扬州、镇江的同志商量，准备明年几个馆合起来搞一个青瓷的专题陈列。从现在有的材料来看，以春秋—汉—六朝—隋

① 原信未署年。据苏秉琦—陈晶（1974.12.19）内容，信应写于1974年。

唐出土的青瓷几个馆凑在一起，可以初步看出一条发展体系。您上次信中提到故宫同志写的青瓷的文章中提出了“瓷补陶”，我还有一种想法，在江苏南部（春秋青瓷集中在苏南一带）这一阶段是否有“瓷补铜”的趋向。因为从现有材料可以看到，这时期青瓷已相当发展。虽然有些问题的认识，我觉得还只是在初级阶段，或者还是不正确的，然而总得经过不断的实践才能有所认识、有所提高。镇江有个同志说笑话“在江苏，我们这些馆是属于‘第三世界’的小馆”。这次南博大约也有同志去看了，据我所知近年来南博还没有十分注意这方面的材料，上海、苏州博物馆的同志也在研究这些材料。

这个展览会如果能够办起来（我们一致认为搞这样一个展览条件是成熟的），到时候我们一定邀请您，请考古所的同志来指教。

北大最近出的（铅印本）讲义，能否帮我搞一份，我很希望能得到。

您近来身体怎样，好久得不到您的来信，甚念。中航同志最近有信给我，他大约还在北京吧！

此致

敬礼

晶晶上

12.16

问邵望平同志好！

苏秉琦—陈晶（1974.12.19）①

晶晶：

你好！十月来信及时收到，12 月 16 日信也及时收到。现在考

① 陈晶先生提供录文。

古所所在的这条大街又改名王府井大街27号，不叫人民路了。我身体还好，每天上午到所，下午在家。原来计划今年去南方一行，江西、湖北都正式来公函、来人谈过。恰巧，先是领导上没人负责，随后由中央决定处理学部问题，正式派临时领导小组，“工宣队”，由国务院科教组领导，“落实政策”“整党”，要在年内恢复党的组织，成立新的领导班子。于是，把凡是在外面工作或请假的人统统电报叫回来，一天上、下午、晚上三班，专搞学习、运动，停止业务。这样，我的原来计划，就不得不放弃了。今年田野考古是个“丰收年”，现在二十几个省市的“调展”（为迎接四届人大）来了六十多个人，展品一、二千件，仅仅是其中一部分，或叫做“精品”。其实，这还远远不足以反映工作的实际成果。何况，许多发现还仅是一个开头而已，还没来得及开展，更谈不上消化。现在展品已上架完毕，说明也写了，我们因运动关系，还未得去看一眼。说实在的，看看也不过“一新耳目”而已。其作用，自然，首先是政治的，其次，则不过引起大家，特别是中央领导的重视。总之，这对推进工作是有利的。在这大好形势下，工作上的实际问题不少、困难不少。话说回来，革命工作，哪一项不是如此呢？一帆风顺，轻而易举取得真正成绩的事，从来没有，考古岂能例外？

大汶口的发掘①，我没见到第一手材料，也还没见到参加这次工作的同志。只知道，这次“调展”拿来三件彩陶，是前所未见过的。还听说，这次发掘区的情况，大致是比原大汶口报告中最早的更早一些的为主，其中包括有些是我们在鲁西北聊城调查发现的与仰韶文化早期阶段相似的器物。至于对它们应该如何定名，如何评价，那是有待商榷的了。

你十月信中谈的圩墩村材料，据我看（可能武断些），它可能

① 汪遵国先生注：此处指1974年大汶口的第二次发掘，发现一批早于1959年第一次发掘的墓葬和地层资料，参见山东省博物馆《谈谈大汶口文化》一文，刊《文物》1978年第4期。

说明长江三角洲、太湖流域这一范围内这一原始文化的西部边缘。为了说明它的这一特征，在工作中，还是以暂命名为“圩墩村一期、二期”较好。关于这一原始文化，我们业已有了苏州（草鞋山）、崧泽、嘉兴（马家浜）几处各自可以分期的、较为可靠的早晚期诸大同小异的文化特征。它们既有别于江苏南部的南京地区，也有别于苏北，更有别于近期浙江余姚河姆渡年代接近诸遗存，因此，这一文化的诸方面轮廓算是已初具规模了。

上博的梁志成同志告我，他们今年既在崧泽弄清了它的上下两层，还进一步弄清太湖东侧“良渚”的早晚两层，又对这里所谓印纹陶的相对、绝对年代问题以及分期有了一定发掘材料的佐证（商周）①。尽管这些还是初步分析的结果，已对这一地区从原始文化到早期青铜时代有了一整套分期断代材料（这些是根据他对我谈的记忆所及，我没笔记下来，可能有些出入。但我认为，知道这样一个大概，就够了）。你知道这些也就够了，不必急于在人家还没有准备发表时去追问人家，也没有必要代人家宣传。我告诉你，只是为了你们工作时，自己心中有数罢了。

你们在常州—镇江地区广泛遇到的这类含有青瓷（或釉陶）印纹硬陶、灰陶、黑皮陶一类遗存，大可抓下去，做上几处层位可靠、单位完整的材料，好好整理一下，将是很有意义的。那将绝不仅是说明这一地区青瓷发展的问题。我的这一意见，你可以向你们的领导适当反映（就是说，它不是个小问题，是很有学术、现实意义的。但我们又绝不可以在工作还没有做之前，就自吹自擂。科学工作首要是用科学态度对待。这不是卖狗皮膏药的事，也不是神秘的事）。你们想搞个展览的设想，如果有可能，似可以年代确

---

① 汪遵国先生注：此处分别指1974年至1976年青浦县崧泽第二次发掘，1973年青浦县果园村的发掘、1972年至1975年金山县亭林的发掘。参见黄宣佩、张明华《上海地区古文化遗址综述》（《上海博物馆集刊1982》，上海古籍出所社，1982）和孙维昌、杨嘉琦《三十年来上海地区考古收获》（《文物考古工作三十年》，文物出版社，1979）第一部分。

凿、有共生材料证明的为主，再配合上那些可以比较、可以肯定年代的藏品。而说明的重点，则不宜专就青瓷谈青瓷，而应以在这一特定地区、特定历史阶段的历史背景，说明它在我国整个历史发展中它的特殊作用、地位（以上意见，为供你参考，或对领导适当反映）。有一个问题我不清楚，你们是如何把这类遗址年代上限笼统定在春秋的？

上次我问的藤椅，你看如还比较牢固适用，有机会烦代我买两个，连包装运费约多少钱，我可先汇去备用，将来我想把它再上一层清漆，大概就不显粗糙了。请代办。

再谈。

敬礼

苏秉琦

1974. 12. 19

北大考古铅印讲义印到西汉，东汉以后暂不再铅印。以前铅印讲义，上级指示暂不再交流赠送。等有机会，看能否设法弄到一些（个人手上有无多余的）。有时当即寄奉。

苏秉琦—陈晶（1979.2.22）[①]

晶晶：你好。

你写给老吴同志的信（包括 1978. 4、1978. 8、1979. 1 等），我都看过了。你的那篇稿子我粗读一遍[②]。回想从 1977 年南京会议

---

① 陈晶先生提供录文。

② 汪遵国先生注：1978 年陈晶同志写了一篇关于马家浜文化的文章，请苏秉琦先生、吴汝祚同志提意见，苏先生写了些信给以指导。陈晶同志按苏先生的意见作了努力，至 1981 年 9 月写出修改稿，又经苏先生两次提出意见（参见 1981. 9. 26 和 10. 30 信），陈晶修改后以《马家浜文化两个类型的分析》为题，提交中国考古学会第三次年会（1981 年 12 月在杭州举行），后收入《中国考古学会第三次年会论文集》。

见面后一年多过去了，那次见面也没得机会多谈谈具体工作或学术问题，这段时间也没有机会通讯谈这些，真有“天各一方”之感！这不是什么小资产阶级的感情。而是说，我们并不是没有可谈的问题，也不像你所说的那样，我“偏心眼”，不关心江苏的工作，更不是不关心你们的工作。那么，又是怎么回事呢？

正像你所说的那个“怕”字，你说“怕”又说不是。我明白，这是个什么问题。不论是说江苏，还是你们那里，还是你自己的工作，你们有想法，我也有想法，可以交换意见，彼此有需要，有愿望，但是涉及具体工作、具体学术问题，没有一个机会、条件，彼此对材料的了解，对问题的提法能够充分地在一起观察、分析、探讨，没有这样的基础，而是如同现在这样，你拿一篇稿子给我看，让我提意见。不好提，老吴本意想让我向《文物》推荐。我犹豫，我并不想要求人像我一样考虑问题，这不符合“双百”精神。

我犹豫的是，像你这样一个——说句俗些的话，好学深思，敏于观察，又愿意勇于提出问题的同志，再加上我们还一起摸过“大汶口”的盆盆罐罐的关系，这非同一般。而且，论资历，也该算老资格了，不能说是“初出茅庐”了。其实，诸葛亮的“隆中对”那可真了不起！这话是什么意思呢？请你考虑一下。

考古文化的区系类型，不是个肤浅的课题，如果停在表面，那就一文不值了。譬如，你摸过“大汶口”材料，一件件地摸过，“排过队”，还分过期。但我要问你：不必讲大汶口文化，而只讲“大汶口遗址”，它的特征性质该如何加以归纳，才能称得起是科学的概括呢？这难道是可以冲口而出的吗？它同其他诸所谓大汶口类型遗址的关系是可以凭印象讲话的吗？你不赞成“青莲岗文化江南类型”的提法，不赞成把阴阳营类型夹在马家浜文化与崧泽中层之间，怀疑马家浜源于河姆渡之说，是有道理的，但这又仅仅是概念的。概念的东西不等于科学研究的结论。何况，问题的提法也值得商榷。

考古既然是科学，不但应是逻辑的，还应如数学一样，可以摆出像一是一、二是二那样可以一目了然的。现在的青莲岗文化概念①固然没法讲清楚，提出不同提法的同志同样也讲不清楚。这犹如你说张三、李四是两个人；他说张三是张三，李四是李四，不能简化为“两个人”。你看，这样“争鸣”下去，岂不成玩皮球了！

我想，你可能会有个什么笔记本本之类的东西，这是不够的。凭记忆，更是不够。材料积累要有系统，要能消化，食而不化不能变成营养。我看最好是在自己工作范围内能接触到的材料下足苦功。听说圩墩村过去发掘的资料不在你处，你们手中也没有纸面材料。那么，现在你们挖的两个方（8×8、10×10）是否可留在常州呢？② 你提到一处像张陵山的遗址，破坏严重。你单位是否可以清理一些呢？你提到那处有玉琮出土的遗址，不知能否挖？③ 总

① 汪遵国先生注：青莲岗文化是基于1951年发现的苏北淮安青莲岗遗址，为了有别于仰韶文化、龙山文化而在1956年考古工作会议上由南京博物院赵青芳建议命名的。曾昭燏、尹焕章在《江苏古代历史上的两个问题》（刊《江海学刊》1960年第12期，后作为《江苏省出土文物选集》前言）中作了论述，认为其以江苏为主，包括鲁南、浙北、上海、皖东等地区。《文物》1973年第6期发表署名吴山菁的《略论青莲岗文化》（系南京博物院纪仲庆撰写）一文，进一步将其划分为江北和江南两个类型：江北类型分青莲岗、刘林、花厅三期，下接大汶口文化、赵山文化；江南类型分马家浜、北阴阳营、崧泽三期，下接良渚文化。1977年在纪仲庆撰写的《长江下游新石器时代文化若干问题的探析》一文中，又将两个类型改称为江北青莲岗文化、江南青莲岗文化。这是从单一的仰韶文化、龙山文化系列至区系类型理论创立前考古学实践总结、理论研究的有益尝试和重要探讨。

② 汪遵国先生注：此处指圩墩遗址的第二次和第三次发掘。第二次发掘是南京博物院、常州市博物馆于1974年4月至6月联合发掘的，发掘面积625平方米，发现马家浜文化墓葬62座、崧泽文化墓葬1座，发掘简报以吴苏署名刊于《考古》1978年第4期。第三次发掘是常州市博物馆于1978年12月至翌年1月发掘的，开T7801、T7802两个方，发掘面积164平方米，发现马家浜文化墓葬30座，发掘简报刊于《史前研究》1984年第2期。

③ 汪遵国先生注：这两处遗址指潘家塘遗址和寺墩遗址。前者由常州市博物馆、武进县文化馆清理，主要为崧泽文化遗存，简报刊《考古》1982年第5期。后者由南京博物院发掘，主要是良渚文化氏族显贵墓地，也有崧泽文化遗存，简报刊《考古》1981年第3期和1984年第2期。

之，在你的范围内，在你单位可以活动范围内，就自己做点工作，积累些第一手材料，认真把它消化掉，至关重要。

长江是天堑，又不是天堑。但徐海地区连接山东。江淮之间如何，在江苏还不清楚。这些问题可以暂先挂着。专说江南，太湖流域、宁镇地区、宁绍平原、浙江西北部都是互有区别的。常州地方同这四者关系，不能简单说同哪一块是一回事。首先是，它自己怎么回事。不管属哪一阶段，如能有一批较成系统一些的材料，好好消化一下，做出科学的概括，就是有所贡献。

一地同其他相邻地区之间的对照关系的比较，要按照严格的“同时代法”，也要找“门当户对”的材料，不宜信手拈来，那就是滥用“比较分析方法”了。还有你那里属于所谓出几何形印纹陶的遗址，有无较像样的遗址或成宗的材料？值得注意。稿子暂存我手，如何处理，你意如何？

祝

进步

苏秉琦 1979. 2. 22

（字潦草，勉强看吧！）

陈晶—苏秉琦（1979.3.21）①

苏先生：

有一车子的话想同您谈，可是您在北京，我在常州，本月 16 日我们才结束圩墩两个探方的发掘工作（春节前大雪，一个探方没有做完，最近才去清理完工），稍定，才给您写信，您大概有点责怪我了。

这次发掘虽然没有多少新东西，但有收获，第一，T7801 分四

---

① 原信未署年。陈晶先生回忆，信写于 1979 年。

层、T7802 分三层，全部是马家浜类型，对马家浜本身的延续、早、晚有了印象。第二，T7801（8×8）10 座墓，其中两组为同性叠压葬，葬式很特殊，同方向，上面骨架的上半身，压在底下骨架的下半身，骨架相压部分没有填土，可能是一次性的叠压葬，一对为男性，一对是女性。T7802，21 座墓葬，5 座女性，16 座男性为一片，中间不夹女性。这一迹象目前只能看到局部。看来这个遗址，用小块发掘的方法不适宜。第三，在马家浜的层位中发现花瓣足，为串接崧泽中层器物中的花瓣足提供了材料。我很想在整理材料过程中再去看看河姆渡的材料，也希望整理河姆渡材料的同志也来我们这里看看。

常州附近还有几个遗址，寺墩（出玉璋）、潘家塘（已被平整，有出土物，去年写过一份简报给了《考古》），还有新港（出张陵山类型器物）。初步看来，这几处遗址可以串得起来。

类型＼遗址	圩墩	潘家塘	寺墩	新港
相当于良渚	/	/	类似良渚	不甚明显，还没有做工作
张陵山 中 早	/	/	早	中（破坏）
崧泽（中）	早、中	中、晚（较丰富）	中、晚（有相当数量）	/
马家浜	早、晚	晚（不多）	/	/

前几天同济陈从周先生在常州讲学，一开头就谈“江南”两字含义，为“柔波软风”。他称：江南是从常州开始，丹阳（在常州西一站）就不是吴语系统，我想五千多年以前的“太湖文化”也应是从常州开始，这又是“概念”，您不反对吧！

您对我提了相当严格的要求，我内心感激，但是我是没有出息的人，工作也做不深入，困难甚多，在我们这地盘小范围内做工作还有一点主动权，不过我去挖那些破陶片回来，领导上腻烦，他们不理解。去年我去挖了一批南宋漆工精品回来，领导很高兴，没有这样的调节就很难开展新石器时代的课题工作。更甚者，上级某领导不容我，去年，我要去挖寺墩（属武进），地区、县一级都疏通了，某领导突然派出一名青年技工，到那里挖开了。汪遵国也想去，不准，我和汪大家有愿望共同合作做些工作，而我们只能私底下看材料（陶片）交换意见，从来不准他来常州出差。汪的处境比我还难，不过他很用功，这几年积累的材料也不少。我每去过一次南京，总得给老汪惹一些莫名其妙的是非。老汪倒霉，所以我都不大敢去南京。说这些别人的坏话，您会不赞成，但这是事实，我有些明白“工作就是斗争”的道理，老汪涵养好，他受得了气。

老汪告诉我，您去年讲学，关于新石器时代文化的区域问题，说是有油印讲稿的，我也要，即使您认为我是消化不了的，多读一些，我想总会有收获的。

上月我去上海，无意中巧遇子范同志，老熟人见面，想到搞大汶口的那段情景，自然想到谈到您对我们工作的支持，从摸索到初步认识，这过程中您付出了辛苦的劳动，给我们鼓励。我还记得您对我的批评，很严，这样我才有一个由浅入深的过程。老杨约我共同写一篇编写大汶口报告的认识。我考虑不大好写，很容易被人误会替自己表功，不过从认识论的意义上讲，也是可以谈一些问题的，我们老前辈已故唐兰先生之所以把大汶口材料论到文明时期，最初我们也有过这样的误觉。老杨要我先起草，我也是犹豫，前天他又来信要我交草稿，我一字未动，他还带有一点牢骚、情绪。

《武进潘家塘新石器时代遗址调查与试掘》一稿，大约是去年夏天寄《考古》的，至今没有回音。虽然整理的水平很低，但是作为资料可能是有用的。您是否可向编辑要到，看是否有不妥之处，请指正。

另外这次发掘，采到一些木炭，都是小块小块的，数量不少，但带一些泥在上面，最近准备寄去，请所里再做一测定（以前是用木头做的），不知会同意否。

最近与汪遵国见过一面，他去宜兴出差，偷偷地跑到常州来的（路过），他要我问您好！他现在搞的材料也是苏南一带，我们有些共同的看法。老汪是好好人，就是太软弱，压得他气也透不过，他还不敢吭声。这次组里初议提职问题，有人把赵老气得拂袖而归，在家休息了，也有人说“汪遵国还不够资格当助研，当个实研就差不多了”，而某某人可考虑副研，诸如此类。我们到底当个什么，那就更没有说法了。汪说，南博报了25名学会会员，反而我这里什么也不知道，对于这些事，我看也没有多大意思。

也许说了很多不应该说的话，也算没有出息吧！有些气没有地方出，给您写信就说了，请您原谅。

匆此

春安

晶晶上

3.21

问苏师母好！

苏秉琦—陈晶（1979.3.28）[①]

晶晶：

3月21日及时收到。我准备今晚（29日凌晨一点车去西安）就动身，今天抽空给你写信，以免悬念。你去年寄编辑室的稿子，我问过了，说“在审查中”，等我回来再说吧。

你们在圩墩挖的两个“方”，现象很重要。你只说T7802分三层，T7801分四层，但未讲二者是否都已挖到底了？二者的分层是否可以对得上“口”（即如①等于①，②等于②……，或不是如此）。

① 陈晶先生提供录文。

你信中又说起印象“对马家浜本身的延续、早晚如何如何的”。我坦率告你，这工作是像做算术题一样，不是“望气”、讲“印象”的。这话不好听，望你三思。你又说起想再去看河姆渡，又说想让河姆渡工作同志去你那里看。我又要向你进一言，如此“交流”意义不大。0 + 0 = 0，有什么意思？我没说你对自己的材料认识仅仅是个“0”。我是说，你要对你自己手下材料，特别是“陶片”，要下功夫粘对、复原，做多少算多少，剩下的陶片要下功夫“认识”。这工作没太多的窍门，没捷径，不受“苦中苦”是尝不到甜头的。怎样算“认识”？是真的认识，不要中过去一些报告中陶片统计表格的“毒”。用“统计表”形式所表达的，用陶色、质地、形式、制作几栏，用数字列出来，这是五十年前的事了。梁思永在美国写对西阴村陶片的分析文章，比这复杂多了。那是过去的事了，不要再重复了，再重复就一文不值了。

再说，对材料的认识，最根本的是，对你自己手下材料的认识，而不是同别处材料的比较。例如你信中列的对常州附近几处遗址的年代对照关系，这是正确的（从方法上说），但只是初步的。下一步是你所认为的“马家浜”不是铁板一块，要分析：到底早晚差别是什么，自己的特征是什么！（先不要用其他地点材料套），所谓“比较分析”，首先是自己的比较分析，而不是东比西比。

照来信说武进的“寺墩”你们做不成了。那么，在你们范围内还有没有相似的遗址，我不信就没有。

你提到你单位领导看法，不重视新石器时代……这不奇怪，彼此彼此，只有点“雅俗之别”而已。哪个单位领导不喜欢看到些“稀、奇、古、怪”好玩的东西？这一点，你不要自怨自馁。说领导“不识货”，这可大错而特错了，哪一行的工作不需做到“雅俗共赏”也吃不开，要倒霉的。干革命，搞宣传，难道就不需要“原则性与灵活性结合”吗？就写这些，再谈！

好

苏 1979. 3. 28

［编者注］苏先生信纸天头部分写：

关于你同子范[①]想写个当年挖掘整理、编写大汶口报告的“回忆录”或体会、认识的文章[②]，你不妨想想。如果写成个什么东西，倒是对我们写“中国考古学史”有用的参考资料，不妨试试。

又及

苏秉琦—陈晶（1979.4.16）[③]

晶晶：

信收到。

会议开得顺利[④]，气氛健康。会议内容以成立学会为主，对推动今后学术活动大有好处。特别是相当大区一级的学术活动，估计一年内就有几个大区已初步定了下来，明年清明前后去湖北荆州开学会理事会年会，楚文化讨论会，今夏在长春开东北考古讨论会，

---

① 汪遵国先生注：“子范”指杨子范同志（1926—1988），山东掖县人，他是参加开创山东文物事业的人员之一。从一九四九年到胶东文物管理委员会工作起，近四十年间，他把自己毕生的精力无私地奉献给山东文物、考古和博物馆事业，取得显著成绩，特别在史前考古方面造诣较深，成绩斐然。他参加了为确立大汶口文化奠定基础的著名的大汶口遗址的第一次发掘，并主持了《大汶口》报告的编写工作，展开了对大汶口文化的课题研究，提出了“大汶口文化”命名（参见杨子范《对山东史前考古的追述与瞻望》（《山东史前文化论文集》，齐鲁书社，1986）这一考古课题研究。

② 汪遵国先生注：陈晶同志随后以回忆录形式撰写了《回忆大汶口报告的整理与编写》一文，作为 1982 年 8 月在山东长岛举行的山东史前文化讨论会的论文，经修改后刊于《文物天地》1988 年第 6 期。

③ 陈晶先生提供录文。

④ 汪遵国先生注：指 1979 年 4 月在西安举行的全国考古学规划会议（2 日至 5 日）和中国考古学会成立大会（6 日至 12 日）。苏秉琦先生于 9 日在东南组会上以《关于“几何印纹陶”》为题作了学术报告，10 日在全体大会上作重要讲话，印发了讲稿摘要。讲话的基本观点在随后的《关于考古学文化的区系类型问题》（《文物》1981 年第 5 期）和《建国以来中国考古学的发展》（《史学史研究》1981 年第 4 期）两文中作了详细论述，两文收入《苏秉琦考古学论述选集》，文物出版社，1984。

在新疆开西北考古讨论会，西南初步拟在广西南宁开会……可能不只这些。

这次会上论文宣读我没参加几次，我在大会报告一次，恰好，手下有多一份，兹寄给你参考。其余文件，我没看，一大摞，统统全装交考古所汽车运回北京了。向会议再要，不好开口。到京后可问一下，如有剩余的，我再找一些给你。

我但愿你把现在手下圩墩新旧发掘材料自己好好消化一下，以地层关系为依据，用分类学方法，好好分析一下，看能分为几个小的分期（或阶段），典型单位、典型器物有哪些，特别是对那些不能复原的陶片，多下点功夫。问好！

我回京约五月初。

苏秉琦

1979. 4. 16

苏秉琦—陈晶（1979.8.10）[①]

晶晶：你好。

你从杭州给我的信刚好在我从山西回到北京时收到。这次出去差不多两个月时间，安排得不算紧，去的点多，总希望能“下马看花”，实际上仍是“走马观花”，不无遗憾。

这次西安之会，一个重要收获，我看是继南京、庐山之会[②]，

---

① 陈晶先生提供录文。

② 汪遵国先生注：南京之会指 1977 年 10 月 8 日至 17 日在南京举行的长江下游新石器时代文化学术讨论会。苏先生在开幕式上的讲话，提出“建立马克思主义的中国特色的考古学”，14 日全体会议上以东南沿海地区为主题阐述考古学文化区系类型理论，两次讲话的全文刊《东南文化》第 2 辑（1987 年出版）。庐山之会指 1978 年 8 月 24 日至 9 月 3 日在庐山举行的江南地区印纹陶问题学术讨论会。苏先生因病未能参加。他根据会上提供的 33 篇报告和论文，撰写了《关于“几何印纹陶”》的学习笔记，刊于《文物集刊》第 3 辑（文物出版社，1981）。

差不多同“大区”相似的范围内同志们借此机会交换意见，回去后准备搞些跨省的学术讨论会，东北、西北、西南、中南都落实了，东南、华北没有。明年的学会年会已决定在湖北开，时间在10月底11月初，地点或去江陵，最后还要由省里定，学术讨论重点是“楚文化”。当然，其他方面论文也可以。会的规模不大，约在百人以内，有论文的未必能参加，估计参加的人不外理事、一部分单位负责业务的人、少数提出较重要论文的人。西安会议期间我曾同东南几省同志一起座谈，最近一、二年内估计将是各自为战，各省自己抓自己的重点项目。

我想，常州那个圩墩村，还望你：第一，把最初挖的那批材料中的陶片细摸、吃透；第二，以后陆续做点，工作不追求数量，质量第一，自己带着问题动手。我这是针对我国考古现状而发的。诚然，这些年各地新材料、新线索是大量的，但认真检查一下，不难发现，工作不细，已成突出矛盾。在此条件下，问题必然是停在表面现象，深入不下去，有争论的地方未必是要害处。

不管你愿不愿承认是我的学生，我总算有幸我们曾一起较长时间摸过大汶口的一百几十个墓的材料。但遗憾的是，我们既没有深入谈过考古学的基础——方法论，也没有在专门课题范畴内认真讨论过。假如你能在圩墩村这块“风水宝地”多用上些心思，提出自己的看法，那就好了。我的意思是暂不必要东比西比，即使关系密切的如什么草鞋山、马家浜、崧泽等，先不要用框框套，这样才能深入，才能有自己的看法。供参考！

你说的“新生力量”，她现在长办考古队，负责陈淮留下的那个摊子，刚从学校毕业不久，这对她是个沉重的担子。困难是意中事，想考研究生，恰好今年要特别从严。北大考古专业原想招十来个研究生，今年对“分数”要求很高，考生中够格的很少，认真挑一、二个也难录取。去年太松了，今年又偏严，宁缺毋滥是完全应该的。从我们这门学科看（其他学科也多类此）用考卷分数做标准，也难得真才。我倒倾向，今后北大除本科生外，不妨办不同类型的如进修班、讨论班等互教互学，尽量把门开大点，不拘一格，不限年龄，不要什么头衔，或许对学科发展，新一代人成长作用更大些。

青黄不接，问题严重，重要的还是树一代好学风，廿年来内伤太严重了。在社会学科、历史学科这门最讲老老实实的学科，也染上华而不实或只见树木不见森林的走极端的学风。在原材料的“生产”（发掘）这道工序就难令人信服，“双百”方针解决不了内伤带来的一系列问题。我去年在山东住了二个月医院，今年入夏以来同样精神不佳，典型的冠心病，药的作用有限。现在开始学“新气功疗法”，起早多吸新鲜空气，活动活动，也许有比药物更大的好处。“人生易老天难老”，一生工作时间太少了，愿你能“抢时间”，在还能亲自下坑工作期间多做些田野工作。陶片是难消化的，这一关难过，在我们这一代人中还是带着普遍性的问题，希考虑，注意！再谈，祝

好

苏秉琦

1979. 8. 10

苏秉琦—陈晶（1979.11.5）[①]

晶晶：你好！

信和稿收到。粗看一遍，觉得很有意思，写得不错，等找其他同志看看，有什么可修改之处再告你。

难得机会一面，对你那里工作环境条件不了解，不知道怎样能助你一臂之力、多做些工作，再提高一步。

我到底不知道圩墩村的工作是否能继续做下去，如果能弄到稍

① 陈晶先生提供录文。

稍像点样子的那么一批材料，比如说，比第一次发的多几倍的材料，那就值得好好整一下，就可能搞出点名堂了。

常州是个不错的中等城市，一个小家庭能生活得过得去也不易。说起工作，哪里也有这样那样不能尽如人意之处。反正心中想的是工作，总该能找到机会做点工作吧？

特复。此致

问候！

苏秉琦

1979.11.5

苏秉琦—陈晶（1980.2.1）①

晶晶：你好！

正月初六日信收到。今日元宵，也算吉日，特借此机会，向你表示我对你和你的全家最美好的祝愿！

你那篇“吴王第八子”的文章②我看给历史博物馆馆刊比较合适，我已把它交给该刊负责同志了，还没有得到他的回信。希望你把所照的相片寄给我，等寄到后我再问他们决定用或不用，如不用，我再索回向《文物》推荐。

你新写的古船报告，想来是项有意义的新发现，^{14}C 测试，现在北京的几个单位已联合起来要收费了（每件200元），此稿看你愿投给哪一家之后，再向他提出要求，请予免费测定。否则，为此报二百元人民币怕领导不同意。现在真有点“向钱（前）看”的一股风。劝你还是放宽心，想开点，学习点诸葛先生的“澹泊宁静”的涵养功夫吧！在你们那里恐怕还是学点“韬晦”为宜。

① 陈晶先生提供录文。

② 陈晶先生注：全名《吴王阖闾第八子墓葬考》。

你那里的宋墓志[1]，只好利用你身边能找到的老师和参考书范围内试写篇短文把它发表也算成绩，不必为此做无益的伤感。

你有考“学位”的壮志，精神可佩！且不管此事能否成为事实，从自己现实条件出发，还是考虑一下自己的治学方向为宜，因为这是“旱涝保收”的。有了方向，就好定课题。有了课题就好规定自己看书、积累资料的范围，再把它同实践（工作）结合起来。以我们这个国家“得天独厚”，钻个小些的范围内的题目，出点成果，比较不难。只有“专”了，才能成“家”。（对此不必太拘泥，“万金油”的工作还是应该照做不误。）这样，自己钻研，考虑问题，思路就比较清楚了。围绕着江、浙范围找题目，并不难。你们那个圩墩村也不可小看了它。还有，我看你还是应多发挥自己的所长，以弥补自己的短处（譬如，手下书少，就精读一些，活动范围狭窄，就细嚼烂咽，对能得到的材料在充分消化上下功夫）。还有，就是在方法论上还有待提高，所谓熟能生巧。

说起来么，实际上同我们到外地一样，来去匆匆，大家都瞎忙，真得到点益处也不易。

还有一点，不要被目前一点点表面上的热闹（指报道、报刊文章等而言）迷惑住，实际上扎实的工作、成果还是少得可怜的，科研道路毕竟是艰而且险的啊！祝

好！

苏秉琦

1980. 2. 1

陈晶—苏秉琦（1981.1.10）

苏先生：新年好！

---

① 陈晶先生注：宋·胡宗愈墓志。

您是我习研考古专业工作最早的前辈老师，二十年前在趵突泉一所小楼房的几间工作室里，您指导我工作，教诲我走知识化的道路，这一切情景，犹如在眼前。由于工作环境的变易，虽然至今为止还在一所博物馆工作着，但志向未酬，而人已过中年。本来像我这样的人，也说不到有什么抱负，只是想希望能按自己的志趣做一点工作。现实生活却是如此无情，十年虚度了，有一点好转的势头，我也高兴了一阵，松着手脚做了一点工作，而转眼又入隆冬，冻很难解。我常常责问自己是不是意志不坚，毅力不强，果然，我不够坚强，但是我认识到现时的环境是无法得到这份造化。

去年我思想斗争过多次，是不是应该把我目前的处境告诉您，我没有做出可喜的成果，可以使您高兴，却要把忧愁诉申，您又是这样高龄，何必使您不快。不过您也总是会知道的。去年牟永抗同志来过两次信，约我去杭州。与石兴邦先生见面时，也建议我去浙江看看罗家角材料，扩大一点视野。但此间当权者认为像我们这种地方博物馆，既不用搞发掘，也不要搞什么研究，能够把地面上文物保护保护就可以了。而且认为我在这里碍手碍脚。我也已发现，新来的这位书记是“武大郎开店”，容不得别人开展工作，自此以后工作一蹶不振。开始我以为向上反映，或者能有个通情达理的领导能支持我的工作。我们的局长却当着其同僚的面说：“陈晶，你这个人就是不会讨好领导。如果你会讨好讨好，我早就会安排你当个小头头了。”我几乎气昏，回了一句“我不能够为五斗米折腰”（王安石在常州时说过的话）。因此，就要受排挤、打击。调工资当然不给我，并借此非把我整得低人一等不可。我亦泰然，因为我并不穷得饿肚皮，好在我仅少收入几元钱，而这般整人的却失去了人格与道德。而最难受的是我应该做的工作被任意取消了，工作的权利被剥夺了。当然，我也可以不工作，也可以在家休养，那我还有什么精神世界呢！

省内也有不少同志了解我的处境，也有的前辈老师同志在帮助我调离工作。文物局文博所的王世襄先生来过这里，他知道我的境况，帮助我联系苏州工作。周明镇先生也把我的情况向文物局反映了，我十分感激前辈老师对我的关切。无奈目前是权力分散状态“县官不如现管”，周郇局长安慰我说：“这个状况不会维持太久，目前你力所能及的做些研究工作吧！”也只能是如此。

我与望平、家芳通过几封信，也许他们会向您提到我的处境。我多么想有机会见到您。每次见面我都受益、启发。但愿您保重身体。

江苏几个馆发起成立“吴文化研究会”，我也是研究会会员，但由于这两年实际工作做得少，尤其目前要在苏州、无锡、镇江等区及周围走动走动都很困难，今年下半年开会恐怕也很难搞出研究成果。我想只能把淹、留两城的材料考证分析一下。

寄上学会入会申请表格一份，按章程要两位入会介绍人。您是我从事考古工作最早的老师，不知您高兴不高兴作为我的入会介绍人，另一位已请赵青芳前辈签了名。他来这说：“在我名字上面的空白，是给苏先生留下的。”（我告诉他，请您也作为介绍人）如蒙允承，请将表格转交考古学会秘书处。

致

冬安

晶晶

叩上

81. 元 . 10

向苏师母请安问候

苏秉琦—陈晶（1981.1.12）[①]

晶晶：你好！

谢谢你的祝愿，学会申请表我已签字交学会秘书处（同时还有冯敏的入会申请）办理了。你那里情况我也了解了，我看周郇

---

① 陈晶先生提供录文。

同志的话很对，能就力所能及的做些研究工作，以不虚度大好时光就是了。牟永抗那里条件较好，人好、地好、条件好，这是难得的。你如能争取到他那里去看看也好，怎么样能达到此目的，你好好考虑（借个什么题目，讲话好说）。他那里是有关江浙地区考古的关键所在，所有材料、线索均极重要，对你学习有好处。我家一切都好，我身体尚可，能半天来所，请释念！问

全家好！

苏秉琦

1981. 1. 12

陈晶—苏秉琦（1981.5.28）①

苏先生：

您好！

好久好久没有写信向您问候了。有时给考古所几位熟悉的同志通信时，他们都能告诉我关于您身体和精力都很好的情况，使我感到快慰。

今天来镇江参加吴文化研究会筹备工作会议，住在新落成的金山第一泉招待所，可是个清清静静的好住处，夜阑人静，刚洗完澡，湿漉漉的头发不能卧床，会议的同行都是男同志，不想再去半夜打扰人家，静坐着想干点什么，想到应该给您写信。

近来时运不济，鼻子都“塌了”，不过，这样也好，实践经历使我知道了一点“社会学”，从而使我加深了对前辈创业者排除干扰做学问之艰难。有了一点儿感性的认识、感受。我常听一些人

① 原信未署年。信中提到“想写一篇圩墩墓葬分期——兼谈马家浜文化，提供今年考古年会”，陈晶先生回忆该文发表在江苏社科联《1981年年会论文选考古学分册》，据此信写于1981年。

说："混混算了，何必认真。"有时我也觉得此话有哲理，但是又觉得混不下去，好像还没有自暴自弃地颓废不堪。

整理完了《武进南宋村前墓葬纪要》，那好像并非我本分工作，完稿后我托李伯谦转给宿白先生，请他指导，他还认真提了意见。三月底开始啃圩墩第三次发掘的陶片，那是两个探方的材料，全部陶片都带回来了，大致理出一点规律。前时叫我出差去上博，在黄佩宣处才看到罗家谷①的材料《二论马家浜文化》，他的四个层次，基本上与圩墩对得起来，若早见这材料，事半功倍，可省力一些，不过，不看人家的材料，自己先摸，那是自己的劳动所得，似乎收益更深。在上自博又"探望"了我的"故友"——圩墩村人，这两个探方中人骨拔牙成风（以前发掘的未作统估），成人不论男、女都拔去正切、侧切的两齿。头骨多数长头型短面，显然是南方人的类型。最有趣的是，在观察人头时，黄象洪同志发现有的头骨在冠状缝稍后有一道凹陷的影子，后来搬出十多个完整头骨观察，发现个个如此，这大概与劳动习俗有关。

在写简报稿时，我想略为改变一下过去的体例，准备把圩墩第三次发掘的两个探方分开来叙述，因为这两方选择在遗址上不同两区，而且堆积层次也不是完全一样，可便于比较、分析，但也许会繁琐。在整理发掘简报后，我想写一篇圩墩墓葬分期——兼谈马家浜文化，提供今年考古年会。不过时间已相当紧张。

要争取去一次浙江，单位里上司想方设法要把我压得低人一等，阻碍学习，我当然不屈服，还得设法开展学习。我在泄气时，常常想到前辈、同志对我的鼓励，现在我更感到鼓励使我得到力量。请您相信受过苏公教导的晚辈子弟，在博物馆里决不混日子。

夜已深，胡乱写上一些，请原谅，我又说一些不当的话。祝

夏安

晶晶　于 5.28

---

①　罗家谷，即罗家角，下同。

陈晶—苏秉琦（1981.6.10）[①]

苏先生：您好！

《文物》三百期，您与殷玮璋同志（我不认识）写的《关于考古学文化的区系类型问题》我已拜读过。基础性的研究，原始材料的积累，立足于本地区，选择典型遗址以获取可资分析的典型材料。这些指导要点很现实，目前像我们这些在地方小区域内工作的人，就自己的能力，所处的条件也只能做一些基础性的研究。

在这次整理圩墩两个探方的发掘材料时，我又一遍一遍地读了七四年十二月您说我的一封信（我保存着好几封您给我的信，是函授教材，通过一时期实践再重新读一次，就有新的体会）。信中有一段“你十月信中谈的圩墩村材料，据我看（可能武断些）它可能说明长江三角洲—太湖流域这一范围内这一原始文化的西部边缘，为了说明它的这一特征，在工作中，还是以暂命为“‘圩墩村一期、二期’较好”。当时，对这一段内容我的理解还是很模糊的，就是对圩墩遗址马家浜文化分期也并没有摸到规律。事隔六七年了，“西部边缘”这一说是确切的，圩墩遗址的马家浜文化遗存一、二期发展演化随着素材的积累，大致也清楚了。如果结合草鞋山的六、七层墓葬及圩墩第二次发掘中层墓葬中的一部分也分出来，即可分出第三期，这样似乎可以接上崧泽中层的早期。

从陶质变化看，一期特征是磨光黑陶（泥质成分，陶土未经淘洗，有的孱细蚌末）数量虽不多，却是早期代表。二期特征夹砂红陶为主，有一个探方的第二层几乎是一片红（泥质与夹砂红陶），夹砂灰褐（红褐）陶是这两期发展演变中的陶系。

陶釜是特征性器物，它的演变也似有规律，一期磨光黑陶，腰

① 原信未署年。经陈晶先生确定，信写于1981年。

沿狭，器壁薄；二期以夹砂红陶为主，腰沿宽，器壁厚重，磨光黑陶釜在二期已消失。

圩墩遗址马家浜文化遗存有自早至晚陶质的变化，大致是这样：

一期　30%泥质磨光黑陶、泥质红陶、夹砂灰褐陶

二期　泥质灰陶、夹砂红褐陶、50%夹砂红陶

三期　泥质灰陶、黑灰陶为主，泥质红陶、夹砂红褐陶

可以看出，从马家浜至良渚，是始于黑陶，最后阶段也是黑陶。当然始、末黑陶质地起变化。从而也可与河姆渡的陶质变化（四、三层以黑陶为主，二层陶质起变化，“夹砂灰红陶数量最多”）相对照，罗家角陶系也是第四层“灰黑陶明显增加36%”。早期的陶系规律也就出现了。

圩墩及草鞋山已发掘的墓葬，我初步判断大部分是马家浜文化二期的墓葬，可分早、晚，但是缺乏一期墓葬的材料。因为这批墓葬都没有墓坑，大概只是把当时地面平整一下，即在死者身上堆土，所以它的深浅与地层关系很密切，而这些墓都出在二期地层堆积中（《考古》1964年6期章山《关于崧泽墓群分期的一点看法》也提到堆土埋葬与挖坑埋葬不同。章山，不知何许人也）。

圩墩遗址第三次发掘简报稿，初就，还得请人绘插图（博物馆的美工不肯绘器物图）。我再想写一点关于圩墩分期的材料，需要您指导，很需要！

汪遵国由于“众所周知”的原因，已获批准辞去考古部主任职务。这样是“解放”了，可以“啃草根”（草鞋山）。我们虽同在江苏，工作课题也接近，但也很少见面。这次，我去信约他来常州看圩墩陶片，虽近在咫尺，就是难行。我原想约他同去浙江，事与愿违，而我自己也是“泥菩萨过江（自身难保）”，不知是否能获批准。

杭州会议如果分配名额到江苏，肯定没有我的份，但不管能否

参加，我还将提供材料。某领导对我关照甚多，在一位熟人面前说“陈晶就是不懂事”。此说也对，因为在两次考古会议——长办一次，南京一次，我没有沿着苏省的调子说话，事实上我是没有“音乐”素养，我也跟不上人家“弦”，不懂事也罢，懂也罢！我行我素。

希望得到您的指导、来信。

祝

健康愉快

晚　晶晶上

6.10

问吴汝祚先生好！谢谢他对我的关切。

陈晶—苏秉琦（1981.9.17）[①]

苏先生：您好！

我已到杭州，现在在西子湖畔一家旅店里给您写信。上了两天大观山考古站，一天库房半天陈列室，只感到目不暇接，并非是由于西子湖景色的美不胜收，而实在是老祖宗出色的杰作太吸引人了。

罗家谷的三、四层可与河姆层三、四攀亲。那类有绳纹的有脊釜应该与腰沿釜完全划分开来，罗家谷陶釜的主体是由四层的多角腰沿发展为上翘腰沿的筒形与弧腹两种。三、四层的有脊绳纹釜往后可能发展成另一种器形，他们退出了釜的行列。

马家浜看来要与罗家谷攀亲了，我原以为马家浜为首，邱城、圩墩、草鞋山成一体，这次重复再看马家浜，马家浜只能

---

① 原信未署年。从信中提到年底召开的讨论长江下游新石器文化的考古学年会推断，该信当写于1981年。后经陈晶先生确定，该信写于1981年。

是它自己的马家浜了。邱城、圩、草大致可成立“马家浜文化邱城类型”。

罗、河、马（绳纹陶为代表的一层）的下层三者关系，一时还难看出。苏先生您大概心中有数，什么时候能给我讲讲。

看了瓶窑吴家埠材料，印象中下层可能与罗家谷二层衔接，而它的中层有点面目不一，中层墓葬大体相当崧泽阶段，出现良渚因素。近年来崧泽中层似乎是遍地开花，弄得不好，又将囊括一切，成为“大青莲岗”的翻版。吴家埠的崧泽层很有特性，墓葬有边框，器物有自己的特征。看来崧泽的分型研究也应提到日程上。

我给吴汝祚先生寄去的那份材料，不知您看到没有。回去还得修改，我想还是以圩墩为主体谈圩墩分期，或者把同类型的几个点，草、邱归进去，这一块的是否可称罗家谷类型呢？请苏先生过目材料后，给我指导。在动手改稿前，希望得到您的信，不然我心里不踏实，时间又很紧了。

今年年会讨论长江下游新石器是其中一个题目，我想争取参加。准备后天离杭，去嘉兴待一天，那里可能还有一部分马家浜标本。20号到沪，待一、二天即返常。我等苏先生的信。

匆匆

大安

晶晶　上

9.17晚

苏秉琦—陈晶（1981.9.26）[①]

晶晶：你好。

看来，你为此文费力不少。去浙江一趟，我认为对你很有好

① 陈晶先生提供录文。

处。“上下而求索”的精神，很佩服。花了两天时间，总算通读一遍。谈些粗略意见，供你修改时参考。

一、从首页到27页像报告不像论文。不能用。

二、从27页（五）行到末尾有点论文味道，但没突出论点，写得啰唆。

三、可以从三个方面的分析为中心内容：①对太湖流域马家浜文化诸类型的分析；②以罗家角为代表的类型同河姆渡之间的关系；③以圩墩为代表的类型同北阴阳营的关系。就此提出自己的观点。

四、要论点鲜明，要有必要的（说明问题的）图和中肯的论证。

五、凡文中提到吴汝祚、吴苏、我的那些指名道姓、引用原文的写法不好。

六、题目另考虑。

七、文字估计有五千字上下足够了。

祝

工作顺利！

苏秉琦

1981.9.26

陈晶—吴汝祚（1981.10.15）[①]

汝祚先生：

谢谢您对我学习上的关切，我铭记心头。

“迫上梁山”又写一稿，上次寄去的，苏公只勉强批给我20

---

① 原信未署年。陈晶先生回忆，信中提到的杭州会议为1981年12月8—13日第三次中国考古学会年会，故信应写于1981年。

分（他说：“27 页到末尾有点论文味道，但没有突出论点”。仅此只占 1/5 页）。这一稿不知给几分，不论多少，反正写一次是锻炼一次，您代我请他再费点时间看一遍，如果可用，就用，不可用再重写。只是我的水平也就如此，需要苏公和您多指导。

圩墩分期，作为另稿，再修改。

吴文化会议在 11 月 12 日召开，希望您尽可能来参加会议。我想参加杭州会议，除到会学习外，会外还可随苏公一起摸一摸浙江的材料，听他讲课，这也是我跟随苏公学习的机会，因此我想力争。趁现时还学得进一些学业的时候再学一点。

看过这一习作，请把意见告我。如可用，还要打印，时间较紧，请多关照。我不另给苏公写信了，他一定能理解我的心情。

祝

大安

晶晶

10. 15

苏秉琦—陈晶（1981.10.30）①

晶晶：

你寄来信和稿件，收到时老吴已经去山东了。我打开抽空看过两遍，提点意见，供你参考。

我意此稿在文字上可再加一遍工，修饰一番，即可付印，送本年度学会，作大会文件分发。希望出席会议的心情我完全理解，但事情确不简单。原则上，今年学会代表名额已经常务理事会讨论，对江、浙、沪三省市要照顾，多一些名额，但省以下单位不能作为团体会员，又无“理事”名额，怕轮不上。去年武昌开会，湖北

① 陈晶先生提供录文。

省考古学会会员都列席了。我看只有这一条路是可能取得出席（列席）机会的。无非是不发给文件，不招待食宿而已。江苏和浙江又有所不同，浙江是主办单位，为本省会员列席大会，食住问题好解决，江苏就不一样了。我想不出怎样才能给你得到这个机会。找牟永抗想想办法如何？（实际上就是找个住处，和为你去杭州找个合适的理由。）（不能报销差旅费，自费也没多少。）

修改稿、题目、论点我看都可以。只是在论证上，选标本和组织插图上：一、要注意论述的逻辑性；二、要注意选标本与组织插图上加强对论证的说明性；三、对典型器类的描述要具“定义性”，而不要像描述具体器物那样提法。以罗家角四种釜为例：四种应分为两类，筒形与弧腹为一类，其他两种为一类，只需说清楚它们相互之间的基本差异，而不必列举质、色等一般形制特点。同时，在选标本组织插图时要细选典型，画时要强调特点。

此外在文字上有些欠推敲。例如：谈圩墩同北阴阳营关系，宜正面仔细阐明自己论点，不需要讲过去某某如何主张，没意义。论文本来就是发挥自己论点嘛，如果重复过去旁人论点，还要写什么论文呢！由此也可再深入一层，凡是你同意某人某一论点也不必在文中谈，而在注中附列即可。再者，在阐明自己观点时反复阐述也就等于是进一步说明为什么自己不同意某另一论点。对不同的论点出自哪里也在注中列举出处即可。

我拟下月一日去山东，约月中回京，主要是在烟台看看近三年新收获，看看老朋友。匆复。此致

敬礼！

苏秉琦

1981.10.30

会期已改到12月5日。

苏秉琦—陈晶（1981.12.2）①

晶晶：

日前来信收到。今日（二日）高广仁同志转给我你的三篇打印论文稿。交年会的一篇我看过。年会参加人初步名单我已看过。正式代表名额虽添了一些，但总名额不能太多，受经费预算限制，这是无可奈何的事。殷玮璋同志出主意，列席听会，参加讨论，多些人也无所谓。你是否可以自费托牟永抗同志给安排个住处，并请他代为安排其他手续，不是一样吗？但不知你肯不肯，你们领导肯不肯同意这样，是否现实可行，请你考虑。如认为可行，你可直接和牟永抗同志联系。

我认为你如能去杭州，听听大家议论，我们也可借此机会交换一些意见，对你总会有些益处吧！匆复　问
好！

苏秉琦

1981.12.2

苏秉琦—陈晶（1981.12.17）②

晶晶：

12/Ⅻ信悉。我为了留下做24小时心电图监测并留此看浙江考古所的罗家角—吴家埠器物，休息几日，订21日直接回北京，有殷玮璋同志陪同，不准备在常州停留了。在此间同老牟、复大分校

① 陈晶先生提供录文。

② 据陈晶先生提供信件扫描文件录入。

袁俊卿同志一起谈过你的情况，我们共同的认识，不忍心让你再在常州无所作为地混下去。他二人讲，上博黄宣佩、复旦等校都欢迎你能去他们那里。我们没法确定你的家庭实际情况，至于你爱人如愿同去上海，同济也是欢迎的。问题是，户口入沪难，你也许有门路，也未必有。总之，这是最难的问题。至于你们夫妻家庭问题，也许还是较好商量的。最后袁提出建议，如他校现在亟缺实习辅导教师，商借你到他校，提供一季实习任务，只是借用，不谈商调，也许容易得到领导谅解。他们想，下一步的实习，去南京市，在上海市以及宁沪间其它市都好办。发掘过后，当然还要整理。整理过后，当然还要写个什么交账。这样，一次说一次，一步一个脚印，你不就既可解决他们的急近需要，而又给你一个用武之地么。至于户口、家庭、调动都可以以后再说。即这样下去，调上二三次，你们也有可能提出点"名堂"吗？望你考虑，此建议"可行性"如何？多少个同志在关心你的工作啊，望努力，毋灰心！我现住大华饭店，有牟、殷、俞等三人轮班陪住。一切都好，勿念！问全家好！

苏秉琦

1981 年 12 月 17 日

我在学会闭幕式上的发言稿，将在三届年会会刊上全文发表。又及。

陈晶—苏秉琦（1982.1.4）

苏先生：

恭贺新禧。祝您健康长寿。

去年 12 月 20 日京杭列车上见面时，那瞬间真是"乍见翻疑梦"，事先我听高履芳社长说，您在会议间发过一次病，就是从您给我的信中，我也意会到您太劳累了，我能够想象到您的发言必然是深思熟虑过一番，可能还是多激动了。

在沪送别高履芳社长，办完公务，即去找袁俊卿同志，是薛金度陪我到浦东袁家中，袁与家芳（胖姊）同班。过去在苏州时，我们也熟悉，薛金度在山东队时与我也相熟，他们都表示欢迎我去，谈的也较诚恳。袁表示要加强新石器阶段的教育课程，现在开这门课的是原先在半坡工作过的黄耀华同志（此人与我也熟）。他自 1974（1975?）年调在苏州铁路中学，后来又转到上海铁路中学（户口还在苏州），复旦分校成立，被借用。新石器时代长江下游及太湖地区的课是黄宣佩在那里兼任，黄是副馆长，平时忙极，上课是帮忙性质，所以袁的意思，若我能去这方面的课程可以交给我。这样目前来说，课程问题上再作一些努力，准备准备是可以应付的。他还提到根据博物馆系的要求，将来还要开设宋、元、明、清课程，我想如果有条件专事教育工作，并能有进修机会，宋、元课程也可考虑，当然这是后话。

单位里当然不会放得痛快，这就得下一步力争。至于家庭方面，外子还比较开明，他会支持我，在生活中我们也一直相处得很好的，眼前可能有些困难，可以克服，孩子的学习一直是父亲管教的，我不大管（孩子去年录取在省立常州中学，学习成绩尚可，较稳定）。

临别袁俊卿同志时，他要我写一份简历交他们人事处商量，他准备亲自来一次常州与单位商谈。本来我想把简历直接寄去，我又思考一番，我想是否能请您转给袁俊卿，表示更慎重一些，只是这样一来，就是您得为我“出面”了，不知妥否。我是这样考虑的，一则，向人事部门推荐时让袁俊卿同志好说话；二则，“破釜沉舟”，您推荐将成为我往后工作中的鞭策，即使有困难，我当挺住，我绝不会辜负前辈师长含辛茹苦的教导、关切。我不表白，您也能信任我。过去在学校时，柴先生对我这学生另眼相待，尽管我无甚大志，而在崎岖的道路上我还没有坐待明天，这点我想是可以告慰于老师的。

高履芳同志交我写书（出一本南宋墓葬报告），这一任务我要完成。目前我的精力还可以，教书和写书两者可兼，只要你们支持我，我一定尽我最大的努力。为了安排家务，最近我爱人在积极物色一台洗衣机。如果我一旦去复旦工作，可以解决洗衣服之虑。我孩子说："八字还没有一撇，到底去得成去不成？"可知，现时孩子也懂得，主观愿望与客观实际往往有很大距离，办事难。

不知您身体如何，无法照料师辈，而又得让您为我操心，我实在心里意不过。望您与苏师母多多保重。

祝

新年愉快，安康

晶晶上

1982.1.4

又：近两年来，我与上博实验室一位老师傅合作，在收集两宋漆器资料，准备整理写出关于两宋漆工艺专题文章，得黄宣佩同志支持颇多。

来信请寄"常州市博爱路市政工程处宿舍304收"我收。

苏秉琦—陈晶（1982.3.1）[①]

关于《江苏武进村前南宋墓葬清理纪要》（初稿）意见

武进村前两组共六座南宋墓是难得的一批考古资料，有它的典型性、重要性。

"清理纪要"这样发表形式如作为代替正式报告，似嫌不够；如做为简报，似又不利于正式报告的编写；似不如改写为正式报告为好。

"清理"工作可能有些粗糙，这无大关系，也不必讳言。有些

① 陈晶先生提供录文。

不足之处，或器物零乱一些，或某些纪录资料不足，如实写清楚即可。

随葬品多精细工艺品，发表时原要多花些工夫（修复、照相、制图、解说……）以一次做好为宜。

两组六墓关系密切，一组三墓显系一家人。把随墓品合并一起分类分项解说，我看未必如一墓一墓地按墓葬形制、随葬器物自成一节写，两组还分为两组，即按原编号前1、2、3，后1、2、3未尝不可。如此，图、版均照此排列，不必统一组合。图、版绘制，印刷条件，自宜争取尽量好一些（过去“白沙宋墓”可能版本太大了些，成本高，积压，但后来廉价处理也未必明智，应吸取经验，做得更合理一些）。

以上意见，仅供参考。

苏秉琦

1982.3.1

苏秉琦—陈晶（1982.3.10）①

陈晶同志：

接你5/Ⅲ信，知道你正在七上八下地考虑自己今后出处问题，“似乎我当转向教育工作”可能是你目前对客观、主观条件全面估计得出的结论。因为一个人的事业只有自己最清楚。蒙你推心置腹地同我商量，我也可把我的意见直截了当地告你，供你参考。我意，你最好不再犹豫地答复苏大历史系的邀请，接受下来，请他们帮助你办理结束常博工作（包括整理写南宋墓报告任务事）。至于任教开“概论”课，第一步“拿过来”尽量用现成教材，以后有充分时间自己进修，进行科研。没有大的困难。对此，不必有什么

① 陈晶先生提供录文。

大的顾虑。决不会比开“专题”课复杂。道理简单，历史专业学生对考古概论课不过是辅助课性质，比重很轻。至于想在学校搞点标本陈列，或带学生组织些参观，现场教学，看情况慢慢来就是了。匆复，问

好!

苏秉琦

1982. 3. 10

陈晶—苏秉琦（1982.7.12）

苏先生:

山东开会，约我去参加，子范同志还告诉我，请您也去，您已答应参加。能得到机会去山东学习，能够和您在一起参加会议，都是我的夙愿，这次是可以如愿以偿，我很高兴，有点兴奋。

子范给我出个题，要我写一点回忆，就是谈谈整理、编写那本《大汶口》的体会、认识。我开了三天病假，躲在家里，算是写了一点材料，不过是不伦不类不成文章，寄上，请您看过，能不能通过。本来我想与南博商量，让我看一看花厅村的陶片，我觉得以往发表的材料零碎，但似乎还有很多内容。目的是想通过分析弄清刘林、花厅的关系，究竟是两个类型，还是一支文化的两个期，花厅村遗址本身能不能排出早期（是否属刘林）、晚期（是否接近大汶口晚期墓葬）。我早在上月就去信请人与宋伯胤疏通，但至今还没回音。就凭《文参》上发表的一点材料，看不出眉目。

山东的大汶口文化体系搞的那样广泛，不知近几年内他们的研究工作对此有什么立说。自长江下游新石器讨论会后，山东似乎一直保持沉默，这次会议定然有充分的材料。

今年上半年我大部分的时间搞宋代漆器资料，在着手写《宋代江、浙地区的漆器生产与流传》，为下一步写宋墓报告打基础。

我去过几次上海，曾与袁俊卿同志见面，他还与我们馆领导（在丰台开博物馆会议时）提起要借用我去教课，尚未有结果，苏州大学人选很多，那里更是矛盾重重，看来难以开展工作。此间如今想用“封官许愿”对待我，我可不能与这些俗不可耐的“官坯子”坐在一起。当官的也有好人，这里我也遇到几个。

请您看过这一篇“回忆”后，寄还。如您修改，请您多多指教。子范已看过，他说：“火药味太浓了！但倒是实事求是的，不过不像是论文，是一封长信。”我没有意味到他说的“火药味”，我看来看去，觉得没有得罪人！但倒要注意，不然酿成误解，所以请您过目，不当处，我再改。

匆匆

夏安

晶晶　呈上

1982. 7. 12

苏秉琦—陈晶（1982.7.17）[①]

晶晶同志：

信及稿看过了，我看可以。请老吴同志再看一遍。请他把意见也写在此纸。

问好！

苏秉琦

1982. 7. 17

《回忆大汶口报告的整理与编写》

① 陈晶先生提供录文。

吴汝祚—陈晶（1982.7.17）[①]

陈晶同志：你好！

苏先生今天把你的大作交给学习，我仔细地学习了两遍，很好！颇有心得。过程说得详细，还觉得有点不过瘾，似乎还可以进一步提高，从感性认识—理性认识。不知是否妥当，仅能作修改时参考。祝

安好！

吴汝祚

7. 17

陈晶—苏秉琦（1984.9.8）

苏先生：

“丑媳妇，怕见公婆”，我们在这里筹办一个太湖流域六市博物馆的联展，主要内容，太湖流域出土远古（中、晚至新）动物群、古人类与古文化。今年六月筹备以来，一怕有阻力，失败；二怕，内容不全面（没有邀请大馆参加）水平不高。

大约今年四月初，我在上海开漆器技术鉴定会议，遇牟永抗，他与黄宣佩提出：苏先生希望黄宣佩能牵头搞一个小型座谈。黄忙于出国，这件事我记下来了。后来上自博黄象洪同志来我处，倒还是他提出的办展览，我觉得有意义。根据考古文化地域、谱系搞研究，过去阻力甚大，如今方向很明确，但受行政限制，有许多问题的研究往往各打各的锣，各敲各的鼓。

不久前“商公子”来我处，我说了我的意图，想作一次尝试，打破省界的紧箍，立太湖流域古人类文化研究这个点，我估计面临困难

① 陈晶先生提供录文。该信写于苏秉琦—陈晶（1982. 7. 17）书信的下半张空白信纸上。

一定很多。商志𩡝同志由京抵宁后，即来电话，未通。后来汪遵国来信告我（商托汪先给我一信），您认为“这个展览办得及时”。

由于时间仓促（嘉兴地方作为纪念三十五周年活动），展览水平不会高，但实物资料还较多，嘉兴地区有不少新材料。“十·一”应付展出，比较忙乱，待过一阵子，邀请您来，汪遵国信上已说了：“希望在嘉兴见到我尊敬的老师。”遵照您的意见，开一个小型的座谈。

我马上去嘉兴，这几个月，来回苏、浙间，疲于奔命。舍不得孩子，我离家外出，他那“不称职”的父亲，实在不会照料他，孩子今年上高中，考上省立常州中学，读书也很苦，也是天天早出晚归，他希望我留在家中。而我又必须去做那些“自讨苦吃”的工作。

不知您身体如何，念念，秋凉后来江浙一行，我们多想聆听您的教导。

展览筹备中，冯普仁、黄象洪，还有嘉兴几个同志都很齐心。他们与我的心情一样，怕搞不成，现在又感到压力很大。希望您能给我们一些具体指导，来信可寄“嘉兴市博物馆”，我与普仁、象洪同志都在那里等您的信。

专颂

秋安

晶晶

于 84.9.8

苏秉琦—陈晶（1984.9.15）①

晶晶：你好！

9 月 8 日信收到，使我对于“商公子”上月来京和我谈你们要

① 陈晶先生提供录文。

办六市“联展”问题①的来龙去脉总算有了一个轮廓了解。我由衷佩服你们的“开拓”“首创精神”。真所谓“天不转，地转”，“山不转，水转”，事物发展的客观规律，往往如是。原来你们的设想、计划，还同我有联系。

我那次同牟永抗谈的目的，原是参考我们从1982年在河北蔚县、1983年在辽宁朝阳、今年在内蒙古呼和浩特市召开的“燕山南北长城地带考古工作”座谈会的经验、精神，围绕一个大课题，跨地区，同行学人由自己发起，自愿结合，不是官样文章，不惊动领导，以文会友，每次有一个中心内容，是从学科发展（工作开展）的新“生长点”来确定的。人数不多（二十人上下），都是第一线骨干，掌握第一手材料，有经验，有问题，有想法，看材料，汇报工作，交流看法，会后可发个“纪要”，不搞“宣读论文”之类“官样文章”。为了工作需要，以上三次我们都约请了文物局、文物出版社的同志参加。这个会下次已约定在甘肃开，中心内容是甘肃东部近年的两个项目工作，一是“大地湾”，二是这一带多种文化文物新发现。看来，一次比一次丰富多彩。

对学科、工作进一步发展，从以上三次会成果看，都是确有促进作用。我只举一例，1983年在朝阳“东山咀”（红山文化后期类似“天坛”建筑址）开会，当年就在它附近又发现“女神庙”（比真人还大的高级塑像）和“积石冢”群（祖）（以玉器随葬）。今年在呼市开会则确认了呼市南的“河曲”两侧距今4—5千年前古城址和相当四千年前后青铜文化（北方青铜文化的西支，即所谓鄂尔多斯青铜文化）、大遗址（朱开沟），有相当夏商之际的青铜器。在包

---

① 汪遵国先生注：1984年，为了迎接新中国成立三十五周年，太湖流域六个市的博物馆——上海自然博物馆和嘉兴、湖州、苏州、无锡、常州的市博物馆筹办了一个“太湖流域古动物、古人类、古文化联合展览”，1984年国庆节在嘉兴市展出，循序在六个馆各展出三个月。根据苏先生的建议，同年11月14日至18日举行了太湖流域古动物古人类古文化学术座谈会，在17日的会上苏先生作了《太湖流域考古问题》的讲话，刊于《东南文化》1987年第1期。

头附近不仅有另一自新石器至青铜时代的编年序列遗址，还由大家论证了同“东山咀”同类的大型“坛”类基址（石砌），年代也不晚于五千年前。同时，张学正（甘）还介绍了“大地湾”与这些年代相当的一处“神庙”（地面彩画）。这一系列连锁反应！

我去年和牟永抗谈话，原想以太湖周围、长江下游这一地区考古为课题，以沪、杭、宁三角几个单位联合起来，“轮流坐庄”，每次以一项是“突破性”工作为题，举行“同行”间的学术座谈，类似医院的“会诊”制，这有利于学科发展与工作推动。实际上，诚如王熙凤说的“大有大的难处”，沪、宁、杭三“大”间协作确有困难。所以，当我听到你们介绍的消息时，颇有“柳暗花明又一村”之感。

根据你来信所介绍的要搞“六市博物馆联展”设想，我试提一个建议：一、这一地区古生物化石群可以作为一个专题，以实物为依据，讨论该地区化石同地质时代的生态环境；二、这一地区“良渚文化”和“后良渚文化”（即与良渚文化衔接的距今三、四千年间古文化）问题。

现在专谈一些（二）的具体做法：1）选择典型地点（遗址）典型堆积、典型单位当中的典型的但又是全面的实物资料作为集中联展内容；2）就其所涉及诸学术问题展开讨论，即由每项工作具体负责人介绍材料，介绍看法，互相提出自己意见，不做结论。

此意见关键问题是各地自己的工作，自己心中有数。对原始材料既要求“典型性”，又要求尽可能“全面性”（指对具体单位出的材料要求“全面”而不是主观任意地选几件），这才能做到有如医院会诊。所以这个“联展”不可能是雅俗共赏，只能是同行评议。这一做法，同目下我们的各种学会、年会等等，都不是一回事。以上意见供你和同志们参考，我一切很好，勿念！祝

好！

苏秉琦

1984.9.15

陈晶—苏秉琦（1985.2.7）

苏先生：

我一直想要给您写信，想了好多时候，而提起笔来又感觉难。就像小时候没有完成作业那样，想去问老师，而又不敢去。太湖会议大家都认识到是一次有深刻意义的会议，我有责任要写好这次会议纪要，要写好，难度很大。会议的录音效果不佳，复习了几次记录，有一些体会，为了深刻体会，我又复习了您以往给我的信，1979 年 8 月您写过一封三页信纸的长信给我，温故而知新，您信中说“不论是江苏，还是你们那里，还是你自己的工作，你们有想法，我也有想法，可以交换意见，彼此有需要、有愿望，但是，涉及具体工作，具体学术问题，没有一个机会、条件，彼此对材料的了解，对问题的提法能够充分地在一起观察、分析、探讨……”。去年 9 月间您给我信中也说到了“原来你们的设想、计划，还同我有联系”。这就是开这次会议的前提，多年来的工作实践，太湖地区从事实际考古工作的同志们，都已产生愿望，发现的新情况、新材料，面临很多问题，需要研究探讨。纪要总得把会议的前提先交代清楚。会议讨论涉及的一些问题要归纳，这也不大容易写好，而难度更大的是理解您的讲话，因为这不仅是对当前工作的指导，而将对今后展开工作的方向又是有深刻意义。凭我冥思苦想，难于写好。日前汪遵国来常州，我与他商量，准备春节后，请汪遵国、冯普仁、黄象洪一起来，集中三、四天时间，整理出初稿，再请您看过。

去年 12 月参加中大会议，应付会议，“混章”一篇，题为《圩墩、寺墩墓葬习俗浅析——兼析太湖流域马家浜文化、良渚文化的墓葬习俗》。最近接中大通知，出集子拟收录此稿，既收录，还得认真加工修改。每写文章，我必翻读您以往给我的信，而每次又有新心得。我保有着您 1974.12、1978.2、1979.3、1979.4、1979.8、1981.9、1981.10、1984.9 的信，信中有很多深刻的论理，我已计划在您 80 寿辰，我要写一篇祝寿文，发表这组信件，俞、张两位的文章是大海，那末，让我作为涓涓流水。我曾计划要与普仁合作，写太湖流域考古学史略。1974 年以来，太湖流域考古史的发展，您的指导，有深刻的意义。

牟三兄（北大三届，故称三兄）做学问殚思竭虑，胼手胝足，我十分钦佩。他品性好，我们是多年故友，他也称我"大阿妹"，而这次太湖会议，他一个劲儿给我泼冷水，几乎反常，但实际上还是支持的。我十分理解他，多少年来，他的处境，迫使他处处谨小慎微。太湖会议，他以为我是抢先了，应该由宣佩来主持，我早已考虑过，应该由他们出来牵头，但是突破难呀！所以我意不是"抢先"是突破。

有志者，事在千里，不在乎一时一事。况且有了新生长点，新问题、新情况，还会有新的成就，继续讨论的问题还多着。听说宣佩一回国，就想着要召开太湖会议，并给牟三兄、您发了信，大家动起来，重视了，才是大好事。他出洋归来，我说笑话，他当更有气度，到过海，有海量，出过大洋，当有"洋量"，为了团结一致，我准备推心置腹，找他谈一次，我相信我们的意见会融合的。

圩墩遗址，破坏严重。在城市近郊，尤其常州被誉为"明星"城市，"保护牌"已抵挡不住潮流，面临这样情况，我下决心，要挖。太湖会议开过后，至少可以这样说，充实了一部分发掘的思想认识，中山大学有意参加，黄象洪的条件也较好，所以我都让他们来，也是有意安排两家。省里前些年就表态，圩墩放给常州搞，估计阻力不大，我已给省文物处打报告，蔡述传同志支持，至于纪主任（纪仲庆）我以为他不会过分为难于我，我们相处这些年，我觉得他为人还是厚道的，有个性，但不伤人。

发掘申请表填了，附上，请审阅（正式函件已发省厅），我想如批准发掘，发掘时请石兴邦先生来一次，压压阵，让他提示考古发掘规则。汪遵国是我到时一定请他参加，请他指导，这样就可有商有量，也只有他会观察、注意到重要的迹象。您在嘉兴说过，哪里发掘，就到哪里去参加座谈会。我还要请您到常州圩墩来，无锡—北京已开辟航线，来去比较容易。圩墩发掘开工之前，我准备到北京，聆听指导。

在一次信中，您曾指出“没有突出重点，写得啰唆”。信也写得太啰唆了，请先生原谅。

专颂

大安

晶晶　敬上

85.2.7

又：

太湖会议上，您的讲稿，能不能寄给我们，寄挂号。

[编者注] 在书信之外苏秉琦先生家藏《太湖流域六市博物馆联展第三次会议纪要》，录文如下：

太湖流域六市博物馆联展第三次会议纪要

为研究联展有关流动展出等问题，十月九日至十一日在嘉兴博物馆召开了六市博物馆领导和联展业务组第三会议，参加这次会议的有上海自然博物馆王惠基、黄象洪、韩舜华（女）同志，苏州博物馆陈玉寅、朱薇君（女）同志，常州市博物馆许又知（女）、周亮、陈晶（女）同志，无锡市博物馆华颐君、冯普仁同志，湖州市博物馆张葆明同志，嘉兴博物馆褚国瑜、丁仲康、陆耀华、沈昌桂同志，镇江博物馆陆九皋、苏州博物馆诸汉文同志也列席了会议。

一、与会同志首先参观了“太湖流域博物馆藏品联展”展览，听取了业务组关于这次联展筹备工作情况的汇报；联展筹备工作在嘉兴市委和市府的热情关怀和大力支持下，经过业务组和嘉兴博物馆全体同志二个月的日夜工作，于建国三十五周年国庆节起在嘉兴博物馆正式展出。展出前嘉兴市副市长范巴陵（女）、市宣传部办公室主任屠友胜、市文化局副局长陆殿奎等领导同志审看了展览。

展出后，市委副书记贝品明、市委常委宣传部长李旭峥、市政协主席沈如淙等领导同志参观了展览。

二、到会同志通过热烈讨论，一致认为，这次展览是太湖流域六市博物馆打破省、市界限的首次协作，是开展太湖地区古人类与古文化研究活动的成果，展览陈列的内容有较强的学术性和知识性，从整体上对太湖流域的古动物、古人类与古文化的发展有一个较完整的认识，得到不少考古界老前辈的关心和鼓励，无疑是文物考古工作上的一次新尝试。

三、会议研究了下一步流展的接交、程序和大体时间安排。

展览由市馆与市馆办理交接手续，联展展出组派朱薇君（女）、朱设平（女）两同志负责监督交接手续。市属县馆的展出应由市馆负责办交接手续。流展中的运输费用，由接展单位负责。联展净收各单位门票收入的30%，展品（包括文物、版面、展出用具等）的安全保护工作由接展单位负责。

流展的大体安排时间：

84年10月1日—12月5日	嘉兴博物馆
12月6日—85年2月5日	湖州市博物馆
85年2月6日—4月5日	常州市博物馆
4月16日—6月15日	上海自然博物馆
6月16日—9月15日	苏州博物馆
9月16日—12月底	无锡市博物馆

四、会议还讨论了“太湖流域古动物、古人类与古文化学术座谈会”的筹备工作。

1. 座谈会的中心议题是太湖流域古人类与古文化的发展，并邀请苏秉琦教授等老一辈考古专家到会指导。

2. 会议初拟于十一月中旬在嘉兴召开，会期7天，参加会议人数不得超过25人，列席会议人数也不超过5—10人。

3. 会议推选陈晶、冯普仁两同志去北京向文化部文物局、考古所领导等作一次口头汇报。

五、联展经费基础情况如下：

1. 已收到联展经费 4500 元，其中：

上海自然博物馆 1500 元　　苏州博物馆 1000 元

无锡市博物馆 500 元　　常州市博物馆 500 元

湖州市博物馆 500 元　　嘉兴博物馆 500 元

2. 追加联展经费 1800 元（待记），其中：

常州市博物馆 800 元　　无锡市博物馆 500 元

嘉兴博物馆 500 元

两项合计 6300 元

3. 实际支出联展经费 6329.96 元，其中：

（1）材料费 3098.45 元

（2）运输差旅费 430 元

（3）木工、临时工工资 664.56 元

（4）稿酬（美工、缮写、文字）900 元

（5）其他（会议、办公费、夜餐费等）1236.95 元

收支相抵短缺 29.96 元，和今后装运文物、标本的木箱箱子工资等由联展提存经费中支付。

1984 年 10 月 13 日

苏秉琦—陈晶（1985.2.12）[①]

晶晶：你好！

2 月 7 日信及时收到。

为写嘉兴会议纪要，要我把“讲话”底稿（提纲）给你，兹寄上。我又细读一遍原稿，看来文字并不深奥，道理也似已都说到了。只是如何理解，我看那就会因人而异了。

---

① 陈晶先生提供录文。

同时，我收到纪仲庆同志信，他为省学会《文博通讯》改为《文博与民俗》公开发行，听说此稿，要我给他。我想，你为会议写纪要，理应尽你先用。专此
问好！

苏秉琦
1985. 2. 12

陈晶—苏秉琦（1985.3.21）

苏先生：

上周（13—16 日）我请汪遵国、冯普仁、黄象洪来常州商讨写嘉兴会议纪要稿，说来也凑巧，我们四人都是丙子年生，属鼠，四人加起来恰好两百岁，所以这篇纪要稿的笔名“梁伯穗”，由普仁汇总编写后，大约月内可以寄给您。遵国的意见，想全文发表您的讲话，但是不知什么原因，那两盘录音带没有录好，几乎无法听清楚，好在我们都有笔记，汪兄还提供了您后来给他们几人开“小灶”的笔记。我们又听了一遍会上发言的录音（其他人的讲话都很清楚），却发现老牟、王明达等人的发言未录，不解其中原因。

这次相聚，除了讨论写纪要外，还考虑我们应该做的一些工作。我们回顾了七七年您在南京会议上的讲话，又将您过去给我的信让他们三人看了，大家都体会到您对太湖流域考古问题论说的重要性（别看黄象洪是搞古动物与古人类专业的，而他在“文化大革命”之前，早就读了《关于仰韶文化的若干问题》，所以他与我们合作是有一定共同基础的），因此这些年实践工作颇能称得上是事半功倍。明年恰是良渚文化发现五十周年、太湖流域考古工作五十周年。我们计划编一本集子，集关于太湖流域重要考古研究论文（约 20 篇）组织一组稿子，包括摘录您有关太湖流域考古的论述。

回顾太湖流域考古工作五十年，太湖流域古人类、古动物研究，太湖史前玉器，纪念施昕更、慎微之、曾、尹等文章……由您写一篇序。这项工作开展起来，有一定难度。但事在人为，有志同道合基础，我们都愿意做努力，希望得到您的支持。不过这件事，我们暂时还不想告诉别人，大家要我设法进京一次听听苏先生的意见。

最近省文化厅文物处蔡述传副处长已托人带口信来，告诉我圩墩的发掘计划由省里上报文物局了，我打算四月份到北京报批发掘经费。

还有一件事，春节前上自博领导通知黄象洪要他整理一份介绍太湖联展的资料，上报上海科委作为对外（日本）文化交流的项目，经市科委研究又要了一份补充材料，联展顾问写上了您与贾、周三位。此事目前还未有揭晓，大约四月份可以得到情况，如有进展，还得向文物局汇报。此事我想不可瞒您。不过这种事也未必有可能办成。

寄上参加中大人类学会议的一篇稿子（此稿请再转吴汝祚先生看过），写得不好，时间也紧迫，充数而已，请您看过，需要修改，或有错误之处，在清样稿上还可以改。

夏所长号召考古工作者需要有献身精神，这个题目确是高尚。而又如我们这里的年青人所说：有点吓人，这样一来，搞考古的人嫁娶都要发愁了。我也想，还是多解决一些实际问题为好，现在我们还不是想生活享受、优厚待遇，而是有些同志上有老下有小，家里都无法照顾，生活还拮据。有些地方单位的领导对考古工作还不是持支持的态度。诸如这些问题，夏所长能公开提一提，或可以鼓一鼓大家的干劲。这意见有机会见到夏所长我也要提到。我很敬重夏所长，其实他对后学者也是关切的，只是他还不了解我们这一代的难处，如老牟、老汪、普仁这些同志即使外出，也是节衣缩食，年纪都是半百的人连一件像样的衣服也没有。

说个笑话给您听，去年老牟也到广州参加中大会议，通知到白天鹅宾馆报到，牟永杭下车后要“的士”（因为他听说到白天鹅必须有小车才能通行），而司机一看他那副模样，就怀疑他进白天鹅不够格。坐上车后，司机就重复问老牟“你是到白天鹅宾馆还是到白天鹅商场……你很有钱吗？那里一杯清咖啡也要几元钱”（意思是告诫他，你别糊里糊涂，看样子你也不像有条件进白天鹅的人）。您看，我又发牢骚了。

昨日接考古编辑部信，要发我一篇“宋墓”的稿子，派姜言忠同志来拍器物照，他大约月底、月初来常州，我等他。

您多保重身体！向师母问安。

大安

晶晶

于 85. 3. 21

陈晶—苏秉琦（1985.3.27）

苏先生：

上周给您的信，想已收到。“纪要”稿及您的讲话稿，已经由普仁整理誊清，寄上。去年十二月在广州遇谢辰生同志谈起此稿，他约我交《文物》，您看过改正后，是否可请吴汝祚同志转交杨瑾同志，最好争取三季度能发稿。

如果稿件内容需要修改，则请您提出意见后，麻烦小童（童明康）帮助改一下，小童是位很有水平的编辑，他能改好，这样就省得来回寄件的花费时间。P13 关于红山文化“山陵”的提法及这部分的内容是遵国记的笔记。还有 P14“欧洲是破碎的、美洲是落后的、东亚是完整的”，这句话可不可以对外发。

上周六（23 日）我在离市郊不远的武进县又找到一处良渚墓地，出土过小型墓葬，有玉器，数量、质量上都与寺墩不可相比，但葬地的特征一样，是堆土墩。以一处大墓为中心，相距几公里或十几公里又会发现很多“小邦”，大的要重视发掘中的现象，研究实体，“小邦”也应解剖，而且在地层堆积上都覆盖“几何印纹陶”，所以我计划要选一个点，做小规模的试掘。

上博已成立新领导班子，马承源任馆长，黄宣佩、汪庆正、李俊杰（原办公室主任）任副馆长。南博的“笔墨官司”尚未了结，一个大馆搞成这等模样，真是不成体统。今年省考古学会年会选定11月中旬在常州开，中心课题是新石器时代文化，如果圩墩发掘计划能批准，至少可提供一些材料让大家看看。届时当邀请您再下江南。

即颂

大安

晶晶

于85.3.27

陈晶—苏秉琦（1985.5.25）

苏先生：

我原计划四月间要去北京，听说交通还是那样拥挤，闻而生畏，又因姜言忠有约来此拍文物照，一直等他，他也因买不到车票，推迟到五月初才来。好在商公子善奔波，周游北京已解决圩墩发掘费，这样我也就不急了。

商公子见过您以后，给我来信，您与他谈到圩墩发掘中注意要点，信上大致也告诉我了。还说起一事：是汪、纪两位写信，要您在太湖考古会议的讲话，准备给《东南文化》发表。商公子信中说：“苏先生讲我还没有收到呢！”这又使我有点疑惑，是不是指我写给先生的那两份整理稿——《太湖流域考古问题——1984年11月17日在太湖流域“三古”学术座谈会上讲话》《太湖流域古动物、古人类、古文化学术座谈会纪要》。一份是您的讲话，一份是会议纪要。我记不得是用挂号寄的，还是普通邮票寄的，但记得是3月27日寄出的。在此前我还写过信给您，并提到明年是良渚

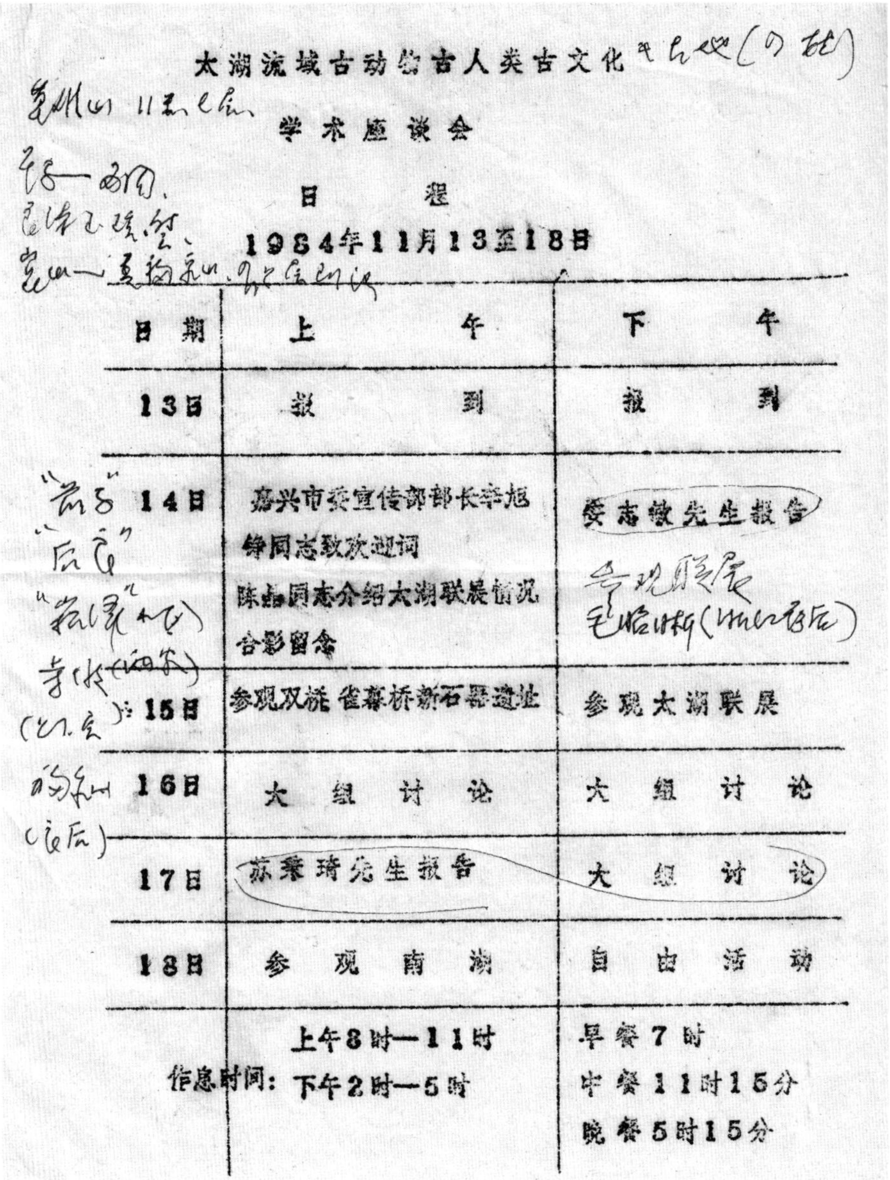

太湖流域古动物古人类古文化

学术座谈会

日　程

1984年11月13至18日

日期	上午	下午
13日	报到	报到
14日	嘉兴市委宣传部部长辛旭铮同志致欢迎词 陈晶同志介绍太湖联展情况 合影留念	安志敏先生报告
15日	参观双桥 雀幕桥新石器遗址	参观太湖联展
16日	大组讨论	大组讨论
17日	苏秉琦先生报告	大组讨论
18日	参观南湖	自由活动
作息时间：	上午8时—11时 下午2时—5时	早餐7时 中餐11时15分 晚餐5时15分

发掘五十周年——还请求由您看过稿后，请吴汝祚先生交给《文物》（此稿是谢辰生先生约的稿）。如果没有收到，那不知误在何处。不过，好在我还复印留了底稿，还可马上寄给您。只是又延误了一段时间，今年怕发不出稿了。

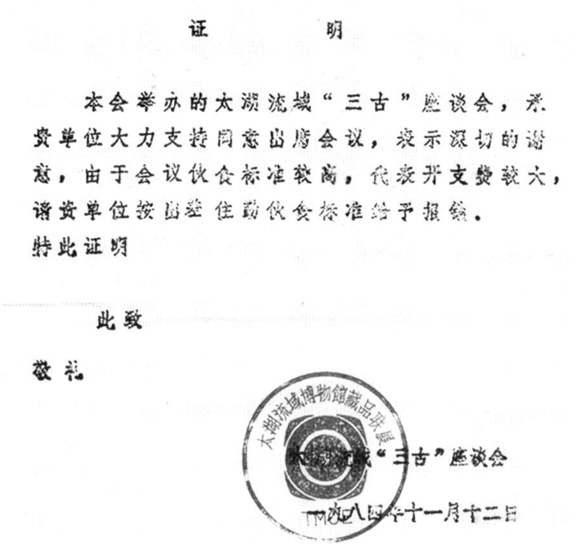

证　　明

本会举办的太湖流域“三古”座谈会，承贵单位大力支持同意出席会议，表示深切的谢意，由于会议伙食标准较高，代表开支费较大，请贵单位按出差住勤伙食标准给予报销。

特此证明

此致

敬礼

太湖流域“三古”座谈会

一九八四年十一月十二日

下周我要去武进县潘家桥城湾山区发掘几座山顶土墩石室，也是抢救性发掘，当地在采石，不挖将毁于爆破。土墩石室没有什么特殊，而有意义的是连接三个土墩中有一道石砌的矮墙，宽1米左右，长约300多米，高出地面约30厘米。附近有阖闾城遗址，面临太湖。山顶发掘烈日顶头，当然是苦差使。而此处景色极好，诱发思古之幽情。

知道您身体好，在西山修改大百科全书，商公子终于还是在京等您自山间归，这也是我拜托他的事，我当感激他完成受人之托。

我还是不大放心那两份材料，若查不到，请来信。即颂

夏安

晶晶

于85.5.25

向师母问安！

苏秉琦—陈晶（1985.5.27）[1]

晶晶：

你好！5月25日信今日（28日）收到。商公子一句话引起你误会，真遗憾！汪（汪遵国）、纪（纪仲庆）二人要我在1977年南京会议上讲话记录稿在他们编的《东南文化》上发表一事，商公子和我谈话时我只收到他们的信，还没有收到寄来的记录稿。不关我们在嘉兴会上的讲话稿和记录稿。后者，我曾按照你的意思，交给小童整改后直接交给杨瑾准备给《文物》选用。小童匆匆因公去西藏，行前已把稿交给杨瑾了。几时能刊出，不清楚，刚挂电话，不通。只好先回你信，我想杨瑾同志会尽量提早安排的，勿念！

土墩石室墓三座一组，有墙连接，而且地势优胜，说不定死者还可能是什么高门显族。不管保存如何，既要挖就该规规矩矩地挖，保存下完整记录存档。

这次圩墩发掘[2]申请经费补助，一次三万元，很不简单，够重视的了。一、你们是新开户头；二、今年经费应付必需继续的项目已感支绌；三、物价上涨，势如决口，应付了上半年，下半年度日困难。你们如何开展工作，如何支配这笔钱，可要多费点心思。

一、工作必需善始善终，保持良好信誉。为此，要在开工前多做些准备工作，“方案”要集思广益，总结一下过去成果，考虑好如何在原来工作基础上，从学术课题、地下遗址分布情况估计，从“经济学”角度，如何“少投入，多产出”，尽量减少浪费人力。

---

① 陈晶先生提供录文。

② 汪遵国先生注：指常州市博物馆、中山大学人类学系考古实习队联合申请于1985年下半年发掘圩墩遗址（第4次）。

总之，不在于挖多少平方米，而要注意多取得有用的学术资料、好的“文化堆积”层，多得到些不同层次的陶片重要，能在出墓葬的地段找出一片或一组、一排，总之，不是零散的，而是有联系的，反映一定社会关系的“墓群”是重要的；有叠压关系的当然要细心处理好；现场观察到的能粘对复原器物尽量现场处理好，尽早粘对起来。

二、编写简报、报告要早做准备工作，室内整理工作条件要安排，争取在今冬能把发掘收获摆上架子，按坑位、层次、单位上架，一个单位一个单位地观察分析。器物不离群，每件要填写上墨笔号码。

三、从一开始，就从工作中物色几个农村知识青年，给他（她）开课，把手教，既教他们一些应用知识技能，又培养他们对工作、学科、事业的初步认识。总之，人是劳动力，但人更是有思想的、有感情的。求知、求上进是八十年代青年特色，万不可把青年看作单纯的“劳动力”。

四、常州市是全国知名的。我在福州听他们一位厅长讲，一个福建省产值抵不过一个常州市。我们这项工作从一开始也要考虑到“这次工作”是我们在这样一个“现代化”城市建设中的一个组成部分，是把常州作为一个“历史文化名城”增加光彩的事业。（你会知道，旧中国编辑的小学教科书从来是“武进帮”占优势，我国的“大百科”总编姜椿芳就是武进人，决非偶然！）所以，从一开始，就该注意到各社会阶层的人做些必要的宣传工作，把这项工作成果要摆进常州市博物馆内一个重要地位（这不光是从“文物”角度，而是从常州在太湖流域历史地位角度）。

五、圩墩文化堆积可能以“马家浜”文化阶段为主，但我们认识它，要从“马家浜—崧泽—良渚—后良渚”这样一个年代序列观察它。因此，在这次工作中，要同寺墩遗址工作结合起来思考问题。如有可能，在寺墩试挖少量面积，观察一下它的地层堆积更好。不必作为正式工作，只在老乡取土动土地方（即使只挖一、二平方米小坑也可），找个断面，刮一刮土层，取些陶片也可。

六、田野工作必要设备，随用随置，该有的，必须有，可有的当然要尽量有，各项记录资料务求正规详备，必要时可以返工，不将就。暂写这些。问

近好！

苏秉琦

1985.5.27

苏秉琦—陈晶（1985.7.7）[①]

晶晶：

你好！你给鸿勋同志信我看过了。我和他七月份准备搬到紫竹院新宿舍（准确日期还未定）。所以，你如月内能来京最好！

你信中所谈你的情况我理解。这件事（环境文化研究中心）已具体落实。简单说，作为文物局与地方合办事业，不是政府机关，是自负盈亏的事业单位。这件事，总需要有几个人放下“铁饭碗”。但多数人和单位是兼职或协作、合作性质。你和牟永抗情况相似，现在年龄、工作、家庭都不像青年人那么简单。照我想法可考虑以下方式：

1. 个人，由“中心”名义出面，向单位商量聘为“兼职”研究人员。户口、原职一切不变。

2. 圩墩发掘计划照原申报办理，但我们可在汇报发掘方案中另加附件，把它作为与“中心”协作项目。课题作为“太湖流域古文化与古城古国”一个部分，细节可商量。经费是文化局出的，参加工作人员不变，一切照原计划进行。

3. 唯一变化是，你将加上兼任“中心”职称，工作单位加上

① 陈晶先生提供录文。

“中心”一家，“条件”可由双方商讨。

4. 下年度工作容后另议。

这样办，我想各方都不会有什么困难。在不改变现状下，打开新局面。

再，关于老牟，我设想一个方案，大体和你一样，只是在本年度工作问题上，除可以基本不改变现状外（他现在工作也是太湖流域古文化与古城古国），他可以考虑参加一项新工作，由我们倡议：搞一个新课题，由闽省博与“中心”合作，今年准备，明年正式开始，叫作“闽江流域古文化和古城古国”考察。经费向文物局申请。

请你把此意图转告老牟。问

全家好！

苏秉琦

1985. 7. 7

陈晶—苏秉琦（1985.9.8）

苏先生：

今年九月十日是我国第一个教师节，“大家知道，苏先生对校内外的学生，都是极端热忱的——他深深希望全国的考古干部都能提高水平”。每次您对我的提问，多数我答不及格，而这些文字的意义，我深深体会到了。在教师节日里，遥祝老师的书章传诵千秋。

圩墩遗址发掘临近开工，而麻烦的事情却越多，主要是遇到“小国之君”的障碍，连有相当经验的商志䜉同志也感觉到利害，幸而市里还有一些领导颇理解我们，所以不管多艰难我们也得工作下去。吴先生已告诉我，经费下拨二万元，钱数虽不够，而对我们的工作支持很大，我们知道这是对我们的鼓励与帮助。

永抗同志去郑州途经南京，恰好我也在宁，我们匆匆见过一面，他答应到过北京，回程到上海后给我来信，我在等候他的来书。

遵国同志处境很困难，困难是能磨炼人的意志。他和我一样，认识到在这样的环境中，我们在工作上更不应该消沉。这点信念，我想是可以告慰老师的。

待发掘工程动工后，我再写信给您。

敬祝

健康长寿

晶晶

于85.9.8晚

陈晶—苏秉琦（1985.10.3）①

苏先生：

圩墩工地已开工12天，进展顺利。开工后的第六天即清理出两座上层大墓，使得整个工地处在兴奋状态。

根据初步的观察，这两座在同一探方中相邻的大墓，把他们作为一个组合，所反映的“中间环节”，不仅显示马家浜—“崧泽”，并且还反映出“崧泽”—良渚的过渡。从规模、随葬品丰富看已突破了苏、松地区崧泽阶段的墓葬，十分有趣的是在这两座墓中都出现“八角形”的“标志”，一件划在黑陶缸的底部，另一件在黑陶纺轮上，而这类标记在武进潘家塘与崧泽遗址也都有。崧泽阶段只是一个一掠而过的阶段，即是马家浜—良渚过渡阶段很短（在另一探方中，发现一很大的低洼坑内出一大堆几何印纹陶，西周—春秋晚，还有一些似鬲的口沿，不见良渚陶片）。

还可以向您报告一束花絮动态。开工前一阶段，阻力重重，商公子唇枪舌战也敌不过我的顶头上司，我们被卡着脖子，逼着

① 原信未署年。信封邮戳模糊，时间难辨。据苏秉琦—陈晶（1985.10.21）信，信应写于1985年。苏秉琦先生在信封上写：“10.9收。”

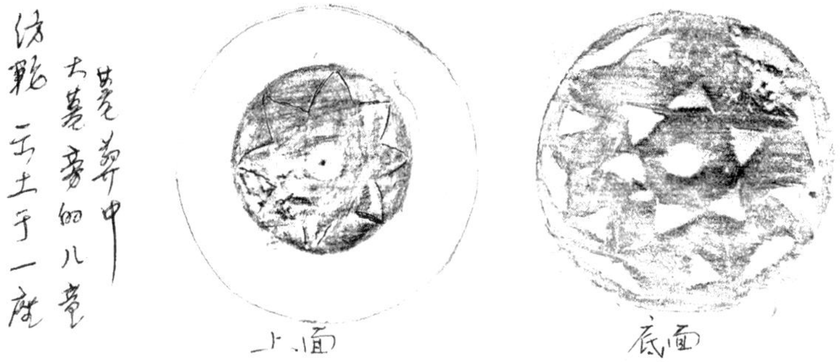

我只得向上级领导告状，市领导出面主持和支持工作。老祖宗有灵，破土而出，气氛急转，自市委书记、市长、各副市长、人大、政协领导都来工地，市长又下令通知各部、委、办都感受一下精神文明建设，工地上车水马龙，连组织部长、公安局长、财政局长都来了，一幕喜剧。有送鱼送肉的，有送苹果梨子的，有送月饼的。真不知原先卡住我们脖子的人们又是什么滋味。总算打下了这一硬仗。

国庆前接复旦分校薛金度来信，说起潘松鹤曾同您说起复旦同学田野实习事，您指点他们开展长江下游古文化研究课题，他们也想来常州实习。我也不能亲远疏近，只是圩墩选点中大在先，而解决复旦实习，我意另外选点，初步考虑在金坛（金坛属常州管辖）有一处新石器时代遗址可做，但是我又担心工作面铺得大了，会遭来是非，而且我的能力也确实有限，怕应付不了。

此次与中大合作还算协调，今天曾骐同志说："我们这一探方，给同学锻炼是足够了。"省里也可称"放我一马"没有干涉，老纪同志为人是好的。黄象洪参加合作，十分得力，他毕竟对太湖地区考古有用心，他搞现场人骨鉴定，热情高又负责，一座大墓人骨已腐烂，而被他发现大人怀里还抱着一个婴儿（找出婴儿的头骨下颌牙齿），这一材料是被抢救出来了。

不知道吴先生打算何时来工地，他答应要来的。

精神很兴奋，但体力上有点支持不了，喉痛、牙痛。我们编了三期工地简讯，准备给景略处长汇报。

望您多保重，即颂

大安

晶晶于10.3晚

通讯处：常州戚墅堰　市四中转圩墩考古队我收

我们都在圩墩参加发掘，大家吃老祖宗的大锅饭，很快活。祝苏先生身体健康！

黄象洪

85.10.3

附：拓片一张（已插入文中）

常州市圩墩村新石器时代遗址考古[①]

发掘简报　　　　第一号

一九八五年九月二十四日

经文化部批准，常州市省级文物保护单位圩墩村新石器时代遗址已于9月20日起开始进行发掘。该遗址考古队由常州市博物馆、广州中山大学人类学系和上海自然博物馆人类学组有关人员组成。

第一期发掘地点在常州戚墅堰种子场内，发掘面积共500平方米，划成五个探方，发掘五天，已揭去地表的耕土层，在耕土层中发现大量陶片及少量石器；现进入第二层即文化层的发掘，已发现大片红烧土块，并出现了墓葬。

发掘工作尚在进行。

常州圩墩村遗址考古发掘队

① 家藏《常州市圩墩村新石器时代遗址考古发掘简报》第一—第三号与书信分置。整理中根据内容及苏秉琦—陈晶（1985.10.21）“你的信和你们的三次汇报使我高兴”，将三份简报“归位”于本信之后。

常州市圩墩村新石器时代遗址考古

发掘简报 第二号

一九八五年九月二十八日

常州圩墩考古发掘队经过几天的努力，在揭开第一层文化堆积时，即发现崧泽文化时期的大墓，墓中随葬品很丰富，在人骨架两侧有排列成行的各种陶制生活用具；人骨腹部腰间各有磨制光滑的石器；头部附近有精美的玉饰；右侧前臂骨贯串有一件翠绿玉制手镯，生动地展示出墓主人生前所带之爱物。

在比之更早的第二文化层——马家浜文化堆积中，有大片红烧土层面。其中发现的居住遗迹中，还保存着一座陶釜炉灶。由人类学学者对部分遗骨现场鉴定，证实了这里人们已有拔牙的习俗，拔除的牙齿也有规律。

在发掘第四探方内又发现了大堆几何印纹陶片，对原始社会进入文明时代的研究及这一遗址延续年代提供了新资料。

此次发现的大墓随葬品无论从数量、质量与形制上都突破了这一时期同类型墓葬文物，说明距今将近五千年前的圩墩人，私有观念已经萌芽，私有制习俗已经产生。

值得注意的是，圩墩遗址保存众多完好的人类遗骨，这不仅是太湖流域，甚至是长江下游地区古文化遗址所鲜见的，这对研究太湖地区古文化族属无疑是很有价值和意义的。

圩墩考古发掘队

常州市圩墩村新石器时代遗址考古

发掘简报 第三号

一九八五年十月二日

常州戚墅堰镇大运河南岸圩墩新石器时代遗址第四次（前三次均在七十年代进行）发掘的初步成果，引起了常州市的领导同志和各界人士的密切关注。九月二十八、二十九、三十日连续三天，常州市委、市政府、市人大、市政协、市委组织部、宣传部、市经委、计委、建委、城乡委、市公安局、财政局等，市和有关部、区、局的领导同志：陈玉英、陈鸿昌、曹锦成、许玉民、章化农、朱维中、赵顺盘、宋文惠、洪文鑫、孙维峰、史绍熙、韩兆春、蒋溢涛、钱小山、张达彦、李文瑞等同志，亲临工地视察了正在发掘的圩墩遗址。市领导对发掘工作的顺利进行和对郊区、戚区政府的密切配合表示满意。并就地研究了继续有组织的发掘和现场保护工作等问题。市领导认为这次考古发掘意义重大，对我市精神文明建设是一次重要的促进和推动。并指出：对这一处六千年—五千年前的遗址要很好地加以发掘、保护和利用。市领导对参加发掘工作的广州中山大学的师生、上海自然博物馆人类学专家和市博物馆的同志表示慰问，并祝贺在这次发掘中取得新的突破和成果。

九月二十八日，常州电视台进行现场实况的录像采访，并于三十日晚间的“常州新闻”节目中向全市人民播出、介绍了发掘情况。

九月二十九日，是一年一度的中秋团圆佳节，广州中山大学人类学系考古专业的师生、上海自然博物馆人类学专家和常州市博物馆参加考古发掘人员在工地住所进行了简单而热烈的联欢晚会，共抒思乡、思亲之情，共祝学业成功、事业顺利。

圩墩考古发掘队

苏秉琦—陈晶（1985.10.21）①

晶晶同志：你们好！

10 月 3 日信由汝祚同志转给我。我是 16 日从辽宁兴城回京的。我准备月底去山西侯马参加一个名为“晋文化讨论会”。我在兴城讲了一次，题为“辽西古文化古城古国”。到侯马可能再谈一

① 陈晶先生提供录文。

次“山西古文化古城古国”[①]，下月十日前会回京。

你的信和你们的三次汇报使我高兴。[②] 你提到清理出二座大墓，反映“马家浜—崧泽”和“崧泽—良渚”中间环节。在你那里如条件许可，请把两墓全部器物画草图给我看看，看是否那么一回事。

还有，发现的洼坑中出大量印纹陶片，说是西周—春秋时期的。我想问你，是否含有如上海马桥四期的那类印纹陶？最好你稍翻检一下这些标本，拓印给我看看。

问候商公子、曾骐、象洪等同志好！

祝

工作顺利！

苏秉琦

1985.10.21

苏秉琦—陈晶（1986.3.1）[③]

晶晶：你好！

今天2月28日，距离你最后来信（1月30日）整一个月。迟迟没给你回信，使你劳神盼望，很不安，希谅解！原因吗，没有什么好说的，手下的工作压着。你们那里的情况，从老吴处略知一

---

① 汪遵国先生注：1985年10月13日苏先生在辽宁兴城座谈会上作了题为《辽西古文化古城古国》的讲话，提出了当前田野考古工作的重大课题，刊于《文物》1986年第8期。1985年11月7日至9日在山西侯马举行的晋文化研究座谈会上，苏先生作了《谈“晋文化”考古》的讲话，刊于文物出版社成立三十周年纪念的《文物与考古论集》（文物出版社，1986）。

② 汪遵国先生注：指1985年9月20日至11月17日由常州市博物馆、中山大学人类学系主持的圩墩第4次发掘，发掘面积500平方米，发现马家浜文化墓葬35座，崧泽文化墓葬4座（内M121、M134两座大型墓随葬品多达30余件），印纹陶大灰坑一个，以及马家浜文化早期的稻米、兽骨、橹形器、船桨以及大量的木器、骨角器。

③ 陈晶先生提供录文。该信署1986年2月28日，后又有苏秉琦先生3月1日补写文字，故信系于1986年3月1日。

二。想写信，又觉可谈的事多，但又怕有些事如谈得不具体，怕徒给你增加精神负担。这次发掘已经累得你够受，我又怎忍心？听老吴讲，你准备下月（三月）十日左右来，赶在黄景略动身前见一面。因为他将不再回京，直接转道去昆明。因此，我们需要谈的事原本都可以等你来到后面谈。但我又想，有些重要问题还是在来京前给你交一下底，使你也好心中有数。下面我就一项一项地谈。

昆明会议①，你我一样，都算特邀代表，你的地位性质，和商公子列为一个项目，汇报圩墩发掘。为此，自然以你为主，准备充分些。要求是，拣重点，生动活泼些，“一新耳目”，会产生些影响，一反老生常谈式的“豆腐帐”。重点也者，一是课题领先（太湖流域古文化）；二是多学科，大协作；三是“开放型”，不是一家一户的独资经营；四是作为纪念良渚发现五十周年学术活动的一项具体内容；五，把 1984 年 11 月的嘉兴联展座谈会作为“引子”（开场白），这就会使到会的衮衮诸公不能不“刮目相看”！

江苏经济改革中先出“五虎”（苏州、无锡、常州等），继又出“五霸”（以乡镇企业出名的五个县）。以常州为首的江苏六个市地区属博物馆也可说在文博系统中又带了一个头。

既要想干些事业，就不可“妄自菲薄”，我看你们算是有些气派的。客观上虽还不免是“小媳妇”地位，上有公婆；但摆在同行中，谁也不比谁低一头！你想想看，是不是如此？我想谁也不会把你们的工作看“扁”喽！

内蒙古的敖汉旗出了个邵国田领队（旗文化馆干部）搞普查，十来个地方（县级）小青年，用了二、三年时间，花了五千来元钱，查出三千多处地点，资料齐全，摆出“红山、下层”等分布规律，还提出两种新的文化类型，可与红山、富河并列。初始，别

① 汪遵国先生注：昆明会议，指 1986 年 3 月在云南昆明举行的全国考古发掘与文物普查工作会议。1985 年圩墩第四次发掘在会上作了汇报。苏先生作了《谈课题》的重要讲话。

人有些不信，开过现场会，庄敏局长又亲自验查、核实，大家还不都“心服口服”？事后，“山娃”还是遇到一些，但谁也挡不住历史潮流！

圩墩的整理编写报告还有待下一步努力“冲刺”，我先告你，万不可气馁。时刻不要忘记一点，要走自己的路，新路。细节，边走边研究，大纲现在就可以拟定。而且，决不拖拉，按期完成。这“大纲”等面谈再拟定。写起来，我怕今夜我就不能按时就寝了！多体谅些老人吧！要求你在来京前把下一步工作的参加单位、人头先列出来，看看还有没有不够落实的，尽早敲定下来！

再一点，你的发言稿及准备材料要提纲挈领地和商公子谈谈，修改后作为你二人的联合发言。

纪念良渚五十年，开会可以，不开会也可以。我们的准备主要是两大内容：①圩墩报告；②五十年来太湖流域古文化考古综述。五十年考古综述（以你 1984 年嘉兴会上谈话为纲），突出大事、大课题，着重阐明对太湖流域古文化通过工作、材料、研究，认识的逐步深入，现在的工作目标。编写人，照原议，你、冯普仁、汪遵国（三只老鼠）。再说明一点，以阐明“马家浜—良渚—古吴越（或‘后良渚’）”的有机联系与分布、阶段转折为核心内容，删繁就简，但又要求形象生动、逻辑性强。

冯普仁问杨鸿勋，听说浙江毛照晰厅长酝酿召开良渚纪念，和我们所谈的是否一回事？当然是一回事。不过我的意见是，开会不开会一样，工作照原议进行。需要碰头谈，就几个人谈。为准备而开会似可不必。（也可在昆明会期间安排谈谈。）

谈这些，下次再谈，祝

健康、愉快！

苏秉琦

1986. 2. 28

又：你来信中谈商公子想 1986 年再安排一次实习，以“良渚—后良渚（古吴越）”问题为重点，自然是可取、可行的，我不知道你所心目中是否已有具体目标地点。

作为当前要办的事，我想了解：南博汪遵国先整编报告的“寺墩”遗址是否包括“良渚—后良渚（古吴越，含几何印纹陶部分）”？如果有，这次写圩墩报告能否引用一部分材料，望告我。

此外，在你们常州市范围内，已有材料线索中，还有哪些地点属于这一阶段性质？特别是类似上海马桥四期的文化堆积？我怀疑——难道圩墩就没有这个阶段堆积？你想想看，望告我！

还有，参加写作单位中既有专攻木材加工的专门人才，我们可否进一步明确一下——把本遗址属于不同时期的角、骨、木材成品、半成品，属于加工工具类实物以及痕迹，按时代顺序（最早到最晚）（大的阶段），能否找到从前金属—金属出现的实证？我的意思是，用骨、角、石等材料加工制造痕迹，同以金属工具加工制造痕迹，没有办法加以区分吗？不能通过“实验”得出验证吗？我以外行资格，向内行同志的请教。我不认为金属（从旧金属——铜，到新金属——铁）出现必定要靠金属实物证明。举例说：中文“机械”一词都从“木”，“机械”的关键工艺在于“榫卯”加工，没有金属工具加工，真正牢固的榫卯结构是难于想象的。一个木匠师傅的全套工具箱中的工具，最重要的是有自己的一套做各种榫卯的专用钻、凿头加锉刀。所以，古书说“夏后氏尚匠”应指的就是具有一套专业木工使用的金属工具的出现，也就是专业木工业者的出现。我想，我们如能对不同时代的木器榫卯部分加工的精密程度，来判断他们究竟使用的是金属或非金属工具。这道理，请向专攻木加工的专家请教一下，望见告！

苏又及，1986. 3. 1

陈晶—苏秉琦（1986.3.20）

苏先生：

三月初您写给我的信，没有寄到，我这里似乎不曾有过丢失信件的情况，邮件也畅通，可能还是您那边的问题，能不能再问一问，近几年（1974 年以来）您的来信绝大多数我都收藏好的。吴先生给我的信，大部分我也收藏的。

我兴冲冲地去北京接吴先生，突如其来他要住院检查身体，怅然而归。向您辞行后，我到山东队办公室见到吴先生，临行他送我，尽管他表示没有动摇信心，而我总感到似受打击一样心里不好受，但愿是一场虚惊。

回来后赶上市政协会议，一周时间，我打算请一、二天假，写个昆明会议发言提纲。

《文物工作》一期，载嘉兴会议上您的讲话稿和我们整理的材料，不知这份期刊在昆明会议上能不能发下来。

我希望在昆明见到您，这几天我注意了昆明的天气预报，最高温度 22℃，您去时要带一件薄毛衣。望多保重身体。

即颂

大安

晶晶

于 86. 3. 20 晚

陈晶—苏秉琦（1986.3.21）[①]

苏先生：

早上刚把信寄出，您的信却到了，邮戳 3 月 18 日发出，今天中午送到。

感到难度大，有压力，然而咬着牙也得把已经担起的担子挑着走。我分析占有三方面优势：一、导师；二、有实体的材料；三、工作有一些基础；四、多学科的协作者都是中间力量，志同道合。

关于发言，有您的指导纲要。我原先考虑的思路也是要从嘉兴会议说起，有了会，理论—实践，有目的有计划开展工作。实践又证明见得到一定的成效。

与商公子前时通信，也确定发言代表两个合作单位。我已订 27 日上海—昆明机票，28 日无班机，我提前一天去，已写信给王军同志，好在文物局先遣队 24 日就到达昆明了。会后，已与俞伟超先生约好，他与我同去三峡工地。

匆匆　即颂

大安

晶晶上

3. 21 晚

又：我 25 日晚到上海，27 日晨乘上海—昆明班机。

---

① 原信未署年。陈晶先生回忆，信写于 1986 年。

苏秉琦—陈晶（1986.7.31）[①]

晶晶：你好！

“初稿”已理出头绪[②]，第二步加工要在理论上提高一步。关于太湖流域古文化的认识史，要点如下：五十年两次起步（良渚遗址的发现、太湖流域古文化序列的认识），一个时期的结束（五十年的成果要有足够评价）。现在处在新时期的起点。

提高一步的关键是，首先明确：一个课题（犹如一个学科）的认识史等于方法论的发展史。考古发现材料、工作积累经验只是条件，没有方法论的提高就没有学科的突破性进展，新时期也失去意义。

第二次稿不是在初稿基础上修改文字，是需要一个问题、一个问题地弄清楚，类似“实践—理论”在认识上升一级。

从良渚遗址发现初看作“龙山文化”到把良渚文化区分出来，是怎样区分的？究竟认识到什么程度？

关于“大青莲岗文化”问题的认识基础：尹、曾等认为“鼎、钵”就是青莲岗文化，认识到北阴阳营、河姆渡、淮安青莲岗都应从太湖流域古文化的“马家浜—罗家角”区分开。这是怎么回事？

马家浜—崧泽—良渚的文化序列的认识过程及其意义？

“崧泽文化”提出的意义？

太湖东北侧、西南侧两半块马家浜文化的区分依据是什么？意义？

---

① 陈晶先生提供录文。

② 汪遵国先生注：这是苏先生写给陈晶、冯普仁两同志关于总结太湖流域五十年新石器时代考古历史的一封信，实际上是一份进行这一课题研究的详细思考提纲。在 1984 年 11 月嘉兴会议开幕式上，陈晶同志代表会议组织各单位在讲话时回顾了太湖流域考古的历史。苏先生建议以此为题总结考古学实践的经验，后由陈晶、冯普仁共同于 1986 年 6 月写成《太湖地区新石器时代考古五十年》初稿，苏先生看后认为“要在理论上提高一步”，写了此信进行具体指导。

良渚文化遗址近年几项重大发现的意义？

“太湖流域古文化”作为考古学新课题的理论意义？新时期（起步）的目的与任务？方法论上的要求？

罗列如上，不必按次序。要一个个地从具体材料、参考文献、事实上弄清楚，要对照器物图作些分析，要有自己观点。然后再重新考虑文化的逻辑顺序，试试看。几个“老鼠”凑到一起①，会慢慢开窍的。

祝工作顺利

苏秉琦

1986. 7. 31

陈晶—苏秉琦（1986.8.11）

家藏常州市城乡建设管理委员会信封，署“陈寄”信封，常州邮戳 1986. 8. 11。

陈晶—苏秉琦（1986.10.12）②

苏先生：

原计划九月初写出的修改稿，因入秋以后犯了头晕毛病，工作效率很低，至九月下旬才基本写就，还只是“毛坯”。同时冯普仁也把内容综合后，写成一稿，大约九月廿日后，我把我们写出的材

① 汪遵国先生注：1985 年春，陈晶同志邀约冯普仁、黄象洪、汪遵国三同志到常州整理嘉兴会议记录，撰写会议纪要。四人皆生于 1936 年，丙子年，生肖属鼠，故戏称几个“老鼠”。1936 年是发掘良渚遗址、发现良渚文化的一年，苏先生又称他们为“良渚文化同龄人”。

② 原信未署年。陈晶先生回忆，信写于 1986 年。

料都寄给吴先生，并请他转交给您。

今天收普仁信，才知吴先生又去三峡了，计算时间，这两份材料都搁在吴先生办公室了。这样，我就更着慌了，又不知您是否已从辽宁返京。希望您见信后，请山东队的同志，找一找这两封信函（材料按信函，分两封寄出的），送往您处。

时间较紧迫，内容也有待修改，我与普仁商量，交杭州会议上打印稿，就用题要，不发全文了。

另外我有一设想，九月中旬中山大学来三位同志整理圩墩文物，器物大部分铺展在一起，您若去杭州，可否先去常州，北京—常州每逢星期四有航班（波音737）。据说杭州会议安排月初，您10月30日到常州，然后我陪您一起去杭州，此方案不知是否可行。中大曾琪同志等也盼望苏先生能来，这样对我们整理会有得益，一应生活照料、安排，我们尽全力。

最近我身体比前时好多了，头晕的原因大概多种因素，主要原因血脂太高（指数250，血脂浊+），服用“菲诺贝尔特”降脂药，自觉症状已减轻。

希望您能来常州一行，多保重身体。

即颂

大安

晶晶

10.12晚

苏秉琦—陈晶（1986.10.15）[①]

晶晶：

您好！九月十五日去沈阳开会。会后去兴城疗养院小住十五

① 据苏秉琦先生家藏信稿录入，内容与苏秉琦—陈晶（1986.10.17）近同。

日，于十月十日返京。会议期间开幕、闭幕发言两次，会后没去牛河梁、碣石宫，留沈阳参观新乐遗址、故宫、东陵，都有收获。在兴城 15 天做了几件事，主要的一项是继续去年讲的“辽西古文化古城古国”与在山西“谈晋文化考古”，以及为“纪念仰韶村遗址发现六十五周年”写的文章，又谈了一次“文化与文明”。录音将由大顺整理成文。另外大顺还准备把我过去谈“大甸子”“大南沟”和“陶寺”的报告编写讲话录音稿整理一下，合在一起，拟交下一期《辽海文物学报》发表。

今年是我七十七岁生日，和去年一样，在兴城度过的，不同的是，今年条件好了许多。地点在文化部新自当地购得一处临海滩“宾馆”（名“菊花文苑”），修整一新，陈设考究。现在虽有一位司局级干部当经理，一流水平的厨师、衣着整洁的服务员，温泉浴设备，都还没有人住，正好被我们利用了一次。餐厅布置，气象一新，省政府专程送来的生日大蛋糕，配上你从上海买来的红蜡烛，还有，由严文明同志陪同我老伴也赶来参加。当时除大家即席致辞外，我也发表简短答辞。这些都亏了大顺的精心安排。唯一憾事是，伟超因接任历博馆事没能赶来，老谢则因有中央开会，次晨赶来，总算吃上了寿糕，还听到我的“文化与文明”讲话，他还决定让大顺把录音复制一份送文物局给同志们听。

回来收到浙江文物局名义的纪念良渚五十周年学术讨论会的邀请信。不巧的是，我月底月初要参加“七五”期间哲学社会科学规划会，没法兼顾。还有，杨鸿勋因与他去吉大讲课的时间冲突，也不去出席杭州之会。我已嘱他给冯敏信，委托他代表环境文化中心参加预备会了，我也给浙江文物局回信了。

我考虑是这样的：纪念良渚五十周年，重要的是我们以实际的学术活动纪念五十年来，我们对“环太湖地区古文化”有了比较系统的认识，这是和全国考古学科发展同步的，不是孤立的。因此，更是一定的典型性，用一个公式表述：马家浜文化—中间环节—良渚文化—中间环节—古吴越文化（即先周时期当地青铜文化）。两个“中间环节”，以苏州、上海为中心，常州为中心，杭嘉湖为中心，三地区各有自己特征，这是我们这次组织的五篇文章的中心思想（观点）。这一点，我们事先都联系过了。我知道，此事并非轻而易举，但我相信，通过我们共同的努力是能做到、能做好的。

我们知道，要做任何一件有意义的工作，除非像炒凉饭、写政论式文章，或八股文式报告等等，都是要花大力气的。但我相信的是：我们现在已有条件，不再是暗中摸索了。先例是：我们近年来，花了五年时间，在燕山南北、长城地带、辽西地区的工作实践，已闯出一条路。你们那里的实际工作又都已具备必要基础，所差的仅仅是需要集体的智慧、与大家交流经验的机会，一定能够走到预期的目标。考虑到，你们几个人可能各有各的困难，而时间不允许如期完成。所以，我想，从现在到月底月初，可能都拿不出自己认为满意的成果，这也没什么了不起。既然领导同志热心，愿意开这样一个盛会，也是好事。你们几位可把自己这期间作的准备工作写成短文介绍一下，应付开会，凑凑热闹。下一步，我们再另安排一个小会，到北京来，交流经验，摆摆材料、观点和具体困难。

第一步，来此前的准备工作，我想可以分为四摊，①牟永抗与黄宣佩可以协作、交换意见，老牟要充分利用余杭的良渚墓，加上杭嘉湖地区的79个小墓的编年序列的材料，整出一条线；②黄宣佩那里可以福泉山材料、马桥四期，加上原崧泽的文化层陶片，也可理出一个编年序列；③汪遵国可找邹厚本合作，充分利用（寺墩）草鞋山、张陵山等材料理出编年序列；④你和冯敏协作，理出五十年大事记，再以圩墩材料为主，把马家浜—良渚的中间环节问题理出它的转折特点。

第二步，有了这些，什么时候凑齐，什么时候来北京，住宿条件、差旅费等，由杨鸿勋与黄景略协商解决，我估计有十天、半月可以了。然后再按大家商议各自具体编写大纲回去整编。

第三步，写完稿后再来京安排一次，最后定稿与出版计划。

这样，把杭州纪念活动同原来拟定的学术计划分为两步走。就可依原来打算继续做下去，时间机动些，现在不必硬性规定，可以照顾大家具体困难。总之，此举不是像过去那样拼盘式的仅占一册论文集，而是开拓新路，不必担心有什么不可克服困难。

我的话就这些。原想分别另给遵国（厚本）、永抗写信，为了省力，把此信复印分寄你们，请斟酌！

有什么意见，望回示见告！专此，候

安好！

苏秉琦

1986.10.15

苏秉琦—陈晶等（1986.10.17）[①]

晶晶、永抗、遵国、普仁同志：

你们好！我去沈阳开会，会后参观，又去兴城疗养小住，10日从兴城返京后，首先接社科院发来定于10月29日—11月4日开“全国哲学社会科学‘七五’规划会”通知，随后收到浙江省文物局发来下月初纪念良渚五十周年会邀请信。我已给浙江省文物局信，向会议祝贺。

这次纪念良渚会事，我是完全赞成的。考虑到你们几位为此准备

---

① 陈晶先生提供录文。汪遵国先生注：这是苏先生写给陈晶、牟永抗、汪遵国、冯普仁四同志关于纪念良渚文化发现五十周年学术讨论会的一封信。苏先生曾亲自或通过吴汝祚同志同江苏、浙江、上海一些从事考古的同志谈过，以各自的具有多层堆积的典型遗址（例为草鞋山、圩墩、罗家角、邱城、崧泽、福泉山等）出发，弄清考古学文化的具体发展序列，并写成论文。由于发掘、整理、认识有一个反复过程，短时期未能达到预期目标。因而1986年11月3日至6日在杭州举行的纪念良渚文化发现五十周年学术讨论会上，提出的廿多篇论文和讨论的主要内容只限于良渚文化，但会前发现的反山良渚文化显贵墓地使这次学术讨论会气氛热烈，内容丰富，取得了成果，发生了重要影响。此信和附录的给浙江省文物局的信，反映了苏先生对太湖流域新石器时代考古的总体设想。

文章，原为从学术工作实际出发，把五十年来，一个良渚遗址的发现，到今天对环太湖地区古文化的宏观认识，正从一个侧面反映了中国考古学科五十年来的发展。所以，这项活动既关系到太湖地区考古的总结性回顾与展望，又是一项具有典型性的全国当代考古方向的问题。

现在实际问题是：召开一次纪念会，大家拿出些文章，并不困难。难的是要真正反映出对这一认识的科学论证。我原来的设想，曾和你们分别谈过，或通过信息。我知道，此事有它的现实条件，不是高不可攀的难题。我也知道，落实下来，能做到大家想在一处，突出我们的学术观点、目的，这需要有一个反复过程，不是能一次成功的。所以，我原想大家先有一个初稿，就算完成了一半工作，下边还有一半，需要几个人在一起研讨、修改、定稿过程，才不致成为“应景文章”。

现在会期迫近，我看只好先应付一下，走个过场，即你们可以写个提纲式的短文凑数。等你们初稿就绪，再到一起来共同商讨基本论点，论证问题。地点，可能以你们来京为宜。到时再商请黄景略处长协助解决一切食宿问题等。时间，我不好硬性定，你们商讨可也。上海黄宜佩方面，希牟永抗同志联系。这回的题目，我想如找邹厚本同志一起搞更好。至于晶晶的圩墩，找普仁协作较方便，而普仁写的材料，自然以二人协作为宜。

我是这样想，此事我们一定善始善终，期其必成。没有什么克服不了的困难，条件成熟了，你们也都成熟了。重点无非是善用材料，明确观点，大家只要凑到一起，容易解决。我们这几年在长城地带的学术活动，可供参考。学科的发展原本不是谁个闭户造车杜撰的，关键在“水到渠成”。太湖流域和我们最近倡导的环渤海考古一样，都已是成熟的课题，不是凭空想象出来的。

这次纪念良渚活动能得到上海、南京、杭州三方面合作支持，是个良好开端，因为课题不属于哪家。我这个分为两步走的意见，是从实际出发，欲速则不达，想来可以得到大家理解。搞行政领导的同志，不一定了解此中甘苦，要把道理讲清楚，会得到谅解的。

专此祝

你们工作顺利！

苏秉琦

1986. 10. 17

苏秉琦—陈晶（1986.12.25）[①]

晶晶、普仁同志：

9 点去文物局开会（讨论安阳市拟建遗址博物馆问题），不能等候你们面谈。有几点意见请你们考虑。

一、《编者的话》稿请细读[②]，帮助了解我们近年的主要学术观点。是我们提出“太湖地区古文化”的出发点，是走新路，不是写报告、写论文、写书，是开拓学科新领域。要从改变旧学术观念出发，从中国文明起源、从社会历史发展的辩证法分析考古材料。不急于求成，但必须有新意。

二、普仁写的《石棺墓》已有很好的基础[③]，但还要进一步考虑，它是在当地“古吴越文化”基础上发展起来的，带有明显太湖地区进入广大范围的一致色彩，比前时期社会有所提高的一个新阶段。这一观点要从微观角度进行更深入一步的分析，上下左右结

---

① 陈晶先生提供录文。汪遵国先生注：1986 年 12 月，陈晶、冯普仁两同志到北京就修改《太湖地区新石器时代考古五十年》以及太湖地区考古学研究请教苏先生。先后谈了三次，最后约定 25 日上午再谈一次，因文物局开会不能面谈，苏先生在办公室给他们留下这封信。

② 汪遵国先生注：《编者的话》稿，指苏先生 1986 年 12 月 22 日为由他主编而准备连续出版《考古学文化论集》写的前言，见文物出版社 1987 年 12 月出版的《考古学文化论集（一）》。

③ 汪遵国先生注：冯普仁《试论吴国石室墓》，见江苏省吴文化研究会于 1986 年为纪念苏州建城二千五百年而编辑的《吴文化研究论文集》，中山大学出版社，1988 年 8 月出版。

合地来看，从动态中看它是否深刻地影响着后来历史时期“吴越”地区文化传统的发展。譬如说，对“六朝”时期文化的影响。总之，此文还大有可以发挥提高的余地。

三、《太湖地区古文化》一著的基本框架是：（一）从理论上阐明对它的认识的几个阶段，从“史”的角度，“方法论”的角度，而不是简单地摆事实，要讲点辩证法；（二）现阶段对太湖地区古文化的认识，分三片，各自成章，突出自己的特点、发展道路，特别是两个转折阶段的分析［马家浜—良渚（五六千年间）；良渚—吴越（二三千年间）］，三个主要阶段的辩证分析（即着重从动态中分析其特征、质的定性）。这一步要从现有具体材料着手。

这些想法，可在实践中尝试，边实践，边思考，得出自己的具体看法。

四、与遵国、永抗通气，可谈你们对《编者的话》一文及我们交换意见的大致内容，按照你们的理解，仍作为初步设想。总的精神是，如《编者的话》中所说的，我们希望要迎着时代的精神上，而不愿墨守旧套套。引用总书记的话“一是向上攀登（宏观），二是向下深入（微观）”。大家共同商讨、共同提高，这是我的衷心期望。

五、说到底，观念的改变对任何人来说，都不易。大家交换意见，也不可能立竿见影。但我认为有些基本观点，原则上沟通，也不难。

你二位，我看旧框框少些，是一大优势。要发挥这一包袱轻的优势。

希望你二位多找机会互相交换意见。

牟永抗、汪遵国二位为良渚会写的文章①我读过，认为他们谈

---

① 汪遵国先生注：牟永抗、刘斌《论良渚》，汪遵国《论良渚文化》，系纪念良渚文化发现五十周年学术讨论会论文（未发表）。

的都很深。但我觉得如我能再多看些他们经手的材料，我们会有很多的共同语言可谈。感到遗憾！

再见！祝

一路顺风

苏秉琦

1986. 12. 25

陈晶—苏秉琦（1987.5.20）①

苏先生：

不久前我接铁编辑一信，她告诉我，您交她一篇万把字的稿件，配若干图，希望立即发稿。她说："对苏先生我是既崇敬又从命。"不过，这样一来，我的一篇小文章被挤到五期了。她称："好在你是苏先生的弟子。"当然、当然，弟子更应从命不违。其实我那篇小文，也不过是意气用事写的，介绍上博一位修复漆器的老师傅，一辈子含辛茹苦修旧如旧，热诚支持考古工作，与考古工作息息相关，反山那件镶玉漆器，若没有那位师傅动手，就不存在了，崧泽的象牙雕，像一团"豆腐渣"，工地上大约也没有编上器物号，修出来都成了稀世之宝，可是谁也记不上他的功劳。退休后，俩老住七个平方，甚为凄凉。为此，我写篇小文，呼号几声，文章没有写好，而铁编辑愿意刊用。

另外她约我写篇《大汶口》纪实，本来，我懒得写，也犯不上去听七七八八的非议，不过最近知道子范的情况不好，他一直是希望我能证实一些事情，作为老朋友的我，对于他的不得志，我有所知。所以我想不管是好是坏，写篇小文章，好在铁编辑也愿意利用。像天气一样，时有蒙蒙细雨，天晚得快，子范的处境就是这样。

① 苏秉琦先生在书信首页写道："1/Ⅵ/87 复。"

圩墩第四次发掘整理，我暂时搁手，未有进展。我在琢磨海安青墩那批材料，上月去南博，总算在库房里看了海安青墩大部分材料，它是南北组合后又分解，从这个遗址联系到涟水三里墩，西部到句容城头山，“崧泽文化”又是茫茫一片，我想从海安青墩着手，作一些分析，来看文化类型发展中交错现象，而后又发展归总为“清晰”的几类文化。

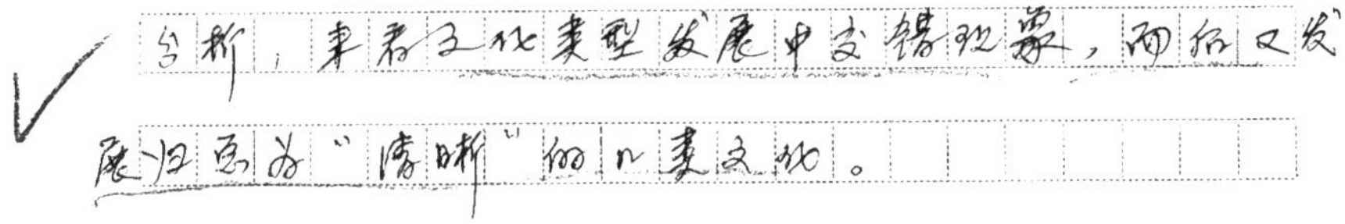
分析，来看文化类型发展中交错现象，而后又发展归总为“清晰”的几类文化。

铁编辑约写的大汶口稿，我在八二年写过一稿的基础上，作了修改，过几天我把稿子誊写后给您寄上。

六月份我想上京一次，此时，您大概不会外出。此行，我打算坐火车先去济南逗留一天，看望杨子范。

“万把字的稿子”我猜不到什么内容。您多保重身体吧！

即颂

大安

晶晶

于 87. 5. 20

吴先生是否还在三峡，念念。

陈晶—苏秉琦（1987.5.26）

苏先生：

上周的信，想您已收到。应铁梅约稿，写大汶口编写记述，勉为其难，草草写就，先请您过目。我自知文笔很差，您看过后，若无原则错误，是否可交俞先生帮我润一润，他文笔好，写的文章，很有感染力。文中发两张照片，一张是您的珍贵历史照片，排大汶口陶鬶，另一张就是1963年、1964年油印本的封面。我要求子范同志找一找有无发掘工地的工作照。给他的信，他是给我复信的，不知是否病情关系的缘故，还是不想提及，未能要到。他的信，语词凄凉，“我这硬汉子已是一堆泥，不堪回首——我已非20年前的杨子范了。奔走了40年，混得白发苍苍、两袖清风……”他还提到“九月开环渤海会是苏先生倡导定能成功。届时我可以混混见见面，苏先生也想我，多次来信表示想我”。

我决定6月份去京路过济南，看望这位患难之交。我在山东五六年，他对我帮助很多，他是使人难忘的一位好同志。

小孩子七月份要考大学，刚在本地通过预考，也是学不逢辰，今年更难考，他虽则在重点中学，基础尚可，但能否考得理想，实无把握。看看孩子硬搏，每天只睡五六个小时，可怜！这种学制对孩子精神压力太大，甚至可能被压垮。此番到京不能多待，是找黄景略办个文，接待一位日籍漆器研究者（李汝宽的大儿子高树经泽先生）。由商公子转告，景略要我去京办理。商公子准备邀先生参加马坝人纪念会，您去吗？不多写了，六月我们见面。即颂
夏安

晶晶

于87.5.26

［编者注］陈晶先生信中提到送呈苏秉琦先生审阅的“大汶口编写记述”未见。该文后发表于《文物天地》1988年第6期。录文如下：

大汶口新石器时代墓葬发掘编写经过

1959年春，津浦路兴修复线，宁阳县堡头村大汶河畔地面暴露出一批新石器时代遗物，济南市文化局派刘锡曾同志前往工地调查。刘早年曾在吴金鼎等先生主持的城子崖龙山文化发掘队工作过，他看到的这批新石器时代遗物与早已闻名世界的山东龙山文化出土遗物面貌迥然不同，立即收集标本带回济南，向考古界前辈王献唐及山东省文物管理处的同志展示。杨子范同志回忆当时的情景

时说："当见到这些红陶、彩陶、灰陶、黑陶和蛋壳陶片时，如同见到陌生人，相对无语，实在叫不出名姓来。"这批使人耳目一新的史前遗物，吸引了文物考古工作者，一种强烈的事业心、责任感，无需以任何形式再进行动员，领导和专业工作者的思想一下子就统一起来，一致认为必须立即奔赴遗址地点，进行发掘。

山东省文物管理处、济南市博物馆，在中国科学院考古所山东工作队协助下，组成一支考古队，这支队伍大多是中青年考古工作者。当年 6 月下旬进行全面发掘，一座又一座墓葬被揭开，出土了一批又一批罕见的器物。天热，发掘队员的心更热。工作条件十分艰苦，有的墓坑既深又窄，在墓坑中剔骨架、清理随葬品、绘图，无不是细功夫，有时实在闷热得使人透不过气来。因为必须抢先在大汶河水位高涨之前把这片墓地清理结束，他们不得不在天蒙蒙亮就起身，天一亮就开工，啃着窝窝头、煎饼，起早摸黑争时间去工作。

9 月初工地工作结束后，器物全部运回济南，在趵突泉公园一所小院内汇报展出。这次发掘是 50 年代末轰动考古界的盛事，时值中国历史博物馆开馆陈列，一部分墓葬器物随即提调到中国历史博物馆，充实原始社会发展史陈列。紧接着就是要尽快整理出书。

《大汶口》新石器时代墓葬报告的整理、编写，杨子范《对山东史前考古追述与瞻望》一文中，已有部分追述。这部报告的整理始于 50 年代末，1963 年写出油印初稿本，1964 年完成定稿本，由于"文革"，稿本搁浅未能付印，直至 1974 年始克出版。编写这部报告的时间，恰恰处在中国考古学研究的变革时期，一方面在寻找一条考古文化研究的基本方法途径；另一方面对于考古学研究中器物排队被认为是"资产阶级"的"烦琐哲学"的批判风浪尚未平息，客观环境给研究工作带来了一定的困难。

一、编排 133 座墓葬的活页本还是编写一本课题研究报告

当时对报告的编写，有两种不同的意见：一种意见只要求将 133 座墓葬，按墓编排出活页本报告即可出书，这样做仅仅是单纯

公布资料，决不能作为推动考古学研究的手段，意义不大，也不可能认识这一遗存的真面目；另一种意见是，通过这处遗存的整理研究，打开一扇山东新石器时代的历史窗户，来探索山东新石器时代文化的新课题。

50年代到60年代初，山东境内新石器时代遗址如雨后春笋般地破土而出，这些遗址除可以归纳为龙山文化外，有些遗址出现了新的器物群，如滕县岗上村、安丘景芝镇等遗址。前者与江苏北部新石器时代遗存颇为相似，后者却又接近于山东龙山文化。新的材料已初露端倪，而大汶口遗址墓葬，恰恰包含了上述遗址中各种新因素。当时对这些新材料如何解释呢，有“混合文化”说，即“既含有仰韶文化的因素，又含有龙山文化的因素”；其年代及社会性质，有解释为“属于龙山文化系统，是氏族社会末期阶段，它不会早于两城期”。以至当年中国历史博物馆的陈列原始社会部分，把大汶口遗存曾排在龙山文化之后。但也有人认为它应是早于龙山文化的另一类文化遗存。资料的特征是新颖的、独特的、丰富的。不言而喻，客观需要，推进了对这一重要发现的研究工作。

二、器物排队，摸索方法，渐入佳境

具体编写报告的任务，由山东省文物管理处杨子范与济南市博物馆刘锡曾副馆长主持，我被分配参加整理编写。当时，我初次从事考古工作，一方面受到热气腾腾气氛的熏陶，诱发了我对这项工作浓厚的兴趣；另一方面意识到学习任务重、工作要求高，会遇到更多的困难。考古界很多学者都关注这项研究工作，热情诚恳地给予具体指导、支持。使得工作进行较顺利。

整理编写的第一阶段，在核对大汶口遗址发掘全部墓葬材料的过程中，山东大学历史系考古专业刘敦愿除他本人给予我们无私帮助外，还动员他的夫人张敏君同志长期配合我们的工作，进行陶器修复。顺便说几句题外话：张敏君同志是家庭妇女，料理繁重家务外，还要当刘先生工作助手。刘先生“拾陶片”，动员夫人学陶器修复，她琢磨锻炼这项手艺，可谓考古界“夫唱妇随”典范。虽然敏君同志不幸早逝，而她修复的器物，将永远留存。

核对素材，整理技术资料，要求严格的科学性，有时为了核对某一座墓葬的材料，甚至某一件器物，除了对照记录、墓葬图、照片等外，发现疑问，又必须找到发掘清理者，省文管处的袁明、李步青等同志。他们虽然不参加编写工作，几乎经常被“绑架”来与我们一起核实材料。

第二阶段是找出地层关系，依据叠压与打破的墓葬，不仅表明墓地延续时间之长，而且渐渐分析出了墓葬有早有晚，弄清了早、晚器物群的组合的区别。一次又一次排比，分析，使我们对这一遗址文化面貌有了初步认识。1961 年到 1963 年间，苏秉琦老师带着他的研究生郭大顺同志多次来济南，他和我们一起排列、摸索这些“盆盆罐罐”，每当他闭着眼睛，默不出声，把一类器物反复摸索得入神时，我们在一旁屏住声息，等待他脱口说出其中“奥秘”。而他却要我们把排列在面前的每一件器物，依次背出出自哪一座墓葬，说出它的特征、变化。他循循善诱地向我们指出：“考古文化的分型分式，不是个肤浅的课题，如果停在表面，那就一文不值了。譬如你们摸过了大汶口遗址的材料，一件件地排过队，还分过期，但我要问你它的特征、性质如何加以归纳，才能称得起是科学的概括呢？这难道可以冲口而出的吗?”他还对我们说，“考古学既是科学，不但应该是逻辑的，还应如数学一样，可以摸得出一是一，二是二那样一目了然”，惠于学子的基本方法论的启示，对于我们后来确定大汶口器物分型分式的标准及其在考古文化上的意义，有了自信与把握。

三、初步勾勒出大汶口文化的谱系

只有消化资料，才能立下升华的基础。我们终于在大汶口遗存中看到了山东陶鬶的家族史的起源和发展。它的最早形态，不过是比壶多了三个实足和把手而已，但不能小看这三个足的功能，它把原本一件只能着地面放的器物，支撑“腾空”了。由实足鬶演化到袋足鬶、空足鬶又经历了一系列的革新，由厚壁到器壁匀薄，它

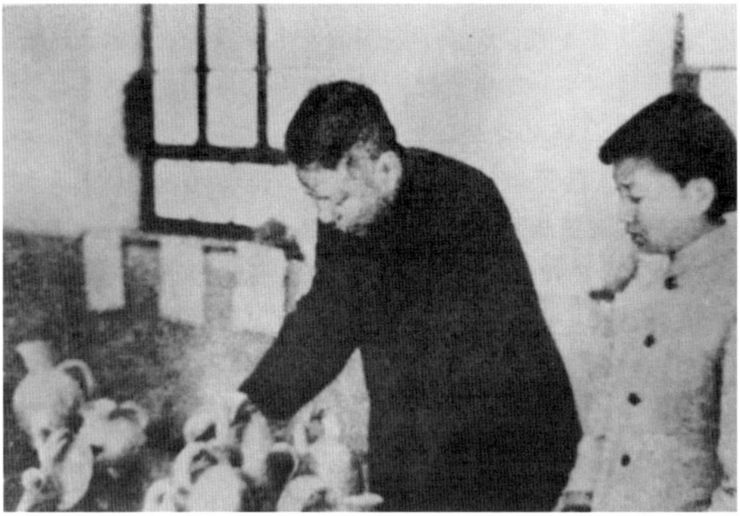

图 1　苏秉琦先生辅导陈晶研究发掘器物

的质料由耐火不高的夹砂土到采用能耐高温的坩子土，而且在造型上已形成了一种艺术美。探索器物演化，生产技术的改进，仅凭推论、想象，不可能得出完整的结论，有时还得通过实验来证实。譬如通过陶鬶“世系”的排列，弄清了白陶的发生阶段，它出现在这批墓葬的晚期墓中，数量多又集中。毋庸置疑，当时在大汶口生活的人们，他们一定找到并且已开采制作白陶的原料。

据此，我们也做了一次有目的的“实验考古”。1962 年冬上，杨子范、蒋宝庚，还有一位女同志，我们四人从济南出发，先到泰安（泰安道廊遗址出土的成批白陶，与大汶口遗址的白陶形制相似），沿途调查，一直到宁阳县，始知磁窑这一地点至今还在开采一种坩子土，那里距大汶口较近，在产地取回坩子土样品，模拟大汶口人用手捏制白陶坯，烧制出的器物，几可乱真。由此可知，新材料，新的烧制技术，带来了新的成就，这支文化已萌发了向前发展的变革因素。

认识大汶口遗址出土的器物，既有文化上独特性，又包括几个发展阶段之后，初步具备系统分析的条件，客观上才有了可比性。从大汶口遗址着眼，对周围地区各遗址进行多面、多层次、多阶段的比较，至此，对于那批惹人注目的红陶、彩陶、灰陶、白陶、黑陶……我们不再以陌生人相看，蒙在她身上一层有色彩的薄纱被揭开后，她的全貌显示了，也知道了她的姓氏，称“山东大汶口文化类型”，她孕育着的“龙山文化”的“胎儿”，不久就将诞生。

图2　大汶口墓葬出土陶鬶谱系

1. M81 夹砂灰陶无足鬶；2. M54 夹砂红陶实足鬶；3. MI29 夹砂红陶实足鬶；4. M79 夹砂红陶实足鬶；5. M36 夹砂灰陶矮足鬶；6. M98 夹砂灰陶实足鬶；7. M47 夹砂红陶袋足鬶；8. M47 夹砂白陶空足鬶；9. M117 夹砂白陶分裆鬶

诚如《对山东史前考古的追述与瞻望》一文所说："山东大汶口文化的被认识，应当肯定说，是中国考古学对中国东方史前社会研究课题中的一项大的突破。"这项成果应归属于50年代至60年代中期从事山东地区考古工作的同仁。

四、余记

1974年，《大汶口新石器时代墓葬发掘报告》出版前夕，苏秉琦老师在一封来信中曾称："去年中航（于中航）同志来京，改写大汶口报告结论部分，事后他提起，后悔没有借机会请你来一起商量。现在此报告最后校样听说已排好，多年心血，出版有望，可喜可贺……这本报告总的来说，算是差强人意的，有人也许会说选材料多了些，而我则认为成组的材料还嫌少。最遗憾的是，人骨鉴定只有一部分，结合成组器物不够多，不仅使我们探索墓地排列顺序不大可能，进一步探索其社会意义也就更困难了！这一步办不到，那么，这批材料的一半重要意义就丢失了。"

大汶口报告的编写，体现了60年代初老一辈考古工作者对中青年考古人员的培养、帮助。当时，不论是在田野工作汗流浃背的发掘者，或是进行室内整理资料的编写者，都有着同一心愿，就是要为我国考古事业做出贡献。1964年的定稿本中，原有一篇《编后记》，但在文物出版社的正式出版本上被删去了，作为纪实，抄录于此。

编后记

《大汶口新石器时代墓葬发掘报告》的编写工作，由山东省文物管理处和济南市博物馆共同负责，杨子范、刘锡曾同志担任主编，参加编写的有杨子范、刘锡曾、陈晶晶、于中航、蒋宝庚等，器物整理者是丁圣惠同志。

报告编写过程中，曾得到中国科学院考古研究所和苏秉琦、曾昭燏、尹焕章、刘敦愿、石兴邦等同志的热情帮助和指导；中国科学院考古研究所颜訚教授对人骨作了鉴定和研究，骨器、动物骨骼、龟甲，分别由中国科学院古脊椎动物与古人类研究所裴文中、贾兰坡、叶祥奎同志作了鉴定或研究；石器由山东省地质厅刘震同志鉴定；报告插图由中国科学院考古研究所张孝光、郭义孚、张守中、杨秋涛同志绘制；韩淑明、伦景轩同志也协助绘了一部分插图。我们谨向这些单位和同志表示衷心的感谢。

我们深知自己的理论水平有限，缺乏实际经验，在编写过程中虽然尽了最大的努力，但是报告中存在缺点甚至错误，仍然是不可避免的。我们诚恳地希望学术界的同志提出批评和指正。

补记

在《编后记》中未予记载，而应该记述的还很多，在这里我想补写一二。对于这本报告的编写，夏鼐所长也十分关切。记得夏所长在北京医院手术住院期间，苏秉琦老师专门带领我，夹着一大包插图，去医院看望夏所长。他与苏秉琦老师讨论了编写体例及内容方面的问题，在病床上看了我们编排的每一幅插图，还提了具体意见。两位长者真诚切磋讨论的情景，犹在眼前，使人难忘。而今夏所长已作古，参加大汶口发掘与编写的同志中，有的也已谢世，还应该想到的是在大汶口发掘工地出过大汗的同志，原报告中未予记名，亦作补记于此，发掘人员计有：中国科学院考古所山东工作队魏效祖、温孟源、贾全华；山东省文管处殷汝章、袁明、李步青、王思礼、祝子成、刘桂芳、赵运友、张世德、季道华、李长明等；济南市博物馆刘锡曾、赵秀兰、丁圣惠、庄韦波、陈芝生等；还有泰安、宁阳、历城等县培训人员刘兆金、任礼堂、刘恒昌、张爱兰、薛志超、米存轩、杨慧芳、王殿生等20多位同志。

《大汶口》报告的整理与编写，距今差不多四分之一世纪了，不少同志鼓励我写一点回忆纪实。我参加前后5年的编写工作，从接受研究工作的启蒙教育到使我认识这些“盆盆罐罐”所特有的价值。回忆起来，能不有感！流光如电，我留恋那种环境，使我最难忘的是在完成这项工作中绝大多数同志所具有的努力不懈的毅力和团结一致的精神。在这篇追记里，我写了许多人的名字，他们或是我的先辈或是我的同辈，有一些已经先后作古，提起他们不是为了以垂永远，而是为了与活着的同志共勉，因为历史毕竟又翻过新的一页。

（该文原载于《文物天地》1988 年第 6 期。据陈晶《漆石汇：陈晶考古文辑》，文物出版社，2016，第 3—9 页录文。）

陈晶—苏秉琦（1987.8.19）

苏先生：

好像已相隔好久没有给您写信了，这阵子我忙乎得已顾此失彼。从六月份起，孩子报考大学填志愿，一直到昨天为止我才平静下来，总是如愿以偿了。孩子面壁苦读数载，高考结束对“上帝”“菩萨”一拜，随他爸爸上了东北。由于他考了个“经济节约”的考分（仅超过本科线一分，511 分），要完成志愿，对我是一场严峻的考验，物竞天择，终于绝处逢生。孩子的志愿选择，我们全家三口一再深思，决定报考南京林业大学木材加工系。选择这条道，我希望孩子能同时接受父母的有利因素，并且开拓前景。南林木材加工教研室主任，徐永吉同志他已开设了一门与考古学相靠拢的边缘学科，从鉴定葛洲坝的大树开始，他结合考古材料搞了好些课题。前年发掘圩墩，他也是主动设课题，他与我的孩子见面就有缘。这次总算实现初步设想，孩子被南林大录取了。这样我家两顶旧书橱里的书籍在我下一辈中，大概可免遭被捆丢进废旧收购站的厄运。

七月中旬以后，我还接待了一位日本客人，那就是李汝宽老先生的长子李经泽。父子俩都是商人，对中国古代漆器可称爱漆如命，从商而渐渐步入研究，广泛收集资料，那也是需要相当毅力的。李经泽也上花甲之年，他对我说，他父亲写的那本漆书有不少毛病，他自己也将退休了，为了安排退休后的生活，他将从事古代漆器的研究和写书。他差不多跑遍了欧、美、日各大博物馆，看到许多珍贵漆器，流传在外。他们父子俩对我这些年从事漆学研究很支持，寄过不少资料。这次通过交流加深了一些专业研究进程方面的了解。他希望我能有机会去日、美考察中国古代漆器，并愿意提供可行性条件。可能联系两处博物馆同时邀请。当然，这仅是意向性方案。而我这人，说出道而又不出道，如果单独出去真有点怕，若结伴而行，定要志同道合者。李氏，10月18日将再次来华，主要是他在设法为镇江博物馆去日展示搭桥铺道。还提到愿为保护古代漆器（他看到这一代出土漆器，大为叹息，保护不善），争取国外基金。

李氏参观无锡博物馆后，捐赠一笔钱，购置放置漆器的容器。

我曾经给您寄上写大汶口编写经过的小文，您看是否可交《文物天地》发表。子范的身体已是不堪设想了，作为共事多年的知己朋友，我还能为他做些什么呢？

秋后我一定去北京，十分想念老师，还有那位笃厚的吴先生。我也要看看王世襄先生，他也是在不懈余力的奔忙，而又感觉到累了。

祝

近安

晶晶

于87.8.19

陈晶—苏秉琦（1988.4.11）[①]

苏先生：

商公子每次去北京见过您后，总会来信告知一些见面时的情况，从吴先生、胖姊给我的信中也得知您身体安康，大约他们都理

① 苏秉琦先生在末页页眉写道：“7/Ⅴ复。”

解远隔千里的学生思念老师的心情。

去年遵国兄就约我准备为祝贺您八十寿辰写稿，我给他透露，收藏您的信简，他也是有心人，最近来信称：“我手头有1974.12.19、1979.3.28、1984.9.15这三封信的摘录。”真厉害，一露手（记得在我家中拿给他看的）就给他摘录了。那年在昆明开会期间，伟超先生同我提起辽宁为您祝寿，我当然不可能前往，感到遗憾，但有一丝启发，我就酝酿在你八十寿辰时，写一篇回忆文章“苏先生对我的教导和帮助”，以信简为内容，写出学术思想和体会。

《东南文化》准备出专栏，有吴先生、童明康、纪仲庆、遵国的文章，还约我。除文章外，整理《考古学书简——苏秉琦教授给陈晶同志的一束信札的摘录》，由遵国附以注释（注明具体事实），本合我意，然而也有一丝顾虑，“不知我者谓我何求”。

估计五月间能完成，文、信简一并寄你过目。

前些时候，文物社朱启新同志约我写一篇关于考古学跨学科研究的文章（《中国文物报》“文物与研究”版刊用），因为他催得紧，完成后就寄给他了，不过我说明，请他转给您看过。现在顺便把复印稿寄上。

圩墩出土物在整理，现在有一助手——去年厦门大学毕业生，也姓陈，女孩子。学习还主动，也愿意吃苦，不过比我年轻时，她显得懂事得多。她也还能体谅我，搬陶片重活她抢着干。

年来也感到精力差，不过自孩子考上大学去南京上学后，家务事轻松了，晚间相公与我各人一案。今午我完成了《论宋代江浙漆器生产及流传》一稿，约一万五千字。圩墩是细水长流的工作，想年内完成简报（技术工作——照相绘图都不配套），环境方面的研究也完成了一部分，可以汇总在一起发。唯人类学部分黄象洪还没有动手，答应暑假来常州“啃骨头”。现在难呀！自然博物馆人员公派外出一天收30多元，对此，我们还得采取“瞒天过海”办法搞研究。

前些时候商公子来信告诉我，可能得到洛杉矶召开的夏文化讨论会的邀请，李氏长子李经泽先生也从日本来信，说明由 UCLA（加州大学洛杉矶分校）周教授主理，会期 11 月 20 日。但至今还没有得邀请书，可能有变更。我也无非是想见识见识，但也不抱什么希望。只是若得邀请，总得有篇文章，我没有钻研过夏文化，我想了个题目谈漆器之最早使用和初期发展的社会条件。要啃一点文献与结合这一段的考古发掘资料，也许能联系夏纪年（夏时期）的文化。如果得不到邀请，暂时我还不想动手写，考虑成熟后放在今后再写。

江苏的职称评定，正研：梁白泉、罗宗真、纪仲庆、李蔚然（南京市博物馆）、朱江（扬州）、陆九皋（镇江）、顾文璧（无锡文化局副局长）。副研：人数很多，遵国、晋仁、我都评上的，连 67 届、68 届毕业的都评上了，标准很宽。初时有点吸引力，如今也都松劲了。

十分感激吴先生对我的关切，他大约去三峡未归。愿他身体还像铁人一样坚强。

您和师母多保重。即颂

大安

晶晶

1988. 4. 11

苏秉琦—陈晶（1988.5.7）①

晶晶：你好！

4 月 11 日信及附来文稿复印件②及时收到。看过了，很好，突出了圩墩考古有它自己的特色，也算难能可贵了。

---

① 陈晶先生提供录文。

② 汪遵国先生注：指陈晶同志根据圩墩第四次发掘情况写的《田野发掘工作中的多学科研究》一文，刊《中国文物报》1988 年 8 月 12 日文物研究专栏。

但我依然怀疑，到底圩墩是怎么回事？现在《崧泽》报告已出[①]，可对比一下，崧泽—圩墩，二者有没有一些质的差异，还是“一丘之貉”？要有个明确的答案。这是我的期望！

检出《瞭望》15 期、《文物报》复印件两份留做参考。[②]

11 日准备去山东临淄开“环渤海”会[③]，约一周可回。

祝工作顺利！

苏秉琦

1988. 5. 7

陈晶—苏秉琦（1989.3.9）

苏先生：

去年十月到您府上，师母待饭，赐寿面，晚间您二老还健步下楼，陪我到车站，这般情景，回忆起来十分愉快，有一种似听昆曲的韵味，素雅而淳厚。

大顺来信与我联系，《辽宁文物》要出专集，要我寄稿子给他。《东南》之事，虽感意外，但也在所意料，我与遵国都感到不是滋味，此事我只能对大顺说。

前天我去南京，按大顺的意见，您给我的信，依然由遵国整

---

① 汪遵国先生注：《崧泽——新石器时代遗址发掘报告》，上海市文物保管委员会编著（黄宣佩、张明华主编），文物出版社 1987 年出版。上海市青浦县崧泽遗址是太湖地区新石器时代典型遗址之一。该书系统介绍遗址的文化层堆积，全面叙述中层发现的被命名为崧泽文化的 100 座墓葬，并对上承马家浜文化下启良渚文化的崧泽文化的特征、分期作了分析探讨，是研究太湖地区原始文化的重要资料。

② 汪遵国先生注：殷金娣《考古界泰斗苏秉琦谈中国考古事业的发展》，《瞭望》（海外版）1988 年 4 月 11 日（第 15 期）。苏秉琦《中国考古学从初创到开拓——一个考古老兵的自我回顾》，《中国文物报》1988 年 4 月 15 日。

③ 汪遵国先生注：“环渤海”会，即 1988 年 5 月 12 日至 16 日在山东省淄博市召开的环渤海考古第二次学术座谈会，苏先生作了《环渤海考古与青州考古》的学术报告，刊于《考古》1989 年第 1 期。

理、加注，并我写的一篇小文一起交《辽宁文物》，遵国写的一篇也交大顺安排。

原先听说，今年年会在湖南召开，是五月间，我想您是要去湖南的，远行要有医疗保护措施，特别是现阶段，交通秩序不好，飞机航班往往误时。除路程中尽量避免劳累外，到湖南住宿地，还得按常规每天检查血压，晚间要备用一氧气枕。您看，我也成了小老太婆了，说话也啰嗦起来了，您别见怪。

我最近逼出一篇夏代漆器的小文，前半部分写夏以前漆器生产，后半部分为夏漆器新证，誊清后给您寄上。

圩墩第四次发掘简报提纲，我准备分列：

一、圩墩遗址马家浜遗址早期有发达的“木器文化”。

二、圩墩遗址马家浜文化遗存典型器物

1. 典型器陶釜的种类及演变

2. 器物种类

三、器类丰富的骨角器及其制作工艺

四、墓葬类型及随葬品器物组合分析

五、多学科综合研究的得益

六、小结

与遵国兄等一些好友见面谈心，都感到心情很沉重，工作中得不到应有的公正的评论，而且处处有障碍。当然生活得也很清苦。再过两年我也要退役了。江苏的政策是到退休年龄“一刀切”，大学教师尚且如此，南博也照此办理，我这里更不用说了，反正我也不愿想得太多。今年十月初我争取去京，再次到您府上向您、师母祝寿，像去年一样。

多多保重身体。即颂

大安

晶晶

于 89.3.9

问吴先生好！

陈晶—苏秉琦（1989.4.2）

苏先生：

您好！

寄上漆器稿，内容很肤浅，只是我认为在二里头遗址二、三、四期漆器已成为这类文化的组合之一，再联系文献记载，似乎有一点意义。

记得在一次您告诉我，邵望平读《禹贡》有心得，当时我不解其意，我不知她后来对此书的研究，有何开展。我是写这篇漆器小文，应用《禹贡》篇材料，以为是有科学价值的。

遵国加注的十八封书信，我已寄给大顺，将来他会把清样寄给您看过。遵国建议把您在济南排大汶口陶鬶的照片附在书信中刊印，不知您意如何。

商公子跑到香港去搞发掘了，要去三个月，去港后他还未给我来过信。听说望平也将赴美作为访问学者，大家都希望出去见识见识。我这篇漆器小文，原是为准备应李汝宽先生之邀，参加洛杉矶召开的夏文化讨论会而写的，但是还没有确定日期，也许无限止延期了。

我想设法让孩子出去留学，我告诫孩子：目前这样的环境下，只有好自为之。他除了在大学上课外，每周三个晚上在南京市一所托福补习班读英语。孩子有进取的要求，做父母的再艰难也得设法支持他。

我十分想念老师、师母，有机会我会争取去看望你们的。

即颂

大安

晶晶

于 89. 4. 2

问吴先生好！

附：《夏之漆》论文16页并表格1页。

陈晶—苏秉琦

常州市博物馆信封，署“陈晶寄”，邮戳模糊难辨时间。

贾洲杰

贾洲杰（1933—　），先后工作于内蒙古大学、内蒙古文物考古工作队、郑州大学。

贾洲杰—夏鼐、苏秉琦（1962.8.4）

夏、苏两位先生：你们好！

我到辽上京城工作不久，便想给苏先生去信，以后想给苏、夏二位先生一起写封信，以便得二位先生的指教。我知道夏先生不认识我，不过，苏先生会向您介绍我的情况的，故不另写什么了。

有关辽中京的工作任务我不再写了。我只想就到这以后的工作情形向你们谈谈。希望你们能够来信对这里的工作提出意见，予以指教。

工作是六月十七开始，计划九月中结束。全城面积约四百九十万平方米，计划重点钻探的约九十万平方米。重点区划在皇城南半部的中间，及中部和西墙下的山丘建筑区内。

辽中京南部的汉城，由于原经城南的河道改流城中（旧道在南是推断），因此城墙及城内的堆积皆遭到严重的破坏。经城正中东北斜流之河是1954年冲出，经城北部东流之河据传说判断约已有百年，两河在城西北约三里处一道二分。在该二道未交槽前，河水似曾从西门进城，漫滚过全城的。从现在看，以后河道会废北而留中。

皇城保存较好，只南墙被河水冲坏。西墙北部于1954年开了一渠以防林东西流来之水患。全城中北部低洼而少建筑。建筑集中在南部正中一条南北线，还有中西那处的山丘上。建城时一般地面坡度约在海拔843米上下。皇城四门存三，马面皆好，墙高有10米的。城有濠，濠宽约10米，濠外有土岭约高二米，皆淤地下。城西500米许有一小城约长宽400米，仅存西墙及南北墙之部分。京城南7里北三里有两座砖塔。

我们的工作计划是这样：钻探皇城文化堆积情况，开二个探方了解城的年限，切一处城墙断面，探城濠深宽及濠外土岭情况。

测皇城内现存建筑遗迹现象及0.5米等高线图各一份。

工作情况：汉城由于一些原因，只草探七日，知道①处为城门，②处尚不能断定为门，其他再无城门痕迹；城内文化堆积厚度一般有1.5米上下，多分两层；建筑皆土房土屋，尚未见到夯土台基建筑，少砖石建筑，未探到街道。

皇城，③从南部向北探起，已进350米，总探面积近35万平方米，尚没细探的近40万平方米，探出了东西南北通向四门的四条正街，即粗红线所示，一条东西横街，图上其他虚线所示为推断之街道。

钻探要求是这样：方法上是分城南半部为东西横排划六区，南北直行划三区，计十九区。以东西为半各九区，以中向外，南向北编1—9区号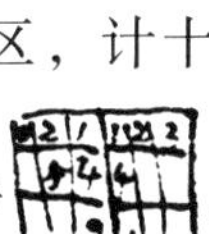。即东一至九区，西一至九区，区分之处皆以地貌可能为街道处划之。探时要求知道文化堆层次，建筑叠压层次，建筑用材（如夯土、砖石），了解建筑群或主要建筑堆积厚薄范围。不像辽中京那样找出平面布局，而是要点不要面（如知道某点为夯土，多深见，夯多厚，上下情况如何即可），若求面实太费力。路要长宽深浅厚薄。

开方只想看看城的文化年限。

城墙断面已切一处，得知墙有正身，外又增宽，如图，正身下宽 15 米，内倾斜度 73°，外 80°。墙连增宽共计宽 23 米。从许多现象看，正墙与外加部分为同时修建，墙基清槽，夯层五七版一堵（我称换一次夹棍眼为一堵），夯层厚薄不一，一般墙下部皆厚在 30—25cm 之间，上 15—17cm 之间，夯窝圆小，在 6—6.5cm，深 1—2cm。

原建城时，城中既有二山丘，故低高不一，听说在进行辽中京工作时，夏先生曾指示了解建城时的海拔高度及原地平面情况。有关中京的这一指示，我已在那里注意到了。此来上京也记在心，现已知此城建时城约在海拔 843 米上下（从气象站转来高度），我还考虑在全城布点求原高，不知是夏先生所指示的意思否？

皇城所要做的工作已于上述，另外我考虑重点勘探中部大内处，我于 1959 年曾来此参观一次，从文献中参知中部为大内，此来时有些人以为是西南角（以皇城十字四分）之东南角上的—•—•—•—线院为大内，但看它像晚期建筑，且破坏了大内西墙，大内墙当在细红线上，此已有痕迹，显于地面（土色）。从现象看，大内西北角跨着的一院在建时，大内将南墙也同时后缩了。我想设法求证到底如何，并考虑这次把大内中的建筑等平面求出，还开 0.5 米小沟求禁城墙实际位置。

以上是我想到要向你们说的情况，极希望你们来信指教，以免工作有错漏之处。

苏先生，我从学校调到了内蒙文物队工作，希望您以后仍然经常的指导我，我到这一定努力学习和工作。到这来，由于这几年一直在帮他们工作，所以无过门之感。

祝二位先生身体健康。

学生　洲杰　草拜

62.8.4 于林东

我的字很草，非不恭敬，请原谅。

辽上京
一万分之一图

［编者注一］贾洲杰先生在书信首页的页眉处写有：

①附告，城图为城内建筑地貌之略，后图尚须核对修饰，完后再寄。此图汉城西墙西北角尚存，可能像前人所测。从那斜向东接皇城上东墙与皇城东墙不在一条线上，许与西形同如虚红线示。另，日人田村实造之测图，在皇城东墙东门之南少测了一马面（见《满州的史迹》一书）；1958 年 2 期《考古学报》李文信发表之图，将城的方向弄得太错了。

②图上红 × 线处似为前“考古学家”所挖，不知有无发表资料，判断为学家所挖，因挖法规正，不似某军阀乱挖之大圆坑。

［编者注二］家藏书信与图分置两处，根据内容合并整理。

苏秉琦—贾洲杰（1963.12.2）[①]

洲杰同志：

从车站握别，一路安适，顺利到达兰州，有严文明同志等来接，住在市友谊宾馆，和博物馆对门，比在呼市还近便。因为在呼市多呆了两天，这里的时间显得更紧了些。

在呼期间，承你和各单位领导和朋友们热情关怀，给予了很大方便，使我有机会能在较短时间内看到、听到、学到不少新东西，衷心铭感。特再一次向你并请你向各有关单位领导、朋友们致意！

我的报告稿，阅过后请寄回北京西直门内大街 26 号科学院宿舍我家。如在内蒙古报告发布消息或报道，请予发表后买一报纸剪下来附寄给我一份。

严文明要陪到我离兰州再走（约在 8、9 日），估计在呼可留二、三日。

再谈，此致

---

① 据贾洲杰先生提供书信复印件录文。

敬礼，向所有朋友们
致意！

苏秉琦

63.12.2 兰州

贾洲杰—苏秉琦（1980.10.27）[①]

苏先生：

您好。

我于七月底到郑大，路过北京，只停了半天，所以没去看望您，假期张文彬带学生去京参观回来，转告了您对我到这工作的要求和愿望，我一定努力去做，请您放心。

郑大办考古专业的客观条件是好的。地区文物多，学术课题多，校系领导支持，地方需要干部。目前教师八九人，课已开了，有了三班学生，关键是教研室内部的团结和如何培养青年教师，发挥大家各自的特长，除考古学课之外，能开一些专题、辅助课以使学生有一个比较宽一点的知识基础。另外是与省文物考古方面的合作，争得实习教学实践场地和进行专题研究。

我来后叫我搞《宋元考古》，我想以后开《考古学方法研究》专题，总结田野考古方法；遗址性质及形成情况；室内整理方法以及测绘照相技术要求。另外开一个唐—元陶瓷分期专题。

我把辽中京发掘资料带来了，与李逸友、丁学芳合作。此事完成后，我想搞一下宋都开封。至于早的，我只能为带学生实习需要搞一点了。这是我的想法，不知妥当否。

我来后同李友谋、张文彬、陈旭提出，请您以后来给我们讲讲

① 原信未署年。据信中提到的“楚文化讨论会”召开于 1980 年，推断信写于是年。又，苏秉琦先生回信中署明写于 1980 年。

关于考古学上的一些问题。不知您身体情况怎么样，什么时候来，遵您的方便，来这儿也随您自定，总之我们希望您能来。

听伟超在南京大学（我前几天在去那参加元史学会）告诉我，您下月去湖北参加楚文化讨论会，不知会后来不来告成发掘工地。我带学生实习到了那里，明后天还去，十月中回校。

告成“夏王城”遗址，发掘了几年，100×100米的城内已挖了近3/4。我到那几天，因去南京开会暂离开，在那几天感到，夏都城不至那么小；城内与城同时代的像样的建筑遗迹是什么；城墙为什么挖那么深的基槽；城墙是否一点也没留在地上；等等。从已挖城内看，表土以下是许多连续打破的圆形灰坑，而有的坑可能是住房之用。可是现在工地凡被断为夏者，一律挖1/3、1/2或1/4，然后填埋。这样整理起来未必方便，而且遗址的现象也不是全貌，这个办法据说是文物局、夏所长的意见。所以我们去也就是按原作法进行。我想可以发掘一定范围，看看全貌，留一部分以待将来研究为好。至于城基夯土如何，我只在地上看看，未曾动手看看。

我想，若夏都在此，恐另有城垣，或可在战国阳城地区找。听群众说古阳城有一北关，我只看到一部分阳城北墙，北关什么样还没看到，这次要去找一找。

听张文彬回来说，他们去时您正检查身体，不知是否最近身体欠安，甚为惦念，望多多保重。我还希望你平时多休息，把心操在指导上就行了。

去年听您谈到办研究班的想法，把一些对某一段有研究的同志召在一起，进行一个时期的专题讨论要比别的方法在学术上更为有作用。不知您忘掉此事否？我当时听后至今在想着，如能办在郑大，我们可以为这件事当后勤。望您考虑是否可以在什么时候谈谈此事。

祝您安好

学生　洲杰

10. 27

敬礼

苏秉琦—贾洲杰（1980.11.5）[①]

洲杰同志：

你的10月27日信收到，多日不写信，一来就谈了许多问题，让我难一一作答，只好简单写一些，以后再详谈。

一、我的病是“高血压、冠心病”，即从高血压发展而来的冠心病。近经在阜外医院做过几种检查，得出的结论，是逐步发展的心脏老化的过程。今后要在生活、工作中多加注意，按时治疗，劳逸结合就是了，还不是心肌出了什么大毛病（就是说，零件老了，但还没有大的耗损）。自己心中有数，也就不必过于担心了。

二、告成遗址是个大遗址，不能只看到这100m^2的“小城”。但，就是这个小城，我意不宜照来信所说的那样简单处理，应规规矩矩地照正式发掘办事。我想：①不能只挖认为是属于“夏”代的那一部分，不管是属于哪一期的遗址，都应一清到底，即是认为属于“夏”代的“灰坑”或居住遗迹，也不宜只挖1/2—1/4完事，至少要把一定范围内的全部遗迹挖清楚才好报账，否则不好交代（说是文物局、夏所长这么说过，怕是误解——因为是先这样做了再征求别人意见，人也唯唯诺诺，不好说这样一定不可以）。②告成—阳城是个大遗址，重要遗址，“小城”外还大有文章。否则，这个“小城”是个什么也没说清楚。③“阳城”遗址不一定是个单纯的晚期遗址，可能有更古的基础。这是我猜的。例如曲阜鲁城我们曾多年来认为是“战国—汉”鲁城，经过全面探掘才发现这座城至少是从西周沿续下来的，解剖城墙有七层之多，而最早的基础的夯层非常原始，是我们过去所没有见过的。

三、办班的事，今年由吉大、文物局合办“田野考古进修班”

---

① 据贾洲杰先生提供书信复印件录文。

在山西实习，我们（忠培、景略、我）建议这个班留一部分优秀同学接办下去名为“专修班”，以后还办“讨论班”。总之逐步升级，一期一期接下去，还不知能否办的通。暂写这些，祝

好

苏秉琦

1980.11.5

苏秉琦—贾洲杰（1981.6.9）①

洲杰：

你好！好久没通信了。前些天杨泓告诉我你给他写信，我嘱他回信代我向你致意。最近李先登回京，告我郑大正决定由你任教研室主任，我很高兴。李谈到一些情况（不一定确切），使我感到不安。我劝你一定冷静、理智对待，一定要好好团结，把这个专业搞好。他谈到安金槐表示对郑大考古全力支持。所以，站在你今天的位置，一、要同安金槐搞好关系；二、要做好团结；三、也不可能疏远许顺湛等人。希望有机会和你仔细谈谈。专此

敬礼！

苏秉琦

1981.6.9

贾洲杰—苏秉琦（1981.6.19）②

苏先生：

① 据贾洲杰先生提供书信复印件录文。

② 原信未署年。信中提到1981年开封龙亭湖清淤发现明代遗址，推测信写于1981年。

您好。

您的来信，读了又读，心情十分不安。为我们的事，让您操心，我很不忍心，这是我好久没给您写信的主要原因。写信去要说这里的事，又要实说，一说您一定惦记起来，真难心了。

来信教我注意和做到的所有意见，我一定照着去做，此事请您放心。

现在选我负责研究室，我自然要冷静起来，从工作着想。

省博的情况我不会介入，我以公对公，个人间一样往来，来信谈到的情况，我都将注意。

我们下期有二个班毕业实习，都在省内，可能大部去禹县挖二里头、告成王城岗类型的东西，听说还有大汶口的东西。原想去淮阳挖平粮台附近一个同时遗址，目前省里倾向叫我们挖禹县。由于开封最近在宋大内范围发现明代建筑遗迹，是公园挖湖挖出的，市里因此进行发掘。在今地平线下五米发现三百米长的“宫墙基”（我疑为宋宫墙），那里要求学生去一部分实习。我考虑今后愿搞汉以后的同学去几个，然后逐步在这里开展宋东京、宋陵墓、宋瓷的调查、发掘工作。

今年实习是与安金槐他们合作，他们给经费，业务由我们去作，然后整理报告。我们最近下去选发掘点，此事我向邹衡先生谈了。到下去回来，我如不去京，将写信把具体情况告诉您。

我们发掘包括遗址、墓葬，然后调查。调查想去豫南、东南和东部，以了解情况，为今后工作打基础。

不多写了。

祝您身体安好。

学生　洲杰

敬礼

6/19

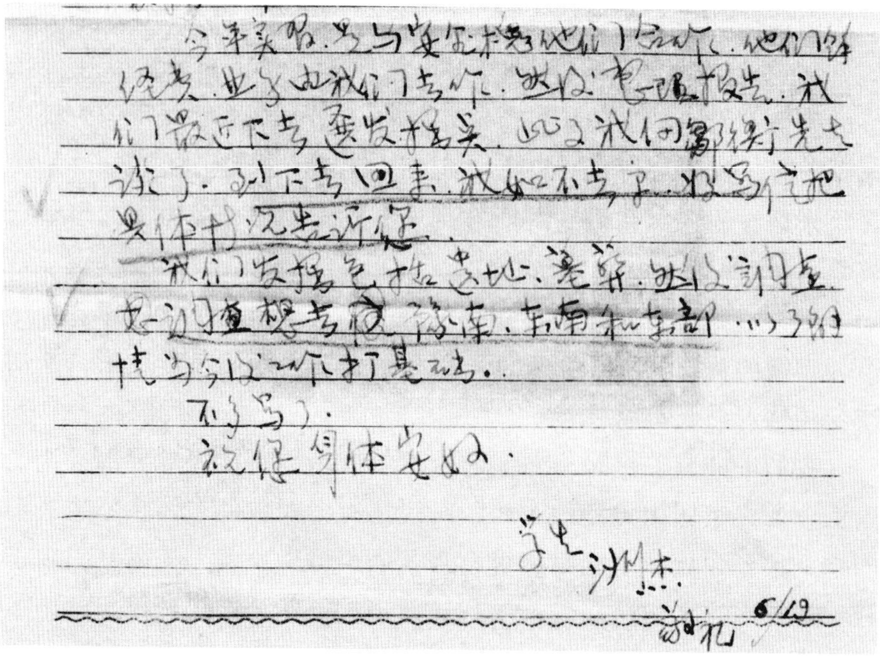
今年实习，要与安阳搞合作，他们出经费，业务由我们去作，然后写一份报告。我们最近下去选发掘点，此事我们都给俞先生谈了。待下去回来，我如不去了，将写信把具体情况告诉您。

我们发掘包括遗址、墓葬，然后调查。是调查豫南、东南和东部，以了解……为今后工作打基础。

不多写了。

祝您身体安好。

学生　洲杰
敬礼　6/19

贾洲杰—苏秉琦（1981.8.12）①

苏先生：

您好。

听说夏天北京很热，不知您身体情况怎样，望多保重，要注意休息，切不可劳累了。

我于六月底至七月上旬，到禹县、淮阳两地，对下学期的实习地点进行了选择。在禹县看了县城西十二里、颍河南岸瓦店村龙山文化遗址一处。这个遗址较大，除村庄占去三百米左右外，保留较好的一个高岗（台地）还有150米长宽，堆积厚处四米上下，遗物丰富。在现存的高岗上，都有文化遗迹。去年省文物队试掘过，据说遗物丰富，其下层还发现一条沟槽遗迹（没弄清楚）。该村西

---

① 原信未署年。据信中提到1981年发掘的瓦店遗址的情况推测，该信写于1981年。

十多里，还有一个墓葬地（但尚未完全弄清），时代同遗址。从我们钻探和地面采集物以及断崖观察所得印象，瓦店这个遗址是比较好的。

淮阳平粮台（冢）遗址，上面战国墓较多，而且被群众长年取土破坏了不少。原想在这个遗址附近的双冢遗址进行发掘，这样可以了解豫东地区情况，又有利于今后平粮冢的发掘。但看了之后，因为其上为一大墓夯土台所压（高二十米，直径 60 米左右），所余部分，为村民取土多破坏之居住面线上，很不利于实习，所以决定不在此发掘。

最后与省文物所研究决定去禹县瓦店村发掘，如冀寨村遗址是龙山文化墓地，则适当进行清理。

我们两个班 34 名学生，还打算去开封参加宋宫城区的清理工作，去四五个愿意学习唐宋考古的学生，这样到禹县是三十个学生。教师去四五名，省里今年提出双方合作，业务则由我们为主进行，最后学生写实习报告，双方合作发表简报。经费和行政由省里负责管理，我们只管业务和学生工作。

从省里看，他们是想扩大夏文化的探索工作，我们除对学生田野教学进行全面教育之外，也想借此在这方面进行一些了解。所以从各方面考虑，决定在禹县实习。

实习包括遗址、墓葬发掘，遗物整理，报告编写，田野调查，以及调查、参观。调查除在发掘工地附近进行，还准备到南阳、信阳地区去，一是扩大学生对洛阳、安阳比较了解，而不了解豫南情况，另是想从中为今后可能的工作进行一些了解。对我们来说，对全省都了解一下，才能作长期的打算。

如果这次合作好了，将来可以进一步合作，从教学、科研、文物几方面协作起来，同心同德地搞下去。作为一个省区大学，只有这样才有好处。

由于我五月中才开始负责教研室的事，而且又是这么一个情况：当时已与考古所联系去山西陶寺工地一个班 19 人，另一个班

（七八班）还未定下去处，接着是山西队告诉我们山西大学也要去工地实习，同时接受二个学校实习有困难。我只好与省里交涉实习问题，至今才算落实下来。从人力到经验上看，搞好这次实习并不容易。

邹衡先生上次来河南联系实习的事，不知最后结果如何。我想来这不宜一下搞多处地点，不宜试掘多处。因为这样作不易为地方（省）所理解，这类事在地方上是敏感的。不知邹先生从这回去后向您谈到这个问题没有。他走后我听说，省里要下一个地区、县、市不得自行与外地单位联系接受发掘之类的文件，不知是否包括实习一类。

我到这一年了，对这里的一些情况也了解了一些，河南的政治、学术、人事情况与其他地区是不同的，一些从北京、东北、西北新来同志多有此看法。往往一些矛盾不是是非关系，而是人的关系，在人与人间的“关系户”。我来这所遇到的问题，现在看来也是这样。我们系和我们教研室，如果能使工作搞的好一些，作为一个系副主任、总支委员，作用就不一样。

我们计划九月初下工地，目前开始作些准备，因为诸如像绘图、小铲等工具都不齐全。从实际情况看，办一个考古专业很不易，西北大学、南大、中山、武大到我们这参观时，谈到的教学情况也差不多。各行各业都调整，考古专业的设置，调整一下该多好。

不多写了。

祝你身体安康！

学生　洲杰

敬礼

8.12

贾洲杰—苏秉琦（1981.11.6）[1]

苏先生：

您好。

前些天寄去的信，不知收到没有，听伟超同志在南京告诉我，您将去湖北参加考古学年会，会后不知是否到河南来看告成“禹都”遗址的发掘工作。因为我们已在这实习了近一个月，所以想将我在这所见及所想写信告诉您。如来郑州，我再面告您关于明天开始的遗物整理所见。

王城岗遗迹的城墙，我至今仍未亲自手触到它的结构情况，所以无从说起。不过我们不知道是多高的城墙，才有必要挖近二米深的地下基槽，并加以夯打。所见的城墙不见夯层。

至今所见到被认为与城同期的建筑夯土台基的夯土，不见夯层与夯窝。他们介绍的层间夹沙现象亦未眼见。近日我多次试图从各个角度了解夯土结构均未如意。有时候在 30×40 毫米[2]的夯块里也未找到。因此想：厚达半米的夯土，坚硬度又很大，没有夯力点（夯窝）是难置信的。从实地情况设想这里的夯土，是否是用和熟了的红黄土而成的。当地红土是老红土，有胶性，羼和之后干了有可能坚硬又有胶性。如不是城，则可能是一次大的冲积层。总之夯土、城墙仍待研究。总之，从郑州商城以来的历代城墙的概念是难以认可这里的夯土的。这层夯土之下仍有龙山文化堆积。

最近省里在淮阳县城东南八里平粮台发挖的龙山城，有突出地面的城墙，夯土有明显的夯层、夯窝，有城门及篮纹陶筒排水管

---

① 原信未署年。从信中提到 1981 年 11 月 17—22 日在武昌召开的中国考古学会年会的情况看，该信写于 1981 年。苏秉琦先生在信首页页眉写道：“郑州牛砦 50 年代发现过。”

② 原文如此。

等，都是这里所未见。

我们初来时所听到的遗迹，都是填废的灰坑，也有不同情况。经仔细发掘几个坑后，竖穴坑及袋形坑有的底部有烧灶坑，坑内有成层的植物灰烬，间有被烧的草拌泥和白土地或墙面块等。有的坑中部有柱洞坑和坑边隐柱坑。不过这一发现和认识，似未得到人们的注视。一般龙山灰坑出鼎、豆、碗、罐和瓮几件，石器不多。时间在二里头一期之前的龙山文化，以篮纹和方格纹为主，较晚的绳纹增多，另外发现了涂朱的黑光陶片（邯郸涧沟曾见）。

昨天在龙山文化层中发现一片铜器残片，厚1.2毫米左右，约4×5厘米大，似一钵形  或小杯之一部。出土时铜绿锈明显，部分似青铜色及红铜斑底。

从城内所见夯土情况，仍看不出平面上是什么形状，因为后期打破较严重。

在实习中感到，现在的学生吃苦精神不够，对田野调查、发掘的兴趣不高，只少数有兴趣并能吃苦的学生能钻研一些田野技术。

发掘这一段时间又重温一下早期的东西，和在邯郸所见又有不同，工作上也得到了锻炼。只是对这个遗址，特别是“禹都阳城”仍未得到解释。对城本身也没得到可靠的认识，因为只见城基槽部分，城墙以外的遗址现象从发掘情况看也有可能类似城内。这样城墙将对城内现象失去意义。

祝您安康

学生　洲杰

11.6　敬礼

贾洲杰—苏秉琦（1981.11.25）[①]

（上缺）

最近大家建议荆先生出席本届考古年会，因为去年他希望去而因故未成，一个学术年会，会员应照顾都有机会，年会不像专门会那么长，为什么要集中一二个人连着去呢。前几天系里派人来研究此事，我认为荆先生是合适去的，作为一个受过多年压抑的老先生，我们应当支持人家多干些事，所以我来信坚持对老先生“从年龄上讲也得尊重”。如果人家不是当二十年右派，学业上恐怕不是今天的情况。现在荆及刘铭枢先生教课较多，这是值得我们学习的。老先生有缺点，而我们这些人缺点并不比人家少和轻。一台戏靠一二个人总不成吧？

荆先生最后是否参加年会尚没有信，如他去，他可能访问您，望您不要为此事生气了。

我们在禹县西十二里颍河南岸瓦店村发掘，工作是同省文物所合作，遗址是龙山晚期，面积 2500 × 500 米左右，共开方（5 × 5 米）17 个，一般深达三米，自然层六至七层。现已转入室内整理。从表面看文化时代当告成王城岗旧时或梅山一、二期，但与二里头下层（一、二期）还接不起来。从一部分器物看，有类似大汶口的东西，和豫西、豫东接近的鼎、罐、杯不少，但和屈家岭相比则区别明显。遗物以鼎、罐、高领瓮、甑、盆、钵、折腹（双腹）盆、豆、杯、碗、鬶、盉、斝、圈足盘、澄滤（研磨刻槽）器为豫西所共有，有甗、曲腹杯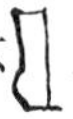、“高柄”式觚形器（黑陶抹光）、

---

① 原信未署年。从信中提到瓦店遗址发掘推测（瓦店遗址发掘于 1981、1982 年），该信或写于 1981 年。

平底三足器（或早期之爵）为这一带具有特色的器物，纹饰以方格纹及篮纹为主，很少绳纹。下层有一部分棕色陶，大部是灰陶及一部分黑色抹光器，遗址下层多袋形及方圆形坑，有地穴式房屋。白灰面及烧土地面常见，遗址及房基下常见整、残人骨，发现二个圆形台基式建筑遗迹尚难判断其性质，其中一个边缘有沟还有二个人头。我们在瓦店西十几里冀寨村发掘二条 2×10（米）的沟，为找墓地而去，发现一处数具骨架埋灰层上用黄土铺盖掩埋，还有反绑人架，那里上层为二里头“中期”之物。我们整理要求先进行各种器形、纹饰、陶质统计，然后分式排队。七七级进行以各自开方写简报代毕业论文，七八级接着和老师一起写正式简报以备发表，争取下月拿出简报稿，明春搞正式报告，简报好后将送您批阅。

我们采集了炭样、各种兽骨、人骨以备化验。

出土小件过千件，我们还就地已复原了一批陶器，有一件凤鸟形盖红陶盉十分精致，还有刻划花纹、刻划符号（似文字）也很值得研究。发掘中见到纺织品（红色、一厘米 19 支线）和谷粒之类，遗迹中的工具痕也进行了翻模。

今年我们努力争取将工作做细。总想多得一点资料，但一小部分学生田野发掘很不用心，十七个方有二个实际报废的方，都是这种情况下出现的。其中一个方，还是报出国考古研究生的学生参加发掘的。这样的学生我认为北大在录取时应多加考虑一下。把田野认为易事而不经心，自以为是造成损失而不痛心，对丢失陶片、挖掉遗迹都不在乎还谈什么考古。二个挖的最差的方中，有三名是考研究生和被个别同志认为是高才生的。不知外校情况如何，我感到对田野考古的轻视，将会给考古事业带来灾难。

我很想在明年我们整理时您能亲来指教，我们决定在告成工作站进行整理，那里条件比这里好。天气好时您到那多好！

我们这次实习，省文物所安金槐同志不仅大力支持，而且十分信任，工地业务交给我们处理。这对我们也是个考验，不过也有不少失误之处，有些我们想到的如房屋墙壁及墓葬埋葬情况至今还有些疑问。特别是地层关系复杂，使我们自己也感到吃力。

您这半年身体好吧，望您多多保重。

此致

学生 洲杰

11.25 夜，1：30

于瓦店

敬礼

贾洲杰—苏秉琦（1982.3.9）[①]

苏先生：

您好。

我们已经开学二周，按计划我明天和匡瑜去告成省文物站整理瓦店遗物，二三周后匡留那，我回学校上课。

我上次去见您时，曾谈到考古年会前后您在郑州多留的事，我想还是先来为好。先来先了解一些情况，在这先休息一下，开会不致太累。如果您觉得可以，定下来后给我来信，来后去告成住几天，看看我们整理的有什么问题。

先来住招待所或学校都可以，学校也方便。如考虑休息安静住我家也行，这些由您来决定。

现在我们学校机构正在调整，我系和教研室情况也大有好转，各方面都正在前进。

祝您安康。

---

① 原信未署年。信中提到1981年发掘禹县瓦店资料的整理，从《文物》1983年第3期已刊发瓦店简报的情况推测，信当写于1982年。

学生　洲杰

敬礼

3.9

贾洲杰—苏秉琦（1983.12.23）[①]

苏先生：

您好。

这学期没给您写信，上月接您来信和照片也没回信，请您原谅。

夏天我去内蒙，趁假日协助内蒙文物队，把辽中京的遗址收拢排比一遍。在那里闷在一所铁皮屋里，热累之后，本来是低血压，结果闹成了高血压，现在一忙起来血压就上升。返途知您在承德，所以只在京候转车停了二天就回来了，回校即开始筹划毕业班外出参观和毕业实习。昨天实习工地结束，还有几个学生支援洛阳文物队清理基建厂地到下月中完。我一直奔波于郑、洛、禹县之间。

现在简单向您谈谈本次发掘情况。

这次实习仍与省文物所联合进行，双方投资，人员以我们为主，这次由匡负责工地工作，我协助他，学生16人。地点在瓦店西北四十多里，颍河南岸闫寨村西一里，西距白沙水库十里，遗址是北距颍河故道一里（今道北移一里），面积东西南北宽近二百米，高出四周地面约二米。中间原为禹县—登封故道沟一条，从远处看，台地高起十分明显。

这次共发掘面积达500平方，先是从遗址西侧南北开5×5的一排七个探方，后由此端东西扩开，另外在其西开了一个方扩至70平方米。

发掘收获主要是房屋遗迹，都是方形单间或二间大小的地上建

① 苏秉琦先生在信后写道："84夏辽中京报告。"

筑。墙是木骨泥墙，残高三四十公分，墙有的先开基槽，成凵或◡种形状，然后竖木桩，再以草泥垒成，最后以火烧烤，有的外壁烧红黑，有的红至内心。室内有烧土台或烧火处及灶址，房屋多为东南向，少数北向及西向的。

从表土以下为汉代层，再下为龙山文化层。龙山文化层的建筑一般为三层相压，上层破坏严重，中层房屋保存较好，室内多是对门靠后墙中部有一个顺墙长方形（一米长宽，高 5cm 以内）烧土台，看起来似近代农村的供祭桌的布局。下层室内没有正面靠墙的烧土台，有的室正中烧烤较甚，有的在门内侧有鼎及烧火坑一样的灶址。

室内地面都是多层白灰抹成，即一层谷壳细泥层（1 公分左右），上抹一层 3—4 毫米的白灰，全室内地面中高而周低，有的是顺开间高起，前后弧状下低。

下层建筑保存较差，上中下三层建筑布局变化不大，只是墙的位置有所伸缩。

从房屋遗迹看，和煤山遗址的发现类似，在江汉平原，郑州附近的发现也相似。

遗址内有单人土坑墓，大人小孩皆有，仅有一个小孩墓出一件长约 60cm 的石磬，其余无随葬品。

从遗物时间看，与瓦店相比，是瓦店晚期的类型。这里没有瓦店那种黑色弧形器，小足鼎也不如瓦店多，相反高足鼎比瓦店明显加多，陶器以灰色篮纹泥质陶为主，方格纹多是鼎类，今年陶片碎且少，可能是居住遗址的缘故。

在遗址中出土有大米及稻糠、小米，还有一罐种籽（不认识），米及稻糠出在一处大烧土房子内。

这次发掘近二个月，在工地共二个半月。由于这个班学生专业思想问题大，对田野兴趣不高，他们报考时没有考古计划，是临时分配的，现在学生认为考古田野工作苦，不少有毕业后改行之念，或者想考研究生再升一阶，为这种问题要花很多说服工作时间，现在实习结束了，以成绩论，只能是中下等。

等工地结束后，我们将送炭样去北京。到时老匡去，带上遗迹平面图和照片送您看看。

我回校后，继续编辽中京报告，该报告我分的遗迹部分初稿已完，瓦店报告我分的遗迹部分也将材料整好了，明年夏天去内蒙完成中京的报告，另外是编写宋元讲义。

不多写了。

祝您身体安康

新年快乐

学生　洲杰

83. 12. 23

苏秉琦—贾洲杰（1986.4.29）①

洲杰同志：

惠赠小米一袋收到，谢谢你的美意和对我的关怀。

我身体还好。上月去昆明一星期，开1984—1985年全国考古工作汇报会，看到多位老朋友。二千米高原，也能适应。请释念。祝

工作顺利！代问

老朋友们好！

苏秉琦

1986. 4. 29

① 据贾洲杰先生提供书信复印件录文。

贾洲杰—苏秉琦（1987.5.3）[①]

苏先生：您好。

身体好吧？很惦念您。

这学期我带八四级学生进行田野实习，这是根据以往冬季实习的不利因素改变为春夏进行的。

这次实习地点在漯河西三十多公里的贾湖村。地属舞阳县，北舞渡乡（南二里）。该地北距沙河五里，原是古河道交汇之地，四望地势平坦。距山（平顶山）百余里。

该遗址为裴李岗型文化，范围东西约二百，南北一百五十米左右，保存很好，现为农村及农田。

遗址范围约 250 × 150 米，保存很好，现多在农田，一部分在村舍下。耕土下为汉魏堆积。该遗址省文物所已发掘了三个季度。清理了一批墓葬及居住遗迹，墓葬如同裴李岗所见，但有早晚，随葬品里出了七音骨箫（以前所得，我尚未见）。墓及遗址中那种典型石磨盘，只有少数残器。

文化层厚一米上下，据我在工地十几天所见，可以分为三层，上层堆积，似废弃堆积，出遗物而未见遗迹，该层之下为居住层，其上为窖穴、房屋打破；最下层土较纯，遗物仅少量碎陶片及很少柱洞和小型圆穴坑。该层原来习称“次生土层”，后来定为文化层⑥。

墓葬与居住遗迹在一起，住室多为二米左右直径半地穴式圆形居室，内有灶，上有柱。房旁多直径一米左右的竖窖穴，这种窖穴，大的似窑，小的似贮藏或灶坑。这里该遗址的特点，甚为密集。

---

① 原信未署年。信中提到的郑州大学学生参加发掘贾湖遗址在 1987 年，信当写于是年。

和居住遗址同出物，常是成组整陶器，但甚松软，极易剔破。石器、骨器也不少，堆积土中除鸟兽骨（鹿、羊、猪、狗等）外，鱼骨甚多。

从亲见遗迹及遗物，我感到该遗址很不错，也适合学生实习。原来有的同志主张到豫东搞商代遗址，自己搞。一是经费困难，再者自己搞到后期整理，学校条件亦差，这次我们只是参加发掘，不参加正式报告的编写。

我想，今后如以黄淮之间的汝、颍河流域为战场，像裴李岗、龙山（仰韶似不发达）文化还是有工作可作的。这二年在漯河市区又发掘一龙山城，比王城岗、平粮台都好。

您何时能再来河南，到漯河贾湖及漯河龙山城看看。不知您身体情况怎样，如方便，从北京直到漯河也好。

祝您安康

学生　洲杰

5.3

贾洲杰—苏秉琦（1987.6.18）

苏先生：

您好。

六月十三日，我们田野实习才结束，共在工地二个半月，十五个学生，发掘了650平方米，一般都在二米以上深度始至生土面。

遗址属裴李岗文化堆积，表土下有一层汉代层只见遗物，没有遗迹。汉代层下即裴李岗文化堆积，厚一米上下，可分为二至三层。

遗址面积约5万平方米，墓地及居住遗址分别集中在一起。现在该地是村庄和农田，地面平整。当地地势低洼，最高度在海拔

68米左右。裴李岗遗迹之下限海拔高65米左右。从当地地形分析，遗址在古河道旁，其东至今仍很低，为一储洪区，东西三四十里，南北一二十里。遗址正处在储洪区之西端。

遗物主要是红色夹砂陶（下层多于上层）和泥质红陶，夹砂陶上红陶衣（一层泥浆），还有砂、云母、草及骨蚌沫粗陶等。纹饰多为素面，部分抹光，篦划纹类似红山文化，还有细绳纹，附加堆纹。

器物多三足器、带耳器及角状（向上）、乳钉等附加部分。

器形主要是鼎、直口深腹罐、双耳壶、罐、钵、盆类，初步看早者过新郑裴李岗，晚者晚于新郑裴李岗。

墓葬皆西向，多单人墓，个别二人同圹分葬。墓室皆土坑竖穴，有一例二层台墓。墓中一般都有殉葬品，陶器、石器及骨器。

该遗址发掘了四次，已掘面积三千六百米左右，出墓420座，房屋、窑、灰坑三百多处。

房屋有地上建筑，但认识不足，仅见柱洞，未见墙基。一般房屋为半地穴式圆形袋状坑。一般一个坑，多者三、四个组成一体。内有灶址，上有柱洞遗迹。

陶窑较多，火门、窑室、烟道、烟囱遗迹均有发现，结构清楚。

此次发掘，可为重要发现者是在墓中殉葬品中的龟板上及一件石器上刻有如同文字的符号。石器似今日之剑首处（已残）上刻。龟板为甲鱼下板之前部，有三块各刻。尚有大量龟板原堆取回，准备细心清洗。上述刻划刀痕清晰，所示如实物大小。

另外出二十余件（加上前几年出土）骨笛，皆七孔，骨为鸟腿，长24—28厘米，每孔相距两厘米余。

为此发现，黄景略同志上月20号到工地，但因雨只到县城。

因为工地为省文物所所开，我们仅去实习。本来初选工地，有的同志顾虑，不宜于实习。但我在春节后实地看后，从已看到的（现代沟渠）现象，从早期遗址的情况分析，认为是很好的遗址，所以决定去了。现在出了“文字”，因为工地是所的，又有点不是滋味。我劝大家要心怀广大，只要于学术有益，就可以借慰，所以不论价值再大，我也高兴。

不久可能将一部分资料送京请专家鉴定，到时您会看到的。我已同工地负责人张居中同志研究，到时将单独找您，请您指教，该同志是我们78级毕业生。

经过这几年带学生实习，我在指导学生进行田野发掘工作中得到了一些有关遗址成因及清理方法的知识，开始由感性向理性进化。虽然我不搞早期文化的教学工作，但从实践教学中，我认为已开始自由一些。因此每次实习，我总是力争直接下坑具体指导，在我总结自己的经验时，总是想到离开考古所前您希望到学校教书的愿望。看来田野考古不是技术问题，发掘、整理有不少理论问题，而且值得研究。

不多写了。

天气热了，望多注意休息。

祝您安康。

学生　洲杰

敬礼

87.6.18

听说您搬到新居，现住在什么地方？

贾洲杰—苏秉琦（1987.12.23）①

苏先生：

您好。

① 原信未署年。从文中提到简报将在次年《华夏考古》第2期发表的情况看（1988年第2期《华夏考古》发表《舞阳贾湖遗址的试掘》），该信当写于1987年。苏秉琦先生在书信首页页眉写道：“2/1复（居中在内）。附《文物天地》二本，院内通讯复印件一份。”

新年到了，祝您新年快乐。

我接到您来信后即外出了。回来找张居中细谈过，那次他带的材料原是送您看的，后来未便另去见您。

我叫他《简报》完了附一份给您，现在还未出来，本候《文物》约稿，但至今未见音信。现在他们所拟放《华夏考古》明年二期，您信上提到的想法他都接受。

现在他一心整理舞阳材料，在骨笛上又看到一个)符号，也是刻的，等几天，我们将研究一些问题给您去信。

您来信说，我们这几年在实习工作中作了一些工作。我想，我是时刻不忘您叫我到学校培养人的愿望。而且经常考虑河南的考古区系问题。我想豫西旧石器大有前途，因为河南新石器太发达，不可能没旧石器，而西部条件最好，颍淮两河是南北自然的分界，地貌变化不大，工作方便，比豫北、东北条件好，是江淮的结合部。南阳盆地自成一体，水向南入汉江，秦浩说他将以淮南为重点，我们则在淮北及淮之上游。

我前不久回息县，因雨未在东岳下乡。我总想将您“劳动”中发现的地方做一些事，了先生的心愿。我据《水经注》在息县定了包信的赖国城（在包信东南四里）、白国城，这些城大小一致，可能是等级一致。

舞阳遗址，此次所里是想收兵的，我们也有的同志坚决不同意前往。我在今年正月十五冒雨前往看后，与居中私下研究了“方案”，所以我在工地实干了45天，几个重要房址、窑址都是我当技工自己清理的。我在看到龟版有钻孔及出现较好地层遗迹后，特到省文物局作游说。

舞阳、濮阳的发现大开眼界，今后想问题我也会大胆一些。太阳传说古有九个、十个，文明之星自然是满天的，因为宇宙空间是无限的。

贾娥同志拟1988年出一期《华夏考古》，要选您的照片。我说在告成有一张您看瓦店遗物的可选，此事忠培来与贾谈到了，我还想与老贾细议一下。

祝您安康

此致

敬礼

学生　洲杰

书拜

12.23

贾洲杰—苏秉琦（1988.2.6）[①]

苏先生：

您好。

春节来临，祝您节日愉快。

来信和《文物天地》（1987.4）都收到了，我读了二遍，感到自己的心胸、眼界又宽了些。

我同张居中谈好了，他们稿子一出来便寄给您，并且叫他将贾湖的情况较详细地给您写封信。

贾湖遗址的今后工作问题，在去年工作结束时，我同居中交谈，是想今年先抓紧把发掘资料整理一下，写出报告，再继续田野发掘。再发掘时要从社会生活多方面考虑、找彼此关系，细心观察遗存原始现象，尽可能多得一些当时社会生活的知识。这是我私下的主意，本来从文物所领导上是想在去年就决定结束，而且限定发掘。我们是在这种情形下，采取了步骤的，将在外搞点小自由，挖出了好东西，情况又变化了，又得到了各种重视。现在看那里有必

---

① 原信未署年。从信中提到1987年发掘贾湖遗址看，信应写于1988年（信中提到《文物》1989年第1期发表的《河南舞阳贾湖新石器时代遗址第二至六次发掘简报》）。

要大挖，要像陕西同志那样，对重要地点，开大面积，会使问题清楚一些。

贾湖简报，省文物所拟刊《华夏考古》，因为《文物》不出面，不好由居中作主，我想同郝本性谈。张居中说，不如由《文物》来约，或请您给郝本性写信，我想《文物》便可了。明天我找贾娥了解一下，看看有无活动办法，如《华夏》发，将到年底刊出了。

不多写了，祝您安康。

有什么需要请来信。

此致

敬礼

学生 洲杰

拜

2/6

苏秉琦—贾洲杰（5.14）①

洲杰同志：

你好！登封工地照的几张相片，你我合影二张、匡瑜和我合影二张，请留念。

敬礼

苏秉琦

14/5

① 据贾洲杰先生提供书信复印件录文。

单先进

单先进（1936—　），先后工作于湖南省博物馆考古部、暨南大学、湖南大学、湖南师范大学。

单先进—苏秉琦（1962.10.12）

苏先生：

接您6月9日来信后，精心领会了您对我提出问题的解答，相信今后整理报告过程中，这些基本概念将会清楚得多。感谢您给我的指教。

在我阅读有关湖南的文献资料过程中，感觉到湖南的蛮与中原地区有不少的关系。例如《水经》中所说的盘瓠妻高辛氏之女的故事；《后汉书》中又有这些“蛮子”与唐虞发生直接关系的记载；湖南各种志书中又常常把夏帝以及洪水的故事连在一起；屈原的诗赋又一再把尧皇以及其二位妃子的故事渲染；楚国为何不愿把它的都城向南迁，又为何派出重兵镇守湖南，把那些放逐者流放在湖南来呢？因此我想其中必有问题，过去大家对湖南早期文化最多到所谓印纹陶为止，而硬陶时期绝不会比夏早。近年来有些零星的发现，很难看出问题。究竟在夏以至它以前的湖南“蛮”为何活动得如此兴旺，他们难道没有留下什么足迹么？据我估计，若与中原夏商的人发生关系，那么他们所处的文化水平绝不会超过中原，只可能低于中原。否则高辛氏怎为自己的女儿嫁给了一条“狗”而丧心呢？

从这个疑团出发，我抽了点时间把湖南已发表的有关新石器时代的资料搜集了起来，并不多，20 几个。这项综合工作应当并不麻烦，但我碰下去后，到今天却搞得头破血流，狼狈不堪。我采用下面的方法综合归纳资料的：因为这些遗址都是没有纵的关系，本身也无法分层（尽管个别遗址试图分了，但我觉得矛盾很多，不可信），于是只得从横的方面着手。在检查遗物时，无法从陶器上着手，只好先看石器，对每个遗址的石器先从用途作为一标准，抽出各种不同用途器物的典型制成卡片。也把那些特殊的抽了出来，然后按遗址为单位，把不同单位但同一类的器物放在一个纵格里，就等于把同一种器物分成几个式或类型。我希望在这张表格上看出湖南以那些石器为自己的典型代表，或外来影响的东西；看出地域上的差别；看出时间上区分的线索。希望的第一点倒是有点苗头，然而二、三点可说是很大的失败。

我初步地总结了几条，于是转而搞陶器。一搞陶器问题更多，报道的不统一，材料的混乱又无图可查。奇怪的是报道中提到鬲，几乎每个遗址中都有点。细心审视，我发现，或者根本不是鬲，或是晚期的东西。我曾去馆里看过陈列品，应该说有自己的特征，同时与北方的仰、龙有一些关系的线索。例如粗长的圆、扁三足器，器足顶端按几个手指纹，似乎与河南的仰晚有关，而一些黑陶薄胎杯与龙山有关，甚至一些与殷代有关的东西。这么一大堆东西我也企图在这样的基础上又重新回过头来从纵的方面检查。这样一路下去，若大刀阔斧的舍弃，那么所能提炼的东西也就十分孤立了。因为本省没有标准，只好以外面来套，套来套去，连提炼出来的东西也站不住脚。这就是我这段时间工作的过程，请您告诉我，我哪方面走错了，应该如何走，按现有发表的资料能否做些初步的综合排比工作？

上次寄给您那份稿子不知您收到没有，字数不多，卷成一小筒寄的，若您未收到请来信告诉我一声，我好再照底稿抄一份给您。

《长沙晚报》跟我约了一些通俗性的稿子，写了几篇，自己觉得不甚满意，您认为写这种稿子应该注意些什么?

今年湖南是个大丰收，自由市场充满全城，什么东西都有卖的，太贵。对我们这些小干部（乡里人称我们称萝卜干部，意思是只等于他们卖萝卜的价钱），只是可望而不可即罢了。尽管如此，我们的生活已改善了很多，人总是乐观的。

所里最近有些什么活动?离开了所，时常想起先生及同志们，念念不已。

敬祝

福安

愚生

单先进

62.10.12

苏秉琦—单先进（1962.11.7）①

先进同志：

暑假前寄来的一篇稿收到，十月十二日信悉。假期出去休假，当时未作覆，为歉。那篇稿子所涉及问题，有些论点是有一定道理的，如仰韶文化发展阶段、分区、类型，以及和所谓龙山文化关系。不过，这一类问题如不能深入一点，泛泛立论，不解决问题。考古学研究总有其自身规律性，突破这一点是要下苦功夫才成的。你在搞湖南地区原始社会考古资料时所碰的问题，弄得自己如入云里雾中，也正因为如此。我的意见如下：

一、考古研究不能越出当前实际工作所提供可能性范围；

---

①　据单先进先生提供信影录文。

二、要从深入钻研实物资料入手，而不宜从钻研文献入手；

三、湖南材料我也缺乏直接知识，自己十分隔阂，不好提出很具体意见。

我意你可从这几项实物资料入手摸一摸——带肩石器、三足陶器、印纹陶器。

先把一种材料仔细搞一搞分类、型式，如果在弄出卡片自己排比仍看不出什么道理来，你可把卡片寄给我整理一下，可能给你再提些具体意见。

通俗文章不易写，写好不易。这项工作，我看不妨从缓。

近期要去安阳、郑州、洛阳等地一趟，下月初可回，再谈。顺致

敬礼

苏秉琦

62.11.7

单先进—苏秉琦（1963.12.1）

苏先生：接您11月20日来信，给了我很大鼓舞。

关于文物保管问题，我已根据古代文物的各种特点及保管工作的性质和任务，按我省的具体特点，草拟了一份关于古代文物仓库分库排架问题的意见。大体上按考古学的时代划分为石、商周、两汉、唐宋、采集文物、集品[①]文物等库房，每时代内按质地为第一分类标准；每一类中又按文物的用途分类，最后则按出土年代先后上架。这个意见大家正在研究。最近文化部召集了各省博物馆的保管部主任在北京，正研究有关保管工作具体问题，将要制定一个统一的保管制度，这样文物保管问题就可解决了。

---

① 单先进先生注：博物馆征、购集文物。

我们正大力搞清仓工作，所有文物都摆了出来。今后我们打算把三级文物装箱，那么它们就很难重见天日了。同时听说中央最近制定的文物保管制度十分严格，若新制一旦施行，估计入库和提取文物就十分困难了。我已请周一良先生把我的意见转告给您，请您考虑，若来我馆参观，能比较全面地看到湖南的文物，宜于年内来长，同时估计 12 月下旬我们将赴宁乡试掘一个商代遗址，也希得您指导。

今年九月，我在长沙附近挖了一座比较大的西汉晚期墓葬，出土很多铜器、漆器等，我写了个简讯发表在《新湖南报》11 月 8 号第三版上，出土器物有些是比较常见的，有些则比较特殊。在整理这座墓的过程中有很多问题（还在继续整理之中），有些现象带有较早的作风。如陶器上绘三角形黑、黄彩[illegible]（灯）。一般地说这种作风承袭着战国晚期陶绘的方法，在长沙汉初较流行，中期也有；石璧大量存在（7 个）是晚期少见的；西汉五铢出土数量不多，未见王莽钱，而泥钱很多，可见五铢钱当时还未贬值。但镜子却出了具有王莽特征的四神规矩镜，及晚期或更晚出现的四乳四鸟纹镜。陶、铜鼎与我馆藏长沙元年（长沙元年的年号到底是长沙王发的还是长沙王芮的呢?）铭文鼎几乎完全一样，与山西右玉新出土的河平三年的鼎也相似。一件铜壶又与我馆藏东汉延光四年的铭文壶相似；出土的陶方壶带有早、中期的味道，而方形双孔陶灶及方格纹硬罐等又不像西汉早期根本没有的情况，也不像东汉常见的模型器。据已发现的线索，我把它与长沙过去发现的东西重新检查了一遍，感到过去定的时代有些问题。目前我把它暂定在宣帝之后，王莽之前这五六十年时间，但我相信它的时代还可求得更精确一些。

另外一个大问题，这座墓中出的铜器几乎都有铭文，或为刻书或为墨写。例如張端君沐槃一、“張端君酒鐙一”、“端君文什壺一”等等。前面几个都是“张端君”或“端君”，我认为可识为墓主人的名字，但它是单名端还是双名“端君”呢，意见不一，但我觉得战国两汉“君”是一种称呼，可能就是单名了。“端”字到底是什么字，若是“端”字呢又差了一点。

另外这个人的身份问题，查了下《汉书》及人名大辞典都没有见到，若与《长沙发掘报告》中那件“时文仲”的鍪同时来看，倒也令人感到史书的不足。张、时二人就出土的器物群而论，显然归属于大地主、贵族之类，而出土的银扣及鎏金铜边的漆器，更看出他们的身份能与王侯并列。

此外，沐盘、鏂、壶与钟的名称问题都有待考察。还有一件铜箕形器，铭文只剩下一个“官”字，其名称也不好定。这批铜器的兽面与其他纹饰大多是器铸成后雕成的，浮于器面有高浮雕的味道。如果真是浮雕器的话，那么铜器上采用高浮雕的技法就大大地提前了（记得宿白先生说是唐代的技法）。

总之问题很多，我打算先把草稿拟好寄给您审阅，这是我第一次公开的东西，想特别慎重、严密一点。我们馆里没有绘图的人，全靠自己来绘，器物多，又很破碎，时间很紧，只能用晚上的时间。草稿可能要明年初看能否搞得出来，这里先提出上述几个问题，向您请教。待草图绘就后，先将图寄给您看，您的意见如何？当然若您能年底来长那就更好了。

湖南考古力量太少，需要从各方面加强这支队伍，您能提供一些这方面的人才的线索吗？（考古发掘、修补、保养、绘图、照相都要）而且最好在年底告诉我们。

祝

福体安康

后学：单先进 63.12.1

请向教研组全体先生问好！

单先进—苏秉琦（1985.2.26）

苏先生：

请拜年。

去年底在您府上幸见尊颜，二十多年哪，您炯炯的眼神依然如旧，后学甚是高兴，祝您福寿无疆。

我校的文博专科班筹办得颇为顺利，今年元月份通过考试在湖南省内招收了五十五名学生，3 月 4 日报到 6 日举行开学典礼，盼您大力支持。

文博班的教学计划拟了个草案，两年内上 1600 多个学时，共 17 门基础和专业课，待计划打印出来后寄给您审阅。文博班的专业课教师本省基本可以解决，唯中国陶瓷史及鉴定需至省外聘请。您看哪位合适，又乐于来湘讲学，请告知。

您答应来我校文博班讲学一事，讲什么题目，需我们做些什么准备，何时为宜？是否需向考古所发函？论气候，湖南秋天（10—12 月）最好，但去张家界却是初夏适合，此事亦请来函。

目前我正为这个班准备图书和教学资料、设备等，拟 3 月 9 日去上海等地，工作较忙，正如您指示这个班办起来容易，办好则很难。好在我们系里上下都有心把它办好，此敬请您多多关照。

敬颂

福安

后学　单先进　敬上

85. 2. 26

蒋若是

蒋若是（1921—1994），先后工作于洛阳市文物管理委员会、洛阳市文化局、洛阳博物馆。

蒋若是—苏秉琦（1964.8.30）

苏先生：

您好！

随函寄上洛阳出土铜彝、玉牛照片各一张，请作研究参考。

致以

敬礼

蒋若是

一九六四年八月卅日

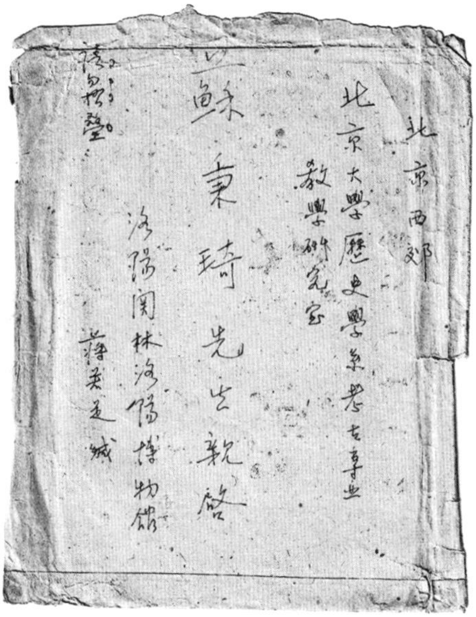

北京西郊
北京大學歷史學系考古專业
教學研究室
蘇秉琦先生親啓
洛陽関林洛陽博物館
蒋若是缄
請勿折疊。

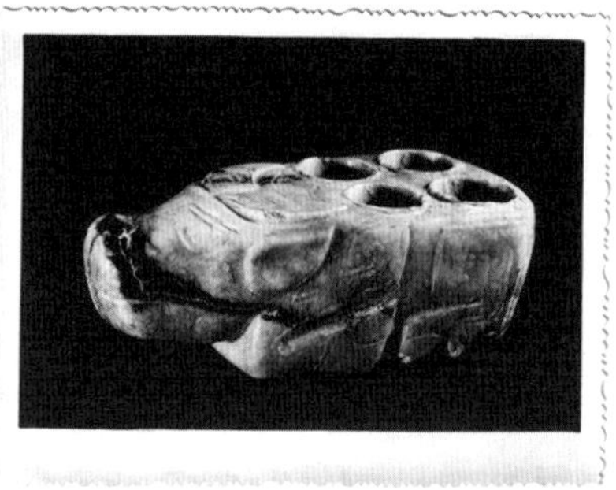

李绍连

李绍连（1939— ），先后工作于河南省文物研究所、河南省博物馆、河南省社会科学院考古研究所。

李绍连—苏秉琦（1966.3.8）

苏先生：

接奉来信，甚感！

现将南阳淅川黄楝树新石器时代遗址的情况简述于后。

遗址面积很广，东西长300多米，南北宽200多米。文化堆积较厚，一般在2米以上，并大体分为四层（自下而上）：仰韶层、屈家岭层、龙山层及较晚的文化层。去年发掘的面积不大，约$200m^2$。其主要成果是发掘出28座房基，这些房基布局很有趣，顺着山坡作“八”字形排列。大多数保存完好，面积约为$2\times3m^2$，作长方形。房基往往有叠压现象，甚至有三、四层叠压的，但是上、下层房基的平面图和结构没有明显的变化。所出土的陶片，很大部分未运回，就是运回的，也未作系统的整理，因此，对该遗址的陶系器形纹饰诸方面的情况还不得详知。运回队部并经过粘补复原的标本陶器，计有豆、鼎、杯、罐、盘、壶和器盖，也有不可名称的，共30多件。公称为淅川陶器精华，造型新颖，非同凡俗；

彩绘精美，别具风格。憾自己水平太低，无法描说。至于其他生产工具和生活用品方面的小件器物已装箱封存，我未能看到。目前淅川遗址的东西在队里能看到的还不多，情况的了解还很少，不能做更多的介绍。按照队里的计划新年上半年还继续发掘未完部分。四月初已开工。裴明相同志最近几天将赴彼。据时间安排计划，今年 8 月以前完成全部发掘任务（该遗址），下半年将转移到丹江中游另外一处同类遗址进行发掘。这个遗址的发掘简报，因发掘任务繁重，时间紧促，目前还写不出来。

自郑州到淅川交通不甚方便：乘火车，只能到许昌，其余路程就得改乘公共汽车和步行；乘公共汽车，郑州到南阳以后，要转车，但是麻烦的事是，因淅川遗址隔条丹江，汽车通不过，不能不步行 20 里路。

情况就是这样，您是否来视察，仰予明断。队里的同志们，安队长、裴明相等同志表示欢迎您来，至于我更欢迎您来！

其次，关于您提及北大同学来实习的问题，我非正式地同队里领导，特别是安队长、丁队长谈过，他们表示可以考虑，不过，希望能有正式公文来接洽。

我目前还驻队工作，任务未复。最近 8 天，据局里指示，要脱产集中学习，比较忙碌。以后（下半年）我是到淅川去，还是留队帮助搞考古报告的编写工作，尚未确定。

仰多来信指教。顺颂

春安

学生

绍连

1966. 3. 8 郑州

李绍连—苏秉琦（1980.10.20）[①]

苏先生：您好！

最近俞筱光同志来郑，我向他转达您关于修改报告的详细意见。他很尊重您，叫我遵照您的意见进行修改。但是，他未细看过稿子，想先把它取回审阅，然后再提出修改的细节。如是，原拟节后赴京一行只好推迟。我现在根据报告原稿核对资料，同时根据您的意见着手局部的修改。不知您的意见如何？

月底，河南召开全省文物工作会议，我要参加，费时半月。接着，河南考古学会成立，又有些工作要做，又耗时日。看来在郑公差太多了，今年可利用的时间只有一个月左右。如果现在赴京，则有两个多月时间可利用，或许可把报告修改好呢！不过，出版社月前尚不同意赴京修稿。在这种情况下，苏先生，您看怎么办？

此致

敬礼

学生

李绍连　上

一九八〇年十月二十日

苏秉琦—秀珍（1980.10.27）[②]

秀珍同志：

---

① 苏秉琦先生在信第二页页眉写道：“拟按出版社意见复信。”

② 据家藏便条录文。便条未署年，与李绍连—苏秉琦（1980.10.20）书信放在一起，应写于1980年。

你能否抽空去一下文物出版社，持绍连此信找有关负责同志谈谈，是否烦他们派哪位同志把原稿取回，审阅后再斟定几时让绍连来京进行下一步修改工作。

苏托　十、廿七日

苏秉琦—李绍连（1980.11.23）①

绍连同志：

你好！来信悉。学会已经开幕，其他与会同志去江陵参观，我正利用这几天在此看湖北博物馆材料，然后去黄石市看铜矿址发掘现场，并去附近走走。要到月底返京。这次出来前，刚在阜外医院做过详细检查，对自己的高血压、冠心病的基本情况得到较确切诊断，病不能说是一般的，应该说是较严重的“供血不足”。所以，今后要多注意避免劳累，要避免持续长期的外出活动。为此，我想直接回京。

河南已经多年没有去了，想去，但不愿匆匆去二、三日，愿以后再另安排时间多去些日才好。你们的盛情，我非常感激，但身体情况有困难，同志们会体谅。俞伟超同志去当阳一、二十天后准备要去河南一行，我拟嘱他去时多了解一下河南近期工作情况、重要的工作、发现，也望他多和同志们谈谈，请同志们多给他介绍些，好使我也能先从他知道些最近的进展。

年岁不饶人，想去的地方、想看的朋友多，力不从心，心情是矛盾的。这次不能去，总感到遗憾！

专此，问同志们好。

苏秉琦

1980. 11. 23

武汉

---

① 据李绍连先生提供书信复印件录文。

苏秉琦—李绍连（1982.2.23）[①]

绍连同志：

信都收到了。你们对报告稿命运感到关切的心情我理解。请你们相信文物出版社对此问题会做出合情合理的处理的。专此

敬礼！

苏秉琦

1982. 2. 23

李绍连—苏秉琦（1982.6.30）

苏先生：您好！

半年来，我一直在各地检查文物工作，没有多少有价值的东西，惟有两件事可一提。

其一，在汤阴县五里岗的变电站工地，发现一处大规模的战国墓群，约有五六百座墓。墓室均为方形土圹，随葬品不是常见的鼎、豆、壶之类，而是一两件铜带钩，陶器亦有，不过一两个罐、壶之类，而且所占比例很少。另一个特点是墓主人多为青壮年，一些人骨上带有刀伤箭痕，个别仍插着箭矢。这种现象使人推断这是一处战士墓地，不过尚缺乏令人信服的论据。文物研究所派人在那里清理，无非是跟着施工队后面拾东西而已。

其二，据所里一同志说，今年文物研究所在淮阳县平粮台马鞍冢，又清理一处车马坑（战国）。在 23 辆车中，有一辆两侧装备铜甲，铜甲系由若干铜片（约十几厘米见方）串联而成。马不是

---

① 据李绍连先生提供书信复印件整理。

真马，而是未经烧制的泥马。这一发现可能具有重大的学术价值。未曾亲见，不敢妄言，待有机会参观，再详报。

此外，还有两件事告诉先生。

第一件事，关于《淅川下王岗》考古报告的风波早已平息，如先生所料，出版社主持了公道，不仅不叫他们取走，甚至不给他们看一眼。不过，事情尚未了结，因为它可能无限期地被挂起来。

第二件事，关于我的工作问题。以前给先生谈过，我是不得已离开文物研究所的。原来是想到省博物馆去，只是因为博物馆考古部未设置，文物局又卡住不放，因此当时不得不寄生于文物局。一年来的实践证明，我在此毫无意义，白白浪费光阴，必须另谋出路。目前在河南没有什么前途，河南文物界三个主要单位，即文物研究所实质上仍是文物工作队，只搞一些零星发掘，编图录、写简报，根本没有什么学术研究规划；省博物馆只有两三个搞文物考古的人，从事于文物陈列工作，没有考古发掘；省古代建筑保护研究所只搞古建修缮，所以都不合适，到哪一个单位亦不能发挥我的专长。在这个情况下，我考虑离开河南。经联系，广东中山大学人类学系已同意我去任新石器考古课教师，不知先生是否同意。我在先生的辛勤教育下学习田野考古，现在改行，有负先生的培养，我感到痛心，更对不起先生。不过目前看来没有其他路可走了。我何去何从，还望先生指教！

此致

敬礼

学生

李绍连　上

1982. 6. 30

李绍连—苏秉琦（1983.5.24）

苏先生：您好。

先生莅郑主持考古年会，是河南考古学界的光荣。特别是先生在闭幕式上的讲话，是对河南考古界的鞭策，引起良好的反响。我深信不管遇到什么风浪，河南考古学将会赶上全国先进者的步伐，出现一个欣欣向荣的局面。

我有机会再次聆听先生的教诲，实感荣幸之至。遗憾的是，公务羁绊使我就学的时间太少了。尤其是先生从登封考察返郑，我因公外出，未能请教，亦未能为先生返京送行，深感不安，仰先生宽宥。此致

敬礼

学生

李绍连　上

1983. 5. 24

李绍连—苏秉琦（1985.2.21）

苏先生：

您好！

近日读俞老师的《探索与追求》，得知先生的巨著《考古学论文选集》即将问世，十分高兴！这个消息无疑是考古学界的福音，她的出版必将大大促进新中国考古事业的发展！我作为您的学生，必将从中得到无比珍贵的教益。

先生对我的工作一向很关心。以前曾向您谈及南调中山大学一事，由于河南死缠不放，只好作罢。现在我由省委宣传部调离了省

文化厅，到河南省社科院筹建考古研究所。这么一来，我又可干本职工作了。不过，如何组织一个考古研究所，如何制定一个长远的考古研究规划，我缺乏必要的知识和经验。为此，我拟近期和郑杰祥同志进京，向先生请教！

祝愿先生健康长寿！

此致

敬礼

学生

绍连　上

1985. 2. 21

李绍连—苏秉琦（1990.7.5）

苏先生：

您好。久疏问候，请原谅！

前几年请您审定的《淅川下王岗》报告业已出版，您的预言也实现了！如今兴“谁出钱听谁的”，我已调离河南文物研究所，该书是由它出钱资助出版的，所以除了文字和修订工作外，其他事我概不管，也管不了。不过，无论如何，书出版了，总算不负先生教导之恩。审稿报酬和书将由文物出版社送到您府上。本书的书评，拟请严文明先生撰写，他亦已应允。

由于人为的原因，剥夺了我所田野考古发掘权。巧妇难为无米之炊，我们不能发掘，只好利用有限的考古资料和文献进行研究。我研究华夏文明的起源是本省“七五”科研重点课题。当然，我之从事此项研究，主要也拜读您的文章得到启示进行的。此书是以中原为中心研究华夏文明的，中心是文明起源多元论。目前，有关资料不多，研究条件不十分成熟。不过，倘若条件完全成熟，水到渠成，在学术上也就无多大意义了。因此，我不揣学识浅陋，进行尝试性的探讨。此书即将脱稿，并将由河南人民出版社出版。不知先生是否有时间为学生的拙作做个序？由于只有一个稿，现存出版社，暂不能呈上给先生审定。如有必要，我可将此书稿的内容作详细的介绍。考虑到先生的事情很多，时间宝贵，倘不能做序，学生也不敢无礼强求。

此祝

健康长寿！

学生

李绍连　拜上

1990.7.5

麦英豪

麦英豪（1929—2016），先后工作于广州市文物管理委员会、广州市博物馆。

麦英豪—苏秉琦（1973.2.25）

秉琦老师：

您好，祝您春节过后身体更好。

我们不见转眼多年了，没有通信问候也多年了。去年越南黎春征、黄春笑两同志到广州，提出要见见我。他们告诉我，见到您很高兴，说您刚从干校回所不久，身体比以前更健壮了。听了消息，我心里感到非常欣慰。自“文化大革命”前即从参加侯马发掘工作回穗后就去“四清”。“文化革命”开始一段之后，我才回到原单位参加，第一个浪头是看有关我的几十张大字报。特别是“清队”当中，本来我出身贫苦，历史清白，是咬不动的硬骨头，但个别领导人别有用心，利用平日对我有意见的个别人把我整得够呛。《广州汉墓》一稿，花了几年心血，想把资料搞好出版，好提供研究者参考使用，但竟成了执行黑线的大罪状，白专道路的“有力”例证。其他就不用谈了。初时我很想不通，斗批散改行思想占上风。后来一看，特别是9.13后“批修整风”学习，慢慢明白了，想法也不同了，过“左”做法仅是支流，冲激一下确有好处，起码头脑清醒一些，是非界线明确一些，有助于今后少走弯路。

“清队”以后下放不久我就调出来了，干了几年打临工工作，到去年10月才归队回到文管处去参加田野工作。这个工作自“文化革命”开始后广州的发掘几乎停顿了，不知损失了多少好材料。回原岗位后大抓了一下，特别是看到十一省市出土文物展后，心里很着急，广州太落后了。但是，在考古发掘这个角度来看，广州这块“瘦地”，掘不出多少“肥材”的，所以，搞来搞去还是搞不出什么名堂出来。

去年底在邮电大楼工地掘了一批西汉墓，可惜墓主人比我还要“穷”，寒酸之极。到今年一月十日转到北郊淘金坑32层宾馆工地配合平土工程（工程很紧，明年秋交会前要完成交付使用），发掘了一处南越王国时期中小官吏墓群。在一个月又四天当中，共掘了廿五座墓，除四座是晋—唐墓之外，廿一座都是西汉初年的。从钻探已知还有几座未掘。这处墓群分布比华侨新村尤为密集，平土总面积不到一万平方米，墓的分布在西南边，占地约五六千平方，有卅来座（因我们人手不足，来不及被掘土机铲掉的有十座左右，平土前早被破坏的已知的亦有四座）。因我们考古组只有七人，到处“拉伙”才找来二、三人帮手，真是群贤毕至，老少咸集，拢共也不过九至十人。民工雇不到，全部工作是自己包干，而工地每天开动七部掘土拉土大机器跑个不停，搞得我们顾到东来西又倒，忙得不亦乐乎也应付不过来，有的也被掘掉了（本来我们已把重点放在西初的墓，其余放弃不搞）。忙是忙一些，但有点收获，也亦开心的。春节工地不停，我们只得也不停了。所以大家开玩笑说：“今年用汉墓拜年，更新鲜！”

墓群位于北郊淘金坑，即华侨新村墓地的西邻，两者仅一小沟之隔。

这处墓葬有些特点：

1. 墓地中只发现西汉初年墓，西中、西晚、东汉的墓一个也

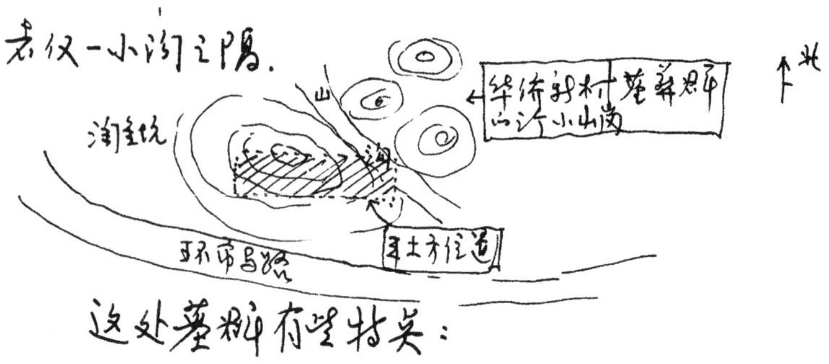

未见到（对此，我是很留心观察的），以后有的只是晋—唐砖墓和明清等较近的墓，反映了这处葬地自南越赵氏王国衰亡之后经两汉几百年还是保存较好的。直到晋以后才有人敢在这里占地而葬。这个情况正与华侨新村西汉墓群是一个样。在广州还是第二次见到年代这样划一的一处墓群。确实是华侨新村第二了。

2. 墓的规模很小，结构一致，长 3—4 米，宽 1—2 米，填土基本上全用细沙，有全沙及底，有上半沙下半原坑土回填，但椁木则无一得以保存。

3. 出土物很不一致，华侨新村汉墓的瓮、罐、三足罐、三足盒、瓿、小盒等几乎墓墓皆是，这里则不一样，但整个来说，所见器物与华侨新村同一类型，仅多寡之别。

我的初步意见：华侨新村是南越王国大贵族的墓地（有大墓，出土物多），而淘金坑是一批中小官吏的墓地，反映了当时赵氏王国连葬地也划分了等级，这批材料正好作为华侨新村汉墓的一个补充。

比较特别的是第 1 号墓，这座宽仅 0.8 米左右、东端置陶器十六件，鼎、壶、钫、盒、瓮、罐成套，西端有一米高，如成年人棺具可勉强放得下，但以整个墓地所见，似为小孩墓较多（惜未见有可证明是孩童的物品发现）。在新出一个双耳小罐上，盖沿印有“常御”“第六”两印文，器身亦然。“常御”在华侨新村两座墓发现过，其一仅见“常御”，另一出“常御第廿”“常御第十三”，是刻划在两个陶罐的肩与盖上；另外在距华侨新村约 1 公里的东面土名叫麻鹰岗（即今动物园）有一座大墓出土有“常御三千”印文的陶罐一件。看来，淘金坑1号墓是小孩而按成人礼制葬的，其亲属官位很高，葬地大概不是华侨新村就是麻鹰岗了。这个看法未知对否，请您指导。至于第六、十三、廿、三千当如何解释为是。以前陈直先生有文章说是宫女的排列，这似乎不合理，因同一墓中有第十三、第廿发现，就不好解释了。又，第六、三千这些印文非常精致，断非制陶时的所产数量。

其次，第21号墓是这墓群中较大的一座，有墓道，陶器全置后端，当中有铜镜一面（已扑碎），相距几十厘米处有玉印2颗，玻璃珠2颗，四者靠贴在一起，似系原有根线索穿贯着的样子。一印文曰“郑未”，一曰“孙熹”，这确苦了我了。一墓同一位置出不同姓氏的两颗印章，当作何解？（这墓从出土物及布置位置、印、珠出土情况，都没有合葬的任何迹象）只得向苏老师求助了，望您不弃见教是望。

最有趣的是第19号墓出土的陶瓷“甘利居室”印文，武帝有“甘泉甘室”，赵氏搞个“甘利居室”，妙！查县志，广东南海县有“金利司”，高安县亦有金利，现在还有金利公社。南海县的金利司所辖包括现在广州西区（西村皇帝岗古窑址也在其中）。“甘”

与“金”，广州音是相同的，怎样从“甘”转为“金”，还未找到证据。如“甘利”即“金利”，当以南海县之“金利”为是。未知然否？

另一座第22号墓所出三个陶罐有同一的印文，一为釉所盖，看不清楚，一为弦纹所压亦不够清楚，唯一可拓的有一字亦释不出来“？根”，拓本随函附上，请鉴阅。[①]

现在有个考虑，如果下一段再没新的发掘地点，想把淘金坑墓群资料突击一下，把它整理出来发表。但有点困惑，这种材料《文物》《考古》似乎都不受欢迎，投送《考古学报》又似乎未够格。因为写得过简，图、照片削减过多，难于全面反映；过细，又会使人觉得冗长，而资料本身又无惊人的和特别精美的东西，而无利用的价值。目前仍在猜疑未决中。

《广州汉墓》原稿，领导上打算取回修改，计划在十一以前把它修改完再送所里编辑部。如果此事实行，我想自己到所里来一次。一可以自带原稿件回广州，比较保险，更主要的是可以当面向您、夏所长等老师请教如何修改为是。这样可收事半功倍之效，避免又要翻工，浪费时间。其次，是否要制彩色版，如要，选哪些器物亦需明确，以便准备（因有些实物已在历博，有些在我们这里，但已运到后方去了）。如事与愿符，大概不久就能见到您了，亲聆教益是难得的机会！六三年您来广州，转眼十年啊。离师十年，毫无长进，实在有愧。唯望不以我为朽木，时加赐教。致

敬礼

学生

英豪上

1973.2.25 早

黎金同志托代致候。

---

① 拓本未见。

麦英豪—苏秉琦（1973.8.27）[①]

秉琦老师：

自三月底离开北京后，转眼又过半年，近日身体康健如恒吧，念念。

回来后即着手搞修改《广州汉墓》稿的一些准备工作，跟着省里要包《文物》一期，分了点任务给我们，结果把工作暂时停了下来。给《文物》交了短稿三篇，同时又给《考古》《考古学报》也三篇。其中《广州淘金坑西汉墓》是给学报的，据黄展岳同志给我信说已安排在七四年第一期刊用云。淘金坑汉墓报告是依照您的指示，采用了典型墓例绘制全墓不同类型的器物图，但感到与综合叙述出土器物时有点重复。现在修改《广州汉墓》中搞“全家福”碰到几个问题，一直考虑着未得解决，如：

一、“全家福”图必然是典型墓例的，器物较全且有代表性。既然“全家福”已有绘图了（如何所示用全形，不作剖线），则在出土遗物的综合叙述中再出现就重复了。若只是“全家福”已有的，综合部分则省去，这也不好，因为综合叙述中往往都会选用典型墓的器物作图，而且它又是用半剖来表示器物结构的，所以重复问题不大好解决。

二、广州汉墓所出陶器胎质是两个极端，一是高硬度的，一是极松软的，有的发掘时仅辨其形，知为何物，但一触即碎，有的不能起取回来，有的起取了也绘不成图；其次铜、铁器方面也有不少残碎而不成形，无法绘制全貌的图样的，在典型或不作典型的墓中

---

① 原信未署年。信中提到1974年第1期《考古学报》刊登的《广州淘金坑西汉墓》，信应早于1974。结合上封麦英豪—苏秉琦先生信件看，信当写于1973年。

都会碰到这种情况，所以这就要给“全家福”带来缺憾，达不到个“全”字了。

三、有的出土物不大好用线纹来表示，如珠饰和彩绘的漆器等，若改用照片，又要考虑到印制效果。因线纹图制版印在报纸纸上效果是好的，但印照片则必然是一片灰黑，看不清楚，不起作用，因而在同一个“全家福”中不大好安排处理。

四、《广州汉墓》分五型，不同类型而又有代表性的才选上，最少也得挑出35—40座墓例才能概全。但这样一来，篇幅估计要增加20—30页，这会否对出版做成纸张、成本等加大的问题，恐怕也是要考虑的……

上述几点是工作中想到和碰到的，现在还未想到解决办法，很需要得到你的指示，望不吝予以教我。致敬礼

英豪　上

8月27日晚

麦英豪—苏秉琦（1989.6.2）①

秉琦教授赐鉴：

长沙考古年会得面聆教诲，幸甚。

学生新拍的“近照”，似乎还可以，现呈上。如能得到先生的高兴，那是最高的奖赏了。祝愿先生身体健康，精神愉快，长命百岁，是祷！

学生　英豪　上

六月二日

① 原信未署年。信中提到的长沙考古年会为1989年长沙召开的第七次年会，信当写于1989年。

麦英豪、黎金—苏秉琦（1995.3.17）

秉琦老师：

您好。刚经香港参加完香港大学举办的“东南亚考古研讨论会”归来，得接老师寄赠最新出版学术专著《考古寻根记》，既喜又愧。喜者，老师多年来为中国考古学引路而奔忙各地，旦夕思考。《寻根记》已大体记录了老师近年的足迹与学科形成的轨迹。书中收录老师言谈，少数学生有幸聆听过和在报章杂志中看过，但更多的还是首次恭读。盖因学生僻居祖国南疆交流甚少，见年有限。今承惠赠新著，实为给学生一个系统学习新理论的良机。老师86高龄尤笔耕不辍，令后学敬佩无已！学生今年已步入67岁之年，曾在老师教诲下为祖国的考古事业尽过一点力，但资质鲁钝，不敢奢望创树，唯有力求工作不停，学习不止，以此告慰老师耳。谢谢！谨祝

老师身体健康，合家欢乐

麦英豪

黎金　上

95. 3. 17

附：麦英豪、黎金先生合影一张

麦英豪—苏秉琦（1996.2.16）①

苏秉琦先生钧鉴：

先生好。今次到岭南来，生活上适应吗？您觉得这片南蛮之地是否有些变化？西汉南越王墓博物馆是否差强人意呢？

这个馆前后花十年时间才建成，目前还有些工程首尾未完。陈列只是文物陈列，有待改进。请您给我们指点，以便有所提高。

在深圳贝岭居拍的照片寄上。有一张请转给郭大顺同志。谢谢。祝

身体健康，阖家新春快乐！

学生　麦英豪上

96. 2. 16

---

① 家藏书信与信封分置。信封内存彩色照片 3 张。

彭　浩

彭浩（1944—　），工作于湖北省荆州博物馆。

彭浩—苏秉琦（1973.5.7）[①]

苏先生：

您好！

前些日子给您去了一封信，想必已经收到，听小杨回来说，您身体还好，望您多多保重。

藤店一号墓的简报，刚刚完稿，准备寄给《文物》审改，《考古》也曾来信约稿，因《文物》来信较早，陈滋德同志又面嘱此事，所以简报交给《文物》了。馆里准备把报告交给《考古学报》，这是计划中的事，可能不会很早完成的。如方便，请您向安志敏等同志解释一下。

简报中把藤店一号墓断为战国中期，主要理由是墓葬年代上限不会超过朱句在位之年，器物的组合与长沙战国中期墓葬组合相同，与洛阳中州路东周第五期亦相同，所以我们暂定为战国中期，

① 家藏书信中夹有一张器物图、一张草图，与书信内容无关。

不知是否合适？缺乏经验，毛病很多，自己也感到不满意。

寄上越王州句剑及部分器物的照片，供参考，上次寄去的摹本不够准确，这次照片比较准，在放大镜下，与原剑铭文精神相符，竹简摹本不成功，准备再搞，先寄上照片，不易看清，照相的技术不过关。

对藤店一号墓的材料整理，报告的编写等问题，希望能得到您的指导。当然，是以不影响您的健康的前提的，苏慎之还没回厂。

暂写至此　祝您

健康

学生　彭浩

73.5.7 夜

郭大顺*

郭大顺（1938— ），先后工作于辽宁省博物馆、辽宁省文化厅、辽宁省文物考古研究所。

郭大顺—苏秉琦（1973.8.6）

苏先生：您好。

寄去您要的喀左县山嘴子公社海岛营子大队后坟村出土的一批陶器描图。这批陶器是去年10月该村社员打井时在村旁一深三米左右的古泉水旁发现的，保存完好的十六件现存喀左县文化馆，附近尚未找到同类遗址，已建议他们公布资料。

今年上半年，馆里文物队的主要任务是普查省内国家级、省级地上文物保护单位，正式发掘只有喀左县水泉公社瓦房村鸽子洞洞穴遗址一处，但半年来新的发现反而较过去任何一年为多。喀左县鸽子洞发掘了一个月，发现了几十件石器，20几种动物化石，张森水参加，认为可能相当周口店15地点。

鸽子洞发掘期间，在村东一高台地上采集到砂泥质红陶片，绘

---

* 郭大顺先生在审读中以括号加“郭注”形式，对信中内容作以补充。

有简单的带状黑彩，器形几乎全部为一种直筒罐，底部似做成泥胎后就已削去，记得王湾一期有类似器形（大概是 T252），是瓮棺。我们在台地上偶掘几锹，正好打中一人头，距地表仅 20 厘米，是一仰身直肢单人土坑墓，方向东偏南 35°，附近还有零散人骨，估计这个台地为一墓地，台地下几十米为一丰下类型①遗址。仅从现在发现的这些陶片、彩绘看，有不同于红山文化之处，好像更接近于中原仰韶文化，我们暂称之为"属于仰韶文化系统的遗存"。而且这种遗存不只一处。

最近阜新县化石戈公社胡头沟村西牤牛河东岸发现一古墓地，石棺墓分两层，上层出青铜短剑，下层墓出玉器（龟、蝙蝠、璧、环等形），因未见陶、铜器，难断时代，推测同丰下类型有关，附近也找到几处丰下类型遗址，这是我们目前掌握的这种类型的最东界了，听说彰武县也有。上层石棺墓周围有一圆形石墙，石墙下面也发现砂泥质红陶片，也几乎是同一的无底直筒罐，在东墙下揭露出一行南北并列的十一个同型陶罐，口向上立置，口全部残缺，估计是建筑石墙人所为。也有不少黑彩陶片。以上材料因尚未整理，只给些草图寄去。

另外沈阳故宫文物组在市北郊试掘了一处遗址，下层出夹砂褐陶直筒罐，口有花边，腹饰弧形篦纹，同"富河类型"有关，还出不少细石器，上层出高裆实足红陶鬲，同吉林西团山石棺墓，这批材料张忠培来沈参观时看过，我只草草看了一下，也给些草图寄去。

我一直在整理喀左北洞铜器。四月份去京归来，因唐兰先生在《文物》七期一篇文章中提到这批材料，为了配合，我们仓促草成简报，五月份已寄《考古》，以后又去现场调查，掘出了更重要的一批，照片寄考古所一份，想您已见到。省领导对这两批铜器的发现很重视，特别是当地群众妥善保护，及时报告，事例是很突出的。最近在出土现场开了发奖会，以省文化局名义给该大队价值一千元

---

① 郭大顺先生指出，此即夏家店下层文化，以下同。

的水利设备一套，《朝阳日报》发了消息，抓住这个事例又大力宣传了一下文物保护工作，这也是“文化大革命”以来的新气象。

目前我正在整理第二批铜器，翻了一些有关资料，觉得有些无边无际，看来只能作粗略叙述比较，主要是公布资料，供大家研究，同时提出我们的看法，我们认为这两批铜器反映了商族在辽西地区的活动这一重要历史内容。特别是第二批铜器中有“㠱侯亚”的族徽，过去北京城郊出土的一批商周记录铜器上有“㠱侯亚，匽侯锡亚贝”的铭文，㠱侯族铜器两次在北方出土，且同燕侯有关，应该不是偶然的。

周初封诸侯都在商族集中的地区，召公所封的北燕，也不例外。大概北方的商人在西周时势力仍很强大，一直到春秋的山戎可能也是商的后裔。辽西一带春秋战国时期的青铜短剑墓，大都保持一些商的遗风，可能就反映这一历史内容。同时值得注意的是，辽西几次发现商周之际铜器附近都有丰下类型遗址，马厂沟铜器坑直接打在遗址中心，北洞铜器坑下河旁也找到这类遗址，小城子出铜鼎的沟崖上部遗址并有残留的石墙，长方形略有弧形外凸，残长 68 ×31 米，宽近 5 米。据昭盟文物站苏赫同志谈，昭盟一带这类遗址多有村落围墙，有的可能就是城墙。徐光冀同志也告诉过这一情况，唐兰先生推测这一带可能有商周都邑，看来不是不可能的。

有意思的是偶然在辽宁地图上找到一个“孤竹营子”，现属锦西县，因唐兰先生由这批铜器推测这一带是商孤竹国的地盘，大家都很感兴趣，还特意去拜访了一下。村四周环山，听老乡讲附近有遗址，去年我们在朝阳魏营子发现的西周木椁墓和古遗址（出土陶片同喀左后坟那批）在村北约二十华里，当地老乡都不知道村名来源，应是有来头的。因去得匆忙，未详细考察。

馆里因积压了十几年的发掘资料，听说下半年以整理资料为主，丰下遗址的再发掘大概又要推迟。也确实需要冷静一下，消化一下，以后力争改变被动局面，有计划地做些工作。

上次在所断断续续听了您对目前考古发掘研究应注意的问题、北方考古问题等的谈话，很受启发。希望有时间来信指教。祝您

身体健康

学生郭大顺

73.8.6

问内蒙队同志们好，不知夏家店下层^{14}C测定结果如何，他们何时外出？

郭大顺—苏秉琦（1977.8）①

苏先生：您好

大甸子六月中开工，我六月底到，七月底返沈，改送《文物》的那篇稿子，准备八月二十号左右返回。

今年的新发现，晋祥已面谈，他走后又有进展，趁我馆许玉林等同志赴京参观机会，再告您一二。

1. 已有7座墓出土陶爵（角）杯，2个带嘴，其他5件都不带嘴，皆颈体甚细长而扁，下有鼓腹，三短细光足，一件素面（即送京展的那件），余皆通体饰篦点纹组成的三角纹等，口沿，腹部（纵向）饰附加堆纹间泥饼。同出都有陶鬶，两座墓还同出漆觚（不是豆而是觚），已起出完整的一件。出土时，爵、鬶、觚紧靠一起，当为一组。如果陶爵杯的演变是由流窄长而圆，颈体长扁而短圆，足由短而高，下腹由有（二里头为覆盆式）而无的话，大甸子爵当排在二里头之前。

2. 两座墓下腿各裹贝饰，都是真贝（1974年M4为假贝），一座共130枚，7—8个一行，每腿共7—8行，正面朝外，里面染红，

① 在首页页眉郭大顺先生补充道：“许玉林同志在旅大郭家村遗址发掘两个年度，今年秋季转入整理。他想同您谈谈那里的情况。”

当为皮靴上的饰物，也有防护作用，如以后之铜泡。这两座墓都为男性成年，随葬一猪一狗，都出石斧，其中一座，斧上有铜“帽”作鸟首或虎首形，下有“镦”，中为长70多公分的扁状木柄。可见这种斧都是钺。这种执钺的墓（成年男性）已发现约50座，占已挖成年墓约1/4，随葬规格中上等，礼遇次于目前所见最大的两座（都是二猪四狗，大型彩绘陶器，但无石斧），我想这一群特定身份的人可能就是“军队”。

3. 在夯土墙两侧打一2米宽探沟，揭出主墙，两墙边很清楚，主墙宽5米，深尚未到底。目前遗址四面都找到了夯土墙。

只是遗址不理想，选一高处挖3个2×10探方，有房子遗迹，轮廓不清楚，只挖到2座小型房子（直径2米）。所里有8月底9月初结束的意思，我已建议，趁秋收后大好时机，再干他9、10两个月，可把遗址了解更清楚些，墓葬尽量多挖一些，如所里不同意，我馆趁铺开的摊子准备坚持下去。

听说您整理时到赤峰，到时可来遗址一观。

敬礼

大顺

77.8

郭大顺—苏秉琦（1978.10.26）①

苏先生：

晋祥来信说您已康复回京，望多保重。

今年六、七月，我曾两次去京，都未能见面，承德整理是一直在等您，看来今年又去不成了，听说您正在看大甸子器物图卡片，我们迫切地等您提出启发性意见。

---

① 原信未署年。郭大顺先生指出信写于1978年。

我先后在承德待了近两个月，先搞了一段小件，后负责墓葬形制部分。陶器和彩绘我也注意了一下，觉得目前的分法还有些问题。如初步确定的三段两期，以筒式鬲裆部变化为主，别的重要器物如平底罐、鼎、壶都未分出，带领鬲也分得欠准确，出鬶爵的墓也相应分为两期，则大甸子墓地鬶爵是从早到晚延续下来的，能否得出这样的结论？有一种折肩弧裆鬲、绳纹弧裆鬲可能代表大甸子墓地最晚部分，最晚一段的鬶爵墓似不能同它们划等号。彩绘则呈现更复杂的情况，如何分解成单元，又如何把同一题材的不同绘法、各种题材的配合，与器形的配合等结合起来都还需要很好解决。总之，如何把资料全面客观地介绍出来，不然就是强加于人，看来这个材料要写得完整，并不容易了。

省内今年的新发现要告诉您的有：新近喀左又出一批商周青铜器，地点在北洞西北十余里，坤都营子公社小波汰沟，共8件：二鼎、二罍、二簋、一盘、一勺（见照片）。其中一圆鼎高86厘米，重110斤，为省内目前所见最大者，四壁较薄，足近圆锥，内空，腹直而深，耳外侧曲槽式，单层花纹，有些商中期特点，可定为安阳前期偏早阶段，在商代鼎中也是罕见的大器。一方座簋内铭“王巿于成周，王锡图贝用作宝彝”，铭与琉璃河一簋几乎全同。勺有铃状首。我同孙守道同志去出土地点调查一番，在附近一处遗址中采集到一些绳纹灰陶鬲、甑等残片，不同于丰下类型，也不同于战国时期，疑为同时期遗存，可惜堆积不厚，争取发掘一下。

喀左小波汰沟铜器铭文

建平水泉遗址今年清理发掘的收获较多，这个遗址包括战国、南山根类型、丰下类型至少三个时代。房址特别密集，且多为白灰面，多数房址相互重叠，在同一位置连续三四座叠压但不打破，门向、灶址都一致。发掘的同志说南山根类型也多有这种白灰面房址，尚待检验。遗址下层出的陶器中，不少有浓厚龙山特征，通体轮制的几件大器和鼎足最明显。

我现正在去承德途中，月底可到承德，准备呆一个月，结束时如能去京，再同您详谈。祝

身体健康

学生

大顺

10.26 于凌源

郭大顺—苏秉琦（1979.5.23）[①]

苏先生：您好，提前已返京。

那两包材料我带走了，那天匆匆忙忙去取，苏师母还不大认识我，很抱歉。

我四月底回沈后，五月初就下到喀左参加省文化局组织的朝阳、凌源、喀左三县普查，参加这次普查的包括省内各市、地、县六十多名文物干部，大多数是新手，搞得我们很紧张，规定一个半月普查完。经过试点，现在已分散到各公社，我们要求每个自然村都要跑到，尽量多采集陶片。至于断代、遗址重要性的确定留到下

① 家藏书信两页分置两处，前一页信，郭大顺先生回忆写于 1979 年 5 月，后一页信署 1979 年 5 月 23 日，时间吻合。后一页信提到“夏家店上层遗址只发现 4 处”，前一页信眉有苏秉琦先生笔记“夏家店上层型 4 处”，二者吻合。二信用纸亦一致。因此从内容看，此二页原应为一信。从信内容看，现有两页似可衔接。苏秉琦先生在信首页上写道：“喀左、平房子、山咀子公社——丰下型址 28 个、夏家店上层型 4 处、红山型三个点，少量陶片，另十几处——绳砂红陶、罐壶瓮，缺乏三足器，有墓出卣、耳环、镜——商周之际。”

一步重点复查、整理时再说。虽然这次普查的组织是省文化局一手操办，选点、具体安排、目的预先并不同我们这些人商量，但能把这么多人聚在一起就很不容易，还要充分利用这次机会，而且谁深入第一线，谁就有指挥权。从我和几位同志这半个月跑的两个公社（喀左县南大凌河畔出窖藏铜器的平房子公社和山咀子公社）看，以丰下类型遗址发现最多，共28个，有一半堆积较厚，大都单纯

（中或缺）

但未见同时期墓葬迹象。夏家店上层遗址只发现4处，值得注意的是一种以绳纹夹砂红陶（器形有罐、大型壶、瓮，三足器少见）为特征的遗存发现了十几处（红山文化遗址只在三个点找到几块陶罐残片）。我们曾估计它的年代在商周之际，从在西安给您看的那座墓葬所出铜卣和这次又找到的一处墓地所出“喇叭形”铜耳环、铜镜看，出入不会太大。在喀左县城和建昌县城中间大凌河畔发现一座300×300米的战国城址。有夯土城墙，采集到饕餮面瓦当等。就在城旁社员挖了一座青铜短剑墓，出铜柄曲刃剑、戈、带钩、车軎和两个纯灰泥质素面陶壶。从剑、戈形制看，约在战国中、早期间，墓和城址似乎有些联系。这次普查到六月廿日，然后选点发掘、整理写出文字资料，一直到年底。已给文物局打过正式报告，还算符合手续。

您今年是否去承德，具体时间确定了，请告我，不然这里很难脱身。

祝　身体健康

学生　大顺

79.5.23于南公营公社

附：草图一张

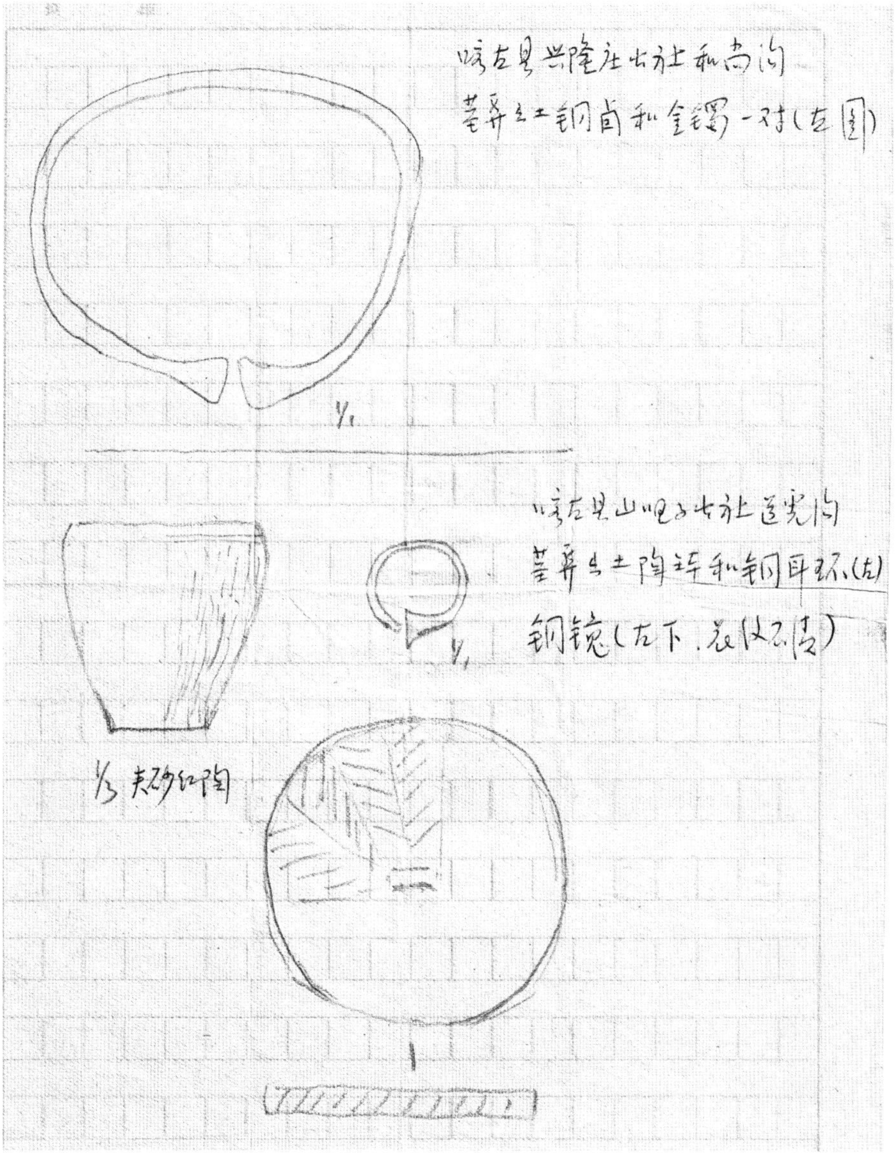
喀左县兴隆庄公社和尚沟
墓葬出土铜卣和金镯一对（左图）
1/1
喀左县山咀子公社道虎沟
墓葬出土陶壶和铜耳环、（左）
铜镜（左下．花纹不清）
1/1
1/3 夹砂红陶

郭大顺—苏秉琦（1980.7.1）①

（上缺）

还不大清楚，但卅年代小库伦的那两件口沿带花边的红陶鬲，一件有清楚的绳纹抹平痕迹，形制也不同于夏家店上层。这时期的铜器可能就是青龙抄道沟的那类，朝阳收集有兽首刀、铃首刀，兴城出一批，新民有三件“戚”，抚顺有一环首刀。最近在近鸭绿江口的东沟县也收集到一件“銎式戈”。如果这个阶段确定的话，辽河流域青铜文化就要有个新认识。如夏家店上、下层关系，其间的变化，开始不在西周春秋，而在商周之际可否，也不那么突然，范围也不限于辽西，辽东如是。而且辽东有可能有更早的，如沈阳苏家屯出一种素面红陶外迭唇、横鋬耳陶器，^{14}C 测在四千年前；新民高台山墓葬出红陶罐、壶，辽北出红陶鬲、豆，^{14}C 测 3800 年。最近我们在彰武平安堡也找到一处同高台山，有遗址和墓地，堆积情况，陶片都不同于夏家店下层。

大甸子 M459 出过这个墓地唯一的一件罐，风格就很像高台山的钵。所以我猜测，在夏家店下层的同时，辽东半岛有另外一群，而辽西的夏家店上层那股“风”，可能不是从西拉木伦河，而是从辽东半岛刮来的。这两群的界限，也就是夏家店下层的东界，大概就在小库伦彰武到新民一线，这一带虽也在辽河西，但附近河是向东南流入下辽河的，稍西的牤牛河就向西南汇入大凌河，也出现夏家店下层了。

今年起各市地都在进行全面普查，省文化局抓得很紧，馆里文物队大部分人在整理去年朝阳三县材料，只抽了三人当联络员，各地都有些新发现，两三年内全省大普查结束，我们的工作就会主动些，从这一点可看出我们很需要借助于行政力量。

---

① 原信未署年。郭大顺先生回忆信件写于 1980 年。

我个人的情况，想您已知道一些。前不久支部通过了我的入党申请，这是组织和群众对我参加工作这十几年来评价的一个结果。主要的是，现在有条件比较清醒地总结一下自己走过的路了。大学期间因吃过“左”的苦，引起我“文化大革命”初期那股头脑发热的劲头，但很快被利用了，比如也冲击过您。虽然您不会见怪，还是说几句我才心安。您多年来反复要求我要实事求是，辩证地看问题，要谦虚、慎重，善于听取、吸收新发现、新观点，绝不故步自封，等等，虽然多是从学术角度讲的，但对我何尝不是政治上的营养，所以在讨论我入党的会上，我也谈到您对我的影响。在这前不久，馆党委还决定让我当个“文物队队长助理”的角色。因朱贵同志是队长兼馆长，队里的事他很少过问，这次好像就交给我管了。我想试试看吧，能不能放手干，同个人业务矛盾如何处理，都是问题。尤其是队里现有人员，业务上能拿得起来不过四五个人，人心也不齐，我想退一步而言，能维持现状，总不会比现在还差就说得过去。对长远还没来得及多想，我想还是一方面抓住几个关键问题找几个理想点，一连干它几年，拿出成批材料，一方面人才也可系统培养一下。当前的问题就是去年三县这几批材料的整理编写，省文化局让今年内交卷，现在都急着写，但材料消化不够，结果可能不理想，还是尽量把材料客观全面报道出去。

我七月份在朝阳，您在承德时间一定，请让光冀或晋祥来信，七月底可寄朝阳地区博物馆，以及寄沈阳。

还要告诉您一件事。最近我们署名告了建平县委有组织地大规模破坏遗址事件一状，正赶上中央在抓文物保护，省政府两位副省长很快决定在《辽宁日报》发我们的信，这次对朝阳地委有些触动，说要组织人去了解情况。我们也想把官司打到底。还不知能不能有些效果。

祝身体健康

学生　大顺

7.1

郭大顺—苏秉琦（1981.1.21）①

苏秉琦—郭大顺（1981.1.31）②

大顺：你好！

接到你的元月21日信。《辽宁文物》已收到。这一周开大百科考古学卷分编委会。你信中提出的线索、材料很多，需要坐下来仔细琢磨才好说话，没立即回信，请原谅。前几天杨虎同志来，要我谈谈我对石棚山③报告编写问题意见。我口头上讲了些，经他笔录下来，现寄给你供参考。今天星期天，重读一遍来信，简谈一下我的意见。

一个总的意见是，你所提的手下几批材料的问题，我意可总结为一点，即石棚山、东山嘴、“魏营子类型”遗址，朝阳一批战国墓等。重要的、第一位的，是它们各自的年代序列与特征，而不是它们的绝对年代以及它们同有关材料之间的相互关系。

东山嘴能再补充一些材料，多得到一些层位关系的材料，有必要。

至于你们要把普查材料合编专刊，没什么不好。我希望把着重点放在几处比较成堆的、有层位关系的，而把其余零星的材料记上一笔，等于备案而已，可不必多加分析。你意如何？

匆复，祝

---

① 家藏未见此信，郭大顺先生回忆应有此信，存目待寻补。家藏有辽宁省博物馆信封，内无书信，署“郭”。北京邮戳1981.1.22，沈阳邮戳1981.1.2□，具体日期难辨。从时间看，应即郭大顺先生回忆原有的此信。

② 郭大顺先生提供信件录文。

③ 郭大顺先生指出，即大南沟，以下同。

你们好！

苏秉琦

1981. 元 . 31（2 月 1 日发）

郭大顺—苏秉琦（1981.4.24）

苏先生：

四月 13—20 日我又去了赤峰，石棚山材料已全部按墓葬分区、排列顺序摆了一地，做了器物卡片，这算是第一阶段工作。因盟里同志要下乡，约定九月份再集中。不过第二阶段的工作也已开始，我们初步分析排比了一番，有以下粗线条的想法。

1. 墓地确以分四期为妥，即原 C 区可以为两区。

2. 材料比较整齐的 B 区（仅东北一区）有依山坡从上到下，依头向从前到后成排排列的序列，结合器物组合和各类器物演变，也还都说得通。

3. 器物演变关系，折腹盆、壶比较明确，豆、直腹罐还没有说服人的规律，直腹罐抓住 B 区排在上部的 M31 一件，器底尚有席纹，可算较早的。1979 年补充发掘一个较晚的墓中，直腹罐有方格纹。

4. 各区之间有些差别，如 B 区不见镂孔豆，C 区多见，B、C 区壶类型不同等。

5. C 区出彩陶敛口钵、敛口钵式豆的 M74，从器物组合看应早于相邻 M67 出盘式豆、鸮壶的一组，但 M67 却排在 M74 的上方。M67 是该墓群中最大一座，是否可以考虑，这是一种民族上层人物破坏秩序的行为？联系有男女二人合葬，这种不完全的死的先后和血亲关系为标准的葬法，正是氏族瓦解的表现。

看到几个谈原始墓地分区的材料，认为不同的区就是不同的氏族，分区的墓地应是部落墓地。石棚山的分区，也许就是一个氏族内部单位独立性增强的反映。

总之，问题想了不少，但因条件关系（材料不能长期那么摆着，最多坚持到今年秋季），现在就得着手考虑写作了。还是您那句话，“消化多少就先写多少”吧。我五月初可到承德，力争五月份去北京，把我们目前想法向您汇报一下，听取您下一步对着手写作的意见。

四月份我跑了义县和建平两县普查，在建平和凌源交界处发现一处红山墓地，很单纯，耕土下即一层20多公分黑灰土，内夹大量红泥陶、彩陶，器形几乎全是一种直筒形无底器，以下即石板墓。我们清理一座，东西向，仰身直肢单人，头上一大石环，有单孔，从出土位置看，似束发用（后编为N2Z1M1——郭注）。另一墓只找到一段南壁，挖到深2米处出人骨，已有石化，但头向南，推测这可能是一个多人葬的大墓坑。墓内都未见随葬陶器，但盖墓顶的石板上铺满陶片（后编为N2Z4——郭注）。这个墓地正好夹在锦（州）承（德）铁路和沈（阳）承（德）公路之间，东西80、南北40米，属建平县富山公社张福店大队马家沟生产队，地名叫“牛河梁”。佟柱臣先生解放前可能去过，当地老乡常在这里捡到或挖出玉石器，我们收集到两件马蹄状筒形玉器，一件双连石璧和几件玉环。上两次去信说到昭盟、朝阳前几年出土多起玉器可能是属于红山文化的，这次可算找到最明确的地层关系。

另寄去我写的两篇文章，这次想投到《考古》和《学报》，也请您给看一下。

以上所说材料的图来不及绘，我随身带去。

祝身体健康

学生　大顺

81. 4. 24

郭大顺—苏秉琦（1981.9.27）

苏先生：您好。

这次在承德看到您精神较好，我们都很高兴，可惜没来得及去朝阳，力争明年补吧。

您今年关于大甸子的两次谈话，我根据记录整理了一下，请您过目，我们想连您80年在承德那次谈话（今年6月份您已改过）一起打印，供我们今后整理大甸子时随时学习。同时，也想送各有关领导，使他们了解一下进度，好支持我们今后工作。此事已征得观民同志同意。另我八月份在承德交给您的那份北大专题讲座整理记录，如已改好，能否一并寄来，好一起打印，可交给徐光冀他们代办，又怕他们太忙一拖就过年了。

我九月五号由张家口直接返沈，在京未停留，九月十四日就赶到赤峰。大南沟（即石棚山）墓地的编写工作进展还算顺利，那个粗线条的提纲大家一致通过，并分了工，我同苏赫同志写结语。在几个大问题上基本取得一致看法，今冬明春为分工编写期间，明年二月底各带着初稿、图、照片再聚一次，修改后复印，主要送您审阅。

对这块墓地，我们主要根据您的意见，统一了如下意见。

1. 先分三区，区与区不是先后关系，而是各埋各的。C区是否再分两区，以后再同您商议。

2. 以揭露较完整的B区为重点解剖，说明分布情况：

①（山坡）上早下晚的趋势，行间排列是$\begin{matrix}1\\2\\3\\4\end{matrix}$不是$\begin{matrix}1&2\\3&4\\5&6\end{matrix}$。

②每行头早尾晚的趋势。

③行与行间的关系，有前一行的尾晚于次一行头的一例，可证不是只有一个头依次埋的，而是有两个头或几个头，次一行的头应晚于前一行的头，但到底有几个头，这次可能说不清了。

3. 以分布为主，陶器分类排队，排选标本。只有个别有些矛盾，绝大多数“既是逻辑的，又是历史的”。

4. 把重点放在认识墓地本身和全面客观报道材料上。

在赤峰临走那天正好刘观民到，他转达您的关心：说您已同文物出版社联系，这对我们当然是一个鼓舞和促进。但由于参加编写人多（7人），各怀心腹事，以上商议结果能否全部实现，没有把握，到时如不能如愿，还得向您求援。十一月份李恭笃（他负责小件）、王建国（他负责绘图和资料部分）带部分小件标本去京，鉴定骨料种属，求教细石器画法，也想找您听取意见，到时请您再给他们鼓鼓劲。

十一月杭州学会我馆拟派孙守道同志参加，他报了一篇《辽河流域远古文明兼论龙的起源》，以昭盟、朝阳那几批玉器为主，重新认识红山文化，并发挥一下“龙”，这是他多年积累，只是缺少公开报道的成批材料。他拉我同他合写，这些天正在赶，到时如馆里同意我也想去一趟。

祝身体健康，问苏师母好

学生　大顺

81.9.27

在昭盟文物站又看到收集的一种玉“虎”，雕技与以前的相同（见草图），大概也是红山的。大家开玩笑说：这次青龙白虎都全了。新出的三件铜器不晚于安阳早期，地点在翁牛特旗乌丹镇东南十公里，那里下层遗址已稀少或不见。我看这批铜器不属于下层文化，照片以后给您。

附：苏秉琦先生关于大甸子墓地整理的两次谈话

苏秉琦先生关于大甸子墓地整理工作，今年有两次谈话，一次是1981年6月2日上午在北京考古研究所，一次是1981年8月下旬在承德避暑沟考古所工作站。现将这两次谈话综合整理如下。

今年的整理从分块入手是对的。

关于墓地分区，这些年都在考虑。滕县岗上村墓不多，但排列是有顺序的。大汶口从发表的图看，一部分还是有次序的。西夏侯是先从遗址做起，分两个文化层，下层陶器以红色为主，壶长颈，属大汶口早期；下层以黑陶为主。以遗址的上下层为线索，在挖墓时注意墓的开口，分别在上、下层开口，这样就有了两个平面图，上、下层墓基本不打破。虽然缺少总的平面图，还是可以看出，墓的排列是有次序的 1.2 3.4 5.6，男女交错。琉璃河也有这种 左右 左右 的顺序，而且是一组一组的。周原和 X 县北吕（?）墓都是分好几片，在一个大范围内分好几片，同地势有关，每一片都是顺所在地势依次埋的，情况类似昭盟石棚山。大概大的墓地多是分几块，按地势、墓的方向有所不同。墓地分小组，小组内有顺序。西夏侯每组有先后，但时间不长。周原每块时间长，空间和时间顺序是一致的。元君庙几十个墓排出顺序，那是第一次，最先发现东北角早，西南晚，但中间有早有晚，好像有规律，又一时找不出来，最后拖了三年，才找出甲、乙两组。大汶口也有排列顺序，大甸子也有了这种线索。遗址可以分层，墓地也肯定可以找出早晚排列顺序来。把全部材料都说成是一期去写，也不是不可以，但搞深了，材料价值就高得多。

分块之后要做的工作，是在块之内再分条，找头尾，回头再来检验开始分的块块是否合适。

如何分条，抓特征明显的，即较容易的，又有一定数量，即有一定代表的器类，看它的发展序列，有无头尾变化。

排的时候要注意，抓器物发展变化的规律，抓倾向，而不是孤立地一个一个地看。这正是列宁所说，运动是事物的本质。事物的质不是“这个”“那个”，而是变化规律本身。这样考虑问题，就可以排除各种干扰，不被个别的、孤立的现象（有时是反常现象）所迷糊。这样所找出的器物排列的序列，既是符合逻辑的，又是符合历史发展的，这两者相吻合，规律就找出来了。

同时考虑器物组合关系、花纹，要注意三种鬲（A 型鬲、B 型鬲、C 型鬲）的对应变化。尤其是要从墓的分布来检验。

在排队时还要注意，往往是从第一种作法到了第二种作法，可第一种作法依然存在。也就是说，一种陶器作法的出现时间和存在时间并不一致，我们是要从中找出墓的时代，就得善于把它们区分开。

今年排的初步结果：

从A型鬲排的情况看，西部墓地大约可分为上下两层，西部墓地大约可分为上下两段，726区（即下段）的上部界限清楚，下部靠近壕沟的一排墓是这一区晚的，不是另一区。但这一排还不是整个墓地最晚的，大概这一区是从上到下依次埋，埋到壕沟界，另外找地方去了。

从西往东排，从上往下排，是这个墓地总的趋势。

关于三种鬲的时间关系，大约A型鬲出现最早，B型鬲次之，C型鬲最晚出现。

鬶和爵杯（角）可以分为两个系列。

第一个系列是带嘴的角，它的序列是：M915—M713—M612。变化趋势是，嘴的弧度由直到有弧度，嘴与腹相接处由窄到宽，总的趋向是倒水（酒）越趋合理。相应的鬶的变化主要在“流”，成形、使倒水不散而成流的趋势发展。

第二个系列是不带嘴的爵杯，它的序列是：M931—M677和M672—M706和M818—M853和M666—M726。其间变化可以从三个方面观察。

1. 制作技术的进步，鋬、足注意加固，表现于鋬由大到小，鋬端渐宽，与腹部交接越趋牢固。足的变化是：是根渐宽，足尖越光，足体渐轻。整个器体向轻型化发展。

2. 实用：表现于流和器身所形成的弧线，使倒水（酒）越趋流畅。

3. 造型：表现于流口弧线：M931流口弧线起伏大，M677和M672流口弧线起伏小，M706和M818为双流，M853和M666为单流，到M726又同M931接近。

头尾相近，但不是重复，是走完一个过程，经过若干试验后的进步。最后到M726爵，各方面都趋于完善。但又不是这种器类演变的全过程，M931之前有“源”，M726之后有“流”。

鬶爵的两个系列跨越的时间都相当长，等于墓地的一大段，即中段。两个系列跨的时间相当，头尾相似，相应的彩绘也以这一层最丰富。

关于大甸子整理工作进度：不要一口吃完，这样的成批材料几十年不容易遇到，不吃透到一定程度就发表出去，实际是毁了材料。因为别人只能依据你发表的材料，不可能再去看全部实物。可以再放一放，消化消化，今年先交今年的卷，要多年的整理结果。也要等一等周围地区有关的工作成果，以便相互比较。如这种文化的前身，在朝阳地区还是不是有线索？张家口的有关材料也要注意一下。

1981.9.20 于赤峰

郭大顺—苏秉琦（1982.9.5）

苏先生：您好。

听说您未去山东，这样也好，不然您会显得疲劳。

我终于摆脱了馆内一切事务，于9月3日到承，可望在这里待到十一。关于大甸子整理，同观民、晋祥初步交换意见，想先把去年分块的成果回忆一下、巩固一下，检验检验，然后根据您去年排的结果和路子，把有的块的界限和块内早晚排一排，但能否在去年基础上有所推进，心中无数。

您对今年大甸子整理有何想法，能否再给我们点具体指示。已托相龙找您，他不久也来承德。

您在三官（关）会议上讲话，谈燕文化背景，重点谈红山到夏家店下层文化，多次点到朝阳地区，是否可以这样理解：从红山到夏家店下层期间，“承河流域”也是个熔炉，所以在文化和社会发展阶段上，这里比周围地区要高。夏家店下层文化以后，中心转移到燕山以南，这里仍然是根据地，所以尽管不如以前繁荣，但仍出现大批青铜重器。我想用这种想法（可能表达不够确切）作指导，分析这一地区的材料，认识这里的文化发展规律和文化关系，特别是同中原文化的关系，可能比过去要清楚些。您看是否可以这样认识。

东山嘴遗址已按您的意见，派人去作模型，现场保护经费困难，正在设法打通文物局请他们支援。您有何进一步想法，也望告知。

祝身体健康

学生 大顺

82.9.5

郭大顺—苏秉琦（1983.5.4）①

苏秉琦—郭大顺（1983.5.29）②

大顺同志：

你好！五月四日来信及时收到。郑州学会年会你没去参加，很遗憾！我是7日动身，17日闭幕后又出席一段世界古代史会，还去登封告成工作站看了两天标本，游览了少林寺、中岳庙等名胜地。计在学会闭幕式讲话一次，在世界史会报告一次，在告成看了“王城岗”和瓦店标本，见到许多朋友，获教不少。杨馆长来过一次，只同徐光冀谈过，可能是他活动忙，没来找我一谈。我于23日晨返北京，从头到尾有殷玮璋同志陪我。

游览中岳庙给我启发很大。真佩服当年人们选择这一地点，确

① 家藏未见此信。郭大顺先生回忆有此信，存目待寻补。

② 郭大顺先生提供信件录文。

非偶然。总的环境风貌是四周环山，北面嵩山高耸，中间有颍水从西向东。庙位置坐北向南，庙后是高高在上的一座方亭式建筑，庙前是长甬道通双阙。你想，这多么和“东山嘴”位置、地形、地貌相似！虽然我还没亲眼看到“东山嘴”，它的南方不正是燕山高峰，北面是大凌河吗，只是同“中岳庙”方向相反而已。

朝阳小型会议，你考虑得很仔细，我都赞成。下面我再补充一些我的想法，希你参考，最后由你与你馆领导具体决定就是了。

会议名称：辽宁朝阳地区考古小型座谈会。

主办单位：辽宁省博物馆或工作队均可。

座谈内容：

（一）朝阳地区喀左、东山嘴遗址及其附近有关遗址工作的学术评价，以及在实际工作和涉及遗迹保护等问题。

（二）朝阳地区考古工作与燕山南北其他有关地区考古工作情况交流。

邀请参加人员：

1）殷玮璋、苏秉琦（通知寄北京考古所本人）

2）刘观民、徐光冀、刘晋祥、杨虎（通知寄承德本人）

3）严文明、俞伟超、吕遵谔、李仰松（通知寄北大历史系本人）

4）李经汉、韩嘉谷（通知寄天津文物工作队本人）

5）郑绍宗、孔哲生（河北石家庄文化局考古所本人）

6）黄景略（北京文化部文物局文物处本人）

7）文物出版社（寄单位）

8）张忠培（长春，吉林大学历史系本人）

9）苏赫（内蒙昭盟）、李逸友（内蒙文物工作队寄本人）

以上估计不超过20人。

会期：7月上旬较合适，会期主要活动可订五日。

日程：按你想法大致安排一下。

至于凡是你认为与工作直接有关领导同志，当然应请予以指导。如去年本没想请的河北省、文物局同志，不是还主动来参加了吗，想来是会得到他们支持的。

另外，徐光冀同志对我讲，你交《考古》的有关辽河流域新石器文化的综合文章，他们想用，但1）认为刊物每篇字数容量，希能减至一万字以内；2）文中涉及他人曾提出过的学术论点应加注。你考虑斟酌办理吧！此致

敬礼！

苏秉琦

1983.5.29

郭大顺—苏秉琦（1983.7.16）

苏先生：

通知已按您指定邀请人员全部发出，由于朝阳地区博物馆和我们队里同志的积极性，会前准备工作正在顺利进行。

初步日程安排：

25日　上午看东山嘴现场，下午看东山嘴文物和县馆藏文物。

26日　上午座谈会开始，主客方致词后介绍东山嘴遗址发掘情况。

下午座谈，内容以东山嘴遗址的学术评价和保护措施为主，当天返朝阳。

27日　上午简要介绍朝阳考古工作情况后，即看标本。

28、29日　看标本座谈，会议结束。

到时根据具体情况，可顺延。

您除即席讲话外，安排两次讲话：东山嘴一次、朝阳地区考古工作总结一次。这样安排是否合适，也许座谈并在一起更好？宗旨是不必太紧，要开得轻松些。

现在问题是我们初步理了一下材料，战国以前可看的地点近

20个，成组器有一些，就是不够集中，完整器少，分段也粗。我们是尽量拿出来让大家看，但也只好如此了。

总之，一切已经顺利，请先生放心，不必为各种关系多虑，更不必为我担忧。只是我身不由己，也想保存点实力，这次就不到北京接您了。

从北京上车后好好休息，第二天从锦州到喀左还得坐四个多小时火车，近一个小时汽车。

预祝您这次出关一路心身愉快！

也请师母放心，我们会很好照顾的。

恭候您和大家光临

学生　大顺

83. 7. 16

郭大顺—苏秉琦（1983.9.10）[①]

苏秉琦—郭大顺（1983.9.29）[②]

大顺同志：

你好！方、张两位同志已来过，面谈一次，谈了不少，但因事前没有思想准备，谈得没系统，泛泛交换意见就是了（今天又细谈一次，29日）。

你来信提到的几项具体问题，简答如下。

---

① 家藏未见此信。郭大顺先生回忆应有此信，信的内容大体为“寄朝阳会议纪要、谈东山嘴遗址的文物组稿、水泉遗址发掘成果和单位协作”。存目待寻补。

② 郭大顺先生提供信件录文。

你寄来的那篇《纪要》（九月十日左右），我通电话问杨瑾，她说太简略，希望把我的“讲话”一并发表才好。我们考虑了一下，觉得也无不可，就把你的整理稿文字稍加些工，另换题目为“燕山南北地区考古——一九八三年七月二十九日在辽宁朝阳召开专题座谈会上的讲话”。这样写的意思：一是把“燕山南北地区考古”作为一个“学科分支”看待；二是又像个论文题目。借此把这个“牌子”亮出去，使同行学者心目中知道还有这么一回事，下些“毛毛雨”。这与随便把一些新发现地点、材料匆匆给定个什么考古文化，意义是不一样的。这道理在《讲话》中已发挥了。现在《文物》已决定把这两文（《纪要》与《讲话》）一起收在1983年12期发表，把一些“夏文化”稿子挤到1984年发表了。这也反映“出版社”同志们对我们这一项学术工作、活动的支持，就算是如你谈到的他们出于“好放长线钓大鱼”的“策略”也罢，总归对推动事业、学科的发展还是有利的，你说是吗？

你信中谈到，他们提出过希望“先发简报”，我没听说过。我看你信后倒想起，这处“遗存”（东山嘴）过去还没有在学术刊物上发表介绍过。这次如果没有一些“简介”性质的短文，或一二张照片或标示出它的地理环境面貌的图或照片，确也是个缺点。请你们考虑如何处理，我想《文物》编辑不会有什么意见。请斟酌！

你给《文物》寄照片事我没听说，如果是给童明康为我的《文集》用的，那就由他们决定好了。大概不是为给月刊上用的吧？

“水泉”遗址清底工作值得做，也必须做。如果北大毕业班同学有一些作为毕业实习，算用些材料写个实习报告或论文改作为“作业”，又可作为写报告人的参考，是两利之事。我将找机会与严文明、吕遵谔同志谈一下。正式报告没问题，应由主持工作同志负责。

你谈到“协作”，我意你基本理解，我不多讲。我的中心思想是，我们在一个共同的学术大课题下开展工作，交流经验，讨论学术问题，而且是涉及当代本学科发展方向、道路、方法等大问题，这是第一位的。其他过去在单位间、地方间为了工作发生过的一些不愉快的摩擦，不应再成为我们之间的发展密切关系的障碍。在此，我就不多讲了。

你对那几片“陶片”做的比较分析很有意思。总之，愿你今后更多在“地层”、器物细部的类型分析方面花些力气。

你给我的十份《讲话》稿即分给参加过会的同志们，其他你酌办。

朝阳地区愿为这次会出一个专集，我没意见。我意：有意义的事也要尽量少花些钱。

1981 年我那篇书面意见是针对：（1）1979 年由国务院新发的文物局上报关于开放“文物市场”文件中，要全国文物单位提供货源，博物馆藏品三级（包括三级）以下都可以卖而发的。现在主要问题已是孙铁青局长继任人选问题了，情况微妙。“文物商店”发展到今天，一是问题既严重，又复杂。总的情况是：今天已有了“国家文物委员会”，此类大事，不通过它是不行的。一下子刹住车，也不易。我那篇发言分发过，那份等我找到给你参考，时效也不在了。专此

敬礼！祝工作顺利！

苏秉琦

1983. 9. 29

郭大顺—苏秉琦（1983 年 9—11 月）[①]

① 家藏未见此信。郭大顺先生回忆此间应有 4 封信，即苏秉琦—郭大顺（1983. 12. 16）信中提到的 4 封，列此存目待寻补。

苏秉琦—郭大顺（1983.12.16）①

大顺同志：

你好！从承德回京后接你24/9、16/10、9/11、26/11共四封信及附件：“东山嘴简介”稿，牛河梁“神庙”出神像照片、地图等。

现在我先谈些已成事实的事。十二月《文物》刊出朝阳会《纪要》和我的《讲话》。“简介”，杨同志意见“嫌分量轻”，希望我征求你们意见，要“简报”列入1984年计划。我意可以答应，先发简报，正式报告不急。但简报既是简报，要特别注意掌握分寸，又要有一定分量（指在学术上定调子，不要偏高，要偏低，这样才更有分量）。按简报篇幅有五六千字、七八千字足够。图版一、二版，器物十来件足矣；还有，工作还差些，石砌范围要一定弄清，弄到边；石砌在“类居住址”部分要有剖面图。“筒形彩陶器”你们要仔细看看，两端有无摩擦痕，有无当“鼓”使用可能性？（细量一下记录，出土时附近土中有无“鼓面”物质痕迹？）

结合现在发现诸线索，我们应对这三县交界范围内出的几件事：“祭坛”（东山嘴）、商周青铜器窖藏坑（六处）、牛河梁积石冢、“神庙”要联系一起。同时，每一现象都不应以它自身当作它的范围，应把它们之间——现在看来还没发现什么线索的“白地”都是重要范围。而且，在此范围之外附近有无较重要遗址、墓地？要把问题提到上下几千年，这个地区的社会、民族文化史角度，不能就事论事，挖出什么讨论什么，必须先有个大问题放在心里。所以，对这里的发现，正式的报道，不要一个一个地议论一通，客观地报道一些可以，宁可压一压，万不可抢着发消息造舆论。对内我

① 郭大顺先生提供信件录文。

们并不保密，也不宣传；对外，我们可万不要轻易宣传。不然，给我们造成麻烦、被动。

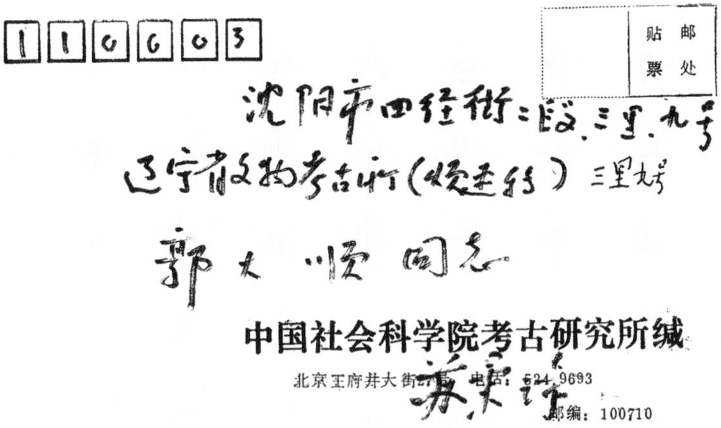

苏秉琦先生致郭大顺先生信封（未使用）

今后朝阳地区的考古，要考虑整体，要一元化，你要抓，要帮助地方同志，要发挥他们的积极性，但决不可以各自为政。总之，辽宁省地县都有些能做工作的同志，注意：不可乱了套，要以某些省份的一级一级都可以自己愿怎搞怎搞的这种无政府主义现象为戒！田野工作要注意准备充分，要多谋善断，要按《文物保护法》程序办事。

为此，我把我最近为山东省考古所写的一份以我个人名义的“倡议”复印本，供你参考。可以考虑，辽宁是否可以在朝阳建起一个“实验站”，可以朝阳博物馆为主，但它又是有相对独立性的（计划、经费、负责人），具体的我就不再多谈了。记住一点，任何学术事业没有带头人是不行的，而带头人还要有几种类型的人的配合。

你要的我1981年在文物局散给咨询委员的那份文件复印件寄去。此事是自1979年以来的历史问题，也是现实问题，也不能说与现在清污染、整党无关。但是，我们现在要把主要精力放在不失

时机地、稳扎稳打地开展我们的考古工作，“向钱看”的歪风必须刹住，但也要有个过程。暂谈这些。问

好

苏秉琦

1983. 12. 16

郭大顺—苏秉琦（1984.1）[①]

苏先生：您好。信和材料都收到。

先给您拜个早年，预祝我们的事业和课题，在您的率领下，八四年有新跃进。

牛河梁野外彩照已洗出，选几张颜色还好的寄您，说明见照片背面。

东山嘴发简报事，我已按您意见复《文物》。明年春再彻底找找边，“鼓”的想法，因发现多，就没多往这方面考虑，经您提醒，我们再仔细观察吧（李仰松先生从大连、丹东过沈，看了这批材料）。

牛河梁在12月25日《辽宁日报》发了几行消息，是《朝阳日报》驻凌源记者到现场后发给《辽宁日报》的，《辽宁日报》发时经我们改过，新华社是一个月后才打电话问我们，发的简单，不显著，有意压低调子，不会引起多大注意。现在正有不少人对她的时代表示怀疑呢，按您的意见，就到此为止。

我们现在集中考虑的问题是明年的发掘，如何组织，如何下手，因这个遗迹尽管地层单纯，但要恢复原貌（包括殿址本身和神像）难度很大，孙守道天天在琢磨。看来这里就是您在蔚县会上要求我们长期蹲住的点了（我们自己开玩笑说，这大概就是五

---

① 郭大顺先生提供信件录文。

千年前的北京吧，东山嘴是“天坛”，神殿是“宗”“社”类，积石冢算是十三陵，就缺三大殿了)。我们也想如您所说，在围绕三县交界的一大圈，再做详细调查，一条沟叉、一个山头地调查。过去只注意容易发现的夏家店下层了，从这次牛河梁的发现看，地表除极少零星红陶片外，无任何迹象，其实十公分下就是红烧土，但所处地形很有特点。我们开始确有点头脑发热，很快就冷静下来。如您所说，越是重要，越要小心谨慎，把问题考虑在前面。

与此有关，12 月中旬借锦州市召开文物管理委员会机会，我和孙守道走了锦州地区西三县，即靠河北的绥中、兴城、锦西，很有收获。主要是在绥中万家公社墙子里传说“姜女坟”(“坟”是海中三块礁石）对岸、靠海边十余米，发现一个大夯土台，每边 60 余米，台高在 5 米以上。地表灰瓦甚多，采集到两件巨型瓦当残块，尺寸约同骊山始皇陵所出（已报道两件)，一件上尚可看出高浮雕双层花纹的一角，也是始皇陵那种“夔纹”花纹风格。还采集到饰菱纹铺地砖，与咸阳建筑址所出亦近，并也发现大板瓦上戳印 3 个，也见“千秋万岁”瓦当，但不会晚于汉初。我们初断为以秦为主体的高等级建筑址，从地理位置（距山海关 10 公里）和正对海中三块耸立礁石看（见图)，我们怀疑这里可能同秦始皇东巡碣石山刻石观海的事件有关。因海军水上司令部已在此划上线修公路，要打在夯土台上，正好被我们赶上，已联系制止改道，但也是明年抢救的问题。我想我们的大课题如以秦统一前为一个界限，那么它的小结看来也已经露头了，而且也不是一个小头。

在绥中还看了一段明长城，其险要不下于八达岭，就是缺关口，但山上绿化好，是省管的前所果园，规模在亚洲数一、二。附近有明末崇祯初年蓟辽总兵朱梅墓，石刻（华表、石狮、牌坊、石人、马……功德碑，长 250 米）保存完好，交通也较方便（秦皇岛市每天三班车到该公社)，加上沿路几座明代城堡，这实际同山海关是一个体系。

再就是兴城海滨，因有温泉，北京各单位已在此建疗养院二十余个，由于总体规划跟不上，名胜古迹也有被改变原貌的危险。我们想文物部门应在海滨设一个“钉子”，正好这里有张作霖别墅，内有温泉第一穴，现为沈阳铁路局疗养占用，县里不准他们改变原貌，使用率不高。县长建议可以保护文物为名把张宅买过来，大约50万元即可。我们想，如文物局有兴趣，可以试试，疗养和保护文物兼顾。市里同志说，如明年朝阳再开会，会后想请您和文物局谢辰生、陈滋德、黄景略等同志到锦州一游。可在兴城休息些时，至少到“姜女坟”看看，然后送到山海关回京，目的当然同要钱有关，如能实现，也是件好事。

您关于建立“实验站”的倡议，是给学科打基础的基本建设。在承德听您讲过一些，所以还能理解其深远意义。我将把精神先透露给朝阳博物馆，争取列入明年计划，着手筹建。另，我们准备明年给各县都拨点专款，把普查实物标本上架长期保存。

读了您的“文件”，觉得很有现实意义。我一到厅，对文物涉外就明确表态，他们也有所收敛。看了您的信件，觉得在这件事情上，至少个人观点要鲜明，态度要坚决。还是能取得其他领导支持的。祝

安康

学生

大顺

1984年元月

附　给《文物》月刊编辑部的信

《文物》月刊编辑部：

11月21日信收到。东山嘴遗址因尚留一点收尾工作，全面材料也待整理，似以先发简报为妥。已征求苏先生意见：先发简报，正式报告不急，篇幅五—八千字足够，图版一、二版，器物十来件。我们准备按先生意见，力争明年上半年交稿。

“魏营子”已有一篇一万字综合文章，已被张忠培约在《区系类型文集》上用，听说也是文物出版社组稿，但未见进一步消息，

只好等一段时间再定。

现在我们关心的是，1983 年 4 月曾应贵刊之约寄去有关红山文化玉器的一组四篇稿子，一直未有回音。9 月我馆方殿春等同志去京办事，才得知并未寄丢，并说已定稿，因“材料重要”，已安排在 1984 年 1 期发。前不久又在《光明日报》看到广告，我们就一直在等校样，但至今未见音讯，不知何故。

你们关于在苏先生“燕山南北考古”这一课题提出后，陆续发表有关材料的建议，我们是全力支持的。其实在朝阳会上，除东山嘴外，红山玉器是大家最感兴趣的。会后，我们又在建平凌源交界处的牛河梁找到多处墓地，以及神庙、女神像等，这类玉器的出土，已是常事。我们那组稿子反映前一阶段的发现和研究成果，正是朝阳会报道后，与学术界见面的第一组有关材料。为此，我们请求把玉器稿处理结果给我们一个明确及时的答复。致

礼

郭大顺

84.1

郭大顺—苏秉琦（1984.4.3）

苏先生：

一月份寄来的款收到。我总想，如果我每年能有一段时间同您在一起，随时记录和整理您的谈话，也许比我现在的工作更有意义。这当然只能是空想，实际上连成都这样的专业会，我都没机会参加。

听老孙介绍了会议情况。今年的各个发掘点已都着手准备。我想重点抓牛河梁和姜女坟。今年您如再来朝阳，是否还可采取去年形式，时间由您定，也可在别处开例会后（如敖汉），转道牛河梁。尤其是今年很需要在挖到一定程度时，请大家来“会诊”。加上这个发现的重要性，如果您能牵头，今年的会会开得更有特点。

我们已决定请您作我们这次发掘到编写报告的总顾问了。

今年争取把谢辰生同志也请来。牛河梁发掘和保护还需向文物局请一笔款。我省今年文物发掘费只二万六千元。您若见到老黄，请先向他打个招呼。

寄去“大南沟一号墓地平面图”。这个稿子目前我感觉到的问题：

夹砂筒形罐的分型、分式是否可以；

以墓葬分布为前提，找出分型式的规律，再反过来确定墓葬排列的先后，这种逻辑是否合理；

器物型、式及组合的比较，同墓葬分布的结合，那种论证是否可以。

祝

安康

学生　大顺

84. 4. 3

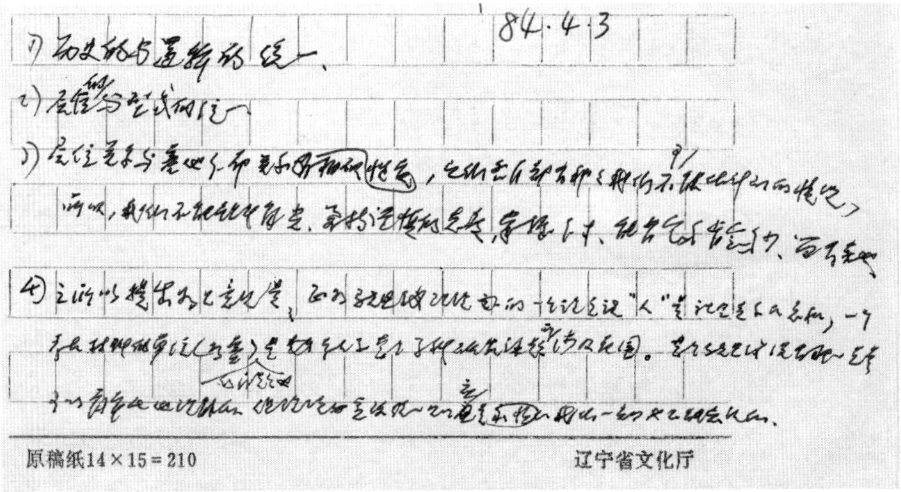
84.4.3
1) 历史的与逻辑的统一、
2) 层位的与型式的统一
原稿纸14×15=210　辽宁省文化厅

［编者注］苏秉琦先生在信后空白处写道：

（1）历史的与逻辑的统一

（2）层位的与型式的统一

(3) 层位关系与墓地分布关系性质相似，他们各自都有种种我们不可能估计到的情况，所以我们不能钻牛角尖，要持谨慎的态度，掌握分寸，能肯定多少就肯定多少，留有余地。

(4) 之所以提出以上意见是：正如马克思主义理论的一个论点说，“人”是社会关系的总和，一个考古材料的单位（如墓）的问题，也是考古学整个学科研究课题所涉及范围。整个马克思主义没有哪一点是可以简单化地理解的，但理论与实践统一则应是我们一刻也不能忘记的。

郭大顺—苏秉琦（1984.6.23）[①]

苏秉琦—郭大顺（1984.7.7）[②]

大顺同志：

23/6 信早收到。辛占山来过我这，朝阳博物馆陈书记和地区文化局于局长也来过我这。

我七、八月计划大致是：12 日左右去承德，到月底月初回京转呼市。如无特别事，想八月内还去承德。

兴城之会，我所大概要光冀去，因为原来他参加讨论过。

本溪博物馆、丹东博物馆联合召开的会，我不准备参加了，天热，怕劳累，吃不消。两地的工作还是重要的。

东山嘴报告稿，座谈（笔谈）稿，与小于约，呼市会期或会前交她即可。我要不要写几句话，看情况，有的谈就谈，实在没什

① 家藏未见此信。郭大顺先生回忆有此信，存目待寻补。

② 郭大顺先生提供信件录文。

么新意，也只好免了。笔谈稿交本人重写，比摘录发言好！

牛河梁、东山嘴、积石冢、喀左商周铜器坑等，我认为应看作一个古遗址群，它们的全貌我们还不清楚，它的重要性我们现在可以肯定是现在所知“海内孤本”。估计年代跨越约6000—3000年间。所以，现在要做长期打算。

第一，在朝阳以博物馆现址为中心逐步搞一中心。具体的做法，是从现在原来该庙址的房屋修缮、装修做起。不改动原貌，又适合作为科研、工作、标本库、展览厅……实用目的。生活用房可以添建一些。

第二，在建平建“站”，可在县所属单位内添建些房作库房、工作室。

第三，所有三县界内已发现遗址、出土文物点统统联系起来，保护现场，研究恢复原来环境风貌，使今人能体验到一些当时社会气氛。

第四，继续在它们附近追寻有关遗迹。

第五，在工作中再研究如何建立正式“遗址博物馆”设想。此事决不应忽视，但又不可仓促。研究过程也是造舆论过程。

黑山头与姜女坟是一回事，此址我们应看作是原来地上古建筑、纪念址，其保留意义可与长城相比。长城可做中华民族象征，此则是统一多民族国家最初形成历史时期标志。现在，我们不宜为了谨慎，考证、考证。自古以来，有多少历史问题当作秀才打笔墨官司材料，重要问题可要争取时间。

不管怎么说，这处遗址是秦汉间“国家级”的纪念建筑物。所以，此处首先不是我们考古发掘对象，而像地上古建一样，是现状保存问题，如何传之子孙万代。现在也不是研究它们的“科学复原”问题，而是如何尽量保持它们的环境风貌。至于造舆论，我想趁这次兴城开会，大家可以议一议，能在报纸报道宣传一下最好！在此搞建设不妥，“责任在肩，当仁不让”！

我想在这次去承德期间能对照大南沟实物，将报告“定稿”，

晋祥从承德回来，山庄已腾出空间放标本，不知你们能否在期间同来。暂谈这些。祝

好！

苏秉琦

1984.7.7

郭大顺—苏秉琦（1984.9）①

苏秉琦—郭大顺（1984.11.9）②

大顺同志：

接到你九月底来信后一个多月过去了。这期间事不少，说明形势发展步伐在加快速度。你没去呼市，也没来参加燕文化会，是遗憾。至于我两次讲话都有草稿，呼市讲话两个半小时，北京讲话一小时多些。呼市伟超录音效果不错，可复制。我已决定 12 日飞杭州，转嘉兴，参加太湖流域六市召开的座谈会，有吴汝祚同行。这个会的召开，从筹备决定，到开会仅三周间隔，算是高效率了。通过开会，如果顺利的话，1985 年即在嘉兴开始，联合进行小型有计划、有目的的专为探索太湖地区从马家浜—良渚—古吴越文化序列、分期、特征性质问题（课题）打开新局面，已不再是设想，而付诸实践了。此举，陈晶起了大作用。

现在我简谈一下辽宁的工作，也即以你为中心的工作。

① 家藏未见此信。郭大顺先生回忆有此信，存目待寻补。

② 郭大顺先生提供信件录文。

先谈一点背景材料。中宣部，由邓立群召集有文物局、考古所（夏）等十来个单位座谈会。开始有邓代表中宣部发言（12点），准备最后综合大家意见，由中宣部再向中央打报告。但我认为，邓的讲话对今后文物工作具指导意义，我们应以积极态度对待，付之行动。下面谈一些我对辽宁工作提些具体设想，供参考。

先把我的具体设想用示意图解如下：

层次一

基地——简易的建筑，但是具工作、教学、科研三结合性质，又具有为下一步建“考古遗址博物馆”打基础，做准备。

层次二

普查基础上做重点勘探，以达到能做出“评价”。

经营（上边，邓的用语）（目的是要把文物工作搞活，有生气，成为现实生活、“四化”建设中不可少的一项事业）。

层次三

保护

具体重点是“考古遗址博物馆”。

现在辽宁可先搞起两个或三个基地：1）牛河梁；2）墙子里；3）金牛山。

此事目前立即可以办起来。有个“四合院”民宅或平房，具备生活、田野工作、室内整理设备条件，有专人常住即可［以就地取材（人）为原则］。希望在1984—1985年间搞起一个、两个或三个。量力而行，至少要有一个办成。

再一项是搞宏观的：1）规划设想；2）具体规划；3）单项设计。此事我建议你们聘杨鸿勋同志做你们这项工作的顾问。工作过程按上述顺序进行；工作项目按前述（牛河梁……）一个课题一个课题地进行。此事也可立即着手。希望84—85年中有个开头。

你就任新职一年来的成绩我很满意。望能趁大好形势，扎实、

积极地发展下去，至盼！顺祝
“一顺百顺”！问候
同志们好！

苏秉琦

1984.11.9

苏秉琦—郭大顺（1985.2.9）[1]

大顺同志：

你好！福建会归来十多天过去了。我们在闽期间照的底片已交薛玉尧同志冲印放，因系彩卷，要交外边做，准备凡是参加同志们都每人寄一份，留纪念。

回来后做了两件事，与你有关，特转告，并同你商量，征求意见。

（一）是“论集”稿已经过我们几人（俞、张、黄、童和我）碰头，“名称”拟订为《考古学文化论集》，用我名义主编，文物出版社出版，注明“84年”，出版社已指定小童为“责任编辑”。文稿已正式交出版社，进入编辑加工过程，争取85—86年间出。下一期年内集稿，由伟超负责联系，准备注明“85年”，以后每年能有一本，不计文章、字数多寡，每本有些重点文章。希望在80年代内（89年前），能在全国范围六个或七、八个“大块块”都有些重点工作为骨干的论著。时代在前进，步伐要加快，这是我们的希望！

为此，会谈时还谈到两点：一是我们收文作者今后要着重提携第三梯队；二是想由出版社牵头搞个“讲座”作为交流信息、“沙龙”式的自由学术活动，名称或径用“考古学文化讲座”，这样目

---

① 郭大顺先生提供信件录文。

的性更明确。

（二）是伟超倡议，把他指导的五位研究生论文合在一起，加上他一篇文章（想把原放在《考古学文化论集》的《类型学》抽出，放在这里，把另一篇新写的《层位学》填补），再加上我依福州讲话稿改写的成文，拟采用《考古类型学的理论与实践论集》，交文物出版社，大致可与“84”年《论集》平行出书。

他这倡议意图有二：一是为研究生论文有共性，在方法论上以类型学为主，从新石器—早期铁器时代，包括范围有湖南、湖北、甘、青、鲁、豫等；二是代表第三梯队一部分新生力量。这样做的好处是比分散发表“旗帜”更鲜明，影响较大，不影响前一“论集”，是以“考古学文化”明确提出我们不再把考古学研究对象笼统指“实物”而是“考古学文化”。就是通过“考古学文化”所反映的社会，或人们共同体来复原历史这个基本概念。两种提法不同，是个理论问题，要讲清楚，需做专题讨论，这里不多谈了。

对伟超倡议（也是他同小童等几位同龄人一起商量过的），我表示赞赏。因此，我想把我在闽讲话稿中这一部分加以发挥成文。例子则想用“大南沟”材料，比我原讲话举例要系统、具体，比用其他例子有多方面好处。因此，我又想，你可考虑把你主持编写的“大南沟”报告之外，另成一篇论文（实质上即把原报告中图版，分墓插图压缩），既不必另起炉灶，又不妨碍“报告”单独成书发表。把你这篇“论文”一起放在此“集”。这样，等于以我、你、伟超三篇领头，与五研究生“论文”一起，就有相当分量，鲜明特色了。你意如何？否则，我想用“大南沟”材料举例就不要了。

如果你赞同或有什么其他想法，可以写出来，连同此信一起复印几份分送我、忠培、伟超、小童几人，请考虑！专此

握手

苏秉琦

1985. 2. 9

“学会”已订于2月27日、28日报到，3月1日开会，地点：北大勺园，你能参加最好。又及。

郭大顺—苏秉琦（1985.2—3）①

苏秉琦—郭大顺（1985.3.6）②

大顺同志：

你好！

你寄回给我的复印件和信收到，很高兴。至于我拟采用大南沟标本作为例证事，先同我开列标本清单请你代为准备自然很好。不过，我考虑如果我们能找一个共同方便的时间，一起再摸一遍实物可能还会有些新的发现。此事请你考虑，看“凌源—建平”新建工作站几时能有较为适当的工作条件和生活条件，就是说，能达到类似我们在避暑山庄的样子，就好了。

不论如何，你如方便，就希望先给我准备一份材料，具体要求如下。

（1）大南沟墓坑位平面图（草图或正式图复印件）。

（2）三排典型墓器物图：①出盆、尊；②出彩绘从“鳞纹—重三角纹—雷纹”盆—尊；③出筒形罐“从五节—四节—三节”序列）。

（3）出斧、锛共生墓从早—晚序列图。

（4）单人—双人墓平面图。

学会下次年会，由理事会通过于1986年9月份内在辽宁沈阳

① 家藏未见此信。郭大顺先生回忆有此信，存目待寻补。

② 郭大顺先生提供信件录文。

召开，主题是我国东北地区（广义的范围）考古。会期一周。

据徐秉琨同志讲，你在电话中有意想时间推后一些，可以准备条件好些（大致指你博物馆房屋、陈列、现场参观、工作以及论文准备等）。我们认为这顾虑大可不必。

1. 会议在辽宁开，主要是“借地代办”性质，一切会务由学会秘书处负责；地方出面办些具体事务工作。有五次会议经验，徐光冀、殷玮璋等都是熟手。

2. 目前立即要做的事，是先由中国社会科学院给省宣传部具公函，另给省馆或文化厅公函。到时你即拿公函到省宣传部、省委、省政府联系、汇报，指定专人负责与考古所学会秘书处联系处理一切筹备事宜。

3. 此次在京开会预算约 2 万 5 千元，你们可据当时当地情况考虑草估下届会预算数字。会期具体进一步确定，以便早做安排有关筹备工作。

4. 会议人数大致仍照这次规模，正式代表约 120 人。列席代表约 30 人，由秘书处掌握 20 个名额，由你处掌握 10 个名额。一般只出席听会，不管食宿人数不做硬性规定。

5. 省方只承担与省内有关单位、领导人临时约请联系。至于省方为会议提供条件，按会议日期大约仍以一周为限，参观只有一天时间，只能就近，当日来回。估计省馆陈列、市内文物点外，外地不必考虑（七天会期很紧）。晚会属学术或娱乐性质也不能占满，须留出一、二个晚上交流经验等活动。为会员回程买票要有得力专人办理。

6. 省方学术准备，基本上不打乱你们自己计划。我估计在此一年多一些时间内“凌源—建平”积石冢可再做些，譬如做完一处岗邱、写一篇简报，同时写一篇论文；许玉林在宽甸的工作可再写一篇简报，同时写一篇论文。有这两项工作，就相当有分量了。其他，多些更好。女神庙，我看还不到写报告、论文时刻。碣石宫地点，如能组织一天参观，写一份详细新闻报道，包括对它的评价和保护意见，以扩大宣传，自是有益的。朝阳诸位如有部分人去参观，照一般同行规格接待，不必像我们“燕山南北”专题会规格。

总之，在学术准备方面，主要是把馆陈列展览可临时搞好些，不太费力的调整展品，以利于同行讨论学术性问题。遗址现场参观，就近看一些也可。

7. 利用全国性考古会议，有省外庞大专家学者参加同当地省方领导人会面机会，可以有计划、有目的地帮你们做具体工作同志，做些争取领导支持的宣传工作，此事贵在巧妙运用。实质上，也是一项对中央文物局领导的宣传机会。至于一些重要考古工作、发现现场工作、图像材料，在会上放映，也是一好办法，尽量让馆里业务人员大家多想些办法。我看“宣传”比拿出学术论文更重要。真正有分量的论文给学会发表未免可惜。

8. 立刻应办的事是，你考虑组织三几个人的筹备班子，一切由他们与北京学会秘书处联系，商量办。须要你出面的事，你出面就是了。不会给你多少麻烦，不必担心。几个人的人选，你斟酌办好了。你多借此机会找省领导谈会议筹备的事，无形中等于把你自己负责的业务在领导心目中也可增加些分量。

9. 除正式会议期间经费属于学会负担外，在筹备期间，为把会开得好些，需要花的钱，你可考虑向省方申请些专款。

此信是光冀考虑到你们没搞过这样规模的会议，让我特给你写的。专此，问

好！

苏秉琦

1985. 3. 6

郭大顺—苏秉琦（1985.6.29）

苏先生：您好。

因几项工作还都没有头绪，近来一直没能给您去信。

上半年主要抓了文物复查，牛河梁、姜女坟工地至六月份尚未开工，也有意放慢速度，每年掘一点，多消化消化，准备工作也可尽量充分些。前几天我到牛河梁看工地建房进度，已盖好八间宿舍兼工作室，正在装修内部，七月底可住上人，接着还盖库房等。计划八月中旬开始发掘。姜女坟工地七月份开工，主要是钻探，光冀给请的探工。上个月锦州航校以长城赞助名义付费提供航拍，请了韩悦、薛玉尧，但因飞得太高，几个工地拍得都不理想。

大南沟稿还在断断续续写墓地分析部分，已理顺大半，如《文集》催稿，不至措手不及。

我们厅领导有调整，原一、二把手年龄已大，一把手调人大，二把手调省出版总社，两年来我们这个班子团结、合作得都不错，他们对我的工作是支持的。新来的一把手是朝阳市委副书记房果大，1983 年朝阳开会时他参加了，经常谈起您。这次他正在朝阳办交接准备工作，还随我去看了牛河梁。在召集新老班子见面时，省委常委宣传部长沈显惠总结这几年文化成绩和每个人特点，说这两年省内文物考古成绩很大，说我专业兴趣很浓。言外之意是，有对其他工作照顾不周之处，但也有赞许和默许之意。今后可望给我卸掉群众文化等担子，总之形势大好。

晋祥来信说，您有来辽宁度夏的想法，我们很欢迎。这里没有承德那样可长住的理想地点，可稍流动。我们初步想，七月下旬到八月初在兴城找个疗养院小住，顺便可看看姜女坟工地等，然后回京或直接于八月中旬前后去牛河梁，那时发掘可能已经开始，房子也装修好了，又有材料看，就是院子继续施工，乱些，您可多住几天。已让晋祥同您商量，把时间、行程，人员落实，及早告知，以便提前安排。

我可能七月中下旬去京开图书馆会。望保重身体。

学生

大顺

85. 6. 29

郭大顺—苏秉琦（1985.9.17）[1]

苏先生：

您好，是否已搬入新居？

十月兴城聚会事，已同县里打过招呼，只等具体日期定床位。张忠培来信问去兴城路线，说严文明告他10.1到，但严并未正式告诉我，已同严联系，尚未见他回信。

我17日已到牛河梁工地。王孖、白荣金、韩悦等19日到。孙守道因小疾出不来，经厅里同意，暂由我负责一段。与老道商议，挖庙分三步：一、尽量弄清建筑结构，尤其是已倒塌的上部结构，土和木（已炭化），内和外（地面上屋外也应有装饰），四壁和室内陈设，门和窗等等，都已考虑到；二、塑像在建筑中的位置（下部应有未动的部分，不然也是难题）；三、才是塑像本身的修复。今年还有一个多月，估计挖不了多少。现在的问题是不知从何处下手。

建平新出人面铃首匕（匙），为八家农场董家沟所出，最近又收集到鹿（?）首马具（?）一件，县里同志去过说附近见一处夏下、上遗址，可能是墓葬?[2] 我们准备抽空去调查。寄去照片和线图。实物现在我手，见面时带给您看。

您若兴城成行，我们已安排到姜女坟工地，那边勘探已有成果，大概沿着海边有夯土围墙之类，长、宽都已探到百米以上。牛河梁您若有兴，也可先来看看外貌。

去兴城时间定准，到时我去接您。

① 原信未署年。信中提到学报第4期刊登辽河流域新时期的文章应为《考古学报》1985年第4期《以辽河流域为中心的新石器文化》，该信写于1985年。

② 苏秉琦先生在信侧批注：“地点应及早核查清查，采取保护措施。”

祝身体安康

学生

大顺　于牛河梁工地

9. 17

我和马沙写的辽河流域新石器那篇综合文章，《学报》已寄来校样，可能4期发。是1980年稿子，有些观点已过时，也有一般化、简单化的问题，大南沟稿已过一遍，还较满意，争取见面时交您审查。

苏秉琦—郭大顺（1985.10.19）[①]

大顺同志：你们好！

我们三人一行上车后（一下二上铺）顺利到达北京站。有北大同学信立祥、南玉泉二人来接。因时间早，租车顺利，我到家刚六点。几天来，休息、上班，又准备去山西的事了（山西来信说25日将来人接）。简谈几件事。

1. 讲话提纲重看后，补充改动几个字：①页4（一）段末加"换句话说，这个提法（古文化古城古国）是把考古学文化区系类型的理论转化为实践的中心环节"。②页6三行：初步看来同阜新市相似，但缺乏彩陶（原稿误写为锦州市）。③页6倒数第二行"除富河主要分布在西拉木伦河北。47页10第二行"燕文化之谜—若断若续……"

2. 此稿给童明康同志草阅一遍，他建议你把我的讲话录音稿整理后复印一份给他，连同提纲打印件，他拟整理成章，编入《文物三十周年纪念论文集》（我看此事可稍后再研究）（我想去山西还拟就"古文化古城古国"问题联系山西考古实际再谈一次）。

---

① 郭大顺先生提供信件录文。

3. 我们在兴城谈的倡议“北方考古研究所”与辽宁拟议中的成立省考古所是相辅相成的。“北方所”是在吉大原有研究室基础上的发展。如与辽宁协作（仅是协作关系），不是合而为一。对辽宁所的好处是：①避免走老路（不管是社科院的考古所或其他省的考古所），仅仅是一个专业文物考古工作的实体，不摆那套官架子；②起点高，按大学研究所标准要求，实际上提高了辽宁省所地位（把有条件够副研以上的干部吸收到北方所，由吉大聘为兼职），同时为吉大充实力量，此后可以招收研究生、专科生等方面扩大队伍，与地方（省市县）协作开展工作，不在扩大编制上做文章。筹集资金多搞基础建设。搞起一个真正起领导学术研究的、有威信的、高水平的“学术委员会”。搞有真实内容的学术交流会……

以上意见，供你参考。

1. 牛河梁、姜女坟两个点，早些健全工地组织，领导对文保、编写报告、工地详细记录，符合正规的操作，要落实到具体人。你可以兼领，但要有真对田野考古一套有相当经验的人蹲点。我知道这不容易，但非有不可。你考虑！

2. 两工地“摸范围”仍是工作重点（对提出保护范围有必要），“摸遗迹性质线索”是要边做边探讨。

暂写这些。祝

工作顺利

苏秉琦

1985. 10. 19

光冀同志谈到辽宁馆的小方同志（在大甸子工作过一段时间）田野工作能力还可以，请考虑对他可以要求更明确地多负一点责任。又及。21 日补。

喀左、建平、凌源“金三角”和绥中海滩“碣石宫”是辽宁省重要文物点、文化财富，要作长期打算。要从宏观角度看（未知数大），要长期工作，开展科研，要早做规划（甚至可考虑动员搬迁一部分农村住户，原农田只许原状使用，必要时按国家规定可以征用）。此事口头或书面汇报还不够，能请省有关领导亲临现场看看，有些感性认识才好。又及。21 日。

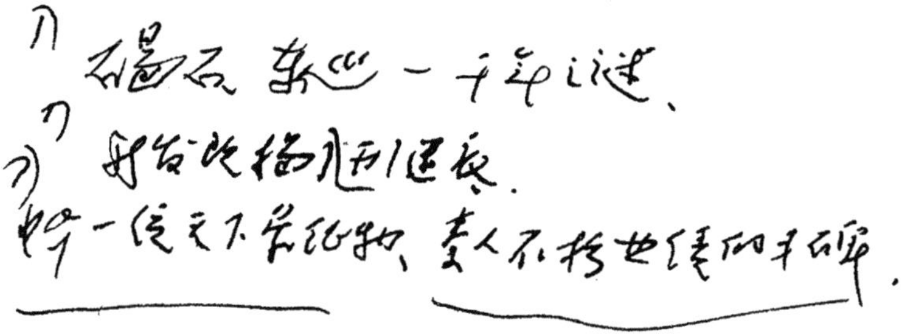
1）碣石 东巡 一 千年之谜、
2）新发现揭开了谜底.
3）中华一统天下象征物、秦人不朽业绩的丰碑.

［编者注］在苏秉琦先生家藏书信中，夹有一张便条（无时间）。写道：

1. 碣石，东巡——千年之谜。
2. 新发现揭开了谜底。
3. 中华一统天下象征物、秦人不朽业绩的丰碑。

郭大顺—苏秉琦（1985.10.19）[①]

苏先生：

《纪要》打出，已寄俞、吕、张、严、文物局文物处、文物出版社、考古所和省内有关人员，还需给谁寄，请告。

回来忙于应付省政府最近对文物表示关心的一些事，包括给省博扩编、建所、文管会办公室增编等，不知能落实几件。

讲话稿过几天整理后寄出。

祝

安康

学生　大顺

10 月 19 日

---

① 郭大顺先生提供信件录文。苏秉琦先生家藏一邮戳为 1985. 10. 23，由郭大顺先生寄给苏秉琦先生书信的空信封，推测与此信有关。

苏秉琦—郭大顺（1985.10.28）[①]

大顺同志：

你好！19日信（邮戳是23日）及附件收到。我给你的信大致与你信同时，谅收到。

《纪要》写得很好，既已发出，看看有关方面如何反应，现在不需要再向更大范围分发。因为这是个敏感的问题，估计各方面、各人会有各种想法，而字面上的提法各人可能从不同角度有不同理解。

此事不期望能在具体化方面有很快的进展。做为“试探气球”也好。要抓紧进行的是：吉大研究生可逐步发展；吉大搞的两个点（河北、山西），辽宁3—4个（绥中、牛河梁、金牛山、东沟），历博（山西），文物局文物处（宜昌、山东兖州），这些“点”都可积极充实内容，积蓄力量。另一方面，燕山南北长城地带的学术活动可以继续。还有，我明天去侯马参加山西所、山西学会召开“晋文化研究”会。这个会的名称无所谓，但精神实质是仿我们的做法，会上我还准备做些工作，期望能得到多方面的理解、赞同。黄景略、谢辰生都要参加。总人数约四十人。近年山西工作是相当不错的，薄弱点是省方领导思想认识。总之，消极因素永远是难免的。一句话，我们寄希望于年青一代，也不放弃自己的责任。

“讲话”及录音稿整理好复印寄我、童明康。

我大约下月十日前可回京。上次去山西是79年，六年过去了，形势在变，会越来越快的。希望你珍惜当前的大好时机！祝

工作顺利！

苏秉琦

1985. 10. 28

---

① 郭大顺先生提供信件录文。

郭大顺—苏秉琦（1985.12.31）①

苏秉琦—郭大顺（1986.1.16）②

大顺如晤：

你好！12 月 31 日信收到。因为所内年度汇报听会，迟日未复，为歉！

11 月间去侯马开晋文化研究会，会上我做一次报告“晋文化问题”。参观陶寺一天，做报告一次。两次报告正由王克林、高玮二同志整理，为阐明晋文化在中国文化中地位，把辽西—三北—晋中、南—关中联成一系，有些新意。如果再把辽东—冀东—胶东联成一片，这样，我们对辽省考古就可有一个整体看法了。有此准备，今年度考古学会中心课题就有了分量。对推动辽省考古工作将会起到积极作用。

《辽海文物研究》我意可用我在兴城讲话稿，比其他方案更“切题”，作为学会前的“铺垫”。

牛河梁、碣石宫两处工地，借此机会加快进行一些基本建设，很有必要。我意，两处重点有所不同。牛河梁着重标本室及工作站的工作、生活设施；碣石宫着重为永久性保护、发展旅游及早创造条件（划范围、规划设想、宣传要点等为中心内容，选适当地点盖些规模不大，但又要求有较高标准、艺术风格的别墅

① 家藏未见此信。郭大顺先生回忆应有此信，存目待寻补。

② 郭大顺先生提供信件录文。苏秉琦先生家藏书信中夹有苏秉琦先生绘制的碣石宫草图 2 张（未署时间），见本信插图。

式的“工作站”用房）（多征地，划范围要有一定依据）（搞规划要注意环境风貌，包括绿化、旅游设施）。总的意思是，从开始，就要有一个历史文化名胜古迹的气派，这是最好的宣传，也是我们今后再不把自己当作“阳春白雪”或“好古成癖”的“酸秀才”臭味的一个开始，又是从正面对当前我国各地把许多重大历史科学价值的文物保护单位搞的一些庸俗不堪，贻笑“洋人”与爱国人士的拙劣作风的批评。“高标准”指的是既实用，又有艺术水平，从外观到内容能给人直观的宣传效果。这两件事都需要有适当人选全力以赴地及早抓起来。要快，要好，要省（不浪费）。

挖积石墓是好主意。今年度杨虎（内蒙队）准备在敖汉旗挖同类墓群（现有三处可供选择），还有一处邵国田调查发现的大遗址（红山）出玉斧，拟试挖一点，摸清它的内涵性质及时代。估计是和牛河梁有关的、有希望的一处遗址。

兴隆洼遗址测出数据可早到七八千年。

为学会准备文章，我看可以抛出些典型性材料——如碣石宫的秦瓦、女神庙大人头像、积石冢的玉器、东山嘴的筒形器及盆，但不必发详细图、照片，多数陶器、陶片留到报告发。

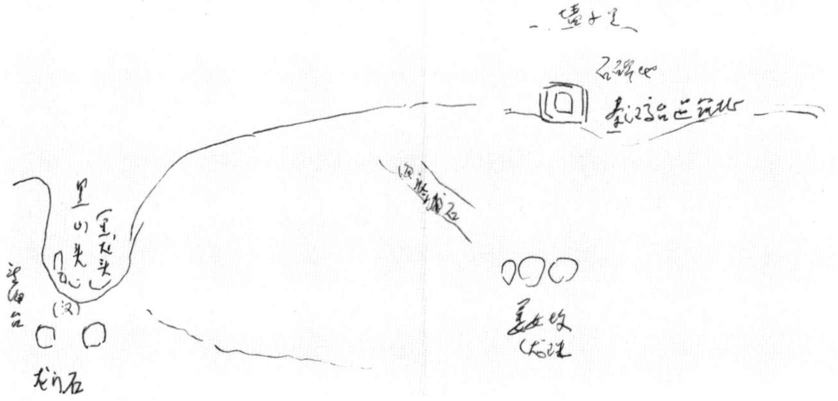

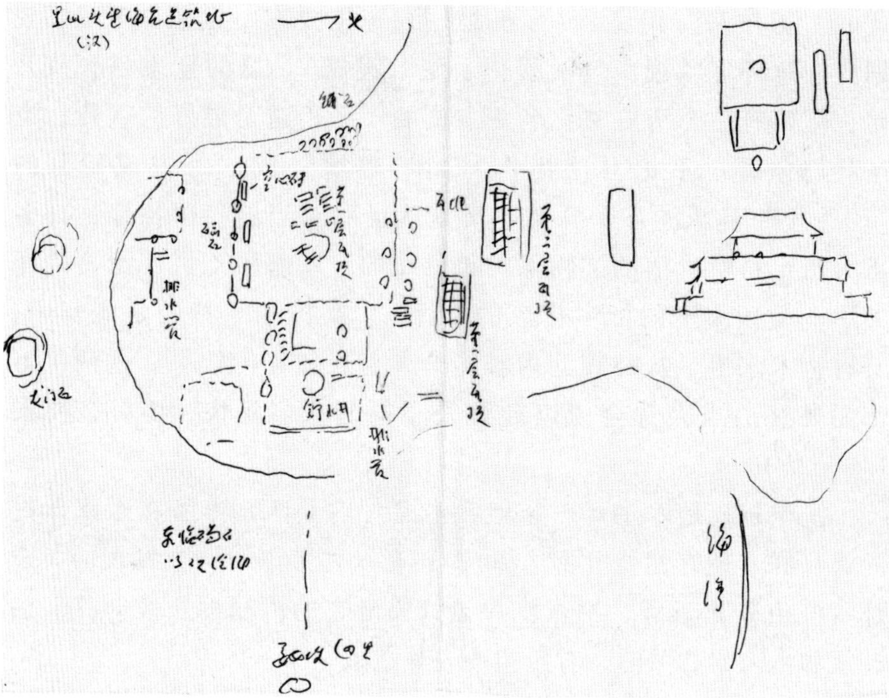

影片名可考虑用“中华五千年文化的黎明——红山文化坛庙冢”。同意你们的文章用后半部名称。

近接河北省社科院严宾同志信，催问他的考证碣石论文下落。因为他既没收到你的信，也没收到《北方文物》的信，着急了，有不满情绪。请你尽快给他回信，如不用，退他原稿。如另给他介绍哪里发也可，请斟酌。

省里给了编制名额，是好事，但万不可滥用。要在青年中挑选好苗，要认真对待培养、使用、要求问题。

文物局召开汇报会地点、时间似还没有定下来。你应争取参加。

再谈。祝

工作顺利

苏秉琦

1986. 1. 16

前提的在兴城、阜新两地试掘，希望早落实。进展情况希望及时告我。又及。

郭大顺—苏秉琦（1986.5.1）①

苏先生：您好。

告诉您两件事。

4.22—4.26在锦州市开了有省政府召集的全省文物工作会议，主管副省长主持，各市主管副市长都参加了。会只开了三天，参观一天，修复长城开工典礼一天，但解决了一些问题。除了认识问题外，讨论了准备在今年内由省人大公布的“地方文物保护法”、今年第三季度上报的全省文物事业“七五”发展规划。还召集了锦州、朝阳、营口三市和省计委、财政厅就三大工地保护、建设中买地、工作站编制、保卫、保持环境面貌、交通等所需人、钱、物进行了具体协商，可望解决些具体问题。此前省文教领导小组已作出决定，要同在姜女坟遗址施工的海军换建，五月份可能先同部队接触一次。黄景略同志赶来参加会，并去了三个工地。寄上林声副省长在会上的讲话，准备了个稿子，但多数是他自己发挥的。

开会期间，在锦州市博物馆看到新近出土的一座墓葬。地点：锦县松山乡水手营子村，就在锦州市郊离海不远。是老乡挖猪圈发现送来的（一戈一斧），市馆简单清理一下，又出了三件碎而可复原的陶器。我们同老黄去看了现场，是女儿河旁一台地，为遗址，可能分两层，上层出近魏营子陶片，下层为夏家店下层陶片。全部台地为居民盖房所占。墓在猪圈内，已看不到轮廓。估计为一墓葬，器物为一墓所出问题不大。我们准备抽调人员再探。墓和遗址先后关系从地层上看不出来。

---

① 原信未署年。郭大顺先生指出应在1986年。

铜戈为柄体连铸，从戈身看，形制甚早，大概不晚于二里头。陶器豆应为夏家店下层较晚期。寄上草图。

我 5 月 5 日再去大连（1986 年为省驻大连农村整党巡视组负责人——郭注），因厅里事忙，已决定换我回来，大概 5 月下旬。您写信可寄文化厅。祝

安康

学生　大顺

5. 1

附：草图一张

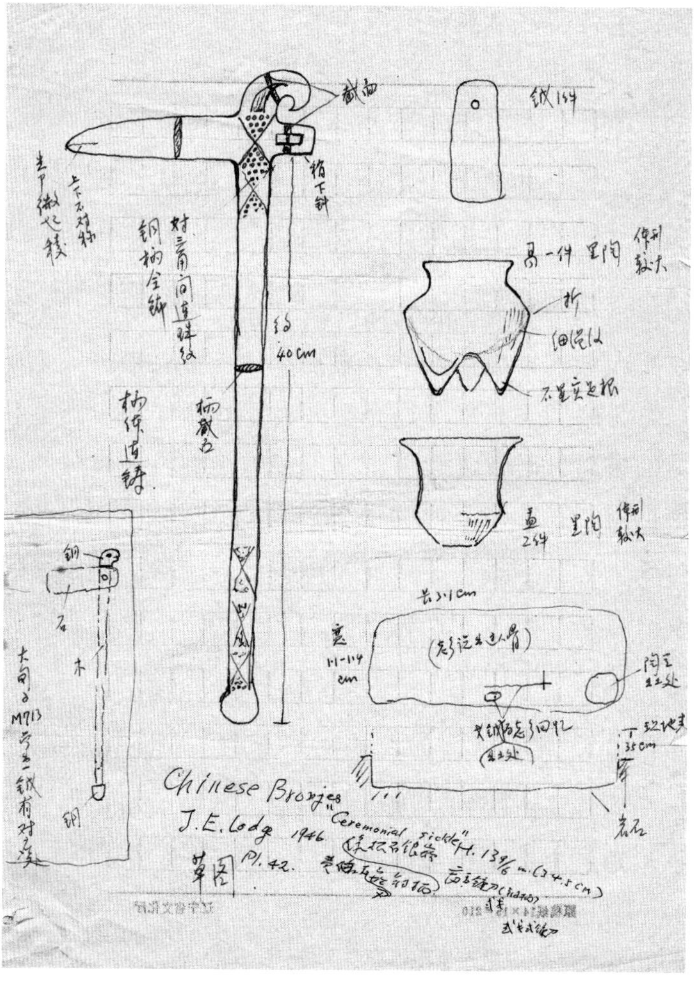

郭大顺—苏秉琦（1986.5.21）[①]

苏先生：

省馆方殿春同志去京，顺便捎去昆明照片和锦州新出铜柄戈各一张。

牛河梁材料在《文物》8期发的简报和头像研究稿已发。最近《人民日报》《辽宁日报》《中国建设》也来邀稿，时间大概都在9、10月份，配合学会多造些舆论也好。

韩悦说电影中缺您的镜头，这次小方去带的两件玉器，翁牛特旗可望把大玉龙带去，如韩悦在，赶拍一下。

在大连读1979年版《世界上古史纲》（北大、杭大、吉林师大编），原始部分引用较多考古资料，年代引用地层和碳14数据，较以前所见可能准确，其中提到苏美尔出现“城邦”的初史时期从公元前3500年开始，埃及出现“州”的涅加达文化Ⅱ也是前3500年，以后前3100年上早王朝出现“马斯塔巴”式墓，有碑，金字塔是前2686年始（古王国）才出现的，是“马斯塔巴式墓的逐层缩小重叠”。那么，这种“马”式墓与积石冢可能更为接近。在年代上，前3500年是个界限，与红山文化后期也更为一致。您4月在京提到五千年前，五千五百年左右，五—六千年的概念，也是这个意思吧。

祝安康

学生大顺 5.21

您近来有何想法，对牛河梁、姜女坟今年发掘有何意见，对学会准备有何建议，请告小方或给我信。我明日去锦州与部队谈绥中工地事，月底前在沈。

---

① 原信未署年。信中提到“《文物》8期发的简报”为《文物》1986年第8期《辽宁牛河梁红山文化“女神庙”与积石冢群发掘简报》，信当写于1986年。

苏秉琦—郭大顺（1986.6.10）[①]

大顺：

你好！方殿春同志带来你的信及附件。他临行时，我没考虑好，告他等我稍后再写信，一晃又过去不少日子了。

今日重新检查敖汉旗材料，想再核查一下辽西“诸红山文化”（或“红山诸文化”）对应关系。提出以下几问题。

一、红山文化　我们在承德时曾谈过红山四期——前红山、红山前、红山后、后红山概念。意思是以“红山”为中心贯起辽西诸原始文化。现在，这想法没变。但对红山几期典型材料还仅仅是一些线索，缺乏系统材料。这是今后工作重点课题。

去年在兴城（巴右）看到的那个地点陶片（果园?），我估计可以和我们从杨虎在西辽河北采到的几件陶罐有对应关系。杨虎采标本地点，据他说，没大希望。遗址水土流失严重，怕难找到原生地层了。因此，我认为兴城地点，即使同样保存有限，总要比那里（西辽河北）略胜一筹。对“前红山”问题有可能在这里有所突破。

阜新遗址对红山文化中粗陶器（有之字纹）似比其他红山文化遗址材料更丰富、典型。所以，我对于这两处试掘还是寄予希望的，望尽力而为。

二、赵宝沟类型　大约同红山前期对应。它文化特征因素中的“鹿、猪、龙”纹估计不晚于6000年，或可笼统地说6—7千年间，可比东山咀等遗址的玉龙要早千把年，可称龙的最初型。旁证还有北首岭中层（六、七千年间）的鸟、鱼图的鱼形，类似龙，但严格讲，不及赵宝沟远矣！

---

① 据苏秉琦先生家藏书信复印件录文。

三、兴隆洼类型 ^{14}C 测数据近八千年，我细分析过后，得出认识是，它的前期（即遗址主要堆积层）就同“前红山”相应，即“前之字纹”时期。但它不是“红山文化”的前身。而红山文化的正支是“前之字纹”类型。

……………………………………

林副省长讲话，既全面又中肯。他为我们工作撑腰，我们也必定要给他作脸，不会使他失望。

……………………………………

姜女坟、牛河梁的田野工作及长期保护规划，我意仍是要抓两点。

1. 现场处理要过细，多听内行人意见。考古所在这方面有几个能人，你们可以考虑，王孖同志有他特长，他也知道还有哪几个人有什么特长，请他物色推荐可能较妥。

2. 宏观的保护规划　和海军方面商谈如成功，这处现有条件如何使用倒要好好研究。

……………………………………

河北孔哲生等二人去秦皇岛勘查，据说新发现的“碣石宫”遗迹，到所约我，如需要时请我去看看。我没拒绝。

……………………………………

《远古时代》卷编写，严文明同志意见，六月间他几个人要出国一行，行前有些事，顾不过来。他与张忠培商量，等回来后，硬挤二、三个月时间，拿出初稿再说。估计要到十月去了。

去年十月在兴城会面时曾有意今年再去兴城，现在我考虑，等沈阳考古学会后，可否真的再用半月时间在兴城，整理辽西走廊资料，研究讨论通史稿。半休养半工作。用个什么名义报销住院费（因为我们不是公费休养），你或许可想些办法（这次不想再用预支的稿费了）。至于参加的人，大体和去年一样，几尊“菩萨”，再增加黄景略，内容增加总结敖汉、朝阳（辽西）普查工作经验。

……………………………………

小方临回沈时，和我见面，我说到九月间去沈阳，或走北线，在牛河梁小住几日，再赴沈开会。

……………………………………

邵国田来京。敖汉旗开荒地，把普查发现的几个点，揭露很大面积，赵宝沟遗址很大（出“龙”纹陶）。晋祥准备去挖（下周内动身）。

……………………………………（以上是几天前写的）

近期经过仔细分析敖汉旗的兴隆洼、赵宝沟两类型材料后，有了进一步的看法。

1）辽西地区古文化全部可以用“前红、红前、红后、后红”为纲，贯串起地区距今8000—4000年间。同样道理，黄河中游的古文化也可用“前仰、仰前、仰后、后仰”贯串起来。各阶段都有不同类型，核心部分是“脊梁”。花与龙初现时间相似（红前、仰前），文明曙光初现实证发生在辽西（红后），曙光再现发生在晋南（后仰）。再后才是晋陕豫地带的夏商周。

由此可见，最早出现文明曙光在辽西大凌河流域，大凌河流域文明初现的背景是几种不同类型（至少包括赵宝沟类型、红山前等）文化的交汇于这一带发生的火花。而下一个“火花”发生在晋南，一则是有北而南的文化（民族）南进，二则是后红山与后仰韶冲击。因此，辽西有比黄河中游（晋陕豫）阐明多文化类型交汇于文明最初出现在中华大地的典型意义。我们有理由把这一地带，作为探讨中华在古文化与文明起源问题的，最理想考古学重心（核心）意义。

2）辽西的老哈河与大凌河流域是前一阶段“文物普查”工作及成就最为突出的地区。如果能在此基础上花更大一些力量在此地区进行复查、核对，综合评介，完全有把握取得最好的突破性科学成果。包括两课题：A）本地区考古学文化区系类型与编年；B）中华古文明最初出现中心的全貌（红山坛庙冢及及其城邑址等）。估计作为“七五”期间重点文物考古工作项目不会落空。今年第四季度中央要开全会，专门讨论精神文明建设问题。文物工作不是不能为建设精神文明做出自己贡献的。

3）请你考虑，可否把我此议请林声同志考虑，由辽宁省牵头，联合昭盟（赤峰）共同发起，把此计划列入“七五”文物工作，科研重点项目，人力、物力以地方为主，申请中央补助。

4）另外，有件关系文物考古事业百年大计的工作，但并不要多么大的人力物力，在现阶段条件下完全能办到的。过去，之所以没有办的原因，主要是认识问题，其次是本位主义，个人狭隘思想的局限性，一叶障目。我倡议，由辽宁省牵头，建立一个考古标本库房（不是文物库房）。文物是宝，有经济价值，科学标本是“无价之宝”，不能卖钱。古墓有（包括陶器）价值文物可一概排除在外。重要是，典型陶片、陶片组合、最常见的陶片、人骨、动物骨骼、孢子花粉、粮食遗迹、木炭、典型遗址断面（如地质博物馆的典型地层切面）、有机物残迹、文化土样……太多了。总而言之，这一切有科学研究价值的遗物遗迹，而现在，一般不拿当文物，现在田野考古取样范围极窄，即使取的更只当试验品，用罢完事。试想，哪个博物馆，哪家考古所要这些东西，收藏这些东西呢？这些真正“科学财富”确实没有人理会的。难道我们真的不知道它的价值，只有洋人才懂吗？

此事，根本不是国家有无财力问题，而是我们没有人愿大声一呼，没有人肯为此事操心费力。这不是“挟太山超北海”一类大难题。但总要有人牵头来干才成。我为什么不向北京单位提。道理清楚，此事下边自己干起来比“北京人”干起来更容易些。这类事，我想林声同志，或许可以也给我们一些行政上的支持。现在我想，第一步，先从文物普查全部档案标本（用复印，选提部分陶片）集中建库作起。估计有几十万元，从辽宁作起（或就从辽西作起）。即便开始，也需要成立一个有生命、活力的有机体。下一步，开展工作。服务性工作，科研处工作。保证出成果、出人才的基地（培养真正高级人才的基地）。

今天暂写到此。祝工作

顺利！向林声同志

致意！

苏秉琦

1986. 6. 10

郭大顺—苏秉琦（1986.7.1）[①]

苏先生：您好。先告诉您几件事：

继4月省政府召集各主管市长开省文物会后，6月30日下午由四位省长三位秘书长和有关厅局参加的省长办公会专门讨论了文物地方法和三大发现。议定了正式成立省考古所，为三工地设工作站设编并配车，拨保护经费（要115万，主管财务省长表示应大力支持，必要时动用预备费），将牛河梁、姜女坟公布为省级文保单位，并议论了开好九月学会事宜。这是30年第一次。省里终于有此一举的背景除三大发现的宣传以外，主管省长被“褒贬”为对文物有特殊偏爱的省长，新上任的省政府一把手李长春（43岁）在沈阳市长任上每年拨几百万文物经费，6月27日去了牛河梁。新华社内参清样报道了姜女坟与部队矛盾（也是《光明日报》6月6日），增发省委书记并有批示，看来军事工程迁建有望。

① 原信未署年。信中提到的考古学会应为1986年沈阳召开的第六次年会，信写于是年。苏秉琦先生在信首页页眉写：“14—16，去北戴河。”

牛河梁已开工，由于主要人马不齐，只做了庙上的广场平台，揭出一条83米石头墙基，上满铺堆石块，而且不只一道墙。范围南北、东西各约200米，是坛、冢、广场、城堡？它和女神庙一起，显然是牛河梁的中心遗迹，今年的重点就是把这个台子范围揭出来，如可能搞清性质更好，到时请学会代表现场一起分析。

《人民画报》8期准备为牛河梁发7个版面，我们用了《中华五千年文明的曙光》这个标题，文章最后引用了您在"晋文化考古"中的一段话："红山文化坛庙冢三种遗迹的发现，代表了我国北方地区史前文化发展的最高水平，它的社会发展阶段已向前跨进了一大步，从这里我们看到了中华五千年文明的曙光。"（最后一句与原文不连贯）不知是否可以。

听说您准备学会前先到牛河梁，这样很好，会后就可到其他地方。工地到九月初可望初具规模，生活工作条件也行，到时我们去接您。昨光冀来电话，学会定9月14日报到，15日开幕（礼拜一），会期五天包括参观一天，20日疏散，您9月5日以后动身即可。

祝安康

学生 大顺

7.1

郭大顺—苏秉琦（1986.7.4）[①]

苏先生：您好。

前信想已收到。还有两件事。

新华社对今年考古学会的召开很重视，想作些前期报道准备，

---

① 原信未署年。信中提到的考古年会应为1986年沈阳召开的第六次年会，信写于是年。

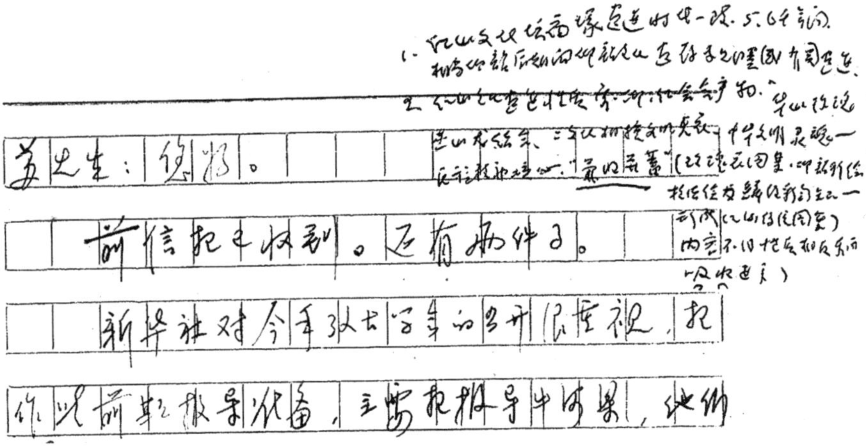
苏先生：您好。
前信想已收到。还有两件事。
新华社对今年考古学会的召开很重视，想
作些前期报导准备，主要想报导牛河梁，他们

主要想报道牛河梁，他们说是穆青的意见，已同我谈了两次，复印些材料，说先熟悉一下材料，到工地看看，写个内参引起领导重视，然后在学会前后公开报道，我看他们还是诚心诚意的，而且我们的工作也需要作些宣传，不久资料也要在《文物》杂志发表，问题不大。因您以前对新闻界报道有过告诫，我也比较慎重。他们这次特派一位老记者叫卜昭文（女）。我把您在山西讲话给他们看了，他们很感兴趣，很想找您谈一谈，事先可能同您联系（信或电话）。请您有个准备。

祝安康

学生大顺

7.4

［编者注］苏秉琦先生在书信首页页眉写道：

1. 红山文化坛庙冢遗迹时代一致，5、6 千年间，相当仰韶后期，而仰韶文化遗存未见同类（或有关）遗迹。

2. 红山文化遗迹性质属仰、红会合产物，“华山玫瑰燕山龙”结合，二文化相撞文明火花。中华文明灵魂——民族精神核心、“兼收并蓄”（玫瑰花图案、仰韶彩绘技法绘龙麟纹彩绘罐——形成红山传统图案），内容不同、性质相反东西吸收进来。

苏秉琦—郭大顺（1986.7.11）[①]

大顺同志：

七月四日信悉。一日信及时收到。近期不只一次给你写信，写一半搁下，未完未发，想谈的事多，还是拣重要的简单通报吧！

——新华社发内参，准备在学会期发消息，都应欢迎。谨慎从事，避免有不良副作用。尤其应以过去河南宣传“禹都阳城”，陕西宣传“秦公一号墓”为戒，得不到好的效果，徒使人厌恶！传为笑柄。我的意思，并非消极的“但求无过”，而是必求有功，对事业有功。问题是要掌握分寸，看火候，讲策略。三大发现，千真万确，宣传中不要有漏洞、失误。对牛河梁等三项遗迹介绍，用“五千年文明的曙光”提法，是我们的观点，也是我们提出的“新课题”，作为观点的解释，我们用《现代汉语大辞典》定义：“社会发展到较高阶段，文化发展到较高水平的（文化）。”至于作为课题的意义和具体工作计划设想，我们愿在适当的场合介绍，也可对上级、中央领导同志介绍，希望得到支持、理解。

——我不准备沈阳开会前去牛河梁了。还是想照去年安排，九—十月间，会后去兴城，休养为主。去年谈的课题，看标本等继续搞。再加新项目：（一）“七五”期间考古工作重点课题——就北方考古、中国文化与文明起源问题规划设想交换意见；（二）是否建议辽宁省在建立省考古所同时考虑“北方考古”设横向联系松散组织，挂在省所。

——不想再用《通史》垫款，考虑用“某某座谈”名义。我倡议你或省出面邀请，经费在省内报销。参加人，拟加黄景略、沈竹、童明康。具体名称，可否你来京一趟，和黄、俞等人商量决

① 郭大顺先生提供信件录文。

定。由你向省厅领导汇报请示最后定案。精神是，不要正式会议名称，不要会形式，但要有成果。

——近写一篇《纪念仰韶村遗址发现六十五周年》、一篇《晋文化问题》（与“晋文化考古”不同，在发言录音基础上改写），等去兴城期间可传阅或由我口头报告要点，大家讨论。文中有一个新的提法，红山文化三处遗迹性质我认为是仰韶与红山结合撞击产生的“火花”。内蒙古准旗发现的尖底瓶——三袋足斝、瓮是仰韶与当地古文化结合产生新文化因素。

斝、尖底瓶，我用了甲骨文“酉”字、“丙”字说明其字原即距今五千年这一裂变附产品。证明这一古文化与殷商文化直接渊源关系，也是中国文明起源之物证（东山嘴出彩陶盆里面花纹性质同洛阳、郑州间的X、∽一样，都是由ʃ复瓦状花瓣分解而来）。

我兰州会后去内蒙古，和观民同志一道看看那里开新地点的可能性，回京日期约当八月中旬。

暂到此。问

好！

苏秉琦

1986.7.11

苏秉琦—郭大顺（1986.8.29）[①]

大顺：

你好！我于上月28日去兰州开大地湾学术座谈会，4日闭幕。7日去包头，看了相当仰韶文化后期的西园一期材料，阿善二、三期的祭坛遗迹等。在包头向市领导有关人士等座谈了我对包头市考古的看法，以及今后工作等。13日回北京，一路顺利。身体可以

① 郭大顺先生提供信件录文。

说完全适应生活变化。在兰州没去远处，只登兰州公园一游，海拔2130米没有反应。使我吃惊的是，陪我的女医生（40岁）在5日同我们一起参观兰州市博物馆时晕倒，像癫痫，可她又没有这种病例，到医院抢救，一天后还没恢复。看来人的身体毕竟是脆弱的，无病一生病，有偶然性，应引起我们今后更加注意。我想来想去，她仅仅是在前一天晚间没睡好，当天起床晚，没赶上早餐，如此而已。像我这年岁，遇到生活不正常时刻，还应自己多留神，有人陪伴，也不可能注意到某些细节，还是自己当心，为要。

此行兰州，会上谈过二次，其他参观看材料、开会、生活等一切不和大家一起，这样避免了任何直接影响个人生活习惯之弊，这是个有益的经验。

业务上收获不少，说来话长，暂不多谈。

下周二开学会常务理事会。至于正式会议期间，开幕式拟由我主持（作为代理事长），闭幕式照过去惯例，由仲殊主持，我发言做“总结”。其他集体活动我就可以免了，或尽量少参加。

回来后，看到《人民日报（海外版）》记者专访。稿经童明康看过，我看还没大错，你看后如有认为不妥处，请告我。

昨天（18日）在我办公室接待了国际广播台两位记者采访，我写了提要给她们，谈了一小时，等她翻译成英文稿后再给我看过播发。据她们讲，这次消息，海外反应大。我讲话内容有底稿，以后可以借你看。中心思想是，这是新发现，有重要意义，但工作还在进行中，材料发表和研究成果都有待省直接负责同志过些时后才能见分晓（信写到这里搁下，今天29日，整十天过去了）

国际广播台的英文稿我看过，整理、安排得都不错。我已退回，她们安排在北京时间15/9，12—13点间播，我女儿准备到时收录下来，备存档。

《人民画报》8月份我从图书室看到，外面邮局买不到，只好算了。文字部分我看过，不错。

昨天黄景略、李晓东二人从北戴河回来，汇报到目前已探出遗迹平面图，看来属“水产养殖研究中心”范围内所剩遗迹差不多已清出来。下一步，我提出，在金山嘴“这一块”（指水产中心）外围还需再把剩余零星遗迹尽量探明补入图内；然后再向军委提出进入该区探掘；向上级汇报与对外发消息，原则是：首先从“墙子里、姜女坟”说起，这是属于秦始皇32—35年间三大工程之一——它们是骊山、阿房宫、碣石。到秦始皇死止，都是未完成工程，三者同步进行，一套班子，夯土、瓦等一种规格，都没有正式名称，骊山是原名，阿房是老百姓口语（那边），碣石（立石之意）原是通名非专名。此石与主体建筑遗迹（宫城），水面下原有道路遗迹。由此种种，我们称它为“碣石宫”正是援用“阿房宫”例给它加上的，当时是“以为秦国门”也就是“国门”。所以，我们现在也可称它就是当时“国门”（作为秦统一纪念建筑），是有明确的政治含义。这是举世无双的“大文物”（十亿人口，九百六十万平方公里，有五千年文明大国，二千年前立起的国门，实际上指的是从渤海海峡宽45公里通道到碣石宫成为一体。而这组建筑群，现在初步查明从止锚湾到金山嘴，直线距离与渤海口通道大致相等，两相对应，构思巧妙，气魄宏伟，真不愧称“千古一帝”才会有如此气魄）的一个组成部分。它的全貌，我们还没有弄清楚，需要做更多的工作。对于这样一组无异于另一个和“长城”匹美的“大文物”——跨两省，省一级政府是不能拍板定案如何处理的。所以，再下一步不能不请求中央。李晓东同志问我可不可以发消息，我说也可以，但决不可就事论事，专谈北戴河“金山嘴”发现秦汉建筑遗迹……那就依然是“小文物”观点了。以上是和黄景略、李晓东二人谈话内容。

前些天胡德平和李作智来看我，谈了许多关于我去西北（兰州、包头）等，谈了“碣石宫”问题。他立刻意识到此事关系重大，不可等闲视之，尤其是“大文物”这个概念还没有被社会以及中央领导重视起来，多从“小文物”观点看文物事业。他向上级汇报了，又打电话详细问我的看法，“碣石宫”的来龙去脉，我把上述意见告诉他了。

小胡现在已正式调中央统战部秘书长职务，但他不能断绝多年来在文物系统的关系以及关心这项事业的前途，这一点他是清楚的。原因是我国现状：对于这项事业在国家事务中的地位（摆法），还是很不理想的，我们也需要他在这方面出些力。我们知道，文物局迟早要为“国家”级机构，原来设置“国家文物委员会”的初衷也决不是像现在这样子，起的作用太小……问题不少。这一点，向你通报，希望你也心中有数，准备下一步对这项工作如何宣传、如何进行，特别是对它的重要性的认识还要再明确些。

结合这次东山嘴—牛河梁的宣传，我认为在掌握分寸、时机上是成功的，确已引起国内外知识界的注意，产生了积极的效果。比如：甘肃大地湾之会，他们对于相当仰韶文化后期（五六千年前）的“殿堂”式大房子的提法，比他们原来的认识提高了一步。我在国际广播英语采访对话中也引用了，正是辽西发现的旁证，我末尾再一次强调，中国文明的起源不像埃及、巴比伦，而是多元的。与“碣石宫”对比，“国门”的意义还应更上一层楼，这是涉及给我国人民以及全世界人民树立起“中国”的伟大形象——五千年文明古国的问题，对它的宣传，要像“红山文化坛庙冢”那样，掌握好分寸、时机，要再稍等一段时间，大约要等金山嘴的工作有更具体一些成果之后为宜。

我现在认为，不论辽西的坛庙冢，还是渤海滨的碣石宫，已有的现象还只是一部分，工作范围还要扩大，还要有足够的思想准备，要做长期打算。要在技术方法、基础设施方面作更大的努力，万不可有到此为止的想法。要面向全国人民、世界人民，要看到二十一世纪，要把这一地区（辽河西）开辟为北方考古基地。下一步的整个设想：1）明年七、八月间仍在兰州开会，作为大西北考古的第一步，并倡议设“大西北考古中心”，地点在兰州，成员以甘肃为主，加省外少数有关人士，作为交流信息、工作项目、课题的初步规划组织机构，直接由国家文物局领导；2）明年考虑成立

“环渤海考古中心”，作为我国东北地区性考古组织的起点；3）内蒙古、辽西与冀晋陕三北地区考古，从今年起准备，开始横向联系，配合工作，这里一个重要线索是两次金属文化开始阶段起过重要作用。这三项先向你通通气，等考古学会后，省方接待参观工作结束之后，我们再到兴城小会上交换意见。

考古所已决定我、王廷芳、王仲殊三人十五日飞沈阳，会廿一日闭幕。会后由省招待部分参加会议同志参观，你要忙于接待，我想乘此期间看兴城、阜新发掘材料，如何安排请你考虑。然后再去兴城，或者让别人陪我（或者还有其他人）先去兴城。这次考虑路线不顺当，我不拟去牛河梁了。俞伟超他新任历史博物馆工作，不能多留，其他几位有什么特殊情况，我还不清楚。文物局的沈竹、黄景略、童明康，我希望他几人能多待些日，到十月上旬，“七五”期间工作重点是个题目，辽宁文物工作也可交换看法。这些最近期间具有典型性的工作项目，要考虑周到，做得更好一些。我们要写的那本书现在能拿出一部分（严、张负责部分），这部分是核心，我写的一篇《纪念仰韶村遗址发现六十五周年》文章，有些更具体的想法，供他二人参考，还需要有充分时间谈谈。伟超希望早些回京是有道理的，但历博的工作需要我们多帮他考虑些（他当然已有所考虑）也是必要的。“考古部”近期计划，更该跟上形势发展，使成为面向全国的基地，有大量准备工作要做。例如，辽宁的几项工作就都不是专靠自己力量能做好的，学术上、技术上问题要有有力的后方支援，历博工作的轻重缓急安排，大家都可出些主意。

从全局着眼，对中国考古学会今后发展方面、方针，我想在会上谈一些，造舆论，还需要不断地采取具体措施，拿出些可行的倡议，见之行动。

可谈的事不少。时间总是短的，希望能像去年那样，内容丰富，又是切合实际的。天下事总是这样，不管有多少不同意见，工作做出来了，看得见，摸得着，人们就没理由不承认。

谈多了，再谈怕你也会“吃不消”。祝

工作顺利！

苏秉琦

1986.8.29

此信请你去兴城时带着。

郭大顺—苏秉琦（1986.8.30）[①]

苏先生：您好。

学会一切准备，正在积极进行，低要求是不出漏洞，高水平是办得更好些，林声副省长最近又几次过问此事。

昨天从牛河梁回来。今年未动庙，新的发现都在积石冢。牛2冢Ⅳ（即最东一个），是双冢相套，一圆，一为下圆上方又有圆，占地面积约四百平方米（20×20）。冢前（南）开阔地全部铺碎石，上有成排筒形器和类似神庙的红烧土堆，疑是冢前设祭的遗迹。同时在冢Ⅳ东又发现一个冢的石框界，因已到庄稼地，今年暂不动了。这样牛2从东到西一共是六个大冢，结构还各不相同，登高一望，相当气魄。牛2南铁路南山头上有一小冢，也揭开了，石头不多，已挖了10座墓，三座出玉器，三座石棺完好，但无人骨，疑是迁葬（二次葬多见），有意思的是其分布为一大墓在中心，其他小墓在四周围绕。这种一人为主，多人（也不是一般成员）从属的关系，好像其他地方还未见过，其他冢都有类似的情况，看来这已成了当时固定的制度，说已进入文明社会，从人与人关系上已有材料说明。只是中心墓虽大，却只出了三件玉器，而且不一定是男性。

我和老孙的论文，先有了个题目：《就红山文化坛庙冢的发现

---

① 原信未署年。信中提到的考古年会为1986年沈阳召开的第六届年会，信写于1986年。

试探中华文明起源问题》。不大好写，准备只列个详细提纲，供发言介绍情况用。

在沈阳欢迎您，望保重身体。

学生　大顺

8.30

附：牛2与牛3相对位置草图一张。

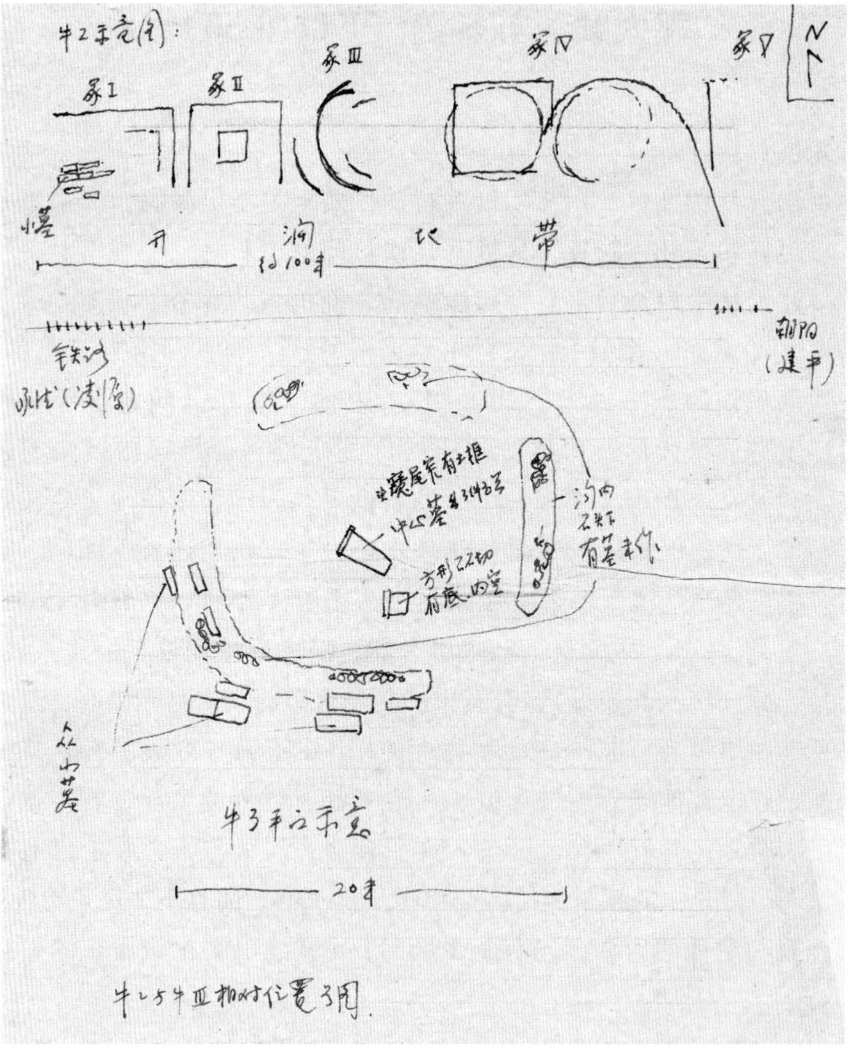

苏秉琦—郭大顺（1986.10.19）[①]

大顺：

你好！我们一行十人那天上车，比去年略好一些。上铺换下铺也较顺利解决，到京时有司机小汪上车来接，那个皮箱没有使小辛为难，五点半左右到家。我和老伴都没感到什么不适或疲劳。次日星期，在家休息，星一照常上班。星六去医院检查，与出发去沈前没变化，请释念！你和小王（菊耳）陪我们到车站，直到开车，我心情感受和去年一样“来也匆匆，去也匆匆”！不能不对这样的车次、小站感到不满。对于这半个月的“疗养”应该说是难忘的，有收获的。你和我们的几个朋友的一再嘱咐，要我量力而为，限制远途旅行，一定照办，谨记。原订的十一月去杭州参加纪念良渚五十周年会，借参加社科“七五”规划会时间冲突原因谢绝了，已给省文物局及有关朋友们写信，把我的想法谈了。下一步工作等会后再另安排时间（太湖流域或环太湖古文化问题）。明年清明节前后拟在成都广汉开小型座谈会，你或孙守道同志如愿参加请告我。

今天发现你们送我那张照片（大榕树下）底片混在我处，新华社（?）给我们在省馆拍的几张相片是否老伴一起还你了?

陶寺讲话稿高炜要你复印两份，一份他用，一份让我再看一遍，有不确切处他愿在他去侯马以前（月底）帮我一起修改。

邵国田来，敖汉旗博物馆地皮解决，房已盖起（13间），赤峰博物馆投资三百万，面积六千（平方）米，比内蒙古博物馆大一倍，够气派，明年可竣工。

今天湖南湘潭大学易漫白同志带五个研究生来京，我下周准备

---

① 郭大顺先生提供信件录文。

给他们讲三次。他想带学生去牛河梁参观，我让他先写信联系一下。这五个学生事先约定的是他和吉大老张共同指导的，凡是开创先例的事，外地比北京更适宜。

暂写这些，祝

好！再谢谢王菊尔！

苏秉琦

1986.10.19

附底片一张。

郭大顺—苏秉琦（1986.10.31）[1]

苏先生：来信收到。

生日答辞已由王菊耳手抄（她说比打印亲切）分寄有关同志。陶寺谈话复印两份已寄出给您。原稿已同大南沟、大甸子的两次谈话稿一并交《辽海》，如何用，他们将直接征求您的意见。

10月22日去绥中工地接待杨鸿勋氏，收获不小。在黑头山遗址最西边的空心砖下掘出一块原位置保存好的花面空心砖，证明是由北向南登台的三级踏步，靠近龙门石海边的遗址南侧夯土台是主体建筑，可惜已被推一平，北侧揭出的几个房间都有窖井，可能是天井一类附属建筑，按杨的意见正在部分下掘解剖，以取得复原设计尽可能多的证据。

送杨走后又回到牛河梁，王孖正在工地照相，一起商量女神庙工棚设想，原则是不影响照庙全景像，就得有一定高度和透明度，冬天保温，夏天通气，又可供内部参观，保持到庙正式复原之前，

① 家藏书信放置分散，整理中根据内容等进行整合。原信未署年，郭大顺先生回忆信写于1986年。

也算半永久性的建筑了，是否用铝合金属架，部分用有机玻璃窗，拱形屋顶，经费在30—50万间，此事省财政在催，也想委托老杨他们设计，由王孖回京后与杨具体商定。想到此庙不仅五千年前是“海内孤本”，历代皇家的太庙也没有多少实物资料，明清太庙也没有先祖塑像，所以保护应不惜工本。此事您有所想法，告诉我或直接同老杨谈都可。

按照您在兴城临别时“找到更多青铜器”的嘱咐，我和老孙在牛河梁工地找到1984年采集的几块坩埚标本，并到现场复查（地点在牛河梁正西约5华里），又采集到若干残块，有铜渣，壁厚近3厘米，外红烧土草拌泥，内已焦化，多孔，是坩埚无疑，但此地为一高台，除大量红烧土外，有不少汉陶片。[1] 老孙作了试掘，又出了汉代夯土、土坯之类，是红山被汉代破坏，还就是汉代的，放心不下，这几天他又去现场，想冒寒再试掘几天，过几天我也去，一旦有进展即告您。

这样，您兴城讲话稿，至今还未动手整理。这几天到大连过问村级整党，倒有些时间，想先把大南沟稿写完，然后整理您的稿子。

明年春成都会，我和老孙当然都想去看看，有在辽宁开学会之情，想他们也会答应的。如只能去一人，报老孙亦可，到时我和他搭伴同行，不知可否。

冬天到了，注意保重身体。

学生　大顺　10. 31

新华社记者照的几张照片，我这里没找到。我在大连待一周左右，然后可能去阜新、朝阳督促文物复查。15日去丹东开图书馆会，信还是寄到厅里。晋祥来信询问您对赵宝沟遗址的看法，我把您对查海、兴隆洼的想法告诉了他，“赵”在其中是何关系，他可能直接找您了。

---

① 苏秉琦先生在两处划线后在信侧画了“？”。

苏秉琦—郭大顺（1986.11.5）[①]

大顺：

你好！开了七天“七五”期间社会科学规划会议，今天到所，看到你寄来陶寺讲话稿31/10日信。

关于杨鸿勋回京后谈情况，我上次写信谈了一些。我把老杨汇报情况及我的一些想法写了一份提纲，找沈竹同志到我办公室交换意见，他完全赞同老杨的一些想法。为了促其尽早落实，他想再约局内少数同志去绥中一行，亲眼看看，人家也可以有些感性认识，对采取具体措施会得到人家的理解与支持。他个人想法是：设计可按分期施工办法，先搞起主体外壳部分，明年内建成；然后再搞细节、外围、内部设施装修等，前者较易上马，后者要多费时间，以“快上”为宜。局和省配合办法，可订协议。第一步大致分工可按：土建部分由局负担；征地、修路、水电等设施由省负担，估计两者费用大致差不多对等。

如此处理，只是为分头负责，省许多行政手续麻烦，没有什么“归属问题”，局里完全是为了支持辽宁的事业。至于从学术的角度，我们主张不仅对内开放，对外也开放。再深入一层，将来我们还要把“牛河梁”那摊子也可合并一起，搞成一个全国性、国际性的学术事业，可接受海外华人或外国人或单位的捐助。科学无国界，我看，我们不妨搞个试点，包括我们今后出版发表，也应面向世界。这些年我们吃“封闭”的苦头吃够了。

牛河梁外围工作要逐步开展起来，听童明康说，他已把《中国日报》10月14日发的消息事告你了。随便说去吧！铜、陶、玉等作坊址，其他有关遗迹，会陆续发现的。再提一句，工作站的建

① 郭大顺先生提供信件录文。

设、生活、工作、接待设施要逐步完善起来，花钱的事要精打细算，考虑先后缓急，但不应长期因陋就简，要多考虑影响（指的是多主动向外宣传，争取社会支持，争取同行关心支持，为此目的，花钱是“投资”）。

成都会，外地名单由我们拟，省与邻省由他们拟。我考虑：北大、吉大、考古所、文物局（包括出版社）、辽宁、历史所（张政烺）、历博共七个单位，各单位不超过二人，共不超过14—15人。现在还看四川方面准备情况。因为1984年我们看到的那堆材料大部分还堆存在筐篓里，陶片粘对复原工作量大。我建议他们在近期内大力赶工，到一段落写信来，我们再决定会期与名单。此会虽由省方约请，我意应由局里决定。写到此。祝

工作顺利！

苏秉琦

1986.11.5

（新华社拍的照片找到了，在我抽屉，放心！）

郭大顺—苏秉琦（1986.11.19）①

苏秉琦—郭大顺（1986.11.27）②

大顺同志：

你好！11月19日信收到。19日给你写信，没写罢因事延搁，没发出，收到你的19日信后，这两天又没抓紧时间立刻给你信，

---

① 家藏未见书信。据苏秉琦—郭大顺（1986.11.27）当有此信，存目待补。

② 据刘瑞藏书信录文。

很抱歉！谈两件事。

第一件，《辽宁画报》拟在第一期发稿报道“三大发现”，又说林声副省长听到我谈的“三个象征”讲话……要我写个二千字短文。“三大发现”与“三个象征”不是一回事。《画报》要报道“三大发现”未尝不可。我考虑，三大发现中的“金牛山”我认为现在不宜再宣传，因为去年的宣传已经够了。前不久，广播消息提到“金牛山”距今多少万年，听到后感到奇怪，旧闻当新闻不妥。国家授奖等于社会认可，而科学问题正有待深入，已列入“七五”规划，若干悬而未决的问题只有等研究出新的成果后才好作进一步报道，而且，新的学术观点即使都能成立，还有待评审，不宜贸然抛出，因越是已被确认的发现，越是要认真对待。关键问题有几点：①地层时代；②化石人体态；③文化遗存。三者都还有待进一步工作、研究、论证。

如果要我写短文谈“三个象征”，可以。我原说的“三个象征”可归纳为这样一个提法——“辽西三大文化史迹——中华象征”：一、象征中华民族的长城（从夏家店下层文化的城堡带、燕秦汉长城到明长城）；二、象征中华文明曙光的红山文化坛庙冢与玉龙；三、象征中华秦汉统一国家的碣石、碣石宫与“国门”。按此构思，组织图版，写说明写短文。中心思想是：阐明三者之间是有联系的，是一个中华文明史的整体概念的体现，是历史的实证，又是具有明显的现实、教育意义的，与“振兴中华”直接有关的大事。这就是我同林省长谈话的内容。两千字的短文，如来写，就这样写，你看如何？（重谈一遍，另有想法，写在上边）。

【“三大发现”与“三个象征”也可揉在一起写。如用“辽西三大发现与中华三个象征”（中华民族的象征——长城；中华文明的象征——花与龙；中华一统的象征——碣石与国门）中心内容依然是三者的内在联系。牛河梁的坛庙冢正体现反映的是远在六千年前后或六千年间中原与北方两大文化区系、两大经济类型交会而成的中华文化、中华民族这个实体的最初形成；长城的存在是距今

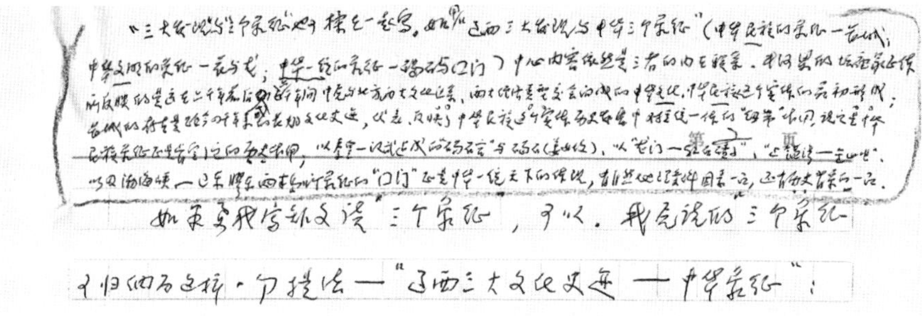

四千年来的长期文化史迹，代表、反映了中华民族这个实体历史发展中对立统一体的“纽带”作用，说它是中华民族象征正是肯定了它的历史作用；以秦皇—汉武建成的“碣石宫”与碣石（姜女坟）、以“龙门—红石碴子”、“止锚湾—金山咀”，以及渤海峡—辽东胶东两半岛所象征的“国门”正是中华一统天下的体现，有自然地理条件因素一面，还有历史背景的一面。】①

第二件，牛河梁工作问题。我越想越清楚，这是一项急迫的、重要的大事。“急迫”，因为时间不容耽搁，耽搁要坏事。“重要”，做好了，不仅是一重大发现，而且是一件了不起的、创造性的、“史无前例”的考古工作。设想，有朝一日，我们能把一座彩塑女神庙（五千五百年前）复原起来，把它外围的积石冢（哪怕只是其中一座）连同它的地上建筑复原起来，把它们的环境风貌复原起来，再从它们和其外的远方的所谓“猪”山的关系分析一下，是否当时人们也曾从这些自然环境得到过启示？这将是一件多么了不起的“大遗址”博物馆！那不比“八达岭”更吸引人吗？这里将成为一个理想的对内对外开放的“北方考古中心”遗址。

现在我主要想谈的是：我们面临着严峻的考验，事关成功与失败的关头，必须做出明智的选择，今冬明春我们必须对女神庙的工作拿出现实可行的最佳方案以及实际措施。从去年起，我们的许多到过女神庙参观的、内行朋友们曾提出过这样那样的值得注意的看

① 本段内容苏秉琦先生写于书信第二页页眉，根据内容，移于此处。

法。这次历博三位同志的意见是最切合实际、具体的。上星期一（17日）俞伟超邀他三人，还有黄景略同志到我办公室谈过他们三人的各种想法。黄的意见是邀你（或和老孙一起）在年内来京，再一起研究，务期拿出办法。一是：在他们拟出的认为是可行的方案基础上，进一步再征求哪些同志意见，然后决定一个最优方案；二是：把实施计划，包括进行工作的人力组织、生活、工作条件设备，半永久性建筑的要求（现考虑工作需要，又考虑不断有人来参观方便，还要照顾到把"庙"复原起来进行施工过程中的方便……）；三是：这项工作为进展便利，免去"合作"办事的麻烦，由文物局负责，历博的人纯粹作为历博一项工作任务，一项实验考古课题，协作性质，支援兄弟单位攻关。让历博发挥它原应发挥的作用。

我提"严峻考验"的意思是说：如果照目前这样，捡回若干堆堆，而不是就地处理、就地复原，将来落得一筐泥巴（就我们在发表的那些照片看，有相当的一部分已经毁掉了）。这犹如给一个病人动手术——一项重大剖腹手术，而没有事先做出手术方案，并经过会议研究，请有经验老医生临场指挥，这样行吗？将来人家会问，事先你们为什么不请大家共同研究？秋后算账，就没法交账了。事实是，现在拿出一堆，不加处理，等于毁掉一堆。而这些堆堆，只有在现场未动的情况下才是有希望能够复原的"人体"上的部件，拿出来，离开现场，就等于切断了它的有机"系统"，"生命"也就告终了。原因是：彩塑表面好比蛋壳，而里面都是泥土（照我推测，这个遗址内没有没用的泥土），全不像"陶片"那样，拿出来还可在室内粘对。其实，即是陶片也以现场粘对要便利得多。

我们几个人交换意见结束，具体讲，就是需要在神庙坑口就地建起实验室，按照实验室的技术与工作需要（当然还有其他活动在内的需要）设计框架结构、内部设施，还要适当地考虑外观。

这样考虑的另一个原因是：这项工作的主持及参加者需要长期

住在工地，工作具有持续性。犹如理工科实验室要有专人值班、24小时不能断人，所以，生活、工作均应照此需要考虑。现在请王矜指导是起到了一定作用的，但短期看看，出些点子，不解决根本问题，需要有几个人长期驻守，边做边研究，可以反复实践，可以外求援兵。这个工作必需有一个像样的“实验室”规模和班子，我们期望的是有朝一日在原场地出现一个当年的神庙站立起来！这个想法尽管还有不周密之处，但大原则看来是正确的。现在的严重问题是我们再也不能耽搁时间了，成败攸关，在此一举，希望你们再仔细研究之后，来京商讨，能带来更具体更周密的方案最好。

……………………………………

要我写的稿，我即考虑动手，希望下月五日能拿出。专此。问大家好！

苏秉琦

1986.11.27

北戴河金山咀出的秦汉瓦当（存秦皇岛市内，已发表过）能联系借用实物照片或重照，收入这期画报最好，因为这也是“宫”的一个组成部分。

苏秉琦—郭大顺（1986.12.1）①

大顺：

你好！27日发一封信，谅收到了。

今把“陶寺”稿寄回。请审阅。

今天杨鸿勋同志把“黑山头”仿汉“阙楼”设计图纸给我看过了。他送给沈竹同志去了。

① 郭大顺先生提供信件录文。

上次信写的仓促，有一点没讲清楚。我的意思是，关于红山文化“女神庙”和“碣石宫”两大工程，宜采用当年湖南发现马王堆汉墓那样的做法，由省里向文物局呼吁，让文物局负责同志出面，找一些人，组织起来，比由省里自己邀人协助岂不更好？钱的问题也好解决了。那次马王堆女尸的保护问题不是解决得比较成功吗？这经验值得吸取。

“三大发现与三个象征”文准备写。专此，问
大家好！

苏秉琦

1986.12.1

苏秉琦—郭大顺（1986.12.22）[①]

大顺：

你好！上次信谈“牛河梁”神庙问题，已有一个月了吧。未见回信，今天想起烦你照几张红山文化陶器、玉龙照片（给《中国建设》写文章用）。躺在床上，辗转反侧，不能入睡，只好起来写信。

女神庙自8月份《人民画报》及《中国建设》以及其他宣传，国内外震动。尤其彩版头像，栩栩如生，凡是看过的人都会想象以后复原起来，那将是一处多么令人神往的所在啊！我一想到这里，就使我无论如何也睡不下去了。

我不能不再次提醒你，女神的命运着实令人担忧，今冬明春是个紧要关头，想到你们迄今还没有一个像样的作战方案，也没有大声疾呼，像当年发现轪侯夫人那样，八方求援，上自总理，下至几十个专业单位，动员几百个专家学者，才有后来那样一个差强人意的结果。托“夫人”的福，湖南博物馆受余福不浅，迄今每天还

---

① 郭大顺先生提供信件录文。

有成千上万的观众瞻仰尊容。大本大本的报告、文章也出来了，为祖国文物考古事业生色不小。再看我们的牛河梁的现状，越想越感到形势不妙。倒不是说我们无能，而是这样做法不对头，工地一个方殿春，加上一孙守道坐镇，你在那里遥控，客卿王矜属于观光，来看热闹的人倒不少，我真不敢再往下想了，太可怕了。事情的紧迫、问题的严重，我怀疑你们是否真正清醒地意识到了！

小小一座土筑神庙，够得上“庙小神灵大”了。试想，浅浅的堆积层，这里还有多大空间，其中还能有多少淤土？它不像丛葬坑，人摞人，哪里还有什么“挖掘”可言，只能说是像动大手术开腹剥离内脏，一件一件地缝补、加固、起出、复原、修饰、美容……又像打仗，胜败都是未知数，如果我们尽了最大努力，向全国都伸出了求援的手，该请教的都请到了，抢救失败，也非意料之外的事，那里也可说“回天乏术”，谁也没得话说。而现在呢，茕茕孑立，就那么几个大人，还要应付客来客往，罪受了，谁领情呢？岂不是专等将来落到不可收拾，让人指着鼻子挖苦，自己终身受科学家良心的谴责。那时诉苦就晚了，为什么不早做良图呢？

这问题的难就难在，神像是有一层比蛋壳脆的表皮，剩下全成黄泥土，还不像挖漆木器还多少有些空隙。据我所几位有经验的技术人员说，最多能起回、落下不过半数，可那是器皿啊，一件一件的，这却是“有机体”，要对上号才成“人”样，对不上号呢？我们能把他们像卖猪牛羊肉的，解成一块一块的土块展览，等到那时岂不惨了！这不正是摆在眼前的事实吗？真不堪设想。

今冬明春，怎么过？成败就是这几个月了。总不能坐等奇迹发生罢？要知道，摆在那里不动她，她也照样会成一堆泥土的，可五千多年她都过来了？又当做何解释呢？包括那个“人头”，也是要坏的啊！那个发亮的面皮是保不了多长时间的，如果不及时采取适当措施（手术），不管怎样，稳坐钓鱼台不是办法，还是及时找省长反映，省长再向上反映，向四面八方求援，不会有人说是小题大做的。

不写这些，今夜没法入睡，现在可以睡了。问好！

苏秉琦

1986.12.22 夜

苏秉琦—郭大顺（1986.12.22）①

《中国建设》邀我写篇文章。

拟题为《华（花）与龙》——（副题）《寻根记》。

需要红山文化几张照片：

1. 三官甸子 T3（3）：6 彩陶筒（器座）。

2. 东山嘴 E9（2）：1、2、3 彩陶盆三件中选一件，要花纹比较清晰，特别是一个单元图案看得清楚的，如插图。

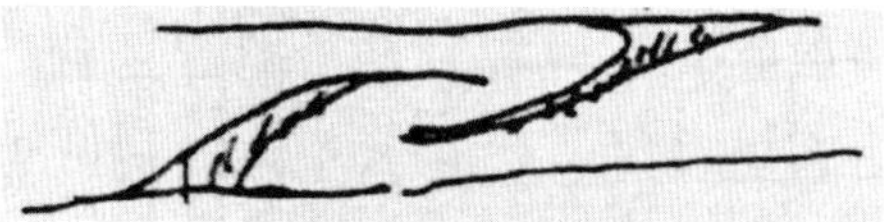

3. 玉猪龙雕。不要《人民画报》《中国建设》已发表那两件，你在兴城给我看过的，从老乡家收来的那件就很好。

请代办，请尽快办！

苏秉琦

1986.12.22

郭大顺—苏秉琦（1986.12.25）②

苏先生：您好。

① 郭大顺先生提供信件录文。

② 原信未署年。信中提到的第二批历史文化名城公布于 1986 年，故信写于是年。

您为《辽宁画报》撰写的文章，编辑让我顺了一遍，因急于送稿，就未再征求您的意见，主要改动是把那首诗放在结语，如校样来不及给您看，就只好由我代为负责了。我看了觉得很有深度，也通俗易懂，每一段都可以再发挥成文。正好《历史学年鉴》让我写一篇介绍牛河梁的文章，我把您的那一大段都引了，这样更有历史味。

与杨鸿勋再去绥中工地，又有收获，仿建把主体楼设计在东南侧的科学依据是充足的：一、遗址以东南角向海崖延伸最长，破坏也最多，柱础全部移位，说明原来最高；二、基本与龙门石呈中轴线相对；三、东南角即近南海口，也近东海面，即对龙门石，又可望碣石；四、本身不对称，但与止锚湾遗址遥相对称，正是国门之势。

目前省市县都很支持这项工程，只等文物局定盘子，下步设计、规划才有实现的前提，我已给老黄转局领导写了信，强调了地方有关部门正在对这块宝地的价值有越来越快的认识，县长今年已三次提出要修海边公路，旅游部门也跃跃欲试，我们若犹豫，就要被动，而这是只能由文物部门控制起来才能有效保护。由此想到，我国现存地上建筑，都是唐宋及以后的，又以庙为主，形成文物保护重点放在地上、后期、庙宇。最近公布的第二批历史名城也反映这个问题，长此下去，中国世界第一流的文明古国形象就出不来，因在世界上我们的优势在唐以前。尤其是一批皇家建筑，重点存地下部分，只要在保护、规划上下功夫。以后有条件，可逐年复原，黑山头的实验可以证明，仿建同样是科学标本，是文物胜地。其实现存地上的，哪一处不经多年维修，有的大修不就是重建吗？

您信中关于牛河梁工作的下步设想很好，这次去京，好像大家都没有心思，也许对牛河梁不像马王堆那么看重，不过我们该请到的还是尽量请到，争取文物局出面。前已有美研所推荐北京工艺美术公司一位专长泥塑加固的老工艺师，最近金维诺又推举他的一名研究生。此事恐怕还得以我们的技术顾问王㐨和历博为主，好在明年上半年以盖工棚为主，把工作实验室的想法尽量考虑周全些，待工棚设计时我们再去京和现场邀集有关人士论证一次。

祝　新年好

学生　大顺

12.25

苏秉琦—郭大顺（1987.3.6）[①]

大顺：

你好！

辛占山托人带一封信及瓷瓶一只收到，谢谢他的美意。

黄景略回京后，和他谈过我的设想：与兖州办的“领队培训班”配合，另办一个“田野考古应用技术培训班”。作为试点，先办一个短期培训“考古探工班”。

具体讲，请叶学明主持，照他在侯马为配合铁路勘查晋国故城址办的小型班经验，大致是：1）招当地农村知青（本地人）条件好的；2）专业知识讲授与实际操作结合；3）几个月时间，探明“古城”（包括城内重要建筑物基址，人也培养出来了，这批青年不同于过去“打洛阳铲”探工，专会探墓，而且成为新一代“洛阳铲”工，赚钱多，旧习深，败坏了“考古尖兵”名声，再也不能专做“考古工人”了，像旧社会“兵痞”，专为混饭，不会打仗；4）由文物局主办，在辽宁试点，目的是为把绥中、建喀凌坛庙冢等外围的建筑遗址探出，在短期内理出一份平面图。这类遗迹，以现有资料推测，不同于一般考古遗址的夯土或居住面，属于特殊一种遗迹，非“练新兵”不可。而我们对这两处大文物又必须在近期内拿下来，为解决问题，必须走新路；5）我们对配合考古的专业技术人员也要有个长远打算，一、要有专门技术；二、要分类、分层次；

① 郭大顺先生提供信件录文。

三、要结合具体工作（任务）；四、要长计划短安排；五、没有这一着，长期靠自然生长，师傅带徒弟，临时工，不是办法，考古所的优势（有几个成才的技术人员）不足为训。

这个设想，老黄赞成。我想，辛占山组织能力强，是人才，此类工作，他会考虑得更细，更好，能具体领导此事，将为全国考古事业做出一大贡献。文物局有这两套“班”子就配套了。

《辽宁画报》收到，这里同志多愿有一本，没处买，请代买十本寄我，分送。

我们那三篇关于“写报告”谈话稿，《辽海文物》几时能出？高炜同志告我，他希望多给他几本（五本吧）。

李文杰整理《关庙山》报告，“大溪三期”房子中出一件大人头塑像（缺后脑部分，明显是镶在墙上的）在室正中，埋在地下。他认为似是“奠基坑”，这期年代^{14}C 测定5500 年，恰是“女神庙”同辈人。

我为《中国建设》写的《华人·龙的传人·中国人——寻根记》已交稿，五六月份可出（中文、外文），配图 17 张。

本月 20 去杭州，有吴汝祚、张维（历博）同机作伴，约月底回京。我主要目的，是为补去年纪念良渚五十年的会，看看材料，再写一篇，作为 1984 年在嘉兴讲话稿［收入南博新改版《东南文化》第一期（待刊）］续论。

湖北仙桃市沔阳中学张佩琪信，附短文，论述“红山文化女神庙”为传说女娲氏，言之成理，如有兴趣，给你看看。

谈这些，祝

工作顺利！问占山同志

好！

苏秉琦

1987. 3. 6

郭大顺—苏秉琦（1987.4.12）[①]

苏先生：

您好。

您3月6日信，20日收到，知您已去杭州。

最近辛、孙、姜陆续返回，我们一致同意您关于在绥中办钻探班的意见。我已同时给老黄写信，请他尽快给文化厅正式行文。具体想法：遗址全面钻探和今后保护建设，由文物局与省合作，发掘部分省里仍保持独立。这样，对敏感的资料问题可做到双方都照顾到，您以为如何。我们先着手工地建站准备，已让老辛作工地副领队（孙为领队），他回所可从繁忙的行政事务中解脱一下，我和老孙可把重点集中牛河梁。我整党已全部结束，今后又只分管文博，这是我自己争取的，当然也意味着要抓紧时间，打好基础，留条退路。

牛河梁上半年先作冶炼址，一座大墓。女神庙作建大棚的准备，争取年中开个现场论证会。周围的调查去冬今春两县作了一点，所知都是积石冢，需复查认定一次。最近《文物》二编室《中国古代遗迹》图册，中国报导杂志社都索要成组照片，新华社老卜等又来拜访，希望常通信息。《瞭望》一期庞炳庵文，与墨西哥博物馆馆长谈印第安人起源，重点讲了辽西红山新发现（《人民日报》转载）。《先秦史动态》刊三届年会讨论中国国家产生时间以五千年文明为一说，引了红山玉器。美丹佛大学一教授请求到遗址，香港《广角镜》主编也提出要求，省电影厂与所合作电影已合成（地方水平，20分钟），文明曙光热还没冷下去，鼓励我们今年再有新突破。

---

① 郭大顺先生提供信件录文。苏秉琦先生在信后写道：“18日复。”

您关于大南沟、大甸子、陶寺三次讲话，合成一篇，题目：《关于编写田野考古发掘报告》，已校阅付印，到时按数寄您和高炜。

《辽宁画报》印得不好，地方水平，加上时间所限，表现国门的地图、北戴河瓦当都没来得及用上。不过对他们来说，占这么大版面还是头一次。可惜印前未打招呼，此报只邮订不出售，只给我十本，已分掉一些，小童也要分送俞、叶、杨、于可可，只好给他寄3本，给您寄2本。

我们这里评职称已开始，我因兼考古所长，也可参加。现因拖了时间，名额甚少，尤其高级职称。由此我想到也请您给写个业务评语，这次或今后都有用。我自己的业务总结还未写，考虑几方面：在实践中对考古学理论方法的探索（以大甸子、大南沟整理、魏营子、后红山文化研究为例）；带课题，突破传统史学，加快学科进度（以文物普查中发现东山嘴、牛河梁，提出五千年文明为例）；发掘研究与事业建设相结合（以三大工地发掘研究和保护建设为例）。此事不是很急，一两个月内您如写好，直接寄我即可。老孙评突出贡献报晚了，又说社会科学无可比性，要等今年，不过给他评了省劳模。

张忠培来信，商量张星德毕业论文意向，希望搞有关辽宁题目，由我参加辅导。我考虑一下，有关题目不少，但适合研究生作的不好选。我提出大南沟再整理、牛河梁一座积石冢分析、红山诸文化关系等，觉得都不一定合适，请您给出个主意。

成都会我和老孙都收到信，争取参加。

祝您安康

学生　大顺

4.12

苏秉琦—郭大顺（1987.4.18）[①]

大顺：

你好！四月十二日信悉。

厅里对你的具体分工的调整（只管文博），我看是合理的，对工作有利。这和今年新拟代中央起草的“关于加强文物工作的决定”精神是一致的（成立“国家文物指导委员会”“国家文物局”“文博学院”）。

把办培训班与对大遗址的保护问题一并作为文物局与省合作性质，与发掘工作作为省所工作分开处理，原则我看没什么不好，具体做法可进一步商讨。如果你能参加四川会，到时和老黄等再商量。

女神庙今年中开一次论证会我看有必要。对于在发掘现场处理“软件”（已在土中朽成一团的文物）的剥离技术，王孖有一定经验，知道应怎样下手，不应该怎样动手。所里有同志和我谈，这种需要蹲下来、长时间连续不断的细活，必需有人能抽出几个月（二三个月）的时间，而且全力以赴，以专责成的担负起来才行。考古所在这方面有条件的人有几个，这事可由现在负责的几个人（王孖、老孙……），再参考历博同志的设想，仔细研究，看是否还有必需向考古所技术室“求援”？我没成熟意见。无非是总有“如临深渊、如履薄冰”的心情而已。

外边所有人的关注、热心，现在我们还是冷静对待。因为责任在身，做好了皆大欢喜，做不好可自己没法给自己交待！现在对于发表材料的事，千万慎重，再宣传怕过头，还是集中考虑具体工作要紧。

“评语”可照办。你如果考虑得更成熟些，请给我写信，你讲的几项都很原则，有分量，能更具体生动些更好。

---

① 郭大顺先生提供信件录文。

《画报》有几份算几份吧，不必更多张罗了。

星德的毕业实习题，我想起一个可考虑：“辽西走廊红山文化”。比如能让她在1985年、1986年，还有胡桃沟（如有遗址文化层最好）我看过的几个地点，再试挖一些。1986年看过的查海地点材料很好，如材料更多一些才好。兴城1985年看过的地点再正式挖一些也好。

新乐博物馆老于同志有意再挖一些，这处遗址有自己特点，让她能参加更好！问

好！

苏秉琦

1987.4.18

铸铜址发掘希注意地层关系，共生陶片全收。又及。

苏秉琦—郭大顺（1987.5.8）①

大顺同志：

你好！

回来后想起你上次来信谈的要我为你写一份“审评”意见的事。原信一时没找到（未必遗失，只是因为单独搁放不好找），请你再专写一份，照原意写，或更具体些，给我做依据。

如果你去烟台，就随身带去；如不去就寄北京，能在烟台会面当然最好。专此，致

敬礼！

苏秉琦

1987.5.8

① 郭大顺先生提供信件录文。

郭大顺—苏秉琦（1987.8）[①]

苏先生：您好。

电报收到，已告诉兴城文化局长闫永湘，他说没问题，尽量安排在八一疗养院或海边，时间定准即可电话告他们，以便接待。

这一个多月忙于接待。赵总理、宋健、谷牧等去了碣石宫，肖克去了牛河梁，还在牛河梁接待了美国丹佛大学人类学系主任纳尔逊、法《解放日报》记者。张光直因在长春生病，牛河梁不一定去了。详情见面时谈。

我原有个安排，如您今秋还来兴城，可否先去牛河梁，由北京到凌源有快车，软卧，时间也合适（292 次，晚 10：30 京始发，晨 8：30 到凌源，20 分钟后到工地），工地已收拾出一间有卫生间的房间可住。去兴城时如乘汽车，厅里有北京新吉普 5 个小时到。如乘火车，13 时由建平发，晚 8：00 到锦州，有软席，当晚到兴城 2 个小时。我已让小童把这个安排转告，请您量力而行，不必勉强。如不去，按原计划即可。

小童邀我为论文集写文章，我想了个题目：《论文化交汇在中华文明起源中的独特作用》，但又觉得范围太大，怕写不好，不知您近来在这方面又有何新想法。

上半年所里忙于评职称等等，工地进展不大。姜女石遗址只作了黑山头，试掘了止锚湾。牛河梁又揭了架子山积石冢表面，希望寄托于秋季。如您到牛河梁，可同时邀几位就女神庙发掘方案作一次论证。

您为我写评语要的材料，上月已寄去，如有时间能写出来最好。

学生　大顺

1987.8

---

① 郭大顺先生提供信件录文。

定好行程，买上车票，可同时给兴城市文化局闫永湘和我来电报。

苏秉琦—郭大顺（1987.8.30）[1]

大顺：

好些日没和你通讯了。对你那里的工作还是有些惦念的。我这里从烟台回京后，六月间去过一次房山。北京文物考古所的工地，叶学明领队，一个重点是有七千年前的地层，和平谷上宅不同，有商周之际的地层，而后者又是与琉璃河不同的。8月初从4—14日去山西忻州—五台山一趟，山上（佛光寺）住了几日，忻州吉大工地看了一下。吉大这个点选得不错，为我们探索“小三北”（晋、冀、陕、内蒙）五千年前后一段直至商周之际古文化，会有所突破的。

今年度原设想为辽宁办小培训班，开展大面积勘探，是当前辽宁全省工作一项对症下药的设想。未能实现，主要原因是“人”的问题。考虑叶学明，但叶是北京市所的人，文物局借用，不是长久之计，何况山西侯马报告一摊子又非他参加不可。文物局正和北京市协商调到文物局来，在进行中，很难说几时成功。难就难在辽宁省似自己没有合适人选，而这几年来辽宁的工作上去慢，这也是关键问题。牛河梁、墙子里迄今弄不出个大面积平面图，细部清理也不够理想。这是关心辽宁工作同志们的看法。

至于技术上、经费上问题并非关键所在，关键是自己拿不动这个大工程，“帮腔的上不了台”，这道理你该有所体会。这不是辽

① 郭大顺先生提供信件录文。

宁一省的事，过去“大文物”概念不明确，不大清楚这道理罢了。例如：考古所在陕西不是遇到过多处“大文物”自动放弃了吗？陕西省所韩伟能攻下秦公大墓，能弄出秦陵园，应算得上是把好手，难能可贵；这一、二年内徐光冀能作出邺城，不单是因为有个屈汝忠的关系，我们应从中悟出些有用的道理。此问题并没成过去，而是越拖越严重而已。

今年我还想在九月份内，比如说九月十日—月底，再去兴城。我、老伴、文物局一位青年人一道，你那里找个把人陪伴，你可灵活掌握，住院费你们筹措，用什么名义可斟酌。［此事昨天（29）和黄景略谈过，10 月份的考古所长会我就不去了。］

题目：作为准备环渤海会一个环节，为辽东，或辽东湾古文化座谈会的筹备。几项具体工作：东沟（后洼）许玉林；阜新查海和 85 年在兴城看过的那个点的材料；旅顺郭家村为中心的材料；还有，沈阳新乐如有些新材料也好（他们原计划，今年挖一些）。这四个点都有典型性。我希望利用这期间（9 月份）我们去兴城机会，能把我们这两年（85、86）在兴城看过的阜新两批材料，由原工作者进行一次标本筛选拿去；后洼材料请许玉林筛选带来。这样我们把两者对照比较，辽河东西侧文化关系就能更具体地论证了。其他两部分可暂缓，另安排时间，原则上还是休息为主。原因是我这次从山西回来检查，心律不齐症状虽是老问题，但心律慢有发展，这就不利于治疗校正（用药怕副作用——减慢心率），用药范围就小了。事实上一星期来恢复还不错，正说明一年不如一年，每年有一段“疗养”还是必要的。

请你了解一下，①兴城疗养院这期间（9 月 10—30 日）有没困难；②工作上，陪伴人等，经费上有无困难。

等你回信决定，越快越好。好做准备（买车票要提前三天）。

《文物天地》4 期《给青年人的话》编排还不错。

给四川写的《西南地区考古一个重要生长点》已寄出。

祝

工作顺利！

苏秉琦

1987.8.30

伯谦带学生去徐水发现一处万年前遗址，地层好，三层出三小片陶片。

郭大顺—苏秉琦（1987.10.17）[①]

苏先生：

返京时顺利吧。

女神庙大棚事，文物局答应今年先拨给10万元，明年再补，省财政今明年也能拨款，这样就进入正式设计。已委托省设计院先搞个初步方案，征求各方意见后再转入正式设计。我们提了些具体要求，也给历博、王孖、白荣金写信征求意见。您有何意见，请告知，待初步方案出来后，到京还可再议。

《瞭望》报道稿件已改了一半，过几天可寄给小童。

手稿已复印送还，其中有您这次在兴城讲话提纲。

这次在兴城疗养效果如很好，可随时安排再来。

安康

学生

大顺

10月17日

① 郭大顺先生提供信件录文。

苏秉琦—郭大顺（1987.10.19）[①]

大顺：你好！

11日晨车正点到京。有司机、白荣金二同志到车厢来接。加上有个小“拖车”帮忙，没太费力出站，到家正五点半。有大儿子、儿媳在家，一切顺利。星期一在家休息，星期二先去医院查身体，把在疗养院9月30日做的心电图检查报告单交给医生，和我离京前门诊记录核对，证明“心率过缓”与Q-T过长两项症状均有所改善（心率从54升到六十几次，Q-T从0.44减为0.40）。此页已附入我病历，一个月的经历可说双丰收。问过会计，“体外反搏”治疗费用可以报销，请你把账单寄来为盼。

回来才得知冶秋同志去世消息，局里几个负责人忙于治丧事宜。还有去湖南开会的未回。我迄未去文物局，昨日才见到俞伟超，见到杨鸿勋，涉及辽宁几项工作交换过意见。他向我介绍了安阳殷墟博物苑开会情况。潘其凤刚从新疆回所，他拟本月下旬去牛河梁。我给他看了912墓（即N5Z1M1——郭注）材料。张忠培大约25日可回京（去湖南、长春，再转河南）还有全国考古学规划小组会要在本月24—25开会：①评审1987年考古学科国家社会科学基金项目；②汇报、交流已落实的考古学科国家“七五”重点项目的进展情况。此事，辽宁落后了一步，不过，申报项目是年年可以上的，现在补报也赶趟。我把已审评批准项目告你可做参考：金牛山10万、金文合集6万、石窟寺4万、贾兰坡报旧石器概论2万、吉大张家口地区发掘报告2—3万、北大胶东考古报告2—3万、李逸友黑城子1万。此外，未落实的有川大西南丝绸之路、湖北盘龙城、山东王因、考古所洛阳杏园魏—唐墓报告、

---

① 郭大顺先生提供信件录文。

新疆吉木萨尔石窟、考古所汉简合集、北大高明古陶文汇编、内蒙古朱开沟、杨根磁县磁窑测验、南京市博南朝墓报告、东北三省古城墓（谁报的不明）、湖北楚墓（郭德维）、良渚大墓（牟永抗）等报告。

昨天伟超告诉我，洛阳抓获那件盗卖红山文化玉猪龙案件一事。原来历博□□□等一些鉴定专家，还有辽宁同志说是假古董，伟超当即告知公安人员一定要以案犯口供为凭，他们自己说是真的，当然是真的（反之，如是假的，他们也就不成其为案犯了），这类事万不可大意！“专家”也有他的局限性。

红山玉龙底片附上。

与杨鸿勋交换意见：①“观海楼”设计可搞两个比较方案，A）原拟方案，优点是仿建筑与真实遗迹（即土埋起原遗迹）上加模型遗迹协调，壮观；B）用轻型材料大棚罩起真实遗迹，不用柱，优点是可看真迹，缺点是有些碍视线，与“观海楼”不够协调，造价比原估计也会略高一些，我们意见是可按两种设想估计、设计，论证后最后重订协议；②墙子里（姜女石）“工作站”设计建筑估计面积约2—3千平方米，可先建一千平米左右，工作、生活、辅助配套。这样，没有几十万下不来。生活区房设计东西向多，他认为不是缺点，不论向东、向西，廊前有花草树木遮阴，更增诗情画意，我也觉言之成理。此地建平房属乡村性质，不需城市建房一套官样文章。可自己设计，自己组织施工，高技术工人用北京的，粗工就地招。如自己有门路弄建材，时间可以省，钱也可以省，看来这一步如省里能自筹资金自是理想，下一步再向文物局要。但这事很关重要，应不失时机；③牛河梁女神庙可照你们设想的请几个人再论证一次，即可正式设计。原来杨鸿勋的设计，可作参考，加以补充修改。

冶秋的追悼会约在月底，到时我想你能来和局里领导协商。具体问题，自己先有底谱，心中有数。重要的是，你们几个人需要积极负责，有开拓局面的精神，万不可拖！

复印的几份材料，原件用罢请即挂号寄回！

《瞭望》许李二人稿望抓紧时间，尽量把意见讲详细一些，他二人都年轻，不会不能接受的。

中国文明起源系列科教片之一“马家窑文化”毛片已拍完。下一个我鉴于需要把积累第一手资料放在首位，“红山文化”有现场可拍。如人骨收起，或改变现有工作途中实况后，再拍就晚了。所以，建议该厂通过文物局与你们协商合作拍片（“马家窑文化”是第一个，通过人的关系，先干起来再说），准备工作先行一步，拍现场作资料（电影、录像）岂不比照相强十倍！将来电影拷贝、录像带文物局、你所都可有份，这也是资产。此事也可列入你来京时面谈内容之一（到时可先看一下科影的“马家窑文化”毛片）。

现在想到的就这些。再谈，问

大家好！

《文物天地》已送来一批，你那里看需要几本，告我寄去。

苏秉琦

1987. 10. 19

苏秉琦—郭大顺（1987.11.16）①

大顺：

你好！今天给孙守道的评审意见交李宇峰带回。复印一份给你，因为内有涉及你的一段，此事系照章办。我想，这样既不违常规，也合情理。如果有必要，领导上再来一份正式材料，我另填写也可。

北京科影的鲁明急于要到辽宁看看，好心中有数。估计你可见

① 郭大顺先生提供信件录文。

到他们。

看过孙守道材料，对我也很新鲜。拍电影的事，有老孙合作也是必要的。

有事情来信。问

好！

苏秉琦

1987. 11. 16

北戴河金山嘴遗址，文物局意见：①今年把41亩地征购手续办好；②继续在此范围内探挖；③要求渔业单位在他现在动工区内不要盖高层建筑，希望他们还是让出为好，否则他也不方便，压他们让步；④在发掘区内拟搞一个临时性质展览棚，在明年夏季搞出来，给中央领导看；⑤山海关南边发现的“五花城”要河北省也抓紧探。

又，拟让叶学明抓一抓“环渤海区系”横向联系，先了解情况，从旁促进。这是黄景略意思。黄组织上算已调到古文献室。又及。

郭大顺—苏秉琦（1987.11.25）[①]

苏先生：

沈阳部队前进歌舞团门文元团长、张钊澄（编导）二位前往拜访您。他们有志要以牛河梁为背景，创造一个歌舞剧，正好北京科影鲁明等先与他们联系上了，这样他们很想找您谈一次。我以为他们的想法是积极的，虽然时间稍早了些，但已有的资料和研究成果可供他们参考。

已同鲁明他们谈过，想他们一两天内也回京了。

---

① 郭大顺先生提供信件录文。原信未署年。据郭大顺—苏秉琦（1987. 12. 3）内容，信当写于1987年。

祝好

学生　大顺

11.25

电话：55－5131 转 272

郭大顺—苏秉琦（1987.12.3）[1]

苏先生：您好。

寄来的两次材料都已收到，让您费心了。现各单位正在评议，机关要放在后面，需等一段时间才能把我们这一类型的提到日程，听说中央也有照顾的考虑。

秋后各工地的成果，牛河梁第二地点（即公路边）最东边的一冢已揭开，为“日”字形，14（东西）×20 米，这样似乎是东西各两座，中间为圆形“坛”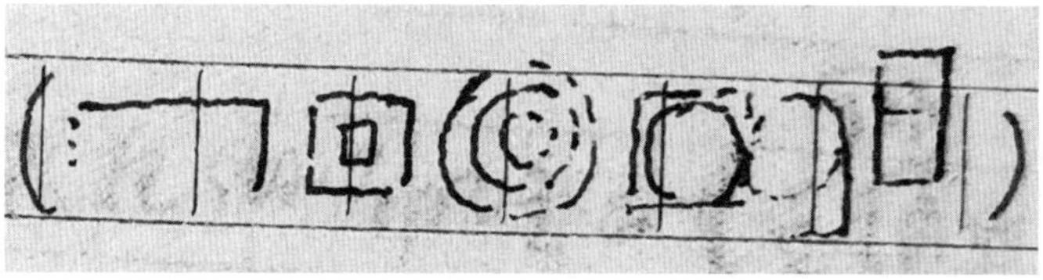。

冶炼址打了探沟，发现坩埚层下为人工夯土，2 米下有一完整人骨架，结构复杂，性质奇特，现场我未看到，是听老孙说的。这样，年初原定牛河梁的计划，包括作一个中心墓，也算基本完成。女神庙工棚设计已测了地形，正在搞草图。查海又开了四个方（5×5），发现三座房子，簸箕形（每边 6 米多），基址打在风化岩下，房内陶器、石器成堆分布，因房子未全部露出，也暂封住。许玉林配合铁路工程在辽东岫岩县（后洼以北）发现一个遗址，出房址，几何刻划纹陶器、细石器、岫岩玉锛、石雕海螺等，甚丰富，材料

① 郭大顺先生提供信件录文。原信未署年，苏秉琦先生在信尾页上标注复信时间“22/12 复”，据此及苏秉琦—郭大顺（1987.12.22），信应写于 1987 年。

我还没看到，下次再详谈。

《对辽西古文化的新认识》正在构思，觉得题目选得甚好，可在这篇文章基础上充实为一本小册子，就叫《辽西古文化》。从一个文化区来说明、表现考古区系理论、方法，而且是一个特殊重要的文化区，将是很有意义的。材料、基本观点、文章都现成，我想做为明年的重点写作项目，您以为如何。

黄景略前几天来电话，说适当时间邀河北、辽宁一起讨论北戴河—止锚湾遗址保护问题，正好到时女神庙大棚设计也有方案，一齐向文物局汇报吧。

科影鲁明等见过一面，他们事业心很强，肯定可以拍出来，但他们没钱作后盾，许多大场面拍不了，效果不一定好。前进歌舞团谈得怎样？他们拍过《金山战鼓》（一等奖），出过唱《十五的月亮》的董文华，有实力。厅里听说后还很觉后悔，看来已是人心所向。这也许就是您常说的考古学正在成为人民的事业。进程在提前，我们额外花些精力，也值得。

冬天到了，望格外保重身体，慢走路。

学生　大顺

12.3

赵晓华送来您寄的一本《文物天地》，上有字，是哪位读者已用过的，不知如何转到您那里，现存我处。

苏秉琦—郭大顺（1987.12.22）[①]

大顺：

你好！12月3日信及时收到。12月17日王晶辰同志送到大米一袋，费心费力，非常感谢！

---

① 郭大顺先生提供信件录文。

《瞭望》49、50两期刊出伟超和我的文章。《人民中国》的访问，《瞭望》记者的采访两文，近期都将刊出。这些多少会有些影响，前两文复印件随信寄去。

告诉你一个消息，文物局一周前已通过给黄景略评“研究员”，这也将为你这一类型专业干部提职称起开路作用。

再一件事，黄景略已正式上楼（文献室）办公。当然，文物处的事还有个交接过程。

据老黄讲，叶学明调文物局事已办妥（编制在文献室）。他讲的一下步找辽宁、河北两省同志谈金山嘴—止锚湾事，还有“环渤海”横向联系开展学术活动等，他都属意叶学明在这方面干些实在的事，这就比专靠行政人员抓实际多了。山东学海同志带口信来，明年4、5月间在淄博市（张店）召开第二次环渤海会，他准备来京一趟。

压了三年的那个代中央、国务院拟的文件已由国务院发布，正式文本待复印出分发。在此之前，暂“保密”。我想这也有必要。因为有些实际执行的问题，落实后再分发为好。对文物事业讲，是件好事。但改制改革是大事。“摸石过河”，急了不成，也是事实。辽宁的工作总是取积极态度，扎实稳步前进吧！

牛河梁的发现新情况，很重要。许玉林组新发现结合原来的后洼文化看，可能是一脉相承的，等你们的情况报告。

查海的工作成果，很好。对此，我希望你能设法尽可能快的给我提供一些具体详情细节材料。因为我需要这项材料和兴隆洼对比，而原来掌握的那一部分则太单薄了。至盼！

你谈的《辽西古文化新认识》一文是否为小童等组编的纪念论文集是一回事？如果是那样，时间就需要抓紧，否则就是另是一回事了。

鲁明编导的“马家窑文化”科教片，约春节前可拿出来。你如来京能赶上看看试映也好，看看他的“才华”如何。

前进歌舞团，他们搞的是艺术再现，不像科影，更不像我们搞的是第一手原始资料，只要能掌握准意境，其他参考艺术形式可以作为素材，也许困难不像我们想象那样大，等他们的吧！

给你那本《文物天地》上的批注文字想不出可能是谁写的了，算你的吧，继续批注可也。

伟超的文章我读了两篇，总的观点我们是一致的，但此稿（包括忠培等人写的）都像学生考卷，各人写各人的，只有小童像“考官”。我看他这篇文章是一气呵成，未经琢磨，颇有些文采。这样好，每人都应有每人的“本色”。

暂写到此。问候

同志们！

苏秉琦

1987.12.22

郭大顺—苏秉琦（1988.2.16）[①]

苏先生：您好。

电话里您关心我们今年工作，已初步有了安排。

女神庙大棚想设计个能活动的房子，照相时打开，不必太高，将来也可挪作他用，这样不至被动。这个设计如顺利，秋季可试掘。“冶炼址”标本经北京钢院（柯俊先生处一研究生告）初测：是炼不是熔，是红铜，用内燃法，同古埃及。附近一山头又发现相近的一处，开春继续作。与各县合作开展调查，寻找相应遗址。工作站建库房标本室，院子改造，省计委已初步答应给20万，把站前公路旁一块地征用，盖小陈列室，应付目前参观（1987年接待2万人），这样站内就不像“大车店”了。

姜女石上半年两项基建：建站500平方米，已在设计、备料，

---

① 郭大顺先生提供信件录文。

力争7、8月住进去；黑山头遗址模型试验。继续勘探，叶学明来最好，不然就请内地探工带班，为总体规划准备资料。

金牛山等吕先生消息。据说营口市文教市长兼管财政，遗址建设如缺资金，他可想些办法。目前，沈大高速公路已通到营口县城，今年过金牛山时，距离200米，也会是应接不暇的局面。

为此，向省政府打了报告，成立遗址博物馆筹备组，与考古所合署办公，但各负其责。因涉及编制，一时不能批下来。我还起草一个《三大遗址博物馆规划设想》，力争主动权。目前，一提三大遗址，计委、财政都认账，经费已不是主要矛盾，人员作了小调整，形势可望好转。

吉大已定来辽宁选点实习，初定阜新。他们如愿长合作，还可建站，作为沈阳—牛河梁的中间站。查海开春也要继续作。

杨鸿勋处三次电话联系，关系仍然保持。他们好像很忙，具体负责一项工程，到不了现场，还得地方操办，以作咨询为合适。所以工作站设计、黑山头工程还是我们负责，到时请教他，我们出咨询费就是了。

省里换届，林省长管城建，一位王文元教授（辽大经济管理学院院长），无党派接任，这样有两位省长说话也好。现在机构问题只好等三月人代会，但工作不能松动。

前进歌舞团已进入编辑阶段，说春节后找我们谈一次。剧名叫《红山女神》《女神恋》《女神颂》，似乎都不理想。

新华社卜昭文来，她还念念不忘，谈到河南的报道太零散，观点不显明，不如牛河梁，抓住文明起源，持续一年多，她还想为您写传。近又收到《人民中国》郭伯南寄来访问您的1988年2期。《瞭望》新文章还未见到。

最近正在评职称。春节后名额才能定下来，还得再争取。我自己问题只好再等。上月见到省科干局管此事一位局长，他们对我还比较了解，又说行政机关也快有规则下发。

为纪念文集写的文章，三月底交稿，没有整段时间，怕是写不好了。主要想对您的观点加以理解和注解。

您近来身体如何？

祝春节好

学生　大顺

2月16日

苏秉琦—郭大顺（1988.3.19）①

大顺同志：

你好！2.16信早收到了。

烦鲁明同志带去《人民中国》三本，送所、站、凌源县（于县长）各一本，留做纪念。

叶学明来面谈过，他今年工作多一些，拟调他在山西培养的探工两个人去协助，他可以抽时间机动短期到现场指导。这次工作要群策群力，抓紧时间，希望今年“碣石宫”能搞出个大面积平面图，为盼！

牛河梁设想我没什么具体意见，希望注意与环境风貌协调，又像个遗址博物馆、考古工作站结合性质的雏形。

小童爱人从国外带回一件博物馆纪念品，仿埃及古石浮雕人像，6×6×1寸，价二十余美元，雅俗共赏。牛河梁要在这方面做些文章，一年有二万观众是个不小数目，此类工作要格调高雅，每件可以从几元到几十元，学术性要强，制作要精，要有详细学术说明（中文，外文），请考虑。

祝

工作顺利！

苏秉琦

1988.3.19

---

① 郭大顺先生提供信件录文。

郭大顺—苏秉琦（1988.4.16）[①]

苏先生：您好。

纪念文集稿已于三月底邮出，因主要是对您的观点的理解，恐有不妥处，特寄您一份。我还是想女神庙具宗庙性质，所以又有些发挥。

今年配合基建项目又有增加，主要在辽北、辽东，加上北大、吉大、辽大的实习，安排好争取不至影响两大工地。姜女石工作站正在设计，如过“五一”动工，说三个月可完工，先盖700平方米平房。黑山头还要最后清理、论证，作模型要到秋后。省计委催要总体规划，目前只能搞个粗线条的，叶学明要下半年以后才能腾出手来，河北已来人联系夏季北戴河展览事，相互参考，相互促进，是大好事。牛河梁大棚准备定作活动房，省工省钱也省事，省计委拨20万，在站前公路旁买10亩地，搞个临时陈列，既应付参观，也与工作站隔开，厨房挪后院，厕所挪墙外。

工地继续作冶炼址、积石冢。秋后试掘女神庙，今年的社科基金北大已给我们寄来了表，争取评上。我今年争取腾出更多时间抓两个工地，进度慢，地方也有意见，当然他们是另有想法，不过可以作为借口。

文博单位正在评职称，沈阳、大连比省里宽松，不过多数人可以满足。这几天正开评委会，四月底可告一段落。我的职称只好再等。

五月份山东会不知具体日期如何安排，我们还有些事安排，希望不至冲突。

祝安康

学生　大顺

---

① 郭大顺先生提供信件录文。苏秉琦先生在书信尾页写道：“28/Ⅳ复。”

88.4.16

您给赵晓华信我看过了，给博物馆的邀文，写几百字亦可以了。不必太费心。

苏秉琦—郭大顺（1988.4.26）[①]

大顺：

你好！4.16信及稿收到。读了一遍，认为组织得很紧密，对今后的学术课题也摆出来了。大都论点、论证在我们小范围内都谈过、写过了，继续发挥还是大有必要的，新意也不少。

今年工作计划安排我看很好。望抓紧，能在年内办的事就不使它拖到明年最好。

文博单位评职称，地方上宽松些好。沈阳、大连带个头也好。到头来，你那个单位，先不把你自己和大家摆在一起有好处。正如黄景略，放在末尾，可避免挤占位置的嫌疑。我的想法是，能让所内几位师兄弟有条件上的都能上去，免得“一人向隅，举座不欢”，你说呢？

山东会具体日期，原说的等“五四”校庆，学海来京最后定，我还犹豫，手下有工作，还要黄景略他们几个研究后再看。这事不能拖，辽宁应是下一次接办单位，望你们早些准备。关于日期决定时，如你不来北京，给你通电话联系，让老黄、学海办理如何？祝

顺利！

苏秉琦

1988.4.26

文物局换届事，18日宣布，局长张德勤，副局长暂不动。老

---

① 郭大顺先生提供信件录文。

谢下，但已有政协委员名义，可以仍留局上班，倒名符其实的顾问了。吕济民下，在文化部外事部门任一个委员。庄敏六月份办退职手续，下一步总安排要在六月份内确定。以后的文章也要跟着上。总之，沈竹保住，老谢不全退，再上两个内行当副职，形势还是比较乐观的。

新拟的《文物法实施细则》，对考古所影响较大。有人想不通是意中事，电召徐光冀回京办交涉，能否有大的改变，难说。恢复原状怕无可能。

还有重要的大事是“文委”与“文博”学院，《通知》中已讲清楚，势在必行。按新拟《实施细则》，“文物局”有大量业务性工作，需要有内行里手班子做后盾，否则，这官不好当。文物局局长官不算大，但王蒙似很有兴趣，实际上对此位置有兴趣的人不少，王蒙真的想干出点名堂未尝不是好事。

刚收到长岛要在5月10日开什么“发布会”，面谈过，我不拟参加了。因为我认为长岛北庄村材料还有个消化、理解过程，辽东半岛从后洼—岫岩—旅大一线刚露点头，那里工作要多注意些。

苏又及

苏秉琦—郭大顺（1988.5.29）①

大顺：

你好！我们一行五人（邹衡、小燕、家芳和我们二人）乘青岛—北京14：40车，晚10：50到京，一路顺利。5月17日参观蒲松龄故居，18日参观淄博市馆，有收获。进一步明确认识了淄博一带的齐、燕文化交错。回京后曾给学海一信，建议他们的新建中的工作站可以定名“青州考古中心”。理由是从青州市博，到淄博

① 郭大顺先生提供信件录文。

市博，再加齐故城博，联成一气，范围大体涵盖与青州——齐国主要疆域相似，而青州名气更具古文化含义。“中心”也者，一是发展横向联系；二是多种用途（田野、教学、科研、收藏、学术交流等）。我看他们的平面、立面设计，三千多平米，足够用的。而且，今后如能充分、很好地和三个博物馆打成一片，使它们充实发展起来（主要是专业人员水平），这一课题大有可为（优点是相当集中而且特征鲜明）。

回京后接见过前进门团长二人。听他绘影绘声的描述，脚本我看可基本定型。剧名我建议可取“人文始祖”（黄帝陵匾额），剧中人物可用“黄考”“炎妣”，你们再帮他们参考，出些主意。今天接见了朝阳戏剧所的王墨清，他向我介绍了他对牛河梁等坛庙冢的研究文稿。乍听起来，直觉过于“超前”了一些。我们才起步，他们倒有了一整套理论。谈来谈去，我倒觉得他的理论不是不着边际的。即，他认为三者都各自代表一种宗教（祭祀）活动，并行不悖。就此观点，原也无须非到全部揭开才可以立论。因为三者外形轮廓，内在实物，已知大概，何必一定要全部弄明白，才可定论呢？望你们也多从这角度想想。

淄博会上我写的发言稿，我急需拿来再温习一遍，请复印一份给我寄来，请从速！

专此，祝

工作顺利！

苏秉琦

1988.5.29

下届环渤海会我还是倾向请辽宁作东，河北有积极性，实缺乏系统工作、材料，内容不具体。

沈阳学会上次会发言，《东南文化》给发了，复印本寄你参考。

郭大顺—苏秉琦（1988.6.1）[①]

苏先生：

信、复印件稿收到。

为迎几起外宾（日秋山进午、联合国农村开发署、世界银行，后者是朝阳的客人），五月下旬我去牛河梁一周，有点意外的想法：在架子山墓和猪山之间，又发现一处积石冢（记得去年在兴城看地图时您曾指过这个地方——哈海沟）。不仅进一步证明有南北中轴线布局，而且由此向西，正好与“冶炼址”——三官甸子城子山东西一线（见图），这处冢为山下（前）一处，山顶一处，山顶全部基岩，上盖黑土，个别红陶片、坩埚片，如是墓，更是特意而为。“冶炼址”确有早期夯土（近良渚土墩?）痕迹，每层15厘米左右，黑土、沙土、风化岩土相间，已找到打破夯土的一处遗迹（墓?），其上部压汉代遗迹（灰陶盆、绳纹砖及灰堆）。因这几天当地雨后抢种，找不到工，我时间又紧，只好过几天做，但可以肯定这个人工堆成的土包也是有意选择了地点。已布置尽快绘制的一个分布图，省计委要，以便规划。同时保护、研究也急需，因已买到万分之一地图，给这项工作提供不少方便。

陈晶、汪遵国先后来信，邀我为《东南文化》写一篇纪念稿，想了个题目《东南古文化的启示》。六十年代实习，七十年代区系类型会，八十年代良渚大墓对东北的工作都有影响。只能这样写法，不知能不能写成。邵望平提出龙山时代的分区与“九州”相

① 郭大顺先生提供信件录文。原信未署年，据郭大顺—苏秉琦（1988.4.16）信，言山东会在5月召开。又据苏秉琦—郭大顺（1998.8.1）言山东会发言整理事，与本信后郭大顺先生言“山东会发言未来得及整理”事可前后衔接，故信当写于1988年。

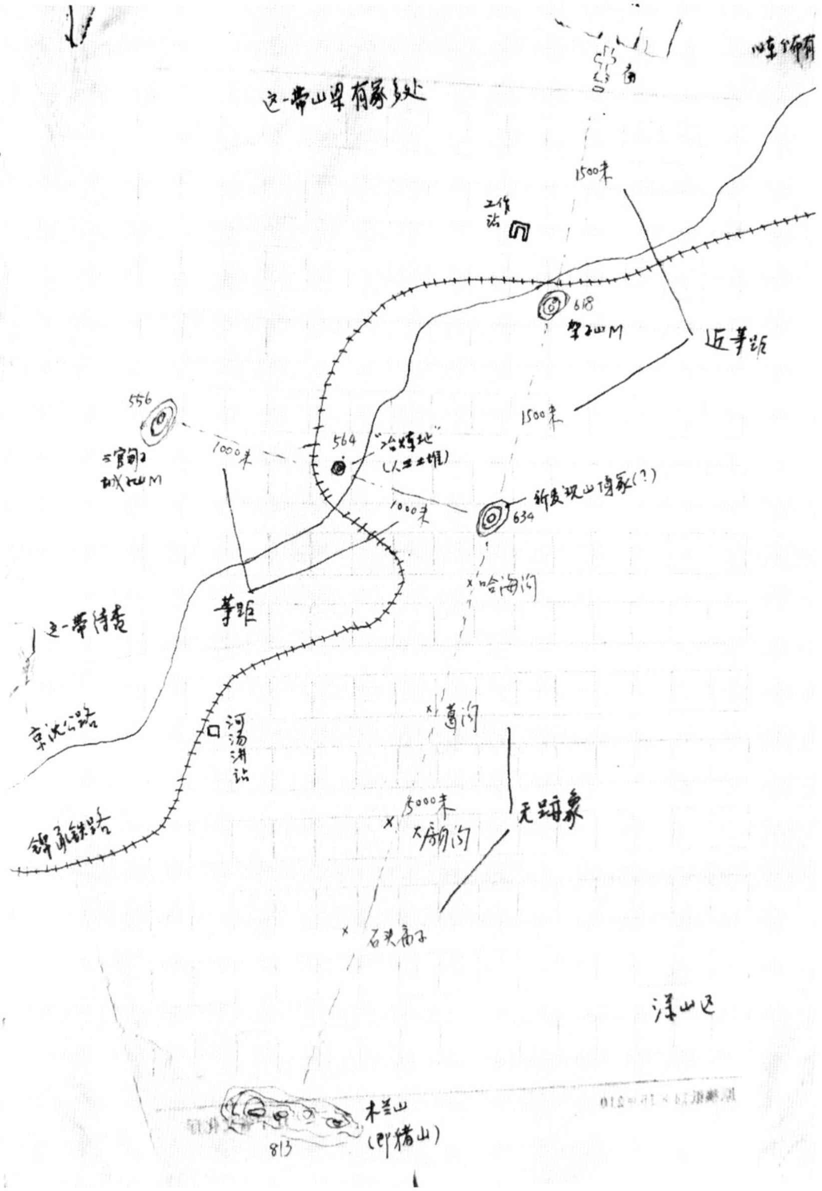

合，使我重新想到，在龙山文化分类型的同时，还要考虑它的统一性，应不仅是文化影响，有政治力量，与前、后两大阶段比，都有突变一面。是否就是夏文化的背景，东南地区在龙山时代有先进

性，也应是探讨夏文化的重点地区，想最后加这么几句。①

前进歌舞团的事，上次在山东来不及同您谈起，您讲话时反而提到了。他们的想法是多虚构些，既有发挥余地，又“不负历史责任”，但又怕成不了“永恒作品”，您提的剧名，人名很好，不知他们敢不敢用。这类学术界敏感又讳莫如深的问题，由艺术界提出，也许又是一种规律。

这次山东会，收获很大，学海的规划和中心的建立对我们也有启发。最近我去大连，明年开会事，可同他们商量一次。

辛占山已去绥中盖房，作规划。

祝安康

学生　大顺

6 月 1 日

山东讲话还未来得及整理，已给光冀寄去一份，这一份寄您。

郭大顺—苏秉琦（1988.7.26）②

苏先生：您好。

前几天接张忠培由长春来信，说您于本月 30 日由严文明陪同到兴城，他八月一日由长春也到兴城，但这几天我一直未见您的信，为此，26 日我给兴城文化局打了电话，闫局长也不知道此事，不知差头在哪里，您今年夏秋如何安排行程。

已接到陕西考古所和半坡馆 11 月会和侯马会邀请，侯马会我们一定要参加，陕西会自掏宿费，去不去还没有定，不知您是否参加。

七、八月间因书画鉴定组正在沈阳，出门不多，去北戴河看过

① 苏秉琦先生在信上文字下划线后，在信侧写了两个大大的感叹号。

② 郭大顺先生提供信件录文。

金山嘴遗址。绥中工作站已见雏形，装修能住人要到九月份，不过已安上电话，可直接通工地（由止锚湾邮电所转）。秋后重点转到黑山头保护工程并钻探。牛河梁进展仍不快，庙的工作大棚已着手施工设计，新的发现是在庙台的东侧山坡上发现的一处筒形器集中堆积地点，有一道八米长的红烧土墙，整个范围和性质还不清，我准备28日去再作一下。查海新发现三件玉石玦，我一直未去，具体情况以后告知。

我去日本考察时间定在8月29日—9月12日。半个月，没有具体任务，您有何想法请告知。我走前去找您面谈。

给《东南文化》的稿子已寄去，只写了三千字，他们要

（中缺）

有关您的照片寄了在牛河梁看头像标本和在东山嘴考察的两张。

谢辰生同志半月前来沈数日，谈了一些情况，看来解决问题还得等一段时间。

祝您夏安

学生

大顺

1988年7月26日

您如最近要来兴城，速告知，以便安排。

苏秉琦—郭大顺（1988.8.1）①

大顺：

你好！多日没写信了。我有些事占着手，天气又热，难得有定下心来的时间。有些事又不能不及时和你谈，现在一件一件谈起。

---

① 郭大顺先生提供信件录文。

考古所领导班子换届的事，五月间我们在山东开会期间大家都知道了。但事情发展毕竟要有个过程，而且牵动的事确实不少，迄今还在发展中，看来没有一年时间不能告一段落，积重难返啊！6月间解决了所长新班子，7月间解决了新党委和书记。编辑室的改组，一句话，所长兼起来。这就提出《考古》与《学报》都要改换面目。

从明年一月起，想把我在山东会上发言加工成文章形式，去掉开会的啰唆话，原来写的提纲主要意思有了，还要充实些，谨严些，特别涉及多是新近工作成果的资料，既提到了，就要准确些，放在《考古》一期，拟再和学海商量把《会议纪要》（大家发言摘要附入）合在一期发表。这就既要我再写些注和素材，交你加工整理。可我手下忙乱，又不能不抓紧时间搞，可我现在还拿不出，只好晚几天给你，所里编辑室的徐元邦和温明荣二人拟本月上旬去东北一趟，三省转一圈，然后再去山东，请学海支持考古所新班子，“改换门庭”。学海原计划自己作，那也无妨，地方刊物难办到公开发行，要做到也不是那么容易。何况办刊物要有相当准备，也要时间，想来学海会同意的。

希望大家从大局出发，考古所已不是一家天下，要大家支持。考古所新班子发表“施政纲领”特别强调这点。从封闭转向开放，姿态很高。徐、温去主要为向大家通通气，我要写的，还要给我些时间交卷，总要求，9—10月间要拿出来，这是第一件事。

牛河梁女神庙盖房子，听鲁明讲，已搞出计划，拿到沈阳论证。我和所里同志谈过，郑文兰意见，在动工前，务必在神庙周围，“房子”动土范围要全部划好开方格子，按正规操作方法，清到生土，有无遗迹现象，每方都要有图，有记录。否则，说不清楚，不好交账。请注意。

再一件，绥中“碣石宫”探平面图，叶学明讲，除有青工（学徒）帮助，带培外，还要有干部主其事，一起做，记录、画图、照相等，否则探出现象没有正式记录文件。这项工作，叶学明当然能做，但总要有站上干部负责，到底“代庖”不宜。总的问题是，此工地有许多已揭开，现象还不够清楚，长期露天放着，或临时埋，又随时挖开看，不是办法。遗迹难保护，记录不完整。到头来，保与报告，乃至复原都成问题。总之，这项工作原本就不是打游击式的，要有长久之计，却又不可拖拉，虚心求教是理所当然的，最后总要有人拍板。做好做坏，都要有人承担责任，“论证”是经常的过程，但工作的阶段性却不允许一拖再拖。望注意。

收到台湾赠的一本博士论文，李亨求，关于渤海沿岸地区的篦纹陶文化，大厚本，材料不少，面很广，有些新意，博而不深入，有他的局限性。

听说方殿春去阜新查海，这工作有难处。据我想，估计，遗址年代较早，它的优势是有一段七千年前的，不可能像晚一阶段的丰富，分地层要多从遗物仔细观察入手，粘对要花大力，要像蔚县三关那样下功夫。你听说过吗？当年西合营那群小姑娘都成宝贝，被各兄弟单位挖走了。

考古所已向张光直发邀请信（两周），时间由他定，为通气，为打开局面，出国展览等也在考虑中。

工地如需要，吴汝祚、郑文兰都向我提出过，短期帮忙没大问题。所里领导也作为施政方针，愿向兄弟单位伸出友谊的援助之手。这在精神上和过去就不一样了。

暂写这些，问同志们

好！祝

工作顺利！

苏秉琦

1988.8.1

今年高考语文“阅读”题，一半是《史记》，一半是《中国建设》发的那篇《华人·龙的传人·中国人——考古寻根记》，一天中有二百几十万学生读一篇考古文章，怕是史无前例的。又及。

苏秉琦—郭大顺（1988.9.19）[①]

大顺、守道：你们好。

守道来，卜昭文来，带来阜新查海照片，还承守道面告详细情节，非常高兴。还有卜昭文已拟好新闻稿等。她们的情绪我完全理解。牛河梁发现三年多了，中外瞩目。每年总该有些情况发表，咱不急，人家急，咱算当事人，不能沉默了事。这日子是急不得慢不得，所以当面我曾对老孙讲，这几年我们唯一的失误是缺乏战略眼光，缺乏计划性，做一步看一步，短时间可以，长期万不可以。现在不是算老账，追责任，现在认识，现在做起，并不为晚，莫后悔，算老账。过去几年，慎重有余，没错！

新华社写稿，我第一条意见是，我们该回顾一下，这一年多来，总的认识有哪些提高，而不是又有些什么新发现，有些线索非常重要，但又多不到公开发表时间。还有一大问题，对遗址（几乎每项工作都有些问题）层位关系有些难点必须及早澄清。这些都是不容拖延时间的。

查海遗址重要，从86年看过试挖标本就初步断定了。但核实不易，现在仍有疑问：

1. 发现8处房址，像是各自成单位，又像是互相毗连的，这大有学问，非弄清不可；

2. 每座房子都不可能只有一层堆积，要分上下；

3. 陶片破碎、完整要分开（能复原的算完整的）；

4. 那一件特别精致陶盂，加工方法与查海陶系有区别，会不会是外来文化物？器物形体变化也大，已超出七—八千年间水平，如何解释？

---

① 郭大顺先生提供信件录文。

5. 现在暂定8千年，太含混了，7—8千年怕也包揽不住，^{14}C数据不可能偏执。总体看它的早期部分与我最早看到的底层陶片相似，但它那件陶盂出格了，怎么回事？

当然，查海完全有可能有如兴隆洼，一地含有兴隆洼、小山、红山三种文化，只单纯一种文化的可能性不一定很大，更不要说只有一个文化层了。

6. 那些玉玦，如能早到七八千年，那算是玉祖了，但难确认，怎样论证呢？不能一句话说死。

纸短言长，最后一句话，这项工作要下狠心，从头起，把过去看法、说法，统统划个问号，别留情面！

牛河梁的工作也该总结一下，重打锣另开张，不要把一贴膏药当传家宝！原因是，重要的工作、问题还在后头！现在离终点还好远好远！

别人没有我们幸运，也没有遇到我们的难处！是天大好事，不是坏事！

中华民族的摇篮的黄河流域还没有想到过大的问题！

此次会，申请人13项，通过八项，你们的一项通过了，告慰！（我有保留意见，你们对工作量、工作难度估计不足。）

我15日晚—17日晨整整晕倒，抢救到17日晨才脱险回家，18日完全正常，说不上特别原因，还是原来“缺心型供血不足”。

专此，问大家好

苏秉琦，88.9.19

郭大顺—苏秉琦（1988.10.3）

苏先生：

信收到。已听杨鸿勋谈到您近身体不适。这是一次警告，建议您调整工作秩序，今后凡来信、邀稿不必勉强答应、回信，想到什么，随时写出来，不必成文，或打电话找在京诸位来谈，正常的生活秩序一点也不能打破。您能恢复，说明脑血管无大问题，只要不劳累就好。

信中所谈查海地层等问题，已同老孙谈过，我也去了一次现场，本身有早晚，可分三层，但有晚到红山的，又较单纯。"十一"后打隔梁，我们再到现场分析一下，把您提出的问题再验证一次。

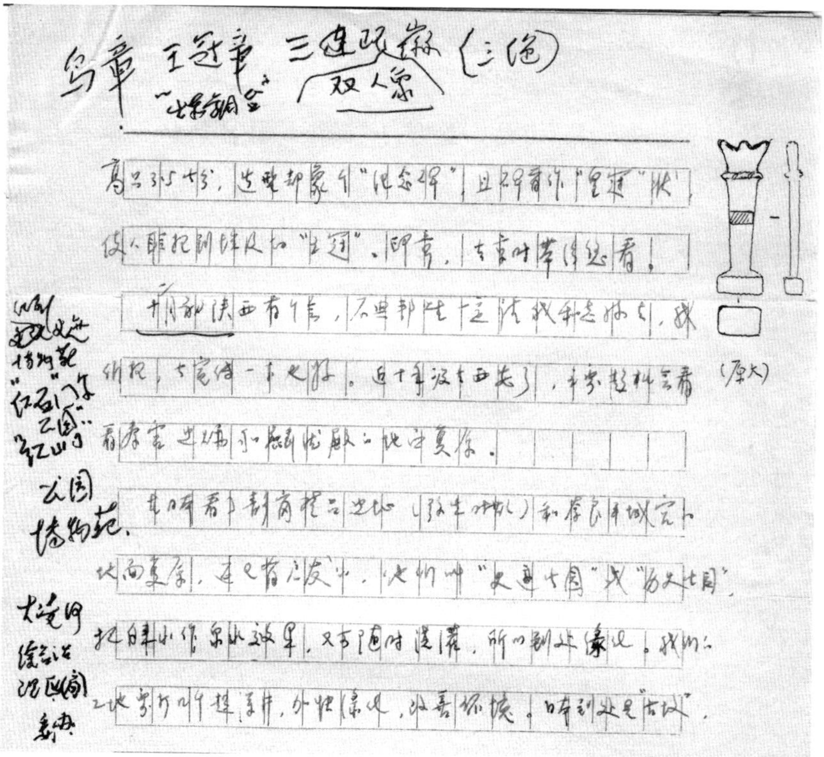

牛河梁近来只老孙在那里，似仍无大进展，与偌大工作站不称，是要总结一下，今秋作好准备，明年是关键年，大棚已定设计，简易型，明春可望开挖女神庙，我想到时转到那边办公，不然就告一年假，再提确要被动了。<u>近在那边挖了几个灰坑，二号地点四号冢（双冢）前灰坑出一件小玉器</u>，漆黑发亮，高只 3.5 公分，造型却像个"纪念碑"，且碑首作"皇冠"状，使人联想到埃及的"王冠"、印章，去京时带给您看。

十二月初陕西有个会，石兴邦先生一定请我和老孙去，我们想，去宣传一下也好。近十年没去西安了，主要趁机会看看秦宫遗迹和麟德殿的地面复原。

在日本看了静冈登吕遗址（弥生时期）和奈良平城宫的地面复原，还是有启发的，他们叫“史迹公园”或“历史公园”，把自来水作泉水效果，又可随时浇灌，所以到处绿化。我们的工地要打几个超深井，加快绿化，改善环境。日本到处是“古坟”，埴轮与红山积石冢筒形器雷同，在神户海边看了一处复原的古坟（五色冢），问他们埴轮用途，多说作器座，也说作围栏、祭器不一，有已写文章说与红山筒形器不同，有的叫红山筒形器也为“埴轮”，相隔三千多年，为何如此重演。联系高句丽积石冢，看来还是有些关系。我这次去日本，机会很难得，外务省国际交流基金会很愿意发展民间式了解，虽预先安排了日程，但还是基本满足了我临时提出的要求，陪同翻译在中国留过学，还在北大历史系二年，非常认真，有意为我多安排些项目，共走了九个城市：东京、横滨、静冈、广岛、岩国、京都、奈良、神户、大阪，14 处古建，16 处博物馆、资料馆，3 处史迹公园（还有飞鸟地区），3 处自然保护区（包括富士山），2 处考古工地，3 所大学（广岛、京都、关西）。在京都大学参加一次中国考古学讨论会，秋山进午作“红山文化新进展”演讲，让我讲了半小时（包括幻灯）。在座在北大留过学的几位对您在《文物天地》发的《给青年人的话》很重视，又想译成日文。与文物出版社合作编的“世界古遗迹”中国一本，由樋口隆康主编，他在前言中，专讲了一篇红山文化与三皇五帝传说的中国学术界动向，他们对中国文明起源研究多持观望态度，但有的表示不应局限于“三要素”，宗庙最重要。看来把我们的观点打到国外去，还要做很多工作。

不多让您费神了，望注意身体，万不可大意

学生

大顺

88. 10. 3

［编者注］苏秉琦先生在第二页书信页眉写：鸟章　王冠章　三环双人象徽〔三绝〕“□□□□台”

在第二页信侧写：红石史迹博物苑、“红石”国家公园、“红山”国家公园、博物苑。

大凌河综合站□区（局）委办。

郭大顺—苏秉琦（1988.11.19）①

苏先生：信收到。

前几天《辽宁画报》摄影记者来家，说林声副省长收到您的信和听到“三个象征”的讲话后，指示画报社明年第一期用铜版纸印刷，用6个版面发三大发现，并希望您给写几句话。今天画报社编辑部主任等又来，希望能在近日（12月5日前）把文字写好，字数二千字左右，内容是就三项发现而言，如您无时间或不便写，是否写个（用白纸）一百字左右的话，他们愿发表手稿，我看以写个短文为好，照片以王矜照的为主，说明由我写。近期画报社可能派人去拜访您。

最近又去一趟辽西。牛河梁炼铜坩埚现场试掘5×5探方三个，两个方内铺满了坩埚残片，被近代战壕打破，又压在路旁面下，与红山陶片共生，汉陶片和遗迹在其旁侧，不共存，只汉夯土与坩埚铺面关系不清，坩埚口沿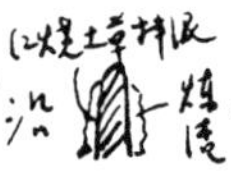。无论地层，共存物，器形特征都很可能是红山的，四周还有石墙围绕迹象，明年开春可大面积揭开。绥中黑头山工地按杨鸿勋意见下掘部分，北部又出一夯墙，可知是由北向南依次升高的三个层次，复原有了进一步证据，还在作，已告诉杨，希望月底他同文物局一起来。

《中国日报》10.14已借来翻出中文。正好辽宁电影厂要出个

① 原信未署年，郭大顺先生回忆信写于1988年。

十分钟的牛河梁新闻片，内容少，排得不好。但他们是奉命制作（省科委拨款），为了照顾他们，也为了当前形势，决心把我们拍的片子拿出来，由辽影负责制作合成（在上海），我们负责内容编辑，搞个20分钟左右的文献片。韩悦可能这几天就来沈工作，如顺利，年底可制成。这次是形象宣传，只有高于前阶段报纸宣传，效果才好。牛河梁现在天天有人参观，明年女神庙大棚立起来，去的人会更多。如若只能边发掘边开放，这也是一种宣传形式。

祝安康

学生　大顺　11.19

郭大顺—苏秉琦（1989.1.3）

［编者注］书信不存，仅存信封，北京邮戳1989.1.3

信封为辽宁省文化厅定制信封，署“郭大顺”。内置黑白照片5张（如下）。

郭大顺—苏秉琦（1989.5.19）①

前天（17日）由大连返沈。会议邀请函已发出大部分，国外的发晚了，能来多少没有把握。国内的先发了几个省的代表人物（山东张、郑，河北郑、孔、陈，内蒙李、田，天津韩、李经汉，北京齐心、靳凤毅，还有俞伟超、张忠培，北大和考古所只给了严文明和徐光冀，都谁参加，先征求他们意见为好）。从大连宾馆安排看，只能选在靠海边的丽景大酒店，中日合资，对国内价格可浮动，但每个床位也下不了30元，伙食每天50元，花销太大，所以原则还是少而精。旅顺外国人进不去，大连在争取能让与会外宾到旅顺博物馆参观一天，标本也可分两处放，大连或金县博物馆一处，旅顺馆一处。论文省内准备几篇，省外有几篇算几篇，到时与外国人交流够用即可，其余时间还是大家看标本、遗址，议论。您在会议开始时作个简短报告，结束时给您半天时间，这样一共5天会，讨论2天，参观2天，开、闭会一天，也算紧凑。

去了吉大在瓦房店长兴岛三堂挖的一个遗址，两期文化，一期主要出偏堡类型细堆纹罐，共出磨光黑陶折腹盆，大概相当龙山早期；二期出复盆式器盖等，大致相当郭家村上层即龙山晚期。修复30件，陶片不少，有房址，保存一般，分布不成规律。许玉林、苏小辛挖庄河黑岛小吴屯遗址（抢救性质，文物局还未批），单纯而丰富，房址成片，柱洞、石灶址齐全，居住面上出陶器等甚多，也可分出两大段。一段相当后洼下层，二段相当郭家村下层（?），出玉器、兽骨、贝壳类，骨器多，比后洼又丰富多彩。这两处可作为会议重点标本，小吴屯到时可请部分人到现场分析，由大连出发

---

① 郭大顺先生提供信件录文。

3 个小时可到现场。

见到大连一位市委常委，是北大同学，他说大连的目标是建成一个国际城市，所以希望多开一些国际性会议，对我们的会自然也抱积极态度。庄河县更积极，主要是对他们这个落后地区发现 5、6 千年遗址，认为是搞开放、教育后代的大事，十分支持，甚至表示如经费不足他们可以出。该镇有水产养殖、渔业、乡镇企业，较富裕。这些对我们都是有利的。

您对会议准备有何意见，请告。

另柯俊先生上周来沈到所一天，谈到牛河梁冶铜三点意见：1. 炼炉多孔内燃是时代特征，是中国最早炼炉；2. 炼炉内铜渣为砷铜，符合红铜—砷铜—青铜发展规律；3. 积石冢所出铜环为红铜，也符合发展顺序。但因都是第一次，要堵住任何漏洞再公布，建议作人骨等年代测定（姜寨等所出黄铜则是原始法，因锌到 900°就化为气体，也有偶然性）。

祝 安康

学生

大顺

5. 19

郭大顺—苏秉琦（1989.5.31）[①]

苏先生：

朝阳市王墨清同志写了一个研究牛河梁的报告，想由市里申请一笔科研经费，希望我们支持一下。我初看了一下他的报告，觉得题目不小，可以形成一种研究方法和观点，如能申请到经费，未尝不是一件好事。记得您去年信中也谈过此事，他可能还要去京找

---

① 郭大顺先生提供信件录文。

您，有何想法请与他面谈。

祝好

大顺

89.5.31

苏秉琦—郭大顺（1989.7.8）①

大顺：

你好！6月13日的信，大概是下旬收到的。许久没见，有好多话想和你谈。我自己有些事总感力不从心，一大原因是，过去对收集资料，整理资料没有一套行之有效的习惯，用到时，东翻西找，花费大量时间。这次你提出，还是那篇《传说时代》较好。经我考虑，也认为如此。今找出一份，想写个《补充说明》，自认为是有一定意义的。过一二日写出寄去，就这样定下来吧。

长沙会开幕、闭幕发言，提纲已交王世民照原稿发了。如果能展开多谈些，是有相当分量、内容的。现在想为《传说》写《补充说明》，如有你在此，那样我就省事多了。可行的办法，只好长话短说，点到为止，大约也得三千字。

鲁明送来两盘“红山文化”影片拷贝，有方便人来京取去。

朝阳市新班子很不错，可给他们提醒一下，朝阳的历史文化史迹，生态环境是两项潜在资源，而凌源县的文教基础较好，最为难得。借箸代筹，提两条拙见，供参考。

第一，搞经济、文物考古事业，对历史遗迹（文化史迹）都应认真估计在内。“文化财”确不仅是精神文明建设问题，问题是出在我国文化素质低，在对待文化财的短期行为上表现得相当突出，最明显不过的是把一个北京城，偌大一份属于全民、全人类的巨大财富，七改

① 郭大顺先生提供信件录文。

八改，改得面目全非。只举一件。原紫禁城列为国保单位，限于城墙以内，护城河都不在内，周围环境，更不在话下。就这个城里面还是十多个单位割据。说实在的，我最不喜到故宫，看到恶心，这等事能让老百姓负责吗？专家学者能讲得上话吗？“天安门”是独立单位，不属故宫，午门也不属故宫，中华人民共和国总该是个整体概念吧？实际上中南海早已不是个整体概念了。正如我们考古所、科图、近代史等所，一个大院，走几个大门，内部割据，互不通行，王仲殊当所长时自我解嘲，“王府井27号门像大火后的草料场（《水浒》），进门就是垃圾堆”。如说这是暂时现象，不然，须知，建国建所都是40年了！最近我去我们办公楼西部新建宿舍区去看，一个宿舍楼就有几个上街出入口。精神文明建设还有一段相当长的路，急性病是无济于事的。

话说这了。站在辽宁省，或朝阳地区（市）考虑问题，首先还得从大局出发，近期搞外贸，是东三省和内蒙合搞的。过去，环渤海14市也合搞过联合，这都是正确的。但也要从实际，从小处做起。辽西，或者专说朝阳市，也有自己优势，扬长避短，大有文章可做。市长是企业家，副市长又是对凌源有了解的。我看，从朝阳、凌源说起，也大有可为。天津静海大邱庄就是例子，经济上富起来了，文教事业也上去了。它的特点，重视文教是最突出的。

还有一件事，可量考。蒋南翔曾和西德一个邦合作，“学西德”“二战”后抓职教复兴起来的，可向教育部门了解一下。这一点，我看凌源有条件。还有一点，我们前年从凌源—兴城，经过的凌源—建昌一段路，水源条件好，植被好，人口密度不大，起步容易，障碍小。

第二，向你们推荐一篇文章和一本书。载《光明报》1989年2月2日，题为《科学研究与发展战略研究结合——读〈生态农业——农业的未来〉》。参照上一条所谈的西德与我国合作搞职业教育。还有，河北省近年太行山一条沟一条沟治理，是和北京农科院合作的，已见成效。我看，从凌源到建昌一路，甚至更往东一段，大致经过大凌河上游和六股河上游一带，虽地势狭窄，缺开阔地，但人口少，水源富，植被好，问题是要有行政领导与专家结合，有计划地，按经济规律办事，致富不难。

更为可贵的是，21世纪人类，全世界要走向“回归自然”大方向，在我国还缺乏做出真正成绩的范例。所以，这是造福国家造福人类的大事。最后回到我们本行，在这个大事业中，才能真正找到我们用武之地。你来信不是提到那位西班牙华人在巴塞罗那开饭馆“发财”，而且还有开拓精神，为我们出点子的事吗？辽宁、辽西、朝阳、凌源，就可试点。点要大小适中，太小影响小，大了难见效。我最赞赏的一点是，从凌源出发，百多公里，一路上绿水青山，以凌源人力资源加上天赋条件，开拓出一块“花园式”胜地，创造一处当代“桃花源”，用不了三五年见成效，岂不很诱人吗？

第三，推荐几篇文章：1）《文汇报》89年5月27日“论苑”版《探索公有制形式，深化集体企业改革》，对主人印刷厂的实践及争议的思考。2）《辽宁大学学报》89年3期《产权制度的理论反思》页63—68，给市长、副市长二位研究一下，可开拓思路。

又一件，《辽大学报》发表了严宾的《碣石新考》可看看。他来信提出一问题，“碣石由三块分别高出海面二十米和十米上下”，确实数字如何？烦核实一下。再，碣石是三块还是两块，如经查实，也请见示。

河北省郑绍宗约考古所、文物局几位去北戴河看他们最近工作，辽宁是否有人也去看过了？

先写到此。再谈。稿写好另寄。祝

工作顺利！

苏秉琦

1989.7.8

郭大顺—苏秉琦（1989.8.5）

苏先生：

伦敦大学亚非学院汪涛先生前往拜访您，他们学院与历史所有交流项目，王孖去工作时介绍了牛河梁情况，他们极感兴趣，认为应该站在世界文化史高度进行研究，并将提供条件把有关最新研究成果介绍给西方。小汪先生已到过牛河梁，感受颇深，他很想当面听听您的见解。

大顺

1989.8.5

苏秉琦—郭大顺（1989.9.4）[1]

大顺：

你好！多日没写信了。今天急于动笔，是黎家芳同志的要求，“十万火急”。所以，此事特别重要，你我都应认真对待，免贻误军情！交待清楚之后，再谈些其他。

历博为纪念建国四十周年，改组陈列，向各地调些文物的事，已有正式文件给地方。但有些具体问题，还不能不找老朋友通气，商量，像江湖艺人，先作个“罗圈揖”。此虽有些俗气，事情总要情理兼顾，大家谅解，才能有圆满办法、结果。

她今天找我，谈的内容要点主要是：1）她担任的部分是“中国文明曙光”。其中“红山文化”该有一个单元组合，要求辽宁同志帮助设计，出些实物，重在说明问题，不在一流精品，重在组合、配套，不要一件件地说明。2）是“借展”，不是“调拨”，要有文字协议，不是凭公文，更不是个人交情，彼此都有个交待。3）此事说白了，是要求辽宁省同志帮忙，把这段展览搞成，搞好，有新意，不落俗套，有“水平”，不是“夸富”。这样，就是帮了伟超、家芳等老同学的大忙。你们会理解，伟超日子并不好过，旁边一直有不少人指指点点，挑毛病。总之，北京的单位不客气地讲，大都有些“僵化”，叽叽喳喳，到

① 郭大顺先生提供信件录文。

了，干事不好，不干事也不好，内耗顽症最为难治。像北大、考古所等单位算是够好的了，故宫、历博差多了，这是我们私话，万万不足为外人道也。4）此事还要通过你，向周围朋友们、同学们疏通，给予谅解、支持。如果，你看情况，黎家芳可以去辽面谈。

拟为《仰韶文化与传说》文写补充说明，迄今没写出。原因我也不好说，如果推到身体、病，那又夸张了。推到环境，心绪等也非事实。我们还是应照常做些该做的事，有一点却是至关重要的。我们对中国文明起源问题，确已到了更深一层的拿出自己的观点，是时候了。同样道理，每念及此，我总不能不联想到我们这些年最直接接触到的几省的工作和资料，必须纳入到这一大课题，这也正是前几年我提过的动态考古学的实质问题。所以，我想近期能就此问题，和三五个朋友们一起议一议，使之具体化（从理解上，条理化）。这是这一段时间思考核心内容。

闻广同志来过。他意，1）中国玉器文化是从东边沿海向西。2）红山文化玉料近宽甸玉而非岫岩玉。3）红山文化、良渚文化人们对“玉”的认识能力，他自认掌握现代实验手段的人还不如古人（如对良渚串珠五〇例，只有一个有疑问），查海的玉玦可能是迄今国内最早的了。

我们希望辽宁的田野考古工地条件有一个大的进展，比如说，像吉大在西合营或白燕那样一套设施与工作水平，两者，后者更重要。望早图之！

再一件，今年是我80岁生日，逢此年月，我意一年多来朋友们为纪念论文集，事情能做的都做了。至于形式，我衷心希望免去为是。但总要由你们几位碰头做个决定，还要采取一个什么形式宣布给老朋友们，让大家从思想感情上不至于有什么“失落感”，又合情合理。此事，因你在外，地位上下联接，或许倡议起来，比在京的朋友们有便利之处。祈你在百忙中，尽早尽快地决定，行动起来。今天刚收到陈晶历年送的红蜡烛，我更有些急了。现在，伟超、忠培、明康……倒不是他们个人有多大负担，环境确如过去搞

运动差不多，心情则不过尔尔，咱何必呢？总之，不协调！老老实实，关门过国庆岂不好些？问

全家好

苏秉琦 1989.9.4

郭大顺—苏秉琦（1989.9.11）

苏先生：

9月4日信收到。

我们非常欣赏历博设“文明曙光”专馆，并早已表示了支持之意，如将东山嘴一件小塑像、牛河梁一件玉猪龙调拨，昭盟那件大玉龙也调去了。黎家芳几个月前来信要复制女神头像，我们也表示同意了。现在有您信中所提基本思路，事情应更好办了，但并不见他们有何具体行动，我们也只好等待，此事我已同时给俞先生写信说明，请您放心吧。

闻广先生对玉器的鉴定，严格而科学，所以我们让他取了近30个样品，并为今后保持联系打下基础。柯俊先生亲来工地，说明他们对红山炼铜的重视程度，但他十分谨慎，希望协助鉴定铜环和人骨年代、成分，当然主要还得靠自己工作。九月中旬动手挖炼铜址，希望解决性质、时代问题。庙的发掘，北京诸位反响不大，馆所几位技术人员都去辽大上成人专修班（一年），只好缓一年了。寄庙工作大棚照片一张。

文章一事，因近忙于博物馆庆，今年2期稿还未最后定下来，还有一个月时间，到时如您未写出，一是用1960年代那一份，一是用1986年兴城讲话《文化与文明》，所以您也不必放在心上。当然加一个简要补充说明，是最理想不过了。

大家都惦念您生日事，但也都知道现在情况，原想请您到兴城，又怕折腾。如在北京，同意您的想法，九月下旬邀几位把您近

期有关文明起源的新思考（也可包括给我们写文章那部分内容的思考）给大家作个学术报告，就是最好的纪念了，也给大家通了信息。此事我马上给北京及各地诸位写信，把您的意见和我的想法通知各位，也征求他们意见。此事请您放心，大家都心里有数，既适当表达，又可“协调”，再有消息，我及时给您打电话吧。

祝安康

学生　大顺

89.9.11

陪闻、柯几位到赤峰，在文物店见近年收购的一付夏家店下层文化金耳环，较大而精，更有一后红山文化（小河沿）陶猪首形壶、双环耳，大口一侧塑出猪双耳、鼻，彩绘猪目、面，壶上部为勾连雷纹。双目菱形，尤以额中也作菱形纹，由此想到大甸子M371鬲兽面纹上的菱纹和商代铜器饕餮纹额上的菱纹及它们目的近菱形状，看来在辽西寻找这类花纹的起源，又向前推了一个阶段。照片还未洗出，见草图（草图三幅）

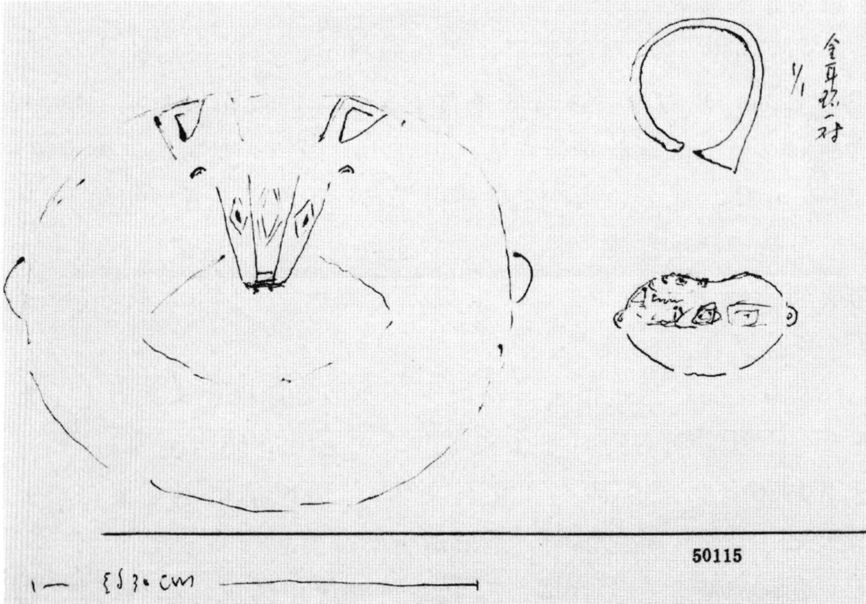

郭大顺—苏秉琦（1989.9.25）[①]

苏先生：

原想最近去看望您，后与老孙、老辛商量，改在以后，谨祝您健康长寿。今接刘观民信，知所里安排，我已将您和所里安排转告河南、湖北、江苏、浙江、山东、内蒙、山西、河北各位。

老孙已率新分配的五名大学生到牛河梁，集中挖“冶炼址”，前几天我去一次，基本轮廓可望近期搞清，内石圈下部石基保存部分可计算出直径在60米以上，内包夯土台直径可在40米上下，外围直径在百米以至更大，中心如何解剖，老孙还未下决心。新华社卜昭文等已赶到工地，写出一个报道草稿，说是金字塔式建筑，我以为还是再做做，材料更多些，准确些为妥，到时他们可能还要去京拜访您，稿子就暂不发表了。

上次闻广先生在工地看到筒形器，说了一句“这与建筑打桩差不多”，以后我又翻了日本古坟圆筒埴轮一些材料，联系闻先生的话，以为这种成排筒形器，是应有实用价值，就是为保护积石冢的土石堆迭不致塌陷流散而为，以后才又有其他作用，这样可以说得通的，一是本身无底比有底容易受力，一是其位置多在冢界石槽基内外。因日本古坟这类埴轮的作用也说法不一，我想相互参照，或许有助于解决这个问题，从中也可推想当时为显示“山陵”景观的强烈意识而推动其他行业（包括制陶业、基础砌坝等）的发展，不知您以为如何。

美国丹佛大学尼尔森教授（研究朝鲜考古）来信打听环渤海会议何时开，希望半年前去函，以便申请基金，我想先与大

---

① 原信未署年，郭大顺先生回忆写于1989年。

连商量，如他们有积极性，两家搞可能更省力些，不知您有何建议。

祝安康

学生　大顺

9.25

郭大顺—苏秉琦（1989.12.1）①

苏先生：

听辛占山说您按上起脉搏器后情况很好，不过还是要多多注意，万万不可大意才好。

《辽海文物学刊》今年二期才刚下稿，您的一篇就用86年在兴城讲话，寄您一份，如有大改动，及时告知；如还可行，不寄也可。

前几天检查工地过大连，与市里商量合作召开环渤海考古会事，市里有积极性，还给选了宾馆，环境不错，价格也可面议。只是外国人去旅顺困难，只好在大连开，争取到旅顺参观，标本大连地区的可占一半，后洼、北沟、本溪、新乐、查海及辽东青铜时代占一半，到时运去一摆就可以了。时间暂定明年9、10月间，目前已有美、加、苏、南朝鲜共6位申请参加。日本人可能更多，有的表示出1000美元不成问题，但此事需报文化部批，估计问题不大。

李恭笃在本溪挖青铜时代洞穴墓，许玉林在凤城挖青铜时代大石盖墓群，都有收获。后洼上层又出了一件完整陶塑人像，不如东山嘴的细，但也是孕妇形象，只有头部，还出了石剑。下层更出了卷云纹及鳞纹陶片，可惜不够完整。

① 原信未署年。信中言“1989年眼看要过去了”，又信中提到《辽海文物学刊》文已刊发，据郭大顺—苏秉琦（1989.9.11）中相关内容，信当写于1989年。

牛河梁第二地点冢IM4（即出玉猪龙的那座）侧下1米，出一更大的墓，葬20件玉器，以璧为多，一件玉龟“壳”，背腹甲连在一起，中有空隙，似以其他物质表示肉体、四肢、头尾部分，背甲上有起棱和花纹，雕刻的比现工艺店卖的要精，而这种构思更令人叫绝。另一件似展开的猪龙，形似良渚神兽纹玉器形状，还出一种外方内圆竹节状玉珠，也可能是琮的前身？此墓因玉璧多使人想到良渚墓，马承源等人说良渚玉器有红山影响，看来有可能。“冶炼址”外围石墙已作了3/5，基本可连起来，成一正圆形，直径大约58米，墙最高保存4—6层，一般只留1—2层，中间包的“夯土”堆直径约40米，从结构看还是类似积石冢，只是规模大得让人不敢想象。因老孙临时有病，前两个月我多跑了几次工地，具体工作主要是几位新报到的吉大、北大学生干的，今年分来的几位看来水平不错，也还吃得了苦，也有兴趣。先寄几个草图，照片以后寄。

11月初省政府在兴城开了四天文物会，各市主管市长参加，以看为主，效果还好。新华社、《光明日报》等先报了朝阳北塔天宫出土的辽代文物，最近还可能报牛河梁，我们不大积极，他们有主动性，报就报一点吧。

1989年眼看要过去了，今年我未写成一篇像样文章，《辽西古文化的新认识》算是1988年的成果，想了几个题目都只有提纲，只应付美丹佛大学要出一本介绍东北考古的册子，邀我写了红山、夏家店下层两篇，最近伦敦大学亚非学院又要与我们出一本红山玉器，还不知能否成功。

您对环渤海会和我们明年工作及我1990年写点什么，请予指示。祝

安康

学生　大顺

12.1

郭大顺—苏秉琦（1990.3.20）①

苏先生：

我2月20日返沈，走前曾给您电话，小明说您去北京饭店，想是水下考古事，以后发现沙滩就有直达紫竹院电车站，但已来不及去了。

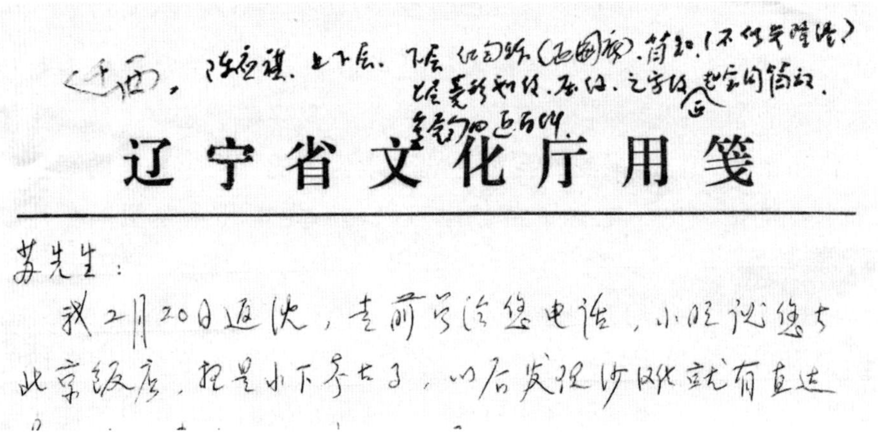
辽宁省文化厅用笺

苏先生：

我2月20日返沈，走前曾给您电话，小明说您去北京饭店，想是水下考古事，以后发现沙滩就有直达

其间我们到石家庄两天，除看了正定古建筑外，去平山看到他们在滦河挖的西寨遗址，下层与兴隆洼差别不小，上层与赵宝沟基本一致，看来赵宝沟的分布，影响不可低估，朝阳地区夹其中，但尚无线索，已告诉各位注意寻找。没有也说明问题。

文物局等对“金字塔”报道颇有反映，张德勤局长问我是否“言过其实”，局也为此给各地发一个今后考古报道要慎重之类的通知。其实最初《人民日报》报的是“金字塔性质”，以后是《文物报》升格为“金字塔式”，而一般人就以为是金字塔了。不过与

---

① 原信未署年。从信后有苏秉琦先生用1990年4月20日台历所做便签，且信中提到“1990年1期”的情况看，推测信写于1990年。

86 年相似，一般人倒愿意接受这个称呼，省内不少人向我们打探消息，并不怀疑，老孙说有压力也好，今年作出来看。

有关的两件事：省馆一位老先生译您在《辽宁画报》文章时，遇到“三皇五帝”一词①，查到台湾胡子丹编《国际汉英成语大辞典》，意是“中国人类文明黎明（曙光）时的三贤王和五德帝”（the three Sage kings and five virtuous emperors of China at dawn of human civilization）。看来外国人倒比较开明。另查到《考古》76 年 4 期殷墟曾出一件双玉龟，原来也是与牛河梁新出玉龟壳同，只不过是双联式。

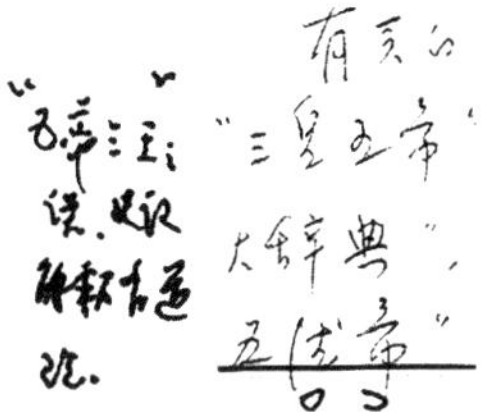

《辽海文物学刊》已编出 1989 年2 期，林沄打头，我结尾。因无专人，时间拖晚，与 1990 年 1 期同时在《文物报》打广告，您的《文化与文明》放在 1990 年1 期。与小童谈《考古学文化论集》按原计划再出一集，内容可以年内开的环渤海考古会提交的文章为主，现在还未着手集稿，您有何意见。福州讲话可放在这一集，已向俞先生索要录音带。

环渤海会因一名南朝鲜学者非要参加，报文化部等了时日，近告，这名客人另议，其他可批，待正式批文下达再征求您的意见。

厅班子改组，走了（房到统战部副部长，闫到社科联）来了，一把手祁茗田，抚顺市委副书记，北大中文系 1967 级毕业生。1983 年班子中留下的我和管社会文化的刘效炎继续留下。今天组、宣部召集新老厅长会，讲了厅几年成果 5 项：1. 路线；2. 改革；3. 以文补文；4. 职改；5. 具体业务，重点讲了考古（三大发现），不过听说一正四副属超编，又说还要派非党人士。总之，我还力争只管文物，并留有退路为主动。

邵望平等四月初要来沈阳，是探索文明起源之路吧，您有何

① 苏秉琦先生在信侧写道：“‘五帝三王’之误，《史记》解释有道理。”

事，可托他们捎来。

祝 安康

师母想已痊愈，欢迎九月来大连

学生

大顺

3.20

附：便签一张。

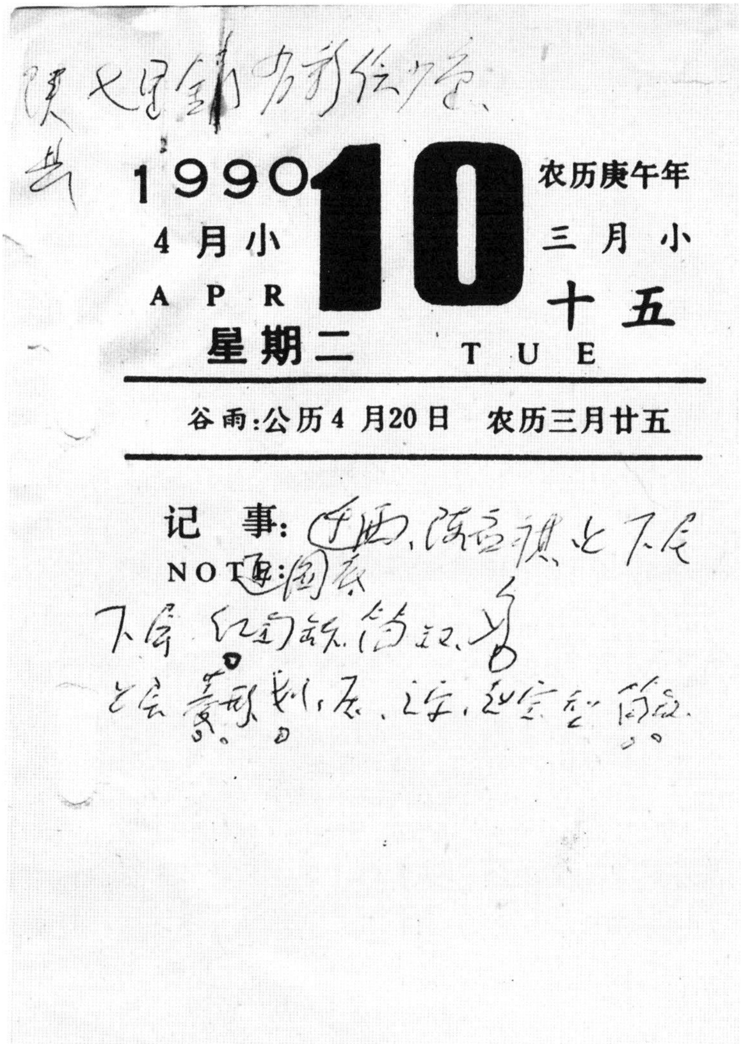

［编者注一］苏秉琦先生在书信首页页眉写：迁西，陈应祺，上下层，下层，红陶罐（近圜底）筒罐（不似兴隆洼）。

上层，菱形划纹，压纹，之字纹，近赵宝沟筒罐。

复原陶器近百件。

［编者注二］苏秉琦先生在便签上写：

陕县七里铺有彩绘少量

迁西、陈应祺、上下层

下层：近圜底红陶钵、筒罐多

上层：菱形、划、压、之字、赵宝沟筒罐

郭大顺—苏秉琦（1990.6.26）[①]

苏先生：身体已渐好吧。

6月3日—13日我到苏南一趟，在张家港开了四天会，牟永抗、王明达、吴汝祚、黄宣佩、任式楠几位都去了，会上内容比较杂，也没看到多少标本，倒是到对岸南通去了一天，会后邹厚本陪我在南京4天，每天骑自行车往来，考古库房标本，包括最新发掘品也都看到了。陈晶听说去美国，未见到。

江苏市县也发掘，工作多，材料多，研究的人也多，加上沪、杭，现在大家也不大议论文化定名了，但进一步研究什么问题，似应更明确。我觉得需对过去十几年研究总结基础上提出问题，但这次会上会下还缺乏一个众望所归的学术带头人，也许是局外人旁观者轻，我们还不如人家。

中山陵给我印象极深，每年800万观众，竟不收门票，不嫌人多，保持气氛。联想到省计经委让牛河梁作总体规划，看来还得从南到北，由“金字塔”到积石冢群再到庙、平台，逐步把大家引向深层次。

老孙、老辛现在都分别在两个工地，牛河梁“金字塔”整个砌石圆圈都已找到，比较完整，后部（北）石圈向内延伸已进入夯土堆内，老孙也认为有墓的可能性大。

环渤海会已有9名日本人、2名美国人、1名台湾人表示要参加，国内想参加的人很多，只好再收会务费。张忠培、严文明都来

---

① 郭大顺先生提供信件录文。原信未署年。信中所提环渤海会召开于1990年，知信应写于是年。

信提了建议，老张提出：要确定辽东半岛地位、要联系国外材料，有国际发言权，要有谈理论方面的文章等。

近日厅里党员登记，不能外出。7 月 10 日后结束，现已有贺敬之、张德勤、冯其庸等诸位表示要看牛河梁。

祝早日复康

学生 大顺

6. 26

郭大顺—苏秉琦（1990.7.27）①

苏先生：

电话所告知两件事的图示寄上，实物开会时可带去看。

会定在9 月 23—28 日，地点为大连市棒槌岛宾馆，床位一般双人每床 35 元，中等双人每床 48 元，高等百元以上不等。靠海，有为高干夏季度假准备的设备，算是比较理想。只是旅顺外宾不能去，标本只能摆在大连市图书馆，有点别扭。您会期间、会后均可到旅顺考察。

我按您的想法，选了一个“辽东辽西古文化的比较研究”，但还没有动笔，近来外出事甚多，坐不下来，到时可能只能拿出个提纲，您对这个题目有何想法可启发我一下，以便发挥。我目前想到的，是如何从与辽西比较中确立辽东古文化发展规律、地位和作用，过几天我有些考虑再从电话中听您示教。

保重身体

学生 大顺，7. 27

（附查海龙纹陶片和牛河梁 13 地点草图）

---

① 郭大顺先生提供信件录文。原信未署年。信中所提会议为召开于 1990 年的环渤海会，信写于是年。

苏秉琦—郭大顺（1990.8.14）①

大顺：

你好！6.26日写，30日发出，7月3日到的信收到已多日。今天（7月20）才给你回信。一个主要原因是，我的这次不大不小的“带状疱疹”从初发现到自己敢于说已基本康复，正两个月(5月21——7月20)。今晨刚去紫竹院散步回来，昨天上午去过考古所，自己能用大步走路，用手杖、不用手杖，没事；上下台阶，腿软；有人陪、没人陪，无所谓。因此，今后的活动安排，已大体可以落实了。在此之前，我自己也不敢说，到底能恢复到什么程度。病不算罕见病，人已80，情况特殊，医生也不敢预言，自己更心中无数。

近期活动：1）7—8月间台湾“史语所”“台大”有两个团，来访问考古所。私人、旅游的名义。中年人，其中没有见过面的人，像杜正胜（史语所），教授级的也比张光直晚十几岁。所里安排，来人中个别提出愿访问我的，由所长陪同到家来。不参加集体活动。2）考古所40周年在故宫布置展览，开幕式，准备参加。3）环渤海会，所里内蒙、山东两队准备各出二人（内蒙观民、朱延平，山东高广仁和另一人——韩榕?）。我作去的打算。由谁陪，去的日程、活动范围再研究。大原则，是少参加集体活动。4）童明康8月上旬赴美，下星期三他到我家来，专谈他这一年在美，要和张光直谈些今后学术交流意见（我们二人都是剩余岁月有限）。希望尽量珍惜这段岁月，做些对学科、后人、国家有意义的事

① 据苏秉琦先生家藏书信稿复印件录文。原信未署时间。据信中提到“考古所40周年”，信写于1990年。信中并提到“今天（8.14）”，故推定最后写于1990年8月14日。信件部分收入苏恺之《我的父亲苏秉琦：一个考古学家和他的时代》，三联书店，2015，第306—307页。

（以上7月23日写好）。

今天（8月14日）执笔接着写，三周过去了。时间像插上翅膀，简直是对老年的讽刺！前边谈的几件事都已成历史。考古所40周年纪念活动，过得算郑重而有分寸。展览及成立周年会（8月1日）特别热，我参加了，正式会过台湾两个团的部分成员。8月4日所内招待离退休同志，算全所活动，徐光冀主持，苹芳讲话，我也发了言(10分钟）讲了三个历史时期，史前（所的）20年，老一辈学者提出为恩格斯“起源”写续编；过去40年间，继续摸索道路，走出一大步，可称作考古学上的“邓小平小道”，初步认识到“续编”该是啥样；今后20—21世纪间的20年，该能走出一条大路，我不敢想我能再活20年，但我似乎已看到了这个时期。这个内容是我和《中国文物报》记者和对小童谈话内容主旨相似。现在算是又对你讲了一遍。

经过这三周，我身体又前进一步。昨天去医院查体取药。原来，所里徐光冀，还有忠培，都去找过给我看病大夫，他们都带着一个问题，谈我是否去大连开会的事。医生当然不会说太肯定的话。医生对我讲，徐意，所里只能让我参加必须非去不可的会……忠培当然也是为了求万全。刘观民告我，到时他们拟让晋祥陪我，为了限制我的活动，光冀只说，明年的呼市的考古学会一定要参加，今年就不一定了……

说良心话，我怎能不愿去大连呢，但事先考虑周到些，倒是必要的。我一心牵挂的是，现在我们对辽河东西古文化该有个系统的看法了。我的心能够平静吗？朱延平已写出稿子，和我谈过了。相当有分量，可作为这次会的重点发言之一。我让他另录一“摘要”，七、八千字，复印一下，下月初他可以交我，然后他要陪光冀去日本。

（下空，无署名、无时间）

郭大顺—苏秉琦（1990.9.3）[①]

苏先生：

环渤海会的筹备工作正在抓紧进行，规模仍是原估计的：外宾15人左右，省内外50人左右。考虑到国外学者论文比较散，国内对环渤海概念理解的程度，我们想，在第一天会上应把会的主题点出来。为此，我起草了开幕词，用了您1988年临淄会发言提纲的四点，请您过目。另外由我和老孙准备一个主题报告，重点介绍辽东半岛近年新发现、新认识。在第一天上午讲，下午看标本，会议最后再有个小总结，这样即使各方带来的论文比较散，也不至于走题。

您有何想法，也请告知，开幕词如有改动，寄来或带来均可，因会前要译成英文。

祝　安康　这几天冷热不规律，望注意保重

学生

大顺

9.3

附：

开幕词

“环渤海考古”学术讨论会现在开幕。

“环渤海考古”课题是由中国考古学会理事长苏秉琦教授于1970年代中酝酿、八十年代中正式提出来的。根据他的思路，这一课题研究的范围、内容和重要性在于：

第一，它是广义的（以燕山南北为中心的）“北方地区”考古的延伸、扩大和发展。

---

① 原信未署年。信中提到的大连环渤海会召开于1990年，信当写于是年。

第二，渤海即古人所谓“海”，犹如“河”即今之黄河。“环渤海”即指辽、滦、大小凌、海河、黄河等所注入之海，又指辽东、胶东、朝鲜半岛，甚至包括日本列岛在内广大海域及腹地。

第三，它的自然地理、人文、历史、文化地位，既可统属在广义的中国北方，又可统属于我国面向太平洋的（环太平洋）重心位置。渤海是当之无愧的中国国门。

第四，它是打开东北亚（包括我国大东北）的钥匙，是连接整个东南沿海的龙头。

“环渤海考古”学术会议已经开过两次，一次是由北京大学考古系和烟台博物馆主持，在山东烟台和长岛召开后，主题是胶东考古。一次是1988年由山东文物考古研究所主持，在临淄召开的，主题是青州考古。在临淄会议上，大家一致倡议，下一次会在辽宁大连召开，重点研究辽东半岛的古文化。由于这个题目既是探讨辽东半岛在环渤海地区以至环太平洋古代历史发展中的地位，又对正在开放改革中前进的辽东半岛和大连地区具有很大现实意义，所以得到中外学者、辽宁省和大连市领导的支持。经过两年准备，现在终于召开了。让我们对与会的中外学者、各级领导表示谢意。

郭大顺—苏秉琦（1991.1.18）

苏先生：新年好。

读到您在《文物报》上的新年述怀，走向世界，面向未来，作为九十年代奋斗目标，非常及时。去年我们作了开环渤海会和中日合作研究两件事。虽很费力，但开拓了路。《文集》正筹办，合作研究还有两年，与台湾光复书店合出的丛书也在准备，今年6月交稿。伦敦大学汪涛上周打来电话，因英美学者主编的《世界玉器综述》要收入红山玉器，前已寄出一稿，电话是要图片，说1月份就付印，大概比台湾的还要快。日本富山电视台（辽宁友好省县）拍《辽河纪行》，点名要拍一点红山文化，说她是辽河养育的，辽河文明可与黄河文明相比等等。前几天看到《光明日报》介绍阴法鲁先生主编的《中国文化史》，特别提到书中引了红山文化材料是慧眼独具。傅熹年将家藏玉器在香港出书，其中的两条三星他拉式大玉龙为主，只是身体细些，看来他这本书也是参考了红山文化的新发现才出版的。

牛河梁金字塔解剖到底深 7 米多，因探坑不在中央，底部未见明显迹象，可分出几大层。中间一层上下交界十分明显，底部是一层50 公分的薄层夯土，且下部出红、彩陶片较多。因 1990 年文物局未批发掘执照（我们领队资格申请报晚了），未敢大挖。1991 年省计委已拨 10 万元让盖陈列室，二号地点文物局让作一个冢的复原试点，所以今年二号点要作完几个冢，金字塔设法搞清性质。姜女石黑山头已请王振江作完小模型，今年可望完成地面复原，总之进展仍不够理想。“八五”期间辽宁省几条主要公路（沈—四平、沈—丹东）、几个水库，特别朝阳有个大水库，配合基建任务将很繁重。

另海城小孤山仙人洞由北大研究生实习发掘很丰富，出有刻划符号骨片、切割整齐骨料。洞的进出口部位是一深坑，老孙疑为“陷井”。

1990 年为吉大与新西伯利亚大学合作出书写了一篇《辽宁出土“北方式青铜器”及有关问题》，还有环渤海考古的文章。今年想酝酿一篇《考古学文化区系类型理论在实践中的发展》，是在去年为您专栏那篇基础上想起的，觉得现在应总结一下，但又觉得很难，试试看吧。

福州会28 日—2 月 2 日，会上讨论考古“八五”规划，想局里已征求您的意见，您还有何想法，过几天我将在电话中请教。

祝　安康

学生

大顺

91. 1. 18

郭大顺—苏秉琦（1991.4.15）

苏先生：

我于3月24日由东京返大连，此前3月2日—9日在北九州的福冈、佐贺，10—20日在关西的大阪、兵库（神户）奈良、京都、滋贺，21—23日在东京、千叶。9个都府县，48个文物点。对方因经费少，个人开车、接待、翻译。但能在短时间里让我们看这么多地方，也算满意了，而且多数点的选择都有代表性。如绳纹时代东京湾的加曾利贝丘遗址和博物馆、滋贺县琵琶湖底的发掘工地（筑坝隔水，出少量“之”字纹陶片）、弥生时代最早的九州阪付遗址、瓮棺墓群、支石墓群、新建的大阪弥生文化博物馆、在日本轰动的佐贺县吉野乡里遗址等。古坟时代的新泽古坟、藤之木古坟、正在发掘的天野山山顶古坟、最大的仁德天皇陵、新建起的五色冢、蛭子山古坟等。

日本现在有一股“考古热”，报纸几乎天天有这方面消息，一些市甚至町（县镇级）也在支持建“史迹公园”。对此有各种见解，一说日本人生活工作太紧张，环境污染，追求古代环境；一说社会上都关心日本民族文化、文化起源；也有说是为了旅游赚钱。不过从吉野乡里遗址（相当西汉初，有环沟、瞭望台、仓房、房址、土丘墓，出青铜短剑等），86年发掘、89年建设，每年有100万人从全国各地来观光的情况看，主要还是新闻界宣传这一发现与“邪马台国女王卑弥乎”有关（作用相当中国秦始皇）。报纸也以“经济大国的历史之谜”予以引导，很有点类似牛河梁发现后的报道和轰动效益，可惜我们没有抓住机会进行建设引导。

再就是稻作起源，NHK在晚11：00—12：00插了一小时“日本稻作起源”国际讨论会实况，有严文明，据说现在已是辽东传入占了上风。新的证据又据说是去年环渤海时旅顺馆展示了大嘴子遗址上层（3000年左右）所出炭化稻米，已鉴定为粳稻。综合看，支石墓、半月形石刀、铜剑、多纽镜、铎、铁臿等同时出现，与辽宁关系远超过与山东和南方关系，所以辽宁说是正确的，促进我们在这方面要多做工作。这也可以说是环渤海考古的延伸，东北亚这个课题辽宁应抓。

回来事情很多，您福州讲话还未整理出来，环渤海会专集已在编辑，工地今年建陈列室，文物局组织的台港文物旅游都要到辽宁来，朝阳在普查凌源和北票两县，“金字塔”还不知从那里下手为好，还有些编书写文章的差事等，总之还是抓住重点不放，有些事下次再向您汇报。

祝　安康

学生　大顺

4. 15

给您买一本《日本史图表》，是两位著名教授写的普及本，图、文、表并茂，5年已再版15次，想您会感兴趣，去京时捎去吧。

苏秉琦—郭大顺（1991.6.3）①

大顺：

你好！你们离京前我没有再接到你来电话，估计，是没事，也不放心，是否挂电话没接通。无论如何吧，你和欧阳谈话有什么可谈的合作意向之类的结果，盼告我。

《关于重建中国史前史的思考》一文复印本给寄去。经过邵望平、高家鑫二人加工，最后，我改动不多，徐苹芳、徐元邦最后没有再提什么意见。只是，我最后又加上三组附图：一是中国猿人代表石器两种（盘状器、尖状器）和石锥，代表北京人石器从早到

① 郭大顺先生提供信件录文。

晚的发展及特征；二是富河文化石器三种，恰和北京人三种石器对照比较，无疑是有传承关系，而又可下接殷墟；三是秦安大地湾殿堂式建筑遗迹，可与红山文化参照，北方“文明”起步早于中原（文中有一句提到差距 500—1000 年的话）。

文章粗糙些，但新意也不少，只是看来要多花些力气，才能读懂。如果你有兴趣，能多花些时间，细琢磨一番，写篇读后感，或“评介”文章，我看有好处。一则广宣传，二则等于注解，三则可挑些错误或补充……在报刊发表，争取时间（纪念论文集，韩榕爱人责任编辑，保证年内出）。

专此　问大家

好！

苏秉琦

1991. 6. 3

郭大顺—苏秉琦（1991.6.6）

苏先生：

信及文章今日收到。您提出的新课题和许多具体观点都很有道理，我都可理解和接受。由文明起源扩大到重建史前史，由新石器上溯到旧石器早中期，又有人思想上跟不上了。但从学科发展角度看，已成熟，提得很及时，对学科的指导作用不言而喻。

我正在思考给学会的那篇《论考古学文化区系类型理论在实践中的发展》，主要是整理消化您这些年的文章和与我的谈话。实际上大部分内容都已超出了一般理解的分区、分系、分类型而进入史学范围，所以我想把这篇文章与您布置的任务结合起来。有您《重建》这篇文章，我争取在学会前写出来，到时纪念论文集用不用都可，这样算不算完成了您交给的任务？

那天去友谊宾馆，见到欧阳夫妇和高星，说玛丽女士与您互不通语言，却可交流思想，欧阳说您很“厉害”，他们还是建议中方尽早成立相应的合作委员会，并建议有地方代表参加。李季后来说，这是一方对四方，不大好办，小童来信也谈到此事，他们希望今年10月这届期满时能促成双方直接接触。我送他一本《辽宁重大文化史迹》，他们很有兴趣（此事指美中学术交流委员会——郭注）。

近不断有港台学者专程访问牛河梁，说新加坡也要抢在日本前面拍一个专题片，有一传十、十传百的趋势。我们想抓紧时间今年把临时陈列室建起来（前院），后院设几间有卫生间的房间，修复第二地点第三号冢（三重园，好挖，也好复原），王振江日内来工地，昨日工地电话说出一每边长3.4米大墓，我和老辛今晚赶工地，有好消息随时告诉您。

注意身体

学生

郭大顺

6.6

郭大顺—苏秉琦（1991.10.12）

苏先生：您好。

我在张家口3天，25日赶到牛河梁，有日本富山电视台现场采访，27日去大连接秋山团，双方在阜新到一夏家店下层遗址，但他们已去山东开龙山会，会后再到金州5天，北京3天，今年就结束了。此项合作明年底结束前需写出初稿，以便在最后申请出版经费。这样从明年初开始，我们又得拿出一部分时间准备东北亚方面的材料了，这也是合作中我们的目的。

报道您的文章9月13日《光明日报》一版登了一小条，21日《人民日报》在第三版却较醒目，22日后中央电视台、新华社又都报了查海消息。阜新市上下都觉得这次玉龙文化节搞得成功，一把手书记也出面请我们，表示明年投资100万盖遗址馆，要我们开春再发掘。凡正此遗址有再掘必要，也顺便找找墓，总之，是促成一件好事。

这次参加学会收获很大。由区系分析到社会分析作为今后十年进入新阶段的标志，确需作艰苦工作。这次您又谈了很多很好的想法，我在设想，能不能以您那篇《重建》为纲目，归纳您已发表的文章和历次谈话内容，再系统谈几次，可望整理出一定规模的文字，比如10—15万字，配若干图表，可作专书发表，我或再找一位年青同志作助理。此事前几年在兴城酝酿过，现在比较成熟了，若可行，11月份我若在京，就可先试谈几次，只是需有个题纲，谈的有此系统，这样便于整理。当然您不必为此劳累，还是想到哪谈到哪。

这里省人大10月中下旬视察文物保护法，先到朝阳，我先走一步在工地等待。牛河梁今年除又发掘几座大墓，出些新玉类外，为配合冢的复原，在第二地点正在作些解剖观察。已有几点收获：①山坡由此北向南斜，冢则保持水平，为此南部石框界加高（见图），这样推测冢顶部也应是对称的。②确有由外向内层层高起趋势，一般为3级，且都在边缘部分，冢顶似并不很高，这一点可能同埃及金字塔前身的“马斯塔巴”相似。③筒形器大小、高低不等，但口部保持水平，下部埋在土中，露在外面的上部绘彩，我觉得闻广的说法有点道理，即这些成排列的筒形器，置于石框界旁，起到防止冢顶下滑作用。据观察，现堆在石框界上的石块都是冢顶滑下来的，可见当时为保护冢的“至高无尚”意识。冢Ⅳ三层园解剖1/4未见墓，看来确有“坛”的可能，准备以复原此“冢坛”为试点。

我为学会写的那篇，请您略过目或作此标记，以便我再改或补充。

天气渐冷，望多加保重。

学生

郭大顺

91. 10. 12

附：草图一张

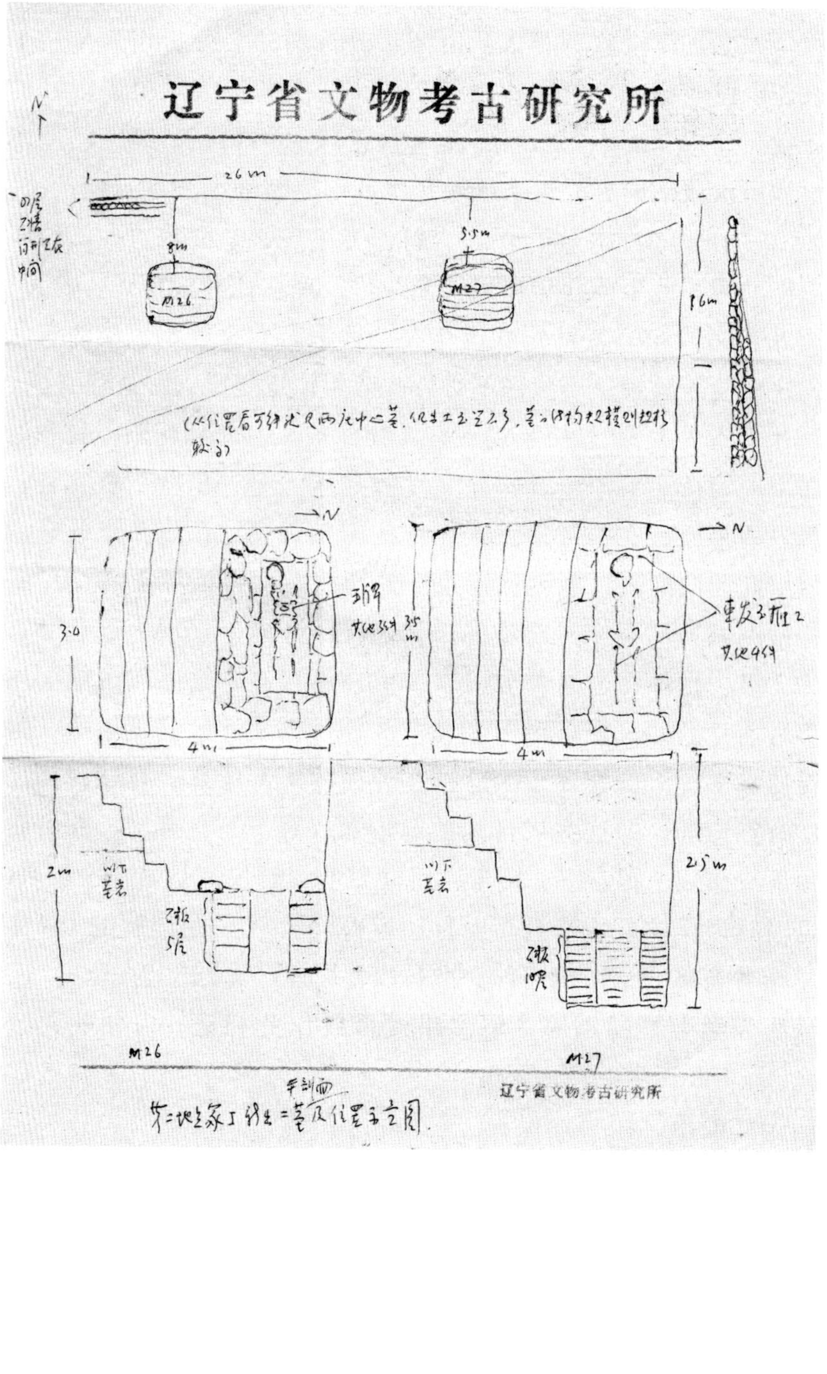

郭大顺—苏秉琦（1992.7.6）[①]

苏先生：

给《文物天地》的原稿中，划铅笔处是被删部分，但图版用在封面上，也只好如此了，《几点思考》以后再找机会发挥吧。

呼市、石家庄、北大三个会，给自己出了三个题目，写作中形成一些观点：辽河流域出土“北方式青铜器”，固有些区域特征，有些器物具相互结合的特征以及某些因素在当地有溯源线索。提出在外来影响同时，有个与当地文化结合问题。渤海湾出土早商铜柄戈，想说明夏家店下层文化在沿海的强大势力和海上活动，这与商族有关，同时具备礼制演变的典型性；“文化交汇与早起国家的诞生”，是否可说明文化起源与文化共同体的形成是大致同步的，时间四五千年间。想以您“新起点”的想法为指导，再深化一下。

七月文物局不断有人来，八月两个会，九十月间可能去香港中文大学讲红山文化。您想出来走走一事，我已同老辛和阜新马市长商量，何时合适。能否成行，随时联系。

祝　安康

学生

大顺

7.6

郭大顺—苏秉琦（1993.8.30）[②]

苏先生：

① 原信未署年。郭大顺先生指出信写于1992年。

② 苏秉琦先生在信后写道：“9.13复信要‘目录’。”

晋北一行，感觉如何。

牛河梁今年新发现的彩罐照片已洗出，现寄去。另出一种矮体彩盖罐如瓿，此则如罍。

前年新出土玉器中，一件图案不识。这次林沄说部分像鸟，和原识像龙的一比较，我以为应是一种龙凤饰，也寄去拓片复印件。

参加赤峰会的感受：活动在这一地区的诸民族，成功地处理了吸取、继承和传播的关系，所以虽如海浪一样入主中原，却并不像其他民族交替那样使文化中断，长城地带作为中华民族象征奥秘在此。不知有无道理。

最近，我把您84年以来（以及此前未发表的）的文章收集一下，想争取再出一本文集，不知您是否同意。现寄上目录、书名、体例，如认为可行，我再征求俞、张、严、徐、黄等诸先生意见。辽宁大学出版社已表示愿意出版，而且很快，不像文物出版社那样无限拖期。如有最新文章放在前面更好。

祝　安康

学生

大顺

1993. 8. 30

苏秉琦—郭大顺（1993.9.13）①

大顺如晤：

你的8. 30信及时收到（8. 14—8. 25期间去大同、朔州）。山西之行，题目是《晋文化与北朝考古》，实质是为了还愿。广东珠海之会，我想去，忠培几人劝我没去，说那里条件差。后来他们发现朔州市的平朔煤矿办的“旅游度假村”好，征得文物局张柏、

---

① 郭大顺先生提供信件录文。

老黄、苹芳等同意，另组织这样一个小型座谈会。参加的人十来个，我做了一个谈话，即题为《晋文化与北朝考古》，与85年的侯马“晋文化会”衔接，也为明年8月的“晋文化与丁村文化”会对应。邵望平据录音整出约六七千字的稿，待稍补充一些，再复印，供大家参看。

你来信中附的那个目录，夹在什么地方，找不见了，望你再复印一份寄来。忠培去河南参加培训“领队班”了，他同意，我赞成，拟即着手做准备工作，有具体意见，再写信告你。

问

好!

苏秉琦 1993.9.13

回信寄家里　100044（邮编）

昌运宫一号二门五〇二室

郭大顺—苏秉琦（1993.9.13）

苏先生：

信收到，目录再寄一份。

富山台15日到绥中工地，就明年与辽宁台合作拍片收集素材，大概是从环渤海—环日本海之类的题目。今天省委宣传部所属半岛音像社来电话，说要拍朝阳对外开放的内容，红山文化是重要背景，可能要去采访您，上次电话说的可能就是这件事吧。

报道“世界的中国考古学”一事，记者未催，我想放到学会召开前也许更合适。

目录中有与富山台记者谈话一文，听说日方整理后已寄给您修改，如找不到，我再向他们要。

祝　安康

学生

大顺
93. 9. 13

郭大顺—苏秉琦（1993.10.29）①

苏先生：

27 日晚日本富山电视台电话，明年 1 月是富山电视台建台 25 周年，他们在中央大报包了版面，发表国际人士的感言，希望您也写一段话，内容围绕世界的中国考古学和保护地球环境，20—30 字左右，11 月底前寄去。您如不便写信，月底前我给您打电话时告诉我即可。内藤还寄来生日贺诗的修改稿。

专辑目录有所改动、补充，再寄您一份。同时先寄给张、严二位听听他们的想法。

祝安康

学生
大顺
93. 10. 29

昨天去金牛山，吕先生已蹲点二个多月，验证了出人化石地层是第 8 层上部，下部出成片分布敲骨吸髓动物骨片，多为鹿、熊长骨，还有鸟、鼠、兔，不见其他，已揭露 10 个层面，以下还有第 9 层露出。

胡头沟积石冢被牤牛河又冲刷出墓葬，清理出 30 多个筒形器，可能对了解积石冢结构有价值，我们还未及去现场。

---

① 郭大顺先生提供信件录文。

郭大顺—苏秉琦（1994.1.18）[1]

苏先生：

寄去两份材料，一是香港商务印书馆准备出版的《东北文化》，我分工写的结论，一是富山台邀写的祝辞。我们同日本秋山进午合作出书的序也快到期了，是否就在给富山台的祝辞上加以补充即可。另内藤社长把他写的一篇文章和那首诗作装裱后寄来，希望放在您的文集中，或想作为“世界的中国考古学”部分的内容也可以，到时由编辑安排吧。

6—9日陪泰国公主诗琳通，她55年生，酷爱中国历史文化，已写了《踏上龙的国土》《平沙万里行》。这次专门到东北收集历史民俗，回去写书，所以每处必录。随同有搞历史、考古的教授，在沈看了博物馆、一宫二陵，问得很细，我也趁机翻阅了有关资料。如故宫东路既有主次，主次分明，又同处一地，同时办事，联想您说的“古国”和文明曙光、军事民主主义，大概就是如此。中路也很有意思，大清门、崇政殿（相当太和殿），都用的是规格低的“硬山式”，却大量用龙（博风板、樨头），方柱，柱头装饰却又是喇嘛教式。一般说满、蒙、汉结合，但具体内容分析少，看来皇太极时的“帝国”思想还很有特点，或想把这些分析透彻，沈阳故宫的特色和那段历史就更有声有色，对了解早期国家起源过程确有参考价值。

世行贷款事，今年七月开始实施，三年为限，几个大遗址只能围绕这个项目边发掘边保护，国际专家（争取赠款支付），北京专家（文物局方面）和省内专家三结合，可望有较大进展。新项目主要是辽西鲜卑三燕城址和墓地、北魏塔基，日本人已注意，希望召开国际会议，我们想今年准备，明年争取开成（1995年）。

---

[1] 原信未署年。信中“明年争取开成（1995年）”，知信写于之前的1994年。

成立红山文化学会事也在筹备中，都希望您作顾问，到时再汇报。

写序事收到信后电话联系。祝新春好

学生

大顺

1.18

苏秉琦—郭大顺（1994.2.14）①

大顺：

忙过春节，该言归正传了。为等给内蒙古 40 周年那篇致词，交观民办，打印，今天上班，也没见到他。只好，等过几天再寄。先把手下的两份给你寄去。

1. 给台北的，想正式题名为："走向 21 世纪的中国考古学——《中国考古文物之美》序"。

2. 为台北召开"中国历史学 · 考古学整合讨论会"论文（提纲）。

余事，下次谈。此候

春安

苏秉琦，1994.2.14

郭大顺—苏秉琦（1994.3.16）

苏先生：

为秋山进午邀写的序文寄去，请您修改或重写，过几天电话

① 郭大顺先生提供信件录文。

联系。

正在整理几个讲话稿，福州、三星堆已整理完，长岛、蔚县过几天就可整理出来，到时再寄您过目。只是八次年会（1991年）（呼市）讲话我这里没有录音，已向内蒙索要，不知您当时有无提纲。另外北大文物爱好者协会是否有您在他们开会时的讲话材料，争取三月底汇集齐，算告一段落。

祝安康

学生

大顺

94.3.16

郭大顺—苏秉琦（1994.3.26）

苏先生：

又寄去四个材料，蔚县三官讲话根据笔记本记录整理，其他都是根据录音记录整理。划红线的地方您重点看一下，其他有需修改补充的地方您也可以标一下，不必太费神。

世界银行已为牛河梁筹到一点赠款，英国剑桥大学一位教授很感兴趣，特来帮助制定保护方案，已定4月20日来。此前有丹麦专家考察九门口长城。这样就争取到一个条件，请外国专家咨询，不用贷款额，另筹款。这当然是件好事，但人家也有条件，谁筹到款，谁派专家来。也只能如此。

祝　安康

学生

大顺

94.3.26

郭大顺—苏秉琦（1994.6.25）

苏先生：

富山电视台整理出的采访记录比较详细，文字也流畅，内容也可以，而且有了个题目，前次采访也可有个题目，这样就可改成一篇文章下两个小题目。即：

与日本富山电视台内藤真作社长谈话

（1）关于辽河文明（叫这个题目可否）（1992 年 9 月）

（2）关于环渤海—环日本海考古（加上环日本海，虽内容不多）（1994 年 5 月）

这种采访形式在书中也算别开生面，这样，世界的中国考古学这一章也显得充实了。

现寄上传真复印件，请过目，多余的话我已删改了一些。

同其他几篇需要改的文稿（包括自序），放在一起，改多少算多少，不必当作任务，待要正式发稿时（大概七月中旬前后），我会告诉您，到时寄来或我去取都可。当然那时就是最后一次修改或补充了。

天气炎热，注意身体。

祝　安康

学生

大顺

1994. 6. 25

郭大顺—苏秉琦（1994.8.10）[①]

苏先生：

---

① 原信未署年。郭大顺先生回忆信写于 1994 年。

《编后记》用了小童五年前文章中的一些材料，凡是比较活泼的那些话都是他的。有些提法是否合适，寄去一份请略过目。

现文字已在校对，图版也算全了，只缺您的代序，可能要催您一下了。写好后“特快专递”寄来。

祝 安康

学生

大顺

8.10

郭大顺—苏秉琦（1994.8.19）[①]

苏先生：

寄去图版说明文字，如有修改请在原稿上改后寄回。

大顺

8.19

顺告：上月去巴林右旗，观摩红山玉器，原以为的“玉蝉”，确是“玉蚕”，共四件。两件为一对，其中一对双触角，嘴似作吐丝状，表现前足（上图），另两件双角如眉，嘴也简化，无前足，表现前后穿孔（下图）。可惜人家不让照相（《考古》已发表，但上下画颠倒了）。翁牛特旗一红山文化（?）玉质斧高22cm，一商代大铜甗内阳铭“”等大如图。

附：草图一张。

① 原信未署年。苏秉琦先生在书信上写“94.8月”，信当写于1994年。

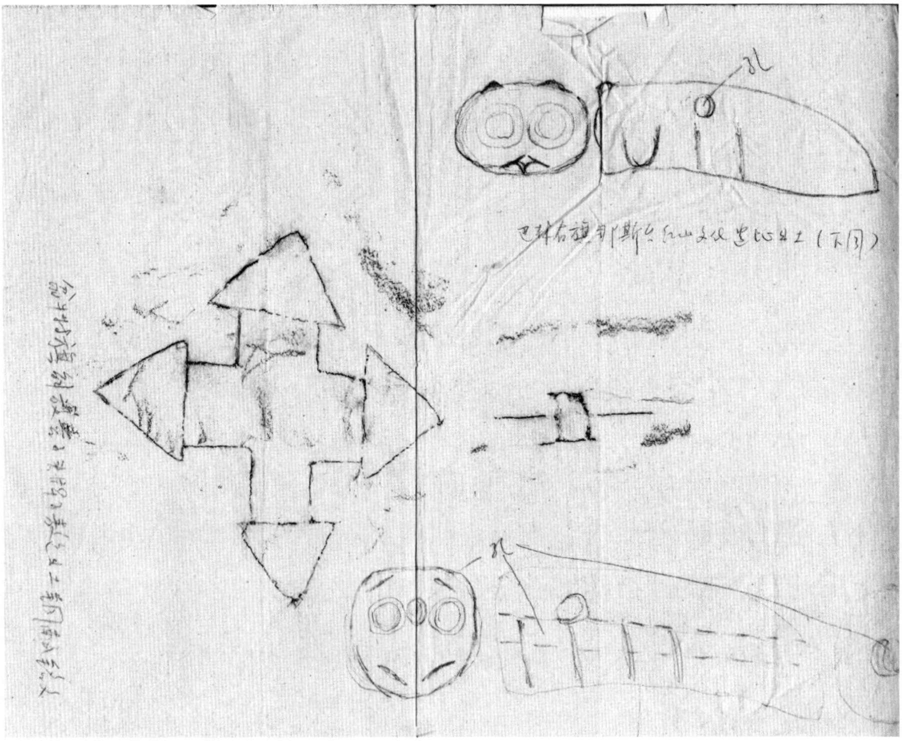

苏秉琦—郭大顺（1994.10.8）[①]

大顺：

你好！

5日等我定下心来，电话找老黄（景略）一问，才知道你已走人了。真是来也匆匆，去也匆匆！为此，我一直平静不下来！所以，我总在想，希望你早些考虑，为我们再安排一次像当年兴城那样的“团聚”。学无止境，我们之间，总少不了共话的课题。此事盼能于年内或明年办到。

这本书，我看确价值万金。我粗算一下，我们为酬谢眼前一批

---

① 郭大顺先生提供信件录文。

朋友厚谊，三百本不会少，再打出一百本后备。我意，按四百本，作为作者内购（该有折扣吧），钱由我付现金，已备好。随时请你找便人带去（省汇费），沈阳朋友们该补送的，统由你支配好了（名单你斟酌好了）。

代问候沈阳朋友们安好！

祝

安康

秉琦

1994.10.8

郭大顺—苏秉琦（1994.10.21）①

苏先生：

昨日电话您谈到三部曲、三模式需作系统阐述，我又翻了一下那本书，想到可否以这本书为纲，有的部分简化，重点部分充实发挥，写成一本书，与这本论文集相辅相成。文字可以多，也可以不太多，比如20万字左右，多配线图、插图、图版，文图并茂，书名可延用这一本作为续集，能另起名更好。此事需要一段时间和精力，但如有这样一个目标，又有现成这本书为起点、基础，现在着手，经过几年积累，到成熟时突击几个月，可望成功。

现成材料我手头有您历年谈话记录可以整理出来。您在翻阅那本书时，除改正个别字句外，在重点文章中顺手加些补充想法（在书旁或另附一页纸，包括哪些地方需配图或加注），这样顺其自然不必劳神，也比较现实。大家议论，生日过后，以静养为主，不必总来打扰，此事希望成为您静养生活的一部分，不必为此事多操心，不知您以为如何。

---

① 郭大顺先生提供信件录文。

祝 安康

学生

大顺

94. 10. 21

苏秉琦—郭大顺（1994.11.26）①

大顺：

你好！

前天电话谈的请告辽宁大学出版社寄发《华人·龙的传人·中国人——考古寻根记》事，事后想：二百本一次寄发不妥，这是个力气活，还是匀为四—五次，每次40—50本，地点：全寄王府井大街27号考古所。

上周去天津，专为确定明后年环渤海会事。顺便在南开讲一课"中国考古学的中国学派"问题。

没别事。问

大家好！

秉琦

1994. 11. 26

郭大顺—苏秉琦（1994.11.26）

苏先生：

寄上两份材料。

关于我的工作变动问题，10月20日组织部找谈话："退下来保留

① 郭大顺先生提供信件录文。

待遇搞专项和专业。”因去年以来我已口头向到厅考核组表示三次，所以并不意外，事后有一种轻松感。今后两种可能：一是协助作些文物行政，有个助理巡视员头衔；一是只搞专项（如世行项目、三大遗址建设），更多时间搞专业。

我从去年提退下来不是轻率的，现实问题是机构改革后，厅长只能一正三副，我必须再兼管其他文化项目，文物行政这几年也是重复性强。两大遗址发掘、研究、建设一拖再拖，到我 60 岁已不到 5 年，目前厅班子内部也有矛盾，但对我还都不错，摆脱杂事，专项专业，正是时机。1995—1998 四年算一新阶段，1998 年以后是又一段。当然上面搞年轻化，对我这种自认为不错的“专业、事业结合”的领导方法也不会理解，而且都换了一茬人，有一个时代过去了的感受，提前意识到，争取主动、争取时间。

职称问题，留在厅里是公务员，人事厅不给上报，只好由文化厅直接报局。若局评审组接受，也算走了个资格手续。若回到所、馆，职称可顺利解决，但那几项事业就会不顺，从个人想也不适应，所以还是先留在厅里，以后再看。总之，这也是顺其自然的事，还有许多工作要作，要以创造争取些条件为目的。

为您再出书事，香港商务既然有意，编辑出版就不成问题了，现在担心的是怕给您形成负担。大家议论，生日过后，以静养为主，不必总来打扰，此事希望成为您静养生活的一部分。为此我想到的办法是：①在那本书旁，边读边改边写评语，补充或加另页、加注和配图等；②构思一个整体想法和提纲；③聚会一次，录音记录；④在记录稿上修改补充。我想这本书应反映您的基本观点、风格，同时顺其自然，也不必非有头有尾，一本正经。若您同意这些想法，12 月 7 日深圳与商务编辑见面时可再同他们交换意见，如有进展，请他们直接与您联系一次。

【书按照“谁有反映给谁寄订单”的原则，已发订单的：广东所朱非素、馆杨式挺、彰武县文管所（学了三天文物报）、阜新、山西田建文（说所里要买很多）、大理馆（一位馆员特来信要书）、

内蒙、河北、河南所、天津。】①

上周检查工地，查海已挖50多座房址，占3/4，个别有打破关系，复原陶器500件以上，分期、布局都可有依据。今年又出十几件小玉器，那个“龙形堆塑”一把手市长下令10天保护起来，批给5万元，现已临时搭起一个“暖棚”，也算地方一片心意。牛河梁第二地点二号冢，原只知中心大墓，现在前面（南）出三座墓，规格不小，但随葬玉器甚少，有的被扰，可见主次严格，同时玉器早期已在流传。几个冢上部结构都露出起二—三层台阶，复原更有依据；碣石宫挖2000m²，新出三件完整大夔纹瓦当（经粘对），统计个体20多个，而且图案不全相同，是继承燕，影响秦，不是不可能。

上海博物馆有《鉴赏家》杂志，为新馆开馆邀稿，我写了《猪龙与熊龙》。按您想法，提出熊龙一说，虽有待进一步证据，但可引起注意。北大黄蕴平上课讲到熊为大型食肉类犬齿和爪的特征时，浙江一同学联想到良渚玉器“神兽徽”和爪应为熊爪特征，有提出红山玉器影响良渚玉，相互印证吧。

祝　安康

学生

大顺

94.11.26

苏秉琦—郭大顺（1995.2.20）②

大顺同志：

你好！电话谈的两件事《自传》稿、《小青年》。

---

① 此段写于书信第二页页眉，根据内容插入此处。

② 郭大顺先生提供信件录文。

《自传》稿我初看一遍。虽材料没大变化，细加工还要有较从容时间。因此稿和《访谈录》不同，要用第一人称，文词要更准确一些。我估计要用两周时间是必要的。

代觅帮手，大家费心，非常感谢。我想再加一点，即在她留我们这里期间，应给她零用钱约每月150元，她的工资照常规由你那里给她存起来，等她回去时一起给她。这里的支付办法，拟托马沙代管，不用经我老伴手了。至于将来最后清算（总钱数），按我家情况，由我二儿子（悌之——美国）他承担。

中心思想是，解除我老伴思想负担（一般佣人自己不放心，花钱明显比常规高许多，舍不得）。

专此。

又一件事，内藤真作送我一支“万年笔”，牌子是“国光会”，它的“绝”处是墨水考究，用它的墨水才可能常用不坏。为此，现在快用完了，北京问过日本代销店，没有。请你代找一下，如能买到“小管墨水”，给买两、三个。拜托！

祝旅途

平安

候问

大家好！

苏秉琦 1995.2.20

（接电话后发出）

郭大顺—苏秉琦（1995.3.2）[①]

苏先生：

香港商务又来传真，已由画册及综合室编辑龙细玲具体负责

---

① 郭大顺先生提供信件录文。

文集编辑出版。按上次商定意见，以 1994 年文集为主，删减部分会议讲话，另从 1983 年文集中选出五篇（《仰韶文化若干问题》《石峡文化初论》《几何印纹陶会上讲话》《青莲岗会上讲话》《姜寨或区系类型》），增加您正在整理的自传文章。各篇内容也希望增加插图，要求提出一插图目录。您还有何意见请告知，待我 3 月 16 日从日本回来后就着手工作（因 9 月份要出书，我们也得稍稍抓紧）（目录定好后我将请他们直接给您去信由您授权）。

七月份伦敦大学与大英馆有一中国古玉会，让我写一篇红山文化玉葬之礼的文章，想到“勾云形玉佩”的功能。此物出土时都是竖置而且反放，多齿一侧向外，应非佩饰，可能与戈、钺之类有些关系。如是则解决了玉器组合的一个大问题（王权、军权）形象也非鸟非兽，而如您所说“玉雕玫瑰”，我想这也可先备一说。另 5 月份考古所商文化会，我写了一篇《北方古文化与商文化的起源》，说的不透，但也不说死，不知可否通过。

服务员一事就按您意见，如合适近日可送去，两可之间，等我回来再定。

祝　安康

学生

大顺

1995. 3. 2

郭大顺—苏秉琦（1995.4.5）

苏先生：

寄去文稿一篇，是日本富山市日本海文化研究所一位考古学者邀的。他在听到渔猎文化作用时提出的，并一再嘱咐，我回来后就趁热打铁先写出来了，也算是对富山台的一个交代。请您略略浏览一下，过几天电话里征求意见，如可行再发出。

文集再版，香港商务仍在积极进行中。他们好像人少事多，又不熟悉考古。从来的信件传真看，头绪有点乱。不过以他们的信誉和效率，今年内出书是完全有可能的。

另文物出版社门市部已订购100本，这样北京书市上也可见到这本书了。

祝 安康

学生

大顺

1995.4.5

郭大顺—师母（1997.10.1）

师母：

大后天就是苏先生生日，我们都惦记着。正在筹备一本论文集，邀请函（附信后）这几天发往各地，既是为苏先生90寿辰做准备，也是对先生88岁生日纪念的表达。

祝您健康长寿！并全家好！

大顺

97.10.1

附1.

先生：

遵照宿白先生的意见，为了纪念苏秉琦先生，学习、研究、总结他的学术思想和在他的学术思想指导下的中国考古学取得的成果，拟编写《苏秉琦先生与当代中国考古学》（暂定名）一书，特邀您撰写　　　　　　　　　　方面的文章。

附《苏秉琦与当代中国考古学》（暂定名）编辑设想。

敬礼

科学出版社第十一（考古）编辑室

一九九七年十月四日

《苏秉琦先生与当代中国考古学》（暂定名）编辑设想

一、指导思想

从不同角度论述苏秉琦先生的学术思想和在他的学术思想指导下取得的成果。文章应具有很强的学术性，不同于一般纪念性文章。

全书拟分上下篇，上篇以综合性论述为主，下篇以在苏先生亲自指导过和在他的学术思想指导下取得重要成果的大遗址为主要内容，也可写一个地区、一种考古学文化，或区间、文化间关系。也希望写上下篇内容结合的论述。

二、编辑出版

由中国科学院科学出版社负责组稿、编辑。订于1999年10月4日苏秉琦先生90岁诞辰前出版发行。

截稿日期：1998年6月30日

联系人：

张玉梅

北京市东黄城根北街16号科学出版社第十一（考古）编辑室

邮编：100717

电话：010－64002239

郭大顺

辽宁省沈阳市和平区保安寺街28号辽宁省文化厅

邮编：110003

电话：024－3895721

024－3862046

关于选题和论文内容方面需商榷时，请与郭大顺同志联系；校改、出版方面问题请与张玉梅同志联系。来稿寄二位联系人均可。

科学出版社第十一（考古）编辑室

一九九七年十月四日

郭大顺—师母、恺之（1999.5.31）[①]

师母并恺之同志：

为先生纪念册编先生年谱（1950—1997）部分，徐光冀说5月29日聚会讨论，请先过目。我28日到京，可能还得到家问些情况，因1950、1960年代了解较少，如方便能否再翻翻先生那些小记录本。

祝　安康

学生

大顺

99.5.20

郭大顺—师母、苏恺之（2003.12.8）[②]

师母、恺之先生：

记得一月份是师母生日，祝健康长寿。

告诉一件事。苏先生《中国文明起源新探》一书，已商定出日文版。买日文版权的是日本言丛社。我是从言丛社岛亨先生来信

① 郭大顺先生提供信件录文。

② 郭大顺先生提供书信录文。

邀我为此书写一篇介绍苏先生晚年学术活动和写书经过的《随笔》知道此事的。日文翻译张明声先生，好像是北京燕化石油公司原职工，曾多次陪同岛亨先生参观中国文物古迹。我担心的是翻译质量，不过最近张明声先生不断向我询问书中难点，说是日方接到译文后校对时提出不少问题，这样看来对方还是很认真的。他们并邀请内蒙古考古研究所陆思贤先生（北大历史系考古专业60年本科毕业）写了一篇解读性文章，陆先生也将文章寄我征求意见，书大概2004年内可望出版。

言丛社（思想、文学、人间学－心身学、考古学、民族、历史）

〒101－0065　东京都千代田区西神田2－4－1东方学会本馆1F11号

电话　03（3262）4827

FAX　03（3288）3640

祝新年春节好

郭大顺

2003.12.18

本书受中国历史研究院学术出版经费资助

中国历史研究院
Chinese Academy of History
学 术 出 版 资 助

苏秉琦往来书信集

第二册

刘　瑞　编著
郭大顺　苏恺之　审定

社会科学文献出版社
SOCIAL SCIENCES ACADEMIC PRESS (CHINA)

目　　录

张忠培

张忠培（1934—2017），先后工作于吉林大学、故宫博物院，曾任中国考古学会理事长。

张忠培—苏秉琦（1973.8.29）[①]

苏先生：

您好！这次吉大历史系在奈曼旗考古实习，已于七月下旬结束。8月初返回长春。这次实习历时约近二月，开掘面积约近一千平方米，略有收获。发掘的是一座战国晚期—西汉中期的古城，出土多种形式的铁农具、明刀、布、一刀、半两及五铢钱币，陶器有壶、尊、豆、罐、瓮、盆、甑、碗、钵等，还有一秦陶量残片，上刻“廿六年，皇帝兼并有天下，诸侯黔首大安”，此外，铜印、镞、水道管等都有发现。在工地略作整理，拟可分为两期，前期约当秦前后，分两段即战国晚期和秦至汉初，后期约当西汉中期。陶、瓦器，尤其是后者前后两期变化比较明显，断代均有地层及出土货币、文字陶器为据。这座古城，在古文献记载的燕秦长城北337公里，在考古发现的燕长城北

① 原信未署年。据吉林省文物工作队《奈曼沙巴营子古城发掘报告（提要）》油印本，奈曼沙巴营子考古第一次发掘在1973年6月开始，至8月初吉林大学历史系和吉林师范大学历史系参加发掘师生返校，与书信内容吻合，知信当写于1973年。

108公里。这一发掘似为研究战国秦汉的东北疆域，打开了一扇橱窗。

发掘之余，又对古城附近的遗址进行了调查，除发现两处和古城同时的村落遗址外，还发现了新石器时代（磨光红陶、琢制石器）夏家店下层文化及具有若干特点的素面红陶文化（年代当不晚于战国）遗址数处。这些发现，为研究东北考古增添了新资料。夏家店下层文化遗址两处，一在八十亩地，一在拟为汉墓所在的韩山村。请将这些情况，转告刘观民及徐光冀二位。

回校之后，因为一直开会，又因家事太多，元君庙稿一直未能动笔，还是在八月三日前写了约二千字的“墓葬说明”，准备近两日内再动手，争取九月廿日前搞完，然后于十月初去京。

吉大办考古专业一事，困难重重，筹备工作很少进展，您在北京的多方鼓励，使我增加了前进的勇气，使我努力为之。

致

大安

忠培　8月29日

张忠培—苏秉琦（1978.2.4）

秉琦师：

您好！在此，向您及师母致以春节问候！

在我那次向您告别谈话时，我心情很不平静，除了我个人事外，还因为当时□□、伟超嘱咐我不要向您提及□□即将调离□□的事。关于□□调离□□的事，您现在已可能知道了。

我们不能解决□□这样分离了20年的家庭团聚问题，我们的事业怎样发展呢？导致这问题不能解决的原因是什么？难道不值得我们深思吗！正像我们估计十七年那样，□□恢复考古专业以来这7—8年的工作也应当是成绩是主要的，主流是正确的。□□在这方面，排除了许多困难，进行了极其耐心的周旋，始终脚踏实地，勤勤恳恳，任劳任怨站在第一线顽强地战斗、工作。这样的干部，为什么不能解决他最起码的个人问题？他的走，无疑是□□考古专业的一个巨大损失。

我这次回长春后，对北大考古专业想了很多。我有个想法，不知正确与否？在此提出来。我觉得北大考古专业应当办成一个系，脱离现在的历史系。这样虽有些困难，但有许多好处。其一是独立自主，不受同系其他专业牵连；其二可扩大编制，大大充实经费、设备，摆脱拿着饭碗讨饭的日子；其三在考古系成立研究室，每年根据研究问题的需要，派出二三个考古队。总之，使考古学研究上，可以和现在的考古所比一比。这样，可以形成真正既是教学阵地，又是考古研究阵地。

如果，您也有这样考虑，我建议在北大同您谈到您回北大工作时，您便把这方案提出来。我认为这很必要。干部问题，您也可提个意见。这个建议，或许是北大考古专业跃进的一个途径。

另，我返长后，立即开始了元君庙的修改工作。估计二月份可完成。我翻了一下调查报告，发现内中缺失1964年写的那篇论文，即《元君庙反映的社会制度的探讨》，是否您已从口袋中抽出了。因为元君庙今年要印出，可否将这篇论文先在《考古学报》或《考古》上发表？如同意的话，请和编辑部打个招呼。行的话，将稿寄我，以便作次修改。

敬礼

忠培

78.2.4

张忠培—苏秉琦（1978.2.20）

秉琦师：

我很兴奋地拜读了您的来信。读这信时，在我向您告别时您对我说的那句话，又浮游在我的脑际中："你放心！我将拿出办法来的。"我深深地感到，北大办考古系，将给考古学的发展打开一条道路。而要发挥北大在中国考古事业中的重要作用，我感到还需注意和做到以下诸事。

（一）要个有坚强、团结、认真负责办事业的领导班子。它不但要善于团结同志，引导同志前进，而且还要敢于拿把刀子，否则就不能拨乱反正。

（二）要有自己的发掘经费和刊物，如可能的话，最好同时成立个考古研究室。

（三）要有自己的特点。我指的是指考古的方法、路子方面的特点，也就是要搞学派。学派的产生，离不开“百花齐放、百家争鸣”这个条件，一个学派是否能发展，能有自己的生命力，不在于它的统一，而在于它能否提倡不同意见的争鸣。

（四）要有建立在自己力量上的规划。

没有雄心壮志、没有气魄，是办不成任何事情的。

我回到长春后，除了办了些琐事外，就是想促成大家议论些事情。我们已决定本月下旬至三月上旬，集合教研室成员，实行群策群力，广开言路，议论吉大考古专业怎么办?！一有眉目，将及时汇报。除在京谈的以外，您另有什么考虑，请来示。

元君庙，我又检查了一遍，因为它是从事实出发，没有受什么当时“四人帮”风潮影响。但是，这次在文字上仍作了不少改动，现在已经完成这一工作。拟让许伟返京时，带去交您。

改完元君庙后，立即着手修改《调查与试掘》。在精读原稿时，发现如下三幅不在口袋内，即：图一（即两县遗址分布图）、图二七（即骞家窑古城平面图）、图二八（即骞家窑古城 T501 地层图）。这三图可能篇幅大，当时可能没放在口袋内，可能卷在一起了。这稿文字修改不太费事，问题还是在照片上。因照片问题在此不能解决，所以这个稿子将要去北京修改。或者我在此改后，先寄考古所审查，如他们认为合适，再到北京去弄照片。

那篇论文不知是否找着了？我记得在去年 11 月 29 日到您家时，您告我调查报告找到了，并说论文也在里面。当时我拿了口袋看了一下，见到了那篇论文及其一幅插图。这论文我这还有个底稿，找不着也不碍大事。如果黄展岳认为可用的话，我当修改给他寄去。

敬祝

安康

忠培　78.2.20

苏秉琦—张忠培（1978.3.14）[①]

忠培同志：

你好！2月20日信早已收到。最近带来的元君庙稿先直接给黄展岳同志了。元君庙的那篇论文已找出，也已交老黄了。先看他有什么意见吧。泉护村稿，还有你提及的调查报告稿中缺的材料，还没找到。因事忙，没细找。

上周末才开完社会科学院的座谈会。现在是先由我所拟个本学科全面规划稿，16日找在京单位以及一些在京老同志座谈交换意见。预计社会科学院四月中召一个约百人参加的会议（北京40人，京外60人）。五月中再召一个约500人的社会科学大会，再上报中央。规划内容：1. 方针任务；2. 体制、机构（包括如资料中心、学会等）；3. 重要项目（“尖端”的中心的课题）；4. 队伍培养、提高；5. 措施；6. 保证等。搞规划不是个容易事，但实际上，经常是把它简单化了，科研要加强计划性，与经济一样，组织、领导、管理也是一门科学，而我国现在缺乏的正是这种“专家”。

队伍的培养与提高，现在全国已有十二所大学办了考古专业。我的意见是，简单说有这样几条：1. 专业要与历史专业相对独立（即使不成立系）；2. 教学计划四年分两段，前段的基础训练基本

---

① 郭大顺先生提供信件录文。

上要与历史专业分开，后半段要以培养独立工作、独立研究能力的实践与科研为主，辅以一些专门、专题课；3. 吉大我看“东北考古”“东北亚考古”似应作为教学、科研重点；4. 北大应起更大一些作用。这一点，我相信会得到各有关部门、单位、老一辈同志们的支持的。该说的话我当说，当做的事我也要做。现在北大的运动问题还不少，这涉及“弄清路线是非，团结同志”，这里涉及的事：64 年“四清”期间问题、66 年“文化大革命”初与聂元梓等有关问题、73 年所谓“右倾回潮”问题、这几年与“四人帮”有关问题。□□就是决定离开，运动一定要参加到底。专业在此特殊关头也有义不容辞的任务。

先写这些　致

敬礼

苏秉琦

1978. 3. 14

苏秉琦—张忠培（1978.4.13）①

忠培同志：

四月六日信及时收到。我原订 10 日去曲阜，因故推迟到 14 日了，因此我借此时间给你回信。《文物》上发的那篇短文是南京会议中间，因为在文化定名问题上纠缠不休，争得有些情绪激动，南博感到压力大，会议不好收场情况之下，受几位负责同志之托，让我从正面谈谈我对这一地区考古工作重点课题。免得像小学生踢小足球，没个规则，踢来踢去，上课铃一响，一哄而散的局面，给南博同志一个台阶，又不是和稀泥。周村局长还特意让我借机会给尹焕章、曾昭燏二同志讲几句话，因为他们本无问题，仅仅是由于南博

---

① 郭大顺先生提供信件录文。

当时保密，反而造成影响（?），像“煞有介事”，又难得机会“转弯子”。所以我借谈“青莲岗文化”命名由来，说起解放初华东文物工作队在华东考古工作中做出的成绩，表示我个人对他二人的怀念之思（周村同志说，他已请示过彭冲同志）。这样，南博压在文物出版社的还有他二人名字的稿件，也就不必有什么顾虑印发了。

我谈了包括山东、苏、淮、皖、赣、广东，福建不好讲。主要意思是这一地区既可作为我国考古的“半边天”来看，又涉及与东北与东北亚、东南亚等，确应特别重视，如何重视？找几处重点，由大家支援一下就行了（如河姆渡、石峡均由文物局支持下做起来的）。石峡简报要在《文物》六期发，让我写了一篇，放在简报之后，题为《石峡文化初论稿》，对广东问题总的谈谈，约九千字，未加一条注，未用一张图，原因简单，绝大部分材料是人家还没发表的。这次去山东除再摸摸王因材料外，还去看看滕县北辛、烟台蓬莱一处可能像新石器—中石器地点，鲁城材料也再摸摸。我初步意见，这个城起码是商代古国，而附近几县也是如此。可见当年围绕着曲阜，文化之盛。还准备和山东负责同志交换一下意见，希望配合作战，互相支援，这比搞形式的协作更为重要。探讨问题，交流情报，“门户开放”，互相促进，这是我的愿望。考虑到过去山东省博同志内部经常还是各人干各人的，这个“废井田，开阡陌”的做法还得慢慢来，我不相信人们都愿“闭关自守”。

这次张家口办短训班，然后开展普查，光冀这几天就去，让他有机会去阳原、蔚县看看，找一下与红山文化有关线索，我想等下半年，有了相当线索时再去看看。

江西准备的“印纹陶”为题会议，决定九月份在庐山开，江西李家和等写的文章已为会议做好准备，希望浙江、广东也能做些有分量的工作配合，这个以“印纹陶”为特征的南方原始文化系统算有眉目了。现在广东在佛山的挖掘，很可能是西樵山的“后裔”，如能连接起来，就太好了。浙江西北一大块是个古文化重地，南京附近的宁镇地区，南京市博小袁雄心不小，南博也去句容挖，加上皖南，这是我国南北东西枢纽地带，我相信不久会揭开“谜底”的。

北首岭报告稿，殷玮璋在看，我只提原则上材料应全部发，不能挑挑拣拣，删删改改。他也有此想。那篇《结论》部分的文章，黄展岳同志说，《学报》印张限制严，扩充篇幅出版社不同意，既然如此，只好算了吧！遗憾的是，我经翻箱倒柜，泉护村文字部分硬是还没找到。我看，如确定给出版，我们就下决心另写他一次，找出原记录，对照图版，别出心裁，另起炉灶，把它写成摆事实、讲道理的，能读的，不是报账式的一个报告。你我各抽一个月时间，一起住在北大，一定把它搞出来，看北大能否给我们安排个较好些的食住工作条件。

王因材料有类似元君庙之处，是一处较完整墓地而又可分三层，这次我设想看能否一次搞两个成果：一、资料汇编；二、报告。去后再仔细研究一下。

我在曲阜至少有一个月时间，工作地点是“曲阜孔庙考古队”，住在孔府的招待所（国际旅行社支社），然后再到泰安、济南、潍坊、烟台，行踪就难定了。再谈

敬礼

苏秉琦

78.4.13

张忠培—苏秉琦（1980.9.15）①

秉琦师：

这次景略来工地，带来了您对进修班实习的三点意见，听了景略的传达后，感到振奋，得到鼓励，认为切合实际。结合您以前谈

---

① 苏秉琦先生在书信第二页页眉写道：“22/9 复。”

的考古专业本科学生学士、毕业及肄业三等标准，使我们进一步认识到：田野考古（包括发掘、资料整理及编写报告）是现代考古学的基础，对学员的训练必须抓住田野考古这一中心课题。为此，我们拟采取以下措施：

一、分教师、学员干部及学员逐层传达您对进修班工作的意见，使大家的认识统一起来，以克服不正确的意见及认识。

二、为贯彻您的意见，计划发掘训练二个半月，整理一个月，编写报告一个月。发掘分两步，先是两个学员、二个民工发掘一个探方，后是一个学员二个民工发掘一个探方。在发掘中，提倡摸陶片。

三、各个教学环节（即发掘、整理、编写报告）的区分都必须明确，并作出具体的要求。例如规定发掘好一个探方是衡量是否具有独立发掘工作能力的标准。并对发掘好一个探方的具体标准作出规定。

四、工作中突出一个“严”字，作风上强调亲自动手，实事求是。

这些拟实行的办法是否恰当，请指示。

工地时 8 月 15 日开工，共开了 5×5 二十个探方，各探方由两个学员领二个民工发掘，讲了发掘遗址及摸陶片两课，同时利用工地的例子进行了现场教学，多数学员工作认真、学习努力。这批探方的发掘工作已近尾声，有几个探方已结束工作。本月廿日左右将转入第二期工程。

第二期工程，除继续在寨疙瘩发掘 15 个探方外，另在棉花地发掘廿个探方。从发掘及对棉花地试掘了解，寨疙瘩包括“龙山”“二里头文化晚期”及二里岗时期的堆积。棉花地只存在“龙山”期堆积。这里的文化面貌均自具特征。例如这里的“龙山”时期遗存，无鼎、极少斝，有较多彩陶，年代可能早于庙底沟二期文化，或和泉护二期相当。这里的二里岗时期遗存和郑州二里岗有区别，等等。陶器已复原 50 余件，小件很多，遗迹主要是灰坑，只有一个方形深穴房屋。

以前，我校为评定职称，给您送审的那两篇文章，因手头上只有这两篇了，如仍在您手中的话，请寄给我。

这里的同志，都希望您来此指导，不知您近来身体怎样？如能来此，请通知我一下，以便派人前去迎接。

致颂

安康

忠培

80. 9. 15

张忠培—苏秉琦（1980.9.27）[①]

秉琦师：

来信敬悉。

关于□□之事，您比我考虑得周到多了。您的信，我给□□看了。他对您的关怀有着深切的谢意。我对他说，先生已出面解决此事。把考古这事业搞好，□□一职，不要再推诿了。在我们这社会，无职无权干不出事情的（自然，有些德高望重的人也可以做出很多事，但我们还不是那种人啊！）。他实在也是同意我这意见的。

学员学习，我们从严要求，抓一个考[②]字，已提出以挖好一个探方，作为具体独立工作能力的标准。此外，还要求一个好的作风：艰苦奋斗，实事求是。田野发掘实习期间，要从能力和作风两个方面作出考评。整理期间考评另定。将您的意见及考评一事宣布后，学员感到奋斗目标具体明确，更认真更严格要求自己了。因

① 原信未署年。据张忠培—苏秉琦（1980. 9. 15）信的内容看，该信当写于 1980 年。

② 苏秉琦先生在书信旁批：“严”。

此，发掘工作比较仔细。

这里发掘的“龙山”期遗存，年代可能较早。

无鼎，有较多的直线几何纹彩陶，见个别的斝。兰纹、绳纹的灰色、红色陶，可恢复的数量已不少。器形有罐、小口壶、盘、钵碗、瓮等。

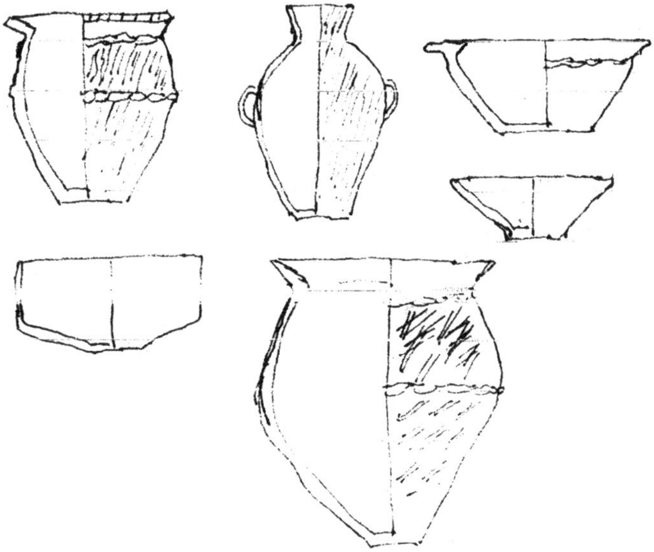

彩陶外，还有绘彩陶器。这里遗存，有些和大司空村相近。详细情况，日后再报。

我们大家都希望您保重身体，敬祝

安康

忠培 27/9

张忠培—苏秉琦（1981.2.1）[①]

秉琦师：

您好！我离京匆匆，有二三事，未能面报，今请示如下。

一、自得您关于文集意见后，我考虑这事最好由文物出版社主动向您提出为好，故乘我和景略于元月十八日去谢辰生家谈专修班事之便，向他提出文物出版社应给您出文集。谈及此事之时，谢对您治考古之道甚为赞佩，又称道您给《文物》的那篇论著（据后来杨瑾告我，谢因搞文物、考古规划，需参考您文，故从《文物》借去），故认为您出文集是当然之事，说他将找金冲及谈。

二、元月廿三日，到北大见到严文明，我把您关于出文集的意见向他谈了，他十分兴奋。我们对在您领导之下，编辑出这样一本反映一种基本理论、基本观点、基本方法的文集，是很有决心和信心的。体例问题，我们虽曾谈及，未有明确认识，自当请您决断。

三、最重要的，是您当为这文集写一个序。我个人希望您在这序中，从理论上说明区、系、类型这一基本观点、方法。

四、您要看的那几件鬲，我们拟在三四月份拿到北京。看后，您再决定什么时候去太谷一趟。

最近身体怎样？　甚念

敬祝

您及师母　春节

愉快

学生　忠培

81.2.1

---

① 苏秉琦先生在首页背后写道："8/3 复。"

苏秉琦—张忠培（1981.3.8）[①]

忠培同志：

你好！1/2 的信及时收到，多谢你们的好意。这期间我把在武昌开会的发言稿经过补充加工，并写一稿先在学会年报发表，再放在学会论文集发表。另为《考古与文物》写一篇《姜寨遗址发掘的意义》于2月底交出，放在二期。这两篇稿的中心思想，是从谈实际问题阐明“区系类型问题”这一理论问题的。按照你提出的意见，经我初步考虑，写成了几条，想等你们几位有机会集在一起时大家再交换一次意见。

我意，此事还是多集思广益，按“实践—理论—实践”公式，多反复几次更成熟些为好。总之，一个人搞不了多少事，再小的事也不简单。现在情况是：方向、决心有了，方法、步骤还是多考虑些好。专修班希望能早日定局，我想此事不妨考虑一下，如教育部迟迟不批，是否可以由文物局决定先办下去。因为有没有教育部，实际意义不大。教育部批自然要考虑这是新事物，无章可据。而实际上关键一点，无非是要取得“按大专毕业待遇”。这一点并没有太大实际意义。大学正式本科毕业程度就大不一样，到大学、科研单位任职还要经一年考核才能定职，定职条件还是以实际工作能力为主。像这样的专修班结业后水平也会不一样。如果确实在田野考古工作上，能取得比现在一般考古专业刚毕业生较强的实际工作能力，那么应该是经得起“实践检验”的。只要我们从头起严格选取，严格要求，步步把关，这一点是可以做到的。只要我们方向明、决心大、方法对，是有一定把握的。

还有一点，现在大学在校生，一班同学间团结友爱、合作互助

---

① 郭大顺先生提供信件录文。

精神较差，这种集体（指专修班）比较容易做到互教互学，加强集体主义精神，我看有有利条件。大家不用为毕业分配、出路……你知道，我们的第一届训练班同学间、师生间是相当融洽的，毕业后还长期互通信息，有如一家人，还结成几对鸳鸯，其道理正在此（与大学同班同学不同）。

我上边讲的近写的那两篇稿都有复印本，你来京时可以一看。我想今后还要继续照此写几个题目，就是“以实带虚”，请同志们一起研究。还想：1. 为此目的考虑，今后的教学安排，如给高年级、研究生作为“专题讲座”；2. 组织高年级、研究生专题实习、论文……3. 还可在跟地方合作时把这一目的结合考虑。

暂写这些。我身体如常，自己比较能掌握病的规律，也就比较主动了（经过去阜外医院详细检查，情况清楚了）。祝

好！

苏秉琦

1981. 3. 8

苏秉琦—张忠培（1981.3.22）①

忠培：你好！

昨天大百科考古学分编委几个分组负责人把条目编写人初步拟定的一部分，征求我的意见，问我要不要添什么条目和问我能担任哪些条目。我对于前者过去没有什么考虑，一时提不出意见。对于后者，有几条跟我们有直接关系的，如泉护村、元君庙、老官台、王湾等必须要我们自己订下来。我想，元君庙、老官台你写合适，泉护村、王湾我先答应下来。因此，想起泉护村那一张分期图还在你手，你现在如不用，请你挂号寄给我看看。

---

① 郭大顺先生提供信件录文。

对于老官台这一地点，现在新的线索，一是北首岭下层，一是秦安大地湾（邵店）下层，两者结合起来，可以说这一类型文化遗存的“时”与“空”比较清楚了，它和仰韶文化的关系也进一步清楚了。我想这一条尽管也是短条，但可以含蓄讲得具体些，它的意义也就显得更有分量一些了。

对于泉护村和元君庙两遗址的学术意义，我想从考古学的发展角度看，主要是在五十年代初半坡和稍晚的庙底沟两遗址的发掘后，提出了仰韶文化的两种重要类型的问题，而泉护村和元君庙的发掘，则是在利用层位学、类型学相结合的基础上，对半坡、庙底沟两类型的发展过程，得到以分期形式来说明它们各自的序列，从而看出这两项工作成果在考古学发展史上的地位了。每项有一张分期图（表），几百个字也就可以了。你考虑，看如何？

几时来北京？望见告！问

好！

苏秉琦

1981.3.22

张忠培—苏秉琦（1981.4.24）

秉琦师：

十一日别后，当晚乘车赴太原，转太谷。安排停当，便和景略于十六日经大同赴蔚县，十八日到达。昨天从蔚县返回北京。

蔚县调查工作已基本告一段落，新发现了42处遗址，均为仰韶至夏商时期的。其中以夏商时期居多，其次为龙山期的，再次为仰韶期的。仰韶期的有两种，一为相当于半坡期者，出有钵、盆、小口平底大腹罐、鼎，全为红彩。彩绘图案有三角、曲尺及宽彩带；二是相当于庙底沟期者，其情况和今年在《考古》2期发表的三关仰韶期遗存相同，可能属庙底沟早期。龙山期遗存除刊在今年

《考古》二期筛子绫罗那种外，还有一种较晚的东西。夏商遗存多为夏家店下层，也有不少相当于东下冯期者。

现象发现很多，提出要解决的问题确实不少。从廿六日起，准备找四个点进行试掘，主要目的是了解夏商时期的遗存的分期及其特征，不知可否如愿。

本当前去看您，将情况一一禀告，由于我们已购了今日中午赴长春的车票，又因为考古所熟人很多，怕寒暄而多误时间。

综观形势，任何不适当的决策，总是改变不了历史潮流。考古学决不会倒退到金石学。北大作为一个有着鲜明的学术体系的阵地，决不会倒退的。实践是检验真理的唯一标准。被实践已证明反映了真理的学术体系，是任何权势也不能变更她发展的方向。何况时至今日，这个学术体系已掌握了好几代人，并且已有为她努力奋斗的骨干哩！但这并不是说，我们可以不做任何事情，坐着或睡大觉了。要使一个学术体系得到发展，一是要抓教育，使之后继有人，二是要抓著作。在目前已培养好几代人，并已有了一批骨干的情况下，自然抓著作已提到首要的日程上来了。

自从先生在七十年代初期提出区、系、类型这一概念以来，虽然作过好几次讲演，但还没有以著作的形成来讲明这一学术思想。因为，先生这一思想既是对以往学术实践的概括，又是一个学术思想发展的新起点。根据我这一理解，我曾建议您将以往发表的著作和反映您学术观点的您的学生的文章，收在一个集子里。并由您写一篇序论，作为对以往工作的总结，并提出新的概念。然后，再邀集一些人，写些区、系、类型的论文，再编成几个集子（例如黄河流域、长江流域、东南沿海等等），陆续出版出来。这样以实带虚，虚实结合，完整地把自己学术体系摆出来。这件工作是很有意义的，无疑将有力地推动当前考古研究。

先生在前次给我提及十一日谈话时，还提到两件事。一是叫我为百科全书写老官台及元君庙两个条目，这我能承担，并将按先生信中所示那样去做。二是关于泉护村报告，那报告要重写，是要费很多事的，得花一年时间，如果能找到那文字稿，事情比较好办。另外，一个简便办法，是就原来图版基础，写出论文，这事怎么办，请定夺。

我将六月上旬再来北京转张家口，我以前借去的那张插图，是用作说明泉护二期文化和庙底沟类型晚期的关系的，如先生不急用的话，同时也是为了安全起见，我将在六月份带来。可否？我从这月廿五至元月初，将在长春，有事请来示。

敬礼

学生　忠培

81.4.24

苏秉琦—张忠培（1981.9.15）①

忠培：

你好！我于八月六日去承德避暑山庄，廿九日回京。老伴和孙子小明同去。既度了一个愉快的暑期，又对大甸子陶器做了进一步的观察，时间条件限制，不能说已把这批墓的块块、条条、段段理出头绪，但总算找到打开这把锁的钥匙，下一步的工作心中有数了。

在承德的末一周，大顺赶去了。他下一步工作想去赤峰，同昭盟同志一道整理石棚山那七十个红山晚期墓。原则上是想从工作程序到发表报告形式，大致参考我们整元君庙经验，估计问题不大。在承德结束时，和观民、大顺一起谈过一次，我的想法是：

1. 大甸子材料的重要性更清楚了，使我们对燕山南北整个学术课题也更清楚了。现在我们的战略布局也初具规模了。昭盟今年杨虎在敖汉收获还算可观（54 个夏家店上层墓，2 个红山墓），此

---

① 郭大顺先生提供信件录文。

后可在年年有新的田野工作同时，对大甸子在今明年内可以做出相当成果来。辽宁已接受文物局给的同吉大办的进修班相似的任务，想在1982年度办起来，以朝阳地区的一组叫作“九连城（?）”的夏家店下层遗址做实习点。殷玮璋负责的琉璃河工地已开工，今年安排试掘，明年可以“大干”了。再加上你们在张家口的工作，四方面连环阵已同时展开攻势。

“燕山考古”简直像解放战争时期的一个大战役，国内类似这样规模的田野考古工作还是首创。你们负责的太谷、张家口这两摊更具双重的关键意义。考古所山西队的两摊（东下冯、陶寺）工作有缺点，……困难不小，但遗址是非同一般的重要，希望能帮他们一臂之力，材料无论如何是应重视的。

明年考古学会可能把“夏文化”做重点课题，我希望明年去山西、河南一行，陕西武功新发现出夯土基址地点（赵家崖?）不晚于客省庄二期，其重要性不言而喻，今年下季只能稳步开展。

2. 大顺把我六月间在北大讲课的第二讲，根据录音整理出一份讲稿，当时因为时间关系对末一段主要内容未充分发挥，我想补写出来，等明年专题课再讲一次，将来整理出来考虑发表。我和你谈过想出刊物事，又和严文明谈过，他很赞成。我考虑如北大出版社支持，明年可以出一期（名称老严意可用《考古研究》，每年一期），内容可以把每年上半年“专题讲授”课更有计划地组织一下，要求写成正式文稿，以此为刊物的主要内容。我想，这样内容既有分量，又不是以材料为主，即使涉及若干未发表材料，因为我们主要在开展问题探讨，别人也无可指摘，尽量避免“争材料，争发表”问题。请你考虑。

八月初我曾给你写信寄到吉大，希望你把泉护村那张图表带来，备我为大百科写这条目之用，不知道这封信你看到没有。我想介绍这一条的主要谈两点：一是庙底沟类型在泉护村的三期，和二期文化与一期关系。妥否，希告我。

景略去福建，约月底才回来。下月13日起有个国际性的关于冶金史会议，夏所长要我参加（考古所连我五人），我对此没研究，备数而已。

今天（15日）由考古所主持“全国碳14学术会议”，去了半天。会上发言时我提到建立“碳14考古年代学”已初具条件了。想会后找陈铁梅等，谈谈明年专题课上让他们准备一下。还有韩康信爱人祁国琴从美国回来，她准备给讲几讲“考古动物学”。今天接俞伟超来电报，他们挖了二座“卡约”墓大夯土坟，外有沟，有祭祀用的木桩、柱洞、□□、外沟内约有几十个骨架等。吕遵谔犯了一次像脑血管病，半身手足不灵，已大致痊愈。邹衡闹白内障……大家都该自己多加注意！工作情况，便中来信谈谈。我希望十月到十二月间去一趟山东。问

大家好！

苏秉琦

1981.9.15

张忠培—苏秉琦（1982.1.28）

秉琦师：

您好！

今天是正月初四，1日返校之后，一直很忙，未能及时问候。我们全家现向您及师母拜个年，祝愿您俩新年安康、愉快。

回长春后，又读了关于六十年的宏论，深感是去年《文物》《区、系、类型》的发展，很受教益。不过，这篇文章能读到的人不会很多，还望能在一杂志上发表出来。这样，将更能推进考古学的发展。关于区、系、类型问题，我感到先生著述的，还没有像同我们讲授的那样深透，因此，从著述着眼，当还需做一些工作。另外，区、系、类型可否这样理解。

区：是块块，亦即历史—文化区。

系：是条条，即探讨——历史—文化区诸考古文化的谱系问题。

类型：是分支，即研究——考古文化地域性变种。

在研究区、系、类型问题上，是否还要考虑文化传播与迁徙问题等等（如区、系、类型既是研究课题、结论，又是方法等等）。我觉得可否找一些同志，先准备一下，作些议论。

先生叫我参加编写原始社会史，确定了日期，即时通知我。

关于到张家口看材料一事，回校后，我已向学校谈了，很重视。已争取到五千元，作活动经费。这事我最近已给观民写了一信，谈了我一些想法。为了节省您宝贵的时间，我看还是让观民去安排吧！

敬祝

年安

学生　忠培

82. 1. 28

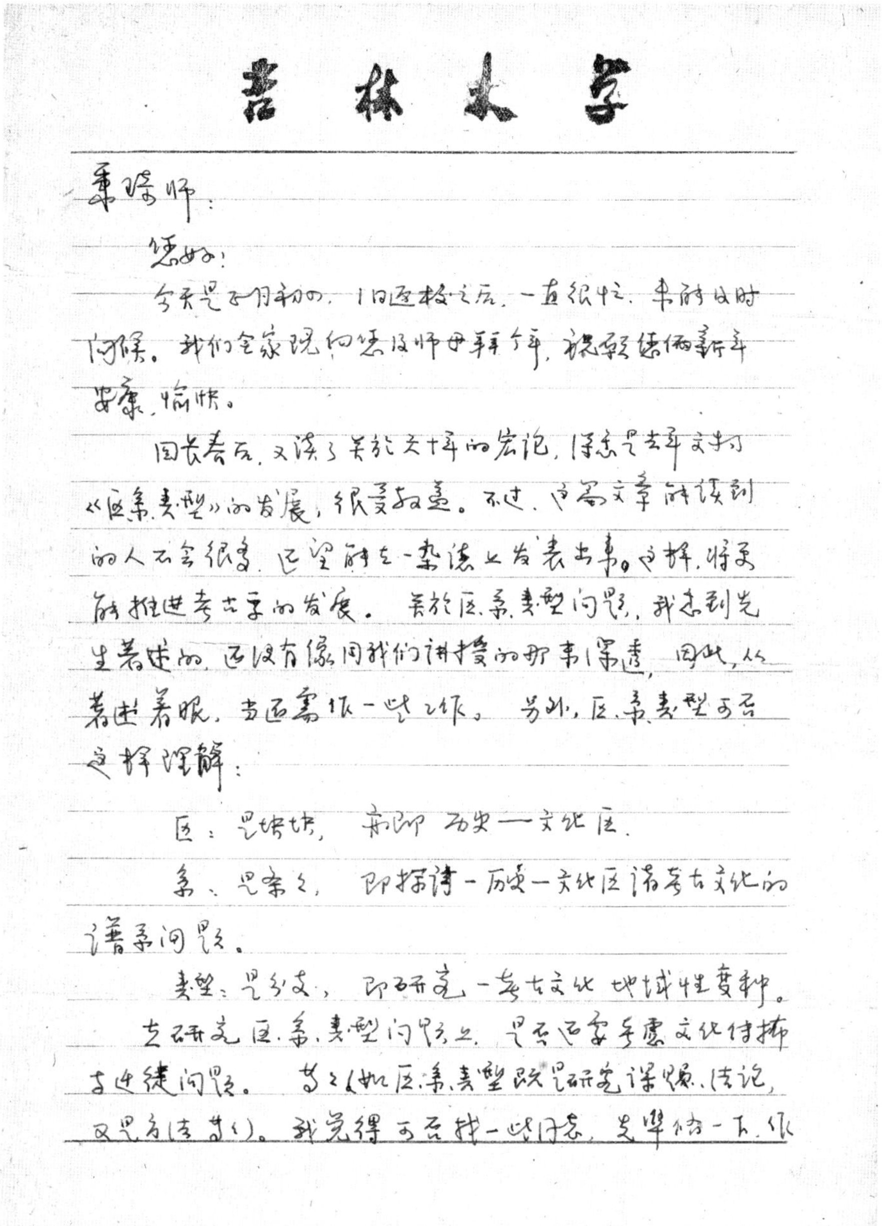

吉林大学

秉琦师：

您好！

今天是正月初四，1日返校之后，一直很忙，未能及时问候。我们全家现向您及师母拜个年，祝愿您俩新年安康、愉快。

回长春后，又读了关于六十年的宏论，据悉是去年文物《区系类型》的发展，很受启迪。不过，这篇文章能读到的人不会很多，还望能在一杂志上发表出来。这样，将更能推进考古学的发展。关于区、系、类型问题，我感到先生著述的，还没有像同我们讲授的那样深透，因此，从基础着眼，尚还需作一些工作。另外，区、系、类型可否这样理解：

区：是块块，亦即历史—文化区。

系：是条条，即探讨一历史—文化区诸考古文化的谱系问题。

类型：是分支，即研究一考古文化地域性变种。

在研究区、系、类型问题上，是否还要考虑文化传播与迁徙问题。当然（如区、系、类型既是研究谱系、传记，又是方法等等）。我觉得可否找一些同志，先议论一下，作

张忠培—苏秉琦（1982.3.8）[①]

秉琦师：

近接文物编辑部来信。说元君庙一稿又在看阅，并向我提出要将原定器名（如水器Ⅲc、炊器 Va……认为抽象）改为具体名称。我接到编辑部信后，当即回了一信，说明分类编型分式的意图，并说了报告中在具体叙述中，已对具体定名作了交待，认为还是不改为好。

元君庙一稿，原由考古所编辑部审，他们提出过意见，我修改后，转交文物编辑部。文物编辑部又提过意见，我又修改一次。听说文物编辑部元君庙一稿的责任编辑，因肺癌去世，无人再负责了。老楼接手后，又接过来重审一次，又提出自己的意见。

您有空的话，可否和楼宇栋谈一下。

敬祝

研安

忠培

82.3.8

附：文物出版社—张忠培（2.20）

忠培同志：

元君庙报告已在看阅中。报告中关于陶器类型的描述，我们觉得应该以方便读者为宗旨。故文内若单纯用盛器ⅠAb、炊器ⅢAb、水器Ic形式来描述，读起来很是不便，且使人不能获得具体的器形印象。通过正文要了解所述器形，还要查检图版和插图，况且所述器形并非都有图，因此很是不便。尤其图版上的说明也是按水

---

① 文物出版社—张忠培（2.20）信与张忠培—苏秉琦（1982.3.8）信分置，根据内容及苏秉琦—张忠培（1982.3.12）内容一并整理。

器、盛器、炊器分述，而无具体器名，也不方便。因此，我们建议改用具体器名描述为好。如同意改动，是你亲自来京还是将原稿寄回修改，请你定夺，并速复示。

此致

敬礼

文物出版社 一图编

二月二十日

苏秉琦—张忠培（1982.3.12）[①]

忠培同志：你好！8/3 日信，内附文物出版社二月二十信收到。

今年自从接到你 1 月 28 日信后，你的这封信一直放在我手提包内，对你提出的建议，我是认真对待的。想从各个方面把它逐步落实，而且，时间还必须抓紧。想到这些，考虑一些具体作法时，时刻不忘，和我、和我们站在一起的还有那么不多不少的一批人，做个不恰当的比喻，“一个班”或“一个排”的人。

如在最近在补填一份给学位委员会的博士研究生指导教师简况表时，在“目前从事科学研究情况”和“协助指导研究生的人员情况”两栏中，我在“项目、课题名称”项下填的是“考古学文化区系类型”，在“人力配备”“姓名”两格中，我填了以下 11 人“刘观民、吴汝祚、殷玮璋、徐光冀、吕遵谔、李仰松、邹衡、俞伟超、严文明、张忠培、郭大顺”。

所谓博士研究生，我不赞成公开招考，拟等硕士研究生再试几年后，看情况。在应届毕业研究生或已授予硕士生中挑选候选人，用推荐或考试形式（形式主要为研究成果审查，加口试）。所列“协助人员名单”，实际就是现在已经或不久自己直接招硕士研究

---

① 郭大顺先生提供信件录文。

生的人，而候选博士研究生的来源（主要来源）就出在这些当中。这有两层含义。

一，现在招的研究生包括从新石器—秦汉，而在入学后经过一段时间酝酿，再确定毕业论文题目、选题范围、实习地点。这样，选题范围即是在某个区系类型范围内，而课题内容大多数是跨“阶段”的（即从新石器—秦汉）。但主要指导教师可以是着重、长于那个阶段的，再由其他有关同志协助指导，共同负责。

现在我国的研究生制度，是把硕士生单独作为一级，而不是仅仅作为候补博士生。但，我的想法是，还是在硕士生中物色博士生，而不愿用绝对地划分开两种研究生的精神。这样，可早有思想准备，最好还是在自己培养的硕士生中，等做出硕士论文期间，看出课题、人选适当时，就做好准备。等硕士生毕业后，即在原有基础上提出更大一些、更高一些的要求作为博士生毕业论文课题。

二，研究生与指导教师研究课题统一起来，学生也是助手，是正式参加工作成员，还是教师指导本科生毕业实习的辅导教师，原直接指导硕士研究生的教师，仍是博士研究生的“协助指导教师”。

第二件事。文物出版社由楼宇栋，后由叶青谷找我，谈出论文集问题。我表示，接受他们的盛意，但我提出我更希望把我们的想法能用连续出一种论文集的形式，把这个牌子亮出去，名称可用《考古学文化区系类型问题论文集》（第一辑），或《考古学文化问题论文集》，或《中国考古学年报》，或《北京大学中国考古学年报》等。过后，叶青谷同志（负责专刊）同殷玮璋同志谈。他们意见，赞同这一计划，但提出希望不转载近年已在刊物上发表过的文章，要新文章。

我认为，这意见好。给我出专集（不拘分量、字数多少）用发表过或已有稿（初稿或草稿）作一回事。另出一种专门论文集，一期一期继续下去，准备十年廿年，搞出点名堂。能反映出本世纪后一二十年我国考古学建设过程中的脚步的，我们这一辈人的集体成果，给新中国考古学建设添砖添瓦。我想这项工作，能用这样一个形式保证它的连续性，而且又是旗帜鲜明地，像接力赛，或大型

“马拉松”式的赛跑，像滚雪球一样，越滚越多，岂不比“散兵线式”的打法要好得多。

我不喜欢为个人树碑立传式论文集，喜欢“集体操”，只是对朋友们的好意，我不能不领情，不然，好像有点不近人情。

这学期的专题讲授课已分为两个（组）：一，着重区系类型课题；二，着重学科分支（新学科）课题。

对此事，我希望由你来一趟，找有关同志议议。主要是：一、框架；二、规格要求；三、组织；四、第一步拟好一些具突破点性质题目，分工定下来，能在年内拿出来，1983 年内出一本。

出版社几位负责同志多次要我到该社作报告（或座谈），题目不拘，谈什么都可以。我倒想，把我的整个想法，分几次讲，能比较突出重点，讲得详细一些，希望能使人理解。

我总觉得像金冲及、杨瑾、楼宇栋、沈竹等人，倒比我们那些自以为是老内行同志，更容易接受一些新事物，没什么“框框”束缚。例如，我们提出“区系类型”究竟是为了什么，建立“马克思主义的，具有自己特色的，现代化的中国学派”是什么意思，提出“中国文化起源、中华民族形成和发展、统一多民族国家和发展”为什么，提“考古类型学的新课题”为什么，莫斯科大学考古专业“考古学史”大纲提出“为使考古学马克思主义化而斗争”这提法有没有道理……

最后，□□□提出想对元君庙报告改动一些，先和我谈了，我觉得有他负责编辑专刊，总算使考古报告在文物出版社出版真正有了着落。他的意见，纯属技术性的，他这意见，像对一般人的稿，他就可以自作主张，改了就算了，不一定还要征求作者意见，他就可代劳。他还是来找我们商量，还希望你亲自来一趟，无非为了郑重其事，也是出于尊重作者的动机。我意，不宜简单顶回去（要知道这同对考古所编辑部不一样，考古所编辑部常常是把自己观点强加于人，而有些人只是为了但求能给发表就好，不敢坚持己见）。因为像在“炊器”后用括弧写个“罐形釜”，在“水器”后用括弧内添个如“小口尖底瓶”等没什么不好。

□□□最近见到过我没提及此事，可能他不愿再重提，可我觉得他可能心中不太愉快，还是客气些好。我意你是否抽一周或多一些时间，在近期内来一趟北京，出差名义用修改报告稿，主要是我们借此谈谈前边问题，好吗？希酌定。祝

好！

苏秉琦

1982.3.12 晚

张忠培—苏秉琦（1982.4.17）

秉琦师：

我从北京回到长春，已近半月，未曾去信问候，昨接来示，知泉护一稿已寻获，使我万分高兴。从泉护村发掘至今，已廿四载，然而关于庙底沟分期问题，仍以泉护村研究为最。至于泉护村二期，也仅有相当的一处见于著录，所以泉护村之研究，仍不失八十年代之新水平。更重要者，这个稿本，基本体现了先生类型学之理论与实践。

在京商定的二事，在我看来，仍以先生之文集为最。您一贯重于事业，总把个人著述放在次要地位，并认为出个人文集是树碑云云。我觉得先生这一见解有点偏颇。学术成就，是祖国的乃至人类的财富。就其客观效果而言，自然不是个人的，而是社会的。上台讲授是传道授业，为国家培养人才，发表著作又何尝不如此！至于由于贡献之大小，而由人民给予的荣耀地位，那只是副产物，个人不追求它就罢了。先生之一生，在这方面也是我辈之典范。我希望您视出版文集是传道授业之一形式，是发展中国考古学事业之所需，当尽力为之。

关于区系类型之说，是先生所倡，是中国考古学新理论、新方法、新实践。此说，您已发表6—7篇论述。然而，我总感到仍有不足之处。有感如此，我迫切希望在文集发表之前，能发表一篇对

此问题的详尽论述。

关于先生之学术道路，最近我琢磨一下，似有点体会。先生为什么能首创区系类型，我想当是类型学之自然发展。因为搞类型学，就要把材料在时间刻度上和地域分割方面，搞得愈细，谱系之研究必将愈严密，发展之结果，自然就必然区分出区系类型来。我的意思是：类型学——区系类型之道路，是您已走过的里程，是有着自身规律的，这一认识是否对？

在京时，叶小燕找我，说您向他了解我们班在五五年向考古专业提意见一事。五四年开始的《红楼梦》的批判，发展到批判胡适思想，当时我受这一思潮之影响，联系到当时考古专业的教学，和直到那时以前的中国考古学，我感到受胡适影响很深。因此，我便联系些同学，上书马寅初老，才有那次由翦老、张仲纯参加的那次会议。在这次会议上，是我首先带头发言，也是以我发言为中心，事后，我感到这次会议并没有抓到要点，便遍读中国考古学之著作。从当时我的认识来看，我感到李济、裴文中先生最为严重，于是我先后写了批判李济和裴老的混合文化论。这是我经历之全过程。现在看来，当时有些偏颇、简单之处，但我仍认为由于自己是愿意思索的，我经历之这事，又反过来促使我进行探索，我觉得还是有益的。您如需再了解的话，我以后再同您谈谈。但这事不宜再向他人了解。

另有一事，我在京时，也代您向在林研所工作的您老的老同学问候了。他身体很好，眼睛有点毛病，去年去过日本一次，他说他一直很少出城，未能去看您。去拜访时，我向他详细地说了您的近况和您对他的思念。

敬祝

安康

忠培

82.4.17

张忠培—苏秉琦（1983.6.23）

秉琦师：

您好！我怀着十分欣喜的心情，从伟超及时的来信中得知他已完成了《编后记》的写作。他的信，详细地再一次告诉我四、五两部分的内容。虽然这些内容是我们在北京商定的，因而是已经知道的，但是，他的信却使我感到特别新鲜。

约在一年半前，当我建议您接受文物出版社编辑这本文选并推荐伟超作为主要负责人时说过：伟超最适宜作为这个选集的主要负责人，因为他的才华超过我。现在，《编后记》写成了，我高兴地见到我这一见解再一次得到了证实。要写出这样的《编后记》不仅要深切地了解您，也要深切地了解这五十年我国考古学的旅程，同时更必须站在当前考古学的顶峰。

《编后记》对您五十年的旅程作出了相当全面的、恰如其分的学术评定。出发点不是颂扬我们的老师，是总结经验，阐述正确的学术理论、方法、道路。让一些还不明白中国考古学事理的人，尤其是那些年青人，知道今后应该走什么道路，去攀登科学的高峰。因此，在这个问题上，任何一点违背事实的谦逊，也如同夸大事实的吹牛一样，是无利于我国考古学的今后发展的。

《编后记》实际上对五十年来的在中国出现的形形色色考古学进行了认真的鉴别，这自然使一些流派、个人相形见绌。但，它是一幅真实图景的客观反映。为了忠实于以往的历史，为了后来的人选择正确的道路，我们自然不能任意或违心地去涂抹这幅真实的图景。

伟超的信说：这个《编后记》可能是一颗炸弹，他这句话表述不确切。我认为《编后记》只是束缚了一些很有威力的炸弹，将它投掷出去，使那长期被淹没的历史公之于众，为人知晓，见仁见智，历史总会作出最公正的评价！

经过一年半的努力，虽然按原定计划，推迟了三个月，我们仍然欢欣地感到如释重负！执笔写这封信的清晨，深感空气新鲜，遥望窗外的蓝天，灿烂的阳光早已从东方升起，中国考古学的将来，它又将出现新的景色！

先生，您说是吗！

敬致

晨安

学生 忠培

83.6.23

苏秉琦—张忠培（1983.7.12）①

忠培同志：

你好！23/Ⅵ收到，没有及时回信，为歉！

昨天（11/Ⅶ）去八宝山向尹达遗体告别。昨晨接大顺电话，朝阳小型会初步订于本月25—28开会四天，地点在喀左，去朝阳市参观一次。我当即于八宝山见到伟超、文明时告诉他二人，希望遵谔同志也去。我拟于20日左右到承德山庄，再从那里自己包车直去喀左。估计他们发通知还要迟些天，因他临时布置，说不定会出什么问题，日期不敢预先订准，望你先有个思想准备。

今天小童来，他把你看过的《编后记》和你给他的信我都看了，你的意见有道理，他准备再去北大和伟超商量一下即可定下来。《编后记》稿译英文本，我托编辑室同志交科学出版社牛其新同志，据他看过后说没问题（牛是我亲家王佐良——北外副院长的老同学，是王把他推荐给我所代译每期学报英文提要，已有二三

① 郭大顺先生提供信件录文。

年）。相片即在近期拍照中，在办公室和在工地看陶器两种中各选一张。

约十日前，郝斌同志同我说好，他即向教研室范围内宣布系主任——宿白，副主任——文明、遵谔。如何组织大家，主要是包括其余几个骨干——俞、邹、李伯谦等，发挥大家每个人积极性。把这难题，当然，包括他三人如何分工问题，都交他三人合议解决。我看，也只有如此，不好再越俎代庖了。

希望你尽可能参加喀左会，后同我一起回承德住几日面谈。

不多写。问

好！

苏秉琦

1983.7.12

今年吉大考古生分配考古所二人，所里拟让张岱海月中去长春一行，办接收准备，他希望我给你带话，所里拟把分到所的二人派到陶寺队和二里头队各一人。当然，岱海他们几人希望得到一位可以接替他们的、比较得力的一个青年人，这心情你会理解，不能说是"本位主义"吧！

又及 12/Ⅶ

苏秉琦—张忠培（1984.11.10）[①]

忠培：

你好！

我准备12日偕同吴汝祚同志飞杭州，转嘉兴，参加"太湖流域古文化座谈会"，约20日（或迟一、二日）可回京。刚写一封信给伟超，又想给你信谈一个问题——办"田野考古研究生班"

---

① 郭大顺先生提供信件录文。

的设想。此事大约是1979年我提起的，在北大谈过，同伟超（可能还有别人）单独谈过。当时没实现，现在看来也没有可能（受“五大段”和人自“划地为牢”制约），但我认为，你那里倒可以考虑（没有框框束缚）。这设想是和“所”“本科”“基地”“师资队伍”“学科”……互相配合，互相促进，互为条件的。我估计，你在12月份内可能有机会来京或去兖州一行，到时我们再详谈，先给你通通气，有个思想准备，我不认为这是“幻想”，是有现实可能性的。

这次“燕文化座谈会”你没来，很遗憾！会已决定由北京社科所牵头成立“燕文化研究会”，并决定1985年在朝阳开会，1986年在易县西陵开会，对“北方考古”会起些作用的。匆此，祝

工作顺利！

苏秉琦

1984.11.10

张忠培—苏秉琦（1984.12.7）①

秉琦师：

大札早已敬悉，前观民来此返京之时，曾托他向您致意。

我已定本月十二日从长春直赴兖州。原拟经京陪您去兖州，因听观民告我，今年您过于劳累，又时值寒冬，出去有所不便，所以我改变了路程。山东之事，自然需要您，如您自感身体无问题，可去的话，望给山东景略一信，再研究派专人接您去。

研究生班一事，已有个眉目，拟当面汇报，或在山东，或在北京。我山东事完后将去北京，交那个您主编的文集稿，请您定夺。

---

① 书信原封不存，置于一中国社会科学院考古研究所大信封内。信封上苏秉琦先生写“张朋川、张忠培1984、1985年信”。

敬颂

安康

忠培

84.12.7

张忠培—苏秉琦（1985.2.7）①

（上缺）

一九八四年，考古界这塘宁静的湖水，已经掀起不小的波涛，引起了大家的思考，促进了考古工作的发展。要继续推进考古事业，一是在于理论和具体问题的深入研究，二是有个正确的策略，以团结队伍，尤其是中青年。在这方面，宜采取稳进的方针。在涉及争论时，对事不对人，正面论述，态度谦和。同时，使人认识到争论不是我们挑起的。我们自不能以牙还牙。我们自有信心，务必宽厚待人。目的即是推进考古事业，则自当以事业划分阵线，决不以人划线。人都有个认识过程，昨非今是，则以今为佳，不记旧账。因此，只有事业，而无阵线。这是这次我在福州及北京向先生谈的一些主要想法。当否？

八十年代初，我奉召到先生处谈的两件工作，即先生的集子，和一集体的连续著作集，虽推迟了点日子，但终究在先生从事考古工作五十周年之际，切已完成。今后的一个工作任务，就是那本《原始社会史》了，我想，也当在今后一二年后完成。望先生筹划一下。

张家口及山西的三本报告，一定争取今年完成两本。这事完成后，我计划改《泉护村》了。文物出版社让我出个集子，拖了好几年，难再拖下去，拟在今年上半年完成。

在即将到来的考古学会上，先生还需准备一下，必须如以往那

---

① 据张忠培先生之子张晓悟先生提供信影录入。

样，就城址考古谈些系统的意见，这是大家希望的。

这些年来，我们都是在紧张中度过的。春节，看来也如以往一样，又不能得到休节！虽然我愿先生春节休息一下，但我认为先生春节中定是忙的。

专颂春节

大安 并向师母致意。

学生

忠培

85. 二月七日

张忠培—苏秉琦（1985.3.26）①

秉琦师：

您好！这次参加考古学会，匆匆返校，未能听您的讲话。离北大前，您又来看我，我心情很不平静，颇有难受之感。您对事业的赤子之心和对我个人的希望，不断激励着我向前拼搏。

以往的一年，我们完成两件大事：一、您的《选集》出版；二、编了考古文化论集。今年我们有四件事：一、编定新的考古文集；二、编定考古类型学理论与实践；三、兰州会议；四、编写《原始社会史》。一、二已有眉目，三尤其是四要做很大的努力。四的关键在严文明，我看他动起来，是很有希望的。

考虑到要去兰州开会，《考古文化论集》（1986年那本）可否以黄河中上游为中心。

从北京返校后，我安排了一下教研室工作。上半年的实习分了四个地点：长春、青海、山西及河北。张家口报告及晋中地区考古调查与试掘两本报告，可望在今年底完成。白燕遗址发掘报告今年

① 据张忠培先生之子张晓悟先生提供扫描信件录入。

将有一个初稿，要拖到明年完成。我一直想请先生到白燕看看，这两年均有些紧张，未能安排妥当。1986 年的长城会可否安排在山西，那时请先生在白燕多停留几日，看看那地方材料。

文物出版社约我编一个集子，拖了好几年，直到今年春节才匆促编出来，现呈上目录，请您看看，如出版社决定出版，将请先生题几个字或说几句话。

我前信谈的黑龙江杨志军的事（即他希望调民族博物馆），您和马沙的父亲谈了没有？

敬颂

研安

忠培　上

85. 3. 26

附：文集目录

中国北方考古文集

华县·渭南古代遗址的调查与试掘

关于老官台文化的几个问题

三里桥仰韶文化遗存的文化性质与年代

试论东庄村和西王村遗存的文化性质

客省庄文化的几个问题

关于根据半坡类型的埋葬制度探讨仰韶文化社会制度问题的商榷

元君庙仰韶墓地（节选）

壹　墓地范围·分期与布局

伍　文化性质·特征与年代

陆　社会制度的探讨

史家村墓地的研究

母权制时期私有制问题的考察

大汶口文化刘林期遗存试析

△齐家文化的研究

原始农业考古的几个问题——为《农业考古》创刊四周年而作

张家口考古的重要收获

东山嘴祭祀遗址与红山文化的社会制度

——1983 年 7 月在辽宁朝阳召开的燕山南北、长城地带座谈会上的发言之一

夏家店下层研究

夏家店下、上层文化及其相当的几个问题

——1983 年 7 月在辽宁朝阳召开的燕山南北、长城地带座谈会上的发言之二（摘要）

白城地区考古述要

吉林市郊古代遗址的文化类型

吉林两半山遗址发掘报告

梁思永先生与中国现代考古学

探索与追求——《苏秉琦考古学论述选集》编后记

地层学与类型学的若干问题

附记：《齐家文化研究》是去年写的约五万字。

请先生对这个拟议中的集子指示。

张忠培—苏秉琦（1985.4.21）[①]

秉琦师：

前接伟超的信，谈到您对他提及的文章，要我在那本集子里面

---

① 据张忠培先生之子张晓悟先生提供信影录入。

的后记中提一下，谢谢先生的关怀。

此文不过是《水浒》中的洪教头的那些拳脚，口气也如洪教头其人。有一点和洪教头不一样，就是不顾事实，以及造谣惑众，达到混淆视听。这比起洪教头来，似乎高明一些。

我定要反击，形式尚未想定。写专文反驳，感到他提的那些，“元君庙”中都有事实俱在，或已阐述了观点。写专文反驳，就元君庙的研究，无任何新意，深感浪费时间和笔墨。写后记，又觉得他们别有用心，难以打击他们的气焰。我想再考虑一下，再定。

敬颂

研安

学生

忠培

85.4.21

张忠培—苏秉琦（1985.11.18）

秉琦师：您好！

本月十三日—十五日，我请谢辰生来吉大一趟，一是为了学生能听他讲讲文物工作形势、展望及文物法方面的一些问题；二是想借此机会，向他谈谈北方考古研究所及那个研究班的事，随同他来的还有冯屏（教育处付处长）。

我向他们谈了要搞好一番事业必须抓三件事：一是人，即出人才，又能稳定队伍；二是抓机构建设，即体制；三是抓章法。关于人才，即教育问题，我提了如下一些意见。

一、对目前各校的考古专业、文博专业，应通盘考虑，不能放任自流。否则，培养出来人的质量没有保证，流入文物界，将影响文物部门的质量。应从专业设置、各校分工（如何办出特色）、基础课程、考古实习几个方面搞出一个方案，提出给教委会。

二、应通过委托培养途径，抓研究生及大专班，以解决本部门人员质量提高及培养高一级人才问题。

三、文物局提供点条件，支持某些学校办研究所。使这些所成为文物局可以影响的单位。

我们之间只是聊聊，彼此无任何许诺，老谢想请您到文物局谈谈您的想法，然后让文物局研究。

我同他说，因为我现在在校办事，比过去自由更少了，他们个人向我提的想法，我难以向学校提出，因怕别人误会我只关心自己这一摊子。因此，他们要吉大承担的事，望以公函向吉大提出。

我希望先生有机会到文物局谈谈，而不是只同老谢谈。

敬致

安康

学生　忠培　11.18/85

张忠培—苏秉琦（1985.12.23）

秉琦师：

前不久收到□□来信，告我，您已向□□□推荐我到□□□工作，并说，□后与您通电话，倾向于把我调北京。衷心感激先生对我的厚爱及信任。

很多时间以来，一想到要干一件事，马上感到又是一场厮杀摆在自己的面前。不知怎的，近两年来，我对这类面临的厮杀感到厌倦了，甚至不相信自己有时间有力量进行这类厮杀。□□□的问题，自然是很多的，但主要是学术方向问题，即是用什么学术思想来治理的问题。这是一件十分困难的事。而要做好这件事，不仅要宣传，同样重要的是进行队伍的组织和建设。后者是需要时间的。吉大考古专业十多年来，也只是做了这件事，到目前她还只是一不太懂事的少年，还没有成为成年。要在□□□干这件事，比在吉大干的自然难多了。

想到这些，颇觉困难重重，大有力不从心之感。相形之下，我感到留在吉大，比较省事，能预计到近期的效果，也能看到必将能起到较好的作用。

另一方面，我想到□□□毕竟是一大战场，是一中心战场，为了中国的考古事业，也想去尝试，作些牺牲。

所以，我的思想还在徘徊。

敬颂

教安！

学生　忠培

85. 12. 23

张忠培—苏秉琦（1987.1.23）①

秉琦师：

春节即将来临，向您及师母拜年！

我已完成《中国通史·远古时代》之《从灵井到磁山》及甘肃地区初稿，目前正在写的仰韶文化前期部分，亦已具初步眉目，只是东北部分尚未动手。后者材料比较零散，难以归纳出个系统，自然还需要看点材料。我估计负担的部分，约有十余万字，如不发生行政工作过大的干扰的话，今年6月可望全部完成。

对调故宫任职一事，蒙师、前辈及朋友厚爱，我却一直踌躇不前。原因有二，一是我深感在追随先生为发展考古事业中，学校这一阵地是十分重要的，不到迫不得已的情况下，不能放弃这一传道

① 苏秉琦先生在书信首页页眉写道：“远古文稿、东北、内蒙古东部、已□，文物局、故宫、吉大实习墓地。”

授业、培植人才的场所。因为事业的发展，取决于人的素质。如就这方面言，我是无论如何不会接受文物局的意见的。二是据有关方面的意见，我到故宫任职一事，又被认为关系文物考古事业全局的人事安排。如是，当然应作出牺牲，服从这一决定。可是，我对此一直怀疑。除此之外，在考虑取舍时，对自己的个性又作了认真的估计。先生是了解我的个性的，例如，从我个性出发来看，认准了的事，在任何时候，是不轻易放弃的，而不理解之事，又不苟同。在我国现行制度下，没有一定的相互理解的人事关系，我的个性是难以把工作做好的。这是我想到的，是否确当，望先生指出。

如果谈到文物局人事问题，我想不应忘记黄景略同志。他已为文物考古事业做出了使人注目的牺牲，在主持文物处工作以来，改变了面貌，成绩是肯定的。他为人诚实，心怀坦白，人缘关系好，文物考古界情况熟悉，最主要的是无私心，实事求是。他有——我们（至少是我）很少有的优点，就是他联系群众，能听取不同意见。扪心自问，对老黄上述分析，不是从个人感情出发的。我想如能让他在文物局的职位再提升一格，对文物考古工作定有好处。如先生同意我的认识，请先生在适当机会，及早地向有关人员提一提。大家都认为我俩关系好，我说多了，效果可能反而不好。这一认识，在山东时，亦曾向伟超说过，他也同意，并应允做些工作。

此处考古专业，上半年是毕业班搞些专题实习，地点除甘肃外，就是宜昌及北京。下半年才有基础实习，地点拟安排在山西，是先生指出的忻县。想在那里设点，今后相当长时期的实习，打算安排在那里，也就是先生说的教学基地。这两年一是工作不顺当，二是专业相当多的人力用在结束张家口及晋中工作之上。主要是前一原因，使我们没有个窝，结果是花了不少人力，没有定下点来，使教学工作受了些影响。对此，我虽有认识，但难以事尽人意。写到此，深感文物考古部门不改此恶习，是很难谈得上人才的培养，以及高质量的考古工作的。

匆匆不尽，时已深夜，敬祝先生及师母新年中安康！

学生　忠培

87. 1. 23

苏秉琦—张忠培（1987.2.8）①

忠培：

你好！春节前收到你一月廿三日信。谈的三件事，都很重要，我仔细考虑了。来信是深夜写的，想见你心情沉重。我理该慎重考虑好再动笔为宜，所以，推迟了一些，请谅之！

第一，《远古时代》关于东北—内蒙古东部一隅，你说还没有理出系统，我谈些想法，供你参考。

大的框架，还是旧观点，大致：1. 以南北铁路、东西铁路干线文化划分为四大块；2. 分别理出各块（四分之一）年表；3. 中心思想是以民族文化交错存在为纲；4. 四块中还是辽西一块更重要一些。关于这部分，我重述一下我的看法（最近一二年间形成的看法）。

这一带，依年代分期能比较清楚地区分出：1. 七八千年间；2. 六七千年间；3. 五六千年间；4. 四五千年间等四大段。

从空间分，可以划为三片：1. 老哈河西—西拉木伦河两侧；2. 老哈河—大凌河间；3. 辽西走廊。

重要文化区系类型材料线索：1. 以敖汉旗兴隆洼为代表，主要特征因素为“前篦纹”陶系，距今七八千年前（如筒罐堆纹带最后出现□三个一组直径约2—3mm篦点，证明“篦纹陶”前期技术出现不晚于七千年前。而它的延续时间与“之”字纹平行，它的中心分布范围，向西辽河北延伸，在老哈河以东与“之”字纹交错；2. 以阜新查海③层为代表（1986年挖的，我们在兴城看过

---

① 郭大顺先生提供信件录文。

的），主要特征因素为前“之”字纹陶系，这是迄今我所见到最典型、最系统的材料。证明“之”字纹陶老根起于辽西走廊，它的最后阶段印纹是类“之”字纹，而不是真“之”字纹。特征是以两排成组交叉短线形成类“之”字纹。因为两排是一先一后压印，虽类似“之”字，但转折点不是连续的重合，而是一上一下的叠压，略如——横的一行先压，斜的一行后压，或相反，先后压印顺序清楚。沈阳新乐遗址下层、北京平谷上寨下层⑧均类此。

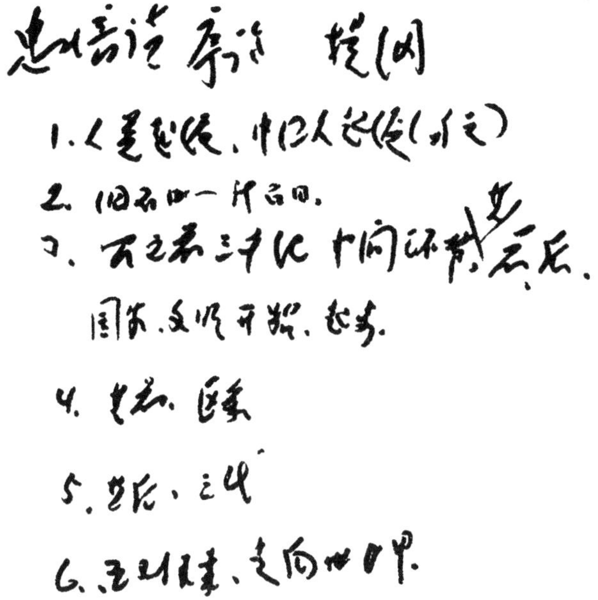

苏秉琦先生记张忠培先生《序论》提纲

该阶段（七八千年前）社会发展水平，兴隆洼材料最典型，可利用杨虎、朱延平等写的简报。村落外有围沟，房屋百余座，无分化，生产生活用具生产，集中在围沟外（简报是否写出，等我问一问，另告）。

阜新查海材料，辽宁同志在磁山会议上作过报告，一些典型器物材料他们当可提供使用。

这时期上述材料是东北地区古文化区系的基础，影响深远。

……………………………

六七千年间典型遗址：1. 老哈河西赤峰蜘蛛山，有鳞纹（龙）彩陶罐（蔚县有同类器）（时代晚约千年）；2. 敖汉旗小山、赵宝沟两遗址，前者出鹿（麒麟）猪头龙等压印纹刻划纹陶，篦纹陶早期，前者杨虎等挖的，后者刘晋祥等挖的，两者都属篦纹陶前期，六七千年前；3. 阜新查海②层，之字纹陶前期，沈阳新乐遗址大部材料，包括那座大房子属于这时期，辽东的后洼下层属于此期，北京平谷上寨遗址主要堆积属于此期。

刻划龙、麒麟纹陶、彩陶鳞（龙）纹出现意味着中华文化发展到新阶段。

五六千年间红山文化坛庙冢，新发现有铸铜址，神庙旁大片由夯土石砌建筑遗迹，似和大地湾仰韶后期 500×600 平方米范围的殿堂型建筑群互相补充，说明这时期从东北—西北弓形地带（长城）史前文化同步发展，中原地区未发现同类遗迹，但山东的大汶口比中原的同时期（仰韶后期阶段）文化水平似也高一些。

四五千年间的大南沟墓地材料提出线索也是重要的，彩绘黑皮陶，类陶寺。

最重要的线索，是牛河梁的铸铜址，有待进一步工作，涉及中国青铜器时代从何时起问题，我们要盯住这线索不放，搞个水落石出。

第二，文物局、故宫这件事，请你不必为此伤脑筋。我们生在这时代，这社会，事情发展总有客观规律，也有许多偶然性，这有客观原因，我们也只当一步“闲棋”（像下棋一样），“改革”是大形势。最近反对资产阶级自由化，我看，到头来，还是“改革”的一环，结果将落实到相当大的一批人事调动。

至于你在吉大，这个“传道授业”的基地，对中国考古事业至关重要，你有义不容辞的责任，使它办好，更上一层楼，搞基地，发展研究生，办多层次、多类型的班，迎着新形势，走在时代前面，我们要全力以赴，决不可歇脚。

第三，晋北、冀北地区，我看是顺理成章，比较理想的地点。

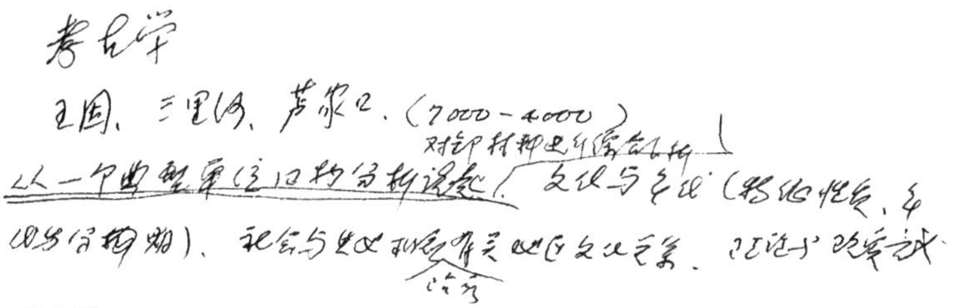

考古学

王因、三里河、芦家口（7000-4000）

从一个典型单位器物分析说起，对全部材料进行综合分析，文化与年代（特征性质、年代与分期）、社会与其他相应阶段有关地区文化关系，理论与现实意义

苏秉琦先生笔记

我看有陶正刚年前调查几个地点标本，在那里建立工作站。我估计花二三年时间，完全可能办成一处教学、科研、开放型基地，从宏观、微观两方面，实现我们为中国考古学走向“动态考古学”这一新领域，培养一代新人，面向未来，面向全国，面向世界。这点，我们要不管客观形势发生什么变化，都应该努力，竭尽全力，促其实现，机不可失，时不再来。尽管你认为当下在完成蔚县、太谷两项工作还占着人力，我看，走棋要看全局，那两个点，正是下一个点的基地。等见面再细谈吧。

祝

工作顺利！

苏秉琦

1987.2.8

张忠培—苏秉琦（1987.4.13）①

秉琦师：

照片两张收到。

“广汉三星堆遗址座谈会”已经给我发了邀请信，按您的嘱咐，我是应该参加这次会议的，由于以下两个原因，我难于参加这两个会议了。

（一）我的大孩子在努力复习功课，需要我在家对他进行一点帮助。而我感到以往一直忙于工作，对他很少顾及，觉得应还他一些债。

（二）我想集中一些时间写您主编的那本书，以便按期完成。这笔债，对您，还是对白寿彝先生，都不该再拖欠了。

如果先生还是想我参加的话，请早日来信告我。并同时通知小童给我购28日去成都机票（我的工作证已放在小童处）。我因不能陪先生去成都，总感不安。关于不去参加会议的决定，是在这种不安的心情下作出的。

同时，我已收到烟台会议的邀请信。一则考虑陪先生谈谈心；二则文明同志一再催迫，所以我已决定参加烟台会议。

三月以来，先生将参加三次会议，是很紧张的，请您多保重身体，遥祝平安。专颂

研安

学生　忠培

87. 4. 13

---

① 苏秉琦先生在书信首页的页眉标写“17/4 复”。

苏秉琦—张忠培（1987.4.16）[①]

忠培：你好！

四月13日信收到，去四川问题你考虑得很周到，不去也罢。去烟台我也感到间隔太短了一些。所以我拟于24日飞成都，五月初回京。在那里尽量少活动，主要想做两件事。一、对广汉新发现应有个基本认识，原来看法不是很具体的。（84年）那时也没有条件，只用个把小时，观其大概而已。这次可以花两三个半天，细看看，有小童作伴，重要材料画些草图（这次我去杭州看良渚材料就是这么办的）。二、和老黄、大顺谈谈辽宁工作，张星德毕业实习想给她安排在辽宁，大顺同意，题目他没想好。我看，"辽西走廊红山文化"可考虑，等见到大顺面谈。

我身体还好，勿念。

祝

好！

苏秉琦

1987.4.16日

张忠培—苏秉琦（1995.12.2）

秉琦师：您好！

来美以后，已一月有半了，这阶段一直惦念您老，所以，给景略去电话时，又要他转告一些话，不知他向您老讲了没有？

因在京时，许倬云教授没有向我提出任何要求，所以，看书、

---

① 据苏秉琦先生家藏信稿录入。

看看美国和换换环境，散心的目的，两手空空来到了美国。到达匹兹堡大学后的二三天，许和这里艺术史系的另一位教授，即林嘉琳向我提出了一些建议。对此，我只能接受。为此，我在此基本上完成了如下事，即：

（一）在博士班除介绍近年来中国考古学重要发现外，还以《中国先秦时代的家族与文明》为题，较系统地讲了中国文明的起源、形成以及走向秦汉帝国时代的过程与社会特质的认识；

（二）和许系统地讨论了自西周以前长城地带和西域的文明，以及中西文化交流问题；

（三）接受这里博士生的访问，和他们交流他们感兴趣的问题。

因为两手空空，在此，无论就条件，还是时间，都不可能系统地阅读资料，只能回忆，再辅以有关资料，为了做好（一）（二）两项工作，我写了约三万字的提纲，所以比较忙，不过，却使我系统地进行整理和思考而大致地搞出个头绪。

另外，来此之后，读了一些台湾出版的史学著作，感到颇有收获，使我又一次思考中国历史的一些问题。

美国的社会及自然环境，都很好。据我和一些中国人的接触，可知在此找碗饭吃，比较容易。要进入这社会，尤其是取得一定地位，实在太难。余英时、张光直、许倬云这些五六十年代来美的中国学者，在中国史研究领域，已取执牛耳的地位，实在是不容易，现在还没有人能接他们的班。这倒是一个十分值得我们注意的问题。

许倬云同我谈到了您，主要内容是：1. 他很佩服您。2. 您到香港中文大学，是作为二类学者访问。香港是分为五类，他说一类，如以往邀请的钱穆，他感到这很累，要讲三次。二类自由些，可讲可不讲，讲一次就够意思了。这适合您身体状况。3. 他希望您明年五月去，因为那时您也在香港，这就是我要黄景略向您转达的话。这些话，他讲得很中肯。至于去的时间，是五月，还是何时，我意，您可据身体自定，最重要的是身体，去不去，何时去，都应从身体考虑。讲什么题目，可讲对中国考古学的廿一世纪的展望，这是建议。香港讲学，一般包括质疑在内是45分钟，所以您一定要事先写好讲稿，最好是写成散文方式，内外行都可看懂。而且内行看起来，有思想有深度；外行看，也觉得更加领会。可能，您已从香港归来了，这些均是马后炮。因为，来此，我很忙，可能把这炮放在前面，所以颇有歉意。让老黄传话后，又不放心，还写了这些。

敬颂

冬安！并向师母致意

学生　忠培

1995.12.2

饶惠元

饶惠元（1907—1983），先后工作于江西省立樟树中学、樟树农校、中国科学院考古研究所。

苏秉琦—饶惠元（1973.11.16）[①]

惠元同志：

5日寄发给我的信和内附照片收到，非常高兴，有两个原因，一是它使我近期时常考虑的一个问题、一个设想，得到初步的证实；二是它为江西乃至江南地区的考古透露一个新的线索，非常重要的线索。我同意你的几点看法（有些似中原商代遗物，有些似屯溪遗物，有其自身特点等）。此外，我补充几点。

（一）我据寄来几件标本图片，估计遗址的时代，晚的阶段约当西周，早的部分相当商乃至商以前。

（二）它的特征，从近处比，可东连屯溪、南京一带；远处比，北连中原，南连广东东半部以梅县、潮汕为中心的古文化遗存。

（三）它在江西是首次发现，也是江南地区首次发现。

---

① 原载北京大学震旦古代文明研究中心编《古代文明研究通讯》总20期，2004年3月。录文据《苏秉琦文集》2，文物出版社，2009，第207页。

据以上三点，它的重要性是不言而喻的，不仅是具有重要的学术意义，也具有重要的现实意义……这是打开江南地区古文化与中原关系和该地区从原始社会到阶级社会过渡阶段的一把钥匙。更可喜的是，这个遗址很有可能是一个不包括晚期遗存，而只有早期的，连续相当长时间的，属于这一独特文化类型的典型遗址。

接到这些材料后，我曾给几个同志看过。我考虑，可建议省博、清博在今年底、明年初这段比较干燥少雨的季节，组织人力，去勘探一次。在遗址范围内外选些点开探沟，等告一段落，把结果和材料上报中央文物局，请示下一步做法，并请给予具体协助。由于它的不言而喻的重要性，中央地方有关单位和专业人员都会给予重视和支持的。

希望把上述意见转告省博负责同志，供参考。

今天我也已把此事和寄来图片给文物局同志谈过，看过了，他们同意我的上述想法，并考虑采取进一步具体措施。

苏秉琦

1973 年 11 月 16 日

饶惠元—苏秉琦（1978.11.2）①

苏老：

八月中旬去函，谅蒙收阅。

庐山开会前，欣悉您会南来参加，不胜快慰。抵南昌晤安先生，才知您因身体不适，在青岛休养，未克来庐山开会，深为怅怅。您多次想来江西，这次又没来成，未得面聆教益，极以为憾！

---

① 原信未署年。信中提到“《学报》1 期最近才看到，河姆渡的材料”应是指《河姆渡遗址第一期发掘报告》（《考古学报》1978 年第 1 期）。又，庐山印纹陶讨论会召开于 1978 年 9 月，信当写于是年。

想必山东方面的工作早已结束，回到北京了。

庐山印纹陶讨论会，取得很多收获，想必北京参加会议的同志，向您汇报过。会上争鸣的问题，以文化命名、族属问题较多，具体到印纹陶分期及各省的不同情况、花纹名称的统一等问题，讨论得较少。会上虽展出各地的印纹陶，大都为陶片，完整的陶器，特别是与印纹陶共存的砂陶、灰陶，有典型特征的甚少。不过，与会的同志一致认为，在江南地区几何印纹陶最早出现于新石器时代晚期，盛行于商周到更晚，衰失于汉代，则无异议。

庐山开会结束，曾到清江参观筑卫城，看了过去北大、厦大发掘的探坑地层情况，当天即回南昌。

我因南昌天气太热，九月七日即仍回到井冈山。这次庐山之行，对我的身体是一次考验，还好没有什么影响。

《学报》1 期最近才看到，河姆渡的材料是新发现，木构建筑早到六千多年以前，其榫、卯等达到惊人的成就。按其排列情况，定为干栏式建筑，大可研究。您对该遗址的宝贵意见，希赐告为感。

专此，谨祝

健康！

饶惠元　上

11 月 2 日

王仁波

王仁波（1939—2001），先后工作于陕西省文物管理委员会、上海博物馆。

王仁波—苏秉琦（1973.11.17）

苏老师：

您好！自九月二十八日分别以来已有五十天了，时间过得真快。回馆后，领导上把我们抓得很紧，给我布置了“批孔”的任务，搞了二十多天才告一段落，十月份我爱人和小孩来西安探亲，成天忙于家务事，今天她带着小孩子回福建去了，我才能坐下来写一封信。

九月份在京期间，曾和教研室的几位老师谈了编写发掘报告的有关问题，征求宿白先生的意见。我又将报告的提纲作了一些修改，寄上一份，请您审阅后提出宝贵意见。宿白先生曾提到在编写报告时要避免重复和琐碎，这个问题应该如何处理亦请提出宝贵意见。

在编写发掘报告时，我准备抓三件事。

1. 整理田野发掘记录；2. 照片、绘图和拓片；3. 专题研究。

您看还要注意一些什么问题，请多加指教。

九月份，我们单位又新开了六个工地。1. 咸阳：六国宫殿。

2. 岐山：周墓，据说最近发现了一个祭坛。3. 蒲城：唐睿宗桥陵陪葬墓金仙公主墓。4. 富平：唐高祖献陵陪葬墓虢王李元凤墓。5. 武功：唐苏孝英墓。6. 合阳：宋雷孝孙墓。

单位里很多人积极性调动不起来，还是那个老样子。最近在凤翔发现了一批秦（或秦以前）的铜建筑材料，只有一二个人在那里搞，连过去在那里搞过实际工作的人都不能过问，真是岂有此理！

编写发掘报告是一件细致、复杂的工作，特别是像我这样实践经验很差、水平很低的人，更是力不能胜任的，因此，我更加迫切地需要得到老师们的指导，就写到这里。

祝

身体健康

学生　仁波

73.11.17

附：九、十月份粘补了100多件陶俑和三彩俑，给编写发掘报告提供了有利条件，十一、十二月准备抓一下照相和拓印。

附："唐懿德太子墓发掘报告"编写目录一份

唐懿德太子墓发掘报告

第三章　壁画
　第一节　制作方法和颜料（附：墓葬颜料的化学报告）
　第二节　分布位置和题材
　　　　［墓道内的壁画］
　　　　［过道和天井内的壁画］
　　　　［甬道和墓室内的壁画］
　第三节　创作技巧和表现手法
第四章　俑
　第一节　俑的分布位置和出土情况
　第二节　陶俑、三彩俑和木俑的形制和组合
第五章　哀册、生活用具和其他随葬品
　第一节　哀册
　第二节　生活用具
　第三节　金、银、铜、铁等类随葬品
第六章　结束语
附录
一、懿德太子墓表现的唐代皇室埋葬制度
二、懿德太子墓壁画题材的分析
三、懿德太子墓俑群组合的初步研究
四、三彩器的几个有关问题
五、石刻线画和装饰纹样
六、壁画和陶俑中所见的唐代服饰

陆思贤

陆思贤（1935—　），先后工作于内蒙古自治区文物工作队、内蒙古自治区考古研究所。

陆思贤—苏秉琦（1974.1.4）

苏先生：

您好！

自去年六月在京拜访老师，至今忽忽半年有余。在京时蒙老师指教，回呼后下半年的工作甚为顺利。先后又与老贾合作搞了“元上都遗址”和上都古墓群的工作；与老盖同志合作搞了和林土城子附近的调查工作；我一人又去“统万城”搞了一次调查。现在元上都的材料已有老贾在整理中。我自冬季回室内之后，尚未着手整理，目前忙于二月计划召开的文物工作会议的材料准备工作。我去统万城的目的，主要去寻找一下汉以后的东西，希望能在今后的工作中能求得一个汉与魏晋以下的区别。现在统万城时代的遗物已找见若干，今年打算去准旗瓦尔土沟找一下东汉或南匈奴时期的地层。争取在近年内把汉代上、下限的遗物情况基本摸个底。

关于“美岱廿家子古城”的报告草稿，“文化大革命”前已搞了一个轮廓，今年打算配合报告的定稿工作，把大约属于定襄郡范围的各古城情况了解一下，以资比较。此事由老张为主，四同志合作。我们每年野外和行政较多，所以水平提高较慢。待有文字出来之后，再去老师处求教。

今捎内蒙土豆少些，嘱托老宋捎去。谨请

身体健康！春节愉快，阖家安好！

学生　思贤

七四．元．四

老贾同志向苏先生问好！

附：草图四页

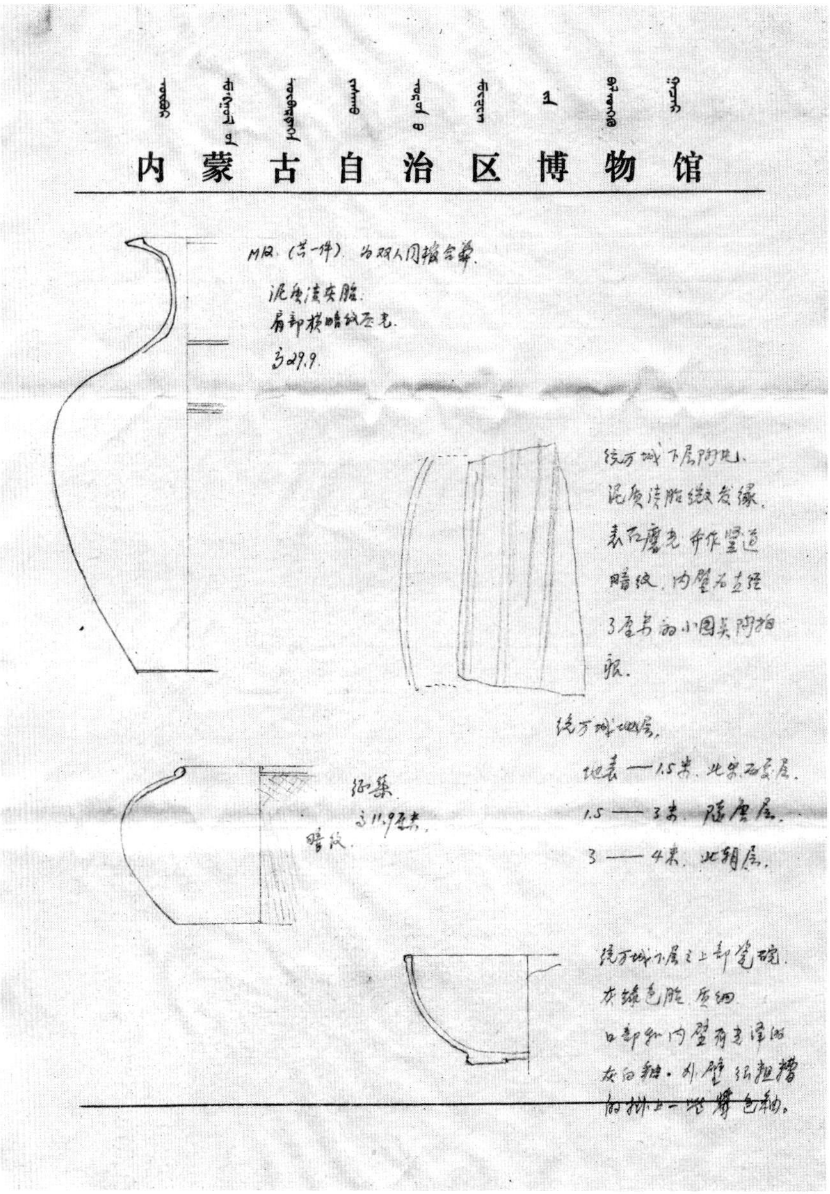

内蒙古自治区博物馆

MQ.(第一件) 为双人同穴合葬.

泥质浅灰陶.

肩部横暗纹压光.

高29.9

统万城下层陶片.

泥质浅陶微卷缘.

表面磨光 并作竖道

暗纹. 内壁为直径

3厘米的小圆头陶拍

痕.

统万城地层.

地表——1.5米. 北宋西夏层.

1.5——3米. 隋唐层.

3——4米. 北朝层.

纵集

高11.9厘米.

暗纹.

统万城下层之上部瓷碗.

灰绿色胎. 质细

口部和内壁有光泽的

灰白釉. 外壁经粗糙

的挂上一些酱色釉。

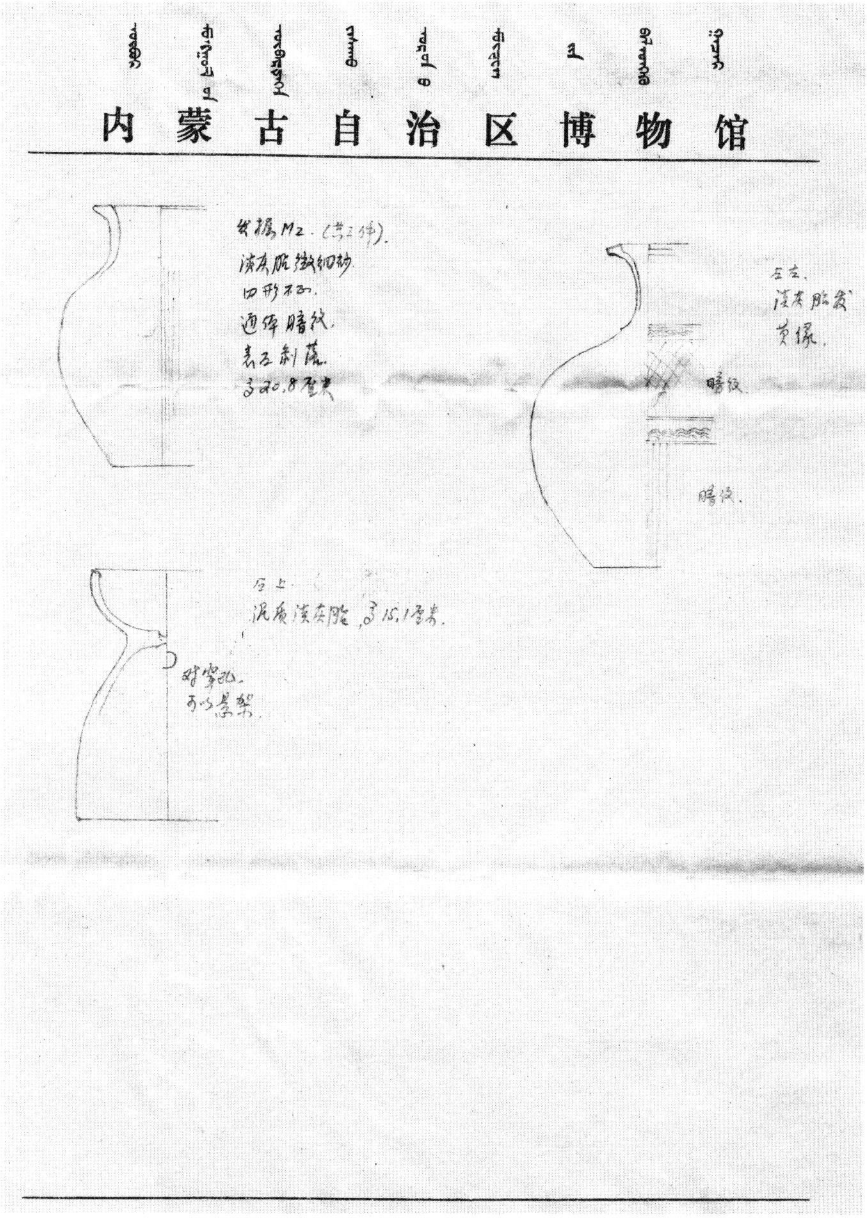
内蒙古自治区博物馆
口形不正.
通体暗纹.
表层剥落.
高20.8厘米
同上.
黄绿.
暗纹.
暗纹.
同上.
泥质淡灰陶，高15.1厘米.

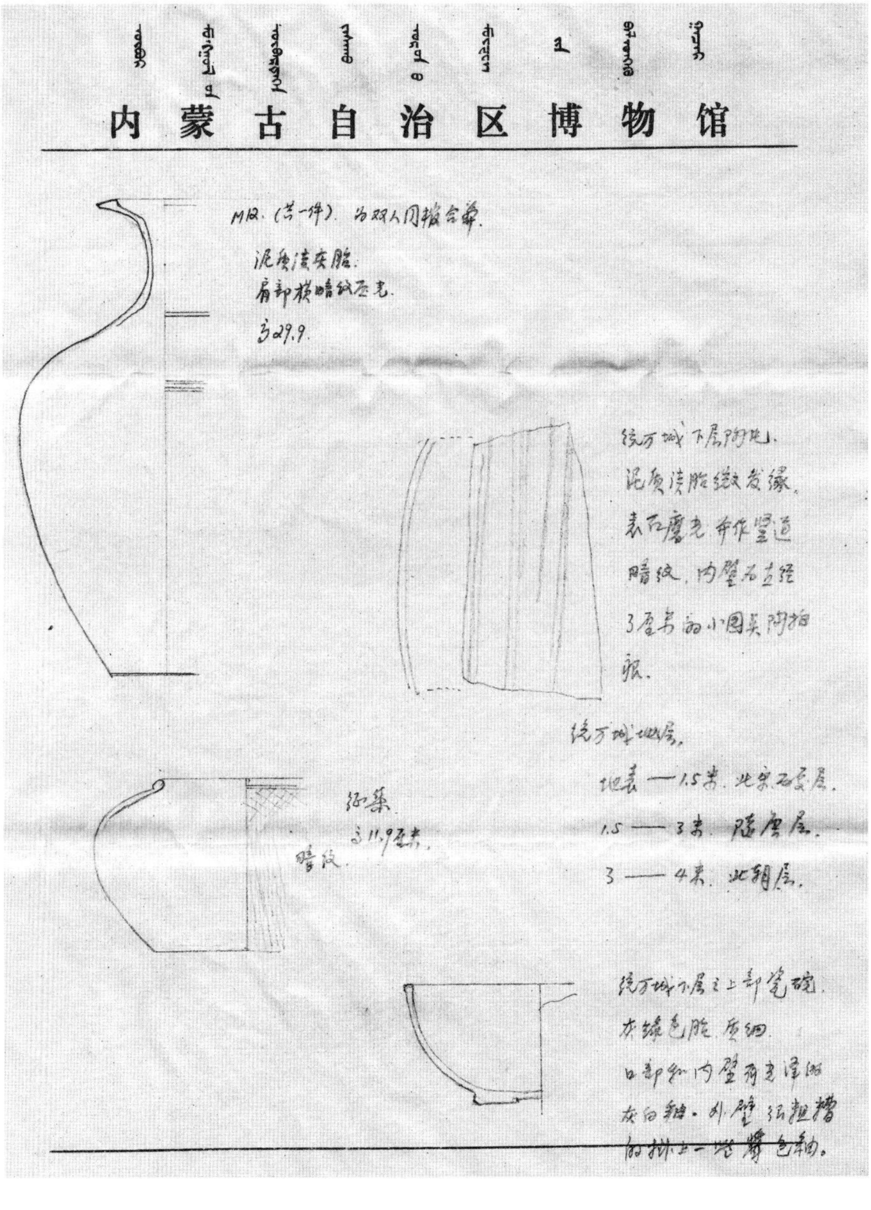

内蒙古自治区博物馆

M12.（共一件）.为双人同穴合葬.

泥质淡灰陶.

肩部横暗纹压光.

高29.9.

统万城下层陶片.

泥质淡陶红发缘.

表面磨光，并作竖道

暗纹，内壁有直径

3厘米的小圆头陶拍

痕.

统万城地层.

地表—1.5米.北宋西夏层.

1.5—3米.隋唐层.

3—4米.北朝层.

红陶

高11.9厘米.

暗纹.

统万城下层之上部瓷碗.

灰绿色胎，质细.

口部和内壁有光泽的

灰白釉。外壁红粗糙

的挂上一些酱色釉。

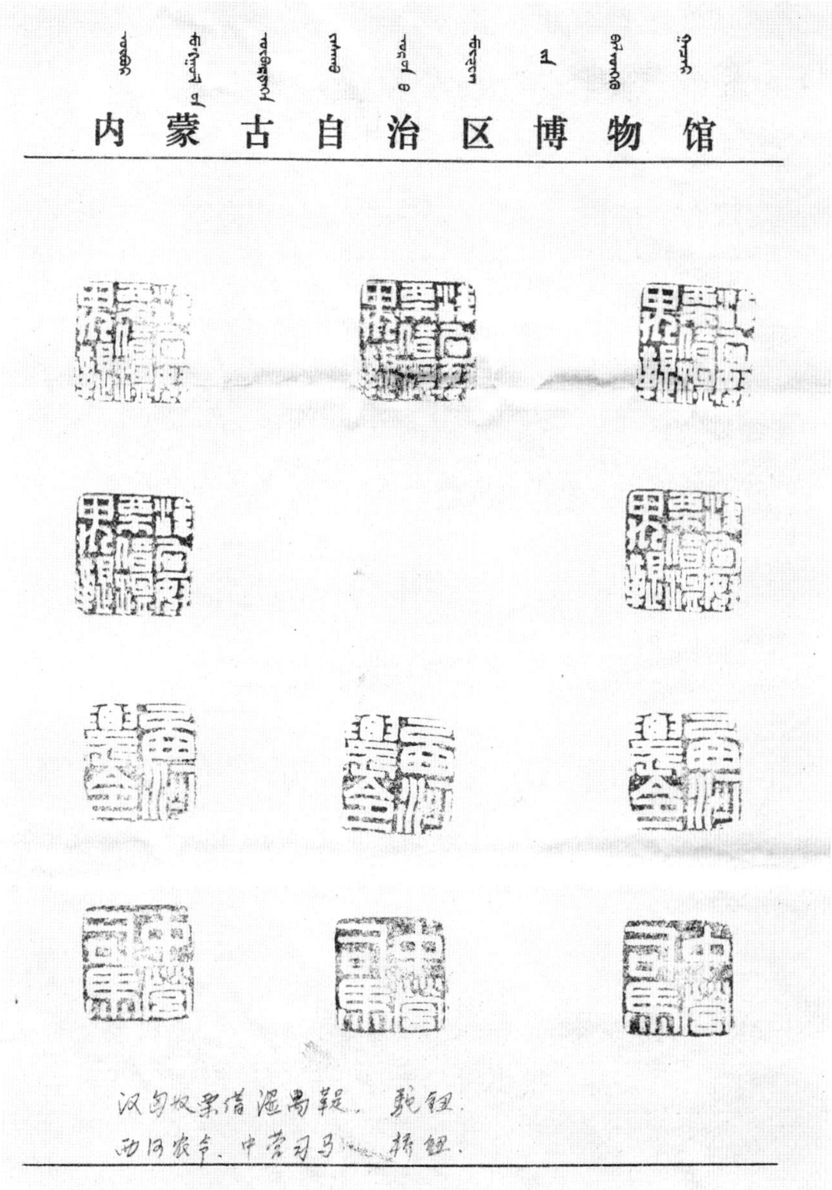
内蒙古自治区博物馆
汉匈奴栗借温禺鞮、驼钮
西河农令、中营司马……桥钮

黄现璠

黄现璠（1899—1982），壮族，先后工作于广西大学、中山大学、广西师范学院，第一届全国人大代表、第五届全国政协委员。

黄现璠—苏秉琦（1974.1.25）

秉琦学兄：

四十多年前离校一别，解放后在颐和园邂逅相遇倾谈，至今又已二十多年。光阴易逝，人生易老，我今已七十有六，想你也必近于古稀，回想起当年同系相处，切磋琢磨情景，言犹在耳，也宛若隔世。

我自日本回国后，初在广西大学任教，后去中山大学，和桂林学院任教，隔了三四年又回广西大学，1953 年院系调整，西大改为广西师院，我请调去中山大学未准，仍留广西师院任教直至今日，今为历史系中国历史文选组编写教材的一个成员。编写《古书解读基础知识》一书供学员参考，大概下月脱稿。1965 年和去年三月，先后二次填写申请退休表，俱未蒙批准。只得一个很大的照顾，领导说："你能来校就来，不能来在家休养可也。"

回想 1936 年在日本留学感得日人席地而坐，因而研究我国古代席地而坐至垂足椅坐经过，附带又研究衣服、饮食一些问题。回国后，以教学之余继续研究。1947 年卖稿给上海书局出版，已印一小半，上海解放，承接管同志好意原稿寄回。廿多年来不断修补，今拟定名为《我国人民物质生活（衣食坐）史的概况》分衣、食、坐上中下编。衣、坐两编共附图百余张，多采自考古刊物，且基本已写成。饮食一编，尚拟补充一些材料。倘能苟延残生二三年，今年把它完成。复写三份，先请我兄审阅指正。窃以虚生一世，对人民毫无贡献，今拟补以地下出现材料和旧书知识作为整理，在临死以前，拟以近三十万言稿子，贡献给公家，以毕一生之愿。

你高足吴汝祚给阳吉昌同志信，我已过目，阳在桂林常过从。他为人过去有些缺点，今已改好。广西如阳这种人才，实属凤毛麟角。信中提及你乐意帮助，甚感盛意！想你别后生活都好，近来身体健康如何？京中对知识分子，有什么政策？倘能见告一二，不胜感盼之至！

此致

敬礼！

学弟　黄现璠　启

74. 元 . 25 日

刘振华

刘振华（1938—2007），先后工作于吉林省博物馆、吉林省文物研究室、吉林省文物考古研究所。

刘振华—苏秉琦（1974.2.8）[①]

敬爱的老师苏先生：

春节好！因为去哲盟通辽市筹备全省文物工作会议，出差好久才回来，看到您的来信家里收到已经多日了，现在才复信，实在是太迟了，请先生原谅。

学生的工作近来有了变动，于一月中旬馆里把我调到省文管会工作。说是原文管会的干部多是搞行政的，缺乏专业干部，这样就改变了我的工作，接着就被派往通辽筹备会议。我们的会议将在26日举行，预计开会三—四天，总结去年工作，安排今年工作。

我想不妨在这里唠叨几句，将我省今年的工作安排，大致汇报给先生。今年我省重点抓三项工作：一是掀起一个调查征集革命文物的热潮；二是搞边疆考古，配合反修斗争，拟由省、地、县及部

---

① 原信未署年。信中提到“一月中旬馆里把我调到省文管会工作”，据刘振华—苏秉琦（1975.8.27）中“学生自去年冬底调到文管会”，知信应写于之前的1974年。

分大专院校的力量组成一个普查队，约百人，从四月开始到七月底对哲盟及科右旗、突泉县进行一次全面文物调查，附带开展吉林市郊的汉代遗迹调查及集安县、科右旗的古墓与遗址的部分清理工作；三是加强文物市场（商业）的管理工作。

我自己因为工作的变动，今年不能不是把很多的精力要用到行政事务上了，但我想在业务上仍要继续努力，这也是革命事业所需要的。正如先生所启示的那样，哲盟普查的新收获与吉林市郊汉代遗址的调查，都是在东北考古与配合当前政治思想斗争上颇有意义的事，学习、研究这些资料应是革命和科学上的需要。作为吉林省考古工作战线的一员，是理应做出努力的。先生在来信中又给了学生很多重要的教导，在思想与学习上都很有帮助，我自该更加勤奋于工作，才不负先生的关怀。

我想，自己的工作虽有了变动，但文管会仍设在博物馆内作为一部组成部分（相当于一个小组），并不完全脱离考古实践。应该是在一二年内把精力集中在学习、熟悉、掌握这些新材料上，这是不应动摇的。应该在坚持实践—理论—实践的公式中长久地努力才是。

年初馆里新设了一个由三人组成的编辑小组，将陆续编印一些日、朝、苏的历史考古学资料，以后如有东西印出，学生就努力搞到按时给先生寄去，聊备参考。

最近馆里给文管会定了一个《试论延边地区原始文化——兼批苏修奥氏“文化独特论”》（暂定题，大意如此）的题目，看来最后执笔的责任必然落到学生头上。我对此事颇感难为，因为那里的工作实在作得太少，已发表的材料不过延吉小营子墓葬（日人作），汪清百草沟遗址、墓葬，汪清云桥空古墓及珲春调查等三五材料，工作及发表的方式均不理想。

学生在珲春大六通沟发掘的五所房子所得材料，与前数者比文化上颇有差异。约略言之，前数者为一大组，以原始的夹砂黄褐陶、磐制石器与后者的夹砂红褐陶（也有少量的红陶与准黄褐陶）、打制石器相区别，二者石器形与纹饰上也有差别，从感觉上和初步分析上不难看出二者有早晚关系，但缺乏直接地层依据。从牡丹江流域的莺歌岭可以找到地层根据作为间接借鉴。从现有材料看延边地区的一套东西与朝鲜咸镜北道、苏联沿海州、黑龙江省牡丹江流域的很相似（一致性是主要的，差异性是从属的）。

我们知道，一种文化当它的内涵特征，分布地域还未搞清楚前，是不能谈族属问题的，但目前国内外均早有人分别提出挹娄或沃沮的看法来。但因为它同朝鲜咸北、龙江牡丹江流域均接近，从文献上看，说是挹娄偏南，沃沮有偏北。在这个问题上，如有黑龙江省松花江下段（佳木斯东西一带）的材料可比较就好些了，可惜又没有……

先生，请原谅学生在这里信笔所之了。总之，这样的文章因无大量工作为基础，最好应先不作，而去大力开展田野工作。但可知大量的田野工作短期内不会开展的，估计文章又可能非作不可，这实在是令人难所为之。

我现在想：一个是争取领导上把珲春六道沟发掘的整理排上工作日程（现在是一直被别的工作挤掉），搞出报告来，再多看一点朝、苏方面的资料。如果文章非作不可，就得竭力为之了。那时还得请先生多予指导。

静修（一平）同学，现在身体、家庭都好，胃病没大犯，入冬后为馆里职工搞了一段主抓福利工作，现已转入双辽辽墓资料整理工作。

先生，近来身体好！望多多保重，是为学生所祈。

顺颂

教祺！

学生

振华　谨禀

8/2

刘振华—苏秉琦（1975.8.27）[①]

敬爱的老师苏先生：

你好！

最近馆里油印出古朝鲜问题资料一种，今寄上一册，请查收。

久未通信，不知老师的身体近来怎样，所里的情形如何？

学生自去年冬底调到文管会（馆里的一部分）后，总是到处乱跑瞎忙，没有在田野上做多少正式工作，颇觉苦恼。今年我馆主要是在哲盟和白城所在的科右、突泉二县动员上百人的社会力量，用两个月时间搞了一次文物普查。情况待有初步总结印出，当随即奉上。约略说来，收获不外是对文物的分布情况有了些初步了解，征集或采集了一些文物（多为石器时代、青铜文化和辽代的东西），科学地深入调查和试掘基本是未搞，于工作中在科学方法上也未予应有的注意（个别同志稍加注意略有收获），其余不过是为陈列增添一些展品而已。文物均被留于该地，工作者已与遗物分手告别，至于真正进行科学的整理，那就要看将来的机遇了。

两年前吉林市博物馆在市北50华里的学古屯打过几条探沟，他们的目的是寻找汉代遗物。发现有上下两层堆积，出土有轮制泥质灰陶，手制夹砂褐陶、铁器，据讲这些在上下两层内共生。人们对此有两种总结看法（1. 承认上或认为只在上层共生；2. 两层均经扰乱或工作有问题），材料一直未整理发表。最近他们拟再开一

---

① 原信未署年。信中写到“两年前吉林市博物馆在市北50华里的学古屯打过几条探沟”，刘振华—苏秉琦（1975.9.23）信中讲“1973年试掘过的市北（50华里许）学古屯遗址开了一条$2\times10m^2$的探沟”，据此推定信当写于1973年发掘之后两年的1975年。

条探沟，馆里派我前去协助工作。我有这样的想法，请先生指教。①先将以前的发掘品按田野记录，分层进行整理，进行对比研究，同时将其中手制陶器同该地区的西团山、青蛇山一类文化进行比较研究；②带着整理中的印象问题去打探沟，注意力放在堆积情况与共生关系，以及层间的变化上。

我想由于西团山、青蛇山一类文化本身的分期问题没解决，它本身当然有早晚关系，决不能把所有手制夹砂褐陶看成是一个时间横截面上的东西。从我见到的部分学古屯出土物看，是有手制陶模仿轮制陶器形迹痕的，故此似不应排出那里的手制陶与轮制陶有共生的可能性，当然重要的还要到堆积中查校……

苏老师，《考古学报》1965 年 1 期，我馆没有，托人到北京买两次也未买到。不知先生能否从所里给我代购一本——该期出版时间过久了。如不便，万勿为难，那就等以后再说吧！

敬祈珍摄，顺颂　撰安！

学生　振华

8. 27

刘振华—苏秉琦（1975.9.23）[①]

敬爱的老师苏先生：您好！

先是来信，继是学报，均在我未返长时，先后由家收到了。感谢老师的关怀！

此次赴吉配合他们用 6 天时间，在 1973 年试掘过的市北（50 华里许）学古屯遗址开了一条 $2\times10m^2$ 的探沟，后来在南端又加

① 原信未署年。据信中提到在学古屯发掘的情况看，结合刘振华—苏秉琦（1975. 8. 27）日信中提到“最近他们拟再开一条探沟，馆里派我去协助工作”的内容，该信当写于 1975 年。

扩方，发掘面积计约50平方米。堆积及包含物的情况是：①层，表土包含手制夹砂褐陶片与汉陶片；②层包含物同①出土有铁器，两层总厚不超过50cm。此层之下，在探沟南端压着一汉代灰坑H1，H1又压着H2（汉），二灰坑打破一只包含手制夹砂褐陶与石器的F1。H1、H2包含物同探方②层，出土有完整的铁镢、铁凿等。F1出土有为吉林地区发掘中前所未见的器类、器形如：在长轴两侧有对称环状竖耳的“舟形器”，高领细颈“瓶”式壶，敛口撇唇罐等及许多夹粗砂的厚壁陶片，这些都是同长蛇山一类遗存有所不同的（自然此外也有部分相同的）陶质、器形、器类。在探沟北部②层下为H3（一大灰坑——可能是房址），灰坑内堆积①层灰褐土，②层黄白色硬土，③层黄色土。①、②两层包含物与探沟①、②层同，③层只见手制夹砂陶（因灰坑南壁为一很长的斜坡，发掘到③层揭露面积仅1m²余）。

揭露出来的现象好多需待扩方查明，但吉林市馆要搬家不能继续，工作戛然而止。遗物在运回市内即封存起来，连刷洗标本也未进行。以上即此次发掘经过之大概。

我看了一下他们1973年的发掘剖面图，现在四条探沟内均有灰坑（更可能是房子），其所谓上层大约即相当于今年发掘的①、②层，下层则指灰坑内的堆积，并且只做到黄白色硬土层，其下的黄土未作，并未一定做到了底（生土）。

因遗物没进行整理，现在还难获得科学的认识。从印象上说，大约全部堆积所包含正是一个时间较长又不单纯的内容。最近吉林市长蛇山、永吉县杨屯遗址的碳素测定结果已出来。前者为之前410年，后者是之前205年。看来这里的手制夹砂褐陶（显然较前二者晚，从形制学上可感觉到），在时间上与汉陶共生当不成问题。但是在同一遗址内的这种共生现象的形成，特别是联系到它所反映的社会历史来考虑，似颇费解（如若把手制夹砂灰褐陶作为土著氏族的文化，把汉陶作为汉代汉族的文化看，究竟反映了一种什么样的关系呢？）

估计吉林市短期内还不可能着手室内整理工作，我临来时已再三嘱其要早日动手，如可能那时我想再去一次，我又嘱其将器物图的描图给一套……这些等有结果，再向老师报告。

北大的长蛇山资料很想看到，但想来难于借出，要看就得等有机会赴京再去查阅了。这个遗址的实物资料，在我馆早已弄得丢失、损坏，混乱到极其严重的程度了。

新近我馆又印出渤海国史参考资料一种，搞到了，此奉上，请查收。

敬颂

撰安！

学生　振华

9.23

刘振华—苏秉琦（1984.6.18）[①]

敬爱的老师苏先生：

您好！许久没有给您写信，都是学生的罪过，请您原谅。不敢写信，主要是愧无可言，几年来因境遇不佳，不善同我所不敢在道德、人格上表示敬爱的领导搞好关系，工作多有掣肘，形近迫害。又加之学生本即愚笨，在问学之道上，一无成就，实在惭愧，有负先生的教诲和栽培。

几年来虽未能常给先生写信，但心中无不时时悬念，暗为先生祈福。每思故乡（学生是东光县人），亦以河北有先生在现今中国学术界之成就与贡献，引为骄傲。近年迷雾有所扫荡，先生作为一个真正的杰出的科学家的形象，已越来越为更多的人所认识，情形多少有些像我郡作家孙犁作为一个真正的艺术家那样。学生对先生

---

① 信未署年。根据信封邮戳“1984.6.19”，信应写于1984年。

的敬爱同时对故乡的热爱，也是紧紧连在一起的，南人独耀学界文坛的时代似已过去，您是北人智慧和才华的杰出代表之一，实可为我华夏增光。

时时为您祝福，唯请多多为科学事业珍摄！并向老师全家问好！

学生　振华　叩首

18/6　夜

通讯处：长春市光复北路3号　吉林省文物考古研究所

刘振华—苏秉琦（1985.2.1）①

恩师苏先生：

春节好！给您拜年了。敬祝您健康长寿！

年前接到先生惠赐《选集》，并为题字，实使学生不胜感激之至！是对我的极大鼓励和关怀。近日反复诵读，爱不释手；每读过后，须置入一硬质匣内珍藏。春节期间因有此书可诵，精神上感到极大的幸福。想起故乡特尊“天地君亲师”，除其中“君”当另作变易外，实不妄也！常言讲“师徒如父子”，我想此话当此二十世纪八十年代，亦不可移也！又承先生于信中示知道的学界动态，指示前景与途径并多鼓励，学生自当实现教诲，倍加努力。以求来日有所进步，莫负先生厚意。最近得见忠培、林沄、静修诸北大师友，他们均好。我们一道谈及母校诸事，共同心愿祈先生多多保重身体，先生之健康即我等最大的幸福也！

敬颂

您新春愉快！

---

① 原信未署年。信中《选集》为1984年出版的《苏秉琦考古学论述选集》，故信不早于是年，暂系于出版次年的1985年。

学生　振华

1/2

刘振华—苏秉琦（1986.12.19）①

敬爱的恩师苏先生：

您好！今秋于沈阳有幸拜见先生，见先生身体康健，神采奕奕，学生窃以为庆，深感幸福。因当时有诸多师兄均在左右，又恐有碍先生休息，故未敢入室再谒问安，归后念念不敢有忘。

近来我所李健才同志出有新著一册，内容讨论东北古史地问题，间亦涉及考古资料，今找来一册奉上，聊备披览。

学生自毕业到吉以来，有负先生厚爱，环境掣肘，学业上很少有成，深感惭愧。只能乘间做些拾遗补阙的工作。在纯考古学上既不能放手工作，为适应环境与不虚度年华，只得也涉及些古史地等的考证之学。既不可望如心所愿，也只可退求差强人意了。几年来胡乱涂抹数纸，有辱师教。自羞自愧，不敢奉呈恩师求教。今乘寄书之便，奉上一文，汇报一下学习情况，如恩师得看寓目，请随时指谬赐教。

冬来北京天寒，请先生出入注意保暖，入夜早寝，为祖国考古科学的发展多多珍摄。

敬颂

福绥

不才生　振华　叩首

12.19

---

① 原信未署年。信中提到李健才讨论东北古史地问题的“新著”，为1986年出版的《东北史地考略》，据此信应写于1986年。苏秉琦先生家中另藏一吉林省文物考古研究所信封，长春邮戳1986.12.24，推测为此信之封。苏秉琦先生在信后写道：“31/Ⅻ复。”

刘振华—苏秉琦（1988.4.27）[1]

敬爱的老师苏先生：

您好！

我非常羞愧地向您提出一个应该说是很不礼貌很不应该的荒谬请求，请先生原谅。

我所的职称评，前段副研评到62年，合乎此条不论好坏都评上了，我受毕业年限评的结果仍为助研（论文鉴定是统一由所送省社科院作的）。不久前又把助研评到了82年，82年前毕业的也均评上了助研，这样所内业务人员均晋升了一级，而63—65年的仅我一人，上不着天下不着地，形成只有我一个五十岁的人同一群小青年为伍，局面实在很惨，感到抬不起头来，心情沉重。

最近文化厅又给副研年限开个小口，少数人可放宽到65年，我在所内虽无竞争者，但我所有跟艺术单位争分配指标问题，仍然僧多粥少，而艺界又擅多花样。因此所里也希望在向文化厅争指标时得到外援。我的家庭生活比较困难，四口之家，人均月收入仅41元，物价猛涨，晋不了职、加不了薪，全家叫苦。又从我这里看，改革将很快导致青年当权，而政策多变又每利青年。他们则往往缺乏公正和同情心，见利必争，不讲情面的。我此次失机，来日更不可待。后生可畏，有一落沉渊、万劫不复之危。因向您求救，想请您以平素交往的形式给我一短信，在信内或对我的文章或对我的工作说三五句话，不是鉴定，只是一点印象一点鼓励一个关心便可，这样就会给我一个很大的帮助，一次救援。借您福荫，有望获庆。我所能从文化厅争来一个指标，便可

---

[1] 原信未署年。据苏秉琦—刘振华（1988.5.6），该信写于1988年。

给我解决。

敬爱的老师，您看我的请求是多么荒唐无礼，临笔汗颜，羞愧内疚，事急多失考虑，如不可为，请老师谅解、批评。

敬颂

福绥！

振华

再拜

4.27

附：

《我省文物考古工作取得的新成就》（与人合作），《吉林日报》1972.2.23

《吉林永吉杨屯遗址试掘报告》，《文物》1973.8。

《吉林农安万金塔出土文物》，《文物》1973.8。

《从考古上看汉代中原移民与吉林开发》，《吉林日报》“学术论坛”1979.4.18。

《吉林省文物考古工作三十年的主要收获》（与方敏东合作），文物出版社1979（文集内）。

《渤海大氏王室族属新证——从考古出发所作的考察》，《社会科学战线》1981.3。

《吉林省原始文化中的几种新石器时代遗存》，《博物馆研究》1982.1。

《试论吉林西团山文化晚期遗存》，《东北考古与历史》创刊号。

《渤海史识微》，《学习与探索》1982.6。

《渤海考古研究简述》，《延大学报》1983.2。

《零散人肢骨材料在考古上的采用》，《博物馆研究》1984.3。

《有关渤海史的三个问题》，《博物馆研究》1985.3。

《红山文化的陶器彩纹和之字纹》，《中国考古学会六次年会论文集》。

《关于吉林西团山文化年代下限问题》，《松辽文物》1986.2。

又：学术短文十二篇

刘振华、王承礼编《渤海的历史和文化》（渤海历史考古论文集）46万字，明年初可出版（吉林教育出版社）。

苏秉琦—刘振华（1988.5.6）[①]

振华同学：

你好！4.27日信及附件及时收到。很久没通讯，得悉近况并对你近年一些重要工作及成果有了一个比较系统、概括的了解。既感到高兴，又不能不使我悬念。借此机会，我把最近《瞭望》发表的两篇文章，一是我写的，一是记者写的，等于从两种角度谈到我们考古这个学科、这个队伍——其中有我，有我们这个时代的许多朋友们，当然，你也不例外，复印材料寄去一份。不仅为了使你对我近况增加了解，也为使你“照照镜子”，客观地估计自己。

你在你们这几届同学中，我是比较接触多些的一个。对你们六十年代初这几班同学我有个总的看法，学习比较系统、正规、基本功扎实、事业心强。毕业后，在实践中同考古这门学科一起，可以说走过了从创建转入开拓这个关键的历史阶段。又可以说，你们都正在走向学术上、思想上成熟的时期，在今后一个时期将会大有作为的时期。这话一点也不夸大，或者再引用一句今年二月在天津一次座谈会李瑞环市长的话“历史的人做事，做着历史的事”，我们应有清晰的认识。

你知道，我们近年在北方燕山南北—长城地带，花的精力多一些，但这是为了开拓全国考古事业的一步棋。5月中还要在山东开第二次“环渤海考古”会，九、十月间第二次山西晋文化会，明年的第二次兰州会，都是这一活动的继续。应该特别指出的是，你

① 据郭大顺先生提供信影录文。

写的《吉林省原始文化中的几种新石器时代遗存》是有一定的典型性、代表性，其意义：

一、我们东北几省考古一个中间环节（吉林）区系认识，鸭绿江、图们江为一组，辽河为一组，嫩江为一组等三块。

二、吉林省的原始文化有了自己的独立性（个性）的认识。

三、对下一步、今后吉林省整个考古工作犹找到一把钥匙、一个纲，统筹全局。今后不管是配合建设，抢救性，或主动地工作，或是普查材料处理都可纳入轨迹，而不再是大拼盘。

四、实际上，我国占60%的广大地区（所谓“民族地区”）考古，这是带普遍性的问题。突破这一点，将为在“中国考古学”学科范围内单独把“民族考古”作为一个学科分支奠定基础（现在已有条件，正在进行中的像甘、青、宁、新、滇、川、桂等都已展开了），这等于是我们考古又可清楚地分为两大分支（一支是我们原分的六个块块，一支是民族考古）。你这篇文章可以正式作为这一学科分支的创始。最近我所陈戈同志想写篇关于新疆的，着重谈那里的金属时代的开始，和你此篇“异曲同工”，他是从下往上，你是从上往下，可谓不谋而合。

振华同志：全国范围内的职称评定，起步有早晚，大部分地区都到近收尾阶段。尽管各地多少有些出入，但也大体总结出一些规律性东西。凡是在过去二三十年间，没有在大风浪中“蹉跎岁月”，做出成绩的朋友，大都应给予“高级职称”。这不是我个人看法，这已是大势所趋。所谓各地都有“名额”限制，那是为了防止“泛滥”成灾而已。我们名分是师生，实质上是同时代的同行朋友，我们还要一起努力、奋进，奔向二十一世纪。我唯一的愿望是大家共同认识到这一点，携手前进！你那里如果还需要写什么正式评审意见，可由你单位来函，我可以照办。如果这封信也可做正式推荐材料，那更好。复印上缴，并请给我一份存底。

专此，祝

工作顺利！

苏秉琦
1988. 5. 6

刘振华—苏秉琦（1988.5.12）[①]

敬爱的老师苏先生：

您好！

两封挂号均于8日收到，您那样高龄写了那么长的信来，又为学生费心考虑安排，真是慈父般的关怀，恩重如山，令人捧读感激涕零！

接信后给所里有关领导看过，他们让复印两份，一份上交，一份寄您留存。我处职称评定也是已近尾声，所里正在同文化厅交涉再增加名额，您的帮助必将会大增与艺术单位争指标的分量，但有机缘而即能获伏。

我所两位副所长方启东（西北大毕业生）、王侠（母校老三界校友），叫我写信向您表示，欢迎您今年或明年夏日来吉避暑。想去吉林市松花湖或集安鸭绿江畔都可，如有兴趣也可去长白山天池。又准备发掘有大收获时，请您来对我省工作进行指导。我想如先生身体条件允许能光临我省，那真是我们的幸福。

考虑到先生月内去山东参加“环渤海考古”会，匆匆先奉书告知上述各事，以免先生挂念待有消息再随时奉禀一切。谨此

敬颂

康绥！

振华
叩首　12/5

① 原信未署年。信中提到的5月在山东召开的环渤海考古会议，应为1988年5月12日至16日在山东省淄博市召开的环渤海考古第二次学术座谈会，据此信应写于1988年。

田广金

田广金（1938—2006），工作于内蒙古自治区文物考古研究所。

苏秉琦—田广金（1974.6.19）[①]

广金同志：

谅你已回呼市了吧！在京时得拜读所写的“匈奴墓”，一开眼界，很高兴。手下缺乏比较参考资料，又以时间仓促，提不出更多的意见，可供参考。我的总的意见是，我们今后只有把围绕着“伊、乌”二盟这一广大地区诸不同历史阶段的材料能结合考察，才好对每项具体材料及其所涉及的问题，做出符合实际的、正确的论点。而这些，都有待于大量的、细致的、艰苦的工作、研究。短期内办不到，少数人不行。所以，我们既要看到这项工作的意义很大，又要充分估计到这一工作的长期性，性急无济于事。仓促间形成的论点不牢靠，望注意。

在我们会面时，我在你原稿末尾用铅笔写的两行字，在基本思想上，是有其一定的根据的。但考虑到刻下材料少，研究还不多的

① 据王志浩先生提供信影录文。

时候，可能会使一些人曲解、歪曲，请你特别再慎重斟酌一下。末尾，我用了“特殊贡献”几个字，意思是指，在这一广大沙漠草原地带，是联系我国和邻境，包括欧亚北方大草原地带的纽带。自古以来，居住着在不同历史阶段有着不同的少数民族称谓的人们共同体。他们在民族构成上虽有变迁，又有着民族文化上的联系，我们对我国任何一个历史阶段凡是今天版图以内地区的诸人们共同体，都不能以当时王朝版图为限，把其余一些地方称为“外国”。在战国秦汉时代的所谓“匈奴”，要区分“匈奴族”和其“奴隶主统治阶级或政权”。我们说，当时我国诸封建统治王朝或国家对当时“匈奴”用兵是正义的，指的是它的统治阶级或政权，而不是笼统地把“匈奴族”当外国，把那片地方当化外。当时被赶走的（也即“入侵”的）当然是它的统治阶级或政权及其所裹挟的那一批人。

我们可以这样说，在各个不同历史阶段，我国在那一广大地区曾经建立起巩固统治的时候，居住在那些沙漠草原地区的人们总归主要还是少数民族、兄弟民族。没有他们，就谈不上那些地区的开发、那些地区的特殊文化。而我国广大腹地与欧亚北方草原地带的联系，又往往是由他们起了重要的“中介”的作用。这就是我所指的“特殊文献”。这道理，在我们那天交换意见时也谈到了，可能谈的没有这样清楚。所以我想起来有再和你笔谈一下的必要。同时，你在重新考虑这一段文字时，希望不一定这样写（因为，这一论点并不是直接从这一项考古材料得出的。所以，不必作为本文结语一部分）。此致

敬礼，问素新同志好！

苏秉琦

74.6.19

（我还有个想法，历史上的“匈奴”，历时很长，辖境变迁很大。而历来史家大都把“族”与“政权”两观念混为一谈。我看，当时所谓“匈奴”辖境之内，除“汉人”外，未必是单纯的一个族。因此，我们对这一时期、这一地区内考古发现材料的族属统统

冠以“匈奴”，未必妥当，是否可加引号？请斟酌（如［匈奴墓］）。

苏秉琦—田广金（1987.3.16）①

广金、素新同志：

你们好！大著《鄂尔多斯式青铜器》收妥，谢谢！

配合煤矿文物普查工作进展到一段落，望摘要见示一二。

我们在这地带工作刚刚开了个头，要继续下去，为了培养人也有此需要。要有长远设想，积累资料要早考虑长期保存、研究、利用、发挥作用问题。“官不修衙”“客不修店”也有些道理，但我们已是半出家人（居士），要赞助修庙，功德无量！

专复，祝

合家好！

同志们！

苏秉琦

1987. 3. 16

田广金—苏秉琦（1987.4.22）

苏先生：您老好。

来信收到，当时我正在老虎山整理凉城园子沟资料，近日返呼。煤田的普查工作目前仍无头绪，王志浩的工作情况我准备约他面谈后再向您汇报。准旗煤田的发掘工作进展不大。您老对这项工作如此关心，我非常感动。自去年在包头您提出这一重大课题后，

① 据王志浩先生提供信影录文。

我积极利用我的工作之便在岱海地区进行了重点普查，但如何把内蒙的同志组织起来，由于我身体不好无法进行。伊盟、包头、乌盟工作的年青同志热情很高，积极让我牵头，考虑到资金困难，下边同志单枪独马工作亦无法进行，我也只能冒点风险，考虑再三，总得有一个组织形式，有组织地搞好些。因此提出如下方案。

黄河东北角，地包准旗、包头、和林和凉城县，准旗王志浩调查了一些线索；包头山前地带刘幻真有一定基础，加上我在凉城工作的基础。二者联成一片，把这几个地区工作的同志组织起来，组织一个“考古调查发掘组”叫什么名字好？首先，分头调查（重点），由我这派出几名得力的探工，让他们各自率领进行普查和试掘，我寻地势开阔的重要遗址区，然后选点合作发掘。这样可以来得快，效果好。普查资料集中于老虎山，冬季研究整理。这样做至少有三点不会落空。

1. 寻找理想的尖底瓶与斝交错时期的遗址，单独调查不行，必须配合试掘，上至仰韶晚期，下至龙山早期遗存，目前尚无绝对把握。

2. 解决包头塬上文化问题，这亦是您老提出的课题。包头塬上，前临黄河和土默川平原，遗址联成片，又有祭祀遗存，但未发现斝和晚期尖底瓶。

3. 凉城岱海地区。老虎山一期的尖底斝、二期的圜底斝和斝式鬲，目前虽未发现尖底瓶，但这件斝式鬲侧过来看，三袋足好似三个尖底瓶。去秋，在您提出“包头塬上文化”启示下，我到凉城岱海周围进行了重点普查，结果在老虎山西侧的西白玉山又发现一处保存比老虎山还好的石围墙遗存；接着在老虎山之东的板城又发现堆积也比老虎山好的同类遗存；更重要的是在岱海北岸坡地上一连好几处都有石围墙建筑，其中郭素新去年发掘的园子沟和大庙坡，遗址的规模都比老虎山大，且园子沟遗址山上亦有与包头类似的祭坛遗址。这些遗址的文化性质与老虎山相似，但有早晚之分，在园子沟还发现了造型讲究的窑洞式建筑。同类遗址在岱海北岸坡地三五里乃至十几里就有一处，试想当时岱海北岸城堡林立，前临浩瀚岱海的景观何等壮观！

原来想把老虎山遗存定成“文化”，但总觉单薄，把整个岱海地区联系起来，试可定为“岱海文化”，材料已基本充实，再对重要遗址进行重点发掘，“岱海文化”亦指日可待。

同时，我们在岱海南岸又发现了类似半坡阶段遗存，在其东又发现了仰韶晚期遗存，这都需详细工作。我想在您老的指导下，下边同志齐心合力，既解决课题成果，又出了人才。经我反复宣传，争得了文化厅文物处的支持。王晓华同意以我为首组织下边几个人，成立一个组织，让您老当导师。这样就剩下经费问题了。王晓华说让您老费心与黄景略老师说说，请他大力支持，如妥，即可编制计划，开始行动。写的多了，谢谢。祝您老身体好。

广金

1987.4.22

田广金—苏秉琦（1987.11.25）[①]

苏先生：您好。

今年我与素新在凉城岱海地区工作，她发掘园子沟遗址，我重点在老虎山整理朱开沟陶器（报告尚未开始写），试掘了距老虎山不远的西白玉和板城两处有围墙的遗址。今秋，我又在岱海周围调查了5处仰韶时期遗址，收获甚丰。为对比岱海地区与鄂尔多斯地区、包头地区早期的资料的异同，我还察看了包头塬上重点遗址、和伊盟、呼市的普查资料。前几日在乌盟集宁市召开了全自治区的文物工作会议，素新承担了全区文物地图的工作，厅长和王晓华同志让我在会上作了题为“文明起源问题”的发言。总之，经过我们一年的工作和广泛的宣传，关于探讨“文明起源”的课题，总

① 苏秉琦先生在首页页眉写道：“学报79年2期。”

算得到文化厅领导的重视和考古界同行的支持。令人奇怪的是，我们今年的工作尤其是关于文明起源的课题，有人却持反对态度（观点上持不同意见），因此我们费九牛二虎之力才得到文化厅的支持，为下一步工作铺平道路。

首先向您汇报岱海地区的发现。为摸清岱海地区与老虎山类似的遗存，去秋在岱海北岸山前坡地进行调查，凡山前坡地水源丰富（泉水）的地点几乎都有龙山早期遗址，其中老虎山以西5公里的西白玉、老虎山以东5公里的板城，岱海以北，距园子沟以东10公里的大庙坡，均有石筑围墙。以西白玉围墙保存最好，东、北、西三面保持完整，只是南部坡下石墙不见。板城的石围墙虽然破坏严重，但在北墙以北与墙平行的山梁上发现祭坛遗址，共五个，联成一线，间距20米左右。祭坛呈方形基址，约五米见方，呈“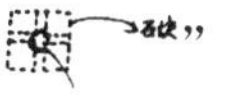”状。即在石头方框内，砌有纵横各两道石墙，在中心处有火烧痕，石板被烧裂，变黑。清理时墙中发现篮纹陶片，应与遗址同时。

岱海北部山前地带分布着密集的龙山早期遗址点，而每处遗址的面积较大，个别点发现稍晚的遗存（与朱开沟类似遗物）。

岱海以东和以南地区，与岱海以北不同。发现的几处仰韶遗址均处于面向岱海的山北坡，高度略比岱海北的龙山早期遗址稍低。岱海以南除个别地点有龙山早期遗存外，主要为仰韶晚期遗存。房址多为方形和圆角方形半地穴建筑，圆形灶坑，地铺白泥。在海东

凉城七号乡红台坡遗址，坡上部有仰韶晚期遗存，早期遗存在坡下，发现的遗物有：红鼎碗、黑带钵和口沿带舌状纽的罐类（

）。还有一种我怀疑是钵形鼎的足？均是红陶，夹砂陶呈红紫色，陶质似夹蚌（云母片）陶。其次是岱海南的狐子山遗址，有地层堆积，其陶器有：红陶盆→线纹、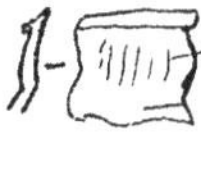→线纹和→线纹红陶夹砂罐、

和彩陶钵。再晚的均是仰韶晚期遗存。在我

岸凉城七号乡红台坡遗址，坡上部有仰韶晚期遗存，早期遗存在坡下，发现的遗物有：红鼎碗、黑带钵和口沿带舌状纽的罐类。还有一种我怀疑是钵形鼎的足（?），均是红陶，夹砂陶呈红紫色，陶质似夹蚌（云母片）陶。其次是岱海南的狐子山遗址，有地层堆积，其陶器有：红陶盆①、红陶夹砂罐②和彩陶钵③。再晚的均是仰韶晚期遗存。在我们调查的七号乡红圪台、东滩、大坡和岱海南的王墓山遗址，大都有两层文化堆积，而且这几个点也看出早晚的关系，但这些点的陶器组合大体相当，有小口鼓腹双耳罐，如：红陶褐彩，器形粗矮④，以后口沿似乎这样变化：由红陶（多彩）——→灰褐（个别有彩）——→灰陶（无彩）。⑤ 颈部有一条附加堆纹的夹砂绳纹罐⑥，砂质薄胎大口深腹罐和敛口钵、折腹钵等。在破坏的房址中

都有这几种器物。也就是说今秋调查的仰韶遗址，早的有半坡类型阶段（有后岗因素）、庙底沟类型阶段；晚的就是上述出小口双耳鼓腹罐阶段，其中至少还可以分出二段。这样，再进一步工作就可以排出了这个地区仰韶文化序列。特点：从早到晚不见小口尖底瓶，篮纹出现得晚，在仰韶晚期偏早阶段出现。砂质薄胎大口罐与小口双耳鼓腹罐一样发达，这种器物在包头西园只见到类似的一片，在鄂尔多斯不见，表现了明显的地方特征。

在上述的老虎山、园子沟发掘和西白玉、板城试掘中，获得了几批龙山早期资料，这些资料至少可分三期，也就是说岱海地区已获得了仰韶龙山早期的各阶段系列材料。包括朱开沟在内，也获得了尖底腹斝、斝式鬲和鬲的系列标本。岱海地区石围墙遗址群，祭

① 原信绘有图，见本信中信影插图。
② 原信绘有图，见本信中信影插图。
③ 原信绘有图，见本信中信影插图。
④ 原信绘有图，见本信中信影插图。
⑤ 原信绘有图，见本信中信影插图。
⑥ 原信绘有图，见本信中信影插图。

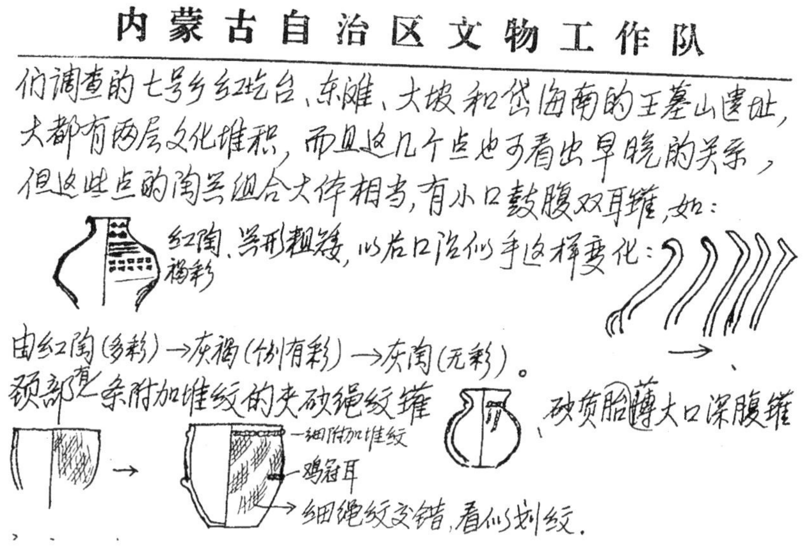
内蒙古自治区文物工作队

们调查的七号乡红坨台、东滩、大坡和岱海南的王墓山遗址，大都有两层文化堆积，而且这几个点也可看出早晚的关系，但这些点的陶器组合大体相当，有小口鼓腹双耳罐，如：

红陶、器形粗矮，以后口沿似手这样变化：

褐彩

由红陶（多彩）→灰褐（个别有彩）→灰陶（无彩）。

颈部有一条附加堆纹的夹砂绳纹罐、砂质胎薄大口深腹罐

细附加堆纹

鸡冠耳

细绳纹交错，看似划纹。

坛，说明什么呢？像园子沟造型讲究的窑洞式双间房子（龙山早期的早期阶段），在园子沟遗址前二里有一山丘，呈长圆形，上亦有祭坛遗址，其形如下：

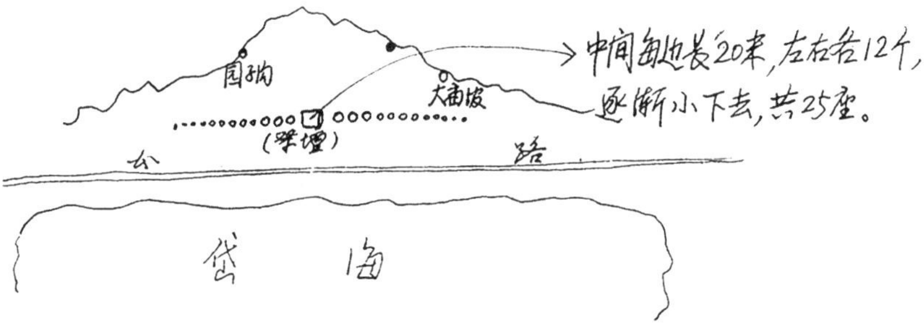

祭坛时代未定，因为探到陶片，如果说是晚期敖包，也不对。祭坛上的石头不是利用山丘上的自然石，全捡的河床内磨光的大石块。再说祭坛北部从园子沟至大庙坡除三四处龙山早期遗存外，只在园子沟见到夏代时期陶片，再无发现其它遗存。如果是祭坛遗址，又与园子沟遗址有关，说明这个祭坛无论是所处的位置（岱海正北）和规模，可能是园子沟、大庙坡等多处遗址共用的祭坛，这又说明

什么呢？所以园子沟遗址不能等闲视之，素新明年继续发掘，并想把已发掘过的遗存能妥善保护起来，关键看文物局能否支持了。

由于文化厅的支持，我明春到包头另辟新地，准备发掘西园遗址和大面积抢救清理黑麻板地表石建筑群①。一方面争取完成您交给的“包头塬上”文化任务，在探讨文明起源问题上会有新的发现。黑麻板暴露出来的石围墙、祭坛，尤其是大房子，简直太气魄了！清理完以后，准备保护起来，一个五千年前后的宏伟建筑群就会暴露在眼前！是一处现成的露天大博物馆。文化厅让我们在包头举办文物训练班，抽各盟市中级业务人员，即培养人才，又出成果，如能建成露天博物馆，再造福于后代。文化厅领导让我们设计一个方案，在1989年全区文物普查后，举办一个普查成果展览，其中一个大厅就要展出“文明的曙光”，材料就是岱海石围墙遗址和您提出的晚期小口尖底瓶、斝、鬲标本；东部杨庄发现的红山文化围沟、陶范和翁牛特旗发现的玉龙等，加上包头塬上的围墙、祭坛，伊盟也有新的发现。

直至现在，越过种种障碍，得到文化厅的支持，我们才敢接受您老交给我们的任务。“万事俱备，只欠东风（文物局的支持）”了。园子沟和包头西园、黑麻板的报表已填好，年底王晓华同志去文物局要钱。

写得太长，影响您的休息，谢谢。请您保重身体！致

敬礼

祝身体好！

广金　1987. 11. 25

（信上陶器图画得不准，等标准图画完，再给您寄去。）

---

① 苏秉琦先生在信侧写“主动发掘要精制”，在信纸下方写“又要整理，又要发掘，一个人能做这么多工作吗？”

王晓华—苏秉琦（1989.9.14）

尊敬的苏先生：

您好！请代问师娘安好！

我来京，已向国家文物局黄景略局长汇报了“内蒙古中南部原始文化研究暨园子沟遗址保护科学论证会”的情况，我们认为这次会议人虽去得少，但是开得还是很有收获。请您审阅汇报材料。

在会上，出席会议的专家对园子沟的保护，都认为应重点保护一部分，回填保护一部分。奇怪的事，有人说：会上意见是都回填。

我说这不是实事（当然我说的直了）。我们有录音、录像，不能不实事求是，我说，如果你们全让回填，别说内蒙古的各级领导和群众接受不了，就连我这个考古外行也接受不了。所以，不能做全面回填的方案，请他再考虑。

我很想直接向您汇报，只因腿走不了远路，未能如愿，请您见谅。

16 日即离京，待下次来时，再去看望您。

敬祝您佳节幸福快乐。

晓华

拜叩

1989 年 9 月 14 日

苏秉琦—郭素新、田广金（1989.11.5）[①]

素新、广金同志：

你们好！借北京科影鲁明同志去呼市和你们洽谈进一步合作拍摄内蒙古考古题材的科教片项目之机，和你们谈两件事。

第一，我于上月中下旬在协和医院进行了安装“起搏器”手术，经过非常顺利，效果良好，现在已完全康复，可说“心病”已去掉一半，请朋友们释念，过去种种担心的考虑已可大大减轻了。

第二，今后北京科影与内蒙古合拍科教片（以考古为题材的）的设想是个长期大课题，一步一步来，本年度拍的只是开头尝试，到现在为止，这项构思，已拍成8部，都是尝试性的。你们可以试看其中的一部分。中心思想是，这是我们考古工作、学科、事业合乎逻辑的延伸、一个环节，它的生命力会从实践中逐步被人们认识。我们也将在实践中逐步提高、开拓前进。

关于这一点，望你所能从最近完成的山东“北辛—大汶口—龙山文化制陶工艺”一片，体会到一些我们的意图。不仅仅是通俗化的科教片而已，它还应是对本学科更深入一层的探索。缺点、不足之处是意料中事，要紧的是不断前进！望共勉之！

祝工作

顺利！

苏秉琦

1989.11.5

---

① 据王志浩先生提供信影录文。

田广金—鲁明（1990.3.15）[①]

鲁先生：您好。

元月份来信收悉，正值出差在外，未及时回音，请谅。关于鄂尔多斯式青铜器的拍摄工作，请您提前给我一个粗略的时间安排，我亦好相应地安排日程。我相信一定会拍好，也请您放心，一定会给您提供个比较满意的条件。八月份，我所与中社科院考古所内蒙队在赤峰联合召开“内蒙古东部区考古学术讨论会”，我们邀请北京和北方著名专家，是一个机会，我担心鄂尔多斯式青铜器片拍不出来；明年八月，中国考古学年会（八届）在内蒙召开，当然是放映的最好机会。如想在今冬我亦可安排。假如今秋冬能把岱海遗址群拍出来，会更增加明年“年会”的光彩。具体安排请您考虑，我会与宝厅长联系的。

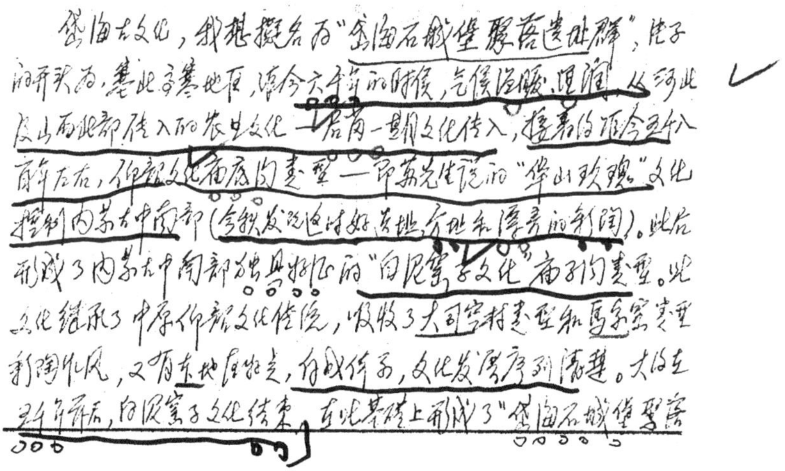
岱海古文化，我想拟名为“岱海石城堡聚落遗址群”，院子的开头为：其北为寒地区，距今六千年前的时候，气候温暖、湿润，从河北及山西北部传入的农业文化——后冈一期文化传入，接着的距今五千八百年左右，仰韶文化庙底沟类型——即苏先生说的“华山玫瑰”文化控制内蒙古中南部（今我发现这时好遗址，分地和滞后的彩陶）。此后形成了内蒙古中南部独具特征的“白泥窑子文化”庙子沟类型。此文化继承了中原仰韶文化传统，吸收了大司空村类型和马家窑类型彩陶作风，又有本地区特点，自成体系，文化发展序列清楚。大约在五千年前后，白泥窑子文化结束，在此基础上形成了“岱海石城堡聚落

---

① 据复印件录入。苏秉琦先生在复印件上用红笔进行了圈点、勾画。

岱海古文化，我想拟名“岱海石城堡聚落遗址群”，片子的开头为，塞北高寒地区，距今六千年的时候，气候温暖、湿润，从河北及山西北部传入的农业文化——后岗一期文化传入，接着约距今五千八百年左右，仰韶文化庙底沟类型——即苏先生说的“华山玫瑰”文化控制内蒙古中南部（今秋发现这时好遗址、房址和漂亮的彩陶）。此后形成了内蒙古中南部独具特征的“白泥窑子文化”庙子沟类型。此文化继承了中原仰韶文化传统，吸收了大司空村类型和马家窑类型彩陶作风，又有本地区特点，自成体系，文化发展序列清楚。大约在五千年前后，白泥窑子文化结束，在此基础上形成了“岱海石城堡聚落遗址群”，即相当距今4500年前后，重点拍石城堡聚落遗址群，仰韶阶段可作为引子。例如从仰韶时代开始到龙山早期的石城堡聚落遗址群统一拍，可命名为“岱海古遗址群”。所谓石城堡聚落遗址群，是我国发现的最早的石城遗址，老虎山和西白玉石城保护得相当完好，文化序列亦相当清楚，只是陶器没有仰韶时代彩陶精彩，后段龙山早期遗迹非常壮观，如石城堡、园子沟发现的我国最早、最完整又造型精美的房址，排列有序。从文化内涵和器物组合来看，是跨时代的①。即由仰韶时期平底炊具发展到龙山早期的三足炊具——斝和甗。如果按苏先生的保守说法，相当仰韶时代晚期的东山咀坛、冢、庙是“中国文明的曙光”，这时岱海石城堡遗址群实际上可能已进入文明时代了②。其重大意义就在此。如让我写个有说服力的说明，实在困难，您想象力丰富，辞藻华丽，文思敏捷，如按上述意思进行加工，定能感人肺腑。谢谢。致

礼

田广金

1990.3.15

---

① 苏秉琦先生在信侧写“酉瓶—斝鬲甗”。

② 苏秉琦先生在信侧写“跨入文明5000±”。

田广金—苏秉琦（1992.4.25）

苏先生：您好。

素新本应去看望您，因时间紧迫只通了个电话。天气逐渐热了，望您老注意保护身体。

关于岱海地区史前文化序列问题，基本有了初步的框架，可分二大期（仰韶期和龙山期）10个发展阶段（见《内蒙中南部原始文化研究文集》55页，图二）。

1段（期）：红台坡下组，以红顶钵、黑带彩钵、鼎、深腹筒形罐组合为主。红顶钵和鼎显然是后岗一期因素，可能沿太行山东侧经张家口传入，约距今6000年前。而深腹筒形罐显然是东部传入。

2段（期）：王墓山（WXF1001组），年会时您看过录像，其组合见图。双唇口尖底瓶是庙底沟类型早期遗物，而变形几何鱼纹图案应是半坡类型晚期特征。因此，在年会文章中我称之为“王墓山类型”，时间约距今6000年左右。所以称之为“类型”，我估计当半坡人群通过芮城东庄村北上时与华山脚下庙底沟类型北上相遇，到岱海地区出现了这种混合现象，加上此地流行的镂孔罐形器（所谓火种炉），形成了具有地方特征的器物群。在普查中，此类遗址在岱海地区、黄河两岸比较密集，所以马上抵制了后岗一期的发展。

当双唇小口瓶逐渐演化为单唇口的各阶段（典型庙底沟阶段），岱海地区目前尚无典型遗址发现，但在黄河两岸（据岱海40公里）却有充分的发展（见《文集》68页，图五）。这里有一个现象值得注意，就是在套内（鄂尔多斯）偏南，半坡类型（杯形口尖底陶瓶）比较发育，显然是顺黄河北上结果，而岱海地区不见（见《文集》86页，王志浩和杨泽蒙文，图二）。

3段（期）：以红台坡上组为代表，庙底沟类型因素消失，小口尖底瓶被小口双耳鼓腹罐取代。从文化因素分析，与2段之间显然有较大的空缺。但从小口双耳鼓腹罐造型看，可能追溯到后岗一期的小口瓶。显然这一阶段的文化因素受来自河北、内蒙东部影响较浓，开始形成了具有地方特征的一种文化，即“海生不浪文化”。4段东滩F6组、5段东滩H5组、6段王墓山上②组，与3段红台坡上组，即为仰韶时代晚期的“海生不浪文化”连续发展的四个阶段（距今约5800—5000年左右）。

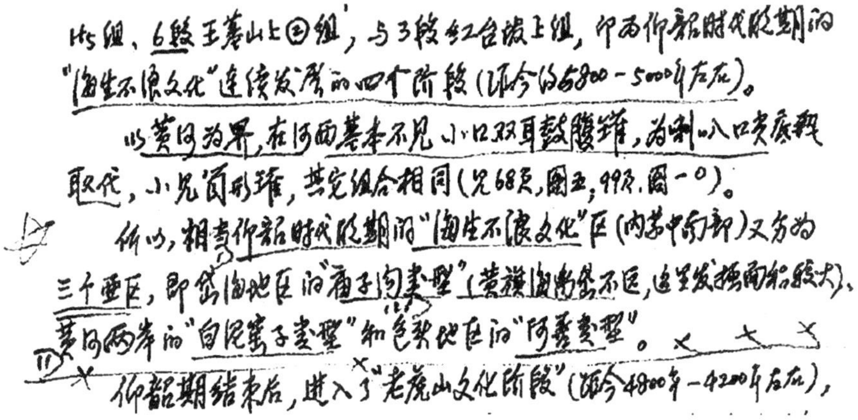
H5组、6段王墓山上②组，与3段红台坡上组，即为仰韶时代晚期的
“海生不浪文化”连续发展的四个阶段（距今约5800-5000年左右）。
以黄河为界，在河西基本不见小口双耳鼓腹罐，为喇叭口尖底瓶
取代，小见筒形罐，其它组合相同（见68页，图五；99页，图一〇）。
所以，相当仰韶时代晚期的“海生不浪文化”区（内蒙中南部）又分为
三个亚区，即岱海地区的“庙子沟类型”（黄旗海离岱不远，这里发掘面积较大）、
黄河两岸的“白泥窑子类型”和包头地区的“阿善类型”。
仰韶期结束后，进入了“老虎山文化阶段”（距今4800年-4200年左右），

以黄河为界，在河西基本不见小口双耳鼓腹罐，为喇叭口尖底瓶取代，少见筒形罐，其他组合相同（见68页，图五；99页，图一〇）。

所以，相当仰韶时代晚期的“海生不浪文化”区（内蒙中南部）又分为三个亚区，即岱海地区的“庙子沟类型”（黄旗海离岱不远，这里发掘面积较大）、黄河两岸的“白泥窑子类型”和包头地区的“阿善类型”。

仰韶期结束后，进入了“老虎山文化阶段”（距今4800—4200年左右），即一般称之为龙山早期阶段（庙二期）。以“石城”为代表的阶段，陶器组合：斝和斝式鬲、甗、直壁缸、敛口瓮、素面夹砂双耳罐、绳纹夹砂罐、兰纹夹砂罐、高领兰纹罐、大口尊形器、敛口折腹钵、浅腹盆和豆等（见142页，图一、二）。典型遗

址老虎山和园子沟。依据居住关系和陶器演变序列，我划分了连续发展的四段。

老虎山文化与海生不浪文化一样，在内蒙古中南部文化区，亦可分几个亚区：岱海地区的老虎山类型，以夹砂斝或斝式鬲、甗和夹砂素面双耳罐为主，尤其素面夹砂罐黄河以西基本少见或不见；黄河以西（套内）则以高领兰纹罐为主，这种罐的原始形态是晚尖底瓶变成。准旗出土的一件其底部尚保留尖底，相当老虎山第一段，这就是您推测的尖底瓶与尖底腹斝的共生阶段。目前黄河以西相当老虎山文化的大面积发掘资料尚不多，此类型暂未命名；包头地区相当这个时期的遗存，称阿善三期晚段，该段与阿善二期（海生不浪文化阿善类型）是一脉相承发展起来的，即阿善类型直延续到老虎山文化时期，其特征是盒、钵等平底器为多，不见斝或斝式鬲；在河套西南角，见到一种类似“常山下层”的遗存，尚可划一个类型，目前只是调查材料。

这样，岱海地区的文化序列尚存在一定的空缺。2 段的王墓山类型与 3 段海生不浪文化早段红台坡上组，显然是两种文化，从文化因袭关系看，表现了空缺现象。再就是仰韶晚期的王墓山上②组与老虎山文化一段，除绳纹夹砂罐和房址造型能看出发展关系外，也有一定的空缺（但时间亦不长）。老虎山文化之后的龙山晚期文化，在岱海地区亦不见，出现的是相当夏的较少遗存。

岱海地区的这三个空缺阶段，从整个普查材料看，也表现空缺现象。因岱海地区地势较高（海拔 1200 米左右），气温相对较低，这种空缺现象，可能与气候有直接关系，目前我和北师大地理系合作“岱海地区局地环境考古”工作正在进行。

但在黄河两岸，这三个阶段空缺有可能补上。从龙山中期以矮领大袋足扳手鬲（斝式鬲的发展型），到龙山晚期，即“朱开沟文化”第一段，在鄂尔多斯比较发达，接着是朱开沟文化的二、三、四、五段，经夏的早、中、晚至二里岗上层期。此后，因气候冷干到商代晚期被牧业文化取代——鄂尔多斯青铜器开始发展起来。

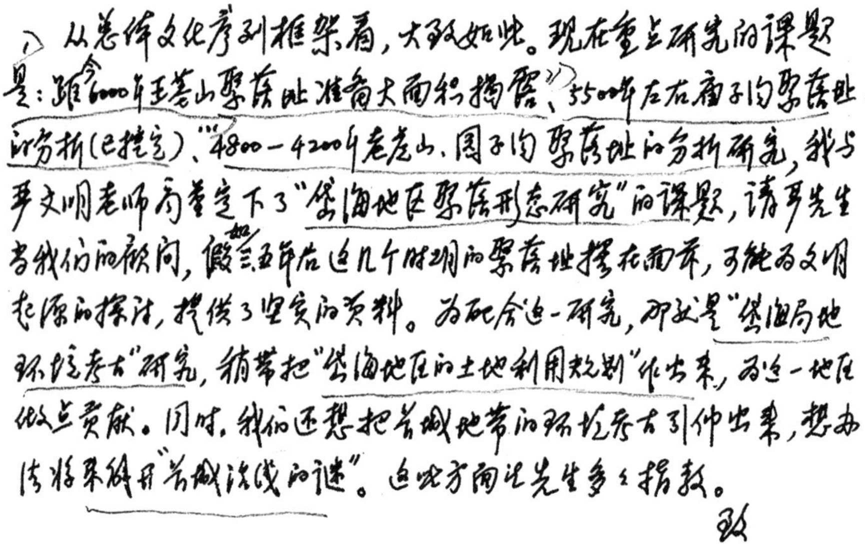
1）从总体文化序列框架看，大致如此。现在重点研究的课题是：距今6000年王墓山聚落址准备大面积揭露、5500年左右庙子沟聚落址的分析（已挖完）、4800—4200年老虎山、园子沟聚落址的分析研究，我与严文明老师商量定下了“岱海地区聚落形态研究”的课题，请严先生当我们的顾问，假如三五年后这几个时期的聚落址摆在面前，可能为文明起源的探讨，提供了坚实的资料。为配合这一研究，那就是“岱海局地环境考古”研究，捎带把“岱海地区的土地利用规划”作出来，为这一地区做点贡献。同时，我们还想把长城地带的环境考古引申出来，想办法将来解开“长城沿线的谜”。这些方面望先生多多指教。致

从总体文化序列框架看，大致如此。现在重点研究的课题是：距今6000年王墓山聚落址准备大面积揭露、5500年左右庙子沟聚落址的分析（已挖完）、4800—4200年老虎山、园子沟聚落址的分析研究，我与严文明老师商量定下了“岱海地区聚落形态研究”的课题，请严先生当我们的顾问，假如三五年后这几个时期的聚落址摆在面前，可能为文明起源的探讨，提供了坚实的资料。为配合这一研究，那就是“岱海局地环境考古”研究，捎带把“岱海地区的土地利用规划”作出来，为这一地区做点贡献。同时，我们还想把长城地带的环境考古引申出来，想办法将来解开“长城沿线的谜”。这些方面望先生多多指教。致

敬礼

祝长命百岁，一切顺心。

学生　广金　敬书

1992. 4. 25

附：参加国际会议名单[①]

① 家藏书信中未见该名单。

林荣贵

林荣贵（1944—　），工作于中国社会科学院边疆史地研究中心。

林荣贵—苏秉琦（1974.7.22）[①]

苏先生：您好！

六月刘广明老师来沈，带来了您老人家对我们关外同学的关怀，加之刘老师此来，看了我们的出土文物，研究探索了有关重要的问题，就中给我们以学习的机会。这都是鼓舞和力量，甚为难得。

针对沈阳出土的一批细石器，我想借写信之机会，提提一些想法，借以汇报年来的学习情况。

一、关于新乐细石遗址的年代问题。

遗址位于北陵公园西北六七百米，发掘过程中初步明确了上、下两层文化的叠压关系：

下层为熟黄土，出大量的细石器和弧线纹褐陶，其下为原生黄土；上层是黑土，出较多，出较多的三足鼎鬲为代表的素面无纹红褐陶。上层接近地表，地表中散见汉魏灰陶片。

---

① 苏秉琦先生在书信首页页眉写：“北大考古专业67年毕业，家在北京，学校任学习班长，业务能力较强，肯钻研。”

下层文化的特点是：

1）细石器的制作水平达到新的高度，不少有挺尖锋小箭镞的边刃有肉眼不易觉察的小锯状齿；陶器上的弧线纹滚印上的，阴弦纹刻划整齐，外口沿均饰以1至3道排列有序的草花，有的每一厘米宽处就有6—7行弧线纹或近10道阴弦纹。

2）一定数量的石磨盘和多种多样的石磨棒。

3）细石器以箭镞和长条石片为主，其次是尖状器和刮削器。

4）出土一批形制特殊的煤晶器（如图）。

5）发现一处简陋的半地穴式居址（约4×5米），中有一群炉灶和两个鸭蛋型半竖式“火膛”。

6）未见骨器和铜器（该地为偏性土壤，可能骨器不易保存）。

据此，新乐细石器遗址的人们可能已开始过定居生活，并已进入兼营畜牧渔猎和农业经济时代。又据地层的叠压关系推测，其年代可能相当于中原的龙山晚期至商周。

那么，上层文化可能始于春秋战国，其下限可推到西汉。因为这一带地区的汉文化，都是东汉至魏晋者多，新乐地面散见的尤是这样。

遗憾的是，发掘面积小些，仅225m^2，遗址周围多遭破坏，厂房、宿舍和大面积的断崖，使我们继续工作碰到困难。初拟入秋再掘一次，希望能有更好的收获。

二、关于我国弧线纹陶及其年代问题。

从现有的考古材料看，很清楚，弧线纹陶曾经是细石器的孪生姐妹。但是，它可能只是某个时期某一个或几个民族的文化遗存，因为就我们所能见到的细石器材料中，大约有三种不同年代的遗存。

第一类：相当于旧石器晚期到新石器早期，例如灵井、峙峪、沙苑、小南海、顾乡屯等，在这些遗址或遗存中，细石器占着主要或相当比重的地位，没发现陶器是它们的一个重要方面。

第二类：相当仰韶—龙山时期，像朱家寨、雁儿湾、两城镇、大城山、同乐寨等。在这些遗存或遗址中细石器的比重明显退居次要地位。

第三类：相当商周时期的，如红山、村西、富河、昂昂溪、嫩江、新乐等。在这些遗址中，细石器的比重突然跌落首位，并且明确了与细石器共存的弧线纹陶。

以上列三类观之，可以明显地看出：第一类细石器地点的产地，以中原为主，北方和边远地区次之；第二类细石器地点，北方和边远地区遗存逐渐增多，而中原地区却显著减少；第三类细石地点，北方和边远地区占绝对优越，而中原地区却基本绝迹。

诚然，三类地点只能提供分期的线索，但根据这些线索，可以看到，黄河流域早期存在着发达的细石器文化，大约到了仰韶—龙山时代，由于农业、手工业的发展，伴随着地理环境的改变和对人们生产、生活的不适应性，中原地区细石器已进入了被淘汰阶段；相反地，由于对草原、沙漠游牧生活和生产的适应性，黄河流域生长起来的细石器，到这时却在北方草原沙漠地带广泛地被继承和发展起来。到了春秋战国，北方的细石器走向灭亡，其原因依然循蹈着黄河流域细石器兴亡的发展规律。中原地区先进的农业和手工业技术的传入，汉族的北迁，当地人民的辛勤劳动，改变着北方的生产技术和环境，因而全面地淘汰了北方的细石器文化。又由于新乐迭压层的发现，与红山等文化地点相比勘，由此推得，弧线纹陶生长的年代，上限可能晚于仰韶，下限则应到了商周。

当然，这种推测还缺乏更多的地层依据，这里不过作为一个问题提出来就是了。

以上涉及者，均系想到说到，唯欠细思，一定弊病迭出，自己的老师，望多批评就是了。其他问题，有机会到京再请教。

日今盛夏，天气炎热，老人家宜注意休息，身体为重，这也是关外同学们的一点寄望。

最后，向高广仁老师代（带）好！

致以

革命敬礼！

学生　林荣贵　敬上

一九七四年七月二十二日

附：草图一张

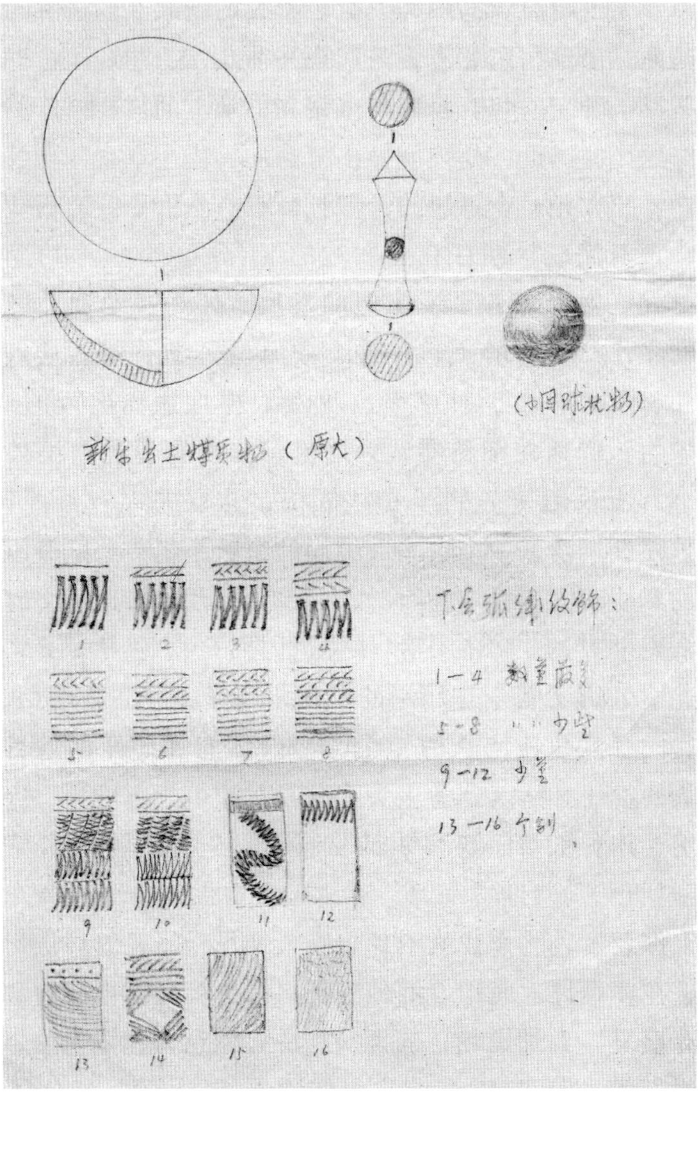

李家和*

李家和（1931—　），工作于江西省文物考古研究院。

李家和—苏秉琦（1974.8.8）

苏老师：

在吴城遗址坝址上钻探三天，据刘林同志来信说：“目前在坝基的西南角处的斜坡上发现一片文化层位，文化层厚1.5—2.5米深，可发掘面积至今为止有300平方米左右，文化层还在向西南发展，所以目前还继续向西南方向追踪钻探。目前在文化层内经钻探能知道的发现有路土层、红烧土层和灰坑等迹象。从目前看，比去年年底我们在村后发掘的文化层还要丰富，面积也要大三四倍。这是可喜的发现。看来此处遗址越来越重要了，今后钻探还会有更大的文化堆积发现。”

而当前问题是，江西省革委根据文物局多次指示，于四月发出通知，要求坝址移开遗址以利保护遗址；但由于移动坝址，需多投

---

* 李家和先生校稿回信指出，他在《李家和集》序中写道：“我特别感谢恩师苏秉琦指导：吴城遗址调查和采集之物标本系‘商周之物’。我在毕业后一直遵循着恩师的教诲，筚路蓝缕，以资证之。”

资二三百万元，受益又小，省里无此项经费，当地仍坚持要在遗址上建坝，而且八月二十日要上民工两万。在此情况下，抢救工作将来不及，遗址也恐难保护。省文办和我们虽多次前往交涉，均无效果。今日，我们除将上述内容电告国家文物局外，并写信给您，把较详细的情况向您汇报。

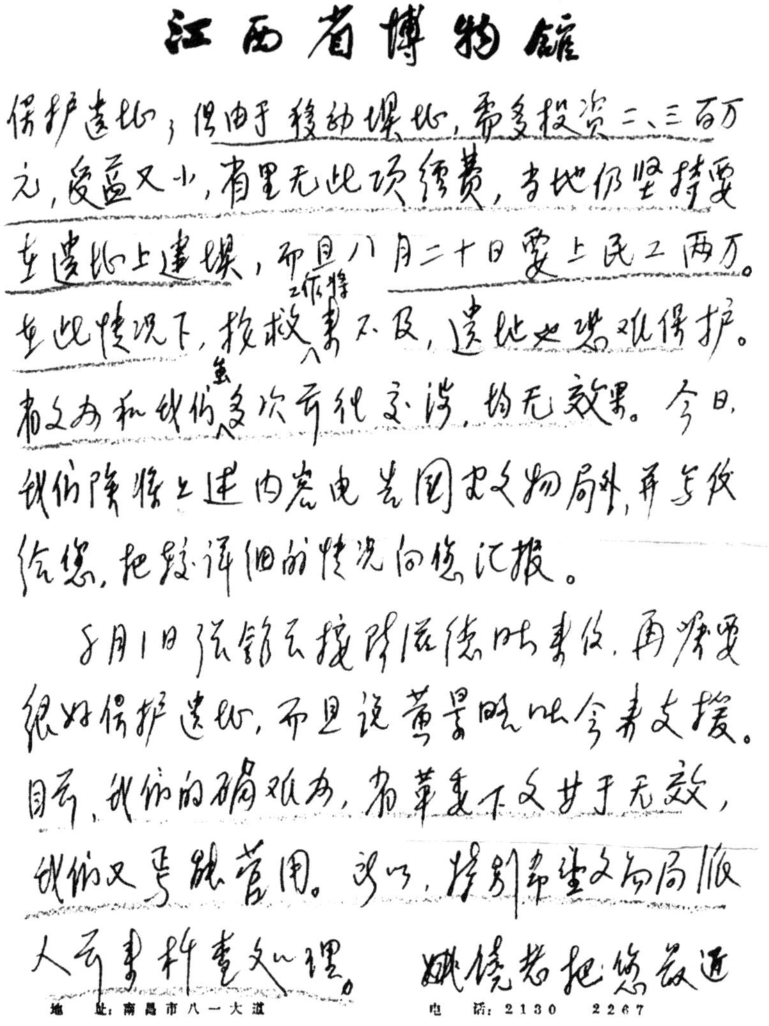
江西省博物館

保护遗址，但由于移动坝址，需多投资二、三百万元，受益又小，省里无此项经费，当地仍坚持要在遗址上建坝，而且八月二十日要上民工两万。在此情况下，抢救工作将来不及，遗址也恐难保护。省文办和我们虽多次前往交涉，均无效果。今日，我们除将上述内容电告国家文物局外，并写信给您，把较详细的情况向您汇报。

8月1日张馆长接陈滋德同志来信，再嘱要很好保护遗址，而且说黄景略同志会来支援。目前，我们的确难办，省革委下文等于无效，我们又焉能管用。所以，特别希望文物局派人前来料理处理。

地址：南昌市八一大道　电话：2130　2267

8 月 1 日张馆长接陈滋德同志来信，再嘱要很好保护遗址，而且说黄景略同志会来支援。目前，我们的确难办，省革委下文等于无效，我们又焉能管用。所以，特别希望文物局派人来检查处理。饶老把您最近的信，抄来几段，我们看了很受鼓舞。吴城遗址，如能得到妥善保护，看来，必须国家文物局下决心才行（只有不建或缓建水库才行，因坝址要移开遗址确有困难）

最近江西很热。我们很希望您能在 10 月份来江西走走（这时天气好），亲临指导。

上半年由于运动，没有出去，现在，大部分力量投入吴城抢救。七月底，从洛阳请来三名探工帮助。

致

敬礼！

学生　李家和　匆此

74.8.8

李家和—苏秉琦（1983.6.10）

苏公：

刘林同志回省告知，您老身体比去年杭州年会时更好，甚为欣慰！祝愿您老健康长寿，并亲来江西指导！

杭州年会以来，全省文物普查工作展开后，学生主要跑了宜春、九江、上饶地区，总想趁此机会多知道一些线索，因而待在南昌的时候很少（去年近 300 天在外）。近两年，省里的主要线索有：

①德安县的石灰山商代遗址，去年试掘了一次，出土大量鬲类器，这点与吴城一致，但其它器型种类又较吴城简单，豆类主要是矮圈足豆（有的大盘、矮粗圈足，类似龙山器），印纹陶甚少，与吴城一致，也有少量石范和铜工具。初步观察，不会比吴城晚。刘林同志提出，可能有的稍早于吴城。果若是，就更好了。因此，今年秋冬准备再挖一次（文化部已批准），看看能否在层位上得到解决。

②今年在新余县泗溪、南港公社，发现两处吴城类型商代遗

址，其中泗溪的席家山遗址，烧窑取土破坏太甚，拟抢救挖掘，取得一些资料（6月中、下旬完成此事）。万年县中合公社，烧窑取土破坏了一处万年类型商代墓地（大量被打碎器陶片，估计是墓葬），拟八、九月份抢挖，文化部已批下。

③万载县仙源、赤兴公社，发现商代、西周墓地，各清理了一座，因在山上，拟往后打报告清理。已清理的商代墓，为长方形土坑竖穴，出敞口尊（1件）（吴城、郑州均见）、鬶（1件）、石斧（2件）；西周墓出仿铜陶鼎1件、罐3件。宜春地区的萍乡市和宜春县、万载县以及上高县，均多见西周仿铜陶鼎，和甗形器，很少见到鬲类器。

④今年靖安新石器墓地的发现（请见汇报资料）。这两年普查的古文化遗址情况是：早期的少（商代遗址少，新石器时代的更少），西周—春秋前期的大量，春秋战国的亦不多。全省新发现的古文化遗址，估计超过七百处（宜春地区占了四百处。其中万载县达到115处，清江县新发现87处、复查了36处）。

以上简单汇报，有不妥处，恳请您老指点。今年郑州年会，我们准备不盈，只是将这两年的线索，与过去的材料，串连起来，草成《江西青铜文化提要》送去，很不成熟。还望您老阅后指正，以便今后修改。

明年上半年，拟修复墓地材料，并想出简报，德安遗址两次材料，也拟整理出来。

以后有新的线索，当即向您老汇报。祝您老

康健长寿

学生　李家和　上

83.6.10于宜春县

随信附上靖安墓地汇报材料于后。

靖安新石器时代墓地

抢救发掘情况汇报①

1983 年 6 月 4 日

江西靖安县文物普查队的同志们，1983 年春季，在水口公社境内、北坑林场以东不远的郑家坳地方，发现了古文化遗址一处。从地表采集的陶器残片和石质生产工具等遗物看，初步定为西周—春秋时期的文化遗存；同时，在该遗址上还采集到少量属于早期的文化遗物，如有棱豆座、豆的折腹盘等。但因为该处遗址经历年烧制砖瓦取土，南半部已遭到严重破坏。今年 5 月，县政府得知此事，十分重视，立即发文公社和林场，6 月并责令三个土窑停止挖土烧制砖瓦，以利保护；除县里采取此一措施外，在文物普查验收期间，同靖安县文物普查队联合组成考古小组，立即对遗址南区进行抢救性发掘。发掘工作自 5 月 20 日开始，得到北坑林场、水口公社党委和同志们的大力支持，进展顺利。到 6 月 4 日，已在 70 平方米的范围内（连同扩方）的两个探坑中，发掘出属于原始社会末期的墓葬十座（连同四个残墓），出土和采集陶器、石器、玉器 75 件（墓中出土计 69 件）。此次抢救性发掘，用劳力不足一百个，用款不到五百元。

这些墓葬均出现在西周—春秋时期文化层之下的第二层中。墓基本南北正方向，长方形土坑竖穴结构，葬具和人骨架全部腐朽无存，随葬器物大部分置于墓坑两端，只少量石器和陶器置放中间部位，多的一墓有十几件，少的一墓也有 4、5 件。墓中随葬遗物，生产工具和兵器主要是大型和小型石钺、石锛、陶纺轮；生活用具均为陶质器皿，主要组合是鼎、豆、壶、罐。具体器型有罐形鼎、鱼鳍形足盆形鼎、侧扁足盆形鼎、带把（有长把和麻花形纽把之分）壶形鼎、扁管状足鼎、细把豆、矮喇叭形圈足豆、竹节形把豆、喇叭形足豆、盖豆（豆盘带子口）、有棱喇叭形足豆、大浅盘小有棱足豆、小圈足壶、高圈足壶、长颈折腹平底罐、小平底盘、

① 家藏书信与汇报材料分置，根据书信提示合并整理。

直口圜底罐、筒腹圈足缸、敛口圜底罐、圈足尊、带把杯、钵、小杯、觚等；陶质多为泥质黑皮磨光陶、泥质灰陶、夹砂红陶，火候甚低，一触即碎。

诸多陶器器型，其中如带把杯、小壶、有棱足豆、罐形鼎等，在我省靖江县樊城堆、筑卫城遗址中、下层文化中，以及修水县山背地区跑马岭遗址中，曾有过发现；但大多没器型，以往均未见过完整或可复原的。根据出土的陶器形制，和地层迭压关系，我们初步认为，这些墓葬的年代要早于上层文化的周代层合清江吴城商代遗址，属于江西地区新石器时代晚期或末期的原始文化遗存，大约距今 4000 年左右；这处墓地的下层文化内含，从目前对已出土器物的现场初步观察对比看，较多的因素与长江下游地区古文化遗存出土遗物相近，共同点较多一些，而与江汉地区或我省的修水跑马岭遗址文化，共同点较少一点。

这处墓地的发现，就我省来说，还是第一次，它填补了赣江下游地区的空白，对应探索和研究我省新石器时代文化的分布与文化性质，无疑是增添了一批珍贵的实物资料。同时，对于了解我省古代文化，与周围省区古代文化之间的关系及其相互影响与交往，也是甚为重要的。现在，郑家坳遗址南区墓地已抢救发掘完毕；而北区，面积较大，经初步钻探，还有千把平方米面积堆积较好，有的厚 1.8 米；南区尚剩下小块菜地有堆积，需要下文，采取有效措施，严加保护，以便日后再做些发掘工作。

省、县联合抢救发掘考古小组

（李家和执笔）

（此系汇报材料，特别是对器物方面，只是现场观察印象，不定准确。）

李家和—苏秉琦（1984.4.11）

苏公：

听李科友同志四川开会回来相告，您老身体很是康健，我们甚为高兴，并祝愿您老健康长寿，带我们多为考古事业添点砖瓦！

这几年文物普查，全省新发现古文化遗址近千处，绝大部分保存不好，只能采集到一些遗物；时代上，处于两头小中间大，即春秋战国时期的少，新石器时代和商代的少，西周中晚—春秋早期的多，其中尤以新石器时代的更少。到目前为止，在赣西北地区还未发现与修水跑马岭类型相同的遗址，而筑卫城—樊城堆类型的倒有新的发现，如靖安墓地、永丰伊家坪、广丰蛇山头等遗址。万年类型商文化遗址，还是以上饶地区为多，但分布面较广，九江、宜春、南昌地区亦较多发现；而吴城类型商文化，目前只德安县一处、新余市两处，而清江本县只有一、二处与晚期的共存。今年仍想发掘德安和广丰两处遗址，以便进一步摸摸情况。

最近本想再到外面调查钻探；但文化厅新领导上台，与宣传部一起，派了调查组进驻博物馆，厅长规定，今后凡出差者要经过他批准。这样，我们也只好在家里了，不少资料都在下面，也就无法整理了。看来博物馆要走上正轨，还需要一段时间；但时间不等人，机不可失，失不再来，往后想调查、想到下面去，但年纪大了，跑不动了。这一点，这些新头头是不会考虑到的，是不会理解我们这些“想抓紧有生之年”多做点对后代有益之事的人的心理的！

今年有时间，想到外面走走，看看学学；到时，当来北京看望您老人家的！

祝愿您老

健康长寿

学生　李家和　上

84. 4. 11

（我们的小刊物，厅里下令：暂停！）

李家和—苏秉琦（1986.12.21）

苏公：

您老好！

吴城考古工作站在国庆前夕建成，同时与厦大师生一起，对吴城遗址作了第六次发掘，在遗迹方面有三个新的发现：出土商代龙窑三条及大型馒头窑五座，其中六号龙窑保存基本完好，东西残长7.5、宽0.92—1.02米，北壁贴底开投柴孔八眼，尾部烟孔一眼（亦在北壁东端），窑底微向西倾斜，高低相差十多厘米。窑内堆积板结，出二期陶片、原始瓷片、釉陶片等五十块及残石器一件。现已采取措施保护。再一是揭露出一条长达39米的路面，卵石与陶片混合筑成，上铺一层类似三合土的硬土，一米左右宽的路面两边，设对称有序的柱子洞，推测当年路面之上盖有遮阴建筑，类似今日的回廊。路自下而上呈斜坡状向西北伸展。目前尚未大面积揭露全貌。第三，清理一座吴城类型商文化与本地万年类型“前越”文化两种器物、两种葬俗融为一体的土坑竖穴墓。以上特向老师报告。

鹰潭角山窑址简报等四篇，初稿已就，明年一、二月定稿，当寄往《文物》；今年未能将实物送来，请您老原谅。

还有一件事想请您老费心，即近来搞职称评定，需教授级评论和推荐。对学生浅薄学识和田野发掘等方面，还请老师直言评论、指点，并请尽快寄来。

祝

康健长寿！

学生　李家和　敬上

1986. 12. 21

李家和—苏秉琦（1987.1.28）

苏公：

祝您们阖家新春好，祝您老人家长寿！

1月22日由吴城站返回南昌。中旬在吴城期间，与刘诗中同志（1976年北大毕业）等又清理龙窑一条，编号87·Y12。材料附后。回来谈到您老来信，很是高兴；您老对吴城站的评价，大家很受鼓舞，并决心把江西考古促上去。

七十年代中期以来，与二三同志（其中有一名探工）一起，主要从事田野调查与试掘，对有些问题，作了一些考虑。1978年庐山印纹陶会议之前几年，在您的指导下，对江西和南方印纹陶摸索着作了分期、断代，1977年写出江西纹样综述，以后集体写出分期、断代及几个问题等两篇，为会议作了准备。直至1986年，主要从事江西新晚两个类型文化的分辨，并提出《樊城堆文化》为江西赣江—鄱阳湖水系新晚主体文化，归入您的东南片文化区系之中，东南与西北两大文化区系新晚在南方的联络点，应是江西赣江—鄱阳湖流域；基本找到吴城商文化南来的途径，及其目前的南限——在新余，它的族属可能是南方的亚雀（1980年提出）。这支商文化与江西土著万年类型文化平行发展的关系，及交流、融合诸问题，到西周中晚期融于越文化之中的线索。近年来，通过鹰潭商代窑址的发现，初步打通江西与福建（特别是闽江水系）青铜文化之关系。总之，这十多年来，与同志们一起，主要对江西新晚和青铜文化，作了些分辨与类型的确立等工作，从先秦考古的角度来说，初步勾出了一点轮廓，一些资料正在整理与陆续发表之中。

吴城站已在去年秋冬初步建成，准备工作五年，拿出有分量、有质量的正式发掘报告。还请您老多多指导！

以上是学生的简单汇报，不妥当的地方，请您老指教！今年上

半年，已与刘诗中和鹰潭市博物馆同志商量好，带些角山窑址标本上京送您老审视。吴城第六次发掘主要收获附后，请审阅。祝愿您老

健康长寿！

学生　李家和　敬上

87.1.28

附：

吴城遗址第六次发掘主要收获汇报

1987.1.27

1986 年 10 月至 1987 年 1 月，江西省文物队与厦门大学人类学系考古专业 84 级师生、清江县博物馆联合，对吴城遗址进行了第六次发掘，揭露面积计 650 平方米，出土一、二期文化可复原器物及小件器物 230 余件，水井 2 口、瓮棺葬和土坑竖穴墓各 1 座、路面与回廊式建筑 1 条、大型升焰窑 6 座、龙窑 4 条，以及包括“臣”字在内的刻画文字和符号 20 多个。

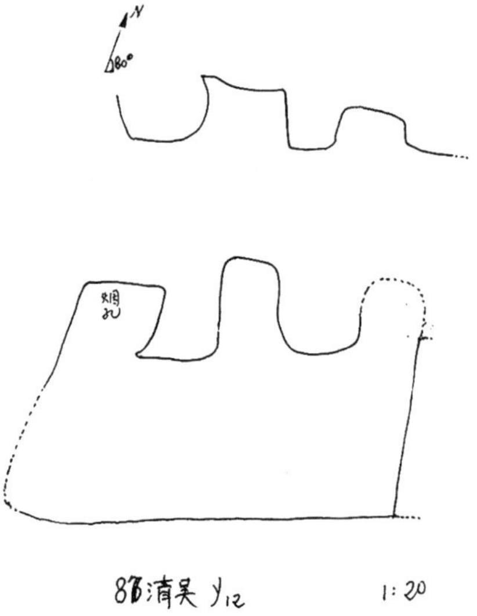

一、在吴城水库南岸淹没区一带，找到大型窑区一处，清理出大型升焰窑 6 座、龙窑 4 条，其中三条龙窑保存较好，一条只剩下部分长方形窑底。三条龙窑均系在生土中挖穴，以生土壁、底作窑壁、窑底筑成，烟孔和投柴孔均北向一字排开，窑壁和窑底均呈砖红色约 10 厘米上下厚度的硬面，只尾部间或有青灰色硬面。86·Y6，头西尾东，残长 7.5、宽 0.92—1.02 米，北壁一面设投柴孔 8 眼、尾部北向有烟孔 1 眼，投柴孔和烟孔底部均与窑底平，西口稍残，从形制和出土有砖坯看，似有火门设置，窑底平整，略有

倾斜，东西倾斜10°7′，东西水平高差0.12米，窑内堆积板结，含吴城二期文化原始瓷、印纹硬陶、釉陶和泥质与夹砂质陶器残片50块及残石器1件；86·Y8，亦头西尾东，南壁完整，西壁稍残，东西长5、南北宽1.31米，平面呈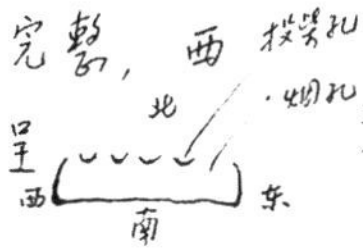

形，北壁一面设投柴孔4眼，东面尾部有烟孔1眼，西面无火门，孔底与窑底相平，窑底东西水平高差0.10米；87·Y12，头东尾西，结构与Y8相同，此面只剩投柴孔1眼半，烟孔1眼，唯孔底高出窑底5—10厘米，投柴孔口略偏东，窑底残长2、南北宽0.9米，窑内堆积亦含二期文化陶片。从龙窑形制演变看，Y8、12，似较多地具有原始性，可以看出是由圆角近三角形或圆角近方形大型升焰窑演变而来的轨迹。六座大型升焰窑，均为内空达2—2.5米左右的圆角近三角形或圆角近方形窑。

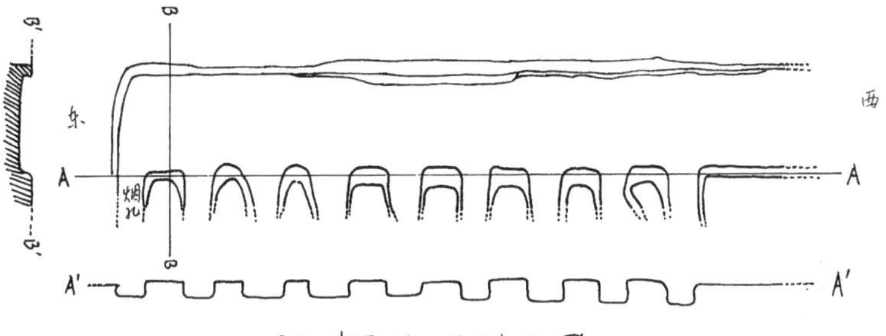

86清吴Y6平剖面图
1:50

二、在吴城遗址中心地带西北一侧，清理出一条现已长达39米的路面。该路系以鹅卵石、陶片为垫层，其上复一层类似“三合土”（主要是灰烬与细土混合）硬面而筑成的道路，它自东向西由下而上呈斜坡状伸展，到西面尽头处再拐向北，

。路面宽1.2米上下，两侧设有对称的柱子洞（一段比较清晰可见），可能当年在这条路上有遮荫建筑物存

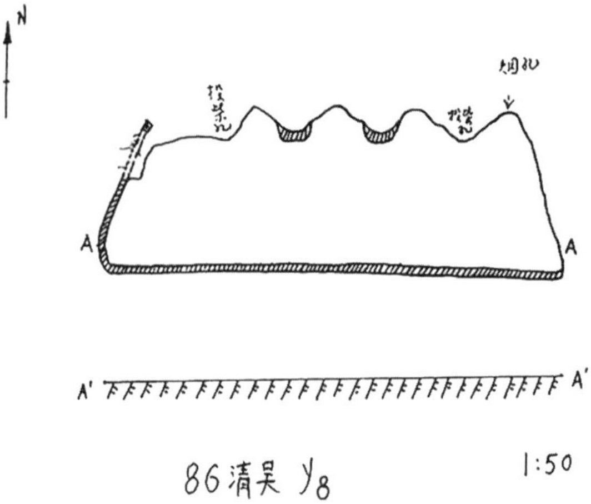

在，复原起来，当是今日之回廊。路两头有多长、是否与大型建筑物或其它设施相连，待今年秋冬大面积揭露方可知晓。1975 年第 21 探方，即在此路中段，曾出土二期特大陶纺轮一只，径 7 厘米，周边饰圈点纹，其上刻划族徽一只，呈  形，似为“亚雀”。

三、在茶树林探方中，出土一座长方形土坑竖穴墓，该墓系二次葬式，随葬陶器碎片集中置于坑的中部，可辨器形有 21 种。其中属于吴城类型商文化二期器物有大口尊、直口尊、大敞口尊、袋足鬲、直耳锥足仿铜圆鼎、假腹豆等 16 件；属于本地万年类型文化器物有甗形器、凸方点纹罐等 5 件。两支商文化器物在一座墓中出现，在我省尚属第一次。

四、出土文字和符号 21 个，其中重要的是有两个臣字 。一是戳印在陶罐腹部的阳文，一是刻划在鬲的颈腹部的阴文。文体与甲骨、金文相同。

李家和—苏秉琦（1987.2.28）①

苏公：

春节前寄上吴城主要收获及图，想已收到，是年轻同志绘的图，只能供老师参考，请谅。

① 李家和先生在书信页眉写：“我们职称，马上就开始评。”

景略学兄于二月中旬来到江西，去吴城看了站址、龙窑，去吉安看了吉州窑，到鹰潭看了崖洞墓和角山窑址出土部分遗物。看来他是很高兴的，并说三月杭州会议过后，请您老到江西走一走。学生和诗中等都很高兴，您老能在三月来江西，当做好准备，尽可能多看些标本；万一不能来，和诗中及鹰潭同志，当于三月底或四月初，带上鹰潭标本，直接去北京，请您老人家看看。可否来北京，请您老来信定（请直接寄：江西省博物馆学生收即可）。祝愿您老

康健长寿

学生　李家和

87. 2. 28

李家和—苏秉琦（1987.7.6）[①]

苏公：

您老好！

六月廿六日自余干调查回来，接到您老的信，十分高兴，更是感激您老对江西考古工作的关怀和激励与鞭策。这些年来，学生和坚持田野考古的江西同志，也正是按照您老指的路子在走、在思考，但是，由于人所共知的江西考古现状——人为干扰，和学生的主观努力与学识程度，没有能够取得理想的结果！今后我们将更加奋进，以期步子走得更快些，取得大一点的成绩！

七月三日，与鹰潭市博物馆杨巨源同志（角山窑址的发现者，这次同来京）一起到吴城站，参加三个月的考古技工培训班结业（吸收当地高中程度学员 11 名参加），同小刘队（刘诗中，1976 年毕业于北大考古专业，这次亦往北京）商量一下，初定今年十一

① 苏秉琦先生在信后写道：“18/Ⅶ复。”

月（新余拾年山新晚墓葬发掘后，江西考古学会年会后）上北京，向您老汇报。原因主要有两个，一是职称评定一拖再拖，至少要到八月底才能完成；二是能多带点资料，除角山标本外，还拟把今春在余江调查发现的介于角山与樊城堆文化之间的资料与实物标本，新近修复好的，八三年发掘的靖安新晚墓葬资料（带线图）一并带上。靖安新晚十座墓葬资料特好，东方气息特浓，对进一步认识樊城堆文化内涵实在是太好了。比如 1976 年在九江县大王岭磨盘墩遗址出土和采集的一批有孔石钺、石铲、三孔大石刀等，现在看来，都是属于靖安墓葬阶段的遗物——樊城堆文化的内涵。如此，赣江鄱阳湖地区对于连接古代岭南、沟通珠江三角洲的作用就愈益明朗了！

十一月上旬这一时间，对于您老是否方便，合适，请告知。

敬祝您老

安康

学生　李家和

刘诗中

杨巨源　敬上

1987. 7. 6 于吴城

李家和—苏秉琦（1987.7.20）①

苏公：

函示已妥收，我们都很高兴，一定按您的要求准备！

职改高级评委刚组成，文博口 15 名，学生是其中之一。看来是像要正式进行的架势。最近听说，报高级职称者，仍需几名有声

① 苏秉琦先生在信后写道：“24/Ⅶ复。”

望的老教授、专家推荐；为此，还请老师来函江西省文化厅职称改革办公室推荐一下。

省馆、省队报正研的有三名（陈柏泉、彭适凡和学生）。学生始终是这样想的，从全国考古界看，我等这批人，得个副研是合适的，也算心安理得。

老师写个推荐，请一定按学生现状，是什么就是什么。廿多年来，同老师一样，一直是在逆境中走自己的路的，算是有了一些进步，但是在关键时候，学生总是记着老师的指点，力图按照老师思考的主要课题，去做点补缀工作。在印纹陶的分期断代、对江西先秦考古学体系的考虑与探索，对吴城商文化的看法，等等，无一不是在老师具体指导下进行的。这些，学生是永记心中的！

老师的这份推荐，希望能尽快寄到省文化厅或江西省博物馆职改办。谢谢！

夏安

学生　李家和　敬上

1987.7.20

李家和—苏秉琦（1987.8.22）

苏公：

刚考上安先生的研究生小谢（中大考古专业今年毕业生，江西峡江县人）来京报到就学，托他带上：

1.《再论樊城堆—石峡文化》稿（为马坝人化石发现三十周年学术讨论会作），请您老审阅，并请寄回，以便修改。

2. 江西靖安县郑家坳墓地出土器物线图壹份，计6张，以及前稿附图壹份，计8张。墓地资料尚未整理，为准备今年去北京向您老汇报，特先绘好线图。这两份线图留您老参考，请不要寄回。

3. 江西考古学会论文集壹本，请斧正！

4. 婺源绿茶壹斤、茶油贰斤，不成敬意，请笑纳，权当学生的一点心意。敬祝

安康

学生　李家和　敬上

1987.8.22

李家和—苏秉琦（1987.9.9）

苏公：

八月下旬，托安志敏老师的研究生小谢，带上靖安墓地器物线图等资料，以及茶叶、茶油等，不知小谢已否送到，甚念！

厅座知道了印纹陶问题，打算这次搞清楚，带了口信，嘱学生把情况写出来。近日又写了一份，特寄上请审阅。

近日文物处改了口，这样，下半年还得把新余市拾年山、靖安郑家坳墓葬清理完。这样，既可完成抢救发掘任务，又可配合厦大考古实习（黄头答应的，开拨了发掘费，无论如何也得让厦大实习）。

江西十月下旬开考古年会，已议定，请您老来指导。学生想，等经费下达后，科友同志会发出邀请信的；我等学生，也实在想您老到江西走走！

敬颂

安康

学生　李家和　上

1987.9.9

李家和—苏秉琦（1988.3.29）[①]

苏公：

很久未给您写信问安，请谅。

去年应您老之约，未能成行；今年拟四月下旬或五月来，不知您老在京否？请来信，以便安排。此时来京，正赶上90周年校庆和考古系大聚会，机会难得。

去年职称评定，学生最后退了下来，因为从全国水平考虑，以及不愿再卷入无谓之纷争中，结果全票通过副研评定（待批）。再努力几年，也许会再上一个台阶。

请即来信，约定时间。

问安

学生 李家和 上

1988.3.29

李家和—苏秉琦（1988.4.17）[②]

苏公：

学生实在不好意思向您老说了，北京之行真难。因为经费未下达，和向吉铁路普查，加之人为的原因……故这次又不能如期来向您老汇报。请原谅！

向吉线普查，5月上旬开始，大概6月初结束；□说普查结束后成行。是否能实现，学生现在也不敢说了。

---

① 苏秉琦先生在信后写道："3/4 复。"

② 苏秉琦先生在信后写道："附《瞭望》复印件一份，28/Ⅳ复。"

德安商代遗址材料，现着手整理，已给了部分复原器物和小件线图；今年如无其它突击任务，当可整理就绪；新余拾年山遗址材料，已整理完毕，还未形成文字。湖南何介钧同学来江西看了拾年山遗物，说压于墓葬下面的第四层，有少量属于大溪中期偏早的因素。本想今年把该遗址剩下的几百平方米都做完，限于经费及其他原因，也不能如愿。拾年山遗址墓葬木炭碳测，年代在4300—5100年（距今；未经树轮校正），早于它的第四层，可能达到距今5500年或稍前一些。如能来北京，当把这些遗址器物线图带上，请您老指点。敬祝

安康

学生　李家和　上

1988. 4. 17

李家和—苏秉琦（1988.6.6）

苏公：

您老的信早到了，因为还想争取六月份上北京，故没有匆忙写信；现在看来，是很难实现了。真是有愧！小权握在人家手中，就只能如此。即使在困难条件下，事业永存。请您老放心，学生还是继续努力，绝不退缩的；也绝不会失去骨气这根支柱的！

拾年山的报告，准备今年同刘诗中一道完成。原打算今年把剩下的四、五百平方米挖掉，特别注意四层的堆积和遗物。能确定一下大溪因素的层位。可是，懂一点考古的人当领导，就更卡人啦，硬是不让抢挖。这样，就只有等明年或再晚些年了。学生相信，再有十年、八年，这个问题总会有眉目的！

今年内，还想把82年挖掘的德安石灰山商代遗址的资料整理完。前些时候提了出来，居然也遭到阻拦。这时，学生就据理说了：“你们谁敢说发掘了的资料不需整理!?”当然，不敢说了，只好答应。但在经费、时间上又来了限制。总之，在江西，想做好工作的确有些难处！

敬祝

安康

学生 家和 上

1988.6.6

李家和—苏秉琦（1989.10.17）

苏公：

您老人家好！

去年在京向您老汇报之后，回省即着手思考今年十月第二次印纹陶会议问题。今年上半年主要是编写了几个简报，按照您老意图，搞了两篇文章（其中一篇您老曾经看过，即《再论樊城堆—石峡文化》，当时未被收入纪念马坝人发现30周年文集；另一篇即《江西薛家岗类型文化遗存的发现与研究》，均在今年第三期《东南文化》上发表）。因为北京回来传达了您老意图后，并没有所表示。时间紧迫，只有抓紧准备了。好歹《东南文化》很为合作，今年1、3、4期集中发了江西十几篇文章和简报。这样，从学生们来说，算是为会议做了点准备。10月中旬，从南京参加“湖熟文化”命名30周年学术讨论会回南昌后，正式得知，由于诸种原因，第二次印纹陶会议今年开不成了！实在有点失望之感叹！

在南京期间，和杨巨源同志，曾询问了《东南文化》编辑同志，他说每期《东南文化》都会给您老寄的。学生们想，很想听您老对那几篇小文章的批评指导意见，以便及时修正，和在今后考古实践中注意解决之！恳请您老赐教！

今年10月，厦大师生廿一位来江西考古实习，地点选在新余市拾年山遗址。这样，今年第三次发掘，将会基本上完成拾年山遗址发掘任务。南京会议后，学生已于15日赶到工地，和他们待在一起。如有比较新的发现，当会及时向您老汇报。

今年9月，在新干县大洋洲乡（与牛头城遗址墓葬相距不远的赣江东岸）发现一大批铜器。现在尚在组织力量，准备作进一步清理，以弄清性质。据现在出土的一百多件看，有三套铜鼎——方鼎、圆鼎、虎耳扁足浅腹鼎，大小有序的5—7只，与山东益都二号钺大小一致的大铜钺，一米高的甗、大尊、壶形锥足鼎、大小鬲，以及诸多翘头刀、扁体矛、戈、镞、犁头、弧刃钺、有肩斧及玉管、铙等。对这批铜器，总的印象是：母体中原，南方铸造，南方气息，作风明显；商晚器多数，西周前期器亦有不少。从数量、质量看，在南方当推首位。学生有幸，看了全部出土器，特奉告您老！

敬祝您老

身体康健

学生　家和、巨源　上

1989.10.17

李家和—苏秉琦（1991.4.2）

苏公：

您老人家好！

还是1989年10月，与鹰潭杨巨源同志，在北京拜见和请示您老的，转眼间，两年多了。

1989年第二次印纹陶会未能开成，实为憾事；今年春节前夕，因事去樟树市（原清江县），谈到他们市积极性甚高，打算搞一个吴城遗址文化学术座谈会，并征求学生意见。当时，记起1988年请示您老有关印纹陶会议之主题指示，不妨借此以了结那次会议之愿。学生补充说，此事得请示苏公决定！为此，樟树市打算五月份，约学生一道来京，向您老汇报并请示决定会议主题，以便回来后及早准备，争取今年金秋时节在樟树市召开。嘱学生先给您老写此信，取得您老应允。

一、樟树市负责会议经费；

二、恭请您老莅临指导（一切费用、保健医生等，均由市里负责和安排）；

三、会议主题：江南地区新石器、青铜文化座谈会（或打“第二次印纹陶学术讨论会”名义），重点是区系、类型、序列、性质、关系诸问题的研讨；

四、规模，不超过50人。人员名单，基本上照1988年与伯谦提的定；

五、发起单位：樟树市文化局、江西省考古所、文物出版社、《东南文化》杂志社等。

请您老决定，并来封信，可否五月份进京向您请示。

敬颂

安康

学生　李家和　敬上

1991.4.2

李家和—苏秉琦（1993.2.22）

苏公：

您老好！

去年，学生曾奉书问安。夏季，已办了退休手续，后来所里留用，看看身体还可以，就继续搞搞田野。今年，秋冬还将搞土墩墓和瑞昌铜岭矿冶遗址。

上半年时间较多，与本所刘诗中、鹰潭杨巨源商定，并同江西美术出版社谈妥，搞一本《江西先秦陶器纹样》的小册子，以纹样为主，兼收刻符和文字，按时代排列，供美术界和考古、历史界同仁参考。除我们几人合写个前言外，书名和序言［主要是出版意义（有三、五百字即可）、评价等］，学生们恭请您老题写！如蒙恩师应允，请与三月底以前寄来即可。对此小册子，您老有何指教，亦请老师直言，学生们一定恭听、采纳！

江西夏代文化（指相当于此时期）即将理出，这也是学生们努力的方向，多年的愿望！此方面情况，容以后向老师详细汇报。

祝愿老师

康健长寿

学生　李家和、刘诗中、杨巨源

敬上

1993.2.22

陈振裕

陈振裕（1940—　），先后工作于湖北省博物馆、湖北省文物考古研究所。

陈振裕—苏秉琦（1974.12.27）

苏先生：

您好！

听说所里正在搞运动，一定很忙。

胡美州回来说，江陵楚墓报告的结语部分您正在阅批之中。

最近，邹衡老师来汉辅导毕业班的同学，请邹老师再次看了江陵楚墓的有关资料，并将这些资料排队、分期。目的是想把楚墓分期搞个粗线条，作为今后工作的基础。

从陶器墓、铜器、仿铜陶礼器三个图表看来，江陵望山一号墓的年代似乎应为战国早期，而望山二号墓为中期，沙冢 M1 更晚些。关于望山一号墓的年代问题，曾有四种意见：湖南高至喜和日本的林巳奈夫认为是春秋晚期，北大中文系朱德熙从一号墓的简文中“䥶王圣王”认为这座墓的年代应为楚声王、悼王时代，顾铁符先生认为是楚灭越以后（据越王勾践剑），我们认为是战国早期。这样断代，是否可靠，请您审阅后教导。

关于墓主的身份问题，楚墓的列鼎情况，俞伟超老师认为是一个小口鼎加上几个其他鼎（成双成对）的。如是，望山一号墓是鼾1、鼾3、鼎8、小口鼎1，即其列鼎数为9个。望山二号墓是鼾1、鼾2、鼎6、小口鼎1，即其列鼎数为7个。沙冢一号墓是鼾1、鼾2、鼎8、小口鼎1，即其列鼎数为9个。从棺椁及墓坑规模均达不到9鼎的，是否为"僭礼"？还是对楚墓的列鼎规律还未搞明白呢？望山一号墓有6个簋（形状见《文物》1966年第5期），理当为7个列鼎，但从实物又是恰为9个列鼎。这个矛盾如何处理？（详况邹老师清楚，当面告。）

邹老师建议，结语（报告）部分的年代问题，最好另外提出来，写成论文性质，附于报告后面。这个意见跟您年初来信教导是一致的。想按邹老师论述殷墟的年代分期的办法来搞。行否？请示。

这几天集中精力排图表。整个报告的整理工作，主要矛盾是竹简的拼接问题，但为了对报告（草稿）进行修改，统一体例，所以我的精力又顾不过来，现在让两个工人在搞，又拼接不了。我想改变一下做法，先让他们描图，我修改报告，最后再一块集中精力突击竹简（或将这部分另外找人搞），这样工作也许会主动些。这样想法与做法是否抓住主要矛盾了？也请示。

下一阶段是集中搞运动，贯彻中央首长对湖北文艺界的批示，大约一个月左右。就没有精力顾及报告的修改了。在馆里工作时间实在太少了，我想，若有机会来京修改就好了（可借修改《云梦汉墓报告》之名，行修改江陵楚墓报告之实）。

云梦汉墓报告的结语部分，今重改了一次，这次也一并托邹老师带来给您。另外，关于望山一号墓的发掘方法，写了个草稿，也托邹老师带来给您审阅（这份稿子恐怕只能作为今后工作中参考用、不能作为文章发表吧）。这种发掘方法，我前言一章中也概要谈了，作为这本报告的特色之一来搞的。

江陵纪南城的工作搞得不大好，一是人少，二是政策不落实，工作没跟上去，矛盾较多，破坏也较多，目前工作上的困难较大。解决的办法，粗略想了一下，应当加强工作站的人力与组织寿县人力；二是应主动发掘，不应被小水利工程牵着鼻子跑；三是应依靠地县党组织、搞好关系，不应加深矛盾；四是加强宣传工作，引起各方面的重视。总之，要把江陵工作的重点摆正，并配合人力的组织工作，面貌就可以改观。

您近来身体好吗？请多多保重。

请问候师母好！

致以

敬礼

学生　陈振裕　敬上

1974. 12. 13 于武昌

苏先生：因我们集中运动，照片一直洗印不出来，近洗了一部分，但寿县蔡侯墓少洗了，照相室将我借的一本安徽省博所藏《楚器图录》一书丢失，故图表照片不齐全。因白天黑夜开会，先邮此，请您指教，余待后叙。

致以

敬礼

学生　陈振裕

1974. 12. 27

苏秉琦—陈振裕（1980.3.26）①

振裕同志：

收到你 3 月 3 日信，看到了元月份《楚文化研究情况交流会纪

① 据陈振裕先生提供信影录文。

要》。我看《纪要》中提到的项目不像你列举的多。还是要量力而为，不要勉强凑数，赶任务。

你的主要分工既是着重后期部分，我意要点是突出或解决或探索什么问题。首先是编年顺序与分期，在分期基础上看能对楚的社会文化的阶段性发展得出些什么带规律性的论点。次是在每期中不同地区之间的异同，看看能够归纳出几个带地方性的块块。

以上两点，供你参考。总之，不要大量罗列材料，重在摆事实、讲道理。

明天去赤峰参加内蒙古考古学会。匆复

敬礼！

苏秉琦

1980. 3. 26

陈振裕—苏秉琦（1980.9.14）[①]

苏先生：您好！

近来贵体好吧！工作很忙吗？

楚文化研究会转眼就将来临，省里各项准备工作都在紧张地进行。目前，《楚都纪南城资料汇编》已付印，会前可送与会者。王劲已赴郑州参观，拟收集《先楚文化探索》一文的资料，并与安金槐商讨有关问题。纪南城标本陈列室的文物架正在搞铁架，陈列工作待各项物资搞好后就上马，估计问题不大。荆博的展览也在紧张进行中，10 月下旬可完。馆里还作了一次号召，希望个人写些文章。另武大、荆博、宜昌考古队都有专文送大会。

领导上仍要我搞篇《湖北楚墓综述》，自 8 月下旬始，先后到鄂城、江陵、当阳、宜昌等地收集了资料，重点在于分期。从目前

① 苏秉琦先生在书信首页页眉写道：“27/9 复。”

所收集的资料看，各地有些差异，如鄂城、大冶只有个别墓为春秋时期的，大部分是战国晚期。器形与长沙发掘报告中很相似，壶的颈特长，而鼎底平，腹浅，特征明显。出鼎、盒、壶的墓才出土“山字形”铜镜与羽状纹铜镜。这批资料弥补了湖北其它地区战国晚期墓的缺环。江陵、宜昌地区的年代可以从春秋早期至战国中晚期，有些秦墓可能是楚人之墓，想收入。宜昌前坪的西汉墓（前期）不少是随葬鼎、盒、壶，这类墓从江陵云梦出土秦代器物相似，想改定为战国末年，不知妥否？（报告见《考报》2/76），而且与鄂城战国末年墓（出山字铜镜）的鼎、盒、壶也极相似。襄阳地区我馆曾发掘一批楚墓（王劲、相权苗等人发掘），74年邹衡老师曾将它分为春、战两大期。这次我据江陵、当阳材料，又将春秋细分为二期，战国细分为四期，铜器从春秋中期始，陶器从春秋晚期始。

昨天刚从江陵回汉，下步工作我想先将几个地区的分期进行综合平衡，不致产生矛盾。然后分江陵、宜昌、襄阳、鄂城四个地区分别进行论述分期问题（附各期图表），各种器物的早晚演变规律，在用表将四个地区分期的相互关系及相对年代作说明（即统一分期问题）。

根据您上信的意见，重点放在分期。所以这次拟在综述各地区分期时，将采取对主要几种铜、陶器进行分型分式，从而归纳组合，探讨分期问题。不知是否繁复了。

四个地区的分期确定后，即再探讨各地区的文化特征、墓葬的等级与各期的物质文化发展情况，并与河南、湖南楚墓做简略对比。

关于《湖北楚墓综进》的整个构思大致如上，不知当否，请您多多指教。

由于时间紧，任务重，但我仍极想能带四个地区的分期表来京当面请教。因这是关键，如能得到您的指教，心里就踏实些，否则总有点怕搞不准。

在承担这篇任务后，我一直记住您在我毕业前文的几次讲话：

对待工作必须“要求严格，态度严肃，方法严密”。在处理材料时必须有分寸，有轻重；具体考虑问题时，必须注意已有的工作成果，但又不可以此代替现在的工作。这些教导对我的教益很大，但实践少了，许多还理解不深，请您多多教导。

有时间请您来信多多指导。

请问候师母好！

请多保重贵体。

致以

敬礼

学生　陈振裕敬上

1980.9.14 于汉

苏秉琦—陈振裕（1980.9.27）①

振裕同志：

9.14 日信悉。就你提出的几个问题试答如下。

①按四个地区各自先分期，再提出统一对照分期，可行。但要精简化。选择器类要精、简，即着重典型性（大约有三、五种即可）。

②四个地区对比，要注意：一、同时代法；二、同类规模典型单位。

③同邻省比较可省。

④战国末、秦、秦汉之际可并为一期，原因是这不是编年史、断代史，要讲“楚文化”（考古学意义上的“文化”），不必在难于确定是楚，是秦，还是秦汉之际的分际上多费心思。

最后，这是学术讨论、交流会，文章与普通刊物发表论文不同，要提出自己对问题的主要论点。论据资料，自己写的要有，印

---

① 据陈振裕先生提供信影录文。

发时有一些草图即可。字数五千字左右即可。要记住这是“以文会友”，着重的是“论点”，不是抛材料。

时间较紧，以上意见，可能使你减轻一点压力，能及时交卷。勿复。

敬礼！问候

王劲同志好！

苏秉琦 1980.9.27

陈振裕—苏秉琦（1980.10.3）

苏先生：

您好！

近来贵体好吧！请问候师母好。

敬悉来信，开始大吃一惊，近两千座墓，分四个区的楚墓综述，仅要写5000字，觉得难办。近日因老谭在病中，王劲到河南写文章，馆里的杂事又多。南大、中大学生来汉参观等等，心里更焦急。但我有时间就反复思考：苏先生为什么这么说，怎样才能达到少而精的要求呢？稳、准，这是问题的关键；当然，如果还按现在的写法，即各区的陶、铜器的类型分析占了很大的篇幅，那么全文没有四万字是难于写成的。因此现拟改变写法，采取把形制与组合归纳为几类（省略类型分析），简述每类的主要特点，最后列出分期图表，又将四个地区的分期关系用相互关系表反映，再将各类器形演变规律概括出来，进而谈它们的相应年代问题。湖北楚墓的等级、文化特征，是大同小异的，拟综述大同，各区的小异在各专题中略简述之，可使人眉目更清晰些。不知可否，请指教。

分期图表现已初步搞了四个地区的陶器分期，但器类均较多，压缩成三、五种有困难。因为春秋时期有陶鬲、盂、罐、长颈壶，春战时期有鼎、缶、壶、簠、敦、盆、钫等；而且现在分期图表中，春晚、战早、战中与鄂城战晚均分为第一、二段，是否过细了。当然，器类三、五种在铜器分期图表中尚较好办些。结语应注意什么问题？

我很想能带资料来京当面聆听您的教诲。

这次虽时间短，任务重，但我一定努力完成组织上交给的任务。这也是次不考试的考试，只是您的要求我难于达到，也许要考不及格了。

因忙，不多写了。请您多多保重身体为要。

致以

敬礼

学生　陈振裕敬上

1980. 10. 3 于汉

苏秉琦—陈振裕（1980.11.1）①

振裕：

信收到，你们辛苦了。年会论文性质以提纲形式为宜，便于得到关心同志翻阅。我意原稿不动，留作发表时用，作为学会文件还是压缩三四千字，口头讲用二十分钟即可，旁人看大致用一刻钟即可。万字文章人就来不及看了，拿回参考固然有用，那就失掉大会论文的作用了。

一、分期可基本保留。

二、分类——“墓主身份推测”可删，在“结语”可带上一笔。

三、“文化发展”内容可压减，只讲要点即可，字数减半。

四、“文化特征”只列举要点，省去“与中原对比”，在结语

① 据陈振裕先生提供信影录文。

中可提一笔。

五、结语　注意：写“主要收获”用不了多少字，多就重复了。

我估计完全可以压缩三四千字，这样才能让人在会期看上一遍（会议文件是给人在会期看的，不是给人拿回去参考的）。专此

敬礼！

苏秉琦

1980.11.1

这次两三天讨论，上百篇论文谁能细看？

陈振裕—苏秉琦（1982.1.27）

苏先生：您好！

新春生活愉快，贵体康安，阖家欢乐！

沙市周梁玉桥遗址的试掘工作，于去年12月底结束。调查时我曾猜其年代为二里头类型，但试掘后，何介君来工地看后认为是商末周初，邹衡老师认为是武丁时期，邹老师回京后定向您作了汇报。

我认为，要提高湖北考古水平，今后工作重点是以遗址发掘为主。而我自64年分到湖北以后，领导上主要安排我搞墓葬发掘，遗址发掘缺乏经验，这就要求自己今后更加努力自己不会的工作，应将“要讲真理，不要讲面子”当作座右铭来严格要求自己，向实践方向，向一切内行人学习，才能学会自己所缺乏与不懂的东西。

去年暑假以后，我曾提出调厦大一事，因父母年老无人照顾，而湖北工作打乱仗，不想待下去了。因此，怕给您写信，怕您批评，这是不对的。要搞好一个地方的工作，应有较合理的计划，还要一批人，而人又不是从空中掉下来的，应从实践中去锻炼提高，

自己就应以身作则，才能带好这个队伍。

江陵近来连续发现车马坑、楚简与一批保存完好、精美的丝织物（可与马王堆比美），本是可喜可贺之事，但也发生了省地博物馆矛盾的不愉快的事，大概邹老师已告知。我觉得，一个省的工作应由全省的考古工作者共同努力，而且是几代人的努力，才有可能作出应有的贡献。因此，对这些矛盾应谨慎处理，以事业为重，才有利于今后工作，才不愧党与老师的培养。在受委屈与误解时也不动摇信念地坚持真理，人们总会认识这一点的。

苏先生，请您多多珍重贵体，有时间多来信指教。

请问候师母好！

颂祝

康安！快乐！长寿！

您的学生　陈振裕　敬上

1982. 元 . 27　于汉

又及，29 日到荆参加马山楚墓开棺工作。

陈振裕—苏秉琦（1983.4.30）

苏先生：您好！

上次来京，看到您身体很好，非常高兴。请您多多保重贵体，永远健康，我们的事业就有希望。

3 月 13 日离京返汉，一直在思考您的教诲：应如何部署力量，抓哪几个遗址做突破口，如何协调与地县的关系，自己应在哪些方面加强努力，协助王劲等同志抓好这些工作。总之，我觉得要完成这次在京的教导，不抓紧时间努力去干是不行的，蛮干也是不行的，不团结更多的人一起搞也是不行的。但是，回汉仅几天，由于大孩子读书问题，学校提出初三不能降初一，要回初三读书。大孩子因我经常出差，辅导不够，又受当时社会上读书无用论的影响，功课特差，初三上八门功课有六门不及格，所以想从初一读起，补基础课。经过王劲同志的热心帮助，在武汉水果湖中学读初一，孩子读书也开始有兴趣，成绩也好转，可以说解除了后顾之忧。但有人向校长反映，学校开了二次行政会议决定：必须读初三。王劲与我馆党委书记李慕白亲自找校领导，王劲又找省教育局副局长（直管该校），但多方努力均无效。因此本月 20 号我将孩子送回福建老家读书，目的是让孩子补基础，使孩子不因我无力辅导而今后怨我。

这次送孩子回家读书，曾向王劲说派个差事让我到福州办，她同意了，但□□不同意。因此借了三百元送孩子到他姨妈处读书（她的二个孩子均已读大学）。由于路费尽，快到家门口而无法回家探望父母亲（分别在惠安与漳州）及岳父（在厦门），自愧不孝，内心十分痛苦。我想，1980 年在厦大召开百越文化学术讨论会，厦大发通知是希望我顺便回去探亲，但当时杨权苗要到广东接孩子，我让了。杨权苗到厦门后，厦大老师问起为什么我没去，杨答名额所限，他们说早知如此可扩大名额。1981 年 5 月在厦大召开人类学会成立大会，点名要我回去参加并顺便探亲，但当时王劲不能下去，我在三峡代行其职搞调查试掘工作，服从工作安排，我也没闹情绪。1981 年暑假全家回去探亲花了五百余元。想到这些，我觉得只是要我们拼死拼活地干！干！干！生活上的困难与可适当照顾回家探望父母的机会都不予照顾，而对于馆里家在北京、湖南、上海等地的人，却又能给予照顾。不能不使我感到难过。也因而产生了不愿再在湖北干的念头。

这次王劲同意到上海修改漆器论文并催上海人美早日出版，到福州看看漆器与漆器研究所了解一些动态。但□□不同意，说如果厦大发邀请去讲课还可以。我想，家里还有三个老人，岳父 79 岁，父亲 69 岁，母亲 65 岁，均系高龄。我们在外工作，老人有个三长两短还不是电报告知，说走就走，哪有办法提前与厦大联系讲课等事呢？按每人 500 元计算，还得备上 1500 元，这个实际困难领导无法适当照顾，叫我们如何安心在湖北工作。所以，我这次回汉是坚决要求调动工作。今后家里有事，经济上再困难，我也不会再去低三下四地求领导照顾了，到要求调动的决心是难于改变的。

记得1973年我曾动了调厦大之念，当时您批评我，宿白先生与陈滋德处长也批评我，因而不再动摇。回顾十年来，我在湖北的工作还是尽力去做，虽然水平低、能力差，但是从来没有消极过，就是1975年批判我走“白专道路”、名利思想，也不曾动摇过为湖北考古工作尽一份力量的信念。但是，由于长期出差，家里无法照顾，孩子功课无法辅导，父母亲无法探望。而作为领导，有机会不让去，有困难不能照顾。我们是有血肉有思想的人，而不是机器人。这次想调动工作，决非我这个不争气的学生调皮捣蛋，而确实有许许多多实际困难。写这封信的目的，一是请老师原谅我的困难，二是向您说明未能为您设想尽到自己的一份力量，请您严厉地批评。三是请您帮向王劲、谭维四讲讲情，放我离开湖北调回老家工作。

请您相信，工作调动之后，我决不会被新的工作困难所吓倒，我一定要努力工作，不负您多年的苦心教导与培养。

由于近来心情很痛苦，情绪不好，信写得长且杂乱无章，敬请您多加谅解。

问师母好！

孩子到他姨妈处生活已渐适应，功课由他姨夫辅导，我定于5月2号返汉。复信请寄汉。

颂祝

贵体康安！

学生　陈振裕敬上

1983.4.30于福建

省周宁县人民医院

陈振裕—苏秉琦（1984.1.28）

苏先生：您好！

近来贵体康安！在繁忙的工作中请您多注意休息，不要过于劳累。

上次曾给您写了一信，询问宜都城背的年代问题，伯谦认为它比柳林溪早（更早于大溪文化），王劲则认为柳林溪早于城背溪。还请您就这个问题多加指教。

为了使纪南城工作站能够名副其实地担负起楚文化研究的基地，必须在简易仓库、整理场所、设备及交通等方面做些改善，为此草拟了一个报告申请经费，今送上一份，请您跟黄景略同志说说。

既然不调回福建工作，我个人愿望还是想在湖北多干点工作，在事业上尽点责任与义务。目前因王劲年事已高，考古部的全面工作由我负责。我一方面难于胜任，另一方面也因杂事太多（地方上与中央研究机关不同），很不想干，正在辞职之中。想集中精力多搞点业务工作。

年前各项工作较多，疲于应付，余容三月份到京详告。

请问候师母好！

颂祝

新春愉快，贵体康安！

学生　陈振裕　敬上

1984. 元 . 28 于武汉

陈振裕—苏秉琦（1984.5.9）

苏先生：

您好！进来贵体康安！

成都会后即乘机返汉，接待各省代表到汉参观，与老黄到鄂检查、指导工作后，就下发掘工地。现在已发掘完5个遗址，1个近日可结束，另一个即将开工；其中四个属于龙山时期，3个属于城背溪类型。

城背溪遗址今年发掘74m²，在岸边开的二个探方，地层堆积较好，文化层（早期）可分为四层，即（3、4、沟、灰坑），它对于这个遗址的年代分期，也许有一定意义。枝城北门外与金子山（原名白水港，1980年俞老师实地调查时认为是巴人遗址）都出土了不少器物，但地层较简单，枝城北门外的完整器不少，初步观察，它与城背溪有一定区别。金子山的陶片较破碎。这三处早期遗址，经过室内整理后一定会有新收获。

由于长江三峡大坝要动工，我准备带人去配合。在江边还有二处早期遗址，这次无法发掘，待年底或明年初再发掘，这次我又发现了二处这类型的遗址，拟明年申报发掘。

龙山时期的四处遗址，由裴安平在发掘，尚有一处即将开工。多为较晚时期的，缺季家湖与石板巷子之间的东西。

根据您的指示，将江陵工作站建成考古实验基地。我们将这次在宜都发掘的文物集中到江陵。三峡的发掘文物也将集中于江陵。但是，由于一下子就集中于十余批的资料，库房与整理场地都成问题。而且9月份北大又将来实习，拟在当阳杨木岗、西面山、平面山三处发掘，库房与整理场地就更成问题。为此，请您给黄景略同志讲一下，请他大力支持，解决这些困难。

发掘的整理工作量很大，我已先安排修复工作，一个遗址发掘后就送江陵工作站给拼对陶片与修复。待整个发掘工作结束后，我将住工地亲自抓这项工作。

因近来工作较忙，先汇报这些。

请您工作别太劳累，多多注意身体。

请问候师母好！

关于慎之的调动问题，我已向胡美州讲了，请他大力帮忙。由于具体情况不详，最好请慎之给老胡写封信谈谈。

颂祝

康安！

学生：陈振裕　敬上

1984.5.9 于宜都枝城工地

陈振裕—苏秉琦（1985.3.19）

苏先生：

您好！春安，万事如意。

自厦门别后，又近二个月了。前段时间到江陵整理 1984 年发掘资料与编写简报等工作，春节也加班加点，搞完二个简报，一篇文章。中旬开始参加筹建省文物考古研究所工作（谭维四为组长，舒之梅和我是成员）。我们认为，省文化厅这个决定有利于今后的考古工作的开展。我们三人决心团结一致，给大家创造工作条件，多出成果，快出人才。解除经常出差的后顾之忧，提高福利待遇，为湖北考古工作开创新局面尽力工作。当然，万事开头难，有的人还公开说我是因有胡美州作后台，才当上“考古所副所长”（实际并非如此，而且正式建所的任命将另行公布）。个别人也有些刁难，但绝大多数同志都很好。我们决心团结大家，从内部机构设置、制度建立，抓好当前的各项工作，做几件切实可行的好事。

为了办好《江汉考古》，将由舒之梅任主编，建立审稿制度，提高质量。为此，请您大力支持，能否将您在北大考古专业余爱如者协会的讲稿寄给我，在《江汉考古》刊登。更希望您在百忙中为刊物撰写稿件。

黄景略 21 日到汉，我将到三峡发掘（四月份去），关于湖北考古所如何开展工作，本想到京听您的意见，但工作紧迫，待发掘季节之后再来京。希望就这方面多多赐教。

问候师母春安！

颂祝

贵体康安！

学生　陈振裕　敬上

1985.3.19　于汉

陈振裕—苏秉琦（1985.8.4）

苏先生：

您好！久没给您写信，请见谅。

湖北省文物考古所筹备组成立时，您曾大力支持，而且曾预言她将为推动湖北的考古工作作出贡献，我们也信心百倍，草拟机构设置、规章制度、工作计划，但文化厅未抓过一次会议，又统属博物馆党委领导，许多工作未能开展。五月六日，谭维四提出辞职，文化厅批准，改由林奇任组长，但至今未召开过一次筹备小组成员会议研究工作。而且由于工调期间不增设新机构，未能批准。鉴于筹备组的情况，舒之梅同志于5月中旬提出辞职；我于7月30日也写了辞职报告，并与厦门市联系。现得回复，欢迎回厦门工作，解决双调问题，待遇不降。前天下午到文化厅找邢厅长，他说待徐厅长回来（出差）后研究我的调动问题。胡美州说工作上离不开，但实际困难他又无法解决，很矛盾；并问我是真想调动与否？我肯定答复，留而不用，又无法解决具体困难，我想调厦门工作。此事先向老师汇报，不是学生不努力干，而是确实无法干，详况舒之梅来京修改曾侯乙墓报告，可问他。

顺托老舒带三本资料给您。

问候师母好!

此致

敬礼

学生 陈振裕敬上

1985.8.4 于汉

陈振裕—苏秉琦(1985.8.17)

苏先生:您好!

在厦门照的相,今天才洗好。由于我的技术很差,照、洗均不好。请您原谅。

老谭来京修改曾侯乙墓的稿件,这里的情况可问问他。从目前的工作处境,我是决心离开湖北,调回厦门工作。

请您多多保重贵体!

请转候师母好!

致以

敬礼

学生:陈振裕 敬上

1985.8.17 于汉

陈振裕—苏秉琦(1986.7.4)

家藏湖北省博物馆“陈”缄信封,内无书信。仅见北京邮戳 1986.7.4。

陈振裕—苏秉琦（1986.7.30）

苏先生：您好！

老谭回汉谈到您对湖北的工作非常关心，并作了指导性的建议。对于湖北考古工作近二年上不去的症结，老谭可能已对您说了。由于目前考古所（筹）三人的分工问题，胡美州提出处理意见，遭反对而无法实施，我与舒之梅为了顾全大局，只好搞个人业务，都为事业上不去而焦急。而目前的关键在于下不了决心，时间拖长了，将来问题更难办。

正如您所教导的，事业是永存的。为了考古事业，我一定努力工作，不辜负您的教诲。虽然湖北工作一时上不去，作为湖北考古队的老队员，我的心情也是难受的，如何搞才对，请您多赐教。

参加《云梦秦汉漆器图录》的编辑，并写了一篇关于这方面的文章，今寄上请您赐教。

请您多珍重贵体！

问候师母好！

致以

敬礼

学生　陈振裕　敬上

1986.7.30 于汉

陈振裕—苏秉琦（1990）①

苏先生：

您好。近来贵体康安！

① 原信残，据笔迹应为陈振裕先生所写。信中言“鄂省所成立快一年”，即指成立于 1989 年的湖北省文物考古研究所，据此信当写于 1990 年前后。

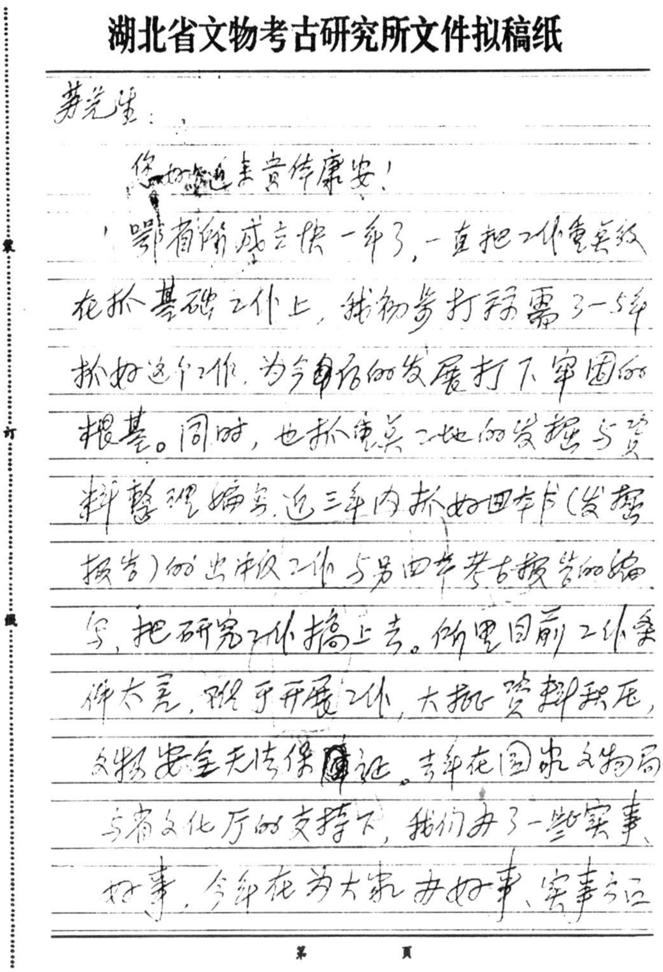
湖北省文物考古研究所文件拟稿纸

苏先生：

您好，迎来贵体康安！

鄂省所成立快一年了，一直把工作重点放在抓基础工作上，我初步打算需3—5年抓好这个工作，为今后的发展打下牢固的根基。同时，也抓重点工地的发掘与资料整理编写，近三年内抓好四本书（发掘报告）的出版工作与另四本考古报告的编写，把研究工作搞上去。所里目前工作条件太差，难于开展工作，大批资料积压，文物安全无法保证。去年在国家文物局与省文化厅的支持下，我们办了一些实事、好事，今年再为大家办好事、实事方

第　页

鄂省所成立快一年了，一直把工作重点放在抓基础工作上，我初步打算需3—5年抓好这个工作，为今后的发展打下牢固的根基。同时，也抓重点工地的发掘与资料整理编写，近三年内抓好四本书（发掘报告）的出版工作与另四本考古报告的编写，把研究工作搞上去。所里目前工作条件太差，难于开展工作，大批资料积压，文物安全无法保证。去年在国家文物局与省文化厅的支持下，我们办了一些实事、好事，今年再为大家办好事、实事方面

（下缺）

杨子范

杨子范（1926—1988），原名杨福洪，先后工作于山东省博物馆文物组、山东省文物总店、山东省文物考古研究所、山东省博物馆。

杨子范—苏秉琦（1975.2.20）①

苏公：

过春节的话不需再重。

江开回济后已将阁下的衷言告我。其实去年同北大来鲁的一段实习，是极不愉快的，责任一份在您的学生，不在北大。

我现在的日子并不好过，可谓“冰冻三尺非一日之寒”……

今年，我兵发胶东半岛，仍继我七四年的计划。待天热时请您由我陪同去荣城可否？

室内资料整理工作是今年的重点工作，否则，不能见山东父老矣！

乍到这里不便多表态，所以未能给您去信请谅！

---

① 原信未署年。据信中“继我七四年的计划”，暂定写于1974年后的1975年。

事情是人为的复杂——不管这些。请来信。

即致

敬礼

杨子范

二月廿日

杨子范—苏秉琦（1983.1.18）①

苏公：

祝您八三年的新春更快乐！

前去信谅收到，但未见回音，不知何情？

蒙您多方面的关怀，使我不得不再由丧沮而复振奋，以往事真令人伤心！夏鼐先生曾写信批评过我，但我很感谢！

此番去京，因限于时间未得详谈心内事。本来想此次进京，待文明同志传述尊意，只得□命而行。

我想在此次《文集》上撰一文，文中谈及史前考古史时，几次提及阁下之功，望无予指责。因为我是“实事求是”的态度而所为，既如此，何惧之有？特告。

八三年还请您来，兴邦同志亦来为至盼。余后再叙。即致

敬礼！

子范

一月十八日

① 原信未署年。据信中“祝您八三年的新春”及苏秉琦先生写在页眉的回信记录，信写于1983年。苏秉琦先生在书信页眉写“21/Ⅰ/83”。

杨子范—苏秉琦（1983.6.13）[①]

苏公：

似甚久未见，极为想念！

原想能趁郑州开会之际，以叙旧情，我只好遥祝此次年会的胜利。

此次年会，我被选为理事，明白是蒙各位前辈的提拔，真是受之有愧！

您今年七月份是否能来烟避暑？望能来。因为陈滋德同志七月份中旬去长岛。希望您来，我可以去陪同。我不会因一个老友退出政界而不俱得，应该更亲近才是。

我的脾气不好，得罪了人，这次职称未评。新人缘我不懂，倒也清闲。请复信。

即致

敬礼！

子范

6.13

杨子范—苏秉琦（1983.8.28）

苏公、师母并小明：

十九号返济。一切顺利。

承德此行，终生难忘！

老师之言，语重心长，回来当尽力而为。

望老师应注意身体。力求精神愉快，人生几何？

---

① 原信未署年。信中提到的郑州年会召开于 1983 年，信当写于是年。

我不错，世上事我知晓，各方是复杂的有时是人为的。

奇怪的是有的考古界的专家，不注意探讨学术，倒关心空头政治，即专门“整”人。不做学术搞权术，何趣之有？令人难解！

如我不下台的话，就先在泰山的“普照寺”搞一工作站；在烟台搞一个工作站，何难！

今后，先生有事请随时来信，定照办。我虽非你亲手教出的高徒，但友谊总应发挥的。何况，我亦可算做磕头之徒?!

我的处境不想告诉您，但无论如何，在目前，还可以对付得了。请勿挂念——山东的形势很复杂。

因此次路过北京只见到石兴邦与山东队的同志，因无公事，故特意避讳。看后叙。

即致

敬礼！

子范

83.8.28

杨子范—苏秉琦（1983.9.8）

苏先生、师母并小明：

您好。

我为在泰安设“齐鲁考古”工作站一事，于本月六日去泰山市初步了解与商谈。初步结果是：

一、他们同意与欢迎。

二、地点在普照寺。一有十余间现成房舍，现为林业部门所占用，可以腾出，但具体地点不理想；一是在旧“泰山书院”旧址，需投资施工复原，那里一带是风光迷人之处。我赞成在“泰山书院”旧址上做点文章，不知您意下如何？望告。

三、他们的一位局长（我的老友）要求，如考虑成熟时，可请文化部文物局来一函，大意是走走手续，更有利于下面的工作。

四、泰安供应及其他条件均超过了承德。

我想趁我在下台之前办办此事，这可谓“言而有信”吧。

我顺便还乘吊车进了泰山，师母上山更便利。

又：北大设站，是否能投点资？文物局亦可考虑。

望抽暇一告。余容后叙。即致

敬礼！

子范

八三．九．八日

杨子范—师母（1983.10.22）[①]

师母：

承德之会，至今难忘！

我昨日离济去曲阜参加会。

回忆您老对我的热情，至今不能忘怀。

今有便人去京带上半点土味，略表毫毫。

临夏，请师母与雷明一同来山东半岛度暑，依我见亦不次于“避暑山庄”风光。

济南还有“烤地瓜”，如需可带去。

并问苏先生与贵府安！

即致

敬礼！

杨子范

十月二十二日下午于济

① 原信未署年。苏秉琦—杨子范（1983.11.29）信中言收到“大葱、锅饼”，与本信言“有便人去京带上半点土味”的内容相符，推测信写于1983年。

苏秉琦—杨子范（1983.11.29）[①]

子范同志：

从承德回京后，8、9、10三个月内收到你三封短柬、大葱、锅饼，多谢厚谊！徐光冀同志回来，把曲阜会议情况向我做了汇报。吴汝祚同志从山东回来，承告近况，知道我们的设想也在扎实的进展中，很高兴。我们的设想，我已给谢辰生同志打过招呼，也就等于是给沈竹等同志通过消息。

这些日来我迟迟没有回信，原因有二。一、有些人自己明明“外行”，却偏偏自认为已从“外行”变“内行”。邓小平同志讲话说：有文物界的人简直成了“唯利是图的商人”。他却硬说：局里没有，下边有。真拿他没办法！等着瞧吧！二、我们的设想我总想要拿出个比较具体的方案为好。想来想去，现在总算考虑出一个“倡议”稿，今天可以复印几份寄你两份，作为我向你所公开提出的“建议”。你是一所之长，总不能一个人“拍板”算数。请你斟酌，该找谁谈就找谁谈。你“所”有直属领导，从局一级到省一级，都应按制度办事。此事除你“所”内部你可首先用我的“倡议”文件采取主动之外，下一步还要你亲自找局、省两级领导商量（这就要你所据我的材料为由，再提出你们的意见）。同时也要向文化部文物局商量请示。文物局方面，沈竹同志分工主管“文物”，老谢是“顾问”，顾问是比局长还要高的职称，一般是退出第一线的局长级的领导职称。谢、沈同我们的关系是一样的，都以事业为重，一向对我们的意见、建议是认真考虑的。我们“倡议”中有些提法，字面不深奥，但内容实质是颇不简单的。我估计，他二人会理解、会支持的。

---

① 据杨子范先生家属提供信影录入。

例如，他们这几年对我支持谋划的，由吉大张忠培在第一线搞的张家口、晋中两个考古工地（二者四年来共投资约40万元），以及去年在张家口（蔚县），今年在朝阳召开的两次考古专题（燕山南北地区考古）座谈会，文物局、出版社都有人参加。他们反映都很好，认为是“发展方向”。朝阳会的“纪要”和我的“讲话”两文都已排在12月份《文物》发表。俞伟超、张忠培二人为我合编的《选集》写的《编后记》已作为论文形式，以《探索与追求》为题，排在明年一期《文物》发表，也等于是为《选集》出版在即的预告，也是为了宣传一下我们的学术思想体系。这不是个人行为，也不是少数几个人的事。如上述我提倡的、由张忠培负责的冀北（张家口）、晋中（太谷）的考古工地的作法，以及去年、今年两次专题座谈会的开法，都标志着我国考古事业前进的新步伐。现在我提出的“倡议”可说是更进一步、提高一步的具体步骤。

说形象点，它将是个“考古标本档案馆”“研究所”“学院”的统一体。作为第一步，可尽量维持“泰山书院”原基址、平面布局轮廓，半修复半重建，但内部尽量考虑现代化些，实用。下一步，再考虑新建成为一座符合前述那样一个“三结合”性质的机构。山东自古以来不但学术发达，还是出大企业家的地方。真正有过“百家争鸣”的黄金时代，还有过不少做大生意的商人。譬如北京的大饭庄、大绸缎店、大药房都是山东人，不像我们河北人只会开小饭铺、小布店……

泰山为五岳之首。冯玉祥当年看中泰山这块地方，也确不寻常。虽然我没有亲自看到这个“书院”所在地风光如何迷人，但我，一则相信你的眼力是有水平的；再则我很赞赏这块旧招牌（书院）。你如有兴趣，请翻一翻旧地方志，审查一下它的来历，有什么名堂。如果它也有如几大著名书院的来头，我们倒也不妨还沿用它的大名，如称“泰山书院考古……”也未尝不可。

七月底我们在朝阳之会，地区和省特别重视。事也凑巧，八、九月份旗开得胜，来了个“开门红”。又在“东山咀”这处可到五千年前“祭坛”址的35公里外的牛河梁发现一处同时期（红山文化）的“庙宇”，只清了约十平米范围出土六具（残块），有的相当真人大小，有的比真人还大三四倍的“塑像”（他们称之为“女神”）。还有“积石冢”群在它附近，散布在山头。这些遗址、墓地的一个共同点是：出特异陶器、玉器。

我猜想，泰山脚下就没有同类埋葬？“大汶口人”文化水平、社会发展不会比燕北地区逊色吧？

字潦草，请原谅！此致

敬礼

苏秉琦

1983.11.29

附白：

前些日《文物》杨瑾同志打电话给我说：社里拟派朱启新同志去山东一行。她没有告我他去的任务是什么，她只说据了解，你对文物出版社有些误会，有意见。她说：《大汶口》报告中没有作者（笔者），主要原因是当时社会背景，你应谅解。过去的事就让它过去吧！至于文物出版社的领导班子还没有全部定下来，已确定是王和杨二人，形势还是在向好的方向转变，即对考古事业有利的方向转变。例如，楼宇栋搞专刊，这就使得考古专刊多年来没人能管得了的情况下，有人能把它具体抓起来。如果不是这样，像《元君庙仰韶墓地》这本报告是出不来的，简直是罪过！无论如何，《文物》编辑部同志们在学术思想方面还是比较解放，比较反应敏锐，是可取的。

杨瑾希望当朱启新同志去山东时我给你写封便信介绍，我答应了。我后来想，那样未免太形式化了。我们之间是道义之交，我想，杨瑾还有文物出版社一些和我打过交道的同志，多是很诚恳的，是有心对考古事业做出贡献的，是我们当代考古事业中一支有生气的力量。近年从北大、吉大还有其它大学新毕业同学中，吸收的一些人还是相当不错的，有希望的。因此，我希望借此机会，你可以和他们推心置腹地谈。对今后山东一些较重要的新发现，或是在学术问题中一些有突破性的研究成果的文字，而不是八股文式的报告和议论，特别是突破老框框的学术观点，他们可能是比较没有成见、强人迁就自己或维护某些已经过时的观点的。在此基础上，我们应同他们保持良好的关系。以上意见，供你参考。等朱启新去时，我就不再多介绍了。

1983. 11. 29 又及。

［编者注］苏秉琦先生在信首页页眉书："《倡议》复印件可三日发出，又及。"

倡议[①]

——利用"泰山书院"旧址创设"齐鲁考古试验站"设想

我国考古工作和考古学发展现在已经进入一个新时代。它的主要标志是：

一，已有相当数量的一批比较系统的而不是零星的，扎扎实实而不是草率的田野考古工作、工地和原始资料；

二，已经初步形成具有中国特色的学科体系；

三，已有一批在建国后新培养成长起来的专家学者。

同时，我们也清醒地看到我们的薄弱环节和不足之处，主要表现在以下几方面：

一，田野考古基本设施物质条件最成问题的是系统考古标本、档案材料的收藏、保管与长期深入研究条件的创设；

二，基础理论的探索性研究；

三，在摸清学科发掘的重要生长点条件下，加强田野考古工作

---

① 家藏书信未见《倡议》复印件和底稿。该倡议曾以《利用"泰山书院"旧址创设"齐鲁考古试验站"的设想》发表于 1984 年 2 月 15 日山东文物事业管理局《文物摘报》第 11 期，第 3—5 页。本次整理据《苏秉琦文集》2，文物出版社，2009，第 326—327 页录文。

的计划性，开展学术交流，达到不断提高学术水平和为加快学科的发展开拓新路，需要有个实验的过程，所以提出这个“倡议”（利用“泰山书院”旧址创设“齐鲁考古试验站”）。

具体设想如下。

一，在取得省领导、文化部文物局领导同志积极赞助之后，由山东省文物考古研究所主办，争取与“齐鲁考古”这个专题（学科分支）关系密切的单位和个人的协力，可以立即着手动作起来，逐步开展工作。开始一两年内要占用少数人力，要搞些房屋修建，要花费譬如说三五万元或者更多一些经费，但原则上，估计在省所现有条件下，力所能及范围内，首先从省方，不够再从文化部文物局两方申请年度工作费补助项目办理，不应有大问题。开创任何一桩事业，开始时期人多、钱多未必是好事，有时反而延误时间。

二，“试验站”的性质，不同于我们现在已有的所有“工作站”“工作队”或其他名称的田野考古机构的“模式”，首先是从山东现有的比较系统的、扎实的、已完成编写考古报告任务的项目的原始标本、资料中收藏、保管起来，做到类似开架式图书馆，可使研究参考的工作条件，这就具备了为将来创建“考古标本档案馆”积累经验（或者说它的“雏形”）。其次是在此基础上，从微观与宏观相结合的角度，对考古学文化进行定性、定量的分析，综合研究，目的是使我国考古研究在基础理论方面，逐渐达到实验科学的水平。因为，只有这样，我们提出的建立具有中国特色的、马克思主义的考古学才有牢固基础的，富有生命力的，不是凭空想象的，而是以我们业已经过长期时间经验的总结为依据的。

三，定期开展富有活力的专题学术交流座谈会。它不同于目下我们的“学会”或“研究会”等形式的“以文会友”、松散的学术活动，而是参考给我们近两年在河北蔚县、辽宁朝阳那样的，围绕着一个大课题，每次又有它自己的特点，从一些新近进行的工作，取得的系统材料，提出的新问题，把一批与之具有直接关系、有兴趣、有发言权的第一线工作同志请来，举行类似医院“会诊”

式的讨论，或学位论文答辩式的交换意见。这将有利于主要负责该项工作（课题）同志下一步的工作；并将有利于对大课题范围内开展工作加强计划性、目的性；还将大大增进同行朋友们之间的团结协作关系。

四，如果这一倡议能够实现，预期在不久的将来（几年后）它应成为理想的接纳大学本科生、研究生、进修生或办专科班的场所。

以上倡议考虑可能有不全面或不妥之处，但我自信不是“空想主义者”，我相信会得到同志们和领导的积极反应。

苏秉琦

1983.11.29

（这份材料是我写给山东省文物考古研究所全体同志的建议，供同志们研究、参考。如果你们认为可行，就请你们所采取行动，向省领导和文化部文物局领导提出“请示报告”，我的“倡议”可以作为“报告”的附件。苏，1983.11.29）

杨子范—苏秉琦（1983.12.30）

苏先生：

先祝您一九八四年节日愉快！

本该早日去信，但因种种原因未能提笔，请谅！

一、先生长信及“倡议书”读过之后，愈使我感到如同千斤重担，而势在必行。

二、目前，正在积极造点舆论，求得一些有志的考古学有事业心的同志行动起来，而不是空喊一声，拂袖而去者。

三、“泰山书院考古工作站”的中心议题，最好是与北京大学考古系联合举办。从长远考虑，应成立“中国东方考古的中心”。这样可以子孙万代做下去，求得出些成果，然后同文献记载相印证与联系成为“有机体”。

四、今后，考古学如何同历史学相结合的问题，应当提到议程上来。这一任务是每一位考古学界与史学界应尽的职责，而不是为了什么“名誉”、“地位”以及个人的得失去计较的。有的所谓的“学术界”的人，将仅有的甚至是一丁点浅薄知识，自以为“了不起”的，而且是老师们教给的知识，到处吓唬人，自诩为唯一的“天下秀才”，难道这是如今的知识分子吗？当然不是。我曾想：山东是中国东方的文化发源之一。比如说，《诗经》（毛诗）、《礼记》、《考工记》等史书多出自山东古人之手，这是为什么？自然应有来历的。

当前，您提出了“齐·鲁文化源流”一说，这确实是值得深思与探讨的重大问题。

五、我想就建言“泰山书院考古工作站”一事，同北京大学考古系共同协作，不知可否？

六、建设经费问题，容我各方筹划。

七、具体方案，已口头上请郑甦民同志考虑，然后同您商量。

八、最后，我表立场，在我一日尚存，愿意按照您的意志，为我们的社会主义考古事业，做出应做的工作，只有这样，生存才是愉快的！

近来我的身体并不算好，所以迟复，恳请见谅！

您近来身体如何？望能赐数字一告。

即致

敬礼！

杨子范

一九八三年十二月卅日晚

杨子范—苏秉琦（1984.1.23）

苏公：

祝您暨师母春节快乐！

汝祚先生多次来信述明尊意。泰山书院恢复事，已有眉目，我尚在努力，望景略等人能助一臂之力，当会更佳。余看后叙。小明好。叩问

春安

杨子范

八四．一．廿三

苏秉琦—杨子范（1984.10.16）[①]

子范老友：

9.28日信，附件及10月4日电均及时收到。多谢你的厚情。15日在“四川饭店”由文物出版社童明康同志牵头，举行一个小型“祝寿”宴。单位有文物局、出版社、北大、考古所、历博、吉大等同学和忘年交和我一家三代人代表。席间把您的“诗”朗读了。我简单讲了几句话。所有发言都录了音。与会者都在一个纪念册，和一册拙著上签了名。还准备了给所有到场同志有我签名的拙著作纪念。你虽未到会，理应给以到会“待遇”（书待加印纪念章后寄发）。

你的处境心情我理解。我意为此伤神大可不必。

大汶口“落实政策”问题，我意最好的方式、时机是写在“续编”（报告）。有什么其他更好方式待考虑。一切都好，勿

---

① 据苏秉琦先生家藏书信复印件录文。

念！祝

好！

苏秉琦

1984.10.16

杨子范—苏秉琦（1984.12.13）

苏先生：

师母等好！

您连来二信均收到。非常感动。但因忙乱未能即复，容后详禀。

今将介绍钟华南同志专程拜访，谅能接待，详情可面谈。

我的工作情况，谅已知晓，亦容后报。

即问

近安！

杨子范

八四年十二月十三日

杨子范—苏秉琦（1985.3.8）

苏师：

容谢罪，亦请恕罪！

此番我并非“逃会”，一、因我家事忙；二、另有其他公务；三、我无“论文”。气氛一般……总之，我新调入一个“乱摊”，确无纷绪可寻，我真是一个“苦命之人”耳！

吴九龙同志已将师言告我——“未讲一句话”……但，先生应知我的性格，在此场合之下，我应退避“五舍”而非“三舍”之程。古语“有自知之明”，岂不更佳？师，以为如何？不知。

重申，只要还活在这个半岛上，如需我处，当效全力，也就是了！

我正率领着一支“杂军”在“出击”战中，苦何言哉?!

刘、朱（山东省理事）的高见不知。

容后禀。即问

阖府钧安！

弟子　子范

八五．三．八夜

杨子范—苏秉琦（1985.12.6）

苏先生，您全家好！

久未去信乃因我陈习所致——手懒，请谅。但一提笔又觉得有许多许多的话要讲，一时不知写些什么为好。

我在病中多次得到您的关怀与安慰，深受感动。您老是名副其实的良师益友！来信总是语重心长的。

我近一时期有些好转，如此发展下去再有三五个月的时间便可以重新出蛰了。现在我可以走路不需手杖，其他方面正常。春节以后，可以再与先生攀谈了。仅可趁此我的两腿和右手无损，惟左臂不灵。所以我尚有信心，据大夫说我恢复是不成问题的，这您一定很高兴吧！

近来我出了一题目，即是我是第二届考古训练班的学员，算来已是三十多年了。为了纪念这个训练班建立活动三十五周年，我想作一次纪念活动。您是这个训练班的老师之一，而如今所存于世的师生已是寥寥无几，即使在世亦多是“白头翁”了。这个训练班尽管是临时短期举办，但其中不少属于老骥伏枥的人物，奔波了几十年还不值得纪念?！我想此事仍望苏师给中局吕济民、庄敏、谢辰生等作一番游说工作，请他们支持。

时间，就定在八六年七月份（暑假）

地点，在山东荣成县石岛（暂定）

经费，请文物局出（约3万元）

倡议、筹备等，由我和李步青等

活动期，为半个月左右

大家凑凑会岂不为好

苏师列附，同大家会见谈话

这些人虽非北大的嫡系，但也是您的学生。

不日将打印的文字方案给上，此事可否能行？请先生一示为至盼！

我现在家中净心养病，多年来没有得到的休息机会，我旧写的一副对联为：

莫放春秋佳日过

难得风雨故人来

放在床头以自慰之。

关于举行活动一事，请先生指示。

我现在家中写点小东西以消遣耳。

有需我在济操办之事请来信即可。

即特问师母、小明

冬安

杨子范

八五年十二月六日于宿舍中

杨子范—苏秉琦（1986年春）[①]

苏先生：

谨祝您全家新年快乐，身体健康！

---

① 原信未署年。信中提到新年快乐且言“在八六年不管何时找任何借口也要来山东几次”，据此信写于1986年春。

您的来信早收到，未即回复，恳请先生见谅。我现在可以自由活动，总的趋势是日益见好。我现在是宣布上班不坐班，在家养病，逐渐对此生活快要习惯了。呜呼！人生如此而已矣?！不能，看来我尚恢复健康和恢复工作的，我觉得还有许多事情要我去做。每当想起像您这样的良师益友，和我多年的老友们经常来信鼓励我，所以勇气也渐渐有了些。我目前左臂还不灵些，而双腿、右臂还能如故，脑子损伤不大。自觉思维能力尚可以，我在家中无事，每日练练毛笔字，读读唐诗，玩玩印章等等的消遣。如此只盼望老友来玩，我亲书写“莫放春秋佳日过，难得风雨故人来。”又写李白诗“君不见黄河之水天上来，奔流到海不复回。君不见高堂明镜悲白发，朝如青丝暮成雪”等诗句，以慰寂寞之怏。

苏先生！人到一定的年龄是否均多情善感？我终日思念故人故情，回忆许多不该回忆的东西。我自幼喜好文学、古文，所以很羡慕陶渊明、韩愈、欧阳询之为人，当然不喜爱如李清照的情调。我很想见到您，哪怕是谈上十分钟的话也很满足的。盼望您老在八六年不管何时找任何借口也要来山东几次，山东是“宝地”，古今均可一考。李步青也很盼望您来，藉以同我们的良师益友一会。

孟子云：“齐东野人也……”我这个野人并不害人，何野之有？

我们那个建国初期所开办的“考古工作人员训练班”，几十年来大部分的人都成为了“老骥伏枥”之人，为数寥寥。我参加的第二届训练班现仅剩了一二名矣，所以我提议以抢救性的行动举行一次纪念活动。可是文化部文物局庄敏等至今无回音……李步青同我商定，地点还是在烟台为宜，时间仍在八月份。万望先生说服一下谢辰生、吕济民、庄敏等人要他们在活动经费上支持一下，至于跑腿的事，由我等去干何乐而不为？非解。

先生德高望重，他们会听您的话的。万望、万望！

“五一”以后，我可以得到“解放”的，可以到处一游四海也！

山东的总形势不错。应仁同志会告先生一些的，您那里需要我办些什么特产年货之类，请来信告知以便办理，万勿客气。钟华南事遵嘱照办。并师母、小明等好！此问

冬安

杨子范

杨子范—苏秉琦（1986.5.14）[①]

苏师：您好！

您四月卅日来信收到，对您的每一封信我总是至少读三遍。

我近来退居二线后，总在抄录一些无聊的古人话：如，“莫放春秋佳日过，难得风雨故人来”；“万两黄金易得，一个知己难寻”；鲁迅致瞿秋白言“一生得一知己足矣”；鄂北致曹雪芹言“远富近贫，以礼相交天下少；疏亲慢友，因财而散世间多”。

您是我一生的良师益友老前辈，以上是我无聊之散记，是消极情绪所发。

我是多么想见到您和我的一些多年老友。去年的此时，我的身体像一只雄狮，而此时却似一只跛熊了，能不伤感！

知先生身体不错很高兴，但不论如何应当注意爱护自己的老本——身体，这我体会得深刻了。您是各方经验丰富的人，我很幼稚可笑。我回忆大半生来，不知做错了多少事，说了多少错误的话，总之，问题很多的。

但是凡是我能做到的一切尽力去做，不搞小动作，更不危害别人。至于我，确实一个考古战线上的一个“混子”，没有做什么工

① 原信未署年。信中提到“近来退居二线”，从杨子范—苏秉琦（1986 年夏）信看当写于 1986 年。

作来，惭愧!!

不过您来鲁我保证你一切顺利，尽管是退到二线，在本省还算人缘不错。

苏师！我不是又在发牢骚，我无牢骚可发，对有的事看不惯的是人，人走茶就凉——当然凉茶亦可解渴的了。此致

阖府春安

杨子范

五．十四日

杨子范—苏秉琦（1986年夏）①

苏先生：夏安！

又是很久未给您写信，十分惦念。似乎不知有多少话从内腔中迸发出来，您在我的心目中，是勿虚的良师益友。

前日晚，邵望平同志来看我，甚感！

我在四月份退居到“二线”，现在静心养病。

虽是闲散，倒像山东的一句土谚：“武大郎盘杠子——上不够天，下不着地。”我干了四十年的文物、考古工作，到后来落了个武大郎式的人了！但是，即是如此我仍想：在我有生之年凡是北大、考古所及所有我熟悉的考古界老友，只要来山东工作，如同既往尽上最大努力去协助的。

尤其苏先生来鲁，我可包吃包穿包住。没有问题。

（下缺）

---

① 原信下缺，无时间及署名。据字迹为杨子范先生书写。据杨子范—苏秉琦（1986. 8. 23）信提到的退居二线与本信内容，信应写于1986年。

杨子范—苏秉琦（1986.8.23）

苏先生：您好！

前日我给您一信是否收到？念念。

我退居二线后已成为终日阅读《聊斋志异》的日子，整日看看鬼狐之类的无聊生活，但对全国有关考古的信息是不放过的。难道我一生如此而已乎?！不能肯定吧。

今年的考古学会我去不得了，明年想法还得到山东来。

我最近得到一个好消息：青岛市文管会管辖的崂山下有一处“华严寺”（原道士住所），现在正修复中，那里环境幽雅，靠山傍海，可是静养的好去处。

目前，青岛市文管会的一位负责人约我俟工段完竣，邀我去住。我建议他们多盖点平房，设有伙房，我住在平房里倒很方便，但我曾想到避暑或樱花盛开时请你老、师母、小明一同来清闲几个月，我看倒也不错。你以为如何？同时，若有可能，在此约请部分老友作些学术活动，有何不可？我想可以的。因为我去年为开会选址事，我还欠下一笔债，总得偿还才是啊！只要我还活着总得做点好事的。尊意为何？我没料到我的下半生是不好的，但还活着。我近来身体恢复得尚可以。请放心。

我主编的《山东史前论文集》九月份发行，特转告。

作文物考古的人跑了几十年就默默无闻了？下场不佳。请抽暇来信以慰生平。

久不见面，挂念！！师母好！

即问

秋安

学生　杨子范

八六．八．二十三

杨子范—苏秉琦（1986.9.8）[①]

尊敬的苏先生阁下：您好。

昨收到您的手谕，情兴。

每收到来信总得多读几遍，真是耐人寻味，信中有的话如同林则徐所说：“海纳百川有容，乃大壁立千仞”之情。

一、知您身体健康，特别高兴与祝贺！

二、我今年不参加年会的主要原因，是不愿意给大会同志添麻烦，无他意，请原谅！

三、钟华南同志的项目我原来是支持的，但现在是无能为力了。

四、我之所以予请您来华严寺乃是出师有名，届时即“箪食壶浆以迎王师”，主要是来开个小会。

五、明年年会可以来鲁以补债耳，不达目的是死不瞑目。山东条件是可以的，至于到烟台、青岛、济南，届时开完。但需要事前告我以便提前工作，可否？

六、至于召开系列座谈会事，我是求之不得耳！

七、关于87年考古学年会的会址问题经过我再三考虑还是来鲁召开为好。第一交通比较方便；第二夏季比较清爽；第三山东人民的生活搞得也比较好些；第四让内地的同志来看看“齐东野人”之地点未不可，但是我希望能提前告诉我一声。我意或在济南，或在曲阜，或在青岛……您对山东是熟悉的，不要我多说，先生自会考虑之。我作为一个在野的学生未免不自觉了，请批评。不须客气。

八、您需要我干些什么尽管来信教之可也。

---

① 原信未署年。据信中提到的在1983年郑州年会后，1987年之前的考古年会为1985年北京年会、1986年沈阳年会。从讨论1987年年会召开地点看，该信写于1986年。

敬问师母、小明秋安。希望他们每年来看看这处自然的“避暑山庄”，后信另叙。

学生 子范

九月八日上

杨子范—苏秉琦（1986.9.27）①

苏先生：仲秋节好。

沈阳年会开得不错，您一定很忙。

告诉您一个好消息：

本月廿七日上午，郑甦民同志来我处，他谈到两年前在泰安搞一处“考古站”一事，他现在已经搞到一座院落，与文化部文物局的那处培训班的相毗邻，并有现成房。至于周围环境，我看很好。

省局已拨去五万元的征地费，但还需要十万元左右。

我的意思请您要求北大考古系做点工作，能否赞助一下再给点钱；同时并请文物局能赞助一下，日子就好过了。

郑的意思：您老扛大旗（站长），我也挂个名义，甦民同志承担操劳。这是很合适的，只等您点一下头就可以了，机不可失，失不再来……立候回音。

此次未去参加会，甚歉，明年来山东再参加。

即问

秋安

杨子范

九月廿七日上

又：黄景略同志正在山东，请您告知他一声，以便于工作。

① 原信未署年。信中沈阳年会召开于1986年，信当写于是年。

杨子范—苏秉琦（1986.10.23）

苏先生：您好！

算来您现在北京。

久未去信请谅！前未收到您的来信非常苦闷。沈阳学会虽未能去，但大致情况老钟同志回来后谈过了。我若去的话，目的是看看您。来也匆匆，去也匆匆，连匆匆都没做到，恳请原谅我无礼了，但我日夜在挂念着您老的一切。

我已基本上恢复了健康，昨天还接了一批日本客人。

我虽退二线，情绪上尚能抑止自己，本来想办理离休手续，因有些老友劝阻我，所以至今尚未办。难道从此就应该进垃圾堆了不成？我回忆整整跑了四十年，香、甜、酸、辣、苦的滋味，都尝到了，未想到如同蒲松龄所说的："忆昔狂歌共夕晨，相期矫首跃龙津，谁知一事无成就，共作白发会上人。"

我就是一事无成，就此云云，岂能无所感受？

我半生来经过一些"运动"，但未害过一个人，这扪心无愧的，请先生放心。

至于明年召开环渤海文化座谈会一事，我同学海同志初步交换了意见，我自报奋勇参加此会的筹备工作，他也同意。

我想只要我还活着的话，还能为考古事业做些工作的！请先生放心。

我有时回忆起，前年在承德住了半个月给观民、师母、小明□□的情景，至今不忘！

明年请先生一定来鲁避暑，去沿海一带，如蒙同意，请来一简信，以便筹备，到那时我既可朝夕讨教。先生是我惟一的精神支柱，所以要说的话不知有多少?！容后禀

即问

冬安！

学生 杨子范

八六. 十. 23 日

苏秉琦—杨子范、张学海（1986.11.18）①

子范

学海同志：

你们好！

从沈阳之会回来后，还没有给你们通讯联系过。沈阳会议期间，我们对在山东召开一次既属省区范围的，又属于我们近期一直在考虑中的，在过去五六年中连续召开过的“燕山南北长城地带为重心的北方考古专题系列座谈会”经验基础上，进一步扩大范围，开展多种形式的“区系”考古专题座谈会的又一个设想——“环渤海地区考古专题系列座谈会”，初步交换过意见。最近我考虑，大致轮廓如下。

（一）依照你们原来设想，以山东北部近年田野考古工作为基础，做一次较系统的总结性的检阅。其目的，大致类似我们近年对辽河以西地区“古文化古城古国”这一构思。就是说，这一地区远古文化（从新石器时代起）直到历史时期（春秋战国的齐）似自成系列。即有别于山东南半部，当然也有别于省外邻近地区。但从返本溯源，即这时期的末尾，即直到秦统一前，却又是和“环渤海地区”这一概念归拢起来，有着千丝万缕的紧密关系。而这种关系，即今天现实社会经济生活中依然发挥着积极作用。把这一概念联系到我们当代考古工作的发展前途，如果我们现在把它具体到作为一个考古专题——课题，发展横向联系，对区系内各自的实际田野考古工作的发展会起到，犹如近年我们在“长城地带”的

① 据苏秉琦先生家藏书信复印件录文。

专题系列座谈会所起到的积极作用。它是有生命力的，它会在各自钻研基础上提高我们整个集体的学术水平。

（二）落实到下年（1987 年）由你们省所牵头，召开一次这样的小型专题座谈会，尽量做到不追求形式，但要求真正达到促进学科、学术发展的标杆作用。我初步考虑：①鲁北地区可分为三处：一、胶东地区；二、潍坊地区（市）；三、济南地区（大致与旧济南府概念相应）。因为三者在“文明”起源上可能是各自走的不同道路。②三处各自推一、二个负责人准备会前具体工作。③具体要求是，把近年工作积累的最重要资料筛选过后，提出对这些资料的评价。就是说，对各自地块内文化渊源，发展阶段，以及与邻境地区文化关系的观点。④把筛选出的材料摊开，让大家可以一起看，由你们集中介绍，大家像医院会诊式地发表意见。因为约请参加的都是有资格发言的人，展开“百家争鸣”。⑤除省内工作单位外（包括北大、考古所），邻省市的（辽东挖后洼的许玉林，挖过长海、旅顺郭家村的许明纲、苏小幸等，挖过辽西走廊的辽宁考古所、北京市平谷的赵福山、天津市挖过蓟县燕国遗址的韩嘉谷、在河北沿拒马河流域做过调查的吉大、省文物局李晓东等）有关单位和人，也请他们把近年工作做摘要介绍，着重对工作成果的学术观点。

照此设想，参加会的人数大约控制在五十人左右，省内三块我估计，潍坊市是大头，烟台市、济南是小头，是否以集中到潍坊市为宜，你们斟酌，让济南、烟台部分把重要标本运到潍坊市来？

假如按上述设想落实下来，不论你们，还是参加的邻省市、大学、研究所等，工作量都不少，内容相当丰富可观。如果准备得好，算是一次盛会了！这个会的作用，决不亚于“长城地带”的五次系列座谈会、但为突出求实效，不务形式，会的名称似可仍用座谈会、用“工作会”（谈）的形式。一切繁文缛节免掉。至于部分有兴趣、有时间的领导同志愿意参加，我们当然欢迎。

仅仅是大家都不必拘泥形式，并减少些会议开支。希望万把元（币）能够用，再多不超过两万。至于会后用什么形式发表，我意以“纪要”较好。这有利于对当前进行中的工作、课程讨论有些启发。过去几年积累一些经验，愿在总结过去经验基础上，再前进一步，使之真正成为学科发展与建设的尖兵。此事以后我们还可细商。

考虑到你们二位都没有参加过“长城地带”的五次座谈会：（1. 河北蔚县；2. 辽宁喀左、朝阳；3. 内蒙古呼和浩特；4. 山西侯马；5. 甘肃兰州、大地湾），上面所谈的这些设想的具体细节，你二位可能感到和过去所有各种形式的“会”不一样，感到为难。请考虑是否请严文明同志到山东一行，你们一起商量具体细节？（他曾参加过上五次会）你们决定好了。文物局文物处的黄景略、李季等同志近期如有去山东机会，请他们出些主意，给些具体帮助也好。专此

敬礼！

苏秉琦

1986.11.18

杨子范—苏秉琦（1987.6.3）

苏先生，您好！

数年不见，非常想念。有时梦间常遇，好歹广仁等同志传达些信息，但毕竟是间接关系。前年您说我来也匆匆、去也匆匆，而今连匆也不能“匆”了。我此时此刻很苦闷，所以写了一首“菩萨蛮”词，以抒内心之苦！

我现在走路拿一条棍，说话发音很低，声音微弱。幸有一位中医专为治疗，终日服药。所以有些会我不能去参加，即是本省部门会也不参加。尤其我向来不愿参加会，因为我不是“党棍”子倒

也不错。

关于一谈起考古工作精神焕发，我较满意些，自觉脑子未受影响，记忆、思维均可。

□□现在拼命地搞政治，力争政治舞台上表演，此事我不好多说，让历史说话罢！

阖府安！

杨子范

八七．六．三

很想见到您，有事请来信。

菩萨蛮·自沉吟

室内静寐闷人，楼外燕雀无音。邻居平房顶上，树枝摇曳报风信。年近花甲一瞬，焉想到重病染身。终日汤药不离口，怎得个奔波神州，愈是惦思旧亲。丈夫仗剑千里歌不得，余下只是低沉，叶落自然归根。子在川上曰：逝者如斯夫，岂知后来者。呜呼噎兮，何时再发狂音。

菩萨蛮

室内静寐沉闷，楼外燕雀无音。邻居屋顶伸出树枝，摇曳报风讯。忽报年近六旬，只是弹指一瞬。焉知重病染身，怎得个再奔神州，叶落自然归根。子在川上曰：逝者如斯夫，焉知后来者噎兮。

杨子范—苏秉琦（1987.11.8）

苏先生：

很久未去信问候，亦未收到先生手谕，甚念。

日前，陈晶陪同日本客人来济，在舍下住了一宿，后去大同参观。因我们多年未见，难免有今昔之感！

知先生身体不错，甚慰。像我这样狼藉不堪之人，素不愿见熟人的，想我再能见到先生时，一定控制不住感情冲动流下泪来，尽管我强行控制，也是不行的。

我现在病养得有成效，每日吃中药，但不能驰骋战场了。

今年准备在鲁举行的座谈会成了泡影，我甚为憾事，至今念念难忘！

明年夏我在青岛等您，届时请先生与师母、小明同来避暑。此事包在我身上，区区小事当不成问题。

虽然我病倒，但平日有不少同志来看望。

外地同志也经常送来温暖。唉！壮志未酬即病倒，我是多么难过！

我想找点事做做，而处人处事是多么难难难……

我干了四十年的文物考古工作，结果落得个半身瘫痪，上帝如此无情耶?!

我意想明年会好得多，这只是想想而已。

我自己写在案头的话："得过且过，得乐且乐，得躲且躲，得拖且拖"，竟是多么消沉啊！

我恨不得马上能见到您，可谓"如饥似渴"，人到如此地步思亲人也！容后再报。

冬安！

学生　子范

八七．十一．八日上

杨子范—苏秉琦（1988.2.28）[①]

苏先生：

给您老拜个晚年。

---

① 原信署"戊辰春节后正月十二日"，为1988.2.28。

节前收到您的来信、彩照，欣慰。

老钟说他要去北京见您，惜我无礼品带去。特奉上为您单人彩照形象，诌一小诗以念：

慈眉善神怡安，
潇洒之风似当年。
天赐一派学士气，
足迹踏遍神州间。

丁卯年冬杨子范

余事另禀。

杨子范

戊辰春节后

正月十二日上

汪宁生

汪宁生（1930—2014），先后工作于北京大学、中央民族大学、云南民族大学。

苏秉琦—汪宁生（1975.8.6）[①]

宁生同志：

许久没有写信，非常抱歉！……那篇文章，方法、论点均不错。已交《学报》安排发表，希望把近期发表的一些新材料补充包括进去，估计不费事，与原论点也不会有大的影响，做些必要的改动就可以了。

云南考古还是可以大有作为的，我有一个想法，供你参考。我觉得，云南的开发，大理一带可能比昆明一带更早，云南地区原始文化的重心，有可能不在东而在西。这想法依据不多，希望在考虑工作、问题时注意一下，看是否有道理？

此致

敬礼

苏秉琦

1975. 8. 6

---

① 录文自汪宁生《汪宁生集》（肆），学苑出版社，2014，第542—543页。

汪宁生—苏师母（1997.7.23）[①]

今接讣告，惊悉秉琦师不幸逝世，不胜哀痛，特此电唁。请苏师母节哀保重。

汪宁生

① 原为电报，据电报复印件录入。复印时，将汪宁生先生电报和何炳棣先生1997年7月10日来信复印于一纸。

佚 名

苏秉琦—佚名（1975）[①]

补充说明

为什么我们提出这样的一项建议？主要考虑到四个方面。

一、今年北大考古专业毕业班有四十个人。这是“文化大革命”以后第一批从工农兵中选来的学员。这一班原来基础较好，学习比较扎实，成绩比较整齐，是一批很有希望的新生力量。例如，他们在参加北京琉璃河、湖北盘龙城、江西吴城、筑卫城实习工作中的成绩和表现都是不错的。现在各地方各有关单位不是不需要补充新的力量。但是，我们知道，也还有相当一部分原有专业干部没有归队，在旧的专业干部没有充分使用的情况下又要新的，这是人力的浪费。这一批四十个人，如果能把他们之中的大部分留在

① 家藏仅见书信“补充说明”。写信对象、时间不详。从信中言及北京大学“第一批从工农兵中选来的学员”毕业，且信中所提“四届人大”召开于1975年看，当写于1975年。若从信中言“如果由国家文物局和北大合组一个新的机构”、“文物局要有长短期的规划”中多次提“文物局”的情况看，推测本说明应是向国家文物局提出建议信的补充。

文物局直接领导下集中使用，在使用中培养提高，将会发挥较大的作用。

怎样集中使用，把钢用在刃上，并在使用中能较快地提高呢？我们考虑到以下几个条件。

1. 让他们参加国家重点工作项目，这样，既能解决一部分当前工作上的迫切需要，又可以使他们得到较全面的锻炼机会。

2. 把他们放在北大考古专业一起，现可以加强专业教学的辅助力量，以缓和当前教师队伍青黄不接的局面。在教师的帮助下，也为他们提供较好的进修条件。

3. 为实现这一设想，需要得到国家计委的同意。在人事安排、业务安排上，采用双方合组机构的组织形式是一个可取的办法。

二、根据四届人大提出的宏伟目标，在我们这个部门的业务范围内，任务是繁重的，有些是属于把先进科学技术应用于本学科的，有些是属于基本建设性质的。完成这些任务需要有组织、有计划地进行大量工作，需要有多种条件的配合，需要投入较大的人力、物力和财力。这里重要的一环是要有一个能负担起这一任务的核心。这一核心，如果由文物局和北大合组一个新的机构，可以说基本条件就具备了。

三、根据四届人大提出的任务，文物局要有长短期的规划。北大考古专业要贯彻开门办学、以社会为工厂的方针，进行教育革命，也要有长短期规划，但必须同“对口”的国家机关（文物局）的规划协调起来，才能取得组织上的保证。

四、有了这样一个组织形式和工作规划，加上不断增加的新生力量，可能在不太长的期间内，一方面可以用滚雪球的方式（在重点工作中筹办不同类型的训练班、进修班）在全国范围内形成一个深入基层的网状布局，各方面可以在上边逐步造就一支在文物局直接领导下的得力骨干，建立起一套体系完备、面向全国的、提高与普及相结合的，包括实验室、技术室、档案资料室、标本室以及研究课题等项目的中心。

佚名—苏秉琦（1979.12）[①]

苏先生：您好！

值此新年之际，请接受我对您的最良好的祝愿：祝您福寿康宁！

算起来，离开您身边已有一个多月了。这些天一直忙忙碌碌的，时间也过得特别快。廿多天的发掘已经揭出40多条平巷、27个竖井。由于遗迹丰富，人手又少，我决定在这段发掘工作结束以后同大家一起回京了。现在，这里的天气变化无常，工作已诸多不便。但清理井巷的过程既是新现象、新问题不断出现的时刻，也是解决问题、使认识不断深化的过程。因此，我们正全力以赴地争取尽可能多的收获（有关情况，已嘱老钟同志向您报告）。

半个月前，老俞把我和老黄接到当阳，看了他们今年发掘、整理的材料，颇多收获。他们对这一地区的东周陶器分期搞得比较清楚，面对该地过去称为“湖北龙山文化”的东西提出的新看法更有意思。可惜后者的资料太少，离作出结论还有一段距离。老俞意识到这一点，力促地区同志明年继续工作，可是他们只想挖墓，而不愿作遗址。我俩当然竭力支持老俞同志的意见。正在这时，您给老俞的信也到了

（下缺）

---

① 原信下缺，未署年。信中提到的老俞、老黄推测应指俞伟超先生、黄景略先生。据俞伟超—苏秉琦（1979.10.12）信，当阳发掘于1979年下半年。信言“值此新年之际”，应写于1979年底或1980年初。信中提到矿井发掘，应即1979年11月开始的湖北大冶铜绿山古矿冶遗址发掘，从信中讲“二十多天的发掘”看，信写于1979年底的可能性较大。

苏秉琦—□□（1981.10.29）[①]

□□局长同志并转谘议委员会各委员：

收到你局办公室订于本月31日召开谘议委员会的通知，并仔细阅读了附件。我因应山东省文物局的约请，日内动身，不能出席，让我首先向你请假。

读过附件——79年7月国务院批发文件，心潮起伏，久久不能平静。出于一个文物考古工作者的良心，有些不成熟的想法，犹如骨鲠在喉，不吐不快，仅供同志们参考。

（一）“文件”从整个精神到具体条文都大成问题，和我们这样一个社会主义大国的立国精神、我党的历史传统以及设置专管文物事业的国家文物局的目的极不相称。现在我们国内有“文物市场”，世界上有“国际文物市场”，这是事实。但这种市场是旧世界社会的丑恶历史遗留给我们的一个“负担”。而“文物”自身在我们这样一个国家不应成为压占库房的废品，更不应该成为市场上的买卖商品，更不要说让它成为出口商品。在任何一个现代化的国家、任何一个文明的民族都会知道应该如何安排它的用场，使它发挥它应该和可能发挥的作用的。道理不需要我在这里多讲。博物馆藏品可以分等级采取不同的保管方法，供进行爱国主义教育和供科学研究之用。但作为“文物”这个统一的范畴，不论是秦砖汉瓦，还是陶瓷碎片，和那些珍贵国宝一样，作为商品流通，投放市场，甚至出口，都是对一个文明国家民族自尊心的玷污。如果不加禁止，任其泛滥，是最不得人心的蠢事。

（二）谘议委员会同志可以对此问题交换意见，供领导参考。

① 据苏秉琦先生家藏书信复印件录文。信件已收入苏恺之《我的父亲苏秉琦：一个考古学家和他的时代》，三联书店，2015，第320—322页。

我完全赞同。但我感到，我们这个组织范围太小了，代表社会面太窄了。像如此重大的问题，应该拿到更大的范围去，听听广大群众的声音，岂不更好！

（三）这个文件从发出到现在两年多了。我是第一次看到，过去也没听到。我感到遗憾，也感到内疚。但现在才拿出来让我们大家来讨论这个问题也有好处。实践是检验真理的唯一标准。79、80两年的第一、二界中国考古学会年会上曾由到会全体会员代表对国内近年来盗挖、倒卖、走私文物的现象向社会发起过呼吁。事实教育了我们，歪风不但没有刹住，而是愈演愈烈。现在，今年的年会正在积极准备阶段。不少同志正在苦思苦想，究竟我们采取一些什么办法方能对此问题起到些实际作用。现实教育了我们，使我们不能不提出这样一个疑问，这个文件，以及由此产生的一系列实际措施，究竟对这股歪风是起到了某些抑制作用，还是起到了“推波助澜”的作用？

（四）原来文物商店的设立，是想将流散民间的文物，设法收集起来，由公家保管，所以当时是归文物局流散文物管理处领导的。后来成为买卖文物的商店，已非初旨。现在又扩大为出口文物的商店，更为不应该。试行办法说：在近几年内，每年搞两三次，似乎还想以后更加扩大规模来出口文物。后患无穷，请加考虑。

（五）文物特许出口管理试行办法，似乎是文物商店代拟的。其目的是广辟货源，不是保护文物。所以①于传世品以外，包括考古发掘文物；②于流散民间文物之外，要包括公家博物馆藏品；③请示报告原定三级以下，办法中定为包括三级在内。这使标准变成为二级以下的了；④不限于文物商店收购的文物，还要各地文物部门提供出口文物。这完全是从商店角度来规定，如果从文物保护角度来看问题，这一定会产生灾难性的后果。这两三年来，盗掘古墓的风气死灰复燃；博物馆被盗的案件增多了，并且会影响到各地主持考古发掘单位的优良传统，不是为保护文物和研究文物，而是为采集可作商品的文物供赚钱之用。作为一个中国考古工作者，我认为这样做是完全错误的。我们要对祖先的文化遗产负责，我们要对将来需要文化遗产的子孙负责，千万不要为了少量的外汇而丧失我们的国格。即使是人家愿出更多的外汇，我国的文物（指古代文物）对外国人而言，是非卖品。

以上几点，有不当之处，请同志们指教！总之，这种关系重要的事情，还请慎重再三考虑，不要匆忙作决定。

此致

敬礼

苏秉琦

1981 年 10 月 29 日

［编者注］苏恺之先生在《我的父亲苏秉琦：一个考古学家和他的时代》中抄录了另外一封信稿的部分内容①：

这是一封反映重要情况和意见的信，为节省时间，下面简短介绍我的职称职务：中国社科院考古所研究员、国家文物局文物委员会委员。我和国家文物局的业务联系可以上溯到文物局成立之前，和历任局领导以及大部分同志是多年朋友，一向接触较多。但是，像此次直接给你一级领导写信还是第一次。

情况特殊，不言自明。说来简单，还是出在怎样对待文物局主管业务是保还是卖的问题。仔细想来，确也奇怪，也确是真事。既然是真事，发展下去，车要出轨，现在到了需要大喝一声“站住”的时候了。

记得前任局长任质斌同志任职期间曾对我说过一句话，文物局的大事无非两个字：一个是“人”（干部），一个是“物”（文物）。所以要紧的，一是抓干部培训，一是保护好文物（如建库房）。

---

① 苏恺之：《我的父亲苏秉琦：一个考古学家和他的时代》，三联书店，2015，第 322—323 页。

苏秉琦—佚名（1985.9.23）[①]

（上缺）

今后工作的一些看法等。其中我先谈到粤北的韶关地区，又谈到珠江三角洲，更着重谈了汕头、梅县地区与闽南一带（韩江—九龙江流域）古文化问题。我希望他能同馆领导、具体工作同志交换意见，并把我们的一些想法，转达大家，供参考。

当然，这些想法，是从看过你们在《广东文博》上写的，以及我从各方面了解到的情况出发点的。如果说，有什么新意，那就是我们想，今后田野考古工作，如何更进一步加强计划性、目的性，真正向“全国一盘棋”的协作方向发展，而不是各自为政。事业单位，各是一家。从学科与行政领导看，原本是应该统筹规划的。过去，我们习惯于一元化的“行政”领导，而不习惯于学术上的统筹规划。我们“学会”又不能起到这方面的作用。

我们所考虑的，正是要解决这问题。因为，这才是我们当今面临的现实。说“改革”太笼统一些，实际问题所在，大家多少是心中有数的。只要真正“出以公心”，总会找到办法的。所以，我希望我们能有机会，认真研究一下这问题。不是笼统的，而是专就岭南、广东或东南沿海的考古问题，不要用“百越”之类不着边际的提法。你们以为如何！专此。祝工作顺利！

苏秉琦

1985. 9. 23

① 家藏书信残稿，仅存尾页。从内容看，应是写给广东同行的书信稿。

祁慧芬*

祁慧芬（1937— ），先后工作于山西省文物工作委员会、山西省博物馆。

祁慧芬—苏秉琦（1976.9.5）

苏先生：您好！

你23日信26日收到。得知北京地震解除消息颇为放心。近日身体较前是否有好转，常言说，身体是革命的本钱，可工作起来就把本钱忘了。上次来信，还计划应邀到几个地方完成重任，切要在身体允许的条件下，不可勉强，当前的任务是休息。

我8月19日与省文化局邓局长到运城、夏县，联系下川向下冯转移前的准备工作。23日返太原，28日二次南下侯马、夏县。29日去下川接学员，9月2日沁水县委开了欢送会，为考古队放映电影。当日下午到侯马，3日张万钟讲课，主要介绍晋国遗址发掘

* 祁慧芬先生校稿时指出："苏秉琦先生是中国考古学奠基人之一，把毕生的精力，全部心血都投入考古学研究和教学的事业中，业绩卓著，博大才俊，德高望重，平易近人，温和质朴，关爱学生，深深地感谢苏先生对我的培养，师情终生难忘。在此致以最崇高的敬意，深切缅怀。"

情况结合侯马遗址重点讲东周考古。4日去丁村参观、今日参观金墓、奴隶殉葬墓及陶器、陶范等实物，明天全体学员（约60人）到达下冯。

在转移的过程中，因天气、车辆受时间限制及领导对下川收尾情况不十分清楚，又因交通不便未及时提前告诉下川转移的准确时间，省县领导根据二十天以前的商定计划按时作了转移的准备和安排，便开车到下川接人。不晓因下川多日下雨，又因工作人员回家多日不归而使收尾工作受到很大影响。显然仓促转移，草草收兵，记录未完全整完、小件未经整理登记、个别探方挖了2/3，工作小结未作，展览刚搞出小样，势必给工作造成不利。下川的同志愿推迟数日再转，我看到此种情况，我一再坚持工作要有始有终，同意推迟。经向县委汇报，县委已按预定日期作了各方面的准备，不同意改期。又因汽油紧张派车困难，最后还是草草收兵了。我认为主要是客观困难所致，下川条件差，交通不便造成生活困难，引起学员思想混乱。工作人员相互也不融洽，领导班子不过硬。

当然应该从主观上找原因，60多人的学习班在以上条件下怎能办好?!当然成绩还是主要的，从业务上讲，挖出来的石片片也不少，究竟解决了多大问题，因未经整理也难说明。我问了石兴邦等几位老师，都未正面答复。在细石器中发现了一批大型石器（磨石等），据石认为较为珍贵。

今日司机从下冯捎来信，说工地已开工四五天了，拟计划今年下半年发掘地点主要放在龙山。这里堆土浅，现象较复杂。两种房子，灰坑、陶、石、骨器等，叫学员搞这里较有兴趣，否则挖大探沟堆土深，现象少，恐怕学员思想工作难做，已分若干组。当然也分相当强的一部分技术力量在城墙上想另搞一个剖面，再挖大探沟。因为探沟毕竟是必须引起我们重视的重点，也必须有人去作。十月底送走学员，十一月还可以再开几条探沟……

今年我的担子更重了，领导一个也不下来，办公室主任呀、副支书呀都加在我的头上了。我也真有点头痛，领导重视，群众支持，我也只好硬着头皮干吧。我有决心和信心搞好这一工作，依靠群众，发挥大家的力量，接受下川教训，发挥各个组织的职能，党、团、田野组、学习班、伙委会……都要朝气蓬勃，要有生气。要把我们这支队伍培养成一个团结战斗的工作，要向“特别能战斗的队伍”这个目标努力！我们一定要不辜负党的期望，一定胜利完成任务！书不尽言，余情再叙！写得啰唆、潦草，见谅！

祝您健康

祁

76.9.5 中午

祁慧芬—苏秉琦（1977.1.25）①

苏先生：

您好！身体还好吧，时常惦念。您 1976 年除夕写给我的信已收到 20 余天了，早该回信，工作太忙，一直拖至今天，再不写信您又该挂心了。

上次信中提及相片之事，别提了，照得很不好，又没有时间重照，只好寄给你，不然我的许愿就空了。

本月初俞伟超老师带进修班来太原住了几天，我本想托他给您带些香油，我见他拿的东西太多没好意思麻烦他，有人去时再说吧，吉山枣我也买下了，有便人给你捎去，还需要什么来信告诉我。

---

① 原信未署年。信中提到“76 年除夕写给我的信已收到 20 余天了”，1976 年 1 月 30 日除夕，1977 年 2 月 17 日除夕，书信署“元月 25 日”，均不符。信中言“北京地震”，推测为唐山地震（1976 年 7 月 28 日）后震情。若是，此处言“1976 年除夕”当指 1976 年底或 1977 年初的时间，是以农历中“除夕”的说法言公历的 1976 年底或 1977 年初。以书信署 1.25 的时间看，原苏秉琦先生致祁慧芬先生信当在 1977 年初，距此“20 余天”。信中言寄相片事亦见祁慧芬—苏秉琦（1977.3.22），故信当写于 1977 年。

永志由北京回来谈到您的情况，对你知识渊博有多年教书的口才，印象极深，并提到你精神很好，我很安慰。

你来信谈到下冯的工作，意见很好，很有参考价值，今冬他们已把全部东区灰坑整理登记完毕，又专门把城堡遗址出土的器物，进行了分析、讨论、研究，争论比较激烈，百家争鸣，各抒已见，这很好，强求一致是不行的。总之，有的人认为最下层比东下冯早期还早，有的认为比中期稍晚，有的认为早期偏晚。现在正在选标本上架，计划月底结束今冬工作，我没参加也深感遗憾，以后再弥补吧。盼望您来才好，房子三月底全部盖好，您来吧，到时我一定给你安排得好好的。

我身体还好，勿挂！听说北京地震仍未解除，要时常警惕，别太麻痹。最近血压正常否？注意休息，保重为要。切记！时间不多，就写这些吧。

祝

健康

慧芬

元.25 上午

祁慧芬—苏秉琦（1977.2.1）①

苏先生：

您好！师母好！

今有我会戴尊德同志赴京，春节即将来临，没什么可带，顺便给您带点香油和红枣，如还需什么山西特产望来信。

我们工作很忙，正在搞清查“四人帮”运动，其他一切如常，勿挂。

时间关系，余情面晤。

---

① 原信未署年。据祁慧芬—苏秉琦（1977.3.22）信，知信应写于 1977 年。

祝您

春节好！

慧芬 2.1 上午

祁慧芬—苏秉琦（1977.3.22）①

苏先生：

您好！

年前曾去一信连同照片不知收到否？另托我考古队戴尊德同志给你带去一瓶香油和红枣，戴说没见到您。这么久不见来信，不知何故？我向岱海打问，他说好久不见您去所里上班，是否身体不如前段？十分惦记。

我们忙于机关运动，很想脱身到下冯参加发掘，所里同志也催得要命，我也很急，支部意见叫我待运动告一段落（估计十天左右）再下去，我身体一直很好，勿念。

东下冯的工作即将开始了，有何指示和建设性意见写信告诉我，张彦煌同志来信说刘仰桥同志上半年来下冯看看，不知您身体情况允许否，当下身体状况如何？盼望写个信来，哪怕三言两语，以解除闷念。

祝您

健康

祁

77.3.22 下午

---

① 苏秉琦先生将祈慧芬先生 1970 年代的 4 封书信撤去信封后，用硬纸对折后夹置书信，上写“山西信”。

祁慧芬—苏秉琦（1986.2.13）

苏先生：

您好！致此问安。

您2月25日信28号收到，所托办之事，因种种原因拖迟至今，望祈见谅。

我馆先后在冶炼厂收集共两枚西周铲币，现展出的是编号1（形制较差），另一枚编号2在库中收藏（形制好，1964年《文物》曾发表过，是吴连城同志写的）。那一期我没来得及查找。此类标本在我馆藏品中再无第三。

因提取手续麻烦不好直接拓印，他们说复印效果不差，又是原大，我就照此办了，不知您满意否，现寄上，请赐教。

侯马一别已是四个月有余，这四个月我很轻闲，也很自由，想上班就去转一圈，不想去就待在家里看看书，理理家务，几十年都没这样自在过，没这样享受过清福，感谢文物局领导对我的“照顾”。

您可知道，我从侯马开会回来即宣布停止我党内外职务，对我“文化大革命”问题进行全面审查，整党暂不登记。张德光同志也被停了党内职务，暂不登记。我们什么问题也没有，将来历史可以作证，其目的是怕我们进班子，以核查为名有意拖延，众人均明白。至今班子未定，听说从忻州、大同已选定但还未上任。可能是外来的和尚好念经吧！可见派性何等严重啊！反正我对党风好转（起码对山西或者说对文物局）是失去信心了，有这种思想的人何止少数!!

北大毕业的同学几乎全飞了，老一点的是剩下王克林、吴振禄了。据说叶学明已办妥回京的手续，反正山西不留人，事情做得太绝了，使人寒心啊！

我想得开，不在乎，身体、精神一切都好，95%以上的同志是同情我、理解我、支持我，因此我一直心怀宽广，精神愉快，若无其事，只要还给我一直发工资，我就一直等下去。

我一切都好，三个孩子工作都很理想地安排了，永志工作顺心，家庭生活越来越好，不愁吃，不愁穿，不愁孩子就业升学。我现在是心宽体胖，精神焕发，望您放心勿挂。

侯马的讲话录音稿不成功，另写好后，如果复印或打印我要一份。另外，您答应给我的，别忘了。您在侯马作的那首妙诗，我已叫书法家抄录下来，准备装裱珍存。

您需要什么来信，深感，我为有您这样一位良师而实感高兴和幸福，书不尽言，余情继叙，顺祈春安！盼多指教。祝您

健康

您的学生　祁慧芬

86.2.13

唐　兰

唐兰（1901—1979），先后工作于西南联合大学、北京大学、故宫博物院。

唐兰—苏秉琦（1976.10.14）[①]

秉琦同志：

承示广东石笄上的刻划文字，甚感。此石笄是否原大？如果原大，只在不到十厘米长的物体上刻了八个字，可见这种文字也已通行了。

是裂痕还是文字，恐怕是需要确定的。除了目测以外，不知是否还有其它办法。但我从主观眼光看，认为很可能是文字。

但这种文字，决不是黄河流域的文字，我觉得与吴城文字可能是一系统。如字就觉得很面熟。从历史眼光看，我总觉得南方应该有一种民族文字，因为所谓“苗”、“蛮”、“闽”、“越”（粤），都是一声之转，长江以南，有一个很大的民族，他们有自

① 原信未署年。据信封上邮戳“1976. 10. 15”，当写于1976年。

已的文字。例如红崖刻石、所谓“岣嵝碑”，以及晚近所发现的许多摩崖文字，一部分可能是其遗迹。如果这个石笄的年代确在6000年以上，而这又确是文字的话，这种最古的南方文字，仍然是十分重要的发现，但要研究这种文字，恐怕还得寄希望于更多的发现。

我认为我国疆域如此之广，有多种古文字并不奇怪。我仍然坚持甲骨、金文中用数目字拼成的文字是另一民族的文字。当然，它们和我们一脉相传的华夏文字是有密切关系的。此外，巴蜀文字和南方文字，恐怕也是两大系统，可惜，考古资料还都很不够。这不过是我的随便乱道而已。致

敬礼

唐兰

10.14

秉琦同志：

承示广东石锛上的刻划文字，甚感。此石锛是否原大，如果原大，只在不到十厘米长的锛体上刻了八个字，可见这种文字也已通行了。

是裂痕还是文字，恐怕是需要确定的，除了目测以外，不知道是否还有其它方法。但我从主观眼光看，认为很可能是文字。

但这种文字决不是黄河流域的文字，我觉得与吴城文字可能同一系统，如字字就觉得很面熟。从历史眼光看，我总觉得南方应该有一种民族文字，因为所谓"苗"、"蛮"、"闽"、"越（粤）"，都是一声之转，长江以南，有一个很大的民族，他们有自己的文字，例如红崖刻石，所谓"岣嵝碑"，以及晚近所发现的许多摩崖文字，一部分可能是其遗存。如果这个石锛的年代确在6000年以上，而这又确是文字的话，这种最古的南方文字，仍然是十分重要的发现，但要研究这种文字，恐怕还得寄希望于更多的发现。

我认为我国疆域如此之广，有多种古文字并不奇怪。我仍然坚持甲骨金文中用数目字拼成的文字是另一民族的文字，当然，它们和我们一脉相传的华夏文字是有密切关系的，此外，巴蜀文字和南方文字，恐怕也是两大系统，可惜，考古资料，还都很不够。这不过我的随便纵谈而已。致

敬礼

唐兰 10.14

牟永抗

牟永抗（1933—2017），先后工作于华东人民革命大学浙江分校、浙江省文物管理委员会、浙江博物馆、浙江省文物考古研究所。

牟永抗—苏秉琦（1978.1.27）

［编者注］书信未见，浙江省余姚县河姆渡遗址发掘领导小组信封，署“杭州涌金门外83号牟寄自余姚”。内置器物卡片一张，原信未见，从字体看，为牟永抗先生发出。宁波邮戳为1978.1.27，北京邮戳为1978.1.30。

出土文物登记卡

坑号 T212(④B)　　器物号 228

名称	斧柄	件数	1	制法	
质料	鹿角	时代	新石四	备注	

尺寸
高
口径 3.5cm
底径
腹径
长 43cm
重 690克

描写 利用鹿角的分枝部份制成。柄部略向上曲。接石斧部份已残，以相似的木质斧柄推测，它应有一扁厚之倒角用以侧向捆绑石斧。

著录：

略图

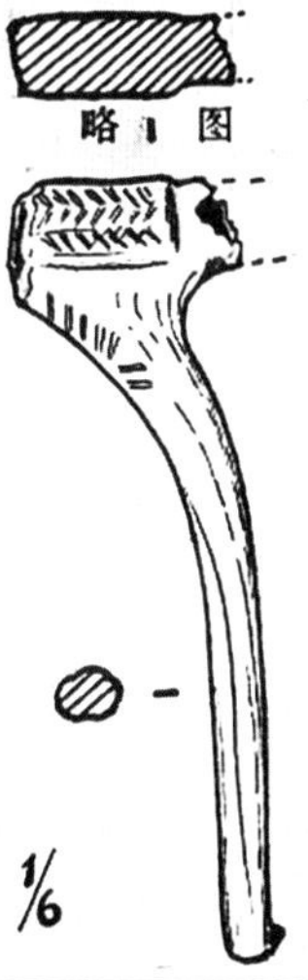

照片

器物卡片［牟永抗—苏秉琦（1978.1.27）］

牟永抗—苏秉琦（1978.4.15）[①]

秉琦老师：

三月十九日来示收到。三月中旬开始，我来嘉兴地区东部各县，对去冬今春在农田基本建设中发现的一些遗址，作抢救性的调查试掘工作。由于流动性较大，行踪不定，与外界的联系也几乎中断。

这次出来到现在已试掘了四个遗址，开了十五条探沟，发现清理墓葬廿四座，时代都属良渚文化。解放后，我们一直在找良渚的墓地，迄未踪迹，这次却得来全不费功夫。各墓均南北向长方形土坑，大致均残存骨架，随葬陶器五—十件，分置两头，并似压在骨架之上。随葬陶器胎软而薄，体形亦小，应属明器。这些墓大致可分二期，早的相当于良渚或稍早（即钱山漾下层和良渚之间），晚的略晚于良渚，也就是介于上海马桥遗址第四层和第五层之间。通过这次工作使我更亲切地记牢，您几次讲“要盯住杭、嘉、湖的良渚不放”的正确预见。

最近在县里见到《文物》三期，读了南京会会议纪要，总的说纪要写得还是好的。但是写上了一些并未在会上提出我讨论过的内容，例如“草鞋山”文化一说，在会议期间没有一人提起过，更没有讨论过。您在会上讲的“草鞋山”和河姆渡是两个突破口，我在文字材料中曾有一句“草鞋山是一处多层次的典型遗址”，这里绝无草鞋山文化的含义。所以纪要中草鞋山文化一段似乎是强加于会议。给人的印象是江苏的遗址不能用江苏以外的文化称谓。又

① 原信未署年。原信封虽存，邮戳不清晰。从信末书徐宴桥的情况看，该信应写于发掘徐宴桥的1978年（《牟永抗考古学术简历》，《牟永抗考古学文集》，科学出版社，2009，第716页）。

如圩墩遗址，会议分发的材料，只分上下两层，我们几个人确曾提出过材料中的下层，可能是中层，圩墩另有下层的意见，并认为中层的时代约和崧泽中层相当。而在纪要中竟变成以圩墩中层代替阴阳营下层的说法。如此等等都会给读者及未能参加会议的同志造成误解和错觉。本拟给《文物》写一信，以后想想又觉多此一举。

关于江西会议的材料，您给我的命题很大，就我现在的水平，还很难完成，这里包含了老师对我的期望和鼓励，这次出来也未能找到相当的地层和材料。

在出发前，听绍兴县同志汇报，去冬他们发现一处印纹陶和原始瓷共烧的窑址，并已被一条渠道穿过窑壁已暴露，时代较晚，以米字纹为主，当初设想这里只要十天左右，现在已经错过时机，只能等这里结束后再说了。如果会议能在8—10月间开，我当尽力为之，至于写成个什么样子，就不敢断语了。届时再请老师指导。

自从粉碎“四人帮”以后，我和大家一样，心情是十分舒畅的，我省今年的大部队都在河姆渡，只有我独自在当救火兵，在各地奔波，心里也很高兴的。至于“拙荆”之事，去年已有眉目。但在我这次出发前，又变成泡影了。由于省文化局有关部门的事不关己，医科大学在等待了半年之后，已经物色到别人了。心里不能没有芥蒂。只是无可奈何，现在还不知是何年何月哩！有劳老师惦记，非常感激，如果我省有关部门的领导能有我师十分之一的关心，我也不会如现在的处境。

据说所里编的《考古参考资料》已印出三期，我们从未见到，老师能否为我要一套？敬祝

康泰！

学生　牟永抗于徐宴桥

4.15

牟永抗—苏秉琦（1979.12.3）[①]

苏老：

我已到桐乡县石门镇罗家角遗址发掘，由于工地刚铺开及事先的筹备什务等等，未能及时给您复信，请见谅。这个遗址发现于1956年，面积约五万 m^2，文化层厚1—1.5m。属马家浜文化，可能有早于马家浜的堆积。由于生产要平整土地，拟在春节前发掘500—1000平方米。从已开的五个探方（5×5）看，文化层土色甚深而陶片不多，地层中包含细碎的红烧土粒和兽骨残渣甚众，除偶见砺石外至今未出石器、骨器等小件器物。我曾用断崖、沟壁切开二条30—50米的纵横剖面，情况亦然。不知何故?!

自从您1975年来浙以后，经过多年的争取，省委已批准在省文管会（相当于文物局）下设文物考古所，和省博物馆并列。良渚文化亦列入今后考古的一个重点课题。遵照您的意见，所谓“良渚文化”考察的内容是：探索杭、嘉、湖平原从马家浜文化或稍前开始一直到春秋战国时的吴（或越）为止，包括印纹陶在内的古文化序列。也就是说，把钱塘江以南的宁绍平原分作两个块块，分别确定专人分头进行。这次罗家角的发掘作为“良渚”工作的第一步。主要任务一面配合这里的平整土地，同时培训一支以农村为家的考古队伍，即所谓“亦工亦农”的熟练民工。希望在这支队伍中能选出一些像我们那样未经大学专业培训的事业人才。包括看坑，绘图，修复的骨干，作为今后发掘的基本力量。这样的

① 原信未署年。据信中提到罗家角遗址发掘的情况，信应写于第一次发掘罗家角的1979年，见《牟永抗考古学术简历》，《牟永抗考古学文集》，科学出版社，2009，第716页。

设想不知妥否?! 现在我们的队暂称“罗家角考古队”，以后可能改称“良渚考古队”。

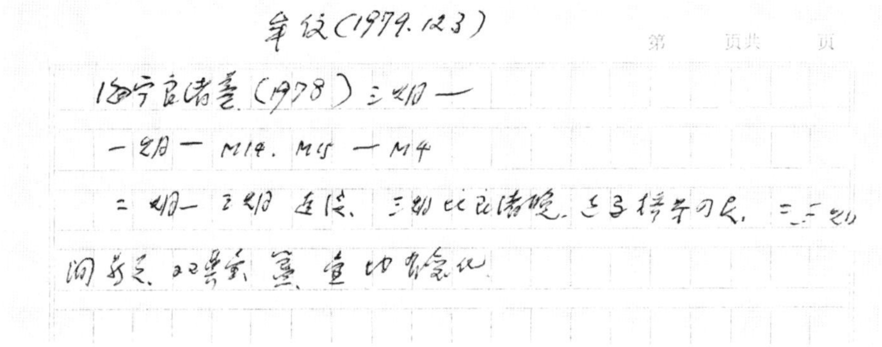

苏秉琦先生阅信笔记

去年在海宁的良渚墓葬，选出部分墓的器物图，今寄上。各墓均无打破或叠压关系。去年野外结束后，曾稍加整理，拟分三期，第一期中，徐 M15、M14 可能早于徐 M4，中间可能还有缺档。由于墓数不多，暂并入一期。二、三期间，可能是一个连续过程。三期可能要比良渚遗址稍晚，接近上海马桥第四层。二、三期间，鼎足、双鼻壶、簋、壶等均有变化。我大胆地提出来。您对我的关怀厚意，我是永远铭刻在心。您对我期望将是我奋斗的目标。只是天分驽拙，领悟迟钝，可能有失老师所望。还得请老师多费许多心血，从严教导。

前几天，在当地见到一种传统农具，体型和江浙两省常有出土的“石铽”（沙孟海语）或“斜把破土器”（吴汝祚定）甚似，石器的器形如：

使用时，一人持木柄，深入泥中，二人在前拖绳牵引前进。在田中划出平直的畦线，再按之线翻挖泥土成畦。当地称作“拖刀”。如两者确有联系。良渚文化的传统，一直可以延续到今天，亦可帮助解决犁的起源问题。这一想法，能否成理，请老师给予指教。

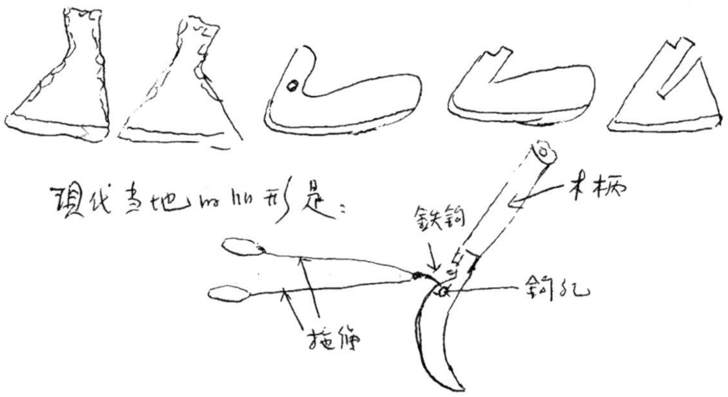

明年春天，历史博物馆宋兆林同志计划去云南作民俗学考察，我很想能随同去学习、见识。以期对今后良渚工作有启发。不知能如愿否？

这里发掘成果容日后再向您汇报。

敬请

泰安

牟永抗　上

12. 3

通讯处：浙江省桐乡县石门罗家角考古队

牟永抗—苏秉琦（1980.1.9）①

苏先生：

上信寄出海宁千金角等遗址良渚文化墓葬部分器物简图，想已收到。

① 原信未署年。信中提到的罗家角遗址发掘，应是在第一次发掘罗家角尚未结束的1980年，见《牟永抗考古学术简历》，《牟永抗考古学文集》，科学出版社，2009，第716页。

罗家谷[①]遗址的发掘，已进行后期阶段。前两批二十三个探方已基本结束。今天开始揭第三批的十八个坑。预期到春节可以结束。在发掘区内未见墓葬，也没有找到明确的建筑遗迹。出土物不甚丰富。从已知的器形看，对进一步认识马家浜文化颇有帮助。年代上可能比已知的马家浜文化为早。而且和河姆渡有一定的区别。实践证明您的“既是亲家，又是冤家”之预见和论断是正确的。

为了解当时的植被情况，拟请北京植物所帮助作孢粉分析，记得先生在西安时说和他们较熟，附信寄上便函一封，请您帮助走一走“后门”。

明年我们打算搞良渚试掘。如有些眉目。不知您能否来现场指导？

敬请

新年大安

牟永抗

元．九日于罗家谷

牟永抗—苏秉琦（1980.2.7）[②]

苏先生：

罗家谷遗址的野外发掘工作，已在上月 24 日下午结束。刚好抢在这次寒流之前，第二天即下大雨，随着就是雨雪和冰冻，实为大幸。结束后由于善后工作及层层去向各级领导汇报辞行，一直到二月三才回到杭州。您的信也由工地转回杭州，故迟复。

这次发掘，共开坑 41 个，面积约 1338m^2。仅占遗址总面积十

---

① 各信中的“罗家角”与“罗家谷”，以信中各自写法录文，不统改。

② 原信未署年。信中提到的罗家角遗址发掘，应是在第一次发掘罗家角尚未结束的 1980 年，见《牟永抗考古学术简历》，《牟永抗考古学文集》，科学出版社，2009，第 716 页。

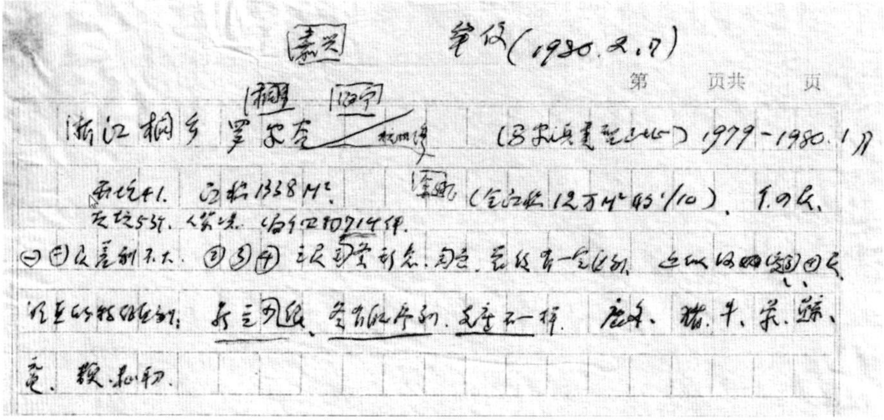

苏秉琦先生阅信笔记

二万 m^2 的百分之一。发现灰坑 53 个，人架二具。编号器物 714 件。从第二批发掘坑开始，按照土色和陶片的变化分了四个地层，这四层都属马家浜文化。第一、二两层，器形变化不大，只是陶色、陶胎厚薄及一些器类的比例有所区别。二、三、四层次中，陶釜的形态及陶色、花纹均有一定的区别。陶片少，是与河姆渡对比所言，相应的复原也少，器类以釜占绝大数，也不如河姆渡釜、罐各半的情况。四个地层之间，互相承继关系比较清楚。初步得到印象是陶器中既有近似河姆渡第三、四层地方，但是也有许多明显的特征区别。如：鼎、豆的数量很少；釜有自己的演变序列；支座（釜支子）的形态也不一样；有一种带扳的小口壶和三扁足的盉，河姆渡不见；还发现有刻印有精美花纹的白陶片等等。兽骨的数量很大，洗净晒轻后的重量就有二千二百多公斤，装了 90 大箩筐，体积上约占陶片的 1/3。以鹿为主，其次为猪和牛。还有象、鲸、鼋和鲻等。也发现了水稻，经鉴定有粳、籼二种。孢粉标本，已在结束前邮寄北京植物所。

原来文管会领导的布置，叫我搞良渚。这里良渚一词，既不是指良渚地方，也不是良渚文化。而是指整个杭嘉湖地区的原始文化，其中也包含着印纹陶这一课题。所以工作范围和地点都还相当的广阔。这次罗家谷发掘，我在农村物色了廿名高、初中毕业生进行培训，结果约有1/3可作以后发掘的骨干力量。希望能成为杭嘉湖地区的“子弟兵”。由于即将成立的“所”叫作“文物考古所”。领导在宣布时就讲不带“研究”二字，已示非专门研究单位也。所里的领导和人员至今尚未任命和宣布。如有新领导来，对工作有何部署，还不清楚，目前只能这样先干下去再说了。

云南之行，并非跟宋兆林专门去搞民俗调查，主要想去看看干栏式建筑。在河姆渡或罗家谷，建筑问题都没有做出结果来，希望到那边开一开眼界，以便今后发掘时思路能开广些。我底子差，古文献基础更差，尽管未老先衰，倒还愿意学习，确实时常想从近旁学科学一点能为考古所用的知识。如硅酸盐、水文地质、土壤、建筑、农学等等，当然学得不深，一知半解的一般常识而已。确实往往被牵着鼻子走得过远。我不敢自比“孙悟空”，能有您那样的“高僧”时常指点引渡，的确使我得益匪浅。我真不知道怎样向您感谢才好。

春节将到，本来想给您寄一些冬笋，只因老岳母病重，至今未能弄到手，我还清楚地记得您在余姚招待所吃笋时的表情。那时跟您一个多月，是我一生学习经历中多么难得的黄金时刻呀！春节后单位里要评工资，三月份不能外出，前寄您审阅的《江山印纹陶简报》，所里有关同志审阅后不知有何见教，我想趁评工资磨嘴皮的日子能作一次修改，作为定稿。如果方便请将意见示知。

阿龙今年都在龙泉，我们几乎没有能见面畅谈，从信中交往得知，他对我们六十年代初在龙泉工作的结果有不少重要改正和发展。这是很可喜的收获，他比我早返校，现正返家探亲。他至今仍然是牛郎织女，未能团聚。顺此附告。

敬请

泰安

牟永抗上

二·七

牟永抗—苏秉琦（1985.1.8）[①]

苏先生：

来信收到，得知您返京后即康复，非常高兴，也放了心。

我返杭后即去岭南，先在海南岛参加了“百越民族史”的那个研究会。我是先任“理事”然后奉命入会的，而且历来未曾理过何事，因传闻八五年将来杭州开会，如不预作婉谢，届时麻烦甚多，所以去了。主要的收获是单独地走访了几家黎族茅屋，特别是找到若干废弃的垃圾堆中某些遗物，甚为高兴。对以往发掘中所见不易看懂的零星物品增加了不少认识。返程又和陈晶一道参加了中大的那个会，在白天鹅宾馆开了一周的“洋荤”。会后校方留石兴邦和我再小住几天，对同学讲一点专题。回到杭州已经是年底了，游游荡荡度过了这个年。

在粤期间，见到了江西馆对立双方的代表性人物。得（知）近几年他们在与浙、闽交界地段分别发现了土墩墓、印纹陶窑址和堆积甚厚的后良渚遗址。这些材料双方都互相保密，但双方都邀请我去一看。我想在这三省接壤地区，可能孕育着后良渚文化某一类型的源头，所以也想去学习学习，返程时因寒潮之故未能下车。月中所里派我去福州开会，届时想去南昌一停，未知妥否？

昨日接上海黄宣佩来信，他12月15日才回国，由于孙维昌去北京运文物未回，所以他还不知道“嘉兴”已开个会，信中问我“何时请苏先生到上海合适”。看来他还是有心的，此事我想以后有机会时和他面谈为好。不知先生意下如何？

昨天阿龙告知，他近日将赴京为我所基建事寻求文物局领导

---

① 原信未署年。信中提到的海南岛“百越民族史”研究会召开于1984年12月，信应写于1985年。

的支持。我们所到现在仍然是“上无片瓦”，其原因并非省的领导不重视，实际的阻力在省主管文物事业的单位的若干领导。他们的传统手法是以重视文物考古及知识分子为名，行万事必须对我有利之实。现在省里总算已经批准我所建造工作用房和宿舍，如果得不到部文物局的支持和资助，将来的实际成果如何亦将成为大问号。他到京后一定要来看您的，我预先打这个小报告通个气。

祝

冬安

牟永抗上

元.8 日

又：在嘉兴谈及购买棕板床事，经了解目前只能在迁户口时才能承运。等以后运输落实后，再联系。

又及

牟永抗、王明达—苏秉琦 (1987.5.4)[①]

苏先生：

来信收到了，动态心电图分析报告，已通过医院里的熟人查出取回。现寄上，时间已经耽误了一个月。此事都怪我粗心，这里官员们待人处事的态度我应该十分清楚，可是我总以为他们不会这样不负责任。这是我几十年来屡屡重犯的老毛病。往往也给自己带来许多的不愉快！先生那天单独和我讲的话我是铭刻在心的。确实一

① 原信未署年。从信中提到“去年良渚会上我那个《论良渚》”的内容看，信当写于 1986 年 11 月杭州“良渚文化发现五十周年学术讨论会”的次年，见《牟永抗考古学术简历》，《牟永抗考古学文集》，科学出版社，2009，第 718 页。

直来我没有找到靠山，到现在我在浙江仍然没有安身立命之处。以至影响学科的进展，内心甚为不安。我想这次来杭的诸位领导或师友，大概对我的处境会有一些具体的了解。但是这一切都不能怨天尤人，只能是自己的“道行”不深。

最令人遗憾的是临行前一晚的谈话，由参加成员的过分扩大而不得不改变了先生的话题。以致未能听到先生关于去年良渚会上我那个《论良渚》讨论稿的意见。现在该稿要近期改写完稿，所以特别想听到老师的指导意见。因为今年我所是省文博职务评定的试点单位。我想该稿能作为送审文稿之一。如果先生对该稿还有印象的话，能否在便时赐我一信。

十月常州之行，我能否如愿，看来不无阻力。很可能那里并不是真正可以坐下来认真谈问题的地点。不过更重要的还是看先生的身体情况，一切均应以先生的健康为前提，这是广大考古界大家的意见。

祝

健康长寿

学生　牟永抗

王明达　上

5.4

牟永抗—苏秉琦（1987.5.19）[①]

苏先生：

月初寄上动态心电图报告，谅已收到。

三日下午我与王明达同志到安汗乡的瑶山。这里在五月一、二

---

① 原信未署年。据牟永抗—苏秉琦（1987.5.4）信提到寄出心电图报告的情况看，信当写于1987年。

两日，发生群众盗掘良渚玉器的案件。当地政府缴获的玉有上百件之多。我们在五日进驻现场，这里的位置在反山之东北约十里，是一座高约 30 米的小山。经过近半个月的探掘，基本迹象已大致明朗。瑶山的中心部位，有一座近方形的红土台，土台边长约 5、6 米，大体正方向。土台四周有由深灰土填设的围沟，形成第二重方框，方框边长约 12 米。在方框以西约 4 米处有一条残长约 11 米的砖石砌叠的石礅，构成土台西侧的第二级台座。从残留的迹象看，此级台座上原铺有砖石。红土台的现存标高已与山顶平齐，推测原台面已被历年垦植及水土流失所毁。

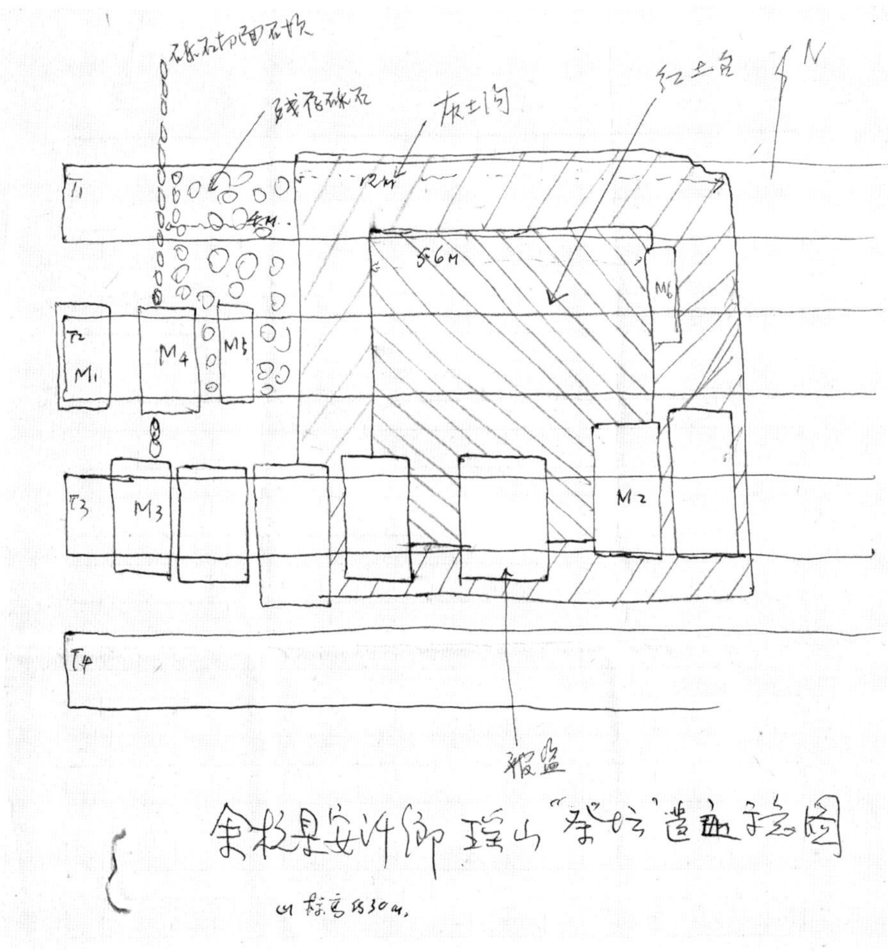

在灰土围沟及第二级台座上，露出良渚墓口 11 座。其中一座被盗掘时彻底破坏（此墓已收缴的玉琮达六件），到今天为止，我们已清理完五座，均发现有大量玉器，其中不乏精致之重器，如 M1 之四龙首玉镯，M2 细刻纹冠状饰，M3 浮雕与阴线综合表现神徽样的“山”字形饰，M4 之阴线精刻大玉璜等器均为去年反山发掘所未见者，但这里至今未见玉璧。现在还有四座较大型的墓尚未开始清理，希望这四墓的玉器更丰实一些。

我们感到高兴的不是又一处良渚出玉器的大墓，而是注重这个土台。我们想这里似可认作祭坛遗迹，埋入“祭坛”的可能是“祭师”或“巫觋”们的墓葬。这类迹象在中、南美的奥兹梅克文化及玛雅文化曾有发现，亦和辽西的积石冢有相似之处。回顾去年反山也曾发现局部的类似迹象，只是没有这里的完整明确。很可能反山、福泉山等土台都是这类“祭坛”的残台。三年前，您曾提醒我注意这类土墩的建造迹象。这次总算有这个眉目。但是这种认识（包括定性、定名等）能否成立？加之清理工作即将结束，现场遗迹如何处置等等均有赖于对遗迹属性的判断为前提。所以我们除了给各级领导及景略同志写信汇报以外。还向您老请教，请您帮我们做主，拿一个主意。现寄上现场遗迹草图乙份。

敬请

泰安，并致敬礼

牟永抗

王明达　19 日夜于工地

附：余杭县安汗乡瑶山“祭坛”遗迹示意图一份。

牟永抗—苏秉琦（1989.5）[①]

苏先生：

七届考古学年会终于召开了，我和国内广大考古工作者一样，一直期望她的召开，并尽力争取能够参加这次会议。

现在由王明达同志，和江山县的毛兆廷同志，分别代表浙江考古和浙江考古学会参加这次盛会。他们二位对先生崇敬的心是和我相通的。只有请二位转达对您的敬意。

最近，在良渚的一件陶器上，发现了一组，类似纳西“东巴经”的图画式文字，全文由七个不同形态的画面组成。现请明达同志带上几张照片，请您过目。另附一小包高山明前茶，希望它能是高水平的产品。数量太少，不成敬意，请笑纳。

遥祝先生健康长寿

学生　牟永抗叩上

---

① 原信未署时间，信封未封口，无邮戳。从信中提到的七届年会召开于1989年5月15—20日看，信当写于1989年5月。附彩色照片7张，苏秉琦先生便条1个，写道：“浙江余杭县余杭镇南湖农场良渚西南方向8公里，发现磨光黑陶罐，7个象形字。”

傅淑敏

傅淑敏（1941—　），女，先后工作于山西省文物工作委员会、山西大学。

傅淑敏—苏秉琦（1978.6.6）

苏先生：

您好！很久没有给您去信，甚为想念。您的身体好吧？最近您在研究、著录什么？

我七七年春季参加东下冯发掘后，决定秋季去落实国务院颁发的十三号文件，调查一下新石器时代遗址。由于机关搞运动，一直拖到今年五月十六日才去晋南。我看到您在南京的讲话，深受启发。回想两年前您来信的关怀，我总干不成事，实在惭愧。这次用半个月时间，我到了襄汾丁村、丁村100号地点、南大柴、陶寺遗址（去看望一下所里的同志们）。到了垣曲县的古城公社东关村、小赵村、上亳村、西沟村，长直公社鲁家坡、窑头公社下马村，铜善公社河西村，进行遗址调查，采集到不少陶片及石器。我遵照您在七五年信中讲要“注意点面结合”，要“在中国文化起源的大课题上多做些工作”，这次总算跨出了第一步，努力去实现您的意愿，我大胆地攀登到晋南的高峰，又找到了一处与东下冯早期相当的遗址，灰层也被压在2—3米的黄土层下边。因为工作刚刚开始，对垣曲地区仰韶、龙山文化的类型、文化性质及年代分期等问题不可能一下子解决。但是，沿亳清河长达35公里的台地断崖上断断续续有很厚的灰层，灰坑暴露出来，陶片很多。遗址密集且文化延续时间长，往往一处遗址不仅有仰韶文化，也有龙山文化，这一点引起了我的注意，这些原始社会的古文化遗址与河南、陕西同类遗址的关系，以及它与山西永济、芮城、襄汾、闻喜、夏县、侯马直到太原等地同类遗址的关系均很密切，有共性。联系起来去考察，觉得这些文化的总体，远远超出氏族及部落所应占有的地域范围。然而，目前还没有发现商文化的遗迹。

对您过去讲“晋南文化不宜归为庙底沟类型”的提法，我还不太理解。

我打算下一步在鲁家坡龙山文化遗址进行试掘。我在断崖灰坑暴露出来的陶片里采集到一件可复原的坩埚，夹砂褐色陶，胎厚，细绳纹，宽疏兰纹罐口沿也不少。等我把每遗址的陶片、石器画图整理后，再写信告您。

关于原始社会分为原始群、母系氏族社会、父系氏族社会，这样的提法在恩格斯的《家庭、私有制和国家的起源》一书里找不到，究竟谁首先提出这几个阶段的？这种提法是否符合马克思、恩格斯的原意，请您指教！

敬祝

研安！

淑敏

78年六月六日于太原

夏 鼐

夏鼐（1910—1985），先后工作于中央博物馆、中央研究院历史语言研究所、浙江大学、中国科学院考古研究所，曾任考古研究所副所长、所长，中国社会科学院副院长、国务院文物委员会主任委员、中国考古学会理事长。

夏鼐—苏秉琦（1978.8.11）

秉琦同志：

好久没有你们的消息，后来知道你在烟台医院治疗，所以托玮璋同志给你一信。现在接到你的来信，知道虽仍在医院，但已逐日好转，甚慰。希望你安心休养治疗，以便早日出院返京。来信已托玮璋同志送到府上给嫂夫人一阅，以便你们府上大小放心。望勿远念！

所中一切如常，院部现在紧抓工作，希望各所成立新的学术委员会和改研究组和研究室。我所的学术委员会，包括所内外专家，名单正在酝酿中。研究室拟于最近成立，以便展开工作。

我所的学术委员会的老委员，除了你我之外，所剩不多。老成凋谢，亦没有办法。如何补充，正在考虑中，希望你也能提点意见。

October 31st - November 4th, 1977, Tehran

秉琦同志：

好久没有你们的消息，后来知道你在烟台医院治疗，所以托佟伟华同志给你一信。现在接到你的来信，知道虽仍在医院，但已逐日好转，甚慰。希望你安心休养治疗，以便早日出院返京。来信已托佟伟华同志送到府上给嫂夫人一阅，以便你们府上大小都放心，请勿远念！

所中一切如常。院部现在紧抓工作，希望各所成立新的学术委员会和各级研究组和研究室。我所的学术委员会，包括所内外专家，名单正在酝酿中。研究室拟于最近成立，以便展开工作。

我所的学术委员会的老委员，除了你我之外，所剩不多，老成凋谢，亦须有补充。如何补充，正在考虑中，希望你也能提些意见。

各所研究室，历史所已宣布，胡厚宣、杨向奎、张政烺等都恢复名义了研究室主任。我所的三个研究室，老组长大半去世。我们本来想让你老担任学术委员，不担任研究室主任，让年轻的同志担任。但是第三组没有适合的人选当正主任。初步想以卢兆荫同志担任，但他只担任编辑室主任，他本人和所中有些同志都不同意。黄展岳同志亦是同样情况。最后还是决定仍请你担任第三研究室正主任。我记得你以前担任第三组主任时，黄先不服气，老是闹别扭。现在没有这个问题了。同时我们拟让马得志、徐苹芳为副主任，可以协助你工作。有些具体事务，可以让他们去做。必要时还可再配备一个秘书（或干事）。因为院部催着所中早日决定宣布，所以不等你回信便打算明天在所中宣布了。

北京大学来信给社会科学院，要求你回去继续担任考古学教研室主任。事前他们派人来所的联系，并且说已征求过你的意见。社会科学院领导同志征求我所同意后，已答应了北大。让我告诉你一声，可能北大还另有信给你。

目前你还是安心休养。请告诉高庆仁同志，所中同意他暂留烟台，以便照顾，将来和你一起返京。

A Manifestation of the Xth Festival of Culture and Arts

敬礼！

夏鼐，78.8.11.

各所研究室，历史所已宣布，胡厚宣、杨向奎、张政烺等恢复名义当了研究室主任。我所的三个研究室，老组长大半去世。我们本来想让你光担任学术委员，不担任研究室主任，让年轻的同志担任，但是第三组没有适合的人选当正主任。初步想叫卢兆荫同志担任，但他已担任编辑室主任，他本人和所中有些同志也不同意，黄展岳同志亦是同样情况。最后还是决定仍请你担任第三研究室正主任。我记得你以前担任第三组主任时，黄老不服气，老是闹别扭。现在没有这个问题了。同时我们拟让马得志、徐苹芳为副主任，可以协助你工作。有些具体事务，可以让他们去做。必要时还可再配备一个秘书（或干事）。因为院部催着所中早日决定宣布，所以不等你回信便打算明天于所中宣布了。

北京大学来信给社会科学院，要求你回去继续担任考古学教研室主任。事前他们派人来我所联系，并且说已征求过你的意见。社会科学院领导同志，征求我所同意后，已答应了北大。让我告诉你一声，可能北大已经另有信给你。

目前你还是安心休养，望告诉高广仁同志，所中同意他暂留烟台，以便照顾，将来和你一起返京。

敬礼！

夏鼐　78.8.11

杜在忠

杜在忠（1938—1996），先后工作于中国科学院考古研究所、潍坊地区艺术馆文物组、潍坊市博物馆。

杜在忠—苏秉琦（1978.10.28）

苏先生：

知您恢复健康之后已平安返京，近日身体可好？金松原、张丰亭、王思礼、王树明等同志都很惦念您的健康情况，向您问好！

呈子遗址的发掘工作自本月十二日开工，得到省、地、县等各级领导同志的重视。工作正顺利开展，参加人员除省博和昌潍的干部外，还有五个地、市和山大的三个青年教师。发掘之初，做了测量布方，又进行了钻探。夯土大致分四块，现在四块夯土的不同部分分别开了15个探方进行试掘。到目前为止经初步探索，上层夯土结夯时代较晚，至早不过战国西汉。但经钻探，夯土不是一层，最深者下层还有一米多夯土结构。当前同志们都认真细微的工作，希望能有重要的发现，为学术界的研究工作找到一些新的线索。

我们已向参加工作的同志们介绍了呈子遗址的过去工作情况，并谈到这次发掘我们设想能解决的新课题，但是为探索一个重要学术课题而寻找到一些线索，也不是轻而易举的。需要付出许多人的劳动和大量的工作。考古发掘并不是每次都能如愿达到设想的目的，尤其呈子遗址的发掘更是探索性的。同志们都理解了这次发掘的意义，情绪很高。唯我们的业务能力较低，但正如您说的“没有克服不了的困难”，我们正千方百计争取搞好这次发掘工作。

诸城呈子遗址的报告初稿于月初已寄“学报”，因近日工作忙乱和个人家务事多，报告内容考虑的都欠周详，甚至差错不少。在此次呈子遗址的发掘工作及发掘报告的内容等方面，请给以指正。

下一步工作情况，再详作汇报。

敬祝

康壮

学生　在忠

1978. 10. 28

附:《山东省呈子遗址考古工作队简报（第一号)》《呈子遗址考古发掘施工方案》。

山东省呈子遗址考古工作队简报

第一号

根据山东省文化局鲁文字 49 号文件《关于发掘诸城呈子遗址的批复》精神，山东省呈子遗址考古工作队于十月十一日在诸城县正式成立。参加人员有昌潍地区和青岛、德州、聊城、临沂、烟台等地市以及省博物馆的部分文物干部，还有山东大学历史系的三位青年教师，共四十一人。其中党员十四名，团员十三名。

工作队于十二日下午进入工地，十三日开始钻探和进行试掘。截至二十五日为止，在遗址的不同部位先后开方十五个。大部分探方揭开表土即见夯土，各方土质颜色不一，硬度不同，但夯面都比较平整。钻探与发掘互相印证表明，呈子遗址的夯土遗迹不是同一建筑遗迹，亦不属同一时代。遗址西部的 T55 属元明时代，T119 属战国晚期至西汉早期，遗址中部的 T197、T218、T220 属宋代夯土，东南的 T310 属东周时代，T374 属宋元时代。即上起东周，下迄元明，时代延续达两千年之久，这是我们对呈子遗址上层夯土遗迹的初步看法。目前大部分探方已做60—70厘米，下部文化层的情况尚不清楚。我们打算将所开的探方继续做下去，进一步了解下层的情况和整个遗址的内涵。为此，我们对开工前所拟定的工程方案作了相应的调整和修订。

这次呈子遗址考古工程，自筹备起到开工以后，受到诸城县委、县革委、皇华公社党委等各级领导的亲切关怀，各有关方面给予大力支持。县委李培德书记、县文办王树才主任等负责同志亲到现场作具体部署安排。县革委祝立堂副主任、公社黄振清书记时时关心我们的工作情况和生活情况，县文教局徐保俊局长更是数次来工地安排处理具体问题。呈子大队党支部和全村贫下中农积极支援我们克服各种困难，为我们提供了较好的工作条件。领导的重视和群众的支援，使全队的同志深受感动。

考古队的同志，自开工以来，工作积极主动，情绪高涨，不怕苦累，有的同志带病坚持作业，大家在工作中相互学习，认真钻研业务技术。整个考古队呈现着一派团结战斗争做贡献的气氛。

一九七八年十月二十六日

呈子遗址考古发掘施工方案

呈子遗址属诸城县皇华公社呈子大队，位于村西一个河湾高地上，北、西、南三面有一小河环绕，因常年山洪冲刷，周围形成3—5米高的断崖。面积东西约200、南北100米，文化层2—3米。从断崖暴露迹象来看，下层为大汶口文化，中层属龙山文化，上层有商周以后的晚期遗存，内涵丰富。

1975年皇华公社层拟就河道取直工程规划，遗址正处工程开挖所在，当时为妥善处理文物保护事宜，昌潍行署文化局经报请省文化局，责成地区文物管理组于1976年冬和1977年春对遗迹进行过两次探掘。今年夏季，社会科学院考古研究所苏秉琦教授等同志到此考察，经研究遗址出土文物，并到工地进行现场调查。根据该遗址龙山文化墓葬的贫富分化情况以及上层覆盖的大面积夯土建筑遗迹，曾设想在呈子遗址为探索氏族公社的解体和早期国家的产生可能获取一些重要线索，因此引起省、地、县文化主管部门的重视。当时，诸城县委正准备再次开展常山战区农田基本建设工程，而呈子遗址正处主要施工区之内，为解决农田基本建设与文物保护工作的矛盾，以及探索阶级和国家起源问题的学术课题，省文化局决定组成呈子遗址考古工作队，自今冬开始对呈子遗址开展考古发掘工作。

根据上述任务，曾估计遗址上层夯土结构即为大面积早期夯土建筑遗迹，原计划对遗址采取大面积揭露的方法，但为了慎重起见，开掘之初，先对遗址作了测量、钻探和试掘。钻探结果查明，夯土结构大至分东、中、西、南四块组成。因此我们又分别在四块夯土结构部分，分散开了 15 个 5×5 米^2 的探方进行试掘。试掘的初步结果证实：上层的夯土部分，大约厚 30 公分左右处，有铁钉、铁镞和白瓷、黑瓷残片的出现，出土崇宁货币一枚，夯土结构不很紧密，夯面平整，夯层厚度不一，约 1—10 公分，不见夯窝，类似木板平拍或石柱滚压成，不属早期遗存，时代大约为宋代或更晚些。再下约 30 公分，土质较硬，也似人为加工，出土遗物多见战国至汉的板瓦、筒瓦及部分东周陶片，土质紧密，不见分层，仍不见夯窝，时代不会早于战国西汉。另外偏北部几个探方基本不见夯土结构，揭去耕土层厚，为后期扰乱层，距地表约 70 公分处即暴露龙山文化层。试掘结果说明，上层夯土不属夏商之际的大面积夯土建筑遗迹，因此对原方案计划酌情调整如下。

由于遗址上层夯土结构较厚，有的可达 1—2 米，目前下掘深度不足以说明下层夯土的年代，因此不排除在下层存在有早期大面积夯土建筑遗迹的可能性，故对现开的 15 个探方需继续挖下，进一步寻找商周与龙山文化之际的大面积夯土建筑遗迹以及与其相应的文化遗存，为探索我省阶级、国家起源问题及夏文化查找线索。如果对此有所发现，则另行增订扩大发掘面积的施工方案。

现开15个探方，基本分布在遗址的各个部分，争取今冬将绝大部分探方发掘到底，以便较全面地了解遗址文化内涵和各期文化遗存的分布情况，从而确定遗址的科学研究价值，决定取舍，以解决与农田基本建设的矛盾问题。

这次发掘，调集了烟台、聊城、德州、临沂、昌潍及青岛市的大部分文物考古工作人员参加，还有山东大学考古专业新分配的几位青年教师参加了工作，其中少部分是多年从事文物考古工作的老同志外，大部分是新参加文物战线的青年同志。我们计划通过这次发掘，加强业务训练，以老带新，教学相长，为提高我省文物考古干部的业务水平，进行一次田野考古工作学习，为今后配合我省农田基本建设，开展田野发掘、考古研究和文物清理工作创造条件。

四、根据我省原始社会考古研究情况，大汶口文化和龙山文化的墓葬资料已发现几批，目前尚缺居住遗址的有关资料，争取在寻找早期大面积夯土建筑遗迹的同时，发掘部分龙山文化、大汶口文化的资料，为今后开展我省新石器时代考古的综合研究提供新的内容和线索。

依照现行方案，计划作出以下具体安排。

1. 工作队现有41人，业务人员34人，自本月12日开工，已开$5\times5m^2$的探方15个，探方最深的至生土有3米左右，估计现在至封冻还有40多天野外工作时间，根据人力和时间情况，工作需抓紧进行。现已开的探方，上层部分现象较少，又多是晚期遗存。可以不作重点，酌情加快速度，要求工作粗中有细，细中有快，工作进展中应随时注意出土遗物的时代变化，若出现早期遗存，要及时研究、采取措施。

2. 工作队业务人员现分4个小组，每组8人左右。开方3—4个，其中每组具有一定的田野发掘经验的老同志1—2人，要求各组老同志对青年同志要严格要求，认真带培，年青同志要虚心学习，尽快熟悉业务。对于已具有初步独立工作能力的新同志，可准予开方，在组长和老同志的辅导下，锻炼独立工作能力，工地指挥应随时注意协调进度，观察各探方遗迹、遗物的变化，对于重要现象要召集全体业务人员进行现场分析、观摩学习，以推动全工地工作的进展。

3. 鉴于遗址面积大，文化层深，为较全面地探索早期夯土建筑遗迹和遗址文化内涵，可根据人力和时间的可能性，适当在空白区加开部分试掘探方或以钻探方法，以便更详细地了解遗址内涵情况。

4. 发掘工作要尽力提高科学水平，要求各组、方实行岗位责任制，既要有个人负责，又要有整体观念，互相联系，协同作业。要按照工地统一部署，不得自行其是。对于重要现象，要认真分析，疑难问题共同研究，重要发现及时汇报，不得擅自处理。对重要现象要作好文字、绘图、照相等详细记录，注意三者的一致性。每一独立的遗迹，要单写记录。探方结束后，及时整理资料，完成发掘记录。

以上方案将根据工地工作进展情况及时调整和补充。

山东省呈子遗址考古工作队

一九七八年十月二十六日

杜在忠—苏秉琦（1979.9.29）

苏先生：

近来身体可好？

久日未向你汇报工作了。韩榕同志近日来潍转达您的嘱咐和教导，皆已知悉。有关呈子遗址的保护问题，我已向张馆长作了汇报，谈及您的关心。他表示一定要遵照您的意见，继续搞好保护工作，并要我代他向您问好。

我今年的工作较为杂乱，主要办了三件事，其中主要是办了一次建国三十周年的献礼项目，即首次搞了个出土文物展览。由于是初次办，钱花了不少，但不够满意。这里寄给您部分简介，请审阅。第二，在全区开展了县级重点文物保护单位的“四有”工作，此工作还未完成，我们计划今冬继续进行，也借此调查一下全区的遗址情况，为今后开展工作再次摸摸底。第三，配合古脊椎动物与古人类研究所在潍县望留公社发掘了一个古菱齿象化石。此古象化石现已运北京，待修复后还需运回。今冬，我计划办几件事，据益都博物馆反映，在益都县发现一个山洞，并有灰烬等堆积物。另外在潍县、青邱等县有几处新的龙山文化遗址，我打算对以上发现去作一下细致的调查。

关于呈子遗址第二次发掘的资料，今春已基本整理完了，并初步写了个资料，已有王思礼同志带回。第一次发掘的报告，老高谈准备明年学报刊用，结语部分尚需修改，我准备十月份来所改稿，详细情况待来京时再向您汇报。

张馆长和各县搞文物工作的同志对您去年来昌潍提示的许多工作指导意见，都感到深受教益。尤其您赴烟台时突然患病，同志们都非常挂心。前些日子各县文物干部来潍参观出土文物展时，知我十月份来京时，都要我向您问好。

其余，再作口头汇报。

敬祝

康壮

学生　在忠

1979.9.29

张丰亭、杜在忠—苏秉琦（1980.7.20）

苏先生：

您好！托李仰松老师带来书信收悉，知您近来身体康壮，甚为欣慰。当下三伏天气，望多加保重。

关于北大老师同学来我区生产实习问题，我们表示热烈欢迎。首先，为我们提供了一个学习的好机会，同时也必将促进我区文物事业的发展。有关具体事宜的安排，已与李老师协商谈妥，现已基本定下在诸城前寨和凤凰岭两个遗址进行发掘，并初拟了双方工作协议、计划等项，详细情况将有李老师返京后向您汇报。

关于北大实习工作，我们已列入下半年工作计划，并酌情重新调整过去的工作打算，尽力把这项工作做好，争取获得新成果，为此请苏先生放心。若有重大发现，将及时向您汇报，倘有可能，盼您再次来昌潍给以指导工作。

另外再向您简短汇报一下最近新的发现：在六月份普查中，寿光前杨公社呙宋台遗址周围又发现三十六处遗址，看来非常密挤，又多是新石器时代和商周遗存，并且在呙宋台遗址附近约一华里多远的地方发现一处大型西周骨器作坊遗址，有大量骨料和半成品暴露出来。这些发现充分证实了您对呙宋台遗址性质的估计，当前我们正设法作好这一公社的文物保护工作。

托李仰松老师捎来二斤毛虾，请苏先生尝一下，东西很是微薄，只算表达我们想念先生的一点心意吧！

请对今后工作多加指导。

此致

敬礼

张丰亭

杜在忠

1980.7.20

杜在忠—苏秉琦（1981.12.26）

苏先生：

您好！托李仰松老师捎来给张馆长和我的茶叶已收到，深为感谢了。张馆长近年发冠心病已病休半年，他很想念您，并托我向您问好，祝您康壮。

李老师和杨群同志都已谈及关于杨群的毕业论文一事，我应尽的责任将一定遵师嘱咐，一切照办。明年杨群同志来时，我们再详细研究。

近两年来，我的工作主要是抓了一些文物普查工作，但是有许多文物行政工作也总脱不开。通过潍坊地区的普查，收获还是不小的，仅向您汇报几项。

1. 寿光呙宋台遗址，以其为中心，在浵河下游的附近，包括益都、昌乐的临近地带，在大约四五个公社的范围内，已发现大汶口至龙山、商、西周的遗址上百处之多。目前还正在陆续发现，规模之大，文化层之厚，遗址的密集是罕见的。这一情况说明在这一带，自氏族社会末期以来，至西周这一段时期内，这里不仅是经济、文化的高度繁荣地区，很可能还是一政治实体所在。

2. 在昌乐、平度等县都发现了大汶口早期的遗存，有的与王因早、中期相当，这填补了潍坊地区的一个空白。

3. 在多处龙山、商周遗址中发现了岳石类型的不少遗物，过去我是不认识这一文化面貌的，虽然现在还不能说已经认识它了，但至少说已引了我们的重视。线索之多是令人高兴的，如果将来我们选一处典型遗址试掘一下，可望能从地层上解决一点呙城类型的下限问题。

4. 我们在临朐发现一批齐国、曾国的有铭文的铜器，山东曾国本属姒姓，后为莒所灭，后又叛莒仕鲁，对其实物的发现，当属首次，其中一件属曾太子鼎。

普查还正在进行中，估计明年可望结束。只是我行政事务过多，这许多新发现还未作整理、作深入的消化。由于自己的主观能动性不够，也存在一些客观困难，作为在山东一方的一个考古的哨兵，我还没尽到应有责任。请您批评，并盼给予教诲。

今后将继续把新成果向您汇报。

祝您

康壮

学生　在忠

1981. 12. 26

杜在忠—苏秉琦（1984.11.2）

苏先生：您好！

久日未向您汇报，只因愧于工作没有成绩，请原谅。近日获悉老师大寿刚过，久盼出版的论文集已问世，学生极为高兴。我已拜托吴汝祚同志代购一本，相信不日即可拜读了。

我在边线王遗址已开工近两个星期，近日有一较重要的发现，专向您汇报，现已开方2000多m^2，发现主要在南部工区。这类文化层分三大层：汉、东周、龙山文化。龙山文化层被东周层扰乱较严重，不普遍存在，现在最下层发现了一条龙山文化时期的建筑基槽，基槽呈弧形，西部被断崖切断，东北部继续伸延，尚待工作。现发现部分长约30多米，槽口残宽4米左右，底宽2米左右，深约2米左右，槽内全部为夯土打成，夯筑很原始，为夯层10cm左右，也不很规整。部分夯面可见密集的小夯窝，圆形直径6—8cm。这一遗迹之北部上层叠压三个龙山文化灰坑，由基槽内发现龙山文化陶片分析，要早于上部龙山灰坑时期，大约在龙山文化中期阶段。由于我出席了去年的郑州会议，参观了登封王城岗和淮阳平粮台的原始城堡，受到一些启发。恰好，前天历博李先登同志由济南转来，因他参加了王城岗的发掘和报告编写，对此遗址很感兴趣，认为与王城岗有许多相似之处。前几天给省发报，郑笑梅、蔡凤书等八同志来，认为是龙山文化时期一大型建筑遗址无疑。此工作我们正仔细计划下一步的措施，也等候上级领导和专家来给指导和确认。

记得前几年呈子遗址发掘时，您的教导和希望，但遗憾在这里没有什么突破，而在边线王遗址发现的这些遗迹，又使我再次想起您几年前对我的教诲。自然，对这一遗迹的性质，目前作结论还未免过早，又限于学生的业务水平低下，工作不免有些失误。我想现在不是考虑各方面的褒贬，更重要的是千方百计如何把工作作得更细，最后有个眉目。由于这一发现还在工作阶段，遗迹的形制又未被确认，故先向先生汇报，并请指教。也正是这一原因，考古所的许多老同志也来书信谈起，如见到吴汝祚同志请征求他的意见，就恕我不再书面细谈了。郑笑梅大姐说，俞先生现在兖州，可请他来指导，我们正等候俞先生的光临教导。

祝

康壮长寿

学生

在忠

1984. 11. 1

今天严文明老师来工地看了遗迹与此有关的陶片，认为是龙山文化的一大型建筑遗迹，是围墙无疑。11. 2

杜在忠—苏秉琦（1984.11.23）

苏先生：

您好！前些日子来信汇报寿光边线王遗址的新发现，近日工作又有新进展，再次汇报如下：

遗址的发掘原是配合铁路工程，但未探索遗址的内涵，我们同时在距工程区以南 200 多米的地方也开了 600 多平米。首先在南部发现了龙山文化城墙的建筑基槽，后在北部工程区也发现了迹象。故对遗址开展了大面积钻探，现通过普探及探方、探沟法，已大致弄清了这一龙山文化城墙基址的规模和形状。城址基本作东南—西北向的一个不规则弧边方形，东西和南北宽为220—230米，总面积40000多平方米，建筑槽保存完整处口宽6米，深3.5米，两坡面有的地段作阶梯状。夯筑形式很原始，槽内夯层厚薄不一，一般7—10公分。夯窝已发现不少，有几种形状：圆形，直径7—20公分，椭圆形，直长20，宽7公分左右；条形，20多公分。已发现夯层内有小儿和动物骨架各一具，可能与奠基有关。时代方面，上层有龙山文化灰坑（晚期，相当姚家庄晚期）打破和叠压看，建筑槽内出土陶片晚者相当于呈子的第三期或略早一点，从这一城堡的规模看比河南的王城岗、平粮台都大得多，不可能是一般的村寨围墙。

关于下一步的工作，张学海同志与我初步商定。1. 明年报国家文物局请求继续发掘。2. 现已搞清的基槽，北部有铁路通过，计划为铁路让路，获取全部资料后，不再保留；南部一段基槽保护好现场，今冬先建草棚保护，是否长期保留请示上级决定。3. 明春搞出一个第一期发掘简报发表。4. 遗迹基本弄清，发新闻消息。

另外工作中也存在一些困难，如经费全部由省里控制，我在工地上主动权就有限。我挂着领队的名，实际还是张学海的队长。至于这些都无关大局，我想任何一个工作的收获，都不能认为是某个人的成绩。请您放心，我将努力协调与省的关系，尽力把工作做好。

再汇报一件事，潍坊十笏园已收为市直，近日市里派我和另一位同志组建市博物馆。为此，我计划酌情从部分县调集几个业务干部，在今后把潍坊十几个县的考古工作进一步开创一下。作为从全国、全省着眼，将真正起到一个哨兵的作用。

以上汇报，渴望您的指教。

祝您

长寿

学生　杜在忠

1984.11.23草

苏秉琦—杜在忠（1984.11.25）[①]

在忠同志：

你好！11月1日、23日两信收到。使我及时了解到你那里的一些具体情况，很高兴。

“十笏园”收归市属，筹办“博物馆”。太好了。鲁东三市（青岛、烟台、潍坊）在考古学中可以称作“鲁东考古”，当作一个大课题。综合考察研究，对学科发展为利。为什么？有利于从宏观认识，减少“低水平”的重复工作。

三市中，以潍坊地位最为重要。从学科角度看，山东的“大汶口—龙山文化”这一概念正是以这一地区几处遗址为典型的。三市博物馆都在建设中。青岛市馆房子不错，考古工作条件差。烟台市馆还不知如何建设、改造才好，作为胶东考古中心，是大有可为的。潍坊市的“十笏园”自身就是山东一“宝”，北方少有的一处“私家”园林，文化价值很高。改做博物馆，最为难得。

我意，此处万万不可大动，以尽量保持原状，“量材使用”，作为以“大汶口—龙山文化”（山东古文化的精英）为主要内容的博物馆最为适宜。因为地皮有限（据中国名胜辞典称约2000㎡），添些房屋，要尽量保持原来风貌。有无向外扩展可能，不清楚，即使能向外扩展一些，也需好好研究如何使它同原建筑物协调问题。总之，两问题：一、馆的主要性质内容；二、馆的房屋修改、补充、扩展的规划设计。关于后者，我建议你们可以考虑，是否可以请我们所杨鸿勋同志协助，出些主意。

边线王发现的“古城”是一突破。对这一地区“大汶口—龙山文化”总算找到一处重要遗迹，是有长期保存意义的遗迹，可

① 据杜在忠先生家属提供信影录文。

以考虑筹备就地建“考古遗址博物馆”问题。这一设想是基于我们对整个寿光—益都一带“先齐”古文化遗迹的了解为前提的。预料今后还会在市属这一广大范围内发现多处必须就地保存、长期研究的主要遗迹。为此，必须现在就考虑，尽量多保存些有利于恢复原环境风貌的条件，使环绕潍坊市形成一个大的“古青州”文化各城的诸风景点（包括临朐、平度等地）。

这样考虑的中心思想是：我们的工作性质要做“继往开来”把考古与两个文明建设综合起来，而不是专谈科学研究与文物保护。这不是现在必须认真对待的一个“方向”性问题吗？

现在“市管县”与“地区”不同，重要一点是：潍坊市规划建设要把属县联络一起考虑。“文化名城”是个巨大财富，但文化又是人创造的。忽视这一面，将被子孙后代说我们“无知”。这里需要多向领导宣传，一而再再而三地宣传。

来信谈关于“龙山城”墙的夯筑一些细节，兖州西吴寺发掘的“龙山”居住面夯打极硬，类似生土层，都注意。现在问题是，要在“城”内探“遗迹”，“城”外扩大范围找“遗迹”。

谈了些“关系”问题，我理解，要紧问题，我认为是：高水平地看问题、看工作。眼总盯着材料是没有水平的表现，供参考，需注意。问

好！怀念张馆长等老朋友！

苏秉琦

1984.11.25

杜在忠—苏秉琦（1985.5）

苏先生：

您好！久日未向老师汇报工作，请原谅。初到博物馆，行政事务很多，业务工作半年来未动手，心中着急，实为无奈。我想

把一些行政工作安排和有分工后，争取下半年还要大部精力搞业务。

边线王的工作，在您的支持下，工作已初见眉目。但今上半年省里未安排发掘，下半年我单位整党又靠不上，或需是□□另有考虑。元旦时俞伟超、张忠培二位老师亲临寿光，与俞老师私下有共同之感。但只要放手让我工作，我会不考虑任何条件，认真工作的，请放心。山东的客观条件很好，但在考古事业上所出成果是与客观条件不相称的。文物局的领导或是也有此感。多少有事业心的青年被压抑了，只是“武大郎开店”的形式办考古事业，怎会多出成果多出人才呢？

十笏园已为省推荐第三批国家级保护单位。今年孟秋是十笏园建园一百周年，原想在四月初办一纪念活动，曾与吴汝祚同志研究征求您的意见，只因正值第二届潍坊国际风筝节，人员杂乱，各方面都照顾不上。故取得市政府支持，计划在今秋搞一下纪念活动。活动内容除搞了两个陈列外，又办了一个文物标本室，再请各方面专家、领导开一个小讨论会，为博物馆的基本陈列和十笏园的保护利用发表一下意见，作为今后博物馆的指导方针，时间五天左右。我们盼望苏先生能光临，为博物馆增加光彩。您认为有兴趣和身体好时请尽力光临。具体时间和内容还向您发请柬。

寿光县博物馆的同志二次赴京向您拜访汇报。寿光县的同志，近几年工作很有成效，同志们都有强烈的事业心，认真地工作。博物馆虽属初创，底子还是很厚实的，只是具体工作起来难度还是很大。尤其在物力上难以支持，已经多年几间草房创业，可近几年仍没有多大改观。所以请您在一些上级领导同志中给予舆论的支持。他们为寿光县多处遗址有苏先生的脚印而骄傲，倘再有苏先生在舆论上的支持就更为之幸运了。

今捎来《郑板桥书画集》两册，以赠先生，请查收。

敬祝

康壮

在忠

1985.5

苏秉琦—杜在忠（1987.7.25）①

在忠同志：

你好！

报载临朐发现一处龙山文化双椁一棺墓，你能否告诉我一些具体情况。果然，也是山东省考古一项突破性成果，值得注意。

烟台会期间，学海同志告我，“环渤海会”下一个节目，他拟定在明年四、五月间在淄博开，征求我的意见。我表示希望内容集中点，效果可能更好些。你有何想法，请见告。专此，候

近好！

苏秉琦

1987.7.25

杜在忠—苏秉琦（1987.8.8）

苏先生：

您好！来信敬悉，知您很关心关于临朐县龙山文化墓葬的问题。我曾给吴汝祚同志作过简单报告，详细再汇报如下。这个墓葬的发掘是省文物考古所□□□同志未通过市主管部门，借普查之名一个人发掘的，当我得知消息后，赶到现场，他们的发掘、录像等工作早已结束，只剩一些破碎陶器还未取出。为此市人大负责同志很不满意，说：“省里要我们保护，可连招呼都不跟市主管部门

① 据杜在忠先生家属提供信影录文。

打，你们（指我们的保护工作）保护什么。”又问有无省文物局的信函，当然没有。

这个龙山墓葬的规模较大，有棺、椁，出土陶器的数量和质量，都未超过呈子M32和三里河的大墓。出土过一部分小玉器装饰品，三里河也出过。唯说有边厢、脚厢，我和我馆曹元启同志详细辨认，没有任何痕迹，所见界线倒是像用小铲做出来的。因为我了解□□□的田野工作情况，他在边线王工地工作时间很长。详细情况我还要了解临朐县文管所的文物干部。当时只问了一些粗略的情况，说他们先挖出来，陶器也乱了，发现玉器便急告张学海同志，后学海、笑梅二同志带携带录像设备，便录了资料。过去我们调查这一带有龙山墓，还有商墓，都严加保护，这是第一次发掘了。具体情况调查确实后再汇报。

目前，我馆正评职称，我想争取申报副研究馆员，也可能对自己估计过高，但不管评上评不上，我决心还得下功夫搞好这一带工作。同时，我还有一个设想，即在评完职称后，我馆有四个可获专职搞考古的馆员和三个助理馆员，都是考古专业毕业。因此我想向国家文物局和社科院申请集体发掘权。此想法已向刘谷局长汇报过，他表示赞同。这对以后开展考古工作或有方便之处。不知先生意下如何？

先生多年来对我的培养，难以报答，我想只有按照您对中国考古事业的战略设想，在我这里多作工作，作好工作。目前看，工作的阻力不少。首先争取工作的权利。关于环渤海考古的研究课题，对当前来说至关重要。我认为条件已经成熟，学海计划明年春在临淄召开，很好。我想最好通过一下省文物局刘谷同志给以支持，不然要集中各地、市的资料可能就遇到些困难……实际工作确有很大离心力。这也是山东考古工作上不去，力量集中不起来的主要原因。关于明春的会议，我想考虑一个鲁北遗址群的形成与先齐文化的课题，资料都是老的，不过近几年考虑，这里古文化的发展是有不同阶段不同特点的，到时请您指导。成果总是拼搏出来的，我将不辜负（您对）学生的培养，力争作点实在的成绩向您汇报。

敬祝

康壮

杜在忠

1987.8.8

《人文杂志》

叶迈—苏秉琦（1979.4.28）[①]

苏老：

您的讲演现只原原本本地记录出了周原的部分，趁我院齐心同志去京之便先送上。第二部分随后寄上。我们拟于五月中发稿，望能于五月十号前后修改成文寄下，以便在创新号上刊出。倘来不及改好两篇，就先将《考古与“四化”》这篇先改出寄来。

周原的意义，都认为讲的好，对历史学者和考古工作者有很大的启示。在您搞出学术专著前，最好能写篇论文，给我们发表。

---

① 据苏恺之先生提供信影录文。原信未署年，写于“陕西省理论研究室”信笺之上。据《安志敏日记》1979 年 4 月 22 日（社会科学文献出版社，2020，第 2 册，第 539 页），“午前 8：30 陕西社会科学院张堃生同志来车接苏秉琦同志和我去西北大学做报告。9：30 开始先由苏老作了‘周原考古收获’和‘考古学为历史时期任务做出贡献’的报告”。叶迈书信中苏秉琦先生做含周原在内两次报告的情况与此正合。据陕西省社会科学院网站“大事记”，信中提到的“我院齐心同志”1979 年任陕西省社会科学院党委委员，与《安志敏日记》记“陕西社会科学院张堃生同志”接苏秉琦、安志敏先生做报告的情况吻合。此外，网站“大事记”中 1979 年“ 9 月 18 日，省委宣传部决定，冒君刚任《人文杂志》编辑室主任，叶迈任副主任”，与叶迈先生在与苏秉琦先生通信中提到“创刊号”吻合，因此书信当写于 1979 年。

创刊伊始就得到了您的支持和鼓舞，我们大家都很感激，谨先致以谢意。

专此即颂

大安！

叶迈

四月二十八日

叶迈—苏秉琦（1979.5.3）①

苏老：

寄上您讲演的第二部分记录。我们的人手少，是请别人抽空整理的，故搞得慢，也没有整理好。好在只是供您修改文章时参考，就这样寄上了。估计您刚回京，希稍事休息即将这两篇都修改出来，至迟于本月中旬能寄给我们。

祝好，并致

敬礼！

叶迈

五月三日

① 据苏恺之先生提供信影录文。原信未署年，据叶迈—苏秉琦（1979.4.28），信当写于1979年。

林　春

林春（1951—　），工作于长江水利委员会文物考古队。

苏秉琦—林春（1979.5.30）[①]

（上缺）

下面再谈一些发掘时分地层与认“陶片”。这地层不是“地质学”的地层，是“文化层”，认“土”分层，同时必须同认陶片检验相结合。既然当时工作者自己对陶片还没大认识，甚至一无所知，这仅凭“土色”分的地层，是否是“文化层”便大有可疑。但我们又不可能要求从教师到同学，大家对该遗址文化特征还没有认识前做到这一点。对于一个陌生地点文化堆积能在一开始就可从“层位”与“内涵”结合，正确地划分“文化层”，那是不容易的！所以对于像红花套这样一批各路大军会战做的工作，没法要求一致，勉强用对比，大致对照起来，不过是不得已的一种办法。因此，到最后对分期问题即使可以得出大概划分界限，对选用标本还需斟酌，“去粗取精，去伪存真”。这道理、办法，永远有效，永

① 据林春先生提供信影录文。

远要用。

对打制“石器”，尽管成千上万，究竟有几件是真正成型石器？要精选，决不可简单从形式上乱挑一大堆，“分式”比陶器更难，总之，真正成型器是极少数，器类不会多，同种器按早晚顺序要分辨出发展序列，道理，不易。你先把这一步工作放一放，等有搞这一行的老师帮助时再学学，别自作聪明，白费力气。

总之，考古学的基本功是每个考古工作者干一辈子学一辈子的事，你是半斤，我是八两。自封的“九斤老太”（鲁迅说）才是笨蛋。你愿称我是老师，但我愿一辈子当学生。我对“老师”提问，总该认真答复的。

昨天见到黄景略，他告诉我一句至理名言，要你对上级交给你参加的“专案”工作时，“用消极怠工”办法对待，千万别当“积极分子”。问
好！

苏秉琦

1979. 5. 30

附：苏秉琦—红花套考古队（1974. 12. 12）①

苏秉琦先生审阅红花套七四年发掘简报后的几点意见

1. 如简报所说明的，这种几个有关专业配合，由多个单位人员写作的工作方式，教学、科研、生产劳动相结合的方式，发掘工作结束立即组织人力集体分工及时地在短期内写出简报的方式，以及基本上按层次分期分析的方报导材料的方式，都很好。

（编写报告时如有工农兵学员参加就更好）。

2. 七四年发掘材料的分层、分期比七三年的有所提高。但是，对于整个遗址的了解还是有限的；对我们已揭露的诸地、诸“方”各自的层次划分的对应关系，不可能一下子弄得很清楚、确切。这还有待于今后继续发掘遗迹室内整理研究工作中不断地进行探索，

① 据林春先生提供信影录文。

逐步深入；对该遗址所代表的这一“人们共同体”的文化特征、性质、社会发展阶段，与其临近地区诸不同文化的相互关系诸问题，更需要经过长时间的工作、探索逐步深入。

3. 因此，对于每一次（年度或季度）的简报或正式报告，在处理材料时可以做出统一的分层、分期，但对选用标本（图或版）仍宜在文字及图中注明原器物的编号，否则，这些典型标本图将与原器物失掉关系，对不上号。

4. 简报（74年）中只有生活用具陶器部分是按层分期排列说明，其余彩陶片、生产工具等统未按层分也未注明器物原号，宜补上。

5. 材料有待于进一步消化，论点有待于进一步深入。希望在此进一步提高认识的基础上，重新考虑一下编写体例，从论点统帅材料着眼，突破旧框框。因为，难得有这么多来自不同单位，有着不同经历的同志们在一起的良好条件，不妨多议一议。

苏秉琦

1974. 12. 12

苏秉琦—林春（1979.6.30）[①]

小春：

6月廿三日信收到，我23日刚回京。先看到你前二封信，你讲的问题多，难以简单答复。等接到你第三封信，感到必须立刻给你回信，偏巧这几天抽不出时间。今晚（30日）总算可以再仔细读一遍你的三封信，看看你目前处境中到底有什么急待处理的“大事”（主要矛盾在哪里?）。

---

① 据林春先生提供信影录文。书信后缺，无时间。据林春先生登记，信写于1979年6月30日。

红花套报告，要问我意见，我就没看出过有什么“大溪—屈家岭—湖北龙山”这一“公式化”的概念。但你可不要因为我这样说，就直接引用我的话，因为我是我，你是你，你认为是怎样，就怎样做，不必引用我的话，这样并不增加你的意见的说服力。学术问题要民主，不能一人说了算。你们自己啃这块“骨头”有困难，简单不是实事求是的态度，粗暴的办法确是会毁掉材料的科学性价值，不可草率。

说起器物分式，文化命名，是目前考古学上的敏感问题，这里我不能细讲，只有今后我们能有机会一起做一段工作时，才有可能讲清楚问题，这不是小问题，是大问题，是今后这门学科走什么路的大问题。简单一句话，现在这门学科正处在“十字路口”。路可自己选择，后果也只有靠“实践”检验，这就不须多讲了。

我要你回红花套后对此，不必争论，更不必多翻阅文章，只要求你不可把红花套若干探方用简单方法统一分层，而只能使用工作做的可靠的若干探方为准。选择：①要有包括最早那一层的；②要包括有最晚（既约相当“殷商”）那一层的；③要有包括你所说含有细绳纹陶，早于商那一层的；④如要有你的所认为的那种“大溪早、中、晚、商四层，而在大溪晚的一层中又含有所谓屈家岭式陶器的”。以此为基础，把其余探方归纳一起，共分几期。（不改变原来探方分层，不改变原器物号，可用一统一分期表，列举标准探方与其他探方年代相照应层次关系，文化名称可先排起来，写完稿付印时再说）。我看，不用屈家岭名称为什么就不能出！（编辑无此“大权”。）

因此，你不必在此问题上争论，因为这问题带着普遍性，像“时疫”一样，一下子说不清（我五六年写过一篇西安附近调查，就用“文化一”“文化二”“文化三”而不用什么仰韶、龙山）。三十年代我写斗鸡台报告就没用“周”“秦”字样，而事实恰是为了探索先周、先秦。这道理不多讲，讲怕你更糊涂。说这话是告诉你，没有谁可以在此问题上强人必须同意自己观点。

（下缺）

苏秉琦—林春（1979.7.11）[①]

小春：

接你最近的信是上月廿一日写的。一定要严格要求自己，把根据摆出来，把道理讲清楚，才能使人信服。

你年较青，也不小了，但青年人的稚气在你身上还相当浓。我这样说，不是责备你。这是我对你今日思想状况的分析。因为你所处地位，你特别自信的“好强心”、青年人的“急性病”，学术上还没有“根柢”，还有你由于自己多年生活环境造成的你个人特有的既有坚强的一面又有软弱的一面的二重性格。你还不知道你眼前工作的真正关键在哪里，这对你讲是有多么难于胜任的分量（但你万不要气馁）。

你说病、身体难支撑。我听到，心情沉重。一，是我现不能到你那里，亲自看看，帮你渡过这一“难关”；二，是你还不知道，你所想的有些是脱离实际的，既你想做的事有些是根本超出你现在面临问题的主观条件和客观条件的。举两三点。

①如何认识江汉之间这一大堆从原始文化到楚文化之间该如何认识，还是个需要长期探索的大课题。不是玩弄“大溪”“屈家岭”“龙山”等字样，扯皮、踢皮球的办法所能解决的。这种工作方法、态度，是对“考古学”的糊弄（这话对你说，太重了，因为比你“长一辈”的从事考古多年的不少同志现在就是这样！）。

②你讲到红花套这批“打制石器”怎么办？你对此问题的认识还不清楚，这是一个还有待探索的大问题。

---

① 据林春先生提供信影录文。

这既要有懂旧石器的人，但也要从头学起才能真的认识它们。就是说，这不是请哪位看看、教教、讲讲就成，因为没有那么一个人。犹如一个学过欧洲“旧石器”的人，对“周口店”北京猿人的石器还是认它不得，要从头学起（说你“稚气”，就是看事太容易了）。

③你说到器物分型、式问题，我可用一句话答复你，这是一个考古工作者从他从事考古工作起到他要停止工作为止，一生不断摸索的问题。对它采取不慎重、不认真、以为是可以凭主观任意对待的，只能说明自己无知（这也是我们当今不少同志的做法）。

如你想要一把金钥匙，我说：有，但不能用几句话告诉你，要从实践中学，要有人指导，但代替不了自己动手、动脑。我讲这些，可能会把你吓住，但我也应该明白告诉你，我们现在发表的一大部分报告是“夹生饭”，永久价值是不大的，难经得起时间考验的

我又认为，我们这支队伍必须刻不容缓地提高水平，就算响应华主席号召吧，“极大地提高整个中华民族的科学文化水平”。从秋收起义上井冈山到长征，红军是怎样成长起来的，不是很好的榜样吗？现在水平低没什么可怕的，可怕的是没志气、无所作为。今后的路还长呢！你怎么现在就喊起苦、怕起难来了！科学的道路不是平坦的，马克思不早有言在先吗？难道我不也应该向你把这道理再重说一遍吗！

解放初，毛主席曾向郭沫若院长讲过一段话（可以名为“四字真言”吧），要“缓、宽、团、展”：事情急不得，心胸要宽大，能团结人，再说开展工作。小春！你仔细考虑一下吧！

现在你的问题：一是身体，病是客观的，我不知底细，但思想解放是第一条，我看，你的病与思想情绪不无关系；二是工作，红花套这摊子有点乱，这不可怕，具体问题具体分析。只要心静下来，想想，没有克服不了的困难，这是大机关中的一个小单位，它（考古队）的命运如何，维持下去还是散伙，由不得你。

红花套这批材料和报告现在在你手上，这对你这样一个青年人，倒是个相当不错的考验、锻炼的好机会，争取把它做得尽可能好一些还是可能的。对这一点你要树起信心，但不要看得太容易，也不要把完成时间先主观地订死，没那么容易，做不好，太可惜了，对你成长不利；做好了，你也就成长起来了，成材了。

一个报告，不是把它列个大纲，几个人分工去写，就成了，那是杂凑。它应是个整体，要有一个人负责到底。你们现在想离开材料回武汉去写，如果非此不可（因为不是你一个人能说了算的，而湖北的夏季也确令人难过），那就看写成个啥样拿到北京来（如9、10月间），拜师、求友，索性好好学习一下、检查一下。做好“大翻工”思想准备（这是对你说的，你对其他同志不要这样说）。实际上，翻工是事物发展的客观纪律，一次求成倒是“左派幼稚病”。是好事，不是坏事。这对你将是好的学习。当然，再深入一步的学习任务是，例如你把这项工作交卷之后，再开始的新的工作中怎样去学习的问题了。祝你

工作好、学习好、身体好！（最后再劝你一句，不必为自己前途担心。）

苏秉琦

1979. 7. 11

苏秉琦—林春（1979.7.22）[①]

小春：

14/7日信收到。你不是铁打的，病是人所难免的，但要你正确对待，仅仅工作累些，不一定会累到得病，一定要自己解除思想负担。对工作要“战略上蔑视它，战术上重视它”，是一符灵丹妙药。你永远不应忘记毛主席为什么说“科学实践是三大革命运动

① 据林春先生提供信影录文。

之一”，“革命”还有轻松的、一帆风顺的吗？难道你就没想过“考古”也是“科学实践”，就没把它估计到在征途上还有艰难险阻？怎么遇到一点困难就变成林黛玉了？

考古学的方法论，基本上重要的是两个，层位学、类型学。在应用上的时候，要求做到，对一处特定遗址作出正确的按两种方法为依据的“分期断代”与“文化特征”分析（与其他有关遗址对比，是次要的，为此不应费太大力气）（在这一点上你从一开始就已陷入“迷魂阵”了）。什么“大溪”“屈家岭”都成了“紧箍咒”，又出来一个“关庙山”，这叫“治丝愈乱”。

说到“层位”“类型”方法，照初学者的天真想法，看得太简单了，欲速不达，这点苦工照理是非下不可的。但我们同行里，多数人是甘于用简单化方法办事。久而久之，形成习惯，再也不肯对此多下功夫了。人的认识问题，就是如此。

“双百”方针是对的，但一个“真理”的认识，要为多数人“认识”，可没那么简单。“双百”不要看成是灵丹妙药。果真如此，岂不早天下太平，进入社会主义，世界大同了？“双百”对科学发展只能起到“滑润剂”作用，文化上的专制主义倒是常常难免的。

用“层位”“类型”分析器物（只说陶器吧！），不能忘记唯物论、辩证法这两个法宝。对文化特征的分析，我推荐给你一篇文章，见《光明日报》79.7.12“哲学”栏《排列组合与质变》。说句不客气的话，我们大多数同志对认陶器问题上硬是用唯心论、形而上学方法，见怪不怪，心安理得。有时双方争吵面红耳赤，实际上彼此在方法论上用的是一套。如此“争鸣”，是争不出个所以然的。

我说这话是从你们所谈论的那套什么“典型”器，什么“这层出这又出那”如何处理，等等。忘记了，天地间只有两种东西：1. 是“事物的运动”；2. 是“运动的事物”。

光讲考古学本学科的方法论还不行，还不能忘“历史唯物主义”“历史主义”，才能有正确的方向、目的。更不能忘我们工作的“社会目的”，不能把自己置身于现实生活这个世界之外，这个国家社会之外。祝进步！祝健康！

记住：急性病不好，要“多想”、要“实践”。

苏

1979.7.22

苏秉琦—林春（1979.8.3）[①]

小春：

7月26日信31日收到，简谈一下几个重要问题。（一）他不去红花套了，事已至此，你们就另作安排吧，勉强不行。（二）对陶器、石器，你们还是相信自己为妥。（三）你说，没有绘图员，没有图、照相，不能脱离开实物写报告，这是把问题弄颠倒了（这不是你一个人想法、做法）。

写报告的程序应是：①决不能离开实物去写。②图、照相完全可以先自己做。必须这样写初稿，完稿后，再交专业绘图员按要求绘图、摄影人负责按要求照相。这可找考古所帮忙。你稿还没有，如何画、照呢？尽管有些人硬是先找人画图、照相，再动笔写，这其实不是报告，只是拼材料（未经消化的材料）。因为画图、照相也是要由编写人自己设计，不然怎样画、照呢？你要说明什么呢？技术人员哪里知道你是怎样认识它的呢？③现实层位关系、共生关系、器物发展序列、分期断代、特征分析，在此基础上做卡片、资料、画图、照相都是报告准备工作。④完稿后再交负责出版单位（初步的）对图、版加工（重画、重照）。初稿不需要正式图、版，你先找人画好、照好，到时还得返工。

---

① 据林春先生提供信影录文。

你还算学过考古的，我们老一辈的哪个不是干起来才学的！困难是不少的，你现在如让我来做这项工作，我也是要从头学起（向实际学习）。不要以为我已心中有数，那样看，就不是科学工作了，也不需要我们这些人了。你怎么想得那么简单？找这个、那个，企图谁有什么灵丹妙药，药到病除，一切问题“迎刃而解”。难道你就硬是束手无策？问题就出在：1. 以为请个什么人来就有办法了；2. 自己就没办法了。

科学研究没有现成饭可吃，谁也不是天生的，有点经验、知识，也不能套。任何一项科学都是探索性的，问题还没弄清楚，就订几时交卷，不是实事求是。你这摊子，别人翻过几遍了，但谁也没全部、从头到尾坚持下来过。谁来收拾它，也要把全部材料核实一遍，才能写出来拿出去。

你是初生之犊，敢于藐视困难。但在实践中，还要重视困难。说石器难搞，不能说陶器容易。关键问题首先要靠陶器、层位来打开，把问题看得太简单，只能是多走弯路。到考古所请人先画图，就是在走弯路。你自己画的图不就够了吗？但实物还是离不开，因为还要观察、分析。

就写到这吧！你先定下心来，仔细想想，这项工作不应丢下收摊了事，这样太不负责任了。自己今后如何，我看不应现在考虑。“人心思散”，谁愿“散”谁去吧，你不应作此想，剩一个人也不怕。又及

苏秉琦 1979. 8. 3

苏秉琦—林春（1979.8.14）[①]

小春：

今天我找文物局陈处长交换意见，结论是，红花套的报告一定要保住，勿使功亏一篑。你有难处，但此事不是你一人主事，长办考古队原来是林一山主任、陈淮搞起来的。林现在管不了这些事了，陈又出问题，长办无人关心，是意中事。但这工作是多年、多人心血，已载入“史册”，有关的人不应弃之不顾。你并不孤立，你别想得那么窄，自己给自己过不去。本月15—20日在黄石铜绿山古矿的会，文物局谢辰生、黄景略已动身去了，我所殷玮璋也走了，陈处长答应写信给他二人，看他们如有时间去了解一下你那里情况，现在首先是抢救这本报告不让它流产的问题。这一步如办到，问题再从长计议，也有时间了。你不是说“长办”对你还是“言听计从”吗？你也要尽你一份力量，而且是关键的“一份”，不可“妄自菲薄”。

考古所这边的，所里现在不同意这样办法，“协作”就要协商，你写信、发电给编辑室，但这不是个人间的事，是单位间的事，现在也进退不得了，没有你单位和考古所的协商，下一步就不好办了。不管前一段怎么办，下一步如要考古所协作就要来人找领导面谈，再给□个人写信就不成了。在西安时你不是说过发表时署名问题吗？这有什么了不起？反正“长办”是主办单位，其他参加单位都应在报告发表时一并都写明，写上考古所更不在话下，这有什么“扯皮”的呢！站在你的地位首要的是千方百计不要让这批材料报废。至于学术问题、观点、编辑等技术问题也是可此可彼，你的任务不是要如何如何写的问题，是要使这工作搞下去，坚

① 据林春先生提供信影录文。

持下去，拿出成果就是胜利，学术问题是一辈人、几辈人的问题，不是一本报告的问题。

还有，考古学会年会在湖北开，时间是10—11月间，韩宁夫已有答复，主要讨论“楚文化”，红花套这批材料是分量最大的一批，不可小看。只要根据这批材料，对它做出一定的分析、评价（主要是它自己的分期断代、特征性质，不必一定同其他材料做出综合分析），就很重要。

你要学会不同人作不必要争论，但要自己心中有数，最后你怎样看、怎样讲，谁也管不着。你的首要任务，是争取有一年的时间，争取有人合作参加、动手、动笔，到明年年会上，在报告基础上写个总结性文章。此后，整个工作，你自己问题就好办了，“棋”就活了。你别自己钻牛角尖。

现在你不是“归队”问题，是坚持现在的工作到一定段落，才是可进可退的万全之策。水文考古这块牌子不是随便拿出来的，也不能说取消就取消，这是我国历史条件决定的。别国是缺乏我国的条件，围绕考古是可以搞出多种边缘学科分支的。

说来说去，还是你要先考虑如何抓住在你手下的东西（红花套），抓上一年，拿出成果，以后再说以后。就写到这，祝

好！

苏

1979. 8. 14

苏秉琦—林春（1979.8.23）[①]

小春：

17/8收到你13/8信。自入伏以来，天气热，来一趟考古所，

---

① 据林春先生提供信影录文。

回家很疲倦。有去年去烟台地区，正是七月中旬，气温高，按日程跑，发现脉搏慢，心律不齐，住院二个月的经验，在家休息，没有什么新的特殊情况。勿念！

中　国　考　古　学　会

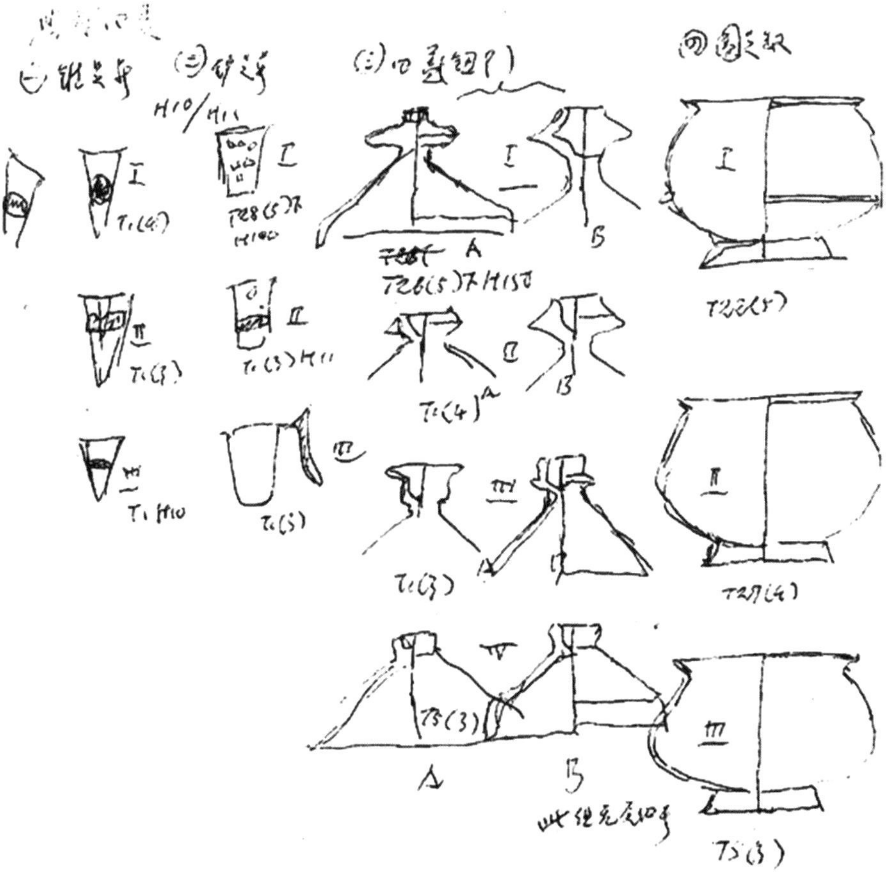

中国考古学会

③ 豆盘圈之柄

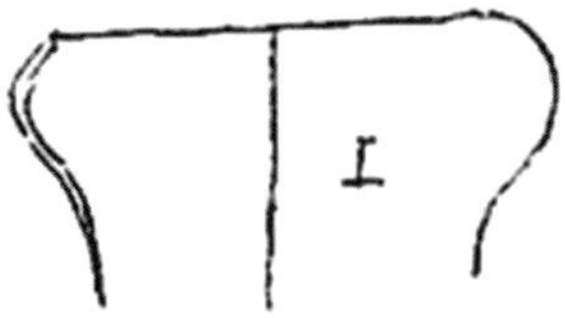

T73(5)

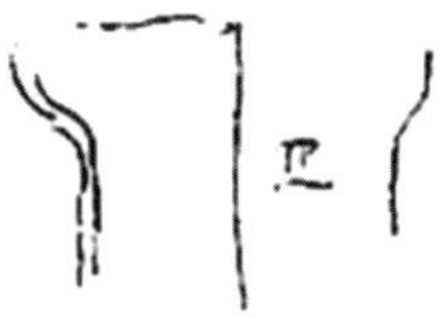

T73(4B)

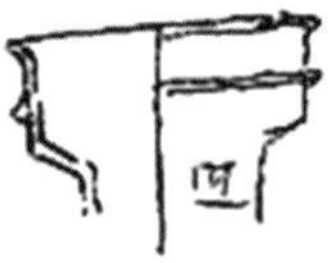

T3(3)

④ 石锛

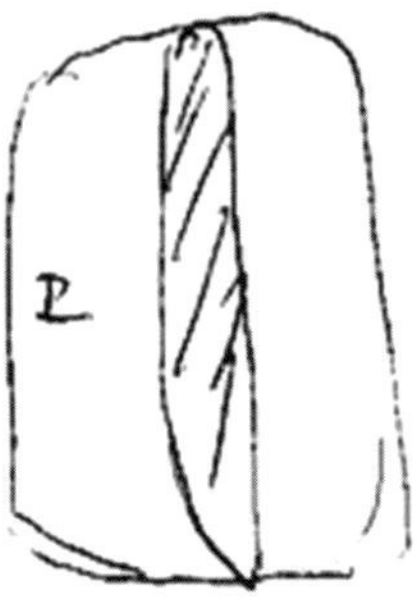

T73(5)

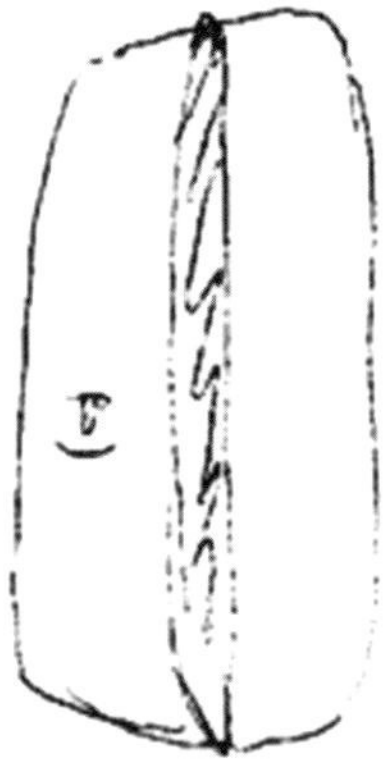

T88(4B)

T87(4)

我认为在工作中学乃是正规。问题是：工作中要有“学”的条件。有时全靠自己钻研是吃力的。北京条件较好，但不一定每个人都会利用这条件。实践重要，也可说头等重要，难在完全靠自己摸索，免不了走弯路，环境也未必会给你这样机会。多少地方工作同志，一年到头只是忙一个接一个的任务，就是谈不到“课题”是什么。这一点，你可能不理解，即使身在我所的不少人也是如此。这同大学教育有缺点有关，就使我们所不少甚至多数人直至今日还是把写文章和科研“课题”等同起来，把写报告和科研课题“割裂”开来。树立一代好的学风，培育一代新人，可真不容易啊！

关于考古学方法论，我国没人写过。解放前商务出过两本，一是滨田耕作的《考古学通论》，一是藤固译的蒙台利欧斯的《考古学方法论》，迄今仍有参考价值。现在我们要求的是这还不够，我们的任务是建立自己的“马克思主义的，有中国特色的考古学”，这就要有自己的方法论。光马克思主义理论也还不够，这要创新。过去，敢提这口号的人拿不出办法，不考虑这问题的人也未必不能工作，拿不出成果，甚至可以拿出大量“大块文章”，但又如何和今日中国新时期总任务挂得上钩呢？

我可以把我写过的东西介绍给你，一是解放前写的附在斗鸡台报告后面的《瓦鬲的研究》，一是《洛阳中州路》报告的结语，一是发表在65年1期《考古学报》的《关于仰韶文化的若干问题》，一是发表在78年7月份《文物》的《石峡文化初论》。可以看到我自己摸索走过的道路，也可看到我前边说的想法是如何“实践”的，你怎么能说没书可读呢？（头一篇不好找可暂缓，后几篇比较容易找到。）

现在你面前的任务是抓紧报告的编写，不要过细，又要争取时间，方法很重要。方法问题，首先要明确“目的”。“目的”是对红花套这项材料的年代分期、文化特征弄清楚。同周围诸遗址关系可以大致谈谈，进一步的研究是下一步的事，不勉强，是次要的。

达到以上目的，就是好报告。

整理过程中如何按部就班地开展工作，非常重要。

第一，在全部材料中选择典型堆积关系，要有包括本遗址从最早到最晚诸阶段的“方”若干个（一个方不可能有从头到尾的堆积层，实际恰恰是必须有若干个方互相补充才能反映出本遗址的各个阶段）。

第二，在上一步材料中选其中每个阶段的典型单位若干个。所谓“单位”，可以是“堆积文化层”出土物较多的，可以是诸如“灰坑”“房子”其他遗存，即成堆的遗物。

第三，在上两步的基础上选出十来种器类，做为典型器。在有一定的层位关系基础之上找出其各自的发展序列，以及其相互间的共生关系，顺便用我手头材料举例（附图），你不难看出它们各自的形式变化特征在哪儿，你也可仔细看出它们之所以如此这般变化的原因是什么。这里要点在认器物（盲目地找口沿、底部画图画不出特征，选不出典型标本）、选标本。所以说，对器物种类要分清界限。找典型器类条件是：①特征突出，变化的敏感点在哪清楚易认；②跨的时间长（如二层次以上，我举出六种，可再放二、三种，不可太多）。

重要的是莫忘记主席讲的十六字诀“去粗取精，去伪存真，由此及彼，由表及里”，这把整个科研过程都包括内了。

“瓦罐排队”万不可搞成机械的、唯心的、繁琐哲学。开药铺、豆腐账式的，罗列一大堆，毫无意义。现在这已成考古工作中是灾难性的流行病。你可能会问，那其余器类怎么办？这典型器类中还有没选上的怎么办？别忘记我们是为了特定目的而采取的手段、过程、步骤，为分期找到依据。

“分期”指什么？主要指这个遗址的全部房子、“灰坑”窖穴……遗迹，还有工作较细、分层清楚的文化堆积层。

分期之后，我们就可对遗址的各个阶段的文化内容，阶段之间的发展变化特征进一步分析了。这时即包括全部材料内容，又是有选择地进行分析，仍旧是不要豆腐账式的罗列现象。

再后，对各期的绝对年代，与邻近诸遗址的年代关系、文化关系，可以大致谈谈，对每期的遗迹要画在一张图上。

照相排版要照顾分期、器类间关系，使用做图版标本尽量选典型。每件器物要有说明，可附在正文之后。文内插图要与文字对照，更要精选。有图的器物要有照片，照片效果不好的就不要（如小件器物，照片反而不如画图）。

材料一大堆，真正消化之后，报告分量可以大大压缩，典型方的层位图可参看梁思永的《后岗发掘小记》。一个灰坑堆积物原本未必属于一期，房子中堆积物当然有在废弃后的东西，不能用其中堆积物时间与房子使用时间等同起来。有时可能恰恰房子属于前一期，堆积的形成属于下一时期。多数情况房子使用时间可能同堆积形成属同一期，即房子废弃随即堆成平地，因而堆积物仍是房子同期的。

今年后半年北大有一组毕业班同学湖北当阳实习，由俞伟超辅导，他要晚些时才去，现在去青海了，他去时我将嘱他有空去你那看看。严文明要带学生去山东烟台实习，他如能抽时间去湖北看看，对你的报告工作可有些帮助，我估计可能性不大。我如想去湖北，也要用其他名义，顺便去看看。不然，这在所里怎么讲呢？让我去，这不成唱对台戏、对着干吗？我看，你们能够自己把报告整出来，这可能和你还想准备考研究生有矛盾。我看权衡轻重，抓紧报告比较现实。如中途而废，调工作后自己不是又从头起吗？到此为止吧！祝
健康！

苏秉琦 1979. 8. 23

苏秉琦—林春（1979.8.26）[①]

小春：

---

① 据林春先生提供信影录文。

我前几日写过一封信，内谈了些整报告的步骤方法，并举些例画图给你看，我依据的是73、74、75三年北大同学参加的记录写的。有些基本情况、原则，包括整报告办法，你该自己清楚，这样，你也就可以少受点折磨了。

一、这件工作是长办搞的，当然长办是为主，你现在负责，就该硬着头皮顶起来，水平高低是相对的，不是绝对的。正如你所说，对这批材料，你更熟悉，又说，照那种写法，你早已可动笔了，这话都说对了。

二、你提出的署名问题，是办得不对（是他自作主张），这不正说明“协作”要有条件（指事前和单位负责人谈过，就不会有这事了）吗？有人说，考古所要吞红花套材料，这话未免过分了。工作一开始就是长办出钱出人组织起来的，别单位怎样吞得下去呢？想“联名”那是他的糊涂想法。类似红花套的例子，大汶口就是如此。从头到尾我都参加过，图和版是考古所包下来的，不就是在文章末尾提一笔有考古所协助就行了。本来他们要另提上我的名字，我不同意。因为考古所参加的人多了，为什么单提我呢？

三、如果你们还认为，还要，那就得说明要他去多长时间、任务、要求是什么，具体讲清楚。如何使他对长江队的工作能够兼顾，这是要同所领导讲清楚的，过去陈淮曾几次约过他，他有家庭问题，去不了，陈淮也就不勉强了。你现在也清楚，你要的是“有人能指导你该怎样进一步工作”，这样讲就明确了，这才是问题的实质。

四、对红花套四期，你的想法又没边了。为什么一定要去四川，一定要再找地点开探沟去呢？红花套的实际情况不是没有这么一期，而是缺乏保存较好的地层堆积，但总归是有一些“方”有它的原生堆积的。“灰坑”也是原生堆积的一种，这一期是可以成立的。没有什么一套两套的问题，只有它的特征性质和它同其前期（三期）关系问题，至于它的其他什么“四川、湖北龙山”等等，你弄得清就弄，弄不清就算了，说明你在考虑问题时还不是在

"实事求是"上下功夫，还有框框的束缚。

一般遗址多数两头小中间大，"小"就容易被忽视，要么混在一起，要么对它估计不足，红花套的两头也要花些力气。有一点是明确的，必须把它们同其余（中间部分）分开来看，本来这不是纸上谈兵的事，而是具体分析的问题。

五、这项工作参加单位多、人多，时间拖得长，材料一大堆，插手整理的人搅得有点乱，这是困难的一面。但你只要自己有办法，这也就不难了。

我上次信谈的正是对待这一问题的办法，抓三个典型，典型堆积、典型单位、典型器物。有了这把钥匙，就能在较短时间，用较少力气，把分期依据问题搞出来。下一步就是把材料中的大部分"单位"的分期搞清楚，不要求全部，有些"单位"弄不清楚，就舍掉，只选些其中有用器物标本，这里我要说明一点。

即"单位"也者，指的是一个时期的堆积——即它形成的时间，而不是它的全部包含物一定都属于这一时间（每个时期堆积，在一个时间较长的遗址中经常有晚期形成堆积包含早期器物）。这就是为什么我们要把"层位"和"类型"当做两项最基本方法，而又必须经常把二者结合使用的道理。

六、你们想年内搞出初稿，这可能，但你们必须在动笔之前做好预备工作。这预备工作是要有步骤，有正式记录为凭的。你说的，翻每个坑，画陶器、陶片口、底，做统计等等，这是费力多而无大意义的。

道理是，在你还对它们没真正认识之前，画的那些器物不可能帮助你认识它们是些什么，是怎么一回事。要求写报告的人对全部陶片都弄清楚不可能。问题是多数写报告的人对陶片囫囵吞枣式的画一气（而且经常是让画图的人去画的）、统计一番，这方法未免同我们时代太不相称了。

七、初稿要有插图（用草图），要选好应用图版的器物，写好图版说明，将来正式照相之后，对图版编排要有技术人员协助设计。初稿编写，我看，与其再找外单位人，还不如你们自己干起来好。大汶口的初稿是陈晶晶、余中航二人写的，他二人都没念过考古专业，而且大学也没念完，结语是余在北京写的。在写的过程中常找我谈过，但那仍是他写的，而不是别人写的，我也不认为他是完全照我观点写的。你们应该树立起信心。

现在你们有些问题是由于没有经验，不免走些弯路，主要还是没解放思想，抓不住要点。涉及到单位、人事关系，有的是事实，有的也是老观念在作祟！小春！快点自己解放自己吧！心放宽点吧！

再谈，问

好！

苏

1979. 8. 26

九月份需要回家就回家。在家里老人面前可不要把在工作中遇到的困难、委屈情绪带回去，应该坚强起来，要自信！要高高兴兴回去，高高兴兴回来！

又及

苏秉琦—林春（1979.10.10）①

小春：

今天（9日）收到你从厦门10.4日发的信，你让我12日给你回信，寄到长办。要我告诉你，我能否去红花套。我手下压着几项工作，很吃力，精力有限，身体在病休状态，实际精神还是不错的，但我不敢轻易出差，因为领导不会放心让我一个人出去，而我自己有压在手上的任务（有答应了人家的三篇文章，有两本大报告要我

① 据林春先生提供信影录文。

审稿后，再各写一篇文章)。红花套的报告，我估计不出到底实际情况怎样，一插手，弄不出个头绪，我岂能丢下就走？因此，我现在就简单答复你："暂不能去。"你也免得为此悬念。

对你们的报告，我看难点主要是你们没经验，工作一时抓不到"点子"上，只要这一点你能真正比较清楚，工作量大小是小事，难度也不大。意见不一，也不见得难统一。考古是科学，科学就是摆事实讲道理，以理服人，不是"扯皮"空洞的争论。

我曾常讲过的三步骤，其实是个统一体，不可分割，前二者是条件（典型堆积、典型单位），后一项（典型器物序列），才是关键、钥匙。

你作出的"分期表"，问题是本末不清楚，尽管你做的器物分类、排列顺序多数是有些根据的，但不完全符合科学逻辑。

第一，器物的分类没弄清楚；

第二，每种典型器物的序列要有层位关系的证明；

第三，几种典型器物的序列共生、平行关系要有"典型单位"佐证；

第四，典型器物不是包罗一切器物，而只是其中一部分"典型"的。

考古类型学或标形学所讲的就犹如"标准化石"，仅是化石中一小部分。典型与一般是对立统一的，"典型"是主要的，而典型又是从一般中提炼出来的。眉毛胡子一把抓就没典型，没典型就没科学了。

你们那个表，你所列的那些这期有什么、那段有什么，就是"一把抓"出来的。所以是感性的，不是理性的、理论的材料，"只有真正理解的才能真正深入地认识它"。

你现在做的分期表那不是分期表，也不是典型器物的序列对照表，关键是：典型器还没有从器类分析中把典型从一般中分析出来。举例：

1. 器盖类中不止一种，用途用法有区别。我举的那一种可能是最容易识别它的发展序列的，但它的序列关系必须有从一个探方直接堆积层位关系中去找它的发展规律，找到规律才能在它的全部序列中找到它的发展阶段（型式的和制作的统一特征）。

2. 盂簋类两种：①弇口深腹圈足；②侈口圈足（圈足罐）两种的器口，圈足特征变化序列中易识别，器种易认。

3. 杯类（圈足、大口一种）特征鲜明变化并易辨（与大溪一致，屈家岭只有晚期的）。

4. 钵——器型虽简单，但口部变化易识。

以上四类五种，如能找到它们所在序列并把相互对照关系弄清楚，再用作全部探方材料分段、分期依据，对每个方的各层与单位所属的分期、分段就可以统一了（不必改变原记录编号，但每方上下必须是合理的，不能有颠倒现象，若有此现象可把这方材料舍弃不用或某些部分不用）。

只要把这一步做到，报告的骨干就定了。再分期，按统一合理论序分析描述遗迹、遗物就行了。后期单位出与前期完全相同的器物省掉，器物型式凡比较有把握的可分“式”，没把握的只列举选用标本单独简单描述，随便分式是无意义的。典型器也要有图有版，非典型只有版即可。

总之，我觉得在你们现有基础上再提高一步，就是一本不错的报告了。技术、文字加工可仔细推确，但无关大局了。

望努一把力，把它完成，这就是你们终身事业的一个良好开端了。

我看，没有克服不了的困难。

我的看法，你们现分的Ⅱ－Ⅲ之间是一个重要分界线，Ⅰ－Ⅱ是可以直接衔接的两个阶段；Ⅱ－Ⅲ之间才是一社会发展大转折点；Ⅲ－Ⅳ之间是社会与文化的重要转折点，供参考。

小春：昨晚（9日）把信写好，准备今晨（10日）交邮。但我又一想，你接此信后，对我上面给你提出的意见，特别是我讲的典型器四类五种作为“标准化石”，用它们的变化序列及其平行共生关系作为对遗址分期的标尺，然后再按分期报告遗迹遗物。这一套办法，不要说你的同事，你自己也可能仍感到有为难之处或不解之处，这岂不又让你“伤心”了？（小春！希望你更坚强些，多动脑筋想办法，少自己“伤心”）所以，我索性把信再拆开（你不要误会此信被旁人拆开过），再把我的想法讲清楚些。总之，这套办法，说容易不容易，说难也不是高不可攀。不要被它吓到，试着再用一点力气，你将会感到“苦尽甘来”的“甜头”。

一、器盖不只一种，最明显容易看出形式变化的是我上次举的那一种，它的形制特征变化序列大致是这样的：

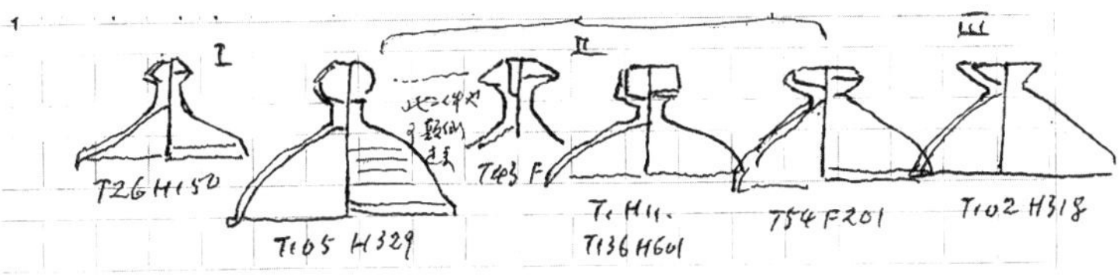

从Ⅰ到Ⅲ是一完整过程：即从“带帽”亚腰到不“带帽”卡腰，从轮镟痕迹不明，到快轮镟痕迹清楚。Ⅱ的特征共同点是从弧形亚腰变为上下折棱亚腰，从Ⅰ到Ⅱ可看出逐渐变化的细部特征，而Ⅱ、Ⅲ之间则发生显著新变化，“腰”退化为“折角”，“帽”部完全消失。

但这是从形制一方面可以识别的，我们需要的是从某些层位清楚的堆积关系的单位中，找出地层证明它们的发生发展顺序确是如此。而以上举例标本并没有直接层位关系。

很清楚，任何一个“方”的层位也不可能恰好出这种器物的早晚不同形象的完整标本。但我们可以用这线索，在某些器物比较丰富的“方”中，从下层到上层找这种器盖的“把手”部分，只要一个“方”的不同层次中含有二种以上不同特征的“把手”部分标本，看它们的先后变化是否有如上序列的关系。一个“方”当然不可能，多找几个“方”就可能找到从头到尾的标本（不是完整器，而只要有它的顶部一块即可）。然后，再以这些器型堆积中的标本（残片）为依据，而用和它相当的其他单位出的完整器把它“复原”（实际用同它“顶部”相同的完整器来代表这个有堆积关系单位中那件出有“顶部”的残器也可）。

有二三个人，一个方一个方地按层位往下去找，凡是同一个方的上下不同层位都有这种器物的残片（顶部）的，统统找来，你自然会找到“它”从早到晚的变化规律究竟是否像上述的情况。

同理可再选一种器盖：

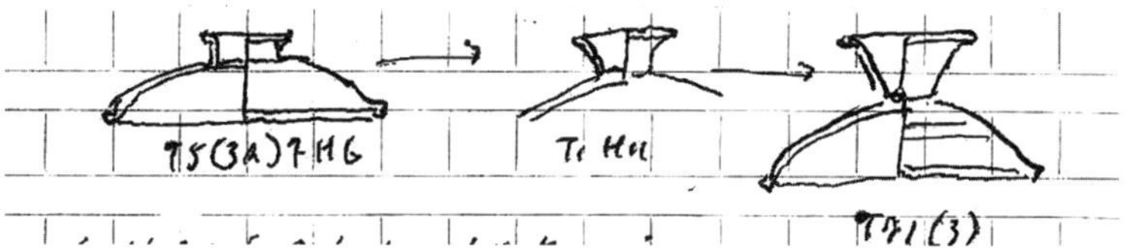

它的把手部分的形制变化序列也比较容易辨认，也可采取同样办法，找到它们的层位证明。而且这两种器盖的序列很可能是交错平行的，比如：

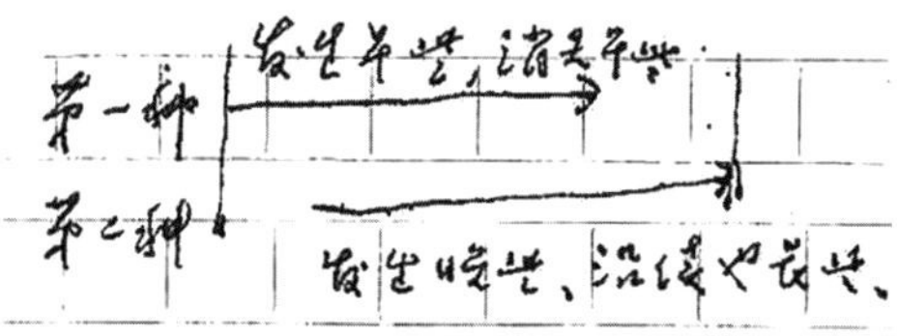

第一种发生早些，消失早些；第二种发生晚些，延续也长些。

二、杯——大溪 M5 压在 M1，M1 与 M27 出鼎釜相似，而 M27 与 M5 的杯的特征变化是：

从二者压叠早晚关系，可以看出此种器型特征变化规律。依此规律，可以推断大溪 M115 与 M114、M106 均应早于以上 M1、M27，而五者序列应为 M115—M114—M106—M27—M5。

红花套同种器序列应为——T57（3A）下 H230—T99（4）下 H355—T56H266—T75（4A）H375—T66（4A）H363。

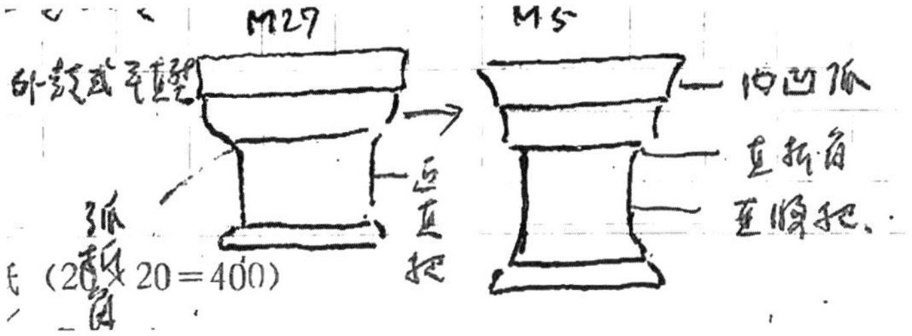

虽然我们依大溪例可以得出上述序列，我们仍需在红花套堆积层次关系中找出它们的层位证明。因为排此不能找出它与其他典型器序列的对应关系。同样道理，对于这种器口部或上部与下部中间有个转折角是它的先后变化的明显区别点，我们只须找到这种器的残片（口、折角、把）即可知道它原来整器的大致特征，把它复原起来。

罐是通常最多器种，而其器物特征意义主要在口部，这好办。

盂、簋两种，簋（即圈足罐）好办，口底变化是它的主要部分，器种从残片中也易认。盂我指的是上部似钵的圈足器，要把它同盘（浅腹）豆（高圆足）区别开。有此一种，盘豆可省。

鼎类有多种，完整器太少，可省。

小春！你看，这做法、这道理你是否明白了？我相信你试一试就会明白的。

最后制出“典型器序列对照表”，譬如说分为四段三期，我看大致可以。即Ⅰ－Ⅱ（一期）、Ⅲ（二期）、Ⅳ（三期）。用此表做标尺，衡量所有“方的层次”，不管原来登记分几层，一律不变原来编号，但在“典型器序列对照表”中的标本，尽量用上下有直接层次关系的，即使只有残片，仍要画完整器（借用和它相同或最接近的其他单位标本，只注明“某某单位号出与某某单位号出相同或基本相同”。）

用此标尺衡量每个方的层或灰坑，或墓的阶段或分期，一律按“对照表”中最晚的器类形式为准，只能往后拉，不能往上提。如一方的上下层位有颠倒不合理现象，此方或单位可作废。但完整器物有用的还是要的（做其他典型单位中只有残片而无完器时的代用品——当然指的是形制一致的）。

在报告体例上，可把“遗址文化堆积与分期”列在前面，而下面再按期叙述遗迹遗物，凡是后期单位中含有前期相同形制器物一律省略不提，用一句话交代即可。因此，各期内容就不会重复了。

今天我就补写这些。小春！鼓起勇气，试试看。注意，各期中所含器类器种除少数确有把握能分出发展序列的以外，同种器有几种不同式样选几种式样标本，一个一个描述一下，只写特点，不要写尺寸，因为插图是有比例尺的。总之，少用Ⅰ、Ⅱ式为佳，因滥用起来就毫无意义了。连“繁琐哲学”都谈不上，是“胡来”。

小春！再谈！问

好！祝愉快！

苏秉琦

1979. 10. 10

苏秉琦—林春（1979.12.10）[①]

小春：

15/Ⅵ、6/Ⅶ两信收到。

前一封信写的许多问题，不好回答，怕越讲越糊涂。

写报告不应有模式，一切从实际出发，不是纸上谈兵的事，离开材料空谈，不着边际。所以，具体问题，写信不好谈，原则问题可以谈，写几条。

1. 报告不是报账，更不是豆腐账，用不着全部材料一股脑端出来。例如：有些“方”层次没弄清，可以去掉；有些单位没弄清是“坑”是“墓”，统当文化层处理即可；分层、分阶段、分期

---

① 据林春先生提供信影录文。

要有根据，但不是要全部材料都能统一起来，这不是地质层，是文化层，是具体单位范围内的层，一个遗址只有在大的、特殊情况下才会有统一文化层。总而言之，材料必须有舍有取。

2. 器物要有原编号，不能把原记录号随意改动，不能另搞一套统一编号，器物号有疑问可以不用，只当参考标本看情况取舍。

3. 摸陶片，难度大，能有几种有把握的弄几种，不可勉强，没把握的可舍弃不管。不必在陶片上大做文章。

4. 作剖面图只能选几处有代表性的，做统计也只能选少数有代表性的单位，工作量不宜多。

5. 重要遗迹既然只有两段有，分两张平面图表示较好，用一张图早晚交错一起不好。不存在一定要你分成四张图问题。

6. 器物复原工作，当然应尽量多做一些，但如时间、人力不足，为完成报告，有多少算多少。再说，“报告”也者，原本当时挖当时写即可。现在虽是积累了多次发掘材料，也不必认为这是“最后的报告”，非来个“大出清”不可，其实仍旧是“阶段性的”报告。工作有阶段性，认识、研究也有阶段性。不要没完没了自己给自己提出些自己目前无法回答的问题。

7. 找人商量、请教，可以，但谁也代替不了自己，谁要参加也要从头摸起。

8. 不要忘记，像北大学生、教师参加过的工作，不是当时就写出了报告吗？现在，你们写正式报告，其实也不过在原来基础上使材料更丰富些，图、版更正规些罢了。

问题是，怎么我越看来信越糊涂，好像实习学生可以办到的，现在反而办不到了呢？

举例说：上海崧泽报告是在59年毕业班的韩榕同志实习稿基础上写成的，而执笔的黄宣佩不过中学程度，也没有什么实践经验。《洛阳烧沟汉墓》是54年毕业班实习挖掘整理基础上，由蒋若是执笔写成的，在此之前蒋也不过参加过一期训练班。他们都不曾找过哪些人帮忙出主意（因为现成的不是有北大实习学生写的报告在手吗?)。

就写这些吧！祝

工作顺利！

苏秉琦

1979.12.10

苏秉琦—林春（1979.12.29）①

小春：

多日没见你信，不知工作进展如何。上次我写信意思是要你多自己想办法，前些日我给俞伟超同志写信，希望他在当阳工作告一段落时去你那里看看。今天我得他回信，他把工作结果做了简单汇报，附了一部分“季家湖下层”的器物图，我认为对你有用。我选了其中有典型意义的三类器物的发展关系，做了一张图表，我想对你那里的最后阶段材料有参考价值。至于你那里的早期部分，我原来意思是，主要能就地层与文化遗物相结合，分出早晚两大期（也即原来说的三期四段的意思），目的是要把末一段突出，划分出来。

陶片不是容易能消化得了的，只能选有把握的几种典型器类。这项工作不要想一下子搞清搞透，这对于有多年经验的同志也不是那么有把握的，万不可小看它。要量力（现有的所有报告，很少有对陶片下过大功夫的）。

伟超同志同意于一月中玉泉寺工作告一段落后到你那里去几天再回来。望你做些准备，把去红花套的交通情况告诉他，生活上有什么该准备你早些准备。望你热情些接待他，他是个热情人，愿帮助人，经验较多，办法也较多，有困难找他谈，多少会给你些助益的，祝

好！

① 据林春先生提供信影录文。

苏秉琦

1979. 12. 29

附图

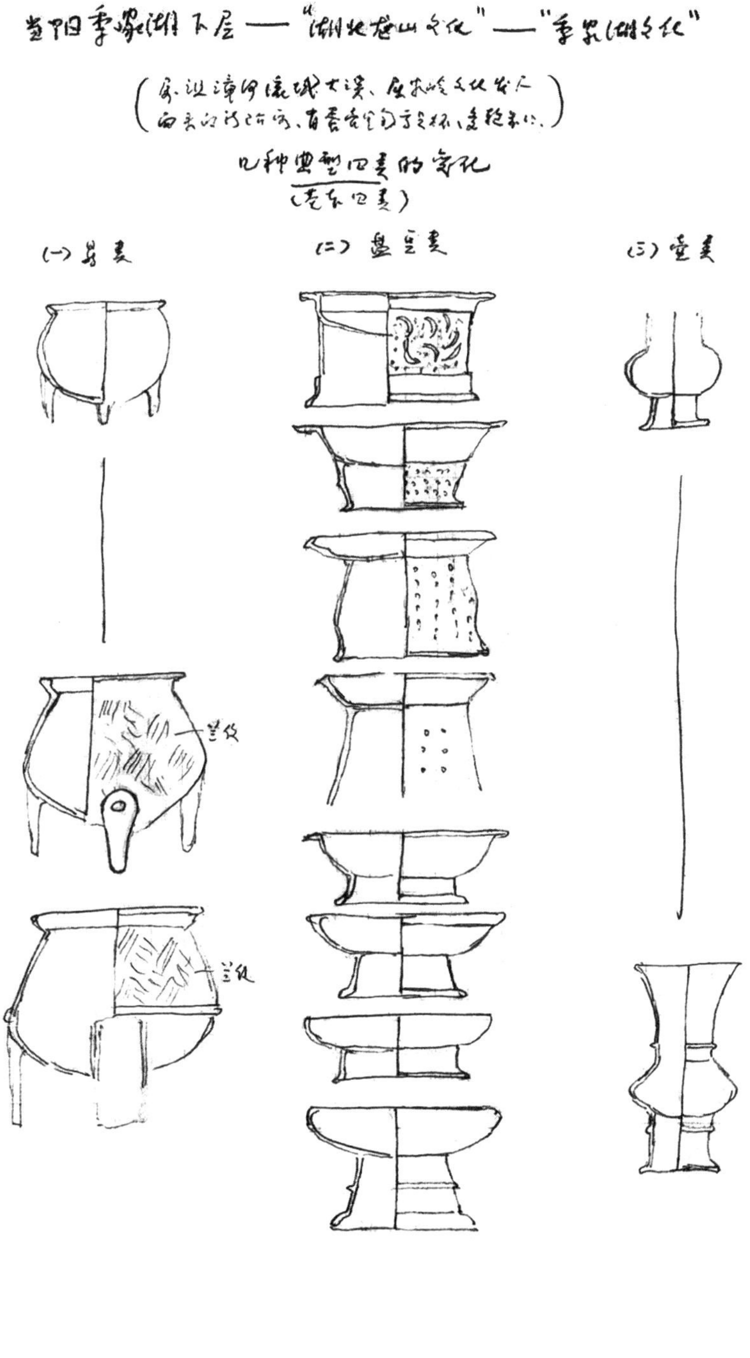

苏秉琦—林春（1980.1.31）①

小春：

接你元月14日信已多日了。没有及时回信，抱歉！

先说要请我指导报告工作的问题，我看没什么必要搞正式公函聘请。因为整个前一阶段工作的时间那么长，参加实际工作单位和人有那么多。现在按你们的工作日程表已到结尾阶段，在近期我又不能分出多少时间亲自去你那里参加些实际工作，事实上也只有照你们所设想的那样，到写结束语阶段你们能带材料、底稿来北京一起定稿，我参加你们的讨论。我看这在我来讲属于正常工作。到那时你来北京到我所来时，倒似乎该有个由长办出的正式介绍信（过去你用个人名义直接找编辑室协助，不太合适），请考古所协助，希望我给以具体指导这样字句，我看也就够了。

对现阶段初稿编写工作过程中，望注意三点。

1. 对全部材料的大的阶段（或分期）划分要做扎实，即材料要去芜存精，把有疑问的器物、单位、坑位要割舍，不吝惜。

2. 对最下层材料虽分量较少，但要尽量多选标本。

3. 对最上层部分（即晚期阶段）材料也要尽量多选标本。

还有一件更为重要的问题是，你们在这段整理写报告工作到结束时，必须事前准备好，把这批材料次序不乱地保存着不动，至少做一、二年的打算，以便在你们的报告脱手之后，还有条件能利用它做些进一步的工作。这不是说，你写过报告之后不做别的工作，也不是说你一定还留在长办考古队，而是说“红花套”的工作还没完，还要作为进一步探索有关问题的一个据点。

科研不像打猎，科研的课题是要有连贯性的。不能像打游击，

① 据林春先生提供信影录文。

可以采取“打了就走”的方式，这就涉及你们现在用的这处房子的问题。如果不能长期全部保留下来，可以考虑部分保留的办法。这些自然要同长办领导商量，要把问题说清楚，使领导了解。因为即使工作地点转移，总归需要有个固定的“点”。与其外找不如就原地，以后从他处做的工作所得材料还可以到这里整理，你应尽早有个考虑，向领导反映。

北大80年度还希望在湖北安排实习，等俞伟超回来再研究。再谈，问好！

苏秉琦

1980.1.31日

苏秉琦—林春（1980.2.27）[①]

小春：

你好！2.23日信收到，觉得你们这一段工作进展还不错。就来信提出的问题，就事论事地提出我的意见，供你们参考（记住：仅仅是“参考”）。

1. 器物是地层出，却不知何方出土，我们又想用的，就写上“不知何方出土”？

答：可在“插图×”后加（）号，用“脚注”说明及用（）者均无原号。

2. 想用的采集器物，先介绍有地层号的残片再介绍采集完整器物。

答：可以。

3. 地层发掘乱了的完整器，如T74（5）出的号，应是四期的，但地层挖乱了，就先介绍T13（3）出的器物，再介绍此件。

---

① 据林春先生提供信影录文。

答：可以，器物号可只标明“T74 出土”。

4. 俞、王二同志认为器物都应该有号，这话是讲原则，如报告原稿把器物泛泛用“P××”代替原号，后来才补上对照表。实际上既然在发掘整理过程中或没在器物上写号或原有标签散乱，或因改为统一号时去掉原号，到稿成之后再来追补上去的一部分原单位号也就难说了。统一号实际就等于只能说是出自哪里而已。红花套的情况，只能从实际出发，有可靠的原号就用，没有的可以统用（）代表说无原号或原号遗失，写报告人不能对以前工作负责。有的层位不可靠，或散乱，没有坑位，只用坑号，没有原号，硬给后加上一个号，是不对的。

5. 三期分段可采两种处理办法。对三段清楚单位可搞“四类表”，对器物可统一写，不分段，但注意每种器物的序列要尽量符合先后顺序。

6. 对房子遗迹可按三期分，不分段。主要问题是，三期之间的发展变化是否清楚，如果线索清楚，那么在同一时期内又可分出先后阶段的，倒不一定标明“×段”，而只是像陶器一样，按先后顺序排列即可。对于一部分时期不明的，不用勉强分，但情况还是应介绍。

7. “图”一定要核对，而且要注意所要表现的特点要强调一些（用线粗点即可）。

8. 盘豆类作为一类，类下分种，可以，但分出了二十多种，可再审查一遍。哪几种是从早到晚发展序列明显的，哪几种是不能前后连贯，或脉络不明的。这样，可把前者提出，正式给他们编次序，如（一）（二）（三）或（A）（B）（C），把其余的则只作为标本处理，另编标本一、二、三（均附插图），就不搞序列了。盖钮照你所分“式”列即可。

9. 房子问题，我意见是，在你还负责期间，不宜轻易放弃。你如离开考古队，当然不在话下了。我说的是，在你还没离开期间，就不宜自己做主，主动放弃房子。

10. 考古材料是“博物馆”，是“百科全书”，凡发掘时观察到的现象，应该载入记录。其中重要的要写进报告，解释、推论要慎重。

11. 俞建议开“红花套讨论会”，我觉得目的、意义不明。每项发掘报告，谁写谁负责。要找谁商量、请教，就去找谁，干吗要开讨论会？

现在你二人负责就该负责到底，这应看作是个“硬任务”。同时，对这批材料实物标本（特别是选进报告的）也要完整交代清楚，这也是义不容辞的责任。还有，自己在完成报告之后，或完成报告之时，还应该自己总结一下，对这项工作的学术意义收获，要写个什么形式的东西，这是“对自己负责”。

你在现阶段，要注意的恰恰是吃透这批材料，而不是像过去你们曾为了争论什么“大溪”“屈家岭”“青龙泉”“湖北龙山”之类的题花去了大量宝贵时间。我说“吃透”，不是能回答一切问题的意思。这里明摆着的问题是，这个“红花套”遗址从何而来，又是怎样结束的？现在你不必多用心去想这些，把它“排起来”，把主要精力用在消化材料，把层位关系清楚的作为报告的骨干，不清楚的一定要慎重使用，把分期问题搞扎实；在此基础上，能搞清楚，以红花套为代表的文化特征是什么（因为我们清楚，这类遗址在荆州地区有若干处，但只有这一处材料是成批的）。

就写这些，你不必急于回信。

此致

敬礼！

苏秉琦

1980. 2. 27

苏秉琦—林春（1980.3.22）①

小春同志：

你的三月七日信早收到，知道你们正在紧张地工作。今天已到三月下旬，我在这月下旬要去赤峰参加内蒙古考古学会，回来还想在承德我所内蒙古考古队工作站住一段时间看看材料，回京约在四月中旬。因此，觉得应回你一封信，就你来信所谈的最关重要的一点谈谈我的想法。

我说过“要吃透”材料的意思是从实际情况出发，抓紧时间做出成果，把这项工作暂告一个段落。

实际情况，指的是这项工作原是多单位、多人、多次做的，现在要由你们少数人，而且是后来的人在短期内来收这个摊子、拿出成果；还有，你们是比较缺乏经验的，这是个难题，但考虑到客观、主观条件，这工作决不宜拖长时间。怎么办呢？我的意思就是要你们在这一堆材料中：

①找“典型堆积”（几个方），把分期问题的主要依据摆出来。

②找“典型单位”，把那些较有把握的能分期的单位挑出来，选器物标本尽量从这些单位中挑选。如只有陶片不能复原的器物，而其他单位或是没号码的能复原器物中有同样的拿来补充（做代用品）。

③选“典型器类”，就是要把你现在自己认为比较拿得稳的若干种器类的序列的这一部分，作为你写报告时文中的骨干，必需要加以分式说明。而对于其余的器类、器物不是不要，照样要，但可以不必在正文中叙述。至于放进或不放进“图”或“版”，在排图排版时看版面情况。这样可使正文较有条理，而不像“豆腐账”。

① 据林春先生提供信影录文。

对于那些拿不稳器类发展序列的器物硬给分些式列，实际上没有意义，是报告中的赘疣。例如，前次信你谈到豆盘类20种，实际上大概只可能是有三五种能确定器类序列的，要把这部分同另外的部分区别对待，而不必钻牛角尖（凡整器，有自己特点的，照样可以收入插图或图版）。

总而言之，我说“吃透”就是要“少而精”，就是以你们现在消化多少算多少，一时不易弄清楚的可以舍弃、放着，这样才能按时完成这项工作任务。更重要的是，你自己能对这项工作提出自己的看法，能对江汉地区原始文化有了发言权（你要能做到有把握地谈红花套是怎么回事就够了，“大溪”“屈家岭”是怎么回事让旁人去讲好了）。

还要嘱咐你，提到请我帮助（你说是指导）的问题，应明确地讲是“请考古所协助”就够了。再提个人名义，那就是多余的事。因为这是我分内的事、经常的事。这样处理只有好处，而没有副作用。记住！祝

工作顺利！

苏秉琦

1980.3.22

苏秉琦—林春（1980.5.4）[①]

小春：

你4.17日、29日信物收到，我去赤峰承德，回来又去天津一趟，自知注意身体，还好，勿念！

红花套报告稿尽力而为，不使半途而废就好。

写介绍信给考古所，不必专提“请我给予具体指导”，因为既

① 据林春先生提供信影录文。

然你们专程找到考古所请给予协助，所里同意了，你们可以找任何人商量讨论请教。此外，我看也可给北大历史系考古教研室一封介绍信（与给考古所信一样写法）。因为红花套的工作，北大师生实习，出过不少力，而且去过的教师对这项工作、材料会有一定认识、看法，征求他们的意见，是更为必要的（主要是严文明、俞伟超二位）。

就现和红花套有关材料，我看重要的：一、是关庙山；二、是季家湖；三、是大溪；四、是屈家岭、放鹰台……等，但对比起来，首先必须自己对红花套的分期与特征做到心中有数。你们现要把工作坚持下去，做到底，争取较好的成绩，望你们也要多注意安排好时间，劳逸结合、注意身体为要！祝好！

苏秉琦

1980. 5. 4

苏秉琦—林春（1980.5.16）[①]

小春：

接到你从长沙来信，又接到你 5. 10 日从红花套来信。对你们内部问题，过去不了解，现在仍是不清楚，仅仅是希望你们能以革命事业为重，不要像《西游记》里的猪八戒，动辄就“散伙”，一点小事，各奔前程。因为长办考古队能有今日，也是来之不易，不应说散就散。长办领导不应如此草率从事，作为其中一员更不应持不负责任态度。至于个人调动工作，那是常事。公私要分开。

现在先说报告。长办考古队要自己写，就自己写。别单位并不一定要参加。具体问题要找人请教商量，你们愿找谁都可以，谁也不会拒绝。这算不了什么大事，没必要搞什么名义（顾问之类）。

---

① 据林春先生提供信影录文。

说请考古所协助，那是指你们现在还没有一套技术力量担负整图、照相，还有编辑工作等。要考古所协助，就须要正式备函商量。考古所接函后，就要列入所的编辑出版计划。你可找一本《郑州二里岗》看一下，封面书名下是河南文物工作队（作者），页底是“考古研究所编、科学出版社印”。就是说，工作是河南文物队搞得，报告是河南文物队写的，由考古所加工编辑的。这样根本不存在“合作”署名问题，是“协作”。我想，如长办找上门来，考古所没有理由不接受。至于对报告编写中的问题找谁商量都可以，你们写，由你们负责（二里岗报告在序言中曾提到夏鼐、我、邹衡指导，但《大汶口》我们给的指导帮助还要更多一些，都没要他们写在文中，只在后记中提了一下“考古所”）（《大汶口》封面下只有文物出版社，没要考古所编辑字样）。其实，对比起来，用二里岗的形式未尝不更好一些，因为一个专刊的编辑工作、技术工作的分量是相当重的，交涉印刷也是颇费周折的，一个工作单位（考古队）是难以胜任的。你来信为什么说到，考古所会给“回报”？要介绍信中特别提出请我具体指导有什么必要？

长办考古队怎样办下去，倒是个现实问题。“拉人”（当顾问）不是理想办法。同事业单位“合作”也非长久之计（过去经验是不愉快的）。你们现在“群龙无首”有困难。要有个得力的党政干部不易，但后勤、人事没人管也不行。

业务上没人能领导等于没有头、没灵魂。现在这问题长办领导如一定要你们自己出主意，要你们自己找林一山主任，这也是个可取的主意，他老先生倒是个热心考古事业的积极分子。考古队没办好，不理想，陈淮有责任，也有他的功劳，办训练班，招兵买马，积累资料，办展览，对长办整体工作也算做出了贡献。林一山的大力支持是个关键，别使他泄气，在他面前要多说好话，让他高兴。你们应体会林一山的好心肠，万不可轻易说“散伙”这类话，使他灰心。我看你可以找林，恳请他出面跑跑：一是请文物局在行政上给以支持，挽回曾经同地方上有过摩擦造成的对立情绪；二是请考古所在编辑出版、技术、业务等方面给以协助；三是请北大协助指导工作、培训干部，交换条件是给北大解决实习基地（指长办所属整个范围内，不拘在那里）。考古队要办下去，需有个固定的地点，基本的编制（一定要有自己的技术力量、设备），独立的经费预算。

望你们也要“解放思想”，别把问题看得那么复杂。问
好！

苏秉琦

1980.5.16

苏秉琦—林春（1980.8.29）①

小春：

我于26日回京。因身体还不大好，先不去考古所，在家休息几日。知你已返京，不知你的工作进展如何，勿念。接信请到我家一谈为盼。祝好！

苏秉琦

1980.8.29

林春—苏秉琦（1994.2.4）②

苏先生：

您好！

---

① 据林春先生提供信影录文。

② 苏秉琦先生在信后用铅笔写道：“21日看到此信。丹江，遗留问题，工作量大，几倍于三峡，大体规划四阶段……”

我可能得挑起长委会三峡文物保护工作的担子了，在这最困难的时候，在一片谴责声中。

我已经成熟，不在乎什么议论和压力，但既然我挑起了这副担子，就必须把它做好，我首先想到的是：向您汇报目前的现状，对您倾吐我的思想，希望能得到您的指导。

三峡文物工作目前的根本症结是：它还未纳入三峡工程的正常轨道，它还不可能与三峡工程中的其它工作一样正常运转。这根本原因在于工程部门，还包括全社会乃至文物部门本身对这一工作的不重视——工程部门要排挤它，而文物部门的领导们用抬举的方式牟私利。

大型工程建设有一套自己的工程程序，特别是近年来引进了市场经济配套的管理体制（设计、施工、审查、监理四权分立等原则），这就要求与之配合的文物工作也必须服从相应的体制。三峡工程实行工程业主责任制，从原则上讲，国家投资仅占其中的一部分，其它款项得由它自己各方等筹措解决。它对文物工作的管理体制和经费开支当然会有它自己的要求，对于文物部门的巨额预算它有权利审查，工作成果它有权监督。在目前日益完善的经济技术活动中，这本来天经地义的。

在这种形式下，我挑起我从不接手的三峡文物工作。

我对这一工作，我的思想原则是：1. 三峡文物保护工作是全社会各部门的工作，应该调动各方的积极性，承认并最大限度地采纳文物局等做过的工作，共同把这一工作做好。2. 建立相对完善的法规办法，使三峡文物保护工作在市场经济的新环境下尽快地走上科学化、制度化、规范化的轨道。这种想法能做到什么程度我不敢说，但尽自己的最大努力吧。3. 对于文物考古界来说，三峡工程是一个不可多得的机遇，尽可能抓住它，发展我们的事业。

我的路家河报告已近完成，争取在近期交付审查。红花套报告看来又得拖下去了。苏先生，十八年了。我孤军奋战，现年愈不惑，体质下降，家分三地，常有身心不支的感觉，原还有 94 年九月进考古所（已答应要我）过上一种常人的工作生活的期限。所以我一想到接手三峡，就有一种“壮士一去不复返”的感觉，这么多年了，我按一个纯粹知识分子的标准要求自己，拒绝仕途，不为金钱、职称等折腰，把自己锁在自己想象的象牙塔中。而今天，我得去拥抱世俗，与我最不愿交往的“公仆”打交道。我早已不在乎各种议论，而现在，我却得彻底改造自己去扮演公众所能接受的形象。而且，苏先生，南水北调（即丹江后期）工程已经上马，这本来就是我的工作，只是工作量从原来的一次调查增加到全面规划。以上的诉苦只是跟您说说而已——已经没有几个诉苦的对象了，因为我知道我会干下去的。

诉苦也是一种精神要求，这也是写这一封信的目的，除了您以外，张忠培先生也听我的诉苦，我们常为此争论，但是他仍无条件地支持路家河报告。在物欲横流的今天，您和张先生给予我的这种支持是支撑我工作的精神支柱。

最后，我请求，为了我们的事业，在您的身体状况许可的前提下，请多关心三峡工程和南水北调中的文物保护工作。如果条件成熟，工程部门的最高决策机构可能将聘请您出任顾问。

我春节后进京将前去聆听您的教诲。

谨祝

大安！

林春 1994 年 2 月 4 日

李步青

李步青（1925—1996），先后工作于山东省博物馆文物管理处、烟台市文物管理委员会、烟台市博物馆。

李步青—苏秉琦（1979.8.29）

苏老：

您好！

向您报告一个好消息。今天发现猿人洞了。我刚现场看过回来，心情激动得不得了。特地先告诉您！

情况是这样：

1. 地点　蓬莱县大柳行公社河东姜家大队，村东石灰岩山上。北距蓬莱县城约150华里，西距村里集公社石门口大队约60华里，东距福山县城约50华里（我由福山县乘吉普车去的）。

2. 地貌　这一带属丘陵地形，山不像石门口那样大。河东张家村西仅靠南北走向的一条河，村东为一高约20余米的小山。山为石灰质，老辈就在此地烧石灰，因之在小山的南脚下设有石灰窑。山的前坡表土为红色壤，里面夹杂满了乱石与结核石。在此红壤中出土不少化石，化石多碎块，看不出名堂。但有一排牙齿像是白鹿臼齿。现尚包在结核石中弄不动，需专门工具剔去石质（据反映龙骨很多，我只暂停一小时临时采到一些）。

3. 溶洞情况　群众烧石灰需要劈山，目前劈去东西宽约60米，南北长约80米的范围，高度约18米（距顶最高处）。劈石的位置是在山的西部，即靠河岸的部分。在劈到最东边时发现下部是空的，有石洞。洞甚大，东西南北有百米范围，据群众反映能容三千人（此洞发现仅一周时间），下去了几个人，但一般人不敢下。下去的人在洞底一个石坡上发现了一个人头，拿不掉弄碎了。他说这个人头既不在土中，也不在水中，就在光石上放着，拿碎的原因是上部未成化石，底部已成化石。化得很奇怪，骨质本身石化程度不高。但外表被一层透明的石英质所包围。这层石英质厚度不匀，最厚处七毫米，像是涂了一层厚厚的塑料胶一样。洞中钟乳石很多，群众拿去当玩意，我取回两块作标本。这种石质和头骨上的一样。目前仅找到眼眶部分在我这里。是人，不像其他动物（发现者说当时是一个完好的人骨在那里放着）。

此洞距现石面有八米深，我不敢下。这不是洞口，是洞顶部分。据反映从下面往南走六十米远处有二个洞口，下面乱石等甚多，看不清。依我看还会有化石和石器，但下去很危险，必须找到原洞口，从事发掘。我想等严文明教授来了再处理。

4. 措施　向县、大队干部作了部署，立即成立保护小组，今后不准破坏现场，不准下洞，不准乱挖红土层。听候上级处理。

此事下一步打算报告给考古所一份、国家文物局一份。请派人现场调查。您看是否让吕遵谔同志来一趟，几天就可以了。

最后，我是来福山筹备邱家庄发掘工作的。遇上了此事，枝外生节，属首次发现石灰岩山洞，又有化石，先告诉您。衣食住行工作已和县领导谈好，皆没问题。我曾托严文明、韩容二同志请您来坐镇。晚来不如早来，与其在家养病，我看在烟台也不差（叶老帅目前在这里休养），准备把你轮流安在烟台、牟平、威海三处。条件文明同志都看了。希望你早来，早来看猿人洞新资料。

心情激动，拉杂写来，不够尊敬，请原谅吧！专此
敬礼

李步青

79.8.29 下午3时

李步青—苏秉琦（1979.12.2）

苏公：

您好！

此次仓促进京，又同别人一起同行，诸多不便、失礼之处请原谅！急忙回烟后，即投入了工地工作。古脊椎来了三人，□□（他认识你）、□□□（小青年）和一名技工。在工地二天即仓促要去长岛，在长岛待了几天（我没陪回工地），就回北京去了。省里来了三个人，一个副馆长，在工地待了二三天也回济南去了。最后剩下省一个青年徒工和我。情况很凄凉，都说重要，值得搞一下！可是谁来搞呢？

我的印象是，都想摘果子吃。看到没有现成的“人头骨”，生活环境又那么苦。说声“好！好！”又回家坐在沙发上等果子熟了。可这个树谁来培植呢？它自己是结不出果子来的。

我坚持到底，没办法。谁叫自爱好这项工作呢？不谈革命，又不谈贡献，凭喜好也要搞它个水落石出。

如今发现了烧灰烧土，大量化石与这些胶结在一起。其中有犀牛、肿骨鹿、大量小兽，发现了几片石英和一个可能是人头骨片的东（西）。这片骨片胶结在红土中不易剔除，又怕弄坏了，已运济南请人剔除去了。这个地点在洞穴东部，与洞内最东北角相通，像是洞口，但洞顶没有了，又像是裂隙。这个堆积，宽可五六米，可知高度在十米，下部还有多深不知道。现在因开石形断面。在距顶部五米的地方发现了这层灰层。厚二十厘米，宽二米。内容相当丰

富，在这层堆积上层和下层都有化石存在。我能懂得只知肿骨鹿和犀牛、野猪、班鹿之类，多数就不知是何种属了。

这个地方遵谔同志知道，他建议叫我在这里挖。果不出所料这个地点与洞内相通，而包含物出乎意料的丰富（当时表层看化石不多）。

目前，这里告一段落，我刚回来。下一步遇上了困难。他们既缺技术又不想吃苦。这使我理解了遵谔同志。他是个有经验、有理论、能吃苦的人。前一段的发掘证明了这一点，我考虑了一遭，这项工作非他不可。我已向领导提出建议。明年自力更生，我们拿出三四千元请吕教授指导我们自己干。我主观看法是这里是大有可为的。重点区发现了很快会出现效果。请你安排一下，你已答应参加这项工作，明春让遵谔同志来吧！说良心话我对古脊椎、省那几个人印象不佳。他们没有科学、认真的态度。只想摘现成的。

我也给遵谔同志写了一封信，因他知道这个地方。并做了一些判断，但他不知内容这样丰富，未料到是洞口。

严文明同志的工作情况我还了解，休息一下，我准备去看望他一下。

此致

敬礼

李步青

79. 12. 2

李步青、王锡平—苏秉琦（1986.5.21）

苏老：

久未去信，您现在很好吧？

听说你在十月份来烟，我们很高兴。正忙于陈列起来，让你来时看一下你撒下的种子，现在已收到部分果实了，你一定会高兴的。

听说九月份在东北召开全国考古会议，论文题目是要有关东北史前文化的，并要报省考古所。我们不知内里底细是怎么回事？也不知让参加与否？此事大概您会知道的。我们想参加，并已准备论文。尤其锡平同志年青，须要广知多见。但不知有无资格，要什么样的高级论文。我们有些害怕，不够资格，白忙一阵子不让参加，那就难看了。故写信请您示知大概情况。

祝您

健康长寿

弟子

李步青　王锡平

86.5月21日

李步青—苏秉琦（1986.6.30）

苏老：

示敬悉。

完全同意示意，弟子一定遵办。能写出胶东的序列也不容易。这是您夫子功绩。蒙文明同志同意，完全可用北大发掘材料，不然写什么呢？

此次会议对锡平来说将受益匪浅，一定争取列席参加。此事盼您老费神帮助一下，想您会有办法的。虽然省会已通知并报了题目。但您明白，希望是不大的。

听说您精神与体力一直很好，则国家幸甚，民族幸甚，弟子们幸甚。此项特异技术，虽国有万亿美钞亦无法引进也。盼老夫子坚持每天慢步行进，坚持精神快活，一定会长寿的。

敬礼

撰安

弟子　步青　敬上

1986.6.30

李步青—苏秉琦（8.30）[①]

苏老：

遵照您的指教与援助，胶东半岛原始文化初步条理了一下资料。成绩是你的，是北大的，也是考古所的。总之，是在你的指引下大家共同做的。

此次会议，子范请你来主持，未能从愿，甚憾！

此文，本应有你看过再出手，时间迫不及待，草草写了此稿。恐有错误，但一点是明确的。半岛文化始终有其特点，可以直至晚商。目前又有新发现（主要早期铜器，已知有三处龙山时代或赵格庄类型时期），司马台的打制石器、化石，与早期青铜器，这些你都可以预料得到的。现在有了眉目，详情由文明同志汇报。雄心甚大，前途光明，盼你老继续伸出援助之手。

弟子 李步青 上

8 月 30 日

李步青—苏秉琦（12.13）

苏老：

您好！

现在报告您一个好消息，在石门口附近又找到了一个这种类型的遗址。现在先把简单情况报告给您。

---

① 书信信封无邮戳，信封写“面呈苏秉琦教授”。内除书信外，尚置中国科学院考古研究所便签条 1 张，上有苏秉琦先生绘制房屋草图；石器照片 6 张，背面文字分别为“海、司 斧状器 2 侧西”“海、司 斧状器 2 正面”“海、司 刮削器”“海、司 石锤”“海、司 石球”“海、司 锤 侧面”；相家园类型、白石村类型、北庄类型、东岳石类型、邱家庄类型器物图排版后照相各 1 张共 5 张。

目前发现的这个就在石门口南二华里的地方，地形地势和石门口相同。

这个遗址的面积长约50、宽约30米。处在山脚下黄土台形的一个斜坡上。坡下是沟底，有泉，常年流水。这个土台形成的很奇特，目前还闹不清它的形成原因。土色姜黄，土质坚硬，土中含有不少石灰质结核（俗称料姜石）。土层深度约五六米。

遗址的坐标是东经120°45′、北纬37°35′附近，海拔高度是160米。处于一个东西向山谷的最西头，地势是愈东愈低愈开阔。在这个山谷的出口处有一个小村——后吴家。这里是三面环山，避风向阳沟中有常年流水，现在看来，也是“烟村四五家”很理想的住所。

这里因有泉水，群众在这里修了个养猪场，因挖土积肥而把这个遗址破坏了一小部分，南北、东西长宽各约6米。在这个范围内发现了四个“火烧山洞”，目前可看出的烧面底部直径约在2米至2.20米左右。火烧洞三个已经塌陷，一个尚保存完好。从断面看洞底成〜形。好像是有二层台，但台是出口还是什么台不清楚。火烧土很厚，有的厚达50公分，烧成鲜红色。破坏部分土已不见了，都被推出去积肥了。我们也只能看这个断面，因为在未得到你的指示我们一点灰土也未敢动，怕破坏了无法挽救。

这个完整的“火烧洞”很有意思。群众说（即破坏者）像个“老鼠窝”，老长的。我看像个圆球形。但都是看到一小部分而言。洞口、洞内的设备，因为未挖还闹不清楚。目前可以知道的是，洞高最高处约1.50米，最大直径约2.20米。火烧层厚约50厘米。洞底铺有一层4厘米厚的白细沙粒。在白沙粒上面有一层白色类似海绵体的东西，厚度约4—6厘米，质轻色灰白，但不是灰，很像毛的结构。不知是否毛物年代久了可成灰白色。洞内充满了后期积土，这仅是从一小部分断面看的。洞内我们挖了40厘米宽的一小部分。从这一小部分看出了清楚的挖掘工具痕迹。工具有两种形式：一是打制的石器，痕迹横断面呈⌒形，最大半径是8毫米，上有清楚的像大牙啃西瓜似牙痕，这应是打制石器的印痕，宽度为6

厘米。一是像是骨耜似的印痕，横断面呈◡形，刨面整齐，没有弧度，但两端有凹槽，我们想了半天，悟到可能是肩胛骨制成的骨器刨的，宽度为 7 厘米。这些印痕很坚固，硬的陶瓷一样，表面有一层白色钙质水锈，厚约 1—2 毫米。内部为红色，乍一看来像是新刨的一样。我们带回来一批标本。也采集了一部分洞穴中的木炭，遗憾的是未见遗物，如石、骨器或化石等。从部分地表看还有完整的洞，如果揭开清理，会有遗物，会解决一些问题的。

我们来这里一个多月了，跑了一些山山水水，光找自然山洞，绝未想到我们的老祖先会人造山洞。从这里发现的红烧土居住面看，很像新石器文化晚期的。可这是圆球形洞穴。我悟到，这也可能就是我们最早的人造房屋了。是仿的自然山洞泥还是老鼠洞呢！倒是很有意思的。

拉杂写来，请您原谅！回机关后再详细报告给你（照片未冲洗，图还未整理，回去再寄给您吧）。

因为自从我们分别后一直未写信给您，不是别的，因为没有新材料报告给您，觉得辜负了您的希望。

通过这次地层了解，觉得黄水河流域沿岸很有玩意，需要大量的做工作。在这里两周的墓群中又发现了一座大墓，宽 7 米，长 8 米，是数十座中最大的一座。已有六七座西周墓需要抢救（它们和遗址、古城相距都不到三华里范围）。

1976 年曾写了一个《蓬莱县村五集西周奴隶殉葬发掘报告》一文送给《文物》，他们先说很重要，后来无下文了，曾托吴汝祚同志去查询也无下落。请您老电话问他们一下，请给我们退回来吧，时过境迁需要重写了。要到您那里，有些照片和图还可供您参考，不然一些资料都叫他们糟蹋了。

最后，请您即来指示，寄蓬莱县文化局转即可。

李步青　上

12. 13 日晚于蓬莱

俞伟超

俞伟超（1933—2003），先后工作于中国科学院考古研究所、北京大学、中国历史博物馆。

俞伟超—苏秉琦（1979.8.30）[①]

秉琦师：

我在七月底赴承德一行，替吉大同学讲了三天课。回学校阎文儒先生为纪念向达先生，准备筹划一本有关西域南海的文集。要我写一篇关于东汉佛教图像的文章，我又忙了一个星期。紧接着就来青海，行前时间实在排得太紧，所以没有来看你。

来后十天，才开始到发掘工地进行工作。大通的墓葬，全由青海省自己做主，所以就让实习队来了。这个工作，离西宁市仅15公里，距大通县城也有这么远。自1973年青海恢复考古工作以来，就在这里设立工地。迄今为止，共发掘了汉代之墓130座左右，其它皆唐汪（青海的同志命名为上孙家类型）和卡窑[②]墓葬。工地同

① 原信未署年。据《上孙家寨汉晋墓》（文物出版社，1993）“序言”，信中提到的北京大学学生参加上孙家寨发掘的时间为1979年，信当写于是年。

② 卡窑，即卡约，信中二名混用，依信中写法录文，未统一。

志告诉我，唐汪皆打破卡窑墓，卡窑墓中较晚的，据^{14}C测定，约995B. C。这批墓葬数量较大，以大通上孙家工地为主（就是我们来到的工地），总数已达1000座以上。我一来到工地，这批墓葬自然很引起注意。从历史环境情况看，它们是古代羌人之墓应当问题不大。

上孙家的汉代之墓，时代约从西汉末到汉末三国，文化内容如经仔细分析，也许很复杂。因为，一部分较早的土洞墓，墓主骨架的上身往往当时就经过翻动，这种葬法，似乎沿袭了卡窑遗风，我很怀疑是羌人葬俗。一部分东汉晚期至三国的墓，墓形（皆砖墓）和随葬品（陶壶、瓮、罐、仓、灶、井、锅等），同汉人的葬俗是一样的，但却出土了“汉匈奴归义亲汉长”铜印；有一座墓，还出土了网状图案的带扣式铜牌，同内蒙二兰虎沟的出土物很相似。这批墓的主人，大概应当是臣服于汉代官府的匈奴别支。在一座墓中，还出土了一件单耳银壶，上面的图案，酷似忍冬纹，无论从形态或图案看，都很可能是安息（波斯）之物。除了这两类外，还有一些墓，也许是汉人的墓，但还拿不一定。

这次同学来后，一共发掘了四座土坑墓，二座前、后室的砖墓。闰八月廿一日起开始发掘，估计到九月中旬基本结束，之后转入整理。经与赵生琛同志研究，这次实习把资料卡片作完，初步确定其年代与文化性质，搞好分期、分类的初步推断，同学们完成好实习报告。明年之后，由青海考古队出二人，学校出董建忠完成正式报告。这批墓的随葬陶器比较简单，但小件物品特别是一些特殊的葬俗，很具特点。例如在一部分东汉时代的墓（可能是匈奴人）显然有杀殉现象（人头）；有的殉人还用铁质脚镣。我估计，完成一个专刊，分量是够的。

研究生信立祥，这次一同来青海。我让他作些田野工作。他过去在定县时，跟河北省的刘来成同志发掘过不少大汉墓，但有些发掘的基本训练还不够，来后我让他补些课，之后到湖北作一些遗址发掘的训练。十一月上旬即回到北京。

从这里的工作看，我大约要到九月下旬，才能转到湖北去。等青海工作结束时，还要再回来一次，最后商定明年工作计划。赵生琛同志的打算是，今年由谢端琚同志等拿出柳湾报告初稿，明年争取拿出去交出版社。明年还争取把大通上孙家汉代墓葬的报告基本完成。从明年开始，并争取开始整理唐汪、卡窑的报告。卡窑的墓葬，对探索古代西戎、西羌的面貌，实在是关系至大的。它的中心地区，显然就是在青海东部地区。

如果没有特别情况，我到湖北后，再向您报告那里的情况。

敬祝

近安

生　伟超上

八月卅日

于上孙家工地

俞伟超—苏秉琦（1979.10.16）[①]

秉琦师：

我在青海时，因湖北相催，于九月廿日即离开西宁由四川转宜昌。本意国庆以前一定能到达工地，不料在西宁最后数天就开始发作的牙痛，在火车上已达到单靠止痛片也不能忍受的程度，只能在成都加以治疗。幸好经四川省博物馆的帮助，在川医的口腔医院得到很好的治疗，但因医院中途停电数日，加上买车票的耽误，一直到本月十二日才到达宜昌。

在青海的实习，省考古队照顾很周到。我们的同学，发掘了几座土坑墓，主要汉代的，有一座是卡约的。卡约之墓是一难产而死的妇女墓，身上铜佩饰达六七十件，因清理比较认真，保存较好，

① 原信未署年。信中提到季家湖的发掘始于1979年，信写于是年。

整个骨架都取了下来，送至西宁准备陈列。又发掘了两座东汉的双室砖墓，有一座是迄今所发掘的上孙家的最大的砖墓，但每已被盗。

整个汉墓，时代约从西汉末至东汉末，共一百三十多座。一部分较早的，主要是土坑单人葬，墓俗往往保留卡约、唐汪以来的传统，即人架常常是四肢整齐而上身的骨架零乱。砖墓分两大类型，较小的是单室砖券墓，较大的是双室穹隆顶墓。其中一座双室砖墓，出有“汉匈奴归义亲汉长”的驼纽铜印。据潘其风同志讲，其人骨具有现代北亚人种特征，而卡约之墓的主要是具有现代华北人种特征。这种匈奴人的埋葬，基本上已经汉化，但同一墓内往往埋有多具人架，有的是除墓主骨架外，还有单独的头骨数个相随，恐怕是杀殉的。这种匈奴人，我查了一下文献资料，很可能是一种匈奴别种——卢水胡的遗存。

上孙家的材料，最有意思的，其实还是卡约和唐汪墓葬。发掘数量，已达一千一二百座。唐汪墓打破卡约墓的关系，已找到多次。省考古队在一个辛店墓葬清完后，还在下面发现了唐汪墓，所以卡约早于唐汪，唐汪早于辛店的关系①，看来是比较清楚的。

据我了解，柳湾墓葬的实习，北大不来参加，并非省考古队的意见，赵生琛等同志可能为此还感到为难。所以，他们一定要上孙家汉墓的报告由省考古队和学校联合署名。至于上孙家寨的卡约和唐汪墓葬的整理工作，省考古希望以后（即明年以后）能开始着手，我本想进一步联系这批材料的整理的实习事宜，但现在条件也许还要再酝酿，看看这次实习情况再说。

离青海前，我本来与省考古队约定，在十一月初再回去一次。一则是看看同学的整理结果，最后订正一下工作结果；二则是和省考古队的刘万云及董建中同志商量这个正式报告的编写大纲，然后由他们分头执笔。在明年，董建中同志可以再来青海一段时间，完

① 苏秉琦先生在卡约上标“Ⅰ”，在唐汪上标“Ⅱ”，在辛店上标“Ⅲ”。

稿时刘万云同志也可以到学校住一段时间。但现在我来湖北的时间，因途中治疗牙病而耽误了半个月，能否如期赶回去，就不敢保证。好在临行前，董建中已经作好两种准备，一是我能如期再到青海一次，一是我因湖北不宜离开回不去。这样，他们就把正式报告的大纲带回北京再商量确定它。

青海的整理工作量是：器物卡片做出两份，一份带回，一份留青海。实习报告由四个同学写出三份，一份土洞墓报告，一份为单室砖墓报告，一份为双室砖墓报告，四个同学分成三组进行。

湖北的实习队，经参观，至上月25到达工地。我来后跑三天时间，已大体把下一阶段的工作进度安排。他们来后，连同武汉大学的六个同学、二个教师，加上中山大学的一个教师，一共十七人。还有省考古队、地区考古队九人，总人数量比较多的。所以一开始就分成两大组。一组在当阳玉泉寺，立即着手三百个楚墓的整理工作，由于楚墓陶器保存情况一般都不算好，破碎得很严重，所以修复工作量很大。这一组，由武大、北大和地区考古队的十三人组成，正在拼对和修复原陶器，这一步工作计划至下月初完成。然后进行绘图和划分型式的工作，至十一月底完成。在十二月初至十二月廿日左右，写完实习报告。

还有一队共十八人，从上月廿七、八日起在当阳季家湖古城开始打探沟。至今第一阶段工作已结束。总的情况是：找到了古城南墙，在城里找到了一处夯土台基的边缘，发掘了二座战国中期的墓葬。

台基是战国的，已决定先不继续发掘，南墙的断面很有意思：总共分四层，第一层表土，第二层扰土层，第三层分为A、B，皆城垣夯土基部，宽度为15m，不起基槽，从平地夯起，现存高度仅二三十厘米，每个夯层厚约10cm，包含物主要是所谓湖北龙山文化的陶片，有一些可能更早，但有少量将军盔式的碎片，和一种带很规整的方格纹陶片，比龙山的斜方格纹要整齐，估计相当商代前后。不见一个鬲腿。城墙下还压着一薄层灰土，包含物几乎皆湖北龙山的那种篮纹、方格纹陶片，一种薄壁极粗的灰陶豆把很发达。这一层是所谓湖北龙山文化的遗存是比较清楚的。在城墙内，绝不见东周陶片，看来城垣的年代确有可能早到西周。

问题是这种探沟只打了2m宽的一条，所得陶片比较少，只有三四包，所以作进一步的推断，以及了解此地龙山文化面貌，必须再作些工作。

我来后又在城内外跑了二天，经与省馆的杨权喜等同志商量，决定再做二十天的田野工作。计划是：

在南墙继续扩大一些发掘面积，以多取得一些城垣下的陶片。并在城南打一条探沟，探索城濠情况，城濠已探出初步线索，即位于城外八九米至十多米处，宽度为十多米，现存深度为1.5m左右，我希望在城濠底部找到一些古城使用时期的陶片。

在东墙处开两条探沟，一是看看东城的夯土情况，更希望找到压在城脚夯土上的周代地层。这一带的灰层比南垣处要厚。如果找到商周之际的地层，就可以扩大面积，多发掘到一些陶片。

此外，再用探铲寻找一下北墙的保存情况。此地是血吸虫区，为了灭螺和农田建设，这几年来，古代灰层被破坏得很严重，所以地层较薄，北垣和西垣在地面已难以寻找痕迹（几年以前北垣还有痕迹）。

总的设想是能进一步肯定城垣的修筑年代，并找到一批西周，特别是西周早期的陶片，最好还能挖到一些龙山的东西。能否达到目的，当然还不可预料。初步估计也有一定希望。但南方遗址的陶片确实较少，所以要找到满意数量的遗物，我们这次的工作量可能还不够。

到发掘阶段结束后，两组都集中在玉泉寺。我想，到时根据遗址出土的陶片的数量，再决定整理遗址的人数。

梁钊韬先生上学期之末，曾希望派一名进修秦汉考古的教师。我因下半年在外，就让他直赴工地，现已和同学们工作了一个多月。他到中山大学学习前，曾在广州市博物馆和麦英豪同志工作过三年，各方面都不错。

研究生信立祥同志现已一同来到季家湖工地。他过去挖过一些墓葬，遗址只发掘过一次，时间很短。我想等他发掘一条探沟，到十一月上旬即先行回北大，因为还有政治课要上。从这段时间的工作情况来看，态度很认真，通史基础很好，日语基础也可以，总的情况是比这几年的毕业生要强得多。由于过去是历史专业毕业的，虽然整理过几个报告，还应当加强考古工作的锻炼，所以这次让他搞一些发掘，多看一些标本，对他的帮助是很大的。在这二个月来，他在辅导同学方面，也做了很多工作。

我现在就先在季家湖工地，当发掘工作结束后，再向您报告情况。

即颂

近安

伟超

十月十六日

俞伟超—苏秉琦（1979.11.17）①

秉琦师：

湖北组的实习，现在都已进入第二阶段。

我把湖北的两个组的同学的实习情况，分开报告。

在季家湖工地实习的一组，于十一月十二日全部结束田野工作。在这个工地上，试掘地点共三处，发掘总面积约330m^2。收获为：

1. 肯定了季家湖古城是东周或更早一些的一个楚国城市。东西约1100m，南北范围尚未查明，可能也在1000m左右。解剖城垣的地点在南城垣。这条城垣，压在湖北龙山地层之上，被东周地层

① 原信未署年。从信中提到的季家湖发掘始于1979年看，该信应写于1979年。

叠压，城垣内的包含物，几乎全是湖北龙山之物。城垣厚14m，从平地夯起，不起槽，夯层厚约6—10cm，夯窝难以剔出，从模糊形态看，是直径10cm左右的小圆夯。在城外10—30m处，有一条宽约10m的城濠，解剖了2m宽的一段，城濠内共4层堆积，色泽分明，层次清楚，包含物自上至下都有东周和湖北龙山陶片，至下层，东周陶片尤少。

2. 在城内找到了堆积在1.5m左右的湖北龙山遗址。面积尚未探明，估计南北超过500m，东西超过200m，面积极大。虽然受到东周层的破坏和水稻田的破坏，有些地方遗存还是比较好的。

这次，在杨家山子这个地点，探沟中发现了一座带斜坡门道的方形或长方形房子，虽然东半部被近代扰沟破坏，在残存部分中，还是出了大量陶片，估计能复原之器，可达20件左右。

原来希望找到的商周时期的地层，并未发现。但湖北龙山的发现，却是值得注意的。

这里的所说“湖北龙山文化”遗存，以灰陶为主，方格纹最多，篮纹次之，绳纹很少，磨光黑陶不少，还有标准的蛋壳黑陶。器型以圈足器为主，有圈足盆、盘、豆等，还有极薄的红陶鬶和一件白陶鬶，以及高足杯。鼎为夹砂红陶的，鼎推往往带剔刺纹和泥条堆纹，无鬲，也有厚胎红陶杯，但很少。还出了二件极为类似屈家岭的壶形器。总的感觉，这种遗存和屈家岭的关系是极为明显的。还发现了一座打破房子的龙山墓，未出随葬品，葬式却为屈肢，双手置腹前，颇具大溪葬式风格。这也暗示了它和屈家岭及大溪的联系。

现季家湖组已到玉泉等，县里照顾我们，给了一个宋元时期的古建“大雄宝殿”作为遗址整理场所。这几天正在洗刷陶片，详细情况，等粘对一阶段才能清楚。

关于赵家湖墓葬组，至十一月五日，已把复原陶器及核对原始记录工作结束。现正进行器物绘图制卡片工作，计划到月底转入分组写实习报告阶段。这批墓葬的时代，从两周之际始，终于战国中、晚期之交。鬲、盂、壶（或罐）的组合，与鼎、簠、敦、壶的组合，大概可找到交错并存现象。做铜陶礼器的墓，大概从春秋中期开始，就陆续出现。而鬲、盂、长颈壶之墓，大概要延续到战国早期甚至中期。

两组同学，加上武大和省馆、地区考古队的同志，达二十多人。整理的材料，有楚墓、赵家湖东周灰坑，季家湖东周地层与灰坑，季家湖龙山遗址四大部分，同学们就分成四大组进行工作。

计划在十二月二十日主要结束整理工作，也许还要推迟几天。然后在附近参观一、二个地点即返校，估计返校时间为一月初。

研究生信立祥这次正好发掘到最复杂的龙山地层，他自己感到收获很大，我看也是得到一个很好的锻炼机会。因为他遇到了龙山房子，所以大队人马离工地时，他还坚持了几天发掘。现他已把记录搞完，二天之后离玉泉返校。我让他返校后，找您当面汇报这里的工作情况。

这里的实习，省、地区、县是真正给了很大支持。我本希望能找到商周和所谓湖北龙山的关系，但在这个工地上并未落实。在实习结束后，我想再抽几天在周围寻找一下这种地点。在沮漳河流域，或者扩大一些说，在江汉平原西部地区，商、周时期的文化面貌，至今几乎完全不清。找到这个缺环，楚文化起源问题的探索，也许就能得到比较明确的线索。这次工作，我想就是先了解这个地点的“龙山文化”的面貌，有了一个点，对以后的比较总是会有帮助的。

其他情况，等整理告一段落时再报告。

敬颂

近安

伟超

十一月十七日

俞伟超—苏秉琦（1980.5.19）[①]

秉琦师：

我在十多天前知道您回来了。大前天李零同志带来刘运勇同志的《长安城》一稿。我尽了两天之力，仔细看了一下，写下一点供修改时参考的意见，附在原稿的口袋里。这个稿子，主要是用文献的材料，介绍了长安城内的一些城市面貌，包括了长安城主要建筑物的修建历史和城市生活的一些活动面貌。《东方学报》上日人吉田光邦写过一篇《汉长安の素描》，我看这篇稿子受《素描》的影响不少（指写作方法），考古材料用得不多，但下过不少功夫。原来我想建议他在修改时多用一些考古材料，但考虑到：第一，他在四川红原县，许多资料寻找不便；第二，有些材料汉城队尚未发表，不便利用；第三，作者对考古学的了解恐怕还不够。最后我就只建议他把搞错的一部分地方加以修改，并调整一部分体例。这样，作为一本介绍汉长安历史概貌的读物，大家是愿意看到的。

我本应立即找您，但最近两周，学校里因评工资、总支改选，会议不断，而我每周又有三次课，加上参观、辅导，实在抽不出时间，只好托李零同志带上。大约两周以后，这些会议就可以减少了，我再来看您。

去年离开青海时，曾经在西宁谈了一点对那一带卡约、唐汪、辛店和大通汉墓的看法，没有想到他们把这个谈话铅印了出来。事前我并不知道，四月份赵生琛同志来京，把那个铅印本给我带了一些来。我在那个口袋里也请李零同志带上一本，您看看问题多不多。

---

① 原信未署年。无邮戳，信封上写“请李零同志带交苏秉琦先生，俞伟超”。从信中提到《江汉考古》创刊号的俞伟超先生文章看，信当写于1980年。

去年上半年我从周原到湖北后，湖北的同志也让我谈了一次关于楚文化的问题。我本来主要是介绍沿途所见。最后他们要出《江汉考古》这个刊物，缺稿，又把我那个讲话印出了。校样出来后，我修改了一下，但不可能大动了。只是把去年下半年的一些新发现，在第四部分中稍微谈了一点。全文的其它部分，都是过去发现的一些简单介绍，没有新东西，不值得一看，最近他们寄来一本给我，我先给您送上。过几天他们还会寄一些给我的。

赵生琛同志来时，我曾跟他谈到，能否一年之后再去搞一次实习，主要是整理卡约、唐汪、辛店的东西（因明年才能有专题实习）。他答应考虑。董建中同志不久将去青海，陆续整汉墓的报告。我是希望他能去那里把工作接连下去，不要中断。

湖北的调查已告一段落，发现了大溪、屈家岭和“龙山”及东周早期的几处遗址，有两处规模极大。本来我最好去看一下，现在上课离不开，只能暑假时再考虑。湖北的工作也不应中断，但是怎样安排，有的同志要暂停一下。我也没有办法，等两周以后，我进城时再谈吧。敬祝

近安

伟超

五月十九日

俞伟超—苏秉琦（1981.9.14）①

王府大街九号考古研究所苏秉琦：

实习队在循化苏支发掘两个卡约墓地，每个均有长（17）米至（30）米夯土坟堆，外有围墓沟和祭祀木柱柱洞。坟堆上和沟

① 本信为电报，前缺敬称，中无断句，后缺时间，发报时间据电报戳。苏秉琦先生在信侧用铅笔绘制了卡约文化—辛店文化的早晚关系图示。

内均有近（20）座墓，有火葬、直肢、乱骨等葬式。卡约陶器曾和辛店乙组并存。现因洪水，我和少数同学留工地善后，其余转至西宁整理。详情后谈，俞伟超。

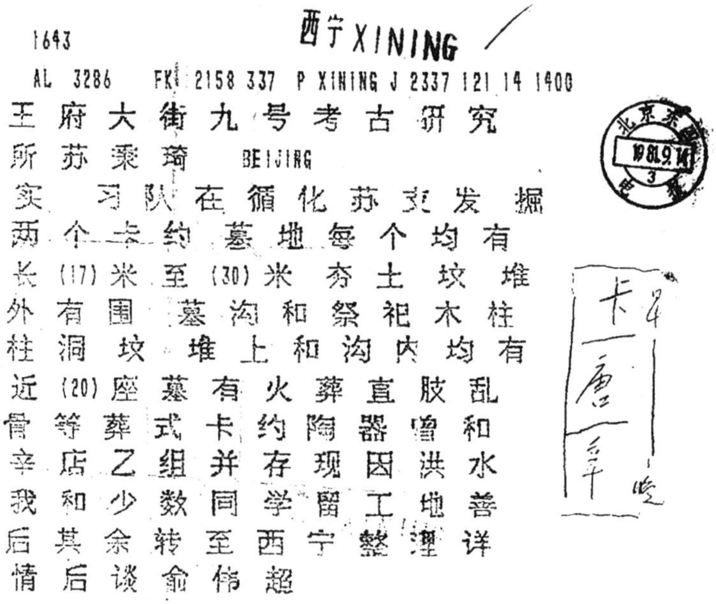

西宁 XINING

1643

AL 3286 FK 2158 337 P XINING J 2337 121 14 1400

王府大街九号考古研究所苏秉琦 BEIJING

实习队在循化苏支发掘两个卡约墓地每个均有长（17）米至（30）米夯土坟堆外有围墓沟和祭祀木柱柱洞坟堆上和沟内均有近（20）座墓有火葬直肢乱骨等葬式卡约陶器曾和辛店乙组并存现因洪水我和少数同学留工地善后其余转至西宁整理详情后谈俞伟超

俞伟超—苏秉琦（1981.9.22）[①]

秉琦师：

青海实习队七七级四人、七八级四人，研究生一人（赵化成）和吉大教师李如森（是忠培希望我们再代培一次）十人，是于八月九日抵达西宁的。他们沿途参观了大同、呼市、银川、兰州等地古迹和博物馆，研究生赵化成是于七月卅日和我同路离京，在宝鸡停留了四天，八月五日抵达西宁的。

① 原信未署年。据俞伟超—苏秉琦（1981.9.14）电报，信写于1981年。

在宝鸡期间，我主要是向周原工地解释，现在我们因实习较忙，无法抽身去参加报告编写工作。经解释，周原的扶风工地已答应由尹申平、刘士莪和周原文管会的贾德尧同志分手编写沟东的召陈遗址、云塘制骨作坊和庄白墓地等报告，我顶多是看看稿子，提提意见。沟西的凤雏遗址则徐锡台坚持要严文明、高明参加，因省文管会与省考古所的矛盾尚未解决，编写报告要暂缓。我只是劝他们两家和解，联合起来才能多做一点工作，否则只能大家都耽误工作。

在宝鸡，看到地区的一些调查资料，他们在凤翔找到了类似石岭下的彩陶，陶片虽少，但作风还是比较典型的。宝鸡地区我看到齐家的陶片、陶器，同客省庄二期的东西，还是迥然有别的，二者似乎难以是一脉相承的两个阶段。陕甘交界处这两类遗址的交错存在，也许意味着一些不同部落的进退。

最重要的是他们在武功找到几件铜容器，有单耳杯、鼎、甗和铜泡。单耳杯酷似二里头物，但身上的联珠纹似二里岗作风（也不完全相同）。他们以为是先周遗物，我看可能性极大。

八月十一日，全体师生来到循化县的红旗公社苏支大队。此地紧靠黄河南岸，岸边山脚下有一片卡约墓地，去年许新国在苏支以西十余里的托隆多发掘了二百多座墓葬。原意我想在这里挖一、二□平方卡约遗址，因生活条件限制，来后改变计划，又挖了一点墓葬。本来只准备发掘二十天，在我们来前数天，青海考古队已经在此平揭表土。来后次天一到工地，我见某些墓外有围沟现象，决定仔细清理。经过半个月的工作，揭露出这是一个高约二米的坟丘，长径约 17 米，横径约 14 米，周围有围墓沟，南北两端各有通道截断了围墓沟。坟丘上和沟中共有 16 座卡约时期墓葬，但沟外也有墓葬，发掘了二座，坟丘上和沟中及沟外的墓葬，规模和内容无差别。葬式有火葬（有火烧骨灰，有的是连棺木一起烧的，把圹边都烧红了）、仰身直葬、乱骨数种。陶器是常见的几种双耳罐，有卡约素陶和辛店乙组彩陶（少见）共存。

我们把这第一个坟丘编为甲组墓地，由于来后改变了发掘方法，基本把这个墓地的材料弄完整了，但毕竟最初的一些上层情况已遭人为破坏，所以接着又在甲组墓地以北不到十来处，又发掘了一处乙组墓地。

这个墓地，后代破坏情况较少。我们采取了切对角线的做法，布置了一个大圆圈，分成四个象限发掘。地层搞得非常清楚，平面的大致情况，略如下图：

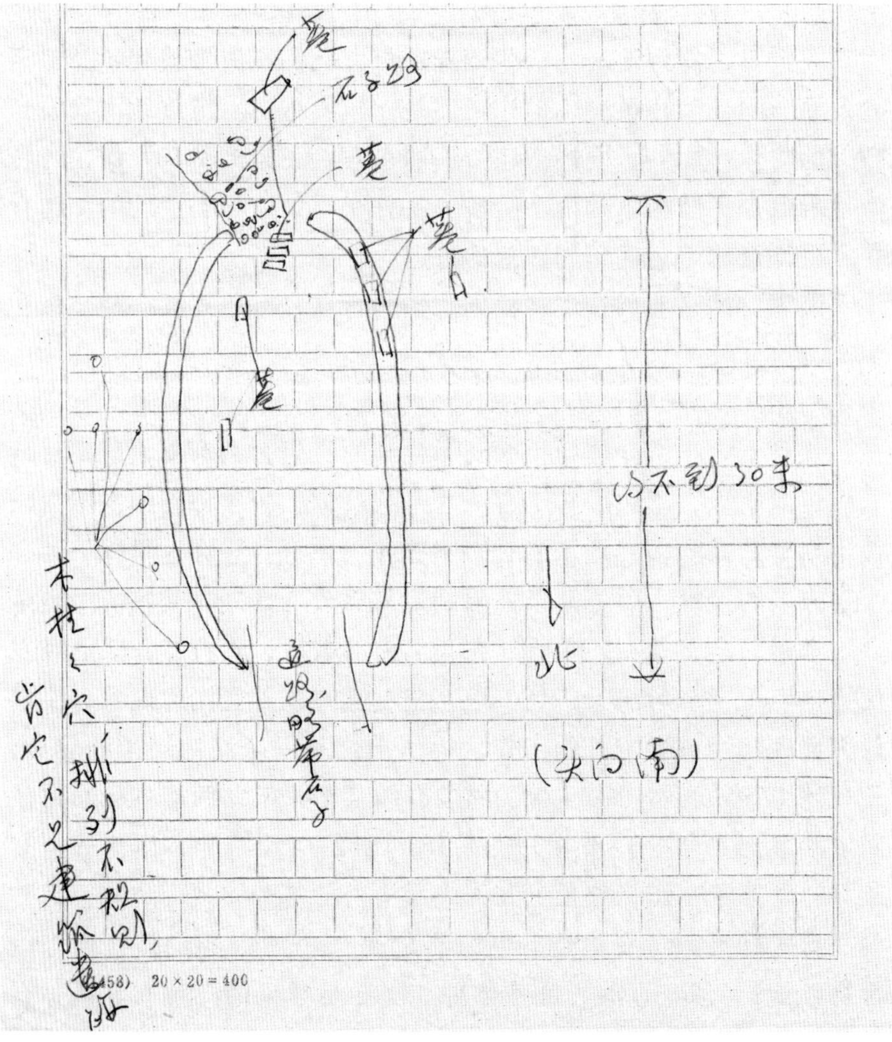

坟丘是在一片比较平坦的山脚下冲击地面上用夯土筑成，夯土共九层左右，最下一层几乎是石子铺筑，夯土坟顶的顶部却也是石子夯筑。筑完坟丘后，挖下围墓沟。沟内之墓，又是将沟底挖得更深。埋好沟内之墓后，又在坟丘之上铺盖一层较松的土层。凡坟丘顶上之墓，皆打破这层松软的土层。就地层关系说，各墓可分属两层。沟外有若干柱穴，我疑是祭祀时悬挂或放置牲畜或俘虏之物。

这个乙组墓地，彩陶不如甲组多，多网格纹，尚未整理，初步看，年代早于甲组。通常所说的卡约陶器，这里的更典型些。

在本月十日左右，已基本把乙组做完。此时忽然传来黄河上游可能大发洪水之讯，龙羊峡水库可能冲垮，县城要淹掉。我听到这消息后，次日即将六名同学连同青海考古队的大部分同志，租下专车送回西宁。因坟丘还要解剖，并且我还怀疑坟丘下或许还有主墓，所以我和二名同学和研究生及青海省考古队的一人留在工地，坚持工作，经十一天工作，已基本把坟丘解剖完。地层关系完全弄清楚，丘下并无墓葬。故决定二三天内撤离工地，转去西宁。

这次工作，我设法动用了一些好相机，整个发掘工作，可能会拍下一些好照片，等到西宁冲出来后，再把一些工地照片寄上。

由于发掘时间延长，以后的整理工作可能会更紧张些。

初步考虑是十位进修教师、研究生和本科生，分为三组。一组 2 人，编写这次发掘的报告；一组 4 人，进行循化托隆多墓地的陶器整理（这两组都在西宁）；一组 4 人，赴大通上孙家寨整理一些卡、唐墓葬和陶器。后两组我让同学分别完成两个地点的陶器整理专题报告。对毕业班来说，应当就是毕业生论文的不差的训练了。

这次发掘工作，工地相当利索、整齐。对同学来说，也算是又进行了一次比较严格的发掘训练，同学们的反映也是理想的。像这种墓地，恐怕也只有在西北这种后代人烟稀少之地，才能找到保存得这么完好的。发掘到这种带坟丘的卡约墓地，我也觉得是意外收获。

前些时间，因工地工作未告段落，全部情况，特别是坟丘下有无大墓，并不清楚，所以一直未写信。又因洪水将发，恐您挂念，所以打了一个电报，表示我们早已对此做好准备。工地上，我写字无桌子，是爬在一个小椅子上写的信，所以字迹非常潦草，乞谅。整理之后有了新的认识，再给您写信。在来到青海后，中间因侯仁之先生的研究生答辩要我参加，曾准备回京数天。不料到兰州后，因火车线冲断，飞机票买不着，工地又不宜久离，只得马上赶回循化，但在兰州曾抽了三天，看了一下他们的东西。知道所谓四坝陶器，就是火烧沟的东西。而火烧沟的陶器，确实年代同于齐家，器形及许多彩陶纹饰，和齐家太接近了。又见到甘肃的一些新材料，知道沙井的下限，可到战国，甚至是战国末（有一些大体相当于公元前三世纪的青铜、动物饰件），而一种沙井的双耳圜底罐，又同辛店甲组的同类器物，非常相近。所以，对于青海同志在上孙家发现的唐汪打破卡约、辛店打破唐汪的层位关系，也进一步相信了。如果卡、齐、辛的关系确实是如此，那么无论是陇东地区或是湟水流域，从西周以下直到汉武帝时期，已经没有什么大的缺环了。在天水地区，除了安国式陶器外，辛店甲组及春秋战国至秦代的秦墓是常见的，此后就是汉墓。河湟之间的东西，则卡唐辛以后就是昭、宣时期的汉墓，而大通上孙家汉墓中的最早一期，有两墓所出长腹粗红陶罐，跟沙井遗物又是非常接近的。我推测那批汉墓中属于两汉的，有很多具有当地特色的，应当是小月氏即月氏胡遗物。这样，所谓沙井就可能同大家盼望找清楚的大月氏之物关系密切了。

敬祝

身体健康

伟超

九月廿二日

俞伟超—苏秉琦（1981.11.20）[①]

秉琦师：

我们在九月廿六日，自循化工地撤回西宁后，全体同学分为三组进行整理。

1. 大通上孙家寨自卡约至新店乙组的1000座墓葬的陶器；

2. 循化阿哈特拉山的卡约至唐汪的200座墓陶器；

3. 循化苏志1、2号坟上的卡约墓地的发掘报告。

现第二组的工作已经结束，1、3两组即将结束。

这次整理的收获，超出原来估计。

循化阿哈特拉山的墓葬有两大阶段，第一阶段属卡约，分为三期五段。第一段明显是继承齐家而来，第二段最近得到^{14}C结果是3320±80，加上年轮校正，大体属商初，正和排队结果一致。估计卡约的最末一段是周初之物。

阿哈特拉的第四期是新见的，显然从卡约发展而来（器形和组合），但彩陶大增，是过去没有见过的。第五期即过去所谓的唐汪阶段。

上孙家寨的情况基本相同，但同循化显属两个类型，总共分为七期。

第一至四期是卡约文化的。

第五、六期是唐汪的，但第五期彩陶少见，好像彩陶的重新的发达，是从黄河沿岸的循化一带开始的。不见循化的第四期。

第七期是辛店乙组与唐汪共存。

根据这样一个序列，可以判断辛店甲组应当在辛店乙组之后，因为在辛店乙组之前是没有位置可以安插了。上面这个序列，同打

---

① 原信未署年。从信中提到上孙家寨发掘在1981年看，信应写于是年。

破关系及^{14}C测定全部符合（总共有十多组打破关系）。唐汪墓的测定时代，在西周中、晚期。

当上面的结果得到后，我又和研究生赵化成及许新国同志、苏生秀同志（青海省的干部），到民和县核桃庄住了一周，把360座辛店墓葬的陶器，排了一下。总共可分四期八段。

第一期共三段，属辛店乙组，其第一段与唐汪陶器同出，正和大通材料相合。第二段纯粹是辛店乙组的，第三段则略见辛店甲组风格。

第二期亦可分为三段或二段，都是辛店甲组的。在这些甲、乙组的彩陶腹平壶上，可以见到一些风格同秦瓦当相当接近的动物图案。打破关系都是甲组打破乙组。

第三期是辛店的尾声阶段。彩陶少见，素陶已接近汉代陶器风格，估计是战国中、晚期之物。

第四期只有少量的墓，主要的已是沙井风格。张学正同志推测沙井是大月氏遗址。自秦代匈奴打败大月氏后，月氏人大部西迁，一小部分即越过祁连山到达湟水至黄河之间。这些沙井遗物，显然就属这个时代。

现在，青海东部地区的遗存，自齐家以后至西汉中期的墓葬，中间顶多缺六七十年的东西，文化发展序列的问题，眉目确实比较清楚了。

将来同学全部回京后，您可看到三张分期图，这些情况的大致轮廓就能大致了解了。

同学们情绪很高，专业思想大大巩固，可以说是相当高兴的。他们也很念叨您。

我将于月底返京，回京再详谈。

敬祝

近好

伟超　上

十一月廿日

王文建、裴安平—俞伟超（1982.3.10）

俞老师：您好！

因苗寨中不便通邮，我们未能及时去信，请原谅。

我们到贵阳后，得知“吃鼓藏”一事乃误传，实际是“拉龙”节。“拉龙”是“吃鼓藏”活动周期中的一个节日，但其内容又与吃鼓藏无甚关系。“吃鼓藏”每隔12年（逢虎年）举行一次，其后第七年开始“拉龙”，连拉三年，时间各为三、五、七天。今年恰逢第三年，是最热闹的一次。内容除了上山“拉龙”，以求多子多孙（或许是龙图腾）外，还跳七天芦笙。“拉龙”的活动范围也仅黔东南自治州雷山县西江区的几个寨子。

我们在宋、严二老师以及省博、省文化局的两个同志带领下，在孔拜和麻料两个寨子观察了“拉龙”活动的全部过程，并主要对丧葬、居室、生产用具和生活用具等项目进行调查，为时七天。3月8日我们撤回凯里（州首府）。因原订参观的另一个寨子的“翻鼓节”已经错过，遂在了解了一下情况之后，分成两路，我和裴安平直接到黎平县，吴玉喜跟宋、严老师先去台江看一下“姊妹饭”，再去黎平，估计要到月底或下月初才能完成工作。

黔东南州的苗族、侗族大体又可分为清水江和独流江两个区域，前者受汉族影响较大，水平较高，因此古老的习俗保存不多。我们所去的麻料等寨就属此区。对于宋、严等老师来说，他们有二十余年的民族调查经验，积累了大量资料，又形成了自己的一套观点，所以尽管材料不尽丰富，他们似可用所调查的材料和其他民族比较，作为直接的收益。但我们除了“拉龙”活动本身外，所获不能算丰。所以，我们选中了黎平这个较落后的县份，准备至少做半月的调查，除了进一步了解苗族的情况以外，还可再比较一下侗族（越人系统）的情况。当然我们此行的主要目的是学习一下民族学调查的基本方法，但是我们还是想利用这不易的机会和宝贵的时间，争取做出一点成绩。因此归期可能比预定的要晚一些，请老师代为向系里和专业说明。

不管怎样，通过向宋、严等老师请教和我们自己的实践，我们对于民族学开始有了认识并有兴趣进一步探索将民族学和考古学结合的方法。在今后的学习和工作中，如果能将云、贵、川三省的古苗、越人、羌人等系统的民族情况大致摸清，那么必然会对了解长江中游地区的考古学文化有极大的帮助。

我们身体都很好，虽然工作很累，生活不太习惯（主要是不习惯苗民们每顿饭灌酒和厚实而不太熟的肥肉），但我们的精力还都很充沛。请老师放心。

详细情况待回校后再当面汇报。

顺颂

教安！

学生　王文建、裴安平

1982. 3. 10

于黎平县招待所

俞伟超—苏秉琦（1983.9.30）

秉琦师：

赴美前夕，上您家中，还没有从承德回来，知道师母摔跤，手已受伤，现在想必已经恢复？

我到哈佛，刚满一月。刚来到此地时，生活方式，变化太大，一切都不习惯。现在多少有些适应，至少是略知怎么应付这里的生活了。

张光直到苏联开会，本月十九日，才回哈佛。见面谈了两次。他说，主要是请到美国看看，没有什么具体计划。我是想了解一点美国对考古学的一些看法及他们进行野外发掘的现状，但现已冬季，野外工作都已停下。这个想法，无法实现。

张光直在本学期组织了一个研究座谈会，每周一次，哈佛本身的研究中国古代的一些教授、研究生（Ph. D. 学位的）参加，还有台北史语所的和南朝鲜汉城大学的。日本的访问学者，本学期都是搞亚洲近、现代的，没有参加。第一次他们安排我讲，昨天刚进行过。我讲了一点我国关于考古学文化谱系的探索，前面介绍了您的《区、系、类型》论文，后面讲了一点西周以后、三晋两周（我以为晋文化主要是类似于周文化，所以东周的三晋文化，实际即周文化的继续），秦、楚、齐鲁、燕、吴越文化的区分及其渊源的探索。美国式的座谈讨论是大家都发表意见，我只能讲一个多小时，当然说不清楚，但事后反映还比较强烈。他们对中国考古的现状，很不了解。在美国，对中国古代的研究，主要是依靠台湾培养出的一批学者；对中国考古的了解，张光直是名列第一的。他听到我的介绍，也有些意外。杨联陞老先生也参加了，他听到中国考古学有这样一些认识，看来是比较高兴的。

据来后的接触和听到的一些反映，张光直本人希望中国加强对国际上考古学科进展情况的了解。目前在美国，没有别人可以和他竞争中国考古研究的地位。他自己说，现在一开会，觉得自己是年纪大的人了，所以自己已所求不多，但希望做一些加强接触、互相了解的工作。他跟我说：“台湾史语所，目前是没有希望的。最好的一个人，研究先秦史的，这次已请到哈佛燕京学社当访问学者。除了他，你不必再跟别人接触。”他自己底下跟别人讲，国内考古已发表的文章，具体问题的研究有不少，但系统、规律性问题的探讨太少。他对自己负责在美国出版的一套中国古代文明丛书（有国内人写的部分），实际并不满意。他跟我说，为了有便于国内了解国外考古，促进国内考古，他可以做两件事。

1. 在北大举行一个世界史前文明的训练班，由他请一批第一流水平的学者来讲学，比如每人一周左右。几个月就结束。大概旅费、工资都不要中国负责，但要帮助解决住、吃问题，最后请他们参观、旅行几个地方（主要是考古教授）。

2. 帮助我们在美国培养一批 Ph. D. 的研究生。不是到美国来学中国考古，而是学近东、欧洲、美洲考古，也不是回中国后就一定研究这些国家的考古，而是继续搞中国考古。开打了眼界，有利于中国考古的发展（美国可给奖学金）。

我看，他这两想法，我们如果有条件实行，对我们的工作是有利的，不知您如何设想？

在美国，人类学系的力量，哈佛不是最强的。但哈佛中国血统的人不少，可以帮此忙，而且，整个哈佛大学的条件太好了。美国给奖学金，我们算自费，自费出国，现有研究生以上都出不来。如果我们招收博士研究生，送出来一、二年，回国参加答辩，是否可行？出来是了解外国考古，开阔眼界，不是在美国学中国考古。

在欧美，大量人是有兴趣于具体的、细小问题的研究。但是它们比日本人更多注意大问题，对一些学科前进的新的方法论的思想，比较重视。我初步作了一点试探，如果有可能，我愿望您这些年提倡、思考的一些想法，能让外国人了解一点。目前，它们对中国考古学科的进展，是不太了解的。从它们已有的了解来看，还以为我们只是在做一些零碎的、极为具体的工作，不知道已有新的突破。我感到，这个突破，如果使外国人知道一点，我们数十年来的成绩，将在国际性的考古学界中，占有应有的地位。前天我买了一本剑桥 1980 年出的考古百科全书，对中国考古的具体了解是过分的无知。严重的是，在学科发展史的叙述中，没有中国人的位置。现在是应该有位置的时候了。但要有位置，需要让人家对我们有些了解。

在美国，学考古的，找不到工作岗位，确实是冷门。所以要在这里争取到一些基金的补助，还是要花一些力量的。如果能让我们的一些年青人出来了解一些外国研究考古的现状，会对我们的工作有些启发，而目前，还要争取一些中国血统的人帮助。

如果有一些新的情况，我再写信。北大第一书记项子明即将来哈佛，我想跟他在这里谈一次话。祝您健康

学生 伟超

1983.9.30

俞伟超—苏秉琦（1983.11.3）[①]

秉琦师：

来后已两月出头了，生活已经习惯，请释念。

在这里，总是了解到一些西方（当然主要是美国）搞考古和汉学的情况。最深切的体会是这几类。

1. 中国考古无论是发掘（当然指高水平的）或是器物的整理，都是世界第一流的；但是生态环境的摘取标本和对标本的分析研究方面，条件比别人差不少。

2. 他们对中国考古学的了解是很不够的，对行情的了解当然也是很不够的。他们以为我们还只就新资料的追求和简单的年代排定，不知道我们在关于社会面貌的探索方面，已有了相当的独有的方法和心得。

3. 西方考古，尤其是美国学派，对器物形态的研究是简单的。着重在生态环境、人类文明进程的规律探索上。但在社会人类学方面，做了大量具体研究，有许多新看法。人类学在美国的发达程度，远远超过考古学。

4. 美国的人文科学研究，至少是历史、考古、人类学研究方面，不看重某些新资料的发表，而是在于规律性的、某种文化的特点的探索。所以，他们不尊重我们凭材料取胜的学者，而是尊重有思想的学者。如张光直就直接跟我谈，他感到国内的同行许多概念太混乱（或模糊），觉得你是有思想的。所以很想请你出来开个

① 原信未署年。据俞伟超—苏秉琦（1983.9.30）及（1984.1.20）信，信应写于1983年。

会，大家见见。问我身体能允许吗？

5. 他们无论谈某个国家、氏族的文明问题，愿意从世界性的对比中来寻找特点。这正是我们缺乏的。他们对其他国家的研究，因能力所限，又只敢作极琐碎的比较研究。一有系统的看法，他们就觉得是大手笔，很佩服。也正因为如此，不少人又愿意做这种尝试。在知识不够的情况下，不少论文是没有道理的。

由这几点感觉出发，我自然希望让我们的成就能让外国人知道。但这必须出版书籍，外文书籍。内容必须是有思想的。像罗列账单式的介绍，他们当然很需要，内心是不尊重的。但这点目前很难做到。

外国人（西方人）直到今天，还把西亚、埃及、希腊、罗马、欧洲中世纪至近代，看作是人类历史的正统。正确解释、宣传东方文明的历史地位，是民族的，也是全人类的责任。文明不仅自己应当做，也应欢迎，支持不在中国工作的去做。这一点，我是出来后才有深切感受的。

另一方面，也希望能找到一些具体途径，帮助我们的同行，早日了解世界性的古代文化已有的知识和西方世界近三十年来在考古学研究手段和方法上的新东西。这对促使我国学科的发展也许能起好作用。

经过多次交谈和联系，现在已有如下两个线索。

一、张光直答应请一些美国研究世界各地考古的学者（六个人），来中国举办一次世界史前史文明（当然不包括中国）的短训班或称讲习班，每个地区一次，六次就够。每次请一个极有发言权的，正在第一线工作的学者，每次讲演二小时就够。再座谈、提问题，讨论一段时间。留下一个书目。演讲内容最后可汇集出一个集子。有了这个集子和买下那一批书，我们对世界考古的新成就，就有了一个当前水平的概况了解。这对我们自己提高中国考古研究的水平，是会有启发的，有好处的。

据我在这里做了一次具体活动的经验，对内行来说，每个地区的新成就、新方法，有二个小时的报告和二小时的座谈，的确可以得到精华了。

昨天，北大党委第一书记项子明来到哈佛。我约了一个时间，同张光直跟他一起作了正式会谈。项子明同志答应北大可以举办，到北京后生活费用可以由我们负担。美国方面希望到西安参观数天。来的人，都是第一次到中国，所以最好在北京举办。但往返机票要外汇，他要到北京再想办法。

我感到，如果举办这个讲习班，最好能把各省（至少是主要的省）的专业工作者，各请上一、二人参加。对今后我们自己的工作还应注意什么问题，是会有好处的。

这样，能否和文物局合办？经费估计七八万人民币左右就够（不包括外地来人的旅费和住宿费）。问题是往返机票要外汇一万数千元美金。

时间只需一周。我再说一次自己的经验，这个时间够了。这是对内行讲内行话的讲演，绝对不需要长时间。

美国人尊重大学，所以举办单位不宜由文物局单独出面，或是合办，或是有学校单独办都可。我是考虑到最好让各地的同行都能接触一些世界考古学，所以希望与文物局合办。拿几万元出来，文物局是毫无问题的，学校也可以办成，问题是这样做，也许作用能发挥得更大一些。

二、张光直答应在哈佛争取一些奖学金，让我们送些人出来了解一下外国考古。在这种知识广泛的基础上，再搞中国考古，提高会更快一些。他的条件，是学习后必须回国工作。

项子明同志昨天表示，我们可以送一些研究生出来。

我的心情，您当然是能理解的。考虑也许不周到或不妥当。具体细节当然要进一步商量，也会有些想法这次不可能细谈，总的想法是希望十年以后，我们的下一代，能向西方把中国对人类文明的贡献说清楚，把我们这几十年来在考古学研究上的新贡献、普遍性的贡献，起到发挥应有作用的程度。

我给学校也就这两个问题写了信。细节多一点，考虑的出发我的心情，您当然是能理解的。考虑也许不周到或不妥当。具体细节当然要进一步商量，也会有些想法这次不可能细谈。总的想法是希望十年以后，我们的下一代能向西方把中国对人类文明的贡献说清楚，把我们这几十年来在考古学研究上的新贡献、普遍性的贡献，也起到发挥应有作用的程度。

点，没有这样讲。我估计宿先生会找您谈的。

我把这封信也复印一份，给沈竹、谢辰生、黄景略、庄敏同志寄去。总的愿望是希望我们的考古事业，能多得一些营养。

其余的不写了。希望您催一下童明康同志，把《编后记》的译文及早寄来，我好找人校一下。①

祝您

健康

伟超上

十一月三日晚

俞伟超—苏秉琦（1984.1.20）

秉琦师：

我来这里，已近五个月。计划三月初离开，沿途在堪萨斯和洛杉矶、旧金山停留，看一看那里的博物馆，归途中计划在香港和上海停留数天再回北京。

来到这里的很深的感受是：各国的培养人才，只要本国有了一

---

① 苏秉琦先生在此句之后写“已办”。

定基础，无论如何应把基点放在自己身上。不仅是量的问题，就质来说，也是如此。

我所以加深了一点这个认识，我感觉到，出来这一次，多少增加了一点外国搞考古情况的了解，有很大关系。为了这个想法，也为了我们也应当汲取一点国际上近三十年来工作能给予的启发，很希望同行们、同事们能够花比较少的时间，了解到一些；同时也建立起一点图书资料的基础。为了这个原因，张光直教授想请一些美国人到北京介绍世界考古的设想，我觉得是有好处的。最近，他获知美国科学院可以为此事提供一笔基金，供这些人的国外旅费，可以很想在明年夏天办成此事。写了一个初步计划的设想，我复印一份寄上。同样的复印件，我仍像上次一样，寄给学校党委（项子明、王学珍）、宿白先生和文物局（沈竹、谢辰生）各一份。

关于那个《编后记》的英译稿校对情况，我给小童的信中已经详说，他一定已经告诉您了。当我看到张等基本上承认了“中国学派”这个提法时，心中真是很激动。不是因为国外的人承认才高兴，而是深深感受到，对学科前进的努力，总是会被人认识的。

我又暗中预计到，这个认识，真正要被普遍接受，恐怕还要一些时间，而且，这个“学派”也还要深化、丰富、提高。小童来信说，《晚报》记者想请您谈谈这方面的想法，不知进行了没有？我想，忠培等一定也很关心此事。

我在这里，把一篇1979年做了第一步基础，1981年写出初稿的《关于“类型学”问题》，又修改了两遍。给张光直看过。反映是强烈的。回来后，我给你送上。又为了在这里作报告的需要，写了一篇《中国古代都城规划发展阶段性的探索》，约一万字，正好可以应付今年考古学会的差使。回来后，一并给您送上。

我照了哈佛大学福格美术馆藏的两件红山玉器的照片，成功了。回来一并给您看看。其余以后再谈。

敬祝

身体健康

生 伟超

1/20. 1984

世界史前史与古代考古学短讲班的初步计划

一、这个短讲班的目的是邀请十个到十二个美国学者，在1985年八月下旬到北京，去向中国学员介绍世界各地区（除了中国、日本、朝鲜与西伯利亚外）史前史与古代考古学研究的成果与资料，并与中国考古工作者交换对人类史上若干重要环节上的研究成果与意见。从中国方面看，可以在很短的期间，得到最为崭新的资料与书目，可以作为进一步深入了解与研究各国史前与古代考古的基础。从美国方面看，可以与中国考古者作比较全面的接触与交流，并且参观中国专业上的若干重要成就。

二、美国方面学者由张光直负责邀请，代表的地区包括近东、欧洲、中南非洲、印度河流域、印度、东南亚、中亚、大洋洲、北美、中美与南美。每区专家负责一天的活动，上午作综合报告，使用幻灯片，并发给学员参考书目及图表。下午与学员作该区域史前与古代考古的讨论及问答。中国方面负责翻译工作。

三、每隔一天，晚上举行一次专题性的讨论会，由美国方面及中国方面选若干人参加，讨论中外共同的若干专题，如：农业的起源、文明城市与国家的发展，早期文字的使用及形式，和古代美术与政治宗教的关系。中国方面负责翻译工作。

四、美国来的学者在他的那一天的活动，以及一次晚间讨论会以外在中国停留的时间约一周到十天，由中国方面安排在北京与西安的参观活动（考古遗址、博物馆、名胜古迹）及依个别愿望与中国专业学者的交谈。

五、美国学者的讲稿和在班上发的图表，可以由中国方面接洽出书。

六、这个短讲班所需费用，其国外交通部分由张光直筹措，其中国国内部分由中国方面负责。美国学者如携家眷，除在中国住宿费用以外，一切自理。

世界史前史与古代考古学短讲班的初步计划

一、這個短講班的目的是邀请十個到十二個美国学者在1985年八月下旬到北京去向中国学员介绍世界各地区（除了中国、日本、朝鲜、与西伯利亚以外）史前史与古代考古学研究的成果与资料，并与中国考古工作者交换对人类史上若干重要环节上的研究成果与意见。从中国方面看，可以在很短的期间得到最为崭新的资料与书目，可以作为进一步深入了解与研究各国史前与古代考古的基础。从美国方面看，可以与中国专业者作比较全面的接触交流，并且参观中国考古上的若干重要成就。

二、美国方面学者由张光直负责邀请，所代表的地区包括：近東、欧洲、中南非洲、印度河流域、印度、東南亚、中亚、大洋洲、北美、中美、与南美。每区专家负责一天的活动：上午作综合报告，使用幻灯片，并发给学员参考书目及图表。下午与学员作该区域史前与古代考古的讨论及问答。中国方面负责翻译工作。

三、每隔一天晚上举行一次专题性的讨论会，由美国方面及中国方面各選若干人参加，讨论中外共同的若干专题，如：农业的起源、文明城市和国家的发展、早期文字的使用及形式，和古代美术与政治宗教的关系。中国方面负责翻译工作。

四、美国来的学者在他的那一天的活动以及一次晚间讨论会以外在中国停留的时间约一週到十天，由中国方面安排在北京与西安的参观活动（考古遗址、博物馆、名胜古迹）及依次到与中国专业学者学生的交谈。

五、美国学者的讲稿和在班上发言的发表，可以由中国方面编印出书。

六、这个短讲班所需费用，其国外交通部分由张光直筹措。其中国国内部分由中国方面负责。美国学者如携家眷，除在中国住宿费用以外，一切自理。

俞伟超—苏秉琦（1986.10.21）

秉琦师：

郑绍宗和陈应祺同志来信，把您和我在北戴河讲话的录音记录稿寄来，请修改一下，准备采用。我在昨天把自己的记录修改了一下，请您审阅。您的讲话记录稿亦一并寄上，请看一下，是否要修改。何时改好，请通知我（电：558321—307），我当即前来取上后，寄给他们。

敬祝

近安

生　伟超

1986. 10. 21

苏秉琦口述遗嘱（1991.9.19）[①]

一九九一年九月十九日上午10时，苏秉琦的口头遗嘱

纪录者：俞伟超

1991年9月19日上午10时左右，在呼和浩特宾馆4021房间的外间套房内，苏秉琦先生与张学海、田广金、俞伟超谈话。此日，因中国考古学会第八次年会已于昨日下午闭幕，苏秉琦先生为致闭幕词，中午未休息，作了准备。下午又讲了一个多钟头的话，精神比往日兴奋，所以，今天比较疲惫。谈话中途，苏秉琦先生突然把正在打瞌睡的俞伟超叫醒，对着俞伟超、张学海、田广金说："我立一个遗嘱。我死了以后，把骨灰撒在渤海之中。这是我的遗

① 据家藏复印件录文。

嘱。中国的海域很大，但许多地方都跟中国以外的境界发生关系，难以有界限。渤海湾在辽东半岛与山东半岛之间，正是中国的国门，所以我的骨灰要撒在那里。”

苏秉琦先生谈完这段话后，张、俞、田三人都说：“这还早着呢，现在别讲这些话。”苏秉琦先生又说：“这是我的遗嘱。”苏先生说了这句话以后，大家再也没有说别的话。

谈话时，同时在场的还有协和医院医师卢世华。

1991 年 9 月 19 日晚，俞伟超

在呼和浩特宾馆补记

严文明

严文明（1932—　），工作于北京大学。

严文明、韩榕—苏秉琦（1979.11.20）[①]

苏先生：您好！

我于14日到烟台，随即来到工地。这里原计划15日结束工作，因为寒流带来大风雪，耽搁了几天，今天才最后完工。明天分途出发进行田野调查，省博物馆郑笑梅和吴诗池也参加。共分四组：乳山、栖霞、荣城、蓬莱一县一个组。打算先调查已知的遗址，然后在可能有遗址的地方踏查一下，作些记录，采集些标本。因为耽误了些时间，只好把调查日期缩短，最晚到下月一、二号结束，然后进行室内整理。

这次照格庄的发掘收获较大，发掘面积约300平方米，发现灰坑42个、灰沟3条。有两处三连坑和一处双联坑（H37），坑底坑壁都有加工，有进出的台阶，很可能是一种储藏室。像这种形式的储藏室是过去未曾见过的（见图）。

---

① 原信未署年。据《北京大学考古学系四十五年（1952—1997）》（北京大学考古学系，1998），信中提到的照格庄发掘始于1979年9月，信当写于是年。

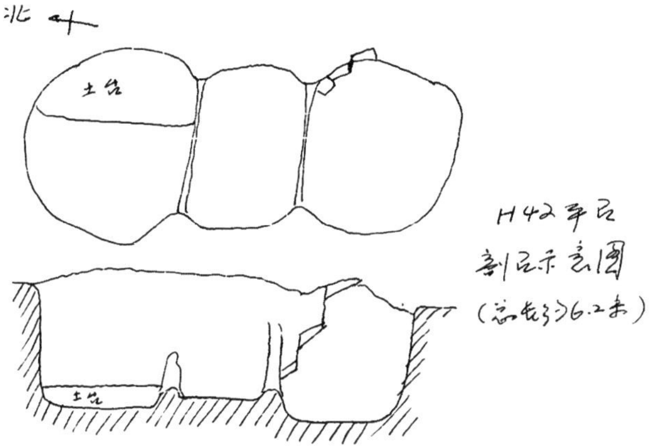

出土石器较少，有石磨盘、石斧、石铲、半月形石刀和箭头等。骨器较多，有骨铲、骨锥、骨针、骨鱼钩等，有的骨针细小如绣花针。

在 18 日下午，在 H37 出土一件铜锥，长 6.6cm，断面半月形，宽 0.5cm，非常完整。这件铜锥出在离坑口 30cm 深的地方，坑上又被龙山文化层压着，旁边经过认真寻找没有耗子洞等后期扰动现象，地层关系是完全可靠的。

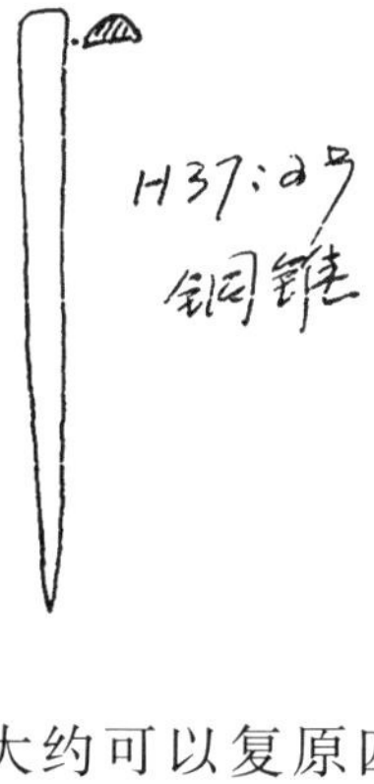

出土陶器比较丰富，大约可以复原四五十件。主要是罐、杯、甑、尊、豆等，绝大多数有子母口，器盖也非常多。炊器中最大的特点是没有鼎、鬶，而甑的数量极多。大多数陶胎都很厚，泥质陶多黑色，夹砂陶多褐色，很少有纹饰，只有少数圆圈形戳印纹、附加堆纹和划纹。总的特征同鲁中南地区的龙山文化差别较大。

现在因为工地很忙，正式汇报一时学生写不出来，现把这里的情况简单地汇报如上。不多写了，这里大家都问您好，祝愿您

身体安康

学生　文明

韩榕

11.20

牟平县照格庄遗址发掘情况汇报①

由中国社会科学院考古研究所山东队、北京大学、南京大学老师和同学、烟台地区文管组以及牟平、乳山、荣城等县文物干部组成的考古发掘队，结束了在福山县邱家庄遗址的发掘工作后，立即转移到牟平县，又发掘了一处新石器时代遗址——照格庄遗址。这次发掘仍然带有试探的性质，目的在于了解胶东地区新石器时代晚期遗址的文化内涵，共开掘探沟 12 个，发掘面积约 300 平方米，自 10 月 18 日开工至 11 月 20 日结束，时间总共一个月，现将情况汇报如下。

照格庄遗址位于牟平城南三华里，东距照格庄村约一华里半，西北不足两华里处，为胶东著名的雷神庙战斗遗址所在地。遗址西侧有一条小河沟，自南向北流过，向东四华里为沁水河，北流注入黄海峧山，在遗址东南约五华里处，海拔高度为 194 米。遗址地势较平坦，中部稍隆起，高差不超过两米，遗址范围东西、南北各约 200 米，总面积近 4 万平方米。十二个探沟大致分布在遗址中心部分，东西、南北间距约 90—100 米的范围内。

遗址堆积大致可以分为四层。

第一层：耕土层，包括近代扰乱层，厚约半米。

---

① 苏秉琦先生家藏仅见汇报，未见相关书信。据汇报中的时间和内容，其当是附在 11 月 20 日信后的另一书信之中，附录于此。

第二层：黄褐土，质稍硬，含红烧土粒较多，厚约半米左右，包含遗物不多。

第三层：黑灰土，较松软，含草木灰和蛤壳较多，遗物较丰富，厚度约在 50—80 厘米之间。

第四层：灰褐色，土质较细密，包含物不多，厚度不及半米。

2—4 层，为新石器时代文化层，出土陶片，夹砂陶以褐色居多，红、黑色次之，又分加砂与加云母、蚌壳、滑石之别。泥质陶以黑色占多数，灰色略少。器型有甗、罐、豆、杯、盆、尊、盂、碗、钵和纺轮等。可复原的陶器约 40—50 件，其中以带子母口的罐、尊和器盖数量最多。纹饰有凹凸弦纹、附加堆纹、乳钉纹、压印纹、刻划纹、戳印纹及镂孔等，而以素面和磨光者居多。除上述一般常见的纹饰外，还有少量的拍印的小方格纹，拍印及刻划的云雷纹、压印“之”字形纹以及变体回纹等。此外还有在器盖上施加朱绘的。

照格庄遗址出土的陶器，器壁多厚重，缺乏其他龙山文化遗址中常见的薄胎陶器，夹砂陶多为手制，有些是采用泥条盘筑法制作的。泥质陶大都为轮制，器型较规整，在罐（包括平底和带三足的）、尊和器盖这三种器型中，带子母口的占有相当大的比重。夹砂陶中主要是甗和罐两种，不见鼎、鬶等器型。甗的形体较大，器壁厚重，有三个肥大的袋足，腰部加泥条一周，饰以堆纹或圆圈纹，带三足的泥质陶器，器足多数粗而较短，以舌形的最为常见，其他有柱形和宽扁弧形等，器耳和把手比较少见。

小件器物中，石、骨、蚌器都有一定数量的发现，而以骨器数量较多，石器有斧、锛、凿、半月形双孔石刀、磨石等。蚌器主要是刀，形状与石刀类似。骨器有锥、笄、针、铲、鱼钩等，有的骨针形体纤细，磨制精工，可与现代的绣花针相媲美。此外，也有用骨器制作的锥形器和装饰品等。

这次发掘出土的遗物中，最主要的收获乃是铜锥和卜骨的发现。在③层下的一个灰坑中发现了一件完整的铜锥，长 6 厘米，径

0.5 厘米，剖面呈半圆形，卜骨总共发现大小十余块，未经鑽凿，只有烧灼痕迹，所用材料主要是羊（或鹿）的肩胛骨。

出土的动物遗骸以蚌壳数量最多，可以区分出六七类不同的种属。其他兽骨数量不多，主要种类有牛、羊、猪、鹿、狗等，而以猪骨、鹿角居多。此外，还发现有少量鱼骨，其中有个体甚大者。

发现的遗迹，属于龙山文化层的有灰坑四十余个，沟三条，其中两条与灰坑相连。灰坑有袋形、漏斗形、锅底形、圆形、长条形与不规则形等，多数平底，有的底部经过加工，坚硬而平整，有的铺一层厚约 5—10 厘米的红褐色胶泥土，有的坑壁留有明显加工痕迹。从形状看，应是用带尖的木棒挖掘的。最大的口径，可达四米，其中还发现有两处，有二至三个间相通的联坑，一处为两开间的，东西排列，西间较大，东间略小，与东开间相连的有一条向东的斜坡通道。东西两开间当中隔一道宽 40—50 厘米，高 25 厘米的矮墙，东开间地面经过加工，用灰、黄两种颜色的土层铺垫，共三层，厚约 15 厘米，平整而坚实。西开间未有明显加工痕迹。那件铜锥就是在这个坑距坑口 30 厘米深的填土中发现的。另外一处为三个开间，南北排列，两端开间较大，中间略小，南开间为圆形，北开间为椭圆形，中间为长方形，纵长 6.65 米，宽 2.25—2.9 米，深 1.58 米，三个开间之间有短墙相隔，短墙之上抹有一层厚 3—4 厘米的灰白色墙皮，底部亦经过加工，坚硬但不甚平整。北开间之东侧有高出底面约 15 厘米的平台，约占开间之半，南开间之东壁北侧有三层台阶，方向东偏北，似为出入之通道。坑的底部发现有七个柱洞，但在坑的周围地面上则未发现柱洞。据此推测，其顶部结构，可能是以横木搭架，其上再覆以树枝泥土，坑内置七根立柱以作支撑。坑内无火烧，也无用火痕迹，台阶及出入口地面践踏痕迹不甚明显，不像人们长期生活居住的处所，可能是作为贮物用的窖穴。

在遗址北部开掘的一条探沟中，发现的一个灰坑，因为是挖掘在沙土层中，坑壁四周插有若干细木桩，上面粘附着厚十多厘米的泥土。用以加固坑壁，防止沙土剥落。此外，在中部一处灰坑及与之相连的沟中，在长度不到十米的范围内，有三处用火的痕迹。在另一个长条形灰坑中，也发现有明显的火烧痕迹。

除此之外，还发现了三座属于战国时期的墓葬，均开口于耕土层下，都有少量随葬品，出土陶器九件，豆五件，盆四件，铜器六件：戈一件，剑二件，镞三件，有两座墓葬发现有棺灰痕迹，一座有熟土二层台，另一座棺下有腰坑，葬狗一具。

上述发现就是这次发掘的大致情况和主要收获。

照格庄遗址的发掘，虽然时间不长，面积不大，出土遗物不算丰富，亦未发现重要的遗迹现象，但是对于了解半岛地区新石器时代晚期遗址的内涵，仍不失为一次有益的尝试，它为我们提供了一批较为新鲜的资料，从而使我们对这类遗址的文化面貌有了一个初步的认识。

照格庄遗址的文化内涵与平度东岳石村遗址比较接近。某些器物如带子母口的陶尊和器盖，以及半月形双孔石刀和蚌刀等，在半岛以西的龙山文化遗址中也多有发现。而轮制陶器的普遍使用，黑陶占有较大的比重，三足器与平底器的盛行等等，都与山东龙山文化具有共同的基本文化特征。因此，就文化性质与系统而言，大体上应该是与山东龙山文化层属于一范畴的。但是还应该看到，在某些方面也存在着不少的差异。如这里的陶器，器壁厚重，造型不及龙山文化的器物精美，缺乏表里皆黑的薄胎陶器，所谓的“蛋壳陶”这里基本上不见。这里的黑陶不少是属于“夹心”黑皮陶，龙山文化中最具特征的鬶、鼎等器物，这里亦未发现，而陶甗不论是陶质与器型均与龙山文化者迥异。龙山文化中流行的鸟头形足与环形足，在这里也未见到。

总之，照格庄遗址的文化遗存，从总体上看，应该是属于龙山文化系统的。但是它又与半岛以西地区的龙山文化有诸多的差异，具有比较鲜明的地方特点。因此，至少应该把它看作是龙山文化系统中不同于半岛以西地区的一种新的类型。除了反映出由于地域不同而形成的差异之外，或许还有时代早晚的不同，很可能是两种因素兼而有之。此外，值得注意的是，遗址中出土的铜锥和卜骨，以及某些陶器上出现的与铜器纹饰相类似的花纹，不仅在半岛地区首次发现，而且在山东其他地区的龙山文化遗址中也是不见或少见的。这对于判断此种类型遗址的性质和年代，提供了重要的材料和依据。

照格庄遗址发掘工作结束之后，在11月下旬期间，我们又分成了四个组，分赴荣成、乳山、栖霞、蓬莱四个县，进行了为期十天的田野调查，总共调查的遗址有十七处。其中与邱家庄遗址类似的八处，如蓬莱大仲家、栖霞古镇都、下渔稼沟、乳山瓮家埠、荣成河口、北兰格、东初家、新庄等；具有山东龙山文化特征的遗址三处，如乳山潘家庄、北地口、栖霞上桃村；包含上述两类遗存的遗址二处，如蓬莱刘家沟、栖霞杨家圈。具有半岛以西龙山文化特征与照格庄类型共存的遗址三处，如乳山小管村、冯家庄、栖霞后炉房等。此外，还有西周至战国的遗址一处，乳山南斜山。

参加这次田野调查的人员，除在照格庄遗址参加发掘的全体同志外，还有山东省博物馆的郑笑梅、吴诗池二位同志也专程赶来参加。

此次调查的资料，以及邱家庄、照格庄两处遗址发掘的资料，目前正在牟平县进行初步整理，预计全部工作将在明年元月上旬告一段落。

此次调查与发掘，得到有关县、局各级领导的大力支持与协助，尤其是牟平县从县委宣传部到文化局和文化馆的领导和同志们，更是给予多方面的关怀与具体的帮助，为调查发掘任务的胜利完成和整理工作的顺利进行，创造了极为有利的条件。而在调查工作中，又得到了山东省博物馆同志的指导与配合，在此一并致谢。

考古研究所山东队

北京大学实习队

烟台地区文物管理组

一九七九年十二月十五日

严文明—苏秉琦（1980.12.21）

苏先生：您好！

寄呈“实习工作汇报”一份，请审阅。

这次到烟台实习的全部是研究生和进修生，即杨群、佟伟华、安家瑶和严进军，他们工作勤恳，实习认真。地区和各县的同志们都很热情，使这次实习获得了比较大的收获。实习调查的时间比原计划拖长了一些，这里因为最后一站到长岛县后，遗址比较丰富，加之正值冬令，大风时起，经常被封锁在海岛上。由于这些原因，他们几位只好安排写一部分调查实习报告，而不能参加写前寨墓地发掘报告。最后剩一点时间让他们看看前寨的资料，画点图，熟悉一下就是了，我意明年正式编写前寨报告时可让他们参加。

地区和长岛县的有关同志一再嘱咐我向您代为致意，并希望您能于适当的时候到这里来，最好是偕师母一同来，他们一定负责安排。同时他们也一再表示，希望北大明年还到这里来实习，因为这里已发现很好的遗址。关于这次调查的详细情况，我回京后一定向您汇报。敬祝

安好！

学生 文明

12.21

附：《北京大学考古实习队烟台分队工作汇报》

北京大学考古实习队烟台分队工作汇报

北大考古专业教师和研究生等一行五人，根据国家文物事业管理局8月22日批转的北京大学考古实习计划第二阶段的任务，于11月6日组成分队来到烟台，同地区文管组和各县文物干部一起，配合当地的文物普查任务，对海阳、莱阳、莱西、黄县和长岛县的原始文化遗址进行了调查。社科院考古研究所山东队的韩榕同志也

参加了这一工作。

先后调查原始文化遗址计 20 处，其中海阳 3 处，莱阳 2 处，莱西 1 处，黄县 4 处，长岛县 10 处，包括五个不同的时期。

第一期的遗存见于海阳初各庄，莱阳泉水头，黄县唐家和乾山，长岛县北城、北庄、东村等 7 处，其特征是以夹砂红褐陶为主，泥质红陶次之，手制，多数素面无纹。主要器型有圜底圆锥形足鼎、敛口钵、小口罐、带圆柱状或蘑菇状把手的筒形罐和支座等。有些遗址有彩陶，彩纹均为黑色，由斜线、三角或凹边三角纹组成。这类遗址多数接近海滨，有大量贝壳，是所谓贝丘遗址，如莱阳泉水头即是，但也有很少贝壳者。

这期遗址比较丰富的当推黄县唐家和长岛北庄。北庄断崖上发现三座房基，均为半地穴式，有土台，有柱洞，暴露宽度 3—4 米不等。唐家东边一条约 64 米长一段断崖上，发现有 16 座二次葬墓，且有彩陶罐和实足鬶等。这期遗址的特征大体上和蓬莱紫荆山下层相当，和大汶口早期是既有联系又有区别的。

第二期的遗址很少，仅见于莱阳于家店和长岛县北村，以于家店比较丰富，但遗址破坏严重。采集遗物有凿形鼎足、兰纹大口尊片、鬶足、罐底、碗片等，还有一些彩陶。年代大约相当于大汶口晚期。

第三期遗址有海阳司马台，莱阳于家店，莱西西贤都，黄县邵家，长岛县后沟、店子、大口、北村等处，为龙山文化遗址。出土遗物以黑陶为多，轮制，并有很好的蛋壳陶。器形有鼎、鬶、豆、杯、碗、盆、罐等，造型规整，质地精良，和昌潍、临沂地区龙山文化的面貌基本一致。其中大口遗址还保留一小块墓地。

第四期遗址有海阳司马台、黄县邵家、长岛县后口等处。以灰褐陶为主，胎壁较厚，多为轮制。主要器型有甑、尊形器、三足罐、豆、平底罐和器盖等。很多器物有子母口，腹部多凸棱、盖、豆等器物上常有朱绘。这类遗存最初是在平度东岳石村发现的，但当时误认为是龙山文化遗存。现知这类遗存主要分布于胶东，烟台地区有十几处，昌潍地区也有一些，共年代当晚于龙山文化。

第五期文化遗址见于长岛县的珍珠门、大口北城和北村等处，是一个新的发现。其特征是多手制红陶，器形甚大。主要是素面大口鬲、矮圈足碗、平底或矮圈足罐等。一般素面无纹，少数有刻划纹饰。其年代可能相当于商代早期。

通过调查，对于烟台地区原始文化的特征和发展系列有了一个概括的了解。对于配合地方进行文物普查，建立遗址资料档案有一些帮助，为进一步的考古科学研究提供了初步的基础。

鉴于许多遗址在平整土地和取土垫圈的过程中，都不同程度地遭到破坏，我们每到一地调查，总是努力宣传文物政策和保护古代遗址的重要意义，受到有关方面的重视。

在实习中，我们按照教学计划的要求，对每一个遗址的地理环境、文化堆积状况、暴露遗迹遗物、保存状况、采集遗物的特征和年代等都做了详细调查，并都有文字和绘图记录，最后写出了实习报告。

地县有关部门对这次实习热情关怀，在工作和生活上提供了许多帮助。地区文管组和各县文物干部以及考古所山东队的同志努力协作、帮助辅导，使这次考古调查实习得以顺利完成任务。

一九八〇年十二月十八日

严文明—苏秉琦（1981.9.24）[①]

秉琦师：

您好！我于 7 日到济南，见了刘谷、杨子范、王思礼等同志，他们对这次实习都很关心和支持。办齐必需的手续后，8 日到烟

---

① 原信未署年。据长岛杨家圈发掘时间为 1981 年 9 月—1982 年 1 月（《北京大学考古学系四十五年（1952—1997）》，第 55 页），并据严文明—苏秉琦（1981.9.30）、《工作汇报（一）》，信当写于 1981 年。

台，落实了长岛实习的事，即赶赴栖霞，李步青同志和我同行。由于栖霞县委领导同志的重视，专门召开了常委会研究实习筹备工作，所以生活条件的准备比较好，特批了五方木材做了几十副床板，改建了伙房，解决了补助粮问题，学生每人每月补到45斤，而且调剂品种，基本上吃细粮，伙食办得很好，大家都很满意。现在正赶着安装电灯，特批了十吨柴油自己发电。在这些准备工作中，县文物老干部李元璋同志尽了很大的努力。他已经是退休的人了，对事业的热忱负责精神实在值得我们好好学习。由于以上的情况，使我们有可能集中精力考虑田野发掘工作和实习的事。

现在工地除北大师生外，还有省、地、县的文物干部等总数48人，陆续开了26个探方。探方基本上布置在文化堆积较厚、遗迹现象比较丰富的地方。开工十余天来，大部分方已做到半米深以下，发现大量的柱子坑，上面的居住面已不存在了，下面几层居住面也被打得十分零碎，只有北面还存较大的一片。我们正集中力量找范围，找柱洞，了解结构。墓地还没有找到，我们仅在居住区发现一座屈肢墓葬，长方墓坑，上身被龙山层的两个柱子坑打破，故最晚也不会晚于龙山文化。

我们和郑笑梅等同志配合还是比较好的，他（她）们工作比较认真，很注意对同学们的影响。同学们学习劲头很足，由于民工绝大部分是妇女，出土等重体力劳动主要是同学们干的。我们强调同学要找现象、勤分析、勤记录，适当参加劳动，尽量和民工密切配合起来。

在工地我们一是抓辅导员，共同研究地层关系和遗迹现象，尽量统一认识，并要求他们全面负责自己的一片探方；二是抓现场教学，遇有重要的带典型意义的现象即分批给同学讲解，有时是让同学自己讲解，逐步培养大家钻研地层学的兴趣。

我们一开始就向大家讲清楚，田野实习是考古专业最重要的一门课程，实习不及格不能毕业。整个实习分两个阶段即田野工作和室内整理分别给予评分。

田野发掘阶段主要从四个方面进行考察：1. 学习态度：主要看是否有苦练基本功的精神，做到刻苦钻研，虚心求教，而不能马马虎虎，不求甚解；2. 分析能力：是否能根据线索正确地分析和划分地层，采取正确的发掘方法，万一错了是否能及时采取补正措施；3. 操作水平：如找边、清理遗迹、剔人骨架、采集标本等的能力和水平；4. 田野记录：包括绘图、照相、工作日记和正式发掘记录等，是否实事求是，一丝不苟，是否全面准确地反映了实际情况而又有一定的格式要求。这样讲了以后，辅导员感到对学生要求有了明确的标准，不是笼统的一个"严"字；同学们感到有了明确的努力方向。看来这是指导实习的有效措施之一。

其它方面的情况，我写了一个《工作汇报（一）》，今天刚好打印出来，特寄给您一份，这里就不重复了。

您对这次实习有什么想法，请写信告知。我拟于"十一"后到长岛，那里的情况，将另行汇报。不知您何时来山东，十月初写信是否还寄到考古所，望告。

敬祝

安好！

学生　文明

9. 24

工作汇报（一）[①]

由山东文物考古研究所主持，北京大学考古实习队参加的栖霞杨家圈遗址的考古发掘工作，已于 1981 年 9 月 13 日正式破土动工了。参加发掘的有省文物考古研究所业务干部及技术工人 12 名；北京大学考古专业教师 3 名，七九级学生 30 名；栖霞县从文化馆和各公社文化站抽调干部 9 名，负责各项行政后勤工作。筹备工作在省文物局领导，地、县、公社和大队各级领导和有关部门的大力

① 家藏《工作汇报（一）》与书信分开放置，整理中合并。

支持下，进展十分顺利。县领导召集各部门负责人开会进行了具体的布置，从人力和物力上给予充分的保证。在很短的时间里调集了必要的物资，解决了粮食补助，改建了伙房，制作了四十六副床板，现正抓紧安装电灯。正是因为有这些关怀和物资储备，使我们能够集中精力搞好这次考古发掘。

9月11日全体发掘人员均已到达工地，12日由工地负责同志带领大家勘察遗址，介绍遗址的分布和文化堆积情况，同时组织力量布置探方。由于同学们第一次接触考古工地，自始至终都要进行业务辅导，我们将同学和省文物考古研究所的年青同志分为五个小组，每组四个探方，由一位有经验的业务干部负责，从拉方、动土、划地层、做遗迹、采集标本、测量、绘图、照相、记工作日记到填写正式发掘记录进行全面的辅导。工地负责同志则全面掌握地层情况，协调各组工作，并根据情况随时组织现场教学，以后准备逐步做到一人发掘一个探方，教学上转为重点辅导，以培养每个同学的独立工作能力。

在正式发掘之前，省文物考古研究所和北大师生都曾分别开会动员，接着又统一宣布了发掘工地的十项纪律。同志们的情绪很高，但在发掘一段时期后，有些探方的现象比较贫乏，个别同学担心收获不大。我们准备随着工程的进展，一方面适当地调整发掘地点，一方面针对大家的具体思想情况做些工作，保证这次发掘和考古实习的顺利进行。

这次发掘的杨家圈遗址位于栖霞县城南杨础公社以北5华里，西北凭方山，东临杨础河，是一处相当于大汶口文化时期到龙山文化时期的村落遗址。1956年发现，被列为省级重点文物保护单位。由于农田建设和盖房动土，逐年遭受破坏。为了避免更大的损失，同时考虑到杨家圈遗址在胶东有一定的代表性，如果进行大规模的发掘工作，对于较深入地探讨胶东原始文化的特点有重要的意义，经报请国家文物局批准，决定进行抢救性发掘。

这次发掘的第一批探方选在村子的东北角，那里文化层较厚，一般有2—3米，断壁上暴露出零星的建筑遗迹。结合地形观察，原先应是遗址中心偏东的地方。现在发掘刚刚开始，各探方发掘的平均深度约为半米，结合从断壁上观察到的情况来看，这里的地层关系大致如下。

第一层：耕土；

第二层：红褐土，它的表面应有若干房屋遗迹，但地面均已破坏，只剩下大量的柱子坑和柱子洞，出土遗物全部属于龙山文化；

第三层：黄褐土，它的上面有若干房屋遗迹，但大部分被第二层上面的柱子坑所打破；

第四层：青灰土，它的上面也有一些房屋遗迹，时代当属大汶口文化晚期。

不少探方已出现很多柱子坑，有些探方发现了居住面或灶坑的残迹，一般都有非常复杂的打破关系，对于训练找边和分析地层关系的能力是很有利的，现正结合这些现象进行地层学的教学。发现的遗物尚不很多，主要有石镞、石矛、残石斧、纺轮等，陶器中可以复原的有单把杯、大平底盆、盂、尊形杯等，均为黑陶，轮制，还发现有很好的蛋亮黑陶片，这些都是龙山文化的遗物。

山东省文物考古研究所、北京大学考古专业
栖霞杨家圈考古队
一九八一年九月二十日

严文明—苏秉琦（1981.9.30）

苏先生：

您好！前些日子寄给您的信和《工作汇报》（一）谅已收到。现在发掘已进行了半个多月，已开探方26个，大部分已挖到深1米或1.5米以上。基本情况是柱子坑重重打破，土色极难辨认，居住面被破坏殆尽。柱子坑一般长一米二、三，宽减半，深一米余，穴中填土甚紧，极少陶片，只在一头有一个柱子洞，这同邱家庄的情况是差不多的。我们想尽量找找房角，看看能否结合柱子洞复原一两所房子。由于打破关系复杂，是进行地层学教学的好机会，同学们已逐步地培养起分析地层关系的兴趣，这方面的收获还是有保障的。现在担心的是遗物太少，室内整理时会感到困难，为此正和省里联系看看能否采取一些补救的办法。长岛同学们住部队营房，在部队食堂用饭，部队派劳力支持，比较顺利。但遗迹保存也不好，已开四个方，打算再开几个，发掘争取在十月底以前结束。

来山东之前，您曾谈到办刊物的事，我们很多同志都认为有此必要。刊物名称可以叫作《考古学》、《考古学研究》或《中国考古学》，其所以考虑后一名称，是因为我们研究的对象是以中国考古学为主，而研究的方法是，或者应该是具有我们中国考古学者自己的风格的。我们多年来的考古教学和科研，不就是沿着这条路子走过来的吗？

刊物的内容以发表我们专业教师和部分研究生的毕业论文、调查发掘报告为主，其他单位的同志来稿也表示欢迎。并适当组织田野考古方法、现代科技在考古工作中的应用、外国考古介绍、考古教学、考古书刊评介等方面的内容。

如果这个方针能大致确定下来，我考虑只需有两名大学毕业生的专职编辑，就可以出半年刊，每本的分量略多于《考古学报》，由北京大学出版社出版。

明年是本专业设置三十周年，很可能又是正式建系的一年，如果能赶上明年出刊，那该是多么有意义的一件工作啊！

我不揣冒昧，把这些想法告诉您，其中可能有不少幼稚和不切实际的地方，请您多加考虑，最好同宿先生和在校的其它同志商量一下，只要方针确定下来，我们就朝着这个目标努力。

敬祝

教安！

学生　文明

81.9.30

严文明—苏秉琦（1981.10.15）[①]

苏先生：

您好！刚从长岛回来，就接到了您的信，知悉一切。宿先生来山东的事，原是在六月份王思礼和张学海到北京时直接邀请的。山东想建立一个石刻馆，王想主其事，希望宿帮助鼓吹一下。宿先生未来过山东，也想走一走，顺便检查实习工作，看看同学，并联系调张江开事，故把夏自强也拉上了。他19日到济南，也许21日左右即能到工地。王、张二位在京时，曾谈及实习事，问到我们有哪位老师去，问您是否有可能去山东，要给他们打个招呼。否则人来了不知道，上面问起来会很被动。于是我只好把你过去给我讲的初步打算告诉了他们，这大概就是给您发邀请信的原因吧！您完全可以接自己的想法安排。

您关于实习的意见，我们一定照办。多年来我自己也有这些想法，但每次多不是自己主持，难以达到。这次学生多，遗址复杂，辅助力量较弱，而我又要兼顾长岛，经常感到力不从心，但我们一定会想办法尽量办好的。

长岛的情况较好，住在驻岛部队招待所（不花钱），在部队食堂吃饭，同学们很主动，同部队和当地老乡关系都不错。平常基本上是素食，但并没有谁对伙食有意见或自己搞鸡吃等。主要精力都放在学习上。那里是同地县合作，地区派吴玉喜同志参加辅导，他的田野工作能力很强，今年考您的研究生，不知是否能够录取。老韩至今未来，原来请他辅导，现在已发掘一多半，不来也就算了。

现在开了七个方，发现了邱家庄类型的房基一座，残房基三

---

① 原信未署年，信封邮戳不存。长岛杨家圈发掘为1981年9月—1982年1月（《北京大学考古学系四十五年（1952—1997）》，第55页），信当写于1981年。

座，岳石文化的灰坑一个，墓葬一座，战国时代的灰坑一个，墓葬六座，大体分布如下：

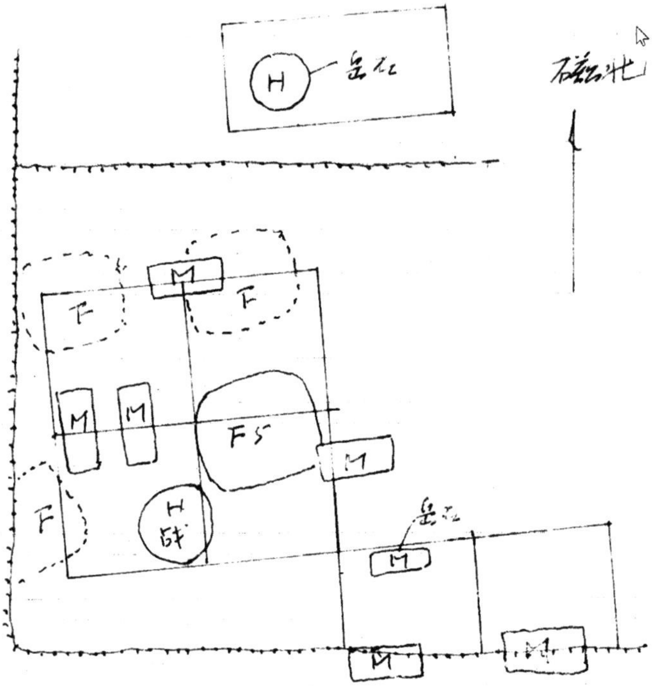

由于77、78两级同学去年实习主要是挖墓葬，地层关系和做遗迹的训练很少，这次发掘面积虽小，地层关系较复杂，遗迹也不少，是一个很好的锻炼机会。我在那里待了七天，讲了一下发掘房屋的方法和注意事项，每天下工地参加辅导。并根据已发掘的情况调整了计划，初步安排了下一步的工作。县里很重视，打算把房子保护起来，并答应整理时搬到县里去。

□□那里已结束田野工作，准备到长山和栖霞等地来参观，但我总觉得把那么多时间放在参观上，不如把整理安排得扎实一些为好。

孝堂山调查已经结束，王树林等去帮助测量了地形，他们现已转到鲁南调查去了。顺告

就汇报到这里。敬祝

安康

学生　文明

10.15

严文明—苏秉琦（1981.11.27）[①]

苏先生：

您好！来到工地，正赶上搬家，从杨家圈搬到古镇都牟二黑庄园。现已安顿完毕，开始资料整理了。根据遗迹的分布状况，将杨家圈分为四个小块，分别由四个小组进行整理，试掘的莱阳于家店和栖霞上桃村也各分一组，布置了任务，讲了整理方法，提出了要求和考核标准，同学们劲头很大，决心把这一阶段的学习搞好。

田野发掘和调查阶段的评分，经几位辅导员集体研究，有10人评为优秀，16人评为良好，4人评为及格。并说明整理阶段表现好的可以提高，反之也可以下降，这有一定的督促作用，初步反映效果是良好的。

我准备在这里工作走入正轨之后，抽空到长岛去一趟，然后回栖霞直至整个工地结束。

在北京时，因临别匆匆，有些事未及充分考虑。关于白先生主编十二卷本《中国通史》原始社会部分的约稿问题，您认为谁合适可以指定，我个人也可以参加，只是希望在大纲的总要求下给作者以较大的灵活性。

大百科考古卷分给我的部分只有几千字的任务，已经写好寄给安先生，便中请审阅。

敬祝

---

① 原信未署年。长岛杨家圈发掘为1981年9月—1982年1月［《北京大学考古学系四十五年（1952—1997）》，第55页］，信当写于1981年。

教安！

学生　文明

11.27

严文明—苏秉琦（1983.10.19）[①]

苏先生：

您好！在北京时，因收到长岛急电，说发现了14座房屋，要我带几架照相机速来。这样我只好匆匆起身，连个卧铺也没有买到。行前跟宿先生商量了一下，他准备把对学校的汇报专程向您汇报一次，包括专业设置、教研室的划分、教学计划、科研规划、办系规模，增设旧石器和石窟寺专修科等问题，这样我就没有向您告别，直奔烟台了。

现在烟台芝水分了一个实习组，发掘的遗物不多，但较重要。其中一些单位出岳石文化遗物，另一些单位出土似在岳石和珍珠门之间，只是还没有发现直接的地层关系。乳山一个实习组发掘了十座石棺墓，器物特殊，时代大概相当于西周。益都一个实习组发现了岳石文化和龙山文化的地层关系。昌乐一个组（李仰松带队）发掘的文化层较厚，上面商周时代的陶片不多，下面龙山文化的也许丰富一些。

长岛黑山北庄已发现新石器时代房屋19座，连同以前发现的已达34座，估计到实习完毕还可增加一些。因为房屋分布密集，相互打破关系比较复杂，所以不少房子已不甚完整。我们想尽量把工作做细，并想在分布规律方面动动脑子。

---

① 原信未署年。据长岛北庄发掘为1983年9月—1984年1月［《北京大学考古学系四十五年（1952—1997）》，第58页］，《工作汇报》亦写发掘于1983年，故信当写于1983年。

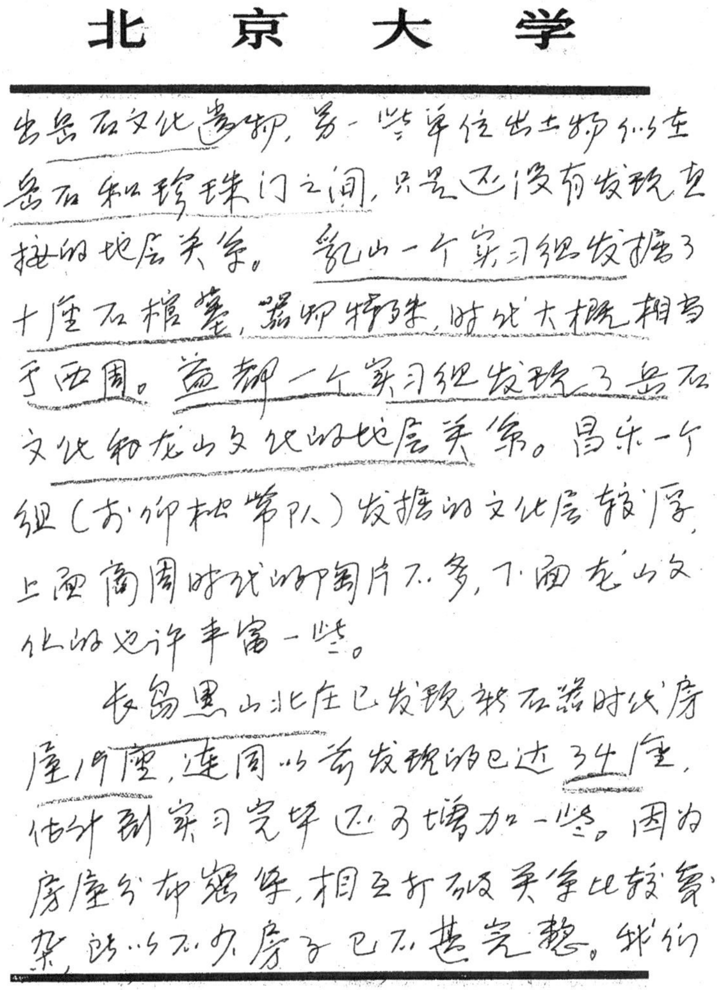

北京大学

出岳石文化遗物，另一些单位出土物介于岳石和珍珠门之间，只是还没有发现直接的地层关系。乳山一个实习组发掘了十座石棺墓，器物特殊，时代大概相当于西周。益都一个实习组发现了岳石文化和龙山文化的地层关系。昌乐一个组（李仰松带队）发掘的文化层较厚，上面商周时代的陶片不多，下面龙山文化的也许丰富一些。

长岛黑山北庄已发现新石器时代房屋19座，连同以前发现的已达34座，估计到实习完毕还可增加一些。因为房屋分布密集，相互打破关系比较复杂，所以不少房子已不甚完整。我们

黑山这个地方是个小岛，又不在主要航道上，比较偏僻。同学们来了一个多月，还没有到县城去过一次（来时未落长山岛），文娱生活比较少。蔬菜很缺，也很贵，肉食不常有。由于副食较差，每天又参加劳动，饭量大增，伙食费较高。应该说生活是比较艰苦的，但大家并没有怨言，精力主要用在发掘实习上，相互讨论地层关系、房屋结构等等，劲头较足。当然也有一些情绪波动，特别在开始的那一段天天挖土，划地层，找不到一个遗迹，有些急，有些

泄气。但这种情绪现在已基本克服了。只是现在的学生不少从未离开过城市，过去很少劳动，发掘期间适应较慢，这个班女生又多（九人），自己动手把锹有些困难，这倒是今后要注意的。

我准备在长岛待一个时期后，还到其它几个实习点走走，详细的情况，以后再给您去信。

顺祝

安好

学生　文明

10.19

附：《工作报告》二份

工作汇报

（一）

北京大学考古系山东实习队

（1983年11月8日）

我队经中央文化部文物事业管理局批准，在去年工作的基础上，于今年秋季继续发掘山东长岛县大黑山岛北庄和北长山岛珍珠门遗址。这次实习是在省、地、县有关部门的大力支持和烟台市文管会、长岛县博物馆的直接合作下进行的，先后参加发掘的有北大考古系教师四人，进修教师一人，进修生一人，研究生三人，八一级学生三十二人，烟台市文管会业务干部一人，以及长岛、蓬莱、栖霞、福山、荣成、莱西等县和烟台市文物干部八人，吉林大学考古专业一名研究生也参加了短期发掘实习。发掘期间，参加全国博物馆工作会议的各大博物馆领导同志，中央文化部文物局和省文物考古研究所的业务人员，烟台市文管会、青岛市文管会的负责同志和业务人员，山东大学历史系考古专业师生等都曾到工地参观指导。长岛县委书记和有关部门的负责同志，社队负责同志和当地驻军，更是给予多方面的照顾和支持，使这次实习发掘得以顺利进行。

这次实习发掘的重点是黑山北庄遗址。该处在1980年进行详细调查后，1981年和1982年曾进行两次小规模发掘。今年的发掘是在以前田野工作的基础上适当扩大规模，以期对遗址的文化内涵获得比较全面而正确的了解。实习队于 9 月 8 日进入工地，10 日正式开工，至今已将近两个月，田野工作行将结束。总计已开探方 40 个，面积约 1000 平方米，发现新石器时代房屋基址 26 座，灰坑 29 个，基葬 8 座，还有战国时期的墓葬 10 座，并获得了相当丰富的文化遗物。

这次发现的房屋基址基本上属于北庄一期，只有一座残房基属龙山文化。房基的结构同以前发现的大同小异，均为圆角方形，半地穴式，有矮墙，据柱洞分布推知为攒尖顶。房屋室内面积多为 12—16 平方米，个别也有不足 10 平方米的。按形制大体可分两类，一类即以穴壁为墙基，并在穴壁上加矮墙。另一类于穴壁外四周留一宽为 30—40 厘米的土台，台外再筑土墙做为围护结构，房屋正中和四周近穴壁处立柱作为承重结构，这种房屋的室内显得宽敞一些。有的房子的台子上还放置石磨盘和石磨棒等。房屋内一般有两个或三个火 [1]、火 中间平展。周围有低矮的土棱，有的火 在靠墙的一边有长方形小坑，满填草木灰烬等。房屋门向不一，门道做法也不一致，有的开在房屋一边的正中，有的则在房屋的一角。

房屋的分布大体可分两群。南边的一群连同前两年发现的已有 37 座房基，分布在东西长 60 米，南北宽 20 米的一条长带上，往北宽约 35 米的范围内没有房屋，只有小型窖穴和直径二、三米的大灰坑，再往北□上 又是房子。整残已发现 4 座，估计也是东西长带状的房屋群，这对探讨当时的社会组织结构具有重要意义。

新石器时代的墓葬分别属于北庄一期和二期。北庄一期有三座多人合葬墓，每墓十数人或二十余人，主要属二次葬，个别是一次葬，无随葬品。这样的多人合葬墓同山东兖州王因、河南安阳后岗、陕西渭南史家等墓地所见的十分相似。北庄二期只见单人葬，有少量随葬品。

采集的标本还未经过整理，初步印象是与胶东半岛同时期的遗

① 原件为油印，文字中有空字，下同。

存基本一致，但有辽东半岛新石器文化的显著影响。

战国墓连同前两次发掘的已达 26 座，分布颇有规律。看来这里也是战国时期的一处不小的墓地。

珍珠门也是继续去年的工作。这次只派了一个小组进行短期发掘，发现了一些修筑十分规整的窖穴，从出土文物看当属商代，但与一般商文化很不相同。这次发现物中有一件残铜兵器，证明这一文化遗存确已进入青铜时代。

发掘期间，除注意业务学习外，还尽量开展了一些政治思想工作和文体活动，特别是结合实习进行专业思想教育，让同学们认识考古工作的意义，热爱考古工作并树立严肃认真的负责精神和实事求是的科学态度，收到了较好的效果。

工作汇报
（二）

北京大学考古系山东实习队

（1983 年 11 月 12 日）

在长岛黑山北庄遗址发掘第一阶段结束后，我们即派出部分人员分赴烟台芝水、乳山南黄庄和益都郝家庄进行小面积的探掘，大部分人力仍留北庄继续发掘。关于北庄发掘的初步结果已见《工作汇报（一）》。现将上述几处试掘的情况汇报如下。

芝水实习组有烟台市博物馆业务干部一人，北大考古系研究生一人，八一级同学四人，住在芝水大队原知青点。该遗址在烟台市西郊，大部分为现代村落所压，一部分修铁路时又被破坏，所剩无几。过去曾发现岳石文化遗物。这次发掘在村西仓库后面开探沟三条、在村西北场院开探方五个。目的在了解当地岳石文化的特征和分期问题。发掘的初步结果表明，仓库后面是单纯的岳石文化遗存。所见陶片多灰黑色，少数为褐色。器形可辨的有　、子母口罐、尊形器、　状足、盘里带凸棱的豆、　、菇形捉手的器盖等。场院内几个探方除少量岳石文化遗存外，在它的上面还迭压着一种新的文化遗存。其特征似介于岳石文化和珍珠门类型之间。它的陶器多红褐色，多矮圈足，器形可辨的有　、　、罐、盖等，究竟应归入岳石文化晚期还是珍珠门类型早期，或者另立新的名称，要在室内整理时才能确定。

郝家庄实习组有益都县博物馆业务副馆长一人，北大考古系研究生一人，八一级同学五人。遗址在县东黄楼公社郝家庄西，西北两面濒临　河。已开探沟三条，探方四个，除发现少量龙山文化遗存外，大部分属岳石文化。由于发掘面积小，遗迹仅发现一些灰坑，最大的灰坑直径约11米以上，深约2米，遗物比较丰富。这里的岳石文化遗存与胶东的有很大不同。如陶器中　、尊、三足罐、菇形捉手的器盖等的比例不如胶东那样大。而大夹砂罐等却比胶东为多，还有胶东不见的　、绳纹罐和舟形器等，豆的形制也比胶东复杂。石器中有半月形石刀，石铲多长方形或　形。未见鲁西或鲁南那种穿长方孔的石铲。这一发现可为岳石文化的类型划分或分期提供有用的资料。

南黄庄实习组有烟台地区文管会业务干部一人，北大考古系进修教师一人，八一年学生五人。遗址靠近南斜山东，过去曾在南斜山采得　乳钉纹并有颇像文字的刻划记号的　形器。这次发掘主要在墓地，共清理石　墓20座，有些墓中发现有棺板朽坏的痕迹，人骨均已腐烂。随葬品以陶器为主，有　、鼎、罐、　等，多为素面，有的饰细绳纹、三角形刻划纹、乳钉纹等。另有几种铜　和石饰。墓葬的年代大体上可定为西周。但与一般西周的文化遗存颇不相同，当是西周时期东夷民族的土著文化。

又昌乐北岩公社邹家大遗址的发掘系由北大考古系八〇级毕业实习组担任，参加人员有北大教师一人，同学五人，昌乐县文物干部一人，天津师院历史系教师一人。该遗址上文化层约相当于西周时期。发现有十余座墓葬，有的人架无头，有的被砍去手和脚，个别的随葬陶罐和素面　。这层下面是龙山文化时期的大沟，沟宽约20米，深约7米，长约200余米，其中可分许多层次。所出陶片极为丰富，有不少可以复原，时代从龙山早期到晚期。本身可分为若干期，从而为龙山文化的分期提供了又一批重要的资料。

现在各组田野工作即将结束，很快就要转入室内整理阶段。这种分组实习一方面训练了同学的独立工作能力，同时也避免在一个地点集中过多的人力，在生活、后勤和业务指导上发生的困难。探索的问题可以多样化一些，但由于分散也带来一些不便，我们准备在实习结束后好好总结一下。

各组的实习都得到当地领导和有关部门的热情支持，不少同志多次到工地参观指导，为实习任务的顺利完成创造了良好的条件。

严文明—苏秉琦（1983.11.5）①

苏先生：

我到长岛后曾给您寄去一信，说到黑山北庄实习发掘的情况，谅已收悉。在那以后，工地发掘有一个重要进展，就是在原来发掘的房屋群以北较高的山坡上又发现了一个房屋群，两群相隔三四十米。南边一群加上前两年发现的已达三十余座，呈东西带状分布；它的北边有一片空地，空地以北的房屋仅发现四五座，如果扩大发掘面积，将会发现更多房屋，根据地形和已发现的房屋的格局来看，可能也是呈东西条带状分布的。这一情况自然与当时的社会组织结构有关，因而引起了大家的极大兴趣。

为了掌握其它各点发掘的情况，我先到乳山县南黄庄和南斜山去了一次，那里已发现有20座石椁墓，有些墓中有棺板灰，人骨均已朽坏，陶器火候也很低，极易破碎。这些墓很明显地分为两群，当亦与社会组织结构有关。

烟台芝水的发掘也有一些进展，我第一次看到除岳石文化遗物外，还有一组似在岳石与珍珠门之间，第二次去看时已发现多处地

① 原信未署年。据长岛北庄发掘为1983年9月—1984年1月［《北京大学考古学系四十五年（1952—1997）》，第58页］，信当写于1983年。

层，证明后者确实晚于岳石文化，从而为胶东青铜文化的谱系又连接了一个链环。

益都郝家庄也是一处岳石文化遗址，其陶器除同东岳石所出相同的以外，还有许多自身的特点，如三足器甚少，戳纹印少，但多绳纹，还有方格纹。器形也是一部分像，一部分不像。有舟形器、簋等。这为岳石文化本身的分期或划分类型提供了一批有用的资料。

昌乐邹家社挖的是龙山文化的大灰沟，沟长二三百米，宽20余米，挖了七米深还不到底，有许多清晰的层次，器物丰富，从龙山最早时期直到晚期，本身可以划分为若干期。这当然也是一批很好的资料。

我打算今天再次进岛，直到工地结束，把资料弄扎实一些，并把整理阶段和今后的工作同当地同志协商和安排一下。下旬或可回京。

您叮嘱的原始社会史编写提纲，我找了笔记，只记了新石器部分，没有法子全写出来。旧石器部分已托吕公写出直接交给您，现把新石器部分交给您，请您修改。最后一部分实在没有法子了，只好暂缺。

这里的许多同志都常常念叨您，希望您能再次到烟台或长岛走走，玩玩也好。当然是在健康状况允许的情况下。作为学生，我听了心里感到暖和和的。回京时再同您详谈吧！顺祝

安好！

文明

11.5

［编者附］《中国原始社会》提纲①

① 提纲与原信分离。信封邮票剪后邮戳不存，时间不明。信封上署“昌东长岛黑山北大考古实习队”。根据信封署名，及本信内容中提到的黑山岛发掘，推测应与本信有关，故附录于此。

中国原始社会
（多卷本《中国通史》第一卷）
编写提纲

第一章　旧石器时代（略）

第二章　新石器时代前期

第一阶段　从旧石器时代到新石器时代的过渡　黄河流域的细石器遗存　磁山和裴李岗　老官台和大地湾　粟作旱地农业的发生　区域性考古学文化的初步形成

第二阶段　原始农业的发展　制陶手工业的发达和彩陶的兴盛　一个原始公社的村落的完整的格局——姜寨早期村落遗址　从半坡、北首岭墓地到横阵、元君庙墓地　母系氏族制度的发展与繁荣　从埋葬习俗中看到的某些家庭或个人的异化现象　母系制度从繁荣的顶端趋向衰微

第三章　新石器时代后期

第一阶段　石器制造技术的发展——切割法和管钻法的应用　陶器和工艺品制造的专业化趋向　部落氏族的分化和中心遗址的出现　大河村和下王岗　村落布局的改变和分间房屋的出现　大汶口和西夏侯墓地的埋葬习俗　家庭贫富的分化和夫妻合葬墓的出现　文化交流日趋活跃　近邻地区对中原文化影响的加强

第二阶段　龙山文化时代诸文化的分布与民族文化格局的初步形成　金属器的出现及其应用的社会效果　轮制陶器的普遍化　夯土、土坯、白灰与建筑技术的进步　王城岗与平粮台　城堡出现的意义　陶寺墓地　齐家文化合葬墓和家长制家庭的出现　日趋衰落的原始公社制度

第四章　边远地区的新石器青铜文化（略）

北京大学山东长岛考古实习队工作汇报①

北京大学山东长岛考古实习队在长岛县北庄遗址和珍珠门遗址

① 家藏书信与工作汇报分置，据内容与本信合并整理，暂附于本信后。

的发掘工作已于83年11月下旬先后结束。田野发掘工作的主要收获已在此前作过专题汇报。

自83年11月27日起，我们开始到北庄、珍珠门两遗址的发掘资料进行室内整理。由于田野工作时间较长，室内整理工作只有五十天左右的时间。为使同志们掌握考古发掘材料整理的工作程序和方法，我们将北庄遗址83年的发掘材料分为三部分，将18名同学分为四组：其中三个组（每组4—6人）分别负责整理一部分北庄遗址的发掘资料。另一组的两名同学负责整理珍珠门遗址83年的发掘资料。整个室内整理工作大致分为三个阶段进行：1. 陶片写字，拼对，统计。挑选参加器物排队的标本；2. 器物排队，分型定式，选标本，绘图作卡片；3. 描图、拓片、编写实习报告。每一阶段大体安排15天左右的时间。

经过对北庄遗址83年发掘资料的整理、研究，根据地层的叠压、打破关系和对陶器形制特点的排比、分析。我们将北庄遗址新石器时代文化遗存大致划分为北庄一期文化、北庄二期文化、龙山文化和岳石文化。

北庄一期文化　这次工作出土了一部分年代早于北庄一期的文化遗存。此类文化遗存的陶片多为红陶及红褐陶，陶质多为泥质和夹细砂陶，夹粗砂陶很少，细砂陶羼和料多用滑石沫，纹饰多见圆形和长条形附加堆纹。器类比较简单，主要是鼎、钵、筒形罐、圆锥体陶支脚等，鼎多系圆　[1]、斜卷缘、深腹、小圜底的盆形鼎。鼎足安装部位较靠腹上部。足的横断面多呈不规则方形或梯形。的形体为圆　、侈口、斜弧腹、平底。内壁多为黑色，此类文化遗存面貌与北庄一期文化有明显的差异，似与邱家庄下层文化较为接近。

北庄遗址83年发掘清理了比较完整的北庄一期文化的房屋基址18座。这18座房屋基址比较集中地分布于南北两区。南区的14

---

① 原件为油印，文字中有空字，下同。

座房基分布在北庄遗址南台地南侧南北宽25米东西长30米左右的范围内。北区已清理的4座房屋基址、分布在北台地中部。南北两区基址之间相隔40米左右。这18座基址都是半地穴建筑，建筑平面形状为圆角方形或圆角长方形。依据房屋墙内有没有土台，可将18座基址分为两个类型。墙内有土台的基址有四座，其四壁墙内建有宽30—50厘米，高于居住面的土台，台面涂泥抹平。可用来放置工具及日用器具。此类基址的　洞，多有规律地对称分布在土台的内侧，有土台的房屋基址居住面积一般都较大，有十五六平方米。无土台的十四座房屋基址居住面积一般较小，最小的仅4平方米左右，这18座房屋基址的居住面积与火塘的建造方法大体是相同的。居住面一般要经几次铺垫并砸实，表面平整。在居住面的中间部位一般有一个较大的中心柱洞。每座基址中都有1—3个火塘。火塘位置靠墙或靠土台，形状为半圆形成箕形。房屋门道多为斜式门道。墙壁一般是为木骨泥墙结构。

北庄一期文化陶器已修复的有四十余件。陶质分泥质、夹砂两大类。夹砂陶中以粗砂陶为最多，夹滑石沫的陶器往往仅限于陶鬶。陶色以红褐、灰褐色为主。纹饰多见　齿状附加堆纹，多饰于盆形鼎腹部；有较多的刻划纹，常见饰于筒形罐腹壁上。器形以盆形鼎为大宗，还有　、小口罐、筒形罐、　形杯、　等。盆形鼎较早的形制一般为卷缘，略束颈，腹部外鼓。鼎腹饰一条附加堆纹，鼎足多为长圆锥足，位亦明显下移。

北庄一期文化彩陶较多。器表流行施红陶衣。较早阶段的彩陶图案，为红地黑彩的带状波浪纹及钩连纹。多饰于下口罐的肩部或腹上部。较晚阶段出现复彩陶，一般是用白、红、黑色或深褐色的三种颜色绘制的回旋钩连纹、圆点纹、花瓣纹。多饰于敛口钵的肩、腹部。复彩陶的色彩鲜明，花纹作风豪放，有强烈的装饰效果。

北庄二期文化　北庄二期文化可复原的陶器有一二十种。此期泥质陶数量增多，红陶较多，其次为红褐、灰褐陶。器表饰红陶衣的作风仍继续流行。多见施于钵、鼓腹小罐、盂的外壁。纹饰有附加堆纹、宽条凸弦纹、鸡冠耳等。陶器器类有鼎、钵、小口罐、鼓腹小罐、圈足碗、盂、盆、鬶、粗柄豆。鼎多为平卷缘或平折沿、平底的盆形鼎，鼎足安装部位在腹、底的转折处。鼓腹小罐数量较多，其形制为尖唇、卷沿近平，缘面较窄。肩部常有双短圆柱形纽或双燕尾形纽。豆仅见有圈足残片，柄粗。

龙山文化　龙山文化陶器已复原四、五件。陶片数量较少，陶质有细泥、夹粗砂两类。陶色以黑色为主，还有灰褐、红褐色。细泥黑陶器表多磨光。　纹是常见的纹饰。可辨器形者有盆形鼎、折沿鼓腹罐、瓮、釜、平底盆、豆、杯、鬶等。盆形鼎的鼎耳为大敞口折腹平底盆。杯有筒形和鼓腹两种。筒形杯平底，杯壁下部饰细密弦纹，鼓腹杯束颈、鼓腹、小平底。两种杯的把手均安于杯身下部。

岳石文化　陶片较破碎，泥质陶为主。陶色多为灰、灰黑色。器壁较厚，器表多磨光。能辨别器形的有尊形器、三足罐、覆盘形子母口器盖。

在北庄遗址尚清理战国墓葬十二座。其中十一座为东西向，一座为南北向，均为长方形竖穴土圹墓。有9座随葬青铜兵器及陶器。随葬品或置于与墓圹相接的器物坑中，或置于墓壁的器物龛中，或放置于二层台上，或置于棺的周围。其中三座墓葬随葬青铜剑、戈与带钩等物。九座墓各随葬陶器1—6件，器类有花沿小罐、豆、盂、壶、罐、瓮几种。随葬陶器组合大致有花沿罐、罐、盂；花沿罐、罐、壶；罐、盂、豆；罐、壶、盂、豆四种。在三座墓的5件陶器上发现有“+”“y”形刻划符号。

珍珠门遗址83年继续进行了发掘工作。其文化遗存大致可分为早、晚两个阶段。早期陶器能复原的很少。夹砂陶居多。陶色多为红褐色，器表以素面为主。纹饰只见有刻划纹，多饰于圈足器的圈足上。器类有素面鬲、甗、假圈足碗、甗、罐。素面鬲为圆唇、斜卷缘、颈略束，腹壁较直，袋足的实足尖明显。晚期的陶器亦多夹砂陶，陶色以红褐色为多，次为灰褐色，尚有一部分灰陶。纹饰有弦纹、绳纹。弦纹多饰于器物的肩、颈部，绳纹多饰于灰陶器表。可辨器型有素面鬲、㲅、圆足碗、罐、盆、豆、甗、瓮等。素面鬲的袋足呈圆锥形，实足尖不明显。晚期发现有　骨的残片，是用经过修治的动物肩胛骨，在骨板肩面施钻、施灼。

经过为期四个月的实习生活，同学们比较全面地学习了田野考古和发掘资料整理的理论知识。初步掌握了田野工作和室内整理的方法。理论知识和工作实践相结合，提高了同学们的学习兴趣，专业思想更为巩固。此次考古实习全部工作预计在84年1月10日前后结束。

北京大学考古实习队83年在北庄、珍珠门遗址的发掘和整理工作，得到长岛县各级领导的热情关怀、大力支持，并得到了烟台地区文管会、长岛县博物馆的通力合作。在此，我们仅向关怀、支持这次考古实习的各级领导和直接参与工作的同志致以深切的谢意。

北京大学山东长岛考古实习队

84年1月7日

乳山县南黄庄墓地、小管村遗址发掘工作简报①

乳山县地处胶东半岛的东南部，自一九七七年以来，发现了一批从新石器时代至商周时期的遗址和墓葬，引起了考古研究部门和考古专家们的重视。特别是南斜山商周时期墓地的发现，对研究古代东夷文化具有非常重要的意义。因而北京大学考古系为结合学生实习，经国家文化部批准（考执字1983第119号），于一九八三年十月至一九八四年一月，同烟台市、县文物干部组成考古工作队，先后对属于南斜山墓区的南黄庄墓地和小管村新石器时代遗址进行了发掘，并进行了初步的室内整理工作。现将这次发掘、整理的情

① 家藏书信与工作简报分置，据内容与本信合并整理，暂附于信后。

况报告如下。

南黄庄墓地是一处分布范围很大的墓地，东西约 4 华里，南北约 2 华里，位于福山脚下，地势北高南低，这次发掘主要是在村东进行的，采用探沟的方法寻找墓葬，对村西断崖暴露的墓葬也进行了清理，总计发掘、清理了二十二座墓葬，出土器物八十余件。这些器物具有浓厚的地方特色，是一批研究东夷文化的重要资料。

墓葬按结构可分为石棺墓与石椁墓两类，其中石棺墓五座，石椁墓十七座。石棺墓与石椁墓的建造结构基本相同，均先挖好墓穴，然后用不规整的石板砌好墓室，尸体安放后再用石板封顶，最后顶部堆上大小不同的积石。二者不同的是，石棺墓用石板铺底，无墓葬具，石椁墓无石板铺底，有木棺葬具。墓室一般长 2.6—3.2 米，宽 0.6—0.8 米，高在 0.6 米左右。墓葬的方向多为东西向，也有少数墓为南北向。东西向的墓，头向东，在 60 度左右。南北向的墓，头向北，约 340 度左右。随葬品多放在墓室的两头，放随葬品的地方有的用熟土筑一高台，有的用石板筑一高台。随葬品的数量多少不一，少的 1—2 件，多的不过 7—8 件，也有个别无随葬品的墓。随葬的器物有石饰、铜镞、陶器，其中主要的是陶器。陶器的种类有鼎、鬲、罐、罍、簋五种。根据陶器形制的变化，我们将其分为早、中、晚三个阶段。早期墓的器物组合有鼎、鬲、罐、罍，鼎、鬲为素面，罐、罍器表多饰弦纹和细绳纹。中期墓的器物组合有鼎、鬲、罐、罍、簋，其中随葬品罐、罍的墓较多，纹饰除早期已有的弦纹、绳纹外，还有刻划三角网纹和附加堆纹。晚期墓的器物组合有鬲、簋、鼎、罐，随葬鬲的数量增多，有的墓多至 4—5 件，有的墓则全部随葬鬲。鬲的颈部流行饰一周乳钉的作风，口沿外侧也常常进行压印。葬式由于骨架腐朽严重，多不清楚。值得注意的是，每座墓中都发现撒有零星的木炭痕迹，应与当时的墓葬习俗有关。

在南黄庄村东紧临墓地的西部，我们发现了与墓地时代相当的

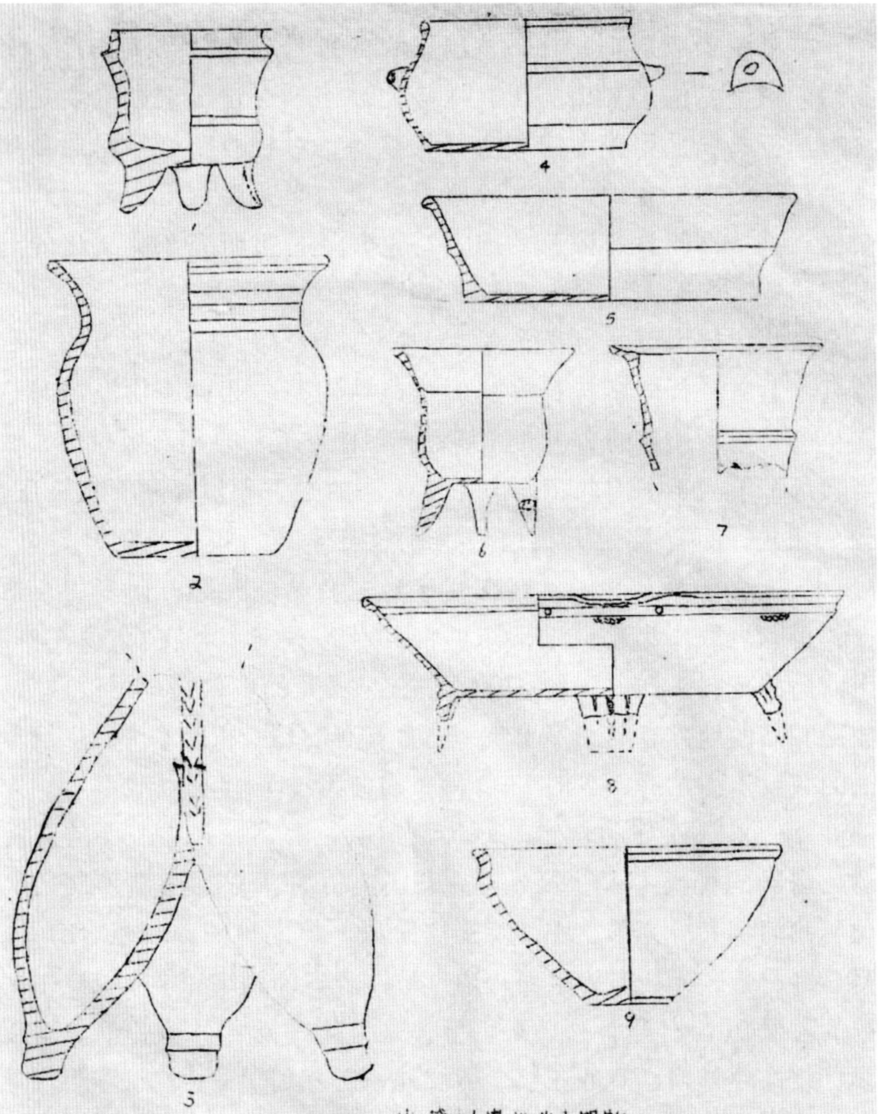

小营村遗址出土器物

1. 三足瓯，2. 瓯，3. 鬲袋足（1-3 为岳石文化）4. 瓯，5. 盆，6、8. 鼎，7. 豆形器，9. 碗（4——9 为龙山文化）。

居住区，由于遭受后期的破坏，文化层堆积很薄。为了解遗址与墓葬的关系，在那里布了 $5\times5m^2$ 的探方五个，地层共有四层堆积。

第一层为耕土层；第二层为冲积层，文化遗物最少；第三层为文化层；第四层为自然冲积形成，无文化遗物。发现的遗迹有柱洞和灰坑，柱洞有方的和圆的两类，灰坑多为不规整的椭圆形大坑。遗址中出土的遗物较少，但可以看出它包括了葬具的早、中、晚三个阶段。其中 H2 出土的一件乳状鬲袋足，是与长岛县珍珠门遗址出土的素面鬲比较接近的，但也有区别，珍珠门的袋足比较粗大，这里的比较细小，时代应晚于珍珠门，在墓葬中是不见这种器物的。在清理村西墓葬时，发现了早于墓地的地层叠压关系。地层中，出土了少量早于墓葬陶器的残片，能辨认的器形有瘪裆鬲和粗高的早期鼎式鬲足、簋等。由于时间关系，未能布方发掘了解其文化内涵。

总之，我们通过对黄庄墓地的发掘，使我们对其文化的内涵有了初步的认识，同时也看到了它与珍珠门商代遗址的一些联系，特别是我们在发掘小管村遗址时，在村西山顶部的残墓中，发现了与珍珠门遗址极为相似的素面袋足鬲。同时出土的还有瘪裆鬲、鼎等。其中，鬲口沿是与南黄庄村东遗址出土的非常相似，这说明他们在文化上是有联系的。另外，在乳山县的大浩口、海疃、俞介庄等地都发现有同类墓葬。从出土的器物看，应早于南黄庄墓地。而在胶东半岛其它县份，目前为止，尚未发现同类墓葬。这样看来，要解决珍珠门遗址到南黄庄墓地的文化序列，即商周时期东夷人的文化特征，还必须从乳山入手，继续做些工作，或许会有突破性的新认识。

小管村遗址位于村东的河边台地上，地势较平坦，面积颇大，东西约 400 米，南北约 200 米。据当地群众说，这里原来地势较高，被称为“柳树堌”，后因平整土地把堌顶去掉，致使遗址破坏非常严重，仅存边缘地区文化层保存较好。这次我们共发掘了 $2\times5m^2$ 的探沟七条，它们分别位于遗址的南部、北部、中部、东部，其中南部靠东部的 4 条探沟地层比较统一，有四层堆积。第一层为耕土层，第二层为岳石文化层，第三、四层为龙山文化层，第四层至六层为早于龙山文化的堆积，中部两条探沟的原始文化层，基本上被破坏殆尽。

遗址中发现的遗迹主要有柱洞和龙山、岳石文化的灰坑。灰坑多残存底部，从残存的底部观察，龙山与岳石文化的灰坑均有大小之分，大的直径在2—4米左右，小的直径为1米左右。龙山文化的灰坑多为圜底，岳石文化的灰坑多为平底，形状与牟平照格庄遗址的相同。这次出土的器物共160余件，有石器、骨器、陶器，其中陶器复原的较少。早于龙山文化的遗物出土极少，且无一完整者，因而对其文化面貌还不够清楚。从陶片中可见有罐形鼎、罐、壶以及短斜锥鼎足等，这些器物与栖霞杨家圈遗址的下层比较相似，时间大约与大汶口文化的晚期相当，从而纠正了过去我们认为该遗址光是属于龙山文化和岳石文化的看法。另外，在遗址中还采集到时代更早的邱家庄类型的石斧和石球，但未发现与之相当的地层关系。属于龙山文化的遗物出土最多，但复原的器物较少。主要有盆形鼎、罐形鼎、罐、鬶、盆、三足盘、豆、碗、杯、尊形器、大口尊、翁等。根据地层关系和器物形制，可将其分为二期。早期的鼎足，素面、铲形、形体较宽较薄。晚期的鼎足，形体变窄变厚，足的外面出现附加堆纹和数道凹槽，又新出现了V字形和鬼脸式鼎足。罐的口沿早晚期变化是，由圆唇折沿较直向方唇折平沿发展。鬶的数量很少，把手有麻花形和圆柱形两种，袋足可分为有无实足尖两类。豆早期见有直沿粗把豆，晚期见有折沿细把豆。三足盘早期见有三小半圆形足，晚期出现三环足，小瓶仅见于晚期。陶器以夹砂黑陶为主，次为泥质黑陶、灰陶、夹砂红陶。纹饰主要是附加堆纹和弦纹，次为刻划纹，有少盘的兰纹。早期的附加堆纹多用手进行按压，晚期的多用工具进行刻划。总的看来，小管村遗址的龙山文化与山东典型龙山文化虽然有许多联系，但区别还是很突出的，有鲜明的地方特色。遗址中出土的岳石文化遗物，无论从器形到纹饰都与牟平照格庄遗址出土的遗物极为相似，它们应属一个文化范畴，陶器以夹砂、夹云母的红褐陶为主，泥质陶多轮制，夹砂陶多手制。纹饰主要有附加堆纹、弦纹、压印纹、乳钉纹等。器类有甑、罐、尊形器、三足罐、瓮、器盖等。

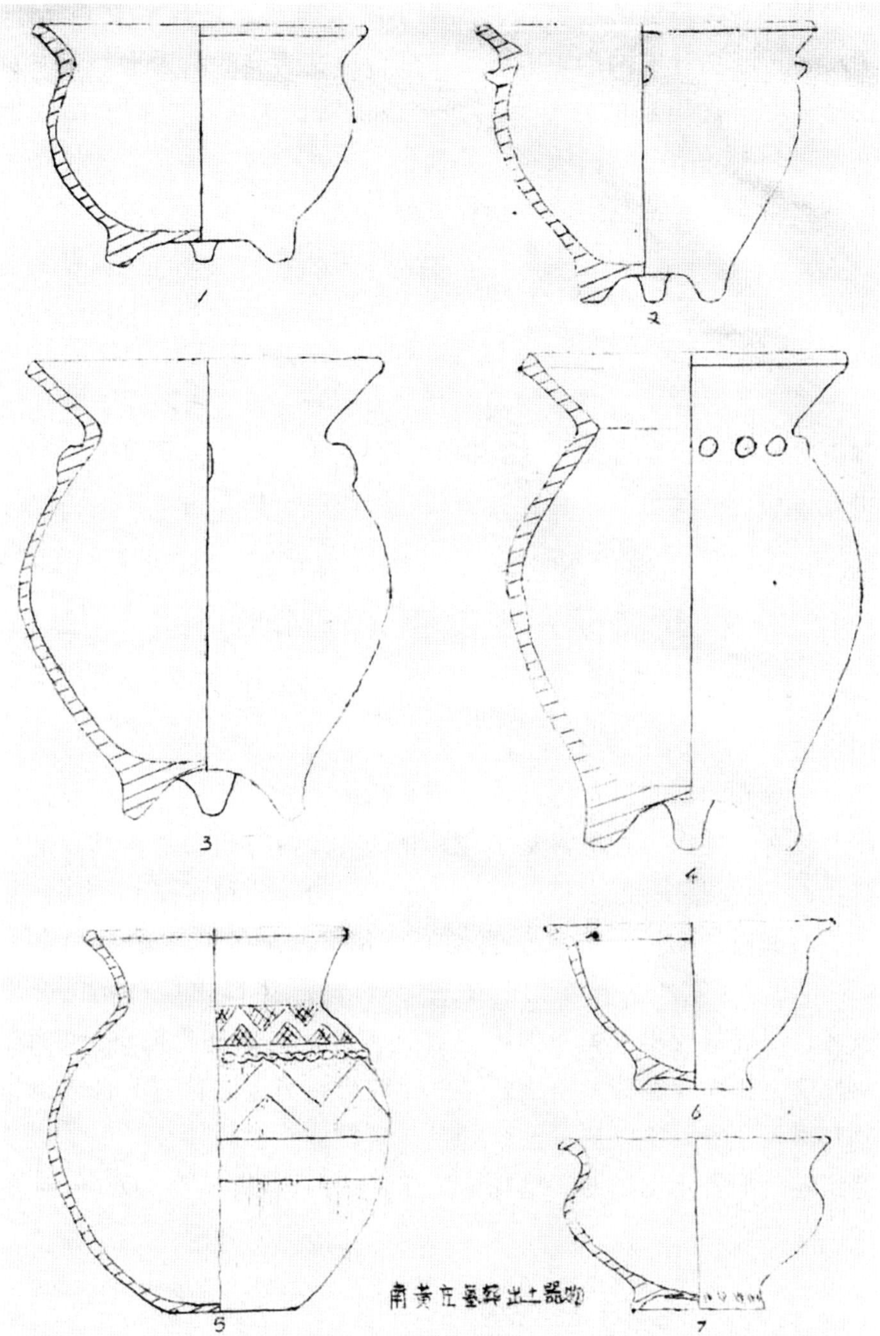

南黄庄墓葬出土器物

1.2鼎、3.4鬲、5罐、6.7段

参加这次发掘的人员有西北大学的王建新，北京大学的常青、田凯、王守功、宋国定、陈组军，烟台市文管会的王锡平，荣城县的华玉庭，乳山县的刘培兴、姜书宸等诸同志。在发掘、整理期间，得到了乳山县人民政府、县文化局、图书馆以及当地公社、大队的大力支持，使我们的工作得以顺利地进行，以示谢意。

北京大学考古系、烟台市文管会、乳山县图书馆考古工作队

一九八四年一月十日

抄送：国家文化部文物局、北京大学考古系、中国社会科学院考古研究所、山东省文化厅文物局、山东省文物考古研究所、烟台市文化局、烟台市文管会、乳山县人民政府、县文化局。

严文明—苏秉琦（1984.10）①

苏先生：

我离开北京时，正好您参加燕文化座谈会，我又急着快走，临行前没有去见您，心里很觉不安。我这次因为时间太紧，只好走马观花，先到益都，把去年发掘的郝家庄岳石文化材料摸了一下，安排了发掘报告的编写和吴玉喜的毕业论文。吴的论文题目初定为《照格庄和郝家庄岳石文化遗存的比较研究》。现知岳石文化遗址虽多，但资料较丰富集中的还只有这两处，又都是我们自己挖的。两处的文化面貌有较大差别，作一比较研究当能使对于岳石文化的研究深入一步，所以选了这个题目，请您最后斟酌是否可行。从益都到乳山把去年发掘的圈堐和南黄庄两处的资料摸了一下，同时安

① 原信不完整，缺署名、时间。从字体看，信为严文明先生所写。信中提到燕文化会议，据北京史研究会——苏秉琦（1984. 1. 20）信，该会 1984 年 10 月召开。严文明先生曾指出，“1984 年主要是发掘北庄遗址”（《胶东考古》序，文物出版社，2000），据此判断信当写于 1984 年 10 月。

排了报告的编写工作。圈堆有三种文化遗存：大汶口（相当于安邱景芝）龙山和岳石，有依次叠压的地层关系，惜遗址保存不好，我们只挖了几条探沟，材料嫌少一些。南黄庄是一石椁墓地，年代约当商末至西周，墓葬打破的地层和灰坑中有些相当于长岛珍珠门的东西。这样，胶东的青铜文化就可以岳石→珍珠门→南黄庄几个阶段联系起来。

从乳山经烟台到长岛，正赶上发掘的后期。北庄发掘又有新的收获，新发现新石器房屋基址将近30座，连同前几次的已有70多座，有些房址保存较好，有成组器物，有的埋人，每房一至六人不等，有些可能是房屋垮下时砸死在里面的，有些则可能是有意埋的。房屋的分布正如去年预计的是南北两群，北群去年只发现三四座，今年已达30多座了。由于打破关系复杂，各房之间的关系还难于确定。北庄出土器物仍然不够丰富，其特征多数像刘林，一部分是本地特征，少数与辽东半岛的相似。我想建立起标本架并开始初步整理时陪您来看看。这里同志们

（下缺）

苏秉琦—严文明（1991.4.28）①

《仰韶文化研究》是作者（严文明）依据他二十多年潜心研究成果做了整理加工集结而成的论著。

仰韶文化是中国新石器时代考古一个重点项目。它分布中心范围包括关中、豫西、晋南和冀南，恰和夏商周三代畿辅重合；跨越时间约当距今七至五千年的两千年间，可称中华五千年文明古国的前史阶段。

作者把70年来关于仰韶文化研究成果经过综合分析，得出它

① 据苏秉琦先生家藏稿录文。苏秉琦先生在信稿上写：“1991. 4. 28 发”。

的从发展到消亡的阶段性发展，这就犹如找到一把开启整个中国新石器时代考古研究的钥匙。具体讲，就是我国史前期从氏族制繁荣的最后阶段，向阶级国家过渡的最初阶段的辩证发展，从而为更深入一层，探索中国文化传统及中华民族形成的研究开辟道路，为重建中国远古时代史的伟大工程迈上一个新台阶，立了一功。

李伯谦

李伯谦（1937 年—　），工作于北京大学。

李伯谦—苏秉琦（1979.12.3）[①]

苏先生：您好！

许伟同志由北京回来说您最近身体欠佳，望安心休养，少考虑他事。

山西组的实习进展顺利，目前正绘制器物图，填写卡片，计划本月 10 日开始编写实习报告，月底完稿，明年元月 10 日前回校。同学们都较认真，特别是工地上邹衡同志要求严格，给他们留下了很深的印象，深深感到考古是十分严肃的科学，一点马虎不得。

本来计划许伟同志回来就开始着手搞正式报告初稿，因他爱人接到调往长春的调令，他又回去帮助搬家了。估计本月 20 日左右可回来。经吴振禄同志、许伟同志我们三人商定，报告初稿计划春节前脱手，吴振禄负责编写墓葬，我和许伟负责遗址。

关于明年的工作，吴振禄同志说张颔同志有个考虑，主要抓四

---

① 原信未署年。据信中内容并参考李伯谦—高明（1979.12.3）、李伯谦—邹衡（1979.12.3）信，信写于 1979 年。

项：1）上马墓葬；2）柳泉大墓；3）太原“叔虞”墓；4）天马遗址与墓葬。希望北大继续来，合作也行，自己搞也行。我根据苏先生对学生实习内容、地点等要求的指导性意见，结合明年77、78两班的教学计划，发表了个人想法，主要内容是：①根据学生实习的要求，地点需要相对稳定，工作应有一些基础，从这两点考虑，天马及其周围的遗址是比较好的；②北大搞发掘主要是培养学生和锻炼年青教师，从教学特点考虑又不能一年四季连续工作，因此学校不宜单独开摊，在省文管会主持下参加工作应是我们的原则；③根据天马遗址的规模、性质，希望省里有个长远规划；④如果省里主持天马遗址的工作，北大可以参加，明年争取来一个班；⑤此事需请示苏先生，需经教研室研究方可定下来。

吴振禄同志说张主任本月中旬和黄景略等同志一起来侯马讨论铸铜遗址稿子，到时将就明年工作问题和我商量。我想，这是一个好机会，苏先生是否也考虑一个与山西长期“合作”的设想，给张主任通通信。特别是明年的实习，我们能否较早定下来，这样对山西的工作也有好处。最近吴振禄同志等要到北京参观随县大墓，一定会去看您，到时候可同他谈谈您的意见。

通过初步整理，天马遗址主要是西周—东周遗存，可分四期：

第一期　西周晚期

第二期　春秋初或西、东周之际

第三期　春秋中期

第四期　春秋晚期—战国中期

其中以第一期分布最广，几乎在整个遗址中均有分布。西周—东周遗存之下，有的地方叠压着仰韶文化层（相当于西王村中层，庙底沟晚期）；有的地方叠压着庙底沟二期文化层（相当于西王村上层）；有的地方则分布有龙山文化层（有斝有灶无鬲，时代偏早）、二里头文化（东下冯类型）文化层。

发现墓葬10座，从西周早期到晚期均有，以早期为主。但西周早期遗址尚未发现。

过几天描一份典型器物图寄去。祝

身体好！

学生　李伯谦　上

12.3

李伯谦—邹衡（1979.12.3）[①]

邹先生：

您好！

您和许伟同志石楼之行以及回到学校之后的情况，许伟回来后已详细谈到。一路上没有犯病还算不错。目前正值上课紧张时节，望继续注意身体。

自您走后，我们于十月三十一日由天马返侯马，十一月二日正式开始整理陶片，约分两个阶段：第一阶段整理西周以前的，用了十七八天工夫，至十一月二十二日结束；第二阶段整理西周—东周的，用了一个礼拜时间，至十一月二十六日结束。通过粘对、统计陶片，同学们对各个时代陶器的特点有了进一步的认识，为了同周围地区及其他遗址进行比较，从十一月二十七日开始参观。陶寺一天，看了工地，请张岱海和高天林同志讲了一次，陶寺新近挖了几个较大的墓（长3.8、宽3.2m），出了一些陶器。通过参观，了解了早、晚龙山文化的特点。对分析北赵和南石调查试掘的龙山遗址颇有帮助；丁村一天，参观了陈列、明清民居，并调查了丁村的龙山文化遗址；解县一天半，看了东下冯的材料，同黄石林同志座谈半天，颇有收获；运城半天，看了县博物馆陈列。于十二月一日回到侯马，昨天开始画图，估计六日可以结束。然后计划用4天时间写提纲，十二月15日交初稿，经审阅后再经

① 原信未署年。据信中“预计80年元月四日离侯马”，信当写于1979年。

修改定稿，十二月底正式交稿，过八零年元旦后交接东西，预计80年元月四日离侯马，在太原停两三天，十日前到校。这是后一阶段的初定计划。

许伟同志是上月二十六日回来的，因吉大给他爱人来了调令，要他爱人务必于十二月一日—十日到长春报到，许伟只好改变原定计划去办理搬家事宜。我们商定，他十二月二十日左右由长春返回，然后集中力量搞报告初稿。我这一段时间天天督促同学，只能作些报告的准备工作，无法静下心来真正开始写作，只好等他回来后再说。许伟同志二十六日回来的当天晚上，和吴振禄同志我们三人开了一次会，商讨了报告编写问题，三人作了分工，我和许伟负责遗址（包括调查的），老吴负责西周墓葬，初步计划春节前完成初稿，然后交由您审阅修改定稿。为了完成初稿，我和许伟不准备和同学一起回校，可能要到二月初再回去。现在的困难是缺少画图的同志，吴振禄同志说准备和省里谈谈找个人来画，但不一定有把握。

关于报告的内容，根据您的想法，准备把1963年试掘的和出土的铜器也都写上，此事和吴已谈过，无有问题。

这些天老吴常谈到明年天马的工作，说张颔同志考虑明年有几个大项，一是上马墓葬，二是柳泉大墓，三是太原“叔虞”墓，四是天马的工作，希望我们还来。我表示了个人意见，明年下半年学生实习，至少可以来一个班，为了搞好下半年的发掘，希望省里有个长远打算。张颔同志十二月中旬将会同黄景略、叶学明、张万忠等同志来侯马修改铸铜遗址报告，到时候一定会谈到明年工作问题，我想在此之前最好北大有个意见。我准备给苏先生写封信建议把明年的实习定下来，来一班实习，以后年年不断，搞出点成绩。此事您肯定和苏先生谈过，不知苏先生有什么考虑没有？如果有时间可否找他一次，作为后段工作情况的汇报，也是为了研究一下今后的工作。总之，这个点北大不能放，一来是从北大培养学生、教师着想，同时对山西省也是有利的事，山西是欢迎的。

通过前一段整理陶片，最近又看了些参考书，我对这次发掘调查的东西有以下几点看法，请您指教。

1. 翟良富和阿不里木在曲村东发掘的两条探沟，均为仰韶文化灰坑。根据出土遗物比较，二者没有区别，均属同一时期，其年代与庙底沟晚期或泉护村晚期相当，但似乎早于半坡晚期。就山西来说，相当于西王村中层。

2. 北赵东、南三探沟发掘的下层文化时代相同，均与庙底沟二期相当。就山西来说，与西王村上层相当。我们是否也称其为庙底沟二期文化？在具体描述时，强调与仰韶文化接近，与龙山文化缺环较大。实际似属仰韶文化最晚期，或仰韶文化向龙山文化的过渡期，而不属龙山早期文化。

3. 北赵 D1 和南石调查的龙山文化，分属两个不同的类型。据陶寺地层，北赵的较早。从陶器上也与庙底沟二期有些关系，我们是否作为两类龙山文化来写。

4. 苇沟和南石的二里头文化，均属当地较早者，与东下冯早中期相当。而我们临离开曲村时在曲村西北断崖上清理的则属较晚的遗存，与东下冯晚期相同，而不属于二里岗下层。就是说，这次我们调查的均无二里岗期的东西，苇沟和威果的鬲足也是二里头文化的，不是二里岗期的。

5. 通过对天马 WT1 各层和灰坑的整理，大致可分以下几期。

a. 4A 层和灰沟（G1）属西周晚期，与其相同的有杨亚长清理的天马 WD1 等，典型器物是粗柄带箍豆。

b. 第③a 层属春秋早期或西、东周之际，典型器物是粗柄无箍豆，方实足鬲，折沿沿下斜鬲等。包括 H7、H11 均是。

c. H9 属春秋中期，典型器物有折沿沿下斜颇甚鬲，细柄豆，高颈壶等。

d. 打破 H9 的 H6 属春秋晚期—战国初期，典型器物有浅盘细柄豆和直口鬲等。

6. 曲村西周墓大致可分以下几期。

早期　第一段　以出有陶尊的 M16、M11 为代表，M1 也包括其中，约在成康之时。

　　　第二段　以 M12、M17、M13、M15 为代表，即出铜鼎的二墓等，约在康昭穆之时。

晚期　第三段　曲 EM1（即打破仰韶灰坑者）

　　　第四段　在曲村西北采集的鬲（半路上摔碎的那件，已修好）。

　　　第四段与遗址第一期相当。

对于报告的编写，基本依照您拟的提纲来搞，对天马—曲村遗址，是否全要集中写西周—东周遗存，其他时代的放在次要地位，放在后边来写。即写完西周—东周之后再写仰韶、龙山、二里头。这样的优点是突击该遗址的主要遗存，缺点是时代有点颠倒，不知如何处理好。

其他遗址除苇沟—凤架坡、南石之外，是否搞个统计表来交代，一个一个来写太零碎，又无多少东西，是否可以？

最近吴振禄同志等可能去北京参观曾侯墓，去北京的话一定去找您，对报告提纲可以同他面谈。

北京大学党委书记易人，有何新的精神，系里情况如何？有暇来信，望介绍一些。

祝

身体安好！教研室同志好！

伯谦　上

12. 3

器物上的文字照片过几天寄去。

李伯谦—高明（1979.12.9）[①]

高先生：您好！

参加广州古文字会回来了吧！

我从十月二十五日到侯马，已经一个多月了。经过一个多月的奋战，现在室内整理已基本结束，同学们正准备写实习报告，按照系里的要求，明年一月十日前同学准时返校。

由于山西省同志们的支持，工作进展是比较顺利的，他们满意，我们也满意。从总的情况，这次实习，时间虽短，收获不小，一共在侯马遗址挖了六条探沟，清理了几处断崖，并在翼城其他地方进行了调查。除天马遗址外，又发现了仰韶、龙山、二里头、西周、东周遗址多处。就天马遗址而言，继 1963 年您带白云哲等同志试掘之后，又有了新的认识。

初步查明，该遗址东西约 6 华里，南北约 3 华里多，包括天马、曲村、北赵和毛张四五个村子，主要堆积是西周晚期的。其下，有些地方如曲村东一带叠压有仰韶文化，北赵一带叠压有庙底沟二期文化。有些地方还有龙山文化和二里头文化（东下冯类型），西周遗存的上面，有较薄的且不连续的东周文化层，个别地方有唐宋时期的堆积。就西周遗存而言，遗址集中于东部。目前发现的全是晚期的，墓葬集中于西部，从西周早期至晚期均有。这说明，遗址也应该有西周早期堆积，只是尚未发现而已。就目前资料所知，像这样大规模的西周遗址，在山西尚属首次发现。

---

① 原信未署年。信中提到的广州古文字会为 1979 年 11 月 30 日至 12 月 6 日在广州举办的中国古文字学术研究会第二届年会，据此信写于 1979 年。原信无封，仅言“高先生”，据《北京大学考古系四十五年（1952—1997）》，1979 年 11 月高明先生参加广州举行的“中国古文字学术研究会第二届年会”，知信应是李伯谦先生写给高明先生的。

根据室内整理初步排比，天马遗址周代文化约可分为四期，即：西周晚期（大量）；东西周之际至春秋早期（次之）；春秋中期（少量）；春秋晚—战国早（最少）。

仰韶文化发掘不多，初步观察可分为两段，第一段早于山西芮城西王村仰韶晚期（《考古学报》1/73），和庙底沟晚期相当或略晚；二段与西王村晚期相当，但延续的略长，和西王村的龙山层（即庙底沟二期文化层）可以接起来。

属于庙底沟二期文化的，我们也挖了两条探沟，总的面貌和上述仰韶文化接近。因此如把它们也划入仰韶文化范畴，既可将仰韶文化分为三段两期，后者即属第二期。

龙山文化层在属于天马遗址的北赵村清理了一个断崖，从面貌看和在南石村调查发现的区别很大，二者应分属两个不同的类型。考古所在襄汾陶寺的发掘证明前者较早，后者较晚。我们还没有找到这样的地层叠压关系。

二里头文化在天马遗址西部墓区附近清理了一处断崖，属东下冯类型晚期，而在南石和韦沟两地清理的几处则属东下冯类型早期。

除天马西周遗址外，这些发现也为今后搞这几段的发掘提供了线索。

山西省文管会和侯马工作站对今年的工作都很满意，吴振禄同志转达张颔同志意见，希望明年北大继续来，合作搞可以，单独搞也可以。我个人意见，根据苏先生关于今后实习应相对稳定的意见，认为明年和今后一段时间可以连续做工作，这样有利于学生的实习，有利于年青教师的培养，也有利于搞清楚一些重要的学术问题。我们当然不能局限于天马遗址一个地方，也不能局限于西周一个时代，根据需要可以以此为基地向四周发展。

据我看，除天马遗址之外，南石的龙山文化遗址和二里头文化遗址，韦沟的二里头文化遗址和西周早期遗址均是比较理想的实习地点。不过有一条原则，我认为目前也应继续坚持，即应和山西省合作，不要单独搞另起炉灶，这样既是限于北大的人力物力财力，也是为了搞好和山西省的关系。关于山西省的意见和我的想法，已给苏先生信，希望他拿定主意，不知宿先生回来没有？此事也可和其他有关领导谈一下。

由于今年天马的工作省里没有干部参加，吴振禄同志只是中间去过两三次，又有原先订的协议，所以省里一定要我们把发掘报告写出来。根据协议和苏先生的指示，我们坚持要一起写。经多次商量，由我、许伟、吴振禄和邹衡四人参加，并拟了初纲，分了工。现在做准备工作，等同学们回校后，我们再正式开始，力争春节前拿出初稿，明年上半年修改完成。这样我就不能和同学们一起回校了，邹衡先生一月份也还得再来一趟。许伟同志因爱人调动工作，已赶回去搬家，估计二十日左右回来，他和我都得坚持到春节前夕。

听说学校来了新书记，有什么新精神，系里、教研室有什么指示，望来信告知。

最后需要和您商量的事，就是许伟同志的补助问题，来前严文明同志曾找过王学珍和夏自强希望按聘请教师给以补贴，但学校说这算借用，不能按请人讲课给以酬金，只能和本校教师同样待遇，即每天按出差补助。此事我和郝斌谈过，他也无别的主意。但我总觉不大妥当，我离京前，见到张忠培同志，和他谈过此事，他当然不太高兴。他说他们在张家口实习和河北省合作，对一起参加工作的河北省同志，还以兼职教师和辅导员的名义每月给三十元酬金。他虽然没有对许伟同志的待遇直接发表意见，但显然是不满意的。我看此事咱们再跑也是白费事，就算了。现在需要办的就是讲课费。许伟同志在实习期间，一共给这里的同志讲过六次，内容有调查、发掘和室内整理方法问题、夏家店下层文化研究等。中途又回北大给考古二、三年级同志讲过三次，主要是夏家店下层文化的研究，每次按三个钟点算，加起来有 27 个小时。是否找吴代封同志商量一下，按规定给他一定的讲课费。如学校能解决就请速寄山西侯马工作站并把金额告诉我。另外我们在解县、襄汾、太原参观，都请考古所和省文管会的同志讲过课，酬金怎么给？我都未敢开口，此事也请一并请示并转告我。如我们可从实习费中开支，有什么手续？亦请明示。

别的实习组情况如何？何时返校？途中是否还有参观？来信也请介绍一下。

问教研室诸同志好！

致

礼！

李伯谦

12.9

李伯谦—苏秉琦（1992.10）①

苏秉琦教授访谈录（录像）

一、采访提纲

李伯谦：苏先生，您好！今年是北京大学考古专业成立四十周年。为了纪念这个节日，考古系准备召开一次“迎接二十一世纪的中国考古学国际学术讨论会”，同时举行北京大学赛克勒考古与艺术博物馆开馆典礼。考古专业从成立到现在整整四十年了。头三十年苏先生一直主持考古教研室的工作。考古系成立后，虽因年事已高不再做主任了，但还照样惦记着考古系，为考古专业、考古系的建设与发展做出了突出贡献。在这个节日即将来临之际，我首先代表考古系全体师生向苏先生表示最真诚的感谢和最崇高的敬意。

---

① 据郭大顺先生录文整理。第一部分为李伯谦先生书写的采访提纲，苏先生在上面用铅笔简要题写了答复要点；第二部分，是苏先生另纸书写的对采访提纲的答复提要。

同时，也想借这个机会，就中国考古学的发展、考古人才的培养等问题向您请教，听听您的意见。我想苏先生一定会满足我们的要求的。

苏先生：承蒙盛情邀请，表示衷心感谢。谈些什么，请把问题提得具体些。

李伯谦：随着改革开放的进一步扩大，中外文化交流愈加频繁，外国考古学的新思潮、新理论、新方法也逐渐介绍到国内来，对中国考古学的理论和实践开始形成不大不小的冲击，尤其对青年学生影响很大。我认为，中国考古学的优良传统不能丢掉，外国考古学的新理论、新方法也不能一概排斥。“立足传统，勇于吸收，取长补短，不断前进①”才是正确的态度。不知苏先生对此有何看法？中国考古学的发展方向是什么？

苏先生：《诗经》：“周虽旧邦，其命维新。”60 年代美 L. R. 宾福德“新考古学”派“文化过程”“文化动力”求新求变，无可厚非。

李伯谦：中国考古学要发展，要赶上世界潮流，关键是人才的培养。

苏先生：国际交流、合作。参考石市致辞末段。

李伯谦：考古专业成立四十年来，为国家输送了 700 多名本科生、几十名硕士和博士生，几十名进修教师和几百名经过培训的在职干部，还有几十名外国留学生，成绩的确不小。但我也深感考古专业的现状还不能适应形势发展的需要（苏先生：有同感），您做了考古专业三十年的领导，对考古专业、考古系可以说了如指掌（苏先生：不尽然）。请问苏先生，您认为北大考古专业（系）的长处和不足是什么？北大考古系要想继续走在考古学科的前列，赶上世界考古学的步伐，应该从那些方面努力？

① 苏秉琦先生在“前进”下划线，并写“发展”。

苏先生：世界的中国，知己知彼。

李伯谦：北大考古系从 1989 年开始招收博物馆学专业本科生，1991 年开始招收二年制博物馆学大专生，由美国友好人士亚瑟姆·赛克勒博士出资援建的北京大学赛克勒考古与艺术博物馆即将开幕。请苏先生谈谈如何处理好考古专业和博物馆学专业两个专业的关系。如何办好考古博物馆？

苏先生：两专并行，大、专并行。国际合作办学办馆，理论与实践结合上区分。

李伯谦：二十一世纪是青年人的世纪①，二十一世纪中国考古学的重任将要落在考古系青年学生的肩上。苏先生是青年人的良师益友，现在还兼任学生社团北京大学文物爱好者协会名誉会长，对青年学生充满希望，现在就请您对他们说几句话。

苏先生：第二次给青年考古学家的话，1. 阶段性发展，2. 成果（台阶）。

李伯谦：第一个问题，请苏先生结合您自己的考古实践回顾一下近七十年来中国考古学的发展历程。您认为中国考古学的发展可以分为几个大的阶段，每个阶段都有些什么特点？近七十年来，中国考古学取得的最大成就是什么？

苏先生：一、起点高，打基础（中国考古学）。台阶（近 30 年），20 年代—新中国成立。二、49—65（15 年）从困惑到解悟，两步，实践与理论结合的突破。区系说，谱系、学科框架，国情。三、65—81，建国“经济……发展”又 15 年。区系学说含文化谱系，文明起源，金钥匙、国史框架。四、81—92（十年）新形势、新任务、新起点——世界中国，学科基础理论，“中国原生”（远古）“中国学派”。从区系观点说看中国（庖丁解牛）—三部曲—看世界（环渤海）。

---

① 苏秉琦先生在“是”下插入“今天”，改为“是今天青年”，在“青年人”中插入“学”，改为“青年学人”。

李伯谦：苏先生关于考古地层学与类型学的论述，苏先生提出的中国文明起源多元一统的论断，考古学文化区系类型的理论以及古文化—古城—古国探讨中国文明进程的步骤等论点，可谓高屋建瓴，具有重要指导意义。广大考古工作者遵循这些论断，在中国文化起源、中国文明起源、中国文化结构体系等方面的研究中获得了许多可喜的成果。

您认为在此基础上，中国考古学，特别是史前和原史时期考古领域还有哪些重要课题需要提出来加强研究？在进行这些课题的研究时，与马克思主义的基本原理是否仍然具有不可动摇的指导意义？

苏先生：肯定是的，日富山电视台采访谈世界中的中国。

李伯谦：在这难得的短短几十分钟时间内，苏先生从中国考古学的历史谈到中国考古学的现状，从中国考古学的现状又谈到中国考古学的未来，还谈到考古学与博物馆学的关系，为北京大学考古系的发展指出了明确的方向。这是老一辈考古学家对我们中青年考古工作者，对正在就读的考古系全体学生的殷切期望。让我再一次代表考古系全体同志向苏先生表示深切的感谢。我们决不辜负苏先生对我们的信任与重托，一定竭尽全力搞好教学、科研和考古系的全面工作，为中国考古学的发展，为在二十一世纪把中国考古学推向一个新阶段贡献全部力量。

苏先生：世界的中国有两大部分。现成的说法：1. 源远流长，博大精深，概括中国文化传统是正确的，但是还要深入研究的课题。要把它摆入世界史（人类）中去，首先要加以具体分解。我曾用四句话概括："超百万年的根系，上万年的文明起步，五千年的古国，两千年的中华一统实体"。前两句是"源远流长"的根据，后两句是"博大精深"的根据，加在一起，等于中国文化传统问题实质内容，这是需要今后大力开拓的课题——系统工程。

李伯谦：采访到此结束，再见！

二、采访答复提要

星期一，晚，约伯谦

世界的中国考古学

世界的中国考古学者

国际学术交流计划

长期、定向人才交流

具体专题国际学术会议

重建中国古史框架构思脉络已清楚——今天立足点——方向目标，方法道路——区系的中国——区系的世界——世界的中国——考古学——考古学者——学科建设——人才培养——国际交流——规划落实——条件初备。

20—21 世纪中约一二十年间“重建中国古史框架”脉络已清楚。

学科培养建设与人才培养

国际交流规划落实已条件初备

——40 年，认识了区系的中国、区系的中国考古学，犹如《庄子·养生篇》讲“庖丁解牛”的故事——经历了“皆牛也”—“无全牛”—“游刃有余”的三种境界。

——用区系的观点看世界（两半块，半球）——认识世界的中国—初步认识中国古往今来在世界的位置。这是中国考古学发展到今天的新境界。

——新形势、新任务、新课题

一、“重建中国古史的框架、构思”脉络已经清楚

1. 超百万年的中国古史、民族到国家（一万年到六千年）、国家形成与发展的三部曲——古文化古城古国（主要是六至四千年）——方国（主要是四—二千年间）——中华一统实体（二千年前以来）——世界心脏一方。

2. 中华民族多元一体格局形成与发展，是民族文化的连续不断的组合与重组全过程。万年以来有几大阶段、六大区各自古文化

有其渊源、特征、发展道路的大致平衡又不平衡的发展经历，与国家形成三部曲交叉重叠。

——古国阶段为民族多元一体格局形成奠基（龙山期的若干相似文化特征——石器陶器——及其各自面貌的互不相同、高低有加的若干“文明因素”的出现。

——“方国”阶段是夷夏关系的互为消长时期，而终于达到相对稳定的共处关系。

——“中华一统阶段”是最终在政治上巩固下来，并不断得到活化。

文化传统是另一大课题，归纳为如下三方面：思维方式和价值观念、手工技巧，追根溯源都要上推到万年以上的旧石器时代。

二、“区系的中国”是方法论，“世界的中国”同样是方法论。把区系的中国提高到世界的中国，要有一个思想上的转变。中国考古学要上升为世界的中国考古学。在人才培养方面，也要放眼世界，培养世界的中国考古学家。

为此，提出几个方面的任务：

第一，上下要理顺，旧石器时代考古、新石器时代考古不应各搞各的一套。

第二，内陆与边疆考古要均衡发展。

第三，中国考古学与外国考古学要并重。

第四，考古学方面的国际学术交流要当作系统工程来规划，现在条件初具。

真正的中国考古学的黄金时代——21 世纪已经在眼前。

附录一“石家庄环渤海考古国际学术讨论会”开幕式致辞

附录二《1991—1992 中国人物年鉴》原文。

[编者注一] 据苏秉琦先生答复提要中所示附录内容，将先生“石家庄环渤海考古国际学术讨论会”开幕式致辞附录如下：

在“第四次环渤海考古座谈会”上的讲话①
（提纲）

女士们、先生们、同志们：

请允许我在这里简要地介绍这个会的缘起和今后的设想。

“环渤海考古”议题是1986年在兰州召开的“大地湾专题座谈会”后，由一部分同志商定而提出的。

1981年我在《建国以来中国考古学的发展》一文中，正式提出中国考古学文化区系类型的学说。1982年在河北蔚县召开现场会，第一次依据这一学说，讨论了介于中原与北方两大考古学文化区系间的冀北、晋北地带古文化特点。此后又开过同类性质的会。1986年正式用“环渤海考古”的议题命名，至今，历将十年，会议十多次，讨论的议题主要是，应用考古学文化区系类型观点，着重探讨中国文明起源，在六大文化区系范围都可以涵盖为大致平衡又不平衡的一体格局，说明我们对中国文明起源的认识，已不再是简单的“五千年文明古国”，而是成体系的古史概念了，它标志着中国考古学向前发展了一大步。

现在客观形势有了大的变化。我们也应紧跟形势，思想上再来个大的转变，把区系观点扩大为“世界的”观点，从世界的角度，认识中国。提法不同，目标是一个，重建中国古史。区系观点是方法论。“世界的观点”也是方法论，思维方法要有个大的转变。譬如，中国传统史学有四裔和华夷之别。从新观点看，四裔正是我国和世界上的两大块，即旧大陆和环太平洋这两大块的衔接点。又譬如，常说的五千年古国，源远流长，博大精深，等等，这是正确的。但它没有把中国摆到世界中去，所以，现在我们提出“世界的中国”是及时的。

---

① 讲话载河北省文物研究所编《第四次环渤海考古座谈会论文集》，知识出版社，1999；后收入《华人·龙的传人·中国人——考古寻根记》，辽宁大学出版社，1994。据《苏秉琦文集》3，文物出版社，2009，第190—191页录文。

怎样才能摆进去呢？思维方式的转变是必要的前提。怎样转变呢？试举最近的例子。今年5月初我为纪念中国历史博物馆八十周年题词："超百万年的根系，上万年的文明起步，五千年的古国，两千年的中华一统实体，这是我国的基本国情。"字面上看，是对国史的概括，实质上是从宏观角度、世界的角度，从理论与实践结合上提出的新课题、新任务。借此机会，把它推荐给大家讨论，希望能得到多数人的理解。为什么在此时此地提出，而没有在其他场合提起过呢？条件不成熟，说也无益，难起共鸣。趁此次"国际学术讨论会"之际，在河北这块宝地，《禹贡》"九州"之首的冀州，最具典型意义的地方，提出这个倡议，我认为是再好不过的时机。

大力发展国际学术交流，是当前大势所趋。世界潮流是不可逆转的，是被历史多次证明了的真理。世界的未来属于自强不息的人民！对此，我深信不疑。

预祝会议成功！谢谢！

1992年8月22日于河北石家庄

［编者注二］苏秉琦先生对"世界的中国考古学"问题有专文阐释：

环渤海考古的新起点

——世界的中国考古学①

"环渤海考古"这一课题，是在考古学文化区系类型理论在实践中取得突破性进展、中国文明起源的讨论不断深入的基础上形成的，并于1986年正式提出。由于起点较高，工作进展很快。1987年在山东烟台、长岛，1990年在山东临淄就胶东考古、青州考古进行讨论，明确了胶东地区古文化：从七千年前到两三千年前这五千年上下，文化传统自身特点突出，且与辽东半岛关系密切。以东

① 载《考古学文化论集》（四），文物出版社，1997。据《苏秉琦文集》3，文物出版社，2009，第192—193页录文。

方大国齐和先齐为背景的青州地区古文化，既自成一系又同周围有多方面接触，其中齐燕文化及其前身之间的相互关系是环渤海考古的一个重要题目。山东的两次会都涉及环渤海北翼地区。两年后，先在辽宁大连（1990年），后在河北石家庄分别就辽东考古、冀州考古的讨论，明确了冀州作为九州之首，包括河北北部和辽宁西部，是环渤海考古的重心所在。辽东半岛作为前沿联系着朝鲜半岛和日本列岛。后两次会由于讨论范围扩大到东北亚地区，吸引了美、日、韩、俄等国学者参加。

与此同时，从90年代起，中国考古学正在经历从区系分析到社会分析、寻找考古与历史结合点的过程，“环渤海考古”在这一结合中有比较成熟的条件，所以提出了更高的目标和任务，那就是把区系观点扩大为“世界”的观点，从世界的角度认识中国。

从区系观点看世界，地球分为旧大陆和环太平洋两大块。反过来，从世界看中国，中国传统史学有四裔和华夷之别。四裔正是我国和世界上旧大陆与环太平洋这两大块的衔接点，所以地位更重要。渤海是中国海，环渤海地区大都属于四裔地区，它的一半以旧大陆与欧亚大陆连在一起，一半以海洋与环太平洋连在一起，在“世界的中国”中，位置更加突出。

我在今年5月初纪念中国历史博物馆八十周年题词中说，“超百万年的根系，上万年的文明起步，五千年的古国，两千年的中华一统实体”，是从与世界的比较中概括中国历史发展的特色的。环渤海地区，特别是河北与辽西在这方面更具典型性。

举例说，河北阳原东谷坨旧石器时代遗址在距今100万年的地层中，出土了近似于北京周口店遗址中层的小石器，显示了旧石器时代文化发展的不平衡性，而东谷坨遗址还有更老的地层；辽宁阜新查海遗址出土的玉器是社会分工导致社会分化的反映。认识玉器有个过程，而陶器的分工和分化更早，当在万年以前。从氏族到国家是有层次分阶段的，即从原始国家到城市园家、统一国家。距今5000年前后是古文化古城古国时期，辽西先走一步，经历了从红山文化坛庙冢、夏家店下层文化城堡群到燕国的“三级跳”，国家规模不断扩大。随着北方地区三大块（中原、山东和燕山南北）的进一步结合，为2000年前的中华大一统奠定了基础。

世界的中国考古学，也可以说是有世界影响的中国考古学，这是从宏观角度、从理论与实践的结合上提出的新课题、新任务，是中国考古学跨入新阶段的标志，希望就此与大家取得共识，为迎接21世纪考古学新纪元的到来而共同努力。

1992年8月

蔡 葵

蔡葵（1934— ），工作于西北大学、云南大学。

蔡葵—苏秉琦（1979.12.3）

苏先生：

您好。

十六年没有见面了，但我常想起先生给我们讲课，在洛阳与邯郸指导我们实习，临毕业时，指导我与杨式挺编写邯郸涧沟战国墓发掘报告的情况，我永远感谢先生给我们的考古知识和热心教导。

1958 年毕业后，我分配到了西北大学工作。那年年底，我在宝鸡北首岭又见到了先生，您鼓励我好好工作。1963 年我又在北大见到了先生。

这十六年，变化很大，偶尔遇到老同学等，我总是问起您的近况。六十年代后五年，您大约也受到一些折磨吧。现在，一切又正常了。您年龄这么大，还健在，还能为祖国的考古事业做出贡献，那是很好的，值得我们学习。祝贺您当选考古学会副理事长，您几十年从事考古工作，做出了这么多贡献，培养了这么多人才，应该担任这职务，发挥更大的作用。

七〇年我到云南大学工作，几年来一直从事中国古代史教学工作。不久，将在云大开“考古学通论”。我希望有机会仍能得到您的指导。

昆明四季“如”春，我们欢迎先生方便时来昆明。敬祝
身体健康

云南大学历史系
蔡葵（尔轨）
1979. 12. 3

欧潭生

欧潭生（1945—　），先后工作于河南信阳地区文物局、信阳地区文物管理委员会、福建博物院、福建省昙石山遗址博物馆。

欧潭生—苏秉琦（1979）[①]

苏先生：

您好！承蒙您的关照，我于一九七六年二月调到信阳地区文管会工作，并于今年九月被接纳为中国考古学会会员。现将我的工作情况汇报如下，恳请赐教。

几年来，我们普查了淮河故道近20处新石器时代遗址。最近，在豫东南淮滨县试掘了一处商代遗址，并在该遗址下发掘了一座典

① 原信缺页，无写信人及书信时间。信中提到1980年第1期《文物》刊发三篇写信人执笔的发掘报告，经查，《文物》1980年第1期的信阳地区3篇简报执笔人：《河南信阳发现两批春秋铜器》（欧潭生、邵金宝、刘开国）、《河南潢川县发现黄国和蔡国铜器》（欧潭生、杨履选、杨国善）、《河南罗山县发现春秋早期铜器》（欧潭生、朱跃和），结合笔迹并经欧潭生先生确认，信为欧潭生先生所写。信中提到的“去年我们和省博物馆联合发掘的固始侯古堆战国大墓”开始发掘于1978，信中提到“定于明年上半年发表”的《河南信阳市平桥西春秋早期樊君樊夫人合葬墓发掘简报》在《文物》1981年第1期以《河南信阳市平桥春秋墓发掘简报》发表，结合信中“明年五月才满三十五岁”的时间判断，信写于1979年。

型龙山文化的墓葬：一个老年女性的墓（2.7×1.5 米），陪葬 20 多件精美的黑陶器和五件玉饰、十块猪的下颌骨。陶器中有五处陶文。目前，我们正抓紧整理发掘简报，争取春节前送到北京，当面向先生请教并酬谢先生对我的栽培之恩。

与此同时，我们在罗山县还发掘了两批珍贵的铜器墓。一批是商代晚期中型墓 2 座，出土器物 100 多件。一批是战国墓铜器八件（100 多斤重）。也争取春节前把报告送到北京。

另外，已经有三篇我执笔的发掘报告将登在《文物》月刊八〇年第一期，也请先生阅后及时指正。这三篇的目录是：1.《河南信阳县发现两批春秋吕国铜器》；2.《河南罗山县发现春秋早期铜器》；3.《河南潢川县发现黄国和蔡国铜器》。

还有一篇定于明年上半年发表，题目是《河南信阳市平桥西春秋早期樊君樊夫人合葬墓发掘简报》。主编来函叫我赶拍一张彩色照片，供月刊制彩版。

去年我们和省博物馆联合发掘的固始侯古堆战国大墓，发掘报告即将定稿，准备出书。

综上所述，信阳地区是“考古处女地”，有许多工作可做。为此，去年我舍弃了考研究生的机会，郑州大学考古专业张文彬、李友谋邀我去郑大教书，我也谢绝了。

但是，今年社会科学院招考研究人员的消息使我动心了。许多同志劝我试一试，考古所洛阳工作站的赵芝荃同志也说，考古所缺人，很需要年青人。我明年五月才满三十五岁，能到考古所深造是我梦寐以求的事。我既舍不得信阳这块“考古处女地”，又向往继续深造的良机，举棋不定，特请先生定夺，替我做主，并请百忙中抽出余暇，赐教我：

1. 考古所准备招收多少研究人员？像我这样地区文管会的干部能不能报考？

2. 考试复习的范围和参考书是否有规定？应该怎样复习为好？

3. 外语考试是我的最大难关，我学的是俄语，选择俄语考试行不行？

4. 哪个专业缺人？我喜爱“商周考古”，是否有选择的余地？（下缺）

欧潭生—苏秉琦（1981.7.6）

苏先生：

恭祝夏安！

此次邹衡先生和李伯谦、杨群同志专程来信阳考察，并转达了您的意思。我们地、县委各级领导都表示热烈欢迎北大师生来信阳实习。望你们正式研究后，尽早通知我们。

近年来，我们在田野文物普查和配合工农业生产过程中，抢救清理和发掘了一批珍贵的文物，向国外发行的《中原文物》第四期已经决定出信阳地区文物专号。我从郑光等人处了解到您们在息县“五七干校”劳动时，“四人帮”不让您们搞考古，但强烈的事业心驱使您们饭后休息，仍然关心周围田野的古人类遗址，捡了几麻袋陶片。我想，能把这些宝贵的资料整理修改一下，登在《中原文物》第四期专号上，不仅是对我们信阳地区文物工作的支持，而且具有特别的纪念意义。

我于7月15日到郑州改稿，7月底交稿后才回信阳。因此，希望您的稿件能在这期间寄：河南郑州人民路11号省博物馆内《中原文物》编辑部转欧潭生收。因为第四期专号由我负责组稿。又因地方制版困难，第四期的稿件务必于7月底付印刷厂才来得及出版。因此，时间很紧迫，请您把1972年投给《考古》的有关这篇息县遗址调查报告略加修改后速寄给我，此乃学生之渴望，也是对《中原文物》的支持，不胜幸哉！

两次考古学会的盛况我已从学会通讯和论文集中得知，明年秋后将在浙江杭州举行的年会，不知我能为学会做哪些工作，是否可以把近年普查的几十处新石器遗址材料写成一篇《淮河中上游新石器文化初探》或其它，请来信指教。

谨颂

体安！

学生 欧潭生

81.7.6

欧潭生—苏秉琦（1989.2.2□）

苏先生：

呈上《闽台古代文化学术讨论会通知》和申请1991年中国考古学会年会在福州召开的材料各一份。宗旨是加强闽台考古和环太平洋考古研究。学生已正式调回福建省博物馆，文化厅厅长让我主抓闽台考古研究工作，因此，今年九月和1991年年会的筹备工作至关重要，切望先生垂青并在理事会上予以郑重研究。

祝先生

康健！

小学生

欧潭生

89.2.2□

崔　璿

崔璿（1936—1996），先后工作于中国科学院内蒙古分院、内蒙古社会科学院历史研究所。

崔璿—苏秉琦（1980.2.20）

秉琦师：节日安康！

今年三月下旬（大致定于25日），将在赤峰召开内蒙古文物工作会议，同时成立内蒙古考古学会。我们——您的学生们盼望您能应邀光临，聆听老师的教诲。李逸友、贾洲杰我们几个筹备会议的人，今天碰头时商定，要老贾与我向您报知此事，随后将发出请柬。李逸友同志并拟赴京面请。此外，内蒙古考古学会成立后，计划在您方便的时候（我们考虑在八九月份呼市最好的季节），请您来呼市讲学并指导工作。我们已向内蒙古哲学社会科学学会联合会提出此项计划并列入了财务预算。

对此两项邀请，恳请您能允诺。敬颂

康泰

学生　崔璿

1980. 2. 20

崔璿—苏秉琦（1981.3.18）

秉琦师：

您好！

对包头的工作，本想亲聆您指教，一直没有机会。去年同郭、田赴晋参观学习，分手时，请他们连同朱开沟情况顺便代为汇报，想您已有所了解。我们整理工作进行了一段。由于双方后勤方面的牵涉又停下来。现下因给内蒙师院历史系讲考古通论，也去不了包头，待四月中课程结束（耀圻同志接着讲）后，方能赴包。因此，只能将一些片段资料寄上，以求教正。

那份打印材料，系试掘结束后，向内蒙文化局和合作双方写的工作汇报，那时还没有进行整理，只是野外工作的认识。

碳 14 标本已送北大两份，动物骨骼（150 米^{2}就出土两大筐）本想送古脊椎动物与古人类研究所，但因经费问题，只好同内蒙农牧学院或内大联系，现下还不知能否解决。

关于一期文化，由于试掘区动土太少，所得陶片属海生不浪类型（其中一敞口钵，似圜底，疑半坡型），地表却有双唇小口瓶口部。而在另一台地，开 2×5 米^{2}探沟，只是单一文化层，所含陶片均属岔河口型。情况复杂，只因区别于二期文化，暂时称一期文化。

关于石砌围墙，显系防御工程，如当城堡看，那就很晚了（除夏家店下层文化有“石城子”以外，不知再早的遗址还有没有？请示教），现在只当作半坡类型外围壕沟那种性质看待，不知妥否？碳 14 数据出来后，可能有助于判断？

今年的工作，计划继续发掘阿善遗址，并拟对白泥窑子遗址做一个月试掘，为的是解决层位关系和对各自内涵的认识，计划已申报国家文物局。这样做是否贪多了些？总觉得应当争取时间多做些野外工作。前些年没有条件动土，是原因之一。同时对您74年同我等谈话中，提出搞清河套地区的文化序列，也理解不够。去年赤峰会议听了您的讲话和张忠培等师兄的学术报告，才又加深了理解。基于这样的鼓励，争取点经费，就该努力多做些。

现在学习邹先生《夏商周考古学论文集》，重点是对河北龙山文化、光社文化和先周文化的论述。寄上的线图等资料，如有机会也请邹先生看看，因描图费事就不另外描寄了。写了许多，误您时间，有何见教，请示知，再禀。敬请

康泰

学生　崔璿

1981. 3. 18

附:《包头阿善新石器时代遗址试掘简况》一份、硫酸纸线描图五张并附表。

包头阿善新石器时代遗址

试掘简况

1980年7—9月，包头市文物管理所与内蒙社会科学院蒙古史研究所共同组成试掘小组，对包头东郊阿善新石器时代遗址做了调查、试掘。试掘小组由七人组成，其中业务人员4名，行政管理、照相兼后勤事务、汽车司机各1名。用工人6名，两个月共用工225.5个。试掘面积150平方米。内蒙古文化局、内蒙古社会科学院、包头市和包头市文化局有关领导对此项工作给了很大关心与支持。工作中，包头市糖厂和遗址所在的古城湾公社有关生产队也给了大力支持和帮助。

一、遗址位置和环境

阿善遗址位于包头市东郊，磴口车站北，阿善沟门东，圪膝盖沟两旁的台地上。台地北依大青山，南临黄河（系黄河在包头距大青山最近的一段），高于现今河面约80米。圪膝盖沟泉流不绝，附近还有别的泉水。阿善，即蒙古语甘泉的意思。

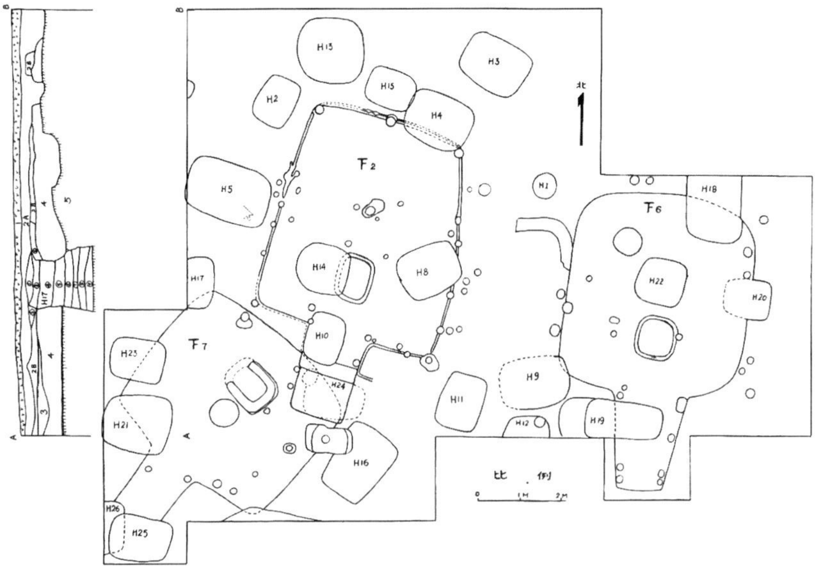

二、地表遗存

①围墙，遗址周围用石块筑有石墙，墙厚70，残高10—30厘米。石块的砌法皆平整面向外，不整齐的面向里。

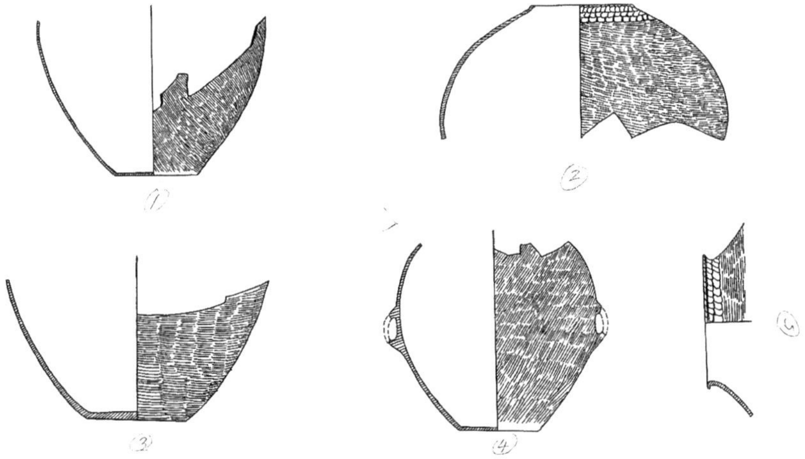

②房子，地面存留房基约30座，都在边缘地带（中心区的因早年耕地，已毁；仅在耕土层下残留有居住面），围墙内东南部，

一处不大的台地上，就南北排列着五座房子。清理其中一座（F1），平面方形园角，进深5，宽6米。墙厚35，残高10—30厘米。门向南，略偏西，门口用两排石块铺路。房内地面抹一层坚硬的带有砂灰的泥土，中央近门处，有一用石块围城的火塘，内出兰纹陶片。F1东附一小房，其墙基与F1及围墙墙基相连，内出兰纹泥质灰陶瓮、钵和磨光石铲。

三、地层堆积

第①层，耕土。第②A层，灰土。第②B层，黄土与二期后段房子（与F1同时）。第③层，灰土与二期前段房子（F2），第④层，黑灰土与一期房子（F7）。第⑤层，生土。地表到生土深近1米。我们将以上第②—④层分作两期，第④层为一期文化，第⑧层为二期文化前段，第二层为二期文化后段。

四、遗迹现象

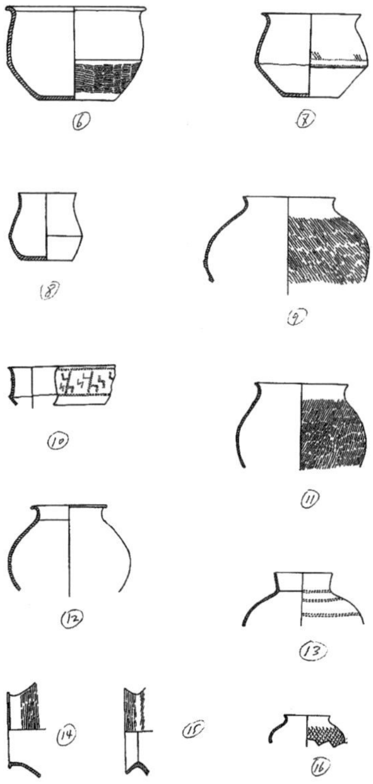

（1）房子。二期后段的房子（F1），已如前述。二期前段的房子（F2），半地穴式，面积 23 平方米，也是方形圆角，门向南偏西，中心与四角有直径约 20 厘米的柱洞，墙周有沟槽，房内中心柱以南近门处有一方形圆角火墙，门道两旁也有柱洞。一期的房子（F7）小些，面积约 18 平方米，也是方形圆角，四周及门道有柱洞，烧土居住面，中心南北设两火塘（一圆，一方形圆角），门向西南，被 F2 压着一角。

（2）窖穴。26 个，方形圆角，袋状。均属二期，尤多属二期后段。

（3）墓葬。1 座，位于 F2 东南，被 H11 打破。屈肢，约十多岁，头向西，头部随葬云母片饰物。

五、出土遗物

主要是二期的，因 150 平方米内，就保留三座房子，属于一期的地层动土很少，所出遗物自然不多。

（1）陶器

一期的陶器有夹砂红褐陶、泥质红陶（橙黄色）、泥质灰陶；纹饰有绳纹、彩陶、磨光、素面、兰纹；器形有钵罐类。此外，在地表还见到泥质红陶的双唇小口瓶与宽带纹黑彩圜底钵。

二期前段的陶系有泥质灰陶、泥质褐陶、夹砂灰陶、夹砂褐陶；纹饰有兰纹（横的或横斜的）、方格纹、连点纹、磨光、素面、附加堆纹、彩绘、鹰咀状钮；器形有罐、钵、碗、杯、豆、盘、尖底瓶等。

二期后段的比前段的有变化，但不大，特点是陶器壁厚，体大，口沿下饰以三条左右附加堆纹的瓮类甚多。

两期文化的陶器均无三足器，二期文化的前后两段均不见绳纹。

（2）石、骨、角、牙器

一期未见大型工具，只见细石器与磨盘。

二期石器磨光多，打制少；而细石器占相当比例。打制的有砍砸器、盘状器、斧、铲、刀（两侧缺口）。磨制的有：斧，式样甚

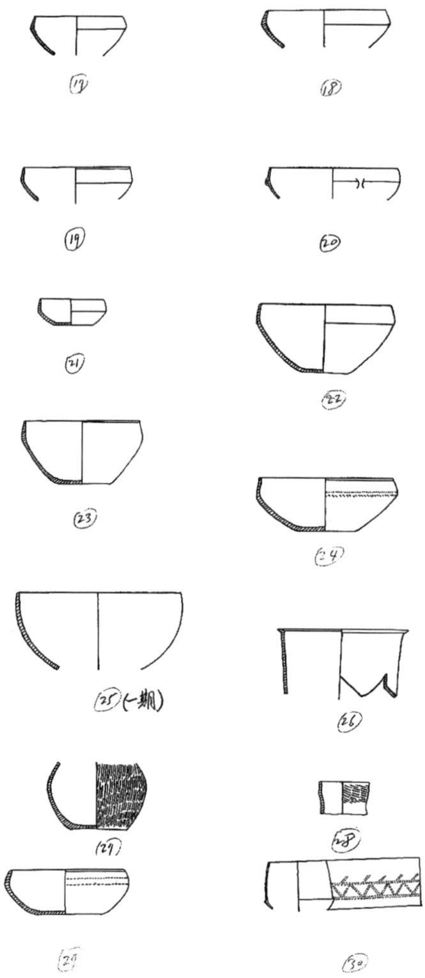

多，横断面呈圆角矩形；铲，有的穿孔，光亮似玉；刀，多穿单孔。也有横着磨一槽孔，或长方形，或背窄刃宽，或刃窄背宽。锛、凿、磨盘、磨棒、杵、球、环、纺轮均无甚特异。有一种半月形研磨器，出土甚多，在别处不见。细石器有镞（种类甚多）、尖刻器、刮削器、镶嵌于骨柄上的刀刃和石核（圆锥状）、石叶、石片等，有的质料晶亮透明。

二期骨器有铲、凿、锥、针、针筒（一筒装大小不同的针近10枚）。角器有鹿、狍角锥。牙器有凿。装饰品有用骨、牙、石料做成的项链。

二期房内与灰坑中还出有大量牛、羊、猪、犬、马、鸡（或鸟）、鱼、龟及其它兽类骨头。

六、主要收获

（1）阿善新石器时代遗址文化层不厚，但其包含物丰富，遗址保存较好，类似遗址如此者，尚不多见。

（2）地面围墙墙基和房子的发现和认定，无疑是自治区和国内新石器时代考古中的重要成果。

（3）阿善一、二期文化叠压关系的发现，对内蒙古河套地区以往发现的类似遗存，两者共存于一个遗址的现象，解决了层位关系。

（4）通过试掘，对阿善二期文化的内涵，有了进一步认识，比对以往类似遗存的地面调查和试掘（例如转龙藏）都前进了一步。

（5）对于阿善二期文化的前后两段，既将它定为一种文化，又将它分为两个衔接的发展阶段，也是此次试掘的主要收获之一。

七、今后意见

（1）在阿善遗址，阿善二期文化遗存比较丰富，但一期文化遗存发现甚少，今后应在该遗址注意一期文化遗存的发现。

（2）注意一二期文化的发展变化，探索两者之间的关系。

（3）注意寻找墓葬与窑址，搞清该遗址聚落部局。

（4）鉴于遗址位在包头近郊，地面围墙与房基保存较好，交通方便，风景壮丽，很有条件建立遗址博物馆，开设旅游点。为此，工作中，应按不同文化期和发展阶段，选择保留一部分房基等遗迹。

最后，建议对阿善遗址做正式发掘。理由是：（1）在学术上搞清该遗址聚落部局；进一步探索阿善一、二期文化内涵及其相互关系；进而探索河套地区同类型遗址文化面貌及其发展过程。（2）从保护意义上，为防止掩埋坟墓、开山取石、埋设高压电杆等顶施工

包头市文物管理所

编号	出土地点	陶质	纹饰
①	H3	泥灰	兰纹
②	H19	〃	〃
③	H19	〃	〃
④	H19	〃	〃
⑤	F1	〃	兰纹、附加堆
⑥	采集	〃	兰纹
⑦	H3	〃	磨光、连点
⑧	H3	〃	磨光
⑨	H10	砂质灰	兰纹
⑩	H10	泥黑	磨光、连点
⑪	T3B (2A)	沙质灰	兰纹
⑫	H19	泥灰	磨光
⑬	H4	〃	磨光、连点
⑭	H19(2)	夹砂灰	兰纹
⑮	H8	泥灰	〃
⑯	T5(3)	夹砂褐	方格纹
⑰	T5 (3)	泥黑	磨光
⑱	T5 (3)	〃	〃
⑲	T3 (2B)	泥灰	〃
⑳	M1	〃	腹部有一道凹弦纹

挖掘地层，搬动地表建筑遗迹的石块，以及沟水冲刷等自然破坏，也应进行抢救。

阿善遗址试掘小组

1980 年 12 月

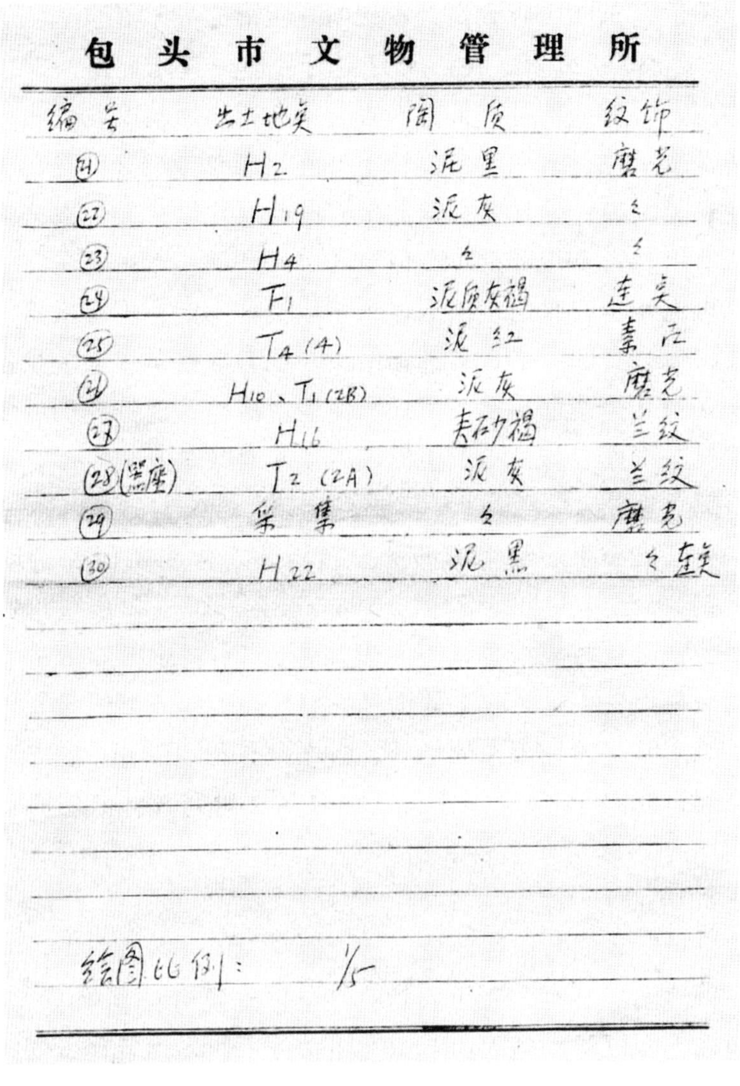

包头市文物管理所

编号	出土地点	陶质	纹饰
㉑	H2	泥黑	磨光
㉒	H19	泥灰	〃
㉓	H4	〃	〃
㉔	F1	泥质灰褐	连点
㉕	T4 (4)	泥红	素面
㉖	H10、T1 (2B)	泥灰	磨光
㉗	H16	夹砂褐	篮纹
㉘(器座)	T2 (2A)	泥灰	篮纹
㉙	采集	〃	磨光
㉚	H22	泥黑	〃连点

绘图比例：1/5

崔璿—苏秉琦（1990.6.11）

秉琦师：想您早已康复，学生恭请大安。

日前赴京，主要是查阅书刊，复印资料，向师长学友请教。先生感冒不适，未能聆听教诲，本想向先生面禀如下几点。

一、自86年以来，我们研究室的去向一直未能解决。我院领导依据廖井丹讲话精神，拟将考古交给文化厅所属文物考古所。并报宣传部批示执行，两个单位谈了一阵，没有合成，就挂起来。今年我院换了领导，领导又提起此事，并与文化厅接触，双方都表示要办成，以执行宣传部批示，但至今仍无进展。看来还是一时难以解决。再拖几年，我们就该退休了。但机构不定，没有经费，工作搞不成，连必要的图书资料都不给买。配合准格尔煤田的发掘，人家一个人看几个遗址，遥控指挥，给盟市去搞；而按我们的年龄和身体情况，本可参与搞一点，但因门户不对或是其他原因，提出的要求，无人理睬。

二、这次赴京还给编辑部送去《内蒙古包头市西园遗址1985年的发掘》。当年发掘255米^2，1986年春进行了初步整理。原与刘幻真约定尽快写成报告（不再发简报），不料中间有人插手：一是对我们封锁先生途经包头的消息，致使我们听不到先生在包头的讲话和对西园等遗址工作的指导，将先生与我们隔开；二是对我们已经整理过的1985年发掘资料，经过多次研究，并依据我们上报到文化厅的1985年坑位图和剖面图、文字资料，接着1985年的探方边于88年进行了大面积发掘。待《内蒙古日报》发表1988年的发掘消息后，我们才得知此情。这大概在中国考古学史上没有先例的。记得沈阳年会时，先生问道："在包头没有见到你？"当时学生之所以无言以对，是因为考虑到同学关系而未加解释，同时也不曾想到人家着意要从包头挤出我们。去年老虎山座谈会，请了各方面学者，本想能有机会一起交换意见，向师长们请教，但未能让上山。事后有人问起，还说"他们没有资格""上山得有发言权"。确也惭愧，搞了一生，连个发言权都没有了！

三、先生倡导之下，河套考古有所进展以来，每每受到鼓励。先生的每次讲话、谈话，都对学科建设有普遍指导意义，为在中国考古学史上忠实记载这些。在先生80大寿之前，即1987年学生曾根据当时笔记整理出先生的三篇讲话和谈话：

1.《内蒙古考古与内蒙古历史》（1963 年 11 月 29 日在内蒙古大学的学术报告）；

2.《考古、文物、博物馆的关系》（1963 年 11 月 30 日在内蒙古博物馆的讲话）；

3.《1973 年 4 月 5 日苏秉琦先生的一次学术谈话》（在中国科学院考古研究所对学生马耀圻、吉发习、崔璿及斯琴的谈话）。

这三篇交流整理和 1980 年发掘阿善遗址前先生的来信，都抄录给忠培学长，他当时说要出文集。此次在京时忠培学长问及是否留着底稿，我说底稿仍然留着，笔记本和信的原件也保存着。

四、目前编写白泥窑子考古报告，在京时也就这个问题征询了忠培、文明二位学长的意见，带去的一些线图卡片也曾请他们过目指教。朱延平同志也看了那些卡片。白泥窑子报告完成后再搞阿善报告，想在退休前完成手头的事，以了结欠账，尽到责任。毕业以来，风风雨雨，快退休了还有个工作去向问题。好在 1980 年代前后，争取做了点事，从年龄讲至少晚了十年，一生未敢懈怠，终究还是碌碌无为。占用先生宝贵时间，再禀，敬请
康泰。

明年八届年会在内蒙古拜见先生。

学生　崔璿

90. 6. 11

张朋川

张朋川（1942—　），先后工作于甘肃省博物馆、苏州大学。

苏秉琦—张朋川（1980.3.26）[①]

朋川同志：

三月十九日信悉，多谢！信未提及今年继续发掘，对上层有保存很好的房屋遗迹就要毁掉，感到可惜。现把我的意见谈谈，供你们参考。

据信中讲，房屋遗迹保存情况良好，这很难得可贵。对这种情况，首要问题是，挖掘时需要特别耐心，注意做、仔细观察每个细节，在此基础上做好文字、图、现象记录。总的目的要求是，能使别人可以据以进一步去研究、复原。这要求是高的，但又是必要的。其次，复原问题，因为这项工作自身也是科研，最好是在保留现场条件下就做。这样，可以弥补"记录"之不足。确实如你所说，如为了清下层而把上层保存很好房屋遗迹毁掉，要慎重。巴基斯坦的五千年前古城"莫亨达罗"的发掘报告是，凡上层有较好的建筑物遗存的地方就保留下来，不再往下挖，而在那些上面（层）没有重

① 据张朋川先生提供书信复印件录文。

要建筑物遗存的地方再往下挖。这样，并不怕对下层遗迹找不到同类的，同样可以看到每个时期的建筑物遗存。这值得参考。

再次，我想建议你馆领导同志可否约我所杨鸿勋同志去看下现场，同大家一起研究一下每个不同期的建筑物的复原可能性问题。再下一步，如认为某些建筑遗迹确是毁了可惜，宜于长久保存的，可先参照陕西周原宗庙遗址办法，用细沙铺盖，再加土埋起。这样也可保存若干年。地面上照样可以种庄稼（如本不是产量高的耕地，种草不种地更好些）。

总之：一、不宜轻率决定毁掉；二、宜趁现场揭露时立刻考虑研究复原问题；三、不宜匆促提出上面盖房子保存现场问题（如半坡那样），以采取上述临时措施为宜。

以上几点，供你参考。

我很想知道一些来信提到的第六期（石岭下类型）的房子，“在六、七米以上，山坡上有许多十至二十米的带套间的房子，还有一座长达十七米的大房子”，能否把草图见示？请酌办！专复

敬礼!

学正同志均此致意!

苏秉琦

1980. 3. 26

张朋川—苏秉琦（1980.4.24）[①]

苏先生：

因我馆开始评资工作，而发掘工作要推延，所以对今年的田野考古工作领导尚未研究，给您的回信也就延搁了。您信中指示的几点，

---

① 原信未署年。据《秦安大地湾》（文物出版社，2006）第5页介绍，F400发掘于1980年；第7页介绍1978—1980年发掘由张朋川先生主持，信当写于1980年。

我们极力去做，今年争取做得慢点、细点。搞好层位分析和资料工作。

山坡上发掘了一座 F400，为六期（石岭下类型）房子，简画草图如下：

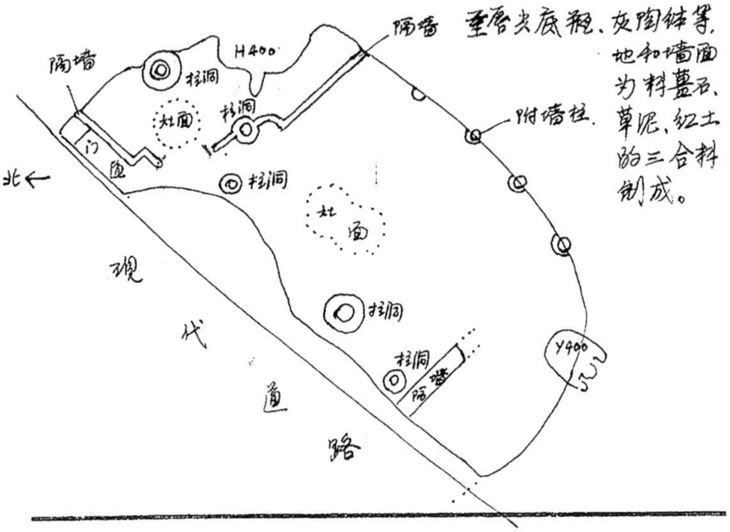

长为 17.4 米，柱洞均有柱础，房内出重唇尖底瓶、灰陶钵等，地和墙面为料壃石、草泥、红土的三合料制成。F400 炭素测定年代为距今 5100 年（未加树轮校正）。

最近秦安大地湾一期，碳素年代测定为距今 7355 年 ±90 年（为树轮校正数值），早于北首岭下层，而晚于磁山，与原先推测相同，专此奉告。目前我们正整理大地湾早期的发掘资料，拟整理出来以后，发一简报。

此致

敬礼！

张朋川

四月廿四日

张朋川—苏秉琦（1980.6.6）[1]

苏先生：

自京别后，在家中一直看护老母的病，已由神志昏迷，渐能有知觉，现瘫卧在床，故我今年不能长期地进行田野考古工作。

这次来京，能亲聆先生的教诲，亦是我迄今所受到的正规的考古教育，使我明确了一些方向性的问题，这对我今后从事的美术考古工作是有重要影响的，甚盼今后还能有机会来京得到先生的赐教。

返兰后，彩陶图谱的工作暂稍搁置，抽出时间审定了大地湾一期遗址的1980年发掘简报。1980年一期遗址发掘的主要收获有：1. 发掘了三座近似圆形的窝棚式房子；2. 又出土了一百五十余件陶器，根据器形排比，南北向的墓早，东西向的墓晚，虽然未全面整理，但一期陶器大致可分出早、中、晚。而晚一阶段的陶器则很接近北首岭下层陶器，如果深腹泥质红陶深腹圈足碗，如乳突状三足的口外撇的筒状罐（器形矮），这类器物则是1980年发掘中有少量的出土，表明大地湾一期遗址延续的时间较长；3. 出土了将近二十种（因1980年陶片未收入）器内彩绘的符号，如“十” 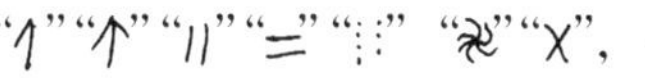，但看来也有一些是属于花纹的，因为不像上述符号是单独绘出的，而有一定的呼应、联系；4. 出土的一期的两种种子，经科研部门鉴定，一种是粟，一种是油菜籽。

我们亦顺便对大地湾二、三期的陶器选择了几组有地层关系的排比了一下，二、三期的分界不甚明显，看来二期的遗存较少，三期的遗存是大量的。兹附上一组墓葬的陶器，根据它们的地层关

---

① 原信未署年。据《秦安大地湾》（文物出版社，2006），1978—1980年大地湾发掘由张朋川先生主持，1981年后张朋川先生不再参加大地湾发掘，据此推断信写于1980年。

系，可看出陶器逐渐演变的一些情况。我们暂将 M222 归为二期，而其余三墓则归入三期。二期完整器物较少，大量要靠陶片解决。

最近我主要考虑在半山类型和马家窑类型之间应划分出一个新的类型，由于最近临夏州博物馆对康乐县边家林墓地进行了发掘，虽然只发掘了十余座墓葬，但出土了四十余件陶器，可以看出组合情况。根据陶器演变情况来看，边家林遗址可分早、中、晚三期（边家林墓地连收集在内共出土一百五十余件陶器）。康乐县张寨遗址出土四十余件陶器，相当于边家林一期。最近又在兰州市三营遗址出土了二十余件陶器，略晚于花寨子遗址陶器，属半山类型早期。这些都是新资料。我考虑边家林遗址延续时间较长，出土器物较多，又经过发掘，这类遗址可称作边家林类型。

早期遗址重要的有：康乐张寨、边家林一期、兰州小坪子、陇西吕家坪（墓葬），略晚一些的还有永靖金泉七十亩地和兰州曹家咀上层、西坡坬上层、柳沟大坪等遗址。

中期遗址：边家林二期、兰州花寨子下层、青海柳湾一期下层、兰州关庙坪、庄浪徐家碾。

晚期遗址：边家林三期、兰州花寨子上层、柳湾一期上层、景泰马胡地沟口、兰州牟家坪。

边家村遗址陶器器形以单耳罐、壶、瓶、喇叭口或叠唇口壶、矮足豆、厚缘钵、窄边盆、双小环形肩耳夹砂小罐为特点。彩陶大量运用阴纹手法，较粗糙，壶以竖带形网纹为主，单耳罐以形网纹为主，盆、钵外彩简单，甚至无，内多绘十字骨式或四圆连续旋纹。我认为边家林同类遗址陶器的自身特点鲜明，其葬式主要为二次葬，早期有少量仰身直肢（但柳湾一期亦为仰身直肢），晚期出现了侧身屈肢葬。因此和半山盛行侧身屈肢葬不同，简单地将这类遗址归为半山类型是不妥的。现在，边家林、张寨、三营这三处遗址的简报正在整理中，我想再附一篇文章，探讨这一问题，准备一起投稿发表。我的看法还很不成熟，我准备等母亲的病有人照料后，去临夏一次，再作推敲，亦盼苏先生对这一问题，给予指教。

目前馆内正评技术职称，下乡日期未定，估计在月底，今年大地湾计划再挖两千平方米。主要可充实石岭下这一阶段左右期间的资料。

啰啰唆唆写了一大堆，恐又占了您的时间。

致

礼！并问老殷好！

张朋川 草

六月六日

张朋川—苏秉琦（1982.2.8）[①]

苏先生：

听说您在杭州考古会议期间身体欠安，我们甚为关切，望您多保重身体，为中国考古事业做出更巨大的贡献。

去年冬天，我们大地湾发掘组去陕、豫、冀、晋四省参观学习，收获颇大。返兰后，继续进行《中国彩陶图谱》的修改工作，现已基本完成。共图一千六百八十幅（已将青海柳湾未发表的一百五十幅图删去）。研究文字部分乃大体根据您的区、系、类的划分来写的，但个别地方根据新材料，提出一些自己的看法。如根据河北去年发掘的正定南杨庄的后岗类型遗址的考古资料来看（南杨庄发掘面积四千多平方米），小口球腹壶和盂成发展系列，则与磁山文化相承，一期无彩陶，二期有彩陶，以红、黑编织纹为主，与庙底沟类型式彩陶共存，二期碳

① 原信未署年。信中提到的杭州考古会议召开于1981年12月8—13日，信当写于次年。书信原封不存，置于一中国社会科学院考古研究所大信封中，封面苏秉琦先生题“俞伟超、张朋川”。

14测定年代近六千年，一期当为六千多年。而正定南杨庄彩陶却和内蒙敖汉旗大南沟彩陶有共同处，它们之间可能有一定联系。后岗类型的分布中心可能在冀中，豫北则是边缘地区。大司空类型的分布中心在豫北，冀南则是边缘地区，大司空类型可能是秦王寨类型向黄河以北发展出的一支，而后具有自身的特点，因此就不难理解在洛阳王湾出有相当数量的大司空式的彩陶。

因此我在修改稿中认为，后岗类型与大司空村类型并不相承，而从地域和时代上讲都是一种交叉关系。在豫南长葛仰韶文化早期也没有彩陶。汉水中游的淅川下王岗一期遗址中彩陶是很罕见的。因此以目前的资料来看，渭河和泾河流域是我国彩陶最早产生的地区。

以上这些看法，我在修改稿中都写入了，另有一些想法如继马家窑类型之后，发展出边家林类型。边家林类型以后分作两支，一支在河、湟、洮流域发展为半山、马厂类型，一支向河西走廊发展，成为鸳鸯池类型。半山、马厂类型主要继承了边家林类型的花纹，鸳鸯池类型主要继承了边家林类型的器形和某些局部的花纹。大地湾七期在时间上相当于马家窑类型，虽有个别的马家窑类型的彩陶，但彩陶比例仅占百分之二，与马家窑类型彩陶比例占百分之三十至四十，相互之间悬殊很大，而大地湾七期中常见的盘等器形，在马家窑类型中罕见。大地湾七期的占有一定数量的兰纹，马家窑类型亦罕见。因此大地湾七期的发展去向可能是常山文化，却不是马家窑类型。上述看法，尚不成熟，故修改稿中未写入。这些看法可能考虑不周，盼能得到您的指点和教正。

如在不影响您的休息和日常工作的情况下，恳请能抽暇给《中国彩陶图谱》写一简短的前言，时间不很紧迫，也没有什么具体的要求，写的内容由您决定。您对中国彩陶的看法和研究意见，将会对后辈起非常宝贵的作用。

若有可能，我争取在春、夏之际来京，送呈稿子请您审阅。

祝

健安！

张朋川

二月八日兰州

张朋川—苏秉琦（1984.12.6）[①]

苏先生：您好！

在编绘《彩陶图谱》过程中，有幸得到您的教诲和指导，又蒙您亲为指点，帮我编排图谱，使图谱有较强的科学性，我也由此学习了考古学的方法，使我认识到文物研究工作须持严肃而科学的态度。

通过数年的努力，和文物出版社的支持，图谱的审校、装帧工作都已完成。

我们深知先生的工作极忙，但又亟盼先生能在百忙之中抽出时间写出图谱前言，这篇前言将对今后的彩陶研究提出指导性的意见，作为我们努力的方向。

最近将召开甘肃省文物工作会议，为配合此会，我馆历史部举办“省文物精华展览”和“打击文物走私活动走私非法活动展览”，我省文物走私已达建国以来最猖獗的时期，现已破获文物走私案十七起，其中有一批珍贵的西周早期的青铜器，有三件俱有铭文，可达一级品标准。查获彩陶六百余件，大部分是精品，此外还有象牙雕的乾隆皇帝和皇后的立像和坐像各一对，还有战国、汉代

① 原信未署年。信中提到的《彩陶图谱》序，苏秉琦《中国彩陶图谱》序写于1985年11月（《苏秉琦文集》2，文物出版社，2009，第365页），信当写于此前的1984年。

的青铜器、宋瓷等。我省的文物走私贩子很多，且结成集团，挨乡串村收购文物，我们对于这种现象，竭力呼吁社会上的重视。这次举办打击文物走私展览的用意，也是以期能引起省上领导重视。若让文物走私活动继续蔓延，将是我省文物的一次大浩劫。现已知有几批彩陶已流至国外，仅卖彩陶廿余件，文物走私贩即获利万元以上。这次西周铜器走私案，即在与港商联系进行的。希望苏先生能吁请报界广为宣传，使群众也能知道文物走私是非法活动。当然，这主要是我们要加强工作，但希望能通过苏先生，使上级领导对打击文物走私活动给予助力。

我们这些得到您教益的广大学生，望您保重身体，对给予宝贵的指导。

祝

康吉！

张朋川

十二月六日

苏秉琦—张朋川（1985.11）[①]

《中国彩陶图谱》序

中国彩陶成为学者研究专题差不多同近代中国考古发展史一样长，这说明它的重要性早就被人们认识到了。

这种材料累积的速度是惊人的，而专门从事田野考古或专门从事美术或工艺美术的学者各有自己的专业兴趣，也各有自己的局限性。这就产生了困难，收集资料难，分析认识资料难，认真地研究就更难了。

---

① 序见张朋川《中国彩陶图谱》（文物出版社，1990），后收入《华人·龙的传人·中国人——考古寻根记》，辽宁大学出版社，1994。据《苏秉琦文集》2（文物出版社，2009）第364—365页录文。

张朋川同志是专攻工艺美术的，又有多年参加田野考古工作的经历。他所在单位又是收藏彩陶特别丰富的甘肃省博物馆。他对彩陶研究特别感兴趣并能取得出色成绩，是与他具有这些最为难得的优越条件分不开的。

在他从事田野考古工作多年，取得重大收获与丰富经验的同时，又在全国范围内亲自尽可能全面地收集资料，进行考古学和工艺美术方面的研究，并初步形成自己的学术体系。为了使他的这一学术体系更加成熟，他带着全部资料来北京，同他的师友进行交流讨论。我也有幸看到他的全部原始资料，并听他介绍了他的全部构思和设想，对我很有启发。这就是他现在完成的这部包括研究篇、图谱篇、解说篇等四个部分的巨著的基础。

我没有浏览过全书的完稿，现在我仅仅是凭我的一些模糊印象和他现在写的内容提要，谈谈我的粗浅看法。

第一，这部书的整体构思和设计。

我认为他这部书从出发点到落脚点的辩证统一是值得称许的。

他从广泛收集资料、精选标本，经过亲眼观察分析每件实物、每项具体考古遗存，到深入探讨考古学文化区系，以及它们的相互关系，提出自己的论点。虽专重彩陶，但始终没有离开田野考古方法论。这就使他这部书中的全部资料具有他自己的特色和重要参考价值。他的主要论点，对考古学文化区系提出的看法，能成一家之言，将会受到学术界的重视。

第二，这部书为彩陶艺术的研究开拓了新路。

试举几例。

本书作者认为，“从出现彩陶起就运用了轮制和轮绘技术”，论点是新颖的，它应受到我们从事田野考古工作者的重视和赞赏。我认为，这是个复杂课题，是个实验考古课题，不是一下就一劳永逸地解决得了的。我想，本书作者即便是从工艺美术技能角度进行过严肃认真的观察和研究，认为是有如此规整的圆形器体（或其局部）与图案的彩陶的成型与绘制，不能没有“转体”与“转轴”

的辅助，两者的结合运用不就是“轮制和轮绘”吗？生活在当代社会条件下的人会得出上述的结论，可能是合乎逻辑的。制作和使用这些彩陶的人们却是生活在和我们根本不同的社会环境下，这就是我们所面对课题的复杂性。所以，这课题我们还不能从实验考古课题表中取消，也还不能从田野考古课题表中取消。但是，我们必须承认本书作者的论点对于这个课题的解决作出了重要贡献。至于作者笼统地把“彩陶的产生即意味着专业手工业者的出现”的论点，就未必妥当了。

作者对一些同一类型彩陶图案的序列研究中，不仅识别出一些从具体到抽象有说服力的解释，更深入一层，说明彩陶图案中各种形式法则的运用，中国彩陶艺术的特点与风格等，同世界各地同时期彩陶相比较，是自成一系的。这无疑应归于他的工艺美术理论根底的深厚。

第三，一部资料性价值很高的专题论著。

这部书直接取材于田野考古大量原始资料（一大部分是据实物标本重绘的），但同考古报告发表的原型有很大不同，原报告插图、说明，编著者虽大都尽力要求接近实物，实际上多难于超出对其特征的简单描述，本书作者则是把它们作为当时的工艺美术品进行专业性的观察分析后，按照自己的认识、理解而重绘的，可能比原报告插图更接近真实——艺术的真实。如果我们能参考本书图版同原报告，甚至实物标本对照来看，可能使我们对它们的再认识是有帮助的。

彩陶资料还在加速度地增加中。我们希望作者继续努力，在不太远的将来能看到它的续编。

1985 年 11 月于北京

张朋川—苏秉琦（1986.2.12）[①]

苏先生：

在春节期间，接到您的《图谱》序言的复印件，心中十分高兴，十分感激，十分惶愧。由于您对《图谱》的高度评价，使我更明确了这件工作的意义，使我不敢稍怠，除去继续进行搜集彩陶的资料外，需弥补自己理论学习的不足，提高分析和研究的水平。在编《图谱》过程中，幸能得到您的教诲和指导，对我来说是非常幸运的事。但我接触考古的时间短，您的许多指导意见，不是一下理解的，但亲自听您讲授考古学方法，则使我终身在学业上受益。我想我如果能在美术考古方面扎扎实实地做些工作，而不是停滞不前，这样才不至于辜负您的期望。

近日得我学生小邱来信，他前些日子去文物出版社见到《图谱》的编辑黄逖同志，他说图谱全部彩印的价格很昂贵，需印费三十万元，若印一千本，每本定价达四百元，因此文物出版社与外地的如港、日等出版社联系，以期能合资出版，看来得拖延许多时日了。

“内容提要”的英文翻译，我馆的一位同志能担当此工作。不日，我的学生小邱将来您处，请您将图谱的内容提要交给他，由他给我带回。

开春后，我将和岳邦湖队长继续进行甘肃岩画的考察工作，基本上是对前年工作的充实和补充。

对于走私文物事，我省领导很重视，我们办的“打击文物走私展览”，庄敏局长和我省领导都看了，对我们的工作给予了不少支持。

祝

康寿！

---

① 原信未署年。信中所提《中国彩陶图谱》序写于1985年11月（《苏秉琦文集》2，文物出版社，2009，第365页），信或写于次年，即1986年。

张朋川

二号十二号

张朋川—苏秉琦（1986.2.20）[①]

苏先生：

今有我的学生邱耿钰前来拜访，他现于中央工艺美术学院学习，在陶瓷系已学习了三年，去年搞了一些创新性的彩陶，有一定的收获。

我想由小邱带回《图谱》的内容提要，有什么事，您也可由他转告我。

祝

康寿

张朋川

二月二十日于兰州

① 原信未署年。信中提到的《中国彩陶图谱》序写于1985年11月（《苏秉琦文集》2，文物出版社，2009，第365页），信或写于次年，即1986年。苏秉琦先生在序中指出，“现在我仅仅是凭我的一些模糊印象和他现在写的内容提要，谈谈我的粗浅看法”，信中提到的安排邱耿钰去取内容提要应在写好序言之后。在张朋川—苏秉琦（1986.2.12）信中，提到“我的学生小邱将来您处，请您将图谱的内容提要交给他，由他给我带回”，此信当晚于此。

王　劲

王劲（1926—2020），先后工作于湖北省文物管理委员会、湖北省文物考古队、湖北省博物馆。

王劲—苏秉琦（1980.5.9）

苏先生：

收到您的信我高兴极了，信中给予的指导正是雪里送炭，待仔细咀嚼后再向您谈我的体会和理解。现寄上《江汉考古》一本，上面有我学写的一篇《江汉地区新石器文化综述》，由于自己的水平较低，加之又缺认真去做这项工作的条件，工作不深入，资料掌握欠全面且具有错误的地方，所以问题也谈得不全面，有些地方甚至有错。送上一本，请您给我具体辅导和指教，以便得到逐步提高分析研究问题的水平（上面还有俞伟超等老师的文章）。

出差回京，尊体无恙否，愿您和师母

康安

生　王劲

80.5.9

苏秉琦—王劲（1987.10.23）①

王劲同志：

你好。你9月6日信及附件均及时收到。我9月11日去辽宁，10月11日回京。回京后得知你馆派人来京联系。承黄展岳先生见告，来人要找我，临时因故没得见到。几日来我正在纳闷，准备写信询问究竟。刚才展岳同志来看我，说来人另找宿白先生写了材料，特来告我不必再写了。但我还有些不放心，特再写信给你，核实情况。果真这样，不写罢了。万一不是这样，请你立即回信给我，再补写也可。

没别事。专此，候

近安

苏秉琦

1987.10.23

苏秉琦—王劲（1987.11.26）②

王劲同志：

你好。本月1日你的长信我展读再三，深受教益。为评职称写的推荐信，今已写好，挂号寄交省博人事科。信中有这样两句话：

——“江汉地区屈家岭文化诸遗存中可能同该地区青铜文化连接的主根系之一的天门石家河遗址群的长期开发工作又已经组织起来。”

——“王劲同志是这个工程的设计、建设者之一；现在还精力充沛地沿着这条道路不懈地前进，潜力大，而且是至关重要的一员。”

---

① 据王劲先生提供信影录文。

② 据王劲先生提供信影录文。

我的意思是：评定职称是大事，就个人态度而言，只能是在“有意无意之间”，心境还要放宽。我前边那两段话，不仅就职称评定而言，还着意使领导知道你除有大量“旧绩”（指积存资料清理而言）要清理，眼前形势、任务也有必须参与的一部分责任、义务，这里，石家河的工作就是兼而有之的一项。

在你清理当年由张云鹏经手的那部分初稿，还有没来得及写出初稿的一手原始资料，我想请你注意观察分析一下：石家河文化层中的鼎式鬲类器（特别是那些陶片）的特征变化。根据层位、器形仔细分析，找出些规律性的东西，如有所得希望尽快告诉我。因为 80 年我们在考古学年会期间曾提过盘龙城的两类陶鬲变化序列，当时因为时间紧，我没有留底，具体情况也就淡忘了。现在我很想把两者（盘龙城的“楚式鬲”和石家河文化的“鬲式鼎”的变化间能否连接起来）对比一下。我们可以一起研究，如何？

久未得晤面，诸都珍重！问
好！

苏秉琦

1987. 11. 26

苏秉琦—王劲（1988.1.20）[①]

王劲同志：

你好。新年前夕收到你的短柬，非常感谢，你不忘故人之情。

上海《文汇报》（13/1/88）发表了“石河遗址考古”消息，我又重翻阅你 11 月间来信，还有你为评职称写的材料，使我思想又飞向华中大地，那块荆楚古文化中心。我不能不再次向您提出小小的要求，请你就过去掌握的石家河文化知识，结合今天发现新情

① 据王劲先生提供信影录文。

况，回答（简明扼要的）我一个问题，“屈家岭—石家河文化”是否有可能犹如“大汶口—龙山文化”情况？意思是说，二者实质上应属前后相继，两个发展阶段而已。不管你同意与否，我是想听听你怎样看法。

专此，顺祝

诸事如意！

苏秉琦

1988.1.20

苏秉琦—王劲（1988.3.15）①

王劲同志：

你好。2月11日信早收到。衷心感谢你的详细分析，独到的见解，给我的启示！我为我们的中年一代朋友们已达到的成熟境界而感到高兴！

对石河“鼎”的认识问题，我希望你能尽可能多地收集些“鼎”足腹衔接处的标本，注意！它们跨越的时间要越长越好，这样，能从纵向的运动中看出些道理。盼能及时告我一些消息。

《人民中国》2期送上一册，留作纪念。

祝

取得更多的收获！

全家好！

苏秉琦

1988.3.15

附《人民中国》书一本

---

① 据王劲先生提供信影录文。苏秉琦先生书信署3月15日，信后吴汝祚先生补记内容署3月27日。

［编者注］在本信下半部分的空白处，有吴汝祚先生题写的内容。

王劲同志：苏先生寄给你的《人民中国》嘱我代寄时，正是我们要准备到宜昌之时。王军同志告我，由北京到宜昌的飞机已取消，打算从武汉再转到宜昌，后来又改变为由北京直接乘火车到宜昌，这一周折，耽误了，请鉴谅。

沈强华同志要我向你询问一下，1 月 30 日寄给你的信和稿收到否？他准备写的江汉地区史前文化的文章，写就后即刻寄给你，请指正。沈强华同志现在还在所里，不会出去。我大概到五月初回京。黄景略和王军准备本月 31 号回京。

吴汝祚

3. 27

苏秉琦—王劲（1988.4.27）[①]

王劲老友：

3 月 16 日回过你一封信，遂后收到张绪球寄来石河工作汇报（给文物局的副本）附有陶器分期图表。再来和你 2 月 11 日信对照看，使我对石河遗址真面貌，以及你对湖北整体，特别是“屈家—石河文化”概念有了进一步的理解。我完全同意你对屈家文化来龙去脉，以及环绕它四周关系的基本分析。这是几十年湖北考古的重大突破，可喜可贺！

80 年我们去湖北参加学会期间，曾去鄂城，顺便在鄂城附近采些陶片带回，对鼎类器足做过一些观摩分析，就是我对“楚式鬲”最初提出认识的依据之一。盘龙城标本，以及沮漳河一带标本都提供了有力论据。遗憾的是，我们在鄂城采的标本，虽能够仔细观察、解剖，但没有地层证据。现在天门石河发掘既已看清楚前屈家

① 据王劲先生提供信影录文。

岭—屈家岭—石家三叠层。那么，如果我们能就现在你业已掌握的这三大期各阶段的“罐类柱足鼎类”器的足部，按照相对顺序，选些典型标本（足跟上部与腹部的衔接处特征能从里外，甚至剖面进行观察的最好），找出典型序列（依据石河最近发掘资料）绘个草图给我，也许我们能从中得到进一步的启示。

当然，如有可能，你亲自拿来一套标本（其实也不过像一盒糕点大小）我们一道观察那就再好没有了。江凯他们虽亲手工作，对此感性认识还不多。所以，我认为还是我们一道观察研究更好。至于标本，我从你来信看，恐怕不一定需要新材料。你们原来掌握的材料，顶多再参考现在挖的层位关系核实一下的标本也够了。不需要其他，只要“鼎类”残足片，唯一需要费些时间的是精选样品。到时如有必要，再拿几个切开，观察剖面。一般情况，从表面也能大致看得出来其内部结构。

现在旅行相当麻烦，为慎重，上述意见，可分两步：第一步是拿草图及标本烦人带来，等我看过后再和你联系下一步。如果问题不特别复杂，我可把我看法，写信详细告你，共同商讨也无不可。我现在并非不能行动，但受一定限制，不敢大意而已。专此，祝

诸事如意！

附寄一份《瞭望》、一份《中国文物报》复印件，供参考。

苏秉琦

1988.4.27

王劲—苏秉琦（1989.4.25）①

苏先生：

您好！好久没有向您问安了，近来尊体安康否？念念！

---

① 家藏书信与附图分置，附图等置于邮戳为1989.4.28的信封之内，整理中合并。

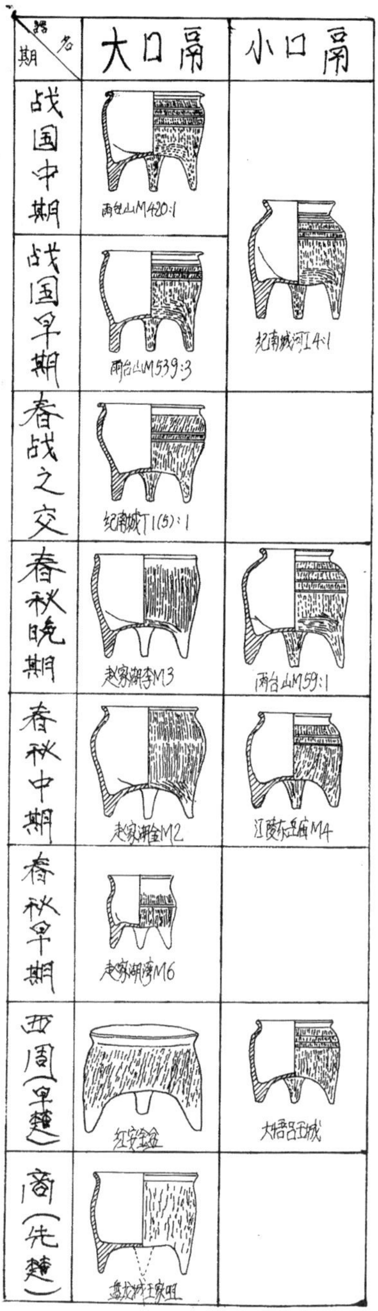

欠您一笔账，心里老不安。去年曾接您的来信向我了解“楚式鬲”发展前身的有关资料，对此问题，我一直拿不出具体看法，且因琐事缠身（去年由我负责筹办了两次学会“四省楚文化研究会”、“湖北省考古学会七次年会”，参加了武汉、西安的两个学术讨论会），未能抽出时间来核对资料，仅脑子里的印象不能作为依据，加之对有些问题亦未求得合乎客观的答案，故对老师所提问题未敢作答，也可以说您提出的问题把我考住了。

“楚式鬲”中的大口鬲和小口鬲的形态，看来应是江汉地区先楚时期文化和先楚前期土著文化中的罐形、釜形、盆形鼎，与中原南下的同期鬲文化的结合或融合的产物。在其制作特色上，也应与继承了同期的土著文化特色有关。按照您的指点，我曾对楚鬲前身的一些鼎的腹底与足的结合处注意观察，发现鄂东一片，这一时期的一类鼎与腹底结合处的鼎足顶面上有榫头，即是用榫头与腹底卯合。榫头呈园卯钉形，是在鼎足做成时的顶面上，凿出榫窝再插入榫头，故少数榫头脱落后，在鼎足顶面留下了凹形的榫窝。

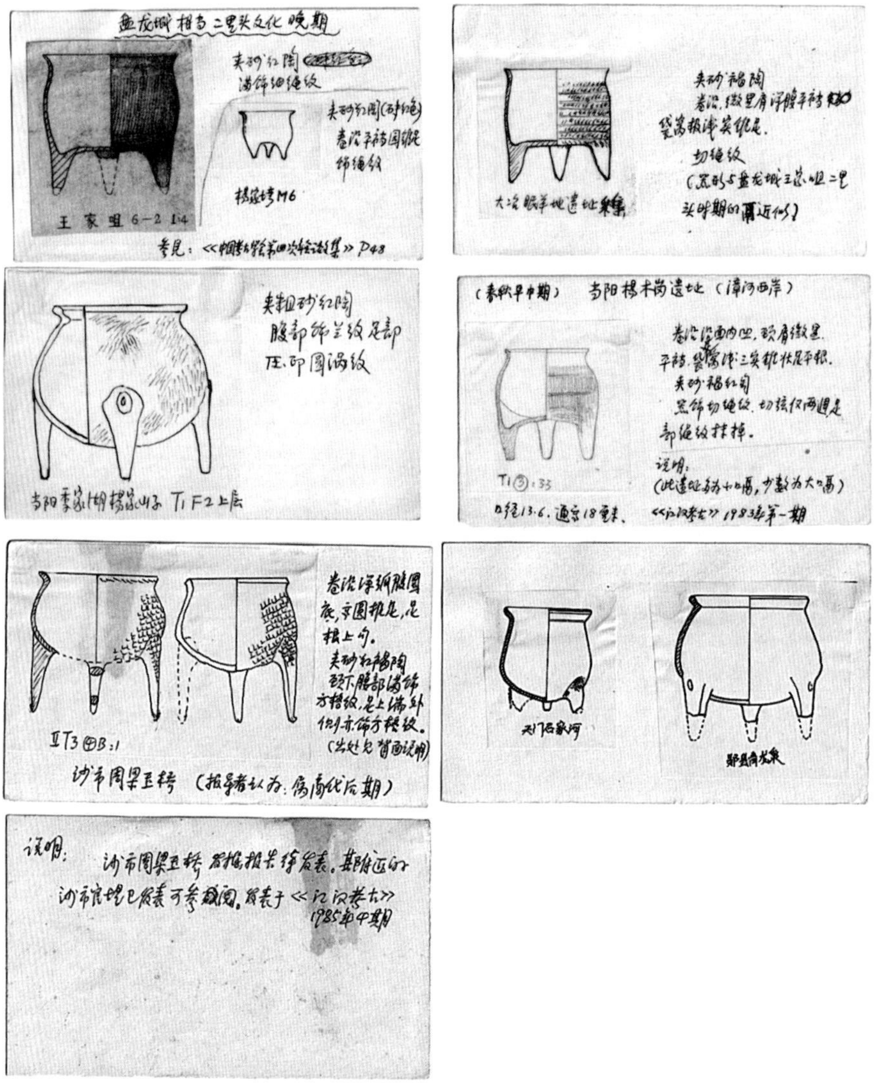

这种有榫鼎足几乎全分布在汉水以东，就目前已报道的或了解到的资料看，多出土于石家河文化时期，出现在早于屈家岭文化的红陶系文化阶段（长江流域的大溪文化中未见）。其分布范围，从汉水以东的北面云梦、汉口、汉阳、黄陂，到汉水东南面的圻春、大冶、广济等一大片地域内。假若楚之鬲足的包制特色与此类鼎的榫卯衔接技术有联系的话，那么是否联系到楚鬲发展之源的问题。

分析这片地域，在先秦考古学文化中，从新石器时代开始，黄冈以北与江汉地区文化面貌一致，黄冈以南的东南面则受安徽、江西地区古代文化的不同程度的影响，为西周末至东周时期的大冶、阳新一带遗址中新出土的陶生活用器，其中的甑和护耳器则都是江西周代文化的作风（甗的器形），陶鬲既有楚鬲的共同特征，平裆、裹足（即包制法），也叫包足。但也有越文化的影响，如切绳纹的切弦很密，足外撇或微撇，有的足正面有刻槽一道等。如联系鄂东地区带榫鼎足看楚鬲裹足制作技术的来源，对于我谈到的鄂东考古学文化现象可否解释，我自己弄不明白，故迟迟未能提笔复信（当然查对资料，作资料工作，当时也未挤出时间）。中国考古学会即将在长沙召开第七次年会，唯恐您急着要掌握一些南方的考古资料为会议作些准备，就我手边已了解的情况资料先奉上，会中再当面向您请教。看完此信后，您老需要我带什么资料去长沙，请速函告，我当遵命照办。

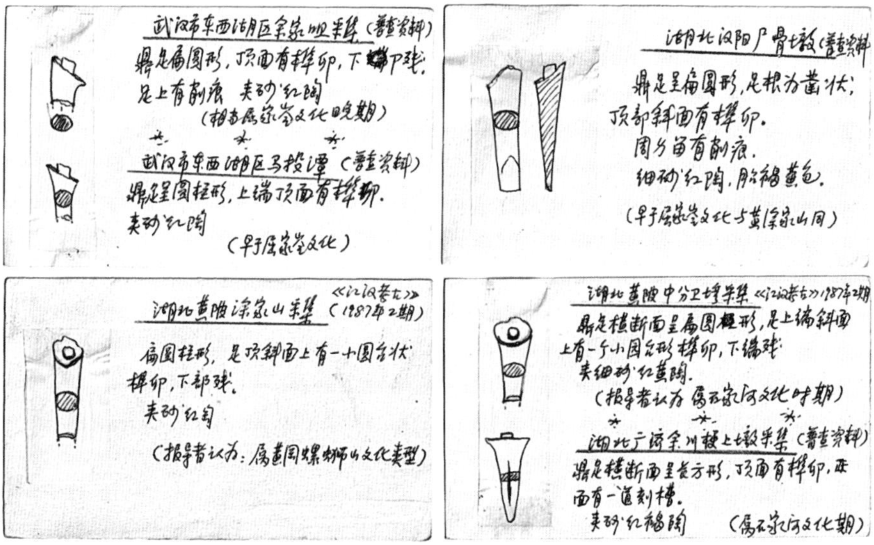

同时寄去去年下半年写的拙作《楚器与楚文化》，其中有一部分是写的楚鬲，请指正。

敬祈

安康

王劲

89.4.25

苏秉琦—王劲（1989.5.9）①

王劲同志：

你好！接到您四月底发来挂号信及附件，非常高兴，非常感谢！提出的想法，很有道理。因为它正是我想知道、迄未得到，如你来信所说那样详细具体的材料。信中有一句话，“有榫足是出现在早于屈家岭文化的红陶系文化阶段内（大溪文化中未见）”。如果你方便的话，如能找一些早于屈家岭文化的红陶系文化的带榫鼎足带到长沙来，太好了。专此问

全家好。

苏秉琦

1989.5.9

王劲—苏秉琦（1990.1.8）②

苏先生：

值此新春佳节即将来临之际，仅向您致以诚挚的问候。并遥祝您身体健康长寿！预祝您新年合家康乐!!

王劲

90.1.8

---

① 据王劲先生提供信影录文。

② 原件为明信片。

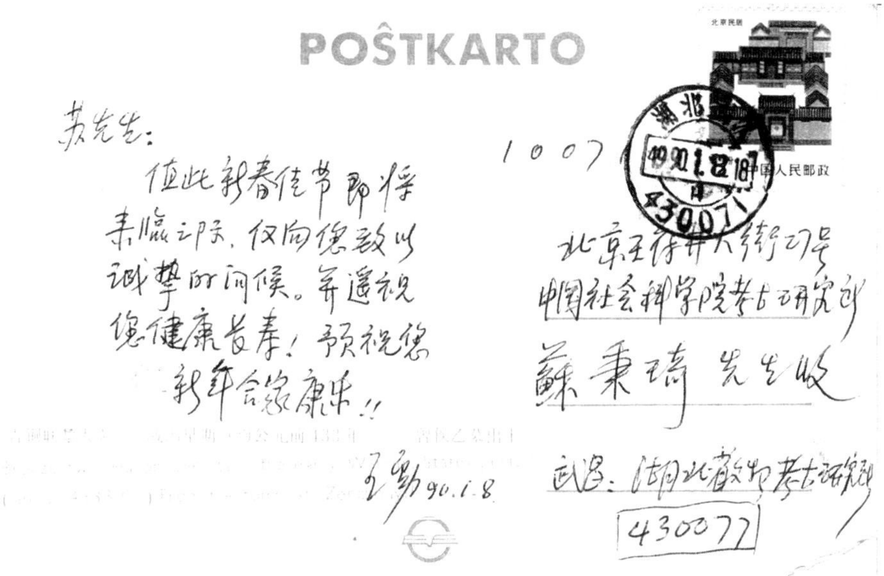
POŜTKARTO
北京民居
中国人民邮政
湖北
90.1.8.18
430071
苏先生：
值此新春佳节即将来临之际，仅向您致以诚挚的问候。并遥祝您健康长寿！预祝您新年合家康乐！！
王劲 90.1.8
1007
北京王府井大街27号
中国社会科学院考古研究所
蘇秉琦先生收
武昌：湖北省博物馆考古研究所
430077

刘运勇

刘运勇—苏秉琦（1980.6.22）

尊敬的苏老师：

您好！

从西安考察归来，见到先生的信及经俞伟超先生批阅过的稿件及所附修改意见，欣喜万分！感谢您们对后学之辈的我给予的耐心帮助和热心的支持。我一定遵照您们的宝贵意见做好书稿的修改整理工作。我相信，有了您们的帮助和支持，拙著的质量定能进一步提高并避免一些谬误及疏漏之处。我希望我的这项工作能继续得到您们的帮助。（如汉城的实测图、汉明堂、辟雍的复原图、王莽九庙遗迹的透视图，及一些必要的照片、拓片等资料都是我不能得到的，不知能否借与书局制版？）

现将此次西安之行的情况简要报告先生如下。

一、六月三日晨抵西安。下午去西北大学拜会陈直先生，不期先生于二日上午九时半在西大新村寓所中因心力衰竭突然逝世。两年前，陈先生带病为我翻阅书稿，正欲登门再次请教并亲致谢意，不料先生已遽尔长逝，殊觉痛心；但转念一想，能从千里之外赶上为陈先生送终，亦属幸运。因陈先生遗嘱土葬，故当天下午四时许葬先生于少陵塬上之曲江公社黄渠头大队一土坎下。陈先生之墓东南可见杜陵，西北可见大雁塔，地势爽垲，可谓得其所矣！

二、会见了武伯纶先生，向武老请教了书稿中的一些疑难问题。由于武老的介绍，又拜会了马得志、贺梓城（陕西省文管会）及西安市文管会等老师，参观了西安史迹展。

三、到汉城遗址考察，或步行，或骑车。参观了未央前殿的发掘工地，详细察看了东南西北四面的城墙及重要的宫殿遗址（包括建章宫）。深入汉城内外的一些村落中向居民打听有关地名及传说。在省博物馆及汉城遗址中收集了一些较有代表意义的瓦当拓片。对汉城内外重要遗址均拍了照片。

四、考察中发现汉城遗址破坏严重。四面城墙均有社员在取土用的情况。霸城门附近的汉城内未经文管会许可办起了公社的砖瓦厂（规模颇大），特别是城西建章宫遗址更缺乏保护。目前汉城亦未设立文管所（昭陵、乾陵、茂陵等皆设有文管所，不知如此主要的汉长安城为何竟不设管理处?）。故余至东城考察时，见社员任意大规模取土筑墙。问曰："您们知否此墙系古迹，不能随意取土?"答曰："俺不知道，俺村家家如此，都在此取土用。"上述情况已转告西安市文管会，他们亦束手无策，因有许多问题难以解决。

请代我致谢俞伟超先生，以后到京，一定来拜会和面谢老师们！再见。

祝平安健康！

刘运勇敬上

一九八〇年六月二十二日

此地邮址编码：624400

刘运勇—俞伟超（1980.6.23）

俞老师：您好！

从西安考察归来，收到经您细心校阅后的书稿及所附修改意见，不胜欣喜，感谢先生对后学之辈的鼓励和支持！我一定不辜负老师的期望，对您所提出每一点意见都认真研究，以期进一步提高书稿的质量，尽量避免谬误及疏漏之处。同时，我还希望能继续得到老师的指导和帮助。现将此次西安之行的情况向您作一汇报。

此次赴西安考察共费时十二天，重点是汉城遗址。或步行，或骑车，观察了汉城四面城墙及重要的宫殿遗址。北行至渭水之滨，西行至太液池遗址，同时拍摄了一些照片，收集了一些有代表意义的瓦当拓片。由于陕西省博物馆武伯纶先生及陕西省文管会贺梓城先生的热心帮助和支持，故使得考察工作能顺利完成。考察中重点是向有关专家请教汉长安城的布局，文献上所载的一百六十闾里能否在城内容纳得下；九市究竟在何处？《三辅黄图》所说的三市在道东，六市在道西，这条道究竟是那条道？文献记载汉长安城中有“八街九陌”，九陌是什么？何以只有八街之名，而未见有九陌之名（如果皆指城中的街道）？另外汉太液池西北之孟家村中所存之巨大夯土台基（步测约六十米见方，目测高约十米余），有的书说是承露台（西安市文物管理处所发的有关材料作神明台），但当地老百姓一致呼为柏梁台。但柏梁台实在前殿西北离西城墙不远之卢家口（在入村路边有一高俊突兀的夯土堆，农民叫北风子），这与元代编绘的《长安志图》中的《汉故长安城图》所标示柏梁台位置相符合。另外从目前未央前殿西南侧的试掘工地上观察，其台基确系以夯土包筑龙首山形成，横剖面大约如图：

。

且台壁被火烧成红烧土，烧焦的依台壁的木柱痕迹犹存，以为无西汉后之建筑材料遗存，说明未央宫在西汉末年被焚烧毁（见《后汉书》卷十一《刘玄传》）后，后世的培修都是规模相当有限的。

再次向老师表示谢意，以后来京时，一定登门面谢老师！

再见

祝平安健康

刘运勇

一九八〇年六月二十三日

于四川省红原县中学

彭适凡

彭适凡（1937—　），先后工作于江西省博物馆、江西省文物考古研究所。

彭适凡—苏秉琦（1980.10.3）[①]

尊敬的苏公：

您好！去春西安一别，又是一年有余。日前，贵所老潘同志出差来省，得知您老人家玉体康健，我等万分高兴！老潘同志还转达了您对我省考古工作的关切和指示，我等深为感激。

十一月间，中山大学师生将来省实习，发掘樊城堆遗址，我也将前往参加，这是一处保存较好的从新石器—商周时期的台地遗址，地层比筑卫城还理想，地点也在清江县境。待工作后，另当汇报。

现寄上拙稿一篇，请您费神审阅，提出意见。定有很多谬误甚

① 原信未署年。信中提到的“去春西安一别”，应指1979年4月6—12日西安召开的中国考古学会成立大会，此信当写于1980年。

至笑话之处，诚望不客气提出来。

此致

敬礼

学生 彭适凡 敬上

十月三日

彭适凡—苏秉琦（1985.3.20）①

尊敬的苏公：

您好！今有一事相求。

为检阅建国以来我省文物考古工作成果，迎接省考古学会成立大会的召开，我们拟编印《江西考古论文集》《江西考古报告集》两部大型书刊。前者主要是收集公开发表的有关江西地区的考古、文物论文，后者主要是收集一些有代表性的、重要的遗址、墓葬调查与发掘报告，且争取与出版社联系正式刊印。

为此，我想请您老人家题写两书书名，书刊规格为16开本。题写后请直寄我收。不胜感激。

专此即颂

大安

适凡 敬上

三月廿日于南昌

① 原信未署年。据苏秉琦—彭适凡（1985.4.10）信，信应写于1985年。

苏秉琦—彭适凡（1985.4.10）①

适凡同志：

你好，三月廿日示悉。拟成立江西考古学会，我赞成。这对你省考古工作、专题研究将会起到推动作用。对于省内外有关单位、同行之间学术交流、协作与团结，也会起到促进作用，是件大好事。为检阅你省建国以来文物考古成绩，拟编两本专刊，我看，值得商榷。现在出专书的周期太长，不是一年半载能办到的事（一年出来是超进度）（不赚钱的书出版社不欢迎）。为迎接学会成立，似不如出个“编目”或加工个“大事记”，或加工些重要图片，或再附上如“普查材料图表、目录”之类，倒还有一定意义。找地方代印，用事业费开支也不会太难，岂不好些？请斟酌！至于题字，我的字实在不佳，大可不必。其实此类书刊、小册，用印刷体（如黑体、仿宋或美体）比书写定大方正规一些，尊意以为如何？专此奉复，祝

工作顺利！

苏秉琦

1985. 4. 10

苏秉琦—彭适凡（1988.5.20）②

适凡老友：

你好。

参加山东召开的“环渤海考古”二次会议刚回来，收到惠寄

---

① 据彭适凡先生提供信影录入。

② 据彭适凡先生提供信影录入。

《中国南方古代印文陶》大作，谢谢。

印文陶是中国南方（东南）考古一大课题。江西是我国长江流域与岭南间最重要通道。1978 年的庐山会议取得重要成果，现在又过十年，理应重视此重大课题进行一次学术交流活动。如由江西倡议，我想完全得到大家赞赏！请考虑！此致

敬礼

苏秉琦

1988. 5. 20

彭适凡—苏秉琦（1988.7.11）

尊敬的苏公：

您好！惠书敬悉，深深感谢您对我省文物考古事业的关怀与支持，在庐山印纹陶会十周年之际，再次召开一次印纹陶会议，确有意义。我等原也有此设想，并借此良机，盛邀您老人家和其它一些知名学者南下来赣指导。遗憾是，今年经费极为紧缺，而未获允准。加之，百越民族史研究会第六次年会早在前年就已定下，今秋在我省召开，故印纹陶会议只好延至来年举行。此事有负您的厚望和盛意，敬请谅鉴。

但我等万分渴望您能年内南下来省，鹰潭角山、九江神墩、新余拾年山、清江樊城堆等等许多遗址标本，均需请师指点教诲。为此，我想，趁十月下旬（25 日前后）召开百越史年会之机，顺邀您来赣，您只要参加开幕式作一报告即可，其余时间，单独安排您赴各地参观考察。此意不知可否？恳盼示复。专此

即颂

研安

学生　彭适凡　顿首

1988. 7. 11

邹　衡

邹衡（1927—2005），先后工作于兰州大学、北京大学。

邹衡—苏秉琦（1980.10.5）[①]

情况汇报　　　　1980. 10. 5

我们山西实习组一行31人（教师4人，学生27人），9月5日离京，在太原参观了省博物馆和斛律金墓壁画等有关资料，于9月8日到达发掘地点山西曲沃县曲村镇。经过两天准备，11日正式开工发掘，现将第一个月的发掘情况及其他问题汇报如下。

一

按照原来计划，第一阶段主要发掘遗址，在同学基本掌握发掘方法之后，再进行墓葬的发掘。因计划发掘的遗址地点种有秋粮，经与省考古所领队协商，决定改为在未种植地段先发掘墓葬，待秋收后再发掘遗址。

---

① 据苏秉琦先生家藏录入。“情况汇报”原件与书信分置，未见书信。据《北京大学考古学系四十五年（1952—1997）》，1980年“专业77级本科生在邹衡、李伯谦、权奎山、王树林和南京大学历史系考古专业进修教师宋建带领下，赴山西省曲沃县进行基础实习（1981年1月结束）”。据此暂将汇报材料系于邹衡先生。

墓葬发掘地址选在村北去年已发掘墓葬西边一片高地上，第一批共开 $10 \times 10m^2$ 探方 10 个，每方 3 个同学，6—7 名民工。经过二十多天的发掘，现大部已接近完工。

10 个探方的地层组织均极简单，第一层耕土层，第二层晚清扰乱层，第三层汉代层，其下即为生土。个别探方在第三层下有极深的西周（前期）文化层。

据初步统计，除现代墓，现已发掘墓葬 43 座（另有 9 座正在发掘），其中西周墓 20 座、西汉墓 12 座、元墓 11 座。西汉墓和西周墓均开口于第三层下，个别西周墓被第三层下之西周文化层叠压，元墓均开口于第二层下。

西周墓多东西向，个数为南北向，一般均随葬有鬲、罐，鬲、豆或罐、壶等陶器和海贝，个别墓随葬有铜戈，迄今尚未发现有随葬青铜礼器者。与去年发掘的 11 座西周墓相比，新的收获是：①M49、M52 等墓均发现有银嵌圆蚌泡的漆器，因朽蚀过甚，器形不清，似为盘、豆之类；②M49 除漆器外，尚出有 12 件陶器（鬲、豆、盆、罐、尊、三足蛋形瓮等）和一副串有玉片、玛瑙珠等的项饰，是这次发掘出随葬品最多的；③M32 出有仿铜陶壶、陶簋，具有标准西周中期作风，填补了该墓区墓葬分期的某些缺环。目前尚有几座规模较大的墓正在发掘，预期会有青铜礼器出土。

西汉墓多为带有竖井墓道的土洞墓，随葬品有鼎、盆、壶、罐、瓮、茧形壶、漆器等。M36 出土的两件陶盆的盖、器上均有“平市”戳印陶文，“平市”是今何地，尚待查寻。有趣的是，在这类墓葬的墓口上部发现有封土或封在封土或封石堆中有的置放有陶瓮，瓮口竖插两块筒瓦，合成一个似现在烟囱形的圆圈，有的瓮口盖上一堆石头，个别陶瓮中发现有鸡骨，此为墓祭的标志，或有其他意义，值得研究。

元墓分砖室与土洞两种，砖室内均为抹角叠涩砌顶，长方形墓室，随葬品简单，一般有铜镜一面，黑釉陶罐、白瓷碗、铁灯等。M38 瓷枕上有“至顺三年……”墨书题记，证明这批墓葬的年代当为元末，最迟不晚于明初。M43 出有一架陈放尸骨的木床，保存完好，已请省考古所研究保护。

目前继续发掘墓葬的同时，已陆续抽调同学开始遗址的发掘，现已开 $5\times5m^2$ 探方 10 个。

在去年发掘的仰韶文化遗址向东 T1、T2 南侧继开 T3、T4，除发现一残窑和一西周灰坑，遗物极少。

大部分探方集中于曲村东北曲村以北赵路沟东侧，从已发掘的几个探方看，第一层耕土层，第二层为近代扰乱层，第三层为西周文化层，其下为生土。文化层较单纯，均属西周晚期，遗迹不多。

预计本月中旬发掘墓葬的同学可全部转移到遗址区工作，遗址区探方结束较早的同学安排继续发掘墓葬。

如该处遗址发掘不够理想，有可能到天马、北赵等地做些小规模试掘，以丰富室内整理的资料。

按照原定计划，最迟 11 月 5 日结束田野工作转入室内整理。

二

一个月来，在省考古所大力支持和协助下，实习工作基本顺利。由于学校无专管后勤的人员和客观条件的限制，以及主管伙食的省考古所工作人员缺乏经验，前一阶段伙食搞得不够好，同学们要求过高，意见很大。个别同学提意见不讲方式方法，曾发生过顶撞争吵现象，在一定程度上影响了与省考古所一些同志的团结。对于伙食工作中存在的问题，我们已同省所同志一起研究改进。同时在对同学做好思想教育工作的基础上，也对个别人存在的缺点提出了批评，形势正向好的方向发展。上述情况说明，从保证实习质量和学生身体健康等方面考虑，今后实习队应配备专管后勤的同志，希望将来予以解决。

三

关于经费开支，根据协议规定，北大需负担一部分生产性费用和设备费用。经与省考古所协商，北大从实习经费中将拿出 5000 元，作为此项开支。现已购床板 30 张（700 多元），马扎 30 个

(100 多元)。我们考虑在 5000 元中拿出 3000—3500 元支付民工工资和赔产费，其他除已用去的约 1000 元，有 500 元至 1000 元可购置设备，请教研室研究是否可在北京添置一些实习必用的器具或生活用品，作明年实习之用。

四

经过省考古所走访省粮食局、地、县粮食局，师生田野工作补助粮问题终无法解决。根据目前大家用粮情况，每人每月约为 45 斤左右，超过定量 5—7 斤不等，教师定量本来就低，宋建同志只有 28 斤，超的更多。希望教研室、系领导向学校说明情况予以解决，如学校有困难，可否适当增加田野补助费，到粮店或集市上买些议低粮作为补充（目前曲村面粉 0.4 元一斤，小米 0.3 元一斤）。

以上汇报和请示的问题是否恰当，请指示。

致

敬礼

山西实习组

邹衡—苏秉琦（1984.8.31）①

苏先生：

我在甘肃省庆阳地区待了半个月，把合水的寺洼文化遗址墓葬摸了一下，很有意思，材料比较丰富，陶鬲就有 50 多件，有特点。70 多座墓主要相当于先周时期，但并非先周文化。因为出差时间太长，耽误较多，师大的任务未能如期完成。返京之后，张光直先生来北大讲课，每次我都陪着，因此，写稿子进行很慢。我下学期有课，但尽量争取于十月一日前交稿。请老师代致歉意。

① 原信未署年。信中张光直先生北大讲课在 1984 年 8 月 22 日—9 月 7 日（据张光直《考古学专题六讲》，文物出版社，1986），信当写于 1984 年。

下学期实习已安排就绪：李伯谦、刘绪、张辛（研究生）去曲村；徐天进（研究生）带队去陕西耀县，共四名，内容是：二里岗、先周、龙山；王占奎（研究生）去庆阳整理；王迅、宋豫秦（研究生）和本科生三名去山东曹县。今年新收二名研究生孙华和蒋祖棣基本上在校上课。

等到工作稍有头绪后，再进城面禀。

关于偃师商城稍有些看法，不一定成熟，请审阅（此稿二月份即已写好）。

学生　邹衡

8月31日

邹衡—苏秉琦（1987.1.16）

［编者注］家藏空信封1枚，为北京大学信封，署“考古系邹衡”，北京邮戳1987.1.16。

楼宇栋

楼宇栋（1929—　），先后工作于中国科学院考古研究所、陕西省考古研究所、文物出版社。

楼宇栋—苏秉琦（1981.2.9）[①]

苏公：

匆匆回陕又去汉中一次，总算将80年4期付印了。现正校81年1期并准备2期。在京时您答应写的姜寨一文未知能否于20号左右掷下？我极力想安排在第二期上。望示复。

我准备三月底彻底结束这里的工作，以便早日回京。

顺颂

文祺

宇栋

二月九日

---

① 原信未署年。信中言“80年4期付印”并“正校81年1期”，时间当在1981年。

楼宇栋—苏秉琦（10.10）

苏公：

我爱人张传彩近日学习作梅花。明年她六十岁，准备给她开个画展，故请您老给她题字。改日再来拜谒。

顺颂

秋祺

宇栋

十月十日上午

刘观民

刘观民（1931—2000），工作于中国科学院考古研究所（1977年改属中国社会科学院）。

刘观民—苏秉琦（1981.5.21）①

秉琦师：您好！

民为安排大顺等同志来承的工作条件，行前匆匆，来聆面教。

人员聚齐后，听了您去年离承前的讲话录音，再相互介绍去年整理的具体结果，在这基础上着手墓地分析。边做边讨论理解您的意见。

现在综合器物类型、组合、彩绘纹饰对墓地已区分出几块（附图），先区别的都是类见易别的。现在剩下的一些线索难一些了，但还需试试。已区别的各区大小不同，具体的相互区别点也不同。如果这些区别能成立，则各区年代经历长短不一，在同一区域之中不同早晚年代的墓坑排列很不“理想”，这点在几个区域之中都有类似现象，看来不能唯以丧葬早晚来解释排列秩序。

---

① 原信未署年。信中提到“去年离承前的讲话”，在郭大顺—苏秉琦（1981.9.27）中有“1980年在承德那次谈话”，若为一事，则信当写于1981年。

我等想再用一周时间整理一下现在的认识，到北京向您汇报目前结果。并希望您视身体状况可以的情况下来承小住几日，看看我们分的结果。在健康状况允许的情况下对我们下一步工作做些指导。月底我们就可以向您汇报一次了。

祝

安好

生　观民

五月廿一日

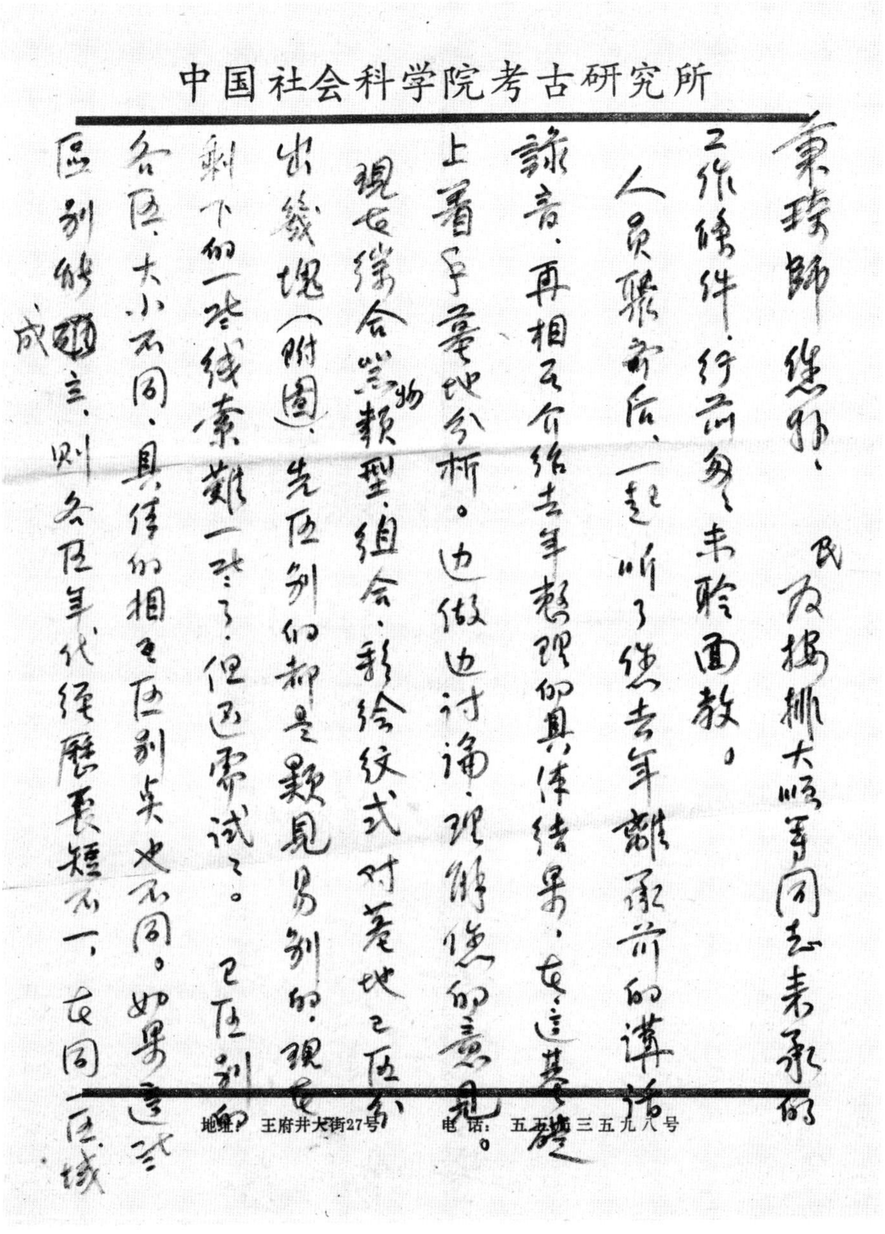

中国社会科学院考古研究所

秉琦師：您好，民及揚排大順等同志来承的工作條件，行前多々未聆面教。人員聚齊后，一起听了您去年離承前的講話錄音，再相互介绍去年整理的具体结果，在这基礎上着手毫地分析。边做边讨论，理解您的意見。現在综合器物類型、组合、彩绘纹式对墓地已区分出幾塊（附圖），先区分的都是較易見易别的，現在剩下的一些线索難一些了，但还需试试。已区别的各区，大小不同，具体的相互区别点也不同。如果這些区别能成立，则各区年代經歷長短不一，在同一区域

地址：王府井大街27号　电话：五五……三五九八号

刘观民—苏秉琦（1983）

室漏德丰，嵩霍华表承教谕。

园小节高，河汉江淮得青荫。

刘观民撰园室赞

秉琦老师正脊

润芝

刘　瑜

刘瑜—苏秉琦（1981.8.24）

苏师：

您好！这次有机会在北京见到您十分高兴。从您每天上午坚持去考古所上班一事，知您工作热情不减当年，身体和精神也都很好。和您谈话时依然像早年在校学习时那样亲切，这一切使我感到非常愉快。

我这次在北京停留四周，时间不算短，但是由于天气太热，除北大、考古所外，我几乎没去什么地方。当我去北京时曾经设想，如果北京有旅游车，我准备请苏老师带着去参观地下宫殿（假如您身体许可的话）。不料我到北京时您正值开会期间，这一念头很快就打消了。

临来时刘琎也提起一定要看看苏师，我盼望会议结束您会同我谈谈考古所及各院校近况，但我自己也未料到竟向您谈了些家常而把时间浪费了，非常遗憾。十月份苏师在杭州开会时一定要在南京停留几天。此地为向外宾开放，修复了许多游览胜地，值得重新一游。南大中文系为向短期留学生介绍南京名胜，曾编出一本《金陵古今》，邓瑞也参加了这一工作。您来时他会给您提供方便的，尽他所能帮助介绍。

我家就在南大招待所一旁，十分方便，或者在我家休息也好，可以免除对外作报告之劳。我们不仅是同乡，且我的姑父和您是挚交，不是外人，千万别客气。我们的房子已粉刷一新，在小花园里我还栽种了许多鲜花，比原来条件好多了。我的地址是“南京广州路小粉桥5号—8”记得我已经告诉过您，只是把广州路忘写了。

万一您来南京要写信或打电话来，我们去车站接您。我希望这封信寄到北京时，您已结束休假回考古所工作了，但是我信皮上仍要注明倘若未归请转交。这里一切都好，开学第一天我和老邓都有课，就说到这里。再会。

祝您

愉快

刘瑜

1981. 8. 24

刘瑜、邓瑞—苏秉琦（1987.12.18）

苏师：

您好！首先向您拜年，新年好！

久未通信，近来一切都好吧。我在报纸上见到苏师亲自前往考察长城的报道，从内心感到敬佩。您这种不畏寒暑，亲自挂帅，四处考察的崇高精神，将鼓舞我们不断前进。

您知道此地距黄山很近，只因为担心爬不上去，我从不敢去尝试。看了您的伟大事迹，很受鼓舞。准备今年夏天（1987年）要去黄山看看，如果能顺利爬上天都峰，再过一年就有勇气登泰山了。当然在业务上也需要破除顾虑，勇于攀登，我准备写一本俄国历史概要。

苏师您认为我的计划可行吗？请多指教。

恭贺康乐　祝您

新年好

学生　刘瑜

十二．十八

学生　邓瑞　拜上

张鸣环

张鸣环，工作于复旦大学。

张鸣环—苏秉琦（1981.8.25）

苏先生：

您好！我真想知道您是否还住在那儿。

许久未写信问候，最近您工作更忙些吧；身体好吗？一切一切都想念中。本来十月份我可能和分校一块去北京等地征购文物，但我们经费太紧，看来希望报销了。没组织通知我、问我是否参加九月份在扬州举行的吴文化讨论会，我再三考虑还是不去，原因是想争取参加十一月份在杭州召开的考古会议。竟不知这次会议是否又会是设立考古专业的学校才有名额？如果是，能否以列席代表参加哪？盼能告之。列席也要有邀请信吗？

春节时，我因家兄病故，曾匆忙去京办理后事，在除夕那天火化的。我有点旧礼教观念，感到大年夜办丧事，总是不大吉利，所以各位老师处都没去看望，请原谅。

五月份时胡先生来沪，他也很忙的，再加上因夫人事心境也不佳，我们这些学生看到心里总归不大痛快。也只能劝慰几句，实在无能为力。

这次考古会议您当然要光临了！我们在沪欢迎您！您能想到吗？您的学生都年已半百！想想读书时，在洛阳吃糖醋鲤鱼……，犹如眼前！不多写。

致

敬礼

张鸣环 上

81.8.25

张鸣环—苏秉琦（1984.3.11）

苏先生：

您好！给您拜个晚晚年！

84年总算到来了！83年对我来说真是倒霉的一年。自从郑州会议结束回沪，我不久因胆结石开刀入院，出院休养期间又把脚扭成骨裂上石膏，直到今日为止，还是个瘸子，每天要理疗。上星期又拍片，是软组织破坏，真是祸不单行啊！盼望大地春回，暖和些，我会好得快些。要不是脚的问题，我系派人到北京（我也是其中之一）早已出发了！希望到各单位取经。

我系已成立文博专业，想您早已有消息，实在是不成熟，但胆大有魄力：现只是培训班，还招研究班，85年正式办专业，现正在摸索过程中！需要各方面支援，系里要我向各位老师请援，希望北大分个本科生来，质量要好些的。目前，我组有四名“大将”，我、黄越荣，还有是一位中年、一位青年，如此而已。您如来上海，盼能来校光临、讲学！

您的专著已见出版，苏先生，为什么不送我一本哪！上海还不见，只见《文物》有报道，让我拜读您的书吧！袁俊卿来我家，大家还谈到这个问题，目前考古资料的科学研究，您的类型学确有开创之功！看来这也是考古学的一个大问题。下学期，文博专业也要上考古学概论。关于这个培训班的学员，有些人眼光不好，但看看他们的基础也不过如此，但像给本科生讲法，来给他们上课，则是个问题。所以我想，考古学史方面，应该充实金石著作。另外也要在遗址、墓葬、文物等方面，按照您的研究方法，摸索出个“道道”来，也就是也有个类型的问题，您看对吗？这不单是器物，应该包括各个方面。不知，我领会您的意图没有？

上次，在郑州时，我们一群您的学生，看到您的身体健康，还为考古事业东奔西跑，内心说不出有股什么味道，真高兴！您一出场，这群学生就赶上来，苏先生您感到幸福吗？真是桃李满天下！您的事业后继有人，不管学生成绩大还是小，但您的学生都从祖国各地来聆听您的教诲，您一定很高兴吧！

真是纸短情长，就此搁笔。我的脚能走路，五月后就可以到北京去！一定去看您。盼望您给选个学生分来复旦，也盼您送本著作给我！您能否来上海讲学？本系万分欢迎！

致

敬礼

张鸣环

84. 3. 11

吴　泽

吴泽（1913—2005），先后工作于复旦大学、朝阳法学院、大夏大学、华东师范大学。

吴泽—苏秉琦（1981.9.9）

秉琦同志：您好！

在京学位评议会议期间，多次面聆教益，感佩无已！近来健康如何，念念。

我们这里出版的《历史教学问题》，已于今年复刊，出了三期，现寄上第二、三期，请指教（第一期已售完，暂缺）。您和夏鼐同志在考古学会《会讯》上的讲话，读后，深感钦佩。编辑部同志要求将您的讲话，在《历史教学问题》第四期第一栏专论中正式发表，以广篇幅！兹特函前来请商，未知尊若何？请即抽暇函示为荷！如需修改，并请将修改稿早日惠我，以便付印。此刊即日（十五天左右）付印，下月中旬出刊！时日较促！不情之请，可劳烦了。

回沪后，会议较多，乱忙一阵，无善可述！第二期《历史教学问题》中所刊拙作《关于亚细亚生产方式问题》，是我重申五十

年代的旧见，如有错误处，还望多多指正！专此，顺问
近祺！并请代向夏鼐同志好！

吴泽

1981.9.9

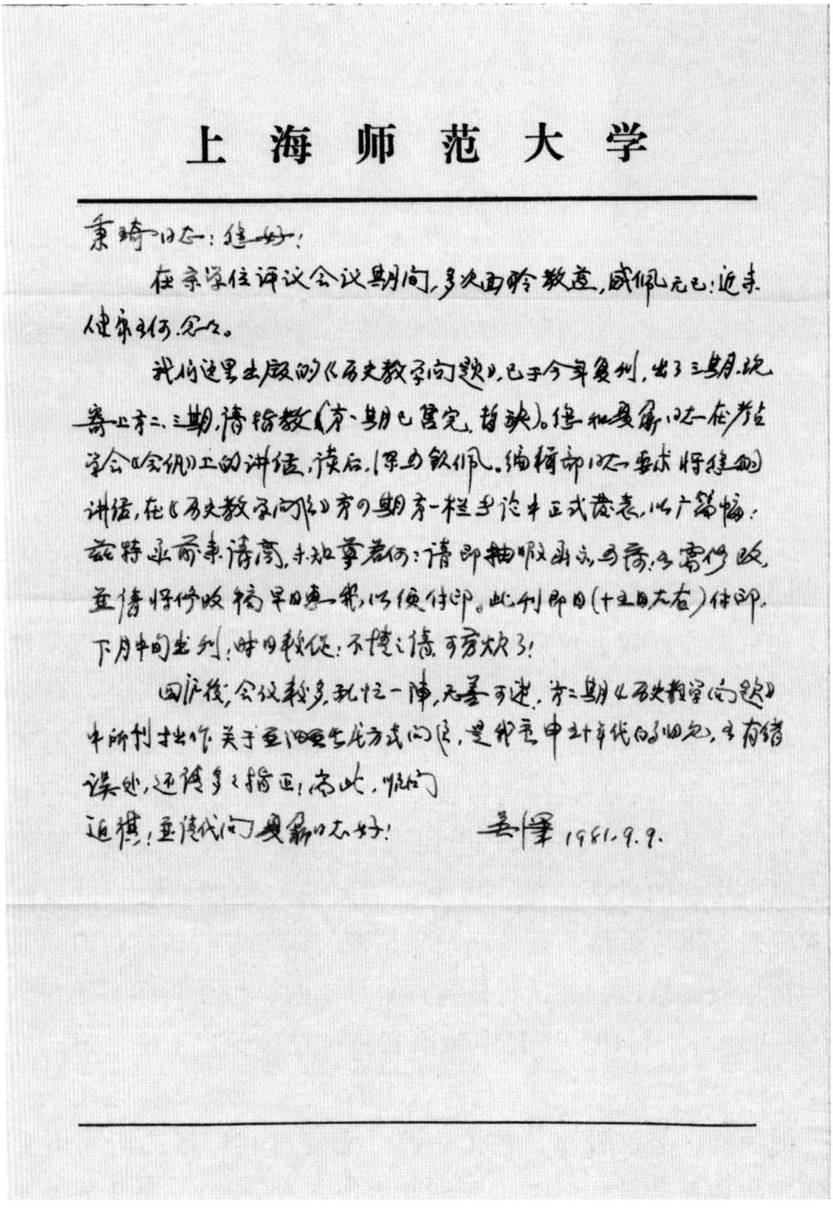
上海师范大学

秉琦同志：您好！

在京学位评议会议期间，多次面聆教益，感佩无已！近来健康如何，念念。

我们这里出版的《历史教学问题》，已于今年复刊，出了三期，现寄上第二、三期，请指教（第一期已售完，歉缺）。您和夏鼐同志在考古学会《会刊》上的讲话，读后，深为钦佩。编辑部同志要求将您们讲话，在《历史教学问题》第四期第一栏目论中正式发表，以广流传，兹特函前来请商，未知尊意如何？请即抽暇函示，如需修改，并请将修改稿早日惠寄，以便付印。此刊即日（十五日左右）付印，下月中旬出刊，时日较促，不情之请，务希见谅！

回沪后，会议较多，忙了一阵，无暇奉述。第二期《历史教学问题》中所刊拙作关于亚细亚生产方式问题，是我五十年代的旧见，如有错误处，还望多多指正！专此，顺问

近祺！并请代向夏鼐同志好！　　吴泽 1981.9.9.

郑杰祥

郑杰祥（1937— ），先后工作于河南省文物工作队、河南博物馆、河南省社会科学院考古研究所。

郑杰祥—苏秉琦（1981.9.24）[①]

苏秉琦老师：您好。

多年来未得聆听您的教诲，实为悬念之至。去年赴京，意欲登门拜访，但听同学们说您身体欠佳，未敢打扰。近来得知您的健康大有好转，深感欣慰。

我现在《中原文物》工作，念念不忘田野，实不安心于此。无奈当前编辑人员太少，一时脱身不开，因此只能利用约稿机会到下面搞些调查，走马观花，聊可补些缺失。

前天欧潭生同学来信，说您将在百忙之中，为本刊写一稿件，非常感谢您的支持，大作寄来，遂即发排。本刊曲曲小刊，我们又

① 原信未署年。信中言“今寄上八一年已发三期”，从信中内容结合欧潭生—苏秉琦（1981.7.6）向苏秉琦先生约稿事，信当写于1981年。

没经验。今寄上八一年已发三期，切望老师多多指教。

谨祝

大安

学生　郑杰祥上

9.24

许顺湛同志向您问好。

郑杰祥—苏秉琦（1988.2.4）

苏秉琦老师：您好。

来信及所寄大作均已收悉，深切感谢您对我的教诲和关怀。老师一生献身于考古事业，为建立具有中国特色的考古学体系做出了重大贡献，也培育出一批像俞伟超、张忠培先生那样的杰出人才，功在国家，实不可没。

老师的考古学文化“区系类型”之说，早已深入人心，现在考古学上的新发现层出不穷，比仰韶文化更早的“磁山—裴李岗文化”“老官台文化”“北辛文化”等已在黄河流域遍地开花，这些必能进一步丰富老师的“区系类型”之说。看来我们中华民族的文明的确是起源甚早，内容丰富，特色鲜明，进一步总结它的特点和规律，还有赖于老师多多教诲。

敬颂

长寿

学生　郑杰祥　上

1988.2.4

佟伟华

佟伟华（1946—　），工作于国家博物馆。

佟伟华—苏秉琦（1981.9.27）

苏先生：

您好！

出发前本打算遵从您的意见将阑尾切除，以绝后患。但校医院手术室因故需再推迟一周才能手术，这样拖延时间太久，贻误发掘。经与严老师商量，我决定采取保守疗法，如期出发赴长岛。最近一段时间我一直在吃药治疗，但隐痛犹存。时而明显，时而消失，不过总的感觉还可以，能够坚持，目前没有继续发展的趋势，基本控制住了，所以田野工作我一天没误。请您放心，我自己好好注意就是了。如果真的急性发作，那也只好设法到长岛县医院手术了。

我们一行六人（赵朝洪老师、三个学生和贵州省博物馆进修人员一人），七日离京，八、九两日在济南省博看了大汶口和陵阳河的材料，十日赴烟台，十一日在烟台休息了一天，同严老师分手，十二日经蓬莱抵长岛，在长山岛见到了县委办公室孙玉保主任和县博物馆冯馆长及宋承钧同志。他们态度很热情，积极帮助我们与黑山岛联系安排食宿和组织发掘。经五天的准备以后，17 日我们到达大黑山岛，18 日正式开工发掘。我们的食宿安排在部队，条件还可以，岛上蔬菜紧张，但部队还可以吃到。

开工以后先开了四个探方，位置选在暴露出房子遗迹的断崖旁边，从周围的断崖观察，文化层厚约 2 米左右，耕土 30—50 公分，我们现在的探方挖到 80 公分到 1 米左右深，目前看已分出三层：①层耕扰土，黄褐色，除铁渣、瓷片、玻璃片与晚期遗物外，还包括有相当紫荆山下层的少量陶片；②层黄褐土，出有泥质陶豆盘、豆把、细绳纹陶片、筒形瓦等，也有早期的陶片；③层红烧土层，包含陶片较少，目前看来最晚的陶片像岳石类型的，但数量甚少，有泥质红陶器盖残片，厚胎黑皮陶片等。红烧土层以下有一层细泥质黄色土，刚开始整理。总的来看，地层情况基本清楚，但未发现重要遗迹，陶片量不多。断崖上暴露的房子遗迹所在的地层还没有清理到。

以上是开工九天以来的发掘情况，估计每人可开两个方，共开十个方，但要看速度如何。烟台地区的王锡平陪同我们进岛，联系安排工作后返回。现在吴玉喜同志在工地。严老师一直在栖霞，估计他国庆节以后能进岛看看。

您近日身体怎么样？山东之行定于何时？我们十分盼望您能在我们整理期间亲临指导，这对我论文的完成将是十分有益的。

代问师母及全家好！

顺致

秋安！

您的学生　佟伟华

1981. 9. 27

佟伟华—苏秉琦（1981.10.22）

苏先生：

您好！国庆节前曾写一信，您已收到了吧？近来身体好吗？气候渐冷了，切望保重。不知您秋季赴山东的计划，何时成行，我们都希望在您身体条件允许的情况下，能在长山岛上迎接您的到来。我的身体还好，阑尾隐痛基本消失，还吃着药加以巩固，看来病情已经控制住了，我每天下工地，没有误过一点工，请您老放心。

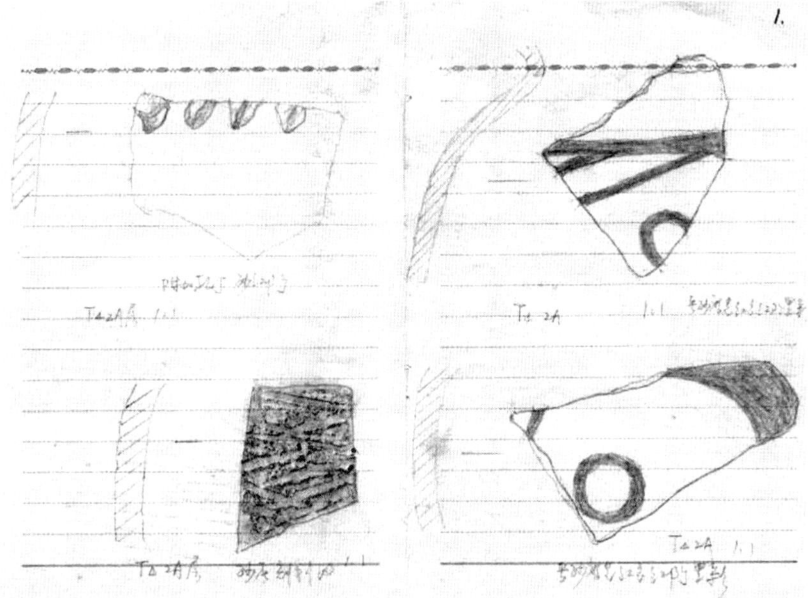

我们的发掘已到了一个多月，除去风天不能干活外，其余时间工作一直在紧张地进行。今年山东干旱严重，一秋天没下雨，直到昨天受台风影响才下了一天雨。由于干旱，土很硬，观察现象时得往上洒水。开工时先开了四个探方，以后由于不断增加发掘人员（有因考研究生晚来的一位同学，烟台地区的小吴同志和县里要求培养的一个民工），又陆续开了 4×3.5 米、4×6.3 米探方各一个，5×10 米探沟一条。目前的进度，探方一般挖下 1—1.3 米左右，距离生土还有 30—50 公分。

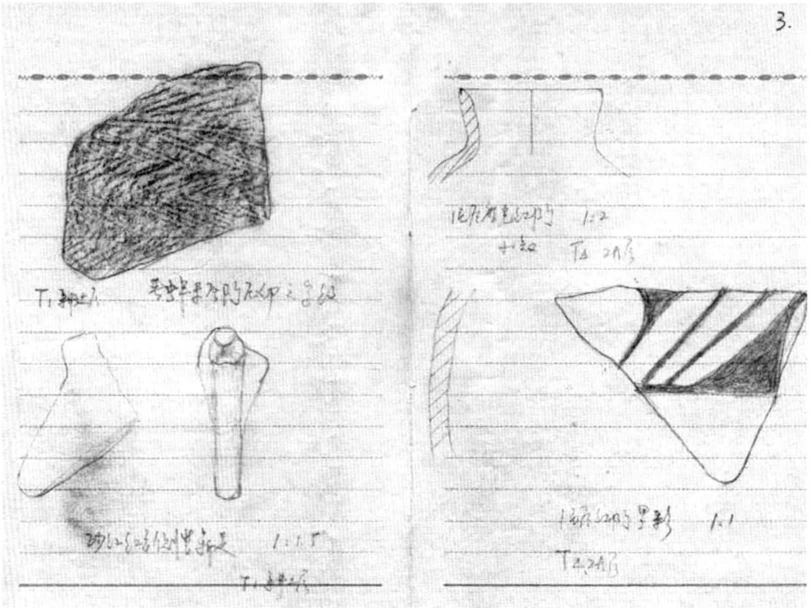

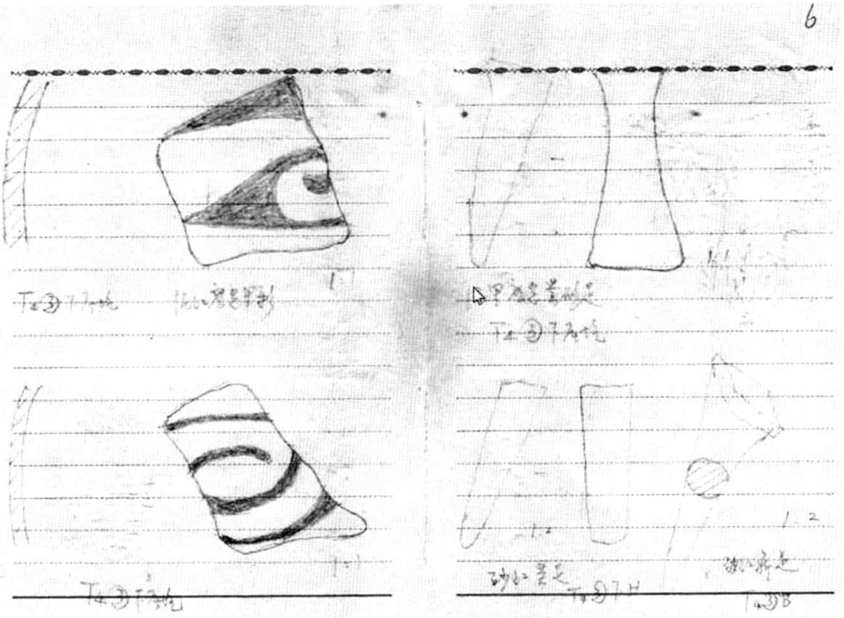

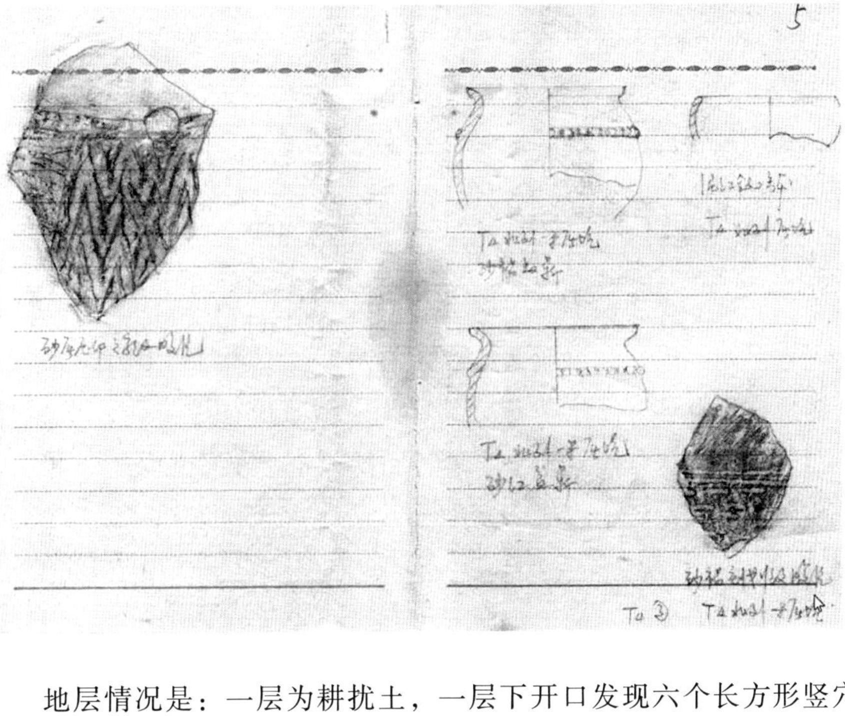

地层情况是：一层为耕扰土，一层下开口发现六个长方形竖穴土坑墓，较大的 2 × 3 米，余者稍小，墓的下半部填大量牡蛎壳或

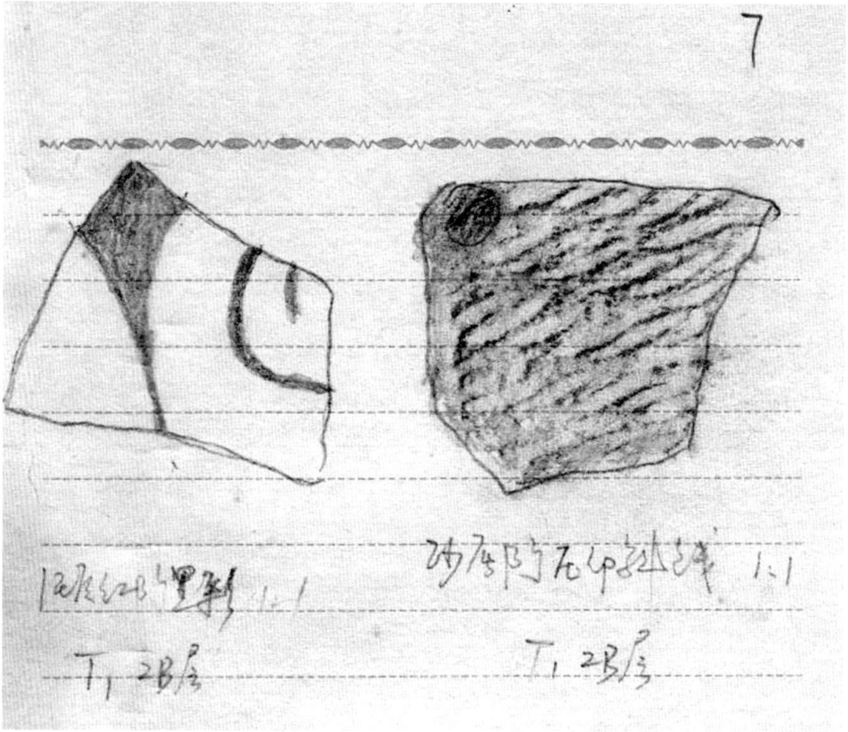

海沙子，现已清理完两个。骨架腐烂成灰，有棺木痕迹，一座为战国时期，出壶1、花边罐1、钵1、器盖1、豆2、铜环4；另一座为战国晚期至汉初，出4个灰陶罐。在一层下开口的还有三座小墓，仅能装下骨架，一座无随葬品，另两座被扰。一墓中出一泥质磨光黑灰陶小陶壶和厚胎灰陶罐残部及一纺轮，一墓中出泥质磨光红陶带突棱小杯，还未清理完，这几座墓时代有待于进一步推断。第二层为战国层，堆积一般较薄，断续分布，一层下或二层下开口有战国灰坑遗迹。第三层为岳石层，在T1—T4中出陶片较少，在T7中堆积厚约40—50公分，有大量的典型岳石陶片出土，常见的是甗腰、舌形足鼎、尊形器、簋形器、子母口器盖等，在T7中岳石层下可能为龙山层。在清理中，其余探方中基本未见龙山地层，在岳石层下即为丘家庄层。T3和T4中岳石层下发现一近于正方形的房屋遗址，约4×3.5米，墙基边线清晰，可能为半地穴式，地面持平，房址中间尚待清理进一步观察其结构。T2 中岳石层下出一大灰坑出完整石斧 4 件，能够复原的砂灰、砂褐盆形鼎 3—4 件，泥质红陶钵及彩陶片等。灰坑底部有一层硬面似专意加工，也可能是房子，出土器物为丘家庄类型。去年调查时发现的 4 个房子还未清理到，即将接近。下一步的工作将是重点清理这几座房子，工作计划在月底结束，但时间很紧张，也许得拖延几天。

从耕土层往下，据所出陶片观察，每一层中都是以较早的丘家庄类型陶片为主。说明此遗址扰乱程度较甚，这将给分期工作带来困难，估计最下面一层为原生的丘家庄堆积，但此层堆积薄，陶片量不会太多。据已刷洗的部分陶片看，丘家庄类型器形较简单，主要有砂、红褐盆形、罐形鼎，泥红磨光敛口陶钵，泥红磨光小口罐，柱状把手等，亦有少量砂褐、砂灰筒形罐，多饰有刻划压印纹，彩陶可占一定比例，与紫荆山常见的两种相同，还有少量新出的纹饰，现简绘几张草图供您过目。石器有石斧、磨盘和磨棒，烧土坯中有粮食痕迹。

这次发掘对田野工作的基本方法更熟练了，同时也提高了观察

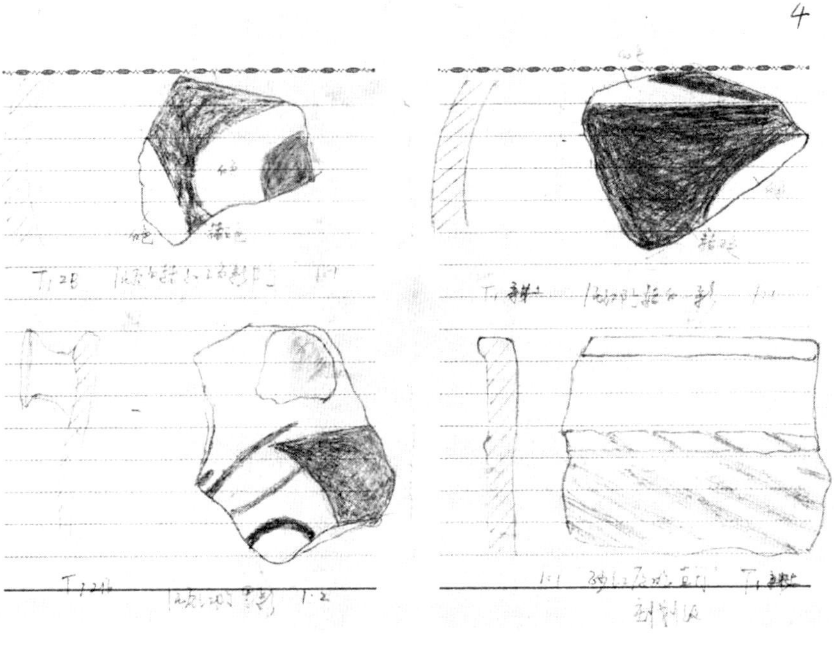

现象、寻找线索、分析判断的能力，工作比以前主动应手一些了，当然实际经验的取得还需不断在实践中积累，现在还是开始。我的探方中将遇到 F1 和 F2 的清理工作，我一定珍惜这一机会，学好、学会清理房屋遗迹的方法，把工作做好、做细，不断提高田野发掘技术。

可望这个遗址的发掘能为长岛原始文化的探讨多增加一些资料，多说明一些问题。我现在初步考虑一是可以把这里的岳石东西和大陆作比较，一是可以把丘家庄类型的房屋结构搞清楚，并进一步掌握此阶段的文化特征及其与辽东、胶东大陆的关系，至于此遗址的丘家庄类型文化能否分期，现还没底，尚待整理后再看。以上汇报很不完全，因我主要做自己的探方，掌握资料有限。最后几天将是十分紧张的，待结束后再向您汇报全部情况。

此致

敬礼

您的学生

佟伟华　敬上

1981. 10. 22

佟伟华—苏秉琦（1981.12.27）

苏先生：

元旦前夕问您及您全家好！您回京后的身体怎样？隆冬之际望您保重！

自从烟台和您分别以后，我又留在那里看了三天邱家庄、照格庄和白石村的东西，于 11 月 23 日返回长岛，回岛后立即投入了室内整理工作。11 月 7 日前结束了我负责发掘的第一探方资料的整理，然后开始整理第七探方。T7 出土陶片量较多，不算第一层耕土，第②、③、④、⑤A、⑤B 层共出陶片 20200 余片，这样分类、统计、粘对的工作量都很大，时间很紧，到 12 月 20 日才初步分类统计粘对了一遍。20日以后开始挑标本，按器型分类。严老师、韩榕、李步青老师于21日进岛，26日返回。严老师来后，我向他汇报了室内整理工作，并讲了您对论文及材料整理的指导意见。他结合实物给我讲了如何运用资料进行类型学研究，并初步分了期。以上这些工作还是十分粗糙的，距离您深入细致的要求还相差很远，但时间所限一下子全部消化完是不可能的。我和严老师初步商量了一下，今年的工作也只能做到这个程度了，为了把材料掌握好，只得年后再来继续工作，要想搞深搞好，还得花十分功夫才行。

从第七探方的几层情况看，②层岳石和③层龙山的内涵不丰富，地层扰乱较甚，早期陶片量比重很少，真正的龙山、岳石片都较少，这样观察分析一些问题就十分困难了。较好的地层④层、⑤A层、⑤B层，现初步观察，⑤A和⑤B区别不大，似可归为一期。④层与⑤层区别明显，又是另一期的东西。在时间上，5A、5B或许相当刘林期，④层或许相当花厅期。从器物看，⑤B或许与丘家庄上层衔接或稍晚，与紫荆山下层面貌较一致。陶片中在很多方面都表现了其自身的特点，但也有不少因素，表现了受大汶口及辽东的影响。今年因整理时间较短，很多陶片都没有粘对上，如果再下功夫还是有可能再粘对一些的。总的今年复原陶器不算多。

这里的工作于27日告一段落，今天赵朝洪老师离岛回京了。有些完整器他拿了图回京，您可过目。因为T7的图画太少，我决定再留几天画画图，等我回去后再向您汇报。我初步打算年底离开长岛，先到栖霞看看那里的材料。元月五、六日去大连，看看旅顺博物馆，停留四五天，然后到沈阳看看辽博，再停留四五天，这样回到北京就是一月中旬了。学校17日放假，我想以此期限为约束，假前到京，回京后我就去您那里。严老师那边元月10日前后可结束，再到烟台看看就回京。就写到这里。此致

敬礼　　祝您全家元旦愉快！

学生　佟伟华　敬上

1981.12.27

佟伟华—苏秉琦（1982.4.11）[①]

苏先生：

您好！走前本想最后聆听您对我此行的安排和意见，但那天下午您没在，听师母讲您的身体不太好，第二天也有事，所以我便没有到您那里去，只好在信中向您汇报了。

我于4月5日清晨离京，下午到济南，6日到省博找到郑笑梅老师，她带我面见了杨子范和张学海所长。征得人家同意，然后去看紫荆山的东西。

这批东西不多，当时只挖了两个探方，除了已发表的器形之外，还见有剖面圆形和宽带形鬶把和无流鬶口，还有一件厚重的觚形杯底，总的印象是与北庄T7⑤层东西基本相同，但其中也略可看出有较晚的因素。如有相当于T7④层的短尖外撇鼎足和宽带形鬶把，所以这层应当是延续了一定时间的。只因发掘东西太少，只能得出大体的印象。

7日，我到山东大学看了去年尹家城发掘的东西。他们这次发掘颇有收获，现已复原400多件器物，主要是龙山和岳石的东西。龙山层分上下两层，下层下压龙山墓葬（共十几座），他们想分三期。M15为龙山早期大墓，4×6米出器物十余件，为二次葬，骨架为三个个体。岳石层堆积很厚，未分期，所出器物与胶东地区器类和造型基本相同。不同的是尹家城不见三足器，胶东流行的舌形足和瓦足，这里无一发现，而这里出一种平底舟形器（椭圆形口）是胶东未见到的，我想这两块地区一定会有地方差别的。

8日上午我又到省博物馆看了大汶口早期的东西，想与胶东

---

① 原信未署年。佟伟华先生指出信件写于1982年。

区相应比较一下。8 日晚我离开济南，9 日晨到烟台，中午赶到蓬莱，下午便进了岛，这一路上虽几经周转，我带的资料和书籍又多，但总算顺利到达目的地。

进岛后当晚去拜访了孙玉宝主任，严老师让我给他捎了信，他对去年去京时北大给予的帮助和招待十分满意，特别是对您的亲切帮助十分感动。他一再表示不管此事能否办成，都永远感谢您及北大对长岛的支持。我这次进岛县里十分热情，总之这对我们今后开展工作将是十分有利的。

这两天我先修整了一下工作室，帮忙的小高还未到。这次独立出来工作，对我是一次很好锻炼，我一定好好利用这次机会，争取把工作做好，把材料整理得深入细致一些，以此为基础把论文做好。

苏先生，三年来从您学习，由于您的安排，使我有机会接触胶东和长岛这一课题，有机会三次进岛，认真地蹲下来摸一些具体材料，这在我一生的学习和工作中将是十分宝贵的，我十分感谢您为我做了这样的安排并给了我这一难得的学习条件。我一定遵从您的旨意，把材料搞深搞细，论文要写出深度和分量来，绝不做假大空的文章。我初步考虑了一下工作安排，因 T1—T5 材料不太多，同学又都整理过了，所以我想还是从 T7 整起，一层一层地整，再选几个较好的灰坑统一排一下，T7 整完后再排排 T1 到 T5 的东西，然后选标本画图、制表，以后的工作我将随时向您汇报，希望能得到您的指导。

听说您最近身体有些不适，使我十分不安，希望您一定注意劳逸适度，减少接待来访，避免长时间谈话，多出外散散步，让身体自身调节好。望您多多保重。

您的学生

佟伟华　敬上

4. 11 晚

佟伟华—苏秉琦（1982.6.18）

苏先生：

您好！吴汝祚、高广仁老师于6月6日进岛，我陪他们去砣矶岛看了大口村医院后的龙山墓群。孙主任要他们协助处理医院要求修围墙问题，后来他们商量了一下意见，如医院动土挖到文化层时由文物部门处理，其他土方不予负责。县里同意与卫生局交涉以后再定，考古所的意见是他们可协助清理。

吴、高走后我和县博三人于10日赴隍城岛，15日返回，考察了南、北隍城岛和大钦岛，此行颇有收获。宋老师曾两次到北隍城岛，只发现了很碎的红陶片，难以断代。我们这次进北隍城岛，正好山前村中大路刚挖一条水沟，虽已回填，但翻上来不少陶片。饭后散步时，突然在路上发现了一个龙山鼎足，剖面椭圆形，两面均有阴刻纹槽，接着又发现了一个侧视三角形凿足，可能为大汶口晚期的，大家都异常兴奋。以后我们又采到不少龙山轮制薄胎黑陶片，尤为重要的是采到了一片泥质红陶黑彩陶片与黑山岛的完全一样，为弧线三角加斜平行线。这些发现说明，北隍城岛起码有黑山一期和龙山的东西。水沟深1米，翻上来的大部分是龙山片，估计龙山下的地层保存较好。遗址中心区在山前村中，因时间关系未能试掘，在南隍城岛也发现了少许龙山片，但未找到相应地层，多为汉代堆积。

在南隍城岛我们冒着风险乘一小船去看了唐代的摩崖石刻，十分壮观。返程中因晕船，在大钦岛停了两天，到北村、东村两遗址（原调查过）采了不少陶片。

回来后这几天正在准备收摊子，我准备21日离岛，到烟台住一星期，月底可到京。详情回家后向您面报。

严老师来信说学校让八月底前答辩，否则算明年二月毕业，我看八月份时间太匆忙，搞得太草率了不好，实在不行就推到明年吧。

我走前一定做好各方面善后工作，有始有终，请您放心。

省文物局已致函县文化局，告知北大下期实习事。

祝您愉快！

学生 伟华 敬上

1982.6.18

佟伟华—苏秉琦（1983.5.7）[①]

苏先生：

初夏之际问您好！我们来垣曲发掘已经一个多月了，现在田野工作已近结束，准备初步整理一下然后回京。

垣曲古城镇在沇河与亳清河两河冲积形成的三角形小盆地内，四周中条山脉绵亘，南距黄河三里，遗址在沇河西岸的河旁台地上。这次发掘分三区进行，Ⅰ区挖了11个探方，文化遗存有东周，相当于庙底沟二期和仰韶晚期三种；Ⅱ区挖了4个方，主要有东周和仰韶晚期两种内涵；Ⅲ区挖了5个方，遗存与Ⅰ区相同，总计发掘面积五百余平方米。

发现的遗迹主要是灰坑，少数可能是房屋。我参加了Ⅰ区的发掘，先后开了三个方，方内堆积有东周文化层，其下叠压着相当于庙底沟二期的灰坑，多有打破关系。最深的灰坑为4米，遗存较为丰富。从初步整理看，相当于庙底沟二期的遗存主要器物有：夹砂篮纹或绳纹罐，上面饰有数条宽带状附加堆纹、篮纹釜灶、篮纹平底盆、篮纹三角形足罐形鼎、平底扁凿形足盆形鼎、泥质高颈折肩壶等。陶器多为平底，流行花边口沿、鸡冠耳等装饰，篮纹数量极

① 原信未署年。佟伟华先生指出信写于1983年。

多，绳纹次之，方格纹较少。由于庙底沟二期的灰坑存在较为复杂的打破关系，因此很有可能进一步分期，有待于室内整理时分析和研究。

我将于五月中下旬结束工作后，然后到西安、洛阳、登封看看，六月中回京。

今天郑州大学匡渝老师来工地，听他说您将到郑州出席年会，现托他捎去这封信，向您汇报一下我们这里的发掘情况。听说您将取道山西回京，如果有可能，希望您能来垣曲的工地看看，我们在这里恭候您。

天气日趋炎热，万望您在会议和外出期间注意休息，保重身体。生活的节奏一定要平稳、轻松、避免劳累。

详细情况回京后再向您汇报。

敬礼

您的学生　佟伟华　敬上

5.7 晚

于垣曲古城

任世龙

任世龙（1938— ），先后工作于浙江省博物馆、浙江省文物考古研究所。

任世龙—苏秉琦（1981.10.19）

苏先生：您好！

去年年底参加硅酸盐年会时，曾有幸在所里面见老师，并交上作业一份呈批。回浙以后，即返工地。春节以前，我所又进行了一次业务汇报会，学生就浙江龙窑窑址的发掘工作方法问题谈了自己的认识。老杨同志曾表示这种汇报很值得提倡，可以为今后提高田野发掘工作质量积累经验，原打算单独油印，不知何因无有下文。

开春以后即着手编写《山头窑与大白岸——龙泉东区青瓷窑址发掘报告之一》，此稿已交付本所。目前正在排印之中，是作为我省今年度考古学会的礼物——《浙江省文物考古所学刊》中的一篇。此外，所里让我赶写一篇论文，即是呈交批改的那份作业的修改稿。现定名为《龙泉青瓷的类型与分期试论》，今天上午拿到了打印稿，特呈交老师批改。

关于龙泉窑的问题，学生有些想法与打算，在此一并报告老师，请指点。

1. 龙泉东区水库淹没范围内有窑址近二百处。目前，各参加发掘单位已纷纷收兵。学生拟于明春在源口区选一处发掘，主要是想进一步充实元、明时期的资料，重点是想拿到比较完整的工场遗迹材料。

2. 与此同时，准备选几处典型的窑址，在堆积中开探沟，分层采集瓷器标本和窑具。

3. 明年下半年准备到大窑和金村两地，进一步作较为详细的考古调查（包括小型试掘），以进一步搞清六十年代窑址发掘中所尚不够清楚的问题。

4. 在搞清龙泉窑中心地区（大窑和金村）遗迹和龙泉东区的窑址的前提下。打算明年度着手整理和编写一个龙泉窑址发掘报告（专集），就公布解放以后浙江历次龙泉窑址发掘的资料，提出正式报告。报告中，打算把五十年代和六十年代的丽水保定、龙泉大窑和金村等三次发掘材料一并公布（这些报告均未正式发表），加上七九年以来的龙泉东区的发掘资料，以及历年来的调查资料。对于以往的资料拟保持本来面目，不做改写，考虑可以写一篇综合性的文字，作些必要的说明和补充。学生想法是若能完成此一项任务，作为浙江，可以对龙泉窑暂作一交待，估计在近时期内不可能再大规模地搞龙泉发掘工作了。

以上的想法已向牟永抗、朱伯谦、杨晨钟同志提出过，他们都认为是应当完成的工作。今天向老师提出，是想趁老师赴杭州参加年会之机，能当面指教，若能得到您的明确指示和支持，对学生是异常宝贵的。听说省文管会打算趁年会在杭召开之机，邀请一些学者和教授就浙江的考古工作提出意见，是否请您能预先考虑一下，您的学生们都殷切期待着您的教诲和支持。

苏先生，自您七七年十月间来浙以后，由于您的支持，使学生得以摆脱非业务性的冗杂事务，总算能够把主要精力集中到考古工作上来。由于学生的疏懒，业务上长进甚慢，有负您的教诲和期望。但学生决心加倍努力工作和学习，争取做出较好的成绩。

敬候

台安！

学生　任世龙　拜上

一九八一年十月十九日

任世龙—苏秉琦（1982.5.4）

苏先生：您好！

龙泉源口窑址发掘第一期工作已快结束，预期在本月十号离开工地，月中可以抵京。

按我所、室交下的任务，是要求今年上半年结束龙泉窑址发掘工作，而后转入材料整理与报告编写。但此次发掘的内容相当丰实，且学生决意就本次发掘中对窑址发掘的方法问题作些探索，觉得不应为了编写报告而压缩野外工作，所以请领导到工地观察，因此获准下半年继续发掘。

自那次将初稿寄上以后，总觉得许多问题还说不清楚，因为毕竟实践太少。学生在此后的工作中，就瓷窑遗址的发掘问题进行反复琢磨推敲，似感到比前又清楚了许多，于是就着手重写讲稿，大致内容如下。

题目：瓷窑遗址考古

——浙江龙泉青瓷窑址发掘

（一）序言

一、陶器是人类用化学方法制造成功的第一种新材料，成为新石器时代的重要标志之一。瓷器的产生，是人们对陶器的一次革命变革。简述由陶向瓷发展的经过，并认为瓷器并非由原始瓷直接演进而来，其间有一个曲折过程——战国中后期出现原始瓷发展系列的中断，秦汉之际出现一种新的带釉陶瓷制品，到汉末首先在浙江地区烧造成功瓷器。自此以后，进入“瓷”的时代。

二、对我国陶瓷考古的历史回顾，划分为三个阶段：

1. 古陶瓷的收藏鉴赏

2. 十九世纪三十年代的瓷窑基调查与瓷片的研究

3. 解放以后的瓷窑址发掘

指出这是瓷窑考古认识论上的一个逐步加深过程，“瓷窑遗址考古”是由这种过程演进而来的必然。

三、瓷窑遗址考古的任务和方法

运用考古学科的基本方法和手段，去获取有关的遗物与遗迹等实物资料，对古代瓷业生产在每个不同发展阶段（历史时期）生产力发展的水平、窑场的规模和经营方式、制作工艺技术的成就和艺术特征、成品的销售等方面进行综合的考察。

指出瓷窑遗址考古，以窑场——考古学意义上的制瓷工场遗址作为最基本的单元，它又不同于一般遗址，首先是一个物质生产制造的场所。要求按照古代手工瓷业生产的基本环节和操作的工艺流程作为观察问题的主线。

（二）考古学基本方法在瓷窑考古中的运用

一、瓷窑遗址的地层划分

1. 地层划分的考古学依据

窑炉遗迹的叠压与打破关系和堆积分层的有机结合，可能是分层的核心所在。

2. 窑址分层的方法

（1）在一处连续烧造的窑场内，遗迹变化不具备分层的条件。

（2）窑炉（龙窑），虽自春秋战国沿用到明，有其结构变化的阶段可分，但一般历时较久，变化不快。

窑场内往往发现多条龙窑的叠压与打破关系现象，为考古分层提供确切可靠依据，但仅有这种地段范围的分层，缺乏分层的内涵。

（3）窑场废品堆积，只要处理方法得当，可以进行堆积分层，但并非每一个自然堆积层都具有分层意义。

（4）遗迹叠压与打破关系和堆积分层的结合可视为窑址的典型层位，窑床遗迹的打破、叠压关系为堆积分层提供确切可靠的考古学依据，而堆积分层可以作为补充条件，丰实各层内涵（着重介绍探沟法的运用，堆积的特点，龙窑的特性）。

二、遗迹的清理与遗物标本的采集

1. 原料制备与坯体成型工场遗迹的清理

2. 以窑炉为核心的烧成工场遗迹的清理

（1）龙窑的内部结构

（2）龙窑的外部结构

（3）龙窑遗迹的清理方法与步骤

3. 标本的采集

（1）瓷片的采集

（2）窑具的采集（窑具在瓷窑遗址考古中的特殊意义和作用）

三、瓷片的整理

瓷片在窑址考古中的意义与作用

瓷片整理中的特点（与陶片的异同点）

釉，是瓷片整理工作要素中的核心，也是有待于努力突破的地方。

（三）龙泉窑址发掘的初步认识

一、龙泉窑产品的类型、序列和分期

1. 以往龙泉青瓷研究的主要成果

2. 几点新的认识

二、窑场、窑区、窑系在瓷窑考古中的认识

1. 窑系问题（龙泉窑与仿龙泉的窑业系统）

对《谈龙泉与土龙泉的几个问题》的异议，必须各自搞清自身的类型、窑区和系列，而后进行必要的比较，不能把福建的青瓷笼统地概为“土龙泉”。

2. 龙泉窑的地域差异与地方特色——窑区问题。

3. 对龙泉窑中可能存在的几种不同规模的经营方式的窑场的认识，认为“龙泉哥为民窑，传世哥窑为官窑”的论断缺乏起码的考古学依据。

对于窑场的规模、经营方式和经济性质的探讨，必须从窑场发掘的资料整理研究这一实际出发，但这是需要长期探索的课题。

以上内容不知妥否？学生的主要意图，想着重介绍瓷窑遗址考古发掘（龙泉窑址发掘）的方法，并结合个人对方法论的一些认识体会，即便是第三部分介绍对龙泉窑的认识，也仍然是企图说明：一些不同于以往认识的基本点的提出，正是不同方法论的结果。

学生写这封信，并把要点列出，其目的是为了进一步听取您的批评指正，力求表达得好一点，只是过多地占用您宝贵的时间，心中甚是惭愧。如蒙允许，则拟请老师在学生作课堂汇报讲课之前，赴所当面聆听老师的教诲。

谨祝

福体安康！

学生　世龙　叩拜

1982.5.4 于

龙泉源口工地

任世龙—苏秉琦（1982.11.2）

苏先生：您好！

拜别老师，迄未致函问候请安，请恕学生怠惰简慢。

回杭之后，除了做些杂务之外，主要是写作《龙泉窑址考古简论》文稿。今天脱手，并直接寄给俞伟超、严文明二位老师。文字写得拉杂冗长，又来不及复写，所以想暂不浪费您老的宝贵时间了。打算待俞、严二位老师批改，第二次改写之后，再寄请您老审阅，不知可否？

此文分三节，第一节写对瓷窑考古的认识，提出瓷窑考古方法论的探讨之必要。第二节论述几个方面问题，意在阐明瓷窑考古中如何理解并运用考古学的地层学与类型学研究的方法。第三节，就龙泉窑瓷业生产的社会经济性质提出一些粗浅认识，认为大体可以分为三种不同经营方式，其经济性质则均属封建主义生产关系，元代至明中期龙泉瓷业的进步与发展，受到海外贸易的巨大推动，可能存在雇佣劳动的因素，似并未促成资本主义之萌芽。第一节是第二节的论述前提，第三节是第二节的延伸，说明瓷窑考古并不以瓷器研究为终极目标。如您老有兴趣，则请向俞、严二位老师索取原稿一阅。当然这是学生的内在心愿，只是怕加重您老的负担，所以未敢贸然造次。

学生于十月上旬重返工地，至今已揭露出该窑场范围内分布着六块各自分割的作坊遗迹，先后建窑七次以上，估计其制瓷延续达八九十年之数。学生以为是一次比较有意义的考古发现，决心完整地获取有关遗迹资料，届时再向您老做出书面汇报。

苏先生，学生虽然疏懒怠惰，但在您老的亲切关怀和指点之下，已初步认识到自己应当坚持的道路与目标，要始终不渝地坚持下去，把浙江的瓷窑考古工作摸索出一个初步的轮廓，而决不为以往陶瓷史研究的传统观念和固有的方法论所束缚。今年江西的古陶瓷研究会学生也未曾参加，说心里话也不想去，学生认为目前的问题不在于谁家学说之高低优劣，而是需要从根本的道路与方法上下功夫，各自多摸一下自己范围内的“块块”“条条”，搞清瓷窑考古中的“区、系、类型”倒是至关重要的课题，只有基础扎实了，才有可能进行综合研究。这一想法未知是否偏颇，今向您老托出。敬请赐教指点。学生在工作中也颇有孤独之感，似乎与陶瓷界缺少更多的共同语言，所以恐不时地要打扰于您。学生比以往任何时候都深切地感受到，您老的健在实是学生辈最大的幸运，衷心地祝福您老健康长寿！！

牟永抗同志于十月中旬赴京，想必他定然已拜访吾师，学生就不再啰唆了！

专颂

安康！

学生　任世龙　敬上

一九八二年十一月二日

学生通讯处：浙江龙泉双平公社林场转考古队。

任世龙—苏秉琦（1986.1.17）

苏先生：

去年元月赴京，探望您老以后返杭，时间又过去了整整一个年头。由于学生的怠惰，未曾向老师请安问候，敬请原谅。值此新的一年的开端，谨向老师遥祝新年快乐，岁岁平安，福寿安康！

自一九八一年杭州会议上，老师正式提出瓷窑考古这一中国考古学命题以后，学生时刻遵循老师的教诲，常抱不忘师命的信念，以开展浙江瓷窑遗址考古研究作为毕生追求的理想和目标。尤其是当我双手接过老师亲笔题赐《考古学论述选集》以后，考古学区、系、类型研究的道路必须在陶瓷窑考古领域中开通的信念更加坚定。一九七九—一九八三的五个年头，学生坚持在龙泉山区发掘龙泉青瓷窑址，其间承师命而返校作过一次汇报讲课，迫使学生对瓷窑址考古发掘工作进行一番自我总结，从许许多多的失误与曲折的痛苦中，强烈地感受到考古学的基本理论和方法必须在瓷器研究领域加以贯彻，把立足点牢牢地置于窑场遗址。

因而得以在最后一个点的发掘中，进行全面揭露。以窑场的瓷器烧成区作为发掘的关键地段，始终把握窑址堆积和遗迹现象的地层关系，最终获得了一处窑场遗址的比较全面而系统的考古资料。通过先后叠压的十条窑床遗迹到的层位关系的揭示，二条堆积探沟废品堆积地层的明确区划，对发现的七个作坊区遗迹关系的排比，把元代早中期仅几十年时间跨度的遗存明确地划分出三个不同阶段，并且首次发现了烧制厚釉瓷器制品特有的中间工艺遗迹——素烧炉四座。

该窑址发掘先后分三期，历时两个年头。我自己也想把五年发掘所得的考古资料及时加以整理，所内同志们也有同样迫不及待的心情，而且文物出版社也前来约稿，拟出一田野报告集子。学生也曾草拟并几次改写报告提纲，但至今未有进展。究其原因是两个方面：其一是我所考古工作尚未形成一条龙，不仅人员严重不足，而且根本找不到整理场地，抓抓放放；其二，则是发现自己的思路尚未理通，颇有事倍而工半之虑。倘若再冷却一段时间，多考虑、多搜集，再比较——把比较的范围从一个窑系扩大到几个窑系的相互关联上进行观察分析，似乎会更有利一些。学生想到，就龙泉而论龙泉，思路不广，难免有失偏颇，只希望在瓷窑址考古发掘报告的编写方面能有新突破和略具新意，以期收到较好的社会效果。即便是因此而招致非议，以致成为众矢之的也在所不惜。

去年的工作计划，学生把主要精力投入到另一地区的瓷窑址考古调查，即以“器择陶拣，出自东瓯”的东瓯窑为核心目标的温州地区窑业体系和制品类型的考古专题调查。花费一年时间，分二次跑遍温州地区各属县的每一个窑址——以该地区文物普查发现为调查线索，共发现窑址百余处，时间跨度可起自东汉中晚期延至元明。按制品面貌特征区分为东瓯窑系、龙泉窑系和可能是受到闽、赣瓷业影响的青白瓷体系，还有极具地方特色的釉上绘彩的青釉瓷器类型。

不仅大体上了解到东瓯窑系窑场遗址的地域分布，起讫年代与发展的阶段性，从而较以往对东瓯窑的论述有了更为系统与明确的初步认识，而且由于大批龙泉窑系窑址的发现，极大地丰富了对龙泉窑考古的新资料和新认识，涉及的范围也不再仅仅是浙江境内，这就为瓷窑址考古的有关区、系、类型研究提供了较前更为广阔的时间范畴和空间范畴。

据此，学生在制订本年度工作计划时，准备把温州地区的窑址调查工作推向更深一步，拟选择温州的西山窑址作为年内发掘点（因为该窑址已在历年的兴土动工中遭到日益严重地破坏，市里早就建议抢救性发掘，省文物局也有此动向）。同时，还设想以制品类型及其阶段区分作为深入一步的课题，拟对一些宜于进行小规模试掘的窑址做些必要的工作，以期取得考古分期所必须的地层关系资料。然后，把调查资料与发掘资料加以系统整理，希望对东瓯窑问题有一个初步的交代与认识。学生还设想，在此后的若干年以内，把工作重点放置在全省范围内的按区分系，依类型进行的瓷窑址调查上。在此基础上逐步积累资料并建立瓷窑址考古标本室，朝着浙江瓷窑址考古资料的收藏与研究中心迈步。

这种设想，仅靠本所一个小小的瓷窑址考古研究室现有的二三人是难以付诸实现的。所以学生把目光转向地县的考古专业同行。此番在温州地区工作即采用实地举办短训班的方法，把基本的方法都教给当地同志，共同调查，边干边讲，一起整理，始终采取合作的态度，颇有良好的收获。这样也不感到势孤力单，反而时常觉得内心充实，精神饱满。以后工作中，学生想继续照此行事，并力求摸索出一点经验以便不断提高工作效益。省文物局对学生的这种做法似也表示赞同，因为这与浙江考古事业发展的大方向是合拍的，地县同志也颇欢迎。

这封长信是学生向老师汇报工作，并请求老师批评指正。同时就今后的设想是否对路，恳请年迈人斧正。但一写就难以收住，以致劳您费神，学生心中惶恐不安，无膝下承欢，为您老尽半点孝心之机，却经常以此讨教求诲。此也是学生不敢多提笔写信的一个原因，更不敢以空话废纸来浪费老师的精力。学生之心耿耿，惟求在老师的教诲下，能为老师所毕生贡献的中国考古学事业做些点滴的事情，以此来报答老师对我们学生辈的殷切期望，但恨自己之不长进，无颜面对吾师。恳请老师赐教，学生竭诚以待，引颈北顾。

此奉，再拜，并敬颂

康健长寿！

学生 任世龙 敬上

一九八六年元月十七于杭州

环城西路22号

任世龙—苏秉琦（1987.11.12）

苏先生：

首先让我遥祝您老福寿健康！

三月份在杭州，能有那么一个机会，得以在膝下侍奉，聆听老师的谆谆教诲，并得到您老对学生从事的瓷窑址考古的慈祥的关怀和指正，学生如同以往一样，永远铭记于怀。因为后来忙于工作，尤其是职称评聘的烦人干扰，所以未能静下心来给您汇报点想法。近日由于本人申请诸事已告一段落，所以又想到应当给您写封信，一则倾诉衷赐，二则请求指点和教诲。

1983年结束龙泉窑址发掘任务以后，学生转向浙南地区的瓷窑址专题考古调查，这项计划被所里采纳而作为长期的课题。目前已由浙南而开始转向浙北，惟宁绍和金瓯盆地则留待下一阶段，因为那里比较“拥挤”，学生想以四面合围方式到最后来解决它。这段时期的工作，在思想上作了一番认真的总结，诚如您老所教诲的：“总结不是报账，评价必须斟酌，估计也不应草率。”另一方面也是因此番申请与评审所须，因而大体上完成了题为《浙南地区瓷业遗存类型的探讨》一文，连同1984年与牟永抗同志合作的《官哥简论》，作为提交评审的两篇论文。

回顾七十年代后期迄今的十来年瓷窑址考古实践中所经历的探索过程，学生确认了一个真理：瓷窑址考古也必须坚定地贯彻考古学文化区、系、类型研究的理论原则。《龙泉的青瓷类型与分期试论》—《官哥简论》—《浙南地区瓷业遗存类型的探讨》，可以作为三个阶段认识的文字总结。在《探讨》中大体表述了个人对瓷窑址考古的学科目标、性质、任务以及方法、道路诸问题的认识，其中把“单件制品、产品类型、窑场、窑群、窑系”作为瓷窑址考古研究的五级系列概念和内涵，提出以“产品类型”的研究作为最活泼与最基础的单元，与传统的“窑系”研究加以明确的意义区别，并认为“产品类型”是一个重要突破口，设想以此作为今后研究的基本点，并以期将来有所进展。

学生认为只有把“产品类型”当作瓷业发展过程中纵横的时空网络中的关节点，犹如汽车上的“万向节”，方有可能对瓷业生产的发展“谱系”加以考古学的观察分析，大致地整理出一个骨骼系统。

如果您老认为有兴趣或必要的话，学生准备在适当时候加以文字送呈一阅！当然也有些惶恐，因为这要占据您的时间。

匆匆不及详告。

敬祝

健康长寿！

学生　任世龙　叩拜

1987.11.12

罗哲文

罗哲文（1924—2012），先后工作于中国营造学社、国家文物局。

罗哲文—苏秉琦（1981.10.20）

苏先生：

送上山东德州苏禄国王墓碑及神道石人石兽照片各一张及近日拍摄的李卓吾墓照片一张，请收。

文物队小吴的照片不知送去否？

匆上并致

敬礼

罗哲文　拜启

81.10.20

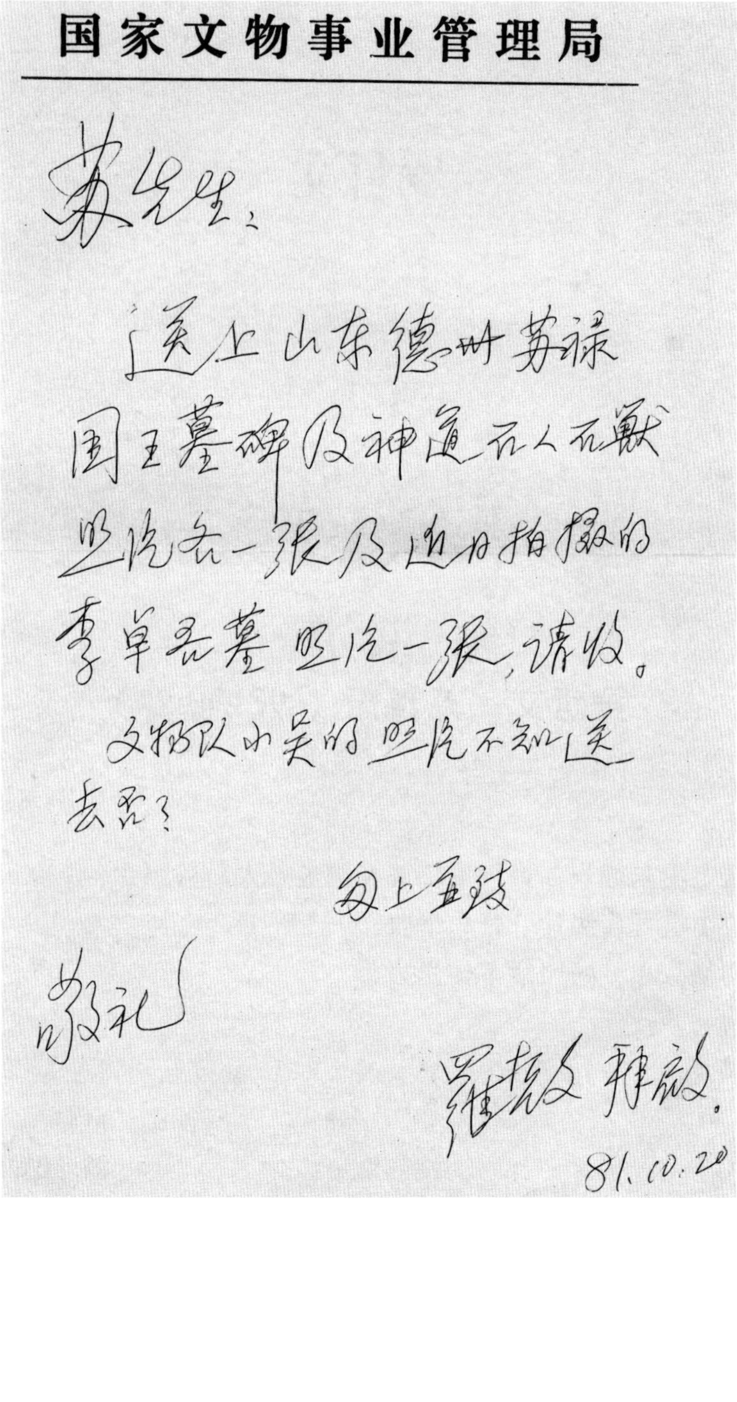

国家文物事业管理局

苏先生：

送上山东德州苏禄国王墓碑及神道石人石兽照片各一张及近日拍摄的李卓吾墓照片一张，请收。

文物队小吴的照片不知送去否？

匆上 并致

敬礼

罗哲文 拜启。

81.10.20

吴梦麟

吴梦麟（1937— ），工作于北京市石刻艺术博物馆。

吴梦麟—苏秉琦（1981.10.23）

苏先生：

您好！

我又找了一下资料，碑阴下面几行小字确已无法辨认，只存几个字还可以揣测。我找徐自强再查一下，如果能查到，再给您抄录。敬请

近安

学生

吴梦麟

1981.10.23

陆耀华

陆耀华—苏秉琦（1981.12.20）①

苏先生：您好！

前次来嘉兴，由于条件差，招待不够，很抱歉！下次有机会请二上嘉兴，来摸摸陶片。

今寄上湖州市花城遗址木构窖穴出土的云雷纹凹底罐照片二张，拓片一张，请查收。

天气很冷，望苏先生多保重身体。有事请来信。

致

敬礼！

陆耀华

12.20

---

① 家藏书信与信封分置。书信用“浙江省嘉兴市文化局”信纸，未署年。信封为浙江省嘉兴市文化局信封，署“陆绒”，邮戳 1981.12.21，内置拓片 1 张、彩色照片 2 张。从字体、时间和用纸及内容看，书信和信封原应相关，书信写于 1981 年。信封中另有黑白照片 16 张，其内容与书信无关，为后来误入。

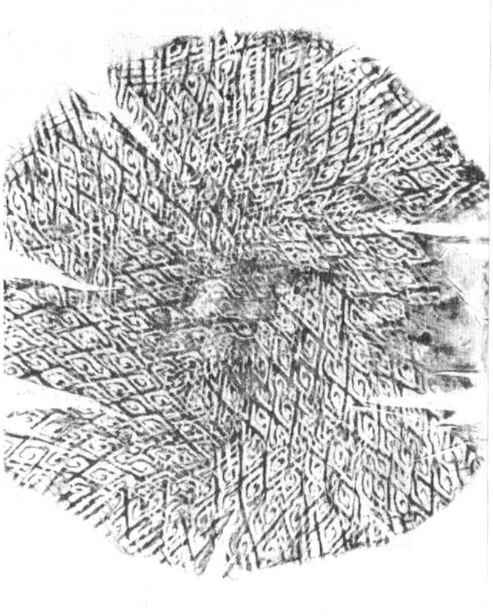

罗西章

罗西章（1937—　），工作于宝鸡市周原博物馆。

罗西章—苏秉琦（1982.4.12）

尊敬的苏老师：

您好！

北吕墓地的发掘工作，遵照您的指示，去冬又挖了70多座墓，大都属西周中晚期。墓葬大小、器物组合和以前发掘的差不多，没有什么新的突破。本来想挖一点遗址，找一找地层关系，但始终找不到合适的地点，加之省上不发给执照，又没有经费，所以不能如愿。看来这里的工作今后没有再搞下去的希望了。苏老师，您说我下一步该怎么办？报告要不要写？怎样写？望老师指示或派个人来协助一下。

敬祝

安康

学生　罗西章

82.4.12

匡　瑜

匡瑜，先后工作于吉林省博物馆、吉林大学、郑州大学。

匡瑜—苏秉琦（1982.4.30）

苏先生：您老好。近旬身体安康。

前次赴京，承蒙赐教、指点，视野有所开阔，但愿今后再遇良机就教于先生。

从北京返校后，即忙于一些琐事，诸如打扫卫生啦，领同学开展文明礼貌活动，想出来搞业务也有困难。

最近来到登封告城省文物研究所工作站，着手整理去年禹县发掘的资料，由于人手少（省文物所 1 人，学校 2 人）工作中可能会有难处。不过，我一定牢记先生之教诲，严肃、认真地整理资料，在基本情况吃得比较透的前提下，方动手写简报。

对禹县这批材料，先生还有哪些高见，恳望不时指教，因当时限于时间仓促，先生身体又不太好，不便多予打扰，所以还恳望先生日后多加指点。我们在整理过程中遇到了疑难和问题，也一定及时去函汇报，求得您的帮助。

《中原文物》去年第 4 期发表了先生的一篇追忆性文章，谈到淮滨一带的新石器资料，值得注意。我虽已拜读，但因未见器物和陶片，不知比较。在此，请教先生，不知那个地区的东西与禹县的资料有何区别？还是有相似之处？我倒不是要在简报中作比较，而是想心中有所了解，便于日后进一步搞这个题目。请先生在不影响身体健康和休息的情况下，赐教于学生。

郑州这边有什么事需要办理，请先生来函就是了。学生们一定努力去办理，请不必客气。

祝您和师母身体康健。

致以

敬意

学生　匡瑜　敬上

1982.4.30 于登封告城[①]

苏先生：您老如有鸿雁，请投寄：

河南省登封市告城公社省文物研究所工作站转学生即可。

学生又附

匡瑜—苏秉琦（1982.11.13）

苏先生：您老好。

自拜读您的第二封信后，一直未能去函请教，原因是我在登封告城进行整理一段时间后，就参加了78级毕业分配工作，嗣后又准备下半年的发掘工作，事务缠人，敬请宽谅。

近日刚从禹县瓦店归来参加学校的会议，特去函汇报下半年的发掘情况。

瓦店的续掘工作于九月底开始，省文物研究所一名青年和我共

---

① 告城，即“告成”，依信中写法录文，下同。

同挖了四个方（$5\times 5m^2$），地点选择在去年发掘的Ⅰ区（即出筒形器的地点）。续掘的目的有二：①继续找寻去年已露头的龙山早期的地层。去年IT5⑤（红黄色土）出一横兰纹陶罐和几片早期陶片，由于材料太少，未能定早期地层，今年想继续搞一搞。②那套高筒形器及其它一些特殊器形，虽然有几件，但为数不多，希望在Ⅰ区再发掘一些。

经一个多月发掘，颇有收获。早期地层已得到确认，出龙山早期器物十多件，计有横兰纹罐、横兰纹宽扁足鼎、陶瓶、陶盉形器，琢刻的细石器（三角形凹底石镞），细石片。陶片数量也不少，以泥质式夹砂灰陶为主，也有红褐陶，陶片中往往掺有蚌粉。素面为主，次为横兰纹。陶器和陶片就出在过去的红黄色土地层里，此层下为浅黄色生土层，其上（4层）为黄褐色土。

关于那种高筒形器，今年没发现，但薄胎高柄杯、薄胎陶杯仍出现。此外，还出土了磨光黑陶的盉形器等精美器形。

从两次发掘所获遗物看，正如您老所指出那样：很有自己的特点，不同于伊洛地区的龙山文化。现在我更感到是这样。颍河流域、汝河、淮河上游的原始文化是值得重视，过去工作甚少。所以，还望您老多予指导。

去年发掘，已整理一个简报，暂分为三期（还可细分，但感到需要再做工作，所以我先分三期）。一期，年代上略早于王城岗（煤山）一期（文化内涵不能相比，仅指年代而言）；二期，年代相当于王城岗二期；三期，相当于王城岗三期或略晚。由于与文物所合作整理的，所以，在结语上没有更多涉及该类型是否应独立提及。想等到这批资料整理后，编写正式报告时再一并提出，不知是否妥当，请您老指教。

我明日返回工地，将文物运回告城，进行修复。想在近期请赵芝荃等同志到告城，帮助看看器物（他本人也多次表示要看看）。煤山遗址材料发表后，我们也有些问题想求教于他。

由于进入严冬，您老外出不便，我们是很想请您老亲自予以指导。这只好等明年考古学会时您老光临了。

祝您老康健、长寿。

祝师母身体康健。颂

冬安

学生　匡瑜

82. 11. 13 于郑州

苏先生：您老如回函请寄郑大历史系，我二十几号就回学校了。

学生补附。

匡瑜—苏秉琦（1985.2.26）①

苏先生：您老好。

首先，给您老拜个晚年，祝您老身体康健、长寿，更祝您老的学术思想光照我国的考古事业。

自八三年在登封告城亲听到您老的片段指教之后，就一直再没有去京拜访和请教您老，心中好像缺了许多东西。特别是听到某些只言片语的“消息”时，心中犹如有一种东西在堵塞着，同时也深感现在的学术风气之不正。越是在这种情况下，我们也看到了先生的高风亮节，但也望先生多予保重。

禹县瓦店的发掘资料，器物已基本修复完，也作了部分器物卡。但由于教学工作牵扯，尚未全面铺开整理，下学期没有课，也许能抽些时间去整理，在整理过程中还会遇到许多问题，到时再请教于先生。

本学期让我承担新石器时代的课程，由于教材原来翻印北大的那本旧的没用完，所以继续用它作参考。考虑到体例、观点和一些新资料，我又编了一个讲授提纲，这个提纲是去年七月份在山东长岛讨论《中国考古学》文博教材时，我与牟永抗同志讨论时写的

① 苏秉琦先生在信件首页页眉写：“6/Ⅴ复。”

第一稿，后编写小组认为这样编还没有把握，就另搞了一个提纲。今将这个提纲呈您老，请予赐教，乞望您老在百忙中抽暇过目一下，不妥之处或错误的地方，请您老直接批在打印本上，然后退我，便于讲课时及时改正，不致谬误流传学生。

《提纲》中吸收严文明同志的一些意见，我们看到了他编的新教材（上册）。另外，也吸收了张忠培同志在吉大讲课时的一些意见（可惜他没有讲义），而提纲中更多的是接受了先生的一些主要观点。可惜的是，我们（和牟永抗同志）没能很好地、全面地反映先生的学术观点，所以，有所惶恐。好在，现将这个打印稿呈送您老，请予批改。待得到您老的指教后，我们准备编写一份东西，这是我和老牟的一些想法，不知是否对路，亦请先生指路。在没搞之前，请先生暂为我们保密一下，以防额外生枝。

今托省文物研究所曹桂岑同志（我下一班学友）给先生带去两瓶香油，供调菜之用。小曹这几年一直在发掘淮阳平粮台城址遗址，他亦十分敬仰您老，在他这次参加学会的论文中，还特别提出了您老的一些论断。这次我嘱他专门到您老家中拜访先生，我们虽是西大的毕业生，但在学术和考古事业上，都愿得到您老的指教，做一名额外的学生，我想您老是不会把我们拒之门外吧。

今春天气不很正常，望先生多加保重。

祝先生和师母身体健康。

敬颂

春安

学生　匡瑜

85.2.26 拜上

匡瑜—苏秉琦（1985.10.4）

尊敬的苏先生：您老好。

华函转到告城，才拜读到，字里行间，处处体现了先生对我们下一辈的关怀。尽管学生时代没能领受先生的面教、指点，但通过拜读先生的一系列专作，特别是先生 1983 年亲临告城，面授治学理论和具体方法，至今未能忘却。所以，在两年后的告城又细读先生的大札，心里感到一股暖流温身，真是用文字难以表达其心情。作为一个学识浅薄、基础较差的学生，自己决心按照先生指出的道路，尽力多做点工作，以此报答先生对我辈的关切与希望。

这个学期 82 级出来实习，又没有人带，只好由洲杰、我和一个青年教师承担其任务。节前领同学在告城周围搞搞调查，让他们熟悉周围的环境及不同性质的遗址。节后就着手正式发掘，具体地点选在告城西边八方村的东北，离王城岗遗址约 100 多米，经钻探文化层厚达 2—4 米，其内涵有龙山晚期、二里头、二里岗几个阶段的东西。因刚开工，情况还不太清楚，待发掘到一定阶段时，一定向您老汇报其细情，并期望得到您老的指教。

关于请您老审稿进行学术鉴定之事，近日听洲杰同志说：学校和系里对原规定有些变更，即申请教授的，外审、校内审各一人即可。考虑到时间紧迫，能在本省、本市解决的就不一定到外地去。基于上述变动，系里在确定我的外审专家名单时，就定在郑州市解决。所以，您老和佟先生处均没派人去联系了。洲杰同志的也还是用您老过去写过的意见，只是到所里加盖一个公章罢了。因我外出了也不知其变化，未能及时去专函禀告先生，实为不当。但先生对我的热忱关切，我是终生难忘。

洲杰同志现任副系主任，正忙着在校搞评审工作。眼下这里就我和一位青年教师（去年留校的），学校评定工作原计划十月二十日搞完，届时他就来工地。在此，我亦代表他向先生问安。

先生搬到西郊紫竹院，房子条件定有所改善？过去太亏待先生了，我们这一辈人谈及此事，无不有意见。望在可能条件下，请先生赐告具体地址门牌号码，届时进京时去拜望先生。这边小米较好，我准备点新小米到时送上品尝。

敬祝先生与师母身体健康、长寿。

学生　匡瑜　敬上

85.10.4 于登封告城工作站

苏秉琦—匡瑜（1988.5）[①]

对中国考古学的新石器时代要有明确的中心，就是我们这个民族、国家在全人类中确有她不凡之处，从而她也应在未来世界上有她自己应有的一席地位。而我们的历史、文化，既是属于人类的，又是属于我们的。我们有不可推卸的责任，要使她发扬光大。

……

即人类“从野蛮到文明”也恰恰是这万年左右以来到几千年前的一段，差不多一半一半，这两个半段就算各五千年吧，前一个半段的中国史有着其它几个文明古国所远远不能相比的丰富。清理这份遗产，意义重大。

……

为解开中国文化传统（指在历史上长期起着积极作用的诸因素）是如何从星星之火扩为燎原之势，从涓涓细流汇成大江长河这个千古之谜。

---

① 录文自匡瑜《为我国考古学教育事业的发展而倾注心血——祝贺苏秉琦教授八十寿辰》，《华夏考古》1989 年第 3 期，第 96 转 10 页。

杨建芳

杨建芳，先后工作于中国科学院考古研究所、四川大学、香港商务印书馆、香港中文大学、澳门东亚大学。

杨建芳—苏秉琦（1982.5.25）

秉琦师：

生于七八年来港后，不久即受聘任此间中文大学中国文化研究所中国考古研究中心副研究员，并在中大艺术系兼课（接替郑德坤教授主讲课程），因为工作忙碌，乏善可陈，故一直未曾向先生陈述来港后之情形。

入中大考古艺术中心之初，即面临日后研究方向之选择的问题。鉴于海外研究中国考古文物多偏重于器物而不看重断代研究，同时又考虑到青铜器、陶瓷研究并不乏人，而玉器在海外收藏研究者甚众，但在国内却是一个薄弱环节，大有反客为主之势。故决定以中国古玉为今后之研究对象，希望在此一领域内能做出些成绩，以免外人专美。

研究方向确定之后，即搜集资料。此项工作费时约一年多，其结果为最近由此间中文大学出版社出版之《中国古玉书目》一书。

生最近将此书由邮局寄上请先生赐正，谅有收到。

目前正着手编撰《中国出土古玉》一书，不过图片不易收集，拟写信给夏所长，看所中能否提供一些方便。

华县发掘报告，经先生修改审定后，不知何时可以问世？出版后，盼能赐寄一册以为纪念。

忠培兄在吉大教学成绩卓著，于科研也用力甚勤，生因忙碌一直未与他通信，仅由北京友人略知他的一些情形。

先生目前是否仍兼长北大考古专业，高压血症是否已有较大好转？请多珍摄。

赐教请寄：香港九龙沙田中文大学中国文化研究所考古艺术研究中心。

专此　敬祝

近安

生　建芳　敬上

一九八二．五．二十五

杨建芳—苏秉琦（1993.5.9）

秉琦师：

前时曾有忠培学兄处转呈一篇小文——《石家河文化玉器及其相关问题》，请吾师赐正，料想早已收到。

前月接台北“中研院”史语所来函，邀请出席该所于明年一月举办之“中国考古学与历史学整合国际研讨会”。最近欣闻吾师荣膺研讨会荣誉主席，即与敝所陈方正所长商议，请吾师经港赴台时，拨冗莅临敝所讲学，为期二日。如蒙俯允，请即赐知，以便由所中发出正式邀函。

生来港后，即悉心从事中国古玉之研究，偶有所得，多撰文刊于国内及港、台等地杂志。大前年在美国加州大学开会，提交有关夏代玉雕论文。前年应台北故宫邀请出席该院主办之学术会议，宣读之论文为本信开头提到之小文。要之，所有写作均以古玉为题。

本月下旬及七月中旬，生将分别出席北大之“迎接二十一世纪的中国考古学”及西安之“周秦文化国际学术讨论会”。七月上旬可能赴浙江、辽宁等地，参观良渚及红山玉器（多年前曾参观过，但其时有关之出土玉器尚为数无多）。本月赴京，当前来向吾师问安。

专此　顺颂

时祺

学生　杨建芳　敬上

一九九三年五月九日

苏秉琦—杨建芳（1993.5.31）①

建芳同学：

你好！

五月九日函悉。

来年（94年）台北“中研院”史语所召开“中国考古学与历史学整合国际研讨会”，如能一道参加自是幸事。如蒙贵所盛情邀请与贵所诸同仁一聚更是幸中之幸！同行相会，可谈课题甚多，届时可临时决定。烦代向所长陈方正先生代我致意！

您今年选的中国古玉专题，可谓远见，适逢其时。“天不爱其道，地不爱其宝”。大有可为，为贺！祝

研安！

苏秉琦

1993.5.31

北京

---

① 据苏秉琦先生家藏信稿录入。

杨建芳—苏秉琦（1993.7.28）

秉琦师：

京中聆教返港后，于本月中旬与友人前往杭州、沈阳二地参观良渚文化及红山文化玉器与遗址，收获至为丰富。目前校中正值暑假，故可集中时间撰写提交台北史语所讨论会之论文。

关于吾师来中大讲学事，所方即将发出邀请函，惟讲学日期有待吾师确定。查台北史语所讨论会将于1994年1月4—8日举行。依惯例，与会者应于1月3日抵台北报到。但1月1日为元旦，翌日为星期日。此二日均无法举行讲座。而1月3日吾师必须抵台北。故唯有选择1993年12月31日（星期五）为演讲日期。如此，则吾师请于前一日（12月29日）抵香港。计前后共逗留四天（1993年12月30日至1994年1月2日）。

日前晤李学勤先生，李先生与胡厚宣、张政烺二前辈亦将出席台北史语所讨论会。按李先生云，与会之大陆学者为便于办理出入境手续及来回机票，将采取集体行动。吾师若独自来港，不知是否增加手续麻烦？为此，不妨考虑另一方案，即将来中大讲学安排在史语所讨论会之后。亦即由台北返抵香港，在港逗留若干日（包括讲学及游览，时间长短由吾师决定），然后始飞返北京。仅在香港转机，毋需再办其他手续，至为简便。由台北返抵香港之日期，吾师可参酌史语所第二次通告（1993年6月10日）之会议议程确定。

以上二方案（先讲学后赴台或先赴台后讲学），由吾师定夺，决定后请即示知（何时来中大讲学以及逗留多长时间），以便转告所务秘书。又吾师之讲题及提要（500—1000字），祈于11月底或12月上旬掷下，俾所中作讲座准备。讲题由吾师自定。

吾师此次赴港台弘扬学术，如师母能联袂同行最好，起居生活能得到较为细致的照料。

半月前曾寄呈小文一篇（《良渚文化玉器分期初探》），请吾师赐正，谅已过目。

中大目前正放暑假，略为空闲，正可集中时间撰写提交史语所讨论会之论文。

专此　顺颂

近祺

学生　杨建芳　敬上

1993 年 7 月 28 日

苏秉琦—杨建芳（1993.11.21）①

建芳老友：

这段时间，您几次和忠培信电联系，不多叙述。

现将依据今年初由邵望平、汪遵国二位加工整理，在《东南文化》93.1 期发表的《访谈录》，又经过我加些工（内容提要及部分提炼文字）打印后准备在 11 月的学会上发给大家参考，作为我对本届会议的一点贡献。现在我又依据此文内容另写一篇短文，题为《走向 21 世纪的中国考古学》（约 1500 字），您看过后，顺便在文字上斟酌一下，可改可删。请另打印后，给香港会上同仁参照，可节省些口讲费话。另备一些参考幻灯片辅助，到时可酌用、补充。

在港时间不多，承丽娜好意，可陪我逛逛大香港。烦代我向她致谢！

至于对中国考古学有关的专业问题，能有机会多交换意见，对我来讲，是无比欣慰的。

专此，顺颂

文祺

老友　苏秉琦

1993. 11. 21 日

① 据苏秉琦先生家藏书信复印件录文。

高　敏

高敏（1926—2014），工作于郑州大学。

高敏—苏秉琦（1982.11.13）

苏教授：

早读先生之文，闻先生之德，恨未能晤先生之面，聆先生之教，惜何[illegible]之！好在来日方长，求教有日，希望求教时，盼勿见拒！

拙作《云梦秦简初探》及增订本，均已无书，无法奉寄。今奉上近日拙作《秦汉史论集》一本，恳请指教，盼哂纳而辱教之！

余不一一，敬请

铎安！

学生　高敏　上

82.11.13

李晓东

李晓东（1936— ），先后工作于河北省文物事业管理局、国家文物局。

李晓东—苏秉琦（1982.12.13）

苏先生：

您好！工作忙吧！

八月份见面又好几个月了。从张家口回来后，我们就全力以赴筹备河北省文物工作会议。因此把评职工作往后推了一步。另外，人事部门要求评职工作必须先搞试点，而后全面铺开。在这种情况下，对评职工作作了一些新的安排。

一方面确定省文物研究所作为评职试点，一方面继续了解全省文博专业干部队伍的情况。

省文研所工作又有一定的季节性，集中比较困难。他们已组织了学习、讨论，组成了评职小组，个人写了业务自传。现在评职小组正在征求业务人员的意见，大约在本月二十日以后可以开始评定。

经过了解，全省文博专业人员169名，其中有大专毕业学历的75人（本科36人，专科18人，工农兵学员21人）。从这个数字也可以看出，河北文博专业干部力量很弱，从分布看，也很分散。

原来计划十二月份能开一次省职称评定委员会会议，把明显够条件的同志的职称确定下来，由于上述情况的变化，这次会不能如期召开了。局长让我给您写信，把情况告诉您，何时开会，事先联系，届时再去人请您。局长对您给予河北工作的支持表示感谢。

您有什么事请来信。

敬礼

冬安

李晓东

1982.12.13

［编者注］李晓东先生校阅整理稿后，对信中内容进行了说明：

1980年代初，河北省文物事业管理局计划筹建文博高职评委，拟请苏秉琦先生参加，并征求了苏先生意见。此信是汇报评职称工作开展情况。此前1982年3月21日，我到北京苏先生办公室，向苏先生汇报了评职称工作情况，苏先生就汇报中如何看待成果等问题谈了详细意见。我于2015年在《记苏秉琦先生一次重要谈话》一文中记述了主要内容（详见《李晓东文物论著全集》第六卷，文物出版社，2020，第306—308页）。

1983年5月，河北省文化局、文物局、出版局合并为河北省文化厅，后来国家公布了新的文博职称条例，这段工作遂告一段落。

李晓东　2021.7.28

李晓东、许爱仙—苏秉琦（1986.10.2）[①]

石家庄
兴城县文化局转苏秉琦先生：

恭贺（77）寿辰，敬祝健康长寿。李晓东、许爱仙

李晓东—苏秉琦（5.27）

苏先生：

您好，来信早已收悉，迟复为歉。

接到您的来信后，我就向有关同志了解了情况。您来信时展览已撤，原来展柜内展示的几件铜器，只有一件铜爵是廊坊地区出土的，其它几件，是省文研所补充的展品，在说明牌上没有写明，造成了一些误会。

撤展之后，文物即退各送展单位。省博物馆负责筹展的人员回保与外出，待拍资料片的同志从广东、湖南回来后，又因几件相同的爵拍照时底片号未注明，不能用。结果只好找廊坊地区文化局的同志，因他去学习又拖了一段；退回去的文物因存放地方窄小，一时打不（开）箱，又拖了一段。在一再拖的情况下，我又未及时向您写信说明原因，您一定等着急了，请原谅。

廊坊地区的同志原本想待文物箱打开后，给您拍一张好的照片，因时间拖得太长了，就请学习回机关的那位同志把原来拍的给您放了一张，效果不好，他很抱歉，一再让我向苏先生说明。

廊坊出的铜爵一件，有铭文二字“父丙”。该器是一九七四年

① 原件为电报。无标点，据文意添加。

前后在文安县城西修铁路时发现的。后来地区文化局同志去做过调查，原来地貌已被破坏，与“父丙”爵同期的遗物没有找到。按唐云明同志说，他曾去调查过，是一处夏家店文化遗址。后来地区同志又去调查，除发现战国遗物外，仍未发现夏家店文化东西。这个地方原叫“龙岗地”，除修铁路破坏外，又有个烧窑场，用土量很大，“龙岗地”早已不存在了。

有关情况就是这么多。

廊坊地区已成立了文物保管所，在研究今后工作时，我向他们建议，应沿燕山山脉南麓做一些详细考察。如有什么新的发现，及时给您去信。

我这一段主要接了省文物保护单位名单的调整与补充，已基本搞完，待报省政府核定公布。新的名单中，古遗址 70 处，古墓葬 61 处（像定县汉墓群算一处，包括 200 多座古墓）。待正式公布后，给您寄去一份名单。

这次就写到这里。您有什么事请来信。

祝您夏安！

此致

敬礼

李晓东

5. 27

唐云明

唐云明（1930—1992），先后工作于河北省文物管理委员会文物工作队、河北省文物研究所。

唐云明—苏秉琦（1982.12.17）[①]

苏先生：

您好！原来我本想请您到台西看看正定南杨庄仰韶遗址的东西，但自81年以后我一直在病中，所以这事儿一直未能如愿，我心里实感不安。前些日子张忠培同志来河北，我抱病陪他去了一次台西看了看遗址出土的标本，怎奈我语言塞涩不能给他作全面介绍。他看了后认为这批材料不错，应该尽快把报告整出来，但我力不从心，只能病稍好后再说。

南杨庄遗址地层比较单纯。在发掘中我们曾力图注意地层叠压和灰坑之间的打破关系，但经过碳14测定，原来拟定为“上层”的数据是：81. E. N. T34②H93：02　5400年±70；拟定为“下层”的数据是：81. E. N. T60④H134：01　5380年±100。捡送了几个

① 原信未署年。据信封邮戳1982. 12. 17，信写于1982年。

“上、下层”灰坑遗物作了比较，也没有什么显著区别，因此我认为遗址本身并不能分期，只能做“南杨庄类型”的代表遗址之一。

这里边有一个问题想和您请教一下：在 2150 平方米的发掘中，灰坑近 200 个，有 4 个坑即 H47、75、76、108 部分出土陶器比较特殊。从打破关系看，他们也打破别的灰坑，有的也被别的灰坑所打破，和其它灰坑一样，分不出早晚。出土陶器中除了一部分是南杨庄类型常见的以几何形横直斜线为主的彩陶纹饰外，并出有少量以“弧线三角、园点”组成的图案，和庙底沟的彩纹相同，尤其是 H108 还出了一件折沿曲腹盆口沿和庙底沟出的标本完全相同。原来调查时我们曾采集过“庙底沟类型”陶片，这次发掘才知道“两者是共存的”。

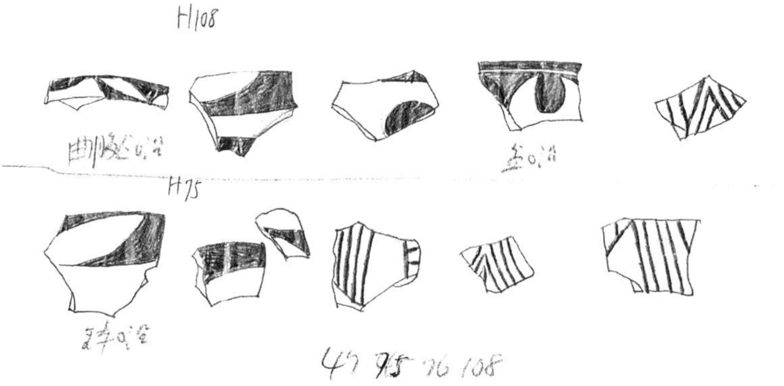

陶器的器形一部分同于后岗，一部分是这个遗址独有的，常见的有鼎、釜、钵、罐、盆、壶，其次还有器盖、甑、陶支架、碗等。大量的圜底罐形釜（共出 102 件，数量仅次于钵），小口大肚壶（壶做橄榄形，共出 60 件，在完整陶器中占第五位），歪口矮几陶支架，各种形制的罐在后岗中少见或不见，加上上述四个灰坑出土的“庙底沟类型”的陶器，这应该算是有别于“后岗类型”的几个主要方面，所以我主张“南杨庄类型”应是独立的，不能并入“后岗类型”中，以往因为没有大面积揭露，只凭调查或试掘，其结论（包括我自己在内）是不妥当的。我这个意见不知可取否，请您抽时间赐教。

顺致

冬安

学生　唐云明

12 月 17 日

附：硫酸纸图一张

唐云明—苏秉琦（1984.4.24）[①]

苏先生：

您好！通过一个阶段的整理工作，南杨庄遗址可以分为三期，上层（三期），基本和庙底沟类型相似，可惜遗物太少；中层（二期）就是我们过去经常说的“南杨庄类型”，主要有鼎、釜、甑、小口大肚壶以及钵、盆、罐等；下层（一期）是我们过去没有见过的，其特点有釜、灶、支架，而无鼎、甑，其它器物也稍有变化。这样就和北大测定的碳 14 有了矛盾。我们过去测过三个数据（第三期因无碳没有测定），中层（二期）共测了两个，一个是 H93：02，为距今 5400 ± 70 年，另一个是 H48：01，为距今 5090 ± 90 年，而下层（一期）H134：01 只距今 5380 ± 100 年。如果用下层 5380 ± 100 年，中层 5090 ± 90 年还差不多，中间相距三百年左右。如果用 5400 ± 70 年和 5380 ± 100 年，两者几乎同时。这些遗物、地层排队相矛盾，您说怎么好，我正在发愁。

还有这报告原来我想让文物出版社出个专集，但又考虑器物虽然不少，但比较单纯，给《学报》又怕他们容纳不了，那些图版删掉太可惜。这事也请您斟定。

我们这里正在评职称，《台西报告》刚好用上，想您也见到了吧！

---

① 原信未署年。信中提到的“国际商史会”即“全国商史学术讨论会”，召开于 1984 年 10 月，信当写于 1984 年。邮戳虽模糊，但亦似“1984”。

如果出专集，我还要请潘其风同志来鉴定人架，还要请严文明同志来和您写序言。望回信。

8 月份我要去参加国际商史会，我已接到通知可以带助手，请放心。

致

健康长寿

学生　唐云明　草

4 月 24 日

唐云明—苏秉琦（1984.5.19）[①]

苏先生：

您好！自从 81 年底我身患血栓后很少去北京，只能用书信来表达我的意思。原来答应您来河北看南杨庄材料也无法进行，这个病谁知什么时候才能恢复原状。这里只能用书信方式先向您讲一下简况。南杨庄遗址从 80 年至 81 年发掘共开探方 86 个，面积 2150 平方米，遗址所余部分就算彻底清完了，以后这个省保单位也算注销了。

在遗址中共发现灰坑 195 个，和半坡类似的房子 4 座（近方形），窑 2 个，舟状连排灶 6 处（每处 4—10 不等），墓葬 124 座（仰韶、战国、汉代），共获遗物 1635 件。根据灰坑间打破关系，这个遗址可以分为早、晚两期。早期以 H74 为代表，遗物主要有：钵（碗）、釜、鼎为最多，其次还有小口橄榄形壶、球形壶、小口长颈瓶、敞口盆、鼓腹罐和马蹄形陶支架等，和 1977 年试掘时情况有了变化。据碳 14 测定为 5400 ± 100 年。晚期遗存较少，以 H108 为代表，属庙底沟类型，有类似庙底沟的深腹盆、曲腹碗等。

---

① 原信未署年。信中提到的“全国商史学术讨论会”召开于 1984 年 10 月，信当写于 1984 年。书信整理件中夹有苏秉琦先生红笔绘制草图一张，内容与信件无关。

尤其值得注意的还发现几片硬陶和原始瓷片，正在请有关部门进行化验鉴定。张忠培同志曾看过催我快写，但目前情况实难从命，只能等一等再说。

今年3月8日“全国商史学术讨论会”（河南、历史所主办），约我参加会并写一篇学术论文。我用了二十天左右写了一篇题为《试论藁城台西商文化中的陶器》，请您抽时间审查一下，提提意见，以便进一步加工修改。届时尽量争取去，即使用不成，文章也一定按时寄去，请放心。

致

祺

唐云明草

5月19日

唐云明—苏秉琦（1985.1.22）[①]

苏先生：

您好！久未面见，十分想念。

今年我应约要参加国际性商史会、陶瓷史会，主要着手整理南杨庄材料，已经压了几年了。和台西报告一样，还是我自己写，因为其他同志都在忙于手头工作。

因为一面工作一面还要养病，标本全部迁到石家庄。如果您来看也非常方便。

我写了一个提纲，争取二年内完成，请您审查，并提出修改意见。

去年咱省召开文物考古学会成立大会，听说您身体欠安，现在不知如何，念念。

① 原信未署年。信中提到的河北省文物考古学会成立于1984年，信当写于1985年。

此提纲您看完后，可转石兴邦同志，因我不知他家详细地址，特此拜托。

致

祺

唐云明草

元月 22 日

唐云明—苏秉琦（1985.3.2）①

苏先生：

您好！给您拜个晚年，“南杨庄报告提纲”目前我只收到严文明、张忠培两个同志的意见，其他同志包括您尚未接到来信。我还有个想法，打算请您和严文明同志为这本报告写篇序言（和台西遗址一样，您和邹衡同志写的序言）。南杨庄标本已从台西搬到石家庄。去年河北文物考古学会期间我陪同严文明、刘观民、徐光冀和胡厚宣、贾兰坡先生参观过标本。今年我重点工作是整理南杨庄报告，但还担任“台西遗址领队”。今年天气暖和了，您可以随时来石家庄我们单位看南杨庄标本。写序言事严文明同志已来信说“苏先生同意就好办了”，只要您一点头，此事就算定了，请您再考虑，希望能得到您的回信。

致

祺

唐云明草

3 月 2 日

① 原信未署年。信中提到的河北省文物考古学会成立于 1984 年，信当写于 1985 年。

唐云明—苏秉琦（1985.12.2）[①]

苏先生：

您好！在渑池会上没见到你，但却见到了严文明同志。我也和他约定明年五一前后来石，由于他怕有其他教学任务，只说尽量争取吧！

南杨庄遗物已按单位分别摆开了。上层（庙底沟类型）只有4个灰坑H3、74、75、108。其它的为下层（南杨庄类型），目前正在修补器物、画器物卡片。这项工作计划半年后结束。然后再写文字，这样报告写完了，我也该离休了。根据我的身体情况，谁知能不能看到这本报告的出版。

我病依然如故，没有多大变化，还只是针灸、吃药，整天成了药罐子。下工地已是不可能了，写点文章还凑合。我这情况还是好的，李捷民同志和我病一样，但他已不会写字看报了，应该说是不幸中的万幸。

顺至

冬安

唐云明　草

12月2日

唐云明—苏秉琦（1986.3.11）[②]

苏先生：

您好！南杨庄遗物虽然不少，但相同者甚多，原来想写成专集

① 原信未署年。信中提到的“渑池会”指1985年河南省考古学会在渑池县召开的“石器时代文化学术讨论会”，信当写于1985年。

② 原信未署年。信中提到南杨庄遗址报告整理的情况，与唐云明—苏秉琦（1986.3.22）信中所述一致，推测写于1986年。

的想法并不现实，在我临离休以前把报告整出来就不错，何况整理者只有我自己。我要接受台西报告的教训，原准备请您写序言，请潘其风鉴定人架，请北大刘愿君（严文明代请）鉴定石器等就算了，谢谢您对南杨庄遗址整理事的关心，特此函告。

致

祺

唐云明草

3月11日

唐云明—苏秉琦（1986.3.22）①

苏先生：

您好！南杨庄遗址器形太单纯，主要有钵170件，鼎、釜各80几件，盆102件，罐80件，其它还有壶、灶、支架等。从材料看，写成一本书实在困难，最多《学报》发一篇报告算了。整理报告只有我一人，我应接受台西遗址的教训，报告也写完了，人也病了。原来诊断是“中风前兆”，现在是“脑血栓后遗症”，主要是语言困难，去年和前年参加商史会、仰韶文化会，还是有人陪我去的，会上替我宣读论文，生活上照顾我，所幸的是四肢无恙，脑子还可以。

前年河北开了文物考古学会第一次年会并请了一些专家、兄弟省来参加，原来说要出一本文集（或论文集），今年以没钱为理由不出了。我们所全年经费并不少，20几万，难道说拿出一、二万出一本书还成问题吗？主要是当头的不注视这个问题。

① 原信未署年。信中提到的“去年和前年参加商史会、仰韶文化会”，其中商史会1984年召开，仰韶文化会召开于1985年；信封邮戳模糊，但隐约可见“1986”，信写于1986年。

虽然序言不写了，但器物还在石家庄，您什么时候愿来看，可以通知孔哲生、郑绍宗都可以。顺致

安好

学生 唐云明 草

3 月 22 日

唐云明—苏秉琦（1986.4.3）①

苏先生：

您好！3 月 25 日来信收到，勿念。

台西报告《文物》今年 3 期已公布了出版消息，这本书整整八个年头。如果南杨庄还在搞上八年，我这一辈子什么也别忙了，您说是不?当然，南杨庄仅单纯遗址，墓葬有但无遗物。台西遗址对我身体可以说是考验，南杨庄我已患血栓多年（七年），我何必再去拼那个命！

台西报告快出书时，在前一段时间我又写了些论文以补台西结论之不足。如我和李学勤合写“青铜器的分析”（《中原文物》第一期），“甲骨分析”（《考古与文物》82 年 3 期），我自己写过“陶器分析”（《商史论文集》85 年 3 月），“刖刑人架分析”（正在审查），“丝织品研究”（正在审查），“漆器研究”（是今年商史会的论文，正在审查），“铁刃铜戟”（《文物》75 年 3 期），“综合介绍”（《大百科考古卷》），“台西商文化遗存”（正在审查）等，所以说我应尽到了我自己的责任。

南杨庄再卖那个力气是力不从心了。您告诉我的话，我从去年就是那么搞的。等今年 9、10 月份修复和器物章看，整理告一段落再请您来看看，因为这批遗物整个放在一个六间的活动房子里，还住着人，很乱，

① 原信未署年。1986 年第 3 期《文物》在封底有介绍《藁城台西商代遗址》的书讯，与信中内容吻合，又信中提到“和李学勤合写‘青铜器的分析’（《中原文物》第一期）”为 1986 年第 1 期《中原文物》刊发的《藁城台西青铜器的分析》。故信当写于 1986 年。

这个情况您会想不到的吧！我原说"5.1"前后那时心气还高，现在正是不服老不行啊！来之前，请通知孔哲生、郑绍宗他们都可以。祝您

健康长寿

学生　唐云明草

4月3日

唐云明—苏秉琦（1986.7.1）[①]

苏先生：

您好！久未见面十分想念。

我原来想把南杨庄遗址写成专著，请您和严文明同志写一份序言。但去年4月我患了脑栓塞，这个计划完全落了空，只好在年青同志帮助下写成一份报告算了。这算交待了我离休前的最后任务，特此函告。

此致

敬祺

唐云明

7月1日

您如果想什么时候看南杨庄标本，可和郑绍宗或谢旭打个招呼，他们二位都是副所长。

唐云明—苏秉琦（1989.3.16）[②]

苏先生：

春节好！久未去信问候，念念。

---

① 原信来署年。从信中"去年4月我患了脑栓塞"的内容，结合唐去明—苏秉琦（1986.3.22）的内容，推测信写于1986年。

② 原信未署年。据河北省文物研究所《文物春秋》创办于1989年的情况，及信中请苏先生为创刊号写文章的情况看，推测该信应写于是年。

河北省文物研究所要开始办刊物了，暂名《燕赵考古》，每年两期，每期20万字左右，由我主编。我一方面还要整理南杨庄报告，另外还要主编《燕赵考古》。您是河北人，届时在创刊号上写一篇文章。我已写信给胡先生，也请他写一篇，不知是否能如愿。我想您不会使我失望吧！

顺致

安好

学生　唐云明

3月16日

唐云明—苏秉琦（6.22）

苏先生：

您好！前几天听李晓东同志讲您对廊坊地区文安县龙岗遗址出土遗物很感兴趣，这个遗址是我77年调查的。因为所获资料不多，而且出土的一件铜爵地区又不愿给，所以材料我也没整，地区也没用，只是在他们的普查报告中印了一个封面，现在我把简单情况告诉您一下。

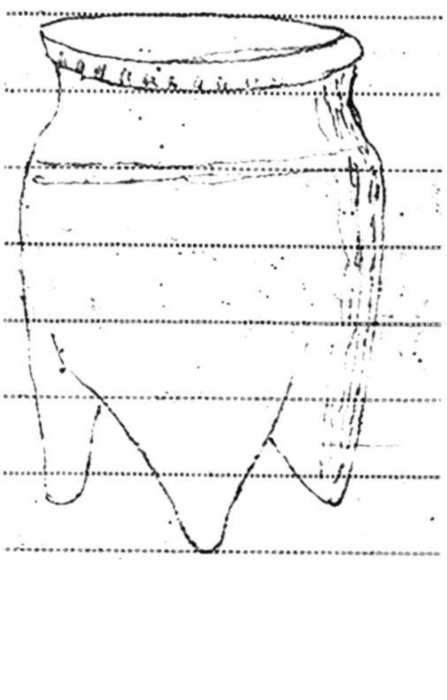

龙岗在文安城西5里，文安至霸县公路一侧，1977年群众取土时发现一件青铜爵和两件陶罐（罐已散失，形制不明），估计可能是墓内的殉葬品，爵鋬内铸有“”二字，历史所李学勤同志认为是“父丙”两字，根据字的写法应是商晚期遗物。

这个遗物由于窑场取土破坏得很厉害，灰层也很薄，我采集一些标本如鬲足、甗裆部、大口罐口沿、蚌刀等。形制和唐山大城山遗址，我所认为的“夏家店下层”遗物略同（见拙作《关于唐山大城山遗址发掘报告中的几个问题》，《考古》1964.7 期）。这个发现我认为至少可以证明两个问题。

一、关于渤海湾西部海岸线问题，李世瑜同志曾认为，渤海湾西岸第三道海岸线是在殷商时期形成的，可惜他的根据只是发现有鹿角，因为商代常用鹿角做武器和工具。这次文安发现了商代的青铜爵，恰好地处第三道海岸线附近，为李世瑜同志这个根据找出了可靠的依据。

二、这个遗址中出土的陶器属“夏家店下层”遗物，而墓葬中的青铜器都是商文化晚期遗物，甚至在卢龙闫文庄墓葬中“商文化青铜器”和“夏家店下层文化遗物”共存于一个墓内，这说明两者之间的关系究竟是同一种文化，还是不同文化的巧合，因为例子还少这个结论我下不了，但我倾向于郑绍宗同志的看法“夏家店下层文化是商文化的北沿”。不同意夏先生的论点“夏家店下层文化是龙山文化的变种”，不知您有何意见，请函告。因我仍在病中，所以目前也没写什么，也很少写信给别人，对于您和裴老、胡先生其他几位老专家，我一直在惦念您们的健康，天气热了，望您多珍重。顺祝

夏安

学生

唐云明上

6 月 22 日

易漫白

易漫白（1925—1989），先后工作于中国科学院考古研究所、中国科学院新疆分院考古研究所、湘潭大学。

易漫白—苏秉琦（1983.4.2）[①]

秉老道席：

睽违多年，遥知您德业日隆，身心康泰，衷心祝您长寿常新，时锡南针，嘉惠士林。这么多年虽无缘亲聆训诲，但不时学习您的伟论宏篇，却如面春风，增长见识，获益匪浅。自61年拜别，您面命之辞，寥寥数言，时犹在耳。在新疆十载，历涉冰峰沙碛，对北疆考古虽略有开拓，惜以菲才，兼以辅助业务乏人，难言成果。十年前复因家室之累，奉调返梓，终来湘潭大学历史系执教考古。迫于教课需要，不得不在资料奇缺、水平极差的困难条件下苦斗，勉强编成《通论》教材初稿，经几年实践，改修出二稿，自知尚

---

① 原信未署年。《考古学通论》（湖南教育出版社，1985）“后记”（1984年5月）言书稿在1983年12月“邀请部分兄弟院校和科研单位座谈这个稿子”，易漫白—苏秉琦（1983.8.15）信言此前已将书稿寄呈苏秉琦先生，据此推测信当写于1983年，家藏未见书稿。

极粗疏，但已材尽力竭，殊难继续进步，必须征求意见，才能点明缺隘、开豁思路，因打印成征求意见稿。现特寄呈一份，敬请您在百忙中不以劣浅见弃，赐予审阅。就稿本作出批点，固所愿也，但对您老却显然不情、过分，实不敢也。所望您能指点纰漏，就荦荦大者把关，即感赐无涯矣。僻在南壤，遥望北天，不胜惶恐待命之至。肃此敬请

铎安

私淑后学弟子

漫白敬上

四月二日

又：稿中多处引用您的卓见和业绩，因资料缺乏，可能有不尽不实，请您详加指出，以便改正（如第二编简史p. 28、30，及第三编田野的p. 13以后等有关章节）。

易漫白—苏秉琦（1983.6.10）[①]

秉老赐鉴：

很久很久没有见到您了。前面邮呈拙稿《通论》想您已经审阅。这是我为了教学，不能不编写一个讲稿，在这个基础上又加修改搞出来的。虽然我知道自己学识浅陋，与这个重担极不相称，但为了教课，还是不得不搞，所以极其盼望得到前辈的指正，以便能修正谬漏，免得贻笑后学。最近我们学校建议开一个小型座谈会，当面聆听专家意见，比较详尽而集中。这个办法虽然不错，但深感有点冒昧，又颇费踌躇。但想到这并不是哗众取宠，而是老老实实地改好讲稿，改进教学，提高质量，觉得也许可以大胆地试一试。

① 原信未署年。据易漫白—苏秉琦（1983. 8. 15）信件内容，信当写于1983年。

我尤其盼望得到您的教诲。如果会期暂定在八月下旬，时间不超过三天，您肯惠临指导不？地点计划借新辟国家公园湘西张家界，以便小作避暑。如果时间不合适，请示知您认为最方便及较方便的时间，以便您能亲自主持和指导。务请抽暇简单复示，不胜惶恐之至。敬请

铎安

私淑弟子　漫白敬上

六月十日

易漫白—苏秉琦（1983.7.1）[①]

琦老赐鉴：

现谨介绍我系青年教师陈向阳同志进谒。小陈在北大进修考古一年，计划再在考古所实习半年，来所后恳请您能略示关爱。您对提携后进，特别是对青年人的培养素极关心。他如能有幸接受您一星半点指导，就受益不浅，将来学如所成，不但小陈铭感，湖南考古教学亦拜赐无涯。

前寄呈的我那个不像样子的《通论》稿很想受到您的指点。详情可由小陈面呈。至此，敬请

铎安

后学私淑

易漫白敬上

七月一日

① 原信未署年。据易漫白—苏秉琦（1983.8.15）中内容，“小陈”拜见苏秉琦先生的时间当在1983年，信当写于是年。

易漫白—苏秉琦（1983.8.15）[①]

琦老函丈：

前几天陈向阳同志由京绕道宁汉等地归来，他向我详谈了您接见他的情况。像您这样的高龄和威信，还俯允来指导我这样的小会，真是对后学的关爱和最大支持，使我很受感动和鼓舞，但也觉有不安。因此，在开会地点上一定要选择一个对您最合适的地方，绝不敢让您过于受累。不过，会期将要推迟了。因六月中旬机构改革工作组就进校了，到现在还未推出新的校领导班子，现在事情没人负责，所以不能不延期。改革的进度似乎不会太快，不过我自工作组进校第二天即应邀参加一次小型座谈外，再也没同工作组接触过，情况不了解，估计有可能延到十一月底或十二月初去了。不知那时对您方便不方便，如不方便即请回示，当在决定时另改，再由学校出面专函邀请您出席。如果大致在这个时期对您没有什么不便，为了不多耽误您宝贵的时间和精力，就请您不必回示了。

方酉生现在武大，他与我在洛阳曾共同工作一段较长时间，现在也时有通信。这是京外考古所旧人仍保持联系的唯一的一个了。其他同志虽很少或无联系，但心里还是忘不了的（在京同志尚不时有联系的）。

最后，再一次感谢您对我的关怀，切盼在不久将来能面聆教诲。肃此敬请

铎安

私淑弟子　漫白敬上

八月十五日

---

① 原信未署年。据易漫白—苏秉琦（1984.1.5）知会议召开时间在1983年，信当写于是年。

易漫白—苏秉琦（1983.10.28）[①]

琦老赐鉴：

久未禀安，近维道躬和泰，公私顺遂。

前曾向您汇报我们学校准备出面邀请海内著名学者对我那个小小的《通论》上篇开一个小型座谈会。业蒙您俯允移驾亲临，领衔坐镇，指导一切。后因进行改革而推迟，现在初步决定在十二月七日至九日举行，地点暂定假座湘潭宾馆。学校请柬拟近日发出。因为怕万一您有要事已预订日程而与此冲突，故将再向您汇报。务祈如对您不方便时复示，以便另行安排。本来应该由我自己来京接驾并沿途照顾的，因开会准备及其他冗务，实在抽不出身来，只好请您曲谅。好在学校还准备邀请石兴邦、黄展岳、刘观民和吕遵谔诸同志（是否合适，也请您指示，以便遵办），我将另外去信，请他们争取随行照料。来潭前还请您电示班机或车次时间，以便安排迎接。您还有什么指示，都当竭力遵办。肃请铎安

学生：漫白敬上

十月廿八日

湘潭大学—苏秉琦（1983.11.10）[②]

苏秉琦教授：

我校易漫白副教授编著的《考古学通论》是当前急需的教材。

---

① 原信未署年。据易漫白—苏秉琦（1984.1.5）会议召开于1983年，信当写于是年。

② 原信未署年。据易漫白—苏秉琦（1984.1.5）知会议召开时间在1983年，信当写于是年。

为集思广益，搞好教材建设，现暂定在十二月上旬举办一个小型座谈会，邀请海内知名学者、教授出席指导。敬请您届时在百忙中出席。如蒙惠允，请务必在本月二十日以前将回单填寄我校历史系收。具体会议日期、地点另行函达。

　　此致

敬礼

湘潭大学

十一月十日

附：资料随后寄奉

回单

湘潭大学历史系：

　　来信收到，我决定届时
因故不能出席。以后有关函件请寄：

签名

月　日

易漫白—苏秉琦（1983.11.12）①

琦老道鉴：

　　近维康健如恒。前几次的信想都蒙詧阅了。湘潭大学对教材建设非常重视。校与系的领导昨天告诉我，关于我那个教材稿的座谈会已在十一月发出预备性邀请信，以便落实筹备工作。还说，这次会议能不能开好，关键寄希望于您能不能应邀莅会、领衔指导。他们建议我要及时向您汇报会议筹备情况，取得您的支持和指导。现将暂定的名单附后，请您审阅是否合适。名单中礼节性邀请的专家，由于我未向他们写信，估计不会或不肯出席。

① 原信未署年。据易漫白—苏秉琦（1984.1.5）会议召开于1983年，信当写于是年。

会议地点，为了尊重您的意见，又便于学校工作，计划假座湘潭宾馆或地区招待所，看它们的条件和服务质量再定。如果学校的招待所能按计划完工，也可以在学校里开，但目前只有一所小的贵宾馆，绝大多数与会者只能住临时招待所，伙食也费而不惠，条件较差。

会议时间预备邀请信上只暂定十二月上旬。如果对您方便的话，想定在7—9日，等您回示后再做决定。学校还想趁此难得机会，请您作一次或一系列的学术报告或普及讲演，题目请您自定。在不致使您太劳累的情况下，务必请您俯允，使僻在一隅的师生，得睹您的风采，受到您的教益（会期长短是否适宜）。

总之，如果万一您因种种原因届时不能出席指导，学校准备改期再开或者不开了。因此，务祈一定抽暇，便中简单赐覆，以便学校做出决定。现将我准备在会上作的几点简单说明初稿随信附呈，也请您在百忙审阅。以上各方面筹备事项如有不妥，也请您指示为感。专肃
道安

学生　漫白敬上

十一月十二日

简单的说明①

编写《考古学通论》这样的教材，需要多方面的精深造诣，或分工负责才行。我本不胜任这样艰巨的任务，只因教学需要，把几年来的讲稿，加工修改，打印成这个讨论稿，仍然只是一个粗糙的半成品。其所以有勇气拿出来请大家帮助，是因为党的政策的感召，是因为校、系领导的督促和支持，是因为考古学界老前辈和同行的鼓舞和鞭策，最后也因为忠于党的教育事业的责任心所驱使。如果说书稿是一个婴儿，它就不仅是丑陋的，而且是未十月足胎的。拿出来是请方家会诊，做个彻底的健康检查，以便修改好既出部分，定好未加工好的部分的方针，使这个婴儿能茁壮成长。为了便于到会老前辈师长和各位同行的了解，我把这部分的书稿作些简

① 《简单的说明》与书信分置两处，根据内容暂将其置于本信之后。

单的介绍（分成四个问题），以便于大家讨论和提出意见。

一、编写的主导思想

这个书稿是在授课讲义基础上加工的。我写稿时只看重在传授考古学的基本知识、技能和理论共三个方面的组织材料。在教学实践中，针对实际问题，作了一些思考，逐渐加了一些新内容，收到了一定的效果。在动手修改加工成教材稿时，对这些新内容如何表现、应否表现很有踌躇。感谢考古界的老前辈和同志们的支持和鼓励，才下决心作一定的革新的尝试。编写的主导思想就是在这种教学相长、切磋琢磨中逐步形成的。

在授课实践中发现的主导问题是：学生对考古较陌生；考古学的专门名词和术语较多；而作为历史专业的学生，对文献材料了解得并不多、不深，不习惯也不会结合考古材料。这些只是表面现象，实质问题是：考古学本身缺少系统的理论；如何培养和提高学生独立研究能力。我认为这是教材必须着重解决的两个带根本性的问题。

有位同志在来信中问得好："历史专业学生学考古通论，学什么？"他的回答也好："要学会看报告，如何利用考古学成果进行历史研究。"看懂是为了利用，但如何教他们学会利用呢？光想传授考古知识和技能，能不能很好地完成这个教学任务呢？我深受这位同志的启发，并且从教学实践中体会到，还必须让他们懂得以实物为主，与文献结合的道理和方法（当然在马列主义、毛泽东思想指导下）。

这样的主导思想如何体现呢？

首先要体现在考古学本身比较系统的理论上。其次，体现在书的体例、内容的组织和具体写法上。

二、关于考古学的理论

如所周知，我国考古科学建国以来的发展是惊人的，收获是空前的，资本主义国家无法比拟，其他共产党当权的国家也瞠乎其后。原因之一，是因为我们国家是在世界上的文明古国，有数千年连绵不断的历史。这是祖宗遗留下来的宝贵遗产。我们如何利用这个得天独厚的优越条件，推进我国的事业，把它发展成为一门具有中国特点的科学呢？老一辈考古学家为我们作出了榜样：我们的地层学具有浓厚的中国特点，我们的形制学也有浓厚的中国特点。我们的责任就是要在前辈创立的基业上，把丰富的实践、收获加以整理、概括和提高到理论的高度，再反过来受实践检验和指导实践。不这样，考古学将只能陷在坛坛罐罐中不能自拔。

在老一辈考古学家的启发下，这个书稿尝试着从下列两个方面，对考古学理论做了初步的概括和总结，作为抛砖引玉，期待着大家的指正，共同努力来完成这个历史赋予的使命。

1. 关于考古学史：过去偏重人与事迹，这是重要的。书稿则从发展的观点，把考古学史划分为从金石学到近代考古学两个大的阶段，下面再分为金石学的萌芽滥觞期、肇始演进期、发达兴盛时期和自大约1900到建国前的考古融合期等四期（打印稿年代错为1890—1949，特此订正）。这是按考古学是以金石学为基础，并继承和发展的观点来划分的。今天金石学的内容已全部包括在考古学内也是事实。有的同志可能认为金石学与考古学有区别，这个问题当然应当讨论。但谈考古学史而不包括金石学，恐怕不好处理。考古学对金石学应当继承什么、探索什么，在理论上却是一个重大问题，与考古学的发展关系密切。

2. 关于田野考古理论：我国考古学有关地层学的以土质、土色划分，形制学（形态学）的组合模式，都具有非常浓厚的中国特色。这是老一辈学者在约四五十年前奠立的基业，是我们的骄傲和楷模。现在考古工作突飞猛进，考古资料层出不穷，不断传出振奋人心、举世瞩目的珍奇发现。这是个基础，没有这个坚实的基础，什么也谈不上。但是，理论工作却跟不上实践，很多地方还束缚了实践。比方说，考古地层学，在指导发掘和整理研究工作上起了极其关键的作用。我们除继续强调它的科学的最后标准的作用外，还应同时把它的局限性讲清楚，不能支持那种迷信地层关系万能的作法。否则，将走到它的反面。又比如形制学，是弥补地层学的局限性所必须依赖的科学方法。这在理论上是应加强调的。但形制学的科学性必须建筑在实际的而非主观随意性的，有实际数据而非仅凭印象的基础上。考古学之所以成为科学，在方法论上的核心就是要建立也掌握科学的地层学与形制学。二者缺一不可。只有这样，才能把具有浓厚的中国特色的，前辈学者建立的地层学和形制学发扬光大，用以指导当前的实践。

关于地层学和形制学的一般规律，在本书稿的第三章田野考古方法论中有所阐述。提出了地层学的三条规律和局限性的规律；形制学抽样的三种方法和数量、灵敏性、可比性三条标准。关于形制学弥补地层学局限性的原则和标准方面，则在总第五章的夏文化探索中有所阐述。书稿印出后，有幸看到了张忠培同志在《文物》1982 年 5 期上发表的《地层学的若干问题》一文，很受启发。我谨在此呼吁广大考古工作者共同努力，为建立具有我国特色的，在世界上首创的，独树一帜的考古学理论而奋斗。

三、关于本书的体制

1. 一书的体例，必然要体现在和贯彻其主导思想。如众周知，考古学内容之广泛，在各种学科中是首屈一指的。把考古的内容包揽无遗，和盘托出，不仅课时不允许，教学有困难，也不必要，我也没有这样的水平。因此，本书稿应与考古专业的有所大同而又有所小异。我设想通过总论、时序和专题三种形式，安排为上、中、下三篇。

总论是就基本概念和基础知识、技能，给学生一个轮廓了解。书稿分成绪论、考古学简史和田野考古三章（原标题为“讲”），统为上篇。

中篇以时序为纲，初稿按朝代，现改按生产工具的发展为序，分为石器时代、青铜器时代和铁器时代三章。这样更能体现考古学的特点。

下篇用专题形式介绍主要考古学内容。暂只以贯通三个或两个考古时代的物质史料为内容，分为墓葬、城址及古建筑、货币、铜镜、陶瓷、金属冶炼和边疆考古文化等七章。

这样的体例有个好处，即纵、横交叉结合而内容较少重复。例如在青铜器时代这一章中，我安排了夏文化探索（综述）、青铜器（各论）、玉器（各论）和甲骨文（综述）等四节。中篇第三章（总第六章）安排了纺织品（综述）、石窟寺（综述）、漆器（综述）和简牍文书（综述）等四节。再与下篇的纵（各种实物史料的专题）、横（从头到尾的综述）互相结合、对照，学生可对各个时代、各种实物史料作较全面的了解。

据初步讲授的情况，学生的反映一般较好。当然，这种方法不自我始。著名的“三通”以及《史记》等都采用过。但在考古教材中还是一个尝试。这样的体例虽然篇幅较大，但能给学生在课余的参考和深研作准备，教者可以根据具体情况参酌损益，安排先后次序和详略、轻重。比如为了适应田野实习和时间，可将上编第三章提前或压后讲授，为了让学生先对各期考古文化有个通盘了解，也可将下篇的墓葬略说调整到前面讲授；如果限于课时，铁器时代一章及下篇几章可以从略、从简。这样，教者有主动，学者在听课之余，可以有入门途径，文物博物工作者和社会有志青年也有自学阶梯。

但这个体例也有不好解决的问题。主要是：①石器时代暂安排在中篇，其内容与其他两章有体例略嫌不纯之感。因根据当前资料，只能分旧、中石器时代和新石器时代，再按地区和考古文化介绍；②边疆考古非常重要，如安排在中篇作为一章，则有违体例，放到下篇，也因材料不足，无法贯通。暂时设想是也可附在中篇各章之后，尚无较好处理办法。

2. 关于具体写法和内容

为了贯彻主导思想，不能单打一地只讲考古，不及其他（这样也容易使一门本来非常具体、生动的学科，变成抽象枯干、芜杂涩燥）。但历史、古汉语、文献都有专门课程，势不能重复。因此，本书稿采用有的同志把它叫作“数学例题法”的办法。就是在适当章节中，选择有关节目作为“例题”，较详细地逐步说明文献资料的寻索、选择，以及用实物对照的方法，考虑到青铜器时代的特点，这一段的文献资料的复杂性说，就着重在这方面着笔。

例如在夏文化探索一节中，由于这个问题尚未最后确认。主导思想首先体现在实物史料应是衡量文献史料，特别是非信史的标准，是解决问题的关键这个基本概念上，既要培养他们运用文献史料的能力，又要引导他们树立“尽信书不如无书”的观念，善于利用文献史料。在这样的基础上对夏文化探索作综述，并在理论上进行探讨，以使学生能独立思考。

对于青铜器和玉器两节，由于文献较多，故引用和剖析也较多，特别对于像鼎、盉、戈、戟等“例题”意义更大一些的，剖析也较多，同时还指出前辈考古学者虽然也是根据实物，但所描述的形制却有得有失的原因，启发学生从方法论的高度，来学习文献如何与考古资料结合的方法。

在第四节古文字的综述中，则着重在介绍基本概念和知识中，贯穿这个主导思想。

四、关于几个具体问题

1. 全书估计在四十万字，各章节所占数量和比重，只有待全书脱稿后再作平衡。讨论稿则有意识地尽可能和需要着眼多写些，以便定稿时易于删节。

2. 为避免内容被切制成零星片段，书稿中尽量少用小标题，想借此使学生容易获得完整的概念。为了检索便利，准备在目录中标明节目，或在书后附加简单的主题索引。

3. 有的同志建议图文并茂，但为减轻学生负担，准备多用插图，少用图版。

4. 书稿尚未全部加工完毕，先拿出这几章，主要为征求宝贵意见，希望不论大、小，不论原则性或具体的，都不吝指正。

诚恳地欢迎同志们的帮助。谨致最深谢意。

著者谨识

十一月十日

易漫白—苏秉琦（1983.12.5）[①]

琦老道席：

您的回单早已收到了。这次因种种原因您不能亲临指导，不仅使我感到很失望，在向学校领导汇报后，他们也认为使会议顿时失色。但最后他们研究认为筹备已久，还是开一下听取其他同志意见较为适宜。所以我只好勉强同意，现在已决定在十二月十五日到廿日在湘潭宾馆召开。如果您能在百忙中拨冗作一个简短的书面指示，将使会议受到极大鼓舞。不情之请，务祈俯允。

本来像我们这一辈人，解放以来卅多年，如果能始终专神致志地埋头学习，也许要较现在略胜一筹。但现实是能够读书的时间，合起来顶多十年，而真正能目不旁顾，保证六分之五的时间，不过是三中全会以来的几年。这个基础就够可怜的了。在这几年中，如果我们自己不努力，那就只好怪自己，但自己再努力，如果不靠社会主义制度的优越性，依靠上下四方的无私的支援，也仍然是很困难的。这次您虽然未能亲临指导，但您那颗关爱后学的心我是由衷感激、没齿不忘的。

会议资料本应及早呈阅，但因印刷质量极不理想，错字太多，几乎不堪卒读，因此，只有等改正后再寄奉。专此肃请

道安

私淑学生

漫白　敬上

十二月五日

---

① 原信未署年。据易漫白—苏秉琦（1984.1.5）知会议召开于1983年，信当写于是年。信封邮戳为1983年12月8日北京收到。

又：前接张忠培同志来信，说他因出国西德，不能出席，但他在京时向文物出版社推荐出版我这个《通论》，他的盛情使我至为感谢，但我觉得太粗糙，务祈您能在大的方面把关。他和伟超同志具体为您的论文集奔走，您的著作集中出版，实为后学之幸。想不日当能问世，特向您致以诚挚的敬贺。

苏秉琦—易漫白（1983）[①]

讲义中对中国考古学史分期的探讨，学科方法理论的概括和表叙，以及整个教材编写体例等方面都做了有益的尝试。对于将考古学纳入历史专业教学计划内的教学与研究，做出了积极的努力，是难能可贵的。

易漫白—苏秉琦（1984.1.5）[②]

琦老函丈：

非常感谢您专函赐谕，给我以鼓励。我觉得这是您对我殷切的期待，也是严格的鞭策，使我奋发，促我精进。如果不是您的关照和提携，我是缺乏继续前进的勇气的。而这次座谈会虽在校系领导的坚持下，还是不得不开，但肯定不会有这样的圆满。您虽因医嘱未能光临指导，但您的教谕却给全体到会同志以莫大的鼓舞。尤其使我既高兴又惭愧的是，原来张忠培同志曾来信说他向文物出版社推荐出版，而在会上西安、武汉（经方酉生同志）和长沙的出版

① 原信未见。内容摘录自《湘潭大学召开〈考古学通论〉教材座谈会》，《湖南史学通讯》（第三期），湖南省历史学会，1984，第 15 页。

② 苏秉琦先生在书信尾页页眉写："1－25 复。"

机构都表示要出版并都初步洽谈，为了满足兄弟院校的急需，商定先将上编独立成书，先行出版，在今年上半年问世将无大问题。现在只需看哪个出版社出得最快，就落实到哪个出版社。为此，我再度冒昧地请求您惠赐序言一篇，至少求您题写考古学概论五字作为书名。我将引为最大的骄傲与光荣。如果可能，我还要斗胆请您在本月下旬前写好掷寄湖南湘潭大学历史系交我，以便能赶上制版排印。

十八日座谈会结束后，我突接家严病危电报，便星夜赶回去伺疾，所幸吉人天相，现家严已占不药。年逾八旬，能转危为安，亦大幸事。不过，直忙到今天，才能抽空向您写信，敬请原谅。时间飞逝，却又是八四年过去五天了。肃此敬祝您

新年愉快、身体康泰

私淑弟子　漫白敬上

八四年元月初五

又：座谈会情况学校写了一个《纪要》，据说已打印出来了。因不在校，等返校后再寄呈审阅，藉作汇报。

易漫白—苏秉琦（1984.1.29）[①]

琦老函丈：

转瞬就是鼠年春节了，特向您遥祝春节快乐，身体健康长寿。

目前我又陷身在又一次加工修改我那个《通论》稿子了。因与湖南教育出版社达成协议，由他们保证在上半年见书，所以想按收到的很多宝贵意见重新加工，尽量减少差错。修改考古学史时对您们老前辈在旧中国为推进考古事业，在艰苦的条件下作出了出色的贡献一节，旧稿太简略，感到应将背景和艰苦的历程交代清楚的必

① 原信未署年。信中言农历鼠年，信应写于1984年。

要。这样有利于激励现在的青年奋发上进，有好榜样学习。不过我手头资料太贫乏，湖南也不丰富，因此向您求教，能不能开几本简要的书刊，以便设法借阅参考，更祈您将自己的经历写一个简单的回忆或者最好在您为我赐撰序言中写进去。那将是一页宝贵的实录，贻惠后学再好不过了。我这样冒昧请命，您当会原谅和笑允的。

您的专集何时问世，我实在有点迫不及待地想先受到教益，很愿早知道消息，捷足先登。忠培同志回国后曾有信来，我已回信请他在今年六月来湖参加湖南省考古学会，不知道他能否摆脱琐事。湖南的同志很想目睹您的风采，亲聆您的教诲，不知您届时能不能降临，顺便欣赏南岳风光否。肃请

铎安

学生　漫白敬上

元月廿九日

关于考古学的性质，许顺湛的说法好像过于保守了。我有些想法，觉得似乎还可以比边缘科学再前进一步，但感到很不成熟，很不成熟。想请您顺便指点。

易漫白—苏秉琦（1984.2.10）[①]

琦老函丈左右：

您元月二十五日来示我直到今天才收到。因家严得病，我再次回家侍疾，前两天才返校，而收发同志又他去，所以迟迟才得拜读教谕。首先在此向您致以十万分的感谢。您不以我学识粗疏为嫌，题写了两幅书名，墨宝生辉，为我那不像样子的小本子增添无限光彩。这是您对后生的关爱，我当铭刻在心，没世不忘。同时，还要斗胆提出一点要求，就是请您补写个签名及年月掷下。本想就利用

① 原信未署年。据易漫白—苏秉琦（1984.1.5）信，当写于1984年。

您来示的签名放大，但与毛笔不太一致，似不甚相宜，所以只好得寸进尺地请您补签一纸，事非得已，请您原谅。

另外还要一个不情之请。得陇望蜀，可能是人之常情。唯心地说，这也许是人类进步或败坏的一个根源吧。其实这也还是老话题，重新提起，实在是渴望得到您的序言。哪怕是几百字、几十字都好。春节前在长沙因错过收接您的来示，即曾专门即向您拜年，又请求您就在旧中国亲历目睹的艰苦条件下的老一辈奋斗的背景写几句话，借以激励后生们向上进取的斗志。正如同您描述在“四人帮”时代以“业余考古家”身份探索夏文化一样，那将是您代表老一辈学者留给我们的无价财富。我觉得这将是非常有意义的。因此，不揣冒昧地再一次向您请求，谅必您是会考虑的。

湖南省教育出版社已与我达成协议，只要我在三月十五日以前能交出清稿，他们就保证在六七月份出书。如果您能期前写好掷下最好，不然，我一定等您寄来后再交稿。因为我感到缺乏您的序言，将是最大的遗憾。您一定会在身体康泰情况下满足这个广大后生的请求吧，临□不胜惶恐待命之至。如果您能让刘观民等同志代达您的同意，我将感激不尽。肃此敬请

道安

学生　漫白敬上

二月十日

易漫白—苏秉琦（1985.1.15）①

琦老函大：

这次来京，见到很多师友，非常愉快，只可惜时间太匆促了，多只限于一面，好些话未能畅谈。来京的目的主要是被赶着鸭子上

① 原信未署年。信中提到的《考古学概论》出版于 1985 年 2 月，信当写于是年。

架，今年要招研究生了。研究的方向我冒失地选定了“田野考古方法论”。这个方向当然不是从头脑子蹦出来的。教学的实践，使我深深感到我国考古学的理论远远落后于实践的现实多么严重。这个问题不解决，建立富有中国特色的考古学将只不过是句空话，但是这样艰巨繁杂的任务我能担当起来吗？又如何担当呢（当然不是我单枪匹马，有老前辈您的支持和同行协作）？这不免使我临事而惧，有点后悔太冒失了。

我六日晚到京，第二天就考古所想谒见您请教。观民同志去看了看说您不在屋。我原以为这次在京可多逗留几天，所以便去看看老朋友（在北大见到俞伟超同志，稍稍多谈了点，承他给我很大支持，允许我利用山东学习班工地作基地）。不料突接到电报，催我回去校《考古学概论》清样。这时，已只能在购到车票前尽量抢时间进谒您了。于是由兆荫同志电话中请见，不料又在谈话中被陈公闯进来拉走了。当晚购到次日车票，便这样匆匆离去了。虽然如此，您那亲切的鼓舞态度、简要的指示，却给予了我极大的支持，使我有了信心和勇气。像这样艰巨的任务，如果缺乏像您的指导和支持，如果没有志同道合的协作者，纵然我有追日的精神，也会像夸父那样渴死在探索的途中。这是我不能不向您表示由衷的感激的。

我返校并处理了杂务后，已遵照您的指示，向张忠培同志求援，请他与我协作。在信中我谈了您的指示，我想他完全慨然惠允，但为防万一，我想请求您最好也给他去一封信，促他下决心，因为他现在事情很多，难保不有些犹豫。即使没有犹豫，借助您的影响，必将获得最大的支持。不情之请，尚祈鉴允。

其次，还有一件事，在谒见您时没来得及谈，也未敢轻易启齿。回校后形势逼使我不得不斗胆在这里提出来，就是我职称评定即将解冻了。我们系有不少中年教师希望解决副教授职称，而根据传达的新的精神，有两点是大家极关切的。一是新规定了一个百分比，比如说重点院校教授副教授约占30%—40%，大家体会是只能有空缺（包括死亡和提升）才能上。这样，像我这样幸居副教授职称的人如不上去，便将成为下面的拦路石了。另一条是有个年龄限制，就是过了这村就没有这店了。因此，有很多中年老师纷纷向我示意，应该申请提升。我自知学识平庸，本不应作此非分之想，但如拦住他人上升阶梯，又实于心来未有所安。踌躇忖度，既怕为天下小笑，又怕为群众患，不知如何才好，想来想去，只好向您请教，我到底应该怎样做。出于提携奖掖的心情，您也许鼓励我提出申请。但现在我能拿得出来搪塞的“成果”，只有您曾亲笔题字的《考古学概论》（出版社说本月出书，清样虽已校过，但出版的事总是要打折扣的，然而，估计至迟二月份应无大问题）。我想请您作个鉴定以凭审查，您能给以同情的考虑吗？我这样冒昧地请求，也因为年龄这个框框，怕错过了末班车，成为别人的障碍，所以这样坦白陈情，务祈鉴宥，并给予确切的指示。

我恳切地等待您的回谕，肃此敬请

铎安

私淑弟子

漫白敬上

元月十五日

易漫白—苏秉琦（1985.8.22）[①]

琦老吾师函丈左右：

七月二十八日手示奉悉。对您的关怀和支持深为感激。我当即按照您的安排（十月下旬），与其他方面联系，决定让学生们在十月下旬前到几个工地去作了解情况的实习，下旬再准时到北京听您

① 原信未署年。据易漫白—苏秉琦（1985.12.12）内容，推测信写于1985年。

及严文明等同志讲学。这里再向您提一点也许过分的请求，就是除您预定的课题外，希望您能向他们谈一点您的治学经验，您的对考古学理论发展上的指示。

我们学校的职称评聘还没正式开始。这事也难，听说京沪学校有不少意见，有些问题还没有妥善解决。总之，知识分子问题，时至今日也并未解决。

我那本小书，在您的评审下，据人告我，省教委将在今年对“六五”期间科研成果审评中将给以奖励。“不虞”之誉，完全出自您的奖掖之恩，容落实后再详细汇报。肃此敬请

道安

生　漫白　敬上

八月二十二日

易漫白—苏秉琦（1985.9.20）[①]

琦老吾师函丈：

关于学生的这期学习，我按照您的时间，与考古所及湘博（实际是湘考古所）联系好了实习时间与地点。由于湘考古所（尚未挂牌）下半年定下来的工地当时只有澧县一处，时间是九月中下旬，而洛阳偃师塔庄工地赵芝荃来信说十月以前无法开工。所以几经联系，最后确定九月在澧县实习廿天，十月到塔庄实习半个来月。因为今年实习主要只是了解情况，初步熟悉资料，所以短一点好像问题不大。总之，一切都必须围绕十月下旬来京听您讲学这个核心安排。赵芝荃同志答允在十月十九日停止实习，二十号打发学生来京。因此，基本上可以落实从二十一日左右起可以根据您的情况开始听课了。我准备十月中旬来京，到时再向您请示具体听课时间。

① 原信未署年。据易漫白—苏秉琦（1985.12.12）内容，推测信写于1985年。

北大严文明同志处也约好。他回信说下旬不会外出，可以给学生们讲课。我还去信俞伟超同志，请他拨冗为学生讲课，但迄今未见回信，不知是他不在北京还是没有时间或无意为学生讲课，只好等我来京后再作道理了。

这样的初步安排，不知是否合适，请您指示。肃请

道安

生　漫白

九月廿日

易漫白—苏秉琦（1985.12.12）[①]

琦老吾师函丈：

今年八月份在京见到您，承您教诲，受益匪浅，如今转瞬又已入冬了，近维起居康泰为祷。回忆在京时，本来想盘桓旬日再去长春，不料几日间去长春的车票突然难如上青天。最后终日为车票奔波，终于只有放弃与忠培晤面机会，抓到车票就南返了。原来还要再来看您的也没做到。

关于我冒里冒失地招了四个研究生（计北大、中山、本校应届各一，西北早两届毕业的一个），培养方案是在摸索着搞的（上次在京曾简略向您汇报过）。大体上第一年安排都是基础课，计先秦史、先秦文献选读，民族学及概率论初步与统计数学四门课，各四五十个学时。第二年计划开考古理论与实践和考古论著选读两门。第三年就是实习、搜索论文材料和论文的撰写。其间，在头两年还应补修逻辑、史料学及历史地理（如本科未修）及选修第二外语和计算机（上机）。这个方案与忠培同志往返函商拟定，他建议实

① 原信未署年。据苏秉琦—易漫白（1985.12.28）信，信当写于1985年。

习应提前，论文应早选[①]，都得高度重视，将来在执行中尽量调整。第二年（1986 下半年—1987 上半年）的课曾蒙您俯允为他们讲授。对您奖掖后学的厚意十分感激，具体的讲学专题请您自定，课时不限，具体时间到时再向您请示。学生仍然希望是就开创形制学的中国化的道路、方法和方向上听“祖师爷”的亲自教诲。实际这也是我，不，我们这一辈人和下一代人的共同愿望。我想如果由他们整理您的讲授，出版出来，将是嘉惠后学、功德无量的大好事，也是奠定“理论学派”基础的头等大事，想必您是会欣然首肯的。

我们学校评定职称工作即将铺开。多年来搞这项工作，刚恢复又停顿了几年，旧债积欠甚多，偏偏今年又有个比例限制，各校都是“粥少僧多”。大家对知识分子的政策落实很有不如干部之感。即以我们学校而论，趁改革之前，一夜提升处长十几个，改革之后又提处长十几个，只须领导点头，得来全不费功夫。而年过半百的讲师想提到副教授，却难如上青天。

今年我们这一个系申请的就达廿三人，绝大多数都已是知命之年，都是老讲师，都翘首盼望这一级。他们说，干了二三十年，总有点贡献嘛，国外的不能比，国内的同辈人差不多都解决了。偏偏他们今年碰上一个百分比的限制，顶多上来 7、8 人，无不叫苦连天。至于正教授，倒没有这么多嗷嗷待哺的和尚，我也度德量力，没有这个野心。

但最近有一个评估问题，联系到学位授予权的问题，组织上与同志都劝我要为学校争取一下。因为湘潭大学是个小老弟，硕士学位授予权通共不到十个，博士权更是个光头。为了替学校多争取一个学位授予权，我只好硬着头皮上马。这一上马才知道其实是上了老虎背，欲下不能了。因此只好厚着脸皮请您奖掖提携。如果您收到鉴定材料，请您在百忙中写一个鉴定（上次座谈会您的来函由《湖南史学通讯》摘要发表了，现附寄给您参考，以节省您宝贵时间）。如果您没有收到，那可能是寄到考古所或北大去了，也祈求您

① 苏秉琦先生在“实习应提前”和“论文应早选”上分别用红笔打“√”。

在方便的时候美言促成。不情之请，务祈鉴宥；栽培之情没齿难忘。

关于学位授予权问题，您是老学位委员，想向您汇报一下我们的打算，请您指点。

我们系共有五位副教授，没有正教授（今年有两个人申请），其中属于古代史范畴的有四人。我们去年申请学位授予权的方向是唐代文化，没有批准。今年是第二次申请（从国家说是第三批），今年没批准，以后就不能招研究生了。所以今年是最后一关。我们研究了一下，准备就我们第二梯队有十来个资深讲师（其中至少已有一个待批副教授）是搞自先秦到宋元断代史的情况，集中优势兵力，搞古代史的学位授予权。不知这样的想法对不对头，还需要什么样的条件？迫切期待您的指示。

冬季深了，请您多加保重。肃此敬叩

道安

学生　漫白　敬上

十二月十二日

［编者注］

1. 苏秉琦先生在书信第三页的页眉上写有一段话：对于易著《考古学通论》的鉴定意见：

该书是作者多年在大学历史系担任“专业基础课”编写讲义的基础上，总结经验，并征求过若干位学有专长，及具有相当经验同行意见之后定稿的，□□□□□□□□□□□。

2. 在信函第三页的底部贴有一条打印文字（从内容看，应为易漫白先生打印后贴上，以供苏秉琦先生参考）：

代表们一致认为易著通论基本是“反映了当前我国高校考古教学与科研的水平”，“是一部有特色、较成熟的教科书”。苏秉琦教授在贺信中指出“讲义中对中国考古学分期的探讨，学科方法理论的概括和表述，以及整个教材编写体例等方面做了许多有益的尝试。对于将考古学纳入历史专业教学计划内的教学和研究，做出了积极的努力，是难能可贵的”。

易漫白—苏秉琦（1985.12.24）[1]

琦老吾师函丈：

转眼又是1986年了，特向您恭贺新禧，遥祝您新年愉快，阖府康宁。并另寄贺年卡一个，略表孺慕之思。

前曾就研究生学习问题向您当面汇报，并曾蒙您俯允亲自为他们讲学，前上一信，把研究生培养方案书面汇报，并再一次请您就中国考古学的发展，您创建的中国化的形制学的历史、方法和经验以及当前的主要课题等传授我们。关于培养方案，虽后来又曾与忠培同志函商，但到底缺乏先例，很有些惶恐，务祈您详加指点，鼓足我探索的勇气，以便紧紧追循您开阔的路径，为考古学理论添砖加瓦。

又信中还曾请求您对那本在您鼓舞支持下写成的《考古学概论》作个正式鉴定，作为我评定教授职称的正式根据。今天学校又告诉我说：您的鉴定迄未收到。现在评定职称亟须落实，鉴定材料基本上都已收到了，学校对我是支持的（不是说我水平如何，只是因学校是新建立的，必须在“矮子中拔将军”的意思），他们预备再次函询，希望我能直接向您求援。请您奖掖后进，支持新学校的工作，从宽从速为我写出肯定性的鉴定材料，并加盖公章（无公章在评审会上通不过）寄来。这当然要占用您宝贵的时间，在我也是势成骑虎，不得不厚颜提出这不情之请。如承您错爱，在评审会上肯定可以通过。以后如有寸进，完全出自您的栽培，我谨在此向您保证，我以后一定会更加谦虚谨慎，兢兢业业，在您指导和领引下，努力作出成绩来报答您。临□惶恐，不知所云，一切务

---

① 原信未署年。信言“转眼又是1986年了”，又据苏秉琦—易漫白（1985.12.28）信，信当写于1985年。

祈鉴察，肃此敬请

道安

弟子　漫白　敬上

十二月廿四日

又：刚才系里告诉我，他们准备派我教研室主任来京亲自向您求援，我已告他们暂缓，等待您的复示。

苏秉琦—易漫白（1985.12.28）①

漫白同志：

你好！12月13日、24日两信及时收到。信中提到“鉴定材料”可能寄到考古所或北大一事，我一无所知。现在我只能根据我对这本书的浮浅了解，写成书面材料。请所盖公章后寄去。加印一份给你留底。

我写的意见中，重要的几句话是从这项工作的目的性与培养目标结合而谈的。由此联系到你校历史系的“古代史”可以特别标明“着重远古时代和边远地区古史”（指的是发展方向，暗含业已做出努力）。这样，既可使“古代史”突出重点，又可使你搞的“考古”不是狭义的考古学，而是着重在使专攻古代史的学生能从考古学成果中正确地吸收营养，研究远古史及边远地区古史问题，都又要避免走如某些人对考古材料食而不化，侈谈远古时代及边远地区古史问题的道路。由此更进一步，提到学校、系能把湘大历史系从这个角度办出自己特点。这话不是吹嘘自己现在已有成果，而是作为发展方向的提法，不会引人反感吧！专此，问

好！

苏秉琦

1985.12.28

① 据苏秉琦先生家藏书信复印件录文，与书信分置两处，据内容合并整理。

对于易著《考古学概论》的鉴定意见①

作者原是中国社科院考古所五十年代初期的研究生，毕业后从事田野考古工作很多年，又从事考古教学工作多年。他的知识面较广，基本功扎实。他担任大学历史系“考古学概论”基础课教学中，自编讲义，反复实践，摸索通过学时不多的一门课程给予普通历史系学生以掌握考古学科基本理论概念、基础知识，以及把它吸收、消化、运用到自己专攻科研、教学方面的实际能力。无疑，这是一项难度很大的课题，又是我国同辈从事这项工作的许多学者的共同心愿。

本书是他多年从教学实践与反馈、编写教材基础上，整理成书的第一部分，初稿曾印送请许多专家学者征求意见；又经由学校领导邀请同行专家讨论、评审，给以肯定。他又参考各家评审意见，修改补充，定稿后付印出版。

我认为：

第一，作者本人学历、经历与本书编写出版的全过程是足以说明它是已经通过社会的承认与肯定评价的；

第二，本书的出版是适应了学术界的迫切需要的；

第三，本书作者的这一成果对于考古学科、考古教学是具有一定开拓意义。一项具有重要意义的学术课题，往往是开头难，难在它的学术目的、社会目的的明确性需要有较长时间的探索过程；把它继续坚持下去也不易，因为道路往往是长期曲折的。但我相信今后的路越走越宽，有志于此的同路人会越来越多。在中国考古学这一学科迅速发展的今天，这方面取得重要成果的前景是指日可待的。作者的开拓之功应给以肯定自不待言。湘潭大学各级领导对于这项工作的一贯大力支持是有远见的，希望湘潭大学能从这个学科分支办出自己的特色。

苏秉琦 1985. 12. 28. 北京

（中国社会科学院考古所研究员）

① 据苏秉琦先生家藏复印件录文，与书信分置两处，据内容合并整理。

易漫白—苏秉琦（1986.1.8）[①]

琦老师座：

今天收到您的两封手谕，对于您这样关切提携之情，深铭肺腑。

我先收到的是挂号信，看到您的鉴定对我的评价，感到既惭愧，又感动。您对我的知遇奖掖，我是没齿不忘。不过，我看到鉴定是您的亲笔，印是红印，以为您是拿手稿盖印留我作底，但也有疑惑，是不是您封装时装错了，把正式的错寄了给我，把复印的错寄了学校科研处。后来同志把您那封平信送来，拆看之后，才确凿无疑地证明您是将正式鉴定材料也错装给我了。因此，现特挂号寄回，请您径将它直接寄到湘潭大学校办公室或科研处收。因为我不便自己转交。同时，还建议您在落款处添上您的全部职衔，如前国务院学位评定委员会委员、中国考古学会副理事长等。请您斟酌，如觉得我这个建议并非不必要，而是有重要作用的话，请您在落款处的适当空白处添上即可（愚意以为不必重新写再去盖印，一则不敢多占用您宝贵的时间，二则免得所科研处张子明同志不太理解这是在提携后学）。

您鉴定中最后一句话，“希望湘大历史系的这个学科分支办出自己的特色”。我认为体现了一个长者的热肠，对我固然是一个鞭策，对湘大也理应起促进作用——如果校当局有机会看到这个意见的话。我认为您的话语重心长，而且恰中我校的时弊。湘大是新办学校，虽然发展很快，房子盖得不少，但应该办出特色却没有抓住机会。主要原因是老班子不是里手，新班子除校长一人是四十多岁的教授——可惜是数学家，又缺才干，其余是“不是老班子的老班子”，尽是安排好的代理人。我曾屡次建言办一个文物方面的专

---

① 原信未署年。据苏秉琦—易漫白（1985. 12. 28）信，信应写于 1986 年。

业，可惜他们考虑的是钱，而不是办学，你有钱投资，什么专业都可以办。你没有钱投资（开口就是百万元），什么自己的特色他就毫不考虑。愚意窃以为现在全国文物博物馆专业只有那么两三个（开始时还只有南开一个），湘大越早办，越能办出自己特色，后来居上。湖省文化厅也极有兴趣，可惜缺乏钱，投不起资。事情就这么拖了几年。您以食考古材料而不化、侈谈远古史的学术作风上立言是更深了一层了。现任校长虽然不懂文科，但毕竟是教授，对权威学者的话还是会虚心的，更不会引起反感。因此，我想如果您能就如何办好湘大历史学，如何办出自己特点发挥一下，写个信由我转给他（叫杨向群），肯定能起到我所不能起的作用。这将造福湘大、造福考古界、造福后学，是件功德无量的大好事。您不会觉得我这个建议有点冒昧吧！

最后，请允许我再一次向您诚挚地表示深深的敬意和感谢之情。肃此敬请

道安

学生　漫白　敬上

元月八日

又：我教研室主任余光明同志已赴京，他会来看您的，您对我的关怀他是了解到的。

易漫白—苏秉琦（1986.7.12）①

琦老吾师函丈：

久疏函矣，想象音容，曷胜孺慕之思，近维康泰，为颂为祷。

---

① 原信未署年。信中提到的昆明会，推测为1986年昆明召开的全国考古发掘汇报会，若是信当写于1986年。苏秉琦先生在信第二页页眉写道：“十月下半月‘田野考古方法论概要’2—3次，座谈2—3次。”

旧年在京谒师时，曾汇报过迫于学校的要求，冒昧地招了研究生，蒙您勉励，为我打气，并指示多与张忠培同志联系，并俯允为研究生讲学指导。今年五月，我乘忠培昆明会后过长之机，请他来校讲了一次课，研究生们反映很受教益。忠培同志日以继夜，不辞辛苦，很值得学习，但深感不安的是今年教委规定上课费不能交给本人而只能寄给所在单位。学校执行制度缺乏灵活性，忠培虽然快人快语，说是为支援我来的，但终觉与尊师重教精神不合。本来学者来校，不仅对研究生有好处，本科生也能一视风采，不仅学生受益，学校何尝不沾余润，扩大交流影响呢！这样一来，我只好商经研究生主管部门同意，牺牲请进来的好处，在以后把研究生送出去登门受教。这实在是不得已而为之的下策。不过，虽然学校同意了，虽然这样做还可以绕过考古所可能不同意您长途跋涉的一关，但仍应向您汇报，如果在十月份来京，您有不有别的安排。如果十月份您时间不允许，以哪个月为宜？至于讲学内容，研究所（包括我在内）都希望听听祖师爷关于形制学以及关于区系体系方面的教诲。关于方法论方面的指示以及其他您认为适宜的门径。内容、次数和时间等一切都请您裁夺，就不是学生所敢赞一词的了。由于涉及到下个学期的教学安排，而短短个把年的时间，瞬息即到，所以请您在百忙中早日复示，以便及早再与其他方面（如严文明等）洽商联系。不情之请，本应早点请示，因不敢在其他因素未定之前，过于烦扰您了，一切务祈鉴宥。专此敬请

道安

生　漫白敬上

七月十二日

易漫白—苏秉琦（1988.4.29）[①]

琦老吾师函丈：

早就收到您赐寄的两篇鸿章，细细读过两遍，本想详细汇报体会，但因杂事牵扯，还没来得及写，便突然住进了医院。

原来内子因病住院，我怀疑她有什么，便同她来湖南医科大学照片子，她却要我也照一下。不料她的情况较好，而我却照出了问题，在经过活检，查出了癌细胞，确诊为肺癌，而且肿块已有鸭蛋大了。于是住院，原想动手术割治，不行，才又改为化疗、放疗。

想不到是化疗结果，肿块迅速消缩，现在又改作放疗，估计前途较乐观。知必关锦注，请您放心。其实我对此甚为豁达，因为死，怕是不行的，你不战胜它，它就一定战胜你。思想上包袱背不得，否则，结果必然糟糕。我这种精神状态，或亦有助于肿块的消除。

严文明同志来，我恰在病中，承他来医院看了我，谈了一谈。我把自己在您的鼓励下，大胆搞方法论这个方面，而且一直受到您的关怀与教益等，告诉了他，还设想了考古学没有一个完整的理论系统是不行的（任何一门学科没有自己的理论至少不能说是成熟的）。这样一个完整的理论，应该包括从方法论、认识论直到本体论的系统。我觉得美国现在五花八门的理论几乎没有一个是考古学本身的理论，大概不过是解决某一种问题的一种方法或常识。当然，只要有用，都可以汲取。因此，我深感建立考古学理论的任务是不是可以说历史性地落到了我们中国考古工作者头上。例如您的学说，就必然成为考古学理论的核心。因此，我在病榻上，在化疗

① 原信未署年。据易漫白—苏秉琦（1989.4.28）信，信当写于1988年。在书信页眉，易漫白先生写道：“如承复示，请按信封上的地址及人名收转。”

弱化了我的精神体力的条件下，为了理论的建立，向严文明同志提出我的想法，希望他在您的大纛下为此努力奋斗。我感到自己为日无多了（即算治疗顺利，大概也是五年存活率吧），而且偏处一隅，虽然有一些想法，但孤陋寡闻，又忙于一些杂务，一直没有很好整理，今后量力而行，也做不了多少了（虽然我要尽我力之所及，努力做一个马前卒）。俞伟超和张忠培忙于工作，也难全力实施，因此，我觉得严文明同志是最有条件完成这一任务的，即算是一个开头，也是要紧的。但我觉得这个事业不是摸不着，而是至少看到了桅杆的航船了，至少在下一代可以完成。顺便汇报一下，我四个85届研究生（都曾听过您的教诲）现在论文都写出来了，质量都不错，严文明同志看过后觉得初稿能写成这样，还很少见云。以后定稿后再请您审阅。

我是在您的鼓励下，冒里冒失地开辟了第一个考古方法论的硕士生方向。原来是想让一届一届毕业生的成绩向您汇报，争取在五六届研究生的共同奋斗之下，能够勾画出一个初步的考古学理论的轮廓来。现在由于恶疾的干扰，很难这样搞了（我今年就停止了研究生招收）。如果天假我三五年，我当然还能尽一个马前卒的微薄力量，但方法论这个方向（或者新考古学理论）却是无能为力了。我深感这方向不能停止下来，因此我还向严文明同志建议在北大开这个方向的硕士乃至博士生。同时，还应努力争取在例如北大或国家文物局之类的下面设置关于考古理论的研究机构（只要有三五个层次不同的实干人员，我认为实干几年定有成果），最后还希望在您的影响下，除争取实现上述两条外，还要把考古理论的建立纳入国家计划才能更有开展。

这些是不是我头脑发热，或者过于执着，天真的想法呢？我说不清楚，反正如果我不罹此恶疾，我是会一步一步地努力迈进的（当然每一阶段向您汇报和请求指示）。我是一个不愿意多讲，而只愿实干的人，难免有错不知道错，至少要错一段再回头。知道这个毛病，但老也改不了。这次，要不是因为这个恶疾，也许还要等到四个毕业生论文答辩时才会向您汇报的。但我想您总是会支持的。

在病榻上写来很吃力，加上放疗的反应，这封汇报信写了四次才算基本完成，脑子里也很乱，写得有些不知所云，请您原谅。

关于我的一些想法（关于理论上的）我想只有等我基本好了，出了院，精力允许时，便尽量快地写出来，那时再向您请教。

附带向您提个意见，您对我称呼“老友”使我太不敢当了。我的的确确是您的学生，是您的 follower。

另外，请您以我为鉴，坚决把烟戒掉，希望您长命百岁。

您的学生　漫白　敬上

四月廿九日

易漫白—苏秉琦（1988.12.12）①

琦老吾师函丈：

从严文明同志信中知您近来欠安，甚为挂念。请您千万保重，为国珍重，为考古学珍重。

我自年初突罹恶疾，卧床半年多，到九月廿七日才以所谓“临床痊愈”出院，肿块已完全消失，亦未发现转移。近遵医嘱又来复查，情况良好，计划再作预防（转移）及巩固性治疗后，可望于下月出院。从自我感觉说是良好的，但医嘱尚不能过度用心，因此春节前后仍将休息，春节后开学了再说。我还想再继续做点工作才去见马克思呢！因此，我自己还是蛮有信心的，也对您释念。敬请

铎安

生　漫白　叩

十二月十二日

① 原信未署年。据易漫白—苏秉琦（1988.4.29）信，信当写于 1988 年。在书信页眉易漫白先生写：“如有复示，请寄长沙□西肿瘤医院六病室高干病房。”

易漫白—苏秉琦（1989.4.28）[①]

琦师函大：

久疏函矣，近维康宁为祷。

一年来我差不多有3/4在医院度过，总算临床“痊愈”。目前的身体状况是病灶（原来大到6×7cm）已完全消失，既未发现新病灶，又无转移迹象。自我感觉良好，看见我的人都说面色红润，不似病人，不知是不是对病人的慰藉之词。虽然医嘱还须作巩固性治疗，但乐观一点说，三五年内或不致去见马克思。

学会五月十九日在长沙召开，您会来亲自主持吗？湖南天气无常，阴历四月仍间或小寒，湘谚有云“四月八，冻死鸭”。故望来时多带一件呢制服之类，以备不虞。开会期间，正是我遵医嘱应去住院的时候，因此可能无缘与会，但如有可能，当尽量争取来会看您。

前一晌听人（我学生）传告，某人写文批评我那本《概论》，传告的学生也都说彼论故伎重演，醉翁之意，矛头实指向我师，这次不是“文明”问题，而是在形制学（类型学）的首唱问题上发难云云。据说该文是寄到郑州文物所主编的《华夏》，但贾娥同志因我卧病而暂时压了下来，云云。其实，批评本是好事，我很欢迎，但指桑骂槐，未免太不光明正大。其次，既明知我卧病，无答辩之力，却发动突袭，也有失厚道。该文我倒很想有拜读机会。因为他山之石可以攻错，即令只有一丝的正确，也足以帮助我改正错误。可惜我不能撰文答复，不然便可以向《华夏》索阅，真是遗憾！

---

① 原信未署年。信封上北京邮戳1989.5.2，信当写于1989年。

天时乍暖还凉，请我师多保重，专请
铎安

生　漫白　上
四月廿八日

李发林

李发林，工作于山东大学。

李发林—苏秉琦（1983.5.30）

苏老师：

您好！去年北京一面，匆匆至今，又将一年。近闻吾师去郑州开考古学年会，知师身体必健，此则为生之所愿也。

生虽在校，天性顽钝，几疑不可早就矣。蒙吾师教学，乃有志于战国秦汉焉。

今学生不才，蒙齐鲁书社垂青，拙作《山东汉画像石研究》已经出版，今特奉上一册，求吾师指点焉。此书于五月初即见于书店，本该早日奉上，但因稿费至今未获，学生工资仅可糊口，无力买书。幸亏最近补了一点工资，方得买上几本，给北京师友寄去，想吾师必能谅解也。吾师高龄，满腹经纶，盼吾师之新巨著，早日问世，乃裨益于后学者，祝吾师身体

康安。

学生　李发林

83.5.30

吴振禄*

吴振禄（1935—2019），工作于山西省考古研究所。

吴振禄—苏秉琦（1983.7.5）

苏先生台鉴：

近来身体精神都好吧！

在您的关怀指导下，上马墓地经过十几年来的田野工作，已经发掘完墓地面积的百分之八九十以上。今年春节正在作未了部分面积的发掘工作之际，文物局根据国家文物法令行停工，到今天已有两个多月了。这期间也曾去电、信问讯文物局批示的消息，一直没

---

* 吴振禄先生在校对信件整理文稿后给苏恺之先生写信指出：“对先生的信件整理发表是件大好事。这也是我们晚辈们义不容辞的职责，对学习先生的学术，是必不可少的一部分财富，因此我非常高兴，我一定努力去完成你要我去做的任何事情。我在校学习和长期工作里，得到先生的长期、细致、多方面的指导和教诲，受益终生。写到这里，心情非常激动，对先生的怀念感激之情难以言表。不过深感自慰的是，我一生在各方面，均是按先生的教导去作事、作人，没有给先生丢脸。”在给刘瑞的信中指出：“整理工作非常辛苦，但这不仅仅是先生个人的事情，更是学科发展的急需之事。它像网络一样，为学术界开启了一道了解先生高深学术水平之门。它是我们考古界、学术界的指示灯塔，会给我们后学不尽的智源。……这项工作是非常有意义的，会得到学界的大力支持与感激，是件功德无量的事情。”

有具体的下文。六月底拜托吉林大学滕铭予同志（吉大学生来我站整理上马墓地部分发掘资料进行毕业论文实习的指导导师）去京机会向黄景略同志了解一下此事。昨天滕老师给我回信，将了解的情况向我做了介绍。其迟迟不批的原因有二：其一，北京考古所的意见，凡是主动发掘者要尽量控制，甚至有的地方探方没有到底就不让挖了；其二，是上马墓地是在全国文物重点保护范围内，在这里发掘不要说几百座，就是几十座，甚至几座也得经过国务院批准。而上马墓地发掘并未上报国务院，为此不批。这次张忠培同志在侯马时，我也曾将以往发掘工作情况及出土文物向他全面作了汇报，进一步引起了他对这批材料的重视。同时，我委托他到京向有关方面说句公道话。从滕老师信得知，忠培前些天在京见到徐光冀同志谈起上马墓地停工之事时讲，该墓地是苏先生几年前建议山西省同志挖的，并且建议全部将墓地吃掉，是苏先生亲自抓的。光冀同志听了忠培这些介绍后说："如果是苏先生早就建议过了，是可以批的。"在吉大，忠培同志听到滕老师在京了解情况的介绍后，马上让滕写信给文物局将光冀同志的意见告诉黄景略同志，据说黄景略同志不了解苏先生在这方面的意见。我知道这个情况后，心中十分高兴，看来非得请苏先生出来说句话了。于是我衷心希望先生您在百忙中设法找一下光冀同志，把墓地以往发掘工作情况及墓地资料的学术研究讲给他听听，是否建议所内领导对这一项多年来一直没有间断进行着的，并且即将临近尾声的上马墓地发掘工作作一下具体分析，区别对待，高抬贵手，让其尽快结束田野发掘任务，如期进行整理，写出发掘报告，以资学术研究周代特别是晋国文化诸问题之用。

看来如果没有先生您的声音，这批材料势必这样中途一停，搁置不知多少年才能得到整理，才能得到问世。想到这些，我心中是十分痛心的，想做一点工作真是太难了。自己觉得既不为名，又不为利，想做点人家都不太愿做的工作，竟然这样不顺利，真叫人可叹！

滕老师在信中告诉我，她将学生在实习中的主要收获向先生做了汇报，您非常高兴，可惜她没有向我介绍一下您对墓地发掘资料反映出来的问题（尽管这些材料是局部的应该说也是初步的），有哪些看法和令我们在今后的发掘和整理工作中应该注意的问题。

忠培同志以前没有多接触过，这次有机会向他求教，使我深深地感到，他为人憨厚，待人真诚，学术水平高，思想境界宽广，对我多方面进行了启发、引导，受益很深，是我多年接触的同志中少有的好同志、好朋友。我们谈得很深，面也很广，在我的心灵深处对他产生一种敬佩的感觉。对为什么他能在这样不太长的时间里进步得这么快、搞得这么大的成绩、在学术界有这么大的影响的问题，在我的脑海里也自然形成了正确的答案。这次在侯马由于时间所迫，只能仓促惜别，使我感到安慰的是他答应日后不断联系，不断给我帮助。我认为他这样工作下去，不用到 20 年将成为我国考古界举足轻重的人物。

盼望着先生能抽空给我写一个便条，告诉我对上马墓地停工的看法是再好没有了。

祝先生　健康长寿

学生　吴振禄

83. 7. 5

吴振禄—苏秉琦（1984.2.13）

苏先生：

首先向您拜年！祝愿新春愉快，健康长寿。近来身体还好吧！学生及在侯马的诸友对您十分的惦记，在节日期间不能亲自赴膝下问候，均表示惭愧，要我代表他们向您问安，祝节日快乐。

《文物》84 年 1 期拜读俞、张二位老师大作，深有感受，二位对先生几年来对考古这门学科所做的工作做了公正而客观的总结。学生观后很受启发，深受教育。先生不愧为“中国考古学派”的奠基人、开创人。在我国对某一门学科作出贡献的人，在他健在并日夜不停地继续工作的时候，有人就进行了认真的总结，你老人家可能是第一人，为此，在山西省的您的学生们甚为高兴、骄傲，在欢乐之际向您及俞、张二位老师表示祝贺。您的《考古学论述选集》发行后，对历史考古学乃至整个社会科学的研究和发展必将产生深远的影响。对我们这些中年的学生来讲，不管对其学习、工作及做人上的启发指导产生的巨大作用，意义更大。

年前黄景略同志来侯马将84年的工作安排了一下，上马墓地发掘工作，计划争取能批准，将83年度未了工作部分发掘完毕，工作暂时告一段落。在此资料的基础上，进行整理发掘报告的工作。将计划在先生的指导下，争取山西省所给几个助手，苦战二至三年拿出报告来，详细情况到时再去先生处当面受教。

站上其它工作主要是配合铁路复线及其它基建的配合清理发掘工作了。

向所内学兄，诸友问好！

祝老人家在新的一年里

身体健康

工作顺利

学生　振禄　顿首

84.2.13

苏秉琦—杨富斗、吴振禄（1985.11.23）[①]

富斗、振禄同志并转站内诸同志：

---

① 该信以“苏秉琦先生给侯马工作站同志的一封信”为题，载于山西省考古研究所侯马工作站编《晋都新田》，山西人民出版社，1996，第1—2页，据此录入。该信又见杨富斗《深切怀念我的老师苏秉琦先生》，载《苏秉琦先生纪念集》，科学出版社，2000，第107—108页。

12 日离开侯马，到今天整十天过去了。两周在侯马站的生活，既像探亲访友，又像在家中，又像是一次工作旅行。对我来讲，既感到温暖、热情，又感到不虚此行，获益良多。晋南这块宝地，你们的开发之功，当载入中国考古学之史册。这次会的组织和效果是成功的，我的衷心愿望是：我们在晋南的几处工地和队、站将像你们晋北的五台山一样，成为田野考古的“圣地”。它的将来也会有如当年人们朝五台山的人群那样，山阴道上，络绎于途。你们、我们、咱们要做的事还很多。你们要购置一处库房望早成现实，这比自建新库房现实，快得多。曲村的设站计划，只要省所（省文物局）和北大有决心，应会得到国家文物局支持。不过，我有一个愿望，能把它办成一处真正具有高水平的教学科研基地，还有大量的工作要做。基础设施要搞，科研课题更重要。不过，这不是多挖、多写、多积累资料就能做到的。佛寺要“佛、法、僧”三宝。当年宋朝曾有几大书院也曾享过盛誉。据我初步设想，我们能把侯马、曲村搞成一处类似大佛庙的“上、下院”那样，可能是一条可取的办法。伯谦同志人望不错，会同你们进一步合作得更好。望你们更主动一些。我愿尽绵薄之力，助其早日成功。

此信前半原是 22 日（星期六）写的。当日上午在所里见到子明同志，谈到我的以上想法，他把你们近期为侯马站库房以及扩大重建的计划，以及曾和黄景略同志交换过意见的事向我讲了。你们这种精神与周密的考虑，我很赞赏。我希望你们进一步考虑，再周密一些，具体些，再多向一些负责、内行（对建筑）同志磋商。如果具体落实到施工预算，钱数较大，一次不能实现，不妨分为两步。此事在我和伯谦以及曲村的同志等谈时曾提出把工程分两期，两年实施，把“主楼”放到二期工程。如能在二、三年内实现，边建边使用，建设不影响正常工作，既快且稳，那就最好了。

我的设想是：上述条件，是重要的，必要的，而且是迫切的。但是，我们大家应该有个远景目标。要知道，我们的考古事业确实处在一个黄金时代。但要提出更高的要求，那就是什么是真正的高水平、国际水平。这不是坐等来的，也不是自然而然到来的。实际工作水平的提高，人力的增加、科研、干部水平的提高不只是从现实、眼皮底下就能看得见的。首先要认清什么是我们所追求的最高水平，简单说，既有实际工作一面，更要看到开拓、创新一面，特别是理论的一面。眼睛要向下，向青年一代看，他们是不会满足于我们眼下这点点成就的。这不是他们的好高骛远，这是他们对时代的要求反应敏锐而已。每个时代不是个个都是人才，但人才又是个集体的概念。我们眼下这一时代（这一二十年）是个出人才的时代，但是需要些种子与其他种种条件，我们的任务就是为他们创设条件。这话希望大家理解！不多谈了。谢谢那些在站上为我们忙碌了十多天的小弟、大嫂们！问候所有站上同志们！

致

敬礼！

苏秉琦

1985 年 11 月 23 日

吴振禄—苏秉琦（1986.2.13）①

苏先生：

在新春佳节之际，首先向您拜年，并祝老人家节日愉快，身体健康。

去冬在京有机会再一次得到先生对我在工作上、学习上等各个方面的教诲，对我教育启发很大，在新的一年里我将遵循所指的方向努力工作。开春除了对 85 年未了的呈王路祭祀建筑遗址的发掘工作继续进行之外，还将对上马墓地的几座车马坑发掘完毕，这样

① 原信未署年。据信中“开春除了对 85 年未了的呈王路祭祀建筑遗址的发掘工作继续进行之外”的时间，信应写于 1986 年。

该墓地的工作基本上告一段落了。下半年与吉大滕铭予同志一起开始整理上马墓地发掘报告，方法步骤将按您指导的方法去做。工作如何开始，如何订细部工作安排计划，到时再请先生具体指导。我决心在进行以上工作的同时，计划抽出一定的时间，将近一两年来发掘的几个点写两篇简报和小文章。资料的整理工作是到了着手进行的时间了，所感到压力的是田野工作总是脱不开手，想完全脱开手，至少在近两三年内可能性是不太大的，这只有挤一些时间了。

先生近来身体健康情况如何！是我们在山西工作的几位同志日夜挂念的一个问题，衷心祝愿老人家延年益寿。

我们有事情一定向先生汇报，以便能及时地得到指导。愿先生在新的一年里多福多寿。

祝师母及全家老少身体健康，精神愉快。

恭请

春安

学生　吴振禄　叩书

2.13

杨福斗—苏秉琦（1988.2.7）

苏先生：

好久又未见面了，近来贵体健康，生活愉快吧。

告诉您个好消息，我们工作站的文物库及办公楼，现已竣工交付使用了。总面积为4200m^2，比原有建筑增加了三倍多。上马出土文物已搬至新楼，准备开春整理。其他文物也将陆续搬移。您老对此十分关心，听此消息后一定会很高兴的。至于有关附属工程，如厨房饭堂、客房、锅炉房、车库等正在兴建，预计六七月间可全部完工，今年国庆节前后您来到侯马，一定会感到面目一新。

今年稷山红枣歉收，质量低，价格高，且目前又无人去北京，不便带去。但新春佳节即将来临，仅从邮局寄去五斤，以表心意。并向您拜个早年。

即颂

福安

学生 杨富斗 敬上

88.2.7

吴振禄—苏秉琦（1988.2.8）

苏先生台鉴：

近来身体很好？原来计划在87年冬和吉林大学滕铭予同志一起到京向先生汇报上马墓地资料核实及报告编写的初步安排情况，以取得您的指导。由于滕的父亲患病住院医疗，故她没有能来侯马，加上近期为3月份学生实习做好准备，忙着将墓地全部资料（实物与文字）搬放到新盖库房楼上的工作，故这次去京当面求教先生的机会失掉了。

下面先将墓地资料核实情况向先生汇报一下。

共发掘墓葬1392座，铜器（大小）两千余组，陶器1300余件，其中陶鬲900余件。其余随葬品5000余件。除个别小件器物因年久保管不善（主要是1963年前者）丢失10余件外，资料基本齐全清楚，现将这些器物分区、分墓在架子上摆放整齐（共占用四个大房子），同时还作了初步的墓葬统计工作。这样为下一步整理工作打下了较好的基础。

听陶正刚同志来站传达，原来我们计划的到88年秋（9—10月份）请先生来侯马指导我们这项整理工作。在京的师友，如忠培、俞先生、景略兄打算利用这个机会，召开一次晋国文化考古工作第二次座谈会，届时邀请有关省市师友一起来侯，同时对先生

80 岁大寿聊表寸心。这个信息传来，站上同志无不为之欢欣鼓舞。这也是我们多年来的心愿，在侯马能与先生度过这个不平凡的日子，确实是我们的幸福与光荣。我一定更加积极地工作，到时向先生向各地前辈师友汇报，以取得更多的教益，给我们晋文化研究工作以极大的推动作用。

在您到来之前，我打算在吉大师生实习整理资料的基础上，我深入一步先行核实修改，提出一个初步的墓葬分期意见来，以求教于诸位行家，并对报告编写的下一步工作安排，请与会者提出启发性的指导意见。

我准备春节过后争取与滕老师一起到京见先生一次，以求得您对整理工作的开始和整个工作进程中的指导意见。

关于上马墓地资料整理工作，前日我做了一个开支计划。在 88 年内向国家文物局请求 2 万元的资助，报告已由陶正刚送到文物局文物处。据说景略兄已不当处长了，这个事有些难度，我衷心盼望先生见到景略兄提一下此事，让他从中美言几句。我们的经费太紧，“整理”工作是我们的一件大事，也是晋文化研究课题的一件大事，望他能多提携此事。也想劳先生见到忠培老师表示一下我的相求之意，从中多多帮忙。钱是基础，没钱工作就难以开展。

侯马的同志多日不见先生，个个都非常想念。特别是学生我，您的教导，您慈祥的面容、音容笑貌不时映现在我的面前，对我的支持与帮助之恩终生难忘，我只有好好工作，踏踏实实地将以往所做的工作好好总结一下，向学术界交待，向子孙后代交待，以不辜负先生们多年的培养教育，师友的期望。

春节快到了，预祝先生

春节愉快

健康长寿

学生　吴振禄

于侯马敬书

88. 2. 8

吴振禄—苏秉琦（1988.10.4）

苏先生：

您好！

正值10月4日，先生寿辰之日，在遥远的侯马向您表示我们的衷心的祝贺。祝先生身体健康，永介眉寿！

我们盼望10月4日这一天，在侯马，与您众多的学生济济一堂，为我们尊敬的先生祝寿，为考古学界的开拓先辈祝寿，为今天的考古事业飞速发展而高兴，为晋文化研究在您倡导下不断深入而高兴。在9月26日，得知您身体不适，会议延期，我们为今年不能亲临您身边，为您祝寿而遗憾。先生高寿，明年，更多的明年，我们一定到先生身边，问安祝寿！幸知越明年，春暖花开，万象更新，先生再莅临侯马，主持晋文化讨论会的召开，心中十分鼓舞。

先生年迈，凡事望身体力行，寒至暑消之时，更望多加保重。

先生关怀的侯马上马墓地整理工作，为配合晋文化会召开，已告初成，分型分式分期大体落实。乔村墓地有了个眉目，均匆匆草草，远离先生要求。自现在到明年春天这一段时间内，力争再加一把劲，多看些书，干点实实在在的事，把这两项工作做好，以高质量的整理工作迎接晋文化会的召开。

小田的论文初稿已完，本想在会上请先生点拨，会不开了，目前正进一步修改。文中除对晋文化早期进行结构分析外，渊源探讨中，蛋形三足器、大口尊用了大量笔墨加以初步研究，其中朱开沟遗址帮了大忙。

文管站大楼及附属建筑均已落成，十分好。

先生时间紧，又逢身体不适，不便多谈这些工作，不再打扰了，等到明年见了面，再详细汇报。

最后再祝我们尊敬的先生长寿，祝身体健康！

此颂

教安！

学生　吴振禄

田建文

88 年 10 月 4 日

吴振禄—苏秉琦（1989.1.10）①

苏先生：

首先让我向您拜年，预祝在新的一年里身心康泰，万事如意。

节前由于离京匆忙，既没有面别，又没有及时写信致谢问候，心感不安，恕不恭之罪。

这次在京就上马墓地报告整理工作，再一次得到先生的当面教导，感激之情非笔所能表达的。由于我们水平有限，先生提出揭示墓地布局钥匙问题，尽管我们也多次考虑过，观察过，但因重视不够，故提纲中没有放到突出的位置上，先生提醒更引起我们对这个问题重要性的认识。事后，我们又和忠培、景略老师几次重谈了这些问题的如何看待、如何分析、如何处理，综合有关资料，得出一个关于墓地布局、性质诸问题的科学答案来。即通过墓地资料复原当时社会面貌，从而对当时的社会经济、政治、思想意识形态等诸问题做些有意义的探索。上马墓地资料较多，又有它不少特殊性，加上我们水平有限，通过墓地资料对以上问题作些探讨确实难度不少，可是我们决心在先生们的指导协助下，通过我们的努力，相信对其中的一些问题会做出些研究成果来的。

---

① 原信未署年。据信封邮戳“北京 1989. 2. 14”，知信写于 1989 年。

这次在京看到先生虽年纪已高，但身体、精神还是那样地好！使我们这些晚辈甚感安慰。先生在新的一年里饮食起居要多加注意，先生在京安康乐居，我们这些在下边的游子感到心安，感到鼓舞，感到身后有靠山。在工作遇到难处时，想起了先生就感到有了无穷的力量，增强了克服困难的决心。这是我们多年来亲身体会到的。先生健康长寿是我们历史考古界的大福，是我们这些学生晚辈的大福。

祝先生

师母

大福大寿

学生　吴振禄

元月 10 日

吴振禄—苏秉琦（1991.2.15）[①]

苏先生：

您近来可好！首先让我向您拜年，祝愿在新的一年里精神愉快，福体康泰，万事如意。

并请向师母转达学生对她老人家的节日祝福。

节前楼宇栋先生自河南来侯马，对《铸铜遗址报告》的文稿和资料又一次地进行了核实。日前报告文稿已就，计划节后即正月下旬在京进行排编工作。

学生的《上马墓地》文稿的编排工作已大体决定在节后即阴历三月份开始进行。以上的两本报告编排工作大致同时进行，到时学生将在京同时进行此项编排工作，希望先生做具体的指导工作。

---

① 原信未署年。信封邮戳为侯马 1991 年 2 月 20 日寄出，北京 1991 年 2 月 22 日收到，信当写于 1991 年。

这也是我们几个参加工作的学友们的共同愿望。

近日听到自京来的同志讲，先生在去冬身体一直很好！我听了十分宽慰，这也是我们做晚辈的最大的幸福。

先生在《中国文物报》上发表的新年祝词，学生已经仔细地拜读过了。受到的启发不少，引以鞭策自己的工作，更好地从客观上去考察、思考考古学各个课题中的一些问题，以便更快地提高自己的思维能力和研究水平，在晋文化研究领域里更多地贡献自己微薄之力。不辜负先生对我们这一代晚辈的重望。

忠培先生近来的情况学生已从侧面了解一些，对忠培师的品德，下边的同志，大部分都是敬佩之至，学生为有这样的老师引以自豪。

有些情况，不久在京再向您当面禀述。

敬祝先生

健康长寿

学生　振禄于侯马

2.15

吴振禄、滕铭予—苏秉琦（4.25）[①]

苏先生：您好！

来拜见不在，听忠培老师讲，先生近来身体康泰，晚辈甚为欣慰。

我与小滕来京为《上马报告》排编一事，与编辑同志初步商定，在七月末八月初开始工作。

---

① 原信未署年。《上马墓地》出版于1994年。据《编后记》：“《上马墓地》的编写工作正式开始于1988年6月。”苏秉琦先生在书信上写：“忠培9日去□□、苏鲁豫皖。”

我们计划二三日后离京。

祝先生

身体康泰

万事如意

学生 吴振禄

滕铭予 拜

4.25

朝阳文化局、博物馆

苏秉琦—朝阳文化局、博物馆（1983.8.1）①

朝阳地区文化局、博物馆各位领导同志：

这次朝阳地区考古工作小型座谈会的召开，得到地委、行署和喀左县各级领导的支持，各位领导同志的盛情接待和照顾，使会议圆满成功。对我和参加会议的同志们是一次极好的学习机会，时间虽短，收获很大。特向你们，并通过你们向各级领导，向参加会务工作的所有同志，致以深深的谢意！

鉴于朝阳地区在燕山南北长城地带考古工作的重要地位，希望今后加强联系，共同协作，使地区考古工作取得更大成绩。

此致

敬礼

1983.8.1

① 据家藏信稿录文，原件未署名，信左下角有苏秉琦先生写的“朝阳地区博物馆陈瑞峰”等字，应为苏秉琦先生给当地领导的致谢信。

陈瑞峰—苏秉琦（1983.8.5）[①]

尊敬的苏老师：

接到您的来信，我们深受鼓舞。

座谈会后，您更加关心朝阳地区的考古工作，来信勉励我们。我们已将您的来信内容转告了地委行署领导，他们要我转达，欢迎您今后多和我们联系，特别是对我们地区考古工作的指导。我们相信，在您和诸位老师的关怀、直接指导下，朝阳的考古工作很快会取得成就的。

我们高兴地听到张医生送您到承德的情况，知道您饮食起居一切都很好，我们遥祝您身体健康。

座谈会的录音，正在整理记录，待初稿整理出后给您送去，再请您指正。

全馆同志向您问候。

此致

敬礼

陈瑞峰

8.5

---

① 原信未署年。信封邮戳模糊，隐约可见“83”，据苏秉琦—朝阳文化局、博物馆（1983.8.1）信，信当写于1983年。

郑甦民

郑甦民（1933—2020），先后工作于中国科学院考古研究所、泰安地区泰山管理处、泰安市文物局。

郑甦民—苏秉琦（1983.11.26）①

苏先生：

多年不见，您一定很好，祝您健康长寿！

前时子范谈到您想到泰山书院，我与市文物局的同志联系，大家都表示欢迎。但“书院”仅留遗迹不堪住用，我们商量请您到普照寺东邻“烈士祠”，现有三间房，稍加修整可住，另外如能多投些款，还可在院内新建一处。不知您意如何？请示知。这是子范同志叫我直接给您写这信的，对您的想法和要求，我或有不够理解，请先生可直接提出，学生一定尽力办理。敬祝

作安！

---

① 原信未署年。据杨子范—苏秉琦（1983.9.8），杨子范先生于9月6日至泰山了解相关事宜，提出利用“泰山书院”遗址，与本信内容基本吻合。本信中言及“烈士祠”，见于杨子范—苏秉琦（1984.1.10）。信中言“多年不见”!，其时当在杨子范—苏秉琦（1984.1.10）信之前，暂定写于1983年。

学生

郑甦民

十一月二十六日

郑甦民—苏秉琦（1984.1.10）

苏先生：

接到您的信很长时间了，因到各县出发直到年底才回到泰安。年后又作总结，没能抽时间去到“五贤祠”实地测量，也就不能及时给先生写信了。拖到今日，请先生谅解！

先生是新中国考古学业的奠基人，为中国考古学呕心沥血几十年，培养了大批的文博考古工作人员，遍布全国各地。中国考古学的发展成就，是先生血汗浇灌的花朵。先生几十年如一日孜孜以求，虽年逾七十尚为中国考古事业的发展筹策奔走，真是感人至深。我曾受教于先生，是这条战线上的一个兵，但毫无成就，虚度卅年，愧对故人，更难面对先生。当听说先生提出在泰山建立研究中心时，有难以话说的高兴，这是考古事业发展的必然格局。对山东考古事业是一个很大的促进。她不仅为泰山增加了一个“名胜”，更是考古事业在泰山上树起的一座“航标”。就我个人来说，也可再次聆听先生的教诲。我将尽全力照您的指示促成。前几天再到济南与子范商谈了一下（时间很短），他也正积极奔走。先生提出的书院（即五贤祠）已成废墟，现尚空着，如用必须投资重建，但可整体规划，分次完建。另外烈士祠也得投资。两地相距（直线）约一公里，但无路可通，只得经普照寺门前。行程约三公里，车可通达。两地环境幽静，交通方便，气候适宜，设研究中心是较理想的。遵照先生指示附上示意草图三纸，便于先生择断参考。

顺致

作安！

甦民

八四．元月十日

郑甦民—苏秉琦（1.20）

苏老，尊敬的老师：

您近来身体可好！六月份得聆听老师教诲，幸至。时间苦短，又怅怅然。

先生倡议在泰安设一文物考古研究实验地，学生得以背负“大桂”，随时得到老师教导，福从天降。原想把文化部文物局在泰安设的文物干部培训中心趁机构改革之机插足，未能如愿。十二月泰安文物机构调整公布，我仍在泰安市文物考古研究室，就我“官”兵一人，空有虚名，附在泰山风景区管理委员会下。这个泰山管委会统一管理泰山的风景名胜文物，还管林场，是个实体。为了对上对下，还挂泰安市文物局、泰山林场两个虚弹，不伦不类。

“实验站”事我建议，可利用“培训中心”，这里原来是“关帝庙”旧址改建的（在红门下），条件不错，环境也佳。用您的名义与黄景略、庄敏等同志谈谈或许没问题。培训前途不景，可以协作，教学、研究可以相互支援。占就一席之地或略有投资，成就美事。

我这里改名“研究室”，我基础很差，谈什么研究。卅多年来，风雨飘摇，虚度年华，学业荒废悔恨也无益，想做又无从做起，望老师给我做主，该如何处？盼望您的指导。

现泰安条件，有些进步，望老师明年夏季移身泰山小住，是我等之大幸。

春节将至，祝

老师长寿！并

阖家安康！

学生

郑甦民　拜

元月廿日

刘　谷

刘谷，工作于山东省文物局。

苏秉琦—刘谷（1983.12.10）[①]

刘谷同志：

你好！本月一日我给杨子范同志信，内附一份我提出的一个"倡议"——利用泰山书院旧址创设"齐鲁考古实验站"的设想，请他站在他现任职务工作岗位，发挥"主观能动"作用，予以积极考虑。出于同一动机，现在我又给你写信，把我提出这个"倡议"、设想的背景向你做些补充说明，希望得到你在进一步理解条件下，对此事在你力所能及的范围内给以大力支持。

这次"文化大革命"使我有充分的时间思考，使我能在风平浪静之后得以更有目的地做些工作，其中重要的一项是我提出了"燕山南北地区考古"这个课题（《文物》月刊12月份内有我在辽宁朝阳考古座谈会上的"讲话"摘要和会议"纪要"，可供参考）。

---

① 据苏秉琦先生家藏书信复印件录文。信中提到的"倡议"未见于家藏书信，后收录于《苏秉琦文集》（文物出版社，2009，第326—327页），见苏秉琦—杨子范（1983.11.29）信后所附。

有五处工地（河北蔚县、北京琉璃河、辽宁朝阳、内蒙昭盟、山西太谷），82 年在蔚县，今年七月在朝阳召开两次小型座谈会都是围绕这个课题的。工作是大家做的，我仅仅是倡导而已。

去年山东考古学会成立会我没参加，后来子范同志嘱我写篇短文。我照办了。文中我谈了对山东考古工作的一些看法，这里不再赘述。这是我提出这次“倡议”的背景。所不同的是，它比前者又发展了一步，比我们在承德避暑山庄“别墅沟”的工作站要求更具体化了一些。所以，现在提出拟用“实验站”的名义就是为此目的。什么目的呢？要把它办成：（一）考古标本档案库（馆）；（二）考古基础理论研究站（所）；（三）培干中心（接纳大学生、研究所、专修班实习）。

同志：请不要被我上述提出的三个大项目吓住，事情要一步一步来，有个从无到有、从小到大过程。事实上，如上举的五处工地，每处每年也要花几万元。我们现在的倡议也不过要求每年做上几万元经费预算而已。但它却是个“新生事物”，要为山东考古带头，也要为全国考古带个头。实验就要付代价，出学费。事在人为。最重要的是，总要有几个人、一把子人对它有认识，有决心，相信它是要为中国考古学学科、事业发展建设做出贡献。从我们之间的长期接触中，我相信你是对事客观，有认知能力，有事业心的。我相信你是可以在事业上同我们成为真正“同行同志”的，简谈这些。请代候同志们好！致以，同志的

敬礼！

苏秉琦

1983. 12. 10

刘谷—苏秉琦（1983.12.30）[①]

苏先生台鉴：

一九八四年新年在即，谨致祝贺之忱！

示信及附倡议均收悉。提案高瞻远瞩，为开拓我们的文物考古工作大有益处。日前与泰安的同志交谈，获悉书院目前空闲，无人占用，惜房舍过于破圮，需修缮后始能使用。最困难之点在于人才必须找到几位学识、能力、艰苦创业精神兼备的中青年同志，“站”才能建立起来。当前地方事业单位正在学习整党文件，人事调动也有一定难度。我们打算先作宣传和物色人才工作。先生认可否？

我们近几年努力不够，成绩了了，殷盼指导。顺颂

迪吉

刘谷

十二月卅日

刘谷—苏秉琦（1984.12.8）[②]

苏先生：

您好！原来听说年内您要来我省看看，并指导考核工地工作，对此我们十分欢迎。

我们博物馆有位同志仿制的龙山文化薄壳黑陶，许多人认为不错，最近省里打算召开一次评议会，先生如能莅临指导，我们会觉

---

① 原信未署年。信中言“一九八四新年在即”，信当写于1983年。

② 原信未署年。据刘谷—苏秉琦（1985.2.19）内提及年前召开蛋壳黑陶评审事，与本信内容结合判断，信当写于1984年。

得无上荣幸。时间拟定在您到西武寺[①]工地期间（一天即够），地点可在工地附近召开。

尊意如何？

刘谷

十二月八日

刘谷—苏秉琦（1985.2.14）[②]

苏先生：

春节在即，予为祝贺，并祈迪吉佳绥！

年前评审复制黑陶品器，承蒙赞助，深为感激。最近他们经福州开会归来传达阁下所作报告精神，受益匪浅。高瞻远瞩，精深博大，撷为经纬，不愧为考古战线的一代宗师之论。

我省今年临头的几件事情都不大好办，欲退不得，只好硬撑着干。好在粗体尚无大病，干到哪里算哪里，不计其余。

盼望您来山东指导。济南有什么要办的事可示知，当尽力而为。专此。颂

春安

刘谷

二月十四日

刘谷—苏秉琦（1986.12.29）[③]

苏先生：

新年在即，谨向您致贺，祝健康愉快！

---

① 即西吴寺。

② 原信未署年。据信函邮戳 1985. 2. 14，信写于 1985 年。

③ 原信未署年。据苏秉琦—刘谷（1987. 2. 27）信，信写于 1986 年。

前年老先生倡议建立“实验站”，我们深为高兴。两年多来一直在考虑此事，因诸多障碍，进展不大，心里颇感歉疚。最近我们筹得一笔资金，可建房一两千平方。同时已征得烟台市有关单位大力支持，拟在沿海靠一古文化遗址征少量土地，落实原来设想。先生有何新想法，望予指教。

近年来做事不成的教训太多，苦不堪言。“实验站”现在虽争取到一些条件，但最后能否实施仍无把握。不知哪里会出点什么理由阻挡你，不过有一点请先生放心，本人对此事一定尽绵薄之力，争取促成。

专此。顺颂

文祺

刘谷

十二月廿九日

苏秉琦—刘谷（1987.2.27）①

刘谷同志：

你好！春节前收到你年节前发的信，话不多，但使我如对故人，倾谈心曲，想象你们工作中也有诸多不能尽如人意的苦衷。但有一点我深信不疑：山东朋友们对我1983年底倡议的建立“实验站”设想，是认真对待的。对此，我向你们表示由衷的感谢！虽时隔三年，我不认为我当时倡议没起作用。事实上，从全国范围看，我们已向此方向有了很大的进展。有两个方面：一是田野考古

① 信先载《海岱考古》第一辑，山东大学出版社，1989，第3—5页。后收入《华人·龙的传人·中国人——考古寻根记》，辽宁大学出版社，1994，第170—172页，苏秉琦先生加了批注。本次据《苏秉琦文集》3之《再谈筹建考古实验站与课题问题——给山东省文物局负责人的一封信》录入，文物出版社，2009，第100—103页。

基地的建设有了超过在此之前许多倍的进展，山东并非例外；二是横向联系，学术交流，特别是地区性的专题学术座谈会，有了很大发展，取得可喜成果。我不多举，你们都清楚，所以我是乐观的，今后山东的工作也会有加速度的发展。

现在我准备谈两个问题：一是筹建实验站的问题；一是再谈课题问题。

1986 年中，学海同志给我写信，专谈他提议召开一次以鲁北古文化为重心的座谈会，他向我介绍了近年山东这方面做的大量工作，取得丰硕成果，令人鼓舞！随后，在沈阳我提出以环渤海地区为题，把学海意见作为龙头纳入这个课题。如此，把这地区三省（辽宁、河北、山东）两市（京、津）连成一片。参考这五年来，以“燕山南北长城地带为重心的北方地区专题座谈会”经验，和我在 1986 年 8 月初在“兰州会”上的倡议，把前一个时期的五次座谈会作为一个阶段（狭义的北方），扩大为广义的北方。

具体设想是：一、向西延伸，以“大西北”为范围的专题座谈会，以兰州为中心，由甘肃牵头。下次会的内容包括：①洮河流域；②湟水流域；③河西走廊。分头准备，准备就绪，再定会期。这次“环渤海地区考古专题座谈会”，即以鲁北地区古文化为中心内容，准备几项具体工作及资料，提出些具体问题。像医院对疑难病例请同行会诊，邀请邻省市及有关单位（大学、考古所等）有关学者，先参观，介绍情况，提出报告，再由与会同志各抒己见，展开讨论，会后发个纪要作为总结。1985、1986 年山西、兰州两次会，学海因故没参加，几次会的精神他是了解的。我的意见是，这次会议期间，希望同时解决我们三年前倡议的建立“实验站”的设想，如能落实，付诸实践，那就太好了。

“实验站”的倡议目的是为了学科发展，事业的发展，是新事物、新思想。明确讲，要开放型、开拓型、走新路，要干就认真搞，走老路容易，意义就不大了。所以，首先需要思想认识上的一致。“开发、开拓”，说起来简单，讲学科，事业要发展，也不难懂，说明白点，开辟荆棘总比“推磨”要难得多。

说建站，首先需要想到需要地皮、房子，这没问题，是需要的。

1983年倡议的出发点是，我们的考古学科，考古事业发展到今天，最成问题，亟待解决的问题，一是，考古标本资料的积累、收藏、利用，没有着落（考古队无此条件，博物馆无此准备），阻碍了学科的发展。凡是重点工作，报告一出，完事大吉，难道这材料就当垃圾处理掉吗？二是，考古材料的再消化与学科基础理论的建设问题。实验站的新就新在：把考古资料的积累、标本、档案、资料有系统、有计划地集中，像古人“藏书楼”，重在收藏、管理、开放、开拓、服务。

具体设想：①某一个特定地区按标本、档案、资料、服务的需要，设计造房；②收集资料范围专重古文化遗存中已经写出报告的材料。注重系统性、科学性，实物与记录尽量要求完整，条件尽量像开架图书馆，既要求安全、集中、系统，又要取用方便（不像有些博物馆库房那样，一入库房，等于禁闭）；③向社会同行专家学者有条件地开放；④组织专题研究与横向交流学术活动。

同志：你们能筹到一笔钱不易，把钱用好，也是学问，要花力气，操心。要办好这件事，功德无量，真正有意义的事是会得到领导和社会支持的。首先，我想会得到市和市博物馆同志们支持，我们作为曾和山东考古有缘的人们支持。

再谈山东考古课题。

去年昆明会议上谈过一次，那次谈过，课题是理论与实践的结合点，现在再着重谈一下课题是考虑实际工作的出发点。学海同志信中谈到山东普查、配合建设工作任务重，我不认为这就与研究课题有多大矛盾。据我看，山东应该有它的整体性；其次，各地块又有它各自的重点方面（这指的是在整个历史发展过程中有差别），谈课题是有普遍意义。

山东半岛自然地理、人文条件既有它内向的一面，又有它外向的一面。而总的说来，它在我国文明史上有它特殊的贡献，“夷夏东西说”有一定道理，但“夷”并没有贬义。

第一，从文明起源看，山东几大块都起过重大作用。总的看，山东古文明也不是一个头，暂时还有些未知数，现在最好不带框框，在哪儿工作，就从哪儿说起。

第二，有几个现成的课题，指的是已有相当线索。但问题不应浅尝辄止，凡是现有的重要线索要长期追踪。这样，有利于工作深入，也更有利于队伍水平的提高，举些现成例子。

北辛（滕县）、白石（烟台）遥遥相对，对我们考虑整个山东古文化是一个很好的“纲”，使我们可联系到其它种种线索，多可以从它找到启示，后来的青、徐，或齐、鲁的差异都要从此说起。但现在这两类遗存，材料还太单薄，需要有更多更多的相应材料补充。距今七千年左右的历史转折点，在我们西北—东南，都是已见苗头，又是非常模糊不清的。

距今六千年左右又是一大历史转折点，王因与大汶口都是很典型的遗址，烟台地区相应阶段，明显自成区系，淄淄流域的典型遗址还不清楚（经过今年5月“临淄会”后，看来以青州为中心自成一区系——苏注1988.9.1）

五六千年间是社会发展出现“个性化”突出的历史阶段，又是各区系间交流最重要的时期，苏北与大汶口看到的一些彩陶正与河南、晋南看到的一些大汶口文化因素互相对应，在山东省境内几个区系间同样有些现象，这已是金属文化萌发阶段。文明曙光，似满天星斗，山东绝不会只有一颗星。象牙筒、“日火山”铭文、鬶、盉、觚、杯的出现，都应看作文明的标志，而不仅仅是文化、生活日用品等一般性器物；蛋壳黑陶，也不只是文化的特征物，也应看作文明的象征。下一步问题是，必须紧紧跟踪和它们相应的“大文物”（重要遗迹）。不是没有机会遇到过，而是“目不见泰山”，应引起我们深思。

特别是五千年左右，我曾把它称为“五千年之谜”。中国是五千年文明古国，还是四千年文明古国，我们应作出正面回答。

四至两千年间，这个从“三代”到秦统一的“逐鹿中原”，“中国”从局部地区概念到一统天下的国家概念，山东也不会是被动的一方，究竟如何表现的，扮演了一个什么样的角色？走遍山东，到处都会找到它的足迹。

至于山东画像石，应自成专门课题。因为它不应简单地被看作是“汉画像”，而应把它和河南、四川等地画像区别对待，这样才能对它们做出正确的认识、评价。不仅是在技法、艺术方面，还应从它们反映的社会生活方面去考察，这方面不是更明显地区别于河南、四川吗？

以上举例，无非为了说明当前山东考古工作条件更成熟了，抓课题正及时。要经常把毛泽东同志的两句名言作为我们的座右铭：“脱离实践的理论是空洞的理论，脱离理论的实践是盲目的实践。”特别是在我们安排工作时，不论是普查，还是配合生产建设的发掘，永远不可忘记带着课题开始，带着课题进行，带着课题整理资料。对“实践—理论—实践”这个公式，毛泽东特别强调的是第二个“实践”。我们现在每一项工作，从开始，就该是第二个“实践”，而不是第一个“实践”。所以，现在谈课题，更符合现阶段的工作实际。

同志！一年没去山东，听说济南已经大变，山东在起飞。相信我们的文物考古工作也不会落后，真正考古文物工作的黄金时代已经、正在体现在我们今天的实践，难道还有疑问吗？

敬祝

同志们工作顺利！

1987年2月27日

李昌韬*

李昌韬（1937— ），先后工作于郑州市博物馆、郑州市文物工作队、郑州市文物考古研究所。

李昌韬—苏秉琦（1983.12.27）

苏先生：

您好。大函敬悉，迟复为歉。

关于大河村遗址的探方发掘工作，苏先生费心，实在感谢。明年大河村遗址的探方发掘经费，现已由省文物局上报。请先生在方便时与黄处长谈下此事。

另外顺便告诉先生，今年上半年大河村遗址在配合展室基建工程中发现了二里头文化地层，出土有大口尊、附加堆纹瓮、罐和澄滤器等。

---

* 李昌韬先生2017年5月27日返回书信整理稿时回忆，1985年秋拜访苏秉琦先生，苏先生讲“你说二里头遗址重要不重要？重要！但河南可以拼凑一个二里头，却拼凑不了一个大河村，河南惟一能和大河村相比的，只有淅川下王岗，但下王岗的地理位置，又远远不如大河村重要”，“苏老先生这样评价大河村遗址，是对我的莫大鼓舞与支持，我至今难忘”。

祝先生新年愉快、身体健康。

此致

敬礼

李昌韬

83.12.27

李昌韬—苏秉琦（1984.1.20）

苏先生：

您好！

收到您的来信后，我又在原来出有二里头文化遗存的北边开了6×5的探方，我原想扩大发掘面积，丰实出文化遗物，好为先生多提供些资料。但由于天冷发掘进度较迟，目前田野工作刚刚结束。另外老家来信要我春节回去，故此不如期办妥此事，请先生谅解。春节后我一定尽快办好，给先生寄去。

祝苏先生春节愉快，万事如意。

此致

敬礼

李昌韬

84.1.20

李昌韬—苏秉琦（1984.11.4）

苏先生：

您好！

来函敬悉，您如此关心大河村遗址的工作。使我们很受鼓舞，我今后一定尽力做好工作。

因今年雨水较大，这里水位一直很高，不便开方。最近水位略有下降。我们计划这月10号前后开工，元旦前挖到水位（2.5米）停工。明年3月初—5月初，一气挖成。到时候不管有无重要发现，我均准时去信告知先生。

顺祝先生安康！

李昌韬

84.11.4

李昌韬—苏秉琦（1985.6.5）

苏先生：

您好！

您对大河村遗址的深方发掘工作十分关心，并给予大力支持，我们不胜感激。

大河村遗址的深方发掘工作，从今年3月初开始，5月初结束。原计划上部为32×32平方米，底部为11×11平方米，深12.5米。但因7.5米以下，地下水特大，又加土质不好，多为灰沙土。用七部井点机、4部潜水泵，水位仍然不能明显下降。因此，出现塌方，只好改变计划，最下一层改为8×8，底部仅剩6×6平方米，深12—12.5米以下见生土（黄沙）。

十二米多厚的文化层，共分18—22个自然层，文化内涵分别有商代、龙山和仰韶文化遗存，最下层为后岗类型。在深为11.7米的黑黏土层中，出土的大量的木器和加工木（共190余件）。其中最大的一件呈矛形，长80多厘米许，另一件呈板状长72厘米，最宽处15厘米，厚1—2厘米，一共有9处加工（砍）痕迹（附照片）。

现在发掘工作虽然结束，但因工程超支四万八千元，我比挖方时更加为难。现在省文物局答应给两万元，省文物研究所借给五千

元，其余的两万三千元没有出处。经省文物局与国家文物局联系多次，都未松口，向市政府要，市长说市里没钱，不给解决。现在做工作真难呀！苏先生您德高望重，能否在文物局领导面前再替美言几句，给解决两万八千元的经费。谢谢！让您费心了。您要的器物草图我一定尽快给先生寄去。

此致

敬礼

学生　李昌韬

85.6.5

附：彩色照片6张（发掘工作照1张、木器照片5张）。

邵国田

邵国田（1947— ），先后工作于内蒙古自治区敖汉旗文化馆、敖汉旗博物馆。

邵国田—苏秉琦（1983）①

苏先生：

您好！

今托晋祥给您送上我们敖汉旗三期文物普查的工作报告。这个材料应付贵阳会议而急急凑成②，错误很多，望先生赐教。

---

① 原信残存首页，无署名、署年。郭大顺先生指出信为邵国田先生所写，后经邵国田先生确认。据苏秉琦—陈晶（1986. 3. 1）信，邵国田先生的调查在 1986 年之前已取得重要成绩，信中言“文物普查尚有三分之二的面积未有进行”，则时间大体应在 1986 年之前。邵国田先生指出，通过信中提到的两件事可进一步确定写信时间：“其一，便是刘晋祥先生前来敖汉旗选点，而信是刘晋祥捎给苏先生，那么知道刘晋祥何时来选点就很接近此信的属年。其二，当时三期普查结束，四期尚未进行之间。由此推断此信应该写于 1983 年 5 月份之后 7 月份之前。”据此定书信写于 1983 年。

② 邵国田先生指出：“贵阳会议是指在 1983 年 7 月国家文物局贵阳召开的全国第二次文物普查和文物志编写的会议。会前一个月给我发来邀请函，要求我在大会上介绍敖汉旗二普的经验，为此刘观民先生在赤峰见到，专为工作报告的编写提出提纲。因为时间很紧急，写完后还要铅印出上百份，所以信中‘急急凑成’。我在大会作典型发言后，与会的国家文物局庄敏、沈竹、黄景略三位副局长均给予充分的肯定，向与会的代表推广敖汉旗的普查经验。即苏先生在文章中提到的‘敖汉模式’。”

这次晋祥来敖汉选点①，我陪几日。看了我们三期普查中发现的部分遗址点所采集的标本，并下乡到实地复查。这些标本全用纸箱装着堆放在原文物陈列室中，查找十分不便。我们馆条件十分差，加之征集的出土文物近三千件。文物普查尚有三分之二的面积未有进行，工作量还很大。我从

（下缺）

邵国田—苏秉琦（1985.8.20）②

苏先生：您好

去年腊月我在京办事见到您③，向您汇报了敖汉旗普查中发现了一批能够复原的器物，其中一部去年腊月已经复原，您曾向我要图。我回到旗后，俗事缠身，几个月匆匆过去什么也没干。最近想起了这件事，觉得很对不住先生，拖了这长时间。加之，复印机最近敖汉才进一台，先复印一部分奉上。原来本想逐个地写说明，将原始卡片抄录上，无奈这里政协要开会，不能再往后推了。

一页：一、二，高六十多公分，灰陶，图（4）这样的“之”字纹灰陶罐还出二件，（5）（6）是陶质圆饼状器。

---

① 邵国田先生指出：“在敖汉旗第二期文物普查见有单独的赵宝沟文化遗址有四处，即小山、赵宝沟、烧锅地、南台地，从牤牛河到敖东的广阔空间。1984 年在内蒙古呼和浩特的内蒙古考古学会年会上，苏先生第一次提出‘赵宝沟文化’的命题。此时，刘晋祥尚未主持赵宝沟遗址的发掘。”

② 邵国田先生指出：“从这封信可以看出，苏先生对敖汉旗的这次普查是非常关注的。可以说敖汉旗的这次普查是在先生的指导下进行。这些内容集中地体现在先生《谈课题》那篇文章中。”

③ 邵国田先生指出，此“是指 1984 年 12 月份国家文物局在京西宾馆召开的全国文博系统表彰大会，敖汉旗因文物普查业绩突出被评为先进集体，我为代表出席会议。因为还有其它事提前来京，住在考古所紧邻门卫的一间小房里。先生知道我来京，就要见我。我在他的办公室汇报了第四期、第五期文物普查的成果。先生询问很细，并要我给他画些陶器的器物图来。也就是信中‘您曾向我要图’一语的由来”。

二页：除（6）是3367号遗址出土外，其余全是5603号遗址上所采集①。其中（2）（3）似是兴隆洼类型的遗物，这是孟克河东岸的遗址。

三页：全是35102号遗址出土，是去年春农民种地时发现的。我们到现场看过，是出土在一块的。这在敖来河西岸的第二台地上。

四页：全是3618号遗址，位于敖来河东岸的敖吉乡东罗城。

五页：零星发现的彩陶，（1）是去年腊月在普查中在山上采集回来，高46公分，全部复原。

六页、七页：全是5612号遗址出土的器物②，位于孟克河流域。因陶质甚疏松，不能复原，纹饰除了那两样外，另见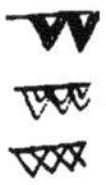等类，均在口沿下，多数是红褐陶夹砂的素面陶。以后将这类遗址拓片再寄去。此类文化遗址共发现九处，面积都很大，在较高的台地上分布。只此一类，别无其它纹饰的陶片。

八页：是出土在5603号遗址一个灰坑中，共九件，大小罐套在一块出土，是同一年代是没有什么问题，只是拖拉机耕地时，已全部给挪位了。

九页：是零星出土的。十、十一页：是去年八月份您见的拓片展示图，这样更明了些③。

我们还在乡下转，尚有八个乡三千平方公里的面尚未查呢，工

---

① 邵国田先生指出："信中提到的5603号，是在敖汉旗第五期文物普查发现。是晚于兴隆洼文化早于赵宝沟文化的中间过渡的文化类型。遗址地点为牛古吐乡千斤营子村北梁。调查称之为'千北类型'。这一文化类型至今未经发掘确认。"

② 邵国田先生指出："信中'六页、七页：全是5612号遗址'语，这处遗址也是在第五期普查发现，当时称之为'千西类型'，即后来经发掘确认为'小河西文化'。"

③ 邵国田先生指出："是指为3546号遗址即南台地赵宝沟文化遗址在调查中所采集的鹿角龙纹陶尊的展示图。这是第三期普查所采集的陶片，即在1983年5月。后来苏先生在发表文章中谈辽西龙的演变还用这个龙纹图。"

作起来困难越来越大，我们还是能坚持搞完。

奉上这几张图[1]，望先生赐教！以后待将剩下来印部分（只作卡片的草图，尚未描线图）和拓片再寄去。只是：一、干扰太大，二、经费太少。

祝先生健康长寿！

邵国田　敬上

一九八五年八月二十日

① 家藏书信中未见图。

李权生

李权生（1954—　），先后就学于西北大学、北京大学、日本京都大学，后移居美国。

李权生—苏秉琦（1984.1.4）

敬爱的苏公：

您好！首先敬祝新年愉快！

学生姓名是李权生，82级新石器时代考古研究生。83年九月份来山东长岛生产实习，十月份和四名同学到烟台市芝水遗址试掘，经过三个月的时间，室内整理工作已结束。现将芝水遗址的发掘工作简要汇报敬寄于公。详细工作情况及收获待学生返京后面报于公。

最后，请接受学生对您的崇高敬意！

敬祝

健康、长寿！

您的学生

李权生　敬呈再拜

84．元．四

附：

芝水遗址1983年发掘工作汇报

芝水遗址，位于烟台市西南10公里的芝水村西。遗址东倚泰山，西靠蓝烟线，坐落在夹河东岸的二级台地上，西距夹河1500米，旧芝水经遗址正南300米处流入夹河。

芝水遗址1961年被发现，1962年烟台市博物馆对该遗址进行了调查，1964年山东省博物馆对遗址进行了小规模试掘，1973年进行了勘测。1979年被列入市级重点文物保护单位，在地面设立了保护标志。1983年秋季，由烟台市博物馆、烟台市文管会和北京大学联合组成了芝水考古小组，对该遗址进行了试掘。自1983年10月11日动土，到1984年元月室内整理结束，历时100多天，发掘面积370平方米，出有陶器、石器、骨器。参加这次工作的有烟台市博物馆吴洪涛同志，福山县图书馆胡元田同志，北京大学李权生、何驽、顾玉才、宋建忠、王丹同志。

发掘工作分南北两区进行。

南区：布探沟两条，编号为83YZTG1、TG2。这里地层堆积比较单纯，可分为上、中、下三大层十七小层。从第一层到第十七层全部属于岳石文化堆积，出土物较丰富，仅TG2一个单位出土有陶器、骨器、石器80余件。陶器以泥质黑皮灰胎陶居多，次为夹砂黑陶，还有少量的夹砂红褐陶。纹饰以方格刻划纹、交叉刻划纹、附加堆纹为主要特征。加砂陶质器物口沿唇部多饰一周弦纹；器物形制主要有三足罐、子母口罐、器盖、器钮、尊形器、舌形足、甗、敞口夹砂罐、缸、夹砂钵等。通过与牟平照格庄器物的比较，可以断定多属岳石文化时期的陶器。由于发掘面积小，出土陶器数量不足，目前只能初步将TG2的陶器划分为一期二段。

北区，试掘面积较大，在遗址保护标志南侧10米处布方10个（T402、T403、404、412、413、414、424、425、435、436），其中T404因遇现代墓而中途停掘，实际布方为9个，发现灰坑37座，成型陶器不多。北区地层堆积比较复杂，可分为五层，除第一层为表土外，第二、三、四、五均为文化层。北区 10 个探方所出土的陶器、骨器、石器都有时代上变化。通过整理而分为三期，与地层相对应，第二、三层为芝水三期文化堆积，第四层为芝水二期文化堆积，第五层为芝水一期（即岳石文化）堆积，各期文化面貌有联系又有区别。从陶质陶色上看，芝水一期以泥质黑皮灰陶为主，次为夹透闪石红褐色陶；芝水二期则以夹砂、夹云母的红褐色陶为主，泥质黑皮灰胎陶少见；三期泥质灰陶、夹云母红褐陶为常见。

从纹饰上来看，芝水一期多饰方格状、交叉状的刻划纹于器物之上，芝水二期则多凹弦纹饰于器物口沿之内侧，芝水三期就以各种绳纹为主要特色了。从器形上看，芝水一期有岳石文化的风格，有典型的在腰、裆贴丁字形泥条的甗、敞口罐、球腹罐、豆、假圈足器、器盖、器钮、舌形足、钵等；芝水二期以鼓腹、侈口罐、碗、簋、盘、钵为特色，圈足器是二期的一大特征；三期主要以罐形鬲、平裆鬲、绳纹罐为常见器物。一期与二期的器物有明显的演变关系，如甗的鬲部由无腹变为鼓腹，足由肥变瘦，器盖由高变矮等。这些演变关系与地层的堆积也是相互对应的。所以，一、二期存在着继承发展关系。

在芝水遗址的三期中，第一期为岳石文化，第二期为继岳石文化之后的先商文化，第三期在年代上是与长岛珍珠门遗址相去不远的先商文化。

至于南北岳石文化堆积的关系，初步认为：北区堆积年代较长，而南区堆积年代较短。南区的中层堆积在年代上相当于北区的第五层堆积，上层的年代介于一起与二期之间，下层是遗址最早的文化堆积。

芝水遗址的试掘，为胶东地区新石器时代文化发展序列填补了一个缺环，也为研究岳石文化来龙去脉提供了重要的资料。

田野发掘和室内整理工作都是在北京大学考古系严文明先生、张江凯老师直接领导下进行的。同时也得到了烟台市博物馆和烟台

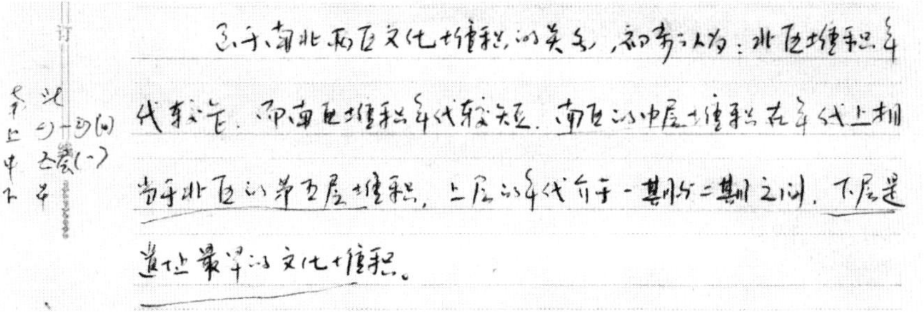
关于南北两区文化堆积的关系，初步认为：北区堆积年代较长，而南区堆积年代较短。南区的中层堆积在年代上相当于北区的第五层堆积，上层的年代介于一期与二期之间。下层是遗址最早的文化堆积。

苏秉琦先生在信侧题写文字

地区文管会领导同志的大力支持和热情关怀，为我们的发掘工作创造了种种便利条件，使发掘任务得以完成，在此谨向他们表示衷心的感谢。

北京大学考古队芝水组

1983. 12. 30 于芝水

李权生—苏秉琦（1985.8.26）

敬爱的苏先生：

您好！学生请恩师安！

自本月十九日在府上向您请示论文答辩事宜之后，将您的意见转达给了严老师。严老师 9 月 15 号时将陪两位美国客人去西安、郑州等地，23 号方可返京。因此，初步拟定于九月十三或十四日举行答辩会。不知先生意下如何？有关答辩委员诸事，严老师将用电话与您联系。专此，别无他事。

祝

康安！

您的学生：李权生　拜呈

85. 8. 26

李权生—苏秉琦（1989.1.19）

尊敬的苏先生：

您好！新年之际向您请安。

今年1月12日，辽宁省文物研究所的孙守道等人来京都大学访问，与京都大学考古研究室的冈村秀典先生会谈了三个小时左右，就四平山积石墓的联合调查问题取得了一致的意见，详情孙守道或者郭大顺会向您汇报。

这次，京都大学和辽宁省的合作调查，在中国大概尚属首次，也是中日在考古学研究方面的第一次合作。万事开头难，若能迈出这一步，对于辽宁的影响我想是有意义的。

日本方面问题不会太大，不久可向日本政府文部省申报。中国方面不知如何？因过去曾实行过锁国政策，我担心在文物局报批时可能会遇到一点小小的麻烦。先生您德高望重，在中国影响很大，是考古学界之泰斗。因此，在这件事上务必请先生施加影响，大力玉成此事。若此事成功，无疑会促进四平山发掘资料早日完成整理，发掘报告书也能早日出版。无论对于中国，还是日本的考古学界，都是一大善事。恳请先生鼎力助成中日在考古学遗址的第一次考察。有不妥之处，务请先生海涵见谅。祝

冬安

您的学生　李权生

1989.1.19 于京都大学

张学海

张学海（1934— ），先后工作于山东省博物馆考古部、山东省文物考古研究所。

张学海—苏秉琦（1984.1.12）①

苏先生：

您好！拜读“倡议”和《文物》上您的讲话摘要，深受教益。先生以年逾古稀的高龄，仍不倦地关心着学科的发展，实在令人敬佩，也使我们晚辈受到巨大的鼓舞与鞭策。《倡议》如能实现，将是我国科学界的一大创举。刘谷同志已将您的信给我，嘱我写几句话，先在《文物摘报》上刊登（这是省文物局办的不定期小报，主要向各级领导反映我省文物工作情况），借以造点舆论。事关重大，又是新事物，目前正在整党，新的机构还没有确定，看来不可能马上得到解决，但造些舆论，不失时机地向领导提出，以使得到及时的研究和解决，是完全必要的。我将尽自己所能，为促成此事

---

① 原信未署年。信中提到的《文物》刊发讲话摘要，指《文物》1983年第12期《燕山南北地区考古——1983年7月在辽宁朝阳召开的燕山南北、长城地带考古座谈会上的讲话（摘要）》，据此信写于1984年。

尽些微力量。

我曾多次聆听您呼吁各“方面军”共同协作、攀登高峰。近几年我一直想在山东实现您的方针，使各方能在统一的规划下，共同攻关。但目前为止，在山东工作的力量仍然是分散的。不把各方力量拧在一起（当然不是指联合），按照统一的部署，在一定的时间各有侧重地（包括课题、工作范围到具体遗址）去做工作，要想较快地取得突破性的成果，将不大可能。不过要真正做到这样，也着实不容易。需要统一认识，做大量细致的组织工作。目前这种情况，谁能挑起重任呢？

单就地方来说，想把省地县的力量组织在一起，又谈何容易。这里既有领导的认识问题，也有专业人员的认识和兴趣，还要冲破部门所有制、单位所有制的束缚，还有保护管理与科学研究如何结合的问题等等。我这两年在您的影响下，凭着一股热情，曾在这方面大声疾呼，做了不少宣传组织工作，不能说没有收获，但不很明显，而且还引起不少误解，招来许多非议，深感实在不容易。

像老一辈学者专家那样献身事业，为科学奋斗终生的人实在太少了。市侩哲学、实用主义、胸无大志、昏昏庸庸严重地影响着我们的队伍，虽然我还没有完全死心，不过我也觉得道路坎坷不平，每前进一步都十分艰难。上下左右经常有些无形的力量在起作用，使你难于前进。我有时真想知难而退，不如自己搞点研究自在，你高瞻远瞩的倡议和讲话使我再次受到鼓舞。我将尽力而为，知难而进，为开创山东地区文物考古工作新局面起积极作用，为建立具备中国特色的考古学尽点滴力量，盼望能经常得到您的教导。

即颂

冬安

学生　张学海

元.12

张学海—苏秉琦（1986.7.10）[①]

苏先生：

您好！5月中在京给你谈了我们的想法后，原打算回国时再听你的意见。5月底回国正碰上北京少有的酷热天气，疲劳加闷热，身体颇有不支之感。我怕发病，就匆匆返济了，此事等我下次进京时再请你指教。

我们之所以想首先召开鲁北地区（主要是㳅、淄流域）古文化座谈会，是因为从文献记载来看，该区有个古国发展史问题。从近几年的考古材料看，也初步反映出这里存在着自己的古文化、古城、古国发展史问题，而且今后这一带配合发掘的规模甚大。如何认识、评价已取得的资料，怎样把握下步工作的重点和主攻方向，这是个急需解决的问题。我们希望通过开座谈会来解决这个问题。

近几年淄、㳅流域积累了一些资料，这些资料大体如下。

1. 普查资料：初步反映出㳅河中游寿光西南、益都东北，淄河中游的广饶南到西南部、临淄境内淄河两岸和乌河沿岸，多为古文化遗址集中区。目前，我们正对两流域及其以西地区的10县组织补、复查。10县为昌乐、寿光、益都、广饶、临淄、张店、周村、博兴、桓台、邹平。补、复查后，也许会有新发现。

2. 大汶口文化：在广饶城西南两三里的付家遗址和城东几里的五村遗址进行了发掘。这是鲁北地区大汶口文化的第一次科学发掘。在付家在小范围内发掘了150余座大汶口墓葬，属中晚期，多红陶，很少灰陶，晚期有钵形鼎。上半年发现了重要现象，在遗址

① 原信未署年。信中提到的付家村遗址、广饶五村遗址发掘于1985年，提到的昆明会议指1986年3月在云南昆明举行的全国考古发掘与文物普查工作会议，苏先生在会上作了《谈课题》的重要讲话，据此该信写于1986年。苏秉琦先生在书信最后一页信侧题写：“鲁北、中南、东南三块。”

上探出了一个基本上呈方形圆角的河沟遗迹，沟最窄处55，最宽达110米，沟内面积13万平米。堆积厚都在3米左右。沟外就只有几十公分。地面踏查遗址面积可达50万平米左右。目前对河沟未进行试掘，还不知同遗址有何关系，但很可能是大汶口时期的防护壕沟，应是龙山城堡的前身，秋后将作试掘，以查明层位关系。

3. 龙山文化阶段：有临淄田旺遗址（即桐林，苏先生曾看过）试掘资料、益都杨家营遗址（西距临淄故城约四、五十里）发掘资料、寿光边线王遗址资料，三批资料都属中晚期阶段，正好处于淄、㳽流域东、中、西部的一线上。

4. 岳石文化阶段：主要有益都郝家庄资料，北大发掘。

5. 商代：苏埠屯上半年进行了钻探，又挖了几座小墓，内有两座未盗，出青铜礼器几十件。既有亚丑族徽，也有新族徽发现。

据称咼宋台也有带亚丑铭的青铜器发现，我未见。看来咼宋台、苏埠屯关系密切，是薄姑亡国前的国都与国君墓地的可能性不是没有。秋后开始将对咼宋台进行勘探。

6. 两周：主要是齐城及其城郭地区的资料，近年有重要收获。

①齐城大城东北城外（东古城村）发掘了一百座墓，时代西周晚到战国。西周、春秋墓有特色，陶器组合成“四二”“四四”“四六”配组，有的器形也较特殊，如鼎作三足盘、三足盆式，与郝家庄岳石器物中的同类器似有联系。

②辛店西南（距齐城20余里）发掘了320余座两周墓。时代西周晚到战国，西周、春秋墓的陶器组合是鬲豆罐、鬲盂罐，且多素面鬲。战国墓还有鬲。

这两批都是齐墓似无问题，但各具特征。

③近年挖了几座大墓，像郎家庄墓那样，墓主椁室周围有许多陪葬人的已增加到4座。

7. 两汉：这两年在辛店北挖了两千余座两汉墓，也挖了几座大墓。

以上是淄、㳽流域，后来齐的中心区的主要资料。虽还不很系统与丰富。但已有一个初步的序列。而且各段也有典型遗址，如大汶口时期的付家遗址（广饶西南）、龙山时期的田旺（即临淄桐林遗址）和边线王城堡遗址（内外圈可能属不同时期的建筑，同时存在的可能性不很大），商周时期的咼宋台、苏埠屯，两周的临淄。从这些早晚不同的典型遗址似可看到该地区古城、古国发展的脉络。

自77、78年勘探鲁城以来，加上这几年对齐城周围地区的工作，已可把齐、鲁文化初步分开。作为考古学的齐鲁文化，实际上是两个完全不同的文化。当然，对齐鲁文化的探索正处于起步阶段。甚至可说尚未起步。毫无疑问，我们应该迎头赶上。这也是我们拟召开鲁北地区（以西周、春秋的齐地为中心）古文化（齐和先齐文化）讨论会的想法之一。

昆明会议上，你提出了“课题—工作—课题”模式。显然，这是在总结了我国既往文物考古工作经验教训的基础上提出的。对提高文物工作的水平，促进考古学的发展将具有重大的指导意义和深远的历史意义。昆明会议在我国文物考古工作发展史上可能会成为一个里程碑。会上你的学术报告和沈竹的总结报告对今后文物考古工作的发展，将会产生巨大的影响。

但各省如何贯彻会议精神，明确课题，加强工作的目的性，我觉得不容易。既然考古发掘必须以配合发掘为主，各省的文物考古部门首先是要完成文物保护任务的实际工作部门，而且能独当一面的业务骨干都极有限。因此，如何把配合发掘任务、文物保护任务和课题结合在一起，就必须认真思考。我们必须完成配合发掘任务与文物保护任务，要求带着课题，目的明确地去做这些工作。这里课题的确定和选择，就不能不受硬任务的制约。鲁北的配合发掘规模甚大，辛店的石化基地建设、济青一级公路工程，基本上需要我们全力以赴。在课题上，我们带着这地区古文化、古城、古国史问题，特别是齐和先齐文化问题去做工作，而且把鲁北地区的配合发掘和普查，文保单位的四有工作尽可能结合起来。以求实际工作任务、课题两者能互相促进。

除了完成鲁北的实际任务以外，我们尽可能地抽出力量对薛、滕故城进行勘探，建立四有，解决矛盾。在课题上则想逐步积累薛河流域、薛文化（与鲁不同，与齐有密切关系）与先薛文化的资料，同时配合齐鲁与先齐先鲁这两个课题的工作。

鲁东南有自己的古文化古城古国史，而且这里已发现密集的细石器遗存，十分值得注意。但除了带着课题开展文物补复查之外，目前没有力量进行更多的工作。

总之，除了面上保护任务以外，在开展课题的研究上，我们计划重点抓三个区：即鲁北西周、春秋时的齐地，鲁中南泗水上中游的鲁、薛地区，鲁东南地区。根据目前的工作任务与我们的力量，重点首先在鲁北，其次是鲁中南。这是我们的想法，是否妥当，望苏先生能给予指教，我想在天气凉点后去京请教。即颂

夏安

学生　张学海　上

7. 10

张学海—苏秉琦（1988.1.22）

苏先生：

您好！原想新年前去京，有些事向您和黄景略他们当面汇报，听取你们的意见，但事务繁杂，一直不得脱身。

环渤海考古第二次会，拟于清明以后至“五一”前后在临淄召开，考虑那时气温回升，对您比较合适。课题是您倡导的，您一定要参加，具体会期，看您的方便，请您决定。会的开法将仿效烟台座谈会：看标本、看几处遗址、座谈。会期五六天，与会人员30多人，不超过40，按您的意见，全请有关省、市文物考古界能对话的同志参加。不知苏先生对会议有何设想？如果原则上可行，

我想春节以前正式发出邀请。

主要由于职改工作的影响，《齐鲁考古》去年底未能交稿，可能得拖到今年五六月才能完成。书名究竟叫《齐鲁考古》还是《海岱考古》尚有争议。不知苏先生倾向哪个名，该书想请您题签，苏先生觉得哪个名好，能否抽空给写个书名，余容后谈！

敬颂

大安

张学海

88. 元 . 22

张学海—苏秉琦（1988.2）

苏先生：

晓东来信说，环渤海考古座谈会的时间以5月中前后为宜，说您基本上同意这个意见。现把座谈会的大体计划和邀请参加会的人员名单寄上。计划是否合适，还有哪些同志可以邀请参加会，请把您的意见告诉晓东或老黄他们，让他们告诉我。

山东今年要继续完成普查任务，去年我们恢复普查，成果显著。到八七年底止，已超过一万处。完成田野普查的县还不到四分之一，估计全部普查完可能达到二万处左右。就先秦古遗址来说，又发现几处遗址集中区。鲁北有两处，一处在淄河以西，孝妇河以东，小清河以南地区，中心在广饶、博兴、临淄三县区的相邻地带，文献记载薄姑即在这一带。另一处在小清河上游，济南以东，长白山以西地区，中心在城子崖、平陵城一带。在鲁南也有新的古遗址集中区发现。反映了山东的古文化、古城、古国的发展中心实在不少。

今年山东还有大规模的配合发掘任务，主要是济青一级公路的配合发掘，要发掘六处大汶口、龙山、商周的遗址，近百座东周、两汉墓葬。

普查、配合发掘对我们的压力极大，不过对课题研究也起着巨大的促进作用，没有工程部门提供经费，文物部门自身没多少钱可以开展必须的工作。这几年我一直试图把实际工作与课题研究结合起来，互相促进，而不是互相影响。有一些体会，也取得一定成果。只是力量太薄弱，进展太缓慢。与一些后来居上的省份相比，差距较大。希望今后能加强些，多出一点成果。

敬祝

大安

张学海

88.2

张学海—苏秉琦（1988.8.24）

苏先生：

您好！我们编的《海岱考古》下月准备发稿，您去年二月给刘谷同志的信排在第一篇，发稿前拟请您再看一下。

86年夏在威海与刘谷同志等研讨山东文博规划，当时他手中有笔钱，就想在烟台搞个点，现在这项计划已经不行了。信中有关在烟台建站的过于具体的内容可否修改一下，我的想法是“齐鲁考古实验站”是个总称，实际上要搞三四个点：鲁北、胶东、鲁东南、鲁中南（包括鲁西南），再加上鲁西北（点在济南）是五个，结合实际工作与可能逐步实现。管理体制问题，从工作性质与当前的改革来看，最好还是省所来统一管理为好，关系、层次越简单越好办，这并不排除需要领导部门与地县的支持和协调。现在许多事只有一个婆婆就能办成事，婆婆多了就办不成，这好像也是我们目前的国情。

《海岱考古》还要请您题签，您为我们的刊物题签是对我们山东工作的又一重要支持，当然，我们无论如何也要把这个丛刊办好，办出水平，使它为发展学科起到积极作用，不辜负您的厚望。

顺颂

大安

张学海

88. 8. 24

苏先生：原信我们留下存档，现把复印件寄上，请您修改后寄给我。

学海又及

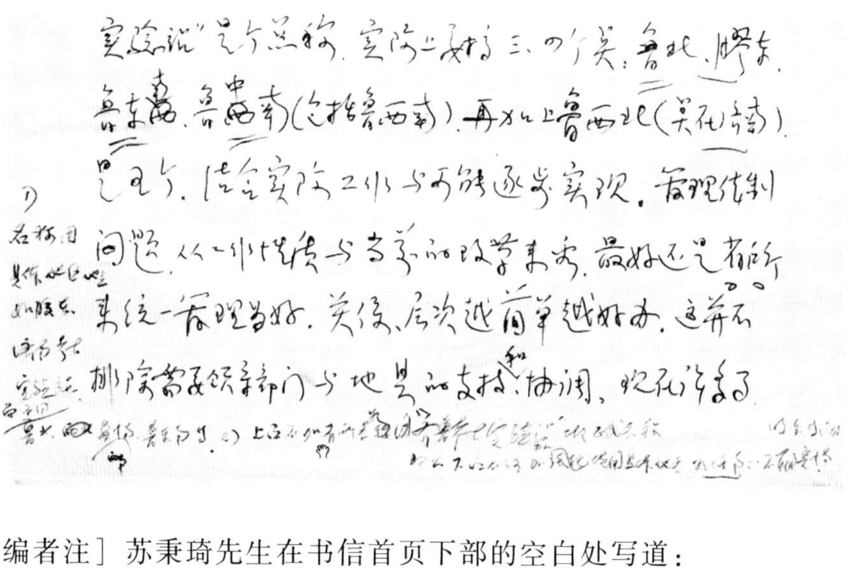

［编者注］苏秉琦先生在书信首页下部的空白处写道：

1）名称用具体地区地点，如胶东、济南考古实验站，而不用鲁北、鲁西南、鲁东南等；

2）上面不加省所名称，以“齐鲁考古实验站”做正式名称。那么下面似可加括弧，使用具体地名如济南，不宜用鲁中南、胶东等名称。

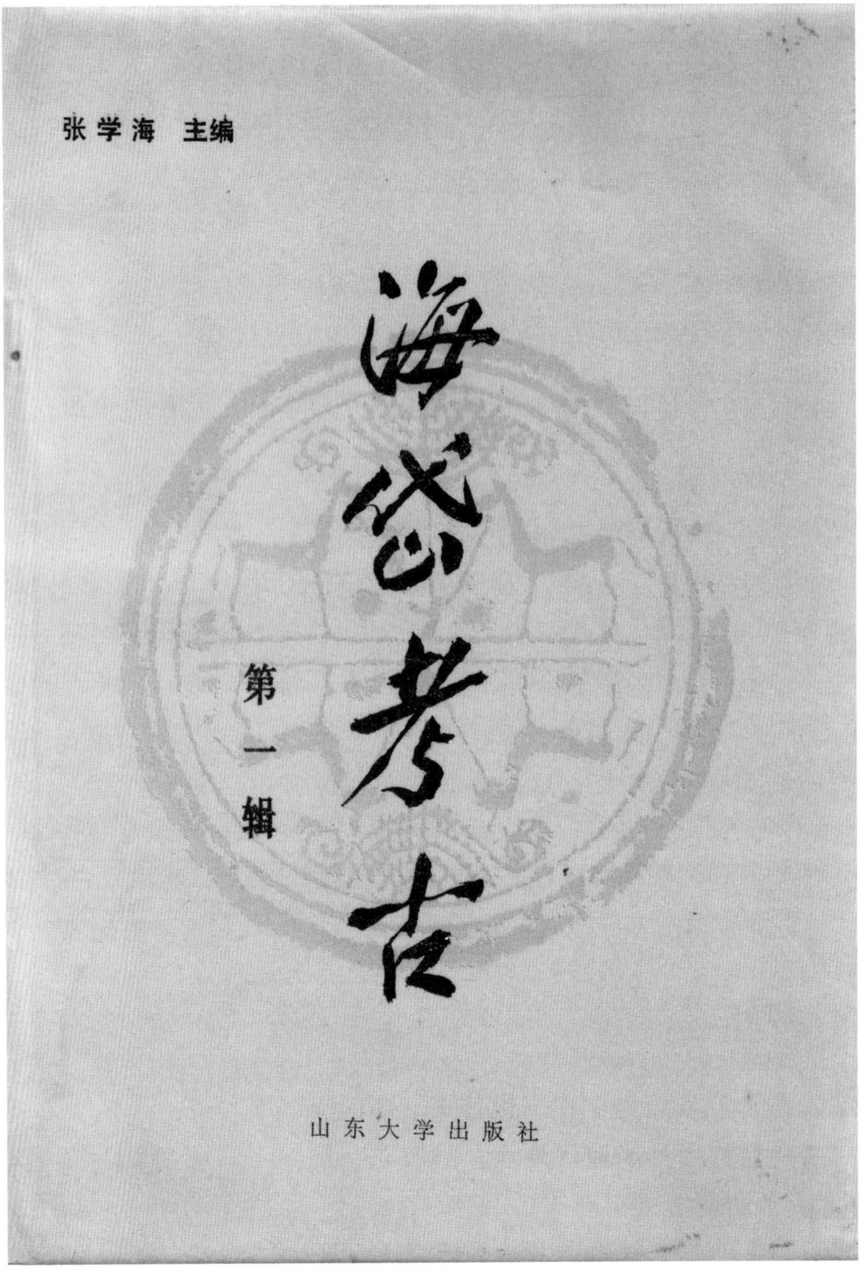
张学海 主编
海岱考古
第一辑
山东大学出版社

张学海—苏秉琦（1988.11.8）[①]

苏先生：

您好！山西所通知晋文化讨论会推迟，说因您身体不适，不知现在如何？将要入冬了，天气日趋寒冷，容易伤风感冒，您要多加注意，多多保重！

环渤海会的纪要写了一个，不知是否合适，现派赵桂英同志送去，请您审阅。如有不妥，可否请张忠培或所里参加会议的同志修改一下，因时间很紧，往返可能会影响发稿。

我8月底心脏不太好，9月初住院检查、治疗，效果不错，但要到12月才能出院，工作损失不小。

因为住院，纪要搞晚了，城子崖发掘60周年纪念会也未能考虑，准备出院后写个报告，先报上去，具体方案想和黄景略、张忠培他们商量后，再请您定。

即颂

冬安

张学海

11.8

张学海—苏秉琦（1989.11.21）[②]

苏先生：

您好！送上《海岱考古》两本，请审阅，原定六月底出书，

---

① 原信未署年。苏秉琦先生在信页眉写“14/11/88”，信当写于1988年。

② 原信未署年。信中提到的《海岱考古》出版于1989年，信当写于是年。

匆忙交了稿，稿子很粗糙，出版社又无经验，劳动态度也够呛，拖到了国庆以后才出来。第一辑以齐腹心地区为中心，但临淄普查简报没能发，很可惜。第二辑拟以章丘为中心发材料。

城子崖保管所事，遇到县里领导换届，吉凶难卜。新政府明年三月产生，现在开始许多事就只能等着。

余容后谈

即颂

大安

张学海

11.21

苏秉琦—纪念城子崖遗址发掘60周年国际学术讨论会贺信（1991.10.10）①

六十年前城子崖遗址的发掘及其研究成果是中国近代考古学奠基石之一。

其功绩首先是，识别出在黄河下游与在黄河中游的仰韶文化具有明显差异的龙山文化。当时有的学者提出“夷夏东西说”，曾引起历史学界的重视。

新中国成立四十年后，由山东省文物考古所主编的《海岱考古》（1989.9）标志着中国考古学发展到一个新阶段的“里程碑”。据我理解，其中心内容：之一是，从考古文化区系观点，进一步识别出一个包括半岛北边的环渤海与其南边的淮海为一片的古文化区；之二是，这一文化区和与它衔接的远到珠江三角洲连成一片，包括中国东、东南、南三个古文化区为一体的中国古文化面向海洋的东半

① 贺信1991年10月12日由高广仁代表宣读。录文自《苏秉琦文集》3，文物出版社，2009，第172页，并据家藏底稿校订。

边；之三是，和这东半边相对应的是，以中国的北部、中部、西南部三块合成一片的面向欧亚大陆的西半边。两个半边合成中华大地古文化的整体；之四是，当代中国考古学重建中国史前史的基础条件业已具备；之五是，在此基础上开展“环太平洋地区考古”学术交流，以及旧大陆东西方之间的考古学术交流的时机也已条件初备。

我以耄耋之年，欣逢这“天下一家”的伟大时代将成为现实的时候，向会议表示良好的祝愿！愿我们共同为这跨世纪的年代、为了人类这一美好的前景作出贡献而共勉共励！祝会议取得圆满成功！

谨致“纪念城子崖发掘60周年国际学术讨论会”！

苏秉琦

1991.10.10

（中国社会科学院考古研究所　研究员）

张学海—苏秉琦（1991.10.27）[①]

苏先生：

您好！城子崖纪念会开得还算顺利，代表们对会议的组织比较满意，也给了我们许多鼓励。近六七年来，我们取得了一些重要成果，主要是得到了各有关方面的支持，特别是您的关怀和支持。当然，由于山东在考古学和古史研究上的特殊地位，我们的这些工作也只能是起步，深知任重道远，将尽己之所能，继续努力奋斗，把山东的考古工作向前推进。有关会议详情，请伯谦面告。

考古实物标本资料的保存利用问题，在您的倡导和推动下，确实已取得进展。万事开头难，迈出头两步实在不容易，往后怎么走，的确需要议一议。依照您的意见，我想是否由您出面邀请黄景

① 原信未署年。据信中提到的城子崖纪念会看，当为1991年秋于济南召开的纪念城子崖遗址发掘60周年国际学术讨论会，信当写于1991年。

略、张柏、孟宪珉、严文明、俞伟超、张忠培、李伯谦等人，就在北京找个地方谈一谈，我去北京，有半天到一天时间就可以了。黄景略现在兖州，如有可能，我先去跟他商量一下。黄月底回京，是否请苏先生找他谈一谈，定个具体时间，这是一。其次，我想应把临淄的牌子打出去，组织个学术团体，可以叫“中国东方考古中心”或别的合适的名称，有个理事会或委员会，由您任理事长或主任，下设秘书处，我任秘书长。把国内知名考古学者以及外国、港台学者吸收进来，没有这样的一个团体，不好开展活动，特别是不便于开展国内外学术交流。有这样一个团体，临淄就可成为开展学术交流的中心，考古学研究的基地。第三，关键是活动经费。可以设法在国外有关基金会、个人和国内大企业集点资，建立个相应的基金会，比如中国东方考古研究基金会，如果能弄到百万元人民币，一年的利息即可组织一次 40 人的学术活动，并可出版文集。搞好了影响会日益扩大，临淄进而山东的有关地点，就会成为学科研究的主要基地，必将带动全国考古工作与整个学科的发展。想得有点狂，不过这不是几个人的事，这是一项科学事业。而许多事，事在人为，付出劳动，就会有收获。想法是否可行，请您决定。

　　敬颂

冬安

张学海　上

10. 27

张学海—苏秉琦（1992.2.4）[①]

苏先生：

　　您好！城子崖会议后，曾请伯谦给您捎去一信，并请他向您详

① 原信未署日期。1992 年春节为 2 月 4 日。

细汇报会议情况。山东的考古工作，在您的关怀支持下，通过文物、科研、教学部门的共同努力，已取得十分可喜的成果，特别是有些做法，具有较深的层次。对学科的发展无疑是有重要影响的，可惜理解者不多。每个人的历史自己写，献身事业，不求个人名利，不计个人得失，这是中华民族知识分子的优良品德，您就是其中的一位杰出代表，作为您的学生和追随者，我将努力学习您的优秀品德，以事业为重，努力控制自己的情绪。再有三五年的时间，您所倡导的，我们努力实践的，对学科发展具有深远影响的项目，就能扎根，在学术界形成气候。

我很希望国家文物局、您和学会给予适当支持，第九次年会如能及早确定在济南开，对我们将会有利。听说三月要召开全国考古所长会议，有意向在临淄开，最好能促成。所长们看看临淄考古中心（标本室），对您的倡议会加深理解，同时，对今后如何搞也可有所议论。美中考古联合培训班初步定在临淄，能够实现，对考古标本室的发展、提高、宣传、扩大影响也大有好处。望苏先生运用您的影响，促成这些事。

我们已着手编辑城子崖纪念会文集，寄上您的贺信复印件。如有修改，请修改后让所里同志寄给我！

敬颂

春安

张学海

92. 春节

张学海—苏秉琦（1993.8.9）

苏先生：

您好！寄上小文一篇，是我实践文化区系理论的心得和成果。想以此说明区系理论在发展学科上的重要意义，同时说明文化区系类型作为学科基础课题，即使像山东地区这样比较清晰的，也还要继续下功夫。区系理论作为学科基础理论的重要组成内容，我想应当有一个充实、丰富其内涵的问题。目前研究一个文化区的区系，应把形成过程，特别是对出现全区统一文化共同体以前的阶段，作为研究重点之一，不知是否妥当。

我正在抓城子崖纪念会文集等书的编辑出版，以求年会上我们至少有本书所送。济青公路西段的报告也在抓，能否出来很难说。

敬祝

大安

张学海

93.8.9

张学海—苏秉琦（1993.8.13）[①]

苏先生：

贺信收到，您的贺信原件我保存着，会议中曾复印发给代表，且早已誊清待交出版社。因宿白先生代表学会在开幕式上的讲话一直未寄回，当时也未复印，又不知他的电话，伯谦又不在校，所以就请徐苹芳给宿先生打电话，他听成是要给您打电话，给你添了麻烦。目前稿子已齐全，一部分稿子的插图不符合要求，修改后下周就可交出版社，年会前出书当无问题。全集分上下篇，上篇收录贺信、开幕词、开幕式上的讲话等，下篇选编了论文 26 篇，所论涉及黄河、长江中下游、内蒙古长城地带龙山时代诸问题，一定程度上反映出龙山文化发现以后六十多年来这方面工作开展的深度和广度，代表了当前龙山文化、龙山时代和中国文明起源等课题研究的一定水平。出版后对进一步扩大城子崖的影响，对促进龙山文化、

① 原信未署年。信封邮戳“济南 1993. 8. 14”，知信写于 1993 年。

龙山时代和中国文明起源等课题的研究，将会有所裨益，我想这也是对发掘城子崖最好的纪念。

前日给您寄去关于实践区系理论的小文，目的是想用事实来说明区系理论对促进学科发展的重要意义。由于学识、理论水平有限，对区系理论的理解很肤浅，所谈的问题是否都对头，没有把握，所以请您看看。本不该让先生劳神，只是涉及学科的重要理论和学科应当如何实践问题，且有人一直反对区系理论，如果因我的肤浅和错误，而产生事与愿违的效果就很不好，所以考虑再三，还是寄给您。有什么问题让伯谦或老黄告诉我就行。

望先生多多保重身体！

敬祈

大安

张学海

8.13